获 中国年鉴奖暨全国年鉴编纂质量综合一等奖
首届中国地方志年鉴奖一等奖

东莞年鉴

DONGGUAN YEARBOOK

2012（总第12卷）

中共东莞市委员会
东莞市人民政府 主管
东莞年鉴编委会 主办

廣東省出版集團
广东人民出版社
·广州·

《东莞年鉴》编纂委员会（2012年2月22日东委办［2012］19号文）

名誉主任：徐建华（市委书记、市人大常委会主任）
主　　任：袁宝成（市委副书记、市政府市长）
副 主 任：王检养（市委常委、市委秘书长）
喻丽君（市政府副市长）
曲洪淇（市委副秘书长）
金行中（市政府副秘书长）
委　　员：王建周（市委组织部副部长）
叶泽驹（市委宣传部副部长）
温少生（市委统战部副部长）
陈　波（市委政法委副书记）
冼周恩（市经济和信息化局局长）
吴楚焕（市发展和改革局总经济师）
杨靖波（市教育局局长）
何跃沛（市科学技术局局长）
詹文光（市财政局局长）
朱　川（市住房和城乡建设局局长）
黄贵田（市农业局局长）
陈志伟（市文化广电新闻出版局局长）
陈锡稳（市统计局局长）
潘朝明（市地方志编纂办公室主任）

《东莞年鉴》编辑部

主　　编：喻丽君
执行主编：潘朝明　刘念宇
编　　辑：李文蔚　卢　敏　张德全　施雪芬　李俊玉
胡晓静　刘　丹　李缙文　黄文挺　刘惠斌
图片编辑：张德全
图片征集：黄文挺　霍向东　贺　平　史学民
编　　务：李　梅　萧静雯

《东莞年鉴》撰稿人员（按姓氏笔画为序）

万学军	万金旺	马丽华	尹健清	尹格娟	方冬宇	方丽荷	王　刚	王　茜	王文青	王永球	王志平
王学林	王松华	王莉萍	王颂辉	王颂辉	王雪萍	王锦霞	邓曦彦	冯　杰	卢宇雄	卢润志	卢雪霞
叶小敏	叶列驰	叶尧斌	叶宗校	叶建荣	叶春华	叶晓苑	叶海峰	叶毅英	叶耀伦	甘　维	田小兵
石文斌	石亚明	石志会	龙江波	伦美娃	刘　健	刘　莹	刘　琼	刘　霞	刘小刚	刘文香	刘长青
刘全凤	刘宇红	刘志勇	刘念宇	刘勋良	刘卿戎	刘晓明	刘康全	吕　林	吕永才	孙江峰	庄月姗
庄雁冰	朱　宇	朱清荣	江南梦	许　凯	许建雪	齐红梅	严传彪	严思乐	严敏妮	何剑华	何春燕
何惠知	何超政	何熟珍	吴维彬	宋昌发	张长彬	张伟锋	张旭建	张林军	张昭峰	张敬东	李　丹
李　平	李文辉	李伟佳	李利平	李洪才	李敏瑜	李寒来	杨　荣	杨　莉	杨兴会	杨丽君	杨维泽
肖驰宇	邱　敬	邱小文	邵　闯	邵　娟	邵旭泉	邹卫京	陈　洋	陈佩珠	陈思映	陈柳金	陈晓君
陈群弟	陈德斌	麦丽佳	麦惠澎	周永坚	周伟焕	周堪李	林　郁	林汉筠	林旭文	林晓文	林晓怡
欧伟豪	罗一鸣	罗旭林	罗建锋	罗俊兰	罗荣锋	罗德泉	范秀雪	范星星	郑标生	郑资聪	姚飞洋
姚双华	姚庆保	姚进洪	姜铁丰	柳景蛟	洪　纲	祝俊峰	胡小静	胡德安	赵晓龙	赵惠华	赵景耀
赵毅立	钟　原	钟少敏	钟金伟	凌文通	凌智勇	唐三保	唐树权	唐晓瑜	徐　康	徐冠男	莫庆才
莫志良	莫沃佳	袁　洪	袁志超	袁沛霖	袁鸣春	袁晓君	袁彩华	袁检文	袁燕玲	郭富春	高丹梦
梁建仪	梁泽鹏	梁高鸿	盛斌林	黄　顿	黄文挺	黄宇东	黄树彬	黄健翔	黄晓静	黄素标	黄维根
黄惠谊	黄慧敏	傅狮虎	喻中胜	曾少烘	程方伟	程玮斌	蒋　文	蒋超卓	谢　龙	谢海燕	谢雪玲
谢联辉	韩耀东	鲁　宇	虞清萍	赖相辉	雷成虎	廖锦洪	熊肖芳	蔡卫斌	蔡子萍	蔡建钊	蔡俊彬
蔡雪梅	蔡瑞芬	谭　斌	潘伟强	潘祥佐	潘朝明	黎丽香	黎志均	黎清华	黎燕嫦	魏云青	魏桂钦

目　录
CONTENTS

2011年大事记
CHRONICLE OF MAJOR EVENTS IN 2011

特　载
SPECIAL SECTION

东莞之最
NUMBER ONES OF DONGGUAN

总　述

DONGGUAN PROFILE

政党·社团

PARTY · SOCIAL GROUP

政权 · 政协

REGIME · THE CHINESE PEOPLE'S POLITICAL CONSULTATIVE CONFERENCE

外事 · 侨务 · 港澳事务

FOREIGN AFFAIRS · OVERSEAS CHINESE AFFAIRS · HONGKONG AND MACAO AFFAIRS

莞台合作·莞港合作

THE COOPERATION BETWEEN TAIWAN AND DONGGUAN · THE COOPERATION BETWEEN HONGKONG AND DONGGUAN

政　法

LEGAL SYSTEM

地方军事

LOCAL MILITARY AFFAIRS

城建・环保

URBAN CONSTRUCTION・ENVIRONMENTAL PROTECTION

交通 · 邮电

TRANSPORTATION · POSTS AND TELECOMMUNICATIONS

园区经济

ZONE ECONOMY

对外经济

FOREIGN ECONOMY

工业·商业
INDUSTRY·COMMERCE

农　业
AGRICULTURE

旅游业·餐饮业

TOURISM·CATERING

财政·税务

FINANCE·TAXATION

金融业

BANKING

经济管理

ECONOMIC MANAGEMENT

科学技术·社会科学

SCIENCE AND TECHNOLOGY · SOCIAL SCIENCES

教　育

EDUCATION

文 化

CULTURE

体育·卫生

SPORTS·HEALTH

社会生活

SOCIAL LIFE

镇 街

URBAN AND TOWNSHIP

2012东莞年鉴
DONGGUAN YEARBOOK

人 物
FIGURES

经济社会统计资料
ECONOMIC AND SOCIAL STATISTICS

文件选录
SELECTION OF DOCUMENTS

索 引
INDEX

图片专辑——崛起东莞
SPECIAL SELECTION OF PHOTOS —THE RISE OF DONGGUAN

2012 东莞年鉴
DONGGUAN YEARBOOK

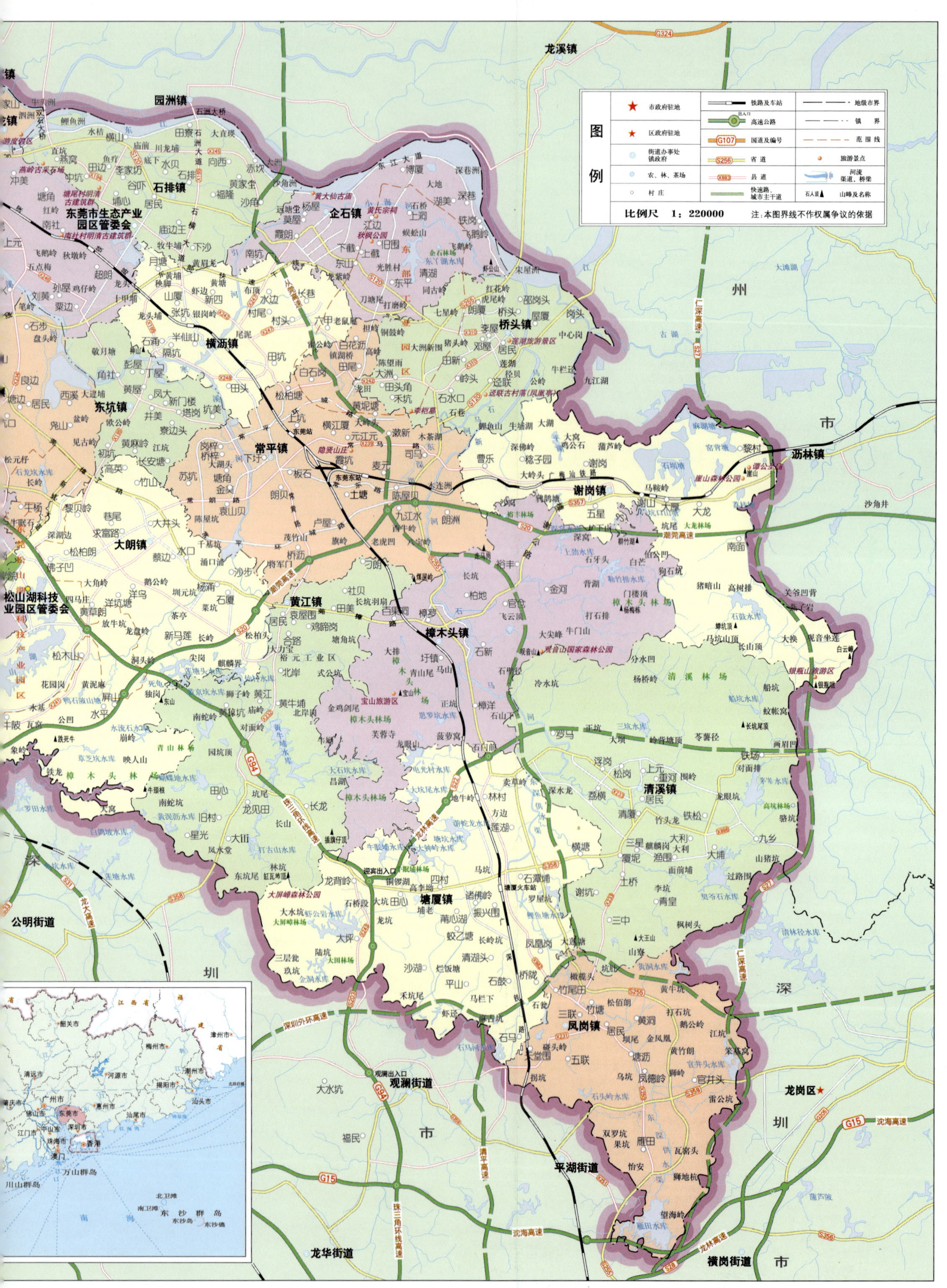

图例
市政府驻地
区政府驻地
街道办事处 镇政府
农、林、茶场
村庄
铁路及车站
高速公路
国道及编号
省道
县道
快速路、城市主干道
地级市界
镇界
范围线
旅游景点
河流 渠道、桥梁
山峰及名称
比例尺 1：220000
注：本图界线不作权属争议的依据
龙溪镇
园洲镇
石排镇
企石镇
桥头镇
谢岗镇
沥林镇
东莞市生态产业园区管委会
横沥镇
东坑镇
常平镇
大朗镇
黄江镇
樟木头镇
松山湖科技产业园区管委会
清溪镇
塘厦镇
凤岗镇
观澜街道
平湖街道
龙华街道
横岗街道
公明街道
龙岗区
州
市
深
圳
仁深高速
潮莞高速
龙林高速
沈海高速
珠三角环线高速
深圳外环高速
龙大高速
清平高速
莲湖旅游景区
隐贤山庄
宝山旅游区
观音山国家森林公园
大屏嶂森林公园
银瓶山旅游区
清溪林场
樟木头林场
江西省
福建省
韶关市
梅州市
漳州市
清远市
河源市
潮州市
揭阳市
汕头市
广州市
东莞市
惠州市
汕尾市
佛山市
江门市
中山市
深圳市
珠海市
香港
澳门
万山群岛
川山群岛
东沙群岛
北卫滩
南卫滩
东沙岛

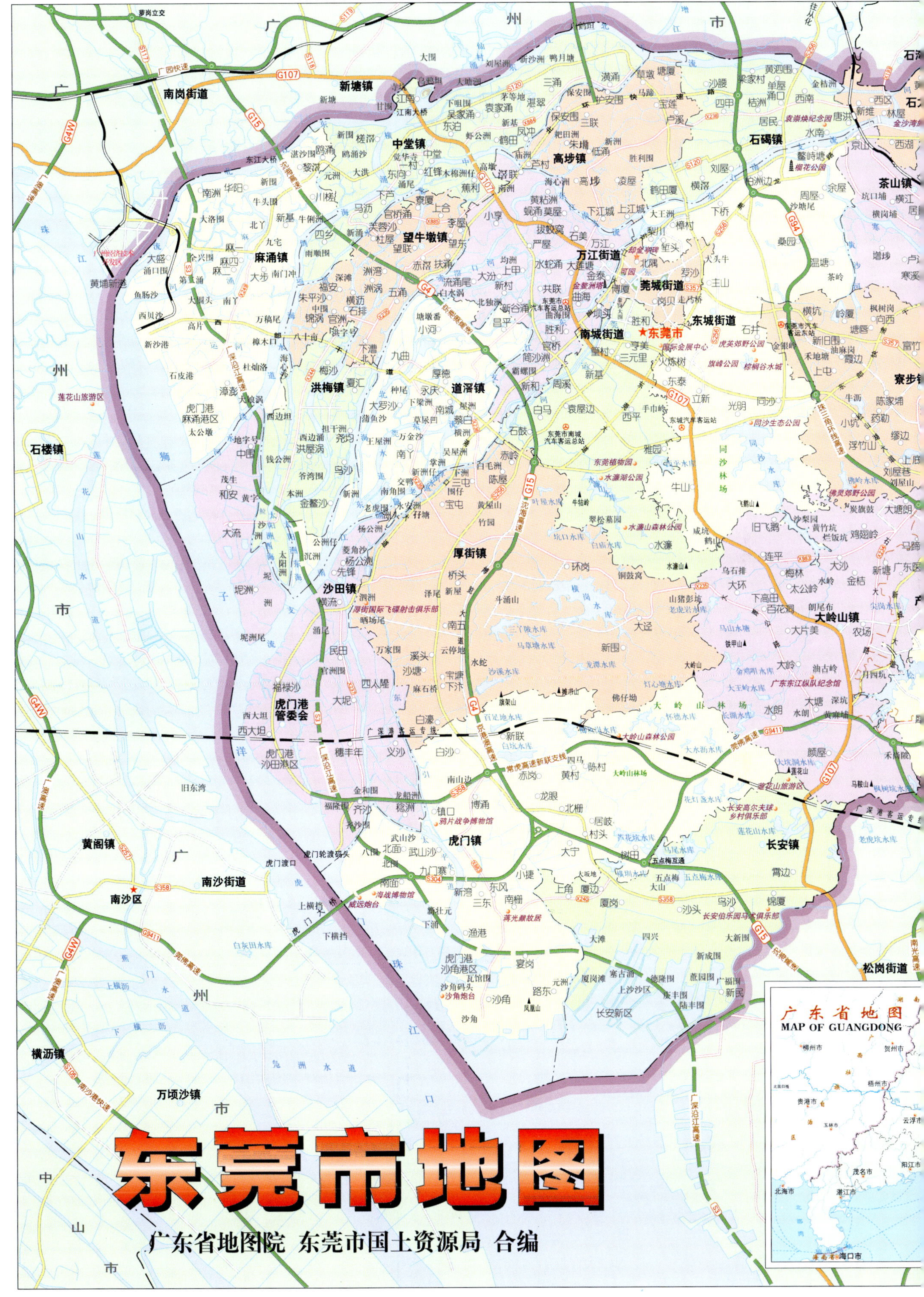
东莞市地图
广东省地图院 东莞市国土资源局 合编
广东省地图
MAP OF GUANGDONG
广州市
东莞市
南岗街道
新塘镇
中堂镇
高埗镇
石碣镇
石龙镇
茶山镇
麻涌镇
望牛墩镇
万江街道
莞城街道
东城街道
南城街道
洪梅镇
道滘镇
寮步镇
厚街镇
沙田镇
虎门港管委会
大岭山镇
虎门镇
长安镇
松岗街道
黄阁镇
南沙街道
南沙区
横沥镇
万顷沙镇
石楼镇
莲花山旅游区
虎门港麻涌港区
虎门港沙田港区
虎门港沙角港区
广深沿江高速
广深高速
莞佛高速
常虎高速
广园快速
鸦片战争博物馆
海战博物馆
威远炮台
沙角炮台
蒋光鼐故居
大岭山森林公园
广东东江纵队纪念馆
同沙生态公园
东莞植物园
水濂山森林公园
狮子洋
珠江
珠江口
虎门大桥
佛山市
中山市

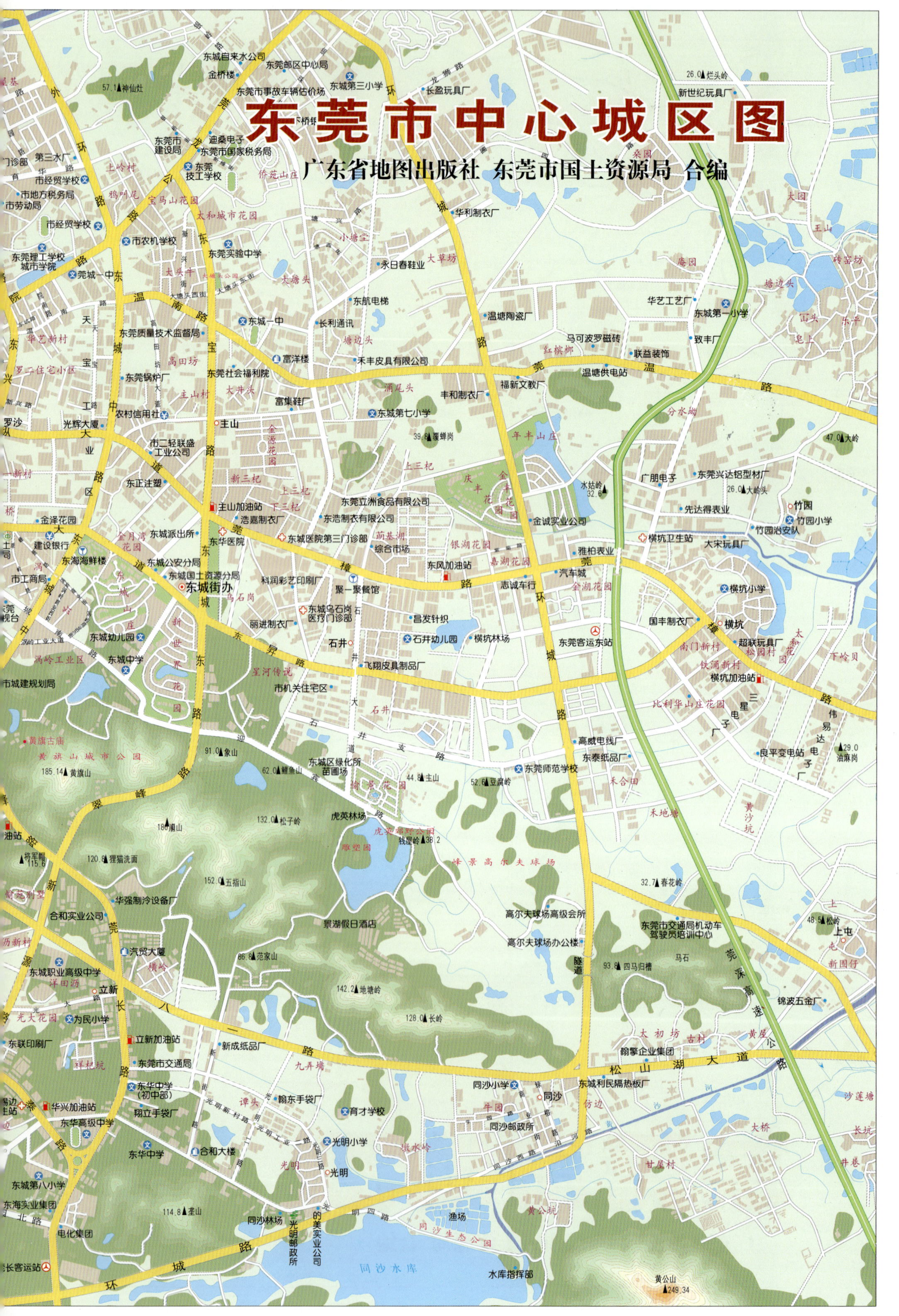

东莞市中心城区图
广东省地图出版社 东莞市国土资源局 合编
东城自来水公司
东莞邮区中心局
金桥楼
东城第三小学
东莞市事故车辆估价场
长盈玩具厂
26.0 烂头岭
新世纪玩具厂
57.1 神仙灶
东莞市建设局
迪桑电子
东莞市国家税务局
东莞技工学校
第三水厂
市经贸学校
市地方税务局
市劳动局
市经贸学校
市农机学校
东莞实验中学
东莞理工学校城市学院
莞城一中
东城一中
长利通讯
东航电梯
永日春鞋业
华利制衣厂
温塘陶瓷厂
马可波罗磁砖
联益装饰
温塘供电站
华艺工艺厂
东城第一小学
致丰厂
东莞质量技术监督局
富洋楼
禾丰皮具有限公司
东莞锅炉厂
东莞社会福利院
富集鞋厂
丰和制衣厂
福新文教厂
东城第七小学
农村信用社
光辉大厦
主山
市二轻联盛工业公司
39.8 蛤蟆岗
47.0 大岭
广朋电子
东莞兴达铝型材厂
水姑岭 32.6
26.0 大岭头
东正注塑
主山加油站
浩嘉制衣厂
东莞立洲食品有限公司
东浩制衣有限公司
金诚实业公司
先达得表业
竹园
竹园小学
竹园治安队
金泽花园
东城派出所
东华医院
东城医院第三门诊部
综合市场
雅柏表业
横坑卫生站
大宋玩具厂
建设银行
东海海鲜楼
东城公安分局
东城国土资源分局
东城街办
科润彩艺印刷厂
聚一聚餐馆
东风加油站
志诚车行
汽车城
横坑小学
市工商局
东城乌石岗医疗门诊部
丽进制衣厂
昌发针织
国丰制衣厂
横坑
东城幼儿园
石井
石井幼儿园
横坑林场
东莞客运东站
超联玩具厂
东城中学
飞翔皮具制品厂
横坑加油站
市城建规划局
市机关住宅区
三星电子厂
伟易达电子厂
91.0 象山
62.0 鲤鱼山
东城区绿化所苗圃场
44.8 主山
52.6 豆腐岭
高威电线厂
东泰纸品厂
东莞师范学校
良平变电站
29.0 油麻岗
185.14 黄旗山
180 瀰山
132.0 松子岭
虎英林场
钱屋岭 38.2
120.8 狸猫洗面
152.0 五指山
华强制冷设备厂
32.7 春花岭
合和实业公司
景湖假日酒店
高尔夫球场高级会所
东莞市交通局机动车驾驶员培训中心
48.5 松岭
上屯
汽贸大厦
高尔夫球场办公楼
隧道
86.8 范家山
93.8 四马归槽
马石
东城职业高级中学
立新
142.2 地塘岭
128.0 长岭
锦波五金厂
为民小学
东联印刷厂
立新加油站
新成纸品厂
翰擎企业集团
东莞市交通局
松山湖大道
东华中学(初中部)
同沙小学
同沙
东城利民隔热板厂
华兴加油站
翰东手袋厂
翔立手袋厂
育才学校
东华高级中学
同沙邮政所
东华中学
合和大楼
光明小学
光明
东城第八小学
东海实业集团
114.8 崖山
同沙林场
光明邮政所
美实业公司
渔场
电化集团
长客运站
环城路
同沙水库
水库指挥部
黄公山
249.34

亲切关怀

2011年11月11日，中共中央政治局常委李长春到东莞市考察。图为李长春（左三）在大朗镇东莞标检产品检测有限公司了解企业发展情况（张村城　摄）

2011年8月4日，中共中央政治局委员、国务委员刘延东到东莞市考察。图为刘延东（左一）在东莞展览馆参观（郑琳东　摄）

2011年5月11日，中共中央政治局委员、广东省委书记汪洋（左二），广东省省长黄华华（右二）到东莞市检查实施《珠江三角洲地区改革发展规划纲要》情况，特别是产业转型升级相关工作（丁玎　摄）

2011年12月15日，全国政协副主席、科技部部长万钢到东莞市考察。图为万钢（中）出席2011年东莞国际科技合作周暨高层次人才交流会（郑志波　摄）

2011年11月20日，全国政协常委、港澳台侨委员会主任、海峡两岸关系协会会长陈云林到东莞市考察。图为陈云林（前排右四）参观松山湖高新技术产业开发区（蓝业佐　摄）

2011年6月14日，广东省省长黄华华到东莞市调研。图为黄华华（右一）在东莞永嘉盛针织有限公司了解企业转型升级情况（郑琳东　摄）

2011年7月13日，广东省委常委、常务副省长朱小丹到东莞市调研。图为朱小丹（前排右三）在省储备粮东莞直属库了解情况（陈达超　摄）

2011年3月7日，广东省委常委、副省长肖志恒到东莞市调研。图为肖志恒（前排左二）了解建设平价商店、稳定农产品价格工作（郑家雄　摄）

2011年12月29日，广东省精神文明建设表彰大会举行。图为广东省委常委、宣传部部长林雄（左一）为东莞市获奖的寮步镇授牌（郑琳东 摄）

2011年8月2日，广东省委常委、政法委书记梁伟发到东莞市调研。图为梁伟发（右三）在南城了解东莞市流动人口管理工作（蓝业佐 摄）

2011年3月29日，广东省委常委、广州市委书记张广宁到东莞市调研。图为张广宁（左三）在东莞宏威数码机械有限公司了解情况（蓝业佐　摄）

2011年11月6日，广东省委常委、省纪委书记黄先耀（右二）到东莞市调研

2011年4月7日，广东省副省长雷于蓝到东莞市调研。图为雷于蓝（右二）在广东众生药业股份有限公司了解企业情况（曹雪琴　摄）

2011年7月14日，广东省政协副主席覃卫东到东莞市调研。图为覃卫东（中）在东莞石龙泽龙线缆有限公司了解企业转型升级情况

新任市委书记

徐建华 男，汉族，1958年9月出生，江西乐平人，1985年7月加入中国共产党，1975年10月参加工作，在职研究生，理学博士。

1975年10月至1978年3月，翁源县铁龙林场知青；1978年3月至1982年1月，在华南工学院机械工程二系铸造工艺与设备专业学习，本科毕业；1982年1月至1985年11月，韶关地区计委、韶关市计委科员；1985年11月至1990年3月，韶关市计委工交计划科副科长、外经计划科科长；1990年3月至1992年6月，韶关市计委副主任、党组成员；1992年6月至1997年8月，韶关市计委主任、党组书记；1997年8月至1999年6月，韶关市副市长、市政府党组成员；1999年6月至2001年4月，韶关市委常委、副市长（其间：1999年12月至2000年12月参加广东省第一批高层次管理人才出国培训班，赴加拿大哥伦比亚大学进修）；2001年4月至2006年10月，韶关市委副书记、市长（其间：2005年8月赴美国斯坦福大学参加中组部举办的第三期城市规划与信息化专题研究班学习）；2006年10月至2007年1月，韶关市委书记；2007年1月至2010年11月，韶关市委书记、市人大常委会主任（其间：2003年9月至2008年7月在中国科学院研究生院南京地理与湖泊研究所人文地理学专业学习，博士研究生毕业；2008年3月至2008年7月在中央党校中青年干部培训一班学习）；2010年11月至2011年3月，省发展改革委党组书记；2011年3月至2011年12月，省发展改革委主任、党组书记；2011年12月至2012年1月，东莞市委书记、市人大常委会党组书记、东莞军分区党委第一书记；2012年1月起，东莞市委书记，市人大常委会主任、党组书记，东莞军分区党委第一书记。党的十七大、十八大代表、十届全国人大代表、十届、十一届省委委员。

新当选市长

袁宝成 男，汉族，1964年12月出生，浙江诸暨人，1985年11月加入中国共产党，1988年7月参加工作，硕士研究生学历。

1982年9月至1986年9月，在西南政法大学法律系学习，本科毕业；1986年9月至1988年7月，在西南政法大学法律系民事诉讼法专业学习，硕士研究生毕业；1988年7月至1991年10月，重庆市社会科学院政法研究所研究实习员；1991年10月至1992年6月，重庆市社会科学院科研组织处负责人；1992年6月至1993年3月，重庆市社会科学院科研组织处副处长；1993年3月至1993年10月，深圳市质量技术监督局综合法规处筹建负责人；1993年10月至1996年5月，深圳市质量技术监督局综合法规处副处长；1996年5月至1998年9月，深圳市质量技术监督局综合法规处处长；1998年9月至1999年12月，深圳市技术监督情报研究所所长；1999年12月至2001年2月，深圳市标准化与编码技术研究院院长（其间：2000年6月至2000年12月参加深圳市纪委纪检监察工作实践锻炼）；2001年2月至2001年11月，深圳市质量技术监督局副局长、党组成员；2001年11月至2004年3月，共青团深圳市委书记、党组书记，市青年联合会主席，省青年联合会副主席，市人大常委兼法工委委员（其间：2003年3月至2003年6月在国家行政学院司局级干部任职班学习）；2004年3月至2005年7月，深圳市外事办公室（侨务办公室、港澳办公室）主任；2005年7月至2006年2月，深圳市盐田区委副书记、代区长；2006年2月至2009年3月，深圳市盐田区委副书记、区长；2009年3月至2009年5月，深圳市盐田区委书记；2009年5月至2010年5月，深圳市盐田区委书记、区人大常委会主任；2010年5月至2010年6月，深圳市副市长，盐田区委书记、区人大常委会主任；2010年6月至2011年9月，深圳市副市长；2011年9月至2011年10月，东莞市委副书记；2011年10月至2011年12月，东莞市委副书记，市人民政府代理市长；2011年12月至2012年1月，东莞市委副书记，市人民政府代理市长、党组书记；2012年1月起，东莞市委副书记，市人民政府市长、党组书记。十四、十五届共青团中央委员，十、十一届共青团广东省委常委，五届中共深圳市委委员。

【重要会议】

① 2011年12月26-28日，中国共产党东莞市第十三次代表大会在市会议大厦召开

② 2012年1月7-10日，东莞市第十五届人民代表大会第一次会议在市会议大厦召开

③ 2012年1月6-8日，中国人民政治协商会议东莞市第十二届委员会第一次会议在市会议大厦召开

【新一届领导】

① 中共东莞市第十三届委员会领导班子。左起：潘新潮、邓志广、李小梅、崔建、姚康、徐建华、袁宝成、甄瑞潮、刘卫芳、梁国英、王检养

② 东莞市第十五届人民代表大会常务委员会领导班子。左起：尹景辉、郭水、王道平、徐建华、黄双福、周楚良、欧林高、陈柏南

③ 东莞市第十五届人民政府领导班子。左起：贺宇、成洪波、吴道闻、袁宝成、梁国英、严小康、喻丽君

④ 政协东莞市第十二届委员会领导班子。左起：莫布兴、钟淦泉、朱伍坤、何碧霞、李毓全、何嘉琪、邝明子、吕兢、张玉其、张月忠

⑤ 中共东莞市第十三届纪律检查委员会领导班子。左起：邓炳华、罗暖培、卢淑贤、叶柏茂、吴才华、崔建、陈锦洪、杨晓棠、何植尧、袁丽群、夏显辉

本版照片由：张村城　郑琳东　郑志波　郑家雄　摄

东莞亮点

2011年东莞市生产总值4735.39亿元，比上年增长8.0%。其中，第一产业增加值17.71亿元，下降0.4%；第二产业增加值2377.40亿元，增长6.8%；第三产业增加值2340.28亿元，增长9.3%。地方财政一般预算收入313.06亿元，增长18.3%。城镇居民人均可支配收入3.95万元，增长10.7%。农村居民人均纯收入2.28万元，增长11.5%。

2011年5—7月，东莞市开展“发现精彩·东莞元素”征集活动。评选出“东莞制造、虎门销烟、东莞篮球、松山湖、莞香、龙舟节、东莞荔枝、‘海纳百川，厚德务实’、东莞大道、黄旗山、会展名城、明清古村落、东江纵队、西城楼、市中心广场、可园、粤剧粤曲、蚝岗贝丘遗址、虎门大桥、袁崇焕”等20个东莞元素。

2011年5月12日，市人民医院新院等“四院一中心”建成并投入使用。

2011年6月30日，东莞市汽车保有量达到100万辆，成为继广州和深圳之后广东省第三个汽车保有量破百万的城市。

2011年9月22日，中国东莞留学人员创业园揭牌仪式暨高层次留学人员创新创业周活动在东莞启动。东莞留学人员创业园成为省内首个省部共建的留学人员创业园，6个团队入选省创新创业领军团队。

2011年10月20日，中国最大国家重大科技基础设施——散裂中子源项目在东莞市大朗镇举行奠基典礼。

2011年11月30日，广东省外贸转型升级示范基地培育工作领导小组发布“关于首批省级外贸转型升级专业型示范基地的公告”，东莞市大朗毛织服装基地、松山湖电子信息基地成为“首批省级外贸转型升级专业型示范基地”。

2011年12月6日，东莞市把2005年首次界定的八大支柱产业，重新调整为“五大支柱产业和四大特色产业”。五大支柱产业分别是电子信息制造业、电气机械及设备制造业、纺织服装鞋帽制造业、食品饮料加工制造业、造纸及纸制品业，四大特色产业分别是玩具及文体用品制造业、家具制造业、化工制造业、包装印刷业。

2011年12月9日，东莞市社会工作委员会正式揭牌成立。这是东莞市落实省委、省政府的要求，加强东莞市社会建设、创新社会管理工作而成立的专门机构。

2011年12月20日，东莞市在全国精神文明建设工作表彰大会上，成功蝉联“全国文明城市”，并在参加复评的地级市中排第二名。常平镇、石碣镇、大朗镇分别获得“全国文明村镇”称号，东莞图书馆获得“全国文明单位”称号。

2011年12月22日，全国首本篮球专业志——《东莞市篮球志》出版发行。

2011年12月26日，经过东莞市的首条高速铁路——广深港客运专线正式开通，对接武广高速铁路，虎门站同时开通运营。

2011年，东莞运河污染整治全面铺开，34家污水处理厂全部投入运营。

2011年，东莞市公开选拔25名优秀工人、农民担任基层机关和事业单位工作人员。

2011年，东莞市简政强镇改革全面铺开，村级体制改革试点扎实推进。

2011年，东莞市推广“村民车间”，相对集中安置属地劳动力1.93万人。

2011年，东莞市深入实施“文化惠民”工程，实现全市镇街文化站全部达到省“特级文化站”标准；全市村（社区）公共文化服务设施达到“五个有”（有一个不少于200平方米的综合文化活动室、有一个社区村图书馆或农家书屋、有一个不少于500平方米的文体广场，有一个文化信息共享工程服务网点或公共电子阅览室、有一批文化活动和体育健身器材）的标准；全市镇街24小时自助图书借阅全覆盖。

结构调整

2011年，东莞市继续推进结构调整，不断加大战略性新兴产业引进培育，加快传统产业改造提升，产业和产品转型升级不断向纵深推进，实现产业结构、经营模式、技术品牌、企业结构、市场结构、资源配置等方面的优化。中共中央政治局委员、广东省委书记汪洋，省委副书记、省长黄华华等领导先后莅莞调研指导转型升级工作。加工贸易转型升级先行先试，鼓励支持企业提升装备、转变形态、创立品牌、拓展内销。加大招商选资力度，2011年，全市实际利用外资30.51亿美元，增长11.7%。加快推进科技创新，将“科技东莞”工程资金提高到20亿元，全市专利申请量和授权量继续位居全省前三。深化体制机制改革，简政强镇改革全面铺开，村级体制改革试点扎实推进，深莞惠一体化进程加快。实施“人才东莞”战略，东莞留学人员创业园成为广东省内首个省部共建的留学人员创业园。

2011年10月20日，中国最大的国家重大科技基础设施——中国散裂中子源工程在东莞市大朗镇奠基（郑琳东　摄）

2011年12月8日，第三届（2011）世界鞋业发展论坛在厚街镇举行。图为龙永图（左四）和徐建华（右三）等领导和嘉宾一同推杆启动论坛开幕式（郑志波　摄）

2011年11月18日，东莞市人民政府、中国电子信息产业发展研究院、广东（东莞）战略性新兴产业研究中心三方共建签字仪式在东莞市举行（蓝业佐　摄）

步伐加快

省重大合作平台——东莞台湾高科技园

2011年6月15—18日，第三届广东外商投资企业产品（内销）博览会在广东现代国际展览中心举行（程永强 摄）

2011年1月12日，2010中外投资促进机构年会暨战略新兴产业投资促进论坛在松山湖举行；13日，商务部投资促进事务局与东莞市政府签订《投资促进合作协议》（郑志波 摄）

2011年9月22日，中国东莞留学人员创业园揭牌暨高层次留学人员创新创业周活动在东莞市举行

民生福祉

2011年，东莞市全面完成向市民承诺的十件实事。促进城乡就业更加充分；基本完成高中阶段学校布局调整；稳步推进医药卫生体制改革，市人民医院新院等“四院一中心”投入使用；超额完成公租房建设任务；加快推进名镇名村建设；运河污染整治全面铺开，34家污水处理厂全部投入运营；全面启动文化名城建设，文化惠民工程深入实施，“每天绽放新精彩”成为城市整体宣传口号；社会保障覆盖面继续扩大，最低保障标准、医保标准待遇大幅提高；市内“双到”扶贫加快推进，市内有54个贫困村、2850户贫困户实现脱贫，城乡区域发展更加协调；广深港高速铁路虎门站开通；汽车保有量突破100万辆。

2011年6月22日，东莞市举行首批城市形象智囊团成员聘任仪式暨座谈会。图为智囊团成员与市领导合影（蓝业佐　摄）

2011年12月3日，“中国社会保障30人论坛”——珠三角社保改革研讨会暨东莞专题会在东莞市召开（郑家雄　摄）

东莞市廉租房住宅小区

持续改善

2011年6月14日，市委书记刘志庚等参加低碳出行体验活动（郑琳东　摄）

2011年6月30日，东莞市汽车保有量达到100万辆，成为继广州和深圳之后广东第三个汽车保有量破百万的城市（程永强　摄）

2011年10月24日，第四批东莞市荣誉市民授荣大会在大朗镇举行

2011年5月19日，首个“中国旅游日”暨东莞绿道旅游推广月活动在松山湖启动

社 会 管 理

2011年，东莞市紧扣社会转型，着力加强和创新社会管理。开展“莞安1号”等专项行动，破获刑事案件宗数比上年增长18.9%，整治72个治安重点地区；顺利完成深圳大运会安保任务，再获省社会治安综合治理“长安杯”。正式成立市社会工作委员会，出台做好群众工作的指导意见。在全省率先启动餐饮服务网上许可，发放许可证3226张。建成37个食品安全样板市场，完成15个餐饮服务食品安全示范街考评和验收工作。强化“六乱”整治，市容市貌进一步改观，城市“六乱”行为明显减少。

2011年12月9日，东莞市社会工作委员会举行揭牌仪式（郑家雄　摄）

2011年2月14日，市委、市政府人民来访接待厅揭牌仪式举行（蓝业佳　摄）

东莞市公安边防支队维护“春运”期间社会治安稳定

东城街道

不断强化

现代化路网

S256东莞南城路段

南城街道周溪社区

优美环境

蝉联“全国

自2009年1月获得“全国文明城市”称号后，东莞市以荣誉作为新的起点，按照“融入中心、以人为本、城乡统筹、破解难点、注重特色”的思路，3年来投入文明创建专项经费6000多万元，健全创建全国文明城市长效机制。市、镇、村（社区）三级每年定期组织人员开展公共文明指数测评，32个镇街文明指数每年增长10%以上。

2011年12月20日，东莞市在全国精神文明建设工作表彰大会上，成功蝉联“全国文明城市”，并在参加复评的地级市中排第二名。常平镇、石碣镇、大朗镇分别获得“全国文明村镇”称号，东莞图书馆获得“全国文明单位”称号。

2011年11月23日，第十一届广东省艺术节在广州友谊剧院闭幕。图为省领导为获得优秀剧目一等奖的莞产音乐剧《三毛流浪记》剧团颁发奖杯和证书（程永强　摄）

2011年4月29日，市全民健身绿道行活动在松山湖启动。图为市长李毓全向绿道巡游自行车队授旗

文明城市”

2011年12月26日，东莞市连续第八次获“广东省双拥模范城”称号。图为市委常委、东莞军分区政委刘卫芳（左）与副市长成洪波（右）代表东莞市领奖（曹雪琴　摄）

2010年5月8日，茶山镇“茶园游会”开幕

活力南城

迎恩门——始建于明代洪武十七年（1384年）

东莞市虎门港

2011年2月13日，国家安监总局局长骆林（前排右）在副市长邓志广等的陪同下到虎门港调研

2011年10月18日，市委副书记、代市长袁宝成（中）在副市长邓志广的陪同下，莅临虎门港调研港口开发建设情况

2011年12月13日，虎门港与益海嘉里投资有限公司在市行政办事中心签订合作协议，总投资金额达22.54亿元的益海嘉里石化及粮油项目落户虎门港

2011年10月19日，虎门港赴台招商推介，与德翔海运股份有限公司签订战略合作协议

2011年11月22日，东莞市促进港口繁荣推介会在虎门港举行

管理委员会

东莞保税物流中心

2011年4月7日，东莞市海昌船务有限公司散杂货码头项目获得批复

2011年5月12日，虎门港东洲国际石化仓储有限公司油气化工码头通过口岸开放验收，并对外开放投产试运营

中海大型集装箱船定期靠泊虎门港码头

虎门港沙田港区一期码头（5号6号泊位）作业夜景

广东东莞生态产业

2011年5月7日，中共中央政治局委员、省委书记汪洋（前排中）到东莞生态园考察，对东莞生态园的建设给予充分肯定，并指出“建设生态园，东莞有眼光”

2011年11月16日，水利部副部长刘宁到东莞生态园考察

2011年9月14日，省委常委、宣传部长林雄（右四）率省社科联到东莞生态园考察广东文化产业职业学院用地情况

2011年2月15日，东莞生态园作为市城建亮点工程接受刘志庚、李毓全、黄双福、冷晓明等市几套班子领导视察

2011年10月14日，市委副书记、代市长袁宝成（前排中）率队到东莞生态调研建设情况

园区管理委员会

2011年5月25日，国际花园城市竞委会秘书长阿兰·史密斯一行到访东莞生态园

2011年10月19日，由东莞市政府主办、东莞生态园管委会承办的2011东莞（台北）两岸机械产业媒合会议在台北举行

2011年11月25日，由东莞市政府主办、东莞生态园管委会承办的2011中国（东莞）生态发展论坛举办。图为中国工程院院士王浩进行专题演讲

2011年7月24日，2011东莞生态园自行车公路赛

东莞生态园大圳埔湿地夏日景色

东莞生态园中心现代服务产业区

东莞市东江

2012年1月21日，市长袁宝成、副市长吴道闻到市第三水厂进行春节慰问

2011年8月16日，副市长李小梅到东江水务有限公司调研

2011年3月22日，市水务局举行第十九届“世界水日”、第二十四届“中国水周”宣传活动

水务有限公司

2012年4月27日，市东江水务有限公司获得“广东省先进集体”称号

2011年9月28日，市水务局局长张国平为“国家水专项东莞市东江水务有限公司中试研究基地”揭牌

2011年4月28日，市东江水务有限公司抢修队队长祁沛枝获得全国“五一”劳动奖章

2011年5月20日，住房和城乡建设部城建司巡视员张悦到第四水厂调研

2012
东莞年鉴
DONGGUAN YEARBOOK

智能管理，一卡畅通

中国联通“手机一卡通”提升企业运营效率

随着信息技术的不断发展，通过数字信息技术为企事业单位提供更加安全、便捷和高效的管理，已成为发展的必然趋势。部分企事业单位原采用的IC卡或磁卡一卡通，还只停留在一个封闭的系统，已经无法适应当今社会信息化的需要，因此由中国联通提供的手机智能一卡通应运而生。

据悉，中国联通手机智能一卡通系统，就是让企业员工不再使用多种身份识别、消费证卡，而是统一更换为中国联通的智能手机卡，通过手机卡、一卡通平台系统来实现企业内部的统一管理。目前一卡通系统在国内应用非常广泛，将为经营者带来一个人性化、信息化、智能化的经营管理模式。

门禁系统 安全规范

智能卡门禁管理系统，主要是对通道进行安全、有效的出入控制，采用非接触式IC卡等尖端技术，具有安全可靠、使用方便、寿命长等优点，是取代传统机械门禁系统和磁卡门禁系统的最佳选择。该系统可广泛用于小区物业管理、金融、邮电、机场、政府、企业（如办公室、机房、仓房、资料室等）等场合。

中国联通手机智能一卡通系统读卡设备均具有手机卡和IC卡两种读头；支持智能手机RF-SIM卡，SIMPASS卡，CPU卡和IC卡。门禁控制器有TCP/IP和RS-485两种联网方式可以选择。可根据时间段进行控制，如单位大门可设定卡控开门时间和自由出入时间。每次开门记录均可明确分为合法开门、非法开门和试图开门等详细情况，以备管理人员随时查询。

■图：门禁系统手机一卡通刷卡场景

■图：开水房购水管理

• 早上8:00，用手机刷卡乘坐地铁

• 8:25，用手机考勤上班（考勤后手机有信息提示）

• 8:26，用手机刷卡开办公室的门

• 12:00，在公司食堂用手机刷卡吃饭，在小卖部消费

• 14:35，使用公司的车用手机刷卡进出停车场

• 18:00，用手机刷卡考勤下班

• 18:10，用手机刷卡乘坐公共汽车回家

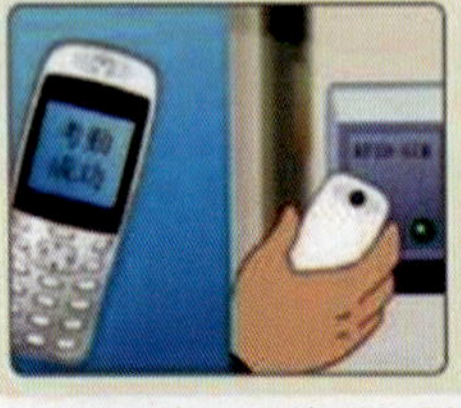

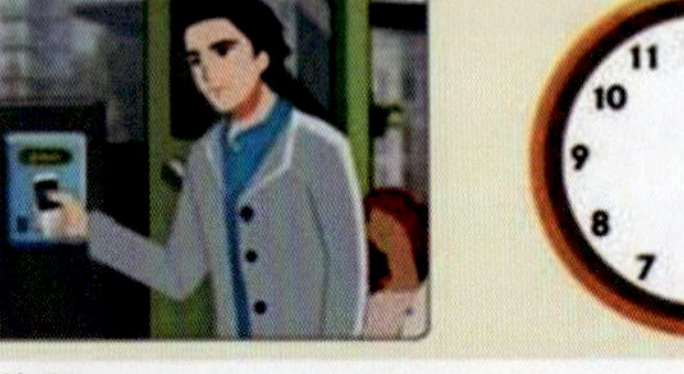

这就是我一天的手机刷卡旅程，
一机在手，生活畅通无阻，有点小体贴，有点小得意，
哈！我就是科技的领先者。

考勤系统 科学高效

考勤管理是企事业单位经营的重要环节，是企事业单位搞好各项经营管理工作的前提与保障。利用计算机管理考勤不仅能使管理人员从繁重的考勤管理工作中解脱出来，而且能够使考勤管理工作更加科学化、规范化、智能化。

本考勤系统采用联网方式工作，通过网络线采集数据后，能够快捷地进行功能设定、查询、统计、报表打印等功能；自动生成员工出勤报表、工资报表，免去了每月拖沓繁琐的人工统计，真正实现了考勤的自动化管理。

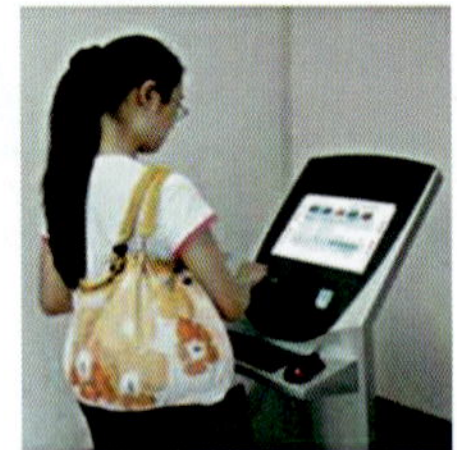

■图：自助转账管理

信息时代的企业，离不开信息化的管理，中国联通手机智能一卡通系统是以手机卡为信息载体，适用企业现代化管理的网络系统，一卡通将智能IC卡的强大功能与手机网络的数字化理念融入企业，企业随时动态掌握每一持卡人情况以及企业经营情况，有效地堵塞管理漏洞，极大提高企业的管理水平及营运效率，同时为企业员工带来全新的时尚、便捷、新潮的消费方式和使用体验，这也将为您的企业创造无限商机。

消费系统 时尚便捷

企业用户可以持手机完成消费支付、电子红包发放等功能，还可以对银行账务、收费和缴费、清算清分、结算模式等进行管理。

其中，商店消费系统符合ISO 14443A国际标准，具有严格的保密性和兼容性，满足不同用户系统功能的扩充。如今该项目已广泛应用于企业、酒店、会所、商场、远程消费等。

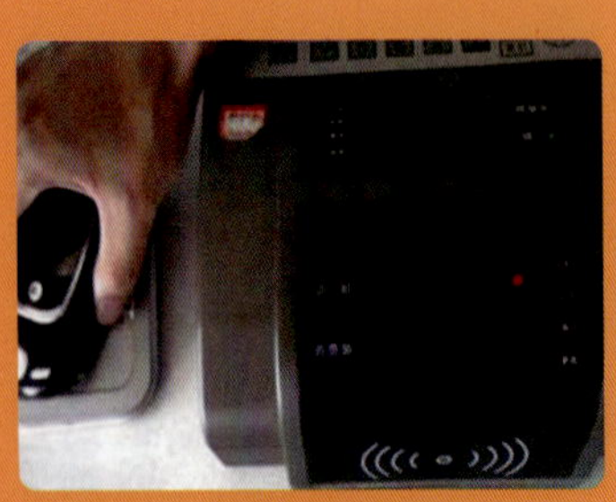

■图：食堂消费机手机一卡通刷卡场景

■图：电子钱包手机一卡通刷卡场景

■图：自动贩卖机手机一卡通刷卡场景

沃行天下 掌上OA

3G时代新一代办公模式

随着3G业务的加速普及，企业IT信息的移动化应用趋势日益明显，移动OA是企业移动信息化应用的典型代表之一，它通过在手机上安装移动OA软件，使手机也具备了和电脑一样的办公功能，而且不受时间、地点的限制，能随时高效迅捷地开展工作，对管理者和商务人士提供了极大便利，也为企业和政府的信息化建设提供了全新的解决方案。

"掌上OA"流程无纸化 办公移动化

"移动OA"是通过在企业内部网络前端建设无线办公平台，利用联通WCDMA 3G网络，将企业内部办公系统向手机端延伸，实现手机与企业OA系统的无缝连接。利用手机终端将原有的ERP，CRM，OA和BI等系统中的资源整合并流转起来，实现流程无纸化，办公移动化。

▶ 外勤人员可以随时随地现场办公，保证即时沟通。

▶ IT部门可进行移动信息化的整体规划，监控和管理IT系统的运营情况。

▶ 商务人员则可通过移动终端给客户做演示，向公司反馈最新销售数据，参加公司内训等。

▶ 决策人员，通过移动终端随时随地可以批示公文、获取重要决策参考数据和材料。

"掌上OA"手机办公 高效迅捷

使用移动OA，可通过手机终端实现企业办公系统的所有功能。

▶ 个人事务：如综合查询、查看我的收藏夹、查看工作、查询信息、转发、会签、撰写公文等

▶ 公文管理：查看、新建各种公文，包括出差审批、用印管理，查看业务协作单，查看或新建电子设备申请等

▶ 通讯录：随时查看联系人信息。名单由管理员建立、维护并展现，方便用户随时查看。

▶ 公告信息：通过信息发布功能，可以在这里任意发布信息，如企业介绍、新闻、产品介绍、期刊、大事记、规章制度、公告等。

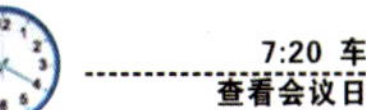

7:20 车上
查看会议日程

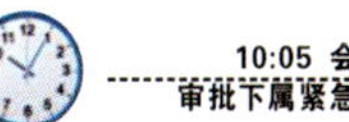

10:05 会议室
审批下属紧急申请

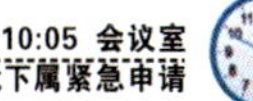

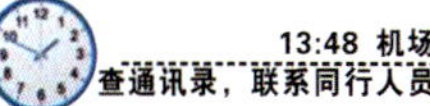

13:48 机场
查通讯录，联系同行人员

16:20 工程现场
调阅图纸、查看文件

22:18 酒店
用手机收发邮件

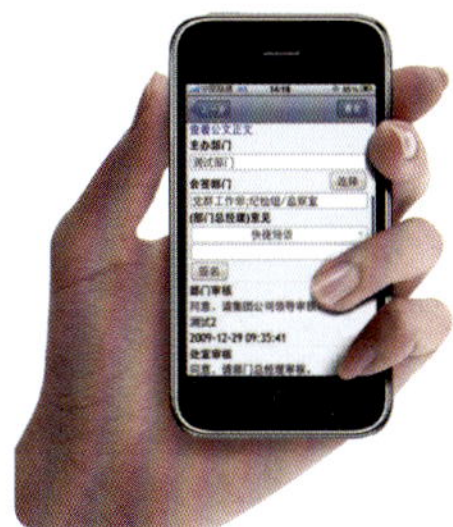

中国联通"掌上OA"优势：国际通行的WCDMA3G网络

中国联通采用的是国际最通行的WCDMA 3G网络，因此在移动办公应用方面具备诸多优势。

· 速度：下行速度最高21 Mbps，上行速度5.76Mbps。

· 漫游：可在全球246个国家或地区漫游。

· 手机终端：非常丰富，支持iPhone iOS、Windows Mobile、Symbian、Android等各种操作系统的手机均可作为移动办公终端。

· 安全认证、合法保障：采用CA数字签名技术，实现移动办公的身份认证、数据加密、抗抵赖等功能，联通数字证书具备法律效力，受国家《电子签名法》的保护。

· 传输加密、安全可靠：采用VPDN、APN等安全技术，实现业务数据在网络中的加密传输，并且只有预先设定的手机号才能接入用户内网，进一步提升了移动办公的安全性。

· 多场景应用、使用面广：只要有WCDMA 3G网络覆盖的地方，用户都可以使用手机，在多种场景下开展移动办公应用。

· 快速部署、无缝链接：无需对原有系统进行任何改造，只要通过标准化的软硬件部署和对接，用户就可以快速享受到便捷的移动办公服务。

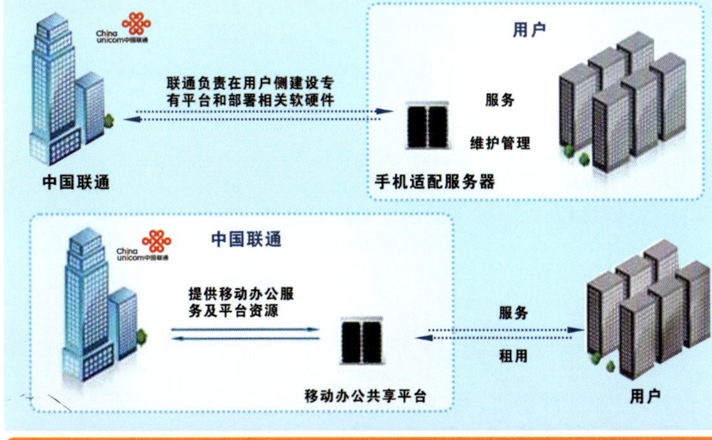

中国联通"掌上OA"服务模式

根据不同的移动办公要求，联通为客户提供两种服务模式：

一是系统集成模式。与用户原有系统对接，安全性高，个性化明显。对安全性要求高，定制化需求较大，并具备IT管理维护人员的单位，建议采用系统集成模式。联通负责在用户侧部署专用标准化的软硬件，实现和用户原有系统的对接。

二是服务租用模式。成本低，无设备，无办公系统，也可实现移动办公。对希望降低IT运维成本，定制化需求较少的单位，建议采用服务租用模式。用户IT系统通过与联通移动办公共享平台对接，实现移动办公业务。用户侧无需部署任何设备，对没有办公系统的中小企业用户，联通还可通过完全托管方式对用户提供通用的移动办公服务。

移动办公是高速发展的通信业与IT业交融的产物。它将通信业在沟通上的便捷与IT业在软件应用上的成熟完美结合，成为继无纸化办公、互联网远程化办公之后的新一代办公模式。

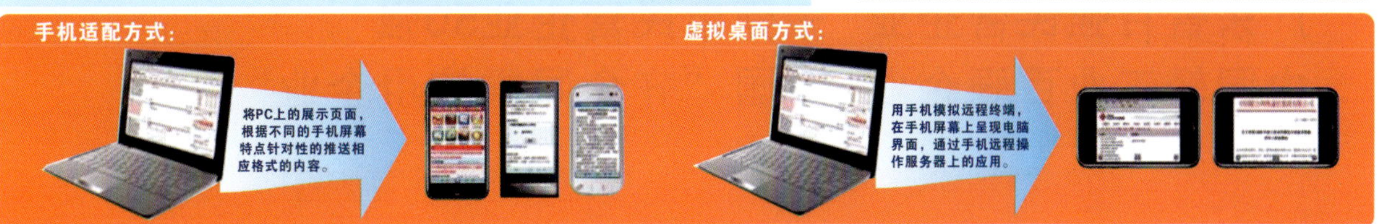

中国南方电网 CHINA SOUTHERN POWER GRID 广东电网

2011年6月9日，广东电网公司总经理廖建华（右三）、党委书记金基民（右二）到东莞市调研，并与市委书记、市人大常委会主任刘志庚（左三）、副市长邓志广（左二）共同商讨东莞未来的经济及电网发展

2011年12月27日，市委书记、市人大常委会主任徐建华莅临东莞供电局调研指导工作

2011年6月26日，广东电网公司副总经理罗辑一行对东莞供电局农电人员上岗考试进行巡考

东莞供电局全力以赴保障深圳大运会供电

2011年11月17日，东莞供电局局长雷烈波走访大客户华为技术有限公司

2011年12月24日，东莞供电局举办“走进绿色电网寻访莞邑文化”大型系列社会活动

公司东莞供电局

2011年8月19日，国家科技支撑计划“±200兆伏安级链式静止无功补偿器STATCOM”装置示范工程投产

创先争优活动——“流动营业厅”下乡服务现场

2011年6月24日，东莞供电局举办2011年输电线路技能竞赛

南方电网公司重点工程——500千伏锟宝线工程铁塔施工现场

2011年12月24日，洪梅镇万阁甲乙线同停T接110千伏河西变电站线路连夜施工

2011年6月17日，东莞供电局举办“颂歌献给党”歌咏会

东莞职业

2011年11月11日，省教育厅副厅长叶小山（中）到东莞职业技术学院调研，并参观综合物流实训室和精工实训车间

2011年5月23日，东莞职业技术学院虎门培训学院挂牌成立

东莞职业技术学院积极加强校企合作，与多家企业建立合作伙伴关系。图为2011年6月30日，学院与喜来登大酒店签订校企合作协议

东莞职业技术学院采取多项措施保障学生食品安全，被评为“广东省餐饮服务食品安全示范单位”。2011年11月24日，省、市食品药品监督局领导为学院授牌

2011年5月31日，四川达州市职业教育考察团到东莞职业技术学院参观考察

2011年6月17日，东莞职业技术学院管理科学系商务综合实训基地落成暨大学生超市开业，学院领导为落成开业剪彩并与师生合影

技术学院

2011年6月16日，东莞职业技术学院组织学生参加纪念中国共产党建党90周年知识竞赛

东莞职业技术学院管理科学系学生喜获2011年全国大学生企业管理沙盘模拟大赛一等奖

2011年6月27日，东莞职业技术学院举办庆祝中国共产党建党九十周年大会，并对优秀党员进行表彰

东莞职业技术学院举办第3届文化艺术节闭幕式暨2012元旦晚会，图为女教师表演舞蹈节目

东莞职业技术学院加强学生素质教育，每年对入校新生进行军训。图为2011年9月28日，副院长贺定修（左二）检阅新生队列

宏远·中央街

中心金铺 一旺当红

买铺就买中心区 坐享商业原始股

30年东莞，一个中心区

东莞中心区，东莞30年城市化进程的精华所在，政府斥资500亿打造城市中心，吸引大规模的投资企业与消费人群。随着中心区价值的日益凸显，中心区人口迅速递增，商铺越发成熟，传统商业中心爆发大规模财富商机。

升值总是从中心区开始

东莞中心区商铺价值具备超高成长空间，价格将呈几何式井喷。

三大利好！震撼全城！即买即赚！

- 第一大利好：市民文化中心、工人文化宫开工在即！数亿市政投资，新城市中心呼之欲出！
- 第二大利好：康城国际综合体动工！500强商业巨头强势入驻！新商业中心箭在弦上！
- 第三大利好：金丰三桥通车，和谐路动工！桥通路通财富通！财气再上一层楼！

与世界500强为邻！70万核心客户群体！20亿财富空间！

宏远大社区，世界商业500强巨头抢先进驻，财富机遇毋庸置疑！中心区核心消费人群，超过70万人，以每人每年消费3000元计。共有21亿的巨额财富空间。

宏远品牌 为您的投资保驾护航！

广东宏远集团房地产开发有限公司经营地产二十余载，曾连续多年被评为“房地产综合开发先进企业”。公司陆续开发建设了江南第一城、江南雅筑、江南世家、宏景中心、时代广场等十余个商住类综合项目，众多开发经验见证了宏远地产的雄厚实力。

宏远地产持续20年以造城的魄力打造了宏远大社区，营造了200万㎡南城唯一省级宜居社区，成就东莞中心区宁静至美的人居大境。

品牌企业，投资无忧，升值在望，值得拥有！

广东宏远集团房地产开发有限公司保留本次活动最终解析权

东莞中心金铺大搜罗！快来看看哪个适合你？？

宏远中央街百万社群，50㎡升值金铺/50-60㎡社区主入口珍藏绝版街铺，限量释放！80-110㎡餐饮旺铺，火爆热抢！东莞就没有做不旺的餐饮铺！

凤凰广场，东莞中心商业旗舰铺！400㎡带租约餐饮铺！核心区位，城市主轴，商业旗舰，即买即收益！绝无仅有，赶快出手！2200㎡整层带租约出售，即买即赚！中心区位，做啥啥赚！

成熟餐饮旺铺现铺发售 抢占财富制高点

哪里有餐饮，哪里就有财富！东莞就没有做不旺的餐饮铺！东莞旺铺淘金节，甄选中心区成熟餐饮旺铺，即买即可收益！抢占财富制高点！

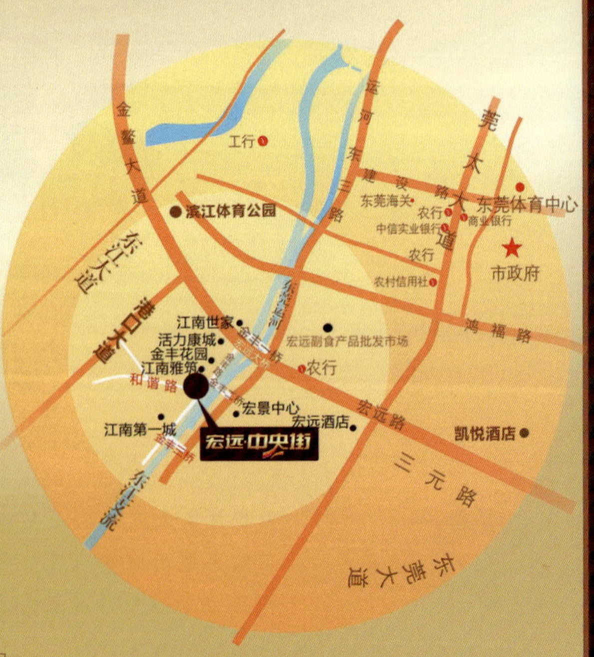

宏远地产 生活因我而变 | 发展商：宏远地产 | 地址：东莞市南城区金丰路江南雅筑租售中心 | 财富热线：0769-22414889

2012
东莞年鉴
DONGGUAN YEARBOOK

2011年大事记

CHRONICLE OF MAJOR EVENTS IN 2011

东江大堤樟村段

■ 全省专业镇转型升级现场会在大朗镇召开

■ 省委书记汪洋到东莞市就转型升级、招商引资进行专项调研

■ 东莞第七次赢得CBA总冠军

编辑：黄文挺

1 月

4日 市委书记、市人大常委会主任刘志庚主持召开2011年第一次党政领导班子联席会议，研究并原则通过《同沙水库饮用水源保护区区划》以及《东莞市中心广场部分雕塑设计方案》。

5日 市委副书记、市长李毓全接待由广西河池市市委副书记、市长谢志刚率领的党政代表团一行，市领导冷晓明等参加会见。

□ 韶关市委常委、副市长张志才率该市党政代表团来莞交流东莞援助韶关的对口帮扶工作，副市长邓志广会见张志才一行。

7日 "幸福·东莞"2011年新春关爱送福行系列活动启动，市委副书记、政法委书记黄双福等出席启动仪式。

9日 省委、省政府在东莞市大朗镇召开全省专业镇转型升级现场会。中共中央政治局委员、省委书记汪洋出席会议，省委副书记、省长黄华华出席会议并作重要讲话，省委常委、常务副省长朱小丹主持会议，副省长宋海宣读全省专业镇建设先进单位和先进个人名单。出席会议的领导为专业镇建设先进单位和个人代表颁奖以及为省"双提升"示范专业镇代表授牌。省科技厅和东莞市大朗镇、中山市小榄镇、佛山市北滘镇、广州市狮岭镇负责同志在会上发言。会前，会议代表参观考察大朗镇行政（产业）服务中心、东莞市毛织产业科技创新中心和大朗现代信息服务创意产业园。

10日 市委书记、市人大常委会主任刘志庚主持召开市党政领导班子联席会议，专题传达省委十届八次全会以及全省专业镇转型升级现场会精神，并研究其他事项。

□ 《东莞薄膜太阳能光伏产业基地发展规划》在2011年第1次市长办公会议上获得通过。

□ 市委书记、市人大常委会主任刘志庚会见中国奥委会名誉主席何振梁一行。

□ 市委书记、市人大常委会主任刘志庚等会见访莞的黄埔海关关长刘广平一行。

□ 市纪委、市监察局筹划建设的综合型监察服务平台——"阳光东莞"网站（网址：http://ygdg.dg.gov.cn）正式开通运行。

11日 中共东莞市委十二届七次全会召开，会议的主要任务是听取市委常委会关于上年的工作报告，审议《中共东莞市委关于制定国民经济和社会发展第十二个五年规划的建议（讨论稿）》，深入分析东莞市经济社会发展面临的形势，研究部署2011年和此后一个时期的主要任务。会议表决通过《中国共产党东莞市第十二届委员会第七次全体会议决议》。

□ 市委常委、副市长江凌会见新加坡驻广州总领事馆总领事洪齐全一行。

12日 全市组织工作会议召开，市委书记、市人大常委会主任刘志庚出席会议并作讲话，市委常委、组织部部长庞国梅总结部署全市组织工作。

□ 由团市委、市人力资源局、东莞电视台、市青联、市青企协、市学联联合主办的"中国移动Mobile Market"首届东莞市青年创业大赛拉开序幕。市委常委、组织部部长庞国梅等出席大赛启动仪式。

□ 2011年全国气象局长工作会议在莞召开。

13日 由全国人大常委会委员、农委副主任委员李乾元和刘振伟率领的全国人大调研组莅临东莞市调研。市委书记、市人大常委会主任刘志庚等会见调研组一行。

□ 2011年消防安全工作会议召开，副市长成洪波出席会议，并与各镇街签订消防安全责任状。

□ 23时31分，位于樟洋社区樟深大道南122号的详发五金轴承店突发大火。公安消防人员共救出受困人员27名，有3人当场死亡，另有5人送院抢救无效死亡。省公安厅副厅长郑东、省消防总队政委牛跃光、省消防总队防火部部长卢小平，副市长邓志广等赶到现场指挥处置。

14日 市党政领导班子联席会议专题传达贯彻全省人才工作会议精神，研究决定建立高层次人才列席重大会议制度，即将召开的“两会”率先施行。会议还研究审定2011年市政府十件实事，社会治安连续六年位列十件实事之首。

□ 联席会议研究并审定2011年市政府十件实事，包括：加强社会治安治理；建设一批学校；完善公共卫生服务；加大扶贫和就业力度；建设宜居社区和社区生活服务中心；整治市区内涝；保障食品安全；建设城市绿道和森林公园；治理垃圾填埋场、汽车尾气和工业锅炉；实施“文化惠民”工程。

□ 省委副书记、省纪委书记朱明国参加在东莞市举办的2011年全国气象部门党风廉政建设工作会议后，会见刘志庚、李毓全等市几套班子领导成员。

□ 广东省安全生产责任制履职情况汇报会在东莞市举行。市委副书记、市长李毓全等向省安全生产责任制考核组进行述职。

□ 全省人防办主任会议在东莞市举行，东莞市在会上获颁省人防工程建设“调结构、强管理、重质量、增效益”活动先进单位奖项，副市长梁国英参加会议。

□ 全市政法工作暨维护稳定和社会治安综合治理工作表彰会议召开。市领导刘志庚、李毓全等出席会议。

16日 中国人民政治协商会议东莞市第十一届委员会第五次会议在市会议大厦开幕，来自各党派团体和各界各行业的400多名政协委员围绕关系国计民生的重大问题，切实履行职能，积极建言献策。市政协主席刘树基，市政协副主席林明枢、刘发枝、邝明子、朱伍坤、袁德和、周楚良、钟淦泉、张玉其，秘书长梁近东在主席台前排就座。刘志庚、李毓全、黄双福、张继雄、冷晓明、何嘉琪、庞国梅、甄瑞潮、崔建、江凌、王道平、刘国辉等在主席台就座。大会由林明枢主持。

□ 广东县域经济研究与发展促进会、广东省委党校省情研究中心联合发布《2010广东镇域经济综合发展力研究报告》。东莞28个镇全部跻身广东镇域经济综合发展力百强；虎门镇综合发展力排名位列第一。在综合发展力排名前十中，东莞豪揽五席，分别是虎门、长安、厚街、塘厦和常平。

17日 东莞市第十四届人民代表大会第六次会议在市会议大厦开幕。大会由市委书记、市人大常委会主任、大会主席团常务主席、大会执行主席刘志庚主持。该次会议其他执行主席黄双福、张继雄、张顺光、冯同恩、吕兢、李秀冰、吴镇成、陈柏南在主席台前排就座。出席和应邀列席大会并在主席台就座的还有李毓全、刘树基、冷晓明、何嘉琪、庞国梅、甄瑞潮、崔建、江凌、王道平、刘国辉、袁李松、傅照辉、梁国英、吴道闻、邓志广、严小康、张顺彩、许美君、赵象明、陈国辉、林明枢、刘发枝、邝明子、朱伍坤、袁德和、张玉其、刘卫芳、何碧霞、黄文艾、殷焕明、周致纳和大会主席团其他成员。

市长李毓全代表市人民政府向大会作《政府工作报告》。大会以书面的形式，向全体与会人员印发《东莞市国民经济和社会发展第十二个五年规划纲要草案》等文件，供代表们审查。10名高层次人才首次受邀列席大会，55名社会各阶层人士获准旁听会议。

□ 全国人大常委会原副委员长蒋正华莅莞调研。市委书记、市人大常委会主任刘志庚，市委副书记、市长李毓全接待蒋正华，市人大常委会副主任吕兢陪同调研。

19日 省政府下发《关于调整我省企业职工最低工资标准的通知》，决定再次调整提高企业职工最低工资标准，东莞市最低工资标准将调至1100元/月，对应的非全日制职工最低工资标准为10.5元/小时，新标准从2011年3月1日起执行。

□ 驻港部队政治部主任冯晓林率团来莞访问。市委副书记、市长李毓全接待冯晓林一行，副市长成洪波参加会见。

□ “中国最具海外影响力城市”评选活动颁奖典礼在香港举行，东莞市被评选为“2010中国最具海外影响力城市”。市委书记、市人大常委会主任刘志庚，市委副书记、市长李毓全分别荣获“明星市委书记”和“明星市长”荣誉称号。

20日 副省长佟星率省委、省政府“送温暖”慰问团到东莞开展慰问活动，李毓全等市领导陪同。

□ 全市宣传思想工作会议在市行政办事中心召开，市委书记、市人大常委会主任刘志庚出席会议并作讲话。

25日 东莞首批《餐饮服务许可证》颁发。市食品药监局发的《餐饮服务许可证》取代原由市卫生局颁发的《卫生许可证》，成为检验餐饮场所卫生是否达标的标志。

27日 中国共产党东莞市第十二届纪律检查委员会第六次全体会议召开。全会传达学习胡锦涛同志在十七届中央纪委六次全会上的重要讲话和十七届中央纪委六次全会精神，传达学习汪洋同志在省纪委十届五次全会上的重要讲话和省纪委十届五次全会精神，总结2010年东莞市党风廉政建设和反腐败工作，部署2011年的反腐倡廉工作任务。市领导刘志庚、李毓全、黄双福、庞国梅、甄瑞潮、崔建、王道平、刘国辉、冯同恩、李秀冰、吴镇成、梁国英、邓志广、严小康、成洪波、袁德和、莫布兴、何碧霞、黄文艾、陈锦洪、吴才华出席会议。会议由市委常委、市纪委书记甄瑞潮主持。

□ 189名“优秀新莞人”集体亮相，受到市领导刘志庚、李毓全等接见。

□ 珠三角民进“转变发展方式，建设幸福广东”座谈会在莞举行，全国政协副主席、民进中央常务副主席、民进广东省委会主委罗富和率领珠三角民进委员代表参加，市委书记、市人大常委会主任刘志庚接待罗富和一行。

▲ 28日 全市外经贸工作会议召开，市委书记、市人大常委会主任刘志庚出席会议并作讲话，会议由市委常委、副市长江凌主持。

□ 东莞市法学会成立大会举行，大会选举产生东莞市法学会第一届理事会以及第一届常务理事会。市委副书记、市人大常委会常务副主任、市委政法委书记黄双福出席成立大会，并当选为东莞市法学会会长。

2 月

1日 市政府发出调整东莞市企业职工最低工资标准的通知。从2011年3月1日起，东莞市企业职工最低工资标准调整为1100元/月。

5日 至6日，全国人大常委会副委员长、九三学社中央主席韩启德在省政协副主席、九三学社广东省委主委姚志彬的陪同下，在东莞就经济、文化建设等情况进行考察，并分别会见市领导刘志庚、李毓全。

12日 省委书记汪洋到东莞市就转型升级、招商引资进行专项调研。汪洋主持召开座谈会，听取市委、市政府关于招商引资情况汇报。市领导刘志庚、李毓全等参加座谈会。

13日 全国政协原副主席、中国宋庆龄基金会主席、中国福利会主席胡启立莅莞视察，市委书记、市人大常委会主任刘志庚陪同视察。

□ 国家安全生产监督管理总局局长、党组书记骆琳一行来莞考察调研东莞市企业安全生产工作。市委副书记、市长李毓全会见骆琳一行。

14日 市委书记、市人大常委会主任刘志庚会见雀巢大中华区总裁鲍尔率领的高层代表团。

□ 江苏扬州市委副书记王荣平等带领该市文明城市考察团莅莞考察，东莞市委常委、宣传部部长王道平接待考察团一行并进行座谈。

□ 市委常委、常务副市长冷晓明同时会见汇丰银行东莞分行、恒生银行东莞分行、星展银行东莞分行、东亚银行东莞代表处、富邦银行东莞代表处、玉山银行东莞代表处等6家外资银行的负责人。

□ 原中共中央政治局委员、十届全国人大常委会副委员长李铁映莅莞视察，市领导刘志庚、李毓全等接待李铁映一行。

16日 市委、市政府举行仪式欢送东莞市第六批援疆干部及专业人才。市委书记、市人大常委会主任刘志庚，市委副书记、市长李毓全等出席欢送会。

□ 商务部副部长蒋耀平一行莅莞调研，副省长招玉芳，市领导刘志庚、李毓全等会见蒋耀平一行。

20日 东莞军分区新营院工程奠基仪式在东城新锡边村举行。广东省军区副司令员张鲁江，市委副书记、市长李毓全，市委常委、东莞军分区司令员刘国辉等军地领导出席奠基仪式。奠基仪式由市委常委、常务副市长冷晓明主持。

21日 市委书记、市人大常委会主任刘志庚主持召开春节后首次市党政领导班子联席会议，会议专题传达省委书记汪洋近期到东莞市进行调研时的讲话精神，审议通过《关于进一步加强对外招商引资工作的指导意见》、《中共东莞市委市人民政府关于促进民营经济发展上水平的实施意见》等多项新政。

22日 全市村、社区“两委”换届选举工作动员大会召开。

□ 副省长雷于蓝，省政协副主席、省卫生厅厅长姚志彬莅莞调研，市委书记、市人大常委会主任刘志庚等接待雷于蓝一行。

23日 东莞市与新疆农三师图木舒克市对口援建工作座谈会在莞举行。东莞32个镇街与新疆兵团农三师图木舒克市15个团场正式结对帮扶。市委书记、市人大常委会主任刘志庚等接待农三师图木舒克市考察团。

□ 全国首家综合性三甲民营医院落户东莞。东莞市康华医院为成功获评三甲医院挂牌，副省长雷于蓝，全国政协常委、中联办副主任黎桂康，广东省政协副主席、卫生厅厅长姚志彬，市委书记、市人大常委会主任刘志庚等出席挂牌仪式。

□ 市委常委、副市长江凌会见越南驻广州新任总领事苏国俊一行。

▲ 台湾华新丽华集团华科事业群华南营运总部奠基典礼在大朗象山工业园举行。广东省副省长宋海，省委台湾工作办公室副主任张科，市委书记、市人大常委会主任刘志庚等出席奠基典礼。

24日 全国质检系统法制工作会议在莞召开。国家质检总局副局长蒲长城、副省长招玉芳出席会议。市委领导刘志庚、李毓全等会见蒲长城一行。

□ 创建国家历史文化名城工作协调会召开，正式启动创建国家历史文化名城工作。

□ 副省长招玉芳一行到莞调研，省外经贸厅厅长梁耀文，省外经贸厅副厅长吴军,市委常委、副市长江凌陪同调研。

□ 召开全市市内扶贫“责任到单位责任到人”工作会议，市委常委、秘书长何嘉琪等出席会议。

□ 中国家居建材电子商务高峰论坛首站在厚街举行，吸引近500名家具业人士。

25日 2011年全市重点项目建设工作会议在市行政办事中心举行。市领导刘志庚、李毓全等出席会议。

□ 市委书记、市人大常委会主任刘志庚会见新华社广东分社社长杨春南。

28日 市党政领导班子联席会议审议并通过《文化名城战略“四个名城”建设实施意见》和《东莞城市形象总体规划工作方案（2011—2015）》，标志着“四个名城”建设和东莞城市形象推广工作正式步入实施阶段。

□ 2011年全市文化工作会议召开，市领导李毓全等出席会议。

3 月

1日 刘志庚、李毓全等市几套班子领导到寮步镇佛灵湖郊野公园参加义务植树。

□ 至2日，全国重点青少年群体教育帮助和预防犯罪试点工作调研组一行莅莞，市委副书记、市人大常会常务副主任、市委政法委书记黄双福等接待调研组一行。

□ “东莞美术作品展”在香港大会堂开幕，这是东莞美术精品首次以团体的形式在香港展出。

2日 东莞市巡视工作动员大会举行。3月1日至5月16日，省委第十巡视组将代表省委，到东莞市开展巡视工作，对市党

政领导班子及其成员贯彻执行党的路线方针政策和省委决议、决定等情况进行巡视监督。

□ 安徽省委常委、副省长赵树丛率安徽省考察团来莞考察外向型农业和农业产业化经验，市委书记、市人大常委会主任刘志庚接待赵树丛一行。

□ 省食品安全整顿工作考评组莅莞督导食品安全整顿工作，副市长吴道闻陪同检查。

3日 市高中阶段学校布局调整校舍建设现场督导会议在麻涌召开，副市长吴道闻出席会议。

□ 贵州省安顺市委书记陈坚率党政代表团来莞考察。市委书记、市人大常委会主任刘志庚等接待代表团一行。

6日 福建漳州市委书记、市人大常委会主任陈冬率领漳州党政考察团莅莞考察，市委书记、市人大常委会主任刘志庚等陪同考察。

7日 市委书记、市人大常委会主任刘志庚率东莞市考察团抵达广西考察的首站桂林，东莞市与桂林市签订《经贸合作意向书》。

□ 全国人大代表，市委副书记、市长李毓全在京接受包括日本经济新闻社等多家中外媒体集体采访。

□ 省委常委、副省长肖志恒一行莅莞，就依托供销社和农民专业合作社建设平价商店、稳定农产品价格工作进行调研。市委常委、常务副市长冷晓明等接待肖志恒一行。

□ 省委常委、政法委书记、公安厅厅长梁伟发率检查组莅莞检查社会管理创新工作。市委副书记、市人大常委会常务副主任、市委政法委书记黄双福等陪同检查。

9日 全国人大代表、东莞市委副书记、市长李毓全在京接受《科技日报》采访。

□ 全市落实党风廉政和反腐败工作部署分工暨政风行风评议动员会召开。市委常委、市纪委书记甄瑞潮，副市长李小梅等出席会议。

10日 东莞市考察团在钦州考察。两市签订《钦州东莞合作建设综合物流加工项目投资框架协议》。市领导刘志庚和钦州市委书记张晓钦等出席签约仪式。

□ 全国政协原副主席叶选平一行莅临东莞，在市政协主席刘树基的陪同下，参观塘厦镇生活垃圾填埋场、沼气发电项目，详细了解东莞市城市生活垃圾处理等情况。

12日 东莞市政府成立由外经贸、海关、检验检疫等部门组成的联合应急小组，在全市7个通关口岸派驻专门工作人员，现场解决受日本地震影响的日资企业有关问题，确保日资企业进出口顺畅。

14日 广东省与中央企业战略合作座谈会暨签约仪式在京举行。在市委书记、市人大常委会主任刘志庚，市委副书记、市长李毓全等市领导见证下，东莞签下五矿钢铁物流市场项目、东莞中外运物流中心项目、中国联通南方（松山湖）基地项目，三个项目合计总投资达34.6亿元。

15日 遵义市委常委、副市长姬德君率该市党政代表团来莞考察。副市长邓志广会见姬德君一行。

□ 全国信息技术标准化技术委员会在东莞举办新闻发布会，公布5月1日之后机箱、键盘、鼠标等产品开始实施由东莞的民企——金河田主导制定的国家标准。其中机箱和鼠标，是首次成立标准，填补国内的空白。

16日 全市经济和信息化工作会议召开。市领导刘志庚、李毓全等出席会议。

□ 新华社广东分社党组书记、社长杨春南，新华社内参清样室主任陈雁率调研组来莞就社会管理创新展开专题调研，市委书记、市人大常委会主任刘志庚接受调研组采访。

□ 第25届国际名家具（东莞）展览会在厚街开幕。省政协副主席汤炳权，省外经贸厅厅长梁耀文，市委常委、常务副市长冷晓明等领导出席开幕式。

17日 东莞市创建全国双拥模范城“七连冠”工作情况汇报会举行。市领导刘志庚、李毓全等参加会议。

□ 16日晚至17日上午，受日本地震实情影响，东莞市各农贸市场和超市的食盐遭到市民抢购，每包售价涨至5—10元（平日每包1.3元，500克/包）。

18日 市委对外宣传工作领导小组（扩大）会议召开，动员部署下一阶段的东莞城市形象传播工作。市委副书记、市人大常委会常务副主任、市委政法委书记、市委对外宣传工作领导小组组长黄双福等出席会议，市委对外宣传工作领导小组成员单位、有关部门分管负责人、各镇街宣传委员参加会议。

□ 组织产学研考察团赴香港考察，这是东莞市产学研考察团首次奔赴境外进行考察。在为期2天的行程中，考察团与香港高校共签订26个合作意向。考察团由市委常委、常务副市长冷晓明带队。

20日 中央统战部副部长、全国工商联党组书记全哲洙一行抵莞，就中小企业问题开展专题调研并举行座谈会。副省长佟星，市领导刘志庚、李毓全等会见调研组一行。

21日 市委书记、市人大常委会主任刘志庚主持召开市党政领导班子联席会议，专题传达贯彻全国“两会”精神。会议还审定并原则通过《关于加快学前教育改革发展的意见》和《东莞市学前教育三年行动计划（2011—2013）》。

□ 2011年第3次市长办公会议举行，市委副书记、市长李毓全主持会议。会议审议通过《东莞市城市轨道交通管理暂行规定》、《东莞市轨道交通站点周边土地专项储备与联合开发实施办法》等内容。

22日 广东省第六次地方志工作电视电话会议暨2011年全市地方志工作会议召开，副市长吴道闻在东莞分会场参加会议，并部署东莞市2011年的地方志工作。

23日 2011年东莞市建设宜居社区（村）动员大会召开，部署宜居社区建设工作。市委副书记、市长李毓全等出席会议。

▲ 东莞市与中央企业战略合作项目签约仪式在市政府举行。东莞一举签下五大央企项目，总投资金额134.47亿元。五大央企项目分别是中远造船扩建项目（二期含码头），中国移动区域生产中心，中国动漫集团南方基地项目，中国文化传媒集团的“家”系列文化基地、非物质文化遗产特色园和中国文化名人交流中心项目，东莞北京交大华南轨道交通研究院项目。市委常委、常务副市长冷晓明等出席签约仪式。

□ 2011年全省城市战线共青团工作会议在莞召开。市委常委、组织部部长庞国梅接待团省委副书记陈小锋等与会代表一行。

□ 东莞市首批莞籍专业人才学历进修资助授证仪式在市行政办事中心一楼多功能会议厅举行。副市长李小梅参加授证仪式。

25日 国务院和省政府第四次廉政工作电视电话会议相继举行。市领导李毓全等出席东莞分会场会议。在国家、省电视电话会议结束后，东莞分会场随即举行市政府廉政工作会议。

□ 市委书记、市人大常委会主任刘志庚会见全国高科技国家发展战略专家委员会副主任祖明一行。

26日 微软（中国）有限公司副总裁曾良拜会市委书记、市人大常委会主任刘志庚。

28日 市委书记、市人大常委会主任刘志庚会见来莞调研的交通银行总行党委书记、董事长胡怀邦一行。

29日 省委常委、广州市委书记张广宁，广州市市长万庆良率广州市党政代表团来莞考察转型升级、自主创新、“三旧”改造等方面经验，刘志庚、李毓全等市几套班子领导陪同考察。

□ 东莞在台北举办“两岸生技与医材产业合作会议”。东莞和台湾两地共80多家生物医药企业参会。市委常委、常务副市长冷晓明与会。

30日 全市生活垃圾处理工作会议举行。市委书记、市人大常委会主任刘志庚，市委副书记、市长李毓全出席会议并发表讲话。

□ 东莞市在S255桥头收费站举行市属政府还贷公路收费站停止收费仪式。市辖区内与周边市交界处的18个政府还贷公路收费站，除位于G107国道中堂江南收费站外，其余17个全部正式结束收费历史。这标志着东莞为实施珠三角交通一体化迈出坚实的一步。

□ 总投资131亿元的宏威（晨真）硅薄膜太阳能电池项目在东部工业园南城园区举行奠基仪式，省国土资源厅、省经信委、省科技厅有关负责人，市领导刘志庚、李毓全等出席。

31日 国台办在莞召开台资企业转型升级经验交流会。市委常委、副市长江凌代表东莞介绍推动台资企业转型升级经验。

4　月

1日 全市高等教育发展座谈会举行，市领导刘志庚、李毓全、吴道闻出席会议。

□ 东莞市第二市区人民检察院获“全国先进基层检察院”揭牌仪式举行，这是东莞市基层检察院首次获得该项荣誉。市委副书记、市人大常委会常务副主任、市委政法委书记黄双福，市人大常委会副主任吴镇成，市政协副主席莫布兴出席仪式。

6日 省政府副秘书长陈志英率2010年度实施《珠三角规划纲要》评估考核组一行11人莅莞，对东莞实施《纲要》总体工作情况进行实地评估考核。市委书记、市人大常委会主任刘志庚接待考核组一行。市委副书记、市长、市实施《纲要》领导工作小组组长李毓全主持召开东莞市贯彻实施《纲要》工作情况汇报会，向省考核组汇报东莞市实施《纲要》工作情况。市委常委、常务副市长冷晓明，市委常委、副市长江凌参加评估考核。

□ 东莞市4月1日至15日期间开展“基层大接访”活动。

7日 市依法治市工作领导小组召开第十七次会议，市领导刘志庚、李毓全、刘树基、黄双福、吴镇成、莫布兴、梁近东，市中级人民法院院长何碧霞、市人民检察院检察长黄文艾，以及市工作领导小组成员单位相关负责人等参加会议。

□ 市第十四届人大常委会第三十次会议召开。全体委员讨论并表决通过相关人事任免事项，听取市第二人民法院和市第二区人民检察院2010年工作报告。市委副书记、市人大常委会常务副主任、市委政法委书记黄双福，市人大常委会副主任冯同恩、吕兢、李秀冰、吴镇成、郭水，市人大常委会秘书长陈柏楠出席会议。市委常委、常务副市长冷晓明，市中级人民法院院长何碧霞、市人民检察院检察长黄文艾等列席会议。

□ 副省长雷于蓝，省卫生厅党组书记、省食品药品监督管理局局长陈元胜莅莞视察东莞药品安全专项整治工作。市领导刘志庚、李毓全接待雷于蓝一行。

□ “支援日资企业现场办公会”召开，东莞出台《支援企业应对日本“3·11”地震影响稳定生产经营若干阶段性措施》以扶持受灾日企及相关企业。市委副书记、市长李毓全等，以及日本驻广州总领事馆总领事田尻和宏、日本贸易振兴机构广州代表处所长横田光弘等出席。

8日 市领导刘志庚、李毓全再率东莞市党政代表团前往深圳，求取深圳在贯彻落实《珠三角规划纲要》、产业转型升级等方面的先进经验。省委常委、深圳市委书记王荣，深圳市委副书记、市长许勤，深圳市人大常委会主任刘玉浦，深圳市政协主席白天等几套班子领导会见代表团一行。

9日 全国规模最大、品类最齐全的综合性LED照明展示中心——东莞市英辉集团有限公司旗下所属LED节能照明展示中心正式开业，市政协主席刘树基等市领导出席开业仪式并为中心开业剪彩。

11日 市党政领导班子联席会议原则通过《东莞市中长期人才发展规划纲要（2010—2020年）》。

□ 市领导刘志庚、李毓全率东莞市党政代表团前往清远市考察学习。

□ 全省科学技术奖励大会暨全省科技工作会议在广州召开。东莞市获得2010年度省科技奖8项，其中二、三等奖各4项，总数排在全省第4位。市委副书记、市长李毓全等参加会议。

12日 浙江省委书记、省人大常委会主任赵洪祝率浙江省党政代表团在广东省领导欧广源、肖志恒、徐少华的陪同下莅莞考察。市委书记、市人大常委会主任刘志庚等陪同考察。

□ 广东省第九次消防安全责任人会议暨深入推进社会消防安全防火墙工程现场会在东莞召开，副省长刘昆，广东省公安消防总队总队长雷盛武、政委牛跃光出席会议。市委书记、市人大常委会主任刘志庚等接待刘昆一行。

□ 2011年全省社会救助工作会议在东莞召开，省民政厅副厅长王长胜、副市长李小梅出席会议。

13日 东莞市召开扶贫开发“规划到户、责任到人”工作会议，研究部署2011年“双到”工作。市委书记、市人大常委会主任刘志庚出席会议并作讲话，市委副书记、市长李毓全宣读相关表彰决定。

14日 “2011年‘南粤春暖’东莞市校企合作洽谈会”在会展中心开幕。省人力资源和社会保障厅副厅长葛国兴、副市长李小梅等领导出席洽谈会。

15日 全国妇联副主席、书记处书记洪天慧一行莅莞，调研东莞市妇联参与社会事务服务管理方面的新路子，市委常委、组织部部长庞国梅陪同调研。

□ 中央直属机关纪工委副书记梁潮平，中央纪委机关党委副书记、机关纪委书记杨天福，率中直机关部分单位纪委书记莅莞考察。市委副书记、市长李毓全接待考察组一行，市委常委、市纪委书记甄瑞潮向考察组详细介绍东莞市近年来经济社会发展和反腐倡廉建设情况。

17日 升格为本科院校的南博职业技术学院正式更名为广东科技学院，省政府副秘书长李捍东，市委常委、东莞军分区司令员刘国辉，副市长吴道闻等出席该校挂牌仪式。

18日 深莞惠三市党政领导聚首东莞召开第五次联席会

议，共同商讨合作重点，并审议通过推进“坪新清”片区开发、深莞共同填海建设深莞新城、力争2011年上半年实现交通卡一卡通三市、建立环深圳大运安保圈等13项近期工作重点。《深莞惠边界地区坪新清片区规划开发合作框架协议》等五个合作协议同时签署。省委常委、深圳市委书记王荣，深圳市委副书记、市长许勤，惠州市委书记、市人大常委会主任黄业斌，惠州市委副书记、市长李汝求，东莞市委书记、市人大常委会主任刘志庚，东莞市委副书记、市长李毓全等东莞市领导出席会议。

19日　全市人才工作会议召开，东莞计划实施“人才东莞”战略，并设立50亿元专项资金。市委书记、市人大常委会主任刘志庚出席会议并作讲话，市委副书记、市长李毓全主持会议。

□ 2011年第4次市长办公会议举行，市委副书记、市长李毓全主持会议。会议审议通过《东莞市重点项目前期工作并联审批实施方案》、《2011年东莞市生活垃圾分类收运处置试点工作实施方案（送审稿）》、《关于印发东莞市节水型社会建设试点实施方案的请示》等内容。

20日　中共中央政治局委员、省委书记汪洋，省委副书记、省长黄华华率广东省党政代表团50余人到云南、贵州两省学习考察，市委书记、市人大常委会主任刘志庚随团学习考察。

□ 东莞召开全市消防安全责任人会议暨加快推进社会安全“防火墙”工程现场会。市委副书记、市长李毓全出席会议并作讲话，副市长成洪波出席会议。

▲ 21日　2011年东莞台湾名品博览会在东莞国际会展中心正式开幕。省委常委、省委统战部部长周镇宏，副省长招玉芳，省外经贸厅厅长梁耀文，市领导李毓全等，以及来自台湾彰化、南投等县的负责人、台商协会代表、台资参会企业代表等200多人参加开幕式。

22日　全市知识产权工作会议暨专利奖励大会召开。市委副书记、市长李毓全等出席会议。

25日　新修订的《东莞市积分制入户暂行办法》、《东莞市积分制入户管理实施细则》及《2011年东莞市积分制入户计分标准》三份政策性文件获市党政领导班子联席会议研究并原则通过。

□ 2011年第5次市长办公会议举行，市委副书记、市长李毓全主持会议。会议审议通过《关于上报东莞市第四批市级企业技术中心认定及专项资金安排计划的请示》、《关于上报2010年东莞市引进技术消化吸收资金项目安排计划的请示》、《关于上报2010年东莞市装备制造业发展专项技术改造资金项目安排计划的请示》等一系列政府资助企业、项目的计划。

26日　广州军区副司令员邢书成少将率工作组来莞调研。市委书记、市人大常委会主任、东莞军分区党委第一书记刘志庚，市委常委、东莞军分区司令员刘国辉，东莞军分区政委刘卫芳等陪同调研。

□ 省委副秘书长谭一鸣一行在市委书记、市人大常委会主任刘志庚等的陪同下，参观考察东莞生态园建设和发展情况。

□ 省人大常委会执法检查组在全国人大常委会委员、省人大常委会副主任王宁生的率领下，莅临东莞市检查指导。市委书记、市人大常委会主任刘志庚等会见检查组一行，市人大常委会副主任冯同恩全程陪同检查组开展执法检查活动，副市长吴道闻代表市政府作情况汇报。

27日　全市新莞人服务管理工作会议举行，出台《关于建设新莞人积分制公共服务体系的指导意见（征求意见稿）》。市委副书记、市人大常委会常务副主任、市委政法委书记黄双福，市委常委、市公安局局长崔建，副市长成洪波等出席会议。

□ 广东东莞银行队在新疆乌鲁木齐红山体育馆进行的总决赛第六场中，以103∶93击败新疆队，以总比分4∶2获得2010/2011赛季中国男子篮球职业联赛（CBA）总冠军，这也是宏远俱乐部8年第七次为东莞这座篮球城市赢得CBA总冠军。中共中央政治局委员、广东省委书记汪洋致电东莞市委书记、市人大常委会主任刘志庚表示祝贺。

28日　全市各界劳动者庆祝五一国际劳动节茶话会在会展国际酒店举行。市几套班子领导刘志庚、刘树基、黄双福等出席茶话会，并为2011年全国五一劳动奖状、奖章和“工人先锋号”获得者、省五一劳动奖章和“工人先锋号”获得者颁奖。

□ 市委召开全市党史工作会议，市委书记、市人大常委会主任刘志庚等出席会议。

□ 广东省财政监督工作座谈会暨“小金库”治理工作布置会在莞召开。市委常委、常务副市长冷晓明出席会议。

□ 以巴基斯坦经济事务部联秘穆罕默德·阿希夫为团长的第五批巴基斯坦青年代表团一行100人，在团中央、团省委工作人员的陪同下，来到东莞开展为期两天的交流访问活动。

29日　市委、市政府召开“全市机关作风建设会议”，市委常委、市纪委书记甄瑞潮出席会议并讲话，副市长李小梅主持会议。

□ 2011年东莞市全民健身绿道行系列活动在松山湖畔举行启动仪式，市领导刘志庚、李毓全等出席。

□ 省政府副秘书长林英莅莞督导广深沿江高速东莞段工程进展情况。市人大常委会副主任郭水陪同检查。

□ 东莞TR轴承正式通过中国合格评定国家认可委员会（CNAS）的认定，成为全国少数几家、广东省目前唯一拥有“国家认可的实验室”的轴承企业。

30日　全市质监系统严厉打击食品非法添加和滥用食品添加剂专项工作会议召开，对严打违法使用食品添加剂工作进行部署。

5　月

5日　市委书记、市人大常委会主任刘志庚主持召开市党政领导班子联席会议，专题传达贯彻全国及全省严厉打击非法添加和滥用食品添加剂专项工作电视电话会议精神。

□ 2011年第6次市长办公会议举行。会议由市委常委、常务副市长冷晓明主持。会议审议通过《关于调整我市出租车燃油附加标准的请示》、《关于印发东莞市污泥集中处置管理暂行规定的请示》、《关于制定东莞市贯彻实施广东建设自然保护区示范省方案（2010—2015年）的请示》、《关于解决创建餐饮服务食品安全示范街补助资金的请示》等内容。

□ 市政府下发《东莞市重点项目前期工作并联审批实施

方案》和《东莞市重点项目服务保障若干规定》。

□ 国家防汛抗旱总指挥部秘书长、水利部副部长刘宁率队莅莞考察水利工程建设，省水利厅厅长黄柏青、副市长李小梅等陪同考察。

6日 《2011年中国城市竞争力蓝皮书：中国城市竞争力报告》发布全国294个城市（包含港澳台）的综合竞争力排名，东莞升至第14位。

11日 珠三角九市产业转型升级巡回检查讲评会走进东莞，省委书记汪洋、省长黄华华率领检查组，先后深入东莞市轨道交通R2线西平站、南城高盛科技园、松山湖东莞电子科技大学电子信息工程研究院、松山湖创新科技园、东莞生态产业园，实地检查东莞市实施《珠江三角洲地区改革发展规划纲要》，特别是产业转型升级相关工作。考察中，汪洋对东莞生态产业园作出点评——“建设生态园，东莞有眼光”，并希望东莞沉住气坚持高标准建设。刘志庚、冷晓明、何嘉琪、江凌、梁国英、严小康等市领导陪同考察。

□ “广东省防震减灾科普教育基地”挂牌仪式在道滘镇四联小学举行，该基地成为东莞市第一个省级的防震减灾科普教育基地。该基地每年定期向社会公众免费开放。

12日 市人民医院整体大搬迁，近600名病人在10辆大巴和39辆救护车、3000多人的协助下，在6个小时内，顺利完成从旧院到新院的迁移过程。

13日 东莞市召开全市镇街换届工作动员会。市领导刘志庚、李毓全等市几套班子领导成员，市直正处以上单位负责同志，市各民主党派主委，各镇街党政正职、党委副书记、组织委员、组织人事办主任约300人参加会议。

□ 东莞市残疾人福利基金会成立典礼暨答谢大会在会展国际大酒店举行。中残联副主席、中国残疾人福利基金会理事长汤小泉，省人大常委郭德勤，省残联理事长宋卓平，市领导刘树基、何嘉琪、吕兢、成洪波、莫布兴、梁近东出席大会。

□ 召开全市打假工作暨卷烟打假工作会议，副市长邓志广出席会议并作讲话。

□ 召开深化医药卫生体制改革工作会议，市委副书记、市长李毓全出席会议并作讲话，副市长吴道闻、市政协副主席邝明子参加会议。

15日 第21次“全国助残日”，主题为“改善残疾人民生，保障残疾人权益”，期间向首批通过机动车驾驶证考试的25名残疾人发放驾驶证。

16日 市党政领导班子联席会议专题传达珠三角九市产业转型升级巡回检查讲评会有关精神，并研究审定三个市属园区接收下放事权及机构改革等事宜。

□ 市府办下发《关于进一步做好房地产市场调控工作实施意见的通知》。

□ 第7次市长办公会议举行，市委副书记、市长李毓全主持会议。会议审议通过《关于印发〈东莞市依托供销社和农民专业合作社建设平价商店稳定农副产品价格保障群众基本生活的实施方案〉的请示》等内容。

□ 市委书记、市人大常委会主任刘志庚会见全国高科技国家发展战略专家委员会主任张明见一行。

17日 东莞市举行创建名村工作动员大会。市领导刘志庚、李毓全、吕兢、李小梅、梁国英、严小康、张玉其等出席会议。

□ 东莞市国家级篮球赛事获奖球队表彰大会举行。市委、市政府2240万元人民币重奖5支“莞字号”球队。市领导刘志庚、刘树基、黄双福、何嘉琪、冯同恩、梁国英、吴道闻、邓志广、严小康等市领导出席表彰大会。

□ “食安一号”行动正式打响，市委常委、常务副市长冷晓明带队到南城开展督导行动。即日起至5月30日，东莞在全市范围内开展食品安全专项整治行动，严厉打击食品非法添加和滥用食品添加剂以及清理非法制售“地沟油”。

□ 2011年东莞“广东扶贫济困日”活动工作会议召开，市委常委、常务副市长冷晓明，副市长邓志广、成洪波出席会议。

18日 全国检察机关惩治和预防渎职侵权犯罪全国巡展揭幕式在市图书馆举行，省检察院副检察长梁德标，市领导刘志庚、李毓全等市几套班子领导出席仪式。

□ 松山湖北京招商推介会在钓鱼台国宾馆举行，18宗合作项目涉及高端电子信息、生物医药、文化创意及云计算、物联网等战略性新兴产业，总投资额达113亿人民币。市委常委、常务副市长冷晓明到会致辞。

□ 市第十四届人大常委会第三十一次会议召开，审议市政府关于《加强文化名城建设 全面提升东莞文化软实力的议案》办理方案的报告，表决通过市人大常委会规范性文件备案审查工作程序规定和有关人事任免事项。市委副书记、市人大常委会常务副主任、市委政法委书记黄双福，市人大常委会副主任冯同恩、吕兢、李秀冰、吴镇成、郭水，市人大常委会秘书长陈柏南及其他组成人员出席会议，副市长严小康、市中级人民法院院长何碧霞、市人民检察院副检察长鲁罡等列席会议。

□ 在市中心广场举行南城治安志愿者工作启动仪式，首批900名治安志愿者走上岗位。这是东莞首支治安志愿者大队。

□ 300多名市民用自行车骑游的方式拉开2011首个“中国旅游日”东莞旅游系列活动的序幕。市委常委、副市长江凌与市民一同骑行绿道，推广绿道游。

20日 东莞企业与上海高校产学研合作交流暨签约仪式在上海高校技术市场顺利举行，市委常委、常务副市长冷晓明出席仪式。

□ 全国民办社会工作服务机构发展战略研讨会在东莞市举行。这是民政部首次组织民办社工服务机构发展研讨会。民政部党组副书记、常务副部长罗平飞，省民政厅厅长刘洪，市委副书记、市人大常委会常务副主任、市委政法委书记黄双福，副市长成洪波，参加这次盛会。

□ 著名的英籍华人收藏家、慈善家赵泰来回到故乡虎门，向东莞市、虎门镇捐赠一批永久送展的珍贵艺术藏品。这批艺术藏品包括18尊宋帝铜像、50幅古代皇宫图，以及古代书画、瓷器、玉石等，堪称价值连城。在签约仪式上，副市长严小康与赵泰来共同签署合作框架协议。

21日 珠三角九市产业转型升级巡回检查讲评总结会在广州召开，会议颁发2011年首设的珠三角地区转变经济发展方式创新工作奖，其中东莞获得三等奖。

23日 东莞市新农村档案工作顺利通过省验收，成为广东首个新农档工作示范市。副市长吴道闻出席验收会并接受牌匾。

□ 省委组织部、省政府教育督导室组织考核组，对东莞市委书记、市长和分管教育工作的副市长2009年和2010年依法履行基础教育工作职责的情况进行考核。市委书记、市人大常委会主任刘志庚接待考核组一行。

□ 由省委组织部副部长、省直机关工委书记罗东凯率领的省直机关工委相关人员，莅莞开展“机关党建走在基层组织建设前头”理论研讨。市委书记、市人大常委会主任刘志庚会见罗东凯一行。

24日 市政府与中国电信广东公司正式签署“加快转型升级，建设幸福东莞”十二五信息化合作框架协议。市领导刘志庚、李毓全等出席签约仪式。

□ 由省依法治省办、省普法办、东莞市委、市人大常委会和市政府联合主办的第六期法治广东论坛在厚街举行。市委

书记、市人大常委会主任刘志庚会见与会代表。

25日 2011广东省农民读书活动启动仪式在东莞市“宜居幸福名村”的创建试点村——麻涌镇麻二社区举行。省委常委、宣传部部长林雄，副省长雷于蓝，市领导刘志庚等出席启动仪式。

□ 副省长宋海率领省教育厅、公安厅、监察厅、保密局、教育考试院等部门负责人，到莞视察普通高考准备工作。市委书记、市人大常委会主任刘志庚接待宋海一行。

□ “东莞市青少年廉洁修身教育基地”正式揭牌并投入使用。市委常委、市纪委书记甄瑞潮等出席揭牌仪式并参观教育基地。

□ 市委书记、市人大常委会主任刘志庚会见团省委书记陈东一行，团省委计划联手东莞服务产业工人上大学。

26日 省委副书记、省纪委书记朱明国，副省长招玉芳，省政协副主席汤炳权等一行，来莞进行“广东省加工贸易发展的新态势”专题调研。市委书记、市人大常委会主任刘志庚主持“大力推进加工贸易转型升级专项视察活动座谈会”。市委副书记、市长李毓全代表东莞市委、市政府作总体情况汇报。省纪委副书记、省监察厅厅长林浩坤，省委副秘书长刘日知，省政府副秘书长、省港澳办主任谭君铁，省台办主任陈国兴，省外经贸厅厅长梁耀文，以及市委常委、副市长江凌等出席座谈会。

□ 省委宣传部副部长、省文改办主任赖斌率队莅莞就贯彻落实“文化强省”工作开展专项调研。市委书记、市人大常委会主任刘志庚会见赖斌一行。市委常委、宣传部部长王道平汇报贯彻落实省委十届七次全会精神和《广东省建设文化强省规划纲要》以及推进文化体制改革的有关情况。副市长严小康出席座谈会。

□ 东莞市落实“文化惠民”工程目标责任工作会议举行。市委副书记、市长李毓全与6个片区的镇街代表签订文化惠民工程责任书。

□ 省纪委在莞召开全省纠风办主任座谈会。省纪委副书记赵振华，市委常委、市纪委书记甄瑞潮出席会议。

27日 东莞市召开双拥工作领导小组全体（扩大）会议。市委书记、市人大常委会主任刘志庚出席会议并作讲话。市委副书记、市长李毓全主持会议。

□ 2011年全市名牌带动战略暨名牌名标企业表彰大会举行，市领导刘志庚、李毓全、邓志广等为58家获得名牌名标称号的企业现场颁发总额为1660万元的奖金。

□ 东莞市科学技术博物馆正式挂牌成为国家4A级旅游景区，是继广东省科技馆之后，省内第二家成为4A级旅游景区的专题科技馆。

□ 市公安局召开现场会，推动全市“大巡警”建设工作全面铺开。市领导黄双福、崔建作讲话，成洪波主持会议。

28日 虎门港沙田港区二期码头首次靠泊货船，这标志着虎门港集团公司首个全资码头项目顺利投入试运营。

□惠州龙门县莞龙经济协会在东莞（惠州）产业转移园管委会正式成立。市领导黄双福、邓志广及龙门县相关领导出席挂牌仪式。

29日 由全国政协常委、教科文体委员会副主任覃志刚和全国政协委员、教科文体委员会副主任蒋效愚所率领的全国政协调研组一行16人莅莞调研。市政协主席刘树基等会见调研组。

30日 市委书记、市人大常委会主任刘志庚主持召开市党政领导班子联席会议，专题传达珠三角转型升级讲评总结会精神。

□ 市委书记、市人大常委会主任刘志庚等会见出席大麦客东城旗舰店开业系列活动的国台办常务副主任、海协会常务副会长郑立中，海基会副董事长高孔廉等。

□ 2011年第8次市长办公会议决定，由11个中心镇、3个园区使用的“市属资产”将无偿划归给中心镇政府或园区管委会。市委常委、常务副市长冷晓明主持会议。

31日 东莞市文明委召开成员（扩大）会议，部署8月中旬至11月“全国文明城市”复评。市委书记、市人大常委会主任刘志庚出席会议并作讲话。

▲ 大麦客首家旗舰店在东城开业，国台办常务副主任、海协会常务副会长郑立中，海基会副董事长高孔廉，省台办主任陈国兴，市委书记、市人大常委会主任刘志庚等领导为大麦客剪彩。

□ 世界鞋业总部基地奠基仪式在厚街举行。市领导冷晓明、梁近东出席仪式。

□ 中共中央组织部调研组到东莞调研乡镇换届和农村帮扶工作。市领导刘志庚、庞国梅接待调研组一行。

6 月

1日 创建国家公共文化服务体系示范区工作座谈会在青岛召开。副市长严小康代表东莞作典型发言。会议正式公布全国首批28个创建国家公共文化服务体系示范区和47个示范项目。东莞成为广东省唯一一个示范区。

□ 30余位省级老干部莅临东莞考察产业转型升级情况，市领导刘志庚、李毓全等分别陪同考察并宴请省级老干部。

□ 东莞报业传媒集团举行庆典，庆祝《东莞日报》创刊25周年暨东莞报业传媒集团成立1周年。市领导刘志庚、李毓全分别题词祝贺，王道平等出席庆典。

□ 2011环境科学与技术国际会议在东莞科技馆开幕。全国人大常委、中国科学技术协会副主席冯长根，市委常委、常务副市长冷晓明出席开幕式。

□ 教育部督导办副主任周坚率全国校安办督查组，莅莞督查中小学校舍安全工程。副市长吴道闻向督查组汇报校舍安全工程开展情况。

□ 市新莞人服务管理局正式启用积分入户网上预报名系统。

□ 市政府与华特迪士尼公司、上海韵创文化传播有限公司在松山湖举行签约仪式，宣布“迪士尼欢乐总动员”全国首发站落地东莞。

2日 市委召开常委会议，专题听取市委政法委、市公安局、市国安局三个部门工作汇报。刘志庚、李毓全等市委常委出席会议。

□ 市委书记、市人大常委会主任刘志庚会见中国外运长航集团有限公司董事长赵沪湘一行。

□ 广东省引进第二批创新科研团队与领军人物授牌仪式在广州举行，东莞有6支团队入选，全市省创新科研团队增至9个。

3日 “新东莞城市商机研讨会”在台北世界贸易展览中心举行。市委常委、副市长江凌出席会议。

4日 为促进东莞与台湾苗栗县的交流与合作，东莞与苗栗县签约仪式在台举行。市委常委、副市长江凌出席签约仪式。

7日 市委书记、市人大常委会主任刘志庚先后主持召开市党政领导班子联席会议和市委常委会，会议原则同意规划部门启动《东莞市中心城区近期建设规划（2011—2015）》编制工作，并审定《东莞市科学与技术发展“十二五”规划》等五个规划方案。

□ 全市扶贫开发“双到”工作会议召开，副市长邓志广出席会议并作讲话。

8日 市委书记、市人大常委会主任刘志庚会见来莞调研的中国国际贸易促进委员会副会长董松根一行，市委常委、常务副市长冷晓明参加会见。

□ 第一次“在莞港资企业升级转型联席会议”在香港举行。市委常委、副市长江凌及香港特区政府相关人士等参加会议。

9日 “广东扶贫济困日”活动驻莞央企，省属、市属企业座谈会召开，市委常委、常务副市长冷晓明出席会议并讲话。

□ 广东省首批省级循环经济示范区授牌仪式在广州举行。经省政府批准，东莞生态产业园区等10个园区入选。

10日 民政部基层政权和社区建设司副司长汤晋苏、新疆民政厅副厅长雪合来提·买买提尼牙孜率新疆基层组织和政权建设学习考察团来莞参观考察。副市长成洪波会见新疆考察团一行。

□ 副市长邓志广陪同由省人社厅副厅长李长峰任组长的省扶贫开发“双到”检查组，先后深入韶关市乳源瑶族自治县东坪镇方武村、瑶族新村等定点帮扶村检查“双到”工作。

11日 2011东莞龙舟文化节暨石龙镇首届“中华龙民俗文化节”龙舟锦标赛上演。省人大常委会原副主任李近维、中央驻香港联络办副主任黎桂康及市领导刘树基等出席开幕式。

12日 在北京大学国家发展研究院举行公立医院改革研讨会上，东莞作为唯一应邀出席会议的地级市，向与会学者和领导介绍东莞市公立医院改革的方案设想，并得到肯定。

13日 全省金融工作会议暨建设金融强省激励表彰大会召开，东莞等市、区被授予2010年广东省“金融稳定奖”。东莞银行、东莞农商行、东莞证券三家本土金融机构同时获得金融创新奖。市委副书记、市长李毓全等参加会议。

14日 省委副书记、省长黄华华赴东莞市就贯彻落实省委十届八次全会精神、推动东莞经济社会平稳较快发展特别是加快推进加工贸易转型升级的问题进行调研。市领导刘志庚等陪同调研。

□ 东莞图书馆、超星数字图书馆联合举办“图书馆促进学习型社会建设研讨会暨东莞学习中心平台启动仪式”。东莞图书馆成为超星学习中心在全国的首家用户，建立全国首个“学习中心”。市委常委、宣传部部长王道平出席活动并致辞。

□ 至15日凌晨，东莞警方再掀“莞安1号”重点整治行动高潮，在企石、石龙、石碣、石排、茶山等镇同时开展集中清查整治，并在全市开展网上逃犯抓捕行动。

□ 2011年中堂龙舟文化节开幕，中堂镇获颁“中堂龙舟景入选广东省非物质文化遗产名录”牌匾和“广东省龙舟民俗文化传承保护研究基地”牌匾。市政协主席刘树基等出席开幕式。

15日 第三届广东外商投资企业产品（内销）博览会（简称“外博会”）开幕式在厚街镇广东现代国际展览中心举行，省委副书记、省长黄华华出席并宣布第三届“外博会”开幕。省委常委、副省长肖志恒，商务部部长助理俞建华分别在开幕式上致辞，省政府秘书长唐豪，市委书记、市人大常委会主任刘志庚，市委副书记、市长李毓全等领导出席开幕式。

□ 省委常委、副省长肖志恒莅莞考察调研东莞平价商店的建设情况，副市长邓志广陪同考察。

□ 市政府颁布《关于深入推进村级体制改革试点工作的通知》。

16日 市纪委、市监察局召开全市纪检监察系统纪念建党90周年暨先进表彰大会。市领导刘志庚、甄瑞潮、李小梅等出席会议，并为受表彰的单位和个人颁奖。

□ 市委常委、常务副市长、东莞市扶贫工作领导小组组长冷晓明前往云浮市云安县白石镇横迳村督导“规划到户，责任到人”工作。

□ 市委副书记、市长李毓全主持召开市长办公会议，审定通过东莞市首批历史建筑名单，研究决定建立东莞市低收入群众临时价格补贴与价格上涨联动机制。

□ “东莞转型”高层论坛在北京举行，东莞市委市政府借全国之智，解一域之题。来自中央政策研究室、中国社会科学院、清华大学副校长、中国科学院、中央财经领导小组办公室等部门的20多位嘉宾出席论坛。市委副书记、市人大常委会常务副主任、市委政法委书记黄双福为论坛致辞。市委常委、市委秘书长何嘉琪主持论坛。

□ 我国首部以莞香为题材、充满东莞元素的电视剧《莞香》在寮步香市影视城举行开机仪式。市政协主席刘树基等领导出席仪式。

17日 全市社区建设工作会议召开。市委常委、组织部部长庞国梅发表讲话。

20日 市委书记、市人大常委会主任刘志庚先后主持召开市党政领导班子联席会议和市委常委会，联席会议专题传达省委副书记、省长黄华华莅莞调研讲话精神，市委常委会审定并原则通过《东莞市先进制造业发展“十二五”规划》。

□ 广东省创先争优先进事迹报告会在市会议大厦举行。会前，市委书记、市人大常委会主任刘志庚会见报告团成员。市直副处以上单位、中央和省驻莞单位党组织负责人等现场聆听创先争优先进事迹报告会。

□ 市委书记、市人大常委会主任刘志庚会见美国科默斯汽车集团董事麦克斯·霍尔姆斯一行。

□ 东莞市召开治理市中心区交通拥堵专题调研会，市领导李毓全等出席会议。

21日 省委常委、常务副省长朱小丹莅莞开展战略性新兴产业发展情况调研。市领导刘志庚、李毓全等接待朱小丹一行。

□ 市委常委、常务副市长冷晓明与美国科默斯汽车集团董事麦克斯·霍尔姆斯一行举行投资洽谈会，商讨该集团在莞投资成立合资公司进行新能源汽车生产的备忘录。

□ 至22日，省政协副主席覃卫东率领省政协调研组莅莞就“加快村庄建设促进城镇化发展”展开专题调研。市政协主席刘树基等接待覃卫东一行。

□ 至22日，市委常委、市公安局局长崔建率市经协办、市公安局、常平镇等有关单位负责人，赴韶关南雄市乌迳镇水松村调研督导扶贫开发“规划到人责任到户”工作。

22日 举行首批东莞城市形象智囊团成员聘任仪式暨座谈会,来自美国、北京、上海、广州的5位专家受聘成为东莞城市形象首批智囊团成员。市委书记、市人大常委会主任刘志庚出席仪式并作讲话。

□ 为期一个月的“幸福广东　和谐家园”首届广东社区文化节开幕式在东莞市行政中心广场举行。省委常委、宣传部部长林雄，副省长雷于蓝，国家文化部社文司副司长李宏，省委宣传部副部长顾作义，省文化厅厅长方健宏，市领导刘志庚、李毓全等出席开幕式。

□ 省委常委、常务副省长朱小丹在珠海主持召开战略性新兴产业发展座谈会，市委常委、常务副市长冷晓明在座谈会上汇报东莞市战略性新兴产业发展情况。

□ 美国科默斯汽车集团与东莞市政府正式签订在东莞成立合资公司的备忘录。市委常委、常务副市长冷晓明出席签约仪式。

□ 瑞士驻广州总领事洪立焜率团抵莞，就双方在东莞轨道交通项目合作一事展开探讨。副市长梁国英接待洪立焜一行。

□ 市政府召开创建名村工作领导小组会议。市委副书记、市长李毓全等参加会议。

□ 省“扶贫济困日”东莞市外资企业、港澳台同胞、华侨华人座谈会召开，全市外资企业、港澳台同胞、华侨华人合计捐赠1833万元。市委常委、副市长江凌等代表出席会议。

□ 至24日，广州军区政治部原副主任杨英凯率领驻粤部队省人大代表调研组莅莞调研。市委书记、市人大常委会主任刘志庚等接待调研组一行。

23日　英国驻穗总领事摩根率部分英国企业驻华代表来莞访问，市委常委、副市长江凌会见摩根一行。

□ 虎门镇南栅社区荔荫园蒋光鼐故居挂牌“广东统一战线基地”，这在东莞市尚属首家。省委统战部副部长蒋乐仪宣读《授牌决定》，并与市领导吴道闻等一起为基地揭牌。

□ 至24日，垃圾管理专题讲座暨全省人大环资工作座谈会在莞举行。省人大常委会副主任陈小川，省人大常委会委员、副秘书长潘子纯等以及各市人大常委会领导和环资委有关负责人参加垃圾管理专题讲座。市委书记、市人大常委会主任刘志庚等接待与会代表。市人大常委会副主任吕兢等陪同参观东莞生态园和松山湖科技产业园。

24日　中共中央政治局委员、省委书记汪洋通过远程教育平台，给全省百万农村基层党员上专题党课。这堂题为《在建设幸福广东中再立新功》的党课要求，各级农村基层党组织和广大党员积极行动，带领广大群众真抓实干、努力拼搏，在建设幸福广东的伟大实践中再立新功。党课由省委常委、组织部部长李玉妹主持。刘志庚、李毓全等市领导与全市各镇街、村（社区）基层党员一起收看党课。

□ 东莞市档案馆、大朗镇档案馆通过测评，晋升为国家一级档案馆。其中，大朗镇档案馆成为广东第一家乡镇国家一级档案馆。副市长吴道闻出席测评会。

25日　全市企业党组织系统举行表彰音乐会，庆祝中国共产党成立90周年。市委常委、组织部部长庞国梅出席活动并为优秀党员代表颁奖。

□ 由樟木头“中国作家第一村”副村长、国家一级作家王松创作的全国首部“双拥”长篇报告文学《八月桂花香》，首发式暨作品研讨会在莞举行。这是全国第一部以“双拥”工作为主题的大型报告文学，也是“中国作家第一村”成立以来村民出版的第一部作品。

□ 全国政法系统先进基层党组织优秀党务工作者和优秀党员干警表彰大会在人民大会堂举行，东莞市委政法委党支部、东莞市第一人民法院东城人民法庭党支部荣获“全国政法系统先进基层党组织”称号。

26日　“6·26”国际禁毒日，省禁毒委、省教育厅、东莞市禁毒委、东莞市教育局联合在市行政中心广场南区，举行“我们拒绝毒品——广东省青少年禁毒宣传教育行动”全省启动仪式。省委常委、政法委书记、省公安厅厅长梁伟发，副省长、省禁毒委主任刘昆，市领导刘志庚、李毓全等，以及韶关等11个市禁毒办负责人参加启动仪式。

27日　中国国民党桃园县党部主任委员许福明率领桃园县党际交流团来莞访问，市领导刘志庚等会见交流团一行。

□ 2011年第10次市长办公会议召开，决定正式构建东莞市网上办事服务平台。

□ 市委办公室下发《关于扩大三个市属园区经济社会管理权限的通知》，结合三个市属园区实际，确定下放给松山湖管委会453项、虎门港管委会353项、生态园管委会255项经济社会管理权限。

28日　东莞市庆祝中国共产党成立90周年大会在市会议大厦召开。市委书记、市人大常委会主任刘志庚发表重要讲话，市委副书记、市长李毓全主持大会。

□ 市委常委会专题传达学习中共中央政治局委员、省委书记、省委党的建设工作领导小组组长汪洋在全省党的建设工作会议上的讲话精神。

□ 全市政法系统庆祝中国共产党成立九十周年表彰奖励大会在会议大厦召开。市委副书记、市人大常委会常务副主任、市委政法委书记黄双福出席会议并讲话。会议由市委常委、市委政法委副书记、市公安局局长崔建主持。

□ “东莞庆祝建党90周年红歌经典《民族魂》——金铁霖、马秋华学生音乐会”在玉兰大剧院举行。刘志庚、李毓全等市几套班子领导出席音乐会。

□ 常安医院在常平正式成立，全国政协常委、中联办副主任黎桂康，市政协主席刘树基，省卫生厅副厅长耿庆山等出席成立仪式。这是东莞埔田七镇成立的首个综合性民营医院。

□ 市重点工程项目——东莞篮球中心以及市中医院新院分别举行东莞市“廉优共建”工程揭牌仪式，成为东莞市首批通过“廉优共建”考核达标项目。省监察厅副厅长张渝，市委常委、市纪委书记甄瑞潮等领导出席揭牌仪式。

□ 广东与全国知名民营企业合作发展共促转型升级大会暨合作项目签约仪式在广州举行。副市长邓志广率东莞代表团近50人参加大会，并携120宗投资项目参加签约，协议投资金额959.29亿元，约占全省投资总额超1万亿元的1/10。

□ 由韩国政府大规模组团来莞开展的经贸合作交流活动——“韩国—东莞国际合作论坛”召开，韩国知识经济部率10多个科技产业园代表，以及52家韩企来莞寻求投资机会。

29日　市委书记、市人大常委会主任刘志庚等率东莞市民营企业考察团一行，前往欧洲、北非考察民营企业“走出去”情况，并推动见证多项国际合作。

□ “激浊扬清，继往开来”东莞市庆祝中国共产党成立90周年党的反腐倡廉历程大型图片展在市图书馆开幕。广东省纪委常委许泽红亲临现场指导。市委副书记、市长李毓全等市几套班子领导参观展览。

□ 东莞市出台商业个人住房贷款转住房公积金贷款政策。

□ 东莞生活垃圾分类试点工作在寮步镇启动，96户居民成为东莞市首批参与垃圾分类的市民。副市长梁国英参加启动仪式。

30日　“幸福同行——2011东莞‘广东扶贫济困日’主题晚会”在市会议大厦举行。市委副书记、市长李毓全等市领导出席晚会。

7 月

1日 东莞市基本医疗保险报销的最高支付限额从每人每年15万元提高到每人每年20万元。

5日 全市创建宜居社区工作现场会在南城街道白马社区召开。副市长梁国英参加会议。

6日 省委常委、副省长肖志恒率省医改督导调研组一行莅莞督导调研医改工作。市委副书记、市长李毓全接待肖志恒一行，副市长吴道闻陪同调研。

□ 市委常委、市纪委书记甄瑞潮一行到云浮市新兴县河头镇楼下村调研督导扶贫开发“双到”工作。

□ 国家民委党组成员、驻委纪检组组长李小满率领少数民族事业发展规划政策法规调研组一行莅莞调研。副市长严小康出席座谈会。

7日 以纯集团与全球最大衣车制造企业威比玛公司在意大利罗维市签订协议，拟在五年内从威比玛公司购进最先进的自动化生产线。市委书记、市人大常委会主任刘志庚，市委常委、秘书长何嘉琪与罗维市工业部长Fausto.Sachett，威比玛公司总裁Alberto.Guerrschi、总经理Enrico.Guerreschi出席签约仪式。

□ 全省纪检监察机关查办案件服务保障管理工作总结表彰会议在东莞召开。省委副书记、省纪委书记朱明国出席会议并讲话。

□ 东莞市第一次全国水利普查工作会议召开，副市长李小梅出席会议。

8日 黄埔海关与市政府联合举行“贯彻落实省署合作备忘录促进加工贸易转型升级宣讲会”，正式发布36条帮扶措施。黄埔海关党组书记、关长刘广平，市委常委、副市长江凌等出席宣讲会。

▲ 广东欧科空调制冷有限公司（“欧科”）空调测试中心正式通过中国合格评定国家认可委员会（CNAS）审核认可，成为东莞首家获得国家认可实验室的空调企业。市委常委、副市长江凌，市政协副主席袁德和为欧科“国家认可实验室”揭牌。

9—10日 中央工程建设领域专项检查组在省纪委副书记梁万里陪同下莅莞检查博深高速项目建设情况。

13日 省委常委、常务副省长朱小丹一行在市委副书记、市长李毓全陪同下，视察广东省储备粮管理总公司东莞直属库发展情况。

14日 省政协副主席覃卫东，省科技厅厅长李兴华，东莞市委副书记、市长李毓全等组成的省委全委会专业镇转型升级专项视察组一行，到石龙实地考察并召开加快推进专业镇转型升级战略研讨会。市委书记、市人大常委会主任刘志庚向视察组汇报东莞转型升级的情况，市委常委、副市长江凌陪同考察。

16—17日 监察部副部长姚增科率国务院督查组来莞督查“双打”（打击侵犯知识产权和制售假冒伪劣商品）工作。市委书记、市人大常委会主任刘志庚，市委副书记、市长李毓全接待督查组一行。副市长邓志广及市“双打”办相关负责人陪同检查。

18日 市委书记、市人大常委会主任刘志庚主持召开市党政领导班子联席会议，专题传达省委十届九次全会精神。

□ 全国人大常委会副委员长华建敏率全国人大常委会执法检查组莅莞视察，听取东莞市贯彻实施《劳动合同法》的工作汇报。市领导刘志庚等接待华建敏一行。

□ 市政府发布《东莞市科学与技术发展“十二五”规划》。

19日 市政府发布实施《东莞市人力资源事业发展“十二五”规划》和《东莞市促进城乡居民充分就业“十二五”规划》。

20日 市委十二届八次全会召开，会议的主要任务是深入学习贯彻胡锦涛总书记“七一”重要讲话和省委十届九次全会精神，总结安排半年工作，并专门就加强社会建设进行动员部署。刘志庚、李毓全等市领导在主席台就座。

22日 省政府在莞召开珠三角绿道网建设现场会，总结上半年绿道网建设工作，研究部署下半年工作。副省长林木声、省住房和城乡建设厅厅长房庆方出席会议。市委书记、市人大常委会主任刘志庚向林木声一行汇报东莞绿道建设有关工作。副市长梁国英在会上汇报东莞绿道建设情况。

□ 市委书记、市人大常委会主任刘志庚会见苗栗县县长刘政鸿一行。市委常委、副市长江凌参加会见。

23日 东莞市民营经济发展服务局正式挂牌成立。这是广东省第二个挂牌成立民营经济发展服务局的地级市。

□ 至24日 台湾苗栗县农特产品展在莞举行。这是台湾省官方组团到东莞规模最大的一次，也是两岸经贸框架协议签订后，台湾在大陆举办的首次农产品展销会。

25日 宿州市委书记李宏鸣、市长张曙光率宿州市党政代表团一行来莞考察，市委书记、市人大常委会主任刘志庚会见代表团一行。刘树基等市领导参加会见。

□ 广东新生代农民工“圆梦计划”（东莞）试点工作会议在行政办事中心举行，市委书记、市人大常委会主任刘志庚，团省委书记陈东、副书记陈宏宇出席会议，市委常委、组织部部长庞国梅主持会议。

□ 市政府印发《东莞市科普项目资助实施办法》。

26日 广深港高铁广深段开始试运行，东莞虎门站首次迎来“和谐号”动车。

□ 省政协副主席覃卫东率领省政协第8视察团莅莞，围绕贯彻落实劳动法展开为期两天的专项调研活动。市委书记、市人大常委会主任刘志庚，市政协主席刘树基等会见调研组一行。副市长李小梅代表市政府做工作汇报，市政协副主席莫布兴陪同调研。

28日 第十一次粤港澳主要商会高层圆桌会议在东莞市举行。省委常委、省委统战部部长周镇宏莅临会议并讲话。会议期间，市委书记、市人大常委会主任刘志庚等会见周镇宏。

□ 全市土地管理工作会议召开，李毓全代表市政府与各镇街主要负责人签订《东莞市2011年度土地管理目标责任书》。副市长梁国英出席会议。

□ 省政协副主席周天鸿率领部分省政协委员莅莞调研民间博物馆发展情况，市委书记、市人大常委会主任刘志庚，市政协主席刘树基等会见调研组一行，市政协副主席朱伍坤陪同

调研。

□ 由汶川县主办的大型音乐舞蹈诗《爱在汶川》感恩演出在东莞玉兰大剧院举行。

29日 市委书记、市人大常委会主任刘志庚率东莞市党政代表团在香港慰问驻港部队。

8 月

2日 全省加强流动人口服务管理工作交流会在莞举行。省委副书记、省纪委书记朱明国，省委常委、政法委书记、省公安厅厅长梁伟发，副省长刘昆，东莞市领导刘志庚等及全省各地市党政负责人出席会议。全省各地市相关部门以电视电话会议形式在分会场参加会议。

4日 虎门镇十项重点工程正式启动，十大类别共54个工程子项目，总投资金额达532.3亿元。刘志庚等市领导出席启动仪式。

□ 市政府召开全市中小学校舍安全工程推进会。市委副书记、市长李毓全出席会议并讲话。

5日 《东莞市专业镇创新服务平台建设扶持方案》出台，专业镇新建或扩建的专业镇创新服务平台最高可获得5000万元的资助。

7日 市委书记、市人大常委会主任刘志庚会见全国政协委员、香港民建联主席、立法会议员谭耀宗率领的香港民建联广东访问团一行。市委常委、副市长江凌等参加会见。

8日 2011年第12次市长办公会议决定，东莞市与中国电子信息产业发展研究院合作成立“中国电子信息产业发展研究院（东莞）战略性新兴产业研究中心”。

□ 省妇女维权与信息服务站项目首期总结暨二期启动大会在莞举行。省政协副主席、省妇联主席温兰子，市委常委、组织部部长庞国梅出席会议。

9日 全市党的基层组织党务公开工作会议召开，要求各基层党组织到2011年底要全面实行党务公开。市委书记、市人大常委会主任、市党务公开工作领导小组组长刘志庚等出席会议并讲话。会议印发《东莞市党的基层组织实行党务公开的实施方案》等多个文件。

□ 市政府正式下发《东莞市实施技术标准战略“十二五”规划》，这是东莞市首次对标准化工作进行专项规划。

10日 东莞市举办2011年全市纪律教育学习月活动动员大会暨第九期领导干部“三纪”教育培训班，市委书记、市人大常委会主任刘志庚主持会议并作动员讲话。培训班邀请省纪委常委、省委巡视办主任姜斌作辅导报告。

11日 省委常委、副省长肖志恒一行莅莞考察物价和留学人员创业园建设情况。市委书记、市人大常委会主任刘志庚，副市长李小梅、邓志广接待肖志恒一行。

□ 广东省委常委、省军区司令员刘联华少将率省人民武装工作调研组莅临东莞调研。市委书记、市人大常委会主任、东莞军分区党委第一书记刘志庚等接待刘联华一行。

12日 “2011广东东莞投资推介会暨东莞时尚消费电子产品（成都）展”在成都举行。市委副书记、市长李毓全就东莞的投资环境进行推介。

13日 欧盟青年代表团一行100人，在团中央国际联络部处长、全国青联国际部部长伍伟，团市委副书记、市青联副主席李纲的陪同下到南城和东城的企业考察、社区走访。

14日 教育部直属高校工作咨询委员会第二十一次全体会议在东莞举行，中共中央政治局委员、国务委员刘延东出席会议并作重要讲话。教育部部长、党组书记袁贵仁，广东省副省长宋海，市委书记、市人大常委会主任刘志庚参加会议。

15日 市党政领导班子联席会议召开，传达学习中共中央总书记、国家主席、中央军委主席胡锦涛在广东考察时的讲话精神。

□ “教育部光伏系统工程研究中心产业化基地”正式落户广东易事特电源股份有限公司。市委常委、常务副市长冷晓明出席揭牌仪式。

16日 东莞市农村集体土地确权登记发证工作会议召开，计划在2012年年底前完成约8000份农村集体土地确权登记工作。副市长梁国英出席会议并讲话。

□ 东方松雷蝶之舞音乐剧团正式入驻塘厦，建立东莞（塘厦）音乐剧创作生产基地，这是广东省首个音乐剧创作生产基地。副市长严小康出席签约仪式。

17日 市委副书记、市长李毓全会见来莞考察的新疆农三师图木舒克市党委副书记、师长宋光杰一行，双方就对口援疆，尤其是“产业援疆”工作交换意见。

□ 市委书记、市人大常委会主任刘志庚会见中国五矿集团副总裁冯贵权一行，双方就五矿（麻涌）钢铁物流园的建设进行探讨。

□ 市第十四届人大常委会第三十二次会议召开，表决通过《东莞市2010年市级决算的决议（草案）》、《东莞市地下空间开发利用管理暂行办法》。市委副书记、市人大常委会常务副主任、市委政法委书记黄双福及其他组成人员出席会议。

18日 全市产业结构调整和转型升级工作会议举行。市委书记、市人大常委会主任刘志庚总结东莞市产业结构调整的成绩和经验，剖析存在问题并部署新一轮产业结构调整工作。市委副书记、市长李毓全主持会议。市委副书记、市人大常委会常务副主任、市委政法委书记黄双福宣读《关于表彰产业结构调整和转型升级先进单位和企业的决定》。会议发布《关于进一步推进产业结构调整和转型升级的意见》。

20日 广东省人大常委会副主任钟阳胜到东莞理工学院城市学院新校区视察、调研。

21日 公安部副部长、国家“大运”安保协调小组组长李东生一行到莞检查“大运”安保工作，并慰问一线民警。

23—26日 亚洲花样滑冰锦标赛在东莞冰星真冰滑冰场举行。市委书记、市人大常委会主任刘志庚等领导出席，并为获奖选手颁奖。

25日 《东莞市房产市场行政处罚工作程序》公布，《东莞市安全生产监督管理局行政处罚自由裁量标准》出台。

26日 历时四个多月的镇街党委换届工作结束。市委确定的换届人事安排共涉及镇街党政班子成员519人，全市32个镇街党代会已全部召开。

29日 市委副书记、市长李毓全主持召开市委常委会，审定通过《东莞市人口与计划生育事业发展“十二五”规划》、《东莞市生态林业发展“十二五”规划》、《东莞市气象事业发展“十二五”规划》、《东莞市残疾人事业“十二五”发展规划》四个规划文件。

□ 《东莞市孤儿保障工作实施方案（试行）》施行，东莞市孤儿基本生活最低养育标准为残疾孤儿每人每月1200元，健全孤儿每人每月1000元。

30日 “东莞警察精神”正式揭晓：“莞邑卫士、忠诚为民”。

31日 全市水务工作会议召开，下发《中共东莞市委 东莞市人民政府关于进一步加快我市水务改革发展的决定》。市委书记、市人大常委会主任刘志庚出席会议并讲话。

9 月

1日　全市高中阶段学校布局调整新建扩建学校落成启用仪式暨2011—2012学年开学典礼在市第六高级中学举行。

2日　东莞市创建“国家公共文化服务体系示范区”和“国家历史文化名城”动员大会召开。市委书记、市人大常委会主任刘志庚出席会议并作讲话。

3日　《东莞市环境保护和生态建设“十二五”规划》出台，提出“十二五”期间东莞市投入350亿元保护生态。

5日　市委书记、市人大常委会主任刘志庚主持召开市党政领导班子联席会议，专题传达省委书记汪洋8月20日对东莞市产业结构调整和转型升级工作所作的重要批示，明确下一步工作要求。

□　市党政领导班子联席会议审定《东莞市中央商圈建设实施方案》和《东莞市中央生态休闲区建设实施方案》。2011—2015年，市政府分别投入约10亿元用于中央商圈、中央生态休闲区建设。

□　第14次市长办公会议审议通过《东莞市扶助残疾人办法》，重点对残疾人的社会保障、康复治疗、子女教育、就业创业扶助进行明确规定，预计全市每年支出1.24亿元扶助残疾人。

□　东莞市网上信访大厅正式开通，涵盖电话信访、手机信访和网上信访三种方式。

6日　市政协十一届二十三次常委会议召开，专题议政促进东莞市新能源及节能产业发展。

7日　省委副书记、省长黄华华率省委常委会集体调研活动第二组到莞，就广东省切实保障和改善民生问题开展调研，实地考察了解东莞的社区综合服务、新莞人子女义务教育、社会融合、残疾人教育康复、文化惠民等方面工作情况。

8日　市第十四届人大常委会召开第三十三次会议，研究确定东莞市新一届市、镇两级人民代表大会代表的选举工作有关事项。

□　全省流动人口计划生育服务管理工作会议在凤岗举行。会议肯定东莞在流动人口计生服务上所做的工作。

14日　省人大常委会副主任陈小川率部分省人大代表莅莞视察省人大重点督办的石马河流域污染整治情况，深圳、东莞、惠州三市市政府分别向视察组汇报治污工作。

□　《2011年东莞市行政审批制度改革工作方案》正式下发各镇（街）、市府直属各单位。

15日　全国村务公开和民主管理“难点村”治理工作成果调研组来莞进行检查调研。副市长成洪波就莞村务公开和民主管理“难点村”治理工作情况向调研组进行汇报。

16日　广东省生态景观林带建设工作会议在莞召开。省委常委、常务副省长朱小丹，副省长刘昆，市委副书记、市长李毓全等以及全省各地级市主抓林业的市领导参加这次会议。朱小丹在会上提出通过建设生态景观林带，打造全国最好林相的森林生态体系。会议发放省政府《关于建设生态景观林带 构建区域生态安全体系的意见》。

□　市委、市政府举行东莞市“五五”普法总结表彰暨“六五”普法动员大会。会议表彰全市“五五”普法工作先进单位和先进个人，并发布《市委宣传部、市司法局关于在全市开展法制宣传教育的第六个五年规划（2011—2015年）》。

□　副省长陈云贤率领省经信委、省金融办、省中小企业局等部门的相关负责人一行到东莞举行中小企业座谈会。

□　全市市镇两级人大换届选举工作会议在市会议大厦召开，市委书记、市人大常委会主任刘志庚出席并讲话。

19日　市委书记、市人大常委会主任刘志庚主持召开市党政领导班子联席会议，专题传达全省产业转移和劳动力转移工作会议精神，并提出包括研究制定《关于鼓励企业转移落户共建产业转移工业园的实施办法》以及设立东莞市产业转移专项资金等举措。

20日　2011年东莞市各民主党派换届总结大会在东城国际酒店隆重举行,民主党派新一届领导班子集体亮相。

至22日，由广东省经济和信息化委员会、广东省对外贸易经济合作厅、广东省科学技术厅和东莞市人民政府共同主办的第十三届东莞电博会在东莞国际会展中心举行。

□　澳华交流中心主席林晋文一行访莞，市委书记、市人大常委会主任刘志庚会见林晋文一行，双方就促进中国与澳大利亚文化交流及在莞投资等事宜交换意见。

□　2011年，东莞市被国家文化部、财政部确定为首批“创建国家公共文化服务体系示范区”，成为广东省唯一入选的城市。

21日　市委副书记、市长李毓全接待由广西来宾市委副书记、市长杨和荣率领的考察团一行。

22日　中国东莞留学人员创业园揭牌仪式暨高层次留学人员创新创业周在东莞正式启动。原国家人事部副部长戴光前，省委常委、副省长肖志恒，市领导刘志庚、李毓全等参加相关活动。东莞留学人员创业园变身“中国东莞留学人员创业园”，正式晋级“国字号”，成为广东省首个省部共建的留创园。

□　东莞市海外联谊会举行庆国庆62周年暨第九届理事会就职典礼，市领导刘志庚等以及老领导李近维、张群炎出席典礼。

25日　“圆梦计划”北大笔试工作在石龙、中堂、厚街、长安、寮步、樟木头等6个镇的考点同时开考，来自东莞20个镇街5300多名新生代农民工竞争2100个北大入学名额。

27日　《东莞市中央商圈建设实施方案》、《东莞市中央生态休闲区建设实施方案》正式下发，五年投20亿建中央商圈、中央生态休闲区。

□　2011东莞旅游文化节开幕。市委常委、副市长江凌等出席开幕式。

28日　东莞广播电视台举行落成庆典，国家广电总局副局长李伟，省委宣传部副部长、省广电局局长杨健等市领导出席会议。东莞广播电视台成为全省首个可使用高清设备采编及播出电视节目的地市广电台，总体性能达到国内行业先进水平。

至10月5日　由国家广播电影电视总局、国家版权局、广东省人民政府共同主办，东莞市人民政府、广东省文化厅、广东省广播电影电视局、广东省版权局、广东南方广播影视传媒集团承办，中国动画学会、中国国际版权交易中心协办的第三届中国国际影视动漫版权保护和贸易博览会（以下简称“漫博会”）在莞举行。国家广电总局副局长李伟，省委常委、常务副省长朱小丹，省委常委、宣传部部长林雄，东莞市委书记、市人大常委会主任刘志庚等领导出席开幕式。开幕式由副省长雷于蓝主持。

□　全国政协经济委员会副主任、商务部原副部长、中国商业联合会会长张志刚率专题调研组一行19人，莅莞就“加强现代流通体系建设，促进市场平衡运行若干问题”进行专题调研。

□　国家水专项东莞市东江水务有限公司中试研究基地揭牌仪式在市第六水厂举行。该基地作为全市供水行业的第一个中试平台，不仅能为城市安全供水增添“保险锁”，还为全国特别是珠江下游地区水质问题提供解决方案，让市民喝上口感更好的自来水。

29日 中国共产党东莞市第十二届委员会第九次全体会议召开，会议讨论通过《关于召开中国共产党东莞市第十三次代表大会的决议》，审议确定中国共产党东莞市第十三次代表大会筹备工作领导机构及工作机构。刘志庚、李毓全、黄双福、冷晓明、何嘉琪、庞国梅、甄瑞潮、崔建、王道平、刘卫芳在主席台就座。全会由市委书记、市人大常委会主任刘志庚主持，市委副书记、市长李毓全宣读《关于召开中国共产党东莞市第十三次代表大会的决议》（草案）。

30日 云浮市委书记、市人大常委会主任王蒙徽，云浮市委副书记、市长黄强率云浮市党政代表团来莞考察，市领导刘志庚、李毓全、何嘉琪、庞国梅、王道平、邓志广等与云浮市党政代表团一行就加强扶贫“双到”工作进行交流，并希望双方共同努力完成扶贫“双到”工作。

10 月

9日 全市领导干部会议召开，省委常委、组织部部长李玉妹宣读省委关于东莞市政府主要领导和职务调整的决定。省委批准，袁宝成同志任东莞市委委员、常委、副书记，免去李毓全同志东莞市委副书记、常委职务。省委同意，提名袁宝成为东莞市市长候选人，李毓全不再担任东莞市市长职务。

10日 东莞市召开领导干部大会，对市领导班子换届考察工作进行动员部署。会议由市委副书记、市长候选人袁宝成主持，市委书记、市人大常委会主任刘志庚和考察组组长、省委组织部副部长许光超先后作重要讲话。

□ 东莞市第一届公益创投活动拉开序幕。

11日 由省水利厅副厅长林旭钿率领的省委、省政府督导检查组莅莞就加快水利改革发展决策部署情况进行督导。

□ 至14日，“新东莞，新产业——东莞（上海）投资推介会”举行。本次推介会由东莞市政府、广东省外经贸厅联合主办，跨国公司、大型企业、境外商协会、外国驻沪领事馆商务处、专业服务机构及投资顾问公司代表等约400人参加推介会。这是东莞首次大规模赴上海招商。

12日 东莞市第十四届人大常委会第三十四次会议举行。会议由市委书记、市人大常委会主任刘志庚主持。会议表决任命袁宝成同志为东莞市人民政府副市长，决定其担任市人民政府代理市长，并通过李毓全同志辞去东莞市人民政府市长职务、江凌同志辞去东莞市人民政府副市长职务的请求。

13日 财政部、公安部调研组来莞调研多种形式消防队伍经费保障情况并举行座谈会，市委书记、市人大常委会主任刘志庚，市委副书记、代理市长袁宝成会见调研组一行。

□ 省人大常委会副主任陈小川率领多名省人大代表莅莞视察综治信访维稳工作平台建设情况。市委书记、市人大常委会主任刘志庚，市委副书记、代理市长袁宝成会见视察组一行。

□ 国家药品安全专项整治督导组到莞检查，副市长邓志广代表市政府汇报东莞市的药品安全专项整治情况。

14日 越共中央总书记阮富仲莅莞访问，广东省委副书记、省纪委书记朱明国，东莞市委书记、市人大常委会主任刘志庚等省市领导陪同访问。

15日 新疆维吾尔自治区副主席史大刚一行在副市长邓志广陪同下到松山湖参观考察。

17日 市党政领导班子联席会议研究决定实施新的10亿元融资支持计划,帮助中小企业缓解融资难问题，实施时间为一年。

□ 市委副书记、代市长袁宝成致辞并宣布“东莞慈善杯”2011东莞全明星篮球赛开幕。此次“东莞慈善杯”2011东莞全明星篮球赛共筹集善款近1千万元。

19日 市委书记、市人大常委会主任刘志庚主持召开市委常委会，专题学习党的十七届六中全会精神。

20日 中国最大的国家重大科技基础设施——中国散裂中子源，在东莞大朗镇正式奠基，届时，这里将成为全球继美英日之后第四座散裂中子源装置，工程将于2017年前后建成。作为我国迄今为止最大的科学装置，中国散裂中子源建成后将大大提升我国材料、生命、纳米等学科前沿基础研究和高技术研究水平，缩短我国与世界前沿的差距。中共中央政治局委员、国务委员刘延东，中共中央政治局委员、广东省委书记汪洋出席开工奠基仪式。

□ 致公党中央副主席、广东省委主委、广东省政协副主席王珣章一行11人来莞调研。

□ 2011年东莞市科学技术奖励大会暨中科院云计算产业技术创新与育成中心签约揭牌仪式在市会议大厦举行。

21日 全市2011年征兵工作会议召开，征兵工作于11月1日全面展开。市委副书记、代市长袁宝成，市委常委、东莞军分区政委刘卫芳，东莞军分区司令员李庆文，副市长成洪波等领导出席会议。会议通报，袁宝成任市征兵工作领导小组组长。

□ 由国务院应急管理专家组组长、国务院参事闪淳昌，国务院应急办副主任吕新民率领的国务院调研组莅临东莞，就东莞市应急产业发展情况进行深入调研。市委书记、市人大常委会主任刘志庚，市委副书记、代市长袁宝成等与调研组进行深入交流。

22日 200多位来自美国、新加坡、马来西亚等国和香港、澳门、台湾地区的青年才俊参加由东莞市政府主办的“2011海外青年才俊聚东莞”活动。

24日 市委书记、市人大常委会主任刘志庚主持召开市委常委（扩大）会议和市党政领导班子联席会议，审定并原则通过《中共东莞市委关于进一步做好新形势下群众工作的意见》，提出从2012年起将新莞人群体纳入城市基本公共服务均等化普遍覆盖范围等。

□ 全市食品安全工作会议召开。市委副书记、代市长袁宝成等以及全市各镇街、各职能部门共约160人参加会议。

□ 由广东省军区副政委黄善春率领的省委、省政府、省军区联合工作组莅莞检查党管武装工作。市委副书记、代市长袁宝成等领导出席东莞党管武装工作汇报会，东莞驻军团以上单位派代表参加会议。

□ 全国重点城市驻外团工委建设对接会在莞召开。团中央组织部部长向阳东，团省委副书记曾颖儿、陈晓锋及71个农民工跨省流动重点城市团委负责人参加会议。

25日 市委副书记、代市长袁宝成接待由嘉兴市委副书记、市长鲁俊率领的嘉兴市政府代表团一行。

□ 市政协党组书记李毓全、副市长李小梅一行前往韶关乳源县东坪镇新村村调研扶贫“双到”工作。

□ 市政府下发《东莞市职业病防治规划（2011—2015年）》。这是东莞首次出台类似规划，并把防治成效纳入镇街考核指标。

26日 东莞日报冠名广东女篮新闻发布会暨广东东莞日报女篮新赛季壮行誓师会在东莞报业大厦举行。由媒体冠名篮球队，这在中国篮球史上还是首次。

□ 广东省公安系统第三届运动会在东莞市体育馆隆重开幕。省委常委、政法委书记、公安厅厅长梁伟发，市领导袁宝成等出席开幕式。本届运动会设手枪射击、游泳、田径、男子篮球、男子十一人制足球等五个比赛项目，共有各地级以上市公安局和省边防局、消防局及厅直机关等24个代表团参加。

28日 广东省副省长招玉芳一行在市委副书记、代市长袁宝成全程陪同下，到生益科技、先锋高科、徐记食品和大麦客调研莞外资企业的经营状况，并详细听取企业的转型升级经验。

□ 市委书记、市人大常委会主任刘志庚会见香港中华总商会会长、新华集团主席蔡冠深一行，介绍东莞市帮扶企业的各项政策与措施。

29日 东莞市新莞人计划生育优待扶助奖励首发仪式在厚街镇举行。国家人口计生委副主任王培安，国家人口计生委流动人口服务管理司司长王谦，省人民政府副秘书长、省人口计生委主任张枫，省人口计生委党组书记骆文智，广东省人口计生委巡视员、党组成员云斌，市委书记、市人大常委会主任刘志庚共同出席首发仪式。

31日 省政府通报2010年度全省森林资源保护和发展目标责任制考核情况，东莞市综合考核评分列全省第一名。

11 月

1日 广东省暨东莞市冬季征兵适龄青年报名仪式在市中心广场举行。省委常委、省军区司令员刘联华，副省长刘昆，省军区副司令员李欣剑，市委常委、东莞军分区政委刘卫芳等参加冬季征兵适龄青年报名仪式。

□ 东莞资福寺在东城同沙生态公园黄公岭南侧举行重建动工仪式，建成后将成为全市最大的佛教寺庙。

2日 东莞市控规委员会2011年第五次会议审议并通过《东莞市莞城区（09—02街坊）控制性详细规划调整》、《道滘镇中心片区控规E06街坊一般调整》、《东部工业园南城片区控制性详细规划》等18项规划。

3日 目前亚洲综合功能最强大的消防船“莞消二号”在虎门港码头交接启用，该船水炮射程220米、抗10级台风。

4日 市委书记、市人大常委会主任刘志庚主持召开市党政领导班子联席会议，审议并原则通过《东莞市关于促进优势传统产业发展和转型升级的指导意见》。

□ 2011年市长约请市人大代表和市政协委员座谈会举行，16名市人大代表、市政协委员就经济发展、文化建设、食品安全、保障房等热点问题向市政府提出16份书面建议。市委副书记、代市长袁宝成与代表、委员们进行面对面交流，并就其中一些热点问题进行现场回应。

7日 2011年第17次市长办公会议举行。市委副书记、代市长袁宝成主持会议。

会议审议并原则通过《东莞市企业信用体系建设实施方案》以及其他事项。

□ 中残联、国家发改委视察组莅莞视察残疾人事业发展情况。

□ 省委常委、省纪委书记黄先耀在东莞市委书记、市人大常委会主任刘志庚，市委副书记、代市长袁宝成的陪同下，到省纪委东莞办案工作点调研指导工作。

8日 至10日，省纪委、省委组织部换届风气督查组进驻东莞市，对严肃换届纪律工作，重点对市一级党委换届纪律进行督促、检查和指导。

9日 市政府下发《石马河流域绿化整治工作实施方案》。

□ 《东莞市城乡规划重大事项社会稳定风险评估实施细则》开始实施。

10日 东莞市、镇两级人大代表换届选举，东莞市超过139万选民分别在各自选区、投票站和流动票箱投票。本次选举在249个市人大代表选区和驻军选举产生440名市人大代表，在934个镇人大代表选区选出1936名镇人大代表。

11日 至12日，中共中央政治局常委李长春在汪洋、朱小丹、刘志庚、袁宝成等省市领导陪同下莅临东莞，就贯彻落实党的十七届六中全会精神、推进文化改革发展、加快转变经济发展方式等进行调研。

□ 国家羽毛球队训练基地暨东莞市羽毛球学校正式落成，市委副书记、代理市长袁宝成出席庆典仪式。

12日 2011中国（国际）休闲发展论坛在南京开幕，东莞成为唯一一个荣获“2011中国十大特色休闲城市”称号的广东城市。副市长梁国英出席论坛并代表东莞接受荣誉。

15日 省委宣讲团党的十七届六中全会精神报告会在市会议大厦举行。

□ 市委宣讲团首场党的十七届六中全会精神报告会在莞城市民广场西楼举行。

16日 市委书记、市人大常委会主任刘志庚主持召开市党政领导班子联席会议，专题传达贯彻中共中央政治局常委李长春日前在东莞调研时的讲话精神。

□ 市委常委（扩大）会议召开，审定并原则通过《东莞市金融业发展“十二五”规划》。

□ 国家防汛抗旱总指挥部秘书长、水利部副部长刘宁一行莅临东莞市生态园大圳埔湿地公园，考察东莞水生态的保护和建设情况。

17日 市政府下发《东莞市公立医院离退休人员经费补助试点方案》，这是东莞出台的首个医改配套方案。按照该方案，试点医院离退休人员的工资提至7.48万元/年。

20日 全国政协常委、港澳台侨委员会主任，海峡两岸关系协会会长陈云林率全国政协港澳台侨委员会来莞调研“两岸农业合作和台资企业发展现状”。市政协主席刘树基等陪同调研并参加座谈。

21日 市委常委（扩大）会议审定并原则通过《东莞市战略性新兴产业发展“十二五”规划》。

□ 市党政领导班子联席会议原则通过《东莞市全力推动外经贸稳增长调结构促平衡的若干措施》。

□ 2011年第18次市长办公会议审议并原则通过《东莞市建设珠三角新兴物流城市工作方案》、《东莞市太阳能光伏产业发展规划（2011—2015）》、《东莞市高端新型电子信息产业发展规划（2011—2015）》、《东莞市业主大会和业主委员会成立若干规定》、《东莞市黄唇鱼自然保护区功能规划》等。

23日 据省法制办发布《依法行政工作检查情况的通报》，在全省首次开展的依法行政公众测评中，东莞综合满意度排名全省第一。

24日 市委书记、市人大常委会主任刘志庚会见由海峡交流基金会董事长江丙坤率领的海基会参访团一行。

25日 东莞市台商投资企业协会举行18周年庆典，会长谢庆源公布东莞台商协会转型升级联合服务处的工作成效。海基会董事长江丙坤，市委副书记、代市长袁宝成等出席庆典。

□ 东莞勤上光电股份有限公司在深交所正式挂牌上市，成为东莞第11家上市公司，市委常委、常务副市长冷晓明出席敲钟仪式。

□ 东莞市质量强市工作暨市政府质量奖颁奖会议召开，市委副书记、代市长袁宝成出席会议并发表讲话。省质监局局长赖天生，市领导邓志广等约400人出席大会。

29日 市委副书记、代市长袁宝成会见黄埔海关关长刘广平一行。

30日 省十一届人大常委会第三十次会议第二次全体会议决定任命刘志庚为广东省副省长，分管工业、交通、通信、内贸、信息化、质量监督、安全生产工作。

▲ 东莞市政府与国家开发银行广东省分行签署《东莞市人民政府、国家开发银行股份有限公司广东省分行开发性金融规划合作框架协议》，涉及金额300亿元。国家开发银行党建巡视组组长蒋树瑛，国家开发银行广东省分行行长吴德礼一行专程来莞参加签约仪式。市委书记、市人大常委会主任刘志庚，市委副书记、代市长袁宝成等出席签约仪式。

□ 中国电信东莞分公司举行“智慧东莞 光网城市”全面启动发布会。市委书记、市人大常委会主任刘志庚，市委副书记、代市长袁宝成等出席发布会。两年内，电信宽带在全市普遍推广实现100M到家庭、1000M到政府及企业。

□ 广东省外贸转型升级示范基地培育工作领导小组发布“关于首批省级外贸转型升级专业型示范基地的公告”，东莞的大朗毛织服装基地、松山湖电子信息基地成“首批省级外贸转型升级专业型示范基地”。

12 月

1日 市委副书记、代市长袁宝成会见全国台企联会长郭山辉一行。

□ 东莞首个国家认定企业技术中心在广东生益科技股份有限公司正式揭幕，副市长邓志广出席揭幕仪式并致辞。

2日 中国文联、中国音协送欢乐下基层“情系农民工”走进东莞（塘厦）大型广场慰问演出在塘厦林村广场举行。其间，“中国农民工歌曲创作基地”落户塘厦。

□ “新瓯7”轮在虎门港沙田港区5、6号泊位首航，标志着虎门港正式开通东莞至宁波的内贸集装箱班轮航线。

3日 中和堂开馆典礼暨中国国家画院岭南创作基地揭牌仪式在莞城举行。中和堂是莞城“三旧改造”文化项目之一，也是华南最大艺术品收藏馆。

□ 吉林省副省长王守臣率调研组莅莞，重点考察东莞市农业的发展情况。副省长、市委书记、市人大常委会主任刘志庚接待王守臣一行。

□ 为期两天的“中国社会保障30人论坛”珠三角社保改革研讨会暨东莞专题会在莞召开。副市长李小梅在论坛上致辞。

4日 石龙镇启动青少年社会成长工程，全国首个参照国际童军组织模式运作的民办非企业组织“少骏会”在该镇成立。

5日 东莞市先后召开市委常委（扩大）会议和全市领导干部会议，宣布省委对东莞市委主要领导调整的决定。

省委决定：徐建华任东莞市委委员、常委、书记，免去刘志庚的东莞市委书记、常委、委员职务。

省委同意：提名徐建华为东莞市人大常委会主任候选人，刘志庚不再担任东莞市人大常委会主任职务。

6日 2011年第19次市长办公会议举行，市委副书记、代市长袁宝成主持会议。

会议审议并原则通过《东莞市应用房地产评估技术规范存量房税收征管工作实施方案》。

□ 东莞市下发《关于确定我市工业支柱产业及特色产业的通知》，把2005年首次界定的八大支柱产业，重新调整界定为“五大支柱产业和四大特色产业”。五大支柱产业分别是“电子信息制造业、电气机械及设备制造业、纺织服装鞋帽制造业、食品饮料加工制造业、造纸及纸制品业”；四大特色产业分别是“玩具及文体用品制造业、家具制造业、化工制造业、包装印刷业”。

□ 省委常委、政法委书记、公安厅厅长梁伟发率检查督导组一行莅莞督查“清网行动”工作。

□ 市台湾事务局与中国信保共同签署《关于建立台资企业升级平台合作协议》。东莞市是中国信保关于此协议的唯一签约城市，此次签约有效期为两年。

7日 2011电子商务产业发展峰会在东莞召开。1000多位国内外知名网商高层齐聚东莞，探索传统企业开展电子商务的有效模式。副市长邓志广出席会议。

8日 第三届（2011）世界鞋业发展论坛在厚街开幕。市委书记徐建华与博鳌亚洲论坛咨询委员会委员、外经贸部原副部长龙永图等一起出席论坛启动仪式。徐建华宣布论坛启动，龙永图作《世界经济贸易形势及未来发展态势》主题演讲。

□ “放心水”工程启动暨东莞市水质监测中心揭牌仪式举行，标志着东莞市在推动安全供水、优质供水方面迈上新的征程。副市长李小梅出席仪式。

□ 由省总工会主办的“迈向双赢——劳资关系多元化的和谐之道” 2011年度广东工会论坛在莞举行。省人大常委会副主任、省总工会主席邓维龙，市人大常委会副主任、市总工会主席郭水等出席论坛。

□ 国务院安委会安全生产综合督查组来莞，副市长邓志广向督查组汇报东莞安全生产工作情况。

□ 联合国残疾人事务特别报告员查克林一行在中残联、省残联领导的陪同下，来莞考察残疾人工作。副市长成洪波陪同考察。

9日 东莞市社会工作委员会（简称“市社会工委”）举行揭牌仪式。市社会工委设置一名专职副主任，下设两个科室。市委书记徐建华等市领导出席揭牌仪式。

□ 全市统战工作总结表彰会议召开，计划2012年5月举办首届世界莞商大会。

10日 西藏林芝地委副书记、行署专员卓嘎率林芝考察团来莞考察交流。市委副书记、市人大常委会常务副主任、市委政法委书记黄双福等会见卓嘎一行。

12日 市委召开常委（扩大）会议，欢迎三位新市级领导——省委批准，姚康任东莞市委委员、常委、副书记，省委同意提名贺宇为东莞市副市长人选；提名杨宗仁为东莞市中级人民法院院长候选人。

□ 市委书记徐建华主持召开市党政领导班子联席会议，专题传达全省深化体制改革工作会议、全省文化改革发展工作会议以及全省节能减排工作领导小组扩大会议精神。

□ 云浮市委书记黄强，云浮市委副书记、代市长卓志强率领云浮市党政考察团来东莞考察，市委书记徐建华，市委副书记、代市长袁宝成等市领导会见考察团一行。

□ 全国加工贸易转型升级经验交流暨工作座谈会在莞召开。会议为58家“全国加工贸易转型升级示范企业”授牌，东莞市有12家企业获此殊荣。商务部副部长蒋耀平，广东省副省长刘志庚，东莞市委副书记、代市长袁宝成等出席会议。

13日 市委书记徐建华主持召开市党政领导班子联席会议，审议并原则通过《关于2012年春节开展关爱困难群众活动的请示》等议题。

▲ 14日 东莞军分区党委第一书记任职大会召开，市委书记徐建华任东莞军分区党委第一书记。

□ 黄埔海关关长刘广平一行访莞，市委书记徐建华，市委副书记、代市长袁宝成会见刘广平一行。

15日 2011海峡科技论坛在莞举行。全国政协副主席、致公党中央主席、科技部部长万钢，海峡两岸关系协会驻会副会长李炳才，广东省副省长陈云贤，广东省政协副主席、致公党中央副主席王珣章，全国人大常委、致公党中央副主席程津培，致公党中央副主席、中国侨联副主席李卓彬，省科技厅厅长李兴华，市领导徐建华、袁宝成、冷晓明等出席论坛。

□ 2011年东莞国际科技合作周暨高层次人才交流会开幕典礼在东莞国际会展中心举行。全国政协副主席、致公党中央主席、科学技术部部长万钢，科技部党组成员、科技日报社社长王志学，副省长陈云贤，省政协副主席、致公党中央副主席、广东省委会主委王珣章，省科技厅厅长李兴华，市领导徐建华、袁宝成等1000多人参加开幕式。

□ 市委副书记、代市长袁宝成会见西门子东北亚区及东盟-太平洋区基础设施与城市业务领域总裁、西门子（中国）有限公司执行副总裁肖松一行。

□ 市第十四届人大常委会第三十七次会议举行。会议表决通过补选、另行选举市第十五届人民代表大会代表的决定，并任命贺宇为东莞市人民政府副市长。

□ 副市长邓志广一行18人赴河池市考察对口帮扶工作。在“东莞河池对口帮扶工作座谈会”上，东莞向河池捐赠2011年对口帮扶资金1000万元、慰问金30万元。

□ 第三届中国·东莞音乐剧节在玉兰大剧院开幕。市委副书记姚康等市领导出席开幕式。

□ 第一次多国在莞投资企业政企联络会议在松山湖举行。副市长成洪波，以及来自英国、美国、澳大利亚等7个国家的12位驻穗总领事馆负责人，部分国家驻粤机构、商会和企业代表出席会议。

18日 市委副书记、代市长袁宝成会见北京大学副校长、中科院院士王恩哥，北京大学物理系教授、中科院院士甘子钊一行，双方洽谈筹建“北京大学东莞光电研究院”合作事宜。

□ 东莞与中国电子信息产业集团有限公司合作投资5亿元的中国电子器材元器件总部基地在松山湖正式奠基。副市长邓志广、中国电子副总经理聂玉春、中电器材总经理穆国强等出席奠基仪式。

19日 市委书记徐建华率市党政代表团赴韶关调研“规划到户责任到人”工作。韶关市委书记郑振涛、市长艾学峰、市政协主席邓苏夏等韶关市领导以及东莞市领导何嘉琪等陪同调研。

20日 中央文明委在北京召开全国精神文明建设工作表彰大会。东莞市蝉联“全国文明城市”称号，并在参加复评的地级市中名列第二名。市委副书记、代市长袁宝成等代表东莞出席大会。大会还分别授予常平镇、石碣镇、大朗镇“全国文明村镇”称号，授予东莞图书馆“全国文明单位”称号。

21日 全市信访维稳工作会议召开。市委书记徐建华出席会议并作讲话。会议由市委副书记、市人大常委会常务副主任、市委政法委书记黄双福主持。市委副书记姚康，市委常委、市公安局局长崔建，市直有关部门主要负责同志，各镇街党委政府主要负责同志、分管领导、公安分局局长等参加会议。

□ 东莞市选举产生8名市第十五届人大代表，徐建华、姚康、李小梅、梁国英、邓志广、周楚良、杨宗仁、欧阳贵有等分别在各自选区当选为市第十五届人大代表。

□ 2011年第20次市长办公会议审议并原则通过《东莞市联网水库（西线）水濂山水库水源保护规划》、《关于印发东莞市船舶污染事故应急反应预案的通知》、确认2011年度东莞市纳税前10名民营企业等内容。

□ 至22日 东莞市创建“全国社会主义新农村建设档案工作示范市”工作迎接国家验收组的检查验收并通过验收，东莞成为省内首个全国社会主义新农村建设档案工作示范市。副市长吴道闻参加验收活动。

22日 全国首本篮球专业志——《东莞市篮球志》首发仪式在南城街道办礼堂举行。

□ 中央纪委原副书记傅杰一行3人来莞参观考察。

23日 全市安全生产与社会治安工作会议举行，市委副书记、代市长袁宝成出席会议并作讲话。

24日 2012年全国模型工作会议暨全国青少年模型教育研讨会在长安第二小学召开。

26日 中国共产党东莞市第十三次代表大会在市会议大厦开幕。市委书记徐建华代表中国共产党东莞市第十二届委员会向大会作题为《加快转型升级 建设幸福东莞 为实现高水平崛起而努力奋斗》的报告。大会由市委副书记、代市长袁宝成主持。会议应到代表419名，实到代表414名。

□ 经过东莞的首条高铁——广深港客运专线正式开通。市民从虎门可以通过乘坐广深港高铁，在广州南站转乘武广高铁，即可轻松到达长沙和武汉。

□ 省委省政府、省军区在广州中山纪念堂举行广东省双拥模范城(县)命名暨双拥模范单位和个人表彰大会，东莞市连续第八次荣获“广东省双拥模范城”称号。广东省委书记汪洋，省委副书记、代省长朱小丹出席表彰大会。市委常委、东莞军分区政委刘卫芳，副市长成洪波受市委市政府委托参加此次会议，并上台领取“全省双拥模范城”牌匾。

28日 为期4天的中国共产党东莞市第十三次代表大会圆满完成各项议程后，在市会议大厦闭幕。大会选举产生中共东莞市第十三届委员会和中共东莞市第十三届纪律检查委员会；通过关于中共东莞市第十二届委员会工作报告的决议，关于中共东莞市第十二届纪律检查委员会工作报告的决议。徐建华主持闭幕大会并致闭幕词。416名党代表，列席人员、邀请人员参加闭幕大会。

29日 市委书记徐建华主持召开第十三届市委第一次中心组学习会，围绕市党代会提出的科技与产业融合展开学习。原深圳市委常委、常务副市长刘应力应邀作辅导报告。

□ 广东省精神文明建设表彰大会在广州举行，会议表彰省精神文明建设先进单位和先进工作者，东莞市东坑、寮步、麻涌3镇获省文明镇称号，东莞市疾病预防控制中心等6个单位获省文明单位称号，清溪长山头村等5村社区获省文明村社区，东莞市城市综合管理局局长钟耀祥等3人获先进工作者。

30日 2011年度全市安全生产工作总结表彰大会举行。

东莞市旗峰公园

编辑：黄文挺

加快转型升级　建设幸福东莞
为实现高水平崛起而努力奋斗

——2011年12月26日在中共东莞市第十三次代表大会上的报告（摘要）

中共东莞市委书记　徐建华

一、坚定转型的五年历程

在2007年1月召开的中国共产党东莞市第十二次代表大会上，市委确立了“推进经济社会双转型，建设富强和谐新东莞”的发展战略。近五年来，市委团结带领全市人民，用共同愿景凝心聚力，用集体智慧共谋转型，用务实举措狠抓落实，完成了市第十二次党代会确定的各项目标任务，经济建设、社会建设、文化建设、生态文明建设和党的建设都上了一个新台阶，初步走出了一条具有东莞特色的科学发展、转型升级的道路。在2008年、2009年、2010年全省市厅级党政领导班子和领导干部落实科学发展观考评中，东莞连续三年位居全省前三名。

——科学发展有效推进。2010年完成生产总值4246.5亿元，是2006年的1.6倍；人均GDP比2006年增长30.5%；每平方公里GDP产出从1.07亿元增加至1.73亿元；单位生产总值地耗、能耗、电耗、单位工业增加值能耗分别下降35.9%、16%、23.9%、28.8%。

——结构调整初见成效。三次产业结构从2006年的0.5：57.3：42.2调整为2010年的0.4：50.9：48.7，实现了产业结构、经营模式、技术品牌、企业结构、市场结构、资源配置等

"六个优化"。国内上市公司数量从2006年的3家增加到11家。松山湖科技产业园升格为国家级高新技术产业开发区。东莞生态产业园区升格为省级园区并成为广东省首批循环经济示范园区。东莞成为全国加工贸易转型升级两个试点城市之一。

——创新能力明显提高。2010年全市研发投入达到51.7亿元，是2006年的4.4倍。全市各类科技创新型企业超过3500家，其中国家级高新技术企业415家。全市外资企业设立研发机构435家，比2006年增加427家。2010年全市高新技术产品产值比2006年增长53.4%。专利申请量和授权量分别是2006年的2.2倍和4.2倍。

——人民生活更加殷实。五年来市财政投入573.1亿元用于民生建设，占同期市财政支出的69.5%。2010年城市居民人均可支配收入和农民人均纯收入分别比2006年增长41%和43.1%。每百户城市居民家庭汽车拥有量从2006年的44辆增加到2010年的68辆。

——文化事业繁荣发展。图书馆之城、博物馆之城、广场文化之城、音乐剧之都建设成效显著，公共文化设施在国内城市中处于领先地位，莞产原创作品先后获得文华大奖特别奖、鲁迅文学奖、全国优秀儿童文学奖等重大文化奖项，被确立为首批"创建国家公共文化服务体系示范区"城市。

——城市品牌不断提升。先后获得中国十大最关爱民生城市、全国文明城市、全国绿化模范城市、全国社会治安综合治理优秀市、全国双拥模范城市、国家环保模范城市、国家园林城市等荣誉称号。

五年来，围绕推动转型，主要做了以下几方面的工作：

（一）转变观念引领转型。我们突出思想观念转型，自觉用科学发展观武装头脑、指导实践，深入实施经济社会双转型战略，以实践科学发展观试点和开展解放思想讨论活动为契机，大力推动各级领导和党员、干部、群众打破传统模式的思维定式和路径依赖，努力用新思路、新体制、新机制破除影响转型的各种障碍。突出发展理念转型，贯彻落实省委汪洋书记提出的"今天不主动调整产业结构，明天就会被产业结构所调整"的重要论断，适时提出"四个不是而是"，号召引导干部群众坚持"四个忍得住"，树立"结构调整优于速度增长"的发展理念，坚持"好了伤疤不忘疼"，在遭受金融危机冲击的情况下仍然坚持从招商引资、产业发展、体制机制等十个方面防止传统模式复归。突出知识结构转型，先后组织领导干部赴珠三角、长三角、环渤海、西南、西北及中原等地学习考察，组织正职领导赴澳大利亚、新加坡、日本、韩国培训，对全市近2万名干部进行300场新技术新产业基础知识培训，促进广大干部开阔视野、更新观念、掌握现代产业知识，提升引导转型能力。

（二）调整结构推进转型。我们坚持把产业结构调整和产品转型升级作为贯彻落实科学发展观的核心任务。完善转型政策，制定了"1+26"政策框架，出台了发展太阳能光伏及LED产业的奖励政策、扶持民营经济发展48条等推动转型发展的政策体系。明确转型方向，积极推动服装、家具、鞋业、毛织等传统产业实现高端化，引导IT产业、电气机械产业延伸产业链条、提升发展水平，做大做强高端电子信息、半导体照明等四大战略性新兴产业，企业和产业发展层次不断提升。突出转型重点，推动加工贸易企业转变经营模式、优化企业形态、增加科技含量、提升产品层次、创立自主品牌、拓展国内市场。推出扶持现代产业"四个30项目"、商贸流通业"四个十大"项目、民营工业50强、服务业50强等系列举措。强化转型动力，实施科技东莞工程和人才东莞战略，集中资源用于科技创新平台建设、创新人才引进培养、创新企业扶持，引进组建中科院云计算产业技术创新与育成中心等公共科技创新平台11个、行业性科技创新平台12个、博士后工作站9个、省级工程技术中心44个、省级重点实验室9个。打造转型载体，举办"电博会"、"漫博会"、"台博会"、"外博会"，在国内20多个大中城市举办东莞外贸商品展销周和名特优产品展销会，支持台商成立"大麦客"拓展内销，与沃尔玛、阿里巴巴等共同搭建商贸合作和电子商务平台，引进台湾15家产业服务机构在莞设立办事处推动台企转型，与香港合作设立专业服务中心推动港企转型。高标准建设松山湖台湾高科技园，启动并推进虎门港、东莞生态产业园区建设，为大企业、大项目引进提供了优良载体。

（三）创新体制驱动转型。我们坚持积极探索、大胆创新，努力形成有利于科学发展、转型发展的体制机制。强化引导激励机制，制定实施"八个10亿元"帮扶企业措施，建立市镇村统筹开发、村级引进重大项目财政奖励、纳税返还、党政领导班子落实科学发展观工作实绩量化分类考评等机制。创新基层管理体制，在13个中心镇和3个市属园区铺开简政强镇工作，下放管理权限500多项。加快村级体制改革试点，对经济排名靠后的285条村给予每年2.39亿元的行政管理和公共服务补贴。构建转移淘汰机制，优先为投资额500万美元以上的项目提供用地，坚决关闭小火电机组、5万吨以下纸厂和"四纯两小"企业，加快莞韶、莞惠两个省级产业转移园建设，鼓励部分低端环节有序转移，为优质产业发展腾出更大空间。

（四）改善民生促进转型。我们坚持把握转型发展的民生导向，让发展的成果普惠于民。强化民生保障，在全国率先实行千元红包新政，在全省率先建立城乡一体的公共就业服务、基本医疗保险和社会养老保险体系，先后6次为困难群众发放临时物价补贴和生活补助，向困难人员和毕业生发放就业补贴，为80岁以上老人发放高龄津贴，向困难残疾人提供补助，城乡登记失业率控制在3.5%以内。改善民生环境，基本建成六大森林公园，珠三角绿道网东莞段全线贯通，环城路、西部干道、惠常高速、环莞路一期建成通车，轨道交通、东江水库联网、东引运河污染治理、7个环保产业基地、4座垃圾处理场等重点工程扎实推进，34项污水处理工程和35项截污主干管网工程基本完工。提升民生幸福，在全省率先免除城乡义务教育阶段学生学杂费和书本费，完成高中阶段学校布局调整，高标准建设职业技术学院，实现广东省教育强镇全覆盖。市人民医院新院、市疾病预防控制中心等"三院一中心"投入使用，市中医院新院基本建成。推动文化新城向文化名城跨越，实施公共文化设施全覆盖工程，以"每天绽放新精彩"为整体宣传口号推广东莞城市形象。促进民生协调，加强农村集体经济管理，建立市内"双到"扶贫机制，市财政连续5年共为每个欠发达镇提供5亿元的扶贫贷款贴息，为欠发达村提供300万—700万元借款发展工业和服务业，目前已有54条贫困村、2850户贫困户实现脱贫。同时，高质量完成四川汶川映秀镇援建任务，扎实推进与新疆农三师图木舒克市、西藏林芝、广西河池以及韶关、云浮等地的对口帮扶。

（五）强化管理支撑转型。我们着力加强社会管理，为转型发展营造稳定和谐的社会环境。加大社会治安整治，连续五年把社会治安工作列为民生实事之首，在全国率先成功"治摩"，整治"黑网吧"、打击非法行医、扫除"黄赌毒"等专项行动取得积极成效，群众对社会治安的满意率明显提升。促进社会和睦和谐，率先将新莞人等群体纳入全市一体化社保体系，在全省率先出台新莞人计划生育优待扶助办法，建立新莞人积分制入户入学等制度，实施新莞人"圆梦计划"和"新莞人培训"工程，保障新莞人民主政治权利，使新莞人与东莞同转型、共成长。推进城乡统筹就业工作，开展加强人文关怀、改善用工环境行动，全市劳动关系保持和谐稳定局面。建立33个镇街（园区）综治信访维稳中心、597个村（社区）工作站、132个企业工作室和22

个诉前联调工作室，促进转型期社会矛盾有效化解。保障社会公共安全，落实安全生产“一岗双责”，强化监管责任，深化专项治理，加强消防安全、食品药品安全、交通安全、水利安全、公共卫生安全等管理。推进社会民主法治，在全省率先建立市委及其工作部门新闻发言人制度，人大、政协职能作用不断加强，各民主党派和人民团体作用充分发挥，统战、民族、宗教、外事、侨务、港澳、对台等工作取得新进展，法治政府建设加快推进，“五五”普法任务全面完成。

（六）加强党建保障转型。我们坚持加强执政能力建设和先进性建设，为转型发展提供强大组织保障。全面强化理论武装，市几套班子领导带头开展闭门读书活动，加强党性修养、坚定理想信念。在全市大规模培训干部，深入学习实践科学发展观活动、解放思想学习讨论活动取得丰硕成果，科学发展观深入人心。积极推动党建创新，在省内率先设立619个党代表工作室，成立社会组织工委，“两新”组织党建工作保持全国前列。公开选拔部分单位副职、挂职副县长。干部交流力度不断加大，村（社区）“两委”换届和镇（街）换届圆满完成。加强作风效能建设，实行市领导班子挂片督导制度，将市政府十件实事纳入行政问责，开展机关作风明察暗访，在全省率先实行行政审批绩效电子监察结果向社会公布。深入开展反腐倡廉，认真落实《廉政准则》，建立领导干部个人重大事项报告、述职述廉、经济责任审计等制度，深入开展“小金库”、公务用车、庆典研讨会论坛活动和工程建设等专项治理。严格执行“5个严禁”、“17个不准”的换届纪律。加大案件查处力度，全市立案查处违纪违法案件405宗，挽回直接经济损失2亿多元。党风廉政建设责任制得到全面落实，惩治和预防腐败体系不断完善。

五年的实践告诉我们：推进经济社会双转型，是一项长期的、需要付出艰辛努力的任务。必须始终坚持社会主义市场经济取向，尊重市场经济规律，发挥市场主体作用，加强市场体系的培育和发展，才能保证转型发展的顺利推进；必须始终坚持把统一思想、凝心聚力贯穿于转型升级的全过程，把全市干部群众的思想统一到加快转型升级、推动转型发展的目标上来，才能把转型升级工作不断推向深入；必须始终坚持把上级指示精神与东莞实际有机结合起来，因地制宜、脚踏实地探索符合东莞实际、具有东莞特色的“不停产转型”、“就地转型”发展路径；必须始终坚持着眼长远、勇于舍弃，以壮士断腕的气魄打破利益樊笼、忍住转型“阵痛”，以暂时牺牲一些眼前的现实利益换来长远的可持续发展；必须始终坚持政府引导、主动作为，通过制定规划、强化政策、狠抓服务引领转型方向、搭建转型平台，促进各项转型任务的落实；必须始终坚持兼顾基层利益、激发主体活力，充分发挥企业、镇村、市民的积极性、主动性和创造性，凝聚一切有利于转型发展的力量，形成推动转型的强大合力。

二、高水平崛起的光荣使命

2010年1月，在省委十届六次全会上，中共中央政治局委员、省委书记汪洋同志寄语东莞：“希望东莞能做广东科学发展的雄鹰，实现高水平崛起，继续再领跑广东30年”。根据省委要求，立足东莞实际，顺应人民期待，未来五年，我们提出了“加快转型升级、建设幸福东莞、实现高水平崛起”的战略决策。

实现高水平崛起，是一个涵盖产业、城市、文化、创新、人才、管理、生态等经济社会发展诸多方面的系统工程，其核心是围绕建设幸福东莞，推动东莞综合经济实力、产业发展水平、自主创新能力、利用外资质量大幅提升，城市竞争力和可持续发展能力显著增强，实现在更高层次上跨越发展、强势崛起，使全市人民的生活更加平安、美满和幸福。

实现高水平崛起，城市是基础。确立“以人为本”的城市建设理念，提高城市规划、建设和管理水平，突出城市特色，彰显城市精神，提升治安、教育、医疗、交通发展水平，优化法治、诚信及食品安全环境，使我们的城市在满足人的基本生活需要的基础上，更好地满足人的安全需要、感情需要、尊重需要和自我实现的需要，以城市功能的完善和人文精神的提升来集聚优质资源要素和人才。

实现高水平崛起，产业是重点。积极实施产业高级化战略，推动东莞从适宜低成本、创业型的劳动密集型产业发展壮大的区域，向适宜资本密集型、技术密集型、创新型产业茁壮成长的区域转变，加速推动传统产业从“生产车间”、“世界工厂”向世界设计室、国内外名牌原产地转变，实现支柱产业从边缘化生产组装向拥有核心技术、创新能力的价值链高端研发制造模式转变，实现战略性新兴产业从微弱产业向主导产业、支柱产业转变，引进培育一批在国内外具有综合竞争力的大项目大产业大园区，壮大高水平崛起的产业主力军。

实现高水平崛起，创新是关键。把改革创新作为高水平崛起的强大动力，继续解放思想，大胆先行先试，积极稳妥地推进行政管理、社会管理、农村管理、投融资等体制改革，以创新的举措破解制约科学发展和转型发展的体制机制障碍，充分发挥科技第一生产力和人才第一资源的作用，增创东莞“敢为天下先”的创新发展新优势。

实现高水平崛起，文化是根本。实现高水平崛起，必须有坚实的文化作为支撑。历史上，东莞曾经有过文化兴盛的辉煌时期。南宋明清时期，陈琏、李用、张穆、赵必象、居巢、居廉、袁崇焕等博学鸿儒、名贤俊彦、理学大家绵延相继。近现代史上，陈伯陶、王宠惠、容庚等名流涌现，代不乏人。改革开放以来，东莞领思想文化解放之先，创造了工业化、城市化、现代化的辉煌成就。我们要实现高水平崛起，更加需要树立高度的文化自立、文化自觉、文化自信、文化自强意识，在原有文化积淀的基础上，加快培育发展以海纳百川为导向的文化、以道德秩序为导向的文化、以民主法治为导向的文化、以创新创业为导向的文化、以绿色低碳为导向的文化，为高水平崛起提供有力的思想基础、道德规范、精神引领和文化支撑。

未来五年，只有实现高水平崛起，东莞才有能力继续再领跑30年。改革开放30多年来，东莞以外向带动起步，以制造产业立市，创造出了与“苏州模式”、“深圳模式”、“温州模式”并称的“东莞模式”，2010年GDP已达4200多亿元，人均GDP分别是全国、全省的1.8倍和1.1倍，在全国地级市中处于领跑行列。但是，东莞发展到今天，也存在着不少困难和隐忧：经济总量虽大，但全市经济发展质量不高，经济内生动力和后劲不足，土地、资源、人口和环境约束进一步趋紧，结构性、体制性、机制性障碍尚未消除；总体虽然比较富裕，但经济社会发展不平衡不协调不可持续的问题依然突出；发展基础虽然较好，但一部分干部群众艰苦奋斗、干事创业的锐气、朝气逐步减退。同时，未来几年国际经济形势仍将十分复杂多变，全球经济将会经历一个相对低速增长的阶段；国内区域竞合格局正在深度调整，城市间竞争日益激烈，周边地区发展势头强劲。如果我们不能取得调结构、转方式的更大成效，实现高水平崛起，就会不进则退，掉队落伍,陷入产业持续低端、城市逐渐边缘和经济社会停滞发展的境地，甚至可能掉进拉美等国家曾经历过的“中等收入陷阱”。

未来五年，只有实现高水平崛起，才能有效完成加快转型升级、建设幸福东莞的核心任务，让人民群众过上更加幸福的生活。与东莞作为经济大市的地位相比，我市民生社会事业发展滞后、经济社会发展不协调的问题还比较突出，社会建设和管理面临诸多新的课题。尤其是面对广大人民群众对幸福东莞的追求内容更丰富、要求更高、权利诉求更强烈，对体面尊严和高质量生活品质的需要更迫切的新形势，我市在落实以人为本、增进民生幸福方面还面临着许多新的艰巨任务。我们必须通过高水平崛起，增强经济社会发展的均衡性、协调性、可持续性，不断创造和公平分配社会财富，使人民群众的生活品质持续得到改善，实现人均收入更丰、就业机会更多、生活品质更优、社会保障更好、文明程度更高、幸福感更强，让人民群众最大限度地共享转型升级成果，共沐幸福东莞阳光。

未来五年，只有实现高水平崛起，才能承前启后，继往开来，创造东莞新的更大的辉煌。回顾东莞改革开放以来的成长发展历程，正是1984年市第五次党代会提出了“向农村工业化进军”的战略目标，使东莞实现了从“农业社会”向“工业社会”的转变。正是1992年召开的建市以来第一次城市工作会议提出了“按现代化城市格局建设东莞”的要求，使东莞实现了从“农村”向“城市”的跨越。正是1994年市第九次党代会提出了“向第二次工业革命进军”的战略任务，使东莞工业发展由外延扩张转向内涵发展。正是2001、2004年市委作出了实施“一网两区三张牌”和“一城三创五争先”战略的工作部署，使东莞实现了从国内三、四线城市向二线城市的跨越。正是2007年市第十二次党代会提出了“推进经济社会双转型，建设富强和谐新东莞”的战略决策，使东莞转入了科学发展、转型发展轨道。当前，站在东莞发展的新起点，我们必须勇于承担高水平崛起的历史使命，在历届市委、市政府领导班子打下的良好基础之上，继往开来，奋发进取，努力把高水平崛起的目标化为现实。

三、高水平崛起的战略重点

今后五年，既是东莞在新的发展平台上实现高水平崛起的机遇期，也是产业转型升级的攻坚期，更是国内外竞争加剧、社会建设和管理任务加重的矛盾凸显期。我们要把“加快转型升级、建设幸福东莞、实现高水平崛起”作为核心任务，再铸东莞发展的新辉煌。

未来五年，全市工作总的要求是：高举中国特色社会主义伟大旗帜，深入贯彻落实科学发展观，以“加快转型升级、建设幸福东莞、实现高水平崛起”为核心任务，以加快转变经济发展方式、推进产业结构调整为主线，以增进民生幸福为根本，努力把东莞建设成为全省科技与产业融合发展的示范区、结构调整和转型升级的样板区、创新社会管理的引领区，成为广东现代制造业名城、创新创业之城、生态文明之城、平安和谐之城，确保经济社会发展、幸福东莞建设继续走在全省前列，努力争当加快转型升级、建设幸福广东的排头兵。全市生产总值年均增长8%以上，人均生产总值年均增长7.5%以上，进出口总额年均增长8%以上，城市居民人均可支配收入和农民人均纯收入年均增长8%以上，单位生产总值能耗降低19.5%。

“加快转型升级、建设幸福东莞、实现高水平崛起”的奋斗目标，既是对市第十二次党代会提出的“推进经济社会双转型，建设富强和谐新东莞”的传承和延伸，同时又赋予了新的内涵，指明了新的方向，是科学发展观在东莞的集中体现。

围绕“加快转型升级、建设幸福东莞、实现高水平崛起”的奋斗目标，要重点推进以下十方面的工作：

（一）继续解放思想，凝聚高水平崛起的思想共识。解放思想是正确行动的先导。改革开放以来，东莞率先解放思想，敢为天下先，创造领先发展优势，从一个农业大县崛起为新兴的国际制造业城市。在新的历史起点上实现高水平崛起，我们必须继续发扬解放思想、敢闯敢试的精神，以新的思想大解放再创新优势、赢得新发展。尤其是要通过解放思想，树立高水平崛起的忧患意识、责任意识、紧迫意识，敢于突破超越，敢于创新创优，进一步增强高水平崛起的胆识，找准高水平崛起的路径，承担高水平崛起的重任，让一切有利于高水平崛起的举措得到推进落实。

（二）主动对接穗深港，增创东莞对外开放新优势。东莞过去30多年的快速发展，靠的是改革开放；东莞未来实现高水平崛起，仍然必须靠改革开放。要牢固树立全方位开放理念，不断深化重点领域和关键环节的体制改革，加快完善有利于科学发展的体制机制，加快提升开放型经济水平，加快推进经济国际化和珠三角一体化。

巩固扩大开放优势。用好“全国加工贸易转型升级试点城市”和部省、署省合作协议赋予的先行先试优势，继续推进加工贸易转型升级，促进加工贸易企业提升生产制造水平、培育自主品牌、开展研发创新、抢占技术制高点、拓展内销市场，推动开放型经济在平稳发展的基础上加速转型优化，当好全国加工贸易转型升级的排头兵。落实中央和省委“稳增长、调结构、促平衡”的决策部署，加快转变外贸发展方式，调整优化外贸出口产品结构、市场结构、品牌结构，争创外贸均衡发展的新态势。

主动对接穗深港。东莞处于穗深港三个中心城市之间，随着珠三角城际轨道交通、穗莞深高速铁路等一批重大交通基础设施的建设，珠三角一体化和同城化的推进，我们更有条件接受穗深港的辐射带动和产业、资金、技术、人才转移。我们必须主动对接穗深港，通过观念、交通、产业、市场和人才对接，接受其辐射，融入其发展，最大限度地分享世界级城市群发展带来的好处。

深化体制机制改革。加快深化行政审批制度改革，大力发展电子政务，以开展外商投资企业全程电子化网上登记注册及年检改革试点为契机，推行并联审批、网上审批和政务公开，不断提高政府行政效率和服务水平。加快投融资体制改革，学习借鉴先进地区经验，探索科技金融结合促进科技创新的新途径，打造高新技术产业和战略性新兴产业投融资平台，促进政府对产业发展的支持方式从直接资助向政银企互动转变，进一步提高我市对大项目和战略性新兴产业的承载力和吸引力。加快社会管理体制改革，推动政府职能转变，探索社会组织承接政府职能的新途径，加大培育扶持和规范管理力度，促进社会组织健康有序发展。完善社会工作制度，加快培育职业化、专业化、规模化的社工人才队伍。加快社区体制改革，强化社区基础地位，优化细化社区居委会设置方式，推动相对独立、设施完善的住宅小区单独设立社区、成立社区居委会，不断强化社区在人民调解、治安保卫、公共卫生、计划生育、志愿服务等社会建设和管理方面的作用。加快农村体制改革，探索村（居）委会、集体经济组织和政务服务中心分设，推进村组集体经济合并，优化集体经济股份设置，弱化村一级行政职能和资源支配权，还原村民自治本色。加快金融改革，引导金融机构创新体制机制，鼓励有条件的企业上市融资，广泛动员民间剩余资本向支柱产业和新兴产业集聚，让风险投资和金融资本市场挖掘出更多诚信、高效的企业，让科技东莞工程资金资助更多愿意创新、有能力创新的企业。

（三）大力推进产业高级化，构筑高水平崛起的产业支撑。坚持以政府的超前引领，加快推进产业高级化，实现产品结构和技术结构的优化升级，使全市产业结构实现脱胎换骨的变化，争当全省乃至全国产业结构调整和转型升级的样板区。

突出引进大项目。把引进大项目作为产业高级化和招商引资的重中之重，瞄准欧美和日韩台等发达国家地区、高新技术企业、跨国公司、世界500强、中央和省属国有企业、国内知名民营企业，层层落实责任进行定点定向登门招商，努力引进一批产业链龙头企业和高技术、高附加值项目，力争使东莞在引进大项目方面有一个质的突破，切实改变“满天星斗、缺乏明月”的状况。坚持扶优培强，加强对创新型企业的辅导支持，力争引进一个科技创新团队、带来一个优质项目、形成一个新兴产业，进一步带动全市的产业发展和产业链整合。

着力打造大园区。以松山湖、虎门港、生态产业园、长安新区四大市属园区为依托，推动园区从企业集聚向产业集群、人才荟萃转变，从引进一般性产业向引进战略性新兴产业转变，使园区成为高新技术产业、战略性新兴产业、生产性服务业和高层次人才集聚的新高地，成为推进我市高水平崛起的强大引擎。

精心培育大产业。加强产业研究，培育支柱产业，大力推进“战略性新兴产业五年倍增计划”，加快发展壮大太阳能光伏产业，以新型显示、集成电路、信息家电、新一代通信等为代表的高端新型电子信息，以LED为重点的半导体照明，以纯电动汽车为重点的新能源汽车，以纳米技术为重点的新材料，以基因工程及生物医药为重点的生物技术，以节能环保技术装备为重点的节能环保等战略性新兴产业，力争形成1—2个超千亿元的战略性新兴产业，构造体现东莞产业综合竞争力的优势产业。积极引导电子信息、电气机械等支柱产业向价值链高端延伸，逐步实现以生产制造为主向总部中心、营运服务中心、研发设计中心、高端制造中心转变。推动毛织、服装、鞋业、家具、五金模具等传统特色产业增加装备、提升技术、建立品牌、加强研发、有序转移，加快向品牌化、高端化、时尚化、绿色化转型。以松山湖、南城国际商务区为龙头，大力发展以金融服务外包、研发设计、区域总部、电子商务、展示展销、文化创意等生产性服务业为重点的现代服务业，不断增强城市对产业发展、科技创新的支撑功能。坚持农业的生态、生产、生活功能定位，加快14个农业产业园建设，大力发展都市型农业。

（四）积极推动创新，增强高水平崛起的不竭动力。要充分发挥科技创新对实现高水平崛起的引领作用，加快发展创新型经济，建设创新型城市，不断提升科技对经济增长的贡献率。

加大创新投入。增加政府创新投入，积极做大以产业投资基金、种子项目投资基金为代表的创业风险投资，鼓励有条件的企业上市融资，引导金融资本、产业资本、民间资本更多地投向创新型企业，形成以政府投入为杠杆、企业投入为主体、社会资本广泛参与的多元化科技创新投入体系。

打造创新载体。加快建设中科院云计算育成中心、华南设计创新园、东莞北京大学光电研究院等创新平台，加大对产业集群公共服务平台、专业镇技术创新平台的扶持力度，办好留学人员创业园，引导现有的创新平台、产学研创新联盟植根东莞、对接企业，形成一批与地方产业发展相匹配的创新载体。继续办好东莞国际科技合作周暨高层次人才交流会。实施100家创新企业示范工程，争取用3至5年的时间，培育一批在国内外同行业中具有影响力和持续创新能力的创新型企业，使我市综合竞争力更多建立在发明专利、技术标准和知识产权之上，努力把东莞建设成为全省科技与产业融合发展的示范区。

培育创新平台。重点鼓励资助规模以上工业企业设立研发机构、建立国家级、省级企业技术中心和工程研发中心，吸引国内外企业和国家级科研院所、重点实验室来莞设立分支机构，鼓励更多的企业、高校科研院所开展产学研合作，在产业聚集区引进一批开放共享的关键技术研发平台、检验检测平台、科技信息平台和技术转化平台，使各种创新资源向企业集聚、创新人才向企业流动、创新政策向企业倾斜，推动更多的科技创新成果在东莞转化为现实生产力。

营造创新氛围。加强知识产权和创新成果保护，加大科技创新投入和税收、用地、公共采购等政策支持力度，为创业者提供尽可能便利的工商注册等公共服务，建设国际化营商环境，营造全社会参与创新、支持创业、崇尚创造的良好氛围。

（五）加强城市建设管理，巩固高水平崛起的战略依托。城市是崛起的重要载体。过去几年，我们在城市建设方面拉开了框架、扩大了规模、完善了功能、打造了品牌，但是对照加快转型升级、建设幸福东莞、实现高水平崛起的要求，东莞城市在“形”初步具备的前提下，还欠缺不少“神”的内容。在今后的城市规划建设管理中，我们要把人民的幸福作为城市发展的根本价值取向，使城市为产业升级、科技创新、人才引进、宜居生活提供更好的支撑。

优化城市功能。以“强心、宜居、内畅、外联”为导向，进一步优化城市功能，高水平推进中央商务区、中央商圈、中央生态休闲区建设，打造好东莞火车站、广深港高铁东莞虎门站、常平火车东站、珠三角城际轨道望洪枢纽站、新虎门客运码头等重要节点，在不断提升市区首位度的基础上，构建“中心城区——支点城市——外围城镇”的三级中心体系。初步形成“一环六纵六横三连”高快速主骨架，全面完成57条镇际联网路和199个村际联网路升级改造项目，加快绿道、慢行道“两道”建设，使市民生活更方便、休闲生活更悠然。加强各组团尤其是六大片区各镇街之间在规划建设、产业发展、城市功能、基础设施等方面的衔接，使组团分工更合理、市民出行更便捷。提升建设品质，突出城市建筑设计的岭南特色和东莞特色，建设文明、宜居、承载力和可持续发展能力强的理想城市。

加大环境整治。加强源头控制，坚决查处违法排污企业，加强对重点区域、重点行业、重点企业的污染治理，着力解决好废水废气排放、城市扬尘、噪声、土壤污染、海域污染、水土流失等突出环境问题。巩固创模成果，加快推进环保专业基地、污水处理厂和截污次支管网等环保基础设施的建设管理，继续推进东莞运河、石马河、寒溪河以及内河涌的整治，重现东莞“青山绿水”的岭南美景。完善生态补偿机制，加强生态控制线保护力度，推进生态村镇建设，创建国家生态市。加强城市废弃资源综合利用，大力推动新建垃圾处理厂、再生资源集中处理中心等建设，实现垃圾分类收集、无害化处理和减量化再利用。强化节能减排，加快实施一批重点节能降耗和循环经济示范项目。推广新能源汽车，提高机动车排放标准，大力减少机动车尾气污染。坚持统筹规划、严格监管和集约利用土地，全力推进“三旧”改造和存量土地盘活处置，严厉查处违法用地行为和违法建筑，为高水平崛起提供资源保障。

加强交通治理。及早谋划治堵，强化交通管理，加强对泥头车、危险化学品车辆等的管理，增加交通电子监控系统，培养机动车主交通道德意识，对违章变道、争道抢行等交通违章进行重罚整治，不断提高交通文明程度。

提升管理水平。坚决落实“一岗双责”，坚持不懈地抓好消防安全、交通安全、食品药品安全、建筑安全等公共安全，扎实做好桥梁、燃气、供水、排涝等城市安全保障工作。全面推进“智慧城市”建设，强化与企业、市民生产生活密切相关的“智能电网”、“智能交通”、“智慧市政”、“智慧医疗”等智慧公共服务系统建设，进一步提升城市管理的科学化、精细化水平。

（六）完善公共服务，强化高水平崛起的社会保障。完善的公共服务是实现高水平崛起的必然要求。要加快推进以保障和改善民生为重点的社会建设，以人民群众的关注点为导向，建立惠及全民、优质均等的公共服务体系。

让人民群众生活得更加富裕。统筹处理好市、镇、村的利益关系，完善对欠发达镇村、社会弱势群体的帮扶政策，督促镇街加强地方性债务管理、推进增收节支、增资减债，通过加大转移支付力度、深化村级体制改革、减轻村级负担等措施有效解决村一级收不抵支问题，平衡区域发展和社会贫富差距。推广“村民车间”，开发公益性岗位，帮助困难人员就业，通过产业高级化带动就业技能高级化，不断提高人民群众的工资性收入。减轻微小企业税收，优化创业环境，不断提高人民群众的经营性收入。创造条件让更多的群众拥有财产性收入。加强对低收入群体的补贴，逐年提高社会保障标准，不断提高人民群众的转移性收入。

让人民群众生活得更有尊严。抓住维护群众合法权益这个焦点，畅通群众诉求渠道，完善利益诉求机制，确保群众的合法利益不受侵犯。抓住就业这个核心，加大户籍困难就业人口技能提升，实施“青年就业见习训练”、“青年就业培训计划”，推进“新莞人培训”工程，培养一批适应产业发展和转型升级要求的能工巧匠，使群众获得更高的劳动报酬。抓住和谐劳动关系这个关键，推行工资集体协商，完善劳动保护机制，鼓励企业创造更有利于发挥员工积极性的工作生活环境，让群众更加体面地劳动生活。

让人民群众生活得更有保障。深化养老保险制度改革，推动农居民和企业职工养老待遇一体化，建立由基本养老保险、企业年金、商业保险构成的多层次养老保险体系。扩大基本医疗保险覆盖面，逐步提高筹资标准和医疗保障水平。完善最低生活保障，落实分类施保和自然增长机制，使低保家庭的收入增长速度明显高于全市收入增长。建立民政生活救助为基础、各项社会救助相配合的社会救助体系，探索民政、公安、城管“三合一”救助管理机制。加强对残疾人和残疾人家庭的保障服务。大力发展慈善事业，扶持镇街设立慈善分会和慈善超市，探索为困难群众发放食品券、燃气券、用水券。加大保障性住房建设力度，解决中低收入家庭住房困难。

让人民群众生活得更有品质。提升教育品质，加快发展学前教育，优质均衡发展义务教育，多元化发展普通高中教育，特色化发展职业教育，健康发展特殊教育，创新发展高等教育，打响“学在东莞”的品牌，切实满足市民对优质教育日益增长的需要。提升医疗品质，在优化公立医院硬件建设的同时，加快提升医务人员职业道德、业务素质和服务意识，全面提升市属公立医院医疗质量和服务水平。弘扬东莞中医传统特色，大力吸引省内外优质医疗资源进入东莞，稳妥推进公立医院改革试点工作，让全市人民享受到更多、更便利的优质医疗服务。提升养老品质，适应老龄化社会到来的要求，推进公立养老机构标准化建设，逐步提高高龄津贴标准和发放范围，推进居家养老服务，鼓励民间资本投资建设养老院等服务机构，使更多的老人安享晚年。

（七）浓厚文化积淀，塑造高水平崛起的精神支柱。实现高水平崛起，不仅需要物质的富足，还需要城市文化、道德信仰、文明素质的提升。

弘扬城市文明。以创建全国文明城市标兵为平台，扎实推进社会主义核心价值体系建设，通过“文明三有序”主题教育等实践活动，不断加强爱国主义、社会公德、职业道德、思想道德、家庭美德、社会诚信教育，引导市民提升文化修养、践行文明礼仪、履行法定义务、强化家庭观念、遵守交通规则、参与志愿服务，培育富有人文关怀、文明气息、反映现代公民社会要求的城市文化。广泛开展“三创”教育，加强和改进关心下一代工作，鼓励青年传承发扬老一辈东莞人吃苦耐劳、艰苦创业、自立自强的优良品德，以奋发有为的精神状态投身经济社会建设最前沿。

彰显城市形象。大力弘扬“海纳百川、厚德务实”的城市精神，努力营造大气包容、开放创新的城市气质，培育具有时代特征、广东特色、东莞特点的人文精神。深入实施“东莞城市暖流行动”，开展关爱互助、素质提升、和谐共建、发展共融“四大行动”，实施新生代农民工“圆梦计划”，为青年人提供更多的上升通道，营造共建共享的精神家园。全面巩固文明城市创建成果，继续加大城市宣传口号、标识系统和整体形象的宣传推介，进一步在国内外树立东莞创新创业城市的新形象。加强国防教育和国防后备力量建设，深入开展双拥共建活动，强化党管武装责任，不断巩固新型军政军民关系。

提升城市文化。以“四个名城”建设为统领，深入实施文化惠民工程，推动公共文化服务向基层倾斜，向镇村延伸、向公众开放，率先建成普惠型、全覆盖的公共文化服务体系，力争成功创建首批国家公共文化服务体系示范区。实施文化精品战略，创作一批反映东莞改革成果、社会现实、人文精神、在国内外有影响的原创性文化艺术精品。深化文化体制改革，以东莞歌舞团重组、公益性文化事业单位改革为契机，形成党委领导、政府管理、行业自律、社会监督、企事业单位依法运营的文化管理体制。加快文化产业培育和升级，培育新型文化业态，打造龙头文化企业，建成一批国家级文化产业示范基地和特色文化产业园区，办好“漫博会”、“印刷展”，推动文化与创意、科技、金融、旅游、制造业深度融合。以鸦片战争和虎门销烟“中国近代史开篇地”品牌为龙头，重点打造虎门爱国主义教育基地等一批体现东莞经济发展水平和文化底蕴的重大历史文化项目，提升东莞在国内外的文化影响力。加强文化遗产保护，修缮一批高品位的历史文化街区，建设一批特色文化景观，保存东莞基因，传承历史文脉，争创国家历史文化名城。

（八）推进依法治理，营造高水平崛起的法治环境。法治环境是高水平崛起的重要保障。我们要着力加强法治政府和法治社会建设，为实现高水平崛起提供良好的法治环境。

强化法治意识。加强法治宣传教育，以公务员、学生、新莞人、村（居）民等为重点，扎实推进“六五”普法，不断增强法律意识和秩序意识，形成崇尚法治、遵守法律、依法办事的社会氛围。

坚持依法行政。完善以行政机关执法为主的综合执法体制，切实转变机关作风，严格公正文明执法，运用法律手段最大限度地减少不和谐因素。健全科学决策、民主决策、依法决策机制，积极支持人大、政协履行法定职能，支持各民主党派和无党派人士参政议政，广泛听取网民、基层市民、利益相关者的意见，增强公共政策制定的透明度和参与度。继续把整治社会治安作为十件民生实事之首，加强警力配备，实施科技兴警，严厉打击黑恶势力犯罪、“两抢一盗”、涉枪、涉拐、涉黄、涉赌等严重暴力犯罪和多发侵财型刑事犯罪，继续排查整治治安重点地区和突出治安问题，不断提升人民群众的安全感。完善流动人口综合管理信息平台建设，逐步健全以业管人、以楼管人、以户管人、以证管人机制。

树立法律权威。坚持违法必究，坚决打击各类违法犯罪活动，支持审判机关、检察机关依法独立公正地行使审判权、检察权，切实防止和克服以言代法、以权代法、以情枉法，做到在法律面前人人平等。

（九）实施人才强市，强化高水平崛起的智力支持。全面实施人才东莞战略，围绕留住人才、用好人才，加快城市环境与生活配套设施建设，着力改善科研条件，优化城市学术氛围，以优良的环境吸引更多的国内外高水平创新创业团队、高素质技术人才、技能人才、管理人才落户东莞，以人才的优势赢得创新的优势、竞争的优势和发展的优势。

突出引才重点。围绕我市经济社会发展战略布局、核心环节和瓶颈制约，大力实施“十百千万”行动计划，积极提升培养本土人才，形成人才结构素质与经济社会发展相协调的人才队伍体系。抓住当前国际经济波动中高端人才流动加快的机遇，加快吸引和集聚国内外优秀科学家、科技大奖获得者、重大前沿核心技术掌握者等优秀领军人才或团队来莞创业。依托产业集群、基地和创新平台，围绕高端电子信息、太阳能光伏、LED、电动汽车等重点产业领域，着力引进培育一批急需的战略性新兴产业人才。继续抓好实用型、技术型、管理型、技能型人才的培养，强化高等教育、高等职业技术教育在人才培养中的作用，使更多的普通工人成长为高素质“蓝领”、“白领”或“金领”。

搭建人才平台。进一步完善“总部吸引、产业集聚、园区创业”的人才集聚模式，突出抓好市属四大园区建设，不断提升火炬计划特色创业基地、国家产业基地、省级产业集群升级示范区的层次，加快建设松山湖留学生创业园，扩大各类孵化器的孵化规模与功能，为人才集聚和作用发挥构建高水准的创新平台。扶持企业博士后工作站、研究生工作站和工程中心、技术中心“两站两中心”建设，进一步发挥其在吸纳培养人才中的重要作用。

创新人才机制。进一步完善人才培养开发、评价发现、选拔任用、流动配置、激励保障机制，形成有利于人才价值实现的市场机制。设立“莞邑人才功勋奖”、“东莞优秀人才创新奖”、“东莞市优秀技能人才奖”，重奖有突出贡献的杰出人才。实行高层次人才列席党代会、人代会、政协会议等制度，支持和鼓励高层次人才参选党代表、人大代表和政协委员，充分发挥高层次人才在党委政府重大决策咨询中的作用，不断提高各类人才的政治社会地位。优化城市环境、科研条件与生活配套设施，切实解决各类人才的住房、教育、医保、交通等各方面的困难和问题，营造高质量的生活环境和鼓励创新、宽容失败的社会氛围，进一步增强人才对东莞的认同感与归属感。

（十）推进党建科学化，夯实高水平崛起的政治保证。加快转型升级、建设幸福东莞、实现高水平崛起，关键在党，成败在人。全市各级党组织要认真学习胡锦涛总书记在庆祝中国共产党成立90周年大会上的讲话精神，切实经受住“四大考验”，化解“四大危险”，建设有共同理想和严格纪律的党员干部队伍，为实现高水平崛起提供坚强的组织保障。

筑牢团结奋斗的思想基础。在全体党员中深入开展中国特色社会主义理论体系和社会主义核心价值体系教育，巩固全市党员干部为高水平崛起共同奋斗的思想基础，通过党内统一思想，带动团结全市各党派、各团体、各民族、各阶层为实现高水平崛起共同奋斗。开展“实现高水平崛起大讨论”活动，深入推进干部知识结构转型升级和素质提升工程，不断增强各级干部开拓创新、破解难题、推动科学发展的本领。

锻造一支能承担重任的干部队伍。坚持德才兼备、以德为先的用人标准，完善科学发展的考核评价体系，突出崇尚实干、注重实绩的用人导向，完善公开选拔、竞争上岗等竞争性选拔干部方式，选好用好能承担调结构、转方式重任的干部，培养一批敢闯敢干、敢于负责的“实干型”、“开拓型”干部，让想干事的有机会、会干事的有舞台、干成事的有地位。

创新党建工作机制。推进组织设置的科学化，深入开展创先争优活动，鼓励基层党建工作改革创新，探索符合“两新”组织实际和党员特点的设置形式、工作方式，选优配强基层党组织领导班子成员。推进工作机制的科学化，改进党组织领导方式，开展公推直选、党代表任期制和党代表大会常任制试点，完善规范党代表工作室建设，扩大党内民主，加强党内监督。推进队伍建设的科学化，结合基层工青妇工作，加强党员义工组织建设，认真做好党员发展工作，使各级党组织更有凝聚力、战斗力和创造力。

密切联系群众。突出领导干部的表率作用，切实加强群众路线和群众观念教育，健全服务群众和联系群众制度，让更多的机关干部走出机关、镇街干部走进村组，深入基层群众和生产一线听民声、知民情、解民忧、纾民困、帮民富、暖民心，使各级党委政府的工作获得最广泛的群众支持。

落实反腐倡廉责任制。严格执行党风廉政建设和反腐败工作责任制，加大教育拒腐、制度防腐、源头治腐、惩治反腐的力度，着力解决重点领域的腐败问题，依纪依法查办滥用权力、谋取私利、贪污贿赂、腐化堕落、失职渎职等案件，不断提升反腐倡廉工作在广大干部和人民群众中的认同度和满意度。坚持勤俭节约，反对铺张浪费，从严控制和压缩因公出国(境)、公务用车购置及运行、公务接待等经费支出，以艰苦奋斗、勤政为民的良好形象凝聚民心。

名词解释：

1. 四个忍得住：即忍得住暂时的阵痛、忍得住暂时速度的放缓、忍得住暂时收入的减少、忍得住社会的非议。

2. 八个10亿元：即10亿元的加工贸易转型升级专项资金；10亿元的科技创新专项资金；10亿元的中小企业和加工贸易企业融资专项资金；10亿元的创业就业专项资金；10亿元的文化名城建设专项资金；10亿元的人才东莞战略专项资金；清理规范行政事业性收费为企业减轻负担约10亿元；为来料加工企业缴纳保证金提供反担保，减少企业约10亿元的资金负担。

3. “四纯两小”企业：即纯电镀、纯漂染、纯洗水、纯印花企业和小规模造纸厂、小规模制革企业。

4. 三院一中心：即市人民医院新院、市妇幼保健院新院、市新涌医院新院、市疾病预防控制中心，加上基本建成的市中医院新院又称为“四院一中心”。

5. “三创”教育：即创业、创新、创造教育。通过在全社会广泛开展“三创”教育，培育具有创业本领、创新能力、创造精神的新东莞人。

6. 圆梦计划：为帮助新生代农民工更好地融入社会、成长成才，广东推出新生代农民工骨干培养发展计划（又称“圆梦计划”），主要是通过资助新生代农民工接受继续教育，每年培养万名新生代农民工骨干，使之成为党团组织在基层一线的工作骨干、服务广东转型升级的高素质产业工人和在社会建设中自我管理、自我服务的带头人。

7. 中等收入陷阱：是指当一个国家或地区的人均收入达到中等水平后，由于不能顺利实现经济发展方式的转变，导致经济发展动力不足，最终出现经济停滞的一种状态，并爆发出贫富分化、过度城市化、社会公共服务短缺、就业困难、社会动荡等一系列经济社会问题。

8. 四个名城：即全国公共文化服务名城、国家历史文化名城、全国现代文化产业名城、岭南文化精品名城。

9. 四大考验：即执政考验、改革开放考验、市场经济考验、外部环境考验。

10. 四大危险：即精神懈怠的危险、能力不足的危险、脱离群众的危险、消极腐败的危险。

政府工作报告（摘要）

——2012年1月7日在东莞市第十五届人民代表大会第一次会议上

东莞市人民政府代市长 袁宝成

过去五年工作回顾

市第十四届人民代表大会第一次会议以来的五年，是东莞发展进程中不平凡的五年。五年来，在上级和市委的坚强领导下，全市上下深入落实科学发展观，全面实施《珠江三角洲地区改革发展规划纲要》，扎实推进经济社会双转型，较好地完成了市十四届人大一次会议确定的各项目标任务，东莞综合实力稳步增强，产业结构持续优化，人民生活不断改善，城市形象日益提升，获得全国文明城市、全国双拥模范城、国家园林城市、国家环保模范城市、中国制造业名城、中国十大最关爱民生城市等荣誉。

——积极应对挑战，经济实力迈上了新的台阶。2008年以来，我市面临复杂多变的经济形势，经受了转型发展的考验和国际金融危机的冲击，在宏观环境较为困难的情况下，保持了经济的平稳健康发展。初步预计，全市生产总值从2006年的2628亿元增加到2011年的4735亿元，年均增长11.1%。来源于东莞的财政总收入、市财政一般预算收入、进出口总额、金融机构各项存款余额分别达到839亿元、313亿元、1347亿美元和6400亿元，是五年前的2.2倍、2.1倍、1.6倍和1.9倍。以落实规划纲要统领发展全局。深化“五个一体化”合作，加快深莞惠融合步伐，推动省、市重大项目实施，“四年大发展”各项目标任务完成良好。以一揽子举措应对金融危机。开展“稳定企业扎根发展”系列活动，设立多个10亿元专项资金帮扶企业。实行领导挂钩督导、审批绿色通道、要素资源倾斜等制度，促进重点项目建设提速，年均固定资产投资超过1000亿元。实施八大商贸促进工程，开展“莞货全国行”活动，社会消费品零售总额年均增长16.3%。以园区开发打造新增长极。松山湖升级为国家级高新区，工业总产值、税收年均分别增长40%和65%，台湾高科技园开园并引进了一批大型项目。虎门港建成3万吨级以上深水泊位12个，港口年吞吐量超过6000万吨。生态园基础设施和环境建设基本完成，升级为省级生态工业园区和循环经济示范园区。长安新区规划报批进展良好。各镇街工业集聚区加快整合提升。园区经济成为全市发展的重要增长极。以扶持镇村推动协调发展。提高镇街财政分成比例，落实贷款贴息政策，开展市内“双到”扶贫，实施生态补偿、镇村基础建设补助和公共管理支出补助，有效增强了基层发展的活力。2011年镇街平均可支配收入比2006年翻了1番，村组两级平均可支配收入达到3239万元。

——深入调整结构，转型升级取得了突出成效。制定“1+26”政策体系，试点先行，加强引导，推动产业结构调整，实现了三大产业结构、经营模式、技术品牌、企业结构、市场结构、资源配套的优化。加工贸易转型步伐加快。在全国首创不停产转型模式，推动3500家来料加工企业转为独立法人企业，442家外资企业设立了研发机构，新增632家加工贸易企业开展品牌经营。全市外贸依存度从254%下降为187%，外企内销比重从26.4%上升到32.8%。东莞被确定为全国加工贸易转型升级试点城市。自主创新能力有效增强。市财政每年投入10亿元，2011年提高到20亿元，深入实施“科技东莞”工程。全市研发经费增长2.4倍，新增各类创新平台105个，企业参与各类标准修订223项。拥有国家高新技术企业415家、省级以上名牌名标528个，省创新科研团队数量和专利授权量居全省第二，社会创新意识和企业创新能力不断增强。招商引资和企业培育有新进步。深化与港台地区的经贸合作，拓展对日韩欧美的重点招商，五年累计实际利用外资128.4亿美元，引进超千万美元项目430宗、世界500强项目44宗。2008年以来实际引进内资694亿元、超亿元项目278宗。现代产业体系“四个30项目”、民营50强企业不断壮大，新增上市企业8家，年主营业务收入百亿元企业实现零的突破。现代服务业和战略性新兴产业加快发展。推动珠三角新兴物流城市建设，积极打造电博会、外博会、漫博会、台博会等品牌展会，推进“大麦客”等商业模式创新，金融、物流、会展、动漫等产业蓬勃发展，生产性服务业加快集聚，农业产业园建设扎实推进，三大产业比例从0.5：57.3：42.2调整为0.3：50.5：49.2。设立战略性新兴产业培育资金，启动五年倍增计划，新增全省战略性新兴产业基地3个。产业和劳动力“双转移”积极推进。市财政投入3亿元建设莞韶、莞惠产业转移园。全市新接收粤东西北地区劳动力23万人。

——坚持环境取胜，城乡面貌得到了切实改善。五年引导全社会共投入城建资金2500多亿元，推动城市建设从中心城区向全市范围延伸，从基础设施向环境建设延伸，从拉开框架向完善功能延伸，强化了市区地位，优化了镇村形象，提升了城乡一体化水平，改善了水环境和空气质量，城市环境考核排名从全省第九升至第三。基础设施日趋完善。城际轨道和市内轻轨启动建设，莞深高速三期、莞惠高速、龙大高速、环城路、西部干道等高快速路建成通车，新建改造镇村联网路373公里，新建水利防灾减灾工程370项、110千伏及以上输变电工程76项、天然气管网790公里，城市承载力稳步增强。城市功能不断强化。“四院一中心”、第六水厂等投入使用，市篮球中心基本建成，中央商务区、中央商圈和生态休闲区规划建设全面启动，市区首位度不断提高，辐射带动作用更加突出。加快打造各镇街标志性片区，推进成熟社区、宜居社区和名村建设，镇街配套更加成熟。城乡环境持续优化。划定1104平方公里生态控制线范围，建成森林公园8个、乡村公园1031个、绿道638公里，森林覆盖率、建成区绿化率分别达到36.9%和45.4%。投入200多亿元建成34座污水处理厂及截污主干管网工程，污泥处理厂、医疗废物处理中心投入使用，运河综合整治取得实效，城镇生活污水处理率、生活垃圾无害化处理率分别达到77.3%和56.6%。圆满完成“十一五”节能减排任务。深入开展农村环境“五整治”，全面铺开“三旧”改造，促进了城市更新与城乡一体。城市管理水平提升。实行城管综合执法，推广“市场化+监理制”的市政管理模式，建立健全各项管理制度，推进生活垃圾分类试点，城市管理的制度化、专业化、社会化水平不断提高。

——强化社会管理，有力维护了和谐稳定。落实维稳第一责任，着力提升社会管理水平，保障了社会稳定，增进了社会和谐。公共安全管理不断加强。每年将治安列为十件实事之首，加强治安防控，严打恶性和多发性犯罪，群众安全感增强，东莞获评全国社会治安综合治理优秀市。紧盯消防、交通、建筑、公共卫生、食品药品安全和产品质量等重点领域，深入推进大排查、大整治、大培训、大建设，全面提升安全生产管理水平。各类安全事故宗数、死亡人数、直接经济损失，比五年前分别下降33.9%、35.5%和41.3%。矛盾纠纷有效化解。完善信访调解网络，健全维稳综治体系，加强矛盾隐患排查，提升应急管理能力，强化劳动监察执法和劳资关系调解，群众信访总量下降19.8%，纠纷调处成功率达97.4%。新莞人服务管理逐步优化。成立新莞人服务管理机构，全面实施以居住证为载体的服务管理“一证通”制度，实行新莞人积分入户、子女积分入学政策，接受1.8万名新莞人积分入户、13.3万名新莞人子女入读义务教育阶段公办学校。新莞人参加各类社保超过2020万人次。

——践行为民宗旨，民生事业实现了全面发展。把改善民生作为政府工作的出发点和落脚点，坚持每年办好十件实事，带动民生工作全面开展。五年来，市财政共投入688亿元用于民生发展，城市居民可支配收入和农村居民纯收入均增长56%。就业创业扶持有力。市财政每年安排10亿元实施“创业东莞”工程，累计培训劳动力20万人次，援助就业困难人员7万多人，城乡登记失业率控制在3.5%以内。向4400多人次提供小额创业贷款3.2亿元。最低工资标准提高到1100元。社保体系日益健全。农（居）民与职工基本养老实现统筹发展，退休金分别增长104%和55%。城乡基本医疗实现同等保障，医保最高支付限额提高到20万，医疗门诊报销70%。建立低保自然增长、临时物价补贴和高龄津贴制度，低保标准提高到440元，户籍困难家庭住房保障基本实现应保尽保。教育水平稳步提升。办学管理实现市镇统筹，省教育强镇实现全覆盖，义务教育实现全免费，高中阶段学校布局调整基本完成，职业教育、民办教育、高等教育加快发展，每万户籍人口大学入学人数全省第一。文化事业繁荣发展。推进图书馆、博物馆、文化广场建设，实现了村（社区）文化设施“五个有”全覆盖，完善了公共文化服务网络，创作了一批文艺精品，形成了一系列文化惠民活动品牌。设立5年共50亿元的专项资金，推动文化新城向文化名城跨越提升。卫生、体育等各项事业持续进步。推进以公益性为方向的新一轮医改，启动公立医院改革试点，建立基本药物制度，建成社区卫生服务机构390个。成功防控甲型H1N1流感、基孔肯雅热等疫情。年均人口自然增长率6.12‰。成功承办亚运会举重赛事，群众体育广泛开展，篮球运动屡获殊荣。积极做好残疾人康复、教育、就业服务。提前完成援建汶川映秀任务，大力援建新疆生产建设兵团农三师，对口援助西藏林芝、广西河池等地区，扎实推进韶关、云浮“双到”扶贫。国防双拥、外事侨务、海洋渔业、民族宗教、统计审计、气象防灾、档案方志、科普、打私、工青妇幼等工作取得新的进展。

——不断改进作风，政府执行力进一步提高。深入转变政府职能，着力建设阳光、高效、为民的政府。改革创新力度不断加大。市政府工作部门从37个精简为32个，市直临时议事协调机构精简53%，行政审批事项精简33%。铺开简政强镇改革，向中心镇和市属园区下放经济社会管理权限500多项。开展村级体制改革试点，推进村民自治、经济发展、公共服务等职能分离。稳妥实施事业单位分类改革和人事制度改革。依法行政水平有效提高。加强法治政府建设，制定重大行政决策程序规定和行政处罚裁量标准，健全政府法律顾问、专家咨询论证、征求公众意见等制度。市长办公会向媒体开放，推行公共企事业单位办事公开，以网络、微博等方式强化了政群互动。自觉接受市人大、市政协及社会各界监督，五年来共办结人大代表、政协委员意见建议2576件，回复率和满意率均达100%。廉政和效能建设持续推进。严格落实廉政责任制，严控由财政出资举办的晚会、展览、庆典、论坛活动，严控楼堂馆所建设。建立市镇领导挂钩督导制度，将重要工作纳入行政问责范围，加强督促检查，狠抓工作落实。推进并联审批与网上审批，强化效能监察和电子政务建设，精简会议和文件。深入实施改进机关作风六项制度，组织明察暗访，每年开展“市民评机关”活动，优化了机关作风，提升了政府形象。

成绩令人振奋，经验弥足珍贵。实践充分证明：唯有坚持深入转型、加快升级，才能破解发展难题，转变发展方式。唯有坚持政府主导、市场主体，才能强化转型发展的科学导向，激发全社会的创造活力。唯有坚持产业强市、特色发展，才能发挥比较优势，巩固城市地位。唯有坚持关注基层、民生为本，才能促进协调发展，让改革成果更多更好地惠及老百姓。唯有坚持求真务实、强化执行，才能将上级和市委的决策部署，转化为推动东莞发展的有效举措。唯有坚持着眼大局、团结奋进，才能凝聚干事创业力量，推动东莞不断实现新的发展。

与此同时，我们也要清醒地看到经济社会发展面临的问题和存在的隐忧：一是产业结构调整任重道远。对传统发展模式的路径依赖仍然较强，产业核心竞争能力、自主创新能力和抗御风险能力仍待提升，新产业带动、大项目支撑力度不足。二是资源环境问题日益突出。土地、能源等要素供给越来越紧张，节能减排、生态建设和环境治理任务艰巨。三是社会管理压力依然较大。社会治安形势虽然有所好转，但与人民群众的期望仍有差距，安全事故还时有发生，矛盾排查调处与化解还不彻底，社会管理的体制机制和方法手段仍需优化。四是均衡发展水平尚待提升。个别镇村负债较重，集体经济稳健增长和持续增收面临考验，市内扶贫任务比较艰巨。五是城市管理模式仍较粗放。交通秩序、环境卫生、设施管养、内涝防治、违法建筑等方面的问题不可忽视，城市的精细化管理水平有待进一步提升。六是政府自身建设仍需加强。政府的创新意识、行政效能、服务水平等还有待改善，一些政府工作人员存在小富即安、小进则满、不求有功、但求无过的浮躁思想与懒散作风。对此，我们将以高度的使命感与紧迫感，认真有效加以解决。

今后五年奋斗目标和主要任务

未来五年，是面临重大挑战的发展转型期。从国际环境看，金融危机仍在延续，世界经济复苏的不稳定性、不确定性上升，东莞外向依存度较高，吸引外商投资、扩大外贸出口、稳定企业经营面临严峻考验。从国内环境看，全面开发开放步伐加快，区域竞争日益激烈，新开发城市大力招商引资，吸引了我市部分产业外移，而长三角、环渤海地区不少兄弟城市后来居上，在发展新兴产业方面形成了先发优势，我市产业结构调整面临严峻考验。从珠三角区域看，广州、深圳的中心城市地位突出，对我市的高端产业、人才等具有强大的磁吸效应，而惠州等周边城市成本和要素优势明显，对我市扩张期产业也具有较强的承接能力。如何找准自身定位，实施差异化发展战略，增强比较优势，集聚优势产业资源，是摆在我市面前的重大课题。从自身实际看，目前我市的人均收入已达到世界中等水平，传统的产业体系、发展方式无法为经济增长与企业增收提供足够动力，经济减速下行与社会矛盾凸显的趋势令人警惕，如果不能及时转变发展方式，以科技和制度创新注入新的动力，就无法跨越“中等收入陷阱”，甚至陷入发展停滞与矛盾冲突。内外困难倒逼转型，克服困难有赖转型，根本出路在于转型。

未来五年，是实现高水平崛起的战略机遇期。当前形势，危中有机。世界经济格局的深刻变化，加速了全球产业布局的调整；复杂严峻的外部环境，倒逼基层和企业加快转型升级的步伐。内需市场长期向好，国内新兴产业发展和创新成果转化不断加快，提供了巨大的增长空间。作为加工贸易转型升级、民政改革发展、“三旧”改造等全国、全省试点城市，我市拥有先行先试的宝贵机遇。改革开放30多年形成的对外开放优势、产业配套优势、城市环境优势，为未来发展奠定了良好基础。与广州、深圳等城市相比，我市在要素成本、配套成本、物流成本、行政成本、生活成本等方面，具有一定的综合优势，如果发挥利用得好，有利于吸引高端项目和人才。过去五年，东莞在结构调整、自主创新、体制改革等方面已经破了题、开了局。因此，只要我们抓住机遇，主动调整产业结构，加快转变发展方式，就有充分的信心实现高水平崛起。

实现高水平崛起，我们既要继承历届班子的宝贵经验与务实传统，也要与时俱进，锐意创新，不断开创工作新局面。未来五年工作中，我们一定要认真处理好五个方面的关系：

一是发展速度与发展质量的关系。坚持质量优先，速度服从质量，宁可在提升发展质量的过程中暂时减速，也不能追求低效益、高消耗、不可持续的速度。与此同时，要加快转型升级，培育新一轮增长的动力，释放内涵式发展的潜力，拓展高质量发展的空间，有效应对经济下行的压力，全面实现新的加速发展，通过几年的结构调整和扎实工作，让东莞在全省、全国重新领跑。

二是新兴产业与传统产业的关系。坚持“做大增量、调整存量、以增量扩张稀释存量”的思路，集中资源发展创新型产业尤其是战略性新兴产业，培育一批产值过千亿元的产业和超百亿元的企业，构建新的经济支柱与发展支撑。同时，要以工业化与信息化的融合改造提升传统产业，推动技术、设计、商业模式与分工体系的创新，加快转移淘汰高消耗、高污染、低效益的产业环节，提升核心竞争力与综合效益，更好地融入创新型经济体系，改善整个经济结构。

三是对外开放与对内开放的关系。外源型经济是我市的特色，必须通过深化对外合作、拓展海外市场、承接新兴产业转移等手段，不断保持和扩大先发优势。与此同时，必须深挖对内开放的潜力，大力开拓内需市场，积极引进国内大型央企、龙头民企、科技型中小企业和相关创新机构，使东莞成为国内外产业资源、创新资源高度集聚的城市。

四是市场调节与政府引导的关系。在经济转型的过程中，要把政府引导与市场机制结合起来，寓引导调节于主动服务之中，充分利用成本收益等价值规律，善于结合产业规划、功能区划、要素配置、资源价格、资助奖励等调控手段，有针对性地抓好项目发展与产业提升，对优质的初创型企业“雪中送炭”，加速孵化培育，对扩张期成长型企业“锦上添花”，助推做大做强，使市场调节更具导向性与时效性。

五是城市发展与群众生活的关系。城市发展既要服务于产业发展，更要服从于群众生活。要完善城市的设施、功能和布局，也要完善城市的环境、管理和服务，努力提供低成本、高品质的城市生活；要突出东莞的生态优势与自然特色，也要延续东莞的人文脉络与组团格局，努力塑造有特色、受认同的城市形象；要高水平普及教育、医疗、文化等公共服务，也要高水平满足群众在依法行政、社会公平、政府廉洁等方面的要求，让城市发展给全市人民带来全面的福祉。

未来五年，政府工作的总体要求是：全面贯彻市第十三次党代会精神，以科学发展为主题，以转变经济发展方式为主线，以加快转型升级、打造创新型经济为重点，以建设幸福东莞为宗旨，努力把东莞打造为全省科技和产业融合发展的示范区、结构调整和转型升级的样板区、创新社会管理的引领区，成为广东现代制造业名城、创新创业之城、生态文明之城、平安和谐之城，实现东莞的高水平崛起。

未来五年，全市发展的主要目标是：生产总值年均增长8%以上，人均生产总值年均增长7.5%以上，进出口总额年均增长8%以上，研究与开发经费支出占生产总值比例2.4%，城市居民人均可支配收入和农民人均纯收入年均增长8%以上，单位生产总值能耗降低19.5%，全市综合经济实力大幅提升，产业结构明显优化，城市竞争力和可持续发展能力显著增强；市民生活品质持续改善，做到人均收入更丰、就业机会更多、社会保障更强、文明程度更高、幸福感更强。

未来五年，政府工作的主要任务是：

一、致力打造创新型经济强市

创新型经济，就是以科技与产业融合为目标、以知识和人才为依托、以创新为动力、以新技术和新产品为着力点、以创新产业为标志的经济。发展创新型经济，是东莞实现高水平崛起的必然要求，是我市未来五年经济建设的核心任务，也是发展方式转变的核心内容。只有建立起创新型经济，推动经济发展从要素驱动、投资驱动向创新驱动转变，才能破除传统发展模式的路径依赖，防止落入“中等收入陷阱”；才能与韩国、新加坡、台湾等国家和地区一样，成功实现经济转型，步入良性发展轨道；才能拓展新的发展空间，引入新的发展动力，迎来新的增长拐点，实现新的发展格局。这要求我们在今后五年，把打造创新型经济作为经济建设的主攻方向，作为实现高水平崛起的主抓手，更坚定、更明确地把政府工作的重点放到产业建设上来，深入推进产业结构调整，推动东莞从产业大市向产业强市迈进。

主攻产业高端，构建创新型经济体系。以传统产业优势突出、战略性新兴产业形成规模、现代服务业支撑有力、都市型农业高效集约为目标，积极构建创新型经济体系。推动传统支柱产业加快拓展产业链条，抢占研发、设计、先进制造与营销等高端环节，提升产业竞争力与综合效益。加快战略性新兴产业的引进和培育，着力发展新一代信息技术、新一代互联网、新能源、新材料、节能环保、生物等产业，努力打造一批超千亿元战略性新兴产业集群。推动现代服务业加快聚集和拓展，突出发展与制造业配套的金融服务外包、物流仓储、研发设计、电子商务、文化创意等生产性服务业，积极发展总部经济、会展经济，打造珠三角新兴物流城市和金融强市。结合环境建设与生态修复，着力发展生产、生态、休闲、观光一体化的都市型农业。

夯实承载平台，优化创新型经济布局。完善园区承接创新型产业的载体功能，科学开发建设松山湖、虎门港、生态园、长安新区及各镇街工业集聚区，实施各镇街（园区）差异化发展战略。把大市区打造为金融中心、总部经济集聚中心和产业服务中心，加快建设以松山湖为龙头的园区经济带、以虎门港为核心的物流经济带、以主城区为核心的商贸经济带，加快形成现代服务业、高新技术产业、先进制造业、临港产业、都市型农业等集聚区，构建起“一个核心区、三大经济带、五大产业集聚区”的创新型产业格局。

集聚龙头项目，引领创新型经济发展。主动接受广州、深圳及港台等地辐射，积极承接高端产业转移，强化市级统筹，加强招商选资，在引进世界500强企业、大型跨国公司、大型央企和龙头民企上实现新突破。定向扶持一批优质企业做大做强，发挥大项目、大企业辐射效应，打造龙头项目配套企业群，力争带动一批现有产业集群整合提升、促进一批新兴产业集群有效形成。鼓励外资企业增资扩产和设立区域总部，协助拓展新兴市场和内销市场，增强产业植根性，提升开放型经济水平。

推进自主创新，增强创新型经济动力。完善“科技东莞”政策体系和服务体系，推动企业自主创新的资源投入与绩效提升，不断提高科技创新对经济增长的贡献率。集中财政专项资金力量，突出重点扶持一批关系城市未来发展的战略性、创新型产业项目。优化创新资源配置，建设和完善一批国家级、省级创新平台，加快突破一批共性和关键技术。深入实施人才东莞战略，加大创新科研团队和领军人才的引进培育力度，引导企业善待人才、用好人才，为创新型经济发展提供智力保障。大力扶持民营经济尤其是民营制造业发展，增强自主发展和抗御风险能力。

壮大现代金融，助推创新型经济提速。建设东莞金融商务区和松山湖金融改革创新服务区，在试点基础上推动科技金融、物流金融发展，加强莞台金融合作。扶持地方金融机构完善管理、整合壮大、扩张上市。有针对性地引进外资金融机构和跨境金融服务。加大优质企业上市培育力度，积极发展创业投资、产业基金等新型金融组织，引导形成多层次的投融资平台，促进金融、科技与产业融合发展，建设和完善现代金融体系。

二、致力建设宜居生态城市

按照“强心、宜居、内畅、外联”的思路，统筹布局各种公共设施和资源，建设更加宜居的生态城市。

打造中心突出、组团清晰的城市格局。以提高城市首位度为目标，高标准规划建设中央商务区、中央商圈和生态休闲区，努力把主城区打造成城市形象展示区和高级人才集聚区。合理布局全市性和片区性重大基础设施，把松山湖、虎门港、生态园、长安新区打造成产业升级引领区，把各镇打造成配套完善、各具特色的城市节点。促进布局集中、产业集聚、土地集约，遏制土地低效利用与城市无序扩张。

完善覆盖城乡、联接内外的基础网络。积极构建内聚外联的轨道交通网、一环六横六纵三连的高快速路网、四通八达的主干支次路网和便捷顺畅的公交体系，形成市内“半小时生活圈”、周边城市“一小时通勤圈”，全面融入珠三角交通一体化网络。健全城市供水、排水、治水体系，推进电信网、广播电视网、互联网三网融合，建设智慧城市和无线城市，完善城乡全覆盖的水电气设施和通讯网络。

塑造富有特色、现代品位的城市风格。加强重点区域、重点建筑的规划设计，加快城市更新改造，打造城市亮点和建筑精品。结合轨道交通的发展，沿线高起点规划、高标准建设一批城市综合体。借鉴世界先进城市经验，塑造人性化、生态化、特色化的公共环境，构筑错落有致、宽敞大气的城市空间。充分发挥我市江河湖库密集的资源禀赋和环境特色，加快推进沿江沿河的综合开发，彰显滨水特色，塑造生态形象。

营造生态良好、环境优美的人居环境。坚持环境建设与资源开发并举，生态保护与污染治理并重，加快森林公园、市镇和社区公园、绿道、慢行道等建设，推进绿化覆盖与生态控制。深入治理水系和大气污染，大力推行清洁生产，发展循环经济，推进节能减排。完善公共配套与休闲设施建设，加强城市精细化管理，使东莞成为最适宜创业与居住的城市之一。

三、致力提高市民幸福水平

建立健全幸福东莞指标体系，加快推进以改善民生为重点的社会建设，加强和创新社会管理，提高市民生活品质，提高社会净福利水平。

力保社会安定有序。坚持集中整治与长效管理相结合，积极构筑公共安全管理新模式，进一步完善社会治安立体防控体系、安全生产与食品药品安全监管体系、防灾减灾与应急管理体系，进一步完善利益协调、诉求表达、矛盾调处和权益保障机制，确保人民生命财产安全，确保矛盾纠纷有效化解，确保社会大局和谐稳定。

力推区域均衡发展。完善城乡统筹发展机制，逐步扩大公共财政对村级公共服务投入，减轻基层负担，促进城乡协调。帮助欠发达镇村加快发展，通过财税激励、项目支撑、结对帮扶等手段，增强欠发达镇村发展能力，确保发展速度不低于全市平均水平。创新集体经济发展模式，探索建立现代企业制度，开展多元化经营，实现集体资产保值增值。

力促发展成果共享。加强就业创业服务，健全工资正常增长机制。完善基本养老、基本医疗和最低生活保障制度，实现户籍人口社保全覆盖、新莞人参保率稳步提升、各类保障待遇逐步提高。完善住房保障机制，健全社会救助体系，加快发展慈善事业，加强残疾人保障服务。推进医药卫生体制改革，在解决看病难、看病贵问题上取得根本突破。促进基本公共服务均等化和优质化，稳步向新莞人群体覆盖，努力让每个市民都学有所教、劳有所得、病有所医、老有所养、住有所居。

四、致力提升文化软实力

以提升全民素质为核心，深化文化体制改革，优先发展教育事业，积极培育城市文明，全面提升城市软实力。

高水平建设文化名城。以满足人民精神文化需求为出发点和落脚点，用好文化专项资金，推进文化体制改革，实施文化惠民工程，保护历史街区和建筑，鼓励文艺精品创作，扶持文化产业发展，努力建设全国公共文化服务名城、国家历史文化名城、全国现代文化产业名城、岭南文化精品名城。

全方位打造教育高地。着眼于人的全面发展，整合教育资源，推动教育创新，力争在发展学前教育、提升义务教育优质均衡水平、促进职业教育与产业发展紧密结合、强化高等教育服务功能、推进特殊教育发展等方面实现新突破，建成省推进教育现代化先进市，教育综合竞争力达到国内先进地区水平。

深层次彰显文明形象。大力弘扬“海纳百川、厚德务实”的城市精神，深入开展文明创建活动，提升市民文明素质，提高城市文明程度。深化“六五”普法，强化全社会的法治意识。关爱弱势群体，推广志愿者服务，树立文明有序、和谐融洽的城市形象。

五、致力加强政府自身建设

深入转变政府职能，崇尚实干，激励创新，优化服务，依法行政，进一步改进机关作风，提升政府形象。

着力打造实干型政府。以提高效能为导向，树立奋发有为的意识，强化真抓实干的作风，全面推行“问题管理”模式，有效提升政府执行力。厉行勤俭节约，减少文山会海，强化工作问责，集中精力抓发展、抓落实，确保工作定一件、干一件、成一件。

着力打造创新型政府。深化简政强镇改革，加快形成有利于统筹发展、提升效能的行政管理体制。深化行政审批制度改革，进一步精简审批事项，优化办事流程。深化财政制度改革，积极构建公共财政体系。整合相关国有资产，建设政府投资平台，以金融创新手段筹集资金，推动城市建设与产业建设。积极培育发展社会组织，鼓励社会力量参与社会管理、提供公共服务。

着力打造服务型政府。牢固树立服务意识，高度重视社情民意，不断改进工作方法，强化督促指导和现场办公，及时解决社会关注的热点难点问题。实行“一站式”服务，加强政府电子政务建设，大力推广网上审批，严格执行服务承诺制，进一步提高服务水平，提升群众满意度。

着力打造法治型政府。坚持科学民主决策，落实重大行政决策程序，健全行政听证、社会公示、决策评估等制度。主动接受人大、政协及社会各界监督。推进依法行政，深化政务公开，畅通诉求渠道，全面保障人民群众的知情权、表达权、参与权和监督权。完善行政执法责任制，落实行政过错责任追究制。扎实推进廉政建设和反腐败斗争，健全明察暗访长效机制，坚决整治损害群众利益的不正之风。

2012年工作安排

千里之行，始于足下；五年宏图，重在开局。2012年是我市推动高水平崛起的起步之年，是打造创新型经济的破题之年。政府工作的总体要求是：深入贯彻党的十七届六中全会、中央经济工作会议、省委十届十一次全会和市第十三次党代会精神，以科学发展观为指导，进一步增强忧患意识和使命意识，立足优化发展，围绕好中求进，以建设“三区四城”为目标，以创新型经济为主抓手，突出抓产业、上项目，提升城市品质，高度关注民生，为实现高水平崛起开好局、起好步。

——立足优化发展。就是要坚定不移地推进产业结构调整，加快构建以现代产业体系为核心的创新型经济，加快提升自主创新能力，在产业建设上迈出坚实步伐。

——围绕好中求进。就是要积极应对严峻复杂的发展形势，保持经济平稳健康可持续增长；加强和创新经济社会管理，最大限度减少不和谐因素，保持社会大局稳定。

——提升城市品质。就是要围绕承接优质产业、吸引优秀人才、提高生活质量，进一步完善城市功能，优化空间布局，改善人居环境，使东莞成为创业热土、宜居城市。

——高度关注民生。就是要强化执政为民宗旨，加快发展以民生为重点的各项社会事业，着力提升公共服务水平，办好十件民生实事。

综合考虑各方面因素，今年全市发展的预期目标是：全面完成珠三角规划纲要“四年大发展”各项目标任务，生产总值同比增长8%，人均生产总值增长7.5%，市财政一般预算收入增长10%，固定资产投资总额增长9%，社会消费品零售总额增长12%，外贸出口总额增长8%；现代服务业增加值占服务业增加值比重61.5%，先进制造业、高技术制造业增加值占规模以上工业增加值比重分别达到42.7%和29.5%，发明专利申请量和授权量分别增长12%和28%；城市居民人均可支配收入和农民人均纯收入增长8%，单位生产总值能耗下降4.25%，城镇登记失业率、居民消费价格涨幅分别控制在3%以内和4%左右。

围绕以上目标要求，重点抓好八个方面工作：

一、深入调整结构，切实推动产业建设

经济发展的根本动力在于产业。必须紧紧抓住产业建设这个关键，扎扎实实发展创新型经济。

加快培育壮大战略性新兴产业。着力引进大、高、精、尖项目，培育骨干企业，扩张产业规模，力争在新兴产业的重点领域、关键环节率先突破。加快省级薄膜太阳能光伏、物联网、半导体照明等产业基地建设，抓好宏威、中镓、华为等项目建设。实施“智慧东莞”工程，推进物联网和云计算运用，争取建立省战略性新兴产业云计算基地。探索政府引导、社会参与等方式，建立战略性新兴产业投资引导基金。

加快加工贸易和传统产业转型。深入推进全国加工贸易转型升级试点工作，落实“稳增长、调结构、促平衡”方针，继续实施外经贸“十个100”计划。落实促进优势传统产业发展和转型升级的指导意见，分行业制定具体实施方案。深入推进品牌带动战略，积极发展工业设计和动漫设计，推动企业技术、产品和管理升级。

加快打造现代服务业集聚板块。推进生产性服务业功能区建设，加快引进培育物流采购、客户服务、产品展示、资金结算等中心。推进中央商圈的整合提升，启动南城国际商务区建设，加快各镇中心区的服务产业集聚。研究出台发展楼宇经济优惠政策，积极引进地区总部和区域总部。继续办好电博会、漫博会、台博会等展会，力争将外博会升级为国家级博览会。探索制定鼓励电子商务、移动支付等新兴业态发展的政策，加快发展物流、金融、软件、新一代互联网、旅游休闲等产业。

二、强化创新驱动，集聚高端资源要素

进一步完善创新体系、集聚创新资源、优化创新环境，使科技创新成为转型升级的核心推动力。

促进科技、产业、金融有机结合。围绕培育新兴产业和提升优势产业，组织关键技术攻关，加快培育壮大一批创新型骨干企业。探索建立产业风险投资引导资金，大力引进风投、创投机构及种子基金，充分利用社会资本，加速孵化一批成长性创新企业。加快金融商务区和金融改革创新服务区建设步伐。积极推动松山湖高新区进入“新三板”扩容试点。在有条件的地区开展土地资本、金融资本、产业资本“三资融合”试点。建立企业专利动态数据库，支持企业开展专利权质押融资。鼓励发展中小企业担保机构、小额贷款公司等新型经济金融组织。

加强创新载体建设。加快组建国家半导体光源产品质量监

督检验中心、华南设计创新园、北京大学光电研究院等公共创新平台。创新投入和管理机制，强化产权激励和绩效管理，充分发挥公共平台服务功能。加快散裂中子源项目建设。积极推动松山湖科技平台与各镇街企业对接合作。做大做强专业镇技术创新平台。引导有条件的企业设立技术中心等机构，创建一批国家级、省级企业研发平台。

优化科技创新环境。完善科技政策体系，加强科技专项资金管理，整合金融与社会资本，提高资金使用效率与引导功能。发挥政府牵线搭桥作用，促进产学研更紧密合作。积极发展技术评估、技术转移、科技信息等中介服务机构和行业协会组织，加快组建技术产权交易中心，促进科研成果应用转化。

实施人才强市战略。创新人才政策体系，有效发挥“人才东莞”专项资金作用。大力实施“十百千万”行动计划，积极引进培育创新科研团队、领军人才、紧缺人才和高技能人才。认真解决人才入户、配偶就业、子女入学等问题。重奖有突出贡献的杰出人才。推进留学人员创业园、博士后流动站等建设。采取校企合作、订单培训等方式，加快培养与产业发展相适应的技能型、实用型人才。

三、优化园区平台，引进培育龙头项目

发挥园区的产业集聚作用，着力实施大企业、大项目引领战略，进一步优化企业结构，提升产业集中度。

科学推进园区建设。进一步明确松山湖产业定位，吸引大项目和科研平台进驻。办好台湾高科技园，承接以色列产业园落户。加强虎门港的货源聚集，做好增值服务。科学定位生态园，完善基础设施和功能配套，争取引进一批高端企业。抓紧长安新区用海规划报批，加快土地资源整合。提升各镇街工业集聚区建设水平，增强大项目承载能力。严格筛选入园企业和项目，确保产出效益最大化。

瞄准优质项目重点招商。建立市级招商统筹协调机制，促进招商信息共享。落实重大项目快速反应机制，加强与知名投资中介的合作，集中力量引进大型央企、民企，引进日韩台等国家和地区的高科技项目。主动承接广州、深圳等城市的高端优质产业转移项目。加大土地统筹与闲置地盘活力度，科学安排用地指标。办好首届世界莞商代表大会。

加强龙头企业和上市公司培育。抓好总部企业认定，建立大企业储备库，筛选一批年产值10亿元以上的企业进行重点培育。加强政府服务，推动品牌企业、大型企业增资扩产。切实帮助企业解决土地产权等历史遗留问题，争取新增上市企业2-3家、年主营业务收入百亿元企业2家。

四、深化开放协作，确保经济平稳发展

积极应对外部环境挑战，高度重视帮扶企业和镇村发展，进一步加强区域合作，保障经济平稳发展。

不遗余力帮扶企业解困。坚持市镇领导走访重点企业制度，帮助解决实际困难，增强企业经营信心。规范镇村收费项目，积极争取省级收费减免。实施10亿元融资支持计划，帮助企业获得贷款和直接融资。积极争取用电指标，科学安排错峰用电，保障企业能源供给。加强劳务对接，缓解用工难题。优化中小企业服务，帮助搭建营销平台。

有效改善强化经济管理。落实对镇村的超收分成、贷款贴息、生态补偿等措施，减轻欠发达镇重大基建资金负担。逐步加大对农村的转移支付力度。安排1.39亿元推进市内“双到”扶贫，确保两个“80%”目标任务顺利完成。加强镇街政府性债务管理。完善农村集体资产管理实施办法，严控一般性支出和超前分配，减轻债务负担，防范经济风险。

多策并举促进内外均衡。认真落实省政府促进进口的二十七条意见。设立每年2亿元、连续3年的进口扶持资金，资助先进生产设备进口。开展“莞货全国行”活动。大力支持企业扩大内销市场，巩固欧美等传统市场，拓展东盟等新兴市场。落实促进民营经济发展上水平的实施意见，支持民营资本进入先进制造业、战略性新兴产业，实施“686”民营企业上市梯度培育工程、“323”高成长型中小工业企业培育计划，鼓励民营企业开展进出口业务和对外合作。

抢抓机遇深化区域协作。主动对接穗深港，从观念、交通、产业、市场和人才等方面，积极融入世界级城市群的发展。落实珠江口东岸地区紧密合作框架协议，加强深莞惠三市重大规划衔接，强化产业发展、交通运输、环境生态、社会公共事务等领域的合作。落实“双转移”战略，加快莞韶、莞惠产业转移园建设。全面完成韶关、云浮“双到”扶贫工作。做好对口支援新疆生产建设兵团农三师、西藏林芝、广西河池、重庆巫山等工作。

五、统筹城乡建设，提升城市承载能力

以重点项目建设为抓手，进一步完善基础设施，改善城乡环境，提升城市功能，持续增强城市承载力和辐射力。

突出城市功能提升。加快市民艺术中心、工人文化宫、篮球中心、网球中心、雅园新村二期等功能配套项目建设，积极配合穗莞深、莞惠城际轨道建设，推进市域轨道R2线、东莞新火车站建设和东莞东站升级改造。加快中央生态休闲区建设。加强地下空间综合开发。

突出设施水平提升。建成沿江高速、虎岗高速虎门港支线一期、东莞大道延长线、S120石排至桥头段。加快建设博深高速、从莞高速、虎岗高速延长线、虎门港支线二期和沿海公路。推进石大公路、东部快速企石至桥头段、S256南城至虎门段、S358长安至虎门段、S357樟木头至谢岗段的升级改造。加快梨川大桥、东平大桥建设。抓紧整治市主干公路堵塞点。建成110千伏及以上输变电工程10项。加快东江与水库联网供水二期工程，有效整合基层水厂，推进供水管网改造，建设水质质监网络，组建市水务投资集团。编制全市排水规划，加强城市内涝整治，启动127宗防灾减灾工程。

突出环境质量提升。落实用水总量控制、用水效率控制、水功能区限制纳污“三条红线”，实行最严格的水资源管理制度。加快截污次支管网建设，推进运河综合整治与内河涌治理。完善“三旧”改造政策及流程，健全土地出让金返拨机制，完善2万亩用地手续。加快垃圾处理厂的新建改造，推广生活垃圾分类处理，争取城镇生活垃圾无害化处理率达85%。加快7个环保专业基地建设。改造提升旗峰公园，基本建成黄牛埔和碧湖森林公园。推进生态景观林建设，实施退果还林工程。建成29个名村、300公里市级绿道。严格落实节能减排任务，深入开展清洁空气行动，加强空气质量PM值的监测。

六、推进社会建设，提高民生保障水平

全面发展社会事业，积极解决群众关注的难点热点问题，让全市人民更好地分享发展成果。

深化医疗体制改革。强化医疗卫生事业公益性质，明确政府补偿机制，抓好公立医院改革试点。落实社区卫生服务机构基本药物零差率销售，推动公立医院优先使用基本药物。健全

基层医疗卫生服务体系，落实基本公共卫生和重大公共卫生服务项目。剥离镇街公立医院的疾病预防控制和卫生监督功能。组建市传染病后备医院。制定扶持中医药发展的具体措施。进一步完善医患纠纷调解机制。

提高社会保障水平。扩大社保覆盖面，推行全国统一的社保卡。出台临时救助办法。扩建市社会福利中心。将高龄津贴发放范围扩大至70岁以上户籍老人。加快残疾人服务设施建设。做好社会工作，设立扶持社会组织发展专项资金，创建20个社区综合服务中心示范点，规范购买社工服务制度。开展公益创投活动，办好第三届“东莞慈善日”。

激发就业创业活力。推广“村民车间”就业形式，帮助户籍劳动力特别是家庭困难人员就业。实施青年就业见习和培训计划，帮助高校毕业生就业。开展农民工专场招聘，做好新莞人就业服务。加快人力资源市场信息网络建设，建立就业信息收集发布制度。发挥小额贷款、创业奖励等的作用，激发社会创业活力。

全面发展民生事业。完善体育设施，推动群众体育发展。维护物价稳定，抓好“菜篮子”工程，兴建平价商店。加强房地产调控，防止过度发展房地产项目。拓宽商业贷款转公积金贷款业务，制定公租房管理办法，扩大保障房申请范围，有序推进农民公寓建设。优先发展公共交通，逐步推广新能源汽车，提高公交服务水平。稳定低生育水平，统筹人口发展，提高人口素质。继续做好国防人防、双拥共建、外事侨务、普法教育、民族宗教、统计审计、气象防灾、档案方志、科普、打私、工青妇幼等工作。

七、加强社会管理，有效维护安定和谐

坚持服务与管理并举，加大治理力度，理顺管理体制，不断提高社会管理水平，营造稳定和谐的社会环境。

强化社会治安综合治理。紧盯群众反映最强烈的治安问题，深入开展专项整治行动，严打多发性和恶性违法犯罪行为。坚持科技强警，完善公安指挥中心平台，加强联网报警和视频监控。逐步整合村（社区）治安联防队伍。加强商业区、车站码头、公园等重点场所的巡逻防控，提高街面见警率和出警效率，切实增强群众安全感。

加强公共安全管理。落实安全生产“一岗双责”，建立重大事故隐患监控信息系统。深化“三小”场所、人员密集场所等重点部位整治，打好“清剿火患”战役，筑牢消防安全“防火墙”。发挥综治信访维稳中心作用。加强矛盾纠纷调处化解和欠薪逃匿预警监控。深入开展“三打两建”行动和食品药品安全专项整治。强化应急管理与处置。

深化镇村体制改革。深入推进简政强镇改革，统一机构设置，规范权责关系。稳妥推进村级体制改革，探索推广社区政务服务中心。改革集体经济体制，探索推动从建设物业、分散收租向成立物业公司集中管理运营转变。

提升新莞人服务管理水平。加强新型社区建设，完善新莞人享受基本公共服务政策体系，提高就业培训、子女入学、医疗卫生等公共服务水平。落实居住证制度，强化出租屋管理。实施新莞人社会融入工程，开展商旅优惠、专列返乡等特色服务，增强城市认同感和归属感。

八、加快文化建设，着力提升城市文明

深化文化体制改革，强化社会主义核心价值体系建设，进一步提高市民素质，提升城市文明程度。

推动文化名城建设。完善文化专项资金使用管理办法。创建国家公共文化服务体系示范区，实施创建示范达标工程和文化惠民提升工程。编制历史文化名城保护规划，推动虎门销烟遗址等历史文化项目建设。出台文化产业扶持政策，积极发展创意设计等产业，培育文化龙头企业，支持本土传媒做大做强。扶持文化创作基地，打造特色文艺精品。统筹发展公益性文化事业，鼓励社会资本进入经营性文化服务领域。实施文化人才“三个100”工程。

推动教育体系完善。提高财政对教育拨款比例。加快学前教育改革发展，理顺幼儿园管理体制，每年投入1亿元补助各类幼儿园，年内新增公办幼儿园15所。推进公办中小学等级学校创建。加快职教城建设，建成高技能公共实训中心、东莞理工学校新校区、市技师学院，创建2—3所省级以上示范性中职学校。筹建酒店管理职业技术学院和光明职业技术学院，推进与香港理工大学合作办学，扶持本土高校发展。

推动城市文明提升。巩固全国文明城市地位，开展文明创建活动，加强爱国主义和理想信念教育，引导市民践行道德规范，弘扬尊老爱幼传统。加强未成年人思想道德建设，健全心理健康教育网络。广泛开展志愿服务活动。不断加强政府自身建设，坚持依法行政，提升政府服务，以良好政风带动社会风气转变、带动城市文明升华、带动发展步伐提速。

2012年市政府十件实事

（一）改善社会治安。深入推进“大巡警”机制建设，确保20%的警力用于巡逻，切实提高路面见警率；设立专线电话，实行有奖举报，确保举报核查率100%、处理率100%，坚决取缔“老虎机”赌博活动；严厉打击路面违法犯罪，全年警情减少1100起以上，同比下降5%以上。

（二）强化食品安全监管。投入6000万元，提高食品抽检频次，全年抽检蔬菜样本65万份、生猪及肉品样本38万份，水产品820批次、生产环节3000批次、流通环节6000批次、餐饮服务环节2000批次，定期发布不合格食品抽检信息；实行有奖举报，定期开展专项行动，坚决取缔黑作坊、黑工厂、黑窝点、黑市场；全市创建50个示范食堂，推动100个C级以下集体食堂升级为B级；建设动物卫生远程视频监控系统，对生猪屠宰实行全过程监管。

（三）加快教育发展。投入9亿元，全年新增公办（集体办）幼儿园15所，增加6000个公办幼儿园学位；对全市各类幼儿园进行财政补助；提供新莞人子女积分入学公办学位17900个，比上年增长10%；基本建成东莞职教城二期房建工程，东莞理工学校新校区和市技师学院投入使用。

（四）实施扶贫帮困。投入8.2亿元，帮扶89个欠发达村和4000户贫困户减负增收，年内实现80%的欠发达村村组两级集体经营性年纯收入达到150万元或增长10%以上、80%以上已结对帮扶的有劳动能力低保户脱贫；推动6700名登记失业人员就业，帮扶2700名家庭困难人员实现再就业，实现东莞生源家

庭困难大中专毕业生全部就业；建成10个镇街康复就业服务中心，为残疾人提供康复、就业和日间照料等服务。

（五）完善社区服务。投入3.1亿元，打造7个市级名村、22个镇级名村；再创建20个社区综合服务中心示范点；为1000名孤寡老人家庭安装“平安铃”，为2500名符合条件的老人提供居家养老服务。

（六）加强社会保障。投入9000万元，完成15万户籍妇女“两癌”筛查；将高龄津贴发放对象扩大到 70岁以上老人；不断扩大包括新莞人及其子女在内的医疗保险覆盖面，做到应保尽保。

（七）实施防灾减灾。投入3.8亿元，完成10宗防灾减灾工程；基本完成市区内涝整治应急三期北侧分流工程。

（八）提升公共文化服务水平。投入1.3亿元，建立专兼结合的村（社区）公共文化管理服务队伍；全市实现公共电子阅览室全覆盖；完善数字公共文化服务载体；推进人均藏书增长计划，新增公共图书馆藏书56万册，全市人均藏书达到1册以上；开展“百场培训、千场演出、万场电影”到村（社区）、到企业活动。

（九）整治环境污染。投入3.4亿元，完成桥头小海河整治和生态修复工程，基本完成同沙水库截污管网工程和尾水排放工程；年内淘汰或改造小功率工业燃煤锅炉200台。

（十）提升宜居环境。投入4.7亿元，建成300公里城市和社区绿道，全市达到900公里；基本建成黄江镇黄牛埔森林公园和凤岗镇碧湖森林公园；完成市区10个交通拥堵点整治。

名词注解：

五个一体化：指珠三角基础设施、产业布局、基本公共服务、城乡规划和环境保护五个一体化。

四年大发展：珠三角规划纲要的目标为“一年开好局，四年大发展，十年大跨越。”其中“四年大发展”是指从2009年到2012年要实现第一阶段目标，珠三角地区率先建成全面小康社会。

“1+26”政策文件：“1”是指《关于推进产业结构调整促进产业转型升级的意见》，“26”是指《东莞市推进加工贸易转型升级工作方案》、《东莞市转型升级实施“三旧改造”土地管理暂行办法》等26项具体配套政策文件。

现代产业体系“四个30项目”：即30个战略性新兴产业项目、30个先进制造业项目、30个优势传统产业项目、30个现代服务业项目。

“大麦客”商业模式：指我市部分台商企业以“大麦客”统一品牌，打造集内销仓储批发为一体的大卖场经营模式。

村（社区）文化设施“五个有”：即有一个总面积不少于200平方米的综合文化活动室、有一个村（社区）图书室或农家书屋、有一个建筑面积在1000平方米以上的文体广场、有一个面积不少于40平方米的文化信息共享工程服务网点、有一批文化活动和体育健身器材。

中等收入陷阱：是指当一个国家或地区的人均收入达到中等水平后，由于不能顺利实现经济发展方式的转变，导致经济增长动力不足，最终出现经济停滞的一种状态。

“问题管理”模式：参照企业管理理念，针对政府部门及其工作人员在履行职责中存在的问题，以电子政务系统为依托，通过建立落实问题报告、处理反馈、分析评估、奖惩激励等制度而采取的一种问题前置处理机制。

薄膜太阳能光伏：指用硅、硫化镉、砷化镓等薄膜为基体材料，利用半导体光伏效应的太阳能电池技术。

物联网：通过信息传感设备，把物体与互联网相连接，进行信息交换和通信，以实现对物体的智能化识别、定位、跟踪、监控和管理的一种网络。

半导体照明：又称LED照明，指利用固体半导体芯片作为发光材料，制造照明器具的技术。

云计算：指一种基于互联网的计算方式，可以将大量用网络连接的计算资源统一管理和调度，构成一个计算资源池，将共享的软硬件资源和信息，按需提供给终端计算机和其他设备。

外经贸“十个100”计划：即培育百家总部形态企业、壮大百家内销龙头企业、扶持百家自主品牌企业、发展百家高新技术企业、打造百家“升转”示范企业、锻造百名外经贸“专才”、拜访百家目标企业总部、落实百家千万美元项目、引进百家新兴产业项目、帮扶百家民企“走出去”。

种子基金：指专门投资于创业企业研究与发展阶段的投资基金。

新三板：即“代办股份转让系统”，是专门为国家级科技园区非上市的高科技公司股份转让提供的交易平台，主要解决初创期高新技术企业股份转让及融资问题。

“三资融合”：指以民营企业为主体，通过推动土地资本、金融资本、产业资本“三资融合”，创新土地开发、盈利和“园区一体化”合作模式，为民营科技企业解决融资、土地、创新服务等问题，促进高端产业集聚，吸引创新资源，推动产业转型升级。

“十百千万”行动计划：即引进培育10个创新科研团队、100名领军人才、1000名紧缺人才、10000名高技能技术管理人才。

市内“双到”扶贫两个“80%”目标：即帮扶89个欠发达村和4000户贫困户减负增收，到2012年实现80%的欠发达村村组两级集体经营性年纯收入达到150万元或增长10%以上，80%以上已结对帮扶的有劳动能力低保户脱贫。

“686”民营企业上市梯度培育工程：即保持市一级上市民营企业后备资源库有60家以上的储备，每年推动其中8家企业进入上市辅导程序，6家企业进入发行申报程序或实现上市（含境外上市）。

“323”高成长型中小工业企业培育计划：即发掘培育300家成长性好、自主创新能力强、发展潜力大的中小工业企业，择优扶持20家以上优质企业，使其充分享受各级扶持政策，推动实现其中3家以上企业纳入上市后备资源库。

空气质量PM值：指单位大气中固体或液体颗粒状物质的含量，是测量空气质量的重要指标之一。

公益创投：指政府、企业或基金会出于解决社会问题等公益目的，进行非营利性投资，帮助有需要的企业和个人创业。

“三打两建”行动：今年全省统一部署的专项工作，主要内容是打击欺行霸市、打击制假售假、打击商业贿赂，建设社会信用体系、建设市场监管体系。

文化人才“三个100”工程：即从全市相关企事业单位、社会团体中选拔100名优秀人才充实文化人才队伍，从文化系统中选拔100名优秀干部到先进地区挂职锻炼，在全国范围内公开招聘100名各艺术门类专业优秀人才。

积极推进社会管理创新

——原载《学习与研究》月刊2011年第5期

中共东莞市委书记 刘志庚

推进社会管理创新，是构建社会主义和谐社会的必然要求，也是坚持以人为本、顺应群众期待的重要举措。随着改革开放的日益深入和社会主义市场经济的不断发展，我国社会经济成分、组织形式、就业方式、利益格局和分配方式日趋多样，现有的社会管理体制面临重大变化与挑战，特别对于广东省东莞市来说，特殊的地理位置、特殊的行政架构、特殊的产业结构和特殊的人口结构，致使社会管理形势尤为复杂，社会管理任务显得更加繁重而艰巨。新形势下，东莞市委市政府坚持以科学发展观为指导，始终从群众利益出发，把推进社会管理创新摆在十分突出的战略位置，勇于探索，大胆实践，积极构建了社会管理的新模式、新格局，使社会管理创新工作走在了全省前列。一、结构调整认识

一、主要做法

2006年以来，东莞以改革创新精神破解社会管理难题，从体制改革、平安建设、民生保障等6个方面着手推进社会管理创新，为探索新形势下做好社会管理工作积累了宝贵经验，打下了扎实基础。

（一）深化体制改革，开社会转型之先

社会转型的有效推进，很大程度取决于管理体制的改革和创新。2007年，东莞结合中央建设和谐社会的重要部署，提出“从城乡二元冲突型社会向城乡协调型社会转变，从本地与外地户籍人口分割型社会向本地与外来人口融合型社会转变，从矛盾多发的不稳定社会向阶层和谐的稳定社会转变，从不协调、不全面发展的社会向以人为本、全面协调发展的社会转变”的社会转型目标。实践中，我们注重从根本上解决社会管理存在的体制问题，努力打造服务型政府，逐步摸索出了一条转变政府职能、提高服务效率、创造良好发展软环境的新思路，形成了更具活力、更加高效的体制新环境。

以转变政府职能为核心，成立城市管理综合执法局，将规划、市政、环保等106项具体职能整合起来，实行统一执法，扭转了以往职能交叉、责任不清、多头执法的局面；规范行政审批行为，建立起监督检查和责任追究制度，对涉及41个单位共746项的机关审批环节进行全程电子监控，大大提高了办事效率。

以实施“简政强镇”战略为主线，率先在全省推行以下放事权、扩大财权、改革人事权三项内容为核心的分权制度改革，自2009年8月，在石龙、塘厦两镇区进行试点改革，尔后，2010年8月在除石龙、塘厦外的11个中心镇和3个市属园区全面铺开，赋予简政强镇改革镇街县级管理权限，将各市职能部门在镇域内的542项行政审批许可和处罚权，委托授权给各镇政府直接行使，形成“权力下移、服务外移、监督上移、权责利对等”的格局。

以理顺基层组织职能为重点，探索破除现有集“基层自治、经济发展、公共服务”于一体的村级管理体制，通过试点设立政务服务中心，剥离原来各村（社区）承担的政府行政管理职能，解决村（社区）“行政化”问题，逐步建立“两级统筹发展，三级管理服务”的现代社会管理体制。目前，我市已选择厚街、黄江镇为全市村级体制改革的试点镇，并启动了试点工作，村级体制改革的各项工作已稳步推进中。

（二）狠抓“治摩”治安，亮平安东莞之剑

社会治安是当前社会管理中最突出的难点问题，同时也是老百姓最关心的热点问题。2006年，东莞市明确提出“确保一年明显好转，争取用五年时间实现社会治安根本性好转”的目标，正式打响“平安东莞”的“攻坚战”。几年来，市委市政府都把社会治安列为每年十件民生实事之首，实行市领导包镇（街）抓社会治安机制，形成全方位保平安态势，走出了具有东莞特色的治安建设之路。

一方面，重锤出击，攻“治摩”难关。摩托车泛滥引发交通、治安等一系列社会问题，严重破坏了东莞交通安全秩序和城市文明形象，影响了群众的生命财产安全，成为东莞社会管理不可不面对的一道难题。2006年，我们正式作出“治摩”决定，争取用3—5年完成有效“治摩”。工作中，我们坚持实事求是的思想路线，广泛听取意见，反复进行论证，采取了分类治理、分步实施、疏堵结合、综合治理的做法，使“治摩”工作得以稳妥推进；我们坚持统筹兼顾的人性化措施，把解决群众出行需求和“摩的”司机转型就业等民生问题放在突出的位置，大力实施公交优先发展战略，真心实意地帮助“摩的”司机转型就业，使“治摩”工作得到广大群众的支持配合；我们坚持强有力的依法整治，从“治摩”决策到各种执法指南的出台，从“先礼后兵”的公劝教育到严查高压的集中整治，都严格履行法定程序，从而使“治摩”工作有了强大的法律支撑。我们坚持广泛深入的宣传发动，加强对媒体正面引导，争取外界媒体支持和社会各界理解，为“治摩”营造了良好的社会氛围。五年来，“治摩”工作取得了显著的成效：摩托车大量减少，存量减少超过55万辆，市区内基本不见摩托车上路；“涉摩”交通事故大幅下降，摩托车交通事故死亡人数平均下降超过20%；“两抢”犯罪有效遏制，发案率持续下降，群众出行安全感明显增强；公共交通长足发展，公交出行分担率从不足5%提高到30%；“摩的”司机得到妥善安置，超过90%实现成功转型就业；此外，随着摩托车的日益减少，城市形象也得到了进一步提升。

另一方面，多措并举，攻“治安”难关。全力开展“治窝”、“清源”、“严打黄赌毒”等治安专项行动。围绕综合整治出租屋，开展“治窝”行动，全面推广封闭半封闭式小区

▲南城区商业圈

管理模式，构筑了严密的社区防范网络，目前全市已建成平安社区（村）555个；同时创新管理模式，对不同类型的居住方式实行旅业式、协管站、自管、联防式和抽查式分类管理，真正实现“管好出租屋，治安好一半”。围绕彻底整治“黑网吧”，开展“清源”行动，将网吧管理纳入镇村两级考评体系中，与干部待遇直接挂钩，切实提高基层管理责任感；建立群众监督体系，聘请学生家长、退休同志等担任义务监督员，对黑网吧进行执法监督；加强联合执法，各职能部门采取集中行动、日常清查和交叉执法等形式，对“黑网吧”进行全面整治，几年来整治取缔“黑网吧”2955家，迫使“黑网吧”自行关闭3519家，我市集中整治“黑网吧”工作被国家文化部总结为“东莞经验”。围绕净化社会环境，开展扫除“黄赌毒”专项行动，以最鲜明的态度、最坚强的决心，做到发现一起查处一起，坚决扫除“黄赌毒”违法行为，五年来查处涉黄案件3216宗，缴获老虎机160953台，取得了明显成效。

通过五年来的不懈努力，东莞治安形势发生了可喜变化，群众安全感明显增加。2006年年初，东莞群众对社会治安的满意率仅为43%，在全省排名较后，通过强力整治，2008年，中央综治委在莞开展的问卷调查显示，东莞群众对社会治安的满意率达91.27%，在全省乃至全国排到中上，群众的满意率逐年提高，得到了全市群众广泛的认可和拥护。

（三）关爱外来人口，破社会融合之冰

东莞作为全省，乃至全国外来工最多的城市，外来务工者是我市常住人口的重要组成部分，也是东莞经济社会建设的一支重要力量。近年来，我们把广大新莞人纳入发展全局，作为一项事关改革稳定的政治任务，将外来务工人员统一尊称为“新莞人”，在全国创新成立了新莞人服务管理局，全方位强化对新莞人的服务，切实推动其融入东莞、扎根东莞、体面生活。

针对维权重点，切实为其办实事。大幅提高新莞人工资待遇，最低工资标准从2003年的450元提高到目前的1100元，增幅达144.4%；建立了企业工资监控制度、欠薪预警报告制度和工资垫付制度，仅2010年就为10万多名新莞人追回劳动报酬2.1亿元；实施新莞人培训工程，让新莞人与户籍人口同等享受政府的资助性培训政策，现已安排资金4900多万元培训了39万人次。

结合关注焦点，倾心为其解难事。在全省率先出台非户籍人口积分入户方案和非户籍人口子女接受义务教育办法，自2009年以来已接收近3万名新莞人子女通过积分制入读公校，2010年有1万多名新莞人通过积分制入户东莞。采取“政府投资（含补贴）为主、社会投资为辅”模式，在全市兴建、收购和改造一批廉租房和经济适用房供新莞人居住，已规划建设廉租房面积65万平方米，其中市区首个廉租房小区规模达4852套，目前部分廉租房和经济适用房已经建成交付使用。

凸显融合亮点，努力为其做好事。首次面向全市新莞人公选聘任了团市委专职副书记、市总工会和市妇联专职副主席各1名，录取9名基层企业新莞人担任公务员，提高了他们的政治地位；通过评选“优秀新莞人”、开通“新莞人维权绿色通道”、完善工资集体协商制度、加强心理疏导等举措，构建公平正义、和谐稳定的新型劳动关系；实施困难新莞人春节慰问、开通新莞人返乡专列、留莞关爱暖新年团圆饭等关爱举措，开展“文化暖流进企业”、“打工课堂”、送戏送电影等各类活动，为新莞人创造更好的工作、生活和身心发展条件，受到了广大新莞人的热烈欢迎。

（四）健全保障体系，固民生福祉之本

几年来，东莞始终把民计民生作为政府各项工作的出发点和落脚点，每年出台“十项民心实事工程”，自2006年至2010年连续五年市财政累计投入453.1亿元用于民生建设，不断提升群众的幸福感，被评为“中国十大最关爱民生的城市”。

创新“社保”惠民生。以“城乡统筹”为重点，初步构建了城乡一体化的社会保障体系，在全省乃至全国实现了“三个率先”：率先建立城乡一体的基本医疗保险体系，彻底打破医保的城乡二元分割，开创了东莞社会保障“城乡一张网”的崭新格局；率先建立覆盖城乡的农（居）民基本养老保险体系，市镇两级投入27.1亿元推进农职保并轨，初步实现同等缴费，享受同等待遇；率先探索建立覆盖新莞人的社会保险制度，打破所有制、用工形式、户籍、险种等各种界限，彻底消除新莞人参保障碍，推动社保体系向新莞人全覆盖。此外，我们还在五年内七次提高医保待遇，建立低保标准自然增长机制，使城乡低保线提高到每人每月440元。

推进“共享”解民困。市财政贴息帮助欠发达镇获得贷款，拨出2.4亿元对285个欠发达村（社区）实施行政和公共服务费用补贴，实施市内“双到”扶贫，安排定点帮扶资金2700万元。设立“东莞慈善日”，向19.9万名户籍困难群众发放每人1000元临时生活补贴，向5.6万名困难群众发放春节慰问礼包和临时物价补贴，向80周岁以上户籍老人发放高龄津贴，为60周岁以上户籍老人提供居家养老服务。

突出“公益”增民利。实施创业东莞工程，市财政连续五年每年拿出10亿元，推动全民就业创业，特别是妥善安置“摩的”司机就业，成功转业率达97%。推广“村民车间”，强化技能培训，促进充分就业，2010年城镇登记失业率控制在2%以内。在全省率先免除城乡义务教育阶段学生学杂费和书本费，推进办学体制由市镇村三级向市镇两级转变，设立民办学校专项扶持资金，全面解决代课教师待遇问题，目前全市32个镇街全部成为广东省教育强镇，2010年高考每万户籍人口升大学人数居全省首位。

（五）畅通诉求渠道，解社会矛盾之困

进入新世纪以来，东莞群众工作呈现出利益诉求增强、经济纠纷增多、群体性矛盾增加、处理难度增大等特点，对新时期的社会管理提出了新挑战。新形势下，我们坚持一手抓作风，一手抓重点，努力做到以人民群众利益为重，以人民群众期盼为念，密切党同人民群众的血肉联系。

一方面狠抓作风，确保各项群众工作落到实处。建立了市委、市政府领导班子成员分片包干责任制和联系镇村制度，想方设法畅通和规范群众诉求表达、利益协调、权益保障渠道，及时反映社情民意，做好释疑解惑、疏导情绪、化解矛盾工作，切实解决好群众最关心最直接最现实的利益问题；建立了市镇领导挂钩督导制度，成立30个工作组，对社会治安、重点项目建设、换届选举等实行挂钩督导，并探索推行重大工程项目和重大政策的社会稳定风险评估机制，协调好各种利益关系，从源头上预防和减少了社会稳定风险。

另一方面，突出重点，做到特殊人群管理不留死角。近年来，我们逐步改变传统防控型管理，努力向服务型管理转变，大大提高了特殊人群的服务管理水平。大力解决信访老户问题，按照“一个案件、一名领导、一套班子、一个方案、一抓到底”的要求，逐一落实领导包案；同时，建立回访信访老户制度，积极开展对信访老户送温暖活动，想方设法为他们解决困难。全面加强退役人员权益保障，对全市城乡退役士兵实行以领取安置补助金、免费参加职业技能培训、享受推荐就业和优惠政策为主要内容的安置改革；创新开展特定服刑人员社区矫正工作，在全省首创“两级审批制度”，并大力推行社工介入模式，让社区服刑人员感受到来自社会的真情关爱；完善对刑释解教、吸毒、问题青少年等群体人员的安置帮教工作，做到五个“及时”（即及时建档造册、及时做好衔接工作、及时走访刑释解教人员、及时进行法制教育、及时制定和落实帮教措施）和“三联”（工作联网、安置联动、帮教联合），有效地预防和减少了重新违法犯罪。

（六）发动社会力量，走多元共建之路

多年来，东莞市努力探索社会力量参与社会建设的新思路新方法，开创了社会组织发展与社会管理完善相互促进、相互推动的良好局面。强化“两新党组织”的引领意识，在全国率先实现了“两新”组织党组织组建和流动党员纳入组织管理两个100%全覆盖，现有“两新”组织党组织2861个，党员26300多人。工作中，广大“两新”组织党组织以精神文明共创、社会事务共管、社会稳定共保为纽带，组织发动企业党员参与社会建设，充分发挥“两新”组织党组织在推动发展、服务群众、凝聚人心、促进和谐方面的作用。特别在应对国际金融危机和推进转型升级中，“两新”组织党组织和广大党员积极响应号召，深入开展以“信心、热心、爱心”为内容的“三心暖冬行动”，组建了217支“两新”组织党员志愿服务队、近5000名党员志愿者活跃在扶贫济困、政策宣讲、就业指导、法律咨询第一线，为群众和社会做好事、实事2.2万多件，为促进企业发展、社会和谐和经济回升做出了积极贡献。

突出“社工”组织的辅助作用。从2009年开始，我们在借鉴深圳、香港等地经验做法的基础上，全面铺开“社工”工作，按照“引导适当竞争、避免过度竞争”的原则，有计划、有重点地精心扶持培育了大众、星扬等7家专业社工机构，在遵循专业规范的基础上，以高度的责任心和饱满的事业心，扎实开展专业服务。目前，全市社工已开展小组工作923个，即时辅导12000多次，完成家访及探访2000次，组织活动963次，受到了各用人单位和服务对象以及社区居民的充分肯定。

倡导青年志愿者的奉献精神。志愿者群体在构建和谐社会进程中发挥了“凝聚民心、扶助弱势、培育文明、化解矛盾”的重要作用，是一支不容忽视的社会建设力量。多年来我们高度重视志愿服务活动，在人、财、物三方面给予大力支持，初步构建起市、镇、村、学校的志愿服务组织网络。近年来，志愿者队伍服务领域不断拓宽，开展了青春暖流、抗震赈灾义演、保护母亲河、中秋月饼盒回收等近千次活动，获得良好社会效应。

二、经验体会

近年来东莞市致力于社会管理创新探索的实践，亦取得良好的效果，我的体会有四条。

（一）务必把以人为本作为创新社会管理的落脚点

社会管理本质是对人的管理和服务，我们在开展社会管理创新实践中牢牢把握这一本质要求，把管理与服务有机统一起来，寓管理于服务之中，在服务中实施管理，在管理中体现服务，坚持以群众的呼声作为第一信号，以群众需要作为第一选择，以群众的满意作为第一标准，通过推动社会管理法制化、科学化和人性化，积极解决与人民群众利益密切相关的就业、就医、就学、交通、治安等民生问题，最大限度维护人民群众根本利益，最大限度减少社会改革中的利益调整障碍，最大限度激发社会活力，群众的幸福感有了极大提高，使老百姓自觉接受管理，主动配合管理，积极参与管理。社会管理的各项工作有了良好的群众基础，反过来也有力地保障了社会管理工作的顺利开展。今后工作中，我们仍将继续从人民群众最关心、最直接、最现实的利益问题入手，把人本理念贯穿于社会管理创新的全过程，努力在完善基本公共服务和社会保障体系、健全社会治安综合防控体系、强化食品药品生产等公共安全管理体系和加强生态环境管理体系等四个重要民生领域取得新突破，逐步构建起与建设宽裕型小康社会相适应的较为完善的社会民生保障体系。

（二）务必把共建共享作为创新社会管理的根本点

近几年来东莞的社会管理创新实践使我们深刻体会到，没有共享，就不可能有和谐的共建。注重各阶层、各群体的融合发展是做好社会工作的首要之道。只有让新莞人与本地人享有同等的经济社会权利，才能消除新莞人的短期居住目标，与本地人共同谋求东莞的长治久安；只有让新莞人与本地人共享

改革发展成果，才能让新莞人看到长期经济利益，共同努力维护东莞社会的和谐稳定。同样，我们也体会到，没有共建，也难以实现真正的共享。社会管理关系到不同阶层和不同群体的利益，这就要求我们必须加快转变政府社会管理职能，从原来重政府作用、轻多方参与向政府主导型的社会共同治理转变，不断完善和规范基层群众自治组织，大力培育和发展社会中介组织，拓展公民参与社会管理的渠道，努力构建“党委领导、政府负责、社会协同、公民参与”的社会管理新格局。实践证明，只有真正做到在共建中共享，在共享中共建，才能建设一个真正的包容性社会，才能真正实现东莞社会的可持续发展。为此，在今后工作中我们将继续深入推进多方参与、共同治理的社会管理模式，充分发挥党委在社会管理体制中总揽全局，协调各方的领导核心作用，把党的政治优势、组织优势转化为管理优势和服务优势，积极动员和组织人民群众与社会各方依法理性有序参与社会管理和公共服务，努力形成人人参与、人人共享的良好局面。与此同时，我们将大力推进覆盖城乡和不同群体的基本公共服务均等化建设，实现新莞人的“市民化”，探索建立普惠型社会福利保障体系，使公共服务尽可能惠及到全体市民，让新老莞人以及各类困难人群、弱势群体共享发展成果。

（三）务必把基层建设作为创新社会管理的着力点

基层社区既是满足百姓社会服务需要的最直接载体，同时也是社会矛盾问题产生的主要来源。因此，强化社区建设是加强社会管理，减少社会问题，化解社会矛盾的第一道有效防线。近年来，我市正是紧紧抓住基层社区这一关键环节，大力推进社会管理重心下移、资源下沉，实现社会管理从原来的市、镇（街）两级逐步向下延伸到了居（村）一级，基本构建起以村（社区）党组织为领导，居（村）委会为主体，社区服务站为平台的社区服务体系。实践证明，我们把基层建设作为创新社会管理的着力点，致力于把基层社区打造成承载社会管理任务的重要依托的思路，既适应了当前我国基层社会结构从“单位制”向“社区制”转型，社会管理对象从“单位人”向“社会人”演变的客观要求；同时，也符合了社会管理要从当前重事后被动应对向更加重视源头治理转变的发展需要。今后，我们要继续紧紧抓住基层建设这个核心环节，以推动村级传统管理体制向“两级统筹，三级管理和服务”的现代城市管理体制转变为目标，以村级体制改革为突破口，不断健全和完善基层社会管理制度。一是要健全宜居社区建设机制，在创新社会管理与服务，提升社区服务人性化、精细化水平等方面下工夫；二是要健全整合协调参与机制，在培育社区民间组织，完善社区服务组织体系，推进基层民主化建设等方面下工夫；三是要健全管理手段创新机制，在健全法制体系、发挥政治优势、依靠科技支撑、强化舆论引导等方面下工夫；四是要提高社区专业化服务水平，在推进专业社工进社区，提高社区工作人员素质，发展社区志愿者服务等方面下工夫。通过加大工作创新力度，进一步完善社区服务体系，不断提升基层社会管理能力和公共服务水平。

（四）务必把体制改革作为创新社会管理的支撑点

体制创新既是社会管理创新的重要内容，也是社会管理创新的前提条件。如果说基层社区建设是自下而上为社会管理创新提供了依托平台的话，那么体制改革则是从上而下为社会管理创新提供了制度保障。实践表明，东莞之所以能开拓出今天社会管理工作的新局面，离不开近年来我们大力实施新莞人服务管理、简政强镇改革、村级体制改革、财政体制改革等社会关键领域的体制创新。为进一步扫除我市社会管理创新的制度障碍，下来我们要继续深化重点领域改革，为推进新一轮社会管理创新保驾护航。一是以深化简政强镇和村级体制改革为契机，深入推进事权制度改革，按照现代城市管理要求，科学划分市镇村三级的事权范围和责任归属，尽快打破当前以行政村为单位的“单打独斗式”农村社会管理体制，在基本实现教育、社区卫生和社会保障的市镇统筹的基础上，进一步探索社会治安和环境卫生等方面的统筹管理。二是围绕推进基本公共服务均等化和主体功能区建设，完善公共财政制度，实现各级政府事权和财权相统一，加大各级财政对基本公共服务的投入，重点对欠发达地区进行倾斜，使城乡居民都能享受到均等的基本公共服务。三是以实施积分制入户和探索建立新型社区为突破，积极稳妥地推进户籍管理制度改革，逐步建立城乡统一的户口登记管理制度；加强和改进流动人口的服务管理，大力推行居住证制度，实现新莞人社保、医疗、教育、就业、缴费、公交服务等“一卡通”，积极探索流动人口管理新办法。

广东流动人口服务的“东莞模式”

——来自珠三角腹地的调查报告

每当夜幕降临，东莞这座具有1700多年历史的“千年古邑”，近代“虎门销烟”发生地，就展现了她另一种魅力：

成千上万的外来工汇集在500多个城镇文化广场上，或歌或舞；市、镇、村大大小小509个图书馆璀璨的灯光下，挤满了求知若渴的农民工身影……这是东莞提供外来工公共服务的一个侧影。

广东流动人口超过3000万人，其中东莞市又是全国流动人口和出租屋最多的城市之一。在中国的经济版图上，东莞是珠江三角洲最具活力的城市，也正率先破解流动人口的社会管理难题。

据介绍，目前东莞市共有600多万流动人口，出租屋30多万栋（套）。近年来，东莞大力强化外来流动人口服务管理工作，推进共建共享，为外来工办实事、做好事、解难事，有力地促进了经济社会发展，确保了社会大局稳定。

以人为本大力创新服务管理体制

如何加强和创新社会管理，确保社会既充满活力又和谐稳定？“党委领导、政府负责、社会协同、公众参与”，“最大限度激发社会活力、最大限度增加和谐因素、最大限度减少

▲东莞市全面实施“新莞人培训工程”，通过市财政定额补贴的方式，鼓励企业通过自主培训或校企合作等方式对在岗员工开展培训

不和谐因素”。站在新的历史起点上，面对社会管理领域新课题，广东给出了机制创新的崭新答卷，东莞让600多万流动人口焕发活力。

广东省委常委、省政法委书记、省公安厅厅长梁伟发说：“加强和创新社会管理，要坚持改革创新，勇于探索，从顶层设计着手，努力破除各种体制障碍，把流动人口服务管理纳入本地经济社会范畴。”

基层是社会管理的重心，也是创新的源泉。随着改革开放深入推进，社会问题的大量涌现，政府原有的社会管理方式，在许多方面已经不能适应新的发展需要。如何创新发展，提升服务社会功能，夯实和壮大社会管理队伍，是当前社会管理面临的一个新问题。

“针对以往流动人口管理理念滞后、职责不清、成效不大等问题，东莞以建设服务型政府为导向，以体制机制创新为动力，努力探索具有地方特色的新莞人服务管理模式。以机制创新构筑服务管理新格局。”东莞新莞人服务管理局负责人介绍说。

“2007年，东莞首先在外地人称呼上进行变化，外来人口被称为‘新莞人’，我们还成立了新莞人服务管理局。”东莞市委书记刘志庚介绍说，“外来人口对东莞建设发挥了巨大作用，要善待外来人口，理解外来人口。”

刘志庚介绍，东莞目前各个镇都有“新莞人服务管理局”下属机构，帮助新莞人在东莞生活和发展。同时，新莞人在东莞可以参政议政，其代表可以在东莞直接入户。“东莞目前600万人有医保，其中大部分是新莞人，外来人口的社会保障与本地人一致，东莞的中小学中,外来人口子女多于本地人口子女。”

东莞各镇街、村（社区）有32个新莞人服务管理中心和621个服务站，初步形成了党委、政府领导，新莞人服务管理局牵头，各职能部门配合，各镇街、村（社区）抓落实的新莞人服务管理格局。

记者了解到，早在新莞人称谓出炉之前，刘志庚就曾在不同场合公开表示，外来员工是东莞一个重要的社会群体，为东莞的建设和发展作出了重要贡献。他表示，改称谓仅仅是个新的开始，东莞正从政治上、经济上、工作上、生活上各方面关心外来员工，将通过建廉租房、放宽入户政策、扩大社保覆盖面、解决子女入学等办法，切实解决他们的实际问题。

2008年11月6日，千万新莞人找到了“娘家”。首任新莞人服务管理局局长伦锦洪说：“新莞人以后有困难可以来找我们。”该局还将研究推出新莞人服务卡，不断增加在社保、劳动、就业、子女入学、医疗等方面的相关优惠服务。一位参加“新莞人服务日”的新莞人感慨地说：“终于找到地方了。”

人民群众是社会管理和服务的对象，也是社会管理和服务的参与主体和智慧源泉。如何拓宽群众参与渠道，健全群众参与机制，让群众了解、参与公共事务？为此，东莞以发挥主体作用为目标，搭建新莞人政治参与新平台。

“近年来，东莞大力鼓励新莞人参政议政，面向全市新莞人公选聘任团市委专职副书记、市总工会和市妇联专职副主席各1名；有2名新莞人当选广东省第十次党代会代表和广东省人大代表，有17名新莞人担任市党代表、5名新莞人任市政协委员。”优秀新莞人刘俊合告诉记者，他1997年来到台商光宝电子公司，一干就是十年多。他通过学习和写作改变了人生，成为一名作家。

变革是当代中国的主题。空前广泛而深刻的工业化、城镇化人口大迁徙，在给社会发展进步带来巨大活力的同时，也必然带来各种矛盾和问题。只有尊重社会发展规律，妥善处理人民内部矛盾和其他社会矛盾，不断减少和化解矛盾，将问题解决在基层，化解矛盾，消除隐患，才能从根本上促进和谐社会建设。

为此，东莞以矛盾排查化解为突破，探索多元调处新路子，加强对群体性事件预防化解。东莞市将拖欠工资纠纷、工伤事故纠纷等作为排查和调处重点。利用三级综治信访维稳平台、企业调委会、企业调解联络员、村级劳动争议调解机构等资源，实现就地、就近调解矛盾。全市各级新莞人服务管理部门共设立33 条信访专线，处理新莞人各类咨询投诉3.7万多宗。今年6月份，广州增城市新塘镇大敦村发生群体性事件，与之相邻的东莞市中堂镇在第一时间迅速作出防范部署，深入做好部分四川籍员工思想稳控工作，有效防止了事态蔓延。

东莞为强化持续服务管理新支撑，还以落实经费编制保障为重点，制定市、镇、村三级经费保障制度，将新莞人和出租屋管理所需经费纳入市镇两级财政预算。从根本上杜绝因运作经费不足而引致的乱收费、乱执法等问题。目前，全市新莞人服务管理机构定编425人，各镇街新莞人服务管理中心招聘专职工作人员638人，招收管理员4554人。

注重共建共享大力推进均等公共服务普惠

“尊重人、理解人、关心人，寓管理于服务之中，实现管理和服务的有机统一，这是我们党和政府对社会管理的新理解。”东莞的同志介绍说。

事实证明，只有把城市公共服务覆盖到流动人口身上，才能使他们有真正的归属感，城乡二元化格局才会真正打破，全社会的融合才能真正实现。

为此，东莞大力推进基本公共服务均等化，着重解决新莞人在就业、居住、医疗、子女就学、劳动保障等方面的突出问题，切实维护新莞人合法权益，确保广大新莞人共享改革发展成果。

称谓之变折射出时代之变——从过去的“捞仔”、“打工妹”、“农民工”到现在的“新莞人”，从过去的“不闻不问”到现在的“专门服务”，从过去的限制排斥到现在的平等对待，东莞市连续出台政策和措施，让流动人口享受到均等公共服务。

关爱新莞人的城市暖流延绵不绝，十件好事加快了新莞人融入东莞的归宿感：保障同工同薪保护新莞人权益；建设新莞人廉租公寓；每年建十所新莞人子女学校；实施新莞人培训工程；鼓励新莞人参与东莞事务管理；吸引企业人才入户东莞；事业单位聘用人员户籍准入；新建博士创业园等等。

“抓好就业引导。积极开展面向新莞人的‘春风行动’，设立公共就业服务站点600多个，全面实施免费就业服务。从2007年起，让新莞人与户籍人口同等享受政府的资助性培训，现已安排资金5449万元，培训44.3万人次。”东莞市委的同志介绍说。

记者了解到，从2008年起，东莞市投资近10亿元大力实施安居工程，采取“政府投资（补贴）为主”的模式，兴建、收购和改造一批廉租房供新莞人居住，目前已在长安、虎门、大朗等8个中心镇推行试点。在新莞人居住集中地建设综合服务小区43个。2011年将投入10.5亿元，并在全市年度用地指标中单独列出630亩土地用于公租房建设，以解决新莞人住房需求。

“新莞人子女与户籍学生享受同等完全免费义务教育待遇。”目前，新莞人随迁子女在东莞市接受义务教育52.9万人，占全市义务教育阶段学生总数的71.41%。去年，在东莞市公办中小学接受义务教育的新莞人子女为12.6万人，占公办学校学生总数的40.84%。

东莞社保局的同志告诉记者：“新莞人住院医保的年最高支付限额由初期的2.5万元提高到20万元，享受到与户籍居民同等的医疗保障待遇；社会保障水平明显提高，去年参加社会保险的达1860.8万人次，占全市参保人数的79%；办理流动人员人身意外保险149万份。”

“抓好新莞人权益维护，提高新莞人工资待遇是根本，加强劳动监察管理是关键。”东莞将最低工资标准从2003年的450元提高到目前1100元。2005年开始建立信息化的企业工资监控制度、欠薪预警报告制度和工资垫付制度，共为108.74万劳动者追发工资15.3亿元。2007年以来，共承办涉及新莞人的法律援助案件12044宗，代写法律文书1396份。

2010年就检查各类用人单位2.1万家次，涉及新莞人337.1万人次，处理群众举报专查案件1273件，责令相关企业为近2万名劳动者补发工资2588万元，督促企业与21.8万名劳动者签订劳动合同，对违法行为的企业发出劳动监察限期整改指令书2620份，行政处罚168家。

“‘优秀新莞人’评选、新莞人‘积分制’入户等关爱服务深得民心，去年共有10854人取得入户资格。”首届优秀新莞人、茶山镇超朗小学体育老师彭凯武说，“我来东莞有12年了，切实感受到政府对新莞人的关心，爱护。”

此外，举办“留莞关爱暖新年团圆饭”、慰问新莞人困难家庭、为留莞过年新莞人免费增加有线电视节目等活动。开展新莞人金融综合服务试点，结合推广办理居住证工作，扩展居住证功能，逐步实现新莞人信息采集、公交服务、公务服务信息发布、金融服务等功能一卡通。

巩固基础大力提升以服务促管理效能

全心全意为人民服务，是我们党的根本宗旨，也是我们党最强大的生命力所在。社会管理，说到底是对人的管理和服务。在社会管理中，必须牢固树立以人为本、执政为民的理念。管理不是目的，服务才是根本。一切社会管理活动，归根到底都是服务人民群众的活动。

专家指出，流动人口是工业化和城镇化过程中的必然产物。目前，我国流动人口已达到2.6亿。如何让以农民工为主体的流动人口顺利融入城镇，避免一些发展中国家出现的大城市大贫民窟的“城市病”，避免城市居民的割裂与分化？

▲横沥镇新莞人首届集体婚礼

“有了居住证，好开心，人有了一种归属感。如今去港澳旅游，用居住证就可以办理港澳通行证，不用再回老家去办了。”来自四川的东莞锦盛科技公司员工王雅芬高兴地说。目前，广东全省已办理居住证2833万多张。在广东，流动人口能享受到职业技能培训、公共就业服务、传染病防治和儿童计划免疫保健服务等七大类公共服务。

“紧紧抓住基础建设这一关键环节，大力推进重心下移、资源下沉，不断完善服务管理制度，拓展服务管理网络，提升服务管理水平。”广东省综治委的同志说。

为此，东莞制定了《关于进一步加强新莞人服务管理工作的意见》、《关于改善新莞人居住条件的指导意见》、《东莞市积分制入户暂行办法》、《东莞市新莞人子女接受义务教育暂行办法》、《东莞市出租屋租赁管理实施细则》等18份规范性文件，形成了完善的新莞人服务管理制度体系，走上了规范化轨道。

加强日常巡查，力促管理常态化。建立日常巡查管理机制，由新莞人和出租屋管理员负责日常登记、办证、巡查等工作，各职能部门对管理员巡查发现的问题进行执法处理。完善出租屋分类管理机制，对集中型出租屋实行封闭、半封闭式管理，对分散型出租屋实行“专人分管、专人负责”的旅业式管理，对住宅小区推行协管站管理并建立外来租住人员入住申报制度，对工厂集体宿舍实行自管和联防式管理。目前，全市实行分类管理的出租屋占75%以上，近年来通过日常巡查向职能部门反馈信息3.3万宗，协助公安机关抓获违法犯罪嫌疑人6170人，打掉犯罪团伙497个，有效遏制了重大刑事案件的发生。

加强信息整合，力促管理高效化。加快新莞人服务管理信息系统建设，开发积分制管理子系统，实现与市企业工委、计生、人力资源等部门的信息交换、资源共享。目前，全市共采集出租屋信息30.2万栋（套），录入租住人员信息620万条，注销246万条，为居住证推广、第六次全国人口普查工作开展、积分制入学政策实施提供了有效的数据支撑。

加强甄别分类，力促管理精细化。通过全面普查登记、信息采集，将各种信息进行全面排查，按“放心户、放心人、重点户、重点人”分类录入电脑，并对“重点户”采取专项整治行动。2006年以来，全市针对“重点户”内存在的消防安全、无证照经营、黑网吧和异地摩托车等问题，开展了系列专项整治行动，各镇街、各有关部门与当地干部共出动10万多人次，通过限期整改、停租、取消租赁证等措施，整治各种隐患出租屋5万多间次。同时，按照服务多数、管住少数的原则，对排查出的“重点人”实行有效监控，大大减少了发案率。

（原载2011年8月2日《人民日报》吴冰　沈寅）

文明东莞盛开幸福之花

——广东东莞市深入创建全国文明城市纪实

这是岭南文明的重要发源地！

这是珠江三角洲一颗璀璨的明珠！

东莞，因“虎门销烟”而闻名，因改革开放先致富而驰名。2009年，东莞因荣获“全国文明城市”称号再度彰显。2011年，东莞的荣誉称号又经受住了复评的检验。

弹指3年，东莞见证了什么？深入创建又收获了什么？

“全国文明城市荣誉对东莞干部群众的文化素质提出了更高要求。”东莞市委书记徐建华说，要继续不断深化创建活动，在提升市民素质中加快人的转型，在深化共建共享中促进社会融合，在增进民生福祉中提升市民幸福感。

从“社会共建”到“城乡统筹”健全创建全国文明城市长效机制

走进今天的东莞，优美的绿地、整洁的街道，509个图书馆内市民和新莞人求知若渴的身影，511个文化广场上丰富多彩的文体活动，都让你感受到这座“全国文明城市”深入创建的强烈脉动。

继获得“国家园林城市”、“全国绿化模范城”、“国际花园城市最高级别金奖”、“国家卫生城市”等37项省部级荣誉后，2009年，东莞又获得了全国城市综合类评比中的最高荣誉——全国文明城市而再次精彩绽放。

面对荣誉，东莞人清醒地认识到：“创建永无止境”！

“要不为‘拿牌’、不为‘保牌’而创建文明城市，要以创建长效机制擦亮‘全国文明城市’金字招牌。”东莞市委常委、宣传部长王道平说，“东莞构建以深入创建文明城市为龙头、以铺开公共文明指数测评为抓手、以优化基层创建格局为重点、以推进社会共建为突破的创建体系。”

3年来，东莞市委、市政府团结带领全市人民，以荣誉作为新的起点，按照“融入中心、以人为本、城乡统筹、破解难点、注重特色”的思路，在更高层次上深入推进文明创建工作。

“从老百姓最关心的事情做起，从老百姓最不满意的地方改起”——这是东莞向全市人民作出的庄严承诺。

“在连续两年的全国公共文明指数测评中，东莞都取得了优异成绩，去年更跃升到地级市第二名。”3年来，东莞不断加强创建工作的机制体制建设，不断推进创建工作的常态化、长效化，努力实现创建活动全覆盖目标。

“通过推进制度保障、一体创建和社会共建三个全覆盖，深入推进创建工作长效机制建设。”据介绍，东莞把深入创建工作列入“一把手工程”。市委常委会每年1—2次专题研究精神文明建设工作；2009年以来召开“创建全国文明城市工作表彰动员大会”等7次全市性会议；建立逐年增长的财政投入机制，3年来市财政预算安排文明创建专项经费6000多万元。

东莞市政府与各镇（街）、各部门签订严格的目标责任书，将《全国文明城市测评体系》126项指标任务层层分解，形成无缝责任链条。3年来组织不同形式的现场会、点评会、推进会20多次，难点盲点整改率达90%以上。

“坚持城乡统筹，推动文明城市创建从中心城区向全市延伸，从重点部位向一般地带辐射，从窗口单位向所有行业企业扩展，实现创建工作的跳跃式发展。”东莞文明办的同志说。

东莞市、镇、村（社区）三级每年定期组织人员开展公共文明指数测评。文明指数测评机制实现从城区试点向镇、村（社区）全面铺开，32个镇（街）文明指数每年增长达10%以上。

如今，在东莞，翻开报纸看到的是创建文明城市的新闻，打开电视、上公交车看到的是文明礼仪宣传，公交站亭、道路隔离带，到处是讲文明的红色横幅，工厂、社区、村镇、机关、学校，处处飘荡着全民创建的气息。

“通过扩大舆论引导、公益宣传和社会参与来推进社会共建全覆盖，实现‘靠民创建、为民创建、创建成果由人民共享’。”这是东莞的新经验。

从村民到市民打造人文东莞的学习型城市

“看看报读读书，天天都充实！”68岁的憨伯每天到东城社区图书馆读书看报，这成了他“洗脚上田”后的习惯。

市民素质是城市文明的灵魂，是文明创建的根本所在。东莞以户籍居民、新莞人、未成年人三大群体为重点，大力培育以社会主义核心价值体系为灵魂、以岭南优秀历史文化为底蕴、以现代文明素质为特征的东莞人文精神，持之以恒加强思想道德教育，千方百计提升市民文明素养，加快推进人的全面转型。

东莞市文明办的同志介绍：“东莞通过倡导全民读书学习活动，大力弘扬‘以读书为乐’的社会风气，努力探索学习型城市创建之路。”创文明城市，东莞建成了一流公共文化设施网络，成为提升市民素质、丰富精神文化生活的重要平台。东莞建成图书馆509个，博物馆30座，服务站102个，形成了较为完备的市、镇、村、家四级阅读设施网络，市民“每天阅读一小时”。“东莞读书节”、“市民学堂”、“图书漂流”等市民读书活动，参与人次超过1000万。

“依托591个社区（村）市民学校，东莞深入开展‘市民学校大讲堂’活动，强化公民思想道德教育。”市委宣传部的同志强调说，东莞特别重视未成年人教育，建立市级未成年人心理健康辅导中心，推广“莞老师工作室”、“彩虹心理热线”，完善市、镇两级未成年人心理健康教育网络，促进未成年人形成乐观开朗、积极向上的良好心态。“东莞市展览馆、鸦片战争博物馆、东纵纪念馆、青少年活动中心等，都成为加强青少年道德教育的重要平台。”

此外，“做一个有道德的人”、“红色经典诵读”、“党

旗飘扬我成长”等特色品牌活动，“阳光教育”网站等，都使未成年人在自觉参与中得到熏陶教育。

如今的东莞，崇德向善蔚然成风，涌现出一批道德楷模：坚持照顾孤寡老人的黄柱深、背着外婆打工的唐戈隆获得“全国道德模范提名奖”，扶危济困的转业军人李满堂、以诚信创业立业的青年罗铭华成为本届“全国道德模范候选人”，八旬老人王锦辉助学帮困的先进事迹广泛传播。

从“外来工”到“新莞人”搭起共建共融的创建大平台

“学习和写作改变了我的人生，成为一名作家。”优秀新莞人刘俊合，10多年前由光宝电子公司打工而融入东莞。2010年，东莞有10854名这样的新莞人取得积分入户资格。

作为全球闻名的现代制造业基地，东莞吸引了从全国各地涌来的新莞人。全市常住人口822万人，其中外来人口600多万。如何推动广大新莞人真正融入东莞、以城市主人的身份深度参与文明创建，这既是深入创建文明城市的重点难点，也是建设幸福东莞的必然要求。

“敞开600多万外来员工融入东莞的通道，为新莞人办好事、实事，让广大新莞人共建共享文明城市成果，才能有幸福感。”东莞市文明办的同志说。为此，2007年，东莞首先在称呼上进行变化，外来人口被称为“新莞人”，同时成立了新莞人服务管理局。目前东莞各镇街、村有32个新莞人服务管理中心和621个服务站，帮助新莞人在东莞生活和发展。

称谓之变折射出时代之变——从过去的“捞仔”、“打工妹”、“农民工”到如今的“新莞人”，从过去的“不闻少问”到现在的“专门服务”，东莞市连续出台政策和措施，让流动人口享受均等公共服务，也加快了共融步伐。

在厚街，新莞人小张带着测评表和照相机，将厚街的“好与差”一一拍下，给创建活动“挑刺”。这是新莞人参与共建共享的写照。

“从解决新莞人就业、住房、子女教育、社会保障等方面的现实问题入手，加快共建共享共融。”东莞积极开展面向新莞人的“春风行动”，设立公共就业服务站点600多个；开展新莞人培训工程，目前已安排资金5449万元，培训新莞人44.3万人次。2011年东莞投入10.5亿元用于公租房建设，解决新莞人住房需求。截至2010年底，全市公办中小学接受义务教育的新莞人子女12.6万人，占总数的40.8%。

“积极鼓励新莞人参政议政，努力让新莞人参与融入东莞经济社会管理。”近年共有两名新莞人当选省第十次党代会代表和省人大代表，有17名新莞人担任市党代表、5名新莞人任市政协委员。

东莞社保局的同志说：“2010年参加社会保险的新莞人达1860.8万人次，占全市参保总数的79%。最低工资标准提高到1100元，增幅达144.4%。”

从“平安东莞”到“民生东莞”构筑温馨和谐的幸福城市

“治安好了，物价上涨政府还有补贴呢！”这是南城区一位困难户的舒心话。近年，东莞向19.9万名户籍困难群众发放每人1000元临时生活补贴，向5.6万名困难群众发放慰问礼包。

只有把民计民生作为出发点和落脚点，群众才会有幸福感，才会认同深入创建。2006年以来，东莞把社会治安列为每年“十件民生实事”之首，实行市领导包镇（街）抓社会治安机制。5年努力，东莞治安形势发生可喜变化，市民对社会治安的满意率从2006年的43%大幅度提高到91.27%。

“治摩”、“治窝”、“清源”、“严打黄赌毒”等治安管理专项行动成效显著。涉摩“两抢”犯罪得到有效遏制。全市建成平安社区（村）555个，实现“管好出租屋，治安好一半”。

围绕搞好“基本民生”、保障“底线民生”、关注“热点民生”，东莞下大力改善民生福祉。据介绍，5年来，市财政投入453.4亿元用于民生建设，东莞被评为“中国十大最关爱民生的城市”；市财政拨出2.4亿元对285个欠发达村（社区）实施补贴，市内“双到”扶贫，安排定点帮扶资金2700万元；连续5年每年拿出10亿元，推动全民就业创业，特别是妥善安置“摩的”司机就业，成功转业率达97%。

东莞民政局同志说：“推动社会力量开展专业社工服务，成为助民解困的新抓手。全市已培育7家专业社工机构，活跃着2000多个志愿者服务组织。”目前，全市社工已开展小组工作923个，即时辅导12000多次。32个镇（街）、591个社区（村）全部建立志愿服务中心（站），注册志愿者达20.5万人。

从“文化东莞”到“生态东莞”建设充满活力的文化名城

绿树成荫，喷泉激舞，孩子们呼朋引伴，老年人携手相随……这一和谐画面来自于长安镇沙头社区金沙广场。东莞这样热闹的村级文化活动广场有300多个。

“文化是文明的结晶，是城市综合竞争力的重要组成部分。”东莞市委副书记、代市长袁宝成介绍说，“十二五”开局之年，东莞确立了建设“文化名城”发展战略，设立5年50亿元“文化东莞”专项资金，全面推动文化大发展大繁荣。

为此,东莞全力打造“图书馆之城、博物馆之城、广场文化之城”的文化名城建设，将文化建设纳入到各级党政班子年度量化考核指标,提升东莞公共文化服务体系。

短短几年，东莞市文化设施建设大跨越。市、镇、村三级共投入70多亿元，建成玉兰大剧院、青少年活动中心、科技博物馆等10多项市级重大文化工程，形成了较为完善的市、镇、村三级公共文化设施网络体系，文化设施建设在国内城市中处于领先地位。

“每到周末，我们的节日、文化周末、绚丽大舞台等等特色文化活动，就会吸引成千上万的市民和新莞人参加，热闹非凡！”东莞文广新局同志说。

东莞还深入实施文化信息资源共享、广播电视村村通、农村电影放映、“农家书屋”等重大文化惠民工程，全市每年举办各类文化活动1.7万场次，参与群众达1500万人次。

“东莞的天蓝了，水清了，环境整治见效了！”这是普通市民的赞叹！

“构筑优美城市环境，是城市文明的内在要求，也是以人为本的重要体现。东莞坚持实施环境取胜战略，大力建设生态文明、宜居环境、品质之城。”5年来，东莞投入2300多亿元推进城市建设，投入200多亿元治理水污染，东莞城乡一体化程度更高，镇村形象更加靓丽，水环境明显好转，空气质量持续改善，2011年成功创建国家环保模范城市。

（原载2011年12月20日《人民日报》吴冰　李刚）

东莞市2011年度先进单位名单

一、2011年度东莞市纳税前4名外资企业和2011年度东莞市服务业纳税前2名及制造业纳税前2名民营企业，2011年度东莞市实际出口前4名外资企业和2011年度东莞市实际出口前4名民营企业（共16个）

2011年度东莞市纳税前4名外资企业

1. 东莞徐记食品有限公司　47533万元
2. 东莞雀巢有限公司　46265万元
3. 诺基亚通信有限公司东莞分公司　30291万元
4. 广东广合电力有限公司沙角发电厂C厂　28427万元

2011年度东莞市服务业纳税前2名及制造业纳税前2名民营企业

服务业：

1. 东莞农村商业银行股份有限公司　72482万元
2. 东莞市中信康华房地产开发有限公司　67474万元

制造业：

1. 东莞市以纯集团有限公司　30868万元
2. 东莞市都市丽人实业有限公司　11681万元

2011年度东莞市实际出口前4名外资企业

1. 东莞三星视界有限公司　143663万美元
2. 东莞铨讯电子有限公司　141415万美元
3. 东莞南城新科磁电制品有限公司　133576万美元
4. 金宝电子(中国)有限公司　121596万美元

2011年度东莞市实际出口前4名民营企业

1. 广东省东莞机械进出口有限公司　194168万美元
2. 广东宏远集团有限公司　75636万美元
3. 东莞市昌运仓储有限公司　67751万美元
4. 东莞市完美黄金珠宝首饰有限公司　61174万美元

二、2011年度市直机关先进单位代表、中央和省驻莞机关先进单位代表（共16个）

2011年度市直机关先进单位代表11个：

市委组织部、市财政局、市委宣传部、市人力资源局、市公安局、市社保局、市机编办、市人民检察院、市中级人民法院、市教育局、市直工委。

中央和省驻莞机关先进单位代表5个：

东莞军分区、地税局、工商局、国税局、市公安消防局。

三、2011年度镇街领导班子落实科学发展观工作量化考核结果综合总分一等奖（16名）

甲类（前6名）：南城街道、长安镇、莞城街道、东城街道、虎门镇、厚街镇。

乙类（前6名）：大岭山镇、寮步镇、大朗镇、清溪镇、石龙镇、凤岗镇。

丙类（前4名）：麻涌镇、茶山镇、沙田镇、道滘镇。

四、2011年度村级两委会工作量化评比结果综合总分奖前8名和村组可支配收入总额（扣除自有土地、物业转让纯收入）超3000万元奖前8名

2011年度村级两委会工作量化评比结果综合总分奖前8名：长安镇乌沙社区、中堂镇潢涌村、长安镇锦厦社区、长安镇霄边社区、南城街道胜和社区、长安镇沙头社区、长安镇涌头社区、厚街镇三屯村。

村组可支配收入总额（扣除自有土地、物业转让纯收入）超3000万元奖前8名

1. 长安镇乌沙社区　31549万元
2. 长安镇锦厦社区　28876万元
3. 中堂镇潢涌村　22113万元
4. 长安镇沙头社区　19860万元
5. 凤岗镇雁田村　19643万元
6. 东城街道温塘社区　19406万元
7. 虎门镇南栅社区　15822万元
8. 长安镇霄边社区　15097万元

五、2011年度全市维护稳定和社会治安综合治理先进镇（街道）（共12个）

虎门镇、东城街道、长安镇、中堂镇、茶山镇、沙田镇、石排镇、大岭山镇、凤岗镇、厚街镇、大朗镇、莞城街道。

六、全国文明镇、全国文明单位、广东省文明镇、广东省文明村、广东省文明社区、广东省文明单位、广东省精神文明建设先进工作者，2010-2011年度东莞市文明镇（街道）、东莞市创建文明镇（街道）工作先进单位、东莞市文明标兵社区（村）、东莞市文明社区（村）、东莞市文明标兵单位、东莞市文明单位（共16个）

1. 全国文明镇（3个）：常平镇、石碣镇、大朗镇；
2. 全国文明单位（1个）：东莞图书馆；
3. 广东省文明镇（3个）：东坑镇、寮步镇、麻涌镇；
4. 广东省文明村（1个）：大岭山镇连平村；
5. 广东省文明社区（1个）：莞城街道东正社区；
6. 广东省文明单位（1个）：市可园博物馆；
7. 广东省精神文明建设先进工作者（1个）：钟耀祥；
8. 东莞市文明镇（街道）（1个）：桥头镇；
9. 东莞市创建文明镇（街道）工作先进单位（1个）：谢岗镇；
10. 东莞市文明标兵社区（1个）：南城胜和社区；
11. 东莞市文明标兵村（1个）：石龙林屋村；
12. 东莞市文明标兵单位（1个）：黄江中学。

东莞之最

NUMBER ONES OF DONGGUAN

大朗长盛片区新貌

- 全国首台散裂中子源项目
- 世界最长龙舟
- 全国首部《篮球志》
- 党政领导班子民主测评分居全省第一

编辑：潘朝明

经济建设

【国内首个应急产业基地】2011年3月9日，国内首个应急产业基地中国南方应急科技大厦在东莞松山湖奠基。此基地占地1.7万平方米，建筑面积7万平方米，总投资2.5亿元，由广东中基应急产业技术有限公司全资建设。其主要功能为：应急科技研发、技术孵化、专业培训、产品认证服务、应急管理人才培养等。

【全国首台散裂中子源项目】2011年5月，散裂中子源项目在东莞市松山湖科技产业园全面兴建。此项目占地400亩，由国家投资17亿元、广东省政府投资7亿元，预计6年建成。该尖端科技项目在世界上仅有3台，分别在美国、英国和日本。项目建成后，中国将成为世界上第四个拥有该技术的国家。

【国内最大特种钢企业】2011年3月23日，由中国最大特种钢企业宁兴特钢集团首期投资1亿元、占地28亩、厂房面积1万多平方米的广东宁兴特钢贸易有限公司在东莞市大朗镇生产运作。预计销售额为5亿元，大朗厂区将成为华南地区特种钢模具销售基地。

【制造国内首台四维过山车】东莞以制造业驰名。2011年6月14日，东莞启光动力钢结构有限公司生产的世界第三台、国内首台四维过山车交付常州中华恐龙园。世界前二台分别设置于美国六旗魔术山和日本富士兔乐园。此套过山车轨道长过千米，最高时速126千米，最高点79米，接近90度的垂直俯冲和14个360度高速绕环，堪称世界过山车史上之最。

【国内最大专业电缆城】2011年9月13日，国内规模最大、档次最高的电缆城落户东莞市厚街镇溪头社区。该电缆城占地130多亩，建筑面积近20万平方米，总投资过亿元，专营电线电缆行业产品销售、技术交流、人才服务等。东莞厚街具备得天独厚的地域和交通优势，并且有线缆生产、线缆设计、线缆材料、线缆检测等完善的产业集群，市场前景广阔。

【全国首个医用镁合金产业联盟】2011年9月17日，由东莞宜安科技股份有限公司牵头，北京大学、清华大学、上海交通大学等国内知名大学、研究机构、企业和医院共29家单位，联合在东莞松山湖成立全国首个医用镁合金产业技术创新战略联盟。该产学研机构为医疗设备制造业，满足骨科医疗器械的需要，将填补医用镁合金产业创新技术上的空白。

【全国最大数码相机生产基地】2001年由台湾能率集团投资7600万美元，在东莞市寮步镇华南工业园兴建的东莞寮步铨讯电子厂成立，专业生产制造数码相机等影像产品，2010年全年出口值达15.22亿美元，为全国最大的数码相机生产基地。

【全国最大LED照明展示中心】2011年4月9日，东莞市英辉集团有限公司所属的LED节能照明展示中心正式开业。该展示中心面积900平方米，展示各类节能灯300余种，为全国规模最大、品类最齐全的综合性LDE照明展示中心。

【中国最大沉香交易中心】 2011年12月9—12日，由东莞市政府、寮步镇委镇政府等联合举办的首届中国（东莞）沉香文化艺术博览会在东莞寮步镇香市影视城举行，博览会展区面积1.5万平方米，常设交易、展示、品牌等6个展区，为国内最大沉香交易中心。本届博览会展示了全国最大的塔香——莞香王，直径3米，高4.3米，净重59公斤，可点燃298天。

【中国首个"虚拟机场"】 据《南方日报》2011年4月15日报道：国家民航总局和国际航联批准东莞航空三字代码为DGM，标志着东莞正式融入民航航班系统，成为中国首个没有机场而拥有航空三字代码的城市。有了三字编码，世界各地都可查阅其航班交通情况，大大方便各方游客，也提升了东莞城市形象。

【全国首张全自助增值税发票】 据《南方都市报》2011年6月8日报道：东莞市国税局长安分局开出了全国首张全自助代开增值税专用发票，标志着东莞市国税局组织研发的自助办税服务终端系统成功上线使用，大大提高了办税效率，实现了税企双向减负。

【广东百强镇前十名东莞个数最多】 2011年1月16日，广东县域经济研究与发展促进会、广东省委党校省情研究中心联合发布《2010广东镇域经济综合发展力研究报告》，对2009年广东近1150个镇的发展水平、发展质量、发展潜力、综合发展力等指标进行综合测评排名，东莞市28个镇全部跻身广东百强镇行列。综合发展力前十名中，东莞占五席，为全省最多，分别是：第一名的虎门镇、第三名的长安镇、第五名的厚街镇、第八名的塘厦镇、第九名的常平镇。

【广东现存最早铁路桥】 2011年7月7日，广东省文物考古研究所发表广东"十大新发现"，位于东莞市石龙镇内、始建于1911年的广九铁路石龙南桥为省内现存最早的铁路桥，也是最早的粤港交通线枢纽。此桥见证了广九铁路的发展历程，具有较高的历史价值和科学价值。

▲2011年12月9日，寮步镇第二届香市旅游文化节暨沉香文化艺术博览会开幕

【广东首个省部共建留学人员创业园】 2011年9月22日，由国家人力资源和社会保障部和广东省人民政府共同主办的中国东莞留学人员创业园揭牌仪式暨高层次留学人员创新创业周在东莞市松山湖科技产业园举行。中国东莞留学人员创业园由此晋升为国家级，为广东省首个省部共建的留学人员创业园。该园占地1500亩，分为创业孵化基地、加速器、产业化基地、创业园大厦、综合服务区等五大功能片区。

社会发展

【世界最长龙舟】 2011年6月17日，东莞市麻涌镇举行传统游龙活动。在千帆竞渡、百舸争流的场面中，由麻涌籍香港企业家出资100万元建造的大龙船最引人注目，此龙船长62.23米，宽4.1米，由四条传统龙舟拼装而成，载人超过200人，可容纳168名健儿同时划桨。为世界最长的龙舟。

【世界唯一的古树博物馆】 东莞市樟木头镇观音山古树博物馆占地1000多平方米，分四个区来收藏不同时代的古树。第一区为黄帝时期到夏商周时期以青皮树为代表的古树；第二区为秦汉时期以青格树为代表的古树；第三区为唐宋元时期的古树；第四区为明清时期的古树。该馆收藏出土60多棵古树，最古老的有超过500圈年轮，距今达4500年的青皮树。该馆是科研教育、展示文明、生态保护等功能的展馆，也是世界唯一的古树博物馆。

【亚洲最强消防船】 2011年4月3日，造价8998万元、总长46米、宽11米，水面净高18米的亚洲地区综合功能最强大的消防船"莞泊二号"在东莞虎门港交付使用。该消防船配置7门遥控水炮，射程达220米，每分钟出水或泡沫1吨，最高航速17节，可抗10级台风。

【人文国际化程度排名全国第一】 2011年5月6日，中国社科院发布《2011年中国城市竞争力蓝皮书、中国城市竞争力报告》，在全国294个大中城市（含港澳台地区）的综合竞争力排名中，东莞市在人力资源质量、经济效益、经济国际化程度、城市自然环境、城市基础设施、政府财政能力方面都位列前十名。其中，东莞人文国际化程度全国排名第一位，城市开放竞争力第二位，综合竞争力第14位。

【全国首个对媒体开放办公会议】 东莞市纪律检查委员会积极推进"行政三公开"，并于2011年3月在东莞市社会保障局召开的局务会议对媒体全程开放，该局成为全国首个对媒体开放办公会议的地方政府部门。东莞市纪委2011年先后在社保、城乡规划等6个政府组成部门开展了权力远行公开、裁量标准公开、审批流程和结果公开的"行政三公开"试点工作。

【全国首个社区法官】 2009年3月，东莞市中级人民法院东城法庭的法官梁振彪，受委派到东城牛山社区做社区法官，成为全国第一名真正意义上的社区法官。由于年均办案近1000宗的工作业绩，梁振彪获最高法院“全国法院办案标兵”，并作为广东省的唯一代表赴京领奖，与最高人民法院的领导探讨社区法官问题。

【全国首支“童军”】 2011年12月4日，东莞市石龙镇启动了青少年社会成长工程，全国首个参照国际童军组织模式运作的民办非企业组织“少骏会”成立。“少骏会”是少骏青少年健康成长促进中心的简称，该会的宗旨是培养青少年关爱社会，积极参加自愿者活动，强身健体、独立思考、自强自立等。

【全国首家最大规模三甲民营医院】 2011年2月23日，全国首家最大规模综合性三甲民营医院东莞康华医院正式挂牌。东莞康华医院地处厚街镇广深高速公路旁，于2002年9月筹建，2006年11月投入使用。医院占地563亩，建筑总面积32万平方米（其中医疗区26万平方米），总投资23亿元，病床位2000张。

【首批国家公共文化服务体系示范区】 2011年5月26日，创建国家公共文化服务体系示范区名单公示，东莞名列其中，这也是广东省唯一一个国家公共文化服务体系示范区。东莞市委2010年制定了文化名城发展战略，并确定从2011年起连续5年由市财政每年安排10亿元用于文化名城建设，实施文化惠民工程纳入每年市政府十大实事、文化工作考核、问责制等举措。

【国内首家农民工歌曲创作基地】 东莞市塘厦镇在发展经济建设的同时，注重文化建设，特别关注外来工精神文化生活。2011年12月2日，“情系农民工——走进东莞”大型广场演唱会在塘厦镇举行，中国音乐家协会主席赵季平将“中国农民工歌曲创作基地”牌匾交给塘厦镇委书记管敏政，标志国内首家农民工歌曲创作基地正式落户塘厦。

【全国唯一“最佳名镇形象歌曲”】 2011年12月底，首届全国最佳形象歌曲评选暨展演会在北京国家会议中心举行。东莞市寮步镇自创歌曲《莞香》获全国唯一“最佳名镇形象歌曲”奖并展演。歌曲《莞香》以莞香历史发展为主线，细细道出莞香坚韧不拔、纯洁高贵的品质，极富地方特色与时代特点，受到评委和观众的一致好评。

▲2011年12月23日，全国首部篮球专业志《东莞市篮球志》正式出版发行

【国内首部《篮球志》】 篮球运动在东莞有广泛而深厚的群众基础，竞技水平也卓越非凡。东莞是全国著名的篮球城市，在全国的城市中唯一拥有两支CBA篮球队，广东宏远队8年七夺CBA总冠军。2011年12月23日，全国首部篮球专业志《东莞市篮球志》正式出版发行。该志设大事记、专记、群体篮球、竞技篮球、人物等11章72节共80多万字，有500多张图表，图文并茂地反映东莞篮球事业的历史发展轨迹。

【NBA中国第一人】 东莞市政府顾问、东莞市篮球协会名誉会长宋涛，是著名篮球运动员，作为国家篮球队主力中锋在1986年的世界男篮锦标赛和汉城亚运会率领中国队分别取得世界第九名和亚洲冠军的荣誉。1987年签约美国亚特兰大老鹰队，成为全球首位与NBA签约的华人球员。

【全国首部“双拥”报告文学】 2011年6月25日，由东莞市樟木头镇“中国作家第一村”副村长、著名作家王松创作的全国首部“双拥”篇报告文学《八月桂花香》正式首发。这是“中国作家第一村”成立以来村民出版的第一部作品。该书共26万多字，分5大篇50个章节，描述主人翁1979年参加自卫反击战开始转业回乡20多年的“双拥”事迹。

【全国最大私人家具博物馆】 东莞市樟木头镇冠和博物馆，占地面积3000多平方米，由港商苏永友投资近3亿元兴

▲2011年12月2日塘厦镇委书记管敏政代表塘厦镇接受中国音乐家协会颁发的“中国农民工歌曲创作基地”牌匾

建，于2001年9月对外开放。共有藏品1万多件，主要收藏明清时代古典家具及陈列木雕、陶瓷、兵器、“文革”时期纪念品、西方古典用具等十几个类别。镇馆之宝为清代宁波拔步床，价值超过500万元。该馆为中国最大的私人家具博物馆。

▲冠和博物馆

【全国首个镇级将军馆】东莞阳光网消息：东莞市樟木头镇历来是屯兵驻防的战略重镇，先后有8支部队在此驻防。为弘扬拥军优良传统，从2009年起，樟木头镇委镇政府筹建将军馆，收集69位曾驻防过该镇的将军有关简历、英雄事迹、各种功章、书画作品、纪念物品等，建成全国首个镇级将军展览馆，成为爱国主义和国防教育基地。

【华南最大艺术收藏馆】《南方都市报》2011年11月7日报道：位于东莞市城区旗峰路的中和堂艺术收藏馆定于12月3日正式开业。该馆共五层，面积1.5万平方米，总投资3亿多元，囊括青铜、古玉、金石、书画、古陶瓷、瓷板画、仿古高档红木家具等门类，签约160多位美术师及名画家，是华南地区规模最大、档次最高的专业艺术品收藏馆。

【党政领导班子民主测评分居全省第一】《南方日报》2011年7月19日报道，广东省委十届九次全会通报了2010年度市厅级党政领导班子和领导干部落实科学发展观考评结果，东莞市仅次于深圳，居全省第二，其中党政领导班子民主测评以99.18分位居全省第一。

【依法行政公众测评结果居全省第一】2011年11月23日，广东省人民政府法制办发布《依法行政工作检查情况的通报》，为期一个，以行政决策、行政执法、信息公开、行政监督和廉洁行政为测评内容，在全省21个地级市的依法行政公众测评结果中，东莞市以87.36%的满意度居全省第一，第二至第五名依次为广州、深圳、珠海、佛山。

【全省最大公共实训中心】2011年7月15日，总投资20亿元、占地1300亩、学生规模达2万人的东莞职教城在东莞市横沥镇举行动工仪式。职教城旨在整合东莞理工学校、东莞市技师学院、东莞市高技能公共实训中心的公共资源，形成整体片区，实现资源共享。职教城建成后，实训中心可容纳2200人同时实训，为广东最大的公共实训中心。

【产业工人圆梦北京大学人数居全省第一】2011年5月22日，由共青团广东省委、北京大学、新华网主办，在广东省内筛选百名优秀新生代产业工人免费攻读北京大学网络远程教育本科学位的“圆梦计划·北大100”开班典礼在广州举行，来自东莞市的25名新生代产业青年经严格考试终圆北大梦，东莞学员占四分之一，居全省地级市首位。

【广东首个音乐剧创作基地】2011年8月16日，东莞市塘厦镇政府与北京东方松雷音乐剧发展有限公司签约，成立了东莞塘厦东方松雷音乐剧剧团，广东省首个音乐剧创作基地由此而诞生。剧团采取“政府扶持、企业投资、院线营销”的模式运作，在塘厦镇制作合成，在东莞玉兰大剧院绽放，在全国及世界巡演。音乐剧《爱上邓丽君》、《蝶》等就按此模式运营，取得较好的社会效益和经济效益。

【广东第一家地级市社科院】2011年7月28日，东莞市社会科学院大楼落成暨社科院挂牌（原为东莞社科联）典礼在市委党校内举行。这是广东省内除了省社科院、广州和深圳社科院后，广东地级市第一家社会科学院。东莞社科院下设经济发展与现代化战略研究所、城市发展与社会管理研究所、文化发展与软实力研究所和市情研究中心。

【全省首个农村档案工作示范市】2011年5月23日，由广东省档案局、省民政厅、省农业厅等单位组成的验收组，对2009年东莞被确定为创建全国社会主义新农村建设档案工作示范市进行检查验收，东莞市32个镇街综合档案室100%实现了省级档案综合管理标准，顺利创建成为全省首个社会主义新农村建设档案工作示范市。

【粤首家大学生超市】2011年6月18日，广东省首家“大学生超市”在东莞职业技术学院开业。该学院参观考察了新加坡南洋理工学院后，针对学校有近万名学生，为培养学生的实训能力和提高就业竞争力，安排300平方米的经营场地，投资50多万元开办。超市所有的工作人员由在校大学生组成。

【广东首届社区文化节在莞举行】2011年6月22日，首届广东社区文化节在东莞市中心广场开幕。本届社区文化节组织了11项各具特色的活动，包括农民文艺汇演、社区健身舞大赛、家庭才艺大赛、社区文化大讲坛、网络社区文化、外来工子女夏令营等。东莞市一直高度重视社区文化建设，并成为广东首个申报国家公共文化服务体系建设示范区的城市。此次文化节将有力促进东莞文化名城建设。

【珠三角地区首个沉香协会】2011年12月12日，珠三角地区首个沉香协会——东莞市沉香协会在寮步镇沉香交易中心挂牌成立。第一批会员51名，协会宗旨：挖掘沉香历史资源、研究探讨沉香文化、提高科学利用沉香的技术水平、传承和弘扬地方民间民俗文化。

总　　述 DONGGUAN PROFILE

莞城鸟瞰

- 自主创新能力增强
- 学习型城市建设
- 城市亲和力强化工程
- 行政审批制度改革

编辑：施雪芬

市情综述

【位置·境域】 东莞市位于广东省中南部，珠江口东岸，东江下游的珠江三角洲。因地处广州之东，境内盛产莞草而得名。介于东经113°31′—114°15′，北纬22°39′—23°09′。最东是清溪镇的银瓶嘴山，与惠州市惠阳区接壤；最北是中堂镇大坦乡，与广州市区和增城市、惠州市博罗县隔江为邻；最西是沙田镇西大坦西北的狮子洋中心航线，与广州市番禺区隔海交界；最南是凤岗镇雁田水库，与深圳市宝安区相连。毗邻港澳，处于广州至深圳经济走廊中间。西北距广州59公里，东南距深圳99公里，距香港140公里。东西长约70.45公里，南北宽约46.8公里，全市陆地面积2465平方公里，海域面积150平方公里。

【建置】 东莞于东晋咸和六年（公元331年）立县，初名宝安，隶属东官郡。唐至德二年（757年）更名东莞，县治从芜城（今宝安南头）移至到涌（今莞城）。南宋绍兴二十二年（1152年）分东莞的香山镇立香山县（今中山市）；明万历元年（1573年）将东莞守御千户所、编户五十六里立新安县（今深圳市宝安区），东莞地域随之缩小。清沿明制。民国期间，先后隶广东省粤海道、粤中行政区、第一行政区和第四行政区。

1949年10月17日，东莞全境解放。初期属东江行政区管辖。1950年3月，东莞县隶珠江专区。1952年，撤销珠江专区，东莞县隶粤中行政区。1956年2月，撤销粤中行政区，东莞县隶惠阳专区。1958年11月，东莞县曾短期隶广州市。1959年1月，撤销惠阳专区，东莞县划归佛山专区。1963年6月，复置惠阳专区，东莞县又隶惠阳专区。1985年9月，国务院批准撤销东莞县，设立东莞市（县级），仍属惠阳地区管辖。1988年1月7日，国务院批复将东莞市升格为地级市，直属广东省管辖。　　（刘念宇）

【行政区划】 2000—2011年，东莞市行政区划主要变更有：2000年1月，附城区街道办事处更名为东城街道办事处；2001年11月，篁村区街道办事处更名为南城街道办事处；2002年11月，万江区街道办事处更名为万江街道办事处；2002年12月，撤销城区人民政府筹备组，改设莞城街道办事处。

【地质·地貌】 东莞市地质构造上，位于北东东向罗浮山断裂带南部边缘的北东向博罗大断裂南西部、东莞断凹盆地中。地势东南高、西北低。地貌以丘陵台地、冲积平原为主，丘陵台地占44.5%，冲积平原占43.3%，山地占6.2%。东南部多山，尤以东部为最，山体庞大，分割强烈，集中成片，起伏较大，海拔多在200—600米，坡度30°左右，银瓶嘴山主峰高898.2米，是东莞市最高山峰；中南部低山丘陵成片，为丘陵台地区；东北部接近东江河滨，岗地发育，陆地和河谷平原分布其中，海拔30—80米之间，坡度小，地势起伏和缓，为易于积水的埔田区；西北部是东江冲积而成的三角洲平原，是地势低平、水网纵横的围田区；西南部是濒临珠江口的江河冲积平原，地势平坦而低陷，是受潮汐影响较大的沙咸田地区。

东莞市握东江和广州水道出海之咽喉，有海岸线115.94公里（含内航道），主航道岸线53公里，拥有深水良港——虎门港。

2011年东莞市行政区划

镇（街道）	社区、村委会（个）	村委会名称	社区居民委员会（居民委员会）名称
莞 城	8		东正 市桥 北隅 西隅 罗沙 博厦 兴塘 创业
石 龙	10	西湖 忠维 林屋 蒲溪 新维 王屋洲 黄家山	中山东 中山西 兴龙
虎 门	30		虎门寨 东方 则徐 大宁 树田 白沙 沙角 怀德 博涌 镇口 村头 新联 九门寨 居岐 金洲 南面 北栅 小捷滘 北面 陈村 东风 武山沙 黄村 南栅 龙眼 宴岗 赤岗 路东 新湾 民泰
万 江	28		万江墟 万江 石美 莫屋 拔蛟窝 黄粘洲 蚬涌 谷涌 小享 滘联 上甲 新村 新谷涌 共联 水蛇涌 大莲塘 牌楼基 严屋 大汾 流涌尾 金泰 曲海 坝头 胜利 官桥滘 简沙洲 新和 新城
东 城	23		岗贝 花园新村 东泰 温塘 桑园 周屋 余屋 鳌峙塘 峡口 柏洲边 上桥 下桥 樟村 梨川 堑头 主山 石井 同沙 光明 牛山 立新 火炼树 星城
南 城	17		鸿福 宏远 胜和 元美 亨美 三元里 篁村 新基 周溪 袁屋边 白马 石鼓 蛤地 西平 雅园 水濂 新城
中 堂	20	潢涌 三涌 湛翠 凤冲 袁家涌 吴家涌 鹤田 中堂 一村 东向 蕉利 槎滘 下芦 马沥 四乡	中心 斗朗 红锋 东泊 江南
望牛墩	22	李屋 望东 扶涌 赤滘 五涌 下漕 上合 聚龙江 望联 洲湾 洲涡 杜屋 寮厦 芙蓉沙 官桥涌 横沥 福安 石排 官洲 朱平沙 锦涡	望牛墩
麻 涌	15	麻一 麻三 麻四 大步 东太 新基 川槎 鸥涌 华阳 南洲 大盛 漳澎 黎滘	麻涌 麻二
石 碣	15	石碣 唐洪 黄泗围 西南 单屋 梁家村 沙腰 刘屋 水南 四甲 鹤田厦 涌口 横滘 桔洲	城中
高 埗	19	冼沙 卢溪 宝莲 塘厦 草墩 护安围 保安围 三联 横滘头 低涌 朱磡 新联 欧邓 芦村 高埗 凌屋 上江城 下江城	新创
道 滘	14	南城 南丫 闸口 大鱼沙 小河 永庆 北永 昌平 厚德 九曲 大罗沙 大岭丫 蔡白	兴隆
沙 田	18	中围 和安 大流 泥洲 杨公洲 福禄沙 阇西 民田 先锋 西大坦 穗丰年 大泥 齐沙 稔洲 义沙 西太隆	横流 滨港
厚 街	24		竹溪 厚街 珊美 宝屯 三屯 陈屋 赤岭 河田 寮厦 汀山 环冈 大迳 新围 桥头 南五 新塘 涌口 双岗 溪头 沙塘 宝塘 下汴 白濠 湖景
长 安	13		长盛 涌头 霄边 咸西 锦厦 新安 乌沙 新民 沙头 上沙 厦岗 厦边 上角
洪 梅	10	洪屋涡 新庄 梅沙 氹涌 黎洲角 夏汇 尧均 乌沙 金鳌沙	洪梅
寮 步	30	西溪 凫山 石龙坑 石步 良边 富竹山 塘唇 向西 霞边 上屯 下岭贝 竹园 上底 药勒 刘屋巷 浮竹山 陈家埔 井巷 小坑 长坑	寮步 塘边 横坑 岭厦 新旧围 缪边 牛杨 泉塘 坑口 良平
大 朗	28	高英 洋乌 洋坑塘 松柏朗 黎贝岭 松木山 犀牛陂 水平 宝陂 石厦 杨涌 沙步 新马莲 佛子凹 蔡边 水口	大朗 佛新 巷头 屏山 竹山 巷尾 求富路 长塘 黄草朗 大井头 圣堂 长富

续上表

镇（街道）	社区、村委会（个）	村委会名称	社区居民委员会（居民委员会）名称
大岭山	24	太公岭 大塘朗 下高田 连平 鸡翅岭 马蹄岗 金桔 大沙 百花洞 大塘 水朗 杨屋 矮岭冚 颜屋 大片美 梅林 元岭 大岭 新塘 旧飞鹅 大环	大岭山 农场 领居
黄 江	7		新市 田美 三新 梅塘 宝山 北岸 长龙
樟木头	10		圩镇 樟罗 百果洞 樟洋 石新 柏地 官仓 裕丰 金河 樟新
清 溪	21	浮岗 上元 清厦 铁松 铁场 谢坑 青皇 大埔 长山头 三中 九乡 三星 渔樑围 厦坭 大利 土桥 重河 松岗 罗马 荔横	清溪
塘 厦	22		塘厦 三局 林村 石潭埔 四村 振兴围 大坪 莆心湖 平山 诸佛岭 桥陇 龙背岭 石鼓 田心 横塘 蛟乙塘 凤凰岗 莲湖 沙湖 石马 清湖头 塘新
凤 岗	12	雁田 官井头 油甘埔 凤德岭 塘沥 黄洞 竹塘 竹尾田 三联 五联 天堂围	凤岗
常 平	33	岗梓 塘角 苏坑 袁山贝 金美 还珠沥 朗贝 桥沥 卢屋 九江水 朗洲 陈屋贝 司马 霞坑 漱旧 漱新 黄泥塘 元江元 横江厦 沙湖口 白石岗 松柏塘 上坑 木棆 下墟 板石 田尾 白花沥 桥梓 麦元 土塘	常平 新民
谢 岗	12	黎村 窑山 南面 大龙 大厚 赵林 稔子园 五星 曹乐 谢岗 谢山	泰园
桥 头	17	田头角 李屋 朗厦 岗头 屋厦 禾坑 邓屋 邵岗头 东江 山和 石水口	莲城 田新 桥头 大洲 迳联 岭头
横 沥	17	石涌 隔坑 半仙山 田头 田坑 横沥 村头 长巷 田饶步 六甲 村尾 水边 新四 山厦 月塘 张坑	恒泉
东 坑	16	东坑 坑美 角社 塔岗 黄麻岭 初坑 凤大 黄屋 寮边头 长安塘 新门楼 井美 彭屋 丁屋	草塘、骏达
企 石	20	铁岗 深巷 湖美 博夏 上洞 江边 旧围 清湖 东平 上截 下截 东山 莫屋 杨屋 新南 南坑 铁炉坑 企石 霞朗	宝石
石 排	19	石排 下沙 福隆 庙边王 沙角 黄家壆 赤坎 向西 水贝 田寮 横山 埔心 谷吓 塘尾 李家坊 田边 中坑 燕窝	太和
茶 山	18	上元 茶山 下朗 横江 增埗 卢边 寒溪水 南社 塘角 博头 冲美 粟边 孙屋 超朗 京山 刘黄	茶山圩 茶溪
松山湖	1		松山湖
虎门港	1		虎门港
合 计	594	350	244

（民政局供稿）

【河流】 东莞市主要河流有东江、石马河、寒溪水。境内96%属东江流域，东江干流自东北角惠州市博罗县、惠阳区之间入境后，沿北部边境自东向西行至桥头新开河口；有发源于深圳市宝安区的石马河流入，至企石有企石河流入。至石龙分出南支流后，北干流续流至石滩，与来自广州增城市的支流汇流，经市境的大盛注入狮子洋；南支流斜向西南流经石碣、万江，在峡口接纳来自市境中部的寒溪水，峡口以下有3支较小的支流牛山水、蚝地水和小沙河，自东向西汇入，续流至泗盛注入狮子洋。北干流与南支流之间为东江三角洲的河网区。

【气候】 东莞市属于亚热带季风气候，长夏无冬，光照充足，热量丰富，气候温暖，温度变幅小，雨量充沛，干湿季明显。2011年，降水偏少，气温偏

▲东莞市中心广场

低，无热带气旋正面袭击。年平均气温22.1℃，比常年平均值偏低0.5℃；最冷为1月（月平均气温10.6℃），最热为8月（月平均气温29.3℃），高温（日最高气温≥35℃）日数8天。年极端最高温36.2℃（出现在2011年7月25日），年极端最低温3.2 ℃（出现在2011年1月12日）。2011年全年总雨量为1298.6毫米，较常年平均值偏少29.1%；其中汛期（4—9月）总雨量为1014.9毫米，比常年平均值偏少32.8%。年内无热带气旋正面袭击，仅受“海马”和“纳沙”两个热带气旋的外围环流影响，没有造成明显灾害。（气象局供稿）

【矿产资源】 东莞市内已知矿产有Ⅶ类19种，矿床点66处。其中，金属矿产Ⅲ类8种，矿床点34处：黑色金属矿产10处（铁矿点9处，钛铁矿1处），有色金属矿产23处（铜矿点4处、铅锌矿点4处、钨矿点10处、锡矿点4处、钛矿点1处），贵金属黄金矿化点1处。非金属矿产Ⅵ类11种32处：冶金辅助原料矿产9处（耐火粘土4处、泥炭土4处、石油1处），化工原料矿产14处（黄铁矿点6处、重晶石矿点3处、钾长石矿点4处、石盐矿点1处），建材非金属矿点3处（水泥灰岩2处、水泥粘土1处）。主要分布在东莞中部、南部和东部的山地、丘陵地带。矿产分布分散，无规律。

【动植物资源】 东莞市野生动物种类繁多，主要分布于山区和丘陵地带，体型较大的野兽多栖息在东南山区，一般兽类出没于平川、丘陵。主要野生动物有：哺乳类、鸟类、鱼类（134种）、甲壳类和多种贝类、两栖、爬行类、昆虫类等。主要野生植物有：维管束植物1630种，隶属210科，805属，其中蕨类植物125种，37科，66属；裸子植物7种，5科，5属；被子植物1498种，168科，734属（其中双子叶植物143科，556属，1135种；单子叶植物25科，178属，363种）。内陆水域中常见的浮游生物共8门110属。

【旅游资源】 东莞市既有滨海秀色、稻海蕉林、荔红荷香、旗峰胜迹等自然风景，又有丰富的人文景观，是广东省历史文化名城、中国近代史开篇地、东江人民抗日根据地、改革开放先行地。2004年，东莞市评出新八景：“松湖烟雨”（松山湖高新技术产业开发区）、“大道朝晖”（东莞大道）、“广场挹翠”（市中心广场）、“古塞飞虹”（虎门大桥）、“虎英叠翠”（虎英郊野公园及御景湾周边景观）、“板岭凝芳”（绿色世界、水濂山森林公园及周边景观）、“莲峰赏鹭”（长安莲花山风景区）、“金沙漾月”（石龙金沙湾）。同年东莞市获评“中国优秀旅游城市”。2011年4月，又被亚太旅游联合会、国际度假联盟组织与中华生态旅游促进会、中国人民对外友好协会、中国国际友好城市联合会授予“中国最具投资价值旅游城市”称号；同年11月，又获评“中国十大特色休闲城市”称号。截至2011年，东莞市境内有鸦片战争博物馆、广东观音山国家森林公园、松山湖景区、新华南MALL·欢笑天地、东莞市科学技术博物馆等5个国家级AAAA旅游景区，有林则徐销烟池、威远炮台、沙角炮台、鸦片战争博物馆、可园等国家级重点文物保护单位、爱国主义教育基地，有村头村遗址、金鳌洲塔等省级文物保护单位。（刘念宇）

【人口】 2011年东莞市户籍人口为184.77万人，外来暂住人口为413.62万人，常住人口为825.48万人。全年出生人口为1.99万人，出生率为10.92‰；死亡人口为8728人，死亡率为4.79‰；人口自然增长率为6.13‰。

【民族】 据2000年第五次全国人口普查计，东莞市普查人口中，汉族人口625.99万人，占总人口的97.12%；少数民族人口18.58万人，占2.88%。

【少数民族】 户籍人口　截至2011年，东莞市户籍少数民族人口总数为9454人，其中蒙古族298人，回族590人，藏族20人，维吾尔族8人，苗族722人，彝族64人，壮族2987人，布依族149人，朝鲜族757人，满族740人，侗族472人，瑶族745人，白族75人，土家族1167人，哈尼族6人，傣族9人，黎族151人，傈僳族1人，畲族266人，高山族3人，拉祜族1人，水族17人，纳西族13人，景颇族2人，土族9人，达斡尔族15人，仫佬族48人，羌族14人，撒拉族2人，毛南族17人，仡佬族38人，锡伯族16人，普米族2人，俄罗斯族7人，鄂温克族5人，京族4人，其他14人。

流动人口　截至2011年，东莞市流动少数民族人口总数将近41万人，包括全国55个少数民族。其中以壮族人数最多，将近16万人，其次是土家族和苗族，均将近5万人，再次是瑶族、侗族和布依族，均约2万人。全市回族、维吾尔族等10个信奉伊斯兰教的流动少数民族总人口将近9000人。鄂伦春族、鄂温克族、德昂族、哈萨克族、保安族、乌孜别克族、基诺族、裕固族、俄罗斯族、门巴族、赫哲族等少数民族人数最少，均在10人以下。

人口分布　东莞市少数民族主要分布在塘厦、长安、凤岗、虎门、厚街等镇，其中塘厦镇少数民族人员最多，将近3万人，长安、凤岗、虎门、厚街等镇少数民族人员将近2万人。其余21个镇（街）人数均在1000人以上，1万人以下。（李敏瑜）

【语言】东莞市境内流行粤方言和客方言。粤语区面积、人口均占全市的绝大部分，客方言主要通行在东南部与惠州、深圳相邻的丘陵地带，约占全市面积的18%。在32个镇街中，纯粤语镇街有石龙、长安、沙田、洪梅、道滘、麻涌、万江、中堂、望牛墩、石碣、高埗、大朗、寮步、茶山、企石、石排、常平、横沥、东坑、桥头等20个。兼有2种方言的镇街中，莞城、东城、南城、厚街、虎门、大岭山、塘厦、黄江、谢岗等9个镇街大部分甚至绝大部分讲粤方言；清溪、凤岗2个镇大部分讲客方言。全市仅樟木头是纯客方言镇。

年末常住人口和户籍人口数

单位：万人

项目	1978年	1980年	1985年	1990年	1995年	2000年	2005年	2006年	2007年	2008年	2009年	2010年	2011年
年末常住人口				175.62	336.45	644.84	656.07	674.88	694.72	694.98	635.00	822.02	825.48
年末户籍人口	111.23	112.7	120.85	131.85	143.65	152.61	165.65	168.31	171.26	174.87	178.73	181.77	184.77
#非农业人口	18.49	19.83	25.49	30.87	35.38	39.61	65.84	70.42	73.67	76.80	81.46	92.09	94.46

经济发展

【概况】2011年，东莞市上下深入贯彻落实科学发展观，全面实施《珠江三角洲地区改革发展规划纲要》，深入推进经济社会双转型，切实抓好结构调整等工作，确保东莞经济平稳增长，呈现出城市综合实力稳步增强、产业结构持续优化、人民生活不断改善、社会事业全面进步的良好局面。2011年，全市实现地区生产总值4735.39亿元，比上年增长8.0%。来源于东莞的财政总收入838.52亿元，同比增长16.2%，其中市财政一般预算收入313.06亿元，同比增长18.3%。城市居民人均可支配收入39513元，农村居民人均纯收入22842元，同比分别增长10.7%和11.5%。金融机构各项人民币存款余额6609.39亿元，比年初增长11.2%。三大产业比例由上年底的0.4∶51.4∶48.2调整为0.4∶50.2∶49.4。2011年，东莞获评全国文明城市、全国双拥模范城、国家园林城市、国家环保模范城市、中国制造业名城、中国十大最关爱民生城市等荣誉。

【产业结构调整】2011年，东莞市地区生产总值（GDP）4735.39亿元，比上年增长8.0%。其中，第一产业增加值17.71亿元，同比下降0.4%；第二产业增加值2377.40亿元，同比增长6.8%；第三产业增加值2340.28亿元，同比增长9.3%。三大产业比例为0.4:50.2:49.4。第一产业继续向产业化、规模化、品牌化方向发展。2011年，全市完成农业总产值30.66亿元，同比下降0.1%。其中，种植业产值16.02亿元，同比增长3.3%，占总产值52.2%；林业产值0.21亿元，同比下降29.6%，占0.7%；牧业产值6.38亿元，同比下降8.4%，占20.8%；渔业产值7.14亿元，同比增长0.1%，占23.3%。全年新增农民专业合作社9家、省级农业龙头企业1家，新增省名牌产品（农业类）5个，有20个产品通过无公害农产品、绿色食品和有机产品认证。第二产业结构逐步向重型化、高新化方向调整。全年全市规模以上工业实现增加值1797.3亿元，同比增长7.5%。在规模以上工业中，重工业增加值959.98亿元，同比增长8.0%，占53.4%；轻工业增加值837.32亿元，同比增长3.1%，占46.6%。大中型企业完成增加值1388.07亿元，占规模以上工业增加值的77.2%。规模以上工业实现利润总额260.65亿元，综合经济效益指数为131.52，资产负债率为60.1%。全市规模以上五大支柱产业完成增加值1249.87亿元，同比增长8.0%，略高于规模以上工业平均增速；4个特色产业完成增加值187.21亿元，同比下降2.6%。规模以上电子信息制造业增加值692.48亿元，同比增长10.7%，实现利润总额93.98亿元，同比增长5.9%。第三产业中的旅游业、交通运输业、仓储和邮政业增长较快。全市有星级酒店91家，旅行社57家。全年实现国际旅游外汇收入9.10亿美元，同比增长34.6%，国内旅游总收入249.37亿元，同比增长30.3%。全年全市交通运输、仓储和邮政业实现增加值93.69亿元，同比增长14.5%;批发和零售业实现增加值458.74亿元，同比增长8.0%；住宿和餐饮业实现增加值168.62亿元，同比增长6.1%;房地产业实现增加值358.55亿元，同比增长6.6%;金融业实现增加值182.59亿元，同比下降0.8%;建筑业实现增加值77.79亿元，同比下降12.2%。

【内外源经济协调发展】2011年，东莞市有1122家来料加工企业转为法人企业，累计转型企业超过3500家，上规模来料加工企业基本实现转型。全市新增外商投资的服务外包企业13家，占东莞市历年吸收服务外包项目的29.9%。全年合同利用外资35.08亿美元，实际利用外资30.51亿美元，同比分别增长35.1%和11.7%。进出口总额1352.24亿美元，同比增长11.2%。其中，进口568.95亿美元，同比增长9.4%；出口783.29亿美元，同比增长12.5%。全市新签投资总额超1000万美元项目68宗，比上年增加22宗；新增世界500强企业投资项目5宗，世界500强企业增资4宗；新签第三产业项目合同外资5.25亿美元，占全市的15.0%，比上年提高1.1个百分点。全年引进内资项目643宗，协议投资金额427.53亿元，实际投资金额285.96亿元。推动3家企业成功上市。全市民营登记注册户数48.01万户，同比下降2.6%。其中私营企业增长较快，达到10.47万户，同比增长18.1%；个体工商户37.33万户，同比下降7.2%。全年规模以上民营工业完成增加值257.71亿元，同比增长12.0%；民营经济完成固定资产投资460.07亿元，同比增长17.7%；民营经济消费品零售总额1006.63亿元，同比增长14.3%；民营经济缴税总额314.41亿元，同比增长20.4%。

【自主创新能力增强】2011年，在高端电子信息、半导体照明和太阳能光伏等3个领域，开展2011年粤港招标东莞专项工作，共立项5个，获得资助资金5000万元。全市外资企业共设立研发机构202家，比上年增加52家。新增国家级工程中心2个、省级工程中心42个；国家高新技术企业413家、省民营科技企业852家；全年专利申请量2.45万件，专利授权量1.94万件，其中发明专利申请量和授权量分别为4214件和758件，增幅分别为34.1%和71.5%。

【城市基础设施完善】2011年，全市境内公路通车里程（含乡村道路）4827.53公里，公路密度196.24公里/百平方公里。其中，等级公路4715.73公里，密度为191.70公里/百平方公里；高速公路251.38公里，密度为10.22公里/百平方公里。年末全市有公交线路99条，公交运营车辆1417辆，运营出租小汽车7671辆。全市自来水日供水能力达到700万立方米，全年自来水供水总量17.34亿立方米；供水管道总长度2.26万公里。全年总售电量566.69亿千瓦时，同比增长4.2%，其中工业用电445.76亿千瓦时，同比增长2.3%；照明用电119.69亿千瓦时，同比增长11.8%。全年液化石油气供应量33.81万吨，天然气供气量3.65亿立方米。

【人民生活水平提高】2011年，全市户籍人口184.77万人，常住人口825.48万人，其中城镇常住人口731.38万人，人口城镇化率为88.6%。全年接收大中专毕业生1.64万人。人才市场求职登记数为112.58万人次，成功应聘数为42.16万人次，同比增长5.2%。城市居民人均可支配收入39513元，农村居民人均纯收入22842元，同比分别增长10.7%和11.5%。全年城市居民人均消费性支出27495元，同比增长6.8%。城市居民家庭恩格尔系数为34.6%。全市参加职工基本养老保险481.05万人，基本医疗保险602.41万人，失业保险299.38万人，工伤保险479.44万人。（黄素标）

精神文明建设

【概况】2011年12月20日，在全国精神文明建设表彰大会上，东莞以全国地级市第二名的成绩，蝉联“全国文明城市”称号。

【文明创建】*推进制度保障全覆盖* 2011年，市文明委坚持把深入创建文明城市列入“一把手工程”，纳入“十二五”发展规划、政府年度工作计划和领导干部任期考核。召开2011年“东莞市文明委成员（扩大）会议”，对迎接全国文明城市复评工作进行全面的动员部署。召开迎接全国文明城市复评“材料审核”培训会议，部署落实迎复评材料收集整理工作。建立逐年增长的财政投入机制，2011年市财政预算安排文明创建专项经费达400多万元。出台《2011年东莞市迎接全国文明城市复评工作实施方案》等，实行专人、专职、专点办公，统筹指导、协调督查全市创建工作。组织不同形式的现场会、点评会、推进会20多次。组织人大代表、政协委员开展实地督察，建立市民巡访团、文明监督员等群众监督组织，实现社会监督常态化。

推进一体创建全覆盖 2011年，市文明委出台新的《东莞市精神文明创建活动评选表彰工作办法》，推进基层创建活动，全面覆盖到新莞人、未成年人、“两新”组织（新经济组织和新社会组织）从业人员等不同群体。出台《关于在全市广泛开展以城带乡、城乡共建活动的意见》，推动各级文明单位开展城乡结对共建活动，实现创建工作的统筹兼顾、优势互补。

推进社会共建全覆盖 2011年，市文明委把各种社会资源整合起来，把群众参与的积极性调动起来。电视、广播、报纸等市级媒体，长期开设创建专版专栏，刊播专题新闻、专题报道300多条（期）。全新改版“东莞文明网”，并加入“中国文明网联盟”。32个镇（街）全部建立“公共文明宣传示范街”、公交站亭横标等创建宣传阵地。2011年，全市发放“文明生活读本”50多万本，发放“环保购物袋”等创建宣传品共30多万个，实现创建宣传进工厂、进社区、进村镇、进机关、进学校。在全省首创设立“东莞市文明委列席单位”，东莞移动、东莞电信、东莞银行、东莞供电局、东莞联通5家企业首次列席文明委成员（扩大）会议。

【思想道德教育活动】*以主题教育为重点* 2011年，市文明委坚持每年突出一个主题。围绕建党90周年和辛亥革命100周年等重大事件，开展“红色礼赞”、“永远跟党走”、“光辉历程”、“民族魂”等主题教育活动。围绕东莞城市形象整体推介，开展“讲文明、树新风、为东莞添光彩”等主题教育实践活动，教育引导广大市民把各种文明理念和要求落实为具体行为，以个人小文明的养成促进社会大文明的形成。

以重点群体为突破 2011年，市文明委依托591个社区（村）市民学校，深入开展“市民学校大讲堂”，使居民在愉悦中受到教育、得到提高。紧抓新莞人教育不懈怠，推动他们深度融入城市文明，实现新莞人向新市民转变。紧抓未成年人思想道德教育不放松，依托市展览馆、鸦片战争博物馆等平台，坚持打造“做一个有道德的人”、“红色经典诵读”、“童心向党”、“清明祭奠革命先烈”、“东纵小战士”、“18岁成人宣誓”等特色品牌活动。加强青少年心理健康教育，建立市级未成年人心理健康辅导中心，推广“莞老师工作室”、“彩虹心理热线”，完善市、镇（街）两级未成年人心理健康教育网络。

以先进典型为引领 2011年，市文明委贯彻落实中央文明委《评选表彰全国道德模范工作的决定》，做好全国、全省道德模范评选表彰推荐和学习宣传，扶危济困的转业军人李满堂、以诚信创业立业的青年罗铭华获得“全国道德模范提名奖”、“广东省道德模范”称号。组织开展东莞市第三届道德模范评选表彰活动，在9月20日（全国公民道德宣传日）举办的颁奖典礼，广泛宣传道德模范先进事迹，弘扬好人好报价值导向。

【基层创建水平提升】*全国、全省精神文明创建活动成果* 2011年，常平、石碣、大朗3个镇获“全国文明镇”称号，东莞图书馆获“全国文明单位”称号，东坑、寮步、麻涌3个镇获“广东省文明镇”称号，东莞疾病预防控制中心等6个单位获“广东省文明单位”称号，清溪镇长山头村等3个村获“广东省文明村”称号，莞城东正社区等2个社区获“广东省文明社区”称号，钟耀祥等3人获“广东省精神文明建设先进工作者”称号。

做好东莞市群众性评选表彰工作 2011年，市文明委评选表彰“东莞市文明镇（街道）”9个，“东莞市创建文明镇（街道）工作先进单位”2个，“东莞市文明标兵社区”18个，“东莞市文明社区”23个，“东莞市文明标兵村”17个，“东莞市文明村”41个，“东莞市文明标兵单位”45个，“东莞市文明单位”51个。

开展创建“城市文明示范街”活动 推动各镇街重点创建一条“城市文明示范街”。把“城市文明示范街”作为把文明城市创建成果向全市覆盖的“辐射源”和“承接点”，辐射带动各镇（街）、社区（村）的精神文明建设。

【志愿服务活动】*健全志愿服务运行机制* 2011年，由市文明办牵头，以《东莞市社区（村）志愿服务站规范建设工作指引》为指引，实现32个镇（街）全部建立志愿服务中心，591个社区（村）全部建立志愿服务站，形成较为完备的市、镇（街道）、社区（村）三级志愿服务组织体系。全市已建立志愿者服务中心35个，志愿者服务组织2000多个，注册志愿者20.5万人。健全志愿者服务证书制度，定期表彰奖励志愿服务成绩突出的单位和个人，把开展志愿服务活动作为文明指数测评、创建文明村镇、创建文明单位的重要内容和考核指标。

组织重大社会志愿服务活动　开展“讲文明、树新风”志愿服务活动，开展“城市文明微笑志愿服务岗”、“文明交通公益宣讲”、“志愿服务周末学堂”等志愿服务活动，推动志愿服务专业化、多元化、系统化发展。开展“关爱空巢老人志愿服务行动”，为空巢老人排忧解难。贯彻落实中央文明办开展“关爱农民工志愿服务活动”部署。

拓展志愿服务领域　打造“三车五行动”（“三车”即文化直通车、健康直通车、普法维权直通车，“五行动”即青春暖流行动、社区和谐行动、爱心助学行动、社会实践行动、环境保护行动）志愿服务品牌活动。探索和开展应急救援开展志愿服务活动，动员志愿者广泛普及防灾避险、疏散安置、急救技能等应急处置知识，参与重大自然灾害和突发事件的抢险救援、卫生防疫、群众安置、设施抢修和心理安抚等工作。

【学习型城市建设】　完善读书服务体系　2011年，市文明委大力实施“全民读书工程”，依托“图书馆之城”建设成果，完善各镇（街）、村（居）图书馆分馆体制，加大村（居）、大型企业图书馆分馆建设力度，完善市、镇（街）、村（居）、家庭四级阅读设施网络体系，铺开镇街24小时自助图书馆建设，开展“图书漂流”、图书捐赠、二手图书交易互换活动，推动公共阅读服务实现全天候全覆盖，努力实现市民“每天阅读一小时”。

打造读书品牌项目　2011年，市文明委以打造全国数字阅读先进城市为契机，加强数字图书馆网建设与服务水平的提升，创新开设读书网站、读书频道、手机阅读业务，打响“e阅读、悦读易”数字阅读品牌。连续举办七届“东莞读书节”。打造出“市领导集体闭门读书”、“东莞学习论坛”、“市民学堂”等精品项目。

开展书香创建活动　2011年，市文明委以学习型党组织建设为龙头，广泛开展“书香机关”万名公职人员读书活动、“书香校园”百万学生读书活动、“书香企业”百万职工读书活动、“书香社区”主题读书交流活动、“书香之家”百万家庭读书活动，努力创建“学习之城”。

健全鼓励读书机制　2011年，市文明委完善“政府主导、专家指导、社会参与、企业运作”的运行机制，策划开展“百万企业员工掌上阅读”等活动，以具体行动落实市政府在年初提出的“市民购书，政府补贴”激励措施，将读书学习成效作为评选表彰文明镇（街）、文明社区（村）、文明单位的重要考核依据，走出一条“一夜春风起，满城书香浓”的学习型城市创建之路。

【城市亲和力强化工程】　打造“我们的节日”品牌　2011年，市文明委围绕“弘扬传统文化、唱响革命文化、做大本土文化”这一主旨，开展“传统节日、纪念节日、地方特色”三大板块文化活动，提高“我们的节日”活动的运作水平、规格档次、品牌效应。策划开展2010年度“我们的节日”系列文化活动年度项目评奖投票活动，举行颁奖典礼。出台《2011年“我们的节日”东莞市系列文化活动实施方案》，先后成功举办了春节文艺晚会、洪梅元宵花灯节、清明祭英雄、端午龙舟文化节、东坑“卖身节”、茶山茶园游会、桥头荷花文化艺术节、东莞青年欢乐节、东莞市少儿舞蹈花会、庆祝建党90周年系列活动等大型主题文化活动，举办“2011东莞节庆文化论坛”，制作播放“我们的节日”专题片，出版《我们的节日——东莞市系列文化活动2010读本》。

人文关爱行动　2011年，市文明委连续七年开展“东莞城市暖流行动”，常态开展“留莞关爱暖新年团圆饭”、慰问新莞人困难家庭等系列活动。举办“共建共享幸福东莞工人农民论坛”，大力畅通企业员工利益诉求表达渠道。以评选“广东十大和谐企业”、“员工满意企业”、“和谐工业园区”等为抓手，推动企业人性化管理。

城乡共建活动　2011年，市文明委利用城市广场、文化中心、街心公园等场所，发挥东莞群众艺术馆、各镇（街道）文广中心的作用，通过东莞市合唱节等形式，把“爱国歌曲大家唱”活动长期开展下去。开展文化、科技、卫生“三下乡”活动，组织科教、文体、法律、卫生“四进社区”活动。

（孙江峰）

附：2011年东莞市精神文明建设委员会办公室领导名录

主　任：李国全（任至11月）
王培琦（11月到任）

副主任：王培琦（任至11月）

▲东莞市图书馆

政治文明建设

【依法治市】　2011年，市依法治市工作领导小组办公室推进依法治市，为推动东莞市加快转型升级，建设幸福东莞创造良好法治环境。探索法制宣传教育新举措。2011年是市、镇、村三级的换届选举年，按照市委关于做好选举年法制宣传教育工作的要求，联合市检察院等单位，在全市32个镇（街）开展“村级换届选举反贿选法制专题教育”。在村级换届选举结束后,围绕镇（街）领导班子换届选举，促使镇（街）党员干部强化廉洁意识，规范选举行为进行多次调研。在全市范围内分6个片区开展以“依法选举，廉洁为官，幸福东莞”为主题的全市性的专题法制教育活动。共计1600多人接受教育，基本覆盖全市所有镇（街）领导干部。着力承办好省、市法治论坛。广东省“第六期法治广东论坛”在厚街镇举行。根据省办意见，把2011年的“第七期法治东莞讲坛”与省论坛的法治讲座结合举行。参与法院见证执行和开展专题调研活动。市依法治市办、市人大常委会法工委全程参加市第一人民法院开展的“夏日风暴”执行活动，常委会“优化执法环境工作座谈会”在市第一人民法院举行。加强依法治市工作者培训。为进一步提高全市依法治市工作联络员的业务素质和工作水平，发挥其在依法治市工作中的参谋、助手和纽带作用，组织依法治市工作者和市人大常委会部分领导赴兄弟省市培训学习。（市人大办供稿）

【行政审批制度改革】 2011年，市行政审批制度改革领导小组办公室指导市统计局、市人力资源局、市城市管理综合执法局等8个部门做好有关审批事项的取消和调整工作，组织市监察局、市法制局、市发改局、市机编办等会审成员单位对上述部门报送的12项行政审批事项的调整意见进行集中审核。根据会审结果，2011年行政审批事项调整共取消5项，新增3项。印发《2011年东莞市行政审批制度改革工作方案》。7月，东莞市网上办事服务平台正式开通运行。（市行政审批制度改革领导小组办公室供稿）

【结构调整决策】 2011年3月，市府办印发《东莞市2011年扶持共建产业转移工业园工作方案》。5月，市府办印发《东莞市先进制造业发展“十二五”规划》、《关于做好“中国科学院东莞云计算产业技术创新与育成中心”有关工作的通知》。6月，市府办印发《关于大力支持本土LED产业企业的通知》、《关于解决上市后备企业历史遗留问题进一步扶持企业上市的若干意见》。7月，市政府印发《黄埔海关、东莞市人民政府关于落实〈海关总署、广东省政府共同建设全国加工贸易转型升级示范区推进转变发展方式合作备忘录〉的实施意见》、《关于专业镇产业集群发展问题的通知》。8月，市府办印发《东莞市专业镇创新服务平台建设扶持方案》、《关于颁发2011年东莞市科学技术奖的通知》。9月，市府办印发《2011—2012年实施东莞市知识产权战略纲要工作方案》、《东莞市50强民营工业企业和50强民营服务业企业认定暂行办法》。10月，市政府印发《东莞市重点用能单位节能管理暂行办法》。11月，市政府印发《东莞市鼓励企业上市办法》、《东莞市全力推动外经贸稳增长调结构促平衡若干措施》、《东莞市培育企业上市操作规程》。（市府办供稿）

【参政议政】 2011年，市委统战部进一步完善党外干部选拔培养和安排使用联席会议制度，加快党外干部队伍培养，创新党外干部培养方法，拓宽党外干部实职安排途径。利用镇街换届的契机，8月首次选拔4名民主党派和无党派干部到镇街担任副镇长，取得党外干部选拔任用机制的新突破。鼓励支持党外人士参政履职。制定《关于进一步完善政府部门与民主党派对口联系制度的意见》，完善与民主党派沟通联系渠道。多次协助市委在重大事项听取民主党派意见，在民主党派的干部队伍中产生良好政治影响。利用筹办“东莞国际科技合作周”的有利时机，动员民主党派科技人才积极参与；通过政协视察活动，组织民主党派成员深入基层开展调研活动。（市委统战部供稿）

【厂务公开】 截至2011年，东莞市实行厂务公开的企业有16458家，公开率达80%，逐步在非公企业推行厂务公开贯标工作，推动厂务公开民主管理规范化。推广三洋马达、巨汉灯饰、恩斯克等企业实行工资集体协商的先进经验，在全市10054家企业中成功建立工资集体协商制度。（市总工会供稿）

【基层政权建设】 村（居）委会换届选举。2011年，东莞市第五届村（居）委会换届选举工作完成，全市594个村（社区）均顺利完成村（居）委会换届选举工作，完成率100%。村级体制改革试点工作。2011年，东莞市以厚街、黄江两镇为综合试点，莞城、横沥、洪梅、石龙、中堂、长安、高埗等7个镇街为专项试点，推进村级体制改革试点工作，取得阶段性改革成果，对全面提高村、社区管理服务水平，促进政府行政管理与基层自治有效衔接、良性互动打下坚实的基础。农村党风廉政信息公开平台建设。2011年，东莞市大力推进党风廉政信息公开平台建设，拓宽“东莞市农村党风廉政信息公开平台”信息传播渠道，使广大市民可以通过互联网、有线电视政务信息视频点播系统、语音服务、手机短信等方式查询村（社区）信息，促进村务公开形式的信息化、网络化和规范化，保障村（居）民对村（社区）事务的知情权和监督权。（市民政局供稿）

生态文明建设

【污染减排】 2011年，东莞市持续推进污染减排工作，完成2010年度及“十一五”总量减排考核,完成市对各镇街2010年度总量减排考核。完成2010年污染源普查动态更新、环境统计和排污申报工作。全面推进排污证换证、发证工作，核发2598份。与省环保厅签订减排责任书，明确“十二五”减排目标任务，要求2015年二氧化硫、氮氧化物、化学需氧量、氨氮排放总量分别比2010年减少30.6%、29.2%、20.9%、22%。制定“十二五”时期东莞市主要污染物减排任务、目标和项目，并分解落实到各镇街（园区）及相关企业。先后两次召开全市减排工作会议，两次开展专题业务培训，试行减排企业行政辅导工作，推动减排企业规范化运营管理，污染减排措施进一步落实。（市环保局供稿）

【渔业资源与海洋环境】 2011年，东莞市发动各镇街和社会各界参与渔业资源增殖放流，全年全市开展5次渔业资源增殖放流活动，投放鱼苗、虾苗1800万尾。结合中心镇扩权强镇工作，加强水生野生动物专项执法检查，办理水生野生动物年审230多份，征收资源保护款10万多元。进一步健全内部咨询评估机制和制度，发挥专家对海洋环评机构提交的成果和产品的把关作用，全年收取渔业资源损害赔偿款30万元。着力加强海洋环境监测能力建设，编制完成排污口监测通报3份，海洋环境状况半年报1份，完成《东莞市2010年海洋环境质量公报》的编制和发布工作。监测结果表明东莞市近岸海域环境质量总体保持稳定。（市海洋与渔业局供稿）

【绿色创建】 2011年，东莞市创建市绿色学校20所、绿色社区29个，省绿色学校28所、绿色社区3个。21家企业创建为市级“环境友好企业”，累计达124家。建立“市级生态村（社区）”评价体系，76个村（社区）创建为“市级生态村（社区）”。（市环保局供稿）

【林业生态工程】 2011年，东莞市完成水源涵养林林相改造1790公顷，幼林

抚育2958.6公顷，营建农田林网111公里，营造生物防火林带77.7公里、抚育374.6公里，造林质量普遍较高，保存率达到93%以上。完成黄旗山城市公园林相改造二期工程，改造林相815.4亩，种植乔木3.8万株。抓好林业生态项目工程规划。制定《石马河流域绿化整治工作实施方案》，计划从2012年起至2015年，利用4年时间，完成石马河两岸纯林改造36045亩、残次失管果林改造2275亩、河堤两岸绿化3297亩、镇村见缝插绿6200亩、薇甘菊防治8.4万亩、封山育林80869.5亩。全面铺开生态景观林带建设，按照《广东省生态景观林带建设规划》的任务要求，东莞市规划建设广深高速、广深沿江高速、潮莞高速、京九铁路、东部沿海防护林和东江水源涵养林的东莞段等6条总长247.38公里的生态景观林带，草拟《东莞市生态景观林带建设实施方案》，成立生态景观林带建设规划项目组，完成广深高速、东江水源涵养林生态景观林带建设的前期调研和规划设计。（市林业局供稿）

【城乡绿化】2011年，全市城乡绿化美化统筹发展。东莞市林业局进一步推动创建林业生态文明村活动，由市财政共投入资金195万元，对全市31个村（社区）和虎门沙角部队，专款专用于村（社区）和营区内村旁、路旁、宅旁以及闲置地的绿化建设中，加强苗木质量监督，强化后续管护，注重种植效果，全市城乡新增绿地面积1169.6公顷，新增公园广场77个，并评选出南城周溪社区等6个“绿化模范村（社区）”和东莞松山湖实验小学等28个“园林式单位”，有效提升城乡人居生态环境。

（市林业局供稿）

【义务植树】2011年，东莞市有89.16万人参加义务植树，植树332.9万株，新建25个义务植树基地，认建面积412亩，118家单位或个人参加绿地树木认建认养，认养大树203株，认养金额27.64万元，义务植树尽责率达93.80%。

（市林业局供稿）

产业转型升级

【概况】2011年，东莞市紧紧围绕加快转变发展方式，坚持不懈调结构，全力以赴促转型，取得显著成效。三次产业比例调整为0.3∶50.5∶49.2，第三产业比重提高0.5个百分点。

【现代产业体系构建】实施传统产业改造提升工程 2011年，东莞市进一步完善政策体系。重新调整界定支柱产业和特色产业，为制定政策奠定坚实基础。出台《广东省经济和信息化委员会与东莞市人民政府共同推进优势传统产业转型升级行动方案》、《关于促进优势传统产业发展和转型升级的指导意见》，推动优势传统产业向价值链高端延伸。进一步推动技改技创。核准、备案企业技术改造投资项目101个，预算总投资30.3亿元。受理申办进口设备免税技术改造项目50个，进口设备2608台（套），享受减免税额5690万元。新增省级企业技术中心13个，国家级企业技术中心实现零的突破。新增国家高新技术企业121家、省民营科技企业163家。新增名牌名标107个（件），其中中国驰名商标4件。19家企业被评为省优势传统产业升级示范企业。进一步加快集群升级。道滘食品、清溪光电通讯获认定为第六批省产业集群升级示范区。截至2011年，全市有省产业集群升级示范区11个，总量位居全省第二。11个省产业集群升级示范区在做大做强制造环节的同时，还建设一批公共服务平台，做旺专业市场、品牌会展、现代物流等关联产业，大朗镇的经验得到广东省省委书记汪洋充分肯定，加以推广。厚街家具专业市场入选第一批“广东商品国际采购中心”。进一步推进加工贸易转型。12家企业获“全国加工贸易转型升级示范企业”，大朗、松山湖入选“首批省级外贸转型升级专业型示范基地”。全年1150家来料加工企业办理不停产转型，外资企业内销比重提高到32.8%，比上年底提高2.6个百分点。外资企业设立研发机构202宗，比上年增加52宗。

实施新兴产业培育发展工程 推动成立“中国电子信息产业发展研究院广东（东莞）战略性新兴产业研究中心”，省市共建，打造“国字号”专家智库。出台《东莞市战略性新兴产业发展“十二五”规划》、《东莞市太阳能光伏产业发展规划》、《东莞市高端新型电子信息产业发展规划》及相关配套措施。认定8个市级高端新型电子信息和太阳能光伏产业基地。宏威数码1500MW非晶硅薄膜太阳能电池项目被列入省重点项目，正式开工建设。南玻光伏成功增资扩产。9个项目获省战略性新兴产业发展专项资金扶持。2家企业被评为“第二批广东省战略新兴产业骨干企业”。

实施现代服务产业壮大工程 着力发展工业设计。参与“粤港工业设计走廊”建设，开展工业设计走进产业集群活动，推动工业设计与传统产业对接融合。认定两个市级创意产业园区。着力发展信息服务业。国家级集成电路设计企业实现零的突破。新增双软认定企业16家。5家企业入选“广东省软件和集成电路设计产业100强培育企业”，名列全省第四。着力发展物流业。制定《东莞市建设珠三角新兴物流城市工作方案》。促成市政府与中外运签订战略合作协议。虎门港吞吐量大幅上升，石龙红海物流项目稳步推进。着力发展会展业。制定《东莞市促进会展业发展工作方案》，提出11方面措施，扶持会展业做强做大。举办名家具展等品牌展会，引进“广印展”、“汽保展”等国家级展会。2011年，东莞市获得“中国最具影响力节庆城市”称号。

【信息化建设】打造“智慧东莞”工程 2011年，东莞市着力编制《加快发展物联网建设“智慧东莞”规划》。重点推动物联网应用，“智慧石龙”、“智慧水务”、“物联网智能路灯”、“平安铃”、“莞市通”等项目逐步铺开。指导成立东莞市物联网产业促进会，举办“广东东莞物联网发展高峰论坛”等活动。发展云计算，中小企业云平台顺利推进。

推进“无线城市”建设 制定《东莞市重大信息基础设施建设“十二五”规划》。率先在全省开启首个“无线城市”门户平台。全年累计完成3G(第三代移动通信技术)网络及配套投入8.86亿元，建成3G基站7962座，WLAN（无线局域网络）热点5026个，全市无线宽带覆盖率达82.6%，位居全省前列。

加速“两化”融合进程 以服装行业为突破点，开展多场“两化融合”推广活动，推进“两化融合”示范企业和示范实验区建设，引导企业迈向信息化。编印《电子商务产业整合发展之路》，认定3家电子商务公共服务平台，支持企业应用电子商务提升市场开拓能力。推荐1家企业成为国家级电子商务示范企业。

【引优扶强战略实施】加大内资引进工作力度 2011年，东莞市开展摸底调研，形成《整合利用招商资源，推动引进内资上新台阶》的调研报告。制定《关于进一步促进引进内资工作的实施意见》，完善政策规程。编印《西南地区重点企业名录》、《战略性新兴产业重点企业名录》，明确目标指引。加强对外联系，主动登门招商，拜访100多家重点企业、中介机构及社会团体。组团参加广东与全国知名民营企业合作发展共促转型升级大会，举办成都投资推介会、东莞市汽车产业发展投资推介会。全年引进内资项目643宗，协议投资金额427.53亿元，实际投资金额285.96亿元。其中，1亿元以上项目62宗，协议投资金额352亿元，实际投资金额91.72亿元。中国电子、中国五矿、中外运、紫兆环保设备等优质企业来莞投资。

实施百亿企业培育工程 进一步完善培育大企业（集团）的政策措施，力争打造一批主营业务收入超50亿元以及超100亿元的龙头企业。认定“东莞市第一批大企业（集团）培育企业”11家，实施重点扶持。2011年，主营业务收入超50亿元企业达12家，超100亿元企业2家。全市84家大型工业企业实现主营业务收入2532.51亿元，同比增长18.4%，比全市平均增速快7个百分点，占全市规模以上工业总量的30.9%。

大力扶持民营经济发展 抓政策制定。出台《中共东莞市委、东莞市人民政府关于促进民营经济发展上水平的实施意见》，成为扶持民营经济发展的新的纲领性文件。抓企业上市。启动实施“686”民营企业上市梯度培育工程[即保持市一级上市民营企业后备资源库有60家以上的储备，每年推动其中8家企业进入上市辅导程序，6家企业进入发行申报程序或实现上市(含境外上市)]，建立市一级民营企业上市后备企业资源库。认定首批资源库企业68家，推荐其中10家成为第四、五批上市后备企业，推动3家企业成功上市。抓种子培育。启动实施“323”高成长型中小企业培育计划（即发掘培育300家成长性好、自主创新能力强、发展潜力大的中小工业企业，择优扶持20家以上优质企业，使其充分享受各级扶持政策，推动实现其中3家以上企业纳入上市后备资源库），形成首批300家高成长性中小工业企业储备库。截至2011年，有59家库内企业获财政资助3750万元。抓平台建设。推荐1个单位成为首批国家公共技术服务示范平台。认定民营中小企业创新产业化示范基地等市级示范单位32个。举办中小企业金融服务日，推动银企交流合作。抓素质提升。评选东莞市“十佳”民营企业创业者、东莞市优秀民营企业家，认定2010年度50强民营工业企业、50强民营服务业企业，树立典型带动，弘扬莞商精神。创新实施民营企业家素质提升“111”工程，开启“东莞民营企业家手机学堂”，举办8期民营企业家课堂、12期民营企业家面对面活动。2011年，全市民营经济实现增加值1773亿元，增长10.8%，占GDP的比重达37.44%。

【扩内销促消费】 2011年，东莞市成功举办消费电子、食品饮料两场“莞货全国行”活动。组团参加第七届喀交会、第七届泛珠洽谈会、第八届中博会以及省组织的云南、贵州、重庆、安徽等经贸考察活动，帮助企业开拓国内市场。用足用活国家和省的政策，开展“家电下乡”、“汽车下乡”及“家电以旧换新”工作，推进“万村千乡”市场工程。制定《2011东莞市食品安全样板市场创建工作方案》，完成市政府年度十件实事之一，全市食品安全样板市场超过140个。落实“双转移”战略，这几年来市镇两级财政累计投入4.24亿元，加快推进莞韶、莞惠等产业转移园建设。

【节能降耗】 2011年，东莞市制定市“十二五”节能规划，建立节能目标责任制，科学分解下达各镇街“十二五”节能指标。初步建立重点用能单位能源信息管理系统。加大节能监察执法力度，加强节能监测预警。发挥节能奖励资金的杠杆效应，拉动企业节能技改投入10.4亿元，节约标准煤22万吨。完成2010年度镇街和重点耗能企业节能考核工作。持续推行清洁生产，推进资源综合利用，加快淘汰落后产能，发展循环经济。预计单位生产总值能耗下降4.25%，如期实现年度节能目标。

（经信局供稿）

《珠江三角洲地区改革发展规划纲要》实施

联席共商

【深莞惠三市联席会议第五次会议】 2011年4月18日，深莞惠三市党政主要领导联席会议第五次会议在东莞召开。会议明确13项近期三市合作重点工作。一是加快推进深莞惠边界地区规划开发，力争2011年内完成相关方案和规划研究工作。二是尽快建立大运会安全联动协调机制，积极做好大运会期间安保工作。三是建立深莞惠三市食品安全综合协调和监管合作机制，加强食品安全综合协调和信息共享，联合打击危害食品安全的不法行为。四是统筹推进引水工程规划建设，加强三市水务领域合作力度。五是加快推进三市交通卡的互联互通，力争在上半年实现“一卡通行三市”。六是加强交通联合执法合作，扩大公路执法范围。七是加快推进观澜河—石马河联合综合治理。八是加快实施深圳清林径水库扩建工程预留东莞取水口项目。九是加快协调解决博深高速清溪出入口问题。十是推动三市城市轨道交通规划衔接，做好接驳站点的规划

▲2011年，4月18日，深莞惠三市第五次联席会议在莞举行　（蓝业佐 摄）

设计等工作。十一是建立三市产业转移的招商引资合作机制。十二是建立三市农产品质量安全监管协作机制，建立农产品质量安全监督强制检测互认制度、市场准入制度、农产品源头追溯制度和农业标识管理制度。十三是建立三市教师培训合作和互认机制。会上三市签署《关于推进深莞惠边界地区坪新清片区规划开发的合作框架协议》等5项合作协议并审议通过三市联席会议办公室协作机制。

【2011年深莞惠三地旅游合作联席会议第一次会议】 2011年3月4日，深莞惠三地旅游合作联席会议第一次会议在东莞召开。会议回顾2010年深莞惠旅游区域合作工作，对2011年旅游工作部署展开讨论，并就下一步具体工作任务达成共识：整合三地旅游资源，继续发挥深莞惠地缘、市场、资源、资金和管理优势，推出联合线路产品；联合编印《深莞惠旅游指南》，介绍三地优质旅游资源和产品，加大三地区域旅游目的地、客源地旅游形象的宣传促销；推进三地旅游网站链接，开辟深莞惠旅游专栏，实现旅游信息互通、旅游资源共享；利用三地新闻媒体宣传载体，打造一个区域互补、互动、互惠、共赢平台，提高三地综合影响力，制造更加有效、立体广泛的信息传播，为游客提供高质量旅游信息产品；开展联合促销，在各项旅游展会及营销活动中，组成营销联盟，扩大三地区域旅游品牌影响力；继续推进三地游客互送活动，提高旅游消费水平，开展“万人互游深莞惠活动”。

【2011年深莞惠三地第二次旅游合作联席会议】 2011年8月31日，深莞惠三地第二次旅游合作联席会议在东莞召开。会议对上半年工作进行肯定，并就下一步工作达成共识：策划“万人互游深莞惠”活动启动仪式以及初步方案；三地旅游局组织旅行社更多地设计和推介三地一日游的联合旅游线路，并尝试将自驾游与团体游等旅游方式相结合；联合参加2011中国（昆明）国际旅游交易会；推进三地旅游网站链接，开辟深莞惠旅游专栏，实现旅游信息互通、旅游资源共享；利用三地新闻媒体宣传载体，打造一个区域互补、互动、互惠、共赢的平台，提高三地综合影响力，制造更加有效、立体广泛的信息传播，为游客提供高质量的旅游信息产品；共同规范三地旅游市场秩序，搞好旅游安全保障，维护旅游者合法权益，在跨市的市场监管、案件查处方面紧密加强合作，建立畅通的信息沟通渠道。

【深莞惠三市打假合作第二次联席会议】 2011年11月1日，深圳、东莞、惠州三市打假办在东莞召开打假合作第二次联席会议。会议总结三市2010年在打假联合方面的成绩与经验。2011年三市互相移送办结打假案件20多宗，各类信息及监测通报19期，多次举办研讨交流和专题会议，推动三市打假工作发展。大运会期间，三市紧密合作，在深圳和周边地区联合开展“迎大运、保安全”专项整治，保障大运会的举行。会议指出，2012年将以食品安全、手机产品、卷烟市场等打假合作为重点，继续深化三市打假工作合作，加快三市打假工作一体化进程。会议还完成区域打假联席会议召集人的交接事宜。

【深莞惠三市环保合作第二次会议】 2011年5月13日，深莞惠三市环保合作第二次会议在东莞召开。会议审议通过深莞惠环保合作第一次会议纪要，听取三市就跨界河污染治理情况汇报，并由三市环保部门主要负责人共同签署《深圳市 东莞市 惠州市环境保护与生态建设合作协议》、《深圳市 东莞市 惠州市机动车排气污染联防联治工作协议》两项协议。会上，三市环保部门就大运会生态环境保障协作，深圳市东部垃圾焚烧发电厂项目环评问题，三市跨区域环境保护联防联治，建立健全区域环保信息共享机制，惠州沙河、深圳平湖镇石马河支流纳入三市跨界河整治计划及深莞惠跨市河流水质监测合作机制等六项议题，进行深入交流讨论，并在加强大运会生态环境保障协作、推动建设环保信息平台、建立跨市河流水质监测合作机制、推进界河治理等议题上达成初步合作共识，明确议题牵头落实单位。

【深莞惠一体化文化合作联席会议】 2011年10月26日，深莞惠一体化文化合作联席会议在惠州召开。会上，三市签署《深圳市东莞市惠州市文化合作备忘录》，内容涉及公共文化服务、文化节庆及文化品牌、广播电视资源、文化遗产保护、文化市场执法联动、三地文化产业项目、文化人才培训等方面合作，提出充分利用三地社团文化艺术资源，联合举办一台具有浓厚客家文化的艺术晚会，打造深莞惠文化活动巡演或联办品牌；举办“深莞惠地区文物普查成果展”；探索建立深莞惠文化市场突发事件快速反应机制等。

【深莞惠交通运输一体化第二次联席会议】 2011年3月29日，深莞惠交通运输一体化第二次联席会议在东莞召开，三市交通运输部门确定未来几年三市交通运输合作项目，涵盖规划编制、路网对接、跨市公交、年票互通、联合执法多个合作项目。会议确定，加快《深莞惠交通运输一体化规划》编制，由深圳市交通运输委牵头组织编制单位的招投标工作。加快协调解决博深高速清溪出入口问题；加快推进从莞高速公路建设，争取2013年完工；加快推动河源—惠州—东莞高速公路规划建设，将项目纳入深莞惠三市交通运输合作协议，争取纳入省高速公路网规划；加快东平东江大桥—惠州双龙大道建设，由东莞市负责建设，抓紧勘察设计工作，力争年内开工建设，2013年完工；加快深圳恒心路建设，由深圳加快推进项目有关前期工作，尽快完成路线方案交东莞讨论；加快凤岗镇金龙路—龙岗黄阁路规划建设，将项目纳入三市合作协议；加快长安德政东路—松岗雄宇路对接，将项目纳入三市合作协议，力争2012年建成通车。会议确定由深圳市交通运输委牵头，对深莞惠三市邻近区域重新编制跨市公交规划，进一步便利三市群众出行，拿出方案后提交三市研究。同时，加快落实深惠坪山汽车站—大亚湾汽车客运站、大鹏汽车站—大亚湾汽车客运站2条新线；优化调整“深莞2线”，由原来深圳市观澜汽车客运站—东莞市凤岗汽车客运站调整为深圳市深圳北站—东莞市凤岗汽车客运站；开展跨市公交化改造，促进三市交通运输一体化发展。

合作协议

【关于推进深莞惠边界地区坪新清片区规划开发的合作框架协议】 2011年4月18日，深莞惠三市在第五次联席会议上签订《关于推进深莞惠边界地区坪新清片区规划开发的合作框架协议》。坪新清片区位于深圳市龙岗区坪地街道、东莞市清溪镇和惠州市惠阳区新圩镇之间，是深圳、东莞、惠州三市接壤的唯一地区。坪新清片区将体现生态低碳、知识密集、区域治理的理念，要打造珠三角区域合作样板，并在全国区域合作发展中发挥示范作用。三市将共同成立工作组，开展前期规划研究，争取一年内完成有关规划。

【深圳市东莞市惠州市关于产业发展合作的协议】 2011年4月18日，深莞惠三市在第五次联席会议上签订《深圳市东莞市惠州市关于产业发展合作的协议》。三市将立足深莞惠三市原有产业基础，以推进产业和劳动力“双转移”为重点，以开展产学研合作与科技资源的共享为突破口，以提升现代服务业整体竞争力为核心，进一步密切和深化深莞惠三市产业发展联系与协作，实现三市产业优势互补和合作共赢，共同建设全球电子信息产业基地、区域服务和创新中心，把“深莞惠经济圈”打造成为珠三角区域经济一体化先行区。合作内容包括：加强边界地区产业合作，加快产业转移园区建设；提升三地技术创新能力，推进产业技术升级；推进产业结构调整，建设世界级电子信息产业基地；加强环大亚湾区域产业合作，共同促进环大亚湾区域产业与生态环境协调发展；加强交流与合作，提升现代服务业水平；加强劳动保障合作，提升服务管理水平。

【深圳市东莞市惠州市信息化合作框架协议】 2011年4月18日，深莞惠三市在第五次联席会议上签订《深圳市东莞市惠州市关于产业发展合作的协议》。三市将以“构建便捷高效的信息网络体系”总体发展目标为指导，加快推进深莞惠三地信息化对接，促进深莞惠三地的人流、物流、资金流、信息流顺畅有序融合，形成全面网络化、高度信息化的深莞惠一体化发展格局。合作重点包括加强三市信息化发展规划衔接，加强三市信息基础设施衔接，推动三市政务信息资源共享交换，推动三市电子商务快速发展，构建区域企业信用信息合作体系，推进三市智能卡互通共用，推动三市物联网产业协同发展，推动三市软件产业园区资源共享。

【深圳市东莞市惠州市加快推进交通运输一体化补充协议三】 2011年4月18日，深莞惠三市在第五次联席会议上签订《深圳市东莞市惠州市加快推进交通运输一体化补充协议三》。协议内容包括，加快编制深莞惠交通运输一体化规划，深化边界路网对接，全面撤销普通公路收费站，加快跨市公交发展，争取将惠州纳入国家公路运输组合枢纽范围，加快开展交通联合执法合作。其中深圳和东莞边界路网对接项目有博深高速公路清溪出入口、雄宇路、金龙路、恒心路。东莞和惠州边界路网对接项目有从莞高速公路建设、河惠莞高速公路、东莞东平东江大桥及惠州双龙大道、东莞火车站—广惠高速公路连接线。

【深圳市东莞市惠州市环境保护与生态建设合作协议】 2011年5月13日，深莞惠三市环保部门签订《深圳市东莞市惠州市环境保护与生态建设合作协议》。确定了工作目标为：到2011年底，重点建立完善深莞惠环境保护共建合作平台，建立健全合作机制，以规划为先导，以界河及跨界河污染治理与东江水源保护为突破口，整合资源，发挥优势，全面启动合作项目建设，奠定深莞惠绿色优质生活圈建设基础。2012年起，全面部署实施三市环保合作规划，联合防治环境污染，共建对接环境基础设施，建立完善区域生态安全体系，确保实现规划阶段目标，将深莞惠逐步建成资源共享、设施共用、联防联治、生态帮扶的绿色优质生活圈。确定主要任务为：一是联合编制环保合作规划，加强规划协调与衔接；二是统一区域环境标准，严格环保准入；三是加强污染防治合作，建立健全联防联治机制；四是开展环境基础设施建设合作，实现共建共享；五是建立区域环境监测体系，实现环保信息共享互用；六是加强环境科研合作，破解区域环保难题；七是做强做大环保产业，促进区域产业发展。

【深圳市东莞市惠州市机动车排气污染联防联治工作协议】 2011年5月13日，深莞惠三市环保部门签订《深圳市东莞市惠州市机动车排气污染联防联治工作协议》。三市遵循统一规划和同步实施并举，本地治理和联防联治并重，扩大合作和强化交流并进，着力解决机动车排气污染问题，进一步改善三市的大气环境质量。明确工作机制：一是成立机动车排气污染联防联治工作小组；二是建立定期召开的机动车排气污染联防联治工作会议制度；三市建立尾气排放超标车辆信息通报制度；四是三市联合开展机动车排气污染专项整治行动。

【深莞惠文化合作备忘录】 2011年10月25日，深莞惠三市签订《深莞惠文化合作备忘录》，备忘录主要内容：实施公共文化服务合作；促进文化节庆、文化品牌合作；加强广播电视资源合作；开展文化遗产保护合作；推进文化市场执法联动；推进三地文化产业项目合作；建立文化人才培训合作机制；加强工作协调与构建工作机制。

项目实施

【莞惠产业转移园】 2011年，东莞加强沟通协调，召开2次莞惠产业转移园联席会议，积极协调解决园区开发建设过程中遇到的问题，协调东莞在惠州龙门的企业组建商会，搭建企业与当地政府沟通平台。2011年，莞惠产业园完成基础设施投资1亿元，完成首期2000亩场地平整工程，建成污水处理厂工程、并投入试运营，园区工业三路、工业五路、工业六路等路网建设。加大招商引资力度，创新探索“园中园”开发模式，在园区划出2000—3000亩土地，由东莞部分镇街和市总商会牵头，实行统一买地、统一规划、统一招商、统一开发、统一管理模式，将东莞重点镇街优势产业引入园区，先后引进广东鑫龙跃实业有限公司、国电电力分布式能源站等优质项目，至2011年底，莞惠产业园共有入园企业36家，意向投资金额129.2亿元，签订正式协议34家，投资金额68亿元，其中建成企业20家，投资金额23.6亿元；在建企业4家，投资金额6.5亿元。2011年实现工业总产值31.9亿元，工业增加值9亿元，工业税收2亿元，同比均增长1倍以上。

【东莞加快交通基础设施建设】 截至2011年，深莞惠三市计划共建36项道路对接项目和11条跨市公交线路，与东莞对接的道路有22条（含高速公路7条，地方主干路15条），2011年全部项目均已启动，其中5条完工，8条动工，9条在开展前期工作。

高速路网建设 2011年，东莞市大力推进7条在建重点高速公路建设，至2011年底，莞惠高速公路建成通车；虎岗高速公路虎门港支线（一期）累计完成投资78.68%；广深沿江高速公路东莞段累计完成投资89.35%；从莞高速公路东莞段（含清溪支线）完成投资30.8%；深圳外环高速公路东莞段完成施工图设计；虎门二桥（莞番高速公路跨珠江大桥）正在进行初步设计；博深高速公路东莞段累计完成投资60%。同时抓紧开展常虎高速公路延长线、莞番高速公路沙田至桥头段、莲花山过江通道的前期工作，正在协调解决博深高速公路清溪出入口问题。

地方主干路项目建设 2011年，连接莞深的泗黎路、连接莞惠的石龙至园洲公路、连接深莞的龙凤大道、连接莞惠的沙河大桥完工；省道S120石排至桥头路面大修工程累计完成投资82.4%；连接深莞的新安东宝河大桥正在开展项目前期工作，完成初步设计；东平东江大桥完成施工图评审，预计2012年初动工；红海大桥完成工可编制及水利防洪论证评估、环评等报批工作；沙湖大道正在开展前期工作；清林西路－龙平南路完成设计，预计2012年初动工；龙江东江大桥动工建设；恒心路完成初步设计；雄宇路东莞段建成；金龙路完成初步方案，正加快开展前期工作；东莞火车站—广惠高速公路连接线正加快开展前期研究。

轨道交通建设 在城际轨道交通方面，至2011年底，穗莞深城际轨道洪梅至长安金沙区间累计完成投资29.9亿元，占初步设计概算的42%；莞惠城际轨道累计完成投资78.6亿元，占初步设计概算的22.94%；广深港客运专线（东莞段）2011年完成投资5亿元，全面完工并开通运营。在市域轨道交通方面，R2线全年完成投资14.36亿元，占年度计划的77.6%。15座车站中有1座正在进行土方开挖和主体结构施工，9座正在进行车站主体围护结构施工，2座（鸿福路站、虎门火车站）正在开展前期工作，2个区间正在进行矿山法施工，1个区间正在进行盾构掘进施工。车辆段茶山范围施工场地完成了范围±4.00以下吹砂填筑，东城范围施工场地正在进行鱼塘抽水、场地清表和吹砂填筑等前期工作。

【东莞扎实推进道路运输一体化】 一是大力发展跨市公交。2011年6月，深莞惠三市交通部门签署《关于进一步加强跨界客运公交线路运营管理的协议》，从管理部门、运营监管与投诉以及法律责任等方面提出规范性要求。至2011年底，东莞与广州、惠州、深圳三市分别开通2条公交班线，累计投入运力60辆；已将凤岗车站至观澜车站线路优化调整为凤岗车站至深圳北站，增加运力20辆。二是积极推进公交“一卡通”。2011年，东莞市按照省交通厅关于“省公交一卡通”的统一部署，积极推进市内公共交通“一卡通”工作。制定《东莞公交“一卡通”公司组建方案》，组建国有控股的东莞公交“一卡通”公司，国有股东由市路桥总公司、市轨道公司等企业组成。三是稳步推进年票互通互认。2011年，东莞市积极贯彻落实省政府工作部署，大力推动深莞惠路桥年票互认。4月，东莞18个普通公路收费站全部停止收费。至2011年底，深莞惠三市全面停止辖区内所有政府还贷公路收费站收费，实现深莞惠三市“不走高速不缴费”。

【东莞推进深莞惠电网建设】 2011年，东莞围绕构建一体化智能电网工作要求，编制《东莞市2011年主、配网年度规划》、《东莞市电网专项规划（2009—2020年）》和《东莞市“十二五”电网规划》。把电网专项规划纳入土地利用总体规划、城市总体规划，并启动电网专项规划纳入控制性详细规划试点。重点推进深莞惠电网建设和连接工程，积极协调解决电网建设中征地、线行等问题，加快电网建设和改造速度。500千伏鲲鹏—宝安线路（东莞段）工程和500千伏深圳紫荆输变电配套线路（东莞段）工程均提前建成投产，500千伏线路共建成投产122千米。与深圳、惠州供电局紧密合作，落实500千伏海丰电厂配套送出线路工程的线路路径，共同开展前期工作，针对该线路路径（东莞段）存在问题多次召开协调会议，初步确定路径方案。2011年，完成220千伏及以下电网建设投资20亿元，投产主变容量161.3万千伏安，输电线路243千米。

【东莞推进界河及跨界河综合治理】 2011年，东莞大力开展石马河、观澜河、潼湖流域污染及防洪综合治理。石马河流域规划12家污水处理厂全部建成投入使用，完成截污主干管建设171.34公里，占管网总长的97.95%，流域内10项截污主干管建设工程已有9项通水运行，截污次支管网工程建设总体规划已经启动，2011年流域内城镇生活污水处理率达到86%。加强水质监控，在企坪断面、东岸涌赤岗村断面、石马河口断面及沿岸7个镇的河水断面新规划12个水质水文在线监控系统，出水水质基本达到国标一级A标准。推进生态环境建设，在石马河流域完成纯林改造（水源涵养林改造）面积1.24万亩；幼林抚育2.35万亩；封山育林10.43万亩；营造生物防火林带10公里、抚育148.7公里；除治薇甘菊2.94万亩、防治尺蠖0.45万亩。茅洲河段清淤清障应急工程全面完工，投资7875万元全部拆除河堤内违建码头24家，清淤清障总土方43万立方米；建成沿线污水处理工程并投入运营，处理能力达10万吨/日，配套截污管网总长101公里，沿线建设的7个排涝站全面开工；划定界河段永久规划岸线，将原净宽80—100米界河段岸线方案，适当调整为净宽90—100米的永久岸线方案。

【东莞主动接受深圳产业辐射】 2011年，东莞主动接受深圳通讯设备、生物工程、新材料、新能源汽车等产业辐射，松山湖产业园引进聚信科技（华为）、宇龙通信、漫步者科技、万科住宅产业化基地等深圳大型龙头高科技企业。

【深莞惠旅游协作】 2011年，深莞惠三市举办“万人互游深莞惠”活动，三市旅游部门发布“万人互游深莞惠”指导线路，按照市场化运行模式持续开展“万人互游深莞惠”活动。多渠道多途径开展旅游区域合作，牵头编制《深莞惠旅游指南》；联合参加“2011广东国际旅游产业博览会”，并在《南方日报》、《中国旅游报》上进行专题报道；完成三地旅游网站链接，开辟深莞惠旅游专栏，实现旅游信息互通、旅游资源共享；共同规范三地旅游市场秩序，加强旅游安全保障，维护旅游者合法权益。

【深莞惠商贸流通业对接】 2011年，深莞惠三地零售企业合作越趋紧密，相互拓展市场。深圳知名连锁百货企业海雅百货与天虹百货在东莞先后开设2家和6家分店；天虹百货，新一佳超市等深圳企业在东莞投资建设珠三角地区的物流配送中心。东莞美宜佳便利店扩张到深圳、惠州，并成为深圳当地最大的连锁便利店系统，嘉荣超市、天和百货、大新百货、华美乐建材超市等也相继进驻深圳市场。东莞市常平镇开通直达深圳盐田港的火车集装箱专列，深圳港口企业投资参与虎门港的开发建设。

【东莞加强与深圳、惠州教育协作对接】 2011年，东莞按照《东莞市新莞人子女接受义务教育暂行办法》，组织、安排在莞工作或投资的深圳、惠州户籍新莞人适龄儿童就近接受义务教育，优先解决深圳、惠州户籍人才适龄子女在莞入读公办学校需求。进一步探索和完善高中阶段招生政策，依据东莞招生形势和招生计划，积极解决部分在莞就读初中的深圳、惠州户籍优秀毕业生入读国家示范性普通高中、省一级和市一级公办普通高中，在莞就读的深圳、惠州户籍初中毕业生可自主填报东莞省一级和市一级民办普通高中以及部分公办职业高中志愿。

【东莞加强与深圳、惠州社保对接】 2011年，东莞加快社保定点医疗机构布局，在深惠各设立6家的东莞社保定点医院基础上，至2011年底在深惠各启用一家东莞社保定点药店。基本实现养老保险关系无障碍转移，2011年，东莞累计开具参保凭证18.62万份，办理养老保险关系转入的1.11万人，转入金额0.74亿元，转出 4.76万人，转出金额4.91亿元，其中转出的统筹金额为2.16亿元，统筹垫付金额0.70亿元，个人账户金额2.05亿元。加快新的城乡一体化社会保险管理与服务平台建设，按照“金保工程”社保核心平台三版的国家标准，对新系统进行设计，扩充各险种的业务经办功能和管理功能，实现与其他社保信息系统的信息、数据、指标的兼容匹配，为与深圳、惠州以及全国其他地区的信息系统对接预留接口，新系统预计在2012年1月上线。

【东莞加强与深圳、惠州人力资源对接】 加强就业服务合作和校企合作。从2010年开始，东莞连续2年组织举办莞惠大型校企合作交流会，推动惠州市新成长劳动力向东莞转移就业。用好劳动用工远程视频招聘系统，加强与深圳、惠州人力资源部门的沟通，力争尽快建立统一的劳动用工远程视频招聘服务平台，逐步实现深莞惠三市远程视频招聘。加强劳动监察合作。加强与深圳市、惠州市相关部门信息互通，积极开展“黑砖窑”及非法职介排查工作等多个专项行动，综合三地处置事件方法，统一处置和新闻发布口径，妥善处理深圳市东道物流有限公司虎门分公司及各营业点相继发生员工追讨欠薪的群体性事件。加强教师培训互认合作。明确非师范类毕业人员在深圳、惠州补修的，符合省关于教育学、心理学课程学习要求的教育学、心理学课程学时、学分、成绩、结业证书可在东莞申请相应层次教师资格。

【东莞加强与深圳、惠州食品安全对接】 2011年，东莞积极落实深莞惠三市《关于推进动植物防疫及农产品质量安全紧密合作协议（草案）》。推进与惠州市生猪产销合作。对生猪定点供莞基地场实施分区管理，将供莞生猪基地划分为圆洲、龙溪等10个片区，要求每个片区配备相关设备和人员落实生猪产销联建工作。实施供莞生猪电子标识信息化管理试点工作。对生猪定点供莞基地进行动态调整，取消一批不符合要求的基地下属猪场资格，新增一批基地下属猪场并对部分基地下属猪场增加其生猪认定数量。加强农产品安全监管。2011年7月，东莞市农业局制订供深圳食用农产品质量安全监管工作实施方案，并召开全市专项工作会议，确保大运会期间农产品质量安全。

【东莞推行“门（急）诊病历一本通”】 2011年3月1日起，东莞除精神病专科医院、眼科医院、口腔医院、结核病防治机构、职业病防治机构等专科特色明显、病历流通性不大、不宜使用通用病历外，其他72所医院及其延伸设置的门诊部、社区卫生服务中心（站）等各级各类医疗机构均全面使用全省统一的门（急）诊“病历一本通”。

交流活动

【首届深莞惠手外科学术论坛】 2011年1月6日，首届深莞惠手外科学术论坛在深圳举行。手外科成为深莞惠医疗卫生一体化合作中的第一个医学专科，将实现无缝式转诊。

【深莞惠（坪新清）区域合作战略研讨会】 2011年11月13日，深莞惠(坪新清)区域合作战略研讨会在深圳举行。三市分别派代表作发言。深圳表示向区域合作要发展空间，拓展土地增量，是龙岗可持续发展的必然之路，也是龙岗产业发展的当务之急，通过产业合作示范区的建设，龙岗可解决此问题。东莞市社会科学院经济学教授邓春玉表示，坪新清三角地是珠三角地区唯一一块绿化和水面保持在60%以上的生态区，建设区域合作示范区应该由三市共同来完成规划。惠州希望三市合作尽快进入操作阶段。

【东莞配合做好大运会安保工作】 2011年，东莞积极配合做好大运会准备工作。一是加强情报信息交流和核查协作处置。由三市公安机关情报部门牵头，定期交流排查掌握的重点群体、重点人、重点线索情况，重大情况随时通报，第一时间落地核查，确保大运会期间不发生影响重大的案事件。二是联合开展涉枪涉危爆物品清理整治。由三市公安机关刑侦部门牵头，定期通报排查掌握的涉枪、涉危爆物品、重要案件及源头性问题，统一组织开展攻坚行动，营造严管、严查、严打声势，防止枪支弹药和危爆物品流入深圳给大运会带来隐患。三是联合加大路面查控力度。从5月起，配合在东莞环绕深圳外围的5个公安检查站，加大对进入深圳的车辆、人员和物资的检查力度，防止可疑人员和危爆物品流入深圳，共检查车辆27万多辆、人员54万人，查获违法犯罪嫌疑人350名，收缴违禁物品一批。四是密切交界地区警务联动。东莞大朗、清溪、凤岗、塘厦、黄江、大岭山、长安分局与深圳相邻分局建立分管领导联络机制，定期组织交界地区派出所联合开展清查整治行动。五是加强交通协作。配合深圳交警部门开展交通突发事件应急处置演练，完善联动相应措施；配合深圳交警部门做好大运会交通政策调整情况的宣传，对进入深圳赛区的车辆进行远端流量控制和分流，缓解大运会交通压力。六是共同维护东深供水工程水源安全。配合深圳方面完善东深供水工程大运会期间反恐安保方案，建立应急联动机制，加强巡逻检查，确保供水沿线安全。

【东莞与深圳、惠州加强区域交通执法合作】 2011年3月15日，深莞惠三市交通综合执法部门发挥区域联动执法优势，启动为期6个半月的联合整治道路运输市场秩序专项行动。按照“时间统一、行动统一、处罚标准统一”的要求，坚持每周开展2—3次统一行动。截至2011年9月，先后组织开展统一行动43次，出动执法人员1.99万人次，查处交通运输违法车辆4858辆次，其中蓝牌车非法营运519辆次，客运班车及包车违法经营184辆次，假冒出租车96辆次，异地违法经营出租车58辆次，危险货物运输违法经营106辆次，其他违法案件3895宗。经过联合整治，三市道路运输秩序进一步规范，“黑车”等非法经营行为得到遏制，客运班车不按线行驶、包车及出租车异地驻点经营等违章经营行为得到改善。

【东莞与深圳、惠州联合展开手机打假】 2011年上半年，东莞打假办联合深圳、惠州两地打假部门开展手机产品专项打假行动，出动执法人员110人次，检查手机生产企业31家、销售企业15家，立案查处违法案件4宗，查获冒用“3C”标志的手机2万多部。

【东莞加强与深圳、惠州警务协作对接】 2011年4月，深莞惠三市公安部门共同签订《深莞惠三市警务情报协作办法》，三市刑侦等部门密切配合，开展情报交流。2011年东莞市公安局接待深圳、惠州市局来人、来电、来函协查445（件）次，协查涉案线索525条，侦破一批恶性犯罪案件。东莞市公安局定期会同深圳、惠州公安局以三市交界区域为重点开展统一清查行动，打击跨区域违法犯罪。2011年，东莞市公安局牵头三市公安局开展5次联合统一清查整治行动，出动警力3.4万人次，清查各类场所6.6万处，侦破各类案件309宗，抓获犯罪嫌疑人456名，查扣可疑机动车760辆。

（潘朝明　刘念宇　胡晓静　莫沃佳）

产业合作与转移

【产业园基础建设】 截至2011年，莞韶产业园累计完成固定资产投资82.4亿元。主要道路、管网和污水处理厂基本建成；变电站、空气质量自动监测站、员工文化广场、创业服务中心大楼建成投入使用。莞惠产业园累计完成基础设施投资11.69亿元。完成首期2000亩场地平整工程；污水处理厂工程建成并投入试运营。

【产业园产业转移】 2011年，莞韶产业园完成工业总产值107.3亿元，同比增长29.6%；完成工业增加值23.4亿元，增长21.7%；税收4.79亿元，同比增长29.5%。园区获得省产业转移工业园目标责任考核优秀等级，成功竞得5亿元竞争性扶持资金和1亿元专业性扶持资金，所辖韶关工业园区被认定为省级高新技术产业开发区，园区被列为全省十大重点园区之一，得到省1000亩建设用地指标奖励，莞韶管委会还被省重点项目工作领导小组评为2010年重点项目建设先进集体。2011年，莞惠产业园的经济也呈现快速发展的良好势头。全年园区工业总产值35.33亿元，工业增加值10.19亿

东莞市产业合作办公室

① 2011年12月19日，市委书记、市人大常委会主任徐建华一行在莞韶产业园规划展示厅听取情况介绍
② 2011年1月25日，东莞市副市长邓志广与惠州市副市长李选民一行在会展酒店召开莞惠产业园联席会议
③ 2011年5月27日，东莞市副市长邓志广一行赴惠州龙门与惠州市副市长李选民及相关部门负责人召开莞惠产业园座谈会
④ 2011年3月17日，东莞市副市长邓志广一行赴惠州龙门与惠州市副市长李选民及相关部门负责人召开联席会议
⑤2011年3月25日，2011年度东莞（韶关、惠州）产业转移工业园新闻发布会在市会议大厦召开

元，工业税收2.25亿元，同比均增长1倍以上。

【产业园招商引资】2011年，莞韶产业园共签订合同协议69个，合同利用资金83亿元，实际到位资金38.3亿元。莞惠产业园建成、在建和签约企业36家，总投资额67.8亿元。2011年，东莞市产业合作办公室分别组织市有关部门、镇街和近40家投资意向企业到莞惠产业园参观考察，研究探讨在园区开发建设特色“园中园”。组织分管市领导、部门和镇街负责人近30人赴韶关参加“广东装备制造业国际高峰论坛暨莞韶产业园2011年投资洽谈会”。

【产业园共建机制】2011年，东莞市产业合作办公室筹备召开莞韶、莞惠产业园联席会议各2次，协调解决园区开发建设过程中遇到的具体问题；与莞韶、莞惠产业园管委会建立沟通协调机制，共同制定年度工作任务，落实有效措施，实现园区开发建设目标；与东莞、韶关和惠州三地政府及省经信委等上级主管部门做好汇报沟通工作，营造良好的园区建设环境；每月分别派出3名以上工作人员驻两个园区办公10个工作日以上，和园区管委会工作人员一道，做好园区规划设计、基础建设和招商引资等工作；协调东莞在韶关及惠州龙门的企

①　2011年10月25日，市委常委、市纪委书记甄瑞潮、市委组织部副部长喻丽君、市政府副秘书长任新合、市委组织部副处级组织员陈荣武到市产业合作办公室召开会议，宣布市委、市政府关于罗斌为市产业合作办公室主任的任职决定

②　2011年7月19日，东莞市副市长邓志广一行赴韶关拜会韶关市委书记郑振涛

③　2011年5月28日，市委副书记黄双福、市政府副市长邓志广等有关领导及龙门县几套领导班子出席莞龙经济协会成立挂牌仪式

①

②

③

业组建商会，5月，莞龙经济协会正式成立。韶关（东莞）商会也在筹备当中。

【产业园宣传推介】2011年，东莞市产业合作办公室共印发简报10期，在东莞日报等报刊宣传10多次，印刷制作2款宣传小册子及多次组织媒体赴园区采访等，大力宣传园区投资环境、发展成效及优惠政策；举办莞韶、莞惠产业园新闻发布会，发布两个园区2010年发展成效和2011年工作计划；在莞深高速东莞路段、东莞大道、107国道、镇街主要路段等常年设立广告牌，同时在部分公交线路设立汽车车身广告，扩大园区影响力和知名度；撰写《东莞市多措并举突出强化产业转移园招商引资工作》等材料，被省工业园协会《广东工业园》杂志采用。　（叶毅英）

附：2011年东莞市产业合作办公室领导名录

主　任：叶锦锐（任至10月）
　　　　罗　斌（10月到任）

① 2011年11月8日，副市长邓志广一行赴韶关参加广东装备制造业国际高峰论坛暨莞韶产业园2011年投资洽谈会

② 2011年12月19日，市委常委何嘉琪、市人大常委会副主任李秀冰、市政府副市长邓志广、市政协副主席梁近东、市纪委副书记吴才华等一行赴韶关参加莞韶产业转移园工作联席会议

③ 2011年12月19日，市委常委何嘉琪、市人大常委会副主任李秀冰、市政府副市长邓志广、市政协副主席梁近东、市纪委副书记吴才华等一行赴韶关参加莞韶产业园高新技术创业服务中心大楼启用典礼

【东莞市镇政府共建产业转移工业园简介】 东莞凤岗（惠东）产业转移工业园 位于惠州市惠东县，2006年10月认定，认定面积6405亩，向省政府申请扩园至19035亩。园区主导产业为机械制造、钟表制造、鞋业。2010年以纺织服装（鞋业）专业入选专业性产业转移园并获得省财政1亿元资金扶持。截至2011年，园区园内开发资金及外部基础设施资金投入累计达11.58亿元，在建及建成项目62个，其中投产项目56个，投资总额18.6亿元。

东莞大岭山（南雄）产业转移工业园 位于韶关南雄市，2010年3月认定，面积6070.95亩，以精细化工为主导产业。截至2011年，园内已投入开发资金8.39亿元，在建及建成项目90个，其中投产项目45个，投资总额16.83亿元。园区2010年以化工材料专业入选专业性产业转移园并获得省财政1亿元资金扶持，2010年度考评获得优秀等次，近期获得600亩建设用地指标奖励。

东莞石碣（兴宁）产业转移工业园 位于梅州兴宁市，2006年9月认定，面积6000亩，初步形成汽车零配件和机械五金为主导的产业聚集基地。截至2011年，园内已投入开发资金2.5亿元，其中石碣镇政府投入4600万元，在建及建成项目34个，其中投产项目22个，投资总额10.06亿元，引入总投资10亿元的广东云山汽车项目。石碣镇派出4名工作人员常驻园区，共同参与园区管理和招商引资工作。

东莞大朗（信宜）产业转移工业园 位于茂名信宜市，2006年9月认定，面积1万亩，主导产业为纺织、家具业。截至2011年，园内已投入开发资金4.5亿元，其中大朗镇民营企业投资4606万元，在建及建成项目35个，其中投产项目30个，投资总额6.22亿元。

东莞东坑（乐昌）产业转移工业园 位于韶关乐昌市，2006年9月认定，面积13462.95亩，主导产业为机械、家具业。截至2011年，园内已投入开发资金3.34亿元，其中东坑镇政府投入130万元，在建及建成项目20个，其中投产项目13个，投资总额8.54亿元。

东莞石龙（始兴）产业转移工业园 位于韶关市始兴县，2005年12月认定，面积6000亩，是全省第一个产业转移园。初期由石龙镇作为投资建设主体招商及建设。由于开发进度不如预期，经双方协商，从2007年6月起，石龙不再投入资金，由园区投资建设主体调整为协助始兴招商；园区内外增加投资建设转由始兴承接。截至2011年，园内已投入开发资金3.6亿元，其中石龙镇政府投入3200万元，在建及建成项目26个，其中投产项目13个，投资总额12.91亿元。

东莞长安（阳春）产业转移工业园 位于阳江阳春市，2007年5月认定，面积10182.4亩，以电子电器、机械、服装为主导产业。截至2011年，园内已投入开发资金1.26亿元，投产项目3个，投资总额3.28亿元。（市经信局供稿）

对口帮扶和支援

【市外扶贫】 2011年，市经协办加快推动东莞市对外扶贫和区域协作工作，重点推进东莞市对口帮扶韶关、云浮两市120条贫困村24814户贫困户的扶贫开发“规划到户责任到人”工作，完成各项省外对口帮扶工作任务。统筹落实扶贫开发“规划到户责任到人”帮扶资金4.90亿元。帮助16071户贫困户年人均纯收入达到2500元以上，占有劳动能力贫困户数99.03%；另落实省外对口帮扶资金约1150万元。接待内地经贸、扶贫考察团127批1536人次，外出参加区域协作交流、对口帮扶活动61批273人次。2011年，全市帮扶韶关、云浮120条贫困村发展集体经济项目353个，平均每村开展经济项目近3个。抓好“两项工程”（农村低收入住房困难户住房改造建设和不具备生产生活条件贫困村庄搬迁）建设。制定下发《东莞市帮扶韶关、云浮“两项工程”有关说明》，明确补助标准。2011年，全部低收入住房改建资料录入农村低收入住房改建系统工作基本完成。完成3851户住房困难户住房工程改造和13条两不具备村庄搬迁安置。

（市经协办供稿）

【市内扶贫】 2011年，东莞继续推进市内扶贫帮困“责任到单位责任到人”工作，安排90个市直（中央、省属）单位、90个发达村和8554名干部，对口帮扶90个欠发达村和4078户有正常劳动能力低保户。出台《东莞市关于加大市内扶贫财政投入的方案》，2011—2015年全市计划增加投入7.51亿元，用于帮助欠发达村发展优质项目、完善基础设施和促进贫困群众就业。全年市财政共发放低保就业激励补助资金0.14亿元、欠发达镇贴息贷款3.03亿元、欠发达村免息借款0.15亿元，安排定点帮扶资金0.27亿元、基础设施建设补助0.47亿元，为综合实力排名靠后的285个村发放公共管理补助资金2.39亿元，为承担基本农田和非经济林地保护任务的460个村安排生态补偿金2.41亿元。各镇街、有帮扶任务的发达村、单位和干部，共向帮扶对象捐资捐物4000多万元。建立市领导挂钩联系镇街制度，5月、10月两次组织开展市几套班子领导集中督导镇街市内扶贫工作活动；建立“一月一报送”、“一月一督查”、“一季一通报”制度，定期掌握和公布工作进展；建立领导挂点、干部驻村制度，市镇两级共落实挂点领导181名，累计到欠发达村协调指导工作2637人次，选派驻村干部185名，人均驻村96天。2011年全市欠发达村实现村组两级经营性年纯收入2.2亿元，同比增长17%，其中有54个欠发达村超150万元，占欠发达村总数的60%；帮助5402名贫困劳动力实现稳定就业，有2850户贫困户达到脱贫标准，占结对帮扶总数的70%，圆满完成“两个60%”目标任务。9个欠发达镇生产总值共514亿元，各项税收总额73.24亿元，可支配财政收入45.72亿元。

（市农业局供稿）

【对口援建】 2011年，市发改局承接对口援藏职责，成立市援藏援疆工作领导小组及其办公室。会同援疆工作队编制实施21个援疆项目计划，累计投入4亿元援建资金。制定镇街团场结对交流方案，首批15个镇街与农三师团场结对交流。协调组织参加第七届“喀交会”及产业援疆项目推介会，做好支医支教以及农三师干部人才来莞挂职和培训等工作。协调推进援藏项目建设，推动林芝县旅游产业发展，做好人才帮扶等工作，完成年度援藏任务。协调两地高层互访，做好援建信息交流及宣传工作，编印援疆简报64期。做好对口援建映秀干部回撤、援建工程结算等援建映秀后续工作。（市发改局供稿）

政党·社团 PARTY · SOCIAL GROUP

东莞市中心广场

- 中共东莞市第十三次代表大会
- 加快转型升级
- 镇街换届工作
- 社会工作委员会成立

编辑：李文蔚　胡晓静

中共东莞市委

【2011年中共东莞市委书记、副书记、常委、秘书长、副秘书长名单】市委书记：刘志庚（任至12月），徐建华（12月到任）；市委副书记：李毓全（任至9月），黄双福（任至12月），袁宝成（9月到任），姚康（12月到任）；市委常委：刘志庚（任至12月），徐建华（12月到任），李毓全（任至9月），袁宝成（9月到任），黄双福（任至12月），姚康（12月到任），冷晓明（任至12月），何嘉琪（任至12月），庞国梅（任至9月），甄瑞潮，崔建，江凌（任至9月），王道平（任至12月），刘国辉（任至7月），刘卫芳（7月到任），李小梅（12月到任），梁国英（12月到任），邓志广（12月到任），王检养（12月到任），潘新潮（12月到任）；市委秘书长：何嘉琪（任至12月），王检养（12月到任）；市委副秘书长：潘新潮（任至12月），温淦荣，谢国文，张国平（任至2月），卢贯纪（任至2月），黎桥根，曲洪淇，吴小峰，谢小薇，蔡家华，黄宇富（1月到任，任至9月），欧林高，叶锦河，刘始团。

2011年中共东莞市委机构设置

（2011年12月）

市直机关	正处级	纪律检查委员会机关（监察局）、市委办公室、组织部、宣传部、统一战线工作部、政法委员会、政策研究室、台湾工作办公室（人民政府台湾事务局）、直属机关工作委员会、老干部局、机构编制委员会办公室、社会工作委员会（未定级）
	副处级	企业工作委员会、社会组织工作委员会、社会组织纪律检查工作委员会
事业单位	正处级	市委党校（行政学院）
	正处级	东莞日报社、广播电视台、党史研究室、接待办公室、粤桥山庄管理处
	副处级	电子政务办公室

重要会议

【中共东莞市委十二届七次全会】2011年1月11日在市会议大厦召开。全会主要任务是贯彻落实省委十届八次全会精神，总结"十一五"和2010年工作，审议《中共东莞市委关于制定国民经济和社会发展第十二个五年规划的建议》，研究部署2011年和"十二五"工作。会议要求全市上下迅速把思想统一到中央十七届五中全会、中央经济工作会议和省委十届八次全会精神上来，切实增强机遇意识、忧患意识和创新意识，加快科学发展、转型发展、和谐发展，推动东莞在新的起点上实现更高水平的崛起。会议明确"十二五"时期东莞经济社会发展总体要求是：以科学发展为主题，以转变经济发展方式为主线，以"加快转型升级，建设幸福东莞"为核心，以推进产业结构调整为重点，以提高人民幸福感为目标，更加注重转型、创新、民生、生态，有效破解发展难题，朝着推动科学发展、促进社会和谐的方向前进，努力建设幸福东莞。会议提出，幸福东莞不仅是物质上的满足，也包括生态文明、精神文化、安全保障、权利诉求、尊严体面、公平正义、民主法制追求的满足，是贯穿于整个"十二五"发展的核心价值。具体要坚持"六个发展"，即先行先试、转型发展，调整结构、创新发展，节能减排、绿色发展，统筹协调、和谐发展，以人为本、惠民发展，扩大开放、合作发展；处理"五个关系"，即处理好发展速度与发展方式、软实力与硬实力、经济增长与民生福祉、政府与市场、改革发展与稳定的关系；实现"四个明显"，即结构调整取得明显突破，城市软实力明显提升，体制机制明显完善，人民幸福感明显增强；突出抓好六方面工作，即产业转型、经济素质双升级，科技创新、体制创新双突破，宜居环境、绿色发展双结合，文化名城、市民素质双促进，区域发展、城乡统筹双协调，民生幸福、社会和谐双增强。会议还对做好2011年各项工作，保持经济平稳快速发展，为"十二五"发展起好步、开好局作出全面部署。

【中共东莞市委十二届八次全会】2011年7月20日在玉兰大剧院召开。全会主要任务是传达贯彻胡锦涛总书记"七一"重要讲话和省委十届九次全会精神，总结安排半年工作，并重点研究部署东莞社会建设工作。会议要求全市上下深刻认识加快推进社会建设工作的重要性、紧迫性，进一步加大力度、开拓创新、细化措施，以"六个新"扎实推动东莞社会建设和管理工作取得新成效，为"十二五"发展营造充满活力又和谐稳定的社会环境。一要在深化思想认识上有新理念，切实解决经济建设"一手硬"、社会建设"一手软"的问题；二要在改善民生福祉上有新成效，使发展的成果惠及全体人民；三要在创新体制机制上有新突破，进一步激发全社会的活力与创造力；四要在加强社会管理上有新进展，维护良好的社会环境；五要在夯实社区基层上有新举措，切实打牢社会服务管理的根基；六要在完善责任体系上有新局面，构建党委领导、政府负责、社会协同、公众参与的社会建设工作新格局。

【中共东莞市委十二届九次全会】2011年9月29日在市行政办事中心召开。会议讨论通过《关于召开中国共产党东莞市第十三次代表大会的决议》，审议确定中国共产党东莞市第十三次代表大会筹备工作领导机构及工作机构。全会提出，市第十三次党代会的指导思想是：以邓小平理论、"三个代表"重要思想为指导，全面落实科学发展观，按照党的十七大和十七届四中、五中全会精神以及省委总体部署，遵循党章和党内有关规定，坚持干部队伍"四化"方针和德才兼备、以德为先用人标准，以谋划和推动科学发展、选好配强领导班子为重点，发扬民主、推进改革、严肃纪律，大力选拔政治上靠得住、工作上有本事、作风上过得硬、人民群众信得过的优秀干部，特别是选好用好那些能承担"调"和"转"任务，开创新局面的干部，努力把市委领导班子建设成为坚定贯彻党的理论和路线方针政策，善于领导科学发展的坚强领导集体，进一步加强党的执政能力建设和先进性建设，为完成"十二五"各项任务，争当科学发展的排头兵提供坚强的思想政治和组织保证。

【中国共产党东莞市第十三次代表大会】2011年12月25—28日在市会议大厦召开。出席大会的代表419名，列席人员116名。大会审议通过市委书记徐建华代表十二届市委所作的《加快转型升级 建设幸福东莞 为实现高水平崛起而努力奋斗》报告，审查批准市纪委的工作报告，选举产生中共东莞市第十三届委员会、纪律检查委员会和市出席中共广东省第十一次代表大会代表。会议提出全市今后五年工作的指导思想和奋斗目标是：高举中国特色社会主义伟大旗帜，深入贯彻落实科学发展观，以"加快转型升级、建设幸福东莞、实现高水平崛起"为核心任务，以加快转变经济发展方式、推进产业结构调整为主线，以增进民生幸福为根本，努力把东莞建设成为全省科技与产业融合发展的示范区、结构调整和转型升级的样板区、创新社会管理的引领区，成为广东现代制造业名城、创新创业之城、生态文明之城、平安和谐之城，确保经济社会发展、幸福东莞建设继续走在全省前列，努力争当加快转型升级、建设幸福广东的排头兵。今后五年重点推进十方面的工作：继续解放思想，凝聚高水平崛起的思想共识；主动对接穗深港，增创东莞对外开放新优势；大力推进产业高级化，构筑高水平崛起的产业支撑；积极推动创新，增强高水平崛起的不竭动力；加强城市建设管理，巩固高水平崛起的战略依托；完善公共服务，强化高水平崛起的社会保障；浓厚文化积淀，塑造高水平崛起的精神支柱；推进依法治理，营造高水平崛起的法治环境；实施人才强市，强化高水平崛起的智力支持；推进党建科学化，夯实高水平崛起的政治保证。

【深莞惠三市第五次联席会议】2011年4月18日，深莞惠三市在东莞召开第五次联席会议，总结上一阶段推进《深莞惠推进珠江口东岸地区紧密合作框架协议》成果，商讨下一阶段合作重点。省委常委、深圳市委书记王荣，深圳市委副书记、市长许勤，惠州市委书记、市人大常委会主任黄业斌，惠州市委副书记、市长李汝求，东莞市委书记、市人大常委会主任刘志庚，东莞市委副书记、市长李毓全，以及冷晓明、何嘉琪、崔建、梁国英、吴道闻、邓志广等东莞市领导出席会议。会上三市签署5份协议，分别是：《深莞惠边界地区坪新清片区规划开发合作框架协议》、《深莞惠关于产业发展合作协议》、《深莞惠信息化合作框架协议》、《深莞惠加快推进交通一体化补充协议三》、《关于加强深惠合作的备忘录》。会议还审议通过《三市近期共同推进的重点工作事项》，明确13项近期工作重点。

【东莞市庆祝中国共产党成立90周年大会】2011年6月28日召开，会议内容为纪念中国共产党成立90周年；表

彰全市先进基层党组织、优秀共产党员和优秀党务工作者。市委书记、市人大常委会主任刘志庚作了重要讲话，要求全市各级党组织和广大共产党员围绕实现“加快转型升级，建设幸福东莞”目标，进一步增强机遇意识、忧患意识和创新意识，深入实施“南粤先锋六大行动”，扎实开展创先争优活动，凝聚强大动力，推动东莞在新的起点上实现更高水平的崛起。重点在五方面奋发争先：在推动发展方式转变中奋发争先；在加强和创新社会管理中奋发争先；在提升人民群众幸福感中奋发争先；在提高党建科学化水平中奋发争先；在创建学习型党组织中奋发争先。

【全市产业结构调整和转型升级工作会议】 2011年8月18日在市会议大厦召开。会议总结近年来东莞产业结构调整和转型升级工作的成绩、经验，对5个转型升级先进镇街、10个先进单位、9个先进村（社区）、23家先进企业进行表彰，并出台《中共东莞市委、东莞市人民政府关于进一步推进产业结构调整和转型升级的意见》，对新一轮产业结构调整和转型升级工作作出全面部署。市委书记、市人大常委会主任刘志庚出席会议并作重要讲话。会议强调，全市上下要紧紧围绕加快转变经济发展方式这个核心，始终将产业结构调整工作摆在战略层面、作为战略任务，持之以恒地加以推进，力争再用5年时间，使东莞的产业结构实现脱胎换骨的变化。主要做好五方面工作：明确发展定位，加快形成具有比较优势和国际竞争力的核心产业；突出扶持重点，实现帮扶企业与扶优扶强相互促进；优化政策措施，完善有利于产业结构调整的支撑体系；加大改革力度，形成有利于产业结构调整的体制机制；加强统筹引导，营造推进产业结构调整的良好氛围。8月20日，省委汪洋书记在东莞报送的《东莞市推进产业结构调整和转型升级工作的情况报告》上作出重要批示，强调指出：东莞的产业结构调整工作“任务十分艰巨，工作十分努力，效果十分明显。但任重道远，还需继续奋斗。要注意解决结构调整和转型升级与镇、村既得利益模式的矛盾；要选好用好能承担‘调’和‘转’任务，开创新局面的干部；要注意用好典型推动工作。”

【召开市委常委会传达贯彻党的十七届六中全会精神】 2011年10月19日，东莞市召开市委常委会，学习贯彻党的十七届六中全会精神。市委书记、市人大常委会主任刘志庚主持会议并作重要讲话。会议要求全市各级党委政府和广大干部群众，迅速掀起传达学习贯彻党的十七届六中全会精神的热潮，尽快把全会精神转化为文化建设的强大动力和推动文化改革发展的实际行动。一是迅速把思想认识统一到全会精神上来，切实增强推进文化改革发展的使命感、责任感和紧迫感。二是迅速用全会精神指导实践、推动工作，深化改革发展思路，加大改革发展力度，推动东莞文化大发展大繁荣。三是切实加强文化工作领导、提高文化建设科学化水平，进一步形成共同推进文化建设的领导机制和工作机制，不断提高文化改革发展的科学化水平，加快创建全国公共文化服务名城、国家历史文化名城、全国现代文化产业名城、岭南文化精品名城“四个名城”的步伐。

【召开系列座谈会征求社会各界对党代会报告意见】 2011年，在中共东莞市第十三次代表大会召开前，东莞市委创新多种渠道，发扬民主，广开言路，广泛征求社会各界对党代会报告和东莞未来五年发展的意见建议。2011年10月27日，市委书记、市人大常委会主任刘志庚主持召开第一场党代会报告征求意见座谈会，听取市博士创业促进会、市社科联及有关部门代表对党代会报告主题的意见，并要求在全市开展“未来五年路东莞怎么走”大讨论。10月28日，市委书记、市人大常委会主任刘志庚主持召开第二场党代会报告征求意见座谈会，听取部分省市党代表、人大代表、市政协委员对党代会报告初稿的意见。11月10日，市委书记、市人大常委会主任刘志庚主持召开第三场党代会报告征求意见座谈会，听取各民主党派、工商联及无党派人士代表对党代会报告初稿的意见。11月18日，市委书记、市人大常委会主任刘志庚主持召开第四场党代会报告征求意见座谈会，听取市直部门、镇（街道）、村（社区）党组织代表对党代会报告初稿的意见。12月8日，市委书记徐建华主持召开第五场党代会报告征求意见座谈会，听取老领导、老同志对党代会报告初稿的意见。

【全市领导干部会议】 2011年9月26日在市行政办事中心北楼召开。内容为民主推荐领导干部。

10月9日在市行政办事中心北楼一楼会议厅召开。 省委常委、组织部部长李玉妹在会上宣读省委关于东莞市政府主要领导和职务调整的决定，由袁宝成任东莞市委委员、常委、副书记，免去李毓全东莞市委副书记、常委职务；并提名袁宝成为东莞市市长候选人，李毓全不再担任东莞市市长职务。市委书记、市人大常委会主任刘志庚主持会议，李毓全、袁宝成分别讲话。

10月10日在市行政办事中心北楼一楼会议厅召开。 内容为动员部署市领导班子换届考察工作。会议由市委副书记、市长候选人袁宝成主持，市委书记、市人大常委会主任刘志庚和考察组组长、省委组织部副部长许光超先后作重要讲话。会议强调，要充分认识做好这次市领导班子换届考察工作的重要意义，考察过程中要认真负责地做好民主推荐工作，客观公正地评价领导班子和成员，积极主动地配合考察组开展工作。会议要求各级领导班子和党员干部，在换届考察中要服从大局讲政治，集中精力谋发展，严守纪律作表率，齐心协力营造风清气正的考察环境。

12月5日在市行政办事中心北楼一楼会议厅召开。 省委常委、组织部部长李玉妹出席会议并发表重要讲话，副省长刘志庚主持会议。省委组织部副部长林存德宣读关于省委对东莞市委主要领导调整的决定，由徐建华任东莞市委委员、常委、书记，免去刘志庚东莞市委书记、常委、委员职务；并提名徐建华为东莞市人大常委会主任候选人，刘志庚不再担任东莞市人大常委会主任职务。

重要工作

【加快转型升级】 认真贯彻落实李长春同志在莞调研重要讲话精神 2011年11月11日，中共中央政治局常委李长春同志率中央调研组到东莞调研，先后视察广东志成冠军集团有限公司、东莞光阵显示制品有限公司、东莞标检产品检测有限公司等企业，并召开企业代表座谈会，听取市委工作汇报和企业对当前发展中困难问题的专题发言。会后，李长春作重要讲话，充分肯定东莞近年产业转型升级巨大成绩，希望东莞振奋精神，沉着应对，抢抓机遇，加快发展，进一步加快转型升级步伐。16日上午，东莞召开市党政领导班子联席会议传达贯彻李长春重要讲话精神，要求全市上下把思想认识统一到李长春对当前形势“危中有机”的判断上来、对东莞和东莞企业的关心支持上来、要求东莞加快转型升级的殷切期望上来，继续把产业结构调整和转型升级工作推向前进，以实际行动回报中央领导的关心和关怀，具体在推动加工贸易企业转型升级，科技创新、品牌创新、市场创新，服务好企业，推动文化改革发展，提升精神状态等五个方面抓好落实。

启动新的10亿元融资支持计划 2011年10月17日，市党政领导班子联席会议研究决定，继2008年在全国率先出台10亿元融资支持计划之后，将实施新的10亿元融资支持计划，帮助中小企业缓解融资难问题。政策暂定实行1年。具体内容包括：安排4亿元支持工业企业贷款，建立贷款风险补偿和贷款贴息等中小型工业企业贷款风险补偿机制；投入2.8亿元鼓励直接债务融资，建立直接债务融资企业库，提供直接债务融资风险补偿和财政贴息；出资3亿元吸引民间资本，组建一家注册资本不少于10亿元的再担保公司，为企业融资提供更有力的信贷支持；安排2000万元激励金融机构创新，设立金融创新奖、金融服务奖、金融发展奖等三大奖项，激励各类金融机构和人员加大金融创新力度。

实施“人才东莞”战略 2011年4月19日，东莞市召开全市人才工作会议，启动实施“人才东莞”战略，出台《东莞市中长期人才发展规划纲要》等4份文件，确立与经济发展方式转变相适应的人才工作指导思想、战略目标和重大举措。总的考虑是：从2011年起每年投入10亿元，连续5年投入50亿元实施“人才东莞”战略，启动“十百千万”行动计划，突出引进培养高层次人才、重点开发紧缺人才、全面提升党政人才、大力培育企业经营管理人才、积极壮大专业技术人才、优先培养高技能人才、大力发展社会工作人才、合理引导农村实用人才，重点实施高层次人才引进、人才创新创业载体建设、战略性新兴产业人才倍增、各类骨干人才培训、企业高级经营管理人才培养、专业技术人才知识更新、研发人才本土化、科技金融结合服务、文化名城人才建设、社会工作人才队伍建设等十大人才工程，争当全省乃至全国高端人才创新创业实验区、技术人才培养开发示范区、人才体制机制改革创新先行区，加快确立东莞在区域竞争和转型发展中的人才优势，努力实现从招商引资向招商引资与招才引智并重转变、从人力资源大市向人才资源强市转变。力争到2015年，把东莞建设成为“人才向往之地”，人才结构明显改善，人才总量力争达到157万人；到2020年，把东莞建设成为“人才集聚之地”，区域人才发展水平和人才竞争实力基本达到发达国家水平，人才总量力争达到204万人。

帮扶稳定日资企业 2011年3月11日，日本东北部发生9.0级大地震，并引发系列灾情。在莞日资个别产业、厂商受到较大冲击，企业供应链受到影响。对此，东莞迅速行动，采取一系列措施稳定在莞日资企业。迅速由外经贸、海关、检验检疫等部门联合发出《公告》，向全市400多家日资企业及其总部发出慰问信，对日资企业及员工致以慰问。开展在莞日资企业大走访活动，从3月30日到4月8日，市委书记、市长、分管副市长等市领导分别率外经贸、海关、检验检疫等部门负责人和各镇街主要领导拜访日资重点企业，积极协调解决企业生产经营问题。成立由外经贸、海关、检验检疫等部门组成的8个联合应急小组，在全市7个通关口岸派驻专门工作人员，现场解决日资企业有关问题，保障在莞日资企业在日本受灾期间保持生产稳定。

落实“三重”项目问责 根据省委、省政府关于加强重大产业聚集区、重大项目和重大科技专项等“三重”发展的工作安排，东莞市负责实施2个重大产业聚集区、26项重大项目和3项重大科技专项。东莞把“三重”发展作为全市产业结构调整升级的重要抓手，高度重视，将实施“三重”目标管理责任制作为重要工作来推进，紧盯目标，狠抓落实，确保各项目标任务顺利完成。2011年9月30日，市委办、市府办印发《关于落实我市重大产业集聚区、重大项目、重大科技专项目标管理责任制的通知》，明确将“三重”完成情况作为责任单位年度工作考核的依据之一，对实施不力的责令整改并实施问责。

散裂中子源装置奠基 2011年10月20日，在大朗镇举行散裂中子源装置奠基仪式。中共中央政治局委员、国务委员刘延东，中共中央政治局委员、广东省委书记汪洋出席开工奠基仪式。该设施于2008年9月由国家发展改革委批准立项，选址于大朗镇水平村，总规划用地1000亩，首期用地400亩，总投资约22亿元，计划2017年竣工。该项目是中国首座基于强流质子加速器的重大科学装置，建成后将为中国多学科领域提供技术先进、功能强大、多学科应用的大型科研平台，对东莞的产业、城市、人才以及社会发展带来深远的影响。

【做好新形势下群众工作】 2011年11月25日，市委出台《中共东莞市委关于进一步做好新形势下群众工作的意见》，部署贯彻党的十七届五中全会和《中共广东省委关于做好新形势下群众工作的意见》，切实做好新形势下东莞的群众工作。《意见》要求围绕“加快转型升级、建设幸福东莞”的战略目标，以密切党同人民群众血肉联系为核心，以新时期群众工作统揽信访和维稳工作，创新群众工作理念，改进群众工作方法，搭建群众工作平台，转变群众工作作风，充分调动和发挥人民群众的积极性，以新时期群众工作的良好开局和成效，保障和促进经济社会又好又快发展。具体采取四方面措施：一是坚持惠民利民，扎实开展民生工作，切实维护好群众切身利益；二是健全完善工作机制，努力实现新形势下群众工作的常态化和长效性；三是畅通合法诉求渠道，掌握社情民意，切实解决群众最关心的问题；四是切实加强组织领导，形成做好新形势下群众工作的强大合力。

【镇街换届工作】 2011年5月13日，召开全市镇（街道）换届工作动员会，贯彻落实全省乡镇换届工作动员会精神，部署东莞市镇（街道）换届工作。至8月26日，全市32个镇街党代会全部召开，顺利选举产生新一届党委，选举产生新一届党委委员410名，其中新进班子成员39名。新一届镇（街道）党委班子成员平均年龄43.24岁，比换届前下降1.55岁；98.8%具有大专以上学历，比上届提高3.1%，其中硕士研究生学历占36.6%，比上届提高16.3%。此外，全市共选举产生5623名镇街党代表，其中镇街及其部门领导、村级组织代表占50%，各类专业技术人员占25%，工人、农民以及各条战线代表占25%，妇女代表所占比例均超过本镇街妇女党员占党员总数的比例。全市32个镇街全部采用“两推一选”的办法推选产生镇街党代会代表。除了在党代表中增加基层党员比例外，还创新党代会列席、旁听制度。

【整合和传播城市形象】 2011年1月，经过广泛讨论和深入调研，东莞正式确立以“活力”为核心价值、以“每天绽放新精彩”为整体宣传口号、以莞香花为设计原型的东莞城市标识系统。3月8日，市委办印发《东莞城市形象总体规划工作方案（2011—2015年）》、《2011年东莞城市形象整合传播方案》和《东莞城市品牌视觉形象识别系统管理手册》等3份文件，加快推进城市形象传播工作，充分利用标识开展有系统、有层次、有重点的城市形象传播。

【市委书记与网友微博在线互动谈"幸福"】 2011年4月27日下午3—4时，东莞市人民政府新闻办官方微博"莞香花开"举行"对话东莞市委书记刘志庚——如何走向幸福"微访谈活动，市委书记、市人大常委会主任刘志庚通过微博与网友互动，畅谈"如何走向幸福"，话题涉及教育、社会治安、城市形象、交通、医疗、住房等"幸福东莞"建设各个方面。东莞时间网对访谈进行网络直播。这是全国首次地级市"一把手"微博访谈。

【对口支援和对口帮扶】 对口援疆 2011年2月23日，东莞市与新疆生产建设兵团农三师图木舒克市对口援建工作座谈会在莞举行。市委书记、市人大常委会主任刘志庚接待农三师图木舒克市考察团。会议通报《东莞市镇街与农三师图木舒克市农牧团场结对交流工作方案》。《方案》提出，结对交流与东莞对口援疆五年规划（即2011—2015年）同步，采取"一镇街结对一团场、分阶段轮换"的方式进行，安排32个镇街与农三师图木舒克市15个团场结对，做到镇街、团场结对全覆盖。2011年东莞市启动实施援建资金1.03亿元。

市党政代表团赴韶关调研扶贫开发"双到"工作 2011年12月19日，市委书记徐建华率市党政代表团赴韶关，调研扶贫开发"规划到户责任到人"工作。韶关市委书记郑振涛、市长艾学峰、市政协主席邓苏夏等陪同调研。代表团一行实地考察乳源县乳城镇大东村泰丰野猪养殖基地、大东上座坝子新村幸福安居工程，并参加莞朗商业文化综合楼奠基仪式。在座谈会上，东莞市委、市政府和3家民营企业捐赠大东村莞朗商业文化综合楼建设资金250万元，市委、市政府分别向乳源县、新丰县捐赠对口帮扶资金775万元、慰问金20万元，合计向韶关有关部门捐赠帮扶资金1840万元。

市党政代表团赴云浮调研扶贫开发"双到"工作 2011年12月20日，市委书记徐建华率市党政代表团赴云浮，开展扶贫开发"双到"调研工作。云浮市委书记黄强，市委常委、宣传部部长、新兴县委书记吴伟鹏，市委常委黄达辉、梁海卫等陪同调研。代表团一行到访云浮市新兴县太平镇白马村，两市党政领导为莞滘农贸综合市场奠基培土。该市场由东莞市政府、道滘镇政府和福华集团、丰泰集团共同投入250万元捐建。徐建华在座谈会上强调，扶贫工作永无止境，不可懈怠，要围绕巩固现有帮扶成果，建立更长效的工作机制，实施产业扶贫，开展有针对性的技能培训，积极引进龙头企业，使更多农业生产要素向现代企业集聚。

【市委常委会专题听取市委政法委、市公安局、市国安局工作汇报】 2011年6月2日，市委召开常委会议，专题听取市委政法委、市公安局、市国安局三个部门工作汇报。刘志庚、李毓全、黄双福、冷晓明、何嘉琪、庞国梅、甄瑞潮、崔建、王道平等市委常委出席会议。常委会肯定了三个部门取得的成绩，同时提出五点要求：一要着力强化使命意识，加大工作力度，全面推进"平安东莞"建设；二要着力创新社会管理，积极探索，加强新兴领域管理；三要着力推进严打整治，加强社会治安综合治理，增强群众的安全感、幸福感；四要着力健全防控体系，加强治安防控网络建设，推进警力下沉和防控触角延伸；五要着力提升队伍素质，强化执法跟踪监督和作风建设，认真落实各项政策措施。

【学习考察活动】 市民营企业考察团赴广西学习考察 2011年3月7日，市委书记、市人大常委会主任刘志庚率市民营企业考察团赴广西桂林、来宾、钦州、南宁四市开展学习考察活动。光大集团、百分百集团、东糖集团、以纯集团等17家东莞知名民营企业负责人一同前往。考察重点是落实市50强民营企业和东莞市优秀民营企业家联系服务制度，掌握企业发展情况，畅通政企沟通渠道。考察期间，东莞市与桂林市签订经贸合作意向书，与钦州市签订框架合作协议。

市党政代表团赴深圳市学习考察 2011年4月8日，市委书记、市人大常委会主任刘志庚，市委副书记、市长李毓全率市党政代表团赴深圳市学习考察。省委常委、深圳市委书记王荣，深圳市委副书记、市长许勤等领导接见东莞代表团一行。东莞代表团围绕"学习"与"合作"两大主题，重点学习深圳在贯彻落实珠三角《规划纲要》、产业转型升级等方面的先进经验，并到前海深港现代服务业合作区及深圳湾体育中心实地考察。

市党政代表团赴清远市学习考察 2011年4月11日，市委书记、市人大常委会主任刘志庚，市委副书记、市长李毓全率市党政代表团赴清远市学习考察。清远市委书记陈家记、市长葛长伟等接见代表团一行。是次考察主要学习清远市实施"十二五"规划纲要，贯彻落实科学发展观，产业转移及现代化城市规划建设等先进经验和做法。代表团还到豪美铝业有限公司、佳的美电子科技有限公司、蒙牛乳业（清远）有限公司、清城区凤城广场参观考察。

市民营企业考察团赴欧洲、北非考察 2011年6月29日至7月10日，市委书记、市人大常委会主任刘志庚，市委常委、秘书长何嘉琪率东莞市民营企业考察团一行，前往欧洲、北非考察东莞民营企业"走出去"情况，重点了解东莞民营企业在探索企业转型发展方面的新路径。随团参加签约合作的知名民营企业有联华国际（集团）有限公司、东莞市以纯集团有限公司、东莞市东糖集团有限公司、东莞市永强汽车制造有限公司等，合作签约内容涵盖技术合作、酒店管理、高新装备、服务技术贸易以及其他商品贸易等范畴。

【东莞学习论坛】 2011年共举办5期（第33期至第37期）。第33期于3月25日举行，由清华大学新闻与传播学院教授、公共关系与战略传播研究所学术总监、清华大学城市品牌研究室主任范红主讲，内容为东莞城市形象提升的核心工作；第34期于5月25日举行，由全国政协委员，中共中央党史研究室原副主任、研究员张启华主讲，内容为"在探索中前进的中国共产党——《中国共产党历史》第二卷解读"；第35期于7月15日举行，由省国家保密局局长张宇作关于"学习贯彻新《保密法》，维护国家安全和利益"的报告；第36期于8月3日举行，由华东理工大学社会与公共管理学院院长徐永祥主讲，内容为创新社会管理，加强社会建设；第37期于12月20日举行，由水利部水土保持司司长刘震作关于"学习新《水土保持法》，推进东莞生态建设"的报告。

【市委中心组学习会】 2011年，市委中心组共进行17次专题学习，其中5期为参加东莞学习论坛报告会，其他12期分别为：1月13日，集中传达学习全省人才工作会议精神；2月21日，专题学习省委书记汪洋到东莞就产业转型升级、招商引资进行专项调研时的讲话精神；3月21日，专题传达学习全国"两会"精神；4月8日，市委中心组成员前往深圳，学习深圳在贯彻落实《珠三角规划纲要》、产业转型升级等方面的先进经验；4月14—15日，召开专题学习会，闭门研读《幸福的方法》、《对我们生活的误测——为什么GDP增长不等于社会进步》等书籍；6月20日，传达学习省委副书记、省长黄华华莅莞调研时的讲话精神；7月18日，专题学习省委十届九次全会精神；9月5日，专题学习汪洋书记关于东莞市产业结构调整工作批示精神；10月19日，专题学习党的十七届六中全会精神；11月15日，举办由省委宣讲团主讲的党的十七届六中全会精神报告会；11月16日，专题传达学习中共中央政治局常委李长春在东莞调研时的讲话精神；12月29日，召开市委中心组专题学习会，邀请原深圳市委常委、常务副市长刘应力作"产业升级与城市转型"专题报告。

【市党政领导班子联席会议】2011年，市党政领导班子联席会议共召开28次，集体学习中央、省的有关指示精神，讨论全市有关镇街、单位的请示、报告，分析研究东莞经济社会发展问题和工作思路，研究部署全市有关工作等。

市委办工作

【会务工作】2011年，市委办会务科紧紧围绕市委、市政府的工作安排，认真做好各项会务工作，全年组织完成130多场次大中型会议活动，协助办理30场次大中型会议活动，参与接待中央、省领导5次，起草《2011年以市委或市委、市政府名义召开的全市性会议计划》、《2011年全市重要政务活动安排》、《关于进一步改进市领导政务活动安排的意见》和《市委办关于重新修订全市办公室工作年度量化考评办法的意见》等工作制度；编印57期市领导公务活动预报表，办理并落实会议会务活动来文254件。印刷市委办、市政府办文件材料2219份，会议材料250份，密件64份。

【办文工作】2011年，市委办秘书科在办文上，通过掌握详细的背景材料、充分征求各方意见，大胆提出拟办意见，为领导决策提供详细、准确、优质的依据；在文件制发上，认真把好发文关，精简文件，对重要公文，认真征求意见，多方论证，仔细斟酌，审慎出台。全年共办理各类文电1000余份；审核印发各类文件350多份；处理市领导批示件4052份；编撰市委办大事记12期；完成28次市党政领导班子联席会议和40次市委常委会议的会议材料准备、会务组织、纪要撰写和向新闻媒体开放等工作。重新修订《常委会和联席会议议事规则》和《市领导干部外出请示报告制度》等有关规定，编撰出版《办文工作手册》。

【文稿工作】2011年，市委办综合科坚持想在前、谋在前、做在前，围绕市委工作大局、领导决策思路和经济社会发展中的重点问题出思路、出点子、出策略，圆满撰写市第十三次党代会报告、市委全会报告等一批高质量、深影响的文稿。全年共起草市委各类文稿490篇，其中向省委和省委书记汪洋的报告15篇，获得汪洋重要批示6篇次。

【信息工作】2011年，市委办信息科主动出题目、定方向、提要求，积极向部门、镇街约稿和加强调查研究，做好专题性综合信息、经验做法总结推广等工作，全年编发《工作交流》42期、《领导信息专报》28期。紧跟省委、省政府的工作部署和节奏，做好选题研判，对重点题材做到多报、快报，既反映工作成绩和亮点，也反映推进基层工作的政策建议，全年向省报送信息500多篇，采用总分继续稳居全省前列。

【调研工作】2011年，市委办围绕市委重大工作部署，组织各科室局深入镇、村和企业开展10多个专题调研，形成关于日本"3.11"地震对东莞日资企业影响及应对措施、"四个注重"做好新时期招商引资工作等一大批调研成果和精品力作，提出了一系列具有前瞻性、建设性的意见和建议，为市委创造性地开展工作、推动科学发展出好谋、划好策。

【机要工作】2011年，市委机要局按照"标准要高、过程要细、手段要新、处理要严"的要求，重点围绕深圳大运会、庆祝建党90周年等重大活动期间通信保障服务工作，精心组织各类电报译传办理工作。全年共完成密码电报收发1143份，比去年同期增长45份，其中紧急重要密电188份，明传电报收发1468份，比去年同期增长180份。没有出现漏发、迟发、错发等情况，实现"无错情、无差错、无事故"的"三无"目标。组织2次密码电报安全保密专项检查工作，对全市密码电报业务量较大的29家单位进行专项检查。制定《东莞市党委系统信息化建设规划（2011—2012）》，不断推进党委系统信息化建设步伐。（何剑华、黄慧敏、叶富强）

附：2011年中共东莞市委办公室领导名录

市委办主任：潘新潮（任至12月）
市委办副主任：安连天
黄宇富（任至1月）
黄荣峰（1月到任）

【保密工作】2011年，东莞市国家保密局被省人社厅、省保密局评为"2006—2010年全省保密工作先进集体"；市中级法院保密员尹国柱、塘厦镇保密员黄柳兴被评为"2006—2010年全省保密工作先进工作者"。

保密工作会议　3月4日，中共东莞市委保密委员会召开全体成员会议。会议学习贯彻省委书记汪洋对保密工作重要批示精神，传达贯彻全省保密工作会议和省委副书记朱明国、常委徐少华讲话精神，总结2010年保密工作情况，审议2011年工作要点，研究布置2011年工作任务。

3月14日，全市保密工作会议召开，各镇街、各单位保密领导小组负责人、保密员400多人参加。市国家保密局局长祁日光在会上布置2011工作任务。市委常委、秘书长、市委保密委员会副主任何嘉琪出席会议并讲话。

专项保密检查　成立"东莞市专项保密检查领导小组"，由何嘉琪任组长。4—11月，由分管市委副秘书长带队督导，保密局、机要局、公安局、国安局、电子政务办组成联合检查组，邀请市保密技术专家参与，开展4轮专项保密检查。共抽查10个镇街、66个单位的办公计算机3408台，检查密码电报347份，涉密纸介质文件1865份，保密要害部门96个、部位51个，涉密人员150名。

重大涉密活动保密管理　市国家保密局协调、配合教育、公安、卫生、人事、司法等部门，投入力量，做好高考、中考、医考、公务员招考和司法考试保密监督管理和服务，加强考试试卷运送、保管、交接等环节保密管理和试卷保密室安全措施的落实。

保密行政审批　市国家保密局审批东莞市华南信息科技有限公司、东莞市维信电脑科技有限公司为市涉密计算机、办公自动化设备维修维护定点单位，并对定点单位有关人员进行保密培训。

保密宣传教育活动　市委保密委员会与市纪委联合印发《转发省纪委、省委保密委关于在纪律教育学习月活动中开展保密法纪宣传教育的通知》，在7—9月结合纪律教育学习月开展"保密宣传教育月"活动，编印《保密工作手册》3000册，免费发送各保密组织学习；制作4组保密宣传动漫，在东莞市国家保密局网站及各镇街官方网站、广播电视站播放宣传。

6月下旬，组建成立市保密技术演示宣讲组，用技术演示形式传授现代办公设备保密防范知识。

7月15日，以“东莞学习论坛”形式举办学习贯彻新《保密法》报告会，省保密局局长张宇作报告，市几套班子领导以及全市各镇街、各单位党政一把手约400人参加。

8月17日，举办“定密和信息公开保密审查责任人培训班”，省保密局副局长贾穗军授课，全市各镇街、各单位定密责任人和信息公开保密审查责任人约300人参加。

8月27日，何嘉琪率各镇街、各单位分管领导和涉密人员约418人前往广州参观保密警示教育展。

9月1—2日，举办经管国家秘密人员岗位业务培训班，对初任经管人员实行上岗资格培训，对已取得上岗资格证书的经管人员实行在岗继续教育，各镇街、各单位约220人参加。（魏云青）

附：2011年东莞市国家保密局领导名录

局　长：祁日光（任至10月）

副局长：袁鸣春

【信访工作】2011年，东莞市信访局受理群众来信来访来电总量同比上升6.65%。全市信访工作形势保持平稳，信访秩序进一步好转，维护群众的合法权益。

市领导接访日制度　东莞市继续坚持实行27年的市领导定点接访日制度，每月15日市党政领导班子成员轮流在市人民来访接待厅定点接待来访群众。全年市领导在定点接访日接访群众248批1024人次。

重要会议　1月6日，全市信访工作座谈会召开，市纪委、市人大办、市公安局、市人力资源局、市社保局信访科（室）负责人，各镇街信访办主任参加会议。会上，观看信访工作先进模范人物张云泉事迹报告会录像片，市委副秘书长、市信访局局长谢国文总结2010年信访工作情况，研究部署2011年工作。

1月17日，全国信访局长电视电话会议召开，市委常委、秘书长何嘉琪，副市长吴道闻，市加强信访工作和维护社会稳定协调领导小组成员单位分管领导、市信访局有关领导，以及各镇街分管领导及信访办主任在东莞分会场收看会议，何嘉琪就贯彻全国会议精神进行工作部署。

12月21日，全市信访维稳工作会议召开，市委书记徐建华，市委副书记、市人大常委会常务副主任、市委政法委书记黄双福，市委副书记姚康，市委常委、市公安局局长崔建，以及市直有关部门主要负责同志，各镇街党政主要负责同志、分管领导、公安分局局长等，约300人参加会议。徐建华对做好社会稳定工作进行统一部署。

东莞市委、市政府人民来访接待厅揭牌　2月14日，市委、市政府人民来访接待厅揭牌。市委书记、市人大常委会主任刘志庚，市委副书记、市长李毓全，市政协主席刘树基，市委常委、秘书长何嘉琪，市委常委、市公安局局长崔建，副市长吴道闻，市政府秘书长梁海卫及市信访局、南城公安分局和中心广场派出所的有关同志30多人参加揭牌仪式。何嘉琪主持揭牌仪式，刘志庚要求信访干部进一步转变工作观念，提高服务质量，切实解决群众困难，要做好网络信访工作。

全国“两会”期间信访工作　全国“两会”期间，东莞市成立信访维稳工作临时领导小组，在全市开展矛盾纠纷排查化解活动，成立市驻京信访维稳工作组。3月1—15日，市委常委、副市长每天轮流在市人民来访接待场所公开接访群众。

全市领导干部基层大接访活动　东莞市在4月1—15日组织开展领导干部基层大接访活动，其中4月7日、11日、14日分别设立土地、村居选举、涉法涉诉等问题专题接访日。刘志庚、李毓全、黄双福等市领导在市委、市政府人民来访接待厅接访群众，其他市领导深入挂点联系镇街，参与和督导当地大接访活动，现场协调解决群众反映信访问题。

“八一”期间信访工作　按省的部署和要求，“八一”期间（7月28日—8月8日），东莞市派出工作组驻京开展信访维稳工作。

深圳大运会期间信访工作　深圳大运会期间，东莞市开展矛盾纠纷排查调处活动，从市信访局、市委维稳办、市公安局和部分镇街抽调人员组成工作组，8月1—25日驻深圳开展工作。

国庆及十七届六中全会期间信访工作　9月28日至10月18日，东莞市成立国庆及十七届六中全会期间驻京信访工作组，赴京开展信访维稳工作。

国家信访局来莞调研　5月18日，国家信访局国家投诉受理办公室副主任闫贵花一行7人，在省信访局网信处副处长黄涛陪同下，来莞督查调研各地投诉事项的办理、网上答复以及网上信访等情况，参观石龙、大朗、松山湖等地。11月19日，国家信访局办信二司司长陈伟华一行4人，在省信访局副厅级专职信访督查专员张怡妮的陪同下，赴莞调研督查办信工作和信访积案化解情况，实地考察大朗镇综治信访维稳中心。

培训　7月5日，广东省信访系统第二期信访督查业务培训班在莞举办，省信访局、韶关、河源、惠州、肇庆、清远及所辖县（市、区）信访局分管督查的负责同志、督查科（股）长，东莞市有关部门信访科、各镇街信访办负责人参加培训。

9月20—22日，东莞市信访业务培训班在清远市举行，各镇街分管信访工作领导，信访办主任或负责人，市直有关单位信访工作人员约120人参加培训。培训内容有信访督查、接访、网上信访等业务知识以及心理学在信访工作中的应用。

东莞市视频信访系统建设　8月，东莞市作为全省视频信访工作的3个试点城市之一，借助全市视频会议系统平台，率先规划建设覆盖至镇街一级的全市视频信访系统，在市委、市政府人民来访接待厅设主视频信访室，32个镇街、4个园区设分视频信访室。全市视频信访系统计划2012年上半年完成建设并投入使用。

东莞市网上信访大厅启用　9月1日，集网上信访、手机信访、电话信访、视频信访四位一体的“东莞市网上信访大厅”正式启用。“东莞市网上信访大厅”（http://wsxf.dg.gov.cn）设于“中国·东莞”政府门户网，是东莞市“网络问政平台”的重要组成部分。

视频接访活动　9月26日，省委常委、秘书长徐少华在广东省委办公厅举办的第六次“网友集中反映问题暨网上信访事项交办会”上，通过视频系统在线接待东莞市3名信访群众。何嘉琪在“广东省网上信访大厅—东莞厅”视频信访室参加视频接访活动。（廖锦洪）

附：2011年东莞市信访局领导名录

局　长：谢国文

副局长：袁润标　黎雪琴　陈伟贤

组织建设

【概况】截至2011年，东莞市共有党的基层组织6849个（含“两新”组织党组织3136个），其中党委183个，总支部333个，支部6333个。全市共有党员138731名，其中，“两新”组织党员29456人（含流动党员14263人），其中女党员38356人，占27.65%；35岁及以下党员63462人，占45.74%；36岁至45岁党员27842人，46岁至54岁党员14480人，55岁至59岁党员7711人，60岁及以上党员25236人，占18.19%。大专以上学历79987人，占57.66%，其中研究生以上学历3587人；中专及以下党员58744人。农村党员89618人，占全市党员总数的64.60%。

【市镇村三级换届平稳有序】2011年，市委组织部指导镇、村开展换届选举工作，配合省委组织部搞好市级领导班子换届考察工作，精心做好市党代会和人大、政协"两会"有关组织工作，确保换届工作圆满成功。坚持严明纪律。全方位开展"八个一"专题纪律教育和"我承诺、我先行"主题实践活动，大力宣传和严格执行"5个严禁、17个不准和5个一律"纪律要求，严肃换届纪律，营造风清气正换届环境。代表结构优化。与上届相比，市、镇街党代表中，领导干部代表比例下降，来自生产一线、工农、"两新"组织代表比例提高，代表学历和年轻化程度有较大幅度提升。民主范围扩大。全市实行公推直选的村（社区）占39.3%；随机选取"两代表一委员"和党员群众代表参加市、镇街领导班子成员全额定向推荐，民主推荐渠道拓宽。群众满意度提升。32个镇街党政班子换届全部一次性选举成功，当选人100%为市委批复的候选人正式人选。村（社区）换届一次选举成功的党组织占97%，群众"三访"数量比往届明显减少。

【创先争优活动深化拓展】2011年，市委组织部认真组织开展庆祝党的90华诞系列活动，举办纪念表彰大会、文艺创演、出版党史文献、拍摄纪念专题片、编制纪念书籍音像作品等多种形式活动，特别是评选90名东莞最具影响力共产党员，产生广泛社会反响。在全市组织开展"先进"和"优秀"标准大讨论，以事业单位和窗口服务单位创先争优为重点，深入推进"双示范"、"双百双争"、"双星双创"三大特色载体建设，评选出一批品牌项目和优秀党员标兵。中央、省创先争优网和简报先后19期转载东莞有关经验。

【干部选任监督规范运作】2011年，市委组织部把提高选人用人公信度作为组织工作重要内容，严格落实干部选任监督。初始提名推荐扩大民主，市委召开全委（扩大）会议，对交流调整后出现空缺的4个镇街党委书记职位拟任人选进行差额推荐。竞争性选拔力度加大，通过竞争性方式选拔优秀村党组织书记、党外干部进入镇街领导班子；面向全省和全市公开选拔5名副处级领导干部和技术干部。干部监督渠道拓宽，贯彻落实4项干部监督制度，建立监督员、联络员、信息员"三员"干部监督队伍。在全市有干部任免权的单位推行"一报告两评议"制度；深入开展选人用人公信度示范单位创建活动，提高选人用人公信度和群众满意度。

【干部知识转型有效实施】2011年，市委组织部深入实施干部大培训计划，组织镇街及市直单位正职领导到韩国、新加坡学习；首次组织处级领导和镇街班子成员学习江浙经济转型、社会建设以及人才工作先进经验。顺利完成包括领导干部能力建设培训班、新技术新产业专题研讨班等各主体班次的培训任务。发挥"东莞网络干部学院"平台作用，组织现代产业知识网络考试和信息能力培训考试。省委组织部《广东干部教育简讯》介绍了东莞大规模培训成效和新加坡培训经验。

【"人才东莞"战略扎实推进】2011年，市委组织部大力推进人才工作，组织召开高规格、大规模的全市人才工作会议，做好东莞中长期人才发展规划纲要和加强高层次人才队伍建设实施意见等4个规范性文件制定工作。参加省创新创业领军团队评选，继2010年3个团队入选后又有6个团队入选，入选总数排名全省第二。获批省内首个省部共建的"中国东莞留学人员创业园"。

【基层党建工作创新发展】2011年，市委组织部创新开展基层党建工作，打造东莞模式党建品牌。党代表工作室影响力彰显，"党代表工作室构建模式"被评为全省首届组织工作"十大品牌"，东莞被确定为全省党代表工作室示范点创建单位。主题式组织生活初显成效，在镇村、机关单位、"两新"组织党组织中树立一批典型，相关经验得到省委组织部长李玉妹批示肯定，并在《广东组工通讯》上介绍推广。"两新"党建工作扩面增效，企业和社会组织党组织分别增长到2721个和414个，广东唯美陶瓷有限公司党委被评为全国先进基层党组织。"构建流动党员管理服务中心（站）"入选全省首届组织工作20个"创新项目"。汪洋批示："东莞非公企业党建工作的做法解决了困扰非公企业党建工作的许多突出问题，值得推广。"

【组工队伍自身建设】2011年，市委组织部以创建"三服务、两满意"模范团队为抓手，加快推进组工队伍自身建设。突出强化党性教育，创新并坚持部机关"党员讲堂"，开展"理想、旗帜、人生"主题党日活动，加强组工干部职业道德和品行情操教育。突出强化学习培训，以组工论坛为载体举办全市"大组工"业务培训和换届工作专题培训，提高履职能力和工作水平。突出强化作风纪律，开展经常性廉政警示教育、纪律教育和部风教育。着力提升工作效能，坚持落实新闻发言人制度，扎实推进大组工网等网络平台建设和"阳光党园"网建设；党员电教和现代远程教育工作顺利开展，专题片《家》获全国党员教育电视片观摩交流评比二等奖。市委组织部被评为全省组织系统三个市级先进集体之一，大朗镇委组织办入选全省组织系统50个先进集体，清溪、石碣、厚街镇3人入选全省百名优秀组工干部。（组织部）

附：2011年中共东莞市委组织领导名录

部　长：庞国梅（任至10月）
　　　　甄瑞湖（12月任）

副部长：游其晃　欧阳贵有　喻丽君
　　　　王建周

老干部工作

【概况】2011年，东莞市共有市属离休干部391人，易地安置离休干部35人，省属单位离休干部44人，转制企业副处级以上退休干部107人,建国前参加革命工作的老工人48人。

【老干部政治待遇落实】市委老干部局每季度组织260名老干部进行一次专题学习，邀请省委党校教授或专家学者作政治、经济、党建、养生等专题讲座。全市为离退休干部征订《秋光》4160份，订阅《东莞日报》、《南方日报》、《广州日报》等各种报纸杂志2350份。全市各级组织人事部门坚持每月定期召集支委开会，听取意见，通报工作，解释政策，全年共为102个离退休支部提供党员活动经费183万元。5月，举办全市离退休干部党支部书记学习培训班，120名离退休党支部书记和支委参加培训。召开老领导、老同志座谈会，邀请市委主要领导向老领导通报工作情况。12月8日，市委书记徐建华和代市长袁宝成主持召开老同志座谈会，听取老同志代表对《东莞市第十三次党代会报告》意见建议。2011年，全市共组织离退休干部参观学习4705人次，其中老干部局组织432名老党员、老干部前往韶山参观学习，组织313名市属单位离休干部和转制企业副处以上退休干部前往广州参观广州塔和海心沙亚运主题公园，组织副厅以上老领导听取省委党校教授《中国共产党党史第二卷》主题讲座，参观美的集团总部、珠海横琴岛。

【老干部生活待遇落实】2011年，市委老干部局做好离休费发放的跟踪落实工作，做到离休费无错发、无漏发。全年共为全市323名离休干部报销医疗费780万元。4月，组织全市48名副厅级以上老领导到市人民医院进行体检；8月，组织全市79名副处级以上离休干部到从化进行为期1周短期休养活动。全市共举办老干部义诊和老年人常见疾病健康专题讲座15次。召开老干部联络员会议2次，登门走访慰问离退休干部252人次，发放困难补助38万。全市各镇（街）、各单位走访、慰问离退休干部2576人次，发放节日慰问金810万多元，发放探病慰问和困难补助138万多元。7月，举办“庆七一”集体生日祝寿会暨“幸福寿星念党恩，红歌飞扬颂党情”歌咏演出，为292名年满80周岁离退休干部祝寿。

【老干部文娱活动】2011年，全市有老干部活动中心356个，组织开展老年文娱体育健身活动298次，老干部局和市老干部活动中心联合举办“永远跟党走”——东莞市老干部纪念中国共产党成立90周年系列庆祝活动。梁爱萍、李佛祥在中组部老干部局举办的“与党同呼吸、共命运、心连心”征文活动上荣获征文二等奖，陈志成、尹耀棠、叶庆伦、刘泰山荣获征文三等奖。东莞市老干部活动中心合唱团在国家大剧院凭借合唱曲目《香格里拉》、《走西口》荣获全国中老年合唱艺术节最高奖“明星金奖”，市老干部活动中心荣获优秀组织奖。

【老干部大学】2011年是市老干部大学建校10周年，市老干部大学开设17门课程，49个教学班，在校学员1616人次。

【关工委工作】2011年，市教育局关工委被国家教育部关工委授予“全国教育系统关心下一代工作先进集体”。全市各级关工组织共计1706个，“五老”队伍共计21440人，帮扶“四失”青少年2.1万人次，参加暑期社会实践的大学生有1.5万人。（洪 纲）

附：2011年东莞市委老干部局主要领导名录

局　长：黄程垵
副局长：叶小林

真诚关爱，全心全意服务老干部

2011年12月8日，市委书记徐建华（左三）履新第二天，就和市委副书记、代市长袁宝成（右三）一起主持召开老同志座谈会，听取老同志代表对《东莞市第十三次党代会报告》（征求意见稿）的意见建议。市委常委、市委秘书长何嘉琪（左二）参加座谈会

①

②

① 2011年4月13日，“日出韶山东方红、唱彩东莞幸福号”红色专列抵达湖南韶山，东莞430多名老党员、老干部在毛泽东广场上向主席铜像敬献花篮，追忆往昔峥嵘岁月，缅怀伟人丰功伟绩

② 2010年11月15—17日，市委老干局组织副厅以上老领导参观美的集团总部

③ 2011年10月25日，由中国老年文化委员会主办的第二届“七彩夕阳”全国中老年合唱艺术节暨第二届全国中老年合唱之星邀请赛在北京国家大剧院落下帷幕，东莞市老干部活动中心合唱团凭借合唱曲目《香格里拉》、《走西口》获艺术节最高奖“明星金奖”，市老干部活动中心获优秀组织奖

③

宣传教育

【理想信念教育】 一是精心策划主题宣传报道。2011年，市委宣传部精心策划宣传报道方案，协调《东莞日报》、东莞广播电视台、东莞阳光网等市属媒体开设专版、专栏、专题，东莞日报社开展《东莞党史风云》等系列专题报道，东莞广播电视台启动“红色印记”等大型系列报道，宣传东莞在先进性建设和执政能力建设方面的经验。二是组织理论研讨和主题宣讲活动。联合市委组织部、市委党校等部门，召开纪念中国共产党成立90周年理论研讨会、“建设幸福东莞”座谈会，开展建党90周年论文征集活动。组织全国党史和东莞地方党史知识竞赛，邀请省委“党史宣讲团”赴有关镇街宣讲，编纂出版《中国共产党东莞历史》（第一卷）等一批党史著作。三是广泛开展红色文化活动。共策划组织开展260多项丰富多彩的群众文化活动，包括35项大型主题庆祝活动、75项红歌会、64项展览、11项讲座、35项红色电影以及44项其他文化活动。特别是策划举办红歌经典《民族魂》等大型主题教育活动，振奋民族精神、激发爱国热情。

【舆论宣传引导】 一是精心策划主题宣传活动。2011年，市委宣传部先后邀请《人民日报》、新华社、中央电视台、人民网、《南方日报》等中央、省主流媒体来莞集中采访，围绕东莞文化名城建设、加快转型升级、第十三次党代会等主题，推出上百篇有全国影响的重点报道。组织市内媒体开展系列报道，联合市相关职能部门，围绕2010年市政府十件实事、《珠三角规划纲要》实施成效、推动转型升级等重点工作，以及贯彻党的十七届六中全会、市第十三次党代会、市“两会”精神等策划开展重点宣传报道。策划“聚焦东莞 再造转型之路”圆桌论坛，配合“台博会”、“外博会”、“漫博会”等，组织策划主题推介会、新闻发布会和集中采访等多种媒体活动。二是深入推进新闻发布工作。围绕市委市政府中心工作和重大突发事件、敏感事件，及时开展新闻发布。各单位呈现出自主发布意识增强、发布数量增加、发布形式增多的良好趋势。在全省地级市中率先开通官方微博“莞香花开”，名列新浪微博政府影响力榜动态排名前列，并多次排名全国第一，近20个单位先后开通官方微博。妥善做好樟木头“1·13”火灾事故、塘厦黑作坊生产地沟油事件、中堂“黑腊肠”事件等50余宗突发事件、敏感事件的新闻应对和舆论引导工作。三是加强舆情分析研判。拓宽舆情信息收集渠道，延伸舆情监测网络，加大《舆情信息专报》等刊物分析和引导力度，强化舆情网络管理组织协调，进一步畅通互联网信息通报和网络舆情处置快速联动机制。颁布实施《东莞市关于进一步加强新形势下媒介素养 提高舆论引导能力的意见》。编印多期《内部参考》、《报业舆情参考》、《广电舆情周刊》，推动相关事件内部处置，维护东莞城市形象和社会稳定和谐。四是切实加强媒体服务管理。共接待或邀请超过100批次、200多家境内外主流媒体来莞采访，编印27期《媒体管理动态》，制定印发8个专题宣传报道方案。全市各级各部门纷纷通过召开媒体通气会、联谊会、座谈会等方式，加强与媒体的沟通联系。全市新闻战线组织开展“走基层、转作风、改文风”活动，东莞新闻工作者协会开展东莞新闻奖、东莞优秀新闻工作者评选表彰活动，全市新闻队伍的职业素养和采编水平进一步提高。

【城市形象传播】 一是找准定位。2011年1月，市委宣传部经过深入调研和广泛讨论，东莞市确立以活力为核心价值、以每天绽放新精彩为整体宣传口号和以莞香花为原型的城市形象标识系统，明确外宣工作核心精神。市委宣传部邀请专家为全市各级领导干部讲授城市形象营销课程，赴京举办城市品牌培训班，组织全市有关部门和镇（街）、园区负责人学习城市营销的专业知识。借助“外脑”推介品牌，正式组建第一批东莞城市形象智囊团，邀请国内城市营销领域的知名专家学者为东莞城市形象建言献策。二是系统规划。对东莞城市标识申请全类别商标注册，确保城市标识受到法律保护，维护标识及其延伸系统的应用秩序。首次在全市层面对东莞城市形象传播进行系统规划，形成整体统筹、分步实施的工作思路，明确东莞城市形象传播的各年度目标、核心理念和价值追求、目标受众和传播方式。新设立东莞市城市形象推广办公室，加强对全市城市形象宣传推广工作的统筹管理和指导协调。三是整合资源。以系统的总体规划为统领，根据不同的目标受众，综合运用媒体报道、广告宣传、公关协调、事件营销等多种手段开展城市形象传播工作。全市各镇街、园区、各部门广泛应用城市标识，设计制作含东莞城市标识元素的办公、会务用品和城市礼品。配合全国“两会”、“外博会”、“台博会”和“漫博会”等，在境内外主流媒体推出重点报道。开展“发现精彩·东莞元素”征集活动，推选出最能代表东莞的20个元素，赴京举办“中国城市形象论坛暨东莞城市形象专题研讨会”，在广深等地广泛发布东莞城市形象宣传公益广告。

【文化名城建设】 基层文化民生有效改善 2011年，东莞市实现全市32个镇街文化站全部达到省“特级文化站”标准；实现全市593个村（社区）“五个有”设施的全覆盖；实现全市镇街24小时自助图书借阅全覆盖；圆满完成“百场培训、千场演出、万场电影”到基层、到村（社区）、到企业的既定目标。

公共文化服务优化提升 2011年，东莞市成功申报并全面启动“创建国家公共文化服务体系示范区”工作，成为全省唯一、全国首批创建的城市。积极推动市民艺术中心、东莞博物馆新馆等场馆建设，继续推进农家书屋工程，农家书屋整体覆盖率达到100%；图书馆总分馆体系建设持续推进，东莞少年儿童图书馆正式开馆。成功承办首届广东社区文化节开幕式，深入开展“幸福东莞·城市暖流行动”。

文化精品创作硕果累累 音乐剧《爱上邓丽君》荣获第五届韩国大邱国际音乐剧节最高奖和省第十一届艺术节特别奖，音乐剧《三毛流浪记》、粤剧《大明长城》分别荣获省艺术节一等奖和二等奖；在省第五届音乐舞蹈花会、第八届少儿艺术花会、第二届曲艺大赛等省级舞台艺术赛事中，共获18项金奖或一等奖。《抚养所手记》、《寻根团》分获2011年度人民文学年度散文奖和中篇小说奖。作家王十月和郑小琼荣获首届广东省中青年德艺双馨作家、艺术家称号。

文化产业基础得以夯实 东莞广电中心正式落成，东莞广播电视台实现广告经营收入3.42亿元，省网络公司东莞分公司实现经营收入5.93亿元，盈利水平名列全省第一，东莞报业传媒集团预计全年广告收入超1.5亿元。启动筹建广东（东莞）动漫科技文化产业集群，引进中国动漫集团、中国文化传媒集团、上海水木动画公司等一批龙头项目。成功举办第二届中国（广东）国际印刷技术展览会、第三届中国国际影视动漫版权保护和贸易博览会。

文化遗产保护成效突出 第三次全

▲东莞市玉兰大剧院

国文物普查全面完成，普查覆盖率达到100%。积极申报省第三批历史文化街区、名镇、名村，做好非遗名录申报工作，"木鱼歌"、"赛龙舟"、樟木头麒麟舞等3个项目成功入选国家级第三批非遗名录。组织东莞市7个非遗项目参加第七届深圳文博会，获得"优秀组织奖"2个奖项，增设"东莞非遗青少年传承活动基地"。（孙江峰）

附：2011年市委宣传部领导名录
部　长：王道平（任至12月）
　　　　潘新潮（12月到任）
副部长：叶泽驹　李翠青
　　　　胡毅峰（任至8月）
　　　　梁轼文（8月到任）
纪检组长：萧庆强
副调研员：袁柱安

统一战线

【"我为幸福东莞建功业"系列行动】2011年，全市统一战线开展"我为幸福东莞建功业"系列行动，成立幸福行动领导小组，具体负责协调跟进幸福行动项目的组织实施工作。据不完全统计，幸福行动实施以来，市委统战部牵头组织调研活动80多次400多人次，形成调研报告20多篇，为市委、市政府提供有力参考；协助民营企业获得银行80多亿授信贷款，有效缓解民营企业融资难问题；落实与云浮市委统战部"同心·牵手"行动项目3个，资金近200万元；接待港澳台和海外乡亲300多批1.5万多人次，组团外出拜访乡亲社团65批850多人次，进一步扩大与海外交流联谊。

【调研信息宣传】2011年，市委统战部围绕全市中心工作展开调研，开展调研活动近20次，形成一批操作性强的调研报告，为市委、市政府决策提供有力参考。统战信息工作方面，召开全市统战信息调研工作座谈会，邀请专家学者做专题辅导报告，提升全市统战干部宣传调研信息工作能力。把信息任务层层分解，纳入年度目标考核。全年上报信息100多条，编辑《统战工作简报》6期，及时准确地反映全市统战工作动态。统战宣传方面，全年在广东省电视台、东莞市电视台、东莞日报、东莞阳光网等媒体宣传报道统战工作30多次。加强统一战线网站建设，落实专人管理，及时宣传报道，进一步扩大东莞统战工作的对外影响。

【文化统战】2011年，市委统战部探索文化统战新载体，推进电视连续剧《蒋光鼐将军》的拍摄；开展统一战线基地创建活动，6月23日，"广东统一战线基地"挂牌仪式在虎门镇举行，标志着蒋光鼐故居正式成为东莞市首个"广东统一战线基地"；11月10日，由市委统战部筹资300多万元主办的纪念辛亥革命100周年大型文艺晚会在玉兰大剧院举行，内地、香港、台湾等地著名人士1200多人参加，三地演员首次在东莞同台献演，为观众送上高水平专业演出。进一步团结凝聚社会各阶层人士力量，扩大统一战线社会影响力。

【民主党派和党外知识分子工作】做好市民主党派换届工作。2011年6月，市委统战部会同各民主党派启动换届有关工作，在充分征求民主党派上级部门意见后，经认真考察并报市委同意，在9月上旬，各民主党派顺利完成换届工作，选举产生新一届领导班子，平稳实现政治交接。筹备市政协换届工作。根据上级统一部署，市委统战部会同市委组织部、市政协党组共同研究，在年中成立市政协换届人事安排领导小组及办公室，经过3个月精心部署，认真做好有关提名、审批、协商等工作，确保市政协第十一届委员会在2012年1月顺利完成换届工作。推动党外干部政治和实职安排。完善党外干部选拔培养和安排使用联席会议制度，加快党外干部队伍培养，创新党外干部培养方法，拓宽党外干部实职安排途径。利用镇街换届契机，8月首次选拔4名民主党派和无党派干部到镇街担任副镇长，取得党外干部选拔任用机制新突破。支持民主党派加强自身建设。组织和引导广大民主党派成员深入学习中央重大会议，全国、全省统战部长会议，省委、市委全委会等重要会议精神，积极引导民主党派和无党派人士认真开展践行社会主义核心价值体系活动，围绕搞好政治交接主题，协助民主党派加强自身建设。举办民主党派负责人暑期座谈会、专职干部培训班等学习培训，继续在民主党派领导班子中开展创“四好”和“争先创优”活动，不断增强民主党派领导班子战斗力。指导协助致公党东莞市委会成功举行成立仪式，实现7个民主党派都成立市委会。鼓励支持党外人士参政履职。制定《关于进一步完善政府部门与民主党派对口联系制度的意见》，不断完善与民主党派沟通联系渠道。多次协助市委在重大事项听取民主党派意见，在民主党派干部队伍中产生良好政治影响。利用筹办“东莞国际科技合作周”有利时机，动员民主党派科技人才积极参与；通过政协视察活动，组织民主党派成员深入基层开展调研活动，为基层发展出谋献策。

【非公有制经济领域统战】做好市工商联及镇街商会换届工作。2011年，市委统战部会同市委组织部、市工商联就市工商联（总商会）新一届领导班子人选进行研究和考察，拟定《关于东莞市工商联（总商会）2011年换届工作实施方案》，于12月8日市工商联（总商会）举行换届大会，圆满完成换届任务。市委统战部会同镇街党委指导镇街商会开展换届工作，为镇街商会未来发展奠定坚实的组织基础。筹办首届世界莞商代表大会。2010年底市委统战部提出打造“莞商”品牌工作被市委市政府作为2011年重点工作纳入《东莞市2011年国民经济和社会发展计划》中。5月，市委统战部会同市工商联就举办首届莞商代表大会有关事宜向市委专门请示，市委高度重视，市财政专门拨款160万元支持有关活动。8月，成立首届莞商代表大会筹备领导小组，由市长任组长，专门统筹协调筹备工作，确保2012年6月成功举办首届莞商代表大会。加强非公有制经济代表人士思想建设。指导开展非公经济组织“创先争优”活动，引导非公有制经济人士参与回报社会“感恩行动”。举办新社会阶层代表人士培训班、首届市中国特色社会主义事业优秀建设者评选表彰活动，提高非公经济人士的思想政治素质和社会责任感。开展非公有制经济代表人士综合评价工作。由市委统战部牵头，会同市有关部门对非公经济代表人士开展综合评价，对已担任全国、省、市各级人大代表、政协委员，已担任和拟担任市工商联常委及以上职务，已担任和拟担任各镇街商会会长职务的非公有制经济代表人士进行综合评价，进一步完善非公经济代表人士综合评价数据库。引导民营企业家参与光彩事业。引导民营企业家参与光彩事业和扶贫济困活动，广泛发动民营企业参与对口扶贫工作和市内帮扶活动，以及广东扶贫济困日等捐款活动。据不完全统计，民营企业家捐款达1.3亿元。

【港澳台海外统战】推动镇街香港乡亲社团筹建。2011年，市委统战部召开镇街港澳乡亲社团建设研讨会，推动镇街香港乡亲社团组建工作。截至2011年，全市有香港乡亲社团40个，其中镇街香港同乡会22个，2011年新成立镇街香港同乡会14个。完成市海联会九届理事会换届工作。3月，市委统战部成立市海联会换届工作领导小组，启动市海联会换届工作，经过半年对有关人选的深入考察，8月形成初步人选报市委同意，9月22日市海联会举行换届大会，顺利完成换届。拓展与海外交流联谊。会同市有关部门健全统战系统联动机制，扩展与海外乡亲社团联谊，海外联谊工作思路和形式有新发展。做好“莞籍新生代港人”培养工作，加强对年轻一代培训教育，提升港澳代表人士队伍素质，扩大队伍代表范围，为港澳统战工作持续发展打实基础。全年接待来莞参观访问的港澳台和海外乡亲300多批1.5万多人次；组团拜访港澳台和海外社团65批850多人次。特别是6月份接待香港东莞同乡总会组织的1400人及广东社团联合总会组织的800多人回莞参观团；8月，与深圳相关部门和团体成功举办第八届世界东安邑亲大会，吸引来自10多个国家和地区的300多名莞籍同胞回乡观光团聚。

【自身建设】建立和完善统战部牵头的统战工作协调机制。2011年，市委统战部进一步明确统战系统各部门工作职责和协调机制的内容、形式和程序，使统战工作合力初显成效，“大统战”格局基本形成。建立和完善参政议政、民主监督工作机制。制定下发《关于进一步完善政府部门与民主党派对口联系制度的意见》，进一步完善联系交友内容、形式和程序，健全民主监督形式，拓宽民主监督渠道。建立和完善优秀党外干部培养选拔工作机制。与市委组织部建立发现、培养、选拔、任用党外干部沟通机制，完善党外干部教育培训和党外后备干部培养工作制度，严格党外干部选拔任用标准和程序，使党外干部的培养、选拔、任用、管理工作制度化、规范化、科学化。建立和完善非公经济代表人士政治安排工作机制。推动非公经济代表人士综合评价工作深入开展，建立统战部牵头、相关部门参加、有关社会团体参与的联合考察制度，形成开展工作合力。（姚进洪　杜婉宜）

附：2011年中共东莞市委统战部领导名录

部　长：钟淦泉

副部长：张灿炎（任至7月）

卢寿维（任至10月）

梁应昌（10月到任）

胡荏光（7月到任）

许守干　温少生

政策研究

【概况】2011年，东莞市委政策研究室围绕东莞市“加快转型升级，建设幸福东莞”中心任务，强化调研业务主功能，完善工作机制，共完成各类文字材料150多篇，超过100万字。其中：上报和编发《决策参考》32期，《决策参考》（增刊）9期；《东莞调研》18期；《学习参阅》24期；编发《省市情资讯》7期，《电传内参》48期，《每日文摘》84期。先后编撰或结集出版《谋事之基　成事之道——2010重要调研成果》、《领导干部研究文集》、《关注东莞　研究东莞（综合续编）》等3本书。省市领导在上报材料上批示近百件、次。其中，汪洋等省领导批示8次，市委书记刘志庚批示55次，其他市领导批示38次。全年被市委、市政府采纳并形成工作决议、方案、措施的近10份，如《中共东莞市委东莞市政府关于进一步推进产业结构调整和转型升级的意见》等；被中央政策研究室主办的《学习与研究》、广东省委政策研究室主办的《广东调研》、《情况与建议》等省以上刊物采用文稿有10多篇。

【政策调研】2011年，市委政研室围绕推进经济社会双转型，形成一批调研成果。一是草拟《中共东莞市委 东莞市人民政府关于进一步推进产业结构调整和转型升级的意见》，经常委、副市长联席会议讨论通过后，以东委发〔2011〕16号文发布实施。二是承担起草《中共东莞市委关于进一步做好新形势下群众工作的意见》，经常委、副市长联席会议讨论通过后，以东委发〔2011〕25号文发布实施。三是完善推动外经贸“稳增长、调结构、促平衡”措施文件。会同市外经贸局对《东莞市全力推动外经贸稳增长调结构促平衡若干措施（送审稿）》进行修改完善，使文件更具体、更具操作性。

【热点调研】2011年，市委政研室梳理经济社会发展“热点”、“难点”问题，主动作为，献计献策。一是开展治理交通拥堵专题调研，形成《关于治理东莞城市交通拥堵的调研报告》，二是代拟《关于东莞市探索社会建设和社会管理创新的情况报告》报省委，4月18日，省委书记汪洋在报告上作重要批示：“治安似是东莞比较突出的问题，还要花大力气”。三是开展东江水源治理专题调研，形成《关于开展进一步做好东江水源治理工作的调研报告》。四是开展供销社改革发展专题调研，形成《关于我市供销社致力改革与发展的调研报告》，以及《抓好试点　推动发展——关于我市再生资源交易中心建设试点工作的调研报告》。五是开展质监公共检测服务平台建设的调研报告，形成《强化质监公共检测服务平台建设更好地为东莞转型发展提供先进技术支撑》。六是围绕城市升级开展旧城改造的调研报告，形成《关于赴京沪杭等地考察旧城改造的情况报告》。七是开展在莞日资企业转型升级调研。会同市外经贸局，形成《关于促进在莞企业转型升级的调研报告》。

【战略研究】2011年，市委政研室借助外脑，加强与各大智库和专家学者对接，开展战略性项目研究，为市领导提供有前瞻性的决策参考。一是开展实施“人才强市”战略研究。主动与中国社科院城市与竞争力研究中心主任、市特约研究员、博士倪鹏飞对接，开展专题调研，最终形成《关于东莞实施“人才强市”战略的建议》。二是开展主体功能区划分与布局研究。委托广东省社科院开展东莞市主体功能区划分与布局专项研究，形成《东莞市主体功能区划分与布局思路研究》。三是开展社会管理创新研究。委托清华大学教授于永达领衔的团队开展《基于集聚优势战略的东莞社会管理创新》专项研究。广东省委政研室副主任、市特约研究员吴茂芹也围绕这一主题建言献策，撰写并提交《关于东莞加强社会建设的几点建议》。

【政研服务】2011年，市委政研室加强多维联动，拓展合作层次，延伸政研服务。一是加强横向合作。分别携手市港澳事务局、市城市管理综合执法局、市水务局、市财政局、市外经贸局等部门开展相关专题调研，形成《关于深化莞港澳全面合作的调研报告》、《关于赴穗惠中三市调研考察整治违法建筑的情况报告》、《关于增设东莞市水务（渠务）工程建设运营中心、水土保持监督监测中心的请示》、《关于进一步强化水务统筹管理职能的工作方案》和《立足转型　实现蝶变——东坑镇转变经济发展方式的经验与启示》等材料。二是加强与上对接。先后协助广东省委政研室开展东莞产业转型升级总结调研、江南社区“新莞人”服务管理调研和松山湖高新区经验总结调研，形成《产业·城市·科技：东莞转型升级关键词》、《毗邻新塘镇大墩村的东莞中堂镇江南社区为何没有受到聚众滋事事件的冲击？》等调研报告。先后联合省委政研室开展探索东莞产业转型升级新路径专题调研和东莞加工贸易企业转型升级经验总结调研，形成《努力探索转型升级的新路径——东莞市产业结构调整和转型升级研究报告》和《东莞推动加工贸易企业转型升级的做法与启示》等报告。三是加强镇街对接。完成清溪、凤岗镇“十二五”规划纲要起草工作。协助茶山镇编制国民经济社会发展“十二五”规划纲要，形成《茶山镇国民经济和社会发展“十二五”规划纲要》。协助石碣镇开展产业结构调整和转型升级专题研究，形成《展翅升级 亮剑转型　全力打造现代信息生态文化名城》。协助厚街镇制定家具业与鞋业发展五年规划。协助石碣镇建立镇一级顾问制度，联系聘请清华大学教授于永达、省委政研室副主任张劲松、省社科院主任丁力等9名国内知名专家、学者担任石碣镇委镇政府顾问，并在全市首创镇街发展论坛——石碣发展论坛。

【综合服务】2011年，市委政研室突出创新干事，提升政研服务深度。一是服务水平再上新台阶。成功策划和组织由市委、市政府主办，市委政研室、市人民政府驻京联络处、人民出版社联合承办的，在东莞市人民政府驻京联络处召开的“东莞转型”高层论坛，取得圆满成功。做好全市产业结构调整和转型升级工作会议，负责起草会议相关的“一个意见”、“一个综述”和44个受表彰单位经验材料。二是办刊水平再上新台阶。《决策参考》紧紧围绕市委市政府中心工作，针对东莞热点难点问题进行深度剖析、建言献策。《东莞调研》增设“新年谋划”、“五年展望”等新栏目，提升刊物的政策性、时效性、可读性。市委政研室的《学习参阅》、《每日文摘》、《电传内参》、《省市情咨询》等刊物取材更广，时效更强。定期汇编重要调研成果结集出版，先后出版《谋事之基　成事之道——2010重要调研成果》、《领导干部研究文集》、《关注东莞　研究东莞（综合续编）》等书刊。三是办会水平再上新台阶。4月，主持召开全市调研工作座谈会。与会代表积极围绕产业结构调整和转型升级、镇村统筹发展、社会建设和创新社会管理等重点领域建言献策。8月，组织承办召开全市特约研究员会议，整理形成《加强社会建设　创新社会管理　深入推进转型发展》及《聚贤集智　纵论转型》2份综述材料。四是办班水平再上新台阶。4月，举办全市调研业务讲座，邀请广东省委政研室副主任张劲松、副主任陈子季、清华大学公共管理学院教授于永达分别作“当前经济社会形势分析”、“关于领导文稿和调研报告写作问题”、“关于社会建设问题”3场精彩报告，获得学员们一致好评。

（黄素标）

附：2011年东莞市委政研室领导名录

主　任：温淦荣

副主任：刘锦明　卢汉彪

机构编制

【简政强镇事权改革】2011年，东莞市简政强镇工作领导小组在继续深化石龙镇、塘厦镇试点改革实践基础上，推进11个中心镇和3个市属园区改革工作。

机构设置　在11个中心镇，党政机构一般调整为“3办7局”，职能主要对内的称“办”，职能主要对外的称“局”，其中长安、虎门、厚街镇发展指数在500以上，多设一个党政机构；事业单位一般整合为6个。塘厦镇将“6办4局”优化调整为“3办8局”。在3个市属园区，其中虎门港管委会调整为7个内设机构和6个事业单位，生态园管委会调整为9个内设机构和4个事业单位，松山湖管委会暂不进行机构改革。

事权下放　将市直有关部门541项事权下放给11个中心镇行使。确定并将市直有关部门的453项、353项、255项事权分别下放给松山湖管委会、虎门港管委会和生态园管委会行使。结合事权下放，适当增加基层编制，从市行政编制中调剂补充中心镇党政机关行政编制89名；增加32个镇街机关执法专项编制102名。相关事权下放行使后，行政办事效

率明显提高，下放审批事项办理时间普遍缩短3—8个工作日。

财政改革 市人民政府出台《关于调整市与镇街财政管理体制的通知》，扩大镇一级政府财权。一是将现行保留作为市级收入的10家原市属工业企业下划属地镇街管理，其税收镇街参与分成。二是实施基本公共服务财力性补助制度，对镇街基本公共服务支出资金缺口进行适当补助。三是提高部分收入项目镇街分成比例，取消镇街部分费用包干上缴任务。四是进一步完善市与镇街财政激励机制。据测算，创新市与镇街财政管理体制后，全市镇一级每年将增加财政收入16亿元以上，财力明显增强。

【事业单位分类改革】2011年，市机构编制委员会办公室大力推进事业单位分类改革，将事业单位科学划分为行政类、公益类、经营服务类3个类别。年内完成分类改革事业单位941个，其中精简事业单位106个，共印发835个事业单位机构编制方案，完成率为80%。

行政类事业单位获批4个 东莞市4个事业单位被省编办认定为行政类事业单位，分别是东莞市公路管理局、东莞市动物卫生监督所、东莞市道路运输管理局、东莞市农业机械安全监督管理所。

市一级事业单位分类改革完成过半 东莞市一级事业单位680个，完成事业单位分类改革的有420个，其中精简机构4个，印发416个事业单位机构编制方案。

镇一级事业单位分类改革基本完成 东莞镇一级事业单位533个，除简政强镇事权改革下放给各中心镇管理的12所医院外，521个事业单位已全部完成分类改革，其中精简事业单位102个，印发419个事业单位分类改革方案。

【机构编制管理】2011年，市机构编制委员会办公室在市编委领导下，推进机构编制实名制管理，加强机构编制管理。

推进机构编制实名制管理 根据上级机构编制部门要求，深入推进机构编制实名制管理。建立机制。市委办公室、市人民政府办公室印发《东莞市机关事业单位机构编制实名制管理实施办法》，建立健全齐抓共管、互相配合的机构编制管理机制。完善平台。优化东莞市机构编制信息管理系统，作为实名制管理的工作平台。完成建库。根据机构编制指标规范，完善机构编制和实有人员数据信息，建立东莞市数据分库。

调整机构设置和人员编制 经市编委同意，科学设置机构，合理配置人员编制。一是理顺市属园区体制机构，将东莞松山湖高新技术产业园区管理委员会调整为市政府派出机构，更名为东莞松山湖高新技术产业开发区管理委员会；在生态园成立东莞市公安局生态园分局及东莞市公安局交警支队生态园大队。二是设立东莞市江库联网工程中心、东莞报业传媒集团、东莞市残疾人社会组织服务中心、东莞市规划展览馆等单位，负责开展相关工作。三是撤销东莞市法官培训中心、东莞市检察官培训中心、东莞市船舶引航站等单位，调整相关工作任务。四是在市直工委直属管理的副处级以上单位党组织设置专职副书记，并在人事科（或办公室）增挂党务办公室牌子，进一步加强党务工作。五是在市中小企业局增挂市民营经济发展服务局牌子等，适应新形势的工作要求。六是将基层司法所更名为司法分局。

【事业单位登记管理】2011年，市事业单位登记管理局共办理事业单位法人设立登记30宗，变更登记165宗，年检1008家，注销登记9宗，重新设立登记6宗，补领证书2宗，核发事业单位法人证书203套。 （刘康全）

附：2011年东莞市机构编制委员会办公室领导名录

主　任：祁达洪

副主任：莫达兴　王子健

事业单位登记管理局局长：黎慧琴

直属机关党的工作

【概况】2011年，中共东莞市直属机关工作委员会内设办公室、组织科、宣教科、群团科4个职能科室和市直机关武装部及市直纪工委。截至2011年，共管理党委62个，党总支部94个，党支部918个，党员22443人。

【"双百双争"活动】2011年，市直党组织和广大党员广泛开展创先争优系列主题实践活动：一是学习提升实践。根据不同类别、不同层次和不同岗位党员干部特点，开展"书籍漂流行动"、"机关干部半月谈"等学习活动；二是服务提升实践。把服务基层、服务群众、服务党员作为核心任务，开展服务前移、服务增值、服务提速等主题活动。三是组织活力提升实践。创新党组织活动载体，开展内涵丰富、形式新颖的各类主题活动。2011年底，经过提名推荐、考核评分、征求意见等考评，共命名机关党建品牌58个，评选表彰机关党员服务标兵60名。

【"机关大学堂"学习品牌拓展】2011年，市直工委贯彻学习型党组织建设要求，打造"机关大学堂"系列子品牌，不断夯实机关党员学习主阵地。一是"人文党校"品牌日趋成熟。全年共培训入党积极分子923名、新党员672名。二是"先锋讲坛"品牌深入拓展。举办革命传统、文化建设、国防形势等4个专题高端讲座。创新开展书法、摄影知识系列讲座和主题活动。三是"学习超市"品牌渐具雏形。在机关党建频道创设网络学堂，将有关资料编辑归类，供党员干部自主学习。

【主题式党的组织生活重点推进】2011年，市直工委广泛开展主题式党的组织生活。率先探索。以"工委讲坛"为平台，进行理论上的深入探讨。与气象局、检验检疫局等单位联合开展主题党日、主题党课等活动。加强指导。下发《关于在市直机关开展主题式党的组织生活的通知》，对市直党组织进行分类指导。召开市直机关党组织书记座谈会，交流特色做法。健全机制。重点落实5项制度，包括书记负责制度、检查督促制度、党员参与制度、日常登记制度、目标管理制度等。

【"丹心映党旗"系列庆祝活动】"火炬耀征程"评比表彰活动。2011年6月，为纪念建党90周年，市直工委将表彰先进与文艺表演相结合，举办一场气势宏大的表彰晚会。参加表演的机关党员干部达1200余人，53个初选节目经过单排、联排、彩排等环节，被重组或改编成独唱、联唱、合唱、歌舞、诗朗诵、情景剧等18个节目进行演出。"执手传党情"党内关怀活动。60余个市直党组织开展集中走访离退休老党员、家庭困难党员活动，帮助解决实际困难300余件（次）；22个市直党组织对党员活动室进行修缮完善，添置活动设施、图书资料等;普遍开展谈心谈话活动，深入了解党员的思想状态，纠正党员思想上的消极不良苗头。"承诺见行动"主题党日活动。引导广大党员重读入党志愿书、重写诺党心里话、重走践党惠民路。共收到"有话向党说"诺党短文362篇，评出一、二、三等奖和优秀奖138名，并把优秀短文汇编成册。"尺寸写丹心"作品展示活动。组织机关党员干部聚焦组织生活的精彩环节、共产党员的为民形象、东莞人民的幸福生活，创作一批爱党颂党主题突出、专业水平较高的作品，包括430余幅书法作品和560余幅摄影作品，各评出一等奖10名、二等奖20名、三等奖30名、优秀奖30名，并精选部分获奖作品在市行政办事中心北楼大厅展出。

【党内监督机制体现机关特色】2011年，市直工委着力在机制化建设上下功夫。一是党务公开机制不断完善。下发《关于扎实推进党务公开工作的通知》，组织力量对各单位落实情况进行检查督促。建立健全党务公开长效机制，重点完善例行公开制度、依申请公开制度、监督检查制度、考核评议制度、总结提升制度等。二是“双八”教育引导成果凸显。以最佳案例征集活动为载体，重点引导各单位挖掘亮点、提炼特色，总结出更多更有深度的思想教育、行为引导和制度建设成果，形成72篇优秀案例。

【“活力机关”服务体系初步构建】2011年，市直工委发挥机关党组织在构建活力机关中的战斗堡垒作用，努力创新活动载体。不断充实服务队伍。吸收机关党员干部加入卫生、法律、摄影、书法4支队伍，使成员增加到700余名；通过深入调查摸底、举办选拔赛，挑选78名具备一定功底的羽毛球、篮球爱好者，初步建立机关运动队；建立文艺骨干队伍，把纪念新中国成立60周年歌咏比赛、纪念建党90周年表彰晚会等活动中崭露头角的329名文艺人才登记造册。努力打造服务平台。一是机关运动会服务平台。与市体育局、机关事务局联合举办机关运动会。运动会设11个比赛项目，近500支运动队、3100余人次参加比赛，2万余人次加入到观赛拉拉队、服务保障队。二是市直机关党代表工作室服务平台。规范优化代表轮值、意见处理、信息反馈、资料归档等制度及流程，全年印发宣传资料3300余份，投入志愿者277名，接见党员群众157人次，开展电话咨询、走访慰问等25次，收集意见建议62个。充分发挥服务功能。规范完善定期活动、临时动员、组织协调、参与登记等服务制度，推出“法律进机关”、“健康进基层”等一系列公益活动;发挥队员专业特长，组织队员在机关运动会、“丹心映党旗”表彰晚会等大型活动中担负重要的骨干引领和服务保障作用。重点推进机关法律服务队建设，开通机关党建频道法律咨询网络信箱;并在“12348”法律援助服务专线单设机关专线。

【机关党组织建设取得突破】2011年，市直工委推进机关党务干部队伍建设，取得较大突破：一是明确市直党组织专职副书记及党务工作机构设置。9月30日，《关于市直党组织党务工作机构设置有关问题的通知》文件明确，市直副处以上单位党组织设专职副书记1名，设置党务办公室，在人事科（或办公室）增挂牌子，并指定1名工作人员专职负责党务工作。二是网络信息员队伍建设取得开创性进展。完善“一网”、“三库”、“五平台”硬件建设，加大信息员队伍建设力度，每个直管党组织指定一名懂网络、有一定文字基础、责任心强的同志作为网络信息员，负责党建信息的沟通和信息载体的维护。

附：2011年中共东莞市直属机关工作委员会领导名录

书　记：欧阳贵有
副书记：殷炯棠　邓晓虹

接待工作

【概况】2011年，市接待办接待内宾、重要港澳台侨客人共542批39252人次。其中，中央领导20批，省部级领导233批388人，部队领导44批，地、县级领导289批11559人次。来莞的党和国家领导人有：中央政治局常委李长春；国务院原副总理吴仪，中央政治局委员、国务委员刘延东（来莞2次），全国人大常委会副委员长韩启德、蒋正华、李铁映、华建敏，香港特区行政长官曾荫权，中央政治局委员、广东省委书记汪洋（来莞5次），台湾海基会董事长江丙坤（参照二级警卫）；全国政协副主席罗富和、万钢，全国政协原副主席胡启立、叶选平、张克辉。

2011年，市接待办获广东省委、省政府颁发的“广州亚运会、亚残运会先进集体”荣誉称号。钟海波、袁检文获省部级和省级“广州亚运会、亚残运会先进个人”荣誉称号。

【赴外考察和大型会议跟踪服务】提供外出活动后勤保障。全年由市接待办牵头组织及参与协助的大型赴外参观考察活动有13批，主要包括：3月，市委书记刘志庚率队访问广西桂林、来宾、钦州、南宁等市；4月，访问考察清远市、深圳市；7月，赴香港“七一”慰问驻港部队；8月，市长李毓全率队赴成都考察；9月，赴重庆市考察等。配合大型活动接待服务。全年，市接待办牵头组织及参与协助的大型会务活动有15批。重点做好珠三角产业转型升级专项督察组、第三届中国国际影视动漫版权保护和贸易博览会、散列中子源工程奠基开工仪式、国家羽毛球队训练基地挂牌仪式等重大活动的主要领导、贵宾接待服务。

【提升接待工作效能】2011年8月底，深圳机场龙翔阁“东莞厅”合同期满。为保证市外事接待、政务接待和市党政代表团进出港方便快捷，市接待办牵头多次主动与深圳机场飞悦贵宾服务有限公司沟通协调，双方达成续约协议，于12月份市党政联席会议通过。加强与省、市接待部门及镇街的协作配合，与省委接待办、韶关市接待办、深圳机场贵宾厅等举行交流学习活动，联络感情，密切合作，确保接待任务顺利完成。抽调长安、东坑、寮步等镇街党政办3批共6人到市接待办跟班学习培训。

【东莞大酒店建设】一是着手铺开艺术品工程。5月，市接待办牵头成立东莞大酒店一期（接待基地）文化艺术委员会，明确接待基地文化艺术品工程策划、评审、定价、采购的工作方向等问题。二是引进酒店管理公司。为确保接待基地建设完工后能及时过渡经营管理阶段，市接待办通过多方考察，反复比较，挑选酒店管理公司。三是筹备成立东莞大酒店接待服务中心。借鉴省委、省政府及兄弟城市接待部门对接待基地的管理方法，申请成立东莞大酒店接待服务中心，负责酒店财务管理、经营监管、骨干队伍培训、资产管理等，并对酒店管理公司进行监管，健全大酒店运营管理的软件配套。（袁检文）

附：2011年东莞市委、市政府接待办领导名录

主　任：吴小峰
副主任：刘庆佐　李　刚
　　　　毕瑞江（11月到任）

社会管理

【概况】 2011年12月9日，东莞市社会工作委员会挂牌成立，是市委、市政府工作机构。主要职责是牵头制定并组织实施社会工作总体规划和重大政策，协调相关部门起草社会工作方面政策法规；宏观指导和综合协调全市社会工作，督促检查工作落实情况；参与拟定劳动就业、社会保障、教育、卫生、文化、体育等方面政策；推进和创新群众工作，协调建立健全群众利益协调、诉求表达、矛盾调处、权益保障机制；配合推进社会领域党建工作；研究推动社会建设和管理体制改革创新等。

市社会工作委员会由市委专职副书记兼任主任，市委市政府分管政法、信访和民政工作的市领导兼任副主任，设专职副主任2名。下设社会与社区建设指导科（社会组织工作科）和公共服务促进科（群众工作科）。

市社会工作委员会实行委员制，市委组织部、市委宣传部、市委统战部、市委政法委、市编办、市信访局、市发展和改革局、市教育局、市公安局、市民政局、市司法局、市财政局、市人力资源局、市社会保障局、市环境保护局、市住房和城乡建设局、市文广新局、市卫生局、市人口和计划生育局、市城市综合管理局、市外事局、市法制局、市新莞人服务管理局、市总工会、团市委、市妇联、市工商联、市残联等28个单位作为委员会成员单位。市社会工作委员会实行决策、执行既相对分离又相互协调的运行机制，委员会负责研究和统筹处理社会工作中的重大问题，各成员单位按照委员会的决策和部门职责分工做好贯彻落实工作。

东莞市社会工作委员会

① 2011年12月9日，东莞市社会工作委员会成立揭牌仪式举行

② 2011年12月9日，东莞市社会工作委员会召开第一次全体委员会议

① 2012年1月11日，广东省社工委专职副主任刘润华一行到东莞市社会组织孵化基地调研

② 2011年12月9日，东莞市社工委成立时机关人员合影

③ 2011年6月17日，东莞市副市长、社工委副主任成洪波到大朗镇长富社区调研社会管理情况

【成立揭牌仪式】 2011年12月9日，市社会工作委员会在市行政办事中心举行揭牌仪式，宣布正式运作。市委书记徐建华、市委副书记、市人大常委会常务副主任、市委政法委书记黄双福、市委常委、市委秘书长何嘉琪、副市长成洪波等市领导出席揭牌仪式，并为市社会工作委员会揭牌。徐建华在揭牌仪式上作重要讲话，要求市社会工作委员会尽早完成队伍组建，及时理清发展思路，迅速启动重点业务，确保整个工作“开好头、起好步”，全力加强社会建设，不断创新社会管理，为“加快转型升级、建设幸福东莞”奠定坚实基础，为“实行科学发展、推动社会进步”提供全面保障，为东莞“继续领跑30年”提供强大动力。

【第一次全体委员会议】 2011年12月9日，市社会工作委员会召开第一次全体委员会议。市委副书记、市人大常委会常务副主任、市委政法委书记、市社会工作委员会主任黄双福、市社会工作委员会专职副主任卢寿维以及来自28个成员单位的委员参加会议，全市各镇街党委专职副书记列席会议。卢寿维通报社会工作委员会2012年工作计划。黄双福作重要讲话，提出4点意见：一是深刻认识加强社会建设的重要意义；二是准确把握加强社会建设的总体思路；三是突出抓好加强社会建设的工作重点；四是努力形成加强社会建设的整体合力。

（刘应平）

附：东莞市社会工作委员会领导名录

主　任：黄双福

副主任：何嘉琪　成洪波

专职副主任：卢寿维

① 2011年12月29日，东莞市社工委到云浮市云安县石城乡民理事会调研

② 2011年12月16日，东莞市社工委调研黄江镇社会管理情况

③ 2011年12月23日，黄江镇梅塘社区综合服务中心揭牌仪式举行

党校工作

【干部培训轮训】 2011年，中共东莞市委党校（东莞市行政学院、东莞市社会主义学院）完成计划内主体班65期3194人次。包括：市直处级领导干部330人次，镇街领导干部144人次，科级干部990人次，一般干部1730人次。其中：市委党校主体班次24期883人次。包括：市直单位处级副职领导干部能力培训班5期203人，镇街副职领导干部能力建设培训班4期144人，市直机关中青年干部培训班1期37人，镇（街）中青年干部培训班1期28人，科级干部轮训班2期85人次，新技术新产业专题研讨班3期116人次，专业技术拔尖人才专题研讨班1期25人次，大学生"村官"培训班1期95人次。同时配合东莞市对口帮扶工作，在继续承接省内韶关市干部培训班基础上，承接新疆农三师图木舒克市干部培训班，举办副处以上党政领导干部培训班2期50人次，中青年科级干部培训1期25人次，社区人才培训1期15人次，中青班1期33人次。行政学院完成公务员培训班38期2235人次。包括：正科级公务员任职培训班4期120人次，副科级公务员任职培训班4期137人次，公务员初任培训班2期403人次，军转干部岗前培训班1期134人次，人力资源管理培训班2期110人次，公共应急管理专题研讨班2期56人次，依法行政专题研讨班4期120人次，社会工作管理专题研讨班2期55人次，加快转变经济发展方式专题研讨班2期53人次，文化名城建设专题研讨班2期57人次，韶关对口培训班6期228人次，人力资源系统创新能力提升研讨班3期184人次，警校新警培训班2期222人次。同时，全年共举办1天1期的主体班次2期356人次，其中广东省"十二五"规划纲要解读专题培训班1期94人次，公务员读书学习培训班1期262人次。社会主义学院完成培训班3期76人次。配合各民主党派集中换届工作，培训班次和人次比2010年分别减少43%和65%，全年举办民主党派专职干部素质培训班1期14人次，党外干部培训班1期37人次，民主党派负责人暑期座谈会1期25人次。

【教学改革】 2011年，市委党校坚持以中国特色社会主义理论体系为中心，以学习贯彻科学发展观为重点，围绕东莞推进经济社会转型升级的理论和实践热点、难点，结合不同班次教学需求，有针对性地编制课程。在处级班和镇街班以研究东莞如何转变经济发展方式和产业结构调整升级的具体路径为重点，开设《加快转变经济发展方式的战略问题》系列专题课，围绕课题，设置关于东莞产业结构调整升级的产业选择和调整、产业集群、新兴战略产业发展、自主创新、现代服务业、金融资本发展等课程，从具体产业调整发展举措和战略方面进行教学研讨，取得较好效果。为配合东莞新兴战略产业发展需要，加强战略新兴产业问题教学，在中青班和科

中共东莞市委党校

2011年11月22日，东莞市2011年选聘大学生村官培训班开班

级班安排有关战略新兴产业的课程，专门举办高新技术发展班和经济转型班。据统计，全年主体班在校内教学环节开设专题（含网络课程）165个，其中包括新专题53个，新课率达32%。根据市委对大规模培训干部工作的部署和市业务主管部门的要求，结合2011年干部学员培训需求调查结果，在教学实践中以保证教学质量为目的，适当调整各类教学活动比例。校内各主体班在培训过程中改变专题讲授较多较满做法，加大现场教学、读书自学、学员论坛、网络课程比重，外出培训尽可能采取上午上课、下午参观的模式，使教学布局更合理、形式更灵活，激发学员学习积极性和主动性。全年在教学活动中组织论坛21次、研讨17次、交流讨论14次、综合答疑5次、辩论会2次、读书交流会2次、党性剖析2次、调查研究汇报会1次、现场教学和参观考察168次。在2010年底东莞市干部网络培训学院开通后，通过探索和实践，2011年校（院）网络教学深度和广度大大拓展。中青班、正科班、副科班、初任班等班次铺开网络课程和网上答疑。全年新建193个虚拟教室和课程站点，为市委党校教师制作网络课程19个。2011年11月中旬至12月中旬，网络学院面向全市1.86万名公务员开展以“加快转变经济发展方式和社会管理创新”专题全员培训，为全市公务员建立起学习账号，为开展网上自主选学打下基础。

充分利用校内外培训资源，在“请进来”方面，全年邀请黄双福、甄瑞潮、潘新潮、喻丽君、冼周恩、许守干、陈志军等市领导和相关部门领导以及吴忠民、李新家、蔡志强等知名学者共127人次为学员授课。在“走出去”方面，全年共组织主体班37期1289人次外出高校学习，继续与清华大学、浙江大学、武汉大学保持联合办班关系，新开发中央党校、南京大学、西安交通大学、四川大学、华南理工大学、陕西省委党校、苏州市委党校、无锡市委党校等8个联合办学点，对新开的合作办学点，及时评估培训效果，根据需要对课程和参观点作出合理调整，保证后续班次培训质量。

【理论研究】2011年，市委党校共取得科研成果132项，比上年增长17%。其中，国家级成果11项，省级以上成果44项，出版专著9部，完成课题12项，发表论文111篇。在数量增长同时，质量提高更值得肯定。一是获得国家级的科研成果增长近一倍，首次突破两位数；二是课题研究水平有提高，有3项课题结题获得“优秀”等级；三是获得科研成果奖励创市委党校历史之最，在全省党校系统第九次科研评奖中，市委党校有2项成果获得一等奖，位列全省地级党校第一位，并获优秀科研工作组织奖。2011年适逢建党90周年，市委党校（院）把建党90周年的理论研究工作摆上突出位置，组织教师围绕党的十七大提出的重大理论观点、重大战略思想、重大战略部署，努力加强党的基本理论研究，深化对改革开放和社会主义现代化建设一系列重大问题的研究，取得一批高质量研究成果。6月底，市委党校（院）召开纪念中国共产党成立90周年党员大会暨理论研讨会，很多同志围绕建党90周年，在会上发表理论研究心得。《东莞党校》编辑委员会通过评审，从市委党校围绕建党90周年而撰写的一批论文中挑选18篇优秀论文汇编成册，出版《纪念建党90周年专刊》。同时在这18篇论文中精选出5篇，推荐参加市委宣传部组织的东莞市纪念建党90周年理论研讨会。

【理论宣讲】2011年，市委党校充分发挥理论优势，服务东莞经济社会发展。一是继续办好周日党课。全年共举办32期，参加学员共计7734人次。其中校内举办9期，参加学员3819人次；送理论下乡共23期，促进19个基层党组织3915名党员、入党积极分子经常性教育进程。随着周日党课品牌影响扩大，市委有关部门还专门给予经费支持印制周日党课汇编作为党员教育教材。二是深入开展送理论下乡活动。在市委有关部门要求下，市委党校院抽调 5名教师参与市委宣讲团，在全市范围内开展党的十七届六中全会精神宣讲工作，共宣讲22场，听众达到8000人次。另外还开展“建党90周年”、“加快转型升级，建设幸福东莞”、“换届后村官培训”等系列宣讲活动124场，听众近2.4万人。认真搞好理论服务。选派专业教师对东莞参加全省战略新兴产业知识竞赛选手精心培训并获一等奖；经常受有关单位和新闻媒体邀请，统一安排教师接受采访，为市民和读者解读有关理论和现实热点问题，为中央和省市委政策方针的宣传贯彻起到积极作用。（张林军）

附：2011年中共东莞市委党校领导名录

校　长：黄双福（任至12月）
校　长：甄瑞潮（12月到任）
常务副校长：杨靖波（任至10月）
常务副校长：陈健秋（10月到任）
副校长：赵卫华　张惠玲
　　　　杨石光（9月到任）
校务委员：达蓄钦　张小聪　冯　洁
副调研员：何合发

① 2011年7月12日，新疆农三师图木舒克市干部人才赴东莞交流培训启动仪式举行
② “周日党课”开办五周年暨联络员座谈会举行

党史工作

【市委下发《中共东莞市委关于加强和改进新形势下我市党史工作的意见》】 2011年4月，东莞市委下发《中共东莞市委关于加强和改进新形势下我市党史工作的意见》，进一步明确加强和改进新形势下市党史工作的重要意义、指导思想、基本要求和主要任务。确定加强和改进新形势下市党史工作的各项任务：一是深化东莞地方党史研究；二是组织党史学习教育；三是加大党史宣传力度；四是搞好党史纪念活动；五是做好党史资料征编；六是加强革命遗址保护和纪念场馆建设。明确加强对党史工作的领导，是党要管党的重要内容，是各级党委的重要职责。

【全市党史工作会议】 2011年4月28日，市委召开全市党史工作会议，深入贯彻落实党中央和省委关于加强和改进新形势下党史工作的意见和全国、全省党史工作会议精神，研究部署东莞党史工作。全市各镇街党委分管党史工作的领导、负责党史工作的宣传办主任，市直副处以上单位、人民团体及中央、省驻莞有关单位分管党史工作的领导、东边纵老战士联谊会代表、老党史工作者代表以及党史工作先进集体和先进个人代表，共400多人参加会议。这是以市委名义召开的第一次党史工作会议，也是东莞有史以来的第一次全市性党史工作会议。市委书记、市人大常委会主任刘志庚发表重要书面讲话。市委常委、秘书长何嘉琪宣读刘志庚书面讲话。中共广东省委党史研究室主任陈俊凤，市委常委、宣传部部长王道平出席会议并讲话。会议宣读《关于表彰东莞市党史工作先进单位和先进个人的通报》，为13个东莞市党史工作先进集体、13名东莞市党史先进工作者以及10个东莞市革命遗址普查工作先进单位颁奖。

【制订《东莞市2011—2015年党史工作规划》】 2011年，东莞市根据党中央、省委、市委关于进一步加强和改进新形势下党史工作的意见精神，结合实际，制定《东莞市2011—2015年党史工作规划》，于12月9日以市委办公室名义印发各镇街和市直各单位贯彻实施。《党史工作规划》以社会主义时期包括改革开放新时期为重点，以研究、总结、宣传中国特色社会主义的历史进程和经验为主线，全面谋划市2011—2015年党史工作的主要任务：深化东莞地方党史研究；深入开展党史教育活动；进一步加大党史宣传工作力度；加强党史资料征集保护利用工作；加强党史旧址保护与纪念场馆建设。同时还确定49项东莞党史专题研究与协作课题。

【地方党史研究】 2011年，市委党史研究室继续深入开展党史资料征集、整理工作。组织人力到市外档案馆、图书馆等有关单位征集档案资料和文献资料，公开出版《东莞土地改革运动资料选编》，为深化新民主主义革命时期的党史研究和加强社会主义时期的党史研究打下坚实的资料基础。深入开展党史基础研究，编写《中国共产党东莞历史》第一卷、第二卷，《中国共产党东莞历史大事记》（1919—2011）、《中国共产党东莞简史》、《全国革命遗址普查成果丛书（东莞卷）》等一批地方党史基本著作，其中一些党史著作已经出版发行。撰写党史研究论文，在《红广角》、《东莞党史》、《东莞社科论坛》、《东莞日报》等报刊发表。

【纪念建党90周年活动】 2011年，围绕纪念中国共产党成立90周年活动，市委党史研究室认真策划，精心组织，开展一系列活动，收到良好社会效果。一是总结东莞党组织的历史功绩和历史经验，推出一批党史研究新成果。共有8篇党史研究论文分别入选全国、全省、市纪念中国共产党成立90周年学术研讨会和理论研讨会，并在《东莞日报》刊登。二是全方位加强党史宣传。在《东莞日报》推出《伟大的90年——纪念中国共产党成立90周年》系列报道，在《东莞时报》推出1期《红莞》党史专版，协助东莞电视台策划和摄制《红色印记》专题片以及《党史上的今天》专栏节目，编辑出版纪念中国共产党成立90周年专辑。三是开展党史纪念活动。召开庆祝中国共产党成立90周年暨市委党史研究室建室30周年座谈会。与市纪委有关部门联合举办“激浊扬清，继往开来——庆祝中国共产党成立90周年党的反腐倡廉历程”大型图片展览，与市委组织部等单位联合举行东莞市纪念中国共产党成立90周年理论研讨会，与洪梅镇党委共同举办“摇篮——洪梅在东莞党史的‘五个第一’”图片展览。

【党史学习教育活动开展】 2011年，市委党史研究室在纪念建党90周年之际，推动全市深入开展党史学习教育活动。一是及时制定加强党史学习教育的文件。5月，市委组织部、市委宣传部、市委党史研究室联合发出《关于学习宣传〈中国共产党历史〉第二卷（1949—1978）的通知》；6月，市委组织部、市委宣传部、市委党史研究室、市教育局、团市委联合发出《关于在党员、干部、群众和青少年中开展中共党史学习教育的通知》，推动全市党史学习教育活动深入开展。二是组织编写和出版一批地方党史学习教材。出版发行《中国共产党东莞历史》第一卷、《东莞党史知识读本》等书。三是组织开展党史宣讲活动。市委党史研究室协助市委理论学习中心组举办第34期“东莞学习论坛”，邀请全国政协委员、中共中央党史研究室原副主任张启华作党史专题报告会。应邀派出人员到镇街和市直单位宣讲中共东莞地方历史。四是组织东莞地方党史知识竞赛活动。6月，市委宣传部、市委党史研究室、东莞报业传媒集团、东莞广播电视台联合举办东莞地方党史知识竞赛活动，参与竞赛活动的答题人数达9.5万人。（蔡瑞芬）

附：2011年中共东莞市委党史研究室领导名录

主　任：陈立平（任至10月）
　　　　李翠青（10月到任）
调研员：陈立平（10月到任）
副主任：林俊强

纪检·监察

【2011年市纪委书记、副书记、常委名单】 书记：甄瑞潮（任至12月），崔建（12月到任）；副书记：莫布兴（任至3月），陈锦洪，吴才华，杨晓棠，叶柏茂；常委：甄瑞潮（任至12月），崔建（12月到任），莫布兴（任至3月），陈锦洪，吴才华，杨晓棠（3月到任），罗乐英（任至10月），叶柏茂，何植尧，卢淑贤，袁丽群，罗暖培，夏显辉（3月到任），邓炳华（12月到任）。

【重要会议】 2011年1月9—10日，全国省区市纪检监察机关案件管理系统软件培训班在东莞市委党校举办，全国各省区市纪委和广东省各市纪委负责案件统计工作人员共91人参加培训。1月27日，中国共产党东莞市第十二届纪律检查委员会第六次全体会议召开，会议传达贯彻中央纪委十七届六次全会、省纪委十届五次全会精神，总结2010年全市党风廉政建设和反腐败工作情况，部署2011年工作任务。2月24日，市纪委召开全市纪检监察信息工作座谈会，总结交流2010年全市纪检监察信息工作情况，研究部署2011年工作。3月9日，市纪委召开2011年落实党风廉政建设和反腐败专项工作任务暨政风行风评议动员会，布置落实2011年党风廉政建设和反腐败专项工作任务暨政风行风评议工作。4月29日，市委、市政府在市行政办事中心召开“全市机关作风建设会议”，认真吸取市统计局失职案件教训，深入查摆当前机关作风建设中存在突出问题，进一步加强机关作风建设，切实增强机关工作人员责任意识，提高工作效率和服务水平。5月11日，东莞市“一镇街一品牌”创建现场经验交流会在虎门镇举行，总结交流工作经验，部署下一步创建工作任务。5月26日，全省纠风办主任座谈会在莞召开，学习贯彻全国、全省纠风工作电视电话会议精神，重点部署2011年新增加的征地拆迁和保障性住房建设纠风专项治理工作。5月27日，市纪委、市监察局召开成立机关党委及党支部换届大会，听取和审议机关党总支部的工作报告，选举产生新一届机关党委委员会。5月27日，市纪委、市监察局召开机关工会第三次会员大会，听取机关工会第二届工会委员会的工作报告，并选举产生第三届工会委员会委员。6月16日，全市纪检监察系统纪念建党90周年暨先进表彰大会召开。8月9日，市委党务公开工作领导小组召开全市党的基层组织党务公开工作会议，传达贯彻全省党的基层组织党务公开工作会议精神，总结交流工作经验，并对全市推进党的基层组织党务公开工作进行动员部署。8月10日，全市纪律教育学习月活动动员大会暨第九期领导干部“三纪”教育培训班举行，邀请省纪委常委、省委巡视办主任姜斌作辅导报告。9月22日，全市纪检监察系统简政强镇事权改革业务座谈会召开。9月23日，东莞市2011年政风行风及民主评议工作测评会召开。10月25日，东莞市廉政风险防控机制建设暨“一岗一预防”经验交流现场会召开。11月2—3日，全市深化廉政文化“一镇（街）一品牌”创建活动工作分片座谈会召开。12月28日，在中共东莞市第十三次代表大会上，选举出中共东莞市第十三届纪律检查委员会委员30名。12月28日，中共东莞市第十三届纪律检查委员会召开第一次全体会议，选举产生市第十三届纪委常委和书记、副书记。

【监督检查职能履行】2011年，全市各级纪检监察机关加强对重大决策部署执行情况的监督检查。重点督促经济结构调整、保障和改善民生、加快经济发展方式转变、《珠三角规划纲要》等重大政策措施的贯彻落实。加强对市委、市政府重点工作监督检查，制定实施《2011年工作落实问责办法》，将市委、市政府部署的“三旧”改造、“十件实事”、园区建设、住房保障等重点工作完成情况纳入问责范围，确保工作落实到位。加强对援藏、援疆以及救灾项目建设和款物使用情况的监督检查，确保项目建设和资金使用管理严格规范。加强对严明换届纪律情况的监督检查，认真落实“5个严禁、17个不准、5个一律”的要求，及时查处4宗违反换届纪律案件并在全市通报，保证市、镇、村三级领导班子换届工作顺利完成。

【违纪违法案件查处】2011年，全市纪检监察机关共受理群众来信来访、电话举报1074件次。立案查处违纪违法案件86宗，其中要案4宗；结案93宗，处分党员干部105人，其中处级干部3人；为国家和集体挽回直接经济损失314.3万元。坚持依纪依法、安全文明办案，认真落实《办案安全工作暂行规定》等文件，充实办案力量，加强对派驻机构、镇街纪委办案工作指导。注重发挥保护职能，认真核查信访件，为一批干部澄清了是非。注重发挥办案的治本功能，建立健全“一案双报告”制度，深入剖析发案原因，指导有关单位加强管理，完善制度。严把案件审理关，确保案件质量。扎实做好粤桥山庄服务和管理工作，为中央纪委、省纪委查办案件作出积极贡献，得到中央纪委、省纪委充分肯定。

【不正之风纠正】开展专项治理。2011年，全市纪检监察机关开展工程建设领域突出问题专项治理，建立新增项目动态管理和滚动排查机制，排查项目838个，发现问题516个，纠正问题510个，整改率达98.8%；立案查处违纪违法案件24宗，给予党纪政纪处分19人，移送司法机关处理5人。深入开展“小金库”问题专项治理工作，发现、纠正和处理“小金库”2个，涉及金额308.82万元。开展公务用车问题专项治理，登记自查面达100%，认真进行审查核实，纠正违规行为。开展食品安全专项整治工作，创建125个食品安全样板市场。开展强农惠农政策落实情况监督检查，确保4359.47万元惠农补贴发放到位。加强农村集体征地款管理，全市共有550个经联社开设土地款专户，涉及资金24.5亿元。全市公立医院阳光采购药品21.31亿元，占用药总金额的94.92%。查处民办学校（幼儿园）乱收费行为30起，清退40.2万元。加强对社保基金、住房公积金、救灾救济资金等专项资金监管，查处骗取、冒领社保待遇和住房公积金案件29宗。加强政风行风建设。在全市33个重点窗口部门和32个镇（街）开展“市民评机关”活动，利用“东莞阳光网”增加网络评议，拓宽市民参与度。采取网络评议、热线评议、暗访评议、公开评议相结合方式，对全市公立医疗机构、基层站及公安、工商、税务等10个部门开展政风行风评议工作。坚持办好“阳光热线”，组织24个市直单位负责人参加电台直播节目，接听群众电话356个，全部予以答复解决；网络专栏处理回复群众来信8817件，办结率为98.54%。开展机关作风明察暗访，制作暗访专题片，加强警示教育。深化农村基层党风廉政建设示范点创建活动，在68个示范点组织开展“回头看”等活动，进一步巩固基层党风廉政建设。

【腐败源头防治】2011年，全市纪检监察机关坚持改革创新，推进制度建设。开展“制度建设巩固年”活动，抓好制度宣传、执行、落实和创新。率先在全省开展廉政风险预警防控机制建设，在28个单位开展“一岗一预防”活动，全面排查权力运行风险点，加强岗位自律，强化廉政风险管理。在6个市直部门开展“行政三公开”试点活动，实行部门办公会议向媒体开放，推动权力运行公开、裁量标准公开、审批流程和结果公开，得到省政府信息公开考核组充分肯定。探索财政投资项目“廉优共建工程”做法，举行首批“廉优共建工程”授牌表彰活动。完善预算国库信息化系统的功能，健全财政转移支付制度，推进市直部门预算信息公开，开展财政支出绩效评价工作。推进“简政强镇”试点工作，加强对下放权限行使的监管。加大要素市场监管力度，市建设工程交易中心共办理工程招标242项，中标总金额257.2亿元，平均下浮率达7.4%。市土地一级市场出让地块145宗，面积571.7公顷，成交总价124.19亿元。加大违法用地整改和问责力度，进一步完善违法用地信息通报和移送机制。加强对政府重大采购项目的监管，市级政府采购预算17.78亿元，采购金额16.45亿元，节约率达7.48%。着力推进电子监察系统建设，初步建成“阳光东莞”综合平台，积极运用信息化手段对行政审批、政府采购、政务公开、村务公开、农村党风廉政信息公开等情况实施全程实时监察，纳入电子监察范围的审批业务提前办结率达99%以上。开通行政办事服务满意度评价系统，收到群众短信及网上评价38万多条，满意率达84.13%。

【党风廉政宣传教育】2011年，市纪委、市监察局坚持教育先行，筑牢拒腐防线。围绕“以人为本、执政为民”主题，开展纪律教育学习月活动，召开全市纪律教育学习月活动动员大会，举办第九期全市党政领导干部“三纪”教育培训班，邀请省纪委领导作专题辅导报告。开展廉政文化建设活动，推进廉政文化“一镇（街）一品牌”创建工作，总结推广先进做法和经验，促进品牌创建活动向高水平、广参与、常态化、大影响方向拓展。举办纪念建党90周年党的反腐倡廉历程大型图片展、廉政小品小戏创演大赛等活动，繁荣廉政文化。建成青少年廉洁修身教育基地。

【领导干部监督】强化党内监督。2011年，市纪委、市监察局认真落实党内监督各项制度，严格执行领导干部述职述廉、经济责任审计、信访监督等制度，通过组织召开民主生活会、开展党内民主评议、落实民主集中制、完善党政联席会议议事规则和决策机制，加强对领导干部特别是“一把手”的监督。贯彻落实《廉政准则》，开展专项检查活动，全市自查面达100%，开展督导检查，建立健全配套制度。完善领导干部报告个人有关事项制度，把投资、住房和配偶子女从业、出国（境）定居等情况列入报告的重要内容，共有42名厅级干部和829名处级干部进行申报；严格管理领导干部操办婚庆事宜，共有39名市管干部进行申报备案。坚持“三谈两述”制度，进行领导干部任前廉政谈话1921人（次），领导干部述职述廉3872人（次），诫勉谈话268人（次），纪委负责人同下级党政主要负责人谈话637人（次）。强化社会监督。推进政务公开，拓展电子政务，加强政务网站建设，全市共有70个部门和32个镇（街）设立政务网站，定期在《东莞日报》刊登政务公开专栏，《东莞市人民政府公报》按月编印发行。推进村务公开，设置村务公开栏1598个，全市593个村（社区）公开信息3.8万多条。推进厂务公开，全市国有（集体）企业和事业单位100%实行厂务公开，有15683家非公有制企业实行厂务公开。积极稳妥推行党务公开工作，全市党的基层组织基本实行党务公开。强化对基层干部的监督。加强民主管理，建立健全信息反馈、村务公开责任追究、议事决策等制度。加强农村基层财务管理，推行农村集体固定资产和建设工程管理意见、农村干部薪酬管理办法，落实农村集体经济组织重大事项审查制度、违反农村集体资产管理行为责任追究制度，纠正农村集体资产管理违规行为152宗。（赵晓龙）

附：2011年东莞市监察局领导名录

局　长：莫布兴（任至4月）
　　　　吴才华（4月到任）
副局长：罗乐英（任至10月）
　　　　夏显辉（任至3月）
　　　　叶沛森　黄键（3月到任）

民主党派

民革东莞市委会

【概况】2011年，中国国民党革命委员会东莞市委会（民革东莞市委会）有5个支部一个小组，包括人民医院支部、城区综合一支部、城区综合二支部、虎门支部、理工学院支部、常平小组。有党员91人，比2010年增加9人，其中新发展党员7人，转入党员2人。党员主要分布在医卫界、教育界、文艺界、司法界，具有中高级职称的党员占91.8%。

【参政议政】2011年，民革东莞市委会向政协十一届五次会议提交集体提案17篇，内容涵盖经济建设、教科文卫、城市建设与管理、政法及社会保障等领域。9月，赴工商行政管理总局就《严格控制户外医疗广告发布净化我市城市环境》提案进行调研。在市政协十一届五次会议表彰大会上，向市政协十一届四次会议提交的《关于扶持服装机械行业发展助推服装产业升级的建议》获市政协优秀提案奖，《关于进一步加强生活垃圾无害化管理的建议》获市政协表扬提案奖。

【自身建设】2011年，民革东莞市委会组织全体党员不断加强对政治理论、政策法规、民革历史和科学知识的学习。7月，民革东莞市委会组织全体党员前往武汉开展“纪念辛亥革命100周年武汉行”学习教育活动，撰写《纪念百年辛亥、缅怀首义烈士》等多篇参观学习感受。7月，组织观看电影《建党伟业》。9月，召开中国国民党革命委员会东莞市第三次代表大会，完成换届选举工作，成立民革东莞市第三届委员会。11月，组织参加、观看“纪念辛亥革命100周年大型文艺晚会”演出。

（黎丽香　高丹梦　罗一鸣）

附：2011年民革东莞市委会领导名录

主　委：余　毅
副主委：何环珠　徐　波

民盟东莞市委会

【概况】2011年，中国民主同盟东莞市委员会（简称民盟东莞市委）有11个支部，包括：学院支部、莞中支部、东城支部、莞城支部、科技支部、医卫支部、文艺支部、石龙支部、虎门支部、镇区一支部、城建环保支部。设有“社会法制与农村工作委员会”、“教科文卫委员会”、“经济与资源环境委员会”和“文艺与体育委员会”4个专委会。有盟员211人，其中新发展盟员17人，转入盟员5人，去世2人。盟员中有教育界133人，医卫界20人，其他界别58人；具有正高职称的6人，副高职称的103人，中级职称的83人；有政协副主席1人，市政协常委2人，政协委员8人，市人大常委1人，市特约四员等7人次。

【参政议政】2011年，民盟东莞市委向市政协十一届五次会议提交集体提案16篇，委员个人提案23篇。在市政协十一届五次会议表彰大会上，向市政协十一届四次会议提交的《关于优化东莞市公共交通的建议》获优秀提案奖，《关于加强高层次专业人才队伍建设的建议》获表扬提案奖；委员个人提案中，《关于促进教育均衡的建议》获表扬提案奖。在市长约请市人大代表和市政协委员座谈会上，提交《关于科学推进东莞市保障性安居工程的建议》、《关于尽快在我市各中心镇建设公益性青少年活动中心的建议》两篇发言材料。参加《周末访谈》节目，承办《我市垃圾处理的出路与前景》、《关注公众科普教育，推动科普事业可持续性发展》、《对东莞保障安居工程建设相关问题的探讨》、《大力推进生活垃圾分类和资源化处理工作》等4期节目。年内向民盟广东省委、市政协、市委统战部报送《东莞民盟信息》41期，其中《关于加强学生安全意识教育，确保学生人身安全的建议》被市政协采用，《加强中华传统文化教育，提高青少年思想道德素质的建议》等4篇信息被民盟广东省委采用报盟中央。

【自身建设】2011年7月，民盟东莞市委组织全体盟员观看电影《建党伟业》；9月，组织盟员参加纪念辛亥革命100周年征文活动，撰写《论孙中山民权主义思想对我国民主政治建设的启示》、《论孙中山的民族主义思想》等5篇学习心得；9月，召开中国民主同盟东莞市第五次代表大会，完成换届选举，成立第五届市委会；11月，组织参加、观看市委统战部主办的“纪念辛亥革命100周年大型文艺晚会”演出；12月，在市科学技术博物馆举办“应急救护知识培训讲座”；12月，举办民盟东莞市委首届运动会。修改《民盟东莞市委提案提出、受理与奖励办法》，奖励标准更趋合理；出台《民盟东莞市委会各专委会工

作规则（试行）》，为专委会和调研工作提供制度保障。

（王雪萍　蔡子萍　肖驰宇）

附：2011年民盟东莞市委会领导名录

主　委：朱伍坤

副主委：李奎山　程发良　汤瑞刚

民建东莞市委会

【概况】2011年，中国民主建国会东莞市委员会（简称市民建）有4个基层支部，2个工作委员会。有会员81人，主要分布在经济界、教育界和公务员队伍。会员中大学以上学历占93%，其中博士8人、硕士13人；具有中、高级职称会员占84%。有民建广东省委会委员2人，市十一届政协副主席1人、常委2人、委员5人，市“特约四员”13人次。

【换届】2011年9月，中国民主建国会东莞市第二次代表大会召开，选举产生由9名委员组成的第二届委员会，周楚良连任主委，何思模、魏宇翔当选为副主委。

【自身建设】2011年，市民建在会员中开展政治交接学习教育活动，开展征文和文艺表演活动纪念中国共产党成立90周年和辛亥革命100周年；其中有4人次获全国政协和民建中央荣誉称号和表彰，有3人次获省民建表彰，有8人次获市级表彰。

【参政议政】2011年，市民建以“加快经济社会转型步伐、建设幸福东莞”为切入点，积极参政议政。向市政协十一届五次会议提交8件集体提案、9件委员提案，涉及产业经济发展、人才培养等问题。《科学规划松山湖园区发展，打造成中国硅谷的建议》和《加大本土知名工业龙头企业扶持力度，构建东莞“华为”类本土自主品牌的建议》被评为优秀提案，《关于服务外包产业发展与人才战略的建议》被评为表扬提案。在市长约请市人大代表和市政协委员座谈会上作《关于支持企业修建员工保障房，大力提升我市人才吸引力和凝聚力的建议》发言；2人次参加东莞电台《周末访谈》节目；参加省民建课题招标活动，其中《我国代工型制造企业升级的难点、经验与思路》中标。市民建被民建广东省委评为“参政议政先进集体”。

【社会服务】2011年4月，市民建在塘厦镇企业举办一期健康讲座；6月，在松山湖举办“服务外包产业发展与人才培养”学术交流会；10月，向广东省郁南县捐出价值7万元的办公用品。会员陈广钊向东莞市残疾人福利基金捐赠30万元；副主委何思模向清华大学捐资1800万设立“易事特科研创新基金”。市民建被民建中央评为“全国社会服务先进集体”，何思模和陈广钊被民建中央评为“全国社会服务工作先进个人”。

（罗建锋　叶尧斌）

附：2011年民建东莞市委会领导名录

主　委：周楚良

副主委：何思模　魏宇翔

民进东莞市委会

【概况】2011年，中国民主促进会东莞市委员会（简称东莞民进）设7个支部，分别为松山湖支部、莞城支部、东城支部、南城支部、万江支部、石龙支部及虎门支部，有会员101人，其中教育界73人，其他界别28人。会员中大专以上学历占97%，其中有博士4名，硕士8名。具有中、高级职称会员占80%。会员中有市政协委员8人，其中常委1人；有市人大常委1人。

【参政议政】2011年1月，东莞民进与珠海民进联合举办“珠三角民进‘改变发展方式，建设幸福广东’座谈会”，与会代表就“如何建设幸福广东”畅所欲言。向市政协第十一届五次会议提交集体提案和个人提案共25篇，其中《关于推进行政审批改革，营造更好的商业环境的建议》被评为优秀提案，《关于借助信息服务业加快我市经济方式转变的建议》被评为表扬提案。成立参政议政工作组，加强会员写作提案知识培训，向每个支部发放调研经费，为支部调研提供经济支撑。参加两期《周末访谈》节目，就东莞市高中教育优质均衡发展和中考制度改革等问题进行探讨。主委梁佳沂分别于6月和11月参加市民主党派负责人暑期座谈会及市长约请市人大代表和市政协委员座谈会。

【组织建设】2011年9月，中国民主促进会东莞市第一次代表大会召开，选举产生民进东莞市第四届委员会。梁佳沂当选为主委，牛熠、梁聚峰当选为副主委。2011年，共发展13名新会员，其中教育界5人，新阶层人士5人，其他界别3人，省外转入1人。

【社会服务】2011年4月，东莞民进会员卢红到郁南县作“关爱留守少年儿童”讲座；11月，东莞民进再次到郁南县西江中学和蔡朝焜纪念中学支教，并向罗顺小学捐赠4000本图书。（黎清华）

附：2011年民进东莞市委会领导名录

主　委：梁佳沂

农工党东莞市委会

【概况】2011年，中国农工民主党东莞市委员会（简称农工党东莞市委会）有党员142人，其中医卫界93人，教育界26人，科技界10人，其他界别13人。党员中有129人具有中、高级职称；有博士10人，硕士21人。新发展党员9人；有农工党省委委员1人，省政协委员1人，市人大常委1人，市政协委员8人（常委2人），市特约人员6人。

【自身建设】2011年9月，中国农工民主党东莞市第五次党员大会召开，选举产生第五届委员会。李光霞当选主委，赫喜华、袁明杰当选副主委。以纪念中国共产党成立90周年和辛亥革命100周年为主题，组织参观重庆特园中国民主党派陈列馆、广州辛亥革命纪念馆等爱国主义教育基地。2011年，农工党东莞市委会加强参政议政工作，成立城建环资经济组、科教文卫宣传组和医卫组3个界别小组。在2011年度总结表彰大会上，表彰先进支部、和谐支部等先进集体3个，优秀支部主任、参政议政积极分子、社会服务积极分子等先进个人共25人。

【参政议政】2011年，农工党东莞市委会向市政协十一届五次会议提交关于加大扶持民营企业、加强东莞市中小学学校卫生工作、加强处方药的管理、设立“东莞市劳动技能节”、降低胎传梅毒发病率、设立镇（街）防保所等集体提案6件，提交有关打造东莞企业航母、规范医疗广告、增加护士编制等个人提案3件。向市政协十一届四次会议提交的《关于切实加强中小学生心理健康教育的建议》获市政协优秀提案奖，《实施珠三角规划纲要，加快推进虎门服装产业改造提升》获市政协表扬提案奖。在市长约请市人大代表和市政协委员座谈会上，主委李光霞作《成立第三方调解机构，化解医患纠纷矛盾》发言。参加东莞电台议政节目《周末访谈》，探讨医患纠纷产生原因、解决办法。

【社会服务】2011年，农工党东莞市委会联合市知识界人士联谊会在洪梅医院新院举行第二十三届中国“国际科学与和平周”活动，17名医疗界专家为300余人义诊，并向洪梅医院医护人员传授诊断技术和医院管理经验。继续组织党员在《东莞政协》杂志上撰写、刊登医学科普文章。樟木头支部在“八一”建军节开展拥军义诊活动，为樟木头油库部队送医送药，有近80名官兵及家属接受义诊咨询和健康体检；赴韶关市乳源县一六镇开展医疗义诊活动，有100多人次得到诊治。（杨　莉）

附：2011年农工党东莞市委会领导名录

主　委：李光霞

副主委：赫喜华　袁明杰

致公党东莞市委会

【概况】2011年9月9日，中国致公党东莞市委员会（简称致公党东莞市委会）正式成立。2011年末，有党员78人，其中归侨8人，侨眷侨属10人，港澳台属7人，少数民族3人，其他有海外关系38人。党员中具有中高级职称的64人；有省人大代表1人、市人大常委1人；市政协常委2人，市政协委员4人；省侨联委员1人、市人民监督员1人、市特约检察员1人、市侨联委员会顾问1人、市政府采购监督员2人、市食品药品执法廉政监督员1人、市公安局警务廉政监督员1人、市法院司法监督员1人、市干部监督员1人。成员主要分布在科教文卫界。

【参政议政】2011年，致公党东莞市委会向市政协十一届五次会议提交《关于推进我市学前教育健康发展的建议》等17件提案，其中集体提案5件，个人提案12件。《关于推进我市学前教育健康发展的建议》被评为2011年度重点督办提案及政协优秀提案，《关于加大大气污染整治力度，改善我市空气环境质量的建议》和《关于解决东江水源水质季节性变化引起恶化问题的建议》被评为2011年度政协表扬提案。在市长约请市人大代表和市政协委员座谈会上，委员黄蔚然作《关于进一步做好我市养老工作的建议》发言。5月，联同市质监局、市食品药监局就“严打非法添加和滥用食品添加剂行为 确保人民饮食安全”主题在东莞电台《周末访谈》节目与广大市民进行探讨。8月，陪同致公党中央法制建设委员会、致公党北京市委会、致公党省委会就“海外侨胞回国创业权益保护的法律研究”主题在东莞调研，形成专题报告报致公党中央。10月，由致公党中央副主席、省委会主委、省政协副主席王珣章带队的省委会重点课题“民营医院发展问题”专题调研组到东莞展开调研，致公党东莞市委会协同调研组与市卫生局、10所民营医院进行座谈，对东华医院、康华医院两所综合性民营医院进行现场调研，并形成专题调研报告。

【海峡科技论坛】由致公党中央委员会主办，省科技厅、省委会、省台湾事务办公室、东莞市政府承办的第二届“海峡科技论坛”于12月14日—16日在东莞举行。全国政协副主席、致公党中央委员会主席、科技部部长万钢出席论坛。万钢勉励致公党东莞市委会要继承和发扬致公党的优良传统，按照致公中央的工作部署，围绕中共东莞市委市政府的中心工作，发挥“侨”“海”特色，认真履行职能，为东莞的科技创新、经济发展作出新贡献。致公党东莞市委会共有20位党员参加该论坛。

【社会服务】2011年初，致公党东莞市委对华人自梳女进行节日慰问和帮扶，呼吁并取得有关部门重视，年底，东莞华人自梳女的户籍问题逐步得到解决。4月，组织党员参加在毕节地区开展的“联系贫困学生、结对帮扶送温暖”活动，29位党员对口帮扶42名贫困学生，全年资助款项12600元。（王文青）

附：2011年致公党东莞市委会领导名录

主任委员：戴松林

副主任委员：陈树良　黎　平

九三学社东莞市委会

【概况】2011年，九三学社东莞市委员会（简称九三学社东莞市委会）有社员100人，分综合一支社、综合二支社、综合三支社、理工学院支社和医疗卫生支社5个支社。社员中有科技界17人，高等教育届21人，医疗卫生界32人，其他界别30人；具有高级专业技术职称的76人，中级专业技术职称21人；有省政协委员1人，市人大代表1人，市政协委员6人，担任市人大常委会副主任1人。年内发展社员2人，转入社员1人。

【组织建设】2011年，九三学社东莞市委会做好支社换届工作，5个支社全部完成换届。其中2位社员在全市党外干部选拔中脱颖而出，实现社员担任政府实职的突破。9月，九三学社东莞市第四次社员大会召开，吕兢当选九三学社东莞市第四届委员会主任委员，何镜清、王旭珍、周爱军当选为副主任委员。全年共有7人次担任市各单位特约监督员。

【参政议政】2011年，九三学社东莞市委会联合北京大学宪法与行政法研究中心课题组进行“三旧”改造专题调研。向市政协十一届五次会议提交提案21件，其中《关于加大统筹力度，实施强心战略，进一步提升我市城市化水平的建议》被确定为主席督办重点提案，《缓解城市中心区交通拥堵的建议》被确定为市长督办重点提案。7名社员参加政协全会旁听。在市长约请市人大代表和市政协委员座谈会上作《加快创建宜居社区 合力建设幸福东莞》发言。承办2期市政协与东莞电台联合举办的《周末访谈》节目，分别就“如何培养心理健康的儿童”和“大力推进我市青少年校外教育活动场所的建设”主题进行探讨。（鲁　宇）

附：2011年九三学社东莞市委会领导名录

主　委：吕　兢

副主委：何镜清　王旭珍　周爱军

社会团体

市总工会

【主题竞赛活动开展】2011年，东莞市各级工会以“当好主力军、建功‘十二五’”为主题，实施劳动竞赛五年规划，组织广大职工开展大竞赛、大献计、大培训、大练兵活动。组织开展针织服装、电焊、钳工、家政服务等8个大项劳动竞赛，4万多名职工踊跃参赛。各级工会结合地区和行业特点，把劳动竞赛与科技创新、节能减排、优化管理相结合，推动广大职工将聪明才智转化为生产力、转化为物质成果。2011年，全市各类企业参加劳动竞赛的职工达30万人次，实现技术革新986项，荣获国家专利404多项，推广先进操作法767项，职工提出合理化建议1.7万多条，实现直接经济价值1.9亿多元，有效提升企业和产业发展层次与后劲。

【职工素质提升工程推进】2011年，东莞市各级工会发挥工会“大学校”作用，通过技术培训、名师带徒、岗位练兵、技能比武等活动，畅通一线职工技能晋级的“绿色通道”，晋升技术等级3236人次，选树“金牌工人”、“首席技师”、“技术标兵”3095名。开展“创建学习型组织，争做知识型职工”活动，实施“职工书屋”建设五年计划，在全市企业建立近400家职工书屋，满足广大职工文化需求。在常平镇挂牌成立职工技能培训基地，虎门职校、石龙职校被命名为全国职工教育培训优秀示范点，职工教育阵地建设得到加强。

【先进典型选树】2011年，全市共推荐评选产生全国工人先锋号1个、广东省工人先锋号7个，全国五一劳动奖状1个，全国五一劳动奖章3名及广东省五一劳动奖章5名。首次设立市一级“五一劳动奖状”、“五一劳动奖章”和“工人先锋号”3个劳动竞赛专项奖，更好地激励广大职工创先争优，为建设幸福东莞多作贡献。

【职工诉求表达机制建立】2011年，东莞市各级工会利用工会12351职工维权热线和各级工会信访窗口，受理职工来信来访。全年全市各级工会组织接到职工投诉咨询2282宗，其中有关劳资纠纷的投诉935宗。市总工会每月对信访情况进行统计分析，对每一宗职工投诉进行跟踪处理，信访办结率达100%。从2010年11月开始，把每月15日定为主席接访日，由市总工会主席到市困难职工帮扶中心坐班，现场接待来访职工，集中调处复杂个案。

【职工法律援助机制建立】2011年，东莞市各级工会发挥工会法律服务律师团作用，开通“工会法律服务直通车”，每周安排一位律师团成员到市困难职工帮扶中心值班，为职工法律咨询及纠纷调解提供专业法律意见。组织律师团成员开展大型流动法律宣讲33场，使工会法律服务工作更贴近职工。完善镇（街）职工法律援助服务中心建设，将法律援助工作向基层延伸。

【职工群体性事件调处机制建立】2011年，市、镇街两级工会在建立职工群体性事件专责小组的基础上，完善职工群体性事件应急调处预案，对职工群体性事件实行每日一报制度。全年参与处置30人以上职工群体性事件15宗，涉及职工4210人。在塘厦保安公司劳动合同纠纷、长安兴昂鞋厂、黄江裕成鞋厂等重大劳资纠纷案件中，市、镇街工会迅速介入、上下联动，做好职工的安抚和引导工作，协助市委市政府妥善处理好事件，维护职工队伍和社会大局稳定。

【职工权益保障机制建立】2011年，东莞市各级工会以开展创建“劳动关系和谐企业”为抓手，推进集体合同、厂务公开和“安康杯”竞赛“三位一体”权益保障体系建设，从源头上杜绝和减少劳资矛盾的发生。截至2011年，全市实行厂务公开的企业有1.64万家，公开率达80%，逐步在非公企业推行厂务公开贯标工作，推动厂务公开民主管理规范化。近2000家企业开展“安康杯”安全生产竞赛活动，参赛职工达87万人。开展“安全生产月”活动，在长安、万江、厚街等镇街举办13期职工安全生产及职业病预防培训班，促进企业安全生产管理，提高职工安全防患意识。全市已签订集体合同的企业1.26万家，覆盖职工206多万人。在虎门服装行业与万江茶叶市场试点推广行业性集体合同，实现集体合同的更广覆盖。举办全市工资集体协商培训班，首批220名协商指导员持证上岗，深入企业指导开展工资集体协商工作。召开全市工会工作会议，推广三洋马达、巨汉灯饰、恩斯克等企业实行工资集体协商的先进经验，在全市1.01万家企业中成功建立工资集体协商制度。

【工会特色帮扶活动开展】2011年，东莞市各级工会以“春送技能，夏送清凉，秋送助学，冬送温暖”为载体，开展形式多样的帮扶活动。筹集送温暖资金388万元，为1842户困难职工家庭提供物质、技能和心理帮扶，其中240人通过免费岗位技术提升，获得国家认证的技能证书；发放助学资金43万元，资助357名困难职工子女走进校门。

【困难职工帮扶】2011年，东莞市困难职工帮扶中心为55名遭遇突发性重大疾病、职业病或意外事故致贫的职工及其家庭提供近18万元救济帮扶，并将这部分困难职工纳入工会帮扶管理系统，进行长期跟踪帮扶。对23名困难劳模进行走访慰问，发放慰问金7.5万元。开展女职工健康援助行动，为1.5万多名女职工提供“两癌”健康体检。发动职工参加医疗互助保险，全市参与职工医疗互助保障计划1154人，参加女工安康保险5591人。

【工伤探视活动开展】2011年，东莞市各级工会探视住院工伤职工1207人，发放慰问金36万元，帮助137名工伤职工落实好工伤待遇。工会社工服务站于2011年4月挂牌成立，引进5名专业社工为在虎门、桥头工伤康复中心的工伤住院职工提供情绪疏导、家庭辅导和社会康复等服务，先后开展“康复之路，病友伴我行”、“关爱自己，一路有你”等150多次专业社工活动，即时辅导200多人次，让工伤职工重拾生活信心。

【工会组织建设】2011年，东莞市各级工会落实“组织起来，切实维权”的工作方针，层层分解落实全年组建目标，开展“广普查、深建会、全覆盖”集中行动，推进建会工作。全市已建立工会组织2.80万家，比上年同期增加2576家；有工会会员331万多人，比上年同期增长近28万人，较好地完成省总工会下达的工会组建和发展会员目标任务，保持全省领先位置。针对中小企业组建难的问题，市总工会推进行业性、区域性基层工会联合会建设，长安镇建立五金机械模具协会工会联合会，涵盖150个工会小组；横沥镇成立文化市场工会委员会，涵盖30个网吧小组；大朗镇成立社区卫生服务中心工会联合会，涵盖14个社区卫生服务中心。

【工会组织作用发挥】2011年，东莞市各级工会坚持“边组建，边巩固提高”的原则，开展创建“职工之家”活动，完善规范企业工会运作。验收合格“职工之家”1374家，5家基层工会获“全国模范职工之家”称号，17家基层工会获“全省模范职工之家”称号。总结推广技研新阳、东江水务、光润家具、唯美陶瓷等一批基层工会典型，沙田镇总工会主席王珠等3人被评选为全国优秀工会工作者，三洋马达工会主席金玉华被评为省优秀工会工作者标兵，中国移动东莞分公司工会主席黄友检等5人被评为省优秀工会工作者。组织企业工会开展职工书画摄影比赛、读书节活动、趣味运动会等文体活动。加大对工会干部的教育培训力度，举办工会业务培训72期，培训工会干部1.1万多人次。（郭富春）

附：2011年东莞市总工会领导名录

主　席：张顺光（任至8月）
　　　　郭　水（8月到任）
常务副主席：马凤彪
副主席：黎卓荣
　　　　李红昌（任至8月）　何志雄

团市委

【概况】 2011年，东莞市有共青团员280129人，占全市14—28周岁青年总数的32%；有基层团委192个，其中一级团委80个（镇街团委32个，厂局团委28个，市属一级学校团委20个），二级团委131个（学校团委84个，“两新”组织团组织27个，村、社区团委20个）；基层团总支951个，团支部8125个；推优6079人，推优入党2429人。

2011年，团市委被人力资源和社会保障部、国家体育总局等部门联合评为“广州亚运会亚残运会先进集体”，连续第八年荣获“市直机关先进单位”称号。全市获团中央、团省委表彰的先进集体有248个、先进个人244个，长安镇团委被团部中央评为2010年度“全国五四红旗团委”，李浩泉被人力资源和社会保障部、国家体育总局等部门联合评为“广州亚运会亚残运会先进个人”，陈向宗被团中央授予2010年度“全国优秀共青团干部”。

【青年思想教育】 2011年，团市委以纪念建党90周年为主线，加强思想教育。突出教育主题。紧扣“高举团旗跟党走，建设幸福新东莞”主题，广泛开展“红色精神代代传”、“党旗引领我成长”、“我为党旗添光彩”、“高举团旗跟党走”等四大系列活动，重点推进青春共建幸福东莞动员大会、“我与

共青团东莞市委员会

① 2010年6月1日，中共中央总书记、国家主席、中央军委主席胡锦涛（右一）与团市委推荐的全国第六次少代会代表段正文同学手牵手一起参加“体验科学，快乐成长”活动

② 市委书记刘志庚与团省委书记陈东商谈“圆梦计划”

祖国共奋进”形势政策教育等17项重点工作，在青少年中奏响跟党走、谋幸福主旋律。创新教育方式。首次开展网络青年节、青年英雄帖网络问策征文比赛、网上党史知识竞赛，推动全市镇街团委、志愿服务中心开设微博，切实运用新媒体教育青年；组织各类青年1万多人参与党史形势报告会，与专家学者、革命老前辈面对面交流，组织23万少先队员参加“红领巾心向党”主题教育活动，让青少年在实践体验中铭记历史，坚定理想信念。注重典型带动。挖掘青年身边先进典型，扎实做好第十届“东莞市十大杰出青年”评选活动，参与评选投票的市民达100多万人次，组织杰出青年候选人与评委、媒体见面，邀请市领导与杰出青年座谈，以“青春向党”为主题隆重举行颁奖典礼，组织多场杰青巡讲，深化创号争手、雏鹰争章等活动，引导广大团员青年创先争优、建功立业。

【青年服务】青少年服务管理和预防犯罪。2011年，团市委抓住东莞作为全国首批“不良行为或严重不良行为青少年服务管理和预防犯罪”试点的契机，初步搭建起“组织运行、支撑保障、动态监测和帮教服务”等4个体系，推动成立市、镇两级工作领导小组，协调17个市直部门共同开展试点工作，落实专项工作经费，组建专业服务队伍，做好排查摸底和帮教研究，相关课题获全国试点工作重点研究课题立项，探索出试点工作初步经验。推进青年就业创业。组织1.8万名大学生参加大学生创业（社会）实践行动，加强对大学生职业生涯规划的指导，举办东莞市青年创业大赛，设立16万元创业基金，联合市邮政储蓄为创业青年发放小额贷款607万元，创建就业创业基地示范点，加大见习基地岗位对接，有力促进青年就业创业。发展青年文化。举办青年欢乐节、“两新”组织青年体育文化艺术节和学生社团嘉年华等活动，吸引8万多人次参加，丰富青年文化生活。承接欧盟青年代表团和巴基斯坦青年代表团访莞活动，深化港澳台青年社团日常交流，与图木舒克市少年手拉手结对，并组团参加“苏粤4+4青商合作联盟”昆山峰会，组织市青联、青企协代表团赴台考察，进一步加强青年文化交流。

【志愿服务】2011年，团市委积极配合全国文明城市复评工作，不断深化志愿者行动。积极参与文明创建。深入开展“讲文明树新风”志愿服务活动，设立城市文明微笑志愿服务岗，2000多名志愿者热诚服务2万小时，发动志愿者参与百万市民学礼仪、城市形象推广等服务活动，引导市民养成文明习惯。全力服务重大活动。圆满完成中国青年志愿者海外服务计划塞舌尔项目，15名志愿者以出色服务赢得各方好评，全部获团中央颁发的中国青年志愿者海外服务奖章；主动承接动漫博览会、台博会、外博会、扶贫济困“一元捐”等20多个大型活动志愿服务工作，招募培训5000多名志愿者，提供10万小时优质服务，援建河池5所东莞希望小学，并设立150万元东莞市青少年爱心奖学金，切实服务对口帮扶。扎实推进日常项目。开展全市志愿服务统一行动月活动，成立珍爱国土、禁毒宣传等专业服务团队，举行希望工程东莞会亲和留守儿童夏令营，提供12355青少年综合服务平台个案咨询3800多人次，筹资30万元对100个基层优秀项目进行资助，在全市巡回举办44期志愿者周末学堂，推动志愿服务常态发展。

【“两新”组织团建】2011年，团市委针对新生代农民工需求，积极做好“圆梦计划”试点工作，加强“两新”组织团建工作。大力推进“圆梦计划”工

① 共青团东莞市十五届三次全委（扩大）会议前，市委常委、市委组织部部长庞国梅与团市委领导、卸职委员、候补委员合影

② 市委常委、市纪委书记甄瑞潮，副市长吴道闻出席东莞市中学生2011年成人礼活动

③ 2010中国（广东·东莞）青年志愿者赴塞舌尔志愿服务队凯旋

④ “七彩梦 飞起来”留守少年儿童夏令营举行

⑤ 欧盟青年代表团来莞参观交流

① 民族精神代代传活动
② 学生社团嘉年华
③ 2011“重走东纵路”东莞市青少年军事夏令营活动

作。经市委同意，推动成立东莞新生代农民工“圆梦计划”联席会议，并由市镇两级财政拨付1600万元资助东莞优秀新生代农民工继续深造，发动1.2万人报考大学，3760名新生代农民工获北京大学等7所高校录取，举办16场“玫瑰梦”活动，开展42场技能大比拼，圆新生代产业工人学习梦、玫瑰梦和技能提升梦。抓好“两新”组织团建工作。以承办团中央重点城市驻外团工委建设对接会和全省城市战线共青团工作会议为契机，建成15个青工学堂和77个“两新”组织团建示范点，带动5495个“两新”组织团建工作全面活跃，做好驻外团工委的对接、督导工作。开展人文关怀活动，深化“青春暖流”系列活动，为返乡新莞人送免费车票，举办全市“两新”组织青年篮球联赛，开展关爱新生代产业工人千场电影进工厂活动，组织1800多名志愿者与新莞人子女结对，加强对新莞人的人文关怀，提升“两新”组织团组织凝聚力。

【团的基层组织建设】 2011年，团市委认真贯彻落实党群共建创先争优视频会议精神，深入开展创先争优活动，增强共青团工作活力和影响力。扎实开展“两进三同”活动。全市各级团干部5000多人次走进基层、走进青年，深入各类企业、社区和学校与青年同劳动、同生活、同学习，并设立青年观察室，了解青年核心诉求，探索团组织服务青年有效载体。加大团干部培训力度。举办全市基层团委书记培训班、“两新”组织团建工作培训班，选拔基层团干部到团市委机关跟班锻炼，选派优秀年轻干部到中央团校和团省委学习锻炼、到县级团委挂职，积极开展全团大调研，促进团干部成长。推动团组织格局创新。按照专兼职结合、编制内外结合原则，推动全市32个镇街团委完成团组织格局创新工作，吸收184名优秀青年担任镇街团委兼职团干部，优化班子结构，丰富工作资源。延伸团工作手臂。通过青联加强与珠江三角洲和港澳台青年的交流，通过青企协凝聚优秀青年企业家群体，通过学联、少先队组织积极引导学生在实践中锻炼成才，进一步发挥《东莞青年》、《东莞少年》、东莞青少年网的宣传主阵地作用。（卢雪霞）

附：2011年共青团东莞市委领导名录

书　记：陈慧贞（2011年6月离任）
　　　　李　纲（2011年9月到任）
副书记：叶淦奎（2011年8月离任）
　　　　李　纲（2011年9月离任）
　　　　何学文

市妇联

【女性素质工程】2011年，东莞市妇联组织在全市加强妇女教育培训，提升妇女参与发展能力。全市建立“妇女之家”604家，进一步整合社区资源，强化“妇女之家”内部管理，“妇女之家”功能作用逐步显现。新建“东莞妇女书屋”16所，向基层妇女组织和企业女工送去8000多册价值15万元的新书。开展各类教育培训活动3380多期，开展“科技、文化、法律、卫生”进社区活动3120多场次，受益群众达140多万人次，有效提升妇女参与经济社会建设能力。大力推进“两癌”检查工作，为全市近10万名妇女提供免费“两癌”检查，提升妇女健康素质。

【妇女就业创业】2011年，市妇联组织开展就业援助行动，促进妇女就业创业。巩固和发展“村民车间”就业模式，开辟更多灵活就业场所，帮助2.78万名妇女实现就业。继续推进妇女创业资金小额贷款工作，探索村级小额贷款运作模式，为92名妇女提供小额贷款，贷款金额334万元，推动妇女就业创业。

【“巾帼建功”活动】2011年，市妇联组织深化“巾帼建功”活动，引领妇女争先创优。以纪念开展“巾帼建功活动”20周年为契机，宣传表彰“巾帼建功”先进集体和先进个人。深化“千岗联千村”活动，开展义诊、咨询、扶贫慰问活动，服务群众11万多人次。把“巾帼文明岗”创建活动与创先争优活动结合起来，掀起创建“巾帼文明岗”新热潮，全市有29个单位争创省“巾帼文明岗”、70多个单位争创市“巾帼文明岗”。原东莞市委常委、组织部部长庞国梅被评为“全国三八红旗手”；万江街道办事处副主任、妇联主席黄顺明被评为“全国巾帼建功标兵”；南城街道党委委员、妇联主席、人大联络委副主任张小燕被评为“全国巾帼建功活动先进工作者”。

【妇女维权社会化】2011年，市妇联联合有关部门开展失足妇女帮教、“反拐”、禁毒、艾滋病防治等系列活动。大力开展“六五”普法宣传活动，举办普法学习班、法律咨询等活动近700场次，派发宣传资料30多万份。与政法部门建立妇女儿童维权联动机制，协助打击侵害妇女儿童权益案件75宗，协办法援案件113宗，参与调处劳动纠纷案件1526宗。

【家庭文化建设】2011年，市妇联举办“春游绿道 万家同乐”系列活动，倡导低碳、环保生活新理念，引导广大妇女群众传承美德，建设幸福家庭，做幸福女人。评选表彰东莞市“好丈夫、好妻子”。结合纪念建党90周年和东莞市第七届读书节，开展讲座、征文、演讲等家庭读书系列活动1240多场次，近30万群众参与。广泛开展妇女健身、才艺展示、文艺演出、集体婚礼等系列活动，活跃社区、广场文化。

【家庭教育】2011年，市妇联开展“千场家庭教育大讲堂进社区（乡村）”活动，全市举办家庭教育讲座、报告会1587场，46万名家长从中受益，得到省项目督导组高度评价。组织27万家庭参与“东莞市家庭教育亲子电影月活动”，收到观后感11.6万篇。开办家庭教育“父母学堂”电台栏目，设立咨询服务中心，解答家长在家庭教育中的疑难问题。开设“呵护儿童健康成长，千场家庭教育进社区（乡村）”主题网页，开通《家教锦囊》短信，为10万名家长提供服务。举办《全国家庭教育指导大纲》学习培训班。

【公共服务新品牌】2011年，市妇联召开专题会议，明确妇联参与公共服务的发展思路。积极争取各级政府和有关部门支持，配备专业社工70名。举办市妇联社会工作业务培训班，邀请香港督导驻点指导，提高妇联干部和妇联社工理论素养和专业技能。建立白玉兰家庭服务中心8家、白玉兰家庭服务室20个。开辟“玉兰花开·温馨万家”宣传网页。白玉兰家庭服务中心的运作模式在全市各镇街迅速推广，发挥着重要作用，为妇联参与公共服务开辟新途径。中心面向低收入新莞人家庭、单亲困难家庭、生活困难老人及残疾人等弱势群体，提供热线服务、支援服务、康乐活动等；根据妇女、儿童和家庭实际需求，开展即时辅导1600多次，跟进个案143例，开展小组活动164节，举办活动171场，取得良好社会效果。市妇联白玉兰家庭服务中心被全国妇联和人保部评为全国妇联系统先进单位。

【妇儿规划实施】2011年，市妇联协调、组织各镇街、妇儿工委各成员单位完成2001—2010年妇女儿童发展规划终期评估工作。对全市32个镇街实施妇女儿童发展规划情况进行全面督导检查，形成评估报告，为促进东莞妇女儿童事业发展提供重要依据。成立新规划编制领导小组和专家组，深入调查研究，总结经验，查摆问题，认真编制东莞妇女儿童发展新10年规划。制作全省首个婚检专题宣传网页，开展婚检专题访谈、集中宣传日和广告金点子创作大赛等活动，大力普及婚检知识，推动婚检率提高。2011年全市婚检率为27.15%。深入开展“降消”（降低孕产妇死亡率和消除新生儿破伤风）和免费孕检、母乳喂养宣传活动。

【广东省妇女维权与信息服务站（东莞站）】2011年开通各镇街12338妇女维权热线，调处妇女信访案件2184宗。切实做好妇女维权与信息服务站首期项目总结评估、二期项目启动工作。市维权站项目终期评估全省排名第一，被评为“广东省妇女维权与信息服务站网络宣传优秀奖”。开展妇女维权案例评选活动，评出优秀案例60个。

【援助困境妇女儿童】2011年，市妇联持续开展援助单亲特困母亲活动，积极参与省妇联帮扶贫困母亲发展生产项目，全市帮扶贫困妇女家庭3108户，帮扶资金达280.8万元。组织动员机关企事业单位干部群众以及广东狮子会、金叶珠宝有限公司等社会组织和企业积极参与，开展家访、资助、摄影义卖、户外亲子活动等一系列行动，进一步扩大“爱心父母大联盟”。全市发动5200多名“爱心父母”与3514名困境儿童结对助学、助养、助教。7月，市妇联荣获省妇联颁发“姐妹情深10元捐”活动贡献奖。

【关爱新莞人妇女儿童】2011年，市妇联全年举办法律咨询、卫生保健、心理疏导、家庭教育等活动1243场次，为21.3万多新莞人女工提供服务。建立“母亲加油站”、“女工俱乐部”、“沟通无限工作坊”，开展新莞人女工春节联欢、好书分享等人文关怀活动，增强新莞人女工归属感。举办东莞市爱心家庭回访邵阳县留守儿童、“留守儿童暑期来莞合家欢”等活动，促进全社会共同关注新莞人儿童健康成长。

【纪念“三八”妇女节101周年】2011年，全市各级妇联围绕“东莞因你更美丽”主题，组织开展形式多样、内容丰富的纪念活动，庆祝“三八”国际劳动妇女节101周年。活动包括东莞市各界妇女纪念“三八”国际劳动妇女节茶话会；“幸福东莞行”暨科技馆免费服务月活动启动仪式；“春游绿道　万家同乐”系列活动；“维护妇女权益　给力幸福东莞”——东莞市纪念“三八”国际劳动妇女节101周年妇女维权周咨询活动；东莞市厅处级女干部联谊活动。

【妇女参政议政】抓住2011年市、镇、村（社区）集中换届时机，争取各级党委和有关部门重视，推动出台政策、采取措施，妇女参与决策和社会管理的广度和深度进一步提升。新一届市女党代表、女人大代表比例分别为23.4%、27.7%，比上一届提高2.6个百分点和1.4个百分点，新一届镇街女党代表、女人大代表比例分别达到23.4%、25.9%。镇街党政领导班子配备女干部45人，占党政领导班子干部总数8.65%。女性进村（社区）“两委”（村共产党员支部委员会和村民自治委员会）实现100%目标，全市589个村（社区）配备“两委”女干部753人，占“两委”干部总数19%，比上届提高2.6个百分点。

【妇联组织和干部队伍建设】2011年，在“两新”（新经济组织和新社会组织）组织中建立妇女组织729个。举办维权业务知识、社会工作知识等不同内容、不同层次培训班，培训妇联干部1000多人次。深入开展创先争优活动，以创建“示范党支部”、“党建百佳品牌”和争当“百优”标兵为载体，激发党员干部工作活力，转变机关工作作风，不断提升妇联干部服务能力和水平。继续抽调镇街妇联干部到市妇联跟班学习。

【联谊交流】2011年5月25日，台湾苗栗县妇女会一行29人参观市妇联白玉兰家庭服务中心（东城东泰社区）。7月27日至8月2日，市妇联组织东莞市妇女代表团首次赴台湾交流考察，与台湾妇女组织签订多项交流合作协议，为促进两地妇女交流与合作奠定基础。此外，通过积极联系和组织活动，加强与港澳及内地姐妹市县妇联组织的沟通交流和学习。（龙江波）

附：2011年东莞市妇联领导名录

主　席：黄慧红

副主席：叶丽云　卢　英　安玉红

兼职副主席：黄伟青　林辉芳

市工商联

【概况】2011年，东莞市工商联（总商会）共有镇街商会32个，行业商会1个，会员5000余名，有12个基层商会建立党支部，251个会员企业建立党组织，564个企业建立工会组织。会员中担任全国人大代表1人，省人大代表3人，省政协委员12人，省工商联常委12人，执委8人，市人大代表26人，市政协委员73人。有100名以上企业家获得市以上表彰。会员企业中有中国名牌产品13个，中国驰名商标9个，国家免检产品34个，广东省名牌产品、著名商标160个。市50强民营企业中会员企业占32家，市50家优秀民营企业会员企业占41家。东莞市9家登上广东省企业百强榜的企业中有8家是工商联会员企业。

【换届】2011年12月8日，市工商联（总商会）召开第十次会员代表大会，听取和审议第九届执行委员会工作报告，选举产生东莞市工商联第十届执行委员会。东莞市东糖集团有限公司总裁李锦生当选为工商联主席，方桂萍等27人当选为副主席;李锦生当选为东莞市总商会会长，尹锐勋等34人当选为副会长;李凤莲当选为秘书长。

【建立综合评价体系】2011年，市工商联会同市委统战部对工商联常委以上人选进行综合评价，逐步建立起非公有制经济代表人士队伍及个人的基本档案，形成科学、统一、规范的非公有制经济代表人士政治安排和社会荣誉表彰考察、选拔制度，为积极稳妥做好对全市非公经济人士的综合评价工作奠定坚实基础。

【参政议政】2011年，市工商联（总商会）人大代表、政协委员分别向各级人大、政协提出议案16份，提案28份；市工商联（总商会）及各基层商会向各级党政部门提出建议41份，其中被采纳或引起重视的有20份，报送情况反映、专题信息110余份，较好地履行了参政议政职能。

【商会实力增强】2011年，市工商联（总商会）会员队伍不断壮大，共发展会员299个。统一换届年限，有30个商会完成换届选举。商会制度化、规范化、科学化水平不断提高。商会经济实力进一步加强，在全市32个镇街商会中，常平、沙田等多个商会有自己的物业，其中常平、大朗、东坑、道滘4个商会建设独立的商会大厦。石碣、清溪、万江、茶山4个商会的商会大厦已报建动工。常平、高埗等10个商会设立经济实体，通过物业租赁等方式有较为稳定的经济来源。

【第三届文化体育艺术节】2011年，市工商联（总商会）开展第三届总商会文化体育艺术节，活动历时半年，共有33个基层商会、单位参与，举办52场比赛、演出，有1152名运动员、演艺人员参加比赛、演出，吸引近两万名群众观看。

【会员服务】2011年，市工商联（总商会）运用民企融资服务中心、机动车牌证办理点、商联企业服务部、东莞商会网、政联学校5大服务体系为会员解决融资、办证、宣传、培训等一系列问题，为会员企业发展做好后勤工作。与基层商会联合举办培训班95个，参加人数达3196人次，举办学习会、座谈会145次，参加人数5222人次，举办讲座、研讨会90次，参加人数3659人次。协助会员解决经济纠纷，维护会员合法权益79起，涉及金额744万元；协助会员申报民营科技企业60个、科技项目75个；协助7个企业申请自营进出口权；为会员企业办理出国出境证照156人次；为会员企业融资4.5亿元。通过《东莞民企》、《情况简报》和“东莞商会网”，及时向市委市政府和会员企业反映工作情况，提供经济信息，推介企业发展经验。

【社会公益活动开展】2011年，市工商联（总商会）引导会员企业参与各类社会公益活动。发动基层商会、会员参与光彩事业、扶贫、社会教育基金、文化体育、拥军等各项社会公益活动。发动数百家会员企业捐赠，捐赠金额超过1.3亿元，其中为东莞资福寺重建捐款9000多万元。

【军民共建】2011年，市工商联（总商会）发动基层商会和会员企业开展非公经济组织与部队军民共建工作。共有22个镇（街）商会和31家会员企业与驻莞部队签订共建公约，建立健全共建机制，开展丰富多彩、形式多样的共建活动。“八一”期间，发动非公企业为东莞边检站、虎门威远海军681仓库、76187部队和75234部队援建军营图书室4间，总价值40多万元。

【对外交流】2011年，市工商联（总商会）进一步加强与国内外工商界的联系，广泛开展交流活动。全年市工商联（总商会）及各基层商会共出访组团34个，出访人数670人次，接待国外、境外访问团8个，87人次，与5个工商社团建立友好联系；参加各种商务考察、贸易洽谈、展销会等各种经贸活动328人次，共签订各种投资项目、合作协议14个；协助政府招商引资，引进项目5个，资金2100万元。（蒋　文）

附：2011年工商联领导名录

主席：张玉其（任至12月）
　　　李锦生（12月到任）
党组书记、副主席：
　　　卢寿维（任至10月）
　　　梁应昌（10月到任）
副主席、党组成员：梁德堂
副主席、党组成员：张军民
副调研员：李凤莲

市科协

【概况】东莞市科学技术协会（以下简称市科协）是东莞市广大科技工作者的群众组织，是中国共产党领导下的人民团体,是市委、市政府联系广大科技工作者的桥梁和纽带。至2011年底，市科协所属组织包括50个市直学会（协会、研究会）、32个镇（街）科协、1个松山湖园区科协、600多家企业科协，联系着全市20多万科技工作者。2011年，全市各级科协组织共开展企业技术咨询类服务531项，开展新技术新成果推广70项，创造经济效益6690万元；开展各类科技类培训2099期，培训科技人员达23万人次；受理科技工作者来信来访，为科技工作者办实事453人次，听取科技人员反映意见390条；举办各类科普讲座1700余场，科普展览600余场，青少年科技科普类活动100余场。

2011年5月，在中国科协第八次全国代表大会上，东莞市科协被国家人力资源和社会保障部、中国科协联合授予“全国科协系统先进集体标兵”称号，市科协连希波被授予“全国科协系统先进工作者标兵”称号，成为全国科协系统唯一荣获“双标兵”称号的单位。

【企业科技服务】2011年，东莞市发挥科协的组织特色和智力优势，为企业开展聚才引智、科技咨询等科技服务。

聚才引智　东莞市推动院士专家企业工作站工作，市科协协助易事特电源公司、永强汽车制造公司等3家企业成功申报“广东省院士专家企业工作站”；开展电动汽车产业院士专家企业行活动，邀请中国工程院院士杨裕生、陈清泉到东莞迈科科技、东莞杉杉电池材料等4家企业进行实地考察调研，并举办电动汽车产业院士专家论坛，两位院士分别作主题发言，以科协专报的形式将院士意见呈报市领导及相关部门。

科技咨询　市科协围绕新三板、海内外上市等内容策划四场中小科技企业科技融资论坛；邀请国务院“十二五”规划特聘专家魏杰参加“十二五规划与中小民营企业发展高峰论坛”，邀请中华民营企业联合会保育钧会长作“中国民营经济的昨天、今天、明天”专题报告，对经济增长方式转变和结构调整进行深度解析；联合市台湾事务局，举办4场“台资企业知识产权保护与政策宣讲专题讲座”，成立“台资企业知识产权服务”工作小组，为13家台企提供知识产权诊断和专项服务；编辑3期《东莞企业科协通讯》，刊发各类技术研发、科技动态、知识产权保护、科技融资和科技工作者风采等企业信息，免费印发给企业科协。

【学术交流】2011年，东莞市继续引导专业学会与镇街科协联动，围绕产业升级与发展、城市建设与生态、科技管理与创新、新技术探讨与应用、医学传承与健康等领域展开研讨，全年共举办“碲化镉薄膜太阳能电池的发展趋势”等26期论坛活动，部分论坛还深入东莞高校、高科技企业，为基层科技工作者提供良好的科技交流机会。市科协将以前开展的学术沙龙活动品牌化，交由相关学会具体承办。共举办学术沙龙活动12场，分别围绕观念创新、技术创新、模式创新3个方面举行，如在观念创新上的“东莞市水务大改革大发展对策研讨”，在技术创新上的“虚拟演播室发展与应用研讨”，在模式创新上的“推进节能减排 实施清洁生产”，全年学术沙龙活动共形成6篇科技建言。

【对外科技交流】2011年，市科协联合侨务局举办“2011年中国旅美科技协会高科技项目对接洽谈会”，组织20余家的企业负责人和技术骨干，与旅美科协会员就医药、电子等项目进行分组对接洽谈；通过翻译服务中心为179家企业提供对外合同协议、设备说明和专利文献等技术文献的翻译服务；设立对外科技交流中心，参与美国硅谷科技协会访问团在东莞的交流考察，探索开展海外高端科技人才引进和高科技项目对接常态化等工作。

【科技人员知识更新培训】2011年，市科协依托直属事业单位东莞科技进修学院，在东城、南城、长安等镇街举办8场创新方法普及培训，培训科技工作者达3300余人次，并深入生益科技、太阳神等企业举办4期创新方法提高及解题培训，培训企业研发人员200余人次；举办管理制度设计、服务外包产业发展等专题科技人员继续教育16期（场），参训企业300多家，参训人员5762人次；开展专业技术人员继续教育公修课培训9期，参培人数达3100余人次；举办全市企业科协秘书长高效执行力培训，培训企业科协秘书长400余人次。

【科技工作者服务】2011年，市科协修改完善《东莞市科协关于促进青年科技人才成长资助办法》，将资助对象由学会扩大到各级基层科协，增加资助名额，优化资助程序，全年共资助青年科技人员参加国内外高层次学术会议、出版科技专著、晋升专业职称235名；继续开展科技人才健康检查工作，1284名中级职称科技人员和876名高级职称科技人员享受了免费体检服务；组织第四届“东莞市优秀科技工作”的评审工作，20名同志被市政府授予荣誉称号；通过科技工作者网上法务服务平台回复、解决科技工作者咨询和法务问题71人次；开展年度优秀科技论文、科技建议、金桥工程的推荐评选工作，评选出优秀科技论文52篇，科技建议2个，金桥工程1个；支持学会组织开展24场学术年会，表彰优秀科技论文396篇，表彰优秀会员315人。

【科协组织建设】2011年，市科协不断加强调研学习，切实提升组织发展能力、增强服务意识。

加强学习调研　为促进学会的改革发展，组织科协常委赴云南等地学会工作特色显著的地区学习交流；为更好发挥民间科技交流主代表的作用，开展对外合作交流专项调研；为做好创新方法及知识更新培训，开展创新工程师培训基地可行性专项调研；为发挥科学共同体作用，深化科技工作者服务，开展发挥科学共同体作用促进科技人才发展专项调研；为促进企业科协工作，开展企业科协深入走访座谈，并组织部分企业科协到广州等地交流学习。

规范学会发展 市科协根据上级科协学会改革工作要求，结合本市实际，制定《东莞市科协所属科技社团实施综合评价暂行规定》，把评级结果与项目资助和评优评先挂钩；对学会财务工作进行全面检查，结合“小金库”专项治理，进一步规范学会财务管理；获得“广东省学会改革工作先进集体”荣誉称号。

直属事业单位改革 2011年，市科协根据全市事业单位分类改革工作的要求，制定直属四个事业单位的改革方案。重新对直属机构的职能进行分类和定位，围绕科协组织的“三服务”工作定位，突出公益性，东莞市科技咨询服务中心加挂“东莞市科普中心”牌子，东莞市翻译服务中心加挂“东莞市对外科技交流中心”牌子，东莞科学馆荣获“广东省全民科学素质行动计划纲要实施工作先进集体”称号，东莞科技进修学院被认定为“东莞市专业技术人员继续教育基地”。 （黄 顿）

附：2011年市科协主要领导名录

主　席：冷晓明

专职副主席：连希波　李小兵

市侨联

【组织建设】 2011年，东莞市各级侨联结合东莞侨情实际，围绕市委中心工作，不断加强自身建设。开展2011年纪律教育月活动，参加纪念党成立90周年系列活动，提高干部廉政自律意识和党性修养。组织市各级侨联干部共40多人参加全省侨联办公室主任暨信息工作会议，学习办公室工作管理、办文和信息写作等。市侨联被省侨联授予“全省侨联信息工作先进单位”荣誉称号。

【新侨工作】 2011年 4月，东莞市侨联南美华侨眷属联谊会成立，进一步拓宽侨联工作平台。9月20日，东莞市侨联归国留学人员联谊会筹委会正式成立，加快联谊会筹组工作进程。

【服务经济】 2011年，市侨联陪同中国侨联和省侨联前往大岭山、望牛墩和厚街等法国、意大利侨商投资企业开展调研活动；前往东莞市侨联南美华侨眷属联谊会属下东莞莞鑫贸易有限公司，为其发展出谋划策。继续帮扶麻涌镇大步村发展经济，实现脱贫；帮助部分对口帮扶贫困户解决就业问题，市侨联对口帮扶的7个贫困户中有5户实现脱贫。

【为侨服务】 2011年，市各级侨联共处理来信200多件、接待来访300多人次，协助党政机关及有关部门解决26多件涉侨案件；4月，协助公安部门在东莞警察网公布有关华侨华人回国定居和出入境手续办理以及加入、恢复、退出中国国籍办事指南；多次调研华人自梳女因没有户口不能享受低保和医疗等实际问题，向市委市政府和公安部门反映调研情况，11月，公安部门为全市32名华人自梳女恢复中国国籍。开展“献爱心、送温暖”、“侨心助学”、“动员侨界参与慈善活动捐款捐物献爱心”等活动，春节期间分别到茶山、东坑、凤岗等镇街慰问20名老归侨困难户和具有特殊身份的老侨胞；春节和中秋节期间，对90多名归侨侨眷和港澳属困难户进行慰问；6月，发动侨界人士捐款共约1046万元。

【宣传联络】 2011年，市侨联分别接待新加坡东安会馆、新加坡中华总商会、马来西亚东安会馆、旅美阳和总会馆、法属圭亚那、美国、澳洲、加拿大、英国、苏里南、牙买加等东莞同乡会、社团，美国东莞同乡会组织的“2011海外华裔青少年学生夏令营”，上级侨联及各兄弟省市侨联的来访和考察团共1000多人次。市各级侨联赴港澳、海外参加莞籍社团春茗、庆典活动、就职典礼，赴海外考察侨情、拜访重点人物等活动达800多人次。5月，拜会新加坡东安会馆和马来西亚东安会馆联合总会及各分会负责人，参加马来西亚雪隆东安会馆成立119周年纪念联欢庆典活动。8月，协助举办第八届世界东安恳亲大会，大会有来自40个国家的400多名深圳、东莞籍社团首长和海外侨领参加。年内分别到塘厦镇、黄江镇、横沥镇、桥头镇、厚街镇、中堂、沙田、樟木头、南城、凤岗等镇街指导香港同乡会成立工作，协助以上镇街同乡会筹组、举办成立典礼；凤岗镇被省侨联授予首批“广东省侨联侨界文化交流基地”，9月，举行“广东省侨界文化交流基地暨客侨风艺术团授牌仪式”。 （潘伟强）

附：2011年东莞市侨联领导名录

主　席：曾民盛

副主席：祁树基（2011年1月1日至2011年10月17日）
梁佳沂（兼）　梁　麟（兼）
程超辉（兼）

秘书长：邓林基

市文联

【组织建设】 2011年，东莞市文联部分协会顺利完成换届，加强了文艺协会的领导班子建设。4月17日，东莞市硬笔书法协会召开第五次会员代表大会，大会选举产生第五届理事会，谢洪涛再次当选主席。10月15日，东莞市民间文艺家协会召开第二次会员代表大会，选举产生第二届理事会，王少文再次当选主席。11月8日，东莞市国际标准舞协会召开第三次会员代表大会，选举产生第三届理事会，何环珠再次当选主席。12月11日，东莞市美术家协会召开第四次会员代表大会，选举产生第四届理事会，黄泽森再次当选主席。12月17日，东莞市文艺评论协会召开第二次会员代表大会，选举产生第二届理事会，柳冬妩再次当选主席。12月26日，东莞市摄影家协会召开第六次会员代表大会，选举产生第六届理事会，陈锦波再次当选为主席。

2011年8月，方正年当选广东省曲艺家协会第八届主席团副主席，刘影当选广东省舞蹈家协会第八届主席团成员。11月，陈锦波当选广东省摄影家协会第九届主席团副主席，王少文当选广东省民间文艺家协会第七届主席团副主席，奠定了东莞市摄影、民间文艺、戏曲、舞蹈在全省的地位。

2011年，市文联积极加强镇级文联建设，截至12月底，全市在原有的基础上再增加大朗、黄江、企石、石碣、横沥、常平、谢岗、东坑、长安、虎门、道滘、洪梅12个镇级文联，全市32个镇街全部成立文联，在全省率先实现基层文联组织全覆盖。

【文艺人才队伍建设】 2011年，市文联吸收一批文艺人才加入各文艺家协会，如，将雁南飞、骆好等为代表的网络作家吸收进入市作家协会；推荐有创作成果符合条件的文艺人才加入国家级和省级文艺家协会，其中新增国家级文艺家协会会员97人，新增省级文艺家协会会员241人。根据《新莞人作家、艺术家入户东莞实施方案》，首批5位新莞人作家、艺术家已经办理入户东莞。 （唐晓瑜）

附：2011年东莞市文联领导名录

主　席：林　岳

副主席：宋　媛

市残联

【概况】2011年，为加快健全残疾人事业发展长效政策机制，市政府印发《东莞市残疾人事业"十二五"发展规划》，新修订《东莞市扶助残疾人办法》，全面推进残疾人社会保障和服务体系建设。东莞市围绕残疾人社会保障和服务"两个体系"建设，残疾人各项工作扎实推进，被国务院残工委授予"十一五"全国残疾人工作先进单位称号。市残联获得广州亚运会、亚残运会先进集体称号；市残疾人康复中心获得"十一五"全国残疾人康复工作先进集体荣誉称号；市残疾儿童学前教育中心获得"全国巾帼文明岗"荣誉称号。

【残疾人康复】2011年，通过实施精神病防治、白内障复明等一批重点康复工程，东莞市投入600多万元为10899名精神病患者提供监护，为2763名困难精神病患者提供免费服药、送院治疗、跟踪随访等服务；免费帮助白内障患者施行复明手术1387例。优化康复服务流程，为270多名0—6岁残疾儿童提供优质抢救性康复服务；拓展服务项目，为452名14周岁以上的精神、智力障碍和重度残疾人提供托养服务，起到"托养一人、解放一家、安定一方"的良好社会效果。

【残疾人教育】2011年，东莞市扎实开展扶残助学活动，全年投入66.5万元帮助337名困难残疾学生解决上学难问题；开拓音乐、美术、体育、家政等兴趣教学，为365名残疾孩子提供康教结合的学前特殊教育服务；帮助10名残疾学生成功报读广东省培英职业技术学校，2名残疾人报读华南师范大学。

【残疾人就业培训】2011年，全市积极探索培训与就业联动机制，创新举办计算机应用、盲人保健按摩、烹饪及面点制作、网上创业等21个实用技能培训班，免费培训残疾人670名，安排残疾人就业1200多人次；继续开展残疾人就业援助系列活动，举办12场残疾人就业招聘会，达成就业意向的残疾人达264人次；实施分散按比例安排残疾人就业，全年审核按比例安排残疾人就业3917人次。

【残疾人宣传文化】2011年，东莞市围绕残疾人重要节日，开展一系列残疾人宣传文化活动。举办东莞市首届残疾

东莞市残疾人联合会

①　2011年9月7日，省长黄华华视察市残疾人康复中心
②　2011年11月7日，中国残联常务副理事长王乃坤视察东莞市残疾人服务机构
③　2011年12月8日，联合国残疾人事务特别报告员查克林到东莞市调研残疾人工作

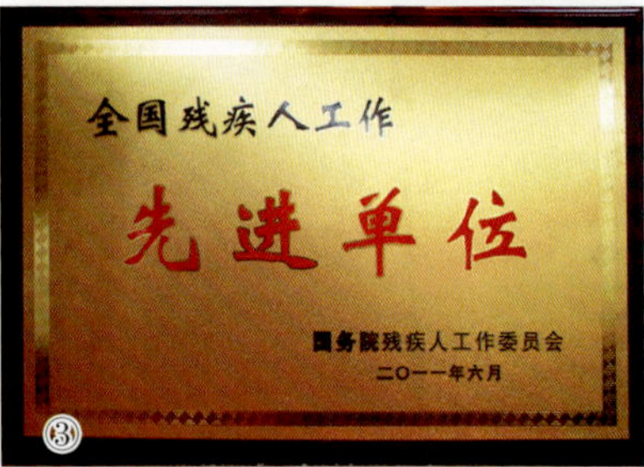

① 2011年5月13日，东莞市残疾人福利基金会成立暨答谢大会举行
② 2011年1月20日，副省长佟星到万江街道困难残疾人家“送温暖”
③ 2011年东莞市被评为“全国残疾人工作先进单位”
④ 东莞市残疾人运动员蔡嘉浠高举双手庆祝夺冠

人文化节、残疾人读书节、庆祝建党九十周年征文比赛等活动，丰富残疾人精神文化生活；组建东莞市残疾人艺术团，在“国际残疾人日”期间成功举行首场汇报演出活动，向社会展示残疾人特殊艺术；积极参加各类残疾人文艺汇演，在“第六届全省特教学校学生艺术汇演”活动中，荣获2个综合类二等奖、1个单项三等奖；在联合国第四届“世界关顾自闭症”系列活动——粤港心智障碍儿童才艺比赛中喜获团体舞蹈组亚军。12月8日，联合国残疾人事务特别报告员查克林一行考察市残疾人工作，促进市残疾人工作的国际交流。

【残疾人体育活动】2011年，东莞市重视残疾人体育健身活动，残疾人竞技体育水平保持全省前三。7月，国家射击队年纪最小的残疾人运动员、中国女子复合弓坐姿比赛第一人、石龙镇“90后”残疾人运动员陈敏仪在2011年射箭项目世界锦标赛中获得团体第三、个人第四的好成绩，并为中国残疾人射箭队赢得一张2012年伦敦残奥会入场券；10月11—19日，东莞市30名运动员参加全国第八届残运会的田径、游泳、自行车、射箭、盲人门球等项目，勇夺15金10银1铜，打破5项全国纪录，创造东莞残疾人运动员在全国残运会上最好成绩。

【残疾人权益维护】2011年，东莞市认真贯彻落实《广东省实施〈中华人民共和国残疾人保障法〉办法》，切实做好残疾人权益维护工作。全年共接待残疾人及亲属来访352人次，处理来电、来信820人次；新办、补办残疾人爱心乘车卡608张；帮助首批65名残疾人考取机动车驾驶证，并及时发放机动轮椅车燃油补贴；组织各镇街开展残疾人普法学法活动，举办专题讲座11次，制作宣传栏140版，发放宣传材料达2.1万多份。

【残疾人工作人才队伍建设】2011年，东莞市将残疾人事业各类人才纳入全市社会建设人才培养大局，坚持以教育培训强素质，先后为全体残疾人工作者举办社会工作和残疾人工作专业知识与技能培训；继续推进以政府购买社工岗位的方式，逐步打造“残疾人工作专业人才社工”的服务团队；坚持“引进来”与“走出去”，先后引进康复、特殊教育、社会工作等各类专业人才36名，市政府残工委先后组织成员单位、市残联业务部门负责人、镇街残联理事长赴北京、香港等先进地区考察学习。

【残疾人基础设施建设】2011年，东莞市坚持立足残疾人需求打造精品工程，将残疾人基础服务设施建设项目纳入“民心工程”和为民办实事的项目，挂钩督导，加快建设。2011年，市康复医院工程全部完工，市残疾人康复实验学校和残疾人体育训练中心项目一期工程完成主体封顶；加快推进困难残疾人家庭无障碍改造工程，全年完成17个镇街900户家庭无障碍改造工作；长安、凤岗镇建成康复就业服务中心并投入使用，为残疾人提供就近就便服务。

（王　刚）

附：2011年东莞市残联领导名录

理事长：梁应昌（任至10月）
　　　　冉红宇（10月到任）
副理事长：陈志忠　黄志良

市社科联

【概况】2011年7月东莞社科大楼落成暨东莞市社会科学院挂牌，以此为新动力和新起点，东莞市在社会科学领域不断强化决策咨政研究，完善成果奖励机制，搭建思想交流平台，办好个性化刊物，构建信息互享系统，在课题研究、咨政服务、理论研讨、学术交流、社科普及、平台打造、人才建设、机制完善等方面取得成绩。2011年，东莞市社科联荣获“全国先进社科联”称号，市社科联副主席龙家玘获得“全国大中城市社科联先进工作者”称号，充分发挥“思想库”、“智囊团”和“参谋部”作用。

【突出决策咨政研究】2011年，东莞市社科部门开展“东莞经济社会双转型战略深化细化研究”、“东莞加强和创新社会管理研究”、“东莞园区经济与镇街经济合作发展研究”、“沿海经济与城市带发展战略研究”、“东莞未来城市升级方向和突破路径研究”等30多个重大咨政课题研究和76项社科立项课题研究，推出一批高质量的咨政研究报告。其中《东莞创新社会管理研究》、《东莞建设智慧城市研究》、《东莞发展战略性新兴产业研究》、《建设幸福东莞的若干思考》等10篇重大咨政报告得到市委书记、市人大常委会主任刘志庚的批示，并在重要内参上发表，受到市领导、政府部门和学界的高度评价。《东莞建设智慧城市研究》被市经济和信息化局于11月16日举办的“广东东莞物联网发展高峰论坛”作为重要参阅资料印发交流。《东莞未来城市升级方向和突破路径研究》被一些市直部门和高校作为重要学习资料转载印发。

东莞市社会科学界联合会

① 2011年7月28日，东莞社科大楼落成暨东莞市社会科学院挂牌，市委书记、市人大常委会主任刘志庚等领导出席落成典礼

② 2011年8月3日，副市长成洪波出席“民间策论——东莞社会建设圆桌论坛”

① 2011年9月16日，市社科联举办东莞市社科社团秘书长培训班
② 2011年11月25日，广东智库联盟2011年理事会工作会议在东莞举行
③ 广东智库论坛——“转型期的社会建设”在东莞举行

【建言献策和理论研讨活动】 2011年，东莞市社科部门先后组织近10场学习座谈和咨询论证会，提出重大对策建议100多条。如，省委十届八次全会和市委十二届七次全会召开后，举办“建设幸福东莞研讨会”，就幸福东莞的内涵、特质特征、幸福东莞的综合评价指标体系、加快转型升级与建设幸福东莞的关系以及建设幸福东莞的具体路径等方面提出对策思路，并将研讨综述印发给各级领导参阅。10月，党的十七届六中全会召开后，召开“文化强国战略与东莞文化名城建设论坛”，就社会主义核心价值体系建设、文化精品打造、公共文化服务、发展文化产业、特色文化品牌、文化体制机制改革、文化人才队伍建设等内容进行研讨，提出很多对策建议，经整理后呈给有关领导参阅。7月，与东莞日报社联合召开“东莞社会建设圆桌论坛”，就东莞社会建设的具体路径进行研讨，并将专家观点梳理呈送给市有关领导参阅。11月，与省社科院联合召开广东智库论坛“转型期的社会建设”，省市社科专家为转型期的东莞社会建设建言献策，并形成研讨会综述和论文集供市领导和有关部门参阅。

【社科宣传普及活动开展】 东莞市社科部门围绕“建设幸福东莞”主题，开展“2011年东莞市社会科学普及周活动”，共举办10场社科专家“走基层、进社区、访企业”知识讲座服务活动，举办“纪念辛亥革命100周年大型图片展”和3场社科俱乐部活动，惠及市民达10万人次。同时，不断加强东莞理工学院、莞城北隅社区、东城牛山社区3个广东省社科普及示范基地建设，持续引导3个基地开展报告、讲座、咨询、培训、展览、图书创作等形式多样的科普活动。2011年莞城北隅社区获得“广东省优质人文社科普及基地”称号，虎门镇宣传办李世贤荣获“广东省优秀基层社科普及工作者”称号。7月，在清远市举办东莞市社科社团秘书长培训班，邀请省社科专家为社团负责人讲课。

【思想交流平台构建】 2011年，东莞市社科部门在继续办好《东莞社科论坛》（季刊）、《东莞社科资讯》、《东莞市情报告》的基础上，创办专送市领导参阅的决策咨政内参——《东莞咨政内参》，把专家学者的大量研究和社科界有价值的建言献策转化为短、平、快的决策性参考资料。全方位、多渠道收集有关国际国内先进城市经济社会和城市发展动态及经验的刊物、著作、文献资料、统计资料等研究性材料，构建中外先进城市专题图书资料库。不断加强与国家和省市200多名高层次专家学者的沟通、联系与合作，为东莞发展把诊号脉，构建网络社科院。广泛收集和购买国内外先进城市经济发展情况的网络电子材料，分专题和领域建立电子研究资料库。 （祝俊峰）

附：2011年东莞市社会科学界联合会领导名录

主　席：王思煜
副主席：龙家玘

红十字会

【概况】东莞市红十字会成立于1995年，2009年初正式挂牌运作。2011年，共募集各类捐款109.41万元；完成应急救护规范化培训1.72万人；发放各类红十字宣传资料8万份；举办8期基层红会工作人员及红十字志愿者骨干学习班，新招募红十字志愿者600余名，红十字志愿者队伍累计超过5000人。

【红十字知识宣传】2011年，市红十字会以"世界红十字日"、"百人百场应急知识宣传普及文艺晚会"、"防灾减灾日"、"世界急救日"、"安全生产月宣传服务咨询日"等活动为契机，通过解答疑问、派发资料、现场演示等方式进行宣传；5月，携手香港医疗专业人士协会共同举办"十送基层志愿服务"，将红十字精神送到基层；印发应急救护培训、志愿服务、赈济救助指南、遗体及器官捐献、造血干细胞捐献等各类宣传海报、折页共6.8万份。

【东莞市红十字会备灾救灾物资仓储中心】2011年3月，东莞市红十字会备灾救灾物资仓储中心建设工程正式完工，中心参照中国红十字会广州备灾救灾中心规划设计建设，占地1205平方米，内设仓储区、加工整理区、行政辅助区，集备灾物资加工、仓储、转运为一体，肩负着灾害救援准备工作重任。

【应急救护培训】2011年，市红十字会共举办应急救护培训班400多期，累计完成1.72万人次的规范化培训。重点对意外伤害事故易发的工矿企业、交通运输、警务保安、电力通信、建筑工程、酒店旅游等高危行业的从业人员进行培训；并对4000多名志愿者、在校学生、社区居民进行防灾避险、自救互救知识宣传教育。

【志愿服务】2011年，市红十字会募捐箱管理服务队在全市新增募捐箱放置点12个，全年共收集募捐箱善款3.56万元。年初，全体志愿者参与迎春鲜花义卖活动，筹得善款1.6万元用于帮扶贫困家庭。推出"少年强"项目——针对不同年龄段学生设置不同的教学内容，包括意外伤害、救护技术、公共卫生和社会实践等方面知识和技能，已在市内多所学校和市民政局试讲，项目被中国红十字会总会评审为全省唯一的全国志愿服务二类项目。6月，联手光大集团成立东莞市首家红十字博爱社——光大社区红十字博爱社，博爱社物资全部由爱心市民捐赠，部分物资直接捐赠给困难群体，部分进行义卖，义卖所得全部用于市红十字会开展的公益项目。

2011年，东部片区的红十字志愿者协助常平镇政府协调2011年春运新莞人专列，服务旅客过百万人次；以社区为依托，为孤寡老人和困难残疾人提供包户、定期、接力式亲情服务；为桥头镇等多个镇街社区的孤寡老人、贫困家庭送去大米近3吨。

【救灾工作】2011年，"3·10"云南地震、"3·11"日本地震和泰国水灾发生后，市红十字会分别募集到善款14.4万元、49.47万元和3000元。所有善款均按指令上缴用于灾区的紧急救援和灾后重建。

【社会救助】2011年，市红十字会共接待困难群众求助23例。7月，为煤气爆炸导致祖孙三人严重烧伤的困难家庭送去救助金5000元。通过赣州市红十字会与2008年在莞烧伤的赣州女童家人取得联系，转交爱心人士定向资助的800元爱心善款。为再生障碍性贫血小患者争取到省红十字会小天使基金3万元。将22家企事业单位定向捐赠的一批价值475万元的医疗设备、电子设备及办公家具转交给洪梅镇人民医院。

【器官和造血干细胞捐献】2011年，全市完成多器官捐献2例，角膜捐献1例；共签订遗体捐赠协议书19份。全年共举办6场造血干细胞知识培训班，新增造血干细胞捐献志愿者118人，采集高分血样8例，工作站自2010年10月开展造血干细胞捐献登记工作以来，为中国造血干细胞捐献者资料库提供200份资料。4月，东莞市首位造血干细胞捐献志愿者吴雪莹成功为一位患有重症地中海贫血的小朋友捐献造血干细胞。何裕和石登峰两名志愿者获得由省红十字会颁发的捐献造血干细胞志愿服务优秀志愿者称号。

【无偿献血】2011年，市红十字会无偿献血服务队上街宣传组织无偿献血近百次，累计服务时间5万多小时，连续五年获国家卫生部、红十字会总会、省红十字会及市政府表彰。（钟　原）

附：2011年东莞市红十字会领导名录

专职副会长：张　鼎

秘书长：叶伟坤

▲红十字志愿者进行助残活动

政权·政协

REGIME · THE CHINESE PEOPLE'S POLITICAL CONSULTATIVE CONFERENCE

长安镇

- 市人民代表大会
- 市政府重要决策
- 十件实事
- 政协第十一届东莞市委员会第五次全体会议

编辑：李文蔚

东莞市人民代表大会常务委员会

【2011年东莞市人大常委会主任、副主任、秘书长、副秘书长名单】 主任：刘志庚；常务副主任：黄双福；副主任：冯同恩，吕兢，李秀冰，吴镇成，郭水；秘书长：陈柏南；副秘书长：李卫忠，叶国志，刘智勇，林儒森。

【2011年东莞市人大常委会机构设置】 市人大常委会办公室；法制工作委员会；财政经济工作委员会；城建环境与资源保护工作委员会；农村农业工作委员会；教科文卫华侨外事工作委员会；选举联络人事任免工作委员会；市依法治市工作领导小组办公室（托管）。

【市人民代表大会】 2011年1月17—19日，东莞市第十四届人民代表大会第六次会议在市会议大厦举行。会议听取、审议和通过东莞市人民政府工作报告；审查和批准东莞市国民经济和社会发展第十二个五年规划纲要、东莞市2010年国民经济和社会发展计划执行情况报告与2011年国民经济和社会发展计划；审查和批准东莞市2010年市级预算执行情况的报告和2011年市级预算；听取、审议和通过东莞市人民代表大会常务委员会、东莞市中级人民法院和东莞市人民检察院的工作报告；补选市人大常委会部分组成人员。大会继续设立旁听席，接受55名社会各个阶层人士旁听会议，并召开旁听人员座谈会。首次邀请10名高层次人才列席大会，并召开座谈会。

【依法治市进程推进】 2011年，东莞市人大常委会指导市依法治市工作领导小组办公室开展工作，推进依法治市，为推动东莞加快转型升级，建设幸福东莞创造良好法治环境。主要工作：主动探索法制宣传教育新举措。2011年是市、镇、村三级换届选举年，按照市委关于做好选举年法制宣传教育工作要求，联合市检察院等单位，在全市32个镇街开展“村级换届选举反贿选法制专题教育”。在村级换届选举结束后,围绕镇街领导班子换届选举，促使镇街党员干部强化廉洁意识，规范选举行为进行多次调研。在全市范围内分6个片区开展以“依法选举，廉洁为官，幸福东莞”为主题的全市性专题法制教育活动。共计1600多人接受教育，基本覆盖全市所有镇街领导干部。办好省、市法治论坛。广东省“第六期法治广东论坛”在厚街镇举行，做好沟通、协调、请示和会务等方面工作，确保该论坛如期顺利举行。把“第七期法治东莞讲坛”与省论坛法治讲座结合举行。参与法院见证执行和开展专题调研活动。市依法治市办、市人大常委会法工委全程参加市第一人民法院开展的“夏日风暴”执行活动，常委会“优化执法环境工作座谈会”在市第一人民法院举行。会后，形成专题调研报告呈报市委。加强依法治市工作者培训。组织依法治市工作者和市人大常委会部分领导赴兄弟省市培训学习。

【监督工作开展】 2011年，东莞市人大常委会共听取和审议专项工作报告9项，组织视察3次，进行专题调研5项。听取和审议专项工作报告。依照法律规定，围绕公共财政建设，强化财政监督，听取和审议市2010年社会保险基金预决算、市2010年本级预算执行和其他财政收支的审计、市2010年决算草案和2011年上半年预算执行等情况的专项工作报告，提出意见建议，规范监督程序，促进财政支出公开、透明和科学性。听取和审议市第二人民法院、市第二市区人民检察院、市第三人民法院、市第三市区人民检察院设立后的专项工作报告，加强对基层司法机关的监督。组织视察。为提升东莞气象防灾减灾能力，常委会组织视察气象防灾减灾能力建设情况，听取气象局专项工作汇报，实地察看虎门龙眼安全气象社区创建和运作情况、板岭气象探测基地，提出多项建议。开展专题调研。根据市委提出建设文化名城的发展战略，常委会对市文化产业发展、公共文化服务体系建设、旅游产业发展以及群众文化、岭南文化、莞香文化和非遗文化的挖掘与传承情况开展专题调研。为促进市内扶贫“双到”决策精神的贯彻落实，常委会开展专题调研，采取点面结合的方法，与镇、村干部座谈，实地查看欠发达村增收和困难群众脱贫成效，提出市内扶贫工作要以“统筹、减负、管理、就业”为突破口，逐步解决欠发达村和贫困群众的增收脱贫问题。注重增强财政监督实效性，在听取和审议市级预算执行和其他财政收支情况报告前，常委会结合市政府《审计工作报告》，到有关单位和镇街进行调研，听取他们对审计情况的说明以及整改落实情况，全面分析市本级财政预算执行和其他财政收支中的新情况和新问题，严把审计整改关。为保障市供水安全，常委会坚持对供水管网建设和改造工作进行调研，梳理出市政府供水工作中硬件和体制方面问题，提出加快推进供水管网改造进度、加大镇村水厂整合力度、尽快完善供水管网资料等建议。加强跟踪监督。市三级转二级办学体制，调整高中阶段学校布局，是一项民心工程，常委会坚持跟踪监督布局调整情况，督促市政府及有关部门合理布局、科学规划，努力打造“绿色”通道，积极推进，以满足人民群众对优质的普通高中学位日益增长需求。信访工作紧贴民生。常委会发挥人大在维护人民群众权益方面作用，加强信访工作，通过领导亲自抓信访案、教育与救助并举、与政府法院等有关部门多方联动、跟踪监督等方式，做到督促“一府两院”改进工作与实现为民解难题、为群众办实事相结合，2011年，常委会信访电的总量为1528件次，办结1490件次，办结率为97.5%。

【重大事项讨论决定】2011年，东莞市人大常委会对法律明确规定或“一府两院”提请的重大事项，及时列入议事日程，依法行使重大事项决定权，作出决定12项。为细化工作流程，常委会审议通过《东莞市人民代表大会常务委员会规范性文件备案审查工作程序规定》，为明确工作职责，理顺工作环节，常委会组织召开规范性文件备案审查工作会议，制作《东莞市人民代表大会常务委员会规范性文件备案审查工作流程》。常委会审议通过《东莞市地下空间开发利用管理暂行办法》，为加强东莞市地下空间开发利用管理，合理开发利用地下空间资源提供依据。

【人事任免依法进行】2011年，常委会坚持党管干部原则与人大依法任免有机统一，不断规范人事任免程序，坚持任前通报常委会党组、任前演说、颁发任命书等制度，增强拟任人员法治意识和自觉接受人大监督意识。全年市人大常委会共依法任命干部52名，其中：人大系列11名，政府系列12名，法院系列19名，检察院系列10名；共免职干部31名，其中：人大系列12名，政府系列9名，法院系列10名。共免去人民陪审员3名，为促进市经济社会平稳健康发展提供坚强组织保证。

【代表工作开展】2011年，东莞市人大常委会致力于服务代表，以充分发挥代表作用为目标，丰富代表闭会期间的活动内容，创新代表活动方式与方法。强化联系代表活动。为加强常委会领导与代表和基层人大联系，适时修订常委会领导分组联系人大代表和基层人大活动方案，组成6个联系小组，分别由常委会副主任带队，采取座谈、视察、调研、个别走访、学习研讨等各种形式，相对固定联系1个片的代表和基层人大。深化市长约请代表活动。2011年市长约请市人大代表座谈会与市长约见市政协委员一并召开，常委会优化座谈会议程，对各镇街报送的发言材料进行分类整理，汇编成册。结合视察市气象防灾减灾能力建设工作举行专题代表约请市长活动，使代表能有更多的机会直接参与监督，更好地就社会热点难点问题建言献策。精心组织代表活动日。常委会周密安排，具体部署，指导各镇街开展市第七个代表活动日活动，组织代表围绕经济社会双转型、“三旧”改造、文化事业发展、环保、就业、社会综合治理等市委中心工作和人民群众关心的热点难点，开展集中学习、视察、调研、听汇报、座谈、代表自由走访等活动，就经济社会发展提出意见和建议。发挥在莞的全国、省人大代表履职合力。注重加强与全国、省人大代表沟通，邀请代表列席常委会会议，组织全国、省人大代表围绕市稳定物价保障民生工作、新莞人服务管理工作进行集中视察、专题调研，让代表掌握、反映社情民意，发挥全国、省、市三级代表监督合力，为市经济社会发展出谋划策。强化代表履职保障。做好服务代表工作，组织代表参政议政，为代表知情知政、参政议政创造条件。定期给代表寄发文件、政情资料等，增强代表履职能力；发放代表补贴，为代表履职提供资金保障；关心代表工作和生活，为代表寄送生日贺卡、发送贺年短信；根据工作安排和有关单位要求发挥代表作用，组织部分履职能力较强、有相关专业知识或者来自不同层面的代表担任市检察院人民监督员，参加承办单位办理建议座谈会、“市民评机关”等活动。

【代表议案和建议督办】2011年，东莞市人大常委会及时做好代表议案和建议的交办工作，注重调查研究，广泛听取意见，跟踪代表议案和建议的办理进度和办理情况，促进办理落实。提高议案办理质量。为推进文化名城建设，市十四届人大六次会议将《加强文化名城建设　全面提升东莞文化软实力的议案》作为大会议案。常委会加大督办力度，注重办理议案质量，定期了解办理动态，及时提出督办意见和建议；开展专题调研，全力推动市“四个名城”建设；听取和审议市政府关于办理议案情况报告。提高建议办理效果。对代表建议进行分工督办，强化督办责任意识；选取5件重点督办的代表建议，重点跟踪，讲求实效；对一些工时长、办理难度大、时机尚未成熟的建议持续督办，力求督办一项促成一项；加强与市政府沟通联系，及时移交、督办闭会期间代表提出的建议，把代表建议办理工作纳入规范化管理。2011年，代表建议总数为114件，办结率和代表满意率均为100%。

【市镇两级代表换届选举】2011年，根据《选举法》、《省选举实施细则》规定，省人大常委会按照“对2010年末户籍人口数与1996年末相比，增幅超过16%，且2010年末非户籍常住人口超过户籍人口数50%的市县区的人大代表总名额重新确定”的精神，重新确定东莞市十五届人大代表名额448名，比十四届增加34名。东莞市人大常委会严格依法依规，深入实际调查研究，保障公民都享有平等选举权和被选举权，确保市镇人大代表换届选举工作得以顺利进行。11月10日是全市投票选举日。选举日当天，共有1391555名选民参加投票，参选率达到98.66%。市第十五届人民代表大会代表于2011年11月10日全市投票选举日当日（市003、035选区依法顺延三天，于11月13日下午举行选举），全部一次选举成功，共选举产生市人大代表440名（含驻军3名）。进行补选和另行选举后，全市共有第十五届人大代表441名。根据法律规定和中央、省有关文件精神，为保障流动人口选举权和被选举权，东莞市在这次人大换届选举中，首次增加农民工代表类别。东莞市镇两级人大共选出16名农民工代表，其中3名市人大代表，13名镇人大代表。

【基层人大工作指导】2011年，东莞市人大常委会重视与基层人大的联系沟通，推动基层人大工作围绕全市工作大局依法开展，扎实推进。召开基层人大工作座谈会。常委会召开全市基层人大工作座谈会，总结交流上半年基层人大工作经验，部署下半年工作。举办基层人大干部培训班。为提高基层人大干部自身素质和综合水平，加强与外省市人大的联系沟通，组织基层人大干部到兄弟省市考察学习，为更好地开展基层人大工作奠定基础。指导开好镇人代会。对各镇人代会的召开，加强业务指导，规范会议程序，指导镇人大对本行政区域内的重大事项行使决定权，根据市委意图依法补选地方国家机关领导人员，发挥地方国家权力机关作用。指导闭会期间各项活动。指导和支持基层人大围绕转变经济发展方式、经济社会双转型、当地中心工作和群众关注的民生问题，有计划地组织代表开展视察、调研、执法检查、评议、培训等活动；指导抓好代表议案建议督办、人大信访、宣传等工作。深化分片互访交流活动。指导基层人大开展分片互访交流活动，镇街之间互通工作信息，交流工作经验，加强联系沟通，互相学习提高，提升基层人大工作整体活动，为加快转型升级，建设幸福东莞，实现高水平崛起创造良好法治环境。（邓曦彦）

附：2011年市人大常委会办公室领导名录

主　任：李卫忠

副主任：梁　燕

东莞市人民政府

【2011年东莞市人民政府市长、副市长、秘书长、副秘书长名单】市长：李毓全；副市长、代市长：袁宝成（10月到任）；副市长：冷晓明，江凌（任至10月），李小梅，梁国英，吴道闻，邓志广，严小康，成洪波，贺宇（12月到任）；市长助理：陈林佐，黄庆辉（挂职，任至12月），王炜东（挂职，任至12月）；副厅级干部：殷焕明；秘书长：梁海卫（任至11月）；副秘书长：陈建枝，刘裕昌（任至6月），任新合，刘宁，莫淦泉，郭惠良（任至2月），陈波（任至10月），刘学聪，冼冠华（挂任），金行中，邹联，黎达潮，朱斌华，张永忠，黄福泉，陈志超（2月到任），覃春（挂职，任至12月）。

【2011年东莞市人民政府机构设置】2011年，东莞市人民政府设置工作部门：市政府办公室、市发展和改革局、市经济和信息化局、市教育局、市科学技术局、市民族宗教事务局、市公安局、市监察局、市民政局、市司法局、市财政局、市人力资源局、市社会保障局、市国土资源局、市环境保护局、市住房和城乡建设局、市交通运输局、市水务局、市农业局、市对外贸易经济合作局、市文化广电新闻出版局、市卫生局、市人口和计划生育局、市审计局、市外事局、市体育局、市统计局、市林业局、市安全生产监督管理局、市法制局、市口岸局、市城乡规划局、市城市综合管理局、市食品药品监督管理局。其中：市政府办公室挂市政府金融工作局牌子；市发展和改革局挂市物价局、市粮食局牌子；市经济和信息化局挂市中小企业局牌子；市科学技术局挂市知识产权局牌子；市监察局与市纪律检查委员会机关合署办公，市民族宗教事务局与市委统一战线工作部合署办公，均列入市政府工作部门序列，不计入市政府机构个数；市财政局挂市政府国有资产监督管理委员会牌子；市农业局挂市委农村工作办公室、市海洋与渔业局牌子；市文化广电新闻出版局挂市版权局牌子；市外事局挂市侨务局、市港澳事务局牌子；市城市综合管理局挂市新莞人服务管理局牌子。

【市政府全体（扩大）会议】2011年2月25日，东莞市政府全体（扩大）会议召开，主题是“效率就是生命”。会议提出以最佳工作状态、谋求重点突破、锐意改革创新、建立倒逼机制、加强督导问责提升工作效率，努力完成年度目标任务。

【市长办公会议】2011年，东莞市政府召开市长办公会议20次，讨论有关事项373项，主要包括：研究确定2010年粤港关键领域重点突破项目（东莞专项）招标中标项目问题；审议《东莞市电子纪检监察综合平台建设工作实施方案》；研究2010年莞籍专业人才学历进修补助资格考核评审工作问题；审议《东莞市政府购买社会工作服务实施办法（试行）》；审议《东莞市政府购买社会工作服务考核评估实施办法（试行）》；审议《东莞市环保产业发展规划（2010—2025年）》；研究东莞市地下空间开发利用管理问题；审议《东莞市市容环境卫生管理规定》；审议《东莞市节水型社会建设试点实施方案》；研究建设东莞市公安消防无线通信网问题；研究继续实施新建天然气汽车加气站财政补贴优惠政策问题；研究奖励2010年度我市获得名牌称号企业问题；研究向中国志愿服务基金会捐款支持关爱农民工志愿服务活动问题；研究加强核辐射环境监测能力建设问题；研究扶持虎门港集装箱码头运营问题；审议《2011年东莞市创建全国综合减灾示范社区活动方案》；研究认定东莞市第一批历史建筑名单问题；审议《关于加强和规范市网上办事服务平台运行管理的通知》；研究调整我市社会基本医疗保险待遇标准问题；研究解决未入户困难归侨就医问题；研究建立东莞市高层次人才服务专区问题；研究调整东莞市堤围防护费征收管理若干规定问题；审议《东莞市新莞人计划生育优待扶持暂行办法》；研究加强我市孤儿保障工作问题；审议《东莞市扶助残疾人办法》；研究开展东莞市截污次支管网工程建设规划整编工作问题；研究在300个公交站亭安装治安监控视频问题；研究我市全面推行全国统一的社会保障卡问题；研究非莞籍残疾人乘车优待问题；审议《东莞市经济适用住房管理办法》；研究使用失业保险基金建设东莞市人力资源局信息化项目问题；研究设立东莞市青少年法制教育基地问题。

【全市性重要专项会议】2011年，东莞市政府召开全市性重要专项会议80次，主要包括：全市安全生产与社会治安工作会议；全市审计工作会议；全市应急管理工作会议；全市物价工作会议；东莞市企业上市工作会议；全市重点项目建设工作会议；东莞市“十二五”规划编制工作会议；市政府第四次廉政工作会议；全市交通工作会议；东莞航道工作会议；全市建设管理工作总结表彰大会；东莞市整治环境卫生工作会议；东莞市建设宜居社区（村）动员大会；全市住房保障工作会议；全市房产管理工作总结表彰大会；全市农业农村工作会议；全市水务工作会议；“东莞名村”建设工作会议；全市春季造林绿化工作会议；全市三防工作会议；全市森林防火工作会议；东莞市2011年基础教育工作会议；全市卫生工作会议；全市市内扶贫“责任到单位，责任到人”工作会议；全市文化工作会议；东莞市创建“国家公共文化服务体系示范区”和“国家历史文化名城”动员大会；全市创建和谐劳动关系示范区工程工作会议；全市爱国卫生工作会议；全市档案工作会议；全市体育工作会议；全市严厉打击食品非法添加和滥用食品添加剂专项整治工作会议；全市新莞人服务管理工作会议；全市人口计生工作会议；全市经济和信息化工作会议；东莞市第九次民营企业排忧解难协调会；全市名牌带动战略工作暨表彰会议；东莞市民营经济工作会议；全市节能减排工作会议；全市打击走私工作会议；全市土地管理工作会议；第一次多国在莞投资企业政企联络会议；全市外经贸稳增长调结构促平衡工作会议；全市口岸工作会议。

【重要政事活动】 2011年，东莞市政府举行的重要政事活动主要有：东莞市气象天文科普馆工程奠基仪式；市绿道启动仪式；东莞市城建亮点工程视察活动；东莞市市属政府还贷公路收费站停止收费仪式；2011年广东大型系列招商活动（国内知名民企）东莞动员会；深莞惠三市党政主要领导联席会议第五次会议；市经贸代表团赴云南、贵州开展经贸活动；2011年东莞台湾名品博览会；2011广东东莞投资推介会暨东莞时尚消费电子产品展；2011年莞台生技与医材产业发展论坛；松山湖粤港金融服务外包基地暨国际金融创新园奠基仪式；2011年外商投资企业产品（内销）博览会；首届广东社区文化节；东莞市轨道交通R2线天宝站盾构首发仪式；市经贸代表团参加第七届中国新疆喀什·中亚南亚商品交易会；第三届中国国际影视动漫版权保护和贸易博览会；中国散裂中子源项目奠基仪式；东莞市第三届收藏文化联展暨珠三角收藏精品邀请展；东莞市促进汽车产业发展投资推介会；中国电子信息产业发展研究院（东莞）战略性新兴产业研究中心合作框架协议签字仪式；2011年中国（东莞）生态发展论坛；东莞名特优产品展销活动；市台商协会十八周年庆典活动；2011年东莞国际科技合作周暨高层次人才交流会开幕式；“情系农民工”——中国音协2011年文化惠民演出走进东莞活动。

【市政府工作会议】 2011年，东莞市政府召开并形成会议纪要的工作会议共183次，研究部署主要事项包括：研究东江梨川大桥工程基建程序问题；研究推进实施国家基本药物制度工作；研究市行政办事中心二期建设工作；研究铁路东莞站配套市政道路工程及环莞快速路（二期）工程问题；研究西气东输二线广深支干线东莞段建设问题；研究加快沙田车检场建设进度问题；研究省道256、358大修工程问题；研究110千伏园岭至八达电缆线路工程问题；研究城际轨道交通建设工作；研究我市“高来高去”调峰电力认购专户资金管理问题；研究宏威太阳能电池项目建设工作；研究西气东输观音山路由问题；研究《珠三角规划纲要》考核评估工作；研究援建映秀镇“交钥匙”工程结算问题；研究职教城规划建设工作；研究四大枢纽站规划建设工作；研究东莞大堤砂场拍卖及清理问题；研究中国电子东莞产业基地项目建设问题；研究东莞火车东站建设工作；研究整治市运动学校周边环境工作；研究东莞保利生态城项目问题；研究立沙联围水利管理及孚宝联兴项目征地拆迁问题；研究东莞大道鸿福路口和旗峰路口交通改善工作；研究长安镇江库联网工程建设问题；研究汉能项目融资问题；研究市篮球中心周边地区道路建设工作；研究用电紧张问题；研究长安今宇高尔夫球场项目问题；研究500千伏汕尾海丰电厂配套送出线路、500千伏东纵输变电工程东纵至横沥线路问题；研究新能源汽车阿尔特嘉整车制造项目问题；研究台湾“起云剂”食品添加剂问题；研究东莞台商子弟学校用地和办证费用问题；研究市游泳运动管理中心周边环境整治工作；研究菊香苑、稻花村物业管理问题；研究莞惠公路寮步段交通堵塞点整治问题；研究中山大学新华学院东莞校区建设工作；研究市区垃圾处理厂技改升级工作；研究东莞生态产业园区域电力工程建设工作；研究协调解决坚朗五金上市问题；研究广东医学院附属医院建设工作；研究中远造船项目问题；研究天然气高压管网二期工程燃气调压站选址问题；研究中堂镇“问题肉制品”案件查处工作；研究挂影洲围排涝工程分担资金问题；研究S120桥头镇中兴路110KV高压线迁改问题；研究虎门镇长堤路、环岛路工程建设项目涉海涉渔问题；研究民营经济总部大厦周边地下空间开发工作；研究鸿业环保设备制造基地项目落户及SWR垃圾处理场项目问题；研究加强科技东莞工程等专项资金管理工作。

【重要决策】 经济增长 2011年1月，市府办印发《加强我市引进大项目管理工作的通知》、《东莞市2011年重点建设项目和重点预备项目计划的通知》。3月，市政府印发《东莞市2011年国民经济和社会发展计划的通知》。4月，市政府印发《东莞市国民经济和社会发展第十二个五年规划纲要》、《东莞市重点项目前期工作并联审批实施方案和东莞市重点项目服务保障若干规定》。6月，市府办印发《促进东莞市会展业发展工作方案》。8月，市政府印发《转发省政府转发国务院关于加快推进现代农作物种业发展意见的通知》。9月，市府办印发《东莞市海洋与渔业经济发展“十二五”规划》。11月，市府办印发《东莞市金融业发展“十二五”规划》。

结构调整 3月，市府办印发《东莞市2011年扶持共建产业转移工业园工作方案》。5月，市府办印发《东莞市先进制造业发展“十二五”规划》、《关于做好“中国科学院东莞云计算产业技术创新与育成中心”有关工作的通知》。6月，市府办印发《关于大力支持本土LED产业企业的通知》、《关于解决上市后备企业历史遗留问题进一步扶持企业上市的若干意见》。7月，市政府印发《黄埔海关、东莞市人民政府关于落实〈海关总署、广东省政府共同建设全国加工贸易转型升级示范区推进转变发展方式合作备忘录〉的实施意见》，市府办印发《关于专业镇产业集群发展问题的通知》。8月，市府办印发《东莞市专业镇创新服务平台建设扶持方案》、《关于颁发2011年东莞市科学技术奖的通知》。9月，市府办印发《2011—2012年实施东莞市知识产权战略纲要工作方案》、《东莞市50强民营工业企业和50强民营服务业企业认定暂行办法》。10月，市政府印发《东莞市重点用能单位节能管理暂行办法》。11月，市政府印发《东莞市鼓励企业上市办法》、《东莞市全力推动外经贸稳增长调结构促平衡若干措施》，市府办印发《东莞市培育企业上市操作规程》。

城市建设 3月，市府办印发《2011年全市建设80个宜居社区（村）工作实施方案》。5月，市政府印发《东莞市轨道交通站点周边土地专项储备与联合开发办法》、《东莞市污泥集中处置管理暂行规定》。6月，市府办印发《关于加强对我市历史建筑管理的通知》。8月，市政府印发《东莞市机动车环保检验合格标志管理办法》，市府办印发《东莞市防震减灾"十二五"规划》、《2011年东莞市生活垃圾分类收运处置试点工作实施方案》、《关于我市核心区污水处理工作的通知》。9月，市府办印发《东莞市环境保护和生态建设"十二五"规划》、《东莞市生态林业发展"十二五"规划》、《东莞市气象事业发展"十二五"规划》。10月，市政府印发《关于进一步加强环境保护推进宜居生态城市建设的实施意见》。11月，市府办印发《东莞市实施珠江三角洲城乡规划一体化规划2011—2012年工作方案》、《东莞市国土资源"十二五"规划》、《石马河流域绿化整治工作实施方案》。12月，市府办印发《东莞市黄唇鱼自然保护区功能区划》、《东莞市国土资源网上交易规则》。

社会管理 3月，市府办印发《东莞市自然灾害救助应急预案》。4月，市府办印发《东莞市2011年消防安全工作要点》、《东莞市节水型社会建设试点实施方案（2010—2012年）》、《东莞市严厉打击食品非法添加和滥用食品添加剂专项整治工作方案》。5月，市府办印发《东莞市贯彻实施广东省实施中华人民共和国消防法办法的意见》。6月，市府办印发《东莞市安全生产"十二五"规划》。8月，市政府印发《进一步加强危险化学品安全生产监管工作预防危化行业事故实施方案》。9月，市府办印发《东莞市人口与计划生育事业发展"十二五"规划》。11月，市府办印发《东莞市2011年度安全生产责任制考核实施方案》。12月，市政府印发《表彰2011年度全市安全生产先进镇街、先进单位和先进个人的通报》。

民生民计 1月，市府办印发《进一步加强我市大米质量安全监管工作的意见》、《东莞市基本公共卫生服务项目实施方案》。3月，市政府印发《关于进一步促进城乡居民就业创业的实施意见》、《关于加快学前教育改革发展的意见》，市府办印发《东莞市学前教育三年行动计划（2011—2013年）》。4月，市政府印发《东莞市积分制入户暂行办法》、《东莞市积分制入户管理实施细则》。5月，市府办印发《2011年落实"文化惠民"工程实施方案》、《东莞市建设平价商店稳定农副产品价格保障群众基本生活实施方案》、《东莞市社区综合服务中心示范点建设实施方案》。6月，市府办印发《关于调整我市社会基本医疗保险待遇标准的通知》。7月，市府办印发《东莞市水资源分配方案》、《东莞市促进城乡居民充分就业"十二五"规划》、《东莞市人力资源事业发展"十二五"规划》。8月，市政府印发《东莞市新莞人计划生育优待扶助暂行办法》，市府办印发《关于推进新一轮"菜篮子"工程建设的意见》、《东莞市保障生猪生产稳定物价工作方案》。10月，市府办印发《东莞市职业病防治规划（2011—2015）》。11月，市府办印发《东莞市文化事业发展"十二五"规划》、《东莞市民政事业发展"十二五"规划》。

政府建设 1月，市政府印发《东莞市电子纪检监察综合平台建设工作实施方案》。2月，市政府印发《东莞市政府采购实施办法》。3月，市府办印发《关于强化采购监督管理的通知》、《东莞市2011年政府集中采购目录及政府采购限额标准的通知》。4月，市府办印发《调整市与镇街财政管理体制的通知》。5月，市府办印发《加快推进简政强镇工作的通知》、《关于进一步加强政府信息公开工作的意见》。6月，市府办印发《关于深入推进政府预算信息公开的指导意见》。8月，市府办印发《东莞市行政规范性文件清理工作实施方案》。10月，市府办印发《东莞市2011年"市民评机关"活动工作方案》。11月，市政府印发《东莞市财政投资建设项目前期工作暂行办法》，市府办印发《关于提高市财政资金使用绩效的通知》。12月，市府办印发《关于加强财政性科技资助项目评选和资助资金管理工作的通知》、《关于贯彻全省深化体制改革工作会议精神的通知》。

其他 1月，市政府印发《关于东莞市镇街与农三师图木舒克市农牧团场结对交流工作方案》。3月，市政府印发《东莞市农村干部薪酬管理办法（试行）》，市府办印发《关于落实我市实施珠江三角洲地区改革发展规划纲要（2008—2020年）实现"四年大发展"主要工作主要指标和重大项目任务的通知》。4月，市府办印发《关于积极推进省"四年大发展"重大项目和省属重点项目建设的通知》。6月，市政府印发《关于深入推进村级体制改革试点工作的通知》。8月，市府办印发《关于落实珠三角规划纲要2011年2012年重点工作的通知》。12月，市府办印发《关于颁发东莞市第二届哲学社会科学优秀成果奖的通报》、《关于哲学社会科学优秀成果评选问题的通知》。

【十件实事】 2011年，市政府为市民办好十件实事。十件实事涉及具体51项工作中，全年实现11项超额完成，37项圆满完成，3项基本完成。社会治安治理方面，全年全市共接入室盗窃警情17967条，同比下降48.1%；全年共接路面"双抢"警情28171条，同比下降10.1%；全市50%以上公交企业全部成立内保机构，12个二级以上车站全部成立警务室，全市共接公交警情5351起，同比下降15.3%。建设一批学校方面，市第六高级中学、市第七高级中学、市第八高级中学、市信息职业技术学校、石龙中学、万江中学、厚街专业技术学校等7所学校已建成并交付使用；市第五高级中学扩建工程和长安职业高级中学扩建工程已完工；市卫生学校主体工程已全部封顶；职教城一期工程主体结构已封顶，达到年度目标。完善公共卫生服务方面，全面实施建立居民健康档案等9项基本公共卫生服务项目，全市共建立居民健康档案550.34万份、健康教育198.8万人次、儿童保健41.1万人、孕产妇保健16.4万人、老年人健康管理15.4万人，免疫规划接种覆盖全市0—6岁儿童和重点人群，接种率达95%以上；扩大社保报销药品范围，2011年1月起，报销药品范围增加至3957种，新增788种；市中医院新院工程全面建成，已启用体检科、康复科，广东医学院附属松山湖医院医院建成，已启用门诊部。加大就业保障和扶贫力度方面，2011年城镇登记失业率1.2%，东莞生源应届高校毕业生初次就业率达90%以上；提高退休人员养老保险待遇，全市6.44万名企业退休人员和14.75万名以村（社区）为参保单位的退休人员人均养老金较上年增长14.26%，超过年度目标；提高低保标准，2011年1月起，东莞市低保标准从400元/人/月提高到440元/人/月；加大扶贫力度，年内实现60%的欠发达村村组两级集体经营性年纯收入达到150万元、70%已结对帮扶的有劳动能力的贫困家庭收入达到脱贫标准，全市90个欠发达村全年两级经营性纯收入2.02亿元，同比增长9%，超额完成全年任务。建设宜

居社区和社区综合服务中心方面，全面建成80个宜居社区（村），20个社区综合服务中心全面完成装修及设备配置，相关社会组织进驻开展服务活动。整治市区内涝方面，基本完成鸿福河内涝整治工程，全年完成总工程量的87%；基本完成四环路宏远路段内涝整治工程，全年完成总工程量的85%；动工建设东纵路（新开河系统）内涝整治工程，完成规划方案报批、环境影响评价、土地预审、概算审核及北侧分流工程施工图审查等前期工作，基本实现年度目标。保障食品安全方面，全市蔬菜农药残留、生猪"瘦肉精"残留检测合格率分别达到98.9%和99.9%，超过年度目标；抽检水产品样本867批次、总体合格率为97.1%，食品生产环节日常抽检合格率为87.8%，均超过年度目标；建成37个食品安全样板市场，完成年度目标的123%；完成创建15条餐饮服务食品安全示范街，其中"大朗长盛美食街"、"东城十三碗食街"获评为省级示范街。建设城市绿道和森林公园方面，建成城市及社区绿道413公里，超额完成年度目标；基本完成凤岗镇南门山森林公园、清溪镇山水天地森林公园建设，并于2012年1月向市民开放；规划建设4个森林公园，黄江黄牛埔森林公园、清泉森林公园、寮步佛灵湖森林公园基本完成总体规划，凤岗碧湖森林公园总体规划已报经市政府同意。治理垃圾填埋场、汽车尾气和工业锅炉方面，塘厦垃圾填埋场整改已完工并投入使用，成为东莞市首个达到国家Ⅱ级以上无害化处理标准的垃圾填埋场；虎门垃圾填埋场整改完工，达到国家Ⅲ级以上处理标准；樟木头垃圾填埋场整改基本完成，达到国家Ⅲ级以上处理标准；治理营运客货车尾气，全年共抽检机动车13455辆，超标2908辆，达标率78.4%，超过年度目标；淘汰或改造工业锅炉，全年完成淘汰改造的工业锅炉427台，超额完成目标任务。实施"文化惠民"工程方面，省"特级文化站"达标工程通过省评估定级验收，全市镇街文化站全部达到"特级文化站"标准；全市192个村（社区）"五个有"工程全部完成并投入使用；全市18个自助图书馆、14个图书馆ATM全部完成并投入使用；组织开展"百场培训、千场演出、万场电影"活动，全年共举办各类培训120期、演出1000场、公益放映电影10865场。（市府办）

附：2011年市府办领导名录

主　任：梁海卫（任至11月）
副主任：邓　涛　朱默河　叶冠强

市府办工作

【督查工作】政务督查 2011年，市政府督查室围绕市委、市政府中心工作，主动作为，统筹协调，推动工作落实。一是紧扣市长批示抓督办。完善市长批示件办理机制及工作流程，全年办理市长批示95件，对关系民生、影响较大的批示事项，如金菊福利院残疾老人反映临时价格补贴问题、清溪等镇"老虎机"赌博问题，通过认真组织办理，反复核实情况，提出有针对性建议，推动相关事项较好解决。二是紧扣年度任务抓落实。强化考核问责、媒体监督等多种手段推动十件实事优先落实，十件实事涉及的51项具体工作中，实现11项超额完成、37项圆满完成、3项基本完成，完成情况为历年最好；督查跟踪省政府十件民生实事、市政府主要工作任务、市长办公会议决定事项及珠三角规划发展纲要"四年大发展"任务落实情况，通过检查落实、节点跟踪、定期反馈等督查措施，使得各项工作完成情况良好：东莞市所承担省政府民生实事涉及22项工作均顺利完成，市政府主要工作任务完成率达96%，2011年市长办公会议决定事项完成率达88%，"四年大发展"主要工作完成率为91%、重大项目完成率为76%。三是紧扣工作难点抓协调。针对工作难点，协助市政府分管领导，全程跟踪、反复协调、务求实效，共开展各类督导协调活动147次，其中牵头组织现场协调28次，协调解决虎门镇五马垃圾填埋场整治等十件实事难点问题，西气东输东莞段工程等重点项目征地拆迁以及东润砂场补偿等领导交办事项等。四是紧扣工作重点抓调研。根据领导指示及抓工作落实需要，全年组织并参与开展各类调研，包括牵头开展提升行政效率调研、十件实事走访调研和2012年十件实事征集等专项调研，参与"科技东莞"专题调研等。

承办人大、政协相关工作 市政府督查室作为市政府对口承办市人大、市政协相关事宜的工作机构，2011年完成大量办文、办会、协调和调研等工作。全年共办理市人大、市政协来文110份，协调市人大、市政协各类考察、调研等大型活动30多批次，组织办理人大议案、建议提案和座谈会建议共477件，实现沟通率、办结率和满意率3个100%。一是突出人大议案办理。将《加强文化名城建设全面提升东莞文化软实力的议案》办理作为工作重点，协调成立议案办理工作领导小组及办公室，全程督查跟进，参与专项督查，及时反馈进展，议案办理工作取得良好成效。二是突出市长督办重点提案办理。紧抓市长督办重点提案——《关于缓解市中心区交通拥堵的建议》办理工作，协助市长、分管副市长开展专项调研，对市中心区交通拥堵工作提出明确意见和措施。三是突出市政府领导领办重点建议提案办理。针对市人大、市政协11件重点建议提案，明确市政府领导领办，指导主办单位制订办理方案，协助市政府领导开展实地调研，促使各项重点建议提案办理取得明显成效。（张旭健）

附:2011年东莞市政府督查室领导名录

主　任：梁杰钊
副主任：曾　鸣　肖必良

【应急管理】开展应急管理课题研究 2011年，经市应急委同意，市政府应急办制订《东莞市应急管理课题立项研究工作方案》，并邀请市应急委成员单位及市应急管理专家开展应急管理课题立项研究。根据东莞实际需要，市政府按照自然灾害、安全生产、社会安全、公共卫生、综合类等5大类别在上报课题中筛选出《东莞市应急联动体系建设的战略研究》、《东莞城区内涝的原因与整治对策研究》等14个课题为立项课题。12月，14个立项的应急管理课题成功通过评审委员会评审，并结集印刷，下发至各镇街及市应急委成员单位参阅学习，

为促进市应急管理工作发展提供理论支撑。

应急科技产业有突破性发展 2011年，东莞应急科技产业发展稳步推进。一是组建应急技术研发机构。中国科学院、东莞市政府签订《共建中国科学院云计算产业技术创新与育成中心——电子所东莞空间信息技术中心协议书》，利用中科院各院所科研力量，在东莞打造一个集空间信息、物联网等技术为一体的应急技术研发机构，为推动市应急管理相关产业与产品发展提供技术支持。二是推动应急产业发展。发动市应急产品相关企业，组建成立全国首个"应急产业协会"，建立企业与政府沟通桥梁，完善政企互动机制。三是邀请国内专家成立专家委员会，组织开展应急产业研讨会议，规划建设应急产业功能项目，争创全国应急产业示范基地。

扩展"突发事件隐患评估与防范对策会商会"内涵 2011年，市政府应急

办把“突发事件隐患评估与防范对策会商会”参会人员范围扩大至各镇街应急管理分管领导（应急办主任）、市应急委相关单位负责同志，会议扩充业务培训、互动学习、分析评估、预警防范、参观交流等内容，使“会商会”逐步办成一个集集中会商、学习培训、工作交流、经验借鉴、成果推广于一体的综合性平台，成为应急管理宣教培训的又一品牌。

创建《东莞应急管理工作》刊物 2011年，市政府应急办在原有《应急值班信息》基础上，增设《东莞应急管理工作》刊物。发送范围为市委、市政府领导，各镇街、市应急委各成员单位，全市应急管理专家，并抄送省政府应急办。刊物定位为《应急值班信息》有益补充，以交流应急管理日常工作经验与情况为主，收集全国各地，全市各部门、各镇街在推动应急管理工作的好做法、好经验，促进相互交流借鉴，提升整体工作水平。截至2011年，《东莞应急管理工作》共刊发3期。

妥善做好突发事件处置工作 2011年，东莞市妥善应对强台风“洛坦”，成功处置“1·13”樟木头镇火灾，“4·17”塘厦镇火灾等事故，及时化解丰达速递公司法人更换引发不稳、东城素艺公司老板欠薪逃匿等一系列影响较大突发事件，有效维护社会和谐稳定。

（黄树彬）

附：2011年东莞市政府应急管理办公室领导名录

主　任：张勇军

【打击走私综合治理】 2011年，东莞市共查获走私案件145宗，案值13.82亿元，分别比上年同期下降60.2%和上升330.65%。案值上升的主要原因是海关部门查获系列玉石走私大案，案值9.82亿元。除玉石外，涉嫌走私的主要物品包括成品油1056吨、塑料3114吨、化工原料6356吨、钢材638吨等，销毁三无船舶9艘，捣毁非法储油点6个。市人民检察院起诉走私案件60宗108人，涉案偷逃税额4496万元；市中级人民法院受理一审各类走私案件共63宗97人，涉案偷逃税额3849万元。

打击走私联合行动和专项斗争 2011年1—2月，市打私办组织开展元旦、春节期间打击走私联合行动。共查获走私案件10宗，案值270万元。4月18日至5月15日，组织开展打击利用粤港澳直通货车走私柴油专项行动。共查获5宗利用粤港澳直通货车走私柴油的案件。7—11月，组织开展“国门利剑”打击成品油走私专项行动。共查获走私成品油案件37宗，查扣成品油729吨，捣毁地下油库2个，销毁走私“三无”船9条。

反走私综合治理 7月19日，市府办转发《转发省府办转发省打私办关于反走私综合治理责任制实施办法的通知》，并对东莞市落实反走私综合治理责任制提出具体意见。7月28日，全省打私办主任会议在东莞塘厦镇召开。东莞介绍加工贸易反走私工作的经验，制作反映海关、外经贸、企业3方电子化联网管理专题片，得到兄弟市和省有关部门好评。8月25日，市府办下发《关于加强镇街反走私工作的意见》。10月，市打私办组织镇街反走私综合治理检查考评，对全市32个镇街的反走私工作进行全面的检查考评，29个镇街被评为“较好”等级，3个镇被评为“一般”等级，考核结果作为各镇街社会治安综合治理考核依据。

深入贯彻落实反走私工作规定及其配套文件 东莞市深入学习《广东省反走私综合治理工作规定》（下称《规定》）及10个配套文件，市打私办召集相关部门认真研究落实方案，制定东莞市反走私综合治理工作相应的实施办法，规范东莞市反走私各项工作。组织制作1万多册图文并茂的漫画版《规定》，发放给各镇街企业，提高企业反走私意识。

海边防工作 3月中旬，市海防办组织部分海防委成员单位和相关镇街负责海防工作的干部，赴汕尾市参观海丰县罟寮监控站和海丰县海防监控中心，学习建设和协调管理经验，探索整合东莞市各部门现有视频监控资源办法。6月，市海防码头工程顺利竣工，并通过检查验收，得到省海防委领导充分肯定。市海防办协调市公安边防支队完成长安新民派出所视频监控站建设项目，在多个重点区域安装摄像头，实时掌握动态，有效提升在东宝河及两岸管控能力。

开展加贸企业反走私宣传教育 市打私办牵头，以镇街为单位，组织加工贸易企业、专业市场商户负责人召开6场“远离走私、创新发展”为主题的反走私政策宣讲会，1200多个加贸企业和专业市场经营户参加，由市打私办领导讲解反走私政策和法律法规，海关缉私部门有关负责人剖析走私案例，现场解答问题，引导企业诚信守法经营，提高防范走私意识，加快企业升级转型。

（赵景耀）

附：2011年东莞市人民政府打击走私综合治理办公室领导名录

主　任：郭惠良（任至2月）
　　　　陈志超（2月到任）
副主任：邱　崧　尹雪瑛

【档案管理】 创建全国社会主义新农村建设档案工作示范市 2011年5月23日，东莞市通过省验收组验收，成为第一个全省社会主义新农村建设档案工作示范市。12月22日，东莞市又通过国家级检查验收，顺利创建成为全国首批、全省首个全国社会主义新农村建设档案工作示范市。东莞的创建经验在全国、全省都分别作了经验交流，对全省社会主义新农村建设档案工作起到示范作用。新农档示范市创建工作发挥了档案为维护农村稳定、保障和改善民生、解决群众切身利益、服务农村社会各项管理的作用。

档案行政管理 2011年，全市实现档案目标管理的单位共有112个。截至2011年，全市共有494个单位实现省级档案综合管理，100%村（社区）实现省级档案工作目标管理认定，294个镇属单位档案工作目标管理实现省一级以上标准。对全市220多个已实现档案工作目标管理认定3年以上的单位进行复查并下发复查结果通知书，巩固全市档案工作基础。档案工作目标管理认定向社保、卫生、新莞人服务管理等基层单位推进。工程项目档案、援建档案、民营企业档案等工作也顺利开展。

档案馆事业 2011年，市档案馆主体地位更加突出。2011年6月，经过严格评审，市档案馆及大朗分馆被国家档案局授予国家一级档案馆称号。在2011年度全省国家综合档案馆年度评估中，市档案馆被评为优秀等级。市档案馆新馆建设进展顺利，4个展厅的主题展览基本完成，保管条件和利用服务环境明显改善。档案资源建设进一步加强，截至2011年，市档案馆馆藏纸质档案共13万多卷又23万多件，继续走在全省前列。全年市档案馆共接待来馆查阅利用档案者近1000人次，提供利用档案4970多卷又1530多件，复印档案资料11730多页；编印4期《东莞档案资政参考》供领导参考；共发布已公开现行文件2377份，通过公众网站和手机查阅利用点击数达92万人次；对馆藏满30年档案经鉴定后向社会开放，通过《东莞日报》向社会和市民公布4期《东莞市档案馆开放档案公告》，共开放档案目录13442条，并在东莞档案信息网上公布。

民生档案工作 2011年，东莞市积极参加省档案局“建立民生幸福档案促进幸福广东建设”主题实践活动，制订活动方案，扩大档案工作范围，落实各项工作措施，创新工作模式，构建以档案馆为主体，市、镇、村（社区）、家庭四级民生档案体系。民政部门、教育部门、房管部门、农业部门、环保部门、社保部门、林业部门均建立门类齐全的民生档案。市档案馆创新民生档案工作服务手段，开通“东莞市政务公开信息查阅中心”网站和镇街子站，以及查阅中心手机版（WAP版）等，把开放档案信息和已公开现行文件利用方式从实地查阅利用延伸到网络、手机，方便市民查阅利用民生档案信息。市档案馆新馆大楼设置已公开现行文件查阅利用中心，可以24小时不间断地为市民提供开放档案和已公开现行文件查阅利用服务。市社保局、市房管局、市住房公积金管理中心等部门利用便利的网站平台和室藏档案，将社保档案、房产档案、公积金档案信息放到网站中，群众只需要提供账号、身份证号码等便可以上网查找到个人社保、房产、公积金的档案信息。各级档案部门积极宣传、引导群众建立家庭档案，为群众提供家庭档案咨询。

档案法制建设　2011年，市档案局深入宣传贯彻《档案法》和《广东省档案条例》等法律法规，开展档案执法检查，市委办、市府办印发《市礼品管理办法（试行）》，全市各机关单位、各镇街、村（社区）认真贯彻执行国家8号令，全部重新修订文件材料归档范围和保管期限表并开始实施。各行各业、各单位各部门主动开展专业档案工作。

档案信息化建设　2011年，市档案局创新手段，加快档案信息化建设步伐。一是认真落实《东莞市档案信息化建设规划（2010—2014）》第一、二期建设，2005年以来，市档案馆共投入档案信息化经费近1000万元，市档案馆新馆智能化和利用服务体系建设进行大胆创新。二是各镇街、各单位推进档案信息化和数字化建设，全市基本实现计算机管理档案，虚拟档案室建设开始推广。三是建设深莞惠政府公开信息查阅中心系统，推动深莞惠3市档案信息资源共享。四是“基于人工智能的档案监督指导平台”作为省档案局档案科技项目顺利结题，“基于云计算的重点工程档案智能管理平台”被列入省档案局档案科技项目。五是丰富东莞档案信息网内容，全年公众网站点击数超过11万人次，历年累计超过57万人次；大朗镇档案馆公众网站历年点击数近30万人次，并开通微博。

档案教育培训和人员队伍建设　2011年，《东莞日报》与市档案馆联合推出7期《秘档寻踪》系列报道。举办一期档案学术报告会并受到会员们欢迎和好评。开展各种档案业务专题培训班，举办2期新农档专题研讨培训班，各种短期培训班共培训档案工作人员700多人次。新组建“东莞市档案专业中级专业技术职务任职资格评审委员会”，负责东莞市档案专业中、初级专业技术资格评审工作，开展第一批档案专业初、中级专业技术职务任职资格评审。（黄晓静）

附：2011年东莞市档案局领导名录

局（馆）长：成洪生

副局（馆）长：陈美婵　夏闻生

【地方志管理】2011年12月1日，根据《东莞市人民政府地方志办公室机构编制方案》，东莞市地方志编纂办公室更名为东莞市人民政府地方志办公室，为市人民政府办公室管理的副处级事业单位。主要任务包括拟订地方志工作规划和编纂方案，制定地方志工作制度；组织、指导、督促和检查地方志工作等9项。内设业务科和年鉴科，核定编制8名。

读志用志工作创新　及时向新任市领导干部呈送志书。2011年下半年，东莞市党政领导班子变动频繁，东莞市志办及时主动向新任领导干部呈送地方志书，为领导快速全面了解东莞人文历史、经济社会等情况提供地情素材。其中，10月10日向新任代市长袁宝成，12月5日向新任市委书记徐建华，12月13日向新任市委副书记姚康、副市长候选人贺宇和东莞市中级人民法院院长候选人杨宗仁等领导干部送上《东莞市志》（第一卷）和《东莞年鉴》一套。新任镇街党政领导班子充分利用志书。2011年七八月间，东莞市17个镇街党政主要领导变动，东莞市志办及时通知这些镇街党政办为新到任的书记、镇长（主任）送上镇街志，以便其了解当地历史渊源、风土人情、自然环境、经济社会等情况。支持举办志书首发式。2011年，东莞市大力支持出版志书的镇街举办志书首发式。其中，《东莞市石碣镇志》首发式于3月16日举行，《东莞市万江区志》首发式于3月30日举行，《东莞市大岭山镇志》首发式于12月13日举行，《东莞市篮球志》首发式于12月22日举行。志书发行。2011年，东莞市志办向社会公开发售《东莞年鉴》2011年卷1000本，用于全国志鉴交流650本，赠阅1630本。广东省年鉴工作会议在莞举办期间，展示历年《东莞年鉴》和地情书，共赠送年鉴及地情书约600本。

信息化建设　地情网站建设。截至2011年，东莞市志办对“东莞历史”网站先后进行3次升级改版，增加栏目设置，丰富信息内容；在“东莞市地情网”上传年鉴、志书9本，其中《东莞市志》发布字数250万字，《东莞年鉴》5卷共发布字数900万字，文章类5万字，发布图片700多幅。东莞市地方志管理系统。截至2011年，第一期工程开发完成，实现在线报送年鉴和年报资料，后台系统自动分配稿件到相关责任编辑平台上进行查收和审核，实时统计交稿、审稿等数据，以及通过短信发通知和催稿等功能。

地方志资料年报实施　2011年3月，东莞市全面实施地方志资料年报工作，要求各镇街、各部门按照志书的编目结构，在10月底前将包含工作总结、业务报表、大事记、领导简历、先进人物事迹材料、工作图片等资料上报市志办，并补充报送2000年之后的地方志资料年报。截至2011年，收到年报资料约120份，为地方志资料保存工作打下基础。

全市地方志工作会议召开　2011年3月22日，东莞市政府在行政办事中心召开广东省第六次地方志工作电视电话会议暨2011年全市地方志工作会议。副市长吴道闻，市政府副秘书长金行中，市志办主任潘朝明，各镇街、各单位部门分管地方志的领导和撰稿员共240多人出席会议。

在全市地方志工作会议上，市志办主任潘朝明总结2010年全市地方志工作情况，布置2011年工作。副市长吴道闻肯定全市2010年地方志工作，要求全市地方志工作者在2011年继续强化法律意识，深入贯彻落实地方志工作法规；强化效率意识，按时按质完成工作任务；强化责任意识，依法修志，全面实施地方志年报制度，完成第二轮修志工作，为建设文化名城作更大贡献。

广东省首次年鉴工作会议在莞召开　2011年8月8日，广东省年鉴工作会议在东莞市召开。地级以上市、县（市、区）地方志工作机构主要负责人，省直及中央驻粤部分专业年鉴编纂机构负责人近200人参加会议。东莞市政府副市长吴道闻、副秘书长金行中出席。会上，宣读全国地方志系统第二届年鉴评奖获奖名单和广东省第一届年鉴编纂质量奖获奖名单，表彰《东莞年鉴》等5部省级特等奖和20部省级一等奖年鉴。东莞市志办、广州市志办、东莞市大朗镇、广东年鉴社等7家单位介绍年鉴编纂经验。

东莞市志办主任潘朝明将东莞编纂

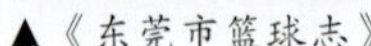
▲《东莞市篮球志》

▲2011年8月7—9日，广东省年鉴工作会议在东莞召开

年鉴的经验做法总结为“四个立”：确立指导思想和编纂宗旨；建立高层次的领导机构和高素质的编纂队伍；树立创新发展理念和精益求精的精神；创立社会效益和经济效益并重机制。大朗镇出版了全省第一部乡镇综合年鉴《东莞市大朗镇年鉴》，其镇委委员叶惠明发言介绍大朗镇探索乡镇年鉴编纂的体会与做法。

对口援助出版《林芝县志》 2011年8月，东莞市志办主任潘朝明参加广东省政府地方志办公室组织的赴西藏自治区对口援助活动，并代表东莞市政府捐赠15万元、广东省人民政府地方志办公室捐赠5万元，共20万元用于资助《林芝县志》出版。

地方志工作纳入全市办公室百分制考评 2011年，《全市办公室工作年度量化考核评分办法》首次把“地方志工作”纳入考核范围，分值为4分。9月，市志办先后到寮步、大岭山、东城、南城等镇街了解“地方志工作”考评的贯彻落实情况。11月24日，全市地方志年度考核工作启动，有效促进地方志工作制度化、规范化。 （李俊玉）

附：2011年东莞市人民政府地方志办公室领导名录

主　任：潘朝明

副主任：李文蔚

【行政服务管理】 业务开展 一是做好《2010年政府信息公开年度报告》的编制工作，制发《2011年全市政务信息公开工作计划》。2011年，东莞市行政服务办总结2010年全市政府信息公开工作，撰写《2010年政府信息公开年度报告》，于3月15日在市政府信息公开门户网站公布。并发函至各镇街、各有关单位要求公开镇街、单位年度报告，对逾期未公开的单位予以内部通报。1月，制发《2011年全市政务信息公开工作计划》，明确2011年全市政务公开工作目标和思路。二是抓好政务信息公开载体建设。2011年，共刊登《东莞日报》政务公布版145期。对《东莞市人民政府公报》网络版进行升级改造，优化栏目结构，丰富公开内容，增强网页功能，全年共编印12期《东莞市人民政府公报》。总结工作经验，提高编辑技能，做好《东莞办公办事大全》（第三版）修订编制工作。三是做好政府信息依申请公开工作。6月30日，参加省府办公厅组织召开的政府信息依申请公开工作座谈会，研究讨论如何推动政府信息依申请公开工作的开展，做好与省政府信息依申请公开系统对接工作。2011年，全市共收到287宗政府信息依申请公开申请，依时转发至各有关部门办理和答复。四是做好政府预算信息公开工作。联合市财政局共同草拟《关于深入推进政府预算信息公开的指导意见》，以市府办名义发至各镇街、各部门要求依时公开政府预算信息。截至12月，全市共有45个部门在网上公开部门预算信息，在全省21个地级以上市中居前列。五是协助做好“行政三公开”工作和重点工程公开工作。3月，配合市监察局制定《关于在市有关部门开展“行政三公开”试点活动的实施方案》，决定在市社保局、市城乡规划局、市外经贸局、市食药监局、市科技局、市工商局等6个部门开展“行政三公开”试点活动，协助各试点部门做好权力运行公开、裁量标准公开、审批流程和结果公开等内容。加强与市重点办、市城建工程管理局沟通和协调，明确公开内容和公开规范，在市政府信息公开门户网站设立“重点工程”栏目，拓宽公开内容。六是做好政府信息公开保密审查工作。组织开展全市政府信息公开保密审查工作专项检查。在各镇街、各部门对近几年政府信息公开保密审查工作进行全面自查并上报自评报告基础上，分别对市卫生局等6个部门和镇街进行政府信息公开保密审查工作专项检查，并对近年政府信息公开保密审查工作情况进行总结。七是做好全省政府信息公开工作考核迎检工作。10月，省政府对东莞及其他部分地市和部门政府信息公开工作情况进行实地检查。市行政服务办做好迎检工作，圆满完成省政府对东莞考核工作。

业务交流 6月、12月，参加在珠海市和韶关市召开的广东省市级政务（行政）服务机构第三次和第四次联席会议。与各兄弟地市就行政服务中心建设进行交流，学习先进经验，就规范全省中心名称、机构、职能等问题进行讨论。

编发《东莞市行政服务工作简报》 为使各镇街、各单位全面了解和认识政府预算信息公开、行政审批制度改革有关工作情况，收集整理相关资料，编印3期《东莞市行政服务简报》，发至各镇街和各单位，供学习参阅。 （刘灏妍）

附：2011年东莞市行政服务管理办公室领导名录

主　任：刘汉森

地方金融管理

【概况】2011年，围绕市委、市政府中心工作，东莞金融发挥支持经济的核心作用，为推动东莞产业结构调整和转型升级提供全方位服务，促进地方经济稳步发展。2011年，全市金融总量和质量效益不断提高，金融总量保持全省第四位，仅次于佛山。2011年，全市各项存款、贷款余额分别突破6700亿元和3800亿元，不良贷款率降至1%以下，拨备前利润超过150亿元；全市股票成交量累计8163.60亿元；全市实现保费收入超过163亿元，位居全省地级市首位。2011年，东莞市政府再次荣获广东省“金融稳定奖”，东莞银行荣获“金融创新奖二等奖”，东莞农村商业银行、东莞证券荣获“金融创新奖三等奖”。

2011年，市政府审定颁布《东莞市金融业发展“十二五”规划》，明确东莞金融“十二五”发展目标、措施，科学规划未来五年东莞金融业发展。

【多途径缓解融资难问题】2011年，东莞市政府出台新10亿元融资支持计划，通过工业企业贷款支持计划、直接债务融资支持计划、组建再担保公司、鼓励金融创新4项措施，帮助中小企业缓解融资难问题；研究设立中小企业集合债、集合票据或集合信托计划等创新金融产品，多渠道进行资金筹措；东莞市政府与国开行广东省分行签署开发性金融规划合作框架协议，为东莞经济发展提供金融支持。协调金融机构参与东莞重大项目融资，探索多种方式解决重大项目融资问题。

【统筹协调企业上市工作】2011年，东莞市政府加大政策支持力度，修订印发《东莞市鼓励企业上市办法》和《东莞市培育企业上市操作规程》，出台《关于解决上市后备企业历史遗留问题进一步扶持企业上市的若干意见》等政策，提高企业上市积极性，与深交所、国信证券签订松山湖高新区企业改制挂牌上市战略合作意向书，推动松山湖园区争取“新三板”试点工作；统筹协调、市镇联动，督促各镇街成立上市工作领导小组，举办“资本市场走进镇街”、上市企业经验交流会等活动，搭建市镇推动资本市场发展工作对接渠道，与镇街联动，形成合力，共同推进企业上市工作；主动服务，助推企业加快上市步伐，推广市领导带队到上市后备企业现场办公的成功经验，协调各职能部门解决企业上市实际困难。2011年，银禧科技、明家科技及勤上光电3家企业上市（募集资金17亿元），东莞上市企业总数增至11家（总市值合计382亿元），上市企业总量跨入全省前五的行列。评审认定第四、第五批上市后备企业21家，上市后备企业数量增至58家，上市梯次结构逐步形成。

【监管、推进新型经济金融组织发展】2011年，市金融管理局加强与省新型农

东莞市人民政府与国家开发银行股份有限公司广东省分行签订开发性金融规划合作框架协议

村金融机构试点工作厅际联席会议成员单位沟通联系，落实省内2家村镇银行的设立指标调整到东莞市，东莞获准设立村镇银行数量达3家（含已开业的长安村镇银行）；推动5家小额贷款公司的设立资格获审核通过，使东莞小额贷款公司增加到16家，机构数量位居全省第一；完善融资担保体系建设，完成融资性担保公司规范整顿工作，经省融资性担保公司规范整顿审核验收工作组会议审核，东莞共有40家法人公司、3家分支机构通过省规范整顿验收，并成功推动2家融资性担保公司获得设立资格，东莞融资性担保公司达45家（其中法人机构42家），法人机构数量位居第三，仅次于广州和深圳；加强新型经济金融组织监管体系建设和行业自律，探索实施动态、持续的监管措施，推动小额贷款公司、融资性担保公司的规范运营。小额贷款公司和融资性担保公司的发展，成为增加地方金融供给、支持中小企业融资和提升农村金融服务的重要补充。

【创新金融对外开放】 2011年，市金融管理局推进金融对外开放，培育多元化金融机构体系，加大金融服务和金融产品的创新，构建与东莞经济转型升级相适应的金融服务体系。继续加快金融业聚集发展，松山湖金融改革创新服务区建设取得进一步发展；引进广东南粤银行、佛山集成期货等金融机构进驻，东亚银行东莞支行开业，台资金融机构玉山银行东莞分行获批筹建，金融机构数量增至87家；推进区域金融合作，粤港金融服务外包基地暨国际金融创新园成功奠基，构建粤港及珠三角地区的金融服务集聚地；跨境人民币结算业务加快推进，跨境贸易人民币结算总量达327.59亿元，是2010年的2.5倍。

【地方金融综合竞争力不断提升】 2011年，东莞银行、东莞农村商业银行稳步实施“走出去”战略，东莞银行开设第五、第六家分行——佛山分行、合肥分行，发起设立的（安徽）枞阳泰业村镇银行、河源东源泰业村镇银行；东莞农村商业银行发起设立云浮新兴东盈村镇银行，被认定为东莞第一批大企业（集团）培育企业并荣获东莞市政府质量奖，成为首家获该奖项的服务业机构；东莞证券积极实施全国战略布局，在南京、杭州等地设立多家营业部，业务范围扩展覆盖珠三角、长三角和环渤海地区；东莞信托加大金融创新、客户数量及资本质量稳步增长，总体信托业务规模达243亿元。 （赵毅立）

附：2011年东莞市人民政府金融工作局领导名录

局　长：叶浩鹏

副局长：刘凯文　刘伯仁

① 市领导冷晓明出席东莞上市企业——银禧科技在深交所挂牌仪式
② 东莞市人民政府再度获省“金融稳定奖”
③ 松山湖高新区企业改制挂牌上市合作意向书签约仪式举行
④ 召开全市金融工作会议暨建设金融强市激励表彰大会

机关事务管理

【概况】提升后勤保障质量 2011年，市机关事务管理局履行职能，全力保障机关正常运转。加大办公楼基础工程改造维护力度，完成市行政办事中心北楼天台补漏、信访大厅改造、市会议大厦室内整体翻新工程，推进整改北楼地下停车库工程遗留问题。完善机关干部住宅小区配套设施，检修消防、电梯设备，完成智能化系统验收、会所加装门禁和观光电梯、楼梯间翻新等工程。提高物业服务水平，分别与万科物业公司、东城中心物业公司签订物业管理新合同，抓好市档案馆大楼物业管理接管工作。

服务全市大局 2011年，市机关事务管理局力抓会务服务、用车保障和安保工作，为市十三次党代会和“两会”召开提供后勤保障。完成市人大代表换届选举选区牵头组织工作。开展市内扶贫双到工作，对村集体和困难户实际援助资金约6.8万元（含实物折现），协调村2年60万元专项资金入股镇属企业和建设

东莞市机关事务管理局

① 2011年6月17日，市机关事务管理局举行“执手传党情”主题党日活动

② 市机关事务管理局开展以“节能低碳新生活，公共机构做表率”为主题的节能宣传周活动。2011年6月14日，市委书记、市人大常委会主任刘志庚等领导带头乘坐公交车

变电站项目，结对帮扶困难户脱贫率达100%。开展群众性精神文明创建活动，市机关幼儿园创建为“市文明标兵单位”，市政府采购中心、市机关干部住宅小区管理处创建为“市文明单位”。在市机关干部住宅小区开展“和谐家庭，宜居小区，幸福东莞”主题系列活动。逐步推进市行政办事中心和市机关干部住宅小区垃圾分类示范点建设。

强化公共机构节能监管 2011年，市机关事务管理局扎实推进全市公共机构节能工作，协助国家、省、市编制公共机构“十二五”节能规划，探索公共机构节能监察工作新思路。重点推进市级机关照明系统节能改造工作，协助召开市公共机构中央空调节能改造研讨会议。加强公共机构节能宣传工作，开展以“节能低碳新生活，公共机构做表率”为主题的节能宣传周活动，参与“2011年地球一小时”活动。市机关事务管理局被表彰为“2010年度东莞市节能先进单位”，黄伟青获得“2010年度广东省节能先进个人”荣誉称号）。

（刘卿戎）

附：2011年东莞市机关事务管理局领导名录

局　长：黄伟青

副局长：卢福华　张树林

　　　　蒋共超（8月到任）

① 2011年6月30日，组织党员干部参观“激浊扬清，继往开来”东莞市庆祝建党90周年反腐倡廉历程图片展

② 组织参加“五四”青年节活动

③ 在石井小区开展“和谐家庭，宜居小区，幸福东莞”主题系列活动

经济协作

【概况】2011年，东莞市人民政府经济协作办公室（以下简称市经协办）加快推动东莞市对外扶贫和区域协作工作，重点推进东莞市对口帮扶韶关、云浮两市120条贫困村24814户贫困户的扶贫开发“规划到户责任到人”工作，完成各项省外对口帮扶工作任务，促进省内外区域间的协作发展。统筹落实扶贫开发“规划到户责任到人”帮扶资金4.9亿元。帮助16071户贫困户年人均纯收入达到2500元以上，占有劳动能力贫困户数99.03%；另落实省外对口帮扶资金约1150万元。接待内地经贸、扶贫考察团127批1536人次，外出参加区域协作交流、对口帮扶活动61批273人次。

【扶贫开发“规划到户责任到人”】2011年，市经协办作为负责扶贫开发“双到”工作的职能部门，通过多管齐下，实现“三年任务两年完成”的承诺目标。

突出责任抓督查督办 2011年，市经协办坚持以责任和制度先行，狠抓协调督查督办工作。第一，坚持领导带头，层层落实工作责任。坚持以各级党政主要领导为扶贫开发“双到”工作第一责任人，带头落实帮扶责任。市主要领导定期听取扶贫开发“双到”工作汇报，前往贫困村调研指导帮扶工作，挂钩联系7个县（市）12个贫困村的市领导分别亲自率队前往当地调研指导。各镇街主要领导作为挂村责任人，亲自率队到贫困村督导工作；分管领导经常到贫困村督促工作；驻村工作组常驻贫困村，120名驻村挂职干部与村委干部群众同吃同住。第二，坚持督促检查，严格落实工作制度。在全市层面上建立健全工作问责、实地督查、定期汇报、年度考核和干部培训激励等5项工作制度，坚持“每月一通报，半年一汇报，一年一

东莞市人民政府经济协作办公室

① 2011年12月19日，东莞市委书记、市人大常委会主任徐建华（前排右二）与韶关市委书记郑振涛一起考察泰丰野猪养殖基地

② 2011年10月25日，东莞市政协党组书记李毓全、副市长李小梅到黄江镇对口帮扶的乳源瑶族新村调研指导

① 2011年9月26日，市长李毓全率市经贸分团赴重庆市参加粤渝经贸合作项目签约仪式

② 2011年12月16日，副市长邓志广率代表团赴广西河池市考察对口帮扶工作

③ 2011年3月10日，副市长邓志广率队赴重庆市巫山县考察对口支援工作

考评”。办领导30次到帮扶地区指导工作，协调解决问题，督促进度。继续落实办内同志分片联系督办扶贫开发“双到”工作制度，定期沟通联系，定期掌握信息，定期督查督办。会同市委市政府督查室等有关部门，定期到定点帮扶村实地检查督促工作，年底对各镇街“双到”工作进行全面考评，成绩纳入镇街领导班子政绩年度考核，保障“双到”工作进展良好。

突出成效抓服务指导 及时总结经验，推广先进，以多种方式提供服务指导工作。一是及时推广先进经验做法。主办召开全市扶贫开发“双到”工作会议5场，传达贯彻省的“双到”工作政策。定期向清远、中山等工作特色突出的兄弟市取经，筛选东莞市各镇街的好措施、好做法等工作信息，通过编写工作动态、网上刊登等方式发至各帮扶单位。二是举办培训班提高业务水平。联合市委组织部等有关部门，举办驻村挂职干部工作业务培训班和全市各镇街信息联络员业务培训班，邀请省有关领导授课。

突出效率抓制度完善 一是完善信息录入机制。指定专人负责“双到”工作信息系统，定期监督各镇街数据更新。细化定期汇报制度，增加月报表、季报表等信息汇报措施，及时掌握资金、项目等进度，及时督促指导工作开展。二是健全驻村工作制度。联合市委组织部制定《关于做好我市扶贫开发“规划到户责任到人”驻村干部选派和管理工作的意见》，明确要求所有挂职驻村干部100%吃住在村，因事离村外出必须书面请假，并采取电话查岗和随机抽查的方式检查驻村情况，对挂职驻村干部和镇街相关负责人实行问责制。

突出效益抓重点工程 突出以产业帮扶、“两项工程”（农村低收入住房困难户住房改造建设和不具备生产生活条件贫困村庄搬迁）建设、党支部共建等为重点工程。一是抓好产业帮扶。市经协办要求各镇街加大资金帮扶力度，加快“广东扶贫济困日”资金投放速度，抓好产业扶贫，以农业基地项目为主，扎实推进“一村一业”，2011年，全市帮扶韶关、云浮120条贫困村发展集体经济项目353个，平均每村开展经济项目近3个。开展培训转移，通过定向岗位、工资补助等优惠措施，扩大就业扶贫受益面；通过调剂集体项目收益，解决部分特困户增收难的问题，确保贫困户在脱贫的基础上再进一步增加经济收入。二是抓好“两项工程”建设。制定下发《东莞市帮扶韶关、云浮“两项工程”有关说明》，明确补助标准。2011年，全部低收入住房改建资料录入农村低收入住房改建系统工作基本完成。完成3851户住房困难户住房工程改造和13条两不具备村庄搬迁安置。三是抓好党支部共建。把扶贫开发“双到”工作融入到创先争优活动中，在帮扶的贫困村大力实施“四培养”工程，即把党员培养成能人、把能人培养成党员、把党员能人培养成村干部、把优秀党员村干部培养成村书记。全市32个镇街均与对口帮扶的贫困村开展各种形式的党支部共建活动，取得良好的效果。

突出宣传抓社会发动 市经协办以网络、编写工作动态等形式，联合新闻媒体利用电视、手机、报纸等现代媒介和信息化手段，加强“双到”工作专题宣传。市镇两级在政府网设立“双到”专题宣传网页，东莞市电视台“阳光网”及时更新发布“双到”工作进展动态，设立郁南县专栏。各镇街通过手机彩信平台向帮扶责任人和贫困农户发送专题信息7万多条（次）。在市镇街道路口和韶关、云浮120条贫困村入村口悬挂“双到”工作宣传牌匾、横额361幅（条），制作“双到”帮扶工作宣传DVD和幻灯材料127个，动态反映帮扶工作进展情况。协同市民政局策划第二

① 2011年8月29日，全市扶贫开发"规划到户，责任到人"工作会议召开

② 2011年12月20日，东莞、云浮两市领导共同为莞溜农贸综合市场奠基

届"广东扶贫济困日"活动，动员全市广大党员干部、市民群众和社会各界踊跃捐款捐物，按照省的要求研究提出资金分配方案，把资金集中用于扶贫开发"双到"工作中。全市接收社会各界捐款1.27亿元。

【对外帮扶工作】 落实资金到位 2011年，市经协办加强工作协调力度，划拨扶贫资金到位，严格监管资金使用，确保资金落实到扶贫项目上。全年协调市财政划拨到位1150万元扶贫资金。包括：暂拨付给河池市2011年帮扶资金670万元和春节慰问金30万元；捐赠巫山县150万元扶贫资金用于支持巫山县东莞中学改造后勤综合楼和学生运动场地建设项目；完成划拨援藏干部工作经费300万元。进一步推动贫困地区教育文化、劳务培训、社会公共设施等方面的发展。

强化扶贫共识 密切与省外对口帮扶地区联系，组织协调市领导赴当地考察工作，配合落实对方领导来访接待工作，共同商讨研究发展对策，促进资金、项目落实。重点联系协调市长李毓全随省政府考察团、副市长邓志广率代表团赴巫山县考察对口支援三峡库区工作，督查援建项目进度。李毓全、刘树基、冷晓明、邓志广等市领导分别会见河池市党政代表团，召开座谈会商谈扶贫大计，决定在河池市建立"东莞市经协办·河池市扶贫办共建就业扶贫基地"和广东智通人才连锁有限公司在河池市成立河池智通公司。

【区域协作】 2011年，市经协办做好参加区域协作活动的协调服务与来访接待工作，围绕"大京九市长联席会议"、"泛珠三角区域合作"等主题为东莞市与兄弟省市的区域联系服务。重点协调落实好主题式区域协作活动：一是由市政府副秘书长刘学聪带队，组团赴河南省濮阳市参加大京九经济协作带第十三届市长联席会议，为《大京九经济协作带"十二五"规划资料汇编》提供涉及东莞市工作部分材料。二是通过29个各地政府驻莞办事机构统计东莞市企业2010至2011年期间与泛珠三角区域范围内各省（区）企业的经贸合作情况，协助做好东莞分团参加第七届"泛珠"经贸洽谈会相关工作，派员随东莞分团参加第七届泛珠三角区域合作经贸洽谈会开幕式活动，此次洽谈会东莞市企业投资合作项目签约金额达110.96亿元，同比增长26.36%。三是派员随副市长邓志广率队的东莞分团参加在重庆市举行的"粤渝经贸合作项目签约仪式"。

【驻莞机构协调】 规范驻莞办事机构日常业务工作 2011年，市经协办严格抓好驻莞机构的设立、撤销、变更、年检等日常业务工作；加强驻莞办事机构与部门、镇街的沟通交流；审核驻莞办事机构2个，撤销驻莞办事机构1个，完成办理2011年各地政府驻莞办事机构年检21个，为22名驻莞办事机构在编工作人员办理《东莞市工作居住证》。

引导驻莞办事机构发挥作用 为天柱县驻莞办事机构与广东智通人才连锁股份有限公司（下称广东智通）牵线联系，组织广东智通等企业考察贵州凯里市、广西河池市等城市的投资环境，促进交流联系。广东智通在天柱设立天柱智通公司，达成人力资源、共建工业园等合作意向；与广西河池市扶贫办、河池市职业教育中心达成共识，在河池市设立河池智通公司。通过组织"麻涌镇与各地政府驻莞办事机构交流座谈会"、"2011年驻莞办事机构中秋联谊活动"等交流活动，鼓励驻莞办事机构主动与镇街交流合作，为两地的人力资源优势互补发挥桥梁纽带作用，引导驻莞办事机构积极为东莞市维稳和人力资源引进方面服务。2011年，各地政府驻莞办事机构协调当地人员289批6723人次来东莞务工；协助东莞市有关镇街和部门处理各类纠纷22宗1114人次。

（尹健清）

附：2011年东莞市人民政府经济协作办公室领导名录

主　任：叶松柏

副主任：陈　俊　丁志辉（1月到任）

驻京联络

【概况】东莞市人民政府驻北京联络处（以下称“驻京联络处”）是市派驻北京的办事机构，正处级建制，内设综合科、信息科，共有行政编制8名。

【外树形象】2011年，市驻京联络处发挥在京窗口作用，积极宣传东莞。一是加强与中央媒体的沟通，推动东莞政策宣传和动态信息报送，在2011年两会期间，主动联系有关新闻单位，使市长关于东莞的介绍被多家媒体转载。二是加强与求是“小康”杂志社的战略合作关系，配合市及有关部门，争取荣誉，5月成功协助东莞文化部门在“国家公共文化建设示范区”答辩会中获得参赛地区中第一好成绩；11月，成功协助东莞获

东莞市人民政府驻北京联络处

① 2011年3月13日，市委书记、市人大常委会主任刘志庚前来看望市驻京联络处工作人员，对联络处的选址、办公环境及驻京工作给予了肯定

② 2011年12月21日，代市长袁宝成参观市驻京联络处，对联络处的硬件条件表示了肯定

评“2011中国十大特色休闲城市”等。三是妥善处理如“塘厦别墅事件”等多起涉莞新闻事件，努力避免负面影响。四是强化网络宣传阵地，不断完善“中国小康网东莞频道”建设。

【招商引资】2011年，市驻京联络处把招商引资工作放在突出位置，在以下项目上取得较大进展：协调私募股权投资基金北京“新天域资本”成功收购东莞企业“广发制药”；促成东莞与台湾方面在台北召开“两岸生技与医材产业合作交流会议”；促成东莞生态园管委会与中国通用航空集团在直升机制造项目上的对接；协调有关研究所对汉能光伏项目进行评估；成功协调莞籍华人向东莞捐赠艺术藏品。

【公务接待水平提升】2011年，市驻京联络处做好中央部委来莞考察、学习培训，以及东莞在京活动的各项接待安排。在3月份的全国“两会”及广东省与中央企业战略合作座谈会暨签约仪式、6月份的“东莞转型”高层论坛、7月份的第十届中国（大朗）国际“织交会”新闻发布会等活动中，完成后勤保障等任务。

【信访维稳】2011年，市驻京联络处扎实开展驻京信访维稳工作。一是日常信访工作妥善到位。严格遵照省市工作要求开展工作，行动迅速，确保“随有随接，随接随返”。二是圆满完成各重要信访维护期的信访维稳任务。针对全国“两会”、“七一”、建军节、国庆和十七届六中全会等上访重点时节，配合市专派小组开展维稳工作。

【联络乡情】2011年，市驻京联络处联络乡情，支持北京（东莞）建设研究会活动。全年共配合建设研究会组织10余次活动，包括为袁崇焕扫墓、北京高校莞籍大学生毕业欢送会及入学新生欢迎会、庆祝建党九十周年座谈会、“八一”慰问军界老同志、研究会年会等等。多次免费为研究会开展活动提供场地和餐饮，在人力财力上对出版会刊《莞水情》给予支持，为在京莞人为东莞建言献策提供平台。继续与东莞电视台合作拍摄“东莞人在北京”（第二部），介绍老一辈东莞人在北京打拼史。

（梁　馨）

附：2011年东莞市人民政府驻北京联络处领导名录

主　任：刘学聪

副主任：殷　云　蔡俊文（10月到任）

① 2011年3月3日，全国人大代表、市长李毓全，全国人大代表邓巧玲前来市驻京联络处慰问驻京人员、市驻京信访维稳工作组、在京莞籍老同志

② 2011年3月12日，副市长江凌一行考察市驻京联络处，强调驻京联络处要重点抓好宣传、招商和服务工作

③ 2011年12月20日，中共广东省驻北京机构党员大会在北京广东大厦召开，市驻京联络处党支部参加党员大会的党员合影留念。会上，市政府副秘书长，市驻京联络处主任、党支部书记刘学聪当选为中共广东省驻北京机构党委委员和省直机关党代会代表

驻穗联络

【信访工作】 2011年，驻穗办推动信访工作“三到位”(信访信息掌握到位、大规模信访处理及时到位、后续跟踪协调处理到位)。协助处理东莞市群众越级到省上访的日常接访、疏导、劝返工作。承担省十一届人大四次会议,省政协十届四次会议，省委十届八次、九次全会等重要会议的市驻会信访工作；在“七一”建党90周年、“八一”建军节、国庆节及深圳大运会等各个重要信访防护期，协助省信访部门有效疏导市越级到省上访群众，确保重大信访事故零发生。

【政务接待】 2011年，驻穗办共接待市领导和有关人员到穗公务、学习709人次。省“两会”及省委十届八次、九次全会期间，协助做好市领导、与会代表、委员等会务后勤服务工作。协助承办市在穗政务活动，做好市“八一”拥军慰问团到广州军区慰问的服务工作、市党政代表团到穗调研考察、交流洽谈的服务工作；代表市委、市政府3次慰问80多名曾在东莞工作的老同志、老专家。

【信息工作】 2011年，驻穗办搜集各地产经动态，向市报送《广州信息》31期86条，市委办《工作交流》刊发6条，市委政研室《东莞调研》、《决策参考》各刊发1条。在穗正面宣传推介东莞市发展成就，向广州市协作办和全国驻穗机构信息协会报送《东莞信息》183期1195条、采用727条。

【研究会日常运作】 2011年，东莞社会经济发展研究会广泛联系、组织在穗莞籍专家学者，开展联谊、咨询和服务活动，服务东莞社会经济发展。研究会办公室设在驻穗办。推动研究会与市有关部门、镇街在劳务用工、招商选资、产学研合作等方面加强联系，开展联络、联谊、咨询、服务等工作23项；优化研究会成员结构，吸收11名中青年骨干专家入会；新推荐东纵老同志及研究会会员共35人申报加入市名人档案库。协助举办2011年年会，逾350人参加，沟通乡情，促进联谊。 （王　潆）

附：2011年东莞市人民政府驻广州办事处领导名录

主任、党组书记：司　琪

中国人民政治协商会议东莞市委员会

【2011年政协第十一届东莞市委员会主席、副主席、秘书长、副秘书长名单】 主席：刘树基；副主席：林明枢（任至1月），刘发枝（任至1月），袁德和，钟淦泉，邝明子，朱伍坤，周楚良，张玉其，莫布兴（1月到任），梁近东（1月到任）；秘书长：梁近东（任至1月），张月忠（1月到任）；副秘书长：冉红宇（任至12月），黄桥法（12月到任），吕小华，吴润玲。

【2011年市政协各专门委员会及其领导名录】 提案委员会，主任：莫淑华；副主任：赫喜华，欧阳贵有，李勇，余毅，朱益民，温淦荣，叶松柏，陈锐康，许守干，陈建国，梁建新；经济委员会，主任：张盛昌；副主任：洪晓杨，陈广钊，吕琦元，刘伟全，袁志强，方茂明，欧阳南江，梁经昌，叶浩鹏，王庆华，卢寿维，何锦成，陈刚，林平；教科文卫体和文史委员会，主任：丁林枝（任至3月），李炳球（3月到任）；副主任：李炳球（任至2月）蔡一平，李光霞，邹联，陆世强，蔡建勋，吴美良，杨晓棠，黄永贵；社会法制和人口资源环境委员会，主任：李福友；副主任：刘虹，张灿炎，彭启尧，何镜清，吴才华，李泽林，陈波，袁绍东，徐诠清，黄钢，梁应昌，叶春；港澳台侨外事委员会，主任：刘树勋；副主任：何淦洪，卢治邦，蒋小莺，温少生，戴松林，梁麟，王国强，曾民盛，游匡正，黄冠球。

【政协第十一届东莞市委员会第五次全体会议】 于2011年1月15—18日在东莞市会议大厦召开。市委、市人大、市政府、市纪委、东莞军分区、市中级人民法院、市人民检察院主要领导出席会议。会议还邀请市各民主党派、各人民团体以及社会各界人士参加大会旁听。市政协主席刘树基作政协东莞市第十一届委员会常务委员会工作报告，市政协副主席袁德和作政协东莞市第十一届委员会常务委员会关于十一届四次会议以来提案工作情况报告。大会表彰市政协十一届四次会议以来的22件优秀提案、24件表扬提案和20个办理提案先进单位。全体市政协委员列席市十四届人大六次会议开幕大会，听取市政府工作报告及有关报告。

会议审议通过市政协十一届五次会议议程、日程，通过选举办法和监票人员名单。会议审议通过关于接受林明枢、刘发枝、梁近东、丁林枝、管林海辞职请求的决定。选举莫布兴、梁近东为政协第十一届东莞市委员会副主席，选举张月忠为政协第十一届东莞市委员会秘书长，选举李炳球、叶春为第十一届政协东莞市委员会常务委员。刘树基为新当选的市政协副主席、秘书长、常务委员颁发当选证书。大会审议通过十一届五次会议期间提案征集情况报告，通过市政协十一届五次会议决议。刘树基作闭幕讲话。

【市政协常务委员会会议】 市政协十一届二十次常委会议。于2011年1月17日举行。刘树基主持会议。会议听取市委组织部副部长喻丽君关于提名推荐增补市政协副主席、秘书长、常委人选建议名单情况的说明，审议通过增补市政协副主席、秘书长、常委人选建议名单，审议市政协十一届五次会议决议（草案）、选举办法（草案）、监票人员名单（草案）。

市政协十一届二十一次常委会议。于3月10日召开。刘树基主持会议。会议审议通过《2011年市政协常委会工作要点》和《2011年政协东莞市第十一届委员会常务委员会和专门委员会工作计划》，会议任命李炳球为教科文卫体和文史委员会主任、叶春为社会法制和人口资源环境委员会副主任。会后组织与会人员参观东莞生态产业园。

市政协十一届二十二次常委会议。于6月15日召开，组织视察市村（社区）建设发展和村（居）民生活水平提升情况。刘树基主持会议。副市长李小梅应邀到会通报市农村建设发展情况。会后，常委会分成5个视察组，分赴石龙、虎门、道滘、石碣、清溪等镇视察当地村（社区）、村民车间以及公益性便民场所，了解相关情况，并就做好市村（社区）建设发展和提升村（居）民生活水平工作提出意见建议。

市政协十一届二十三次常委会议。于9月6日召开，就促进市新能源及节能产业发展情况进行专题议政。刘树基主持会议。副市长吴道闻到会通报市新能源及节能产业发展情况。5个调研组和委员代表分别发言，全面分析市新能源及节能产业发展取得成绩及存在的问题，并提出意见建议。市政府副秘书长任新合，以及相关单位负责人应邀出席会议听取情况。

市政协十一届二十四次常委会议。于12月23日召开。刘树基主持会议。市委常委、市纪委书记、市委组织部部长甄瑞潮通报2011年市党风廉政建设和反腐败工作情况。市委副书记、代市长袁宝成就《政府工作报告》作起草情况说明。市政协秘书长张月忠就市政协常委会工作报告和常委会关于十一届提案工作报告作起草情况说明。会议讨论通过2个报告（草案）并确定报告人。会议审议通过市政协十二届一次会议议程（草案）、日程（草案）及相关材料。市政协副主席、市委统战部部长钟淦泉就市政协十二届委员会委员人选推荐提名工作的指导思想、安排原则、界别设置等程序等作具体说明。会议通过政协东莞市第十二届委员会参加单位、委员名额和人选及界别设置。会议同意免去冉红宇市政协副秘书长职务，任命黄桥法为市政协副秘书长。会议同意委托政协东莞市第十一届委员会主席会议代行常委会议职权，处理换届工作中其他需要解决的重要问题。

【专门委员会工作】提案委员会　2011年，提案委员会通过《东莞政协》杂志刊登优秀提案示范，严格立案审查，确保提案质量。全年共征集提案257件，立案245件，12件转意见处理。主动与市政府督查室协调，及时参加承办单位的办理答复座谈会，做好主席会议督办重点提案各项准备工作，有效推动提案办理落实。联同市政府督查室，对市人力资源局、市科技局承办2010年提案情况进行"回头看"。经87个单位承办，意见建议全部提案均得到及时答复或办理，很多被吸收到市委市政府决策中。经各民主党派、人民团体、专委会和主要承办单位推荐，评选出2011年度优秀提案21件、表扬提案22件和承办提案先进单位18个。采取集中宣传与经常报道相结合方法，扩大政协提案影响，宣扬提案工作地位和作用。将优秀提案及答复在网上公开，加大对提案质量、办理质量的宣传和监督。组织委员赴广西、福建等省和江门、中山等地学习考察，与扬州、珠海等市政协提案委讨论交流，促进委员会自身建设。

经济委员会　2011年，经济委员会开展"现代农业产业园建设情况"专题视察，前往市现代农业科技园、东坑农业园和新丰板岭原种猪场等地视察，并就存在问题和困难，提出土地统筹倾斜农业、落实配套资金、打造精品园区等5条建议，得到市委书记和分管副市长批示。组织开展"现代物流业发展情况"专题视察，前往洪梅镇嘉荣配送中心、虎门港保税物流中心视察，并就如何规范物流管理、提升物流服务水平提出完善物流政策体系、加强市场监管力度等6条建议。利用政协议政平台，通过政协提案、"周末访谈"、市长约请市人大代表和市政协委员座谈会、参与领导班子满意度测评、廉政建设责任制问卷调查等方式，发挥委员主体作用。创新工作方式，组织委员到东莞信托公司召开主任会议，学习公司帮助中小企融资、帮助镇村经济组织盘活资产、走市场化信托之路的经验。全年共有12名委员撰写提案13件，承办2期"周末访谈"节目。

教科文卫体和文史委员会　2011年，教科文卫体和文史委员会结合重点提案《关于推进我市学前教育健康发展的建议》，组织视察市学前教育发展情况，就财政投入不足、公办园比例偏低等问题出谋划策。组织视察市篮球中心和网球中心建设情况，为推进工程进展献计出力。发挥文化人才荟萃优势，通过筹办各种书画活动，以文会友，加强与各界人士之间的联系和沟通，扩大委员会在东莞和省内文化界的影响，增强人民政协凝聚力。发掘东莞历史文化资源，做好文史资料收集、整理以及出版工作，出版《李汉仪雕塑集》等书稿。承担庆祝东莞市政协成立55周年书画名家邀请展筹备工作、《清芬隽永——庆祝东莞政协成立55周年书画作品展》编辑工作等。

社会法制和人口资源环境委员会　2011年，社会法制和人口资源环境委员会注重学习培训，为提高政协委员理论水平和履职能力创造条件；注重调查研究，为促进经济社会双转型和维护社会和谐稳定建言献策；注重民主监督，为推进依法治市和创建环保模范城市保驾护航。开展残疾人社会服务保障工作专题视察，前往市残疾人托养中心、康复中心及残疾儿童学前教育中心等地视察，提出优化服务方式、倡导助残风尚、降低致残风险等建议。专题视察引起社会对弱势群体更多理解和关爱，并推动政协委员捐献近2000万的残疾人基金善款，产生良好示范作用。针对市污水处理现状，开展调研，对污水处理费收支失衡、相关配套管网建设滞后、污水处理厂管理水平参差不齐、中水资源回收利用率低等问题提出意见建议。开展放心水工程调研，组织委员了解塘厦自来水公司运营情况，听取相关部门情况汇报，并围绕水价上涨问题，提出加强监管、整合资源、公开成本等建议。组织委员对《东莞市困难家庭临时救助暂行办法（征求意见稿）》等9份市委市政府的政策措施征求意见稿开展研究讨论，提出修改意见，发挥智库作用。

港澳台侨外事委员会　2011年，港澳台侨外事委员会组织开展"建筑节能情况"专题调研，助推市建筑节能、绿色建筑、在线监控以及太阳能光伏在新建建筑中的推广和应用。针对市道路交通拥堵情况进行专题视察，为缓解道路交通压力积极建言献策。承办"周末访谈"节目，邀请职能部门负责人和委员就民生热点问题解疑释惑，有效促进部门与群众间沟通理解。发挥专委会人脉优势，加强同港澳台侨社团及代表人士的联系，通过邀请和参加重要庆典活动，开展多层次、多渠道、多形式、多领域的沟通联谊，为凝心聚力、夯实共同思想基础贡献力量。引导和调动港澳委员热心公益的积极性，50多名港澳委员在"12·3"世界残疾人日慈善晚会上共捐款人民币600多万元。据不完全统计，全年市政协港澳委员在参加国家、省市级各类重大扶贫、救济、捐助公益事业等活动中，捐款共计人民币5700多万元。

【座谈及访谈】政协迎春茶话会　2011年1月17日，政协迎春茶话会在东莞会展国际大酒店举行。刘树基在会上通报2010年工作情况。市委书记、市人大常委会主任刘志庚在会上通报去年全市经济社会发展情况。市委副书记、市长李毓全，市人大常委会副主任吕兢，东莞军分区政治部主任叶春，市纪委副书记莫布兴以及驻莞省政协委员应邀出席会议。市政协领导以及全体委员，历届正副主席、专职常委、正副秘书长，历届政协委员联谊会理事出席茶话会。

港澳委员新春座谈会　于2011年2月15—16日在香港举行。刘树基通报2010年东莞市经济社会发展情况、政协工作情况，展望2011年发展形势，感谢港澳同胞为推动东莞经济社会建设及各项公益事业发展作出的重要贡献。市政协副主席袁德和、钟淦泉、梁近东，市政协秘书长张月忠，港澳台侨外事委员会主任刘树勋、副主任何淦洪，副秘书长、办公室主任冉红宇，办公室副主任黄桥法，部分原市政协领导及历届港澳委员出席座谈会。

"迎国庆、贺中秋"茶话会　9月6日，市政协、市委统战部2011年"迎国庆、贺中秋"茶话会在东莞会展国际大酒店举行。刘树基主持会议。市委副书记、市人大常委会常务副主任、市委政法委书记黄双福代表市委、市政府通报东莞2011年以来经济社会发展情况。市人大常委、民进东莞市委主委、松山湖管委会委员梁佳沂代表市各民主党派在茶话会上发言。

市长约请市人大代表和市政协委员座谈会 于11月4日在市行政办事中心主楼会议厅召开。市委常委、常务副市长冷晓明主持会议。市委副书记、代市长袁宝成，市政协主席刘树基，市委副书记、人大常委会常务副主任、市委政法委书记黄双福，市人大常委会副主任李秀冰，市政府副市长成洪波，市政协副主席袁德和，市人大常委会秘书长陈柏南，市政协秘书长张月忠，以及市各民主党派、人民团体、相关市直部门负责人，部分镇人大副主席、市人大代表和市政协委员出席会议。与会代表和委员围绕社会治安治理、改善医疗卫生、推进就业创业等问题提出意见建议。市政府领导及相关市直部门负责人对意见建议一一作出回应。袁宝成作总结讲话。

"周末访谈"节目 2011年，市政协先后围绕"高中学位均衡"、"青少年心理健康"、"缓解道路交通拥堵"等内容播出23期节目，邀请职能部门有关负责人以及政协委员、民主党派成员100多人次参加访谈，就系列热点问题进行分析和解读。

【视察调研】 视察垃圾填埋场综合整治项目 2011年3月，刘树基率领视察组，前往塘厦参观广东星河生物科技股份有限公司、塘厦生活垃圾填埋场综合整治项目——广东新科迪环保科技有限公司温室气体减排项目部，详细了解市高新科技产业发展模式、发展状况和生活垃圾处理工作相关情况。

视察社区卫生服务机构建设情况 4月，市政协常委会组织视察市社区卫生服务机构建设情况。常委会在听取副市长成洪波的通报后，分成5个小组分别前往麻涌、大岭山、凤岗、黄江、东坑等镇进行实地视察。视察组听取各镇负责人和相关村、社区卫生机构负责人情况汇报，并与当地离退休老干部、村（居）民和新莞人代表座谈，为加快发展社区卫生服务、完善社区医疗保障体系提出意见建议。

视察村（社区）建设发展和村（居）民生活水平提升情况 6月，市政协常委会组织前往5个镇视察村（社区）建设发展和村（居）民生活水平提升情况。针对存在的主要问题和困难，提出推进村级体制改革、减轻村级经济支出负担、推进市内"双到"扶贫工作、推进宜居社区建设等4条建议。

促进东莞市新能源及节能产业发展专题议政会 7—8月，市政协常委会以专委会为基础，分成5个小组走访多个镇街和多家企业，召集职能部门，专门就促进市新能源及节能产业发展情况进行调研。9月，市政协常委会召开专题议政会，各专门委员会和委员代表分别发言，相关职能部门应邀到会听取意见和建议。

【东莞政协成立55周年系列活动】 书画作品展 2011年9月14日，是东莞政协成立55周年纪念日。市政协举办庆祝东莞政协成立55周年系列活动。由东莞市政协、省政府文史研究馆主办，市政协书画艺术交流促进会、岭南画院承办的"清芬隽永——庆祝东莞政协成立55周年书画作品展"开幕式在岭南画院举行。市政协秘书长张月忠主持，副主席朱伍坤致开幕词。市政协主席、部分副主席、历届政协部分领导、市政协部分委员、市政协书画艺术交流促进会会员，以及省文史馆有关领导、书画家等各界人士出席。

座谈会 庆祝东莞政协成立55周年座谈会在会展国际大酒店举行。会议全面回顾东莞政协55年来的光辉历程，总结东莞政协工作的新经验。市政协原主席李汉松，原副主席李卢谦、李永康，原秘书长黎锦辉先后发言，详细回顾东莞政协的历史，畅谈做好人民政协工作的体会。部分常委、委员代表各自界别分享参与政协工作的经历，发表对东莞政协的美好祝愿。市政协正副主席、正副秘书长和机关副处以上干部，历届市政协副主席，政协常委、市各民主党派、工商联、人民团体等单位负责人，以及市政协各界别代表出席会议。袁德和主持会议。刘树基发表《薪火永续相传 再谱辉煌华章》重要讲话。

文艺晚会 由东莞市政协主办，东莞理工学院、东莞理工学院城市学院承办，市文广新局、东莞广播电视台、玉兰大剧院协办的"共同走过 共创未来——庆祝东莞政协成立55周年文艺晚会"在玉兰大剧院举行。晚会共分《崇高的使命》、《温馨的记忆》、《深情的祝福》、《共同的未来》4个篇章，总结和歌颂东莞政协55年来的辉煌成就，为东莞政协第55个生日送上诚挚祝福。市委书记、市人大常委会主任刘志庚，市政协主席刘树基，市委常委、常务副市长冷晓明，市委常委、东莞军分区政委刘卫芳，市政协原主席李汉松，市人大常委会副主任李秀冰，市政协副主席袁德和、钟淦泉、邝明子、朱伍坤、周楚良、张玉其、莫布兴、梁近东，东莞理工学院党委书记周致纳、校长杨晓西，市纪委副书记杨晓棠，市政协秘书长张月忠，以及市政协全体委员、特聘委员，市各民主党派、工商联、人民团体等政协参加单位负责人及各界别代表，市历届政协委员联谊会理事，市直副处以上单位有关负责人出席观看晚会。刘志庚作晚会致辞。

【党组理论学习中心组学习】 2011年3月24日，市政协党组中心组学习中共中央政治局常委、全国政协主席贾庆林在全国政协十一届四次会议闭幕会上的讲话和《全国政协十一届四次会议政治决议》。5月27日，组织学习中共中央政治局委员、中央书记处书记、中央组织部部长李源潮在浦东、井冈山、延安干部学院2011年春季开学典礼上的讲话——《领导干部要正确对待进退留转》。6月29日，组织学习中共中央办公厅转发的《中共政协全国委员会党组关于〈中共中央关于加强人民政协工作的意见〉贯彻落实情况的报告》。8月15日，组织学习贯彻全省地级以上市和部分县（市、区）党政负人责督办政协提案工作座谈会精神，以及省政协主席黄龙云、省委副书记朱明国等在会上的讲话精神。

（莫庆才）

附：2011年市政协办公室领导名录

办公室主任：冉红宇（任至10月）
黄桥法（10月到任）
副主任：黄桥法（任至10月）

外事·侨务·港澳事务 FOREIGN AFFAIRS · OVERSEAS CHINESE AFFAIRS · HONG KONG AND MACAO AFFAIRS

凤岗镇

- 外事管理
- 大型侨务活动举办
- 莞港澳合作概况

编辑：李文蔚

外　事

【外事管理】 全市外事侨务港澳工作会议。于2011年3月召开，提出深入推进"服务升级、品牌打造、执行力提升"三大核心计划，并作出"做好三项服务，做强三个品牌，提升三种能力"重点工作部署，制定《东莞市外事侨务港澳工作"十二五"规划》。签证审批。2011年，市外事局加强对因公出访管理和服务，完成上级部门下达任务，2011年因公出国（境）团组和人数实现"零增长"目标。加大对商务卡推介力度，优化APEC商务卡办理流程，缩短办理时间。2011年全市共计办理APEC商务旅行卡60批109人，办理数量位居全省前列。涉外安全管理。构建涉外事件信息共享平台，联合市公安局举办涉外安保培训班，为深圳大运保驾护航，联合有关部门消除日本大地震对东莞的影响。全年共计接受涉外事（案）件咨询135宗，处理或协助处理23宗。

【礼宾接待】 2011年，市外事局共接待海内外宾客399批8982人次，其中部级以上团组13批。外国官方重要团组包括：越共中央总书记阮富仲一行考察东莞社区建设；马尔代夫议会议长阿卜杜拉·沙希德率团访莞；越共中央对外部副部长阮孟雄一行考察东莞社区党建情况；越南平阳省人民委员会主席黎青恭率团考察东莞先进城建设；朝鲜全国和平委员会副委员长金真范一行访问东莞；加拿大人力资源开发部劳工部副部长戈瑟琳率团来访；缅甸巩发党中央执委吴梭乃率团考察东莞；日本爱媛县行政考察团到访东莞就两地友好往来及产业合作进行探讨；美国科默斯汽车集团、三菱东京日联银行、雀巢（中国）有限公司、西门子（中国）有限公司、日本电产株式会社、日本京瓷株式会社等世界500强企业拜访市委、市政府有关领导。

【友城友协】 2011年，市外事局先后接待加拿大经济文化交流协会会长Davy Wang、日本爱媛县驻上海联络员中原道雄、日本业余健美操联盟理事长户田大久、韩国牙山市公务考察团等交流团组；10月，市友协与日本神奈川县日中友好协会签署《友好合作组织关系备忘录》；12月，市友协代表团出访日韩，确立韩国牙山市作为东莞结友对象，拟定日本爱媛县松山市为东莞友好合作交流城市发展对象，发展与日本神奈川县日中友好协会、韩国韩中文化友好协会、日本爱媛县华侨华人联合会等友好组织的联系，有效拓展东莞公共外交领域；顺利组织东莞中学45名师生赴日本参加2011年广东省·兵库县青少年艺术交流活动，成功举办"2011中日健美操友好交流晚会"，加深东莞学生和日本青少年相互了解和友谊。

【城市外宣】 创新外宣载体。2011年，市外事局与《凤凰周刊》合作，精心编印《幸福在东莞》城市形象宣传画册，从多个角度诠释幸福东莞内涵。编辑出版《外国人在莞指南》，向旅莞外国人系统介绍东莞城市文化、特色产业和生活环境。丰富外宣活动。邀请各国驻穗领馆官员参加"2011年外商投资企业代表新春酒会"、外国驻穗领馆来莞啖荔活动，成功举办"2011东莞外事杯高尔夫球邀请赛"，日本、韩国、新加坡、泰国、印尼、马来西亚、澳大利亚等国驻穗总领事馆官员及在莞外资企业代表等高端人士参加活动。拓展外宣平台。开通"东莞市外事侨务港澳局"官方微博，重点改版升级外事侨务港澳官方网站，全年共发布网站信息350篇，发布数量比2010年增加近两成。　（邵　阅）

侨　务

【大型侨务活动举办】2011年，市侨务局成功举办2011海外青年才俊聚东莞系列活动，来自美国、新加坡、马来西亚、香港等6个国家和地区的200多位青年才俊参加活动。活动期间共举办5场专题座谈和项目对接交流活动，组织与会嘉宾参观考察东莞投资创业环境，搭建良好人才交流平台，为东莞引才引智工作作出贡献；圆满完成东莞市第四届荣誉市民评选工作并召开授荣大会，授予36名对东莞作出突出贡献的华侨华人、港澳台同胞和境外人士东莞市荣誉市民称号；在《看东莞》创刊一周年时举办"当代侨刊创新论坛"，推出《看东莞》ipad版，开通《看东莞》官方微博，并在东莞时间网、东莞外事侨务港澳网开设《看东莞》专门栏目。《看东莞》在海外100个国家和地区发行，受到海内外各界人士好评。每月举办1场"看东莞圆桌汇"，邀请侨资企业代表参加，增强杂志在侨商中的影响力。

【侨界民生改善】2011年，市侨务局积极解决孤寡贫困归侨生活问题，市贫困归侨被纳入东莞市物价补贴发放范围；协同有关部门为全市符合条件的32名自梳女办理入籍手续；联合市社保局等对东莞从国外回国多年却没有入户、且无生活来源的51名莞籍困难归侨发放医保卡，享受与东莞户籍人口同等医疗保险待遇；围绕"万侨助万村"活动，深入开展侨务扶贫工作，动员香港东莞同乡总会永远会长张细捐资20万元支持大岭山镇下高田村文化建设。

【侨务资源涵养】2011年，市侨务局组织开展2011海外华裔青少年中国寻根之旅·东莞夏（冬）令营活动，加深华裔新生代对家乡的认识和感情；组团赴泰国参加第六届世界广东同乡联谊大会，到越南、柬埔寨开展侨务专题调研，走访柬埔寨吴哥公立中山学校，加强对海外侨团、华文学校了解；会同市委统战部成功举办第八届世界东安恳亲大会闭幕式，加深与海外东莞乡亲的交流和合作；2011年，塘厦、黄江、中堂、横沥、厚街、桥头、东坑、常平、寮步、樟木头、凤岗、沙田、麻涌、大岭山、洪梅等镇街在港成立同乡会，全市32个镇街中已有20个成立同乡会。

（邵　阅）

港澳事务

【莞港澳合作概况】2011年，莞港澳经贸合作持续开展，东莞与港澳地区贸易往来243.2亿美元，占全市17.9%；CEPA合作不断深化，共引进CEPA项下服务贸易项目20家，其中18个项目资金源自香港；重点领域合作不断加强，初步形成以银行、保险、信托、证券为支柱，以其他非银行金融业为补充的现代金融服务体系；三地交往日益密切，2011年，东莞参与或协调接待港澳官方、半官方团组37批228人次，民间交流团组12批512人次；合作机制逐步健全，在市加强港澳合作协调领导小组基础上，形成"市加强港澳合作协调领导小组成员单位联席会"、"领导小组成员单位联络员会"等会议制度，与香港驻粤办、香港四大商会、香港贸发局、香港生产力促进局、东莞外商协会建立莞港推动升级转型的新的合作机制。

【莞港澳高层互访】2011年，市港澳事务局先后接待澳门立法会议员、区域合作研究专项小组召集人崔世平一行，全国政协委员、香港民建联主席、立法会议员谭耀宗率领的广东访问团一行以及香港华人会计师公会访问团等。做好市领导赴港澳考察活动，先后完成市委书记、市人大常委会主任刘志庚率市党政代表团一行赴港学习考察，市委常委、副市长江凌率团出席商务部联合香港、澳门特区政府在港澳举办的"CEPA示范城市推介洽谈会"等。

【莞港澳专题调研】2011年，市港澳事务局与市委政研室联手出台《关于深化莞港澳全面合作的调研报告》，提出"六个一"政策建议，为以后一段时期莞港澳合作指明方向。每季度编印《莞港澳合作动态》，供市领导、各成员单位、各镇街参阅，实现了"反映动态、共享资讯、解读政策、借鉴经验"。

【香港专业服务中心】2011年，香港专业服务中心共举办讲座6期，内容涉及金融理财、和解服务、企业融资、会计、法律等方面；组织莞港两地政经层面考察交流9批300余人次，如"莞港社会工作合作交流会"、"东莞来料加工企业转型三资企业政策介绍会"等；为在莞港企和港人提供19宗咨询个案，以专业、优质、高效服务赢得顾客信任。

【东莞工联咨询服务中心扶持】2011年，市港澳事务局协助东莞工联咨询服务中心开展工作，成功为一些在莞港人解决房产归属、寻找失踪人口、住院转诊等问题。2011年，东莞中心（含法律热线）共接到来电来访求助3355次1517宗个案，比上年同期上升约37%，平均每个工作日接待13次来电来访、处理约6宗个案。

（邵　阅）

附：2011年东莞市外事局（侨务局、港澳事务局）领导名录

局　长：蒋小莺

副局长：谢玉华　陈国良　张福应

纪检组组长：何妙娟

▲樟木头镇

莞台合作·莞港合作

THE COOPERATION BETWEEN TAIWAN AND DONGGUAN · THE COOPERATION BETWEEN HONGKONG AND DONGGUAN

松山湖台湾高新科技园

■ 台资企业转型升级推进

■ 松山湖台湾高科技园建设

■ 莞港合作开拓国际市场

编辑：李俊玉

莞台合作

莞台经贸

【概况】2011年，受复杂严峻的国内外经济形势影响，东莞台资企业面临较大经营压力。中央和省市各级领导多次深入台资企业调研，组织台商召开座谈会，增强台商应对危机、扎根发展的信心。东莞市完善相关服务平台，推动台资企业转型升级，莞台产业合作层次有效提升。全年新签台资项目334宗，同比增长29.5%；合同利用台资9.43亿美元，同比增长17.2%，实际利用台资8.43亿美元；台资企业进出口额468.52亿美元。徐记食品是全市纳税最多的外资企业，铨讯电子、金宝电子、精成科技、东聚电子等台企是全市外资企业实际出口前10强。截至2011年，全市正在经营的台资企业4100多家，累计合同利用台资170.82亿美元，实际利用149.2亿美元；投资总额超千万美元的台资企业增加至356家。

【台资企业转型升级推进】2011年，东莞市与15家台湾产业服务机构合作，诊断台资企业350家、深入辅导105家。接受诊断辅导的企业平均生产成本降低10%，库存减少10%，用工减少7%，自动化程度提高16%，投资额新增3.2亿美元，内销新增17.2亿元，增创税收3.4亿元，开发新产品5950件，引进新技术52宗，新设品牌39个。东莞市完善台企金融服务，通过中国出口信用保险公司协助融资23.79亿元，玉山银行东莞代表处获中国银监会批准在莞筹设分行，台商融资担保公司申请设立。市台商协会与东莞职业技术学院合作开展人才培训计划，为台资企业培养职业人才。

台资企业转型升级经验交流会在莞召开 2011年3月31日—4月1日，由国台办主办，国台办常务副主任郑立中出席并讲话。广东、上海对台工作部门，东莞、泉州、昆山、嘉善等地代表介绍帮助台资企业转型升级的做法和成效。东莞市委常委、副市长江凌代表东莞介绍推动台资企业转型升级的做法，并概括为“一个原则、两个方向、三项工作、四个平台”：“一个原则”指坚持政府有所为有所不为的原则；“两个方向”指转型的方向是引导有条件的企业逐渐从贴牌代工转向自主品牌经营，升级的方向是引导企业开展研发和设计，提升产品附加价值；“三项工作”是凝聚企业转型升级共识，政府出台配套支持政策，加强与市台商协会沟通合作；“四个平台”是建立企业转型升级辅导、企业产品内销、企业融资支持和协调平台。与会人员参观东莞台资企业转型升级成果展、东莞台协产业转型升级联合服务处、徐记食品有限公司和松山湖高新区及台湾高科技园。中央及省内外12家媒体对会议和东莞帮扶台企转型专题进行采访报道。

东莞推动台资企业转型升级经验引两岸各界关注 2011年4月10日，东莞市政府台湾事务局局长游匡正接受中央电视台中文国际频道《海峡两岸》节目采访，采访记者深入企业走访介绍东莞支持台资企业转型升级经验。4月13日，国台办举行发布会，以“一个原则、两个方向、三项工作、四个平台”介绍东莞推动台资企业转型升级经验，肯定东莞市做法。9月10日，中央电视台中文国际频道《海峡两岸》栏目播出“大陆助台资企业转型升级”专题节目，再次介绍东莞市帮助台资企业转型升级经验。市政府台湾事务局副局长陈锡辉、市台商协会会长谢庆源赴北京接受专访。新华网、中国台湾网、华夏经纬网、凤凰卫视、澳亚卫视、台湾《旺报》、中天电视台等媒体介绍东莞支持台资企业转型升级情况。

【全国政协港澳台侨委员会调研组莅莞】2011年11月20日，全国政协港澳台侨委员会调研组来莞开展“两岸农业合作和台资企业发展现状”专题调研，由全国政协常委、港澳台侨委员会主任，海协会会长陈云林率领。调研组到松山湖、寮步和东城等地考察台企，并与台商代表座谈。市领导刘树基、成洪波、钟淦泉等陪同。台商代表向调研组反映企业经营遇到的困难，提出减缓人民币升值、加快台湾银行设点进程、减少税费等建议。陈云林叮嘱广大台商面临困难要共同坚定信心，不要轻易放弃创业多年的土地。

【松山湖台湾高科技园建设】2011年，松山湖台湾高科技园开展9次赴台交流合作活动，拜访企业、机构和行业组织近200家，接洽行业人士和企业家500多人，行业领域覆盖多个新型高端项目。园区配套设施建设进展顺利，首期7.7万平方米标准厂房建成；胜华科技的联胜液晶显示器项目研发楼、生活活动楼和部分宿舍楼封顶。园区加强在台宣传，在台商密集往来地点投放大幅广告；在台举办“新东莞城市商机研讨会”和“2011年两岸生技与医材产业合作会”，邀请台湾主流媒体报道介绍园区，增加在台知名度。

【2011东莞台湾名品博览会】2011年4月21—24日，由东莞市政府主办，在东莞国际会展中心举行，广东省领导招玉芳，东莞市领导李毓全、江凌，台湾彰化县和南投县县长、苗栗县议员等出席开幕式。突出民生、农业、精品等亮点，有400多家两岸台资企业参展，设置展位约1100个，集中展示1.5万多种台湾名品，吸引32.62万人次进场参观采购，创造总商机20.05亿元。台湾彰化县、南投县、苗栗县组团参展，推销金枣、茶叶、草莓、花卉等特色农产品，彰化县和南投县设置主题形象区，推介当地观光农业和精致农业特色。

【大麦客公司东城旗舰店开业】2011年5月31日，国台办常务副主任郑立中、海基会副董事长高孔廉、省台办主任陈国兴，市领导刘志庚、黄双福、江凌等出席开业典礼。该店占地近6万平方米，营业面积3万平方米，有600个停车位，可同时容纳5000人进场参观采购。其中一、二楼为大麦客会员店，三楼为台博会展中心。目标锁定汽车族中上客户群、商业团购以及小麦客加盟店。截至2011年，卖场产品约3800种，其中约25%来自台湾，约50%来自台资企业，有30多家厂家贴上大麦客“T-MARK”的自有品牌进行销售；在社区设立5家“小麦客”。郑立中称赞“大麦客”是东莞台商转型升级的创举。“大麦客”开业标志着东莞台商创新商业模式，打造集体品牌开拓大陆内销市场。

【莞台农业合作】2011年，莞台两地农业交流不断深化。苗栗县议员徐钦鸿及大湖地区农会代表多次来莞参访，推进落实两地农业合作项目，初步规划在东城建立现代草莓种植园。东坑农业园与苗栗县合作启动，前期引进的苗栗县优质水果种植情况良好，金开喜公司与台湾合作的农业园观光旅游项目开展基础建设。市领导江凌、李小梅等率团赴台开展农业交流，有关镇街分别赴台回访，深入台湾各乡镇市，推动东城街道与大湖乡、东坑镇与卓兰镇签订交流合作协议，东城街道与大湖地区农会签订合作框架协议，“大麦客”与苗栗县各级农渔会签订农产品采购协议。

台湾苗栗县参访团来莞举办农特产品展销会 2011年7月21—25日，台湾苗栗县代表团一行170多人来莞交流。省台办主任陈国兴，市领导刘志庚、黄双福、江凌等接待。代表团在大麦客公司东城旗舰店举办“苗栗县农特产品展销会”，设置摊位26个，展出水果、茶叶、生鲜、日化用品、酒类、手工艺品等产品，受到市民欢迎。代表团分赴东城、东坑、寮步、横沥、虎门、樟木头等镇街就精致农业、观光农业、休闲旅游、文化创意、客家文化等项目开展对接交流。这是东莞和苗栗两地交流层级最高、规模最大、内容最丰富的一次，推动莞台农业合作及基层交流。

【ECFA早收清单实施】2011年1月1日，ECFA(《海峡两岸经济合作框架协议》)货物贸易早收计划实施，两岸共计800多项产品在3年内逐步实现零关税。全年东莞市签发ECFA原产地证书752份，签证金额3223万美元，主要涉及电池、自行车、马达、机械设备、化工原料等产品，可获得约80.6万美元入台关税优惠。

【虎门港再辟对台航线】2011年11月24日，虎门港至高雄港直航航线首航。船只从虎门港出发，2天可直达高雄港；从高雄港返航，途经汕头、盐田、蛇口等港口，回到虎门港。航线每周1班。截至2011年，虎门港有到达台湾基隆港和高雄港两条对台航线，是珠三角地区对台直航最快和航线最密集的港口之一。

【东莞台资名企（南京）引智引才招聘会】2011年3月26—27日，由东莞市主办，在江苏省人才市场举行。东莞市25家台资企业参加，包括华科电子、富港电子、台达电子、光宝电子、裕元制造、国巨电子等大型台资企业。参会企业主要集中在电子科技、五金机械及鞋帽制造等行业，提供电子工程师、软件工程师、塑模设计师、自动化工程师、工程主管等300多个台资企业转型升级所需的专业类中高级技术人才岗位。活动吸引近3000名求职者进场。东莞市在活动当天举行“科技项目对接洽谈会”，组织30多项科技专利成果进场展示，高校专家和企业代表在现场就科研成果的转化和利用进行洽谈。

【台湾华科事业群华南营运总部奠基】2011年2月23日，奠基典礼在大朗镇象山工业园举行。广东省副省长宋海，东莞市领导刘志庚、江凌，华科事业群董事长焦佑衡等出席。总部占地面积30亩，投资额超1000万美元。计划建设用时1年，建成后为华新丽华集团在华南地区企业的研发、配送、结算、管理等营运中心。

【“雀巢”收购“徐福记”】2011年12月6日，雀巢公司以17亿美元收购徐福记国际集团60%股份的交易获得商务部批准。交易后，徐氏家族持有40%股份，“徐福记”品牌继续保留，首席执行官兼董事长徐乘继续执掌新的合资公司。12月23日，“徐福记”在新加坡交易所摘牌退市。

【东莞市昱延食品有限公司使用塑化剂被查封】2011年6月3日，东莞市昱延食品有限公司4批原料和4批复合添加剂成品被检出含有有毒物质“塑化剂”。“昱延食品”是“台湾昱伸香料”的子公司，其老板赖俊杰被台湾警方控制，东莞工厂负责人因涉嫌生产、销售伪劣产品罪被东莞第一市区检察院批捕。查获的原料“起云剂用油”来自台湾，其食品添加剂产品主要流向广州、江门和东莞等市。

莞台交流

【概况】2011年，东莞市各级扩大深化与台湾交流合作，全年赴台团组共234批950人次，接待来莞交流30多批660人次。市领导徐建华、袁宝成、姚康等深入台资企业考察，会见市台商投资企业协会主要会务干部，增强台商在莞投资发展信心。市领导刘志庚、李毓全、黄双福等多次在莞接待台湾政商界知名人士，率团赴台交流考察。各园区、镇街、部门深入台湾推介洽谈，开展妇女、青年、文化、教育、体育、科技、农业、环保、政法、传媒等领域交流。陈云林、江丙坤等两岸高层先后率团访莞，中国国民党桃园县党部再次来莞深化党际交流。苗栗县18乡镇市170多人来莞与各镇街对接交流，签订多项协议，把两地基层交流推向高潮。莞产音乐剧《爱上邓丽君》赴台演出获得好评，台湾雅乐合唱团来莞献演，台湾豫剧团、交响乐团来莞演出。台北东莞同乡会青年学生夏令营活动、东莞高雄青少年羽毛球赛、“两岸四地青年领袖文化大露营”活动在东莞举行，台湾青年代表团首次来莞参加海外青年才俊聚东莞活动。8名台商获得东莞市荣誉市民称号，台商在市人大政协参政议政。

【莞台合作深入基层】2011年，东莞市领导先后率团走访台北、桃园、苗栗、台中、彰化、南投、台南、高雄等县市，与苗栗县下辖苗栗市、大湖乡、卓兰镇、竹南镇、头屋乡、三义乡等交流对接，推动莞台经贸合作，促进基层文化和妇女交流。3月，在台湾举办“2011年两岸生物医药产业论坛”。5月，市文化交流团赴台湾引进文化创意产业；市代表团赴台湾拜会台资企业总部，召开新东莞城市商机研讨会和促进企业转型升级座谈会，落实一批合作项目。市妇女代表团赴台湾与中国国民党桃园县党部妇联会交流，市妇联分别与苗栗县妇女会、台北市妇女会，市女企业家协会与桃园县工商妇女协会签订交流合作协议书。

【中国国民党桃园县党际交流团来莞】2011年6月27—30日，台湾桃园县党际交流团一行27人来莞访问，市领导刘志庚、黄双福等会见，与交流团成员进行分组讨论，双方初步达成两地定期开展基层党务、妇女、青年和体育交流计划，促进两地学校结对互访，引进桃园先进的职训模式。讨论组建议双方在党务、文教、经贸和文化等领域建立对接联系人制度，加强两地联系互动，以实际项目促进两地深度合作。交流团参观台商大厦、台心医院、大麦客公司东城旗舰店及寮步镇、松山湖科技产业园区、虎门炮台等，并与市台商协会代表及桃园籍台商座谈。

【海峡科技论坛举办】2011年12月15日，海峡科技论坛在东莞会展国际大酒店举行。论坛以“科技服务与产业转型升级”为主题，在创新型产业集群建设、科技服务模式创新、东莞科技投融资与台资企业转型升级等方面进行专题交流。全国政协副主席、致公党中央主席、科技部部长万钢，海峡两岸关系协会驻会副会长李炳才，台湾嘉宾华聚产业共同标准推动基金会董事长陈瑞隆，台湾财团法人亚太综合研究院董事长王仁宏等约500人出席。

【莞产音乐剧《爱上邓丽君》赴台公演】2011年9月8—11日，在台北市中山纪念馆公演，文化部副部长欧阳坚、东莞市副市长严小康、台北市文化局局长郑美华出席首演仪式。音乐剧演出5场均满座，获得台湾观众好评。《爱上邓丽君》由东莞市文广新局、塘厦镇府、北京东方松雷音乐剧发展有限公司采取“政府扶持、企业投资、院线营销”的模式，费时3年、耗资超过3000万打造，由邓丽君的三哥邓长富担当艺术顾问。

【两岸文艺交流音乐晚会】2011年11月24日，在东城文化中心剧院举办，台湾雅乐合唱团与东莞市妇联白玉兰合唱团、东莞台商妇联合唱团、东莞台商子弟学校合唱团参与演出。海基会董事长江丙坤、东莞市副市长成洪波等出席。雅乐合唱团由台湾海基会董事长江丙坤夫人陈美惠组建，成员包括海基会副董事长高孔廉夫人及台积电、台达、光宝等台湾知名企业董事长夫人。

【台湾大学首次来莞招生】2011年6月10日，台湾嘉南药理科技大学和南亚技术学院来莞举办招生说明会，向玉兰中学和市第五中学高三学生介绍学校情况，与学生、家长面对面交流。全年东莞有17名学生被台湾文化大学、成功大学、元智大学等录取，实际报到入学14人，其中13名为本科生、1名研究生。

【8名台湾同胞获得荣誉市民称号】2011年10月24日，东莞第四批荣誉市民授荣仪式在大朗镇举行，市领导袁宝成、刘树基、成洪波等出席。8名台商获得荣誉市民称号，分别是：富全(东莞)物流有限公司董事总经理苏隆德、东莞金茂建造开发有限公司(台商大厦)副董事长林志猛、东莞桥霖塑胶制品有限公司董事长邱全成、东莞华科电子有限公司法人代表邱郁盛、光宝电子（东莞）有限公司董事长宋恭源、东莞万士达液晶显示器有限公司董事长黄显雄、东莞李洲电子科技有限公司董事长李明顺、富港电子（东莞）有限公司集团董事长郭台强。

【东莞市旅游团在阿里山发生死伤事故】2011年4月27日，东莞市旅游团一行20人在台湾嘉义阿里山风景区发生森林小火车翻车意外事件，导致1死3重伤14轻伤。28日，市政府台湾事务局局长游匡正、寮步镇委书记何绍田等到寮步镇浮竹山村委会安抚事故死伤者家属，并送上慰问金。市政府台湾事务局协调23名家属分批赴台处理善后。市台商协会谢庆源、叶春荣、柯鸿棋，台北市东莞同乡会总干事黄治雄等在事故后慰问伤者及协助处理善后工作。

涉台机构

【概况】东莞市主要涉台机构包括东莞市台商投资企业协会、东莞市台胞台属联谊会、东莞台商子弟学校，台北东莞同乡会。其中台北东莞同乡会创立于1966年，2011年理事长为郑安国。

【东莞市台商投资企业协会】1993年成立。2011年，有3100多家会员企业和32个镇街分会，下设妇女联谊会、青年委员会以及产业升级、海关咨询、旅游考察、公益事业等13个功能委员会和“马上办”中心，会长为虎门台德兴钢材公司董事长谢庆源。先后推动建设东莞台商子弟学校、台商大厦、台心医院、转型升级联合服务处及大麦客商贸公司等集体项目，服务会员企业，推动莞台合作交流，被国台办主任王毅誉为“天下第一台协”。热心公益，截至2011年，向社会捐赠财物逾2亿元。

【东莞台商子弟学校】2000年8月经广东省教育厅和省台办批准成立，建校时有学生696人。2011年，学生人数增至2100多人，为历年最多。1月17日，学校师生一行150余人在北京庆祝毕业礼，海峡两岸关系协会驻会副会长李炳才会见。5月27日，学校扩建问题现场工作会议在校内召开，东莞市委常委、副市长江凌参与。学校邀请台湾豫剧团来莞演出，承办“2011年两岸三地青年领袖文化交流大露营”活动，推动两岸文化、教育、青少年交流。校长陈金妆获得台湾教育界校长领导卓越奖和师铎奖。

【东莞市台胞台属联谊会换届】 联谊会成立于1987年11月，目的是组织联系在莞台湾同胞亲属，宣传中央对台方针政策，以亲情、乡情为纽带，推动莞台两地交流交往，促进两地民众交流融合，以加深感情，增进互信，争取民心，凝聚共识。2011年，有会员280多人，分布在各镇街；理事，常务理事，正、副会长均为兼职。9月6日，举办第六、七届理事会交接典礼，选举产生新一届理事会会长、副会长及理事等，李舜超当选第七届会长。成立妇女功能委员会俪雅会，加强莞台两地妇女交流。组织会员赴台交流，拜会台北东莞同乡会，在莞接待同乡会理事长郑安国一行及同乡会青年学生夏令营一行。 （范星星）

附：2011年中共东莞市委台湾工作办公室、东莞市人民政府台湾事务局领导名录

主　任（局　长）：游匡正
副主任（副局长）：陈锡辉　胡国勇

莞港合作

【概况】 东莞与香港历史同源、地缘相近、人文互通，两地经贸合作源远流长，关系密切。1978年，东莞与港商合作开办全国第一宗来料加工项目——太平手袋厂。港资企业在东莞主要从事电子通信设备制造、纺织服装、塑料制品、玩具、金属制品等行业。截至2011年，东莞有港资企业6993家，占全市外商投资项目的57.5%；合同吸收港资398.3亿美元，占全市合同利用外资总额的59.2%；实际利用港资283.3亿美元，占全市实际利用外资总额的47.1%。其中，投资总额超1000万美元的港资企业有492家，总投资179.7亿美元；投资总额超亿美元的有24家，包括玖龙纸业、理文纸业、德永佳纺织制衣、生益电子等。

【莞港经贸往来】 2011年，东莞新签港资项目833宗，同比（下同）增加318宗，占全市外商投资项目的62.9%；合同吸收港资19.8亿美元，增长43.7%，占全市合同利用外资总额的56.4%；实际利用港资16.8亿美元，增长13.0%，占全市实际利用外资总额的55.1%；其中新签或增资超过1000万美元的港资企业有61家，投资总额21.2亿美元，占全市新增投资总额的53.5%。新签港资服务业项目78宗，合同利用港资3.2亿美元。全年东莞与香港外贸进出口总额241.9亿美元，增长6.7%，占全市进出口总额的17.9%，其中对香港出口232.8亿美元，增长6.0%，占全市出口总额的29.7%。东莞出口300强企业中，港资企业有98家，出口总额101.5亿美元，占出口300强企业出口总额的22.7%。

【莞港服务业合作】 截至2011年，东莞共设立21宗港资CEPA（《关于建立更紧密经贸关系的安排》）项目，累计投资额2157万美元，注册资本3658万美元，主要涉及仓储、企业管理服务、咨询、交通运输、广告和零售等行业；引进港资服务业企业430多家，累计合同外资12.3亿美元，行业涵盖产业设计、研发、包装、测试、管理咨询、财务顾问等领域，为东莞企业转型升级提供产业支援服务。

【在莞港资企业转型升级联席会议】 2011年6月8日，年度第一次会议在香港举行，东莞市委常委、副市长江凌，市外经贸局局长黄冠球、市外商投资企业协会负责人参加。会上，市外经贸局与香港生产力促进局签署《共同推动在莞港资企业转型升级补充协议》，把2009年7月签署的《共同推动在莞港资企业升级转型合作协议》有效期延长至2013年12月31日。

11月29日，年度第二次会议在香港举行，东莞市副市长成洪波，市外经贸局、市外事局、市工商局、市质监局等部门负责人出席。会议宣讲东莞帮扶企业的政策措施，交流如何应对港企遇到的营商困难。市外经贸局与香港贸易发展局签订新的合作备忘录，协定双方在发动和组织企业参加各种国内外展览会和商贸活动，推动东莞企业与香港企业、国外企业在投资领域、商务交流上合作，在创建品牌服务平台等方面开展工作。

【莞港合作开拓国际市场】 2011年，东莞市与香港贸易发展局合作组织东莞企业参加53场国内外展览会，在重要展览会上设立东莞品牌产品专区，提高企业产品知名度。1月7日，通用电器、银辉玩具等30家在莞港资企业参加第三届香港潮流商品（广州）展览会。7月6—8日，“2011年粤港经济技术贸易合作交流会”在香港举办，东莞市政府副秘书长陈志超率领由100多家企业代表组成的东莞市代表团参加，签约项目62个，成交金额4.5亿美元。9月21日，第三届华沙粤港时尚生活展开幕。东莞市组织东莞雅居乐日用制品有限公司、东莞市金业电子有限公司等9家企业参加。10月27日，“2011粤港—波兰经济技术贸易合作交流会”在波兰举行，粤港两地、波兰及其他欧洲国家的高层官员、工商企业界人士近2000人出席。东莞市外经贸局局长黄冠球、市侨务局局长蒋小莺、市旅游局局长梁少虾以及8家企业负责人组成东莞分团参加，签约项目21个，合同利用外资金额2.7亿美元。

【莞港联合提升企业生产力】 截至2011年，香港生产力促进局累计为200多家在莞港资企业提供转型升级专项评估和辅导。2月24日，东莞市外经贸局、香港生产力促进局、香港设计中心、香港汽车零部件研究及发展中心、香港纺织及成衣研发中心签署《共同推动在莞港资企业转型升级合作备忘录》，为东莞企业提供产品设计与研发、品牌创建、汽车零部件相关产品研发、纺织及成衣相关产品研发等服务。6月29日，东莞市市外经贸局、香港生产力促进局、香港纺织及成衣研发中心在大朗镇联合举办“制衣业创新产品及技术研讨会暨业务对接会”。会上，香港纺织及成衣研发中心、香港生产力促进局代表分别介绍纺织服装产品设计及技术创新、在莞港资企业转型升级辅导平台主要内容等信息。7月14日，东莞市外经贸局与长安镇人民政府、市工商局，香港贸易发展局、香港商务及经济发展局创意香港、香港设计中心等部门在长安镇联合举办“香港·创意·品牌”研讨会，展示香港的设计、品牌策划、市场推广等专业服务优势，协助内地企业提升产品设计水平及树立品牌形象，提高企业竞争力。

【莞港联合推动来料加工企业转变形态】 2011年5月14日，东莞来料加工企业转型三资企业政策宣讲会在香港举行。活动由东莞市外经贸局和香港民建联联合主办，东莞市港澳事务局、市外商投资企业协会，香港工业总会、香港中华出入口商会、香港中小型企业总商会协办。来自工商、法律及会计等行业共200人参加。东莞市外经贸局副局长方见波和市国税局代表分别讲解转型升级政策措施及转型前后税务事项。截至2011年，全市超过2000家港资来料加工企业转为法人企业，占全市转型企业的57%，规模较大的港资来料加工企业基本实现不停产转为法人企业。

【莞港经贸交流】 2011年4月13—14日，香港中联办经济部副部长、贸易处负责人杨益一行莅莞，调研珠三角地区港资企业经营现状和存在问题、转型升级遇到的困难，广东省外经贸厅加工贸易处副处长唐铨琳、东莞市外经贸局副局长方见波全程陪同。调研组先后深入东莞英记夹万家私厂有限公司、东莞标检产品检测有限公司、东莞永嘉盛针织有限公司、东莞柏能电子科技有限公司调研，了解分析在莞港资企业生产经营状况。

10月14日，香港贸易发展局暨日本电子产品及零部件企业考察团访问东莞，市外经贸局副局长方见波接待。考察团参观伟易达寮步厂区、松山湖管委会、东莞生益电子有限公司及广东易事特电源股份有限公司，出席“东莞市投资环境简报会暨东莞—日本电子企业交流晚宴”。

11月21日，东莞市外经贸局联合市环保局、市人力资源局和香港工业总会等部门在香港召开政策宣讲会，与上百位香港工业总会会员交流、听取意见及介绍东莞市帮扶政策。

12月8日，香港总商会中国委员会主席于健安率香港总商会广东考察团来东莞参观考察，进一步了解香港服务业在东莞实施“十二五”规划及产业转型升级的环境下，如何选择更好的发展道路，尤其是在节能减排等环保产业的合作商机。考察团参观松山湖展览厅，广东易事特电源股份有限公司及东莞市万科建筑技术研究有限公司，并与松山湖多家绿色环保企业高层交流。

2011年东莞市投资总额前30名港资企业

序号	企业名称	行业名称	投资总额（万美元）	经营范围
1	广东理文造纸有限公司	机制纸及纸板制造	77960	生产和销售高档纸及纸板（新闻纸除外）。
2	东莞海龙纸业有限公司	其他纸制品制造	57890	生产和销售高档纸及纸板（新闻纸除外），在境内组织收购生产所需废纸做原料自用。
3	东莞天龙纸业有限公司	其他纸制品制造	56345	生产和销售高档纸及纸板（新闻纸除外）。
4	东莞玖龙纸业有限公司	机制纸及纸板制造	53013	生产和销售高档纸和纸板（新闻纸除外），在境内组织收购生产所需废纸做原料自用。
5	东莞德永佳纺织制衣有限公司	棉、化纤纺织加工	44450	生产和销售高档织物面料的织染及后整理加工（含高档染整布、高档色布、高档针织胚布、高档染整色纱等产品和织前生产工序）。设立研发中心，从事针织布、色纱的研究和开发。从事道路普通货运（凭许可证经营），经营规模：厢式货车17辆。
6	东莞地龙纸业有限公司	机制纸及纸板制造	42080	生产和销售高档纸及纸板（新闻纸除外）。
7	东莞建晖纸业有限公司	机制纸及纸板制造	25910	生产和销售高档纸（新闻纸除外），废纸收购（限公司自用）。
8	东莞生益电子有限公司	电子元件及组件制造	24138	生产和销售新型电子元器件（新型机电元件：多层印刷电路板），从事非配额许可证、非专营商品的收购及出口业务。道路普通货运（凭许可证经营）。
9	米亚精密金属科技（东莞）有限公司	模具制造	23757	开发、生产和销售精冲模、精密型腔模、高档五金件、硬质合金、新型合金材料、刀具。
10	东莞美维电路有限公司	电子元件及组件制造	22000	生产和销售新型电子元器件（新型机电元件：多层印刷电路板，高密度互连积层板：多层、高密度印刷电路板）。
11	东莞南玻光伏科技有限公司	电池制造	20750	生产和销售高技术绿色电池产品（太阳能电池：晶体硅太阳能电池、薄膜太阳能电池及其组件），并提供相关的技术咨询与服务。
12	广东生益科技股份有限公司	电子元件及组件制造	16657	生产销售覆铜板和黏结片、印制线路板、陶瓷电子元件、液晶产品、电子级玻璃布、环氧树脂、铜箔、电子用挠性材料、显示材料、封装材料、绝缘材料，自有房屋出租。从事非配额许可证管理、非专营商品的收购出口业务。提供产品服务、技术服务、咨询服务、加工服务和佣金代理。
13	东莞理文造纸厂有限公司	其他纸制品制造	15648	生产和销售纸及纸制品（不含卫生纸，生产所需原材料的废纸在国内采购）。
14	东莞观澜湖高尔夫球会有限公司	室内娱乐活动	15582	从事高尔夫球场及其练习场、会所、球包室、更衣室、中西餐厅、美容美发、水疗、附属商店、多功能商务厅等配套设施的建设和经营。

续上表

序号	企业名称	行业名称	投资总额（万美元）	经营范围
15	东莞创纪房地产开发有限公司	房地产开发经营	14981	在东莞市石龙镇方正东路东南侧地块从事“石龙奕翠园商住区”的开发、兴建、销售、出租及其物业管理（涉限项目除外）。
16	东莞南玻太阳能玻璃有限公司	技术玻璃制品制造	14955	开发、生产和销售无机非金属材料及制品（特种玻璃：太阳能超白电子玻璃、优质超白压花玻璃、优质压花玻璃、优质着色压花玻璃、钢化安全玻璃、夹层安全玻璃、中空安全玻璃及其深加工产品），并提供有关特种玻璃和深加工玻璃的工程技术、生产技术及设备技术的咨询与服务。
17	广东中远船务工程有限公司	船舶修理及拆船	14938	特种船、高性能船舶的制造、改装、修理、销售及提供相关服务；海洋工程装备的建造、改装、修理、销售及提供相关服务；陆用、船用金属结构件及船舶配件的生产销售。
18	东莞宏威数码机械有限公司	其他金属加工机械制造	14600	生产和销售电子专用设备（含旋涂机、黏合机、分级机、刻码机、清洗机、真空溅镀机、有机发光显示器件的蒸镀设备、化学沉积设备、工业机器人、封装设备、基板清洗设备）、电子专用测试仪器（含电信号、光学密度、粗糙度、强硬度测试仪器）、电子工模具，提供相关产品的配套服务。
19	东莞厚街爱高电子总厂	其他电子设备制造	13182	电子制品、电动自行车、自行车。
20	东莞发展控股股份有限公司	电子元件及组件制造	12527	东莞高速公路的投资、建设、经营。
21	东莞超盈纺织有限公司	其他纺织制成品制造	10910	高档织物面料的织造及后整理加工（含经编高档织物面料，配套漂染、洗水工序）。设立研发中心，从事高档服装面料的研究和开发。
22	东莞中电新能源热电有限公司	电力供应	10858	天然气发电站的建设、经营。
23	东莞虎门电厂	火力发电	10820	生产和销售电能。从事燃料油、燃料调和油、沥青的批发及零售业务（不设店铺，不涉及国有贸易管理商品，涉及配额、许可证管理商品的，按国家有关规定办理）。
24	东莞冠亚环岗湖商住区建造有限公司	房屋工程建筑	10343	兴建环岗湖商住区、商品零售。
25	东莞创机电业制品有限公司	风动和电动工具制造	9900	生产和销售电动装修及建筑工具、地板及地毯电动清洁工具、户外电动及内燃推动的园艺工具、园林机械、太阳能户外灯、刀具、手提电筒、电池组合、电子测量仪器、小家电、搅拌机、吸尘机、碎纸机及以上产品配件，并提供产品售后服务及为关联企业提供管理服务（涉限除外）。
26	东莞深赤湾港务有限公司	其他仓储	9779	公用码头的建设、经营、货物仓储（不含危险品）及配套服务。
27	东莞晶格世纪半导体有限公司	其他机械设备及电子产品批发	9729	从事半导体产品、集成电路等电子元器件的研发、批发及进出口业务，并提供产品的技术咨询服务（不设店铺，涉及配额许可证管理、专项规定管理的商品按国家有关规定办理）。生产及销售TFT-LCD、OLED平板显示屏、TFT AM OLED显示屏、OLED柔性显示屏、3D及透明显示屏、触摸屏。
28	东莞金誉房地产开发有限公司	房地产开发经营	9430	在万江区曲海社区万道路北侧开发万江华南国际采购中心商业写字楼项目，兴建、销售、出租及其物业管理（涉限除外）。
29	东莞雷风科技有限公司	有色金属合金制造	9422	生产和销售高新技术有色金属材料（镁合金铸件、镁合金及其应用产品），精度高于0.02毫米（含0.02毫米），精密冲压模具，精度高于0.05毫米（含0.05毫米）精密型腔模具，模具标准件。
30	福群科技（东莞）有限公司	电子计算机外部设备制造	9000	生产和销售大容量磁盘驱动器部件。设立研发中心，研究和开发大容量磁盘驱动器部件。

（杨　荣　王颂辉　刘晓明）

政　法 LEGAL SYSTEM

省立区域绿道3号线滨水特色绿道

- 创新社会管理模式
- 开展“大走访”开门评警活动
- 创建“平安公交”
- “打四黑，除四害”专项行动

编辑：刘　丹

政法综述

【社会稳定维护】2011年，东莞市政法机关健全应急处置机制，出台《处置群体性事件和大规模暴力犯罪事件应急预案》，明确指挥部和各专项工作小组人员和职责，形成统一高效的指挥体系。在敏感时期重点部署有针对性的排查和防范工作，有力维护了政治大局的稳定。加强同邪教组织的斗争，提高打击邪教现行违法犯罪的能力。做好涉疆涉少数民族维稳专项工作，进一步明确职责分工，完善联动机制，确保各类事件均得到快速妥善的处置。落实大运会安保维稳措施，全市各级领导深入一线检查督导，政法各部门明确工作职责，形成工作合力，确保大运会各项安保工作万无一失。大运会期间，全市投入安保力量3.6万多人次，建成5个环深公安检查站，检查车辆27万多辆、人员54万多人，查获违法犯罪嫌疑350人，充分发挥“过滤器”、“解压阀”的作用，成功实现“平安大运”目标。

【社会治安整治】2011年，全市公安机关持续开展“粤安11”、“莞安1号”、“清网”等专项打击整治行动，围绕涉命涉枪、涉黑涉恶、“两抢一盗”等突出犯罪，强化破案攻坚。公安机关共破获刑事案件20375宗，抓获犯罪嫌疑人14436人，打掉违法犯罪团伙721个2619人；检察机关共批准逮捕6942宗10711人，提起公诉6501宗10411人；审判机关共审结刑事案件6973宗，判处罪犯8924人。强力扫除“黄赌毒”，加大对娱乐服务场所涉赌、涉黄、涉毒问题集中整治力度，查处涉黄涉赌案件14167宗；侦破毒品案件816宗，抓获涉毒犯罪嫌疑人1248人。细化治安重点地区和突出问题排查整治工作，采取“规模用警、联合作战、集中清查、精确整治”方式，组织千人以上规模重点整治行动9次。进一步深化“治摩”成果，先后组织开展6轮全市统一行动，有效遏制反弹现象。进一步提升打击传销工作的能力和实效，健全长效工作机制，有效遏制传销活动在蔓延的趋势。加强铁路沿线、东深供水等重点部位安全保卫工作，建立信息沟通和协同作战机制，确保各种问题及时发现、妥善化解。继续落实市委、市政府为民办十件实事，认真部署开展“平安公交”创建活动，“平安车站”、“平安车厢”创建工作稳步推进；深入开展“平安社区”创建活动，重点做好第五批申报“平安社区”验收和第一、二批已达标“平安社区”复核验审工作；深化“平安校园”创建活动，强力整治校园周边治安秩序及突出问题。

【社会矛盾化解】2011年，全市政法机关全面加强矛盾纠纷排查调处工作，及时化解各类不稳定因素260宗，妥善处置群体性事件224宗。以综治信访维稳平台为依托，努力将各类矛盾纠纷化解在基层，一年来共排查受理矛盾纠纷16185宗，妥善化解15712宗，化解率达97.08%。积极探索建立社会稳定风险评估机制，出台《重大事项社会稳定风险评估实施办法》。制定《关于建立诉前联调工作机制的意见》，搭建市、区域、镇（街道）三级工作平台，整合人民调解、行政调解、司法调解三大调解手段，全面铺开“法官工作室”、“社区法官”、“社区法官助理”等创新性做法，不断完善多元化纠纷解决机制。目前共设立诉前联调工作室22个，一年来受理案件12733件，调解结案12363件，调解结案率达97.09%。积极开展清理涉法涉诉信访积案攻坚活动，共排查甄别出涉法涉诉信访积案131宗，化解息诉129宗；办理中央交办案件19宗，化解息诉17宗，实现了基本息诉罢访的工作目标。充分发挥司法及涉法涉诉信访救助资金在化解信访积案中的重要作用，共办理救助案件156宗，发放救助资金378.7万元，救助264人。

【社会管理创新】2011年，东莞市始终坚持把新莞人服务管理工作作为创新社会管理的重要内容，促进新莞人更好地融入东莞的产业和城市发展。审判机关试点开展简易民商事案件的速裁工作，一年来立案速裁案件1571件。检察机关积极健全打击危害食品安全违法犯罪案件、“另案处理”人员信息库及跟踪办理、检警协作等执法办案机制，法律监督职能进一步发挥。公安机关着力推进情报信息、互联网监管、打击犯罪、流动人口管理、和谐警民关系、队伍管理载体等“六项创新”。司法行政机关做好对社区服刑人员和刑释解教人员的帮教与管控，引导律师提供法律服务。大力推进全国青少年群体教育帮助和预防犯罪试点工作，探索建立“社工+义工”联动帮教模式，共排查出有不良行为青少年837人，共组织培训、拓展、社区活动等1200多场次，为608名青少年提供帮教服务，帮教对象重新犯罪率为零。与省三水戒毒康复所深化合作机制，在凤岗镇正式成立首个省三水戒毒康复工作站，我市戒毒康复基地也落户省三水戒毒康复所，实现戒毒康复工作的地所无缝对接。全面推动“大巡警”建设，全市公安机关成立33个分局巡警大队，并按要求配备警力和巡逻治安员；配备专职社区民警890人，理顺警务室与社区（村）治保会关系；按照统一招聘、着装、培训、经费、指挥、考核的“六统一”标准，对治安联防队伍进行有效整合。

【政法队伍建设】2011年，全市政法机关不断加大执法监督力度，深入推进案件评查活动，对办案质量问题突出、存在重大问题的，责令有关部门限期整改。市检察院以监督不当立案为重点，切实加强侦查活动监督。两级法院深入开展“反规避执行”专项活动，在全省率先采用集中公开曝光的形式加大执行力度，取得良好的社会效果和法律效果；首次使用网络视频直播庭审案，利用微博图文直播，及时满足公众的知情权，主动接受公众监督。不断加强党风廉政建设，出台《关于加强纪检工作的意见》，并按照《全市政法系统党风廉政建设和反腐败专项工作任务分工方案》，明确责任分工、责任人和责任领导。深入推进业务公开化的进程，打造政法阳光公正形象。开展纪律教育月活动，强化干警廉政教育，引导筑牢拒腐防变的思想防线。在全市政法系统深入开展“发扬传统，坚定信念，执法为民”主题教育实践活动和争优创先活动，全市政法系统涌现出70个先进基层党组织、200名优秀共产党员和50名优秀党务工作者。进一步加强政法机构建设，成立东莞市法学会，全市司法所顺利升格为司法分局。（邱小文）

附：2011年东莞市委政法委领导名录

市委常委、政法委书记：邓志广

政法委副书记：陈　波　杨天泰　杜淦洪　苏云太

▲榴花公园

审 判

【概况】 2011年，东莞两级法院各项工作取得了新进展、新成效。共收案100861件，审结94897件，结案率90.82%，审限内结案率98.36%；诉讼标的金额117.65亿元。其中，中院收案13019件，审结12549件，结案率93.17%。两级法院法官人均结案217.65件，居全省法院第一。

【刑事审判】 2011年，东莞两级法院共新收各类刑事案件7279件，与上年同比增长13.34%；审结6973件，共判处罪犯8924人。其中，判处五年以上有期徒刑至死刑的罪犯2349人。全年共办理减刑假释案件3026件。

【民商事审判】 2011年，东莞两级法院共新收各类民商事案件62783件，同比减少6.38%；审结58365件。其中，审结婚姻家庭继承类民事案件1744件；审结合同类案件36436件，包括劳动争议案件15985件；审结侵权类案件20185件。在审结民商事案件中，涉及著作权、商标权、专利权等知识产权纠纷案件1393件，涉外、涉港澳台民商事纠纷案件1296件。

【行政审判】 2011年，东莞两级法院共新收各类行政诉讼案件423件，同比减少2.31%；审结404件。妥善地处理好一批起诉市政府、水务局、国土局、镇街政府等有重大社会影响的行政案件，避免矛盾激化。

东莞市中级人民法院

① 2011年12月9日，东莞市法院系统首度拍摄工作电视专题片

② 2011年12月20日，东莞市中级人民法院召开全体干部会议，宣布杨宗仁任东莞中院党组书记

①

②

① 2011年12月20日，两级法院干警认真学习贯彻落实市第十三次党代会精神

② 加大执行力度，规范执行管理，完善执行制度。图为3月1日东莞市中级法院召开新闻发布会，公开曝光“老赖”名单

③ 积极开展纪念建党90周年活动。图为6月市中级法院举行“丹心映党旗”大合唱活动

③

【执行工作】2011年，东莞两级法院共新收执行案件27192件，同比减少24.37%；执结案件25973件，执结率90.88%，执行到位金额27.64亿元，到位率63.75%。深入开展"主动执行"工作，使执行到位率提高，执行周期缩短，司法权威提升。移送主动执行案件8423件，结案8128件，执结到位金额1.85亿元，到位率51.85%。大力推进"反规避执行"和"创建无执行积案先进法院"等两项重点活动，东莞中院开展两次"大规模集中曝光及限制高消费"活动，对456名被执行人进行全方位曝光。

【参与社会管理创新】2011年，东莞两级法院主动自觉地参与社会管理创新工作，不断完善多元化的矛盾纠纷解决机制，加强调解工作力度，完善诉前联调机制，积极化解信访积案，努力推进和谐社会建设。

加强调解。不断强化法官调解意识，采取措施提高法官调解能力，创新调解工作方式方法，推动了调解工作的进步。调撤民商事案件25298件，调撤率51.96%。其中，在立案阶段调撤案件5074件，占全部调撤案件数量的20.06%。

诉前联调。东莞中院与市综治办联合制定《关于建立诉前联调工作机制的意见》，两级法院参与诉前联调案件12733件，达成调解协议案件12363件，成功率97.09%，司法确认案件11902件。省委政法委领导高度评价东莞法院的诉前联调工作。

立案速裁。2011年4月，东莞中院制定《关于推行二审民商事案件立案速裁工作的实施意见（试行）》，试点开展简易民商事案件的速裁工作。全年共立案速裁案件1571件。试点工作取得较好的成效，达到了缩短结案周期、减轻当事人诉累、节省诉讼资源的目的。

信访申诉。两级法院大力加强立案信访"文明窗口"建设，认真做好诉讼指引、信访接待、释法答疑等工作。东莞中院共办理人民群众来信384件，接待来访774人（次），化解信访积案57件。

【司法公开】2011年，东莞两级法院不断开拓司法公开渠道。通过完善法院网站、召开新闻发布会、邀请社会人士和新闻记者走进法庭观摩庭审等措施，及时向社会公布法院的工作情况。加大新闻宣传力度，加强同媒体的合作关系，两级法院全年在各大媒体报道1500多篇（次）。利用网络科技和现代传媒，设置案件信息网上查询系统，启动法律文书电子送达措施，利用手机短信向当事人发送案件审理信息，保障当事人诉讼权利。开设官方微博，实时公布法院案件审理信息，获取群众对审判工作的最大支持。设立法院公开日供群众参观了解，认真处理群众来信来访，畅通民意沟通反馈渠道，让群众实实在在"走进法院、了解法官"。

【后勤保障】2011年，东莞两级法院办公室、法警队、机关服务中心等后勤部门牢固树立为审判一线服务意识，为审判执行工作的顺利开展提供了优质高效的安全保障和后勤保障。在最高法院部署的全国法院司法警察岗位大练兵活动考核中，东莞中院法警支队代表广东法院司法警察接受考核，以出色的表现和优异的成绩获得最高法院的表彰，为广东省、东莞法院赢得荣誉。

（黎志均　程方伟）

附：2011年东莞市中级人民法院领导名录

党组书记：何碧霞（任至12月）
　　　　　杨宗仁（12月到任）
院　长：何碧霞
副院长：叶柳东（任至11月）　黄锡明
　　　　陈树良　林辉芳

① 东莞市中级法院法警队开展岗位大练兵。图为2011年10月25日最高人民法院考核组对法警队干警岗位大练兵成果进行考核

② 贯彻宽严相济刑事政策，推动量刑规范化。图为12月1日东莞市中级法院审理东莞市涉案金额最高的伪造货币案，涉案金额达人民币1.6亿元

东莞市第一

2011年4月21日，第一法院开展代号为“春雷行动”的集中执行活动，并创新采用官方微博进行全程直播。图为第一法院党组书记、院长陈斯为参加行动的干警做动员并亲自带队执行

2011年4月29日，第一法院党组书记、院长陈斯以“转型社会中的党员、法官与法院”为主题亲自为全院党员干部上了一堂内容丰富的党课

2011年4月18日，第一法院举行首次初任法官集体宣誓活动，58名新任命的青年法官参加了宣誓仪式

2011年3月6—29日，第一法院与中组部武汉大学全国干部培训中心联合举办干警综合素能培训班，组织全院干警分六批前往培训

2011年6月2日，第一法院对社会关注度极高的母亲韩×凤溺死脑瘫儿双胞胎儿子案进行公开开庭审理并对庭审全过程进行网络视频直播，以满足公众的知情权。这是东莞市法院系统首次对案件庭审进行网络视频直播活动

人民法院

2011年6月8日，第一法院党组书记、院长陈斯（左二）与西南政法大学法学院院长唐力（左三）共同签署《关于联合进行人才培养实践教学研究的实施方案》，标志着第一法院与西南政法大学联合开展人才培养机制探索正式启动

2011年6月15日，第一法院党组书记、院长陈斯受邀做客东莞阳光网的阳光会客厅接受网络访谈，该访谈通过阳光网视频、图文、阳光微博及第一法院官方微博同步直播。访谈的主题是“如何实现公正”

2011年8月19日至9月2日，第一法院举办体育文化月活动，并创新性地开展“畅游夏日+快乐松湖”水上趣味运动会

2011年10月26日至11月9日，第一法院举办首届“旗峰杯”辩论邀请赛，邀请来自东莞市司法局，东莞理工学院，东莞市第二、第三人民法院，东莞市第一、第二、第三人民检察院七支队伍前来参赛

2012年1月，第一法院举行“起点·成长·跨越”为主题的年度颁奖盛典，在表彰年度先进人物及团队代表的同时，将法院成立三周年的感怀融入盛典全程，通过主题设定、环节设置、节目选择等方式，向全院及到场嘉宾展示了第一法院成立三年以来的各项成就及成长轨迹。图为嘉宾访谈环节，第一法院党组书记、院长陈斯（左）与对话嘉宾围绕“起点”、“成长”、“跨越”三个主题进行深入的探讨

东莞市第二

2011年5月11日，省委常委、政法委书记梁伟发深入第二法院检查诉前联调工作，并听取第二法院院长陈葵关于第二法院与辖区各镇党委、政府共建“司法协作体系”的相关经验介绍。在参观过程中，梁伟发对第二法院的诉前联调工作给予高度评价。图为梁伟发（右三）与正在调解中的法官、书记员及当事人进行亲切交流

2011年3月25日，最高人民法院司法改革办公室副主任蒋惠岭、法官龙飞等人，莅临第二法院就关于多元纠纷解决机制工作进行调研并为第二法院“司法公开示范法院”揭牌。图为蒋惠岭（左）与第二法院院长陈葵（右）为东莞第二法院司法公开示范法院揭牌

2011年，东莞市第二人民法院全年共结案1.87万件，法官人均结案212.68件。在审判管理工作方面，草拟了《东莞市第二人民法院案件流程管理及质量评查办法》及《案件质量评定及承责标准》，进一步健全第二法院审判管理工作体系。在改革创新工作方面，全面推行电子送达、劳动争议执行“绿色通道”、人大代表参与调解、微博曝光“老赖”、电子办案日志、审限公开等新举措，构建高效便民的司法模式。在文化建设工作方面，通过开展青年法官导师制度、愿景工程建设、读书节活动、学习日活动、专家学者专题讲座等活动，打造浓厚的法院文化氛围。

2011年4月13日，第二法院刑庭组织召开未成年犯帮教座谈会。会议主要围绕未成年人犯罪原因分析及未成年犯帮教问题展开讨论

2011年12月19日，第二法院沙田法庭挂牌成立，至此，第二法院实现辖区内“一镇一庭”

人民法院

2011年5月12日，第二法院大朗法庭与大朗劳动仲裁庭签订合作协议，双方联手开辟劳动争议案件执行绿色通道，此举成为全国法院与劳动部门破解劳动仲裁执行难的一个首创

2011年6月8日，第二法院与大朗镇党委、政府签订司法协作协议。至此，第二法院与辖区内所有镇街建立司法协作体系

为在诉前阶段化解更多的交通事故案件，提高保险理赔实效，2011年11月10日，“平安财险调解办公室”在第二法院立案庭挂牌成立

2011年10月15日，第二法院举办首届集体婚礼，7对新人参加本次婚礼

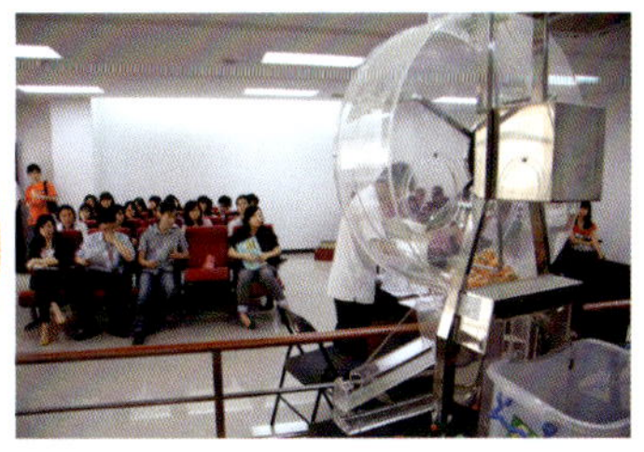

2011年4月28日，第二法院组织开展“法院开放日”活动，邀请在校大学生以及各大媒体记者亲临法院，观摩庭审以及其他相关工作，图为观摩摇珠选出拍卖机构现场

2011年11月22日，第二法院与东莞阳光网联合开展庭审直播，对一起健康权身体权案件进行全程的庭审网上直播

2011年5月6日，第二法院举办青年法官拜师仪式。营造青年法官尊师重教的氛围，更好地促进第二法院青年法官导师制度的实施

东莞市第三人民法院

东莞市中级人民法院院长杨宗仁到第三法院指导工作。图为第三法院院长罗念卫向其介绍第三法院文化长廊

2011年6月3日，第三法院召开辖区诉前联调联席会议。市委政法委副书记杜淦洪、第三法院领导及辖区各镇综治办主任、司法所所长参加会议

2011年7月28日晚，第三法院举行“三院同高歌，庆党九十诞”主题生日晚会。时任市中级人民法院院长何碧霞亲临晚会

2011年8月8日，第三法院举行“我心目中的院训”演讲比赛决赛暨2011年文化建设半年总结大会

2011年3月15日，第三法院举办“公众开放日”活动，图为市人大代表、政协委员及司法监督员参观文化长廊

2011年11月3日，第三法院举行平安保险调解室揭牌仪式，平安保险公司正式进驻第三法院，参与诉前调解

2011年3月25日，第三法院举行“见证执行”活动。图为法警在活动中把赖账的“老赖”带走

2011年12月30日，第三法院举办2011年表彰大会暨第一届“十佳法官”颁奖典礼。图为获奖法官讲述办案心得

检察

【刑事检察】 2011年，东莞两级检察机关严厉打击各类严重刑事犯罪。共受理批捕案件7383件11392人，批准逮捕6942件10711人，同比上升10.1%和4.9%；受理移送审查起诉7574件12489人,提起公诉6501件10411人，同比分别上升11.5%和7.4%。针对东莞市刑事犯罪回升势头，及时与公安、法院召开联席会议，形成打击合力，切实做到快捕快诉，决不在检察环节延误时机。依法从重从快办理清溪镇林某献杀害村书记案、大朗镇“5·2”婚礼抢劫案、李远军等15人特大涉黑案等一批重特大刑事案件，有力震慑了犯罪，维护社会治安稳定，增强广大市民的社会安全感。

严厉打击破坏市场经济的犯罪活动，共批捕此类案件172件297人，起诉179件304人。加强知识产权保护力度，共批捕侵犯知识产权案26件454人，起诉22件45人。

以整治危害食品安全犯罪为重点，严厉打击群众反映强烈的侵犯民生的犯罪活动。将打击食品安全犯罪作为提升人民群众安全感、幸福感和满意度的重要举措来抓。加强对公安、工商、质量技术监督等行政执法部门的监督与协调，提前介入危害食品安全案件13件，批准逮捕16件20人，已移送审查起诉12件16人，依法监督移送公安机关立案侦查一批人民群众反映强烈的涉嫌犯罪案件。如万江“墨汁粉条”案、中堂“毒腊肉”案及东莞市昱延食品有限公司涉台湾塑化剂案等一批涉及食品安全案件，有效维护人民群众的切身利益。

积极贯彻宽严相济刑事政策，对未成年人犯罪、初犯、偶犯、过失犯以及邻里、亲属轻伤案等轻微刑事犯罪，相对不捕147人，相对不起诉190人。健全快速办理轻微刑事案件机制和促进当事人达成和解刑事案件办理机制，尽可能减少社会对抗。共适用轻微刑事案件快速办理机制办理案件1378件，办理刑事和解案件114件。

加强诉讼监督，共受理立案监督94件，成功监督侦查机关立案62件,撤销案件39件，对不构成犯罪和证据不足的，决定不批准逮捕467人，决定不起诉253人。针对侦查机关在刑事立案、侦查活动中的违法取证、滥用强制措施等违法行为，提出书面纠正意见28件、检察建议43件，保护了当事人的合法权益。通过立案监督，一批犯罪嫌疑人得到应有惩处，同时也依法保护无辜的人。

【反贪污贿赂、反渎职侵权】 2011年，东莞市检察机关突出办案重点，严肃查办贪污贿赂案件。坚持办案力度、质量、效率、效果、规范的有机统一，始终把查办职务犯罪摆在突出位置。全年共受理贪污贿赂犯罪案件线索100件,立案侦查28件31人，全都是大案或要案，挽回经济损失544.52万元。立案查处人民群众反映强烈、与市政民生密切相关的一系列案件。对所办案件按照“一案一建议”的原则，及时发出检察建议书，督促发案单位切实弥补漏洞，加强整改。

共受理渎职侵权案件线索22件，立案侦查6件7人，参与调查突发重大安全事故13件，公安突发事件10件。根据高检院和省院的部署和要求，在全省地级市率先高规格举办“全国检察机关惩治和预防渎职侵权犯罪展览”巡展活动，活动进一步扩大反渎职侵权工作的社会认知度、影响力和公信力。

【预防职务犯罪】 2011年，东莞检察机关注重基层领域预防，服务民主法治建设。在全市基层“两委”换届选举工作前期，深入开展“廉洁选举，幸福东莞——预防农村贿选专题法制讲座”系列教育。对全市32个镇（街）、1万多名基层干部作预防贿选和预防基层干部职务犯罪的专题法制宣讲，有力保障基层选举依法、有序进行。注重工程领域预防，服务民生福祉项目建设。针对轨道交通R2线工程、绿道建设工程等重点工程，制定开展专项预防职务犯罪工作的实施意见，规范各项专项预防工作开展。注重国土领域预防，服务全市经济建设。围绕全市“三旧”改造、土地开发及使用等市委经济建设工作，全面履行专业预防职能；注重运用宣讲团资源，深入开展预防教育。共对外授课106节，受教育人数达45635人次。

【民事行政检察】 2011年，东莞检察机关全年共受理民事行政申诉案件227件，立案103件，办理抗诉、提请抗诉案件33件，同比上升57.1%，提抗案件被省检察院全部采纳；提出执行监督检察建议3件，法院采纳3件，息诉132件。

【监所检察】 2011年，东莞检察机关全年共审查提请减刑案件3038件、假释案件17件、暂予监外执行案件30件，提出不同意减刑、暂予监外执行8件，向办案单位发出超期羁押预警3667人次，针对发现的安全隐患提出58条检察建议；探索出庭监督减刑假释案件，出庭参与对39人减刑假释案件的开庭审理。加强了对监外执行的监督工作。

【控告检察】 2011年，东莞检察机关共处理各类举报、控告和申诉信访1309件，其中来访779批，来信447件。出台《东莞市检察机关处访工作指引》，对群众信访的接待、处理、分流等操作流程进行明确规范，全力排查化解不稳定因素，全面推行执法办案风险评估预警制度，积极为“平安大运”创造和谐因素。开展对2010年不起诉案件专项复查活动，对所有不起诉案件进行释法说理，有效防止引起涉检上访风险。

【刑事申诉检察】 2011年，东莞检察机关全年共受理刑事申诉案件43 件，立案复查19 件。提出、提请抗诉12 件。对办案中遇到缠访、闹诉的申诉人，在充分地释法说理安抚情绪的同时，及时予以人性关怀，尽最大努力为其解决生活困难。如办理冉某、邹某不服终审判决申诉案中，申诉人多次来访，并缠访、闹访。办案人员一方面引导其通过法律程序正常申诉上访，另一方面针对申诉人的家庭困难和女儿教育成长问题，及时协调相关单位对其救助1.5万元，并为其女儿解决入学学位，消除申诉人的对立情绪，引导其依法按程序进行申诉。

【检察技术】 2011年，东莞检察机关受理并办结法医检验24 件,其中尸体检验19件，伤残鉴定10 件，完成涉案文证审查360 件,参加执行死刑法医临场监督10 次48 人。积极推进信息化建设及应用，为提高办公办案效率提供有效保障

【检察队伍建设】 2011年，东莞检察机关共有8名集体和5名个人受到国家、省级机关表彰，15个集体和25名个人受到市级表彰。其中1名干警被中宣部、司法部评为“全国法制教育宣传先进个人”1名干警被中央政法委评为“全国政法系统优秀党员干警”。 （石亚明）

附：2011年东莞市人民检察院领导名录

检察长：黄文艾

副检察长：曾广华　鲁　罡　尹小茹　陈少钢

公 安

【严厉打击刑事犯罪】2011年，东莞市公安机关严厉打击各类刑事犯罪活动，共立刑事案件37334起，同比上升1.7%，破案19078起（含积案1897起），同比上升15.5%，抓获犯罪嫌疑人15365名。严厉打击入室盗抢犯罪。共立入室盗窃案件8023起，同比下降13.4%；破案4803起，同比上升7.5%；立入室抢劫案件392起，同比下降14%；破案178起，同比下降9.2%；打掉入室盗窃（抢劫）犯罪团伙159个，实现入室盗抢案件警情明显下降，破案率明显上升的目标。强力打击路面“双抢”（抢劫、抢夺）犯罪。立飞车抢夺案件1930起，同比上升34.2%；破案数1283起，同比上升88.1%，破案率为59.2%。

莞邑卫士，忠诚为民

① 加大旅业监查、整治力度

② 清理整顿出租屋、旅业

③ 做好节假日安全保卫工作

④ 做好重点单位安全保卫工作

① 打击违法犯罪活动现场
② 开展“警民心连心、开门大评警”活动
③ 民警信息化考核现场
④ 警务装备展示
⑤ 民警日常巡逻
⑥ 特警训练
⑦ 民警热心服务市民
⑧ 警犬训练表演

全市路面“双抢”警情同比下降10.36%，实现市委、市政府下达的警情同比下降10%目标。精确打击盗抢汽车犯罪。全市立盗窃汽车案件3515起，同比上升37.2%；破案933起，同比上升52.2%。深入推进“断源”专项行动。根据省公安厅“断源”行动工作要求，公安机关全力开展打击命案、涉枪犯罪攻坚工作，取得显著成果，全市共立命案211起，同比下降28.2%；破案197起，破案率为93.4%，同时，办结涉枪涉爆线索65条，从中查处2起涉枪案件，缴获气枪1支，“断源”专项行动期间，全市共立涉枪案件71宗，破案73宗（含积案4宗），破案率为97.2%，有效震慑了涉枪犯罪。深度经营打黑除恶专项行动。全市成功摧毁1个盘踞在横沥的黑社会性质组织，打掉省打黑办认定的“恶势力”团伙21个，抓获涉黑涉恶团伙成员450多名，破获各类涉黑涉恶案件320多宗，缴获各种作案工具一大批。深化打拐机制。2011年，全市拐卖儿童案件发12宗，破16宗（含积案4宗），解救被拐儿童16名；拐卖妇女案件发2宗，破6宗（含积案4宗），解救被拐妇女15名。同时，为群众找回走失儿童498名。

【清网行动】2011年5月26日至12月15日，全市公安机关组织开展“清网”行动。为强化“清网行动”工作成效，市公安局实行“清网行动”领导包案工作责任制，局直单位全部副科长以上领导每人对2名网上在逃人员实行包案（其中1人必须为命案在逃人员），务必在规定时限内完成追逃任务，并由多名局领导亲自带队，抽调783名民警，回原籍省份（湖南、河南、广西、四川、贵州、重庆、安徽）专职追逃。同时，通过电视、电台及全国各大媒体营造氛围，开展追逃劝投工作，共成功规劝780名逃犯投案自首，自首率达49.94%。截至12月15日行动结束，全市共抓获逃犯1562人，撤网人数位列全省第三；行动前在逃人员下降率达到81.58%，超额完成省公安厅下达的80%目标，其中抓获故意杀人案逃犯71名，下降54.2%，全省排名第四；协助抓获本省外市行动前网上在逃人员246人，协助抓获外省行动前网上在逃人员1056人，圆满完成省公安厅下达的任务，实现“一降两升三提高”的目标，得到公安部、省厅各级领导的充分肯定。

【“粤安11”专项行动】东莞市公安机关从2010年12月25日至2011年3月25日，在全市范围内组织开展“粤安11”专项行动，并取得显著成效：通过开展矛盾纠纷大排查，为各级党委政府提供不稳定因素预警信息126条，化解各类信访案件39起；全市共破获刑事案件2170宗，其中侦破故意伤害案276宗，破获“两抢一盗”案件168起宗，破获毒品案件193宗，打掉犯罪团伙116个，抓获犯罪嫌疑人3105名；查处各类治安案件4121起6228人，其中涉“黄赌毒”案件3016起4994人；整治重点地区456个，检查整顿出租屋21万间、发廊美容院11533间、娱乐服务场所5461间、网吧5383间，收缴非法枪支5支，端掉赌博窝点290个、吸毒窝点46个。消除一批安全隐患，查处交通违法15.8万宗，消除事故多发、危险路段道路交通隐患36处，消防检查场所4970个，发现整改消防隐患3381处。

【“打四黑、除四害”专项行动】全市公安机关从2011年9月1日起，在全市部署开展“打四黑除四害”专项行动（“四黑”即制售假劣食品药品的“黑作坊”、制售假劣生产生活资料的“黑工厂”、收赃销赃的“黑市场”、涉黄涉赌涉毒的“黑窝点”；“四害”（严重危害人民群众生命健康，严重危害青少年身心健康，严重危害群众切身利益，严重危害公共安全和社会诚信）的行为。截至2011年12月31日，全市共立案侦办“四黑四害”案件2626宗，联合职能部门打掉黑作坊23个、黑工厂2个、黑市场3个、黑窝点598个，挂牌督办“四黑四害”案件5宗（其中4宗涉食品犯罪），抓获犯罪嫌疑人84人。其中影响较大的案件主要有洪梅镇中天食品有限公司制售“地沟油”案，中堂镇“黑作坊”利用死猪肉生产加工腊肉肠案，石碣镇大型摆放“老虎机”设赌团伙等，有力打压并震慑了违法犯罪活动的嚣张气焰。

【大运会安保工作】2011年，为确保在深圳举办的第26届世界大学生夏季运动会安全顺利进行，全市公安机关全方位部署“大运”安保工作，圆满完成各项安保任务。建成5个公安检查站，共检查车辆27.4万辆，检查人员54万人，查获违法犯罪嫌疑350人。先后精心举行反恐、处突等实战演练126次，重点强化反恐、消防、交通等实战演练，确保能够“拉得出，打得赢”。加强东深供水工程守护工作，抽调安保警力383人进行日夜守护，确保绝对安全。会同有关部门对16种“低慢小”飞行物及其生产、运输、储存、销售、使用环节进行排查、登记造册，加强对非法入境小型航空器具和空飘物查缉工作，对临时起降点进行严格清查管控，并会同报刊、电视等新闻媒体部门，做好大运会期间“低慢小”飞行物管控政策宣传工作，印制宣传海报2万多份。投入警力4400多人、群防群治力量3万多人加强巡逻防控工作，并从四川、江西公安院校借调1700多名学员参与巡逻，提升路面整体防控效能。部署多警种在全市“七大警区”开展集中清查行动，联合深、惠两地公安机关同步开展4次社会治安清查整治，共查获各类违法犯罪嫌疑人312人，缴获管制刀具366把、仿真枪3支、子弹6发、毒品约149克。

【治安管理】2011年，全市各级治安部门认真组织各项大型群体活动的安全保卫工作，全年参与大型文体活动安全保卫166宗。全面加强对特种行业和公共娱乐服务场所的管理，重点查处未经许可擅自经营或不执行住宿登记的旅馆业，不执行查验登记制度的典当业，不执行可疑情况报告及凭证登记收购制度的废旧物品回收业。全年共利用旅馆业治安管理系统抓获网上在逃人员165人，查处涉案旅馆20间，取缔5间。进一步深化枪支、民爆和剧毒物品的安全管理工作，对全市41个涉爆地点进行全面核查，准确掌握底数及有关情况，发现并督促整改安全隐患21处；强化对涉爆涉毒单位的日常监管，配合市安全生产监督管理局加强对全市214家涉剧毒单位的安全监管，严格做好《剧毒化学品购买凭证》的发放，杜绝剧毒化学品流入社会；进一步完善枪支管理工作，办理民警、金融单位守护押运人员《公务用枪持枪证》826张，《公务用枪枪证》1320张，为全市各用枪单位配发各类枪支1320支，子弹66.5万发。

【户政管理】2011年，全市户籍人口共539044户，1847691人，其中农业人口903139人，非农业人口944552人。全年共办理户口迁移41096人，其中市外迁入28623人，迁出市外7425人，市内迁移5048人。全年共签发居民身份证发证14.5万张，签发临时身份证2.5万张。扎实开展户口登记管理专项清理整治工作，全年累计清理户籍档案92万份，核对清理对象95.5万人，核实并注销重复户口222人、虚假户口9人、出国（境）定居未销户103人，信息锁定疑似重户口129人。积极配合市积分制入户工作领导小组办公室做好积分制入户办法修订工作，简化办事程序，全年共为10990名（含随迁家属）获得积分制入户资格新莞人办理入户手续，其中6157人迁入家庭户、4833人迁入集体户。为各级政府部门、其他社会团体和群众等提供有关人口信息的查询服务，全年共查询人口信息6698人次。按时保质地完成一年一度人口统计年报工作，及时纠正户口登记中重登、漏登及差错等问题。

【流动人口管理】 2011年，全市公安机关积极创新社会管理，做好流动人口服务管理工作。大力推行居住证制度。全年共登记流动人口信息143.8万条，制发居住证136.1万张，圆满完成省下达的132万张居住证发放任务，省推居办还将东莞市确定为全省居住证功能拓展应用工作唯一试点城市。大力推广应用流动人口自助申报系统。截至12月底，全市共有7960栋/套出租屋和8380间企业安装了流动人口自助申报系统，采集录入流动人口信息79万条，发现重点人员1353人，各项数据排全省前列。积极完成年度暂住人口统计工作。据统计，2011年6月30日，全市共有暂住人口413.6万人，其中男性205.4万人，女性208.2万人，总人数同比略有增加。从暂住人口来源地分析，广东（除本市外）、湖南、广西、四川、湖北、河南、江西等7个省（区）的暂住人口为319.2万人，占总人数的77.16%；从从事行业种类分析，务工、务农、经商、服务等4种行业暂住人口为394.7万人，占总人数95.4%；从在莞主要居住地分析，虎门、长安、塘厦、厚街、东城、常平、寮步、黄江镇街的暂住人口约220.9万人，占总人数的53.4%。

【出入境管理】 2011年，全市公安机关共办理各类出入国（境）证件、签注121.7万人次，并紧密围绕社会管理创新，积极加强各项出入境管理工作：多措并举大力提升服务水平。于12月23日启用新出入境接待大厅，提升服务硬件水平；于3月1日推出"台胞证"EMS快递业务，对选择快递的申请人缩短审批时间；积极帮助33名"自梳女"解决国籍、户籍问题；继续深化"服务措施一网办"等工作，不断理顺工作流程，简化办证程序，并更新办事指南一批。切实加强外国人管理工作。进一步健全完善外管分工配合机制，充实外管队伍，加强外国人住宿登记管理，外国人住宿登记"三率"（登记率、及时率、准确率）均在95%以上（达标），常住外国人登记率达100%，大力清理"三非"（非法入境、非法居留、非法务工）外国人，全年共查处"三非"境外人员314人次（台湾居民98人次，外国人216人次）。大力查处出入境违法犯罪行为。深入开展打击利用虚假身份骗取出入境证件专项行动，处理利用虚假身份骗取出入境证件案（事）件共79宗93人。

【大巡警建设】 2011年，市公安局运用社会管理创新理念，以加强巡警大队建设和社区警务建设为载体，从完善硬件和软件两方面入手，全面推进"大巡警"建设。完成全市33个巡警大队组建工作，按不低于总警力20%要求落实巡逻警力，按与民警不少于5：1比例配备巡逻治安员，并严格按照既定标准落实巡警大队和警务室的警用装备。实行社区民警专职化，理顺社区警长同村治保主任关系，明确警长为社区巡防负责人，并建立完善培训、学习、监督检查和考核等制度，以责任推动工作措施落实。按照"六个统一"即"统一招聘、统一着装、统一培训、统一经费来源、统一指挥调度、统一考核标准"，规范对村一级治安联防队员管理。鼓励各公安分局在以村为单位建设警务室基础上，推进警务室建设，逐步覆盖到重点部位，在全市逐步建立市、镇、村"三级巡防"机制，实现"公安分局巡警大队加强主要街道路面巡防、派出所有警接警无警巡逻、警务室负责守好家门"分工。改革巡逻防控机制，在镇一级依托视频监控中心平台，实现对路面治安力量统一指挥调度，实现全市视频监控点联网，使路面治安力量实现联动，提高协同作战能力，并加强镇街之间联动，提高区域间防控水平；改变以往随意性、无计划巡防做法，普遍建立犯罪信息分析定期研判制度，制定日常防控方案，实现针对性防控；加大科技投入，建立数字化巡防体系，编制全市统一报警编码，张贴报警编码，开发具有信息采集等功能移动警务通，形成"指挥有平台、研判有机制、街头有巡逻、空中有天眼、路面有卡点、社区有联防、考核有制度"格局。

【"平安公交"建设】 2011年，市政府将创建"平安公交"工作纳入市政府"为民办十件实事"。为完成创建目标，市公安局联合市综治、交通等相关单位，通过明确分工，层层签订责任书，狠抓工作落实，并将"平安公交"纳入到镇（街）年度综治考评工作。为确保公交警情下降，公安机关先后开展一系列侦查破案专项行动，共侦破公交案件539宗，打掉团伙129个，抓获违法犯罪嫌疑人1085人。同时，组织公交民警和治安力量在上下班、节假日等人流高峰时段着装上车巡逻护乘，提高见警率，提高乘客的安全感。为夯实基层基础，提升管控能力，指导全市二级以上车站新建或扩建车站警务室，实现快速接处警；并在公交客运企业成立内保部，提高企业协助打防公交治安案件和自我防范能力。为发动广大群众积极参与公交治安工作，公安机关通过在线微博访谈、群发公益短信、投放站台海报等多种形式，宣讲防扒、防骗知识，提高群众的安全乘车能力，并深入公交客运企业开展《司乘人员在运营中发生治安问题20个怎么办》培训和演练，提高公交从业人员的应急处置能力，全年有43名司乘人员、群众获市见义勇为基金会奖励。通过创建工作，全市41家公交企业（占比50%以上）成立内保机构，12家二级以上车站建立警务室，创建700台"平安车厢"和15个"平安车站"，全市全年公交警情5351宗，同比下降15%，圆满完成了各项创建任务。

【执法规范化建设】 2011年，全市公安机关紧紧围绕社会公平正义，继续坚持以信息化促进执法规范化，以执法质量全程考为抓手，深入推进执法规范化建设，提升执法公信力，构建和谐警民关系。端正执法理念，打牢规范执法理念。坚持执法为民、公平正义、法律至上和人权保障思想，深化创新执法理念的学习讨论，创新治安管理措施，创新打击违法犯罪措施，创新便民利民服务措施，并积极组织民警参加庭审旁听、复议应诉、以案说法等活动，大力开展法制教育。加强执法制度建设，规范执法行为。以刚性化、精细化为标准进一步规范执法办案程序，压缩行政处罚自由裁量空间，严密案件证据收集工作，健全涉案财物管理机制，积极推行执法说理，树立公安机关文明、规范执法形象。强力推进执法信息化，创新执法管理举措。组织开展刑事行政案件考评，并建立上级抽考制度，定期检查通报考评工作，加大对全程考工作后进单位的问责力度，确保执法质量全程考真考真用，并大力加强执法安全信息化建设，完成执法办案场所标准化设置，为路面执法民警配备信息化装备，全面实现电子取证。加大执法监督力度，解决突出执法问题。全面推行专（兼）职法制员制度，在交警部门建立专职法制员队伍基础上，进一步在执法办案部门和派出所全面建立法制员制度，配齐配强专（兼）职法制员；改进执法质量考评模式，完善复议程序；深入开展"大走访"开门评警活动，主动听取群众意见，主动征求法院、检察院的意见，促进执法水平提高；严格落实执法过错责任追究，对存在执法过错的，坚决依法处理。强化执法培训，提高队伍整体素质。进一步加强公安法制队伍建设，大力加强法制民警培训工作；采取集中学习、讲座等多种形式开展全警《执法细则》、《两个规定》等法律学习培训；按照公安部、省公安厅的统一部署，分4批组织全市1.1万名民警参加执法资格等级考试。

【廉政建设】 2011年，全市公安机关以构建风清气正、廉洁高效警队为目标，深化反腐倡廉各项任务。制定《东莞市公安局纪检监察部门处理实名举报暂行办法（征求意见稿）》，规范群众信访举报工作；深入开展涉警交通事故、涉案人员非正常死亡和涉案财物管理问题专项治理工作、贯彻落实各项专项整治措施，增强民警自律意识；开展纪律教育学习月暨民主评议政风行风活动，强化民警执法为民思想，促进良好作风养成；开展廉政美术书画摄影比赛、廉政演讲、廉政征文等活动，积极用廉政文化引导民警，警营文化氛围显著增强；开展预防职务犯罪和"一岗一预防"活动，排查廉政风险，建立全市公安机关廉政风险防控体系；开展2011年度党风廉政建设年度考核和述职述廉工作，促进反腐倡廉工作深入落实。

【"大走访"活动】 2011年，全市公安机关开展"大走访"开门评警活动。全面落实民警走访受评。全市参与走访民警1.03万名，走访群众8.6万户，其中党政机关2240个、厂矿企业1.1万个、中小学校2461个、其他2.1万个，走访人数8.7万人，共收集各类意见2.7万条。推进案件回访倒评和单位执法访评。全市共回访案件1989宗、群众1982人，走访单位370个。积极推动网友"拍砖"点评，开设活动专栏。在东莞警察网上开设"大走访"开门评警活动专栏，对外发布信息5623条，收到网友建议、咨询、投诉和举报760多条，已全部回复或交相关部门跟进落实。认真组织代表座谈议评。先后组织召开人大代表、政协委员、警务廉政监督员座谈评议会，群众代表座谈评议会和企业代表座谈评议会，针对群众关注的热点、难点问题进行现场答疑、现场落实、跟进督促，并广泛征求各界群众对东莞的治安状况、社会管理、服务创新等方面的意见建议。主动落实隐患排查整改。治安、交警、国保、消防等部门根据业务实际，认真开展隐患排查治理。全力部署积案排查息诉工作。信访民警主动与信访群众开展面对面的交流，从"何事、何因、何果、何求"等方面倾听他们的心声和诉求，赢得他们的理解和支持，推动积案化解任务的完成。组织多项活动敞开纳评。组织各警种、各公安分局通过开展警民心连心、警营开放日、警民相约警务室等活动，引导社会各界群众共同参与评议公安工作。推出典型开展选评。积极开展典型评选活动，培育在开展"大走访"开门评警活动中的先进典型，树立东城公安分局桑园派出所副所长张志辉、清溪公安分局政工股科员江城等一批热情服务、执法为民的先进典型，通过媒体进行宣传报道，并引导群众参与典型评选。完善服务项目迎评。推出4项便民措施，包括出入境管理科的"台胞证EMS快递服务"和"港澳E证通"，交警支队的"交通罚款异地缴纳"，治安巡警支队的全市派出所开通"网上警务室"。广泛开展宣传，营造活动氛围。在报纸、电台、电视台、网络等新闻媒体上刊载宣传报道350篇，其中省级媒体27篇，东莞本地媒体（包括各镇电视台）共305篇，有效推动活动的深入开展，取得较好的活动成效，基本达到"广大民警受教育、人民群众得实惠，公安工作上水平、警民关系更和谐，人民群众安全感和满意度明显增强、公安机关公信力明显提升"的目标。

【从优待警】 2011年，市公安局从关心爱护民警出发，积极落实各项从优待警措施。提升民警政治待遇，对主任科员空缺职数40名、副主任科员空缺职数619名进行选拔；开展功模休养活动，组织全市公安机关70名功模民警分两期赴海南省休养；加强优抚工作，对102名革命烈士、因公牺牲民警的家属以及因公受伤民警进行及时慰问，并想方设法为他们解决子女入学、家属就业等实际困难，关心民警身体健康及其子女成长，邀请知名药膳专家余自强举办健康知识讲座并进行义诊，并组织民警子女开展夏令营活动；大力开展警营文化活动，组织市公安局第四届"金盾杯"足球赛、"莞邑卫士，风采激扬"系列摄影采风活动及摄影书画系列创作比赛，并成立东莞警察摄影协会，还成功承办全省公安系统第三届运动会开幕式及篮球预赛，在此届运动会中，市公安局共夺得7金、12银、11铜以及团体总分第二名的优异成绩。

【立功创模】 2011年，市公安局共成功向省厅推荐获批集体一等功1个、集体二等功48个、个人一等功28个、个人二等功125个，审批集体三等功73个、集体嘉奖22个、个人三等功542个、个人嘉奖843个；向全市各公安分局下放集体嘉奖和个人嘉奖审批权限；在广州亚运会安保工作专项表彰中，市公安局荣获省部级表彰先进集体2个、先进个人2个，省级表彰先进集体4个、先进个人8个；在深圳大运会安保工作专项表彰中，市公安局向省厅成功申报全国公安系统二级英模1个、集体二等功14个、个人一等功10个、个人二等功25个；邀请南方日报、广州日报、东莞日报等省市主流媒体对全市公安机关先进典型进行集中采访报道，并将他们的先进事迹编成《东莞警察故事》一书；在全市掀起"学习李结华，建为民公安"为主题的学习典型、争当先进的热潮；在"清网行动"、大运安保等专项工作中，火线推出大运安保先锋、"清网行动"先进个人。 （李寒来）

附：2011年东莞市公安局领导名录

党委书记、局长：崔　建
党委书记：严小康（12月任职）
党委副书记、副局长：
　　利焕祥（10月免去党委副书记、副局长职务，保留党委委员）
党委委员、副局长：李泽林　梁建柱
　　李伟雄　卢伟琪
　　陈昌盛　黄天云
党委委员、政治处主任：刘沛雄
党委委员、指挥中心主任：何澄彪
党委委员：张绍培
党委委员、纪委书记：叶沃昌
党委委员、交警支队支队长：
　　唐耀文（任至7月）
党委委员、刑警支队支队长：李灼华

道路交通安全管理

2011年，东莞市交警部门紧紧围绕事故预防、大运安保、排堵保畅和清网追逃4项重点工作，在队伍建设上谋发展，在事故预防上下功夫，在执法质量上做文章，在交通宣传上求突破，最大限度地促进了全市道路交通安全、畅通、和谐。

【交通事故】 2011年，市交警部门落实各项事故预防工作措施，完成省市下达的交通事故预防工作任务。全年共发生交通事故4490起，死亡495人，受伤4997人，直接经济损失566万元，同比分别下降7.84%、5.89%、6.68%、11.38%，死亡人数减少31人。

【专项整治】 2011年，市交警部门先后开展各种专项行动20多项，查处交通违法50万起，其中醉驾196起，查扣无牌和假牌汽车5115辆，吊销驾驶证421本，治安拘留1238，刑事拘留728人，并以良好的城市交通秩序通过蝉联全国文明城市复评。

【交通秩序】 2011年，市交警支队把治堵作为全年重点工作来抓，立足交警职能，向市委市政府提出多项合理化建议并得到采纳，其中调整市区货车交通管制措施等工作已经实施并取得良好效果。此外，还优化交通组织，对路口信号灯配时实施精细化管理，推广交通事故快速处理，加强对重点路段指挥疏导，缓解了交通拥堵问题。

【肇事逃逸侦破】 2011年，市交警支队积极开展“清网行动”，逃逸在网的163名在逃人员中，劝投抓捕151名，撤网率

东莞市交警支队

① 2011年4月21日，交警支队组织相关科室参加市公安局“平安东莞”微博互动（图为民警在线解答市民疑问）

② 2011年，交警支队通过优化红绿灯配时，有效提高市区路口通行效率（图为交通指挥中心民警通过控制系统调整红绿灯配时）

达92.64%，超额完成省厅和市局下达的工作任务，被评为全市公安机关“清网行动”一等奖。

【“治摩”成果巩固】 2011年，市交警部门共查扣摩托车9万辆，查处摩托车冲禁区8854宗、非法搭客营运3743宗、电动自行车违规上路13278宗，反弹现象得到有效遏制，“治摩”成果进一步巩固。

实现“平安大运”工作目标 支队上下发扬“平安亚运”精神，各级领导靠前指挥，广大民警战高温斗酷暑，舍小家顾大家，确保万无一失。支队共有245人被市局评为大运安保先锋，1人荣立一等功，16人荣立三等功。

推进社会管理创新 拓展便民服务。建立“网上车管所”，开通16个省内交通违法异地处理点，增设一家车管业务综合服务站、3家机动车登记服务站和提交体检表便民点，推出速递机动车号牌、免费上门回收报废车辆等服务。铺开交通巡回法庭建设，交通事故处理诉调对接的“一站式”服务覆盖全市32个镇街。推广交通事故快处快赔，与三家保险公司合作实行市区轻微交通事故快处快赔。化解信访问题，办结信访1098起，化解积案4宗，办理救助案件15宗，发放救助金47万多元。 （严思乐）

附：2011年东莞市交警支队领导名录

支队长：唐耀文（8月离任）

政 委：陈刚（8月主持全面工作）

副支队长：戴志廉 黄淦洪 李满球

李良润（5月到任）

何健铭（8月到任）

副政委：高玩雄 卢良坤 尹冠尧

① 2011年7月1日，东莞市区实行新的货车限制通行措施（图为交警向过往司机派发货车限行措施宣传单）

② 2011年，东莞交警部门持续开展酒后驾驶违法行为专项整治行动（图为民警现场检查驾驶员呼气酒精含量）

③ 2011年，交警支队先后开展6次全市治摩专项统一行动（图为民警正在查处一辆违法摩托车）

④ 交警支队持续开展校车安全专项整治活动（图为民警现场审验校车驾驶员资质）

⑤ 2011年，交警支队在城区4个大队成立女子护学岗保护学生上放学安全（图为东城交警女子护学岗民警指挥学校门口交通）

司法行政

【概况】2011年，东莞市司法局行政设置分为局机关、5个直属机构、32个派出机构（司法分局），另外还负责管理和指导130家律师事务所、32家法律服务所以及13家司法鉴定机构。

【普法教育】2011年，市司法局立足实际开展法制宣传教育工作，不断提升公民法律素质，着力营造和谐社会环境。抓好“六五”普法启动。及时制定“六五”普法规划和筹备召开“六五”普法动员大会，通过组建普法宣讲团、建立信息联络员制度进一步壮大普法宣传队伍，落实各项保障工作。抓好各类法制宣传教育活动。结合三八妇女节、“3·15”“12·4”等节日、纪念日联合市直相关单位举办大型法制宣传活动，全年组织指导各镇街、单位开展各类主题法制咨询活动552次，各类法律知识竞赛、法制文艺演出等大型活动216次，参与人数超过84万人；以“法律六进”（进机关、进乡村、进社区、进学校、进企业）为载体，举办各类法制讲座1138场次，直接参与听课人数约66万余人。抓好普法工作创新。在市中小学德育教育基地建立青少年法治教育基地，石龙分局在有条件的新莞人子女学校建立普法教育联系点试点，东城分局创新开展青少年群体教育帮助和预防犯罪工作试点，对学生开展针对性的法制宣传教育；大朗、东坑分局探索建立企业普法工作站试点，实现法律普及与矛盾化解同步进行。大岭山分局联合妇联举办妇女维权与信息服务站，做好妇女权益保护。抓好普法阵地载体建设。设计制作法制宣传教育挂图8期24600套；制作普法动漫广告并通过各镇街电视台和市区LED电子屏幕播放；升级改版东莞普法网，为市民学法提供更为快捷的平台。全年累计印发各类法制宣传资料

充分履行司法行政职能，营造和谐稳定社会环境

① 2011年9月16日，东莞市“五五”普法总结表彰暨“六五”普法动员大会召开，市委书记刘志庚在会上作讲话

② 2011年12月8日，市委副书记、政法委书记黄双福（右三）和市政府副秘书长陈波（右二）到市司法局调研

290万份；建立法制宣传长栏120个，村居法制宣传栏1032个；在电视电台设立法制宣传栏目28个，开设法制宣传网站、网页17个。

【公证工作】2011年，全市各公证处共办结各类公证案件57298件，同比增长18.64%。公证管理工作有序开展。配合省厅完成2010年全省公证质量暨工作机构年度考核交叉检查工作，加强了学习交流。组织人员调研南京、杭州、上海三市公证体制改革、财务管理体制以及公证业务开拓等情况，为制定市中长期公证发展规划提供思路。加强与广、深、中、汕等市公证行业的业务联系，及时组织公证员参加任职前培训及公证业务培训，促进公证协会工作的开展。公证服务能力不断提升。各公证处进一步完善内部管理制度，创新社会管理，充分发挥公证职能作用；履行便民利民承诺，坚持对符合条件的人实行减免公证费用；加大业务开拓力度，促进公证业务在建筑施工合同、国土挂牌网上交易等领域的发展，增强公证服务经济社会发展的能力。

【律师服务】2011年，全市共有执业律师1513名，律师事务所130家。全市律师共代理诉讼案件20191件，办理非诉讼法律事务16366宗，担任企业常年法律顾问2839家。注重发展法律服务队伍。司法局对申报的执业律师、实习律师实行严格准入，规范审批原则，2011年批准新设律师事务所19家，新批执业律师220人。推进律师工作规范发展。邀请市人大、政协等单位干部担任律师工作监督员，与政法各部门沟通协调，改善律师执业环境。组织律师事务所负责人、合伙人接受高校培训，及时更新知识储备。开展律师执业监督，共受理投诉案件27宗，移交律协10宗。贯彻落实新修订的考核评价体系，引导全市律师事务所向规范、诚信、专业、责任方向发展。引导律师参与维稳综治工作。全年监督指导敏感性案件91宗、维稳案件1宗；组织律师参与信访接待工作，全年安排70名律师值班，接待信访群众218批918人次；发挥东莞市工会法律律师服务团作用，全年举办24场讲座，安排42名律师到市总工会轮值，接待咨询求助职工122批170人次。

【法律援助】2010年，市法援处坚持抓制度建设，开展优质服务，全年共受理法律援助案件3201宗，代写法律文书393份，接待来访群众10871人次，接听12348法律服务专线7875人次。抓好规范化建设。做好群众来访来电咨询，受理和审批法律援助申请等日常工作，坚持社会律师义务值班和假日值班制度，履行为民便民服务措施。继续组织开展法律援助百案旁听活动，向受援人发放调查问卷，加强对案件的监督管理。完善工作网络。加强镇街法律援助工作力度。如塘厦分局在市第三人民法院、该镇妇联、人力资源分局、塘厦人民医院及各社区、企业调委会建立法律援助联络点，夯实了法律援助的前沿阵地。承办法援案件。各镇街积极受理、承办案件，实现法律援助与人民调解和信访工作的有机衔接。如寮步分局全年承办法律援助案件251宗，为当事人避免或挽回经济损失800余万元。加大宣传力度。不定期到镇街开展“法援直通车”；组织司法分局开展纪念国务院《法律援助条例》颁布实施8周年“法律援助宣传月”活动；联合省法律援助局、省律协、市律协和塘厦镇政府举办“法律服务在塘

① 2011年，全市司法所获批更名为司法分局。图为2011年10月14日东城司法分局挂牌仪式

② 2011年9月17—18日，国家司法考试在东莞光明中学举行，图为市司法局领导与省、市巡视考场领导合影

厦”大型咨询活动。

【基层法律服务】2011年，各分局和法律服务所充分发挥作用，主动为党委政府维稳及重大决策出台、部门合同审核把关、村（居）重大经济活动及企事业单位和基层群众提供优质高效便捷的法律咨询与服务，全年为镇委、镇政府提供法律意见、合同把关1948件，担任常年法律顾问758家，解答法律咨询29666人次，代理民事诉讼1207件，代理非诉讼法律事务1298件，见证4488件，避免或挽回经济损失约1.81亿元。

【人民调解】2010年，市司法局将人民调解工作摆在突出位置，充分发挥人民调解优势，深入推进社会矛盾纠纷化解。排查调处矛盾纠纷。全年各级人民调解组织共调解矛盾纠纷16216件，成功调解15898件，防止民间纠纷激化186件，防止民间自杀17件，防止民间纠纷转化为刑事案件48件，防止群体性上访220件，制止群体性械斗5件。参与镇街综治信访维稳中心建设。督促指导司法分局参与镇街综治信访维稳中心、村（社区）综治信访维稳工作站和企业（工业园区）工作室的建设，履行调解职能，化解社会矛盾。各分局参与镇街综治信访维稳中心受理各类矛盾纠纷和群众诉求14594宗，成功调解14008宗，调解成功率达96%。推进人民调解与司法调解有效衔接。全市16个诉调对接工作室全年共受理案件10823宗，调解10414宗，调解率96.2%，成功调解9813宗，调解成功率达94.2%，接待当事人来电、来访8099人次和6732人次，调处案件涉及金额高达3.04亿元，当场履行5372宗，申请司法确认9349宗，协助法院调解案件4207宗。

【社区矫正和帮教安置】2011年，市司法局坚持做好对社区服刑人员和刑释解教人员的帮教与管理。开展“两类人员”排查摸底，及时掌握全市“两类人员”底数，全市共接收社区服刑人员492人，解除矫正178人，有在册服刑人员314人。在全市范围内，对“两类人员”建立起监管帮教机制，抓好对“两类人员”的管控跟踪。着力建设东城、莞城等17个镇街司法分局社会工作试点，积极发挥社工作用，对“两类人员”开展帮教管控。

【司法鉴定】2011年，市司法局以抓质量管理为重点，面向社会积极开展各项司法鉴定工作。全市有司法鉴定机构13家，司法鉴定人员160人，全年司法鉴定业务量达9919宗。开展司法鉴定执业环境调研。从机构自身情况、行业管理、行政管理、部门配合等方面向司法鉴定机构广泛征求意见和建议，在如何推进司法鉴定工作发展上确定新思路。加强能力验证工作。积极督促能力验证项目在市三大类司法鉴定类别实现全覆盖，将司法鉴定能力验证结果列入年度考核项目，加强对司法鉴定机构的质量监督。推进司法鉴定援助。针对司法鉴定援助实践中发现的问题，对申请援助的条件、办理程序等内容进行修改完善，扩大困难群众的受益面。2011年共受理司法鉴定援助案件44宗。

【国家司法考试】2011年，市司法局精心组织年度国家司法考试。完善考试保密安全和组织机构建设，强化服务意识，出台便民措施，改进考试报名流程；联合公安、交警、无线电管理办、供电、医院以及考点学校等部门，做好考务保障，确保了考试的顺利进行。2011年有1939名考生报名，265名通过了考试。（陈　洋）

附：2011年东莞市司法局领导名录

局　长：彭启尧（任至4月）
　　　　郭瑞华（4月到任）
副局长：吴　敏　赖鸿就　孔庆威
　　　　袁洪昌　朱小平（11月到任）

① 2011年7月19日，全市调解主任培训班在市委党校举办

② 2011年5月26日，市司法局邀请司法部预防犯罪研究所研究员鲁兰博士到东莞作社区矫正与安置帮教工作专题讲座

东莞公证处

根据省司法厅和市司法局的统一部署，东莞公证处围绕“加快转型升级、建设幸福东莞”这个核心任务，以深化各项重点工作为着力点，为促进东莞市社会和谐稳定、保持东莞市经济平稳较快发展提供优质、高效、便捷的公证法律服务。

一、以科学发展观为统揽，围绕“加快转型升级、建设幸福东莞”这个核心任务，进一步加强东莞公证处公证工作的管理和制度建设，确保东莞公证处公证工作健康稳定有序发展。

二、围绕政府中心工作，继续做好为重大经济建设服务工作，积极参与社会管理。充分发挥公证对民商事行为进行间接、适度干预的优势，为国家和地方重点工程和项目建设服务，积极与政府采购部门、国土部门、建设工程管理部门、房管部门沟通，为公证机构参与社会管理创新搭建平台，让公证工作渗透到政府采购项目、国有土地出让、转让、建设工程合同订立等各个领域，充分发挥公证在社会管理和建设中的作用。

接待清远市司法局到东莞公证处参观

三、切实发挥职能优势，不断提高和加强参与创新社会管理的能力水平，把关注民生、保障民生、改善民生作为重要任务，强化公证服务职能，做好涉及继承、赠与、财产协议等涉及广大人民群众切身利益的公证服务。同时办理好证据保全、提存、赋予强制执行效力、股权转让、董事会决议行为等公证，为全市中小型企业发展创造良好的法治环境，推动经济转型升级。

《中国公证》主编到东莞公证处考察

对东莞公证处2011年度工作进行考核

共青团植树活动

学雷锋志愿活动

东莞市东部公证处

2006年8月8日，东莞市常平公证处正式挂牌成立，2011年8月8日，广东省东莞市常平公证处更名为广东省东莞市东部公证处，办公面积2000多平方米，设有前台、行政、办证、发证、翻译、财务、档案室，有公证人员35人，其中公证员8人，公证员助理7人，辅助人员20人。东莞市东部公证处公证项目达200多项，公证文书发往80多个国家和地区。东莞市东部公证处的业务范围包括各类涉外、涉港澳台及国内的民事、经济公证等公证法律服务，同时开办了提存、股权转让、工程招标投标、网络证据保全等多种公证新业务。东莞市东部公证处的业务执业区域为东莞市凤岗、清溪、塘厦、樟木头、谢岗、黄江、常平、大朗、东坑、横沥、企石、桥头12个镇。东莞市东部公证处的成立，为东部12镇的单位、企业和群众提供更为方便、快捷、高效的公证服务，为促进东莞市对外开放和经济建设作出积极的贡献。

2011年，东部公证处被市委、市政府授予“文明单位”称号

2011年6月2日，一名当事人亲自到常平公证处赠送锦旗，对公证处工作人员的服务态度予以肯定和鼓励

2011年7月5日和11日，常平公证处到塘厦镇林村、常平镇岗梓村开展“公证走进千家万户”大型活动。活动以座谈会、咨询、现场办证的形式开展

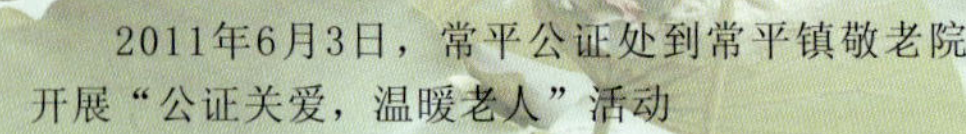
2011年6月3日，常平公证处到常平镇敬老院开展“公证关爱，温暖老人”活动

政府法制工作

【法律服务】 2011年，东莞市法制局共办理省立法征求意见25件，对228项重大政府决策事项和38份重大政府合同进行法律审查、论证，对5家企业作出限期治理的行政命令，对符合条件的4个违章建筑批复同意实施强制拆除，对2宗土地登记案件批复同意注销。服务重点难点项目。对市政府与中外运长航集团有限公司战略合作框架协议、市政府与央企战略合作项目8份协议、宏威数码项目5份合同等提出法律审查意见，涉及金额总计超过100亿元。参与珠三角城轨常平段京九学校搬迁和卓越地产公司地块征收、收回长安镇滩涂养殖区11个项目海域使用权等重点项目建设的协调、研究，提出可行意见。维护民众合法权益。积极审查学前教育、医药卫生体制改革、新莞人公共服务、以村（社区）为单位参保人员的社保费征缴、打击食品非法添加和滥用食品添加剂专项整治、职工参加社会基本医疗保险最低缴费年限等一系列决策事项，依法保障民生。解决历史遗留问题。对扶持企业上市、撤销交椅湾养蚝保护区、香港九龙弥敦道相关物业权属事宜、同盈公司办理房屋抵押登记、长安新区已围垦滩涂土地确权、原市旧城改造指挥部拆迁补偿纠纷等历史遗留问题，提出妥善解决的对策。提升法律服务水平。完善法律顾问组成结构和反馈法律意见方式，增聘投融资领域知名律师姚惠娟为市政府法律顾问，进一步拓展法律顾问服务政府重大决策的渠道。全年，法律顾问为市政府规范性文件、重大复杂疑难涉法事务等提供法律意见30份。

【规范性文件管理】 2011年，市法制局共主办市政府规范性文件22件，前置审查部门规范性文件30件，备案审查镇（街）规范性文件276件，受理规范性文件审查申请1件，对市政府其他文件提出法律审查意见88份，并进一步完善规范性文件管理相关制度。提升立规质量。坚持“开门立规”、“阳光立规”，通过网络、报纸等渠道，利用听证会、座谈会以及问卷调查等形式，广泛公开征求社会意见。提前介入规范性文件的前期调研和起草工作，参与“高来高去”调峰电力认购、“三旧改造”相关政策修订研讨等，提高规范性文件审核、管理工作的主动性。深入基层、企业调研，会同起草部门召开规范性文件征求意见座谈会，提出切实可行的法律审核意见并得到市长办公会议采纳。启动文件清理。草拟并提请市政府下发《东莞市行政规范性文件清理工作实施方案》，于第三季度启动规范性文件集中清理工作，清理范围为现行有效的所有市政府规范性文件和涉企的部门规范性文件。强化备案审查。做好镇街规范性文件备案审查，积极贯彻落实2011年8月1日颁布实施的《东莞市人民代表大会常务委员会规范性文件备案审查工作程序规定》，完善相关备案工作制度，办结的市政府规范性文件皆按要求报省政府、市人大常委会备案，主动接受监督。

【行政执法监督】 2011年，市法制局注重加强行政执法监督工作，提高行政机关及其工作人员依法行政、依法办事的观念、能力和水平。规范行政处罚自由裁量权。按划分为3至5个等级的原则，对市公安局等41个行政执法部门制定和细化3000余项行政处罚自由裁量标准，经市政府批准于2011年8月1日起正式实施。在全省政府法制工作座谈会上，东莞市规范行政处罚自由裁量权工作得到肯定，市法制局所作的《合理细化裁量标准 促进公正透明执法》专题汇报，作为典型经验向全省推广。完成年度执法评议考核。开展2010年度行政执法工作评议考核，以市政府名义授予评议优秀的15个单位“2010年度行政执法工作先进单位”荣誉称号。强化重大处罚备案审查。全年共完成人力资源、农业、物价等18个部门重大行政处罚备案报告10865宗，发出备案回执79份，首次针对备案审查中的突出问题发出《行政执法督察建议书》。规范行政执法人员资格。组织安监、经信等35个部门共3864位执法人员参加换证培训考试，完成换领执法证3991个，收回312位被调离执法岗位工作人员的执法证件并予注销。

【简政强镇】 在石龙、塘厦两个中心镇完成简政强镇试点的基础上，2011年，市法制局配合简政强镇事权改革拓展到13中心镇和三个市属园区，审定33个市直部门下放给11个中心镇的65份实施方案和操作规程、92份委托协议，保障改革下放职权依法行使。13个中心镇组建法制机构，并开展法制业务。组织各中心镇法制工作人员共4批9人次到市法制局跟班学习培训，有效提升基层依法行政水平。全市打造“镇街法制机构建设示范市”工作情况进展明显，中心镇法制机构建设情况经省法制办上报国务院法制办，得到上级肯定。

【行政复议】 2011年，市法制局共完成2宗市政府作为被申请人的行政复议案件答辩工作；收到行政复议申请272宗，采取实地调查或者听证方式审理案件占30.3%，通过和解、调解等方式结案的复议案件58宗，占21.3%，提高了办案质量和效率，有效化解行政争议，促进社会和谐稳定。创建“行政复议党员值班岗”品牌，将以往由行政复议科单独实施的立案室值班制度扩展到市法制局全体党员参与值班和案件调查、讨论，推动行政复议工作创新发展，该品牌于2011年2月被市直工委命名为“机关党建百佳”。国务院法制办授予市法制局“全国行政复议工作先进单位”称号。

【行政应诉】 2011年，市法制局代理以市政府为被告的行政诉讼案件7宗，影响较大的有赵金福诉市政府土地权属争议案和屹立印刷有限公司诉市政府、市水务局泄洪行为案等，依法、及时提交行政应诉答辩材料，协助法院进行案件调查核实工作，尊重和落实法院提出的案件处理意见，有效化解社会矛盾；指导行政部门应诉案件4宗，就应诉策略、诉讼文书撰写、证据收集提交等提供全面应诉指导。　（喻中胜）

附：2011年东莞市法制局领导名录

局　长：郭瑞华（任至4月）
　　　　罗乐英（10月到任）
副局长：陈鸿钧　余小莉

地方军事

LOCAL MILITARY AFFAIRS

茶山镇

- 建设全国一流军分区
- 大运会安保任务圆满完成
- 边海防线安全有效巩固
- 双拥共建活动扎实开展

编辑：刘 丹

东莞军分区

【党委班子和干部队伍建设】2011年，军分区完成6个专题的党委中心组理论学习，邀请国防大学教授作了4堂专题辅导课，军分区7名班子成员学习"七一"讲话的体会文章都在《战士报》转发。针对班子成员调整面大的实际，军分区开展以"强化责任使命意识，争创学习型先进党委"为主题的活动。年初组织32名镇街党委书记进行全市首次党管武装工作述职，年底协调市委市政府评选出6个党管武装工作先进单位和3名先进个人，镇街党委换届后及时增补5名中心镇的武装部长参加军分区党委。针对地方行政体制改革情况，结合地方党委换届，提前介入、主动作为，积极推动专武干部队伍建设，《采取多种措施，加强专武干部队伍建设》的经验做法被省军区转发。

【"双拥"共建活动】2011年，军分区以争创全国双拥模范城"七连冠"为契机，配合省委、省军区在广州召开"李满堂同志先进事迹新闻发布会"，并在全国范围广泛宣扬樟木头镇党委书记李满堂拥军优属的典型事迹。黄江镇拥军妈妈黄莲开的典型宣传也得到有力推动。扎实抓好扶贫"双到"工作，与企石镇博厦村基层党支部进行"一对一"的结对帮扶。同时如期完成了老干部移交、转业干部安置和家属随军的各项工作。

【战备训练】2011年，军分区军事斗争准备有效深化。对各种方（预）案进行修订完善。加强"三室两库"（作战室、值班室、指挥器材室、战备图库、战备资料库）建设。进一步规范本级作战值班、战备执勤、信息报知、请示报告、情况处置等程序和制度。重点结合省军区组织的年终军事训练考核和司令部考评，抓首长机关训练。针对基层武装部长调整面大的实际，组织全市武装部部长、副部长进行10天的封闭式集训，进一步增强专武干部的归属感、荣誉感、责任感和履行使命任务的能力。按照"战时应战、平时应急"指导思想，狠抓民兵军事训练落实，民兵训练均按《民兵训练大纲》规定的内容组织训练，合格率达98%。按照建管用一体化建设要求加强基地建设，制定完善国防教育训练基地各项规章制度，加强机关与基地联动，提高建设使用效益。

【国防动员】2011年，军分区组织全市新一轮国防动员潜力调查，充实完善动员潜力数据库。按照全省海防民兵哨所建设现场观摩会议要求和市委常委议军会议精神，组织清溪、虎门两镇完成哨所新建选址、现地勘察、功能设计等工作。抓好年度征兵工作，11月1日举行广东省暨东莞市2011年冬季征兵报名仪式，完成了年度征兵工作任务。

【后勤工作】2011年，军分区按照新大纲要求，组织专业骨干进行军交运输、油料保障和卫生救护3个专业的训练。大力开展岗位练兵活动，4名骨干参加省军区业务集训考核，成绩均达优良水平。以"建设全国一流军分区"为目标，协调市委市政府和地方有关部门高起点、高标准、高质量抓好军分区新营院建设，从年初开工奠基到整体封顶，均按照时间节点完成建设任务。进一步深化后勤改革，推行财务报销公务卡结算制度，加大经费管理控制力度，实现全年经费收支平衡并略有节余，家底经费逐年递增。

在装备建设上，主要完成民兵报废危险品的销毁工作。组织装备仓库的整治改造，并完成全市武器弹药的集中管

理工作。抓民兵装备技术保障大队的建设试点，健全组织，完善大队部、分队部以及专业设施设备，开展专业训练，初步探索了一条适应新形势任务要求的建设路子。（杨兴会）

附：2011年东莞军分区领导名录

党委第一书记：刘志庚（兼）
司令员：刘国辉（任至4月）
　　　　李庆文（5月到任）
政治委员：刘卫芳
副司令员：李建军（任至6月）
　　　　　肖清忠（6月到任）
副政治委员：喻清明
参谋长：黄汉光
政治部主任：叶　春
后勤部部长：秦桂清
副参谋长：李钰伟

为东莞经济社会双转型保驾护航

2011年12月14日，东莞军分区党委第一书记任职大会召开。省军区政委蔡多文少将宣布广东省军区党委《关于增补徐建华同志为中共广东省东莞军分区委员会委员、常务委员会委员、第一书记的决定》并颁发任职证书

① 2011年5月6日，召开宣布中央军委关于东莞军分区司令员调整命令大会，李庆文任东莞军分区司令员，刘国辉退休

② 2011年2月20日，省军区副司令员张鲁江、后勤部部长于和平，以及东莞市领导李毓全、冷晓明、梁国英和东莞军分区领导共同为东莞军分区新营院建设工程奠基

③ 2011年10月24日，省委、省政府、省军区联合工作组到东莞检查党管武装工作情况，市委副书记、代市长袁宝成（前排中）向联合工作组作汇报

④ 东莞军分区圆满完成省军区赋予的全市征兵工作。图为2011年东莞市冬季征兵适龄青年报名仪式

⑤ 东莞军分区着眼“战时应战、平时应急”要求，按照《民兵训练大纲》大抓民兵军事训练落实。图为步兵专业训练

武警东莞市支队

【概况】2011年，武警东莞支队先后被总部、总队评为“大运安保”、“百日强化大练兵”先进单位。

思想政治工作扎实有效 注重抓好主题教育，走“官兵摆问题、官兵找答案、官兵受教育”的路子。开展“幸福大讨论”、“深知兵、真爱兵、带好兵”系列活动，增强官兵履职尽责的内动力。开展以“追根溯源、总结队魂、弘扬传统”为主题的“红色文化”活动，激发官兵在支队工作的认同感、自豪感和责任感。年内，在中央（省级）媒体报刊网络刊发稿件347篇，5个经验被总队转发，1人获摄影作品全军三等奖，2人获主题书画创作总队三等奖，支队被总队表彰为“新闻工作先进单位”。

中心任务完成出色 扎实开展专勤专训，实兵演习和“百日强化大练兵”活动，大运安保任务完成出色。狠抓固定勤务组织实施，严密组织方案演练，确保固定勤务万无一失。科学组织各类临时勤务，先后投入21139名兵力，担负首长警卫、春运执勤、临时押解及城市武装巡逻等临时勤务105起298批次。全时做好战备工作，组织重大节日、敏感期、防范非法聚集、“占领华尔街”等备勤任务16次。1人荣立二等功、23人荣立三等功、26人分别被评为“大运卫士”和“执勤能手”。

现代化建设加快推进 对支队作战指挥中心、机要、网管中心和所有中队勤务值班室、执勤哨楼进行全面升级改造，投入300多万元建成一、三、四中队和东莞市中队4个室内训练馆，增配2台执勤运兵车、购置配发装备器材750件。大力提高官兵信息化素质，干部计算机等级考试100%过一级、50%过二级。

基层建设水平整体提升 坚持工作重心下移，严格按照规范抓基层。实行机关抓基层资格认定，组织党支部调查评估，深化创先争优活动，基层整体建设水平不断提升。一中队被总队评为“基层建设标兵中队”，二、五中队被总队评为“基层建设先进中队”，其他中队也都有不同幅度的进步。

部队内部安全稳定 认真贯彻落实条令条例、总部依法从严治警集训精神和正规化管理规定，部队正规化建设水平有新的提高。扎实开展百日安全竞赛、专项教育整顿活动，严格落实封闭式管理、日常检查督查等制度，深入抓好倾向性问题治理和重大安全问题防范，部队管理更加精细，安全发展基础进一步巩固。

保障能力明显增强 围绕“面向基层，加强管理，提高效益，服务中心”，大运安保保障高质高效。经费物资、车辆枪弹、基础设施管理规范，卫生防病和计划生育工作得到加强，后勤战备建设和应急保障能力明显提升。训练基地建设稳步推进，圆满完成总部总队各类培训25批次。

建设幸福东莞主动作为 坚持把建设幸福东莞作为密切警政警民关系的突破口，主动加强请示汇报，积极参加支援驻地经济建设，依法担负维护驻地社会治安的各项任务，支队与地方党委政府的关系有新的突破。

【大运安保任务完成】2011年7月20日至8月25日，支队出动280名兵力，圆满完成大运会深圳会展中心场馆群、5处环深检查站和5处重要民生目标的安全保卫，3起要人警卫和开幕式机动备勤任务。期间，抓获在逃人员21人、吸毒人员10人，查获假冒车牌5套、管制刀具322件；处置危及民生目标安全事件4起，检查人员358人次，车辆261台次；场馆安保部队先后出动兵力6451人次，发现和排除各类安全隐患35处，疏导群众5026人，办实事、做好事305件，受到中央政治局委员、广东省委书记汪洋、国家大运安保领导小组领导、深圳大运筹委会领导的充分肯定，赢得社会各界的广泛赞誉。《新华网》、《人民日报》、《武警报》等新闻媒体先后476次报道支队新闻，《武警东莞支队厉兵秣马备战大运》新闻被《中国武警》杂志、新华网、人民网等200多家媒体转发，《祖国的第一枚金牌在我“守”中诞生》新闻被《人民武警报》作为“武警头条”报道。

【春运执勤】2011年1月19日至2月2日、2月8—19日，支队分两个阶段担负东莞东火车站春运执勤任务。期间，动用兵力1280人次、车辆65台次，疏导旅客102万人次，为旅客做好事200余件，上交归还旅客失物20多件，协助地方公安收缴违禁物品50多件，制止旅客打架斗殴3起，有效维护车站春运秩序，受到地方党委政府和火车站领导的高度评价。

【出租屋整治】2011年3月31日23时至4月1日3时30分，支队长刘教清率参谋长田成勇、机关指保人员及五中队70名官兵，配合公安机关担负清查整治横沥镇常怡路口周边出租屋行动的外围封控和警戒任务，行动中，参勤官兵严格执行政策规定，依法文明执勤，有效整治违法犯罪人员长年盘踞的黑点。

【总队政委程伟检查支队】2011年4月1日上午，总队政委程伟在总队参谋长白海滨陪同下，到支队检查指导工作。指出东莞支队地处“两个前沿”，具有特殊的地缘优势，要充分利用，全面加强部队建设。

【法律服务】2011年5月12—13日，由武警军事法院副院长丁建文、彭红运法官、广州军事法院卢晗光副院长组成的法律服务工作组，到支队开展普法活动。工作组专题为支队官兵进行法制教育、组织召开法律咨询座谈会，并开展图片展览和问卷调查等配合活动，有力促进支队法律服务活动的深入开展。

【现代化建设】2011年，支队加快推进现代化建设，先后投入650多万元，对支队机关及所属各中队硬件设施进行升级改造。完成一、三、四、东莞中队室内训练馆建设，重新整理修缮篮球场地，更换五中队老化线路，对机关招待所、办公楼五楼、网管中心、机要室等进行大规模改造。（姜铁丰　谭　斌）

附：2011年武警东莞市支队领导名录

党委第一书记、第一政治委员：崔　健
书记、政治委员：曾凡荣（任至3月）
潘树林（3月到任）
副书记、支队长：刘教清
副支队长兼训练基地主任：
李瑞泽（任至3月）
胡志雄（3月到任）
副支队长兼参谋长：曾国强
副支队长：陈远华（3月任职）
副政治委员：赵　斌
副政治委员兼政治处主任：吴建民
副政治委员兼兼训练基地政治委员：
曾　勇
后勤处处长：陈远华（任至3月）
李立华（3月任职）

边　　防

【概况】2011年，全市公安边防队伍以创建模范组织生活、化解社会矛盾纠纷、深化部队正规化建设为突破口，扎实工作，圆满完成各项边防安保任务。全年1个基层单位被公安部边防局评为“爱民固边先进集体”、1个基层单位被省公安厅评为“集体三等功”，1名个人被公安部政治部评为“优秀士官”、2名个人被公安部边防局分别评为“‘十二五’信息化工作先进个人”和“执法标兵”，26名官兵荣立个人三等功，39名党员受到各级表彰。

【执法执勤】2011年，边防支队50名官兵组成“大运安保”处突队，奔赴东莞与深圳交界处凤岗镇，直接参战环深大运安保圈警戒任务，持续奋战40天，大运安保全面胜利，受到省厅厅长梁伟发的高度赞扬；深入开展“粤安11”、“断源”、“清网”等专项行动，严厉打击各类违法犯罪，全年共发刑事案件73宗，破33宗，破案率45.2%；受理治安案件117起，查处治安案件115起，查处率98.3%；共抓获网上在逃人员15人，自行立案的11名在逃人员中撤网10人，撤网率达90.9%，严打整治成效显著；先后联合渔政、海事等部门多次开展港湾清查和海上治安整治专项行动，严厉打击海上走私偷渡，有效净化海域环境。全年共查获走私案件8宗，偷渡案件1宗，走私红油140吨，案值约84万元，海上安全有效巩固。

【爱民固边】2011年，边防支队通过“警民恳谈会”、“警营开放日”、“千名警长受评”等形式，深入开展大走访开门评警活动，全年共走访群众8916户次、8.5万人次，帮助群众解决困难264件，进一步打牢了群众基础；扎实开展矛盾纠纷滚动排查，全面发动法制副厂长工作新攻势，38名民警担任98家厂企法制副厂长，全部驻厂工作，成功化解劳资纠纷7起，排查消除群体性事件隐患苗头15个，为2200余名外来务工人员追回经济损失1500余万元，进一步促进了辖区和谐；大力深化联动工程，爱民固边战略成功纳入东莞市海防委整体建设规划。积极探索关爱帮扶长效机制，集中开展“送温暖献爱心”、“困难儿童关爱月”、“全民爱牙社区行”义诊等爱民实践活动，辖区群众反应热烈。以“青少年纠偏和预防犯罪”为重点，联合虎门社工开展5期帮扶体验活

边海防线上的忠诚卫士

① 2011年7月31日，省公安厅厅长梁伟发（右一）看望市边防支队参加大运会安保的官兵，对官兵的工作给予高度赞誉

② 2011年7月31日，市边防支队官兵正在执行大运会安保任务

动，25名不良青年得到有效转化，进一步增进了警民感情。

【政治工作】2011年，边防支队深入学习党的十七届六中全会精神，扎实开展主题教育、大运安保专题教育，先后邀请部队老首长、市委党校教授走进部队上党课、讲党史，增强了教育效果。以建党90周年为契机，举办"讲党史、颂党恩、强党性"主题征文演讲比赛和"永远跟党走"主题文艺晚会，进一步坚定广大官兵的理想信念。投入110万元新建文体活动中心大楼，健身房、电影院、图书馆、网络学习室焕然一新，建成全省边防首个广播电视中心，文化建设成果得到公安部边防局领导高度肯定。全员开展岗位大练兵，积极参战省边防总队先行班会操和机动部队大比武，分别获得同类单位第六名和第三名的好成绩。不断加大新闻报道工作力度，全年累计在省级以上媒体发稿292篇，政工信息全省排名第二，宣传报道工作获评先进。（陈思映）

附：2011年东莞市公安边防支队领导名录

支队长：黄敏冬

政治委员：曾宇峰

① 2011年6月16日，市边防支队在狮子洋海域开展反偷渡演习

② 2011年4月1日，市边防支队深入辖区五保户家中开展义诊活动

③ 2011年10月1日，市边防支队开展"迎国庆，保平安"路面巡逻行动

④ 2011年9月，市边防支队为驻地高校开展义务军训活动

消　　防

【概况】2011年，市公安消防支队加大工作力度，为构建“平安东莞”、“幸福东莞”创造良好的消防安全环境。全年共接警出动7070次，出动车辆17553辆次，出动警力85854人次，抢救和疏散被困人员12611人，抢救保护财产价值70397.5万元。全市共发生火灾2480起，14人死亡，11人受伤，直接财产损失3574.7万元，无重特大火灾。比上年火灾起数上升30.5%，死亡人数下降6.7%，受伤人数上升37.5%，直接财产损失下降11.0%，社会面火灾形势总体稳定。

【队伍建设】2011年，市公安消防支队大力推进消防队伍建设，在全市各基层消防队建设35个灭火救援攻坚组，完成高层地下建筑、交通事故、危险化学品泄漏、石油化工灾害事故等4支专业救援攻坚队伍建设。选送12名优秀铁军队员参加省公安消防总队举行的“迎大运·保平安”铁军挑战赛，取得团体第五的好成绩，参加全省消防部队第二届信息化业务大比武，取得团体第一的好成绩。

【装备建设】2011年，市公安消防支队消防装备建设得到跨越式发展，投资近9000万元的“莞消二号”消防船正式服役执勤；新采购53米智能曲臂登高平台消防车、55米和40米云梯消防车、18吨大功率水罐泡沫消防车、城市多功能主战消防车等7辆消防车和各类消防器材20321件（套），101米超高型举高消防车已列入2012年政府采购项目中，全面提升器材装备建设水平。

【消防监督】2011年9月起，市公安消防支队在公安部的统一部署下，大力开展“清剿火患”战役行动，并作为全省唯一的成绩突出单位，在战役行动第一阶段受到公安部表彰。全市消防部门共检查单位6.5万家、发现隐患11.1万处、整改隐患11.1万处、临时查封1233处、责令“三停”（停止施工、停止使用或停产停业）453家、罚款989.3万元、拘留160人。同时，为解决违规住人导致火灾多发和亡人的问题，全市大力开展清查建筑内违规住人“百日会战”行动，坚决将废品收购站和垃圾填埋场、厂房和仓库等各类建筑内违规居住的人员搬出，有效消除火灾亡人因素，优化社会面消防安全环境。全市共清查废品收购站、垃圾填埋场违规住人5758人，清查厂房和仓库违规住人1159人，清查公众聚集场所违规住人148人，清查“三小”场所违规住人1.6万人。

东莞市公安消防支队

① 东莞市公安消防支队召开2012年党委扩大会议

② 东莞市召开2012年消防工作会议暨“清剿火患”战役总结会

③ 全市消防安全责任人会议暨加快推进社会消防安全“防火墙”工程现场会召开

④ 全省1600余名消防官兵奋战150余小时，取得东莞市中堂“4·9”建晖纸厂火灾扑救胜利

⑤ 东莞市中堂“4·9”建晖纸厂火灾扑救现场

【消防宣传】2011年，市公安消防支队以贯彻落实《全民消防安全宣传教育纲要（2011—2015）》为契机，联合市教育局开设消防安全“开学第一课”，组织召开第三期领导干部贯彻落实《消防法》报告会暨消防安全知识培训大会，推进119宣传月、消防站开放等活动，不断推进消防宣传“五进”（进社区、进学校、进企业、进农村、进家庭）工作。消防宣传声势不断扩大，中央媒体报道11篇次、省级媒体报道77篇次、市级媒体报道142篇次、主流媒体网站报道56篇次。全市共发送消防短信800多万条，设立LED显示屏128处、广告牌72块、固定宣传栏1350处、灯杆旗16922面，组织培训7万多人。

【立功受奖】2011年，市消防工作受到各级政府和上级机关的高度肯定，得到人民群众的高度赞扬，涌现出一大批先进单位和个人：1个集体被公安部政治部评为先进基层党组织，支队被广东省公安消防总队评为深圳大运会消防安全保卫工作先进支队，1人被公安部消防局评为消防宣传先进工作者、1人被公安部消防局评为全国消防部队优秀报道员，1个单位荣立集体三等功，1人荣立个人二等功，148人荣立个人三等功，18个集体被广东省公安消防总队评为先进基层单位，8人被评为优秀团职领导干部，34人被评为优秀警官，62人被评为先进个人。

附：2011年市公安消防支队领导名录

支队长：高树武（任至7月）

沈奕辉（7月到任）

政治委员：崔　勇（任至7月）

黄　怀（7月到任）

④

⑤

人民防空

【概况】2011年，东莞市人防办加快转变人防建设发展方式，大力拓展和深化军事斗争人防准备，积极推进“战备人防、效益人防、和谐人防”建设，人防综合防护体系建设实现新跨越，信息化建设取得新进展，为全市“十二五”人防事业发展奠定坚实的基础。市人防办先后被广州军区、省人防办评为人民防空先进单位，被广东省国防动员委员会评为“十一五”时期国防动员先进单位。

【指挥通信建设】2011年，市人防办为达到信息传递、指挥控制、辅助决策、警报统控的要求，投入近1000万元用于人防指挥信息化建设，完善指挥信息系统的配套设施，健全人防综合信息数据库，建成人防机动指挥所，初步搭建人防战备指挥所、机动指挥所和应急指挥中心“三位一体”的指挥网络体系。同时，抓预警预报能力的提升。在桥头、企石、横沥、东坑等镇新装52台固定防空警报器、21台机动警报器，11月20日成功组织实施年度防空警报试鸣。圆满完成深圳大运会期间上级赋予的人防应急保障任务的落实，高标准、高质量、高水平完成“中南人防—2011”联合演练。

【人防工程建设】2011年，市人防办抓好人防工程建设专项修编，协助做好东部生态园、长安新区等人防规划的编制及评审工作。切实加强依法行政，全市共受理自建防空地下室报建项目88项，人防报建面积达到63万平方米，受理易地修建防空地下室报建项目32项，收取人防易地建设费近3721万元，受理竣工验收项目17项，竣工面积近13万平方米。积极参与和介入城市地下空间开发利用管理工作，抓好虎门滨海大道地下公共人防工程建设的质量和工程的监管，积极参与莞惠城际交通干线及东莞市轻轨R1、R2线等地下交通干线结建人防工程的工作。（叶春华）

附：2011年东莞市人民防空办公室领导名录

主　任：陈艾戈

副主任：刘俊廷（任至8月）

周建子　袁政军（8月到任）

城建·环保

URBAN CONSTRUCTION · ENVIRONMENTAL PROTECTION

厚街镇

■ 绿道建设
■ 重点工程盘点
■ 水务体制改革

编辑：李俊玉

城乡规划

【概况】 2011年，东莞市稳步推进市植物园、迎宾馆（东莞大酒店）、中医院、篮球中心、网球中心、运河综合整治、职教城、黄旗山城市公园、东莞卫生学校新校、城市规划展览馆、市民文化艺术中心及工人文化宫、若干主干道路交通堵塞节点整治工程等20多项市属重点项目的规划设计。

【城市规划编制】 加强规划研究 2011年，东莞市开展《东莞市今后五年城建工作建言》、《东莞市提高城市化发展水平研究》、《东莞市“三旧”改造规划管理政策中期评估报告》、《东莞市中心区交通综合改善规划研究》、《东莞市轨道交通线网沿线土地利用整合研究》、《东莞东站交通枢纽规划研究修编》、《望洪枢纽站站点地区规划研究》、《城市彩贝项目前期研究》、《龙湾湿地公园项目前期研究》、《松山湖第二通道可行性研究》、《基于3S技术的东莞市生态控制线智能动态监测与预警平台》等20余项规划研究。其中《基于遥感和GIS的东莞市生态资源核算研究》获得“2011年华夏建设科学技术三等奖”，《东莞市城市扩张与生态环境变化遥感动态监测研究》获得“东莞市科学技术进步二等奖”、“2011年地理信息科技进步三等奖”，《东莞市地下空间开发利用的现状、问题及对策分析》被列为东莞市2011年社科立项课题，《东莞市轨道交通对城市空间演变的影响研究》被列入“住建部2011年科学技术项目”。

完善规划体系 2011年，东莞市组织开展《东莞市城市总体规划修编（2010—2020）实施评估》编制工作；全面展开各镇总体规划修编，全年审查编制计划11份、前期研究4份、规划草案3份，沙田、寮步、大朗、望牛墩等镇总体规划方案通过技术审查和市规委会审议，其中寮步镇和沙田镇总体规划成果通过市政府审批。编制《东莞市中心城区近期建设规划》，进一步明确城市发展方向、规模和布局。全年审查控制性详细规划方案83宗，调整154宗。

开展城市设计 2011年，通过国际招标，对中央商务区、中央商圈、中央休闲区、松山湖、轨道站点和镇街中心等重点地区开展高标准城市设计。地块包装制度日趋成熟，成为城市规划管理的重要环节，全年审查地块包装研究报告15份，合理确定规划设计条件、提升土地价值和开发品质。

【“三区”规划设计完成】 2011年，东莞市中央商务区城市设计经过前期研究、国际竞赛和成果深化等阶段，通过专家评审。中央商贸区和中央休闲区规划设计成果通过市审批，实施方案获市政府批准，决定2011—2015年每年安排4—5亿元用于两区建设。开展城市彩贝、龙湾湿地公园等市级重点项目规划设计，相关镇街通过编制专项规划明确重点项目，实施工作全面展开。

【绿道建设】 省立区域绿道 2011年，东莞市完善225公里省立区域绿道，完成绿化查漏补缺450万平方米，补种绿化苗木近30万株；完善配套设施，制作完成50多个绿道与机动车道交汇口安全标识标线，加装绿道外围引导标牌200多个，完善26个驿站基础配套设施；建立健全运营管理机制，制定《东莞市珠三角绿道网管理标准》、《区域绿道示范段管理标准》等文件，统一全市绿道管理标准。

城市及社区绿道 2011年，东莞市编制《东莞市绿道网总体规划》，建成

城市及社区绿道511公里，新增绿化面积320多万平方米，新建绿道畅通桥梁7座、驿站38个，串联沿线旅游景点及兴趣点140多个，制作完成150多个绿道与机动车道交汇口安全标识标线。

【对口援建】 2011年，东莞市城乡规划局选派一名骨干常驻新疆，并多次派员到农三师图木舒克市进行实地考察和工作对接，编制完成《图木舒克市域城镇体系规划》、《图木舒克市域总体规划修编》、《图木舒克市近期建设规划》、《农三师四十一团团域概念城市设计及中心镇详细规划》、《图木舒克市五十团总体规划调整与中心镇部分地区城市设计》和《图木舒克市五十一团总体规划调整与中心镇部分地区城市设计》等项目。成立西藏林芝县小康示范村规划项目组，经过2次实地考察，编制完成曲古村等8个小康示范村村庄整治规划，完成援建任务。

东莞市城乡规划局

① 2011年6月20日，关于治理市中心区交通拥堵专题调研会在东莞市城乡规划局召开，市委副书记、市长李毓全主持会议
② 2011年7月22日，珠三角绿道网建设现场会在东莞市召开，广东省副省长林木声出席并讲话
③ 2011年9月5日，东莞市城乡规划局局长欧阳南江带队到南城调研“三旧”改造情况

【深莞惠一体化进程加快】 2011年，东莞市与深圳、惠州两市就《深莞惠地区城镇群协调发展规划》、《深莞惠边界地区规划协调试点研究》的内容、深度、时间要求、费用安排和委托方式达成一致意见。东莞市牵头组织4次深莞惠规划信息共享平台工作小组会议，编写《深莞惠规划信息共享系统工作方案》。

【“三旧”（旧城镇、旧厂房、旧村庄）改造】 2011年，东莞市修订《东莞市“三旧”改造实施细则》，编制完成《东莞市“三旧”改造规划管理政策中期评估报告》，提出“坚持政府主导、先行争取指标、简化审批环节”等政策建议。通过明晰责任、简化程序、突出重点等措施，提高单元规划审查审批效率。全年审查编制计划30份，规划方案40份，成果验收11份，其中寮步镇牛杨片区“三旧”改造单元规划等4份通过市审查，没有单元规划在技术审查阶段被积压。

① 2011年9月15日，广东省城乡规划督察组到东莞市开展城乡规划督察工作
② 2011年6月8日，东莞市城乡规划局媒体公开局务办公会议召开
③ 2011年8月11日，东莞市城乡规划局在市图书馆四楼报告厅举办“城市公交导向发展（TOD）和低碳发展”城市规划主题讲座
④ 2011年6月30日，东莞市城乡规划局工作人员参观惩治和预防渎职侵权犯罪巡展
⑤ 2011年8月11日，《东莞市城市总体规划（2000—2015）》实施评估研讨会在市城乡规划局召开

【城市规划管理】2011年，东莞市城乡规划局编制管理手册，统一管理标准，明晰审批流程。全年完成规划业务9022件，其中规划许可2156件，规划审核3102件。

精细化管理 完善规划手续预告知、公示现场管理和批后管理制度，明确管理规程。加强村镇城建档案管理，开展“东莞市村镇城建档案管理合格单位”评定，塘厦镇规划所成为第一个获评单位。开展地下管线普查及截污管网竣工测量工作，市区地下管线普查二期工程通过成果验收，普查地下管线9408.22公里，探测管线点55.65万个，编绘1：1000综合管线图1001幅；截污管网竣工测量的外业探测全部完成，成果提交市水务局审核使用。

信息化建设 建立规划资源目录体系，整合研究报告、规划成果、业务资料，统一规划资料来源，方便归档和查询使用。健全控制性详细规划（简称“控规”）入库制度，全面梳理控规成果，实现控规“一张图”管理，为规划审批提供依据。建立项目报建成果库，制定建设项目规划方案入库流程，统一录入关键信息，为分类查询、统计分析等深入应用提供基础。健全重点工程信息管理系统，提高重点工程管理水平。

【简政强镇】2011年，东莞市制定《东莞市城乡规划局在市属园区推开简政强镇事权改革实施方案》和《东莞市城乡规划局在中心镇开展简政强镇工作实施方案》，明确向园区和中心镇下放核发建设用地规划许可等6个方面的审批事项，并对放权方式、职责分工和保障措施作出详细规定；构建镇区联网办

① 2011年10月9日，东莞市城乡规划局举行行政三公开主题开放日活动

② 2011年9月16日，东莞规划系统第四届“规划杯”运动会开幕

③ 2011年10月29日，东莞市规划系统第四届“规划杯”运动会绿道自行车赛在黄江镇黄牛埔水库环湖绿道举行

公系统，加强对放权工作的监督管理；完善跟班学习制度，培训简政放权的规划人才，全年共14人参加第二期跟班学习培训。

【阳光规划】 办理议案提案 2011年，东莞市城乡规划局承办议案提案51份，其中《关于加大统筹力度，实施强心战略，进一步提升我市城市化水平的建议》、《关于缓解城市中心区交通拥堵的建议》和《关于进一步完善我市自行车专用道的建议》等为市重点提案。通过认真解读、深入调研、多方论证和规范答复，在规定时限内办理完成。

推进行政公开 2011年，东莞市城乡规划局制定开展“行政三公开”试点活动实施方案。6月8日，召开第一次媒体公开局务办公会议，多家新闻媒体和10名旁听人员参加；开展“感受阳光规划”主题开放日，市人大代表、政协委员、特邀监察员、市直部门和多家媒体代表共20人出席。对重大项目和民生工程，通过专家咨询、实地调研、培训讲座等多种形式与社会各界进行沟通，主动向媒体发布。8月11日，在市图书馆组织“城市公交导向和低碳发展”专题讲座，邀请香港专家主讲，吸引300多人参加。完善建设项目规划公示制度，采用建设项目现场、固定公示栏和网站等多种途径进行公示，明确具体操作流程、公示文件格式和现场管理责任，并加强公示后信息采集与意见反馈，全年开展网上公示3010宗和现场公示225宗。

规划监督 2011年，东莞市城乡规划局加强规划效能监察，专人专责跟踪阳光热线、市长热线、群众咨询办理工作，完善《信访事项处理制度》，规范信访案件处理行为。全年回复阳光热线45宗、新闻采访22宗，收到信访案件176宗、处理143宗，涉诉行政案件3宗并全部审结。（黄惠谊）

附：2011年东莞市城乡规划局领导名录

局　长：欧阳南江

副局长：卢沛超　黄宇东　陈　巡

总规划师：陈志军

纪检组长：吴汉成

① 2011年7月13日，东莞市城乡规划局到张坑村扶贫慰问

② 2011年9月15日，全市村（居）级干部城乡规划法律培训教育讲座举办，共千余名干部参加

城乡建设

【宜居城乡建设】 2011年，东莞市做好建设80个宜居社区（村）前期准备工作，制定指引社区（村）开展宜居建设的规范性文件。投入1.6亿元，开展宜居建设项目496项，带动总预算5.6亿元。12月，对80个宜居社区（村）进行考核验收。通过开展宜居城乡创建工作，80个社区（村）环境和村容村貌得到改善，群众安居乐业，当地干部群众转变观念，更加注重社区（村）可持续发展。推荐塘厦镇、大朗镇，中堂潢涌、南城周溪、塘厦沙湖、塘厦林村、东城柏洲边、东城石井、大朗蔡边、大朗宝陂、大朗石厦等镇村参加省第一批宜居城镇和宜居村庄评选。11月，通过省联合检查组实地检查，全部获评为省宜居城镇和省宜居村庄。

【住房保障】 2011年，东莞市完成1250户城乡低收入困难家庭廉租住房保障，其中完成房屋修葺696户、租赁补贴517户、实物配租27户、租金核减10户，有116户购买经济适用房。截至2011年，全市完成公共租赁住房任务1.79万套（竣工7544套、开工1.03万套），其中政府投资建设2344套，学校、医院配建宿舍2714套，企业投资建设的职工公寓和集体宿舍1.28万套。

明确公共租赁住房建设方式 2011年，东莞市公共租赁住房的发展方向是：政府投资建设；鼓励和支持各工业园区建设公共租赁住房，用作园区企业的员工宿舍；鼓励企事业单位利用自有土地建设员工宿舍；把部分富余的廉租

规范建筑市场秩序，确保工程质量安全

① 2011年3月13日，南城雅园新村第二期租售选房仪式举行

② 2011年8月28日，住建部检查组到东莞市检查轨道工程

房和经济适用房转为公租房；探索利用“统包统租”出租屋的方式解决。

完善住房保障制度 2011年，东莞市发布《东莞市廉租住房保障办法（试行）》和《东莞市经济适用住房管理办法（试行）》，出台《东莞市镇（街）落实住房保障工作约谈问责暂行办法》，明确市住房和城乡建设局、市监察局对各镇街住房保障工作进行督查，根据各镇街落实住房保障工作具体情况分别进行提示、约谈和问责。 （吴维彬）

附：2011年东莞市住房和城乡建设局领导名录

局　长：朱　川
副局长：方毓佳　黎小成　许　斌
　　　　韩金田
纪检组长：颜志勇
总工程师：祁志强
调研员：傅晓炜
正处级干部：冯敏治
副处级纪检监察员：李达荣
副调研员：黄　伟

① 南城雅园新村一期全景　② 望牛墩镇李屋村公园

重点工程建设

【概况】2011年，东莞市城建工程管理局承建工程72项，完成投资约27亿元，其中市中医院新院、运河整治A段、广电中心、档案馆档案大楼等19项工程完工投入使用，市廉租房二期、规划展览馆、网球中心、残疾人康复实验学校和体育训练中心一期等14项工程开工。援建映秀“交钥匙”市政和园林景观工程获得国家优质工程银质奖，市政项目和震中纪念地获得四川省“天府杯”金奖，援建工程管理处被评为“全国汶川大地震灾后恢复重建先进集体”。2011年，东莞市城建工程管理局被评为“市重点项目建设管理先进单位”、“市直机关党建工作量化考核先进单位”。

【提升工程管理水平】完善制度管理　2011年，东莞市城建工程管理局编印《管理制度汇编（2011版）》，修订《工程管理工作指引》，收集汇编有关市属工程建设管理文件。完善方案设计、图纸管理、招投标、最高限价报审等前期管理，明确工程前期责任。

强化质量安全管理　2011年，东莞市城建工程管理局加强审查方案和图纸设计，编印施工图设计通病手册，提高工程设计质量。采用新技术、新工艺、新材料提升工程品质，网球中心被评为市“双优”（安全生产、文明施工优良样板）工地。加强施工现场管理，按照合同要求督促施工单位安全文明作业，按图纸、按规范科学施工。落实质量安全自查、巡查、抽查、复查和互查，健全质量安全管理责任、奖惩、排查、问责、应急处理等制度。全年进行质量安全检查360多次。

提升信息化管理　2011年，东莞市城建工程管理局完善信息综合管理系统，改版升级门户网站，推行工地远程视频监控和指纹签到考勤管理，实行电子财专会议，实现网上办公、审批及监管。全年在20多项工程安装100多个摄像头，录入300多名施工和监理人员指模。

【全力加速工程建设】主攻重点工程　2011年，东莞市城建工程管理局组织实施的工程有14项被列为市领导挂钩督导的重点项目，市残联康复实验学校被列为省“十件民生工程”，市中医院新院被列为市“十件实事”工程，江库联网、市区污水处理厂及截污管网三期等工程被列为省重点项目。对重点项目实行目标管理，明确完成时限和责任人，重点保障人力，优先办理报批，加速解决问题，确保市中医院新院、广电中心、运河整治A段、黄旗

东莞市城建工程管理局

① 2012年2月14日，广东省副省长林木声在东莞市委书记、市人大常委会主任徐建华的陪同下视察黄旗山城市公园

② 2011年6月28日，省、市纪委领导出席篮球中心“廉优共建”工程揭牌仪式

③ 2012年2月26日，东莞市几套班子领导视察市重点工程

① 东莞军供新站
② 东莞市档案馆档案大楼
③ 东莞社科大楼

山城市公园一期、市区污水处理厂三期等工程按期完工。

突破难点问题　2011年，东莞市城建工程管理局较好地解决了运河整治B段工程管线及电力迁改、篮球中心斗屏和冰场、市廉租房二期工程配套道路建设、港口大道延伸段、市民艺术中心和工人文化宫、市网球中心、运河整治A段和环莞快速路（二期）厚街段等工程的征地拆迁问题。

抓好督查落实　2011年，东莞市城建工程管理局实行层级、过程、动态和重点督查，对十件实事工程实行半月一报、市重点项目每月一报，及时反馈难点问题，跟踪督办重点事项。成立合同执行检查小组，每周深入工地检查，定期通报检查结果。严格工作考核问责，建立激励机制，检查考核目标计划完成情况。

【重点工程盘点】　市中医院新院投入使用　工程位于松山湖大道南侧、莞深高速公路西侧，占地约13万平方米，建筑面积约12万平方米，投资概算4.99亿元，设计床位800张，日门诊量3500人次，主要由门诊医技楼、住院楼、后勤楼、宿舍楼等组成，是一座集医疗、科研和教育于一体的三甲中医院。2009年9月动工，2011年12月门诊楼试营业。

广电中心投入使用　工程位于东莞市四环路与东莞大道交汇点西南侧，用地2.71万平方米，建筑面积7.41万平方米，投资概算3.18亿元，分为主楼20层、裙楼3层及辅楼13层。2006年12月动工，2011年5月完工，12月完成搬迁并整体启用。

运河整治A段石碣大桥—新基段通车　工程施工堤路长13.5公里（不含大王洲桥至广深高速已建成段），投资约4.14亿元（不含征地拆迁、管线迁改和保护费用）。按百年一遇的防洪标准设计，主要内容为沿河堤路建设、河道拓宽、清淤、景观绿化、穿堤构筑物等。2010年6月动工，2011年9月通车。完工后，沿河堤路原4—8米的堤拓宽为24米的道路，其中车行道宽15米、两侧人行道共4.5米，路面为沥青路面；河道由原30—50米拓宽至80—90米；绿化面积26.5万平方米。

市区污水处理厂三期完工　工程位于南城石鼓王洲，市区污水处理厂一、二期工程的南面，用地约12.2万平方米，

① 东莞市广电中心
② 整治后的东莞运河
③ 黄旗山城市公园绿道
④ 可园中学学生宿舍
⑤ 新建的旗峰公园大门
⑥ 市中医院新院

投资约3.53亿元（不含征地青苗费）。采用多模式A20水下曝气氧化沟工艺，设计日处理污水20万立方米，处理后的出水达到国家一级B标准和广东省第二时段一级标准。2009年10月动工，2011年12月完工。

黄旗山城市公园一期建成开放 黄旗山城市公园规划占地6.92平方公里，其中一期占地约4.48平方公里。工程主要对旗峰公园及大门进行改造、新建体育极限运动区和长约8.4公里的环山绿道。2010年8月动工，2011年12月基本完工。

市档案馆档案大楼完工 工程位于东莞市体育路北侧、体育中心与健升大厦之间，占地1894平方米，建筑面积1.04万平方米，投资概算4601万元。2009年8月动工，2011年5月完工。

高速公路大队业务楼完工 工程位于东莞市大岭山镇常虎高速旁，占地1.92万平方米，建筑面积6112平方米，投资概算1896.69万元。2009年12月动工，2011年12月完工。

东莞社科大楼完工 工程位于市委党校内，建筑面积3366平方米，投资概算1024.85万元。2010年3月动工，2011年5月完工。

东莞中学增建学生宿舍完工 工程位于东莞中学校内，建筑面积6902平方米，投资概算1665.69万元。2010年8月动工，2011年7月完工。

可园中学增建学生宿舍和饭堂完工 工程位于可园中学校内，建筑面积1.63万平方米，投资概算约1亿元（含拆迁补偿费5810.15万元）。2010年8月动工，2011年12月完工。

东莞军供新站完工 工程位于常平镇火车东站旁，占地约1万平方米，建筑面积1.32万平方米，投资概算3084.79万元（不含征地款）。2009年11月动工，2011年5月完工。

市水上公安消防中队完工 工程位于东莞市沙田镇阇细村，建筑面积3423平方米，投资概算1821万元。2010年6月动工，2011年10月完工。

市学术交流中心报告厅基本完工 工程位于东莞松山湖理工学院校内，建筑面积5500平方米，投资概算2419.88万元。2010年11月动工，2011年12月基本完工。 （郑标生）

附：2011年东莞市城建工程管理局领导名录

局　长：丁海潮
副局长：黄贺权　李天海　朱利民　丁加兴
纪检组长：钟发枝
总工程师：祝天舒

水务建设

【水务体制改革】2011年，东莞市组建水务投资集团有限公司，在市水务局增设水土保持科，成立江库联网工程中心，在13个中心镇街成立农林（市政）水务局和（市政）水务中心。开展简政强镇事权改革，向中心镇（园区）委托下放涉及项目审批、工程竣工验收、水行政执法和行政处罚等26项事权。

【水资源保障】2011年，东莞市制定《最严格水资源管理制度建设实施方案》和《东莞市饮用水水源地建设实施方案》。推进重点水源工程，完成江库联网工程一期的70%，基本完成8座联网水库水源保护规划；配合广东省水利厅开展珠三角“西水东调”工程规划，协调跟进惠州市观洞水库应急供水扩容工程前期工作、深圳市清林径水库扩容工程预留东莞取水口工作。出台《东莞市水资源分配方案》。编发水资源简报、年报、公报和水务年报。启动27个重点饮用水水源地保护区划分工作，编制《东莞市全国重要饮用水水源地达标建设规划》。启动松木山水库、同沙水库饮用水水源保护区围网隔离工程设计。开展水库有害蓝藻监测与防治管理对策研究、25宗有饮用水功能水库有害蓝藻监测。

【城市供水】2011年，东莞市制定《东莞市“放心水”工程建设实施方案》，启动建设供水安全“百家水厂升级整合”、“千点水质监测网络”、“万里供水管网优化改造”工程。投入使用市水质监测中心新大楼。实施《东莞市2011年供水行业水质监测方案》，制定《东莞市城市供水水质督察管理办法》，全面监测水源水、出厂水、管网水和二次供水水质。加快推进老化供水管网改造，全年改造老化管网882公里。全市有供水企业102家、水厂119座，供水能力超过700万吨/日，其中市东江水务有限公司所辖5座水厂供水能力303万吨/日，服务范围包括市区、长安等23个镇街；镇属供水企业31家、水厂44座，供水能力361万吨/日；村级供水企业70家、水厂70座。全年供水总量17.3亿立方米。

【城市排水】2011年，东莞市编制《东莞市排水工程建设管理实施细则》、《东莞市排水工程验收办法》以及《东莞市公共排水管道检测评估技术规程》。完成市区内涝整治应急二期工程鸿福河系统和四环路宏远路段工程量的65%和25%、市区内涝整治应急三期工程（新开河系统）初设编制及专家评审、北侧分流工程施工图设计。实施“八路一广场”排水设施维修工程，新建或更换管道2950米、雨水口362个及雨水盖板1748米。

【水环境治理】2011年，东莞市制定《东莞市水环境综合治理工程建设实施方案》。开展35项截污主干管网工程，其中24项完工，建成823.31公里，占工程总量的95.73%。建设34座污水提升泵站，其中29座完成主体工程。铺开全市截污次支管网建设，有22个镇街开展截污次支管网专项规划，其中9个基本完成规划编制。投入运营37座新规划建设的污水处理厂，总处理能力为233.5万吨/日。开展同沙水库综合整治尾水排放、

东莞市水务局

2011年5月5日，水利部副部长刘宁、广东省水利厅厅长黄柏青，在东莞市副市长李小梅和市水务局局长张国平的陪同下，检查指导东莞水务工作

环水库截污管网和垃圾填埋场渗滤液处理等工程。全年处理污水8.02亿吨，全市城镇生活污水处理率84.2%，化学耗氧量减少约10万吨。加强对河涌水系堤防整治、清淤疏浚、生态治理和水体修复，推进东莞运河"截污、清淤、活源、治堤"工作，其中A段（峡口至大龙路）路堤达标工程完工通车，B段路堤达标工程完成86.5%；石马河流域主河道综合整治工程中，马滩水闸扩建和凤岗段河道整治工程均完成80%以上；推进挂影洲中心涌流域综合整治，东莞运河城区段基本实现不黑不臭。整治中堂北海仔河和桥头小海河。印发《关于加强开发建设项目水土保持申报审批工作的意见》，加大水土保持监督管理力度，有效降低水土流失，改善沿线水生态环境。加强宣传新修订的《水土保持法》。

【水利防灾减灾】 2011年，东莞市制定《东莞市治洪治涝工程建设实施方案》、《东莞市海堤加固达标工程建设实施方案》和《东莞市中小型水务工程项目基本建设程序及主要工作流程》。委托省水利电力职业技术学院，在增城市举办水利工程管理技术培训班，培训各镇街农林水务局、水利管理所、市水务局直属有关单位及在莞登记备案的水土保持设计、监理、监测、技术评估等单位人员。基本完成3批次395宗（2006—2010）全市城乡水利防灾减灾工程建设，陆续启动127宗（2011—2013）城乡水利防灾减灾工程建设。加强水利防灾减灾工程统筹调度研究，验收17个欠发达镇机电排灌工程。完成茅洲河整治工程可行性研究。全市登记在册的水库工程117座，其中中型水库7座，小（一）型水库44座，小（二）型水库66座，全市水库兴利库容2.48亿立方米；山塘27座，库容126万立方米；堤围285条，其中江堤123条，海堤162条，

① 2011年10月26日，东莞市代市长袁宝成视察运河综合整治工程

② 2011年10月19日，东莞市副市长李小梅带队赴香港调研水务渠务工作

③ 2011年8月31日，全市水务工作会议召开，市委书记、市人大常委会主任刘志庚，市委副书记、市长李毓全出席。会议贯彻2011年中央1号文件、省委9号文件精神，对水务工作作出具体部署，印发《市委市政府关于进一步加快我市水务改革发展的决定》

堤围总长度1323.2公里；水闸412座，泵站219座。

【节水型社会建设】 2011年，东莞市成立节水型社会建设试点工作领导小组，组建试点工作办公室，编制《东莞市节水型社会试点建设实施方案》和《东莞市城镇生活节水改造示范2011年度实施方案》。组织建设市区污水处理厂“中小学节水教育社会实践基地”。与水利学会举办“节水型社会建设创新论坛”和“珠三角经济社会一体化背景下的东莞水安全对策”论坛。全市节水型社会建设试点工作通过水利部珠江水利委员会评估组中期评估，综合得分95分，位居珠江流域第三批试点地区之首。

【三防建设】 2011年，东莞市三防指挥系统建设基本完成，市、镇两级及市属水利工程管理单位全部组建三防指挥机构，三防指挥部成员单位由24个增加到29个。抓好村（社区）一级应急预案编制，细化当地主要洪涝地质灾害点、安全转移路线和临时应急避难场所等信息。增加防汛物资储备，市级防汛仓库新增“防汛抢险应急包”和“应急抽水泵”。举办民兵轻舟集训班，对全市28名民兵骨干进行轻舟操作和抢险救灾训练。做好深圳第26届世界大学生夏季运动会防洪安全工作。开展全市“三防能力建设年”活动。

【水务政策宣传】 2011年，东莞市制定《关于进一步加快我市水务改革发展的决定》，召开村级以上千名领导干部参加的全市水务工作会议，出台一系列政策措施。举办水务大改革大发展对策研讨学术沙龙，邀请水利部水土保持司司长刘震主讲第37期东莞学习论坛，开展“走进基层水务”活动，宣传全市水情、水法和水务。完成《东莞市水务信息化规划》初稿编制。

【水利普查】 2011年，东莞市成立第一次全国水利普查领导小组办公室。完成国家规定普查任务，增加100-2000亩灌区普查、10-100平方公里治理保护河段普查及经济用水调查对象。建立清查对象名录底册1.76万个，明确1.41万个普查对象。完成全部普查对象的数据获取、录入和基础审核，对象空间标绘3666个，台账建设6630个，水土保持野外调查22个。

【水库移民扶持】 2011年，东莞市成立水库移民“十二五”规划工作小组，开展水库移民“十二五”规划。启动水库移民社会经济发展规划调研。安排2008和2009年大中型水库移民后期扶持结余资金，到大岭山镇和黄江镇举办水库移民技能培训班。启动小型水库移民后期扶持。（谢联辉）

附：2011年东莞市水务局领导名录

局　长：刘伟全（任至4月）
　　　　张国平（4月到任）
副局长：陶　谨　张国麟　倪佳翔
　　　　凌荣长　邓伟斌

① 2011年6月16日，东莞水务改革发展工作座谈会在塘厦镇召开

② 2011年9月28日，东莞市国家水专项东莞市东江水务有限公司中试研究基地成立

③ 2011年12月8日，东莞市“放心水”工程启动，市水质监测中心大楼乔迁

④ 2011年12月21日，东莞市水务改革发展对策研讨沙龙举行，清华大学环境科学与工程系教授王占生、同济大学环境科学与工程院院长周琪、清华大学水业政策研究中心主任傅涛、河海大学水文水资源学院教授张行南等专家参加

东江水务有限公司

【概况】 2011年，东莞市东江水务有限公司（简称“东江水务”）加快实施城市供水干管联通、扩展旧管网改造区域、强化水质监测建设、提升供水服务质量，将“安全优质供水”放在第一位。日最高供水量273.7万立方米，供水总量8.63亿立方米(含原水4039.7 万立方米)，全年供水正常。所辖水厂运用经济调度、技术改造、整合工艺自控系统等手段，推进节能降耗，年节约1723吨标准煤、节电1402万千瓦时。加大资金投入，实施国家新《生活饮用水卫生标准》（GB5749—2006），下属5座水厂水质均达到新国标水质标准要求。获得中国城镇供水排水协会关于积极贯彻实施新国标城镇供水厂通报表彰。在创建国家环境保护模范城市、安全生产、工会工作和水务工作等方面被评为市级先进，职工培训中心被评为“全国职工教育培训示范点”。

【供水一张网战略】 2011年，东江水务与东城自来水公司、万江自来水厂签订《委托管理协议》，开展托管工作。完成对东莞市南城水务有限公司资产评估，进入洽谈收购价格及形式阶段。成立东莞市虎门港供水有限公司，接收虎门港供水业务。将市行政中心区由市第二水厂供水转由供水安全性能更高、水质更优的市第六水厂供水。

【东江水务调度中心试运行】 2011年1月28日开始，调度中心采用液晶大屏幕显示技术，融合原有的管网监测系统，实现从水厂到管网的全面监控。截至2011年，东江水务主干管网设置的远传端站增加到199个，通过供水调度三遥系统，将各水厂、加压站和管网监测点的实时运行数据通过中国电信CDMA网络传送到调度中心。该系统具备实时性强、处理速度快、运行稳定等特点。

调度中心按照不同季节和时段用水量变化，制定《供水调度指令书》，分时段调节各水厂出厂水压力，推进节能降耗，减少生产成本。在供水量监控基础上，尝试应用供水口用水量压力超比率报警、用水量季节分析等新方法，及时发现水量、压力异常现象，充分掌握整个供水管网实际运行情况，有效保障供水安全。

截至2011年，调度中心在管网上安装5套水质在线监测点设备并投入运行，实现管网水质浊度、电导率、pH值、总氯、氨氮等参数在线监测。

【水质监测】 2011年，东江水务监测站对水源水、出厂水、管网末梢水等开展常规和全项监测，检测样品数量约4500个，编制检验报告约900份。6月和12月，对所有出厂水和部分用户管网末梢水进行新国标106项监测，结果显示：出厂水（包括常规处理和深度处理）及所检管网末梢水的106项全项分析均符合国家《生活饮用水卫生标准》（GB5749—2006）的要求。为完成《地表水环境质量标准》（GB3838—2002）中109项检测指标，开展21项地表水水质指标的扩项检测。截至2011年，完成检测20个项目，为申请计量认证做准备。日本福岛核事故发生后，立即购置便携式放射性检测仪，于3—7月对属下水厂的原水及出厂水加强水质放射性检测。原水检测结果符合国家标准限制要求，出厂水检测结果正常，没有明显变化。

【供水科研】 2011年，东江水务承担3个国家水专项课题研究。其中，“自来水厂应急净化处理技术及工艺体系研究与示范”课题和“季节性污染原水预处理和常规处理工艺强化技术集成与示范”课题于10月通过专家评审组验收。监测站完成“一种去除饮用水源水中铊污染的方法”研究，于9月通过国家知识产权局初步审查，年底进入专利公布和实质审查阶段。

【国家水专项中试研究基地揭牌】 2011年9月28日，国家水专项东莞市东江水务有限公司中试研究基地在市第六水厂揭牌。市水务局局长张国平、清华大学教授张晓健、东江水务董事长罗沛强及东莞供水企业代表70多人参加仪式。

该基地是国家水专项饮用水主题珠江项目的重要组成部分，总造价1026万元，其中国拨经费470多万元，其余由东江水务投资。占地面积约800平方米，设计处理水量为4×5立方米/时，相当于4座小型供水厂处理量。集成给水常规处理、臭氧—生物活性炭、膜技术深度处理和多功能滤池过滤等工艺，可模拟不同水质的原水进入厂区后的整个流程，通过管道之间连接、阀门切换以及设备调节自由组合。配备多种水质在线监测仪表，是国内规模较大、技术先进、设备完善、自动化程度高的给水处理中试研究基地。为全国特别是珠江下游地区季节性高有机物、氨氮、异味、重金属等水质问题提供工艺改造解决方案，并为全国城市供水应急系统提供技术支持。截至2011年，完成季节性氨氮去除曝气及滤料选择关键技术研究、季节性异味去除效果工艺比对等研究，为东莞市应对雨季排涝造成的东江原水水质污染问题提供水厂工艺升级改造技术支持。

【供水客服信息平台建设】 2011年3月，东江水务通过客服信息一体化系统实现手机短信水费查询功能。5月，建立电子工单运营支撑系统，实现呼叫中心接单、派单电子化、无纸化操作。进一步健全大集中营业收费系统，整合东江水务及下属子公司10多万用户供水营业收费业务。更换东莞市南城水务有限公司营业收费系统，整合到大集中系统中。6月，东江水务网站增加网上查询水费功能。

【供水工程建设】 市轨道交通R2线试验段天宝站管道迁改工程 2011年1月进场施工，10月29日顺利通水。

省道256、358大修项目虎门体育路隧道节点DN1400供水管道迁改工程 全长171米，2011年4月动工，9月20日完工。

东莞大道延长线DN2000—DN2200供水管道工程 全长5382米，截至2011年，完成管道敷设4114米。

市第六水厂综合楼工程 截至2011年，完成工程量的97%，进入收尾阶段。

【环状供水体系形成】 2011年5月26日，虎门长安联络线给水管道建成通水。该工程全长约1200米，管径为DN800，起点在虎门富民路，终点在长安振安二路，中间跨越磨碟河。6月27日，嘉湖山庄（东城）供水口阀门全开，将东城水厂的自来水调入市第六水厂管道，供往寮步、松山湖、长安等镇区，流量约为4000立方米/时，标志着东城水厂与市第六水厂管道正式连通，东江水务多水源环状供水体系初步形成，具备一定供水应急处理能力。

【供水管网改造】 2011年，东江水务完成南城新基社区、元美水阁村等片区的管网改造，更换各口径管道长125千米，受益用户1.11万户，投资额超过2655万元。截至2011年，完成26个小（片）区改造项目。电话访问显示：97.7%受访用户表示供水水压完全满足要求；94.5%用户表示水质得到改善，不存在“黄水”、“锈水”现象。

【二次供水设施普查】 2011年8月开展。截至2011年，东江自来水有限公司走访供水范围内、水表口径为DN40及以上的用户3123户。（周永坚　邵　娟）

2011年东莞市东江水务有限公司领导名录

董事长：罗沛强

总经理：黎泽钧

副总经理：唐　旭　唐展鹏

袁伟锋（7月到任）

建筑业

【勘察设计】 2011年，东莞市经审查符合要求的大中型建设工程初步设计219项，出现违反强条10条，同比减少28.5%。办理房屋建筑施工图审查备案1903项、建筑面积1682.9万平方米，市政基础设施工程备案申请46项，抽查260项工程施工图设计文件质量，发现违反强条2条。

勘察设计企业资质许可后核查 2011年，东莞市下发《关于开展勘察设计企业及施工图审查机构资质许可后核查工作实施方案》等文件，对117家勘察设计企业、施工图审查机构开展资质许可和在莞建立信用档案后的动态核查。

【施工质量安全与监督】 2011年，东莞市受理施工许可1633项，建筑面积1633.1万平方米，工程造价231.5亿元。35项工程被评为市优良样板工程，67项工程被评为市“安全生产、文明施工”双优工地，其中15项被评为省双优工地，9项被评为省优良样板工程，5项获得2011年省金匠奖。全年未发生重大质量事故，实现建筑施工安全零死亡。

住宅工程质量通病防治和建筑施工安全标准化建设 2011年，东莞市督促在建工程贯彻执行《东莞市建筑工程施工安全标准化图集》和《东莞市建筑工程施工安全标准化实施办法》。全年有564项单位工程达到标准化施工，得分率达85%的单位工程占89.5%。3次组织市内施工、监理企业和各镇街（园区）规划建设办（局）负责人参加东莞万科翡丽山项目住宅工程现场观摩会、虎门万科紫台1、3#楼等6个标准化示范工地及东莞万科金域华府项目住宅工程工地现场举行的住宅工程外墙淋水试验和砌筑施工质量现场观摩活动。

施工现场视频监控 2011年，东莞市在317项新建工程安装1230个摄像头。加大视频监控实时检查频率，对施工现场安全生产、文明施工、人员到位、责任主体履行安全生产责任制等情况实施即时监控。全年通过视频监控系统检查工程669项，公开通报135项存在安全隐患的工程，对108项工程责任单位作不良行为扣分处理。

建筑质量安全常规监督 2011年，东莞市受理房屋建筑工程质量监督1884项，建筑面积1787.3万平方米，工程造价267.2亿元；受理市政工程、轨道工程质量监督46项，造价96.87亿元。完成分部验收资料登记4676项，审查工程竣工技术资料1568项，签发监督报告852份。检查预拌混凝土生产企业质量270次，抽检原材料315批次，监督落实施工现场标准养护措施。全程监督质量检测过程，完成常规材料检测34个项目8.07万组、合格率95.9%，地基基础检测9个项目10.88万根（点）、合格率99.26%。发出整改通知书446份，局部停工通知书72份，不良行为扣分通知书353份。对安全生产违法违规行为和存在一般安全隐患的工程，签发限期整改通知书550份，对存在重大安全隐患的工程签发暂时停工通知书360份、扣分通知书3119份。

【建筑市场管理】 2011年，东莞市坚持实行“实名制”、核对社保信息、指模到位确认、视频远程监控等建筑市场管理措施，打击假章、假证、假签名等行为，实行良好行为加分、不良行为扣分机制，基本建立建筑业信用管理体系。

企业诚信动态管理 2011年，东莞市修订《企业不良行为记分标准》和《企业良好行为加分标准》。在业务承接、业绩登记、履约评价、工程奖励、企业奖励、聘请法律顾问等方面有相应加分，拉开优良企业与一般企业分值差距；修订后的不良行为记分条款有695条，其中施工类企业记分标准276条，涵盖资质管理、业务管理、质量监督、安全监管、综合管理等方面。全年对在莞已建立信用档案的施工、监理企业因在莞承接工程业务、完工业绩和优良工程、双优工程、标准化样板工地、示范工地以及年度优秀企业、守合同重信用企业等良好行为作出加分2971条；因企业管理人员不到位、施工现场违法违规行为和不履行合同、拖欠工人工资等不良行为作出扣分5496条。7家企业受到“两年内不得入莞承接业务”的处理，66家企业因信用分值低于80分被注销手册，19家企业自行申请注销手册、撤出东莞市。

推进清欠工作 2011年，东莞市住房和城乡建设局受理拖欠工人工资案件37宗，涉案金额1620.01万元；合同纠纷协调案件2宗，涉案金额14.92万元。对已办理竣工验收备案的工程，要求建设单位和施工单位必须共同出具《工程合同价款拨付情况说明》，在双方均承诺已经按合同约定拨付工程款的前提下，方予以办理竣工验收备案，杜绝拖欠工程款和工人工资行为。对恶意拖欠工程款、工资款的企业进行网上公示。

规范招标投标行为 2011年，东莞市实施招标代理机构《信用管理手册》实名制管理制度，进一步规范建设工程招标代理机构及其工作人员行为。全年有58家招标代理企业办理新版《信用管理手册》，其中东莞市企业15家。6月1日，实行施工企业信用分值投标差异化措施，实现企业中标几率与企业市场信用和在莞业绩相结合，全年有25项公开招标项目采用投标差异化措施确定中标人。10月1日，要求镇街（园区）限额内的房屋建筑市政施工项目招投标全部在市建设工程交易中心进行。推广使用《东莞市房屋建筑和市政基础设施工程财政性投资项目的施工招标文件示范文本（2011版）（试行）》。

2011年，市建设交易中心实现招投标服务全过程电子化管理，工程招投标从项目上网登记到招投标资料归档，整个流程在统一平台上操作，形成“流程化管理、节点控制、无缝对接、自动识别、阳光高效”的东莞招投标特色。开发完成收费对接系统，规范收费管理，提高服务效率，有效杜绝在投标保证金环节泄露投标人名称、数量，防范串标、挂靠等行为，方便企业投标时的资金往来及缴交费用。全年办理投标405项，完成招投标415项，扣除勘察设计、监理、咨询等服务类项目后，招标项目预算总额298.46亿元，中标总额274.65亿元。市住建局负责监督的房屋建筑和市政基础设施工程的施工、监理招标项目，上网发布招标公告169项，其中施工类招标项目完成投标107项，预算总额112.49亿元，中标总额95.23亿元；监理类招标项目完成投标48项，所有监理招标项目中标人的监理服务收费系数均为0.80。

查处违法违规行为 2011年，东莞市加大对违法建筑立案查处力度，全年立案行政处罚56个，作出处罚决定51个，罚款856.8万元。实行制止强行施工应急预案及联动处理工作机制，全年对4项强行违法的工程采取联动处理，对3家施工企业作出3个月内暂停在东莞市参加工程投标及在市住房和城乡建设局办理业务的处理，对1家施工企业作出1年内暂停在东莞市参加工程投标及在市住建局办理业务的处理。

【建筑节能】 2011年，《东莞市建筑节能“十二五”专项规划》发布，对2011—2015年期间新建建筑节能、既有建筑节能改造、可再生能源建筑应用、绿色建筑推广、新型墙体材料应用等作出明确要求。全年东莞市对204栋政府机关办公建筑和大型公共建筑进行能耗统计和公示，对能耗较高的15栋建筑开展能源审计，提出建筑节能改造技术；建

立建筑能耗实时监测平台，将10栋公共建筑纳入平台监控，指导高能耗建筑进行节能改造。落实新建建筑节能标准，建立新建建筑从设计、审图、施工、监理、监督、验收到房屋销售等环节的闭合式监管体系，实现设计、施工阶段建筑节能标准执行率100%，其中东莞生态园控股有限公司办公楼项目获得国家三星绿色建筑设计评价标识认证。重点推广太阳能光热、光伏等可再生能源与建筑一体化应用，完成太阳能光热应用建筑面积约88万平方米，建成或在建大型屋顶太阳能集中式光伏建筑示范工程4项，总装机容量约2.66兆峰瓦，分别为被列为国家太阳能光电建筑应用示范工程的万科住宅产业化研究基地屋顶光伏电站项目总装机容量0.68兆峰瓦、易事特厂房屋顶光伏发电站项目总装机容量0.5兆峰瓦、宏图科技中心光伏示范项目总装机容量0.3兆峰瓦、被列为国家"金太阳"示范工程的广东五星太阳能股份有限公司太阳能光电建筑应用示范项目总装机容量1.18兆峰瓦。完成建筑节能改造面积约93万平方米，主要改造项目为中央空调、生活热水、照明、建筑外遮阳等。（吴维彬）

房地产业

【概况】2011年，东莞市核发商品房预（现）售许可证448个，核准销售面积622.95万平方米，其中住宅面积534.6万平方米。实行商品房预售款差异化监管，办理设立商品房预售款专用账户198批次，提取预售款金额261.22亿元。实行商品住房销售价格备案、网上公示、明码标价、一套一标等措施，保持房价稳定。全年新建商品住宅均价8177元，同比上涨7.53%，低于全市上年GDP增速。（吴维彬）

全市房产登记户数10.15万户，同比上升4.29%；房地产权证发证12.06万份，同比上升2.74%。房地产交易与权属登记规范化管理达到广东省创建标准，是全省第四个达标的市。（张敬东）

【房地产市场秩序规范】新建商品住房销售价格备案与公示制度实施　2011年5月16日，《关于新建商品住房销售价格实行备案的通知》实施，规定东莞市新建商品住房项目必须先到市物价局办理商品住房销售价格备案，方可到市住房和城乡建设局办理预售许可（或现售备案）、到市房产管理局办理建档手续。8月5日，《关于加强新建商品住房销售价格备案管理的补充通知》下发，规定所有符合价格备案范围的新建商品住房项目，销售价格一经备案，将自动设置15%的下浮限幅，防止开发企业随意虚高房价误导消费者，使备案价格趋于真实合理，并对销售现场价格公示作出详细规定。（吴维彬）

房地产市场管理制度完善　2011年，东莞市出台《物业服务、房地产评估、房地产经纪行业信用档案管理实施细则》，有效规范企业及从业人员经营行为，建立行业诚信档案制度。制定《东莞市房产管理局行政处罚自由裁量标准》和《东莞市房产市场行政处罚工作程序》等文件，完善行政处罚程序。

房地产市场监测分析和信息统计加强　2011年，东莞市通过基础统计、常规分析，加大对房地产市场监测分析力度，形成月报、季报等市场分析报告90多份，为有效配置资源、动态监管和调控房地产市场决策提供依据。每月1次在市房产管理公众信息网发布全市新建商品住宅网上签约销售情况。（张敬东）

【物业管理水平提高】2011年，东莞市执行物业管理企业资质认证制度和业主委员会登记备案制度，核发《物业管理企业资质证书》113本，其中三级资质85本，暂定三级资质28本；备案登记215份物业管理委托合同；初审房地产评估机构资质10份，其中暂定三级3份，三级重新核定4份，三级升二级3份；组织物业服务行业专家对申报市物业管理示范项目的23个小区进行考评，其中世纪城国际公馆三期、星河传说聚星岛、东方华府、三正世纪豪门、东莞世纪城·海悦花园三期A区、松山湖科技产业园区和堂（总部一号）、松山湖科技产业园区创新科技园、帝景湾、紫荆花园（L、O、J区）翰林雅苑、石竹山水园、雍华庭、怡丰翠云轩花园、都市华庭、财富新地、南峰时代广场、长安花园等项目被评为"2011年度东莞市物业管理示范住宅小区（大厦）"。

完善小区物业管理配套政策　2011年，东莞市修订《东莞市业主大会和业主委员会成立若干规定》，草拟《东莞市物业服务招标投标实施细则》、《关于实施东莞市物业服务招投标有关问题的通知》和《东莞市物业服务评标细则》等文件，加强物业服务行业管理。

推进专项维修资金征管　2011年，东莞市累计归集专项维修资金14.66亿元，追缴1.5亿元。全年有12个楼盘、40批次使用维修资金，金额509万元。

推进小区成立业主委员会　2011年，东莞市举办《依法指导业主大会筹备工作和规范业主委员会运作》专题培训班，使各镇街能够依法指导、协助和监督业主大会筹备和业主委员会运作。全年指导18个住宅小区依法召开业主大会选举业主委员会，并完成备案登记。

【房管信息化建设】开发房产管理综合平台　2011年，东莞房产管理综合平台启用，整合交易登记、权属登记、物业管理、档案管理、测绘管理、办公自动化、维修资金管理、电子监察系统等独立环节，实现商品房预（销）售管理、合同登记备案、房产测绘、房产评估、房屋抵押、房产交易、权属登记和档案管理一体化，更加快速便捷、准确地提供房产综合信息服务，实现信息共享。

拓展业务系统功能　2011年，东莞市开发二代身份证读卡器与房产业务系统接口，并在全市推广进行身份证件鉴别，防范房屋登记风险。在业务受理环节设置摄像头，对申请房屋登记的当事人进行拍摄并存档记录，防止不良分子假冒他人办理业务。开发启用办公自动化平台，采用短信通知业主领取房产证件；设置电子监察系统预警功能，督促及时办结房产业务。

【房改工作】2011年，东莞市收到住房津贴申请5868份，核准发放住房津贴2466人、金额3277.2万元，变动津贴1479人，发放住房差额津贴1人、金额3.4万元。补办购买房改房152套，面积2.01万平方米，售房款2180万元。（张敬东）

2011年东莞市房地产交易情况

类别 \ 指标	数量		面积		金额	
	万宗	同比	万平方米	同比	亿元	同比
商品房交易	5.99	-2.20%	615.02	-4.03%	382.40	7.16%
二手房交易	3.20	17.15%	424.96	9.38%	120.72	26.72%
商品房备案	6.38	19.76%	636.18	18.38%	523.71	33.84%
按揭	3.73	-0.58%	391.85	-2.65%	220.56	9.14%
房产抵押登记	5.28	-4.26%	2154.27	-9.10%	754.19	6.61%

附：2011年东莞市房产管理局领导名录

局　长：张伟华

副局长：熊裕新　谢卫东　唐建强

纪检组长：叶焕洪

住房公积金管理

【住房公积金归集管理】 制定年度扩面任务 2011年，东莞市把住房公积金扩面任务分解量化给各镇街，加强督导，利用镇街属地管理优势，协助开展扩面工作。大部分镇街提前超额完成任务。5月，全市住房公积金扩面工作会议召开，首次表彰扩面工作先进镇街，授予南城、石龙、麻涌等15个镇街“2010年度市住房公积金扩面工作先进单位”称号，授予大朗、东坑、厚街等镇“2010年度市住房公积金扩面工作表扬单位”称号。

做好政策宣传 2011年，东莞市投入131万元，在电视台、电台等媒体宣传住房公积金政策。到镇街、企业和学校召开宣讲会，提高基层干部、企业主和职工对住房公积金的认识。5月，住房公积金贷款政策调整，及时修订业务指南，重新印制业务手册广泛派发。制作80个移动宣传架，置于全市40多个楼盘、10多家银行。在东城、万江、常平、樟木头、塘厦、凤岗等镇街召开面向房产中介的政策推广会，增进房产中介和房地产企业对住房公积金贷款新政策的了解。

加强部门联动扩面 2011年，东莞市

2010—2011年住房公积金业务

时间 \ 业务指标	归集			贷款				累计提取额（亿元）	累计增值收益（亿元）	
	归集总人数（万人）	归集总额（亿元）	归集余额（亿元）	贷款总额（亿元）	贷款余额（亿元）	逾期贷款额（万元）	当年回收（亿元）			其中：提取城市廉租住房建设补充资金（亿元）
截至2010年底	57.01	172.32	93.03	89.40	61.76	98.53	7.93	79.29	4.56	3.37
截至2011年底	69.72	222.75	114.98	117.18	80.98	77.55	8.56	107.78	5.32	3.78

东莞市住房公积金管理中心

①

②

③

① 2011年7月27日，广东省住房公积金考核小组到东莞市住房公积金管理中心开展2010年度住房公积金管理考核

② 2011年10月11日，东莞市住房公积金管理中心主任王海明率队前往深圳公积金中心参观学习住房公积金系统建设成果

③ 2011年4月6日，东莞市住房公积金管理委员会二届五次会议召开

住房公积金管理中心加强与市民间组织管理局、市工商局、市国有资产监督管理委员会等部门的合作，从各部门获取企事业单位信息，逐步掌握全市应缴存单位的基本情况，为清理公积金账户及宣传政策提供信息基础。全年前往镇街及企业开展政策宣讲70余次，不少企业经过宣传动员后开户缴存。

启动行政处罚机制　2011年8月1日，《东莞市住房公积金管理中心行政处罚自由裁量标准》公布执行，规定市住房公积金管理中心可视情节严重程度对“单位不办理公积金缴存登记”以及“单位不为本单位职工办理公积金账户设立手续”的行为实施行政处罚。东莞市住房公积金管理中心制定行政处罚操作程序，印制宣传资料，派发给全市8.6万家企业。联合归集银行组织各镇街住房公积金工作负责人及归集银行各镇街分行行长召开会议，动员合力宣传解释行政处罚政策。在广泛宣传造势下，开户缴存单位及人数剧增，20多天新增开户缴存单位400多个、缴存人数1.7万人。

【住房公积金提取使用】调整住房公积金贷款政策　2011年5月1日，东莞市住房公积金贷款新政策实施。新政策取消房屋单价对贷款额度的限制，将缴存住房公积金的双职工夫妻贷款最高额度由46万元上调至66万元；限制二次贷款购房面积，提高二次贷款首付款比例和贷款利率；停止发放第三次公积金贷款。

推行公积金贷款阶段性担保业务　2011年3月，东莞市推行住房公积金贷款阶段性担保业务,由申请人支付手续费，担保公司全责担保，市住房公积金管理中心在申请人完成房产抵押登记手续前提前放贷，使公积金放款时间由常规程序下的2个月缩减至1周，方便公积金贷款人特别是二手房公积金贷款人。全年办理担保贷款855笔、2.56亿元。

推出“商转公”贷款业务　2011年7月4日，东莞市在莞城、东城、南城、万江等街道试点推行“商业个人住房贷款

① 2011年11月23日，东莞市住房公积金管理中心联合建设银行东莞分行召开市住房公积金工作会议

② 2011年5月，东莞市贷款政策调整后，市住房公积金管理中心前往东城街道召开贷款业务推广会

③ 2011年3月31日，《住房公积金个人住房贷款业务规范》编制组莅莞调研

① 2011年3月5日，东莞市住房公积金管理中心组织“春游绿道”活动
② 2011年5月27日，东莞市住房公积金管理中心组织前往市图书馆观看“全国检察机关惩治和预防渎职侵权犯罪展览”
③ 2011年7月13日，东莞市住房公积金管理中心党员前往黄江镇慰问困境儿童家庭
④ 2011年8月18日，东莞市住房公积金管理中心深入企业开展住房公积金政策宣传。图为在横沥盈拓科技公司宣讲

转住房公积金贷款”业务。规定在试行辖区范围内购买商品房但未还清商业贷款的公积金缴存职工，可以申请办理该业务，享受公积金的低贷利率。试行阶段限建设银行、中国银行、工商银行、招商银行、东莞银行、中信银行、广东发展银行、兴业银行等银行的商业贷款，视情况逐步推广。申请人可自行选择到市住房公积金管理中心或担保公司申请办理。全年办理该业务46笔、1480万元。

【住房公积金监管】 规范缴存账户管理 2011年，东莞市开展公积金缴存账户清理专项行动，全面清理多年不缴、少缴、漏缴、超标缴存的账户。查出需清理的单位账户703个，其中60个单位整改后恢复正常缴存，522个单位办理注销。

加强代办行为监管 2011年，东莞市出台律师所代办贷款业务操作规则，并对律师所进行培训与考核，完善对代办行为的监管，提高贷款服务质量，防范“骗贷”风险。凡违反操作规则的律师所送来的代办件将暂停受理，待整改到位后方予受理。一年内违规3次的律师所将被取消代办资格。全年组织律师所人员开展3次贷款业务培训及考试，因考试不合格暂停代办资格4例。

接受管委会监管 2011年4月6日，东莞市住房公积金管理委员会召开二届五次会议，听取2010年住房公积金管理工作情况报告，审议通过《东莞市住房公积金2010年执行情况和2011年预算草案的报告》、《2010年度住房公积金缴存使用情况公布》、《2011年度住房公积金归集使用计划》及《关于调整住房公积金贷款若干政策的通知》。

【住房公积金服务】 拓宽委托提取还贷范围 2011年7月4日，东莞市推出商业住房贷款自动划扣公积金还贷业务，建设银行发放的商业住房贷款可办理；调整委托提取划扣额度，由原先按月供划扣公积金调整为按月缴存额划扣公积金，满足职工的还贷需求。

做好企业上市缴存服务 2011年，东莞市主动联系上市后备企业，提供住房公积金政策咨询，及时为55家申请上市企业开具缴存情况证明。其中广东银禧科技股份有限公司、东莞勤上光电股份有限公司、广东明家科技股份有限公司等成功申请上市。

提高窗口办事效率 2011年，东莞市住房公积金管理中心业务窗口增设综合岗，专门负责业务咨询、重大疾病提取等业务，提高窗口办事效率；启用新版提取申请书，改人工填单为电脑打单，加快审批速度，防止手写错漏。

（陈晓君）

附：2011年东莞市住房公积金管理中心领导名录

主　任：秦庆祖（任至8月）
　　　　王海明（9月到任）
副主任：温远军　李庆星　邓文森

市政建设

市政道路、桥梁

【市政道路养护】 2011年，东莞市加强市政道路巡查与监管，要求养护单位每天上报巡查情况给监理单位，监理单位每周上报监管情况给市城市综合管理局，有效提高市政道路修复效率。抓好现场施工质量，进行抽检，及时整改，特别是做好市轨道交通R2线相关站点文明施工工作。全年市直管道路维修沥青量19.85万平方米、各类井盖5947套、人行道板1.5万平方米。

【城市桥梁管理】 桥梁日常养护 2011年，东莞市落实市直管245座城市桥梁经常性检查、定期检测、日常维修以及航标维护等工作，完成曲海大桥等27座城市桥梁特殊检测评估，增设一批桥名牌、责任牌、限高限载等安全标识和防撞设施。投入611.6万元开展东莞水道特大桥和大汾北水道特大桥健康监测及诊断系统建设，实时掌握城市桥梁安全运行状况。做好“一桥一档”城市桥梁档案管理，完善东莞市城市桥梁信息管理系统，增加GPS（全球定位系统）巡查监督模块和日常业务模块，推进桥梁管理信息化。

桥梁安全运行 2011年12月，东莞市实施《东莞市城市桥梁重大事故应急预案》，组建城市桥梁应急专家库，为开展城市桥梁突发事件应急处理提供技术支撑。制定《东莞市城市桥梁检测和养护维修检查办法（试行）》，组织全市城市桥梁安全专项检查，排查安全隐患，在全省城市桥梁专项检查中获得省住建厅好评。开展全市城市桥梁安全管理培训，提高城市桥梁安全管理水平。

（陈佩珠）

东莞市城市综合管理局

① 升级改造后的体育路口公交站亭站牌
② 2011年，东莞市开展东莞水道特大桥和大汾北水道特大桥健康监测及诊断系统建设
③ 2011年11月2日，举行中压燃气管道应急抢险演练

环境卫生

【概况】 2011年，东莞市区生活垃圾100%无害化处理，城镇生活垃圾无害化处理率77.7%。截至2011年，全市累计建成国家三类以上标准公厕2205座、生活垃圾转运站1343座。全市创建“东莞市市容环境优美村（社区）”137个，对2008和2009年获得“东莞市市容环境优美村（社区）”的217个村（社区）进行复评。

【城乡生活垃圾处理】 垃圾处理厂建设 2011年，东莞市举办多场群众答疑会和座谈会，参加系列媒体宣传活动，使“电视有图像、广播有声音、报纸有文章”的立体式宣传取得实效，越来越多市民理解和支持垃圾焚烧处理。横沥垃圾处理厂工艺技术更新、科技含量更高的二期工程完成建设并试运行。市区垃圾处理厂技改升级工作开展。麻涌、虎门、清溪垃圾处理厂的环评工作取得阶段性成果。

垃圾填埋场整治 2011年，东莞市

① 2011年6月29日，东莞市生活垃圾分类试点正式启动
② 完成综合整治后的塘厦石潭埔垃圾填埋场，达到国家一级卫生填埋场标准
③ 2011年7月30日，东莞市横沥垃圾焚烧发电厂二期试运行

基本建成塘厦石潭埔、虎门五马、樟木头樟洋等垃圾填埋场的防渗系统、渗滤液处理系统、道路系统和填埋气体处理系统，并通过省环保专家的预评估。其中，塘厦石潭埔垃圾填埋场满足《生活垃圾填埋场无害化评价标准》（CJJ/T107—2005）I级标准，是全市首个生活垃圾卫生填埋场。

垃圾分类试点　2011年6月29日，东莞市寮步镇率先启动垃圾分类试点，其余镇街陆续开展。生活垃圾分类志愿服务先锋队成立，深入镇街宣传垃圾分类。东莞市通过举行“垃圾分类　从我做起”演讲比赛、举办专题讲座、制作宣传手册等方式，普及垃圾分类知识。截至2011年，全市试点生活垃圾分类群众知晓率达80%，垃圾分类投放准确率达30%。

【市容环卫管理】　2011年，东莞市加大对“八路一广场”、东江和运河水面的保洁监管力度，提高环卫保洁作业标准，提升市容环卫保洁水平。加强巡查督导和清扫保洁，营造整洁靓丽的市容环境，做好各项创建迎检工作。开展整治环境卫生大检查，巩固整治成果。完善环卫基础设施，在市区公园建设节能环保新型公共厕所。健全环卫长效机制，发布实施《东莞市域环境卫生专项规划（2010—2020）》和《东莞市市容环境卫生管理规定》。加强环卫宣传教育，利用“环卫工人节”、媒体宣传报道等平台，促进市民自觉保护环境卫生。　（陈佩珠）

园林绿化

【概况】　2011年，东莞市人均公园绿地面积16.46平方米，绿化覆盖率44.52%，有公园广场1039个、面积105平方千米。

【园林绿化管理】　2011年，东莞市加强园林绿化精细管养，提高绿化养护单价，完善考核标准及办法，确保直管项目的景观效果。抓好直管项目及市区七大公园安全生产，在节假日组织公园安全生产大检查。完成东莞大道景观升级工程，增加观花植物、改造部分老化植物。加强社区绿化建设，全市新建大朗莲湖公园、万江上甲体育公园等一批乡村公园。石碣、沙田和寮步等镇创建为“广东省园林城镇”，全省6个省级园林城镇有5个落户东莞市。落实绿地系统规划，做好苗木种养、植物修剪、病虫害防治等工作。加强园林企业资质管理，新增一级资质园林企业2家，二级5家，三级32家。

【绿化专项活动】　2011年，东莞市参加第八届中国（重庆）国际园林博览会，打造“莞邑山水园”，得到各级领导和游客的称赞，广东省副省长肖志恒评价东莞园做得好，很有岭南特色，为广东争光。办好2011年东莞迎春花市、“绿化莞邑大地，建设生态东莞”植树活动，落实市区节日摆花和6期渠花岛时花换种。完成“岭南特色园林设计奖”初审推荐工作，“粤晖园旅游景区”等3个项目通过初步评审。　（陈佩珠）

城市供电

【概况】　2011年，东莞市完成供电量579.35亿千瓦时，同比增长4.03%；城市供电可靠率99.98%，农村供电可靠率99.92%；综合电压合格率99.24%。截至2011年，全市有用电户196.89万户，用户装变电总容量3961.16万千伏安，110千伏及以上变电站150座、主变489台、总容量5195.2万千伏安、输电线路

①　黄旗山城市公园
②　2011年，东莞市参加重庆园林博览会展品——莞邑山水园

3835.7千米。

2011年，东莞供电局被授予“全国五一劳动奖状”，被评为“中央和省驻莞机关先进单位”、“2011年度市直管企业和社会组织党建工作先进单位”、“市安全工作先进单位”和“大运会保供电先进集体”。

【大运保供电】2011年，东莞供电局做好深圳第26届世界大学生夏季运动会保供电工作，形成保供电常态化机制。统筹743万元专项资金，建设涉及大运会的5个技改项目、15个修理项目和3个试验检验项目。加强保供电设备运行维护，落实9座变电站、16回输电线路和8回配电线路的运行维护措施，完成设备预试2235项，定检378项，设备检修、反措、维护、状态检测等5378项。完成评估保供电设备状态，对39台110千伏及以上主变压器、148台66千伏及以上断路器进行状态评估。提前完成500千伏鲲宝线工程，打通粤东至珠三角的送电通道，增加粤东750万千瓦电力输送能力，对保障大运会电力供应起重要作用。

【农电改革】2011年，东莞市推进农电体制改革。成立农电体制改革领导小组和农电资产接收、农电人员接收及规范劳动用工管理、维护稳定等3个工作组，明确各项工作的责任部门、配合部门、完成时间及完成标志。拟定《东莞电网直供直管范围农电体制改革实施方案》，召开全市农电体制改革启动大会。组织农电机构清查直供直管范围农电资产，梳理账务，搜集证据，清理各类呆账、坏账。分析农电人员接收的劳动用工法律风险，形成风险分析报告；组织4360名农电人员参加上岗考试；完成农电接收人员劳动合同签订、社会保险补缴等工作。制定《东莞供电局直供直管范围农电体制改革信访维稳方案》，及时妥善处理不稳定因素。截至2011年，接收32家农电机构、4290名农电人员和70.62亿元农电资产，实现全市“一本账”核算。

【供电服务】2011年，东莞市率先建立节约用电服务中心，促成南方电网综合能源公司的第一个合同能源管理项目，完成240家企业、2.45亿千瓦时用电量的节能诊断工作。采用“1+N”方式推广电子账单业务，注册用户21.25万户。举办“微节电大改变”宣传活动和节能技术推广会，增强群众节约用电意识。统一推行以“一站妥”为核心的客户服务体系，完成比例达85.14%。推广自助缴费终端、免填单业务、95598预约上门等惠民服务。首创集团用户、短信营业厅和用户来电短信回复服务，成为全省客用服务产品推广模板及试点。为23项省、市重点项目工程开通办电绿色通道。接收8个统建小区的供电资产，惠及用户5023户。建立“二级复核、集中发行、集中对账”的电费集中核算模式，实现全市用户的电费、业扩实收数据与财务实收数据零差异。查处窃电及违约用电行为213起，追回电量617万千瓦时。开展用户受电工程“三指定”（指定设计单位、指定施工单位、指定设备材料供应单位）专项治理，进一步规范供电市场行为。2011年，东莞供电局第三方客户满意度为73分，在东莞市政府公共服务（39项）公众评价调查中名列第一。

【电力安全生产】2011年，东莞供电局安全生产风险管理体系建设覆盖至各供电分局。通过“两审图、三验收”和现场联调等新举措，12座变电站共158个间隔的稳控工程提前6天投入运营，较大提升供电能力。制定符合东莞实际的配网自动化规划及技术方案，完成城区供电分局17回10千伏线路配网自动化建设。对71座变电站和140回输电线路进行特殊运行维护，实现零事故和零跳闸。及时开展停工整顿和人身安全专项整治行动，强化执行电力生产现场操作标准。实施电网建设作业人员资格认定考核和持证上岗。开展基于风险的安全督查2.07万次。完成国家科技支撑计划南方电网“百MVA级链式静止补偿器STATCOM工程”的安装、调试、验收以及投入运营工作。截至2011年，全局连续安全运行1585天，杜绝人身、电网事故。

【电网建设】2011年，东莞市完成编制松山湖、虎门港、生态园的配电网详细性规划，《东莞电网专项规划》通过初审，初步建立政企规划信息交流机制，加大电网规划建设支持力度。召开全市电网规划协调工作会议，梳理东莞电网建设存在的问题并提出解决措施。完成电网建设投资35.14亿元，投产110千伏及以上输变电工程18项、主变容量161.3万千伏安、输电线路383.8千米。采取基建、生产、营销联动的方式，解决鲲宝线工程沿线征地拆迁面广、协商谈判项目多、施工工期紧迫等问题。做好市政重点项目涉及的电力设施迁改工作。

（欧伟豪）

城市供气

【燃气工程建设】2011年，东莞市推进天然气高压管网二期工程建设，加强工程管理，完善工程监管制度和现场巡查制度，确保工程质量安全。全年铺设天然气高中压管网140公里，新增用户4万户，安全供应天然气3.65亿立方米（不含电厂）、液化石油气33.81万吨。

【燃气安全供给】2011年，东莞市坚持例行检查，开展5次专项检查，规范燃气企业经营行为，保障城镇安全供气。强化应急管理，指导燃气企业编制应急抢险预案，开展应急预案演练。加强燃气安全使用宣传，打击“黑瓶”、“黑气”，取缔无证照经营燃气行为7宗，收缴“黑瓶”230个。截至2011年，全市合法经营燃气企业36家。

【《广东省燃气管理条例》落实】2011年，东莞市制定原有燃气企业资质证换发燃气经营许可证工作方案，指导燃气企业完成燃气经营许可证换发工作。建立燃气经营企业诚信档案和不良行为公示制度，记录企业良好和不良行为并向社会公布。实施建筑施工许可（燃气）核准，完善燃气工程管理。（陈佩珠）

【东莞新奥燃气有限公司】截至2011年，建成总储气能力达138万立方米的储配站4座、城市门站3座、汽车加气站17座，铺设高中压燃气管网1200余公里，管道日供气能力600万立方米；发展天然气民用户超过40万户，工商户1300余户，累计供应天然气20亿立方米，基本满足东莞市用气需求和运营保障。2011年，与中国石油天然气集团公司签署8亿立方米西气东输二线天然气销售合同。获得“广东省文明窗口”、“广东省精神文明建设先进单位”、“广东省模范劳动关系和谐企业”、“东莞市安全生产先进单位”等称号。

工程建设 加大投资力度，推进东莞市“一张网”建设。建设完成全长15.8公里的虎门信义玻璃项目管线和高埗门站至洪梅调压站次高压管线。连通长安储配站至信义玻璃段管线，实现长安镇和虎门镇燃气互通。建设连接谢岗门站与东城门站、长安调压站的高压管道。建成谢岗门站和高埗门站，实现厚街调压站置换通气，开工建设塘厦、长安、洪梅3座调压站，为接收西气东输二线工程气源打下基础。建成厚街、樟木头、黄江拥军二路等5座汽车加气站，完成松山湖工业北路、道滘等10座汽车加气站的储备。开发公交市场和液化天然气汽车加气站，完成万江总站的站址预选和方案设计。截至2011年，东莞市累计投入运营天然气汽车7300辆，日销售气量25万立方米。

业务拓展 完成华润雪花啤酒沼气回收利用项目工程建设以及金威啤酒沼气利用项目立项。在分布式能源项目以及其他新能源利用项目上取得突破，与广东宏达工贸集团签订《共建国家863示范项目“分布式冷热电联供技术与工程”》合作意向书。与东莞新南能源有限公司合作成立广东新奥能源利用有限公司。（许 凯）

公共照明

【照明设施养护】 2011年，东莞市通过完善巡查值班制度、季度考评制度和加强路灯档案管理，提高照明设施修复效率，杜绝漏电安全隐患，保证城市亮灯率在99%以上。全年市直管道路修复更换光源2.44万个、灯具813盏、灯杆299支、电缆1.72万米。翻新路灯及景观灯饰3.84万套次，清洗路灯及景观灯饰15.47万套次。全面推广LED路灯。（陈佩珠）

公共交通

【概况】 2011年，东莞市新增公交运力127辆，更新公交车辆396辆，完成公路客运量8.03亿人次，周转量145.68亿人公里。截至2011年，有公交线路559条，营运车辆1.61万辆。优化调整深莞2线。同意塘厦、松山湖、石龙、道滘、大岭山、清溪、樟木头等投放小型公共汽车。落实非莞籍残疾人乘坐公共交通工具优惠政策。

【重点区域公交配套完善】 2011年，东莞市调整城巴35路线和50路线，新增“市汽车客运北站至市人民医院新院”毗邻镇公共汽车互通线路，完善市人民医院新院、市妇幼保健院新院公交配套。协助松山湖管委会办理经营主体变更手续，进行实地调研，开展松山湖园区公交配套规划。新开通城巴49路线，调整城巴40路线，满足城市学院新校区、市第六中学、体育运动学校等师生公交出行需求。制定广深港高铁虎门站公交配套方案，确定在虎门站始发的公交线路有11条、运力129辆，调整途经256省道厚街至虎门段的23条跨镇公交线路，377辆运力进入高铁虎门站。

【安全营运】 2011年，东莞市检查主要客运企业及汽车客运站，要求存在安全隐患的厚街车站和道滘车站整改。对省交通运输厅通报超速的车辆所属企业，及时组织负责人座谈，明确安全生产主体责任。监督检查1.09万辆次营运客车服务质量，对117辆冲绕红灯车辆作停业整顿5-10天处理，对102名驾驶员进行停岗培训。检查公交班次密度1288辆次。全年发生死亡交通事故32起、死亡38人，同比分别上升33%和46%。

东莞市对未经批准擅自停止经营超过180天的“松山湖至东莞市桥头汽车客运站”、“松山湖至东莞市清溪汽车客运站”、“松山湖至东莞市凤岗汽车客运站”等3条客运班线作收回线路经营权处理。

【公共交通服务】 2011年，面对油价持续上升，东莞市走访客运企业，掌握运营情况及司乘人员动态，查摆矛盾苗头和不稳定因素，形成《关于缓解油价持续上升对道路运输行业影响的情况报告》，提出具体建议。完成2010年度城市公交燃油消耗数据申报，上报城市公交企业51家，公交车6248辆，合计6810.7标台。

节假日旅客运输保障 2011年，东莞市在春运及劳动节、国庆等假期期间，筹备足够常规运力及应急运力，加强监管客运企业和汽车客运站，要求客运企业延长服务时间，方便市民乘坐公交出行。元旦、劳动节、端午、中秋、国庆等法定节假日期间租用应急轮值运力146辆次。（卢宇雄）

【公共交通设施管理】 2011年，东莞市每天巡查公交站亭站牌2-3次，及时掌握运行情况，维护公交站亭站牌整洁完好。针对交通安全及拥堵等问题，对供电公司等3个公交站亭位置进行港湾式停靠站改造。加快市区一期280座公交站亭站牌升级改造，新站亭采用新设计、新材料，有效解决“被盗被损”和“牛皮癣乱涂鸦”等问题。截至2011年，全市共升级改造站亭站牌129座。（陈佩珠）

附：2011年东莞市城市综合管理局领导名录

局　长：钟耀祥
副局长：萧细流　陈旭坚　吴育新
　　　　邓浩森
纪检组长：翟洪辉
总工程师：陈烁钊
副调研员：叶兆成

2011年东莞供电局领导名录

局长、党委副书记：雷烈波（1月到任）
党委书记、副局长：
　祁寿枝（任至12月）
　具小平（12月到任）
副局长：刘毅忠　许国强　李春华
　　　　李　国
纪委书记：张伦恺
工会主席：麦志伟
调研员：卢永昌

2011年东莞新奥燃气有限公司领导名录

董事长：李志荣
总经理：吴晓菁

2011年东莞市公路旅客营运车辆

指标 \ 类别	公共汽车				班车客车		出租客车	包车客车	租赁客车	总计
	城巴	小巴	镇内公汽	跨镇公汽	跨市班车	跨省班车				
车辆数（辆）	850	150	2747	2090	1195	504	7671	605	244	16056
线路（条）	70	16	335	138						559

城市管理

【专项整治】 2011年，东莞市城市管理综合执法局开展城市“六乱”（乱扔吐、乱堆放、乱拉挂、乱张贴、乱搭建、乱摆卖）和在建违法建筑专项整治，出动执法人员16.73万人次、执法车5.39万车次；教育、纠正、立案查处城市“六乱”行为12.3万多宗，其中立案1057宗，处罚金额49万多元；立案处罚违章广告182宗；查处违法建筑1608宗，其中自拆54宗，强拆137宗，罚款1086.8万多元。

【案件查处】 2011年，东莞市城市管理综合执法局教育、纠正、立案查处无证照生产经营食品行为8352宗，其中立案1109宗，罚款37.1万多元。10月，开展无证照生产经营食品专项整治行动，出动执法人员1.32万人次、执法车辆5385车次，检查生产经营食品单位7153家，取缔无证照加工作坊91家、经营单位61家；查处无证医疗机构532宗，其中处罚56宗，罚款9.8万元，取缔400宗；规劝、处理生活噪音7751宗、建筑噪音866宗，其中处罚29宗，罚款2.6万元；教育查处破坏城市绿化、市政设施等

东莞市城市管理综合执法局

① 2011年12月20日，2011年度东莞市城市管理综合执法工作总结表彰会议召开，东莞市副市长梁国英（右三）、市政府副秘书长黎达潮（右二）、市城市管理综合执法局局长卢贯纪（右四）出席

② 2011年6月1日，东莞市副市长梁国英（左二）参加广东省征地拆迁制度规定落实情况专项督查会议

行为1.6万多宗，其中立案176宗，罚款12.9万元。

【拆迁管理】2011年，东莞市城市管理综合执法局开展房屋征收评估机构年度备案工作，对30多家评估机构予以备案公告。审查“三旧”（旧城镇、旧厂房、旧村庄）改造方案191份。截至2011年，莞惠、穗莞深城际轨道交通项目完成房屋拆迁1344宗，拆迁面积9.64万平方米，补偿金额2.22亿元。

【专题调研】违法建筑整治调研 2011年，东莞市城市管理综合执法局会同市委政研室到广州、中山、惠州市调研城市“六乱”和在建违法建筑整治的成功经验，形成《关于赴穗惠中三市学习违法建筑整治工作的考察报告》，供市领导班子、市直副处以上单位和各镇街参阅。

流动商贩管理调研 2011年，东莞市城市管理综合执法局联合东莞理工学院城市学院东莞社情研究中心形成《东莞市流动商贩问题治理对策调研报告》，客观分析流动商贩基本情况、主要存在问题，并提出“五统一分”（由政府统一规划分类摆卖场地、统一实行登记申报准入制度、统一实行市场化管理、统一制定分类收费标准、统一规范违规管理，分由属地政府组织实施）的治理对策。（陈柳金）

附：2011年东莞市城市管理综合执法局领导名录

局　长：卢贯纪
副局长：刘永潮　林树辉　莫志强
　　　　郭显领　袁子健（11月到任）
调研员：赖源顺
副调研员：赖淦平　刘锦波

① 2011年4月7日，东莞市城市管理综合执法局举行拆迁工作新闻发布会
② 2011年10月12日，东莞市城市管理综合执法局组织市局中层以上干部和各分局负责人到四川大学集中培训
③ 2011年4月14日，举办执法宣传进学校活动
④ 2011年1月19日，举办执法知识宣传活动
⑤ 2011年9月23日，执法人员耐心教育劝导乱摆卖摊贩

环境保护

【概况】 2011年，东莞市顺利完成2010年度污染减排考核、城市环境综合整治定量考核、广东省环境保护责任考核和珠江综合整治考核，分别获得全省第五、第三、第四名和优秀级别。5月23日，东莞市达到国家环境保护模范城市考核指标要求，被环境保护部授予“国家环境保护模范城市”称号。

2011年，东莞市环境保护局被评为“2011年度市直机关先进单位”、“东莞市重点项目建设先进单位”、“东莞市行政执法工作先进单位”。东莞市环境保护局环境监察分局被评为“全国环保系统先进集体”，东莞市环境保护监测站成功申报省博士后创新实践基地，监测科研团队获评市科技创新团队。

【环境质量】 2011年，东莞市区环境空气质量达到国家二级标准（居住区标准）。城市集中式饮用水源以及东莞市近岸海域水质达标率为100%；东江东莞段水质状况为优，符合国家地表水Ⅱ类水质标准；东莞运河达到国家地表水Ⅴ类水质标准，全面消除黑臭现象，水质逐渐改善。市区声环境质量保持良好。

【污染减排】 2011年，东莞市完成2010年度及“十一五”（2006—2010年）总量减排考核，2010年污染源普查动态更新、环境统计和排污申报工作。完成省的各项年度减排指标，全省排名第四。推进排污证换证、发证，核发排污证2598份。与省环保厅签订减排责任书，明确“十二五”（2011—2015年）减排目标，要求2015年二氧化硫、氮氧化物、化学需氧量、氨氮排放总量分别比2010年减少30.6%、29.2%、20.9%、

东莞市环境保护局

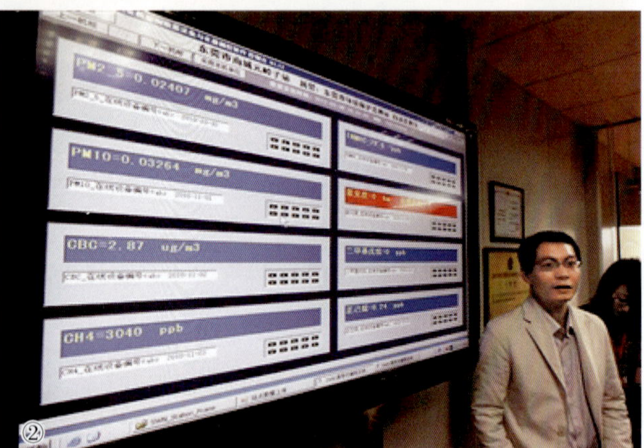

① 2011年6月3日，东莞市在东莞植物园举行“绿城、绿道、绿生活——幸福东莞、环保启航活动”，正式启动2011年东莞市“6·5”世界环境日暨“环保宣传月”系列宣传活动

② 从2011年7月1日起，全市7个大气监测子站开展包括PM2.5、臭氧等AQI空气质量监测研究

③ 2011年12月17日，“改善莞邑大气环境质量”环保开放日活动举行。20余名环保志愿者和《南方都市报》读者共同走进市体育馆大气自动监测站和汽车尾气遥感检测车，了解东莞大气监测情况

④ 2011年，东莞市建成重污染企业环保在线监测（监控）系统，对344家企业实行全天候联网远程监测（监控），并实行第三方进行维护运营，规模居全省首位。图为东莞市环境监控指挥中心

22%。制定“十二五”时期主要污染物减排任务、目标和项目，并分解落实到各镇街（园区）及相关企业。召开2次全市减排工作会议，开展2次专题业务培训，试行减排企业行政辅导工作，推动减排企业规范化运营管理，污染减排措施进一步落实。

【环境监察】 环保专项行动 2011年，东莞市组织开展“整治违法排污企业保障群众健康”环保专项行动，第六届环境安全月，餐具消毒企业、铅蓄电池、重金属排放企业、陆源溢油、危险（严控）废物、食品安全、东江水源保护等专项检查，累计出动执法人员6.81万人次，检查企业2.72万家次。

企业环境监管 2011年，东莞市开征排污单位1490户，入库金额9123万元。基本完成清理“三同时”（建设项目中的安全设施设备必须与主体工程同时设计、同时施工、同时投入使用）历史遗留问题，验收项目4817项。对278家危险废物产生单位进行规范化管理。重新修订企业环保信用管理办法，建立信用预警和修复机制，对578家企业进行信用评价管理。完成东莞市在线监控中心改造，对344家企业实行在线监控，并实行第三方托管运营维护。

【环保管理】 完善环保规划 2011年，东莞市编制实施《东莞市环境保护和生态建设“十二五”规划》，开展《东莞市环境监测规划纲要》（2011—2015）、《东莞市“十二五”主要污染物总量控制规划》、《东莞市环保产业“十二五”发展规划及环保产业发展规划》（2010—2025年）编制工作。10月9日，《关于进一步加强环境保护推进宜居生态城市建设的实施意见》印发实施，作为2011—2015年全市环保工作的纲领性文件，明确具体措施，推进宜居生态城市建设。

环保决策统筹 2011年4月22日，东莞市下发《关于建立东莞市环境保护工作联席会议的通知》，成立由市环境保护局、监察局、发展和改革局等25个单位组成的环境保护工作联席会议制度，加强统筹协调，研究解决全市环保重大事项和全局性环保问题。

行政许可 2011年，东莞市环境保护局制定重点项目服务制度，开辟“绿色通道”，实行专人跟踪，推动65项重点工程加快建设，469家“三来一补”企业转为“三资”企业。全市审批项目10551宗，其中环境影响评价报告书203项、报告表3759项、登记表5065项、变更等项目1524项。严格控制新增落后产能和污染项目，提高环保准入门槛，从源头上推动产业升级，累计拒批项目392项。

行政处罚 2011年，东莞市制定环保行政处罚自由裁量标准，处罚环境违法行为822宗，处罚金额2864万元；责令改正违法行为883宗。后督察违法案件1003宗，申请强制执行案件909宗，完成611宗。挂牌督办10家污染企业。

清洁生产评估 2011年，东莞市制定《2011年东莞市重点企业清洁生产审核评估、验收工作方案》，对145家完成清洁生产审核的重点企业进行专家评估、验收，其中139家通过验收。

环保市场监管 2011年，东莞市完善环保公司备案管理制度，实施污染治理设施运营单位、环评机构年度考核，开展本地环保公司专项清理行动，取消128

① 空气质量稳步提升。图为东莞市植物园

② 稳步推进宜居生态城市建设。图为旗峰公园正门

③ 近年来，东莞市饮用水源水质达标率始终保持100%。图为东江万江段

家环保公司备案资格。

【清洁空气行动】 降氮脱硝整治 2011年，东莞市制定《东莞市“十二五”降氮脱硝工程建设工作实施方案》，有序推进工程建设，沙角A、B、C电厂全面启动SCR（选择性催化还原系统）工程建设。

脱硫工程整改 2011年，东莞市出台《关于加快燃煤脱硫设施整改工作的通知》，要求整改脱硫效率低于70%的脱硫设施，完成19家企业脱硫设施DCS（分布式控制系统）建设。

高污染锅炉淘汰 2011年，东莞市制定《东莞市小功率燃煤锅炉淘汰或改造项目财政补助实施方案》，对全市具有环保审批手续的4蒸吨/小时以下（含4蒸吨/小时）和使用8年以上10蒸吨/小时以下燃煤锅炉淘汰进行财政补助。加强分片督导和召开现场会，累计完成427台燃煤锅炉淘汰改造。

机动车污染防治 2011年，东莞市分别在石碣、虎门、常平镇设立3个机动车排气污染监督站，实行分区防治管理。核发环保标志96.6万张。开展机动车环保检测机构专项整治，强化环保标志管理，全面实行派驻现场监督员监管。11月15日，开展第二阶段环保限行管理工作，限行范围扩大到市中心区。加强路检和停车场检测，对全市货客运车进行检测治理，抽检车辆1.37万辆，达标率78.36%。

挥发性有机物整治 2011年，东莞市将360家挥发性有机物排放企业纳入重点监管名录，实行定期监察。建立5个挥发性有机化合物排放企业治理示范项目。督促家具、印刷、制鞋等行业按照新标准进行达标整治。开展玻璃、陶瓷行业达标治理。

【环保产业】 环保工程建设 2011年，东莞市黄江污泥处理中心投入运行，累计处理污泥2.05万吨。《东莞市污泥集中处置管理暂行规定》实施，规范污泥收集、运输和处置管理。同沙水库垃圾渗滤液处置工程动工。3个零散工业废水处理中心、市医疗废物处理中心正常运转，分别签约服务企业1299家和1872家。

洁净能源发展 2011年，东莞市推广水煤浆、生物质燃料等低污染燃料。水煤浆产能提高，新建30多家生物质燃料生产（经销）企业，代煤洁净能源产业初具规模。

集中供热改造 2011年，东莞市开展电厂余热利用研究，推动依托电厂对周边区域进行集中供热。中堂、洪梅、谢岗等镇完成编制区域集中供热改造方案。麻涌、沙田环保专业基地启动集中供热方案比选研究。

【环境安全保障】 环境应急管理 2011年，东莞市制定实施突发环境事件现场应急处置事项等规范性文件，建立应急物资拟购网络库，督促167家重点环境隐患企业编制应急预案，应急管理体系进一步完善。

风险隐患防范 2011年，东莞市核查环境风险企业404家，以此为基础建立风险源数据库，完善企业环境风险防范机制。妥善处置高埗裕元鞋厂重油泄漏和南城白马社区溴素泄漏等事故，维护环境安全。

核辐射监管 2011年，东莞市启动环境辐射本底调查，完成辐射源在线监控系统一期项目建设。全年审批核技术应用项目37项、验收57项，颁发《辐射安全许可证》60份。全年无辐射事故发生，废旧放射源100%安全收集贮存，受到广东省环境保护厅表彰。

环境信访化解 2011年，东莞市实行环境信访领导定期接访、重点案件领导包案和挂牌督办制度，对34宗重点信访案件进行后督察。全年立案受理信访投诉13840宗，办结率99.8%；受理有奖举报案件85件，查实处理65件。妥善处理市体育学校周边环境污染、餐具消毒企业污染等群众反映强烈的环境问题。

【大运会环境质量保障】 2011年，东莞市成立大运会环境质量保障领导小组，制定实施《东莞市保障2011年第26届世界大学生夏季运动会空气质量措施方案》和《东莞市保障第26届深圳世界大学生夏季运动会东江供水水源水质安全工作方案》，多次召开工作会议，落实保障措施，顺利完成大运会期间环境质量保障任务。

【环保区域合作】 2011年5月23日，东莞市举办深莞惠三市环保合作第二次会议，签署《深圳市东莞市惠州市环境保护与生态建设合作协议》、《深圳市东莞市惠州市机动车排气污染联防联治工作协议》，提升区域环保合作和联防联治水平。12月16日，召开深莞惠三市机动车排气污染联防联治工作会议，推进落实相关协议措施。

【环境宣传】 环保活动 2011年，东莞市环境保护局举行“6·5世界环境日”、重点工作媒体宣传、环保科普巡回宣讲、清洁生产科普宣传、环保进万家、环保摄影展等系列活动，发布新闻通稿60余篇，报刊刊登新闻300余篇。

环保教育 2011年，东莞市环境保护局对800多家重点污染企业负责人进行环保专题培训。成立由15名环境教育专家、老师组成的环保宣讲专家团，深入学校、社区普及环保知识。开展污染减排进镇街宣传行动，受教育市民达5万人。

绿色创建 2011年，东莞市创建市绿色学校20所、绿色社区29个，省绿色学校28所、绿色社区3个。21家企业创建为市级“环境友好企业”，累计达124家。建立“市级生态村（社区）”评价体系，76个村（社区）创建为“市级生态村（社区）”。

【环保能力建设】 简政强镇 2011年，东莞市环境保护局向11个镇和3个市属园区分别下放环保管理权限21项和24项。开展简政强镇专项督查，提升基层分局履职水平。

环境监测 2011年，东莞市建成大气环境松山湖自动监测站和虎门近岸水质监测子站，完成粤港空气联网点南城元岭子站升级改造，开发完成实验室信息管理系统。开展PM2.5（可吸入肺颗粒物）监测研究。成为全国26个国家空气质量监测试点城市之一。有机化合物和重金属检测实验室升级为市重点实验室。

数字环保建设 2011年，东莞市开展环境综合管理信息系统二期建设，建成集污染源在线监控、机动车排气监管、环境应急指挥为一体的环境监控指挥中心，建成3个黑烟囱视频监控点。全面启动环保分局数字档案试点工作。

环境科研 2011年，东莞市开展应对突发性有机污染的东莞市饮用水安全预警与保障措施研究、东莞市土壤污染调查、东莞市土壤污染状况探查及其信息系统应用、东莞市大气复合污染自动监测网络开发应用等科研项目，其中后两个项目分别获得2011年省科技进步三等奖和2011年度国家环保科技三等奖。

（袁彩华）

附：2011年东莞市环境保护局领导名录

局　长：袁绍东

副局长：刘国军　赖以坚　莫练初　张溥栋　香杰新

纪检组长：吴永恒

总工程师：戴松林

东莞市机动车排气污染监督管理所

办公大楼外景

东莞市机动车排气污染监督管理所成立于2008年6月，是直属东莞市环保局领导和管理的正科级事业单位。成立以来，以在用机动车排气污染防治为核心，加大路检和环检机构的监督力度，逐步深化各项工作：2009年，实施环保标志发放工作、全市开展“冒黑烟”车义务举报活动、全面推行简易工况法机动车定期检测工作、建成机动车排气污染监管网络系统；2010年，完成网络系统二期工程建设、引进激光遥感检测车、实施第一阶段在用汽车环保标志限行管理制度、成立镇街监督站，排气污染监督执法工作扩展到全市范围；2011年，圆满完成市府十件实事的工作目标和实施第二阶段在用汽车环保标志限行管理制度。机动车排气污染防治工作取得阶段性的成果。

与交警联合执法

激光遥感车开展道路检测工作

发放环保标志

所长翁润权介绍机动车防治经验

交通·邮电

TRANSPORTATION · POSTS AND TELECOMMUNICATIONS

常虎高速

- 交通设施建设
- 轨道交通工程建设
- 软件业规模增长

编辑：卢　敏　李缙文

公路运输业

路桥建设

【概况】 2011年是东莞市公路桥梁开发建设总公司路桥建设史上经受最严峻考验的一年，面临着工程建设任务再攀新高，建设资金存在巨大缺口，政府还贷公路次票收费站停止收费后数百人分流安置、遏止收费大幅下滑等各种压力。全公司在困难中寻求突破，实现路桥事业和谐稳定发展，总公司党委获“市直机关党建工作量化考评先进单位”，党建品牌“开路先锋”获“市机关党建百佳”称号，总公司获“市重点项目建设管理先进单位”、“市交通行业安全生产工作”、“市‘小金库’专项治理工作先进单位”以及督查、档案、财务报表、工会、妇女、人口和计划生育等工作的先进单位等荣誉称号。

【路桥建设】 2011年，东莞市公路桥梁开发建设总公司承担9个在建项目，总投资约180亿元，完成投资37.68亿元，中麻公路大修、白鹭大桥拆除重建、常虎高速大岭山服务区等工程建成投入使用，虎门港支线一期实现双向通车，S120石排至桥头段大修进入扫尾阶段，石大公路大修、东江梨川大桥等工程动工建设，从莞高速东莞段（含清溪支线）、东莞大道延长线等项目稳步推进；扎实做好东部快速路企石至桥头段升级改造等8个筹建项目的前期工作。按照省交通运输厅部署，在从莞高速等在建项目推行“双标”管理（标准化管理、标杆管理），把“双标”管理要求纳入合同条款，强化“双标”管理教育培训，实行首件验收制等措施，强化质量安全监督检查，提高工程质量，从莞高速项目在全省高速公路项目综合评比中，取得第一次第8名（共24个项目），第二次第7名（共27个项目）的较好成绩。同时，市审计局开展从莞项目预算审计，审计报告肯定从莞项目预算执行取得的成效。从莞高速公路东莞段（含清溪支线）工程获“市先进重点建设项目”称号。

中麻公路大修工程完工通车 东莞市中堂至麻涌公路（简称“中麻公路”）是省道S120线的一部分，起于中堂镇中心区与国道G107线相接处，向西经新田、东莞糖厂、螺村、麻涌镇中心区，止于麻涌镇与广州市黄埔开发区相接的东江大桥南桥头。经过10多年来的通车运营，道路破损日益严重，急需大修改造。本次大修工程，起点位于中堂镇，通过新兴路接国道G107线，基本沿现有省道S120线走向，终于麻涌镇，接广州经济开发区出港公路的东江大桥南引道，路线全长15.37公里，全线按既有公路技术标准进行大修，拆除重建槎滘大桥1座、中桥1座，加固利用旧有大桥3座、中桥2座，新建大桥2座、中桥1座；设槎滘大桥桥头立交、广深高速麻涌立交等互通立交2处，设人行天桥4座。设计速度80公里/小时（镇区路段60公里/小时）。汽车荷载等级：公路-Ⅰ级。路基宽度21.5—44.0米不等。工程设计概算74885.65万元。槎滘大桥改建及引道工程于2007年8月先行动工建设，全线大修工程于2009年4月正式动工，2011年5月底全线完工通车。

白鹭大桥拆除重建工程完工通车 白鹭大桥是X236万（江）—道（滘）—厚（街）公路上的桥梁，位于道滘镇与厚街镇交界处，跨东江厚街水道、东引运河，桥梁总长414米（其中引道150米，主桥长264米），桥梁宽9米，双向两车道。经过10多年运营，白鹭大桥为五类桥（危桥），急需拆除重建，由市

东莞市公路桥梁开发建设总公司

① 2011年3月30日，市委书记、市人大常委会主任刘志庚（左二），副市长邓志广（右二）出席东莞市市属政府还贷公路收费站停止收费仪式

② 2011年11月8日，市委副书记、代市长袁宝成（前左一），副市长梁国英（后左一）检查东莞大道延长线工程

③ 2011年4月26日，市委第一督导组组长、市政协主席刘树基（左二）现场督导虎岗高速公路虎门港支线一期工程

④ 2011年4月29日，虎岗高速公路虎门港支线一期实现双向通车，图为途径大岭山林场的石洞2号隧道和怀德特大桥路段

路桥总公司负责组织实施，工程概算造价3773.81万元。新建白鹭大桥里程桩号为K4+280—K4+670，全长390米，其中桥梁设计长度272.4米，道路等级为二级公路兼城市-Ⅱ级主干道，设计速度40公里/小时，双向六车道，道路路基宽30.5米，桥梁宽29米；桥梁跨径布置为4×16米+2×25米+7×16米+25米+16米；上部16米跨非通航孔采用先张法预应力砼空心板，25米跨通航孔采用后张法预应力砼小箱梁；下部结构为桩柱式桥墩，钻孔桩基础，肋板式桥台和柱式台。新桥于2010年5月开工，2011年11月29日完成全部主体工程（包括道路、桥梁、交通、照明、排水、管线等工程），通过交工验收，并开放通车。白鹭大桥拆除重建工程完工通车，消除道路交通安全隐患，改善沿线镇村群众出行的交通环境。

常虎高速公路大岭山服务区加油站建成投入使用 常虎高速公路大岭山服务区加油站，为《广东省高速公路服务区加油站发展规划（2006—2010年）》规划的服务区加油站，并报经省经济和信息化委员会审核确认，位于常虎高速公路大岭山路段（即常虎高速公路管理中心附近，东行K13+590，西行K13+600处），由东行服务区和西行服务区两部分组成，东行服务区占地约3.95万平方米（含匝道），西行服务区占地约2.98万平方米（含匝道），功能设置包括加油站、商业营运区域、公共服务和管理区域。经公开招投标，由中国石油天然气股份有限公司广东销售分公司、东莞市鼎益置业有限公司组成的联合体中标，获得投资建设经营权。常虎高速公路大岭山服务区（含加油站）工程总投资约6062万元，2011年4月动工，2011年12月28日建成并投入试运营。

莞深高速公路东莞龙林支线工程通过竣工验收 莞深高速公路东莞龙林支线工程起于东莞市塘厦镇龙背岭，接莞深高速公路塘厦互通立交，经牛眠埔、田心，终于林村，接东深公路，路线长9.1千米，采用高速公路技术标准，设计速度100公里/小时，设计荷载汽车—超20级、挂车—120，路基宽度26米，桥涵与路基同宽。工程于2002年10月28日动工，2004年7月23日通过交工验收并试通车。工程建成通车后，各参建单位注重工程运营过程中出现的质量缺陷问题处理，并完成竣工决算审查。2011年12月19—20日，省交通运输厅主持召开工程竣工验收会议，竣工验收委员会对工程实体质量和建设情况进行检查和审议，印发了工程竣工验收鉴定书，竣工验收委员会认为工程具备竣工验收条件，同意通过竣工验收，建设项目综合评分88.6分，综合评价等级为优良。莞深高速公路东莞龙林支线工程完成全部基本建设程序，通过竣工验收。

公路科研及其成果运用转化 2011年，市路桥总公司结合路桥建设实际，有针对性地开展公路工程科研课题研究和技术研讨，积极应用转化技术成果，指导工程建设。先后组织2次研讨会，研

2011年4月29日，虎岗高速公路虎门港支线一期实现双向通车，图为虎岗高速公路主线与虎门港支线一期连接处——花灯盏水库路段

讨总结肯定西部干道的预制梁板施工管理经验，并推广应用；以中麻公路大修为突破口，从路基、垫层、选材等方面提要求、下功夫，使工程的线型、平整度、材质及外观形象有明显改观。开展“提高东莞市‘白加黑’路面结构的耐用性”科研课题研究，并通过省交通厅科研立项，该项目将围绕“防止或延缓反射裂缝、抵抗车辙以及承受重载的一种新型的沥青混合料基层”进行研究，提出几种耐久性强的水泥混凝土路面加铺沥青面层的典型结构形式。“基于橡塑改性沥青混合料的新材料研制与应用研究”、“桩网复合地基加固机理及设计计算方法的研究”分别获得市科技进步一、二等奖，其中，桩网复合地基加固工法比常用的搅拌桩复合地基、旋喷桩复合地基每平方米节省造价约30%，该工法的预应力管桩采用静力压桩进行打桩施工，具有无振动、无噪声等特点，是一种环保的施工方法。从莞高速公路东莞段结合项目穿越镇街多、桥梁多，桥隧长度占路线总长的65.9%的特点，开展桥梁景观建设技术研究，该项研究获得2011年度中国公路学会科学技术奖三等奖，研究成果将有效指导从莞项目桥梁的景观设计与施工，使桥梁设计与沿线镇街景观相协调，对提升从莞项目的桥梁景观品位具有重要作用。

【收费运营】 2011年，东莞市公路桥梁开发建设总公司收费运营工作以“抓服务，树品牌，展形象”为目标，不断深化文明创建工作，认真开展收费公路清理，加大政府还贷公路年票费追缴力度，顺利完成政府还贷公路次票收费站停止收费及其后续物资处理、人员分流安置等工作，狠抓高速公路道路养护和节假日保畅通工作，通过全国干线公路养护管理检查，收费运营服务水平进一步提高。收费所所部年票点获“省巾帼文明岗”、“市建功立业文明岗”，雁田站获市“青年文明号”；东莞控股上屯站获“市文明单位”、石碣站获市“青年文明号”；常虎分公司获“市文明标兵单位”、团总支获市“先进基层团组织”、谢岗站获“市巾帼文明岗”、松山湖站和谢岗站获市“青年文明号”等荣誉称号。

市路桥总公司所辖干线公路养护管理顺利通过“国检” 交通运输部开展全国干线公路养护管理检查（简称“国检”），“国检”内容包括路况检查和管理规范化检查两部分。各运营管理单位对所辖路段，加大投入，整治路面病害，完善沿线设施，加强绿化管理，全面提高路况质量；同时加强规范管理，对应迎“国检”标准，查漏补缺，补充和完善管理制度，建立健全内业档案资料。2011年4月7日、8日，部检查组采用多功能路况快速检测系统抽检所辖虎岗高速虎门至东深路路段、莞深高速莞龙路立交至深圳交界路段路况，各项指标均符合要求，顺利通过“国检”验收，路容路貌水平进一步提升。东莞发展控股股份有限公司获省“十一五”期养护

① 2011年5月27日，市路桥总公司组织干部职工参观“全国检察机关惩治和预防渎职侵权犯罪展览”

② 2011年4月19日，市路桥总公司第二届职工运动会开幕，图为总公司领导班子成员与部分运动员合影留念

管理先进单位、市经纬公路工程有限公司莞深高速公路养护处获养护管理模范道班等荣誉称号。

政府还贷公路次票收费站全部停止收费 东莞市于2011年3月30日停止辖区内所有17个市属政府还贷收费站（不含高速公路收费站）收费，并于该日上午10点在S255桥头收费站举行停止收费仪式。17个市属政府还贷收费站包括与深圳交界的碧厦（长安振安一路）、松安（G107）、塘厦（县道X250）、雁田（省道S255）、黎光（县道X243）、黄江（县道X232）等6个收费站；与惠州交界的石龙南桥（石龙南岸大桥和华南大桥）、石龙南二桥（石龙南岸二桥）、桥东大桥（省道S120桥东大桥）、田寮（县道X194）、燕窝（县道X195）、桥头（省道S255）、谢岗（省道S357）等7个收费站；与广州交界的麻涌（省道S120）、沙田（番禺南沙虎门渡轮公司）、广园（广园快速）、石碣（石碣大桥）等4个收费站。省属江南收费站，经深莞惠三市交通部门与省公路局协调，从4月9日零时起停止收费。市路桥总公司所辖12个政府还贷公路次票收费站停止收费后，做好人员分流安置和物资处置等工作，413名分流人员全部签订解除劳动合同协议，300多名员工安置新岗位实现再就业。

开展收费公路专项清理 市路桥总公司开展收费公路清理工作，整理汇总公路工程项目、路桥收费站的有关审批文件，上报省交通主管部门核查。市路桥总公司负责的政府收费还贷公路项目、经营性高速公路项目的收费立项、工程立项、收费站设置、收费标准等均经各有关主管部门按程序审批，符合有关法律和政策规定。

推进东莞控股经营 2011年，东莞发展控股股份有限公司（简称“东莞控股”）继续以上市公司为平台，推进有限多元化发展战略，除主业莞深高速公路一、二期、三期东城段和龙林高速公路收费运营外，完成了多项股权投资，现持有虎门大桥11.11%股权、东莞证券20%股权、东莞信托6%股权、东莞长安村镇银行5%股权，东莞市松山湖小额贷款公司20%股权。2011年，东莞控股营业收入7.19亿元，同比增长13.31%；实现税前利润4.39亿元，同比增长4.97%，贡献税收1.2亿元；获得广东省上市公司诚信经营十强、最具竞争力十强和现代服务业十强企业等荣誉称号。（姚庆保）

附：2011年东莞市公路桥梁开发建设总公司领导名录

总经理：尹锦容
副总经理：黄锡培　王启波　郭旭东　梁翼区
纪委书记：邓旭文
总工程师：黄健超
党委委员：叶卓棋（任至10月）

公路养护管理

【概况】2011年，东莞市公路管理局被省交通运输厅、省公路管理局评为“‘十一五’期全省公路养护管理先进单位”、“勤政廉政先进单位”，被市评为“重点项目建设管理先进单位”、“内部审计工作先进单位”、“春运工作先进单位”、“工会工作先进单位”和“第五个五年法制宣传教育先进单位”；局团委春运公路收费站保畅通志愿服务项目被共青团广东省委等七部门评为首届珠江公益节“千个公益项目”；林村养护所被省交通运输厅、省公路管理局评为“广东省‘十一五’期公路养护管理模范道班”、江南收费站被省公路管理局评为“广东省‘十一五’期公路收费管理工作先进集体”。局党组书记、局长方茂明被市评为“预防职务犯罪工作先进个人”；副总工程师何志导、养护管理科副科长莫磅兄被省交通运输厅评为“公路养护管理工作先进个人”，樟木头养护所所长谢定平、沙头养护所所长潘歧森被省交通运输厅评为“模范养护工”；副调研员林家瑜、江南收费站副站长陶良坚、万江养护所所长谢伟东、林村养护所副

不断提高公路科学化建设管理水平　努力为东莞经济社会转型发展服务

① 2011年8月19日，副市长邓志广（前排中）在市公路管理局局长方茂明（前排右）等陪同下，现场督导省道256、358大修工程建设

② 2011年3月29日，市公路管理局援建企石镇南坑村通村公路开工建设

① 2011年4月6—14日，国家交通运输部检查组对广东省进行2010年全国干线公路养护管理检查，图为107国道东莞段接受路况检测情况
② 省道256大修工程已完工并投入使用的厚街镇寮厦路段人行天桥
③ 省道256大修工程已完工通车的厚街镇厚沙路口跨线桥

所长谢伊锋被省公路管理局评为“广东公路百佳人物”；林村养护所所长季运建、厚街养护所所长张道蓬、凤岗养护所所长赖留富、麻涌养护所副所长冯荣誉被市政府评为“环卫（绿化）先进个人”；安全保卫科科长卢广基被评为“市内扶贫开发工作先进个人”。

【路桥大修、改造】 截至2011年，由东莞市公路管理局负责组织实施的市重点工程之一的省道256、358大修工程已基本完成7个路基路面标及人行天桥第一标的施工任务，累计完成建设投资8亿多元，其中，2011年完成4亿元，超过年度计划的33%，实现通车里程25公里，该项目2011年被市评为先进重点建设项目。另一项市重点工程——市主干公路交通堵塞点改造工程，于2011年3月起相继动工建设，其中第四标段寮步金富路口跨线桥、第六标段寮步京都路口跨线桥和第七标段樟木头石新路口跨线桥已完成桥面合龙，2011年，该项工程共完成投资2.09亿元，超过年度计划的5%。

除上述两项市属重点工程之外，市公路管理局还负责中堂大桥（旧桥）上部结构加固工程、省道359凤岗龙平西路增设排水管工程等6项路桥工程。至2011年底，有5项工程已完工，省道358塘厦段大修工程按计划有序推进，计划于2012年上半年完工。

【公路养护】 2011年上半年，东莞市公路管理局以迎接全国干线公路养护与管理大检查（“国检”）为契机，组织对国省道的路况质量和内业管理资料进行全面自检和补充完善，使优良路率达到97.9%，内业资料达到规范化要求。4月中旬，交通运输部“国检”路况检测组对107国道东莞段全线路况进行技术检测。检测组对东莞市的迎检工作和受检路段的路容路貌、技术状况给予肯定。

【路政管理】 2011年，市公路管理局加强路政队伍建设，分期举办路政人员及养护所路政协管员的业务培训班，不断提高路政队伍素质和依法治路工作水平；路政科、所联合公路工程技术部门，严格依法依规开展路政许可审批工作，优化审批程序、缩短办理时间，使路政服务窗口的办事效率得到进一步提高，在全市政务信息公开电子监察绩效测评中保持优秀等级；路政人员坚持分组开展国省道公路的路政巡查工作，并加强与市、镇有关部门的沟通协调，及时发现和制止涉路违法违章行为。对于违法情节较为严重的项目，以书面形式通报市交通综合行政执法局强制执行，有效地净化公路交通环境；结合迎“国检”工作，在开展公路标志标线专项整治的基础上，会同交通执法和城管执法等部门，对107国道等干线公路的各类非公路标志牌、未经许可涉路工程以及乱堆乱放现象进行集中清理整治，并对许可项目从申请到实施进行全过程的跟踪监督指导，收到明显效果。

【规费征收】107国道江南路桥收费站于2011年4月9日停止收费，收费人员按市政府批复意见开展分流安置工作。

（万金旺）

附：2011年东莞市公路管理局领导名录

党组书记、局长：方茂明

党组成员、副局长：吴润敏　王玉坤　罗伟强

党组成员、纪检组长：叶继胜

党组成员、总工程师：梁建成

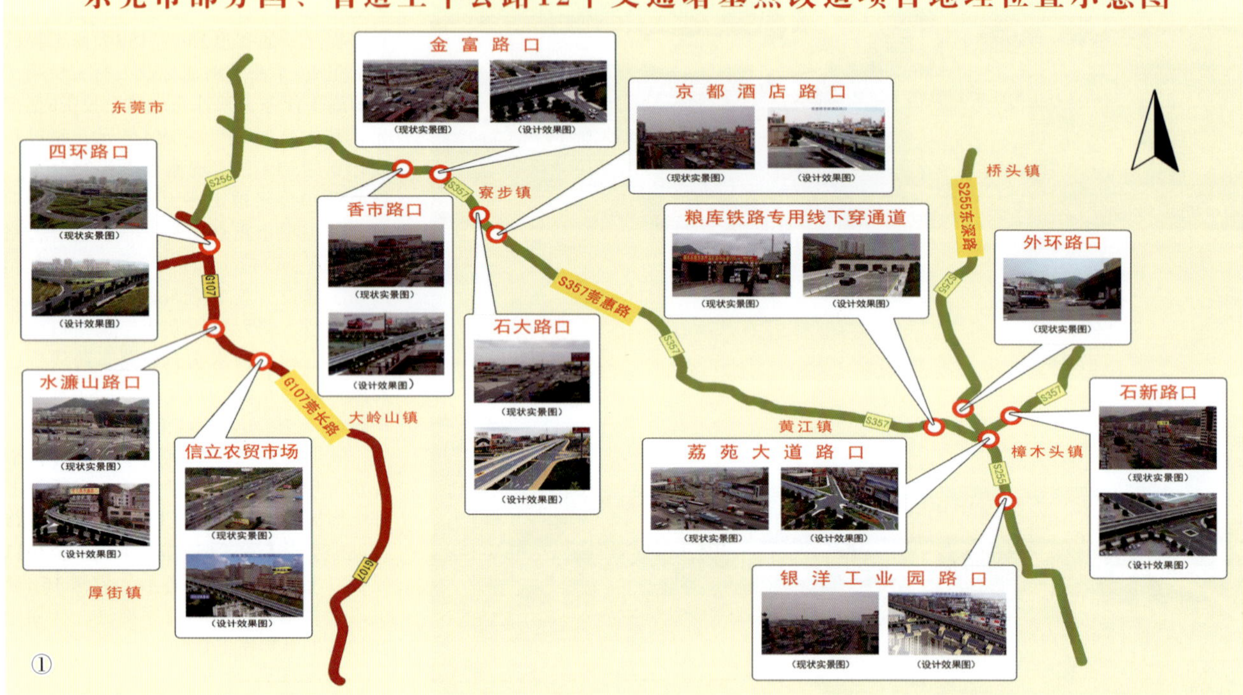

东莞市主干公路交通堵塞点改造工程涉及国道107、省道357、255线3条主干公路，共12个交通堵塞点（其中寮步石大路口跨线桥暂缓实施），分布在东城、寮步、大岭山和樟木头4个镇街。项目实际投资概算约为6.6亿元。建设跨线桥8座、下穿隧道1座、拓宽铁路通道1座、加宽辅道1条。工程完工后，3条主干公路的交通通行能力将有较大幅度的提升，同时，对沿线镇街的投资环境和经济社会发展具有积极意义。

① 东莞市部分国、省道主干公路12个交通堵塞点改造项目地理位置示意图

② 省道358大修工程已建成通车的长安镇荣文路口下穿隧道

③ 市主干公路交通堵塞点改造工程——省道357线樟木头镇石新路口跨线桥施工现场

公路运输管理

【概况】2011年，东莞市交通运输局累计完成交通建设投资约92.39亿元，比原定计划增长16.7%。全市公路通车里程达4806.411公里，公路密度达195.38公里/百平方公里。先后获得交通运输部颁发的亚运交通运输保障先进集体、深圳大运会交通运输安全保障先进集体、全省交通运输系统五五普法先进集体、广东省2011年春运工作先进单位、“十一五”广东省公路养护先进单位等荣誉称号，并涌现出一批获得国家、省、市表彰的先进个人。

【规划编制】一是编制中长远规划，加强工作指导性。2011年，《东莞市国家公路运输枢纽规划》、《东莞市综合交通运输体系发展“十二五”规划》已编制完成，《东莞市综合交通运输体系规划》已完成初稿编制工作。二是以贯彻落实《珠江三角洲地区改革发展规划纲要（2008—2020）》和《推进珠江口东岸地区紧密合作框架协议》为契机，以路网规划为重点，编制《深莞惠交通运输一体化规划》，已经完成路网、综合客运枢纽、跨市公交、航空一体化、港航一体化和区域物流园区等6个专题的初稿编制工作。三是全面开展东莞市交通衔接、港口发展等规划，编制《东莞市轨道交通与常规公交衔接规划》、《东莞虎门港总体规划》、《东莞市内河航道调整技术等级论证报告》。四是规划工作逐步向镇街下移延伸，指导镇街完善交通规划，与省市交通规划建设相互对接。

【交通设施建设】重点完善路网结构打造“一环六纵六横三连”路网骨架。2011年，虎岗高速虎门港支线一期工程连接广深高速段已完工通车，广深沿江高速广州至虎门威远段1月18日通车。推进常虎高速延长线、深外环高速东莞段、莞番高速、虎门二桥、莲花山过江通道建设。从莞高速东莞段（含清溪支线）、虎岗高速虎门港支线一期、及博深高速东莞段共完成投资额约27.66亿元。强化国省道干线公路功能。中麻公

东莞市交通运输局

① 位于虎门港麻涌港区的中远船务修船造船基地
② 东莞汽车总站
③ 常虎高速公路花灯盏大桥
④ 莞深高速公路石碣互通

① 惠常高速公路冷水坑隧道
② 莞深高速公路—环城路东江大桥
③ 广深沿江高速公路东江南特大桥

路大修工程、白鹭大桥抢险工程已完工，S120石排至桥头段已基本完工，东江梨川大桥工程、石大公路、S256篁村至虎门段、S358虎门至长安段、3条主干公路交通堵塞点改造工程共完成投资额约14.22 亿元。推进镇际村际联网路。132个项目总长 372.8公里已完工，72个项目总长205.5公里正在施工，累计完成投资约72.45亿元。加快一体化路网对接。沙河大桥建成通车，全市所有18个普通公路次票收费站已全面停止收费，提前实现深莞惠车辆通行费互认互免。

加强公路桥梁养护　地方公路全年综合整治自然灾害路段3处，检测维修危险桥梁37座，完成养护小修项目103个，顺利完成迎接全国干线公路养护与管理大检查，全年地方公路养护好路率与国省道优良路率分别达到92.3%、97.9%。加大工程质量监督力度。全年监督项目共153个，公路总里程499公里，泊位14.5万吨，累计组织监督检查462次。加快完善交通标志标线。完成北王路样板路、莞深高速、虎岗高速国家高速公路网相关标志更换工作；完成东部快速企石至桥头段，S256、S358 大修路段，东城等9个镇街及生态园主要道路网交通标志标线设计图审查。

【运输服务能力提升】　一是加大投入优化线网。2011年全市新增公交车105辆，更新公交车135辆，完成1200辆出租车更新投放工作；新开通或调整延伸城巴线路6条；开通松山湖与大岭山、大朗等毗邻镇公交互通线路、制定广深港高铁虎门站公交配套方案。二是狠抓服务质量培训。2011年交通职业技术培训学校共举办110期从业资格证培训班，培训学员共15017人，全年对278辆违规车辆停业整顿、对889名驾驶员进行停岗培训考核、解除14名出租车司机合同。对3条擅自停止运营客运班线收回线路经营权。涌现出106线司机李震华见义勇为、京都出租车公司司机代大程救死扶伤、达丰出租车公司司机龚东平拾金不昧等好人好事。三是规范行业管理。撤销重组兼并驾培机构20家，限定教练车数量增长，避免恶性竞争。全市共培训驾驶员达到28万人。深化甩挂运输试点与绿色货运项目建设，建设综合性能检测联网系统。制定劳动合同和承包合同的统一参考范本，解决出租车司机社会保险问题。会同市财政局完成下拨2010年财政补贴和预拨2011年中央财政补贴共计1.65亿元。四是积极推广科技应用。截至2011年，东莞市交通运输局GPS监控平台共监控各类营运车辆30161台，重点

虎门港沙田港区的集装箱专业装卸泊位

监控车辆超速以及各类突发情况，监控行业不稳定苗头。积极协助推进实施公交一卡通项目，建成东莞市联网售票区域平台，完成12个二级以上客运站场的联网售票工作。

【规范运输市场秩序】 2011年全市共查处交通违章案件26277宗，有效维护东莞市运输市场稳定。一是顺利完成大运安保任务。全天候对所有进入深圳的客运、货运车辆和危险品运输车辆进行严格检查。二是做好全国文明城市迎复评工作，全面加强各大车站等公众场所及城市主干道的执法工作。三是开展跨市联合专项整治。深圳、东莞、惠州三市交通执法部门开展了43次联合行动。四是开展非法营运专项整治。全年共查处客运非法营运车辆4851宗。五是强化路政执法。共整治违法广告标牌860块。充分利用11个流动治超路段，将治超工作向源头整治推进，加大超限超载治理力度。 （卢宇雄）

附：2011年东莞市交通运输局领导名录

局　长：韩任海

副局长：孔繁斌　卢润江　叶伟雄　卢慎芳　罗观云

纪检组长：欧富海

铁路运输业

【概况】 2011年，东莞境内共有广深准高速铁路、广梅汕铁路、京九铁路等铁路线路3条，总长度79公里。

广深准高速铁路在东莞境内段长56公里，其中常平以上段与广梅汕铁路共线，常平以下与京九铁路共线；广梅汕铁路在东莞境内长度约43公里，其中常平以下至东莞市谢岗、惠州市沥林间23公里，常平以上与广深准高速铁路共线；京九铁路在东莞境内长度约59公里，其中常平以上与广梅汕铁路共线，常平以下与广深准高速铁路共线。主要车站有东莞火车站、东莞东火车站、石龙火车站、樟木头火车站等。

2011年，东莞地区主要火车站货物发送量累计65.79万吨，旅客发送量累计1457.01万人。（广州铁路集团公司、广梅汕铁路有限责任公司）

2011年东莞地区主要火车站客货运输发送量

车站名称	货物发送量（吨）	旅客发送量（人）
合计	657876	14570145
东莞火车站	327666	4104169
石龙火车站	215185	2936927
樟木头火车站	52436	2342447
茶山火车站	49276	
东莞东火车站	13313	5186602

东莞发展控股股份有限公司

DONGGUAN DEVELOPMENT（HOLDINGS）CO.,LTD

东莞发展控股股份有限公司是东莞市属国有控股的上市公司（证券代码000828），主营业务为东莞市高速公路的投资、建设和经营，注册资本10.39亿元，其中控股股东东莞市公路桥梁开发建设总公司占41.54%。截至2011年，公司总资产49.89亿元，净资产31.79亿元。

截至2011年，公司拥有员工700多人，经营的高速公路为莞深高速公路（G94）和龙林高速公路（S22），收费总里程55.7公里。同时，公司分别持有虎门大桥11.11%股权、东莞证券20%股权、东莞信托6%股权、东莞长安村镇银行5%股权、东莞松山湖小额贷款公司20%股权。主业路桥收费与辅业金融资产比翼齐飞，为公司的长期稳健发展打下了坚实基础。

2011年公司实现主业收入7.10亿元，利润总额4.40亿元，贡献税收1.14亿元，较上年同期增长13.52%、4.97%、23.91%，均创历年新高，公司决定派发现金红利1.56亿元。公司获“2011年广东上市公司最具竞争力10强”、“2011年广东上市公司诚信经营10强”、“2010年广东省雇主责任示范企业”、“2011年广东省现代服务业十强企业”等称号，被省交通运输厅授予“广东省‘十一五’期间养护管理先进单位”，公司党支部被市直工委授予“先进基层党组织”。

东莞发展控股股份有限公司作为东莞市一家国有控股上市公司，依托东莞市政府及控股股东的大力支持，具备外延式发展的先天条件和优势。公司将继续按照有限多元化的战略方针，在涉足金融行业后，继续向相关行业拓展，提高公司资产质量和盈利能力，实现公司持续、稳健发展，以最优的业绩回报全体股东，为东莞经济发展作贡献。

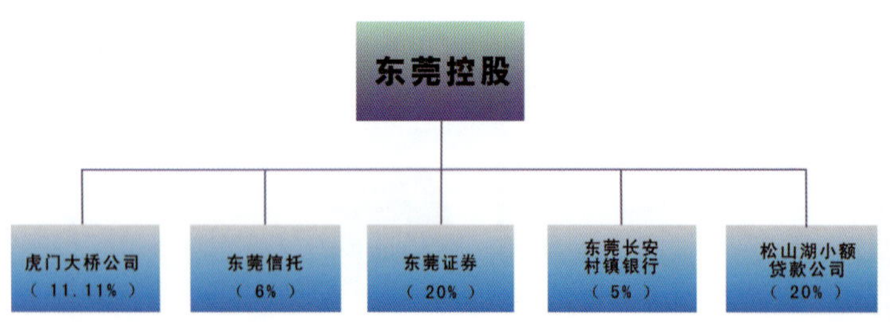

注：方框图中括号为公司持股比例

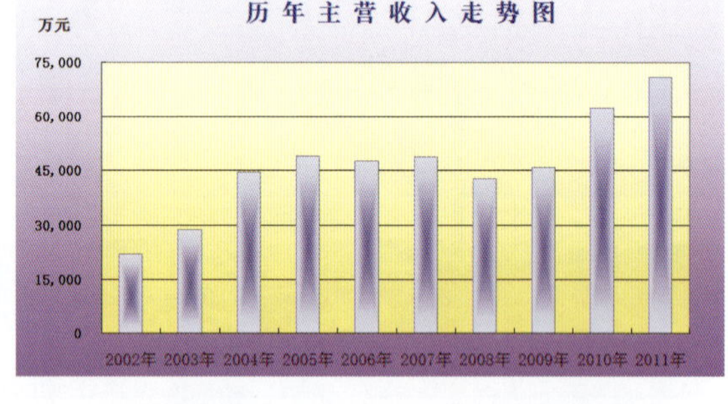

① 2012年1月12日，市政府党组成员、市长科技顾问冷晓明在东莞发展控股股份有限公司春节团拜会上致辞

② 2011年6月21日，2011年第二次临时股东大会选出东莞发展控股股份有限公司第五届董事会成员

③ 莞深高速公路（G94）东江大桥

水路运输业

航道管理

【概况】2011年，东莞航道局辖区维护管理643公里航道安全畅通，辖区航道维护水深年保证率100%，各类航标维护正常率均达100%。

【航道维护管理】2011年，东莞航道局落实航道、浅滩、礁石区水深探测88次，及时有效处理航道违章作业21宗，巡查航道里程22995公里。落实专项测量23公里，太平水道、寮厦水道和横沥涌航道专项测量外业基本完成，寒溪河、厚街水道、菠萝滘水道专项测量按计划推进。落实专项疏浚37000立方米，太平水道第十围航道疏浚工程全面完成，有效改善该弯道的通航环境。

【航标维护管理】2011年，东莞航道局维护航标686座，标灯1052盏，完成航标维护工程量累计25万座天。航标巡查周期从原来的9天一巡改为7天一巡，部分桥涵标加装视频监控设备，处理航标被碰、被盗事件97宗。督促沿江高速公路东莞段10座跨航道大桥均设置桥涵标，并通过验收投入使用；广深高速公路东莞段8座跨航道大桥桥涵标更新工作已落实，业主已委托航测所实施。航标遥控遥测工程全面完成，东莞水道42公里航道、138盏标灯实现远程遥控遥测。

【安全生产】2011年，东莞航道局制作宣传标语6幅，安全生产宣传画11幅，岗位职责、操作规程等上墙宣传资料8幅。开展专题教育3期180人次参加，职工安全培训率达100%。组织安全生产大检查4次，发现并及时消除安全隐患10处。加强岗位监督力度，充分发挥安全员和劳动保护监督员现场安全监督作用，杜绝违章指挥，违章操作、违反劳动纪律现象的发生。强化现场监管，检查施工项目10处，行程100公里，查处各类违章8处。全年落实监管250人次，监管工地70处，制止违章行为50处，向市交通综合执法局报送违章案件50宗。

【依法治航】2011年，东莞航道局受理跨、栏（临）、过河建筑物29宗，审批29宗；受理通航水域水上水下施工作业90宗，审批90宗，受理专用航标审批11宗，审批11宗，办结率均为100%，暂未发现投诉现象。2011年，出动行政管理人员300人次，完成东莞水道炸礁工程现场等60处施工现场监管工作。2011年，根据东莞企石镇城市建设需要，东江企石段11号塔标让道绿道建设，东莞航道局积极配合当地政府，从选址、测量、勘探、施工到竣工验收各环节全程参与，确保工程质量，该标已于2011年8月通过验收，并投入使用。（叶宗校）

附：2011年东莞航道局领导名录

党组书记：王海林
局　长：黎绍泓
副局长：张惠斌
工会主席：李长忠
总工程师：曾祥辉

水路运输管理

【港航生产】2011年，东莞市港航生产实现稳步增长。港口货物吞吐量、外贸货物吞吐量均创下历史新高，分别完成6848.1万吨、1743.9万吨，同比增长21%、33.9%，初步形成以煤炭、油气化工、粮食、矿建材料为主的港口专业化运输体系。沙田港区7#8#泊位自2011年中投产后，与沙田港区5#6#泊位一起形成规模效应，吸引中远、中海等航运巨头以及国内多家知名船务公司进驻，共开辟了9条内贸航线和2条台湾航线，带动全港集装箱吞吐量大幅增长，达到58万TEU（英尺），同比增长16.1%。水路运输业呈现持续向好的增长态势，远东航运、鸿诚船务、淦昌建材、鸿富运输等4家水运企业先后获准开业，使东莞市水运企业增至34家。2011年共完成水路运输货运量1955万吨，货物周转量134.3亿吨公里，同比增长16.9%、131.8%；客运量31.2万人次，与上年基本持平。

【港航设施建设】2011年，东莞市组织对《东莞虎门港总体规划（2011—2020）》进行修编，启动内河航道调整技术等级的论证工作。港口设施建设全面加速，全年共完成码头工程投资额7.5亿元，东洲国际油气化工码头、沙田港区7#8#泊位、中远船务舾装码头、海湾石油化工码头等4座码头7个泊位建成投入试运行，新增货物吞吐能力745万吨、集装箱10万TEU，使全市港口货物总吞吐能力达7120万吨。阳鸿液体化工码头、海昌（二期）煤码头、联兴化工码头等项目正抓紧施工，已完成总投资额的90%、80%、40%。玖龙散杂货码头、新沙南作业区4#5#泊位、省直粮库码头、中远船务舾装码头扩建工程等项目正开展前期审批手续，有望尽快动工建设。鸿源航空油品码头使用港口岸线获批，使东莞市获准建设的3万吨级及以上深水泊位增至25个。东莞船队规模不断扩大，船舶运力首破100万吨，位列全省第4位。其中，新投放船舶45艘，新增运力53.9万载重吨，淘汰报废老旧船舶11艘，核减运力4674载重吨。全市单船平均载重吨从上年的1969吨增至3504吨。

【港航市场规范】2011年，结合广东省水路运输管理权限和管理方式的调整，重新明确市局和交通运输分局的具体审批权限，提高水路运输行政许可事项的审批效率。把好企业经营资质审查关，换发《港口经营许可证》55张、《危险货物港口作业认可证》8张。完成年度水路运输及水路运输服务业的核查工作任务，营运船舶核查合格率达97.9%。加强港口费收管理，完成征收港口建设费的移交和清缴工作。强化安全监管，出动安全检查1500多人次，提出整改意见和建议280多条，排查行业各类安全事故隐患80多处。受理完成危货港口作业审批约7200多次，加强对作业现场的监管，无发生过一起安全生产责任事故。组织企业及渡口开展事故应急演练20多次，提高应急反应能力。组织企业87人次参加港口设施保安培训，使持《港口设施保安培训证书》的从业人数达153人，组织企业126人次参加危货港口作业培训，使持证上岗的从业人数达900多人次。东洲国际油气化工码头、沙角B电厂煤码头、中海油立沙油品码头等3家企业顺利领取《港口设施保安符合证书》。完成沙田泥州渡口搬迁工作，协调明确东城樟村渡口搬迁方案，撤销麻涌欧涌至新塘渡口，保障好渡运安全。

【港航环境优化】2011年，东莞市港口通讯调度指挥中心获市机编办批准成立，建设港口通讯调度指挥平台的前期工作正式启动。全年安排进出港船舶8532艘次，其中万吨级及以上船舶3040艘次、外轮船舶2500艘次，引航船舶2463艘次。投入172万元对倒运海水道河口段维护疏浚，疏浚面积8.76万平方米，疏浚水深达10.5米。两艘4000匹马力全回转拖轮投入使用，使拖轮总数增至8艘、马力增至29120匹。（卢宇雄）

附：2011年东莞市交通运输局领导名录

局　长：韩任海
副局长：孔繁斌　卢润江　叶伟雄
　　　　卢慎芳　罗观云
纪检组长：欧富海

海事管理

【概况】 2011年，东莞辖区进出港船舶22.7万艘次，货物运输量1.3亿吨，其中危险货物1197万吨，集装箱93.8万标箱，旅客运输量30万人次。全年辖区水上交通事故1宗，沉船0艘，死亡1人，直接经济损失0元，辖区水上交通安全形势保持稳定。2011年，东莞海事局被评为“交通运输部交通行政执法考核评议先进单位”、“大运安保先进集体”、“东莞市安全生产先进单位”等荣誉称号。

【海事执法巡查】 2011年，东莞海事局加强巡航检查，坚持夜间巡查、弹性执法、联合执法等经验做法，加强对“三大作业区、两大河口”等重点水域的安全监管，组织开展好“安全生产年”和砂石运输船等各类专项整治活动及大运会水上安全保障工作，实现大运会期间东莞辖区水域“零事故、零伤亡、零污染”目标，圆满完成大运会水上交通安全管控和应急保障任务。2011年，东莞海事局共检查船舶11547艘次，查获各类违章780宗，实施行政处罚492宗，行政强制35宗。

【应急体系建设】 2011年，东莞海事局组织编制《东莞市处置船舶污染事故应急预案》，获得东莞市政府批准颁布实施。印制《东莞海事局水上交通安全应急手册》，督促辖区拖轮、清污船等应急船舶安装AIS系统。建立应急事件处置协调工作机制，组织危险品码头、渡口、高速客船等开展应急演练，进一步提高应急技能。2011年，东莞海事局组织开展水上搜救20宗次，成功救助遇险船舶26艘，救助人员215人，救助成功率达99.5%。

【通航环境改善】 2011年，东莞海事局加强辖区通航环境的安全评估分析，积极提出专业意见并协调有关单位部门推进通航环境的改善。促成东莞航道部门在莲花山东航道4#、6#浮标与淡水河口航标间增设航标，有效减少淡水河口船舶搁浅险情的发生；划定船舶临时锚泊水域，有效减少乱抛乱停违章现象；采取“晚禁早清”、联合治理等措施，加大对小渔船占用航道违章捕捞作业的查处力度，有效防范商、渔船碰撞事故的发生；有效解决华润水泥厂码头自设航标调整、莲花山东航道12号灯浮临时

东莞海事局

① 2011年10月18日，东莞海事局局长羊少刚陪同市委副书记、代市长袁宝成、副市长邓志广视察虎门港

② 东莞海事局局长羊少刚向广东海事局局长梁建伟介绍东莞辖区的水道情况

③ 市委副书记、市长袁宝成、副市长邓志广与海事执法人员合影

拆除及立沙油品码头专用灯浮设置等问题，改善三大作业区附近水域的通航环境；编制《东莞水道、两大河口船舶航行安全指南》，召开专题会进行广泛宣传，强化现场引导和管制力度，优化通航秩序。

【船舶船员管理】 2011年，东莞海事局共完成5家航运公司和6艘船舶的审核，任务完成率100%，经审核公司船舶全年未发生负主要责任的一次死亡（失踪）10人及以上事故、船舶审核后3个月内未发生被滞留现象；共完成30家航运公司的监督检查和整改跟踪验证，督查率100%，航运企业安全生产主体责任进一步落实；共实施外国籍船舶PSC检查70艘次，中国籍船舶安检1329艘次，滞留船舶34艘次，船检质量监督检查254艘次。组织实施各类船员考试400人次，签发船员服务簿340本、适任证书1055本，船员实操检查违法记分649分。

① 2011年6月2日，一线执法人员接受广东卫视采访
② 组织海事执法人员对船舶实施安全检查
③ 海事执法人员到沙角电厂，了解“电煤”运输情况
④ 2011年7月22日，东莞海事局顺利通过市档案局档案复评

【危管防污管理】 2011年，东莞海事局组织召开《国际海运固体散货规则》以及《船舶油污损害民事责任保险实施办法》等法规宣贯会，抓好《防污条例》及配套规章的贯彻落实，建立船舶污染物接收、燃油供应等防污染作业监管制度及风险评估、防污染专项验收制度。东莞辖区1家船舶污染清除单位取得一级船舶污染清除资质，为船舶污染清除协议制度的实施奠定了坚实基础。

【严把船舶检验关】 2011年，东莞海事局共检验船舶742艘次，检验总吨92万吨。及时完成船用产品检验140批次，扶持本地船用产品制造业的发展，做好应用office项目管理软件管理审图业务的工作，2011年，东莞海事局审图62套，审图水平得到广东海事局认可。

【服务地方经济】 2011年，东莞海事局主动提前介入，开设重点项目海事行政审批“绿色通道”，全力服务“从莞高速东江特大桥、海昌码头二期工程”等市属重点项目；做好安全保障工作，为重要节假日、龙舟赛等传统水上体育活动提供海事保障；落实口岸查验单位协调会议制度，参与虎门港口岸电子信息平台的前期建设，促成虎门港7#8#泊位和中海油等3个码头的对外开放。2011年，东莞海事局办理国际航行船舶进出口岸手续6774艘次，促进虎门港口岸畅通。

【港口建设费开征】 2011年，东莞海事局扎实做好港口建设费征收各项准备工作，主动向地方政府汇报，加强与相关职能部门沟通，深入码头、企业进行解释等对外宣传，2011年10月1日，东莞海事局顺利接管港口建设费征收工作，至2011年底，共征收港口建设费4369万元。

【基础设施建设】 2011年，东莞海事局完成办公设施建设6000多平方米，累计完成建设投资3500多万元。完成VTS中心库房装修、设备安装和设备调试等建设任务；完成局机关新办公大楼装修、设备购置，生活配套楼进入基础施工；完成沙田党校工程改造；继续推进虎门港溢油应急基地建设及应急处置船的建造工作，已进入全面施工和建造阶段；建成麻涌海巡船码头及配套囤船、石龙海事处码头配套囤船，20米海巡船开工建造。 （林旭文）

附：2011年东莞海事局领导名录

局　长：羊少刚

党组书记：王之侠

副局长：罗锡均　欧阳锦强

纪检组长：马　娟

①

②

③

④

轨道交通建设

【概况】2011年，东莞市轨道公司按照“小业主、大社会”和“一体化”的管理模式，围绕工程建设和公司管理两项中心工作，以R2线工程建设为主线，扎实推进各项工作。2011年完成工程建设投资14.36亿元。5月11日，中央政治局委员、省委书记汪洋，省长黄华华率领珠三角产业转型升级巡回检查团视察西平站，肯定了东莞轨道交通建设的亮点和特色。

【轨道交通工程建设】土建工程 2011年，市轨道公司加强与市政府各部门、各镇街的汇报沟通，解决工程建设中的难点问题，全力推进工程建设。2011年6月29日，R2线天宝站盾构首发，标志着R2线工程进入盾构施工阶段。第四季度开展“奋战100天、全力实现年度目标”专项活动。

2011年，R2线15个土建标段进入全面施工阶段，其中东莞火车站、天宝站、西平站、东城站、蛤地站5个车站进入土方开挖和主体结构施工阶段，茶山站、榴花公园站和下桥站等9个车站陆续进入车站主体围护结构施工阶段，虎门火车站进入前期协调阶段；茶榴区间、陈寮区间进行矿山法隧道施工，鸿西区间等7个施工竖井、中间风井进行围护结构施工；车辆段完成茶山范围±4.00以下吹砂填筑，完成东城范围用地移交。

前期工作 公司按照“四位一体”思

东莞市轨道交通有限公司

① 2011年5月11日，中共中央政治局委员、省委书记汪洋，省长黄华华率领珠三角产业转型升级巡回检查团视察R2线西平站现场

② 2011年8月26—30日，住建部质量安全督查工作组莅临检查R2线工程质量安全工作

路，全面推进前期工作。2011年，先后完成茶山站、榴花公园站、下桥站和蚝地站等9个车站的绿化迁移工作和东茶明挖区间、车辆段及厚街主变电所的征地拆迁工作；完成蚝地站、陈屋站、旗峰公园站等7个车站临时用地的移交工作；开展全线永久用地的报批工作，报批材料基本完成。

技术管理 2011年，公司扎实开展工程设计和技术管理工作，参与国家住建部组织的《地铁与轻轨系统运营管理规范》编制；启动城市快速轨道交通120公里/时科研专题立项及科技示范工程申报工作；开展R2线弓网关系、市中心城区轨道接驳网络规划研究；明确虎门外立面建筑及高架桥墩设计方案。《东莞市城市快速轨道交通R2线环境影响补充评价报告》获国家环保部批复；R2线初步设计、车辆编组、旗峰公园站修改初步设计获省住建厅批复。

质量安全 公司始终坚持“安全第一、预防为主、综合治理”的方针，编制修订各项安全管理制度，落实上级主管部门质量安全管理要求，组织应急演练，严控主材进场。经过严格管理和控制，R2线全年工程质量安全稳定可控，未出现质量事故和一般以上安全事故。在8月份国家住建部组织的城市轨道交通质量安全专项检查中，获得了专家组的一致好评。

线网规划 结合周边城市轨道交通线网发生变化的实际情况，配合市轨道办、发改局开展市轨道交通线网规划调整工作。编制《东莞市城市轨道交通建设规划

① 2011年6月29日，R2线天宝站—东城站区间盾构施工在天宝站工地举行首发仪式，副市长梁国英出席仪式，并与市政府副秘书长黎达潮、市住建局局长朱川、轨道公司总经理陈波、中铁二局股份有限公司副总经理龙援青共同推杆启动盾构机开工运转

② 2011年7月7日，市人民检察院、轨道办、轨道公司、中铁一局在R2线2302标项目部举行R2线“预防职务犯罪工作联系点”揭牌仪式

③ R2线天宝站—东城站区间右线盾构施工隧道

（2012—2018）》，于2011年9月15日顺利通过省住建厅、省发改委联合主持的专家评审，将上报国家发改委审批。启动1号线工可支撑性专题研究工作。

【项目招标】 2011年，市轨道公司编制《合同变更指引》、《计量支付指引》等制度，依法依规进行项目招标和合同管理。车辆整车、信号系统等招标文件通过国家发改委审批和商务部备案并发标；车辆牵引系统完成评标。2011年累计签订基建工程合同110个，建管费合同54个。

【轨道交通可持续发展】 2011年，市委、市人大、市政府先后下发《中共东莞市委、东莞市人民政府关于加快轨道交通建设发展的若干意见》等"1+6"文件，为轨道交通建设可持续发展提供政策指引。

公司积极参与市有关部门组织的城市轨道交通融资工作，并组织开展轨道交通资源开发工作。协同市编研中心开展了R2线沿线土地利用规划研究，配合市路桥总公司开展公交一卡通公司筹建工作。（宋昌发）

附：2011年东莞市轨道交通有限公司领导名录

总经理：陈　波
副总经理：吴俊泉
总工程师：胡文伟
副总经理：张艳平

① 2011年4月8日，市住建局在R2线天宝站举行响应类别为Ⅳ级的基坑坍塌应急演练

② 2011年12月22日，市轨道公司召开一届一次职工代表大会

③ 2011年7月21日，市轨道公司组织开展"走进东江纵队"爱国主义教育活动

邮政业

【概况】 2011年，东莞邮政三大板块（邮政、邮政储蓄银行、邮政速递物流公司）全年合计实现收入13.3亿元，同比增长22.63%。其中邮政企业累计实现收入7.53亿元，同比增长18.2%。速递物流公司实现收入2.72亿元，同比增长23.36%；邮储银行实现自营收入3.05亿元，同比增长34.3%。函件妥投率达到99.53%以上，投递及时率达到99%以上，用户征询函满意度达96分以上。荣获全国邮政企业人力资源工作先进集体、广东邮政三大板块联动发展典型单位等荣誉称号。

2011年通过邮政渠道流通的实物邮件量达1.66亿件，其中信函1.51亿件,包裹157万件,特快1376万件；通过邮政汇出汇票1039万张，汇出资金达270亿元；邮政储蓄异地存取交易量达888万笔,资金达168.7亿元;邮政储蓄转账业务交易量673笔,交易金额达395.8亿元。全市营业网点平均每天接待用户近10万人,另外为1万多用户提供上门服务。

【邮政金融发展】 2011年，东莞市邮政局作为全省试点单位，启动网点销售化转型，对全市34个邮政网点进行整治。全市网点面积在400平方米以上的达33个，多数设贵宾室、理财室、自助银行等功能分区。全市自助设备合计1556台，自助服务终端交易量占总交易量的80%。

截至2011年，全市个人储蓄余额规模突破238亿元，新增余额51亿元。

【业务拓展】 2011年,函件业务以打造邮政传媒为核心，全年实现收入9565万元，创历史新高。围绕莞企缺工的现实需要，利用邮政营业厅发布企业招工信息，向内地及新莞人投递招工宣传册等，为企业和政府解决招工难题。围绕商务寄递市场需求，邮政开通同城普邮签收的全城通业务。围绕国际寄递市场需求，开展国际小包业务，受到外贸型企业欢迎。切入文化产业链，发行手绘版东莞新十八景明信片，制作“文化名城”宣传邮册，受到政府和市民欢迎。

政府的好帮手　企业的好伙伴　用户的贴心人

① 2011年市邮政局对营业场所加大整改力度，改造后的营业场所面积多在400平方米以上，并设贵宾室、理财室、自助银行等功能区

② 2011年8月市邮政局文工团正式成立。成立后即推出系列精品节目参加文化中秋广场巡演等各种活动，打响企业品牌，活跃企业文化

代理保险是丰富邮政金融服务内涵的战略业务，2011年，东莞邮政新增保费4.1亿元，已成为保险市场开拓的主流渠道。自邮一族帮助车主解决车船税等一站式服务，会员数达17万户。东莞邮政自有商城“东邮网”实现对外运营，尝试打造“东莞本土离您最近的电子商务专家”。依托渠道优势，邮政代办航空客票、演出票、网点商品展销等代办业务，受到市民认可。

【基础能力提升】2011年，东莞市邮政局顺利完成全市出口普邮大集中处理工作，缩短邮件全程时限，开展邮件时限达标活动。投递网推进“邮信通”工程，实现标准地址库信报箱信息与手机号码相匹配。推进小区信报箱建设和整改，实现全市新建信报箱7000多户。麻涌、大朗、大岭山3座生产楼完成初步设计方案，市局信息综合大楼预计2012年上半年投入使用。（石志会）

附：2011年东莞市邮政局领导名单

党组书记、局长：陈明志

党组成员：王毅燕、辛永宏

党组成员、副局长：马志雄　王宇斌

① 2011年12月，市邮政局举行东莞邮政传媒招工项目交流会，联合市政府和企业，利用邮政名址和网点优势，帮助中小企业解决招工难题

② 新落成的邮政自助服务区。2011年全市共布设邮政金融自助设备1500余台，自助服务终端交易量占总交易量的80%以上，邮政自助服务水平越来越高

③ 2011年12月，由东莞城市形象推广办公室策划，市邮政局制作发行的“东莞元素”手绘版珍藏邮资明信片发售，该套明信片以手绘的形式展示20多种东莞元素，受到市民热捧

电信业

中国移动

【概况】 2011年，中国移动通信集团广东有限公司东莞分公司（以下简称“东莞移动”），积极应对复杂多变的经济环境和竞争形势，集中优势资源发展战略领域，顺应转型大势推进改革，各项战略基础能力走在全省前列。公司先后荣获“中国通信行业用户满意企业奖”、“全国模范职工之家”等荣誉，有一批集体和个人荣获“中国最佳客户服务管理奖”、“国家优秀QC班组”、“广东省青年文明号”、“广东省工人先锋号”、“广东省青年岗位能手”、“广东省五一劳动奖章”等荣誉称号；5个创新成果获得“国优称号”，4个获“省优称号”。

【“松山湖园丁卡”推行】 2011年4月21日，“松山湖园丁卡首发暨签约仪式”在松山湖管委会举行。“园丁卡”主要服务于园区人员、企业人员、常驻人员等，集人员身份识别、考勤门禁管理、日常消费、购物、公交出行等功能于一体，实现松山湖园区整体一卡通，首批推出500张，在华为企业试点推行，试点成功后全园推广。

东莞移动作为松山湖管委会的战略合作伙伴，将积极践行《共建“无线松山湖”战略合作协议》内容，与国云科技股份有限公司一道，全力参与配合“园丁卡”项目的建设，让每一位“园丁”享受到信息化给工作、生活带来的便利，真正实现惠及于民。

【全国首家MIEC认证中心落户东莞】 2011年11月29日，国内IT界首个由政府主管部门与知名厂商联合推出的考试认证项目——移动互联网开发工程师认证（MIEC）认证中心揭牌仪式在广东东莞理工学院举行。这意味着，在工信部通信行业职业技能鉴定指导中心与中国移动互联网基地联合推出MIEC认证项目后，东莞成为全国首个建立移动互联网开发工程师认证中心的城市，而东莞理工学院也是第一家正式开展MIEC考试认证的高校。作为国内推动移动互联网人才培养的先行者、标准化的强力推动者，移动MM百万青年创业计划的推出更为广大学生、技术爱好者提供了1个创业创富的平台。

【居住证东莞地区服务功能正式启用】 2011年12月31日，东莞移动与东莞市推行居住证制度工作领导小组办公室联合举办广东省居住证东莞地区服务功能启用仪式，展示东莞地区居住证的新功能。

从2011年4月开始，东莞移动争取参与到政府主导的“广东省居住证功能拓展应用项目”，规划实施“新莞人金融服务卡功能”融入广东省居住证(即“证卡合一”)，完成广东省居住证功能加载方案、密钥管理方案及系统实现，为广东省居住证增加金融服务、公交服务、小额消费、充值服务、票务服务、门禁应用、企业一证通等8项新功能。同时，

中国移动通信集团广东有限公司东莞分公司

2011年3月23日，东莞移动与市妇联联合开展全市厅处级女干部送关爱活动，邀请色彩大师于西蔓讲授《新时代时尚女性形象战略》，市委、市政府相关领导及全市厅处级女干部近150人出席

大力建设居住证的充值和消费环境，并重点加强常平、石龙两大试点镇区的应用环境建设。

东莞移动配合政府完成常平、石龙镇11个居住证受理点的升级，以支持居住证服务功能加载的受理；完成东莞市所有84家沟通100自营厅的人工终端改造以及自助终端铺设，还在东莞市170个商场、社区、厂区等人流密集点铺设自助终端，实现居住证的充值。居住证的消费环境包括800多个商户门店，重点覆盖连锁便利店/超市，常平、石龙等15个镇大约1000辆公交车；东莞市汽车东站和全市6个电影公司共15个影院的票务应用。

【加快推进无线城市建设】 2011年，东莞移动加快无线樟城建设工作，协力樟木头镇政府打造应用最全面、使用最便捷和服务最便民的无线政务平台，使东莞无线城市平台深度融入到城市公共服务中，助力政府实现政务服务的升级，推进樟木头镇的整体经济发展。

政务平台方面，政务门户、行政办公、业务管理三大模块，通过实现集成政府内部信息、文件收发、领导日程管理、会议管理、车辆管理、办公用品管理、印章管理等功能助力樟木头政府成为东莞地区首批应用无线城市平台办公的政府单位。

民生平台方面，通过建设便民服务、政民互动、政务信息3个模块，实现水、电、煤、社保等公用信息查询功能，并将民生调查、政民论坛、政策宣传、利民信息等在平台进行发布供公众查询，通过无线平台实现民生信息传播和政民互动。　（江南梦）

附：2011年中国移动通信集团广东有限公司东莞分公司领导名录

总经理：胡　伟（2月到任）
党委书记（兼副总经理）：
　谢惠仪（2月到任）
副总经理：黄友检　李远忠　严德生
总经理、党委书记：温乃粘（任至2月）
副总经理：谢惠仪（任至2月）

① 2011年3月16日，东莞移动联合东莞市新莞人服务管理局、中共东莞市企业工作委员会以及各大人才市场、劳务市场共同举办“乐业东莞”2011新春送福行大型就业帮扶行动，副市长成洪波、东莞移动总经理胡伟等领导以及招聘单位代表出席活动

② 2011年6月30日，由东莞市委宣传部、东莞市文明办、东莞市公安局交通警察支队主办，东莞移动承办的“百万汽车城，文明行天下”东莞市汽车保有量达百万暨倡导文明驾驶发布活动在东莞市会议大厦正门前广场举行，并为第100万位车主交车、授牌

③ 2011年8月9日，全国新一代服营厅——南城西平宏伟路厅正式揭牌开业。这也是中国移动通信集团首家投入营业的第四代厅

中国电信

【概况】中国电信股份有限公司东莞分公司（以下简称东莞分公司）是中国电信股份有限公司的分支机构，主要经营固定电话、移动通信、互联网接入及应用、数据通信、视讯服务、国际及港澳台通信等综合信息服务，同时肩负着党政专网通信、应急通信、战备通信和抗洪救灾通信保障等重任。

【“光网城市”构建】2011年，东莞分公司投入巨资建设东莞“光网城市”，并在2011年11月正式启动“智慧东莞 光网城市”服务幸福东莞建设行动，全面普及光纤宽带，全市商务楼宇100%光纤到达、政企客户100%光纤覆盖，两年内实现100M光纤到家庭、1000M光纤到政府及企业。同时推进固网转型升级，实施移动网优化升级，形成覆盖全市的全光网络。

【综合信息服务能力增强】2011年5月，东莞市人民政府与中国电信广东公司签署《“加快转型升级 建设幸福东莞”十二五信息化合作框架协议》。东莞分公司快速推进协议落实，创新业务和服务，助力“幸福东莞”建设。

实施“产业提升”行动计划 助力传统企业升级改造，实施“数字企业”专项行动，推动中小企业宽带升级、光纤化和移动化，提供网络存储、店铺管理、店铺监控、定位服务，帮助中小企业提升经营管理水平；加强与东莞通信设备制造企业合作，支持本土企业发展；建设全国性的服务基地，依托现有4个国际互联网数据中心，为企业提供主机托管等服务。

实施“低碳发展”行动计划 助力绿色东莞工程，为环保部门建设“环保在线”视频监控平台，推广“环保e通”，协助提升监管和执法效率。建立低碳运营体系，荣获“广东公司节能减排劳动竞赛一等奖”和“共建共享先进单位”称号。

实施“信息化普及”行动 推进“光纤信息化村”建设，将信息技术和互联网融入到社区管理和服务过程中，提升村委信息化水平和居民的生活幸福感；开展点亮光小区活动，让居民享受高速宽带互联网服务；加快推进农村信息化建设，行政村通光缆达100%，农村C网无线覆盖通达率达100%，大大缩小城乡数字鸿沟；加快平安村居建设，推广“平安联防”，构建遍布居民家中的安全网。

实施“政务便民”行动 配合科技强警战略，助力“平安东莞”视频监控系统建设，推广“警务通”，协助公安部门强化治安防控和实现移动执法；推广“工商e通”，同时全省首创餐饮服务食品安全信息互通平台“餐饮通”，协助加强食品安全监管；推广“天翼税通”，为商户、企业提供全天在线电子涉税业务办理及服务。

实施“物联网”行动 研发推广翼机通、外勤e通、物流e通、车管e通、安保e通等物联网新技术应用；发挥东莞物联网产业促进会牵头单位作用，与产业链上下游企业开展合作，推动东莞物联网产业链合作发展。

实施“云计算”行动 开展云计算技术研发，推进产业链合作和云计算基地建设；依托现有4个国际互联网数据中心，提供云主机、云存储等服务，为云计算规模化应用提供平台。

实施“信息惠民”行动 创新推出翼机通以及天翼长城卡、院线通、火车通、客运通、挂号通等移动互联网应用，并面向用户开展万场培训活动，普及应用；推动“数字家庭”，为广大家庭提供集语音通信、互联网信息和视频娱乐于一体的融合服务；推广“天翼家校通”和“平安校园”，助力教育信息化。

【客户服务能力增强】2011年，东莞分公司实施“为民服务·创先争优”活动。规范窗口服务，强化服务人员培训，推广电子账单、网上/掌上营业厅、客服微博，提升客户接触窗口服务能力。完善装维服务规范、投诉处理及考核机制，提升装维服务能力。规范套餐计费管理，建立服务提醒体系，优化账单、发票账目，提升透明服务、放心消费服务能力。（何超政）

附：2011年中国电信股份有限公司东莞分公司领导名录

总经理：魏　刚

党组书记：杨一鸣

副总经理：黄　杰　王　震　李亚斌
梁伟杰（兼工会主席、纪检组长）
齐　军

中国联通

【概况】2011年，中国联合网络通信有限公司东莞市分公司（简称东莞联通）紧紧围绕“聚焦增长，提升效益”这一主要目标，采取果断措施，加快转型，创新发展，公司全年业务收入稳步提升，收入结构得到优化，用户质量进一步提高。一是在网格体系、渠道建设、营业厅升级中加快转型，提高业务产能。二是围绕“关注感知，客户为先”的服务宗旨，优化服务流程，完善服务机制，面向客户提供全方位的通信服务。三是以“建设精品网络、积极服务市场”为发展思路，以支撑解决焦点问题及用户感知为核心，加快网络建设，扩大网络覆盖，提升网络质量。四是健全安全生产，落实“千分制”安全生产标准化考核评级，加强应急演练及安全教育培训，强化防汛抗汛意识，提高应急抢险，自防自救能力。

【助力城市和产业发展】2011年，东莞联通进一步推进与政府合作，助力无线城市及产业发展。一是打造无线城市新网络。自WCDMA网络商用以来，不断完善网络覆盖，加大对各专业网络的投资力度，网络覆盖全面提升，加快东莞市信息化建设的步伐。二是打造华南生产新基地，联通集团公司在东莞市松山湖科技产业园内建设“中国联通华南生产基地”（中国联通七大数据中心基地之一），打造高规格、综合类的新技术、新业务研发中心。三是助推信息发展新模式，积极支撑各级政府部门的公共信息服务平台、业务协同办公平台、社会应急公共服务平台的建设，大力发展面向企业和公众服务的“一站式”移动电子政务、商务及行业应用。四是开设民营企业家手机学堂，以“求知、交流、分享、奋进”为宗旨，为广大民营企业家提供1个便捷、即时的阅读学习平台，有学习需求的企业家均可上网免费下载软件，运用智能手机阅读学习。五是牵头成立现代信息服务协会。东莞联通作为会长单位，致力于贯彻落实政府现代信息服务业发展政策，整合行业资源，促进产业聚集和转型升级，引领行业和企业加快信息化建设步伐。协会已成为政府、经信局等部门的重要咨询机构和联系机关企业的有效渠道。六是针对百姓家庭及广大市民推出了南广TV、“红围脖”、116114等服务，方便市民生活，引领移动互联，促进网络文化和手机文化健康发展。

【精神文明建设】 2011年东莞联通坚持精神文明建设，完善组织体系，坚持“以人为本”，关爱员工，打造“和谐、务实 、快乐工作、幸福生活”的企业文化。以纪念建党90周年为契机，充分发挥党、团、工会组织作用，开展形式多样的趣味性劳动竞赛，提升员工技能水平，丰富员工文化生活，保障公司可持续健康发展。2011年，东莞联通新时空营业厅喜获中央企业全国“青年文明号”称号和国家级“巾帼文明示范岗”称号、集团总部获三八红旗先进集体、信息化支撑中心荣获广东省直工委“青年文明号”等多项荣誉。（尹格娟）

附：2011年中国联合网络通信有限公司东莞市分公司领导名录

总经理、党委书记：马彦泽

副总经理：张新强　胡卫红　苏爱国　冯华骏

无线电管理

【编制规划与加强管理】 2011年，东莞市制定首个无线电管理五年规划，提出“十二五”期间无线电管理工作的发展目标、基本原则和主要任务，以促进无线电事业更加健康有序发展。

2011年，东莞市出台《关于加强我市无线电管理工作的若干意见》。同时把无线电台站管理（设置、续用、变更及报停）的有关申请初审工作下放到镇街完成，使市民更方便办理相关业务。

【安全保障与打击作弊行为】 2011年深圳第26届世界大学生运动会期间，东莞市无线电管理部门完成支援世界大学生运动会无线电安全保障任务，被广东省经信委、广州军区司令部信息化部、深圳市无线电管理局联合授予“深圳大运会无线电安保突出贡献奖”。

为防范打击不法分子利用无线电技术作弊行为，市无线电管理部门全年参加各类考试保障任务17次，历时31天，出动人员352人次，抓获作弊嫌疑分子2名，维护了考试的正常秩序。

【普及无线电知识】 2011年，市无线电管理部门举办“东莞市无线电管理及业余无线电运动科普展”， 以图文并茂的形式全方位介绍无线电管理工作的职责、范围、意义，向市民普及无线电科普知识。（袁燕玲）

软件业·信息服务业

【软件业规模增长】 2011年，东莞市软件业务收入突破20亿元，同比增长20%。软件业务收入中的软件产品收入和嵌入式系统软件收入齐头并进，信息系统集成服务收入和信息技术咨询服务收入突飞猛进。软件产业发展向服务方向加速转型，产业结构不断优化。全市新增16家经省经信委认定的软件企业，经认定的软件企业总共81家；新增91件经登记的软件产品，累计有效软件产品357件。软件企业自主研发软件产品的行业覆盖面广，包括造纸、采购、金融、激光机械、水务、环保、鞋业数控、医学、税务等行业和领域。广东省经信委首批选出60家重点培育的软件和集成电路设计产业企业，东莞有5家软件企业入选，分别是广东易事特电源股份有限公司、广东大族粤铭激光科技股份有限公司、广东志成冠军集团有限公司、东莞市依时利科技有限公司、广东开普互联信息科技有限公司。

【信息服务业发展】 东莞市先后出台《关于加快发展我市现代信息服务业的实施意见》、《东莞市现代信息服务业发展专项资金管理暂行办法》，结合省现代信息服务业专项资金相关政策，进一步推进产业升级和高级化，促进经济发展方式转变。2011年，全市现代信息服务业专项资金扶持金额1980万元，拉动投资近8亿元。获省专项资金扶持项目3个，共510万元。现代信息服务业项目助推产业转型升级，如基于云数据处理平台的仓储物流网应用及产业化、东莞纺织服装行业服务云、面向数控设备的数据传输解决方案、东莞市汽车客运联网售票及电子商务服务系统等，优秀的项目都针对行业提出信息化建设和行业应用解决方案，应用现代信息技术节省成本、提高效率，为企业转型升级提供高效的技术支撑。

【创意产业园区建设】 2011年，市政府成立东莞市创意产业发展领导小组，相继出台《关于促进创意产业园区发展的实施意见》、《东莞市创意产业园区认定管理办法》等政策措施，认定莞城、大朗、常平、艺展中心和高盛科技园等5个东莞市创意产业园区。此外，石龙、南城、厚街、虎门等镇（街）也结合自身产业优势，推进创意产业园区建设。

【云计算应用】 2011年，东莞的电子政务、医疗卫生、食品安全监控、教育、交通、外来人口管理与服务等政府管理与民生服务领域的信息化系统建设均采取云计算模式，相得比较完善，正逐步进入云计算；东莞物联网建设取得一定成效，获省市共建物联网产业基地称号，港口物流、智能路灯等“物联网+云计算”应用项目具全国领先水平；云计算也成为推进“两化融合”的关键技术和重要手段，围绕区域中小企业信息化的云平台、云服务具有旺盛的生命力，纺织、服装、五金模具、造纸等传统行业中的云计算示范应用层出不穷。东莞云计算产业上下游环节完善，市场需求迫切，综合配套能力强，具有较大的发展潜力。云计算应用服务企业有200多家，包括国云科技、宇龙通信、雨林木风、国云科技、115云网络、凌康电子、中大科技、依时利科技、开普互联等，项目包括国云在线，开普互联商务云，广电传媒、东莞电信、宇龙酷派新媒体服务云，广电院云码头，宇龙酷派手机云终端，东莞广州中医药大学中研究院“健康云终端”、中科教育“教育云终端”等，以云计算为支撑，为用户提供云计算服务，面对不同领域提供产品。

（袁燕玲）

松山湖

- 松山湖——中国最具发展潜力的高新技术产业开发区
- 虎门港港口吞吐量增长
- 东莞生态园入选首批省级循环经济工业园区
- 东莞第一座国家三星级绿色建筑

编辑：李缙文

松山湖高新技术产业开发区

【概况】东莞松山湖高新技术产业开发区（简称松山湖）位于大朗、大岭山、寮步3镇交汇处，地处东莞几何中心，拥有8平方公里的淡水湖和14平方公里的生态绿地，规划控制面积72平方公里，分为北部高科技产业区、中部教育研发区、东部台湾高科技园区和南部国际总部研发区。松山湖相继被授予"中国最具发展潜力的高新技术产业开发区"、"跨国公司最佳投资开发区"、"信息产业国家高技术产业基地"、"国家火炬创新创业园"、"国际企业创新园"、"中国青年留学人员创业基地"、"部省共建国家级留学人员创业园"等称号。

2011年，松山湖开展《松山湖高新区发展战略研究》、《松山湖高新区城市设计与产业布局规划》、《松山湖高新区科技服务体系建设发展规划研究》、《松山湖高新区与国内其他高新区比较研究》、《松山湖科技政策比较、梳理与体系设计研究》等34项专项研究与规划工作。全年实现工业总产值338亿元，同比增长43.2%；税收收入21.35亿元，增长16.6%。松山湖管委会被市委、市政府授予"2011年度市直机关先进单位"。

【择商选资】2011年，松山湖9次赴台招商，并举办北京推介会、松山湖·中美合作发展生物技术产业的乐园推介会、中国东莞留学人员创业园揭牌仪式暨高层次留学人员创新创业周等大型推介会，协助举办第三届中国国际影视动漫版权保护和贸易博览会、跨国企业、国企、央企高层考察松山湖暨"松山湖之夜"联谊酒会、成都2011广东东莞投资推介会等招商推介活动，参加"韩国对外投资合作洽谈会"、"亚洲生物医药产业大会"、"广东省珠江三角洲地区与日本经贸合作交流会"、"东莞市政府与在莞日资企业交流酒会"、"新东莞城市商机研讨会"和"2011年两岸生技与医材产业合作会"及"首届中国·亚欧博览会"等招商交流活动，引进特安电子、联合金融、融易华南生物孵化器、中科院云计算育成中心、生命人寿保险总部中心、水木动画、鲜橙动漫等一批项目。胜华科技松山湖联胜科技项目注册资本由3000万美元增至1.27亿美元。

【科学技术】科技创新。2011年，松山湖拥有的11家公共创新平台，为8000多家企业提供技术咨询，并为其中约2500家企业提供技术服务，技术服务收入达1.2亿元。依托高校院所，各平台已孵化出各类科技企业43家，并建设2个产业孵化园；通过博士研究生、硕士研究生、本专科生教育，以及职业技术培训、专业技术培训等形式，为企业培养各类高、中级专业人才以及管理人才，累计培养、培训近5000人次。全年各平台共申请专利182项，获得授权75项，其中发明11项，实用新型59项，外观设计5项。登记软件著作权19项，申请注册商标3项；获得各级科技立项111项，立项资助总额达1.6亿元，其中松山湖动物实验基地承接国家973项目"诱导多功能干细胞（iPS）猪与小型猪疾病模型"课题研究，东莞华中科技大学制造工程研究院获得863计划重点项目"中小企业云制造服务平台关键技术研究"课题研究。东莞华中科技大学制造工程研究院和东莞广州中医药大学中医药数理工程研究院获批广东省国际科技合作基地。

松山湖高新技术产业开发区

① 2011年8月2日，科技部火炬中心主任赵明鹏视察松山湖高新区（图为视察东莞国云科技有限公司）
② 2011年8月11日，广东省副省长肖志恒（前右三）视察松山湖高新区（图为视察东莞泛亚太有限公司）

专利申报。2011年，松山湖专利申请量和授权量分别达到1713件和759件，同比增长84.2%和123.2%，其中发明专利申请量和授权量分别为108件和14件，均为全市第一。

科技专项。松山湖全年组织企业申报国家、省、市各级科技项目共167项，同比增长92%，获得各级财政科技立项资助总额1.4亿元，8家企业获批高新技术企业；新增易事特教育部光伏系统工程研究中心、华中科技大学制造工程研究院国家技术转移示范机构、省制造装备数字化重点实验室等研发机构；50家企业173个项目获松山湖科技发展专项资金7188.26万元资助。

科技载体。2011年，松山湖共有5个团队入选省第二批创新科研团队。东莞留学人员创业园升级为省部共建的国家级留学人员创业园，引进博士21名、硕士15名（其中留学人员17名），招收博士后科研人员4名。松山湖依托以留学人员创业园、博士创业园为代表的微小型企业孵化器，以中小企业科技园、火炬创新创业园、工业大厦等为代表的中小型企业加速器，以及以台湾高科技园、IT产品研发园、生物科技园、国际文化创意产业园等承接大中型高科技企业的专业科技载体，先后承接400余家高成长性科技企业，形成“孵化器-加速器-产业园”三级孵化体系。

产学研交流。2011年，松山湖组织科研平台和企业赴成都、西安等科技资源富足城市开展产学研交流合作；带领园区生物医药企业家赴台参加“两岸生技媒合会”。与北京大学物理学院共建“北京大学光电研究院”，与方正科技公司、北京大学工学院协商共建的东莞北京大学物联网研究院的前期洽谈工作在进行中。

【金融服务】2011年，出台《松山湖金融发展规划》。“松山湖金融改革创新综合服务区”和“松山湖金融服务外包园”被列入省金融改革发展“十二五”规划的地级以上市级项目。松山湖控股公司代表松山湖管委会出资5500万设立创业投资引导基金，引导2亿多民间资本设立4个子基金，已投资7个项目（其中2个东莞企业），投资总额1.6亿元。

松山湖争创“新三板”（“新三板”指一种交易板块，挂牌对象面向国家级高科技园区企业）试点园区被列入省金融改革发展“十二五”规划中的省市共建项目。开展“新三板知识培训讲座”、“新三板专场推介活动”等20多场系列活动，至2011年，松山湖发动600余家企业参与“新三板”，19家“新三板”意向企业正式与券商签订股改服务协议，协助推动5家企业完成股改。

【园区建设】生态景观。2011年，松山湖启动松湖烟雨、松湖花海丰富、台湾科技园中部片区小游园、南部河道景观整治、滨湖西路绿化、南区休闲步道景观工程等升级改造工程，园区生态景观进一步优化。

① 2011年9月23日，中国工程院院士钱清泉考察松山湖高新区
② 2011年11月4日，清远市市长江凌率清远市党政代表团考察松山湖高新区
③ 2011年1月24日，松山湖高新区“十二五”规划纲要新闻发布会召开
④ 2011年7月7日，首届松山湖中国IC创新高峰论坛开幕

① 2011年11月17日，东莞市博士创业促进会成立五周年纪念大会暨第二次会员代表大会召开

② 2011年9月22日，中国留学人员回国创新创业高峰论坛开讲

③ 2011年11月3日，智慧松山湖规划评审会召开

① 2011年12月18日，中国电子器材元器件总部基地奠基

② 2011年12月7日，市政府与华为控股公司签约

① 2011年1月1日，松山湖首届校园文化节闭幕
② 2011年4月29日，东莞市“全民健身，绿道骑行”活动开展

公共配套工程。完成公共自行车交通服务系统二期工程，扩大公共自行车站点分布面至24个点；完成《园区公共交通发展规划》，优化调整园区公交线路；依托GIS监控系统组建“出租车服务管理平台”，推出“园丁卡”，方便群众出行。广东医学院松山湖附属医院（东莞市第二人民医院）门诊部开业，园区医疗配套改善。成立商业促进部，启动园区商业配套规划工作，推进农贸市场、大型超市建设。全年建成公租房1128套，园区住房配套进一步完善。

市政工程。完成金多港东六路等18项市政工程项目的设计、前期报建及审图工作，完成基建工程投资9.55亿元。完成北部污水处理厂二期工程可行性研究报告及环评报告的编制，协助大岭山镇完成3个排污口的截污工程。推动台湾高科技园污水处理厂、联胜项目变电站等重点工程建设。

【园区管理】园区规划。2011年，松山湖完成西部研发区G01等地块的3项控规微调，完成中心区控规专家评审，启动台湾科技园城市设计国际竞赛、东部地区控规一般调整、金多港地区控规重大调整，开展畅园路以东三角地块城市设计，完成南部地区城市设计和控规编制的初步方案，开展7个项目的地块包装工作。全年共受理605个项目工作，其中权力下放项目309项，非放权项目111项，收发文处理232项。

土地管理。2011年，松山湖争取到包括台湾高科技园在内的新增建设用地指标91.3公顷，为高新区未来发展提供土地资源保障。加速推进招商引进项目的成果转化，完善项目用地手续41宗，面积100公顷，实现土地收益13亿元。建立已供用地建设监管制度，约谈企业50家，处理违约企业3家，通过多种途径盘活土地资源。加强土地执法监察力度，及时制止多起周边村民跨边界红线搭建建筑的违法用地行为，查处违法用地案件5起，拆除违法建筑7000多平方米，通过复绿方式完成整改40公顷，完善补办手续9宗；制定《松山湖临时用地管理办法》，规范临时用地行为。妥善解决历史遗留问题，收回大有园31.3公顷储备用地；依法推进宝陂村和松木山村拆迁工作。

房产管理。全面推进房产管理信息化建设；加强物业行业监管管理，严格执行房价调控措施。开展土地集约节约利用和房产管理调研，提高高新区国土房产管理水平。

社会综合治理。完成《松山湖治安管理规划》，推进“科技强警”建设，完成治安视频监控点建设一期工程、卡口系统建设，3间网上警务室投入使用。成立治安监控指挥中心，筹备成立松山湖警友会。开展“平安松湖1号”、“创平安、迎新春”、“断源行动”、“清网行动”等系列专项行动。开展交通安全、非法营运、消防隐患整治，安全监督、质量监督、食品安全和综合执法力度不断加强。

信息管理。成立信息中心，启动“智慧松山湖”一期工程，启动城市综合管理及应急指挥平台、国土房产管理平台、智能交通指挥平台、智能消防系统、高新区资源管控平台（整合OA系统）、智慧安防、视频会议、城域网一期及配套机房（含设备采购、基础数据平台开发）、地理信息GIS平台（地上建筑、地下管网、电子地图）等软硬件的开发与建设。

【教育·文化·体育】园区教育。2011年，松山湖中心小学、实验小学等特色教育初见成效，园区教育品牌逐渐形成。开展“幸福东莞、和谐家园”主题教育活动、校园科技节及英语节等活动。承办全市小学英语、语文教研工作会议和小学数学的研讨活动。中心小学被授予“小学课程改革示范学校”、“广东省少年儿童科学教育实验学校”，实验小学被评为“中华吟诵示范学校”。中心小学的市级课题《拓展型课程的行动研究》结题，中心小学全体音乐老师申请的课题《“葫芦丝进课”音乐校本课程建设及应用的研究》通过市级课题的立项。实验小学在青少年机器人世界杯大中华区广东省选拔赛中取得好成绩并参加全国比赛；在中小学生电脑制作比赛中获广东省第一名并选送参加全国比赛。

文化艺术。启动“松山湖第二届校园文化艺术节暨首届读书节”，策划并带动全园区企业、学校举办读书活动百余项，累计参加各类活动读者万余人。组织园区学校选送3首歌曲参加“首届东莞歌唱节比赛”，其中独唱歌曲《芦花》在大赛中获银奖；组织管委会合唱团参加“松山湖纪念建党90周年合唱比赛”，并获得金奖；组织园区文艺骨干参加东莞市第五届小品小戏曲艺（廉政小品小戏曲艺）创演大赛，获得银奖；承办东莞市第四届广场集体舞蹈大赛预赛（松山湖分赛场），组织松山湖舞蹈队参赛并获得赢得银奖和最佳组织奖。举办“庆祝中国共产党成立90周年—东莞地方党史”知识竞赛活动和“红歌颂党，幸福我心”为主题的大合唱比赛，吸引机关、各院校和多家企业组成的16支参赛队伍参赛。中心小学参加“好字行天下杯”第三届全国中小学生硬笔书写大赛，共14名学生获奖；参加第八届‘星星火炬’中国青少年艺术英才推选活动，多人获国家或省金奖。

体育活动。2011年组织踏青节系列活动、绿道自行车赛、“东江水务杯”足球、篮球赛、“电信杯”网球赛、“机关杯”快乐五人足球赛。松山湖足球队参加广东省首届“城市冠军杯五人足球赛”获得冠军，松山湖女子篮球队参加“东莞市女篮乙级联赛”获得冠军。举办首届“松湖杯”校园足球邀请赛。中心小学参加第七届中国南方城市小学生毽球协作赛取得男子团体亚军，两名学生在全国青少年航空航天模型比赛中获得国家“二级运动员”证书并入选国家队。实验小学足球队在全国U11比赛中以较大优势获得冠军，并参加塔吉克斯坦国际邀请赛。

【台湾高科技园区】台湾高科技园区位于松山湖东部，规划面积近6.8平方公里，是松山湖引进台湾高端产业项目的主题园区。该园区分为先进IT制造与LED光电区103公顷、大型晶圆及面板制造业区172公顷、研发与配套区96公顷3个功能片区，重点引进台湾高端电子信息产业，包括IC设计、新型面板、LED等相关行业的龙头企业和研发平台，以及新能源、新材料等新兴产业。台湾高科技园区于2010年11月开园。至2011年，台湾高科技园聚集东莞亿浪微电子、台湾晶宏半导体等8家IC企业，同时盛群半导体等一批知名的IC设计公司表达明确的入园意向。水资源回收系统项目已经在松山湖注册投资，并正在推广试点；全球一动公司4G网络项目已与松山湖签署合作框架协议；协助宏齐科技与东莞LED灯具公司开展业务接洽；电动汽车及智能公交等项目也在筹划中。创新生物医药中心总体的建设构想逐步完善，部分台湾新药项目开始落户园区。（王志平）

附：2011年东莞松山湖高新技术产业开发区管理委员会领导名录

主　任：冷晓明

常务副主任：陈建枝（6月离任）

刘　宁（7月到任）

虎门港

【概况】虎门港位于珠三角经济区中心位置，拥有珠江口53公里深水岸线，海域面积79平方公里，航道水深-13米，规划控制区32平方公里，是国家一类口岸、广东省重要港口之一。根据总体布局规划，虎门港划分为麻涌、沙田、沙角、长安和内河5大港区。重点发展西大坦集装箱作业区、立沙岛石化基地、新沙南散杂货作业区、西大坦物流基地、虎门港中心服务区5大区域。虎门港将建成一个以信息化为中心的现代物流为主体，拥有集装箱、石化、煤炭、粮食、汽车5大运输系统，具备装卸储运、中转换装、物流中心、临港产业、区港联动、商贸服务、汽车滚装、信息服务、休闲旅游9项功能，服务本地、辐射华南的大型现代综合性港口园区。

【港口建设】码头报批。2011年，虎门港新获批码头项目2个、深水泊位3个，规划的34个3万吨级以上深水泊位累计获批25个，总吞吐能力7000万吨。码头建设。东洲油气化工码头和西大坦二期码头共4个泊位相继建成投产，虎门港已投产深水泊位达12个。重点项目建设。虎门港纳入2011年市重点建设项目共有7项，其中政府和国有资金投资的项目3个，社会投资项目4个。7个市重点项目累计完成投资11.94亿元，占年度投资计划的112.9%。政府和国有资金投资项目约完成投资2.06亿元，社会资金完成投资9.88亿元，其中虎门港海昌煤炭码头二期工程完成年度计划的186.4%，虎门港立沙岛阳鸿石油化工品库项目完成年度计划的118.1%。市政配套工程。2011年，虎门港继续加大港区公共配套工程建设，其中虎门港特勤消防站完成投资约1480万元，虎门港水上危险品应急中心完成投资约1470万元。此外，推进职工过渡房建设及企业总部大厦前期工作；协调推动港区道路与周边镇街道路的衔接和贯通，提升港区交通体系环境；继续推进污水处理厂、公共管廊、园林绿化等各项市政配套的建设。

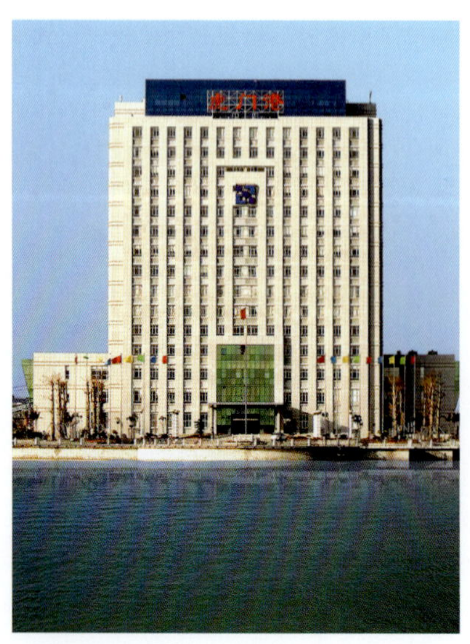

▲虎门港管委会大楼

【港口吞吐量】2011年，虎门港港口吞吐量超过3000万吨，占全市港口吞吐量的43.8%，同比增长40%。其中，新沙南散杂货吞吐量约2422万吨，占全市港口吞吐量的35%，增长21%；立沙岛石化吞吐量480万吨，约占全省石化吞吐量的20%。西大坦集装箱吞吐量15.97万标箱，同比增长188%，月均增长率达9.2%，其中第四季度完成10.9万标箱；累计开通内贸集装箱航线11条、对台直航航线2条。

【保税物流业务】2011年，虎门港保税物流中心进出口业务共完成3.29万票，货物总值达15.27亿美元，同比增长1245.4%，月均增长率达24%，其中12月份进出口货物总值突破2.67亿美元。同时海关征收增值税近7000万元，平均每周进出园区车辆数约500辆。至年底，入驻东莞保税物流中心物流企业14家，业务涉及企业1000多家。货物通关仅需20分钟，保税物流中心与集装箱码头实现“区港联动”，进境货物入区实行“一次报关、一次查验、一次放行”。

【招商选资】2011年，虎门港新引进项目及在谈项目涉及投资额约219.55亿元。其中已引进项目11个，涉及投资约67.41亿元，包括香港造纸、益海嘉里化工、湖南丽臣、物联网、电子交易平台、融资担保公司、港航大厦、普洛斯物流、益海嘉里粮油、鸿业环保设备制造和西大坦9号10号多用途泊位等项目；累计引进项目61个，总投资额约310亿元。在谈项目10个，涉及投资约152.14亿元，包括中荣化工、法国液化空气公司空分、日本住友集团粮食加工产业园等世界500强企业以及百业物流园、启光钢材加工中心、珠江化工、华电分布式能源、中兴能源、泰和沥青、和利化工等项目，涵盖物流、粮食、装备制造、精细化工、新能源汽车、科研、港区商贸配套等各个行业。已投产项目15个，投资额89亿元；在建项目14个，投资额67亿元。虎门港下半年还启动专业市场的规划及招商工作，规划设立特色明显的钢材市场、粮油副食品市场、水果市场、冷冻品市场、葡萄酒市场、家具材料市场、皮革市场等专业市场。

【港口品牌】2011年，虎门港以各类招商推介会活动为契机，积极塑造港口品牌。管委会主要领导先后率队赴长三角、珠三角、台湾等地区进行敲门招商，拜会中远、中海、中外运、台塑、德翔等一系列国内外知名港航企业、港口及专业市场；组织策划声势浩大、覆盖面广、持续时间长的全市镇街港口繁荣推介活动。此外，全年参加省市组织的推介会8次，并向符合虎门港产业的国内及世界500强企业邮寄500多套宣传册和明信片，宣传港区投资环境；围绕港口发展的重点，加强与各级媒体的宣传合作，先后与30多家省市级媒体展开合作，累计邀请媒体采访200多人次，刊登新闻报道近400篇。

【集团发展战略】2011年，虎门港集团公司贯彻落实集团发展战略，推进集装箱码头、物流仓储、石化、公用事业和金融五大板块业务的全面发展。集装箱板块。收购新加坡港务集团持有5号6号泊位项目31%的股权，获得该项目51%的控股权；7号8号泊位项目建成投入试运行，并与中国外运广东有限公司洽谈，就通过增资和股权交易的方式，引进中国外运广东有限公司合作经营7号8号泊位。物流仓储板块。保税1号2号仓库顺利交付使用，3号4号、5号6号仓库已引进威高、普洛斯等合作商共同开发建设，并引进百业等知名企业开发物流园项目。石化板块。立沙岛精细化工集聚区获得市政府批准，引进环保水性溶剂、油品添加剂、化工稀释剂等3个项目。公用事业板块。首个户外广告牌项目投入使用，职工过渡房开始动工建设，加油站、总部大楼等项目全面启动。金融板块。物流银行体系搭建完成、东莞市美东小额贷款有限公司及东莞市虎门港融资担保有限公司获得省金融办批准，已投入运作；并继续深入与金融机构合作，拓宽金融服务范围。

（谢　龙）

附：2011年虎门港管委会主要领导名录

主　任：邓志广

常务副主任：刘　宁（8月离任）

陈建枝（8月到任）

东莞生态产业园区

【概况】 东莞生态产业园区(简称东莞生态园)位于东莞市寮步、东坑、横沥、企石、石排、茶山六镇汇合处,规划面积31平方公里，建设用地面积约15.58平方公里，非建设用地约14.96平方公里，其中，生态绿地和湿地约10平方公里，可开发产业用地约8平方公里。东莞生态园发展定位为“湿地生态园、高端产业发展及配套服务区”。2011年5月，中共中央政治局委员、广东省委书记汪洋视察生态园时称赞：“建设生态园，东莞有眼光”。国内著名治水专家誉东莞生态园为：“珠三角工业文明向生态文明转变的标志性建设”。6月，经省政府批准，东莞生态产业园区入选首批省级循环经济工业园区。这是东莞生态园继去年4月升格为省级园区后，获得又一个省级园区的称号。

【生态园规划体系】 2011年，东莞生态园完成综合交通、消防、环卫、绿色照明、四线控制、生态发展与低碳经济建设等6项专项规划的编制计划与任务书编写。进一步推进中心片区、东坑片区启动区的控规编制和城市设计工作，东坑片区控规已完成专家评审，中心片区控规和城市设计已完成修改稿。启动“国家生态工业园区”、“国家城市湿地公园”和“全国绿色发展科普教育体验示范基地”申报工作，生态园控股公司办公楼的绿色建筑设计通过住房和城乡建设部组织的专家评审并获得标识。园区共研究编制生态园总规及各类专项规划、专题研究26项，形成最终规划成果18项，基本形成科学系统的规划体系。

【土地统筹和建筑物拆迁】 2011年，东莞生态园基本完成空地收地和简易建筑物的清拆任务，整村搬迁、永久建筑物拆迁进入攻坚阶段。收回土地70公顷，清理鱼塘、菜地约67公顷，清拆简易建筑物1.46万平方米、工业厂房等永久建筑物4.4万平方米。完成53公顷返还土地的报批（含历史遗留报批数量），向各镇村提供耕地占补平衡异地补充指标共19公顷，向市财政申请拨款支付新增建设用地有偿使用费3361.78万元、耕地占用税2611.48万元。共收回土地2900公顷,完成收地任务的96%，其中空地完成任务的98.5%，简易建筑物清拆完成任务的96%；工业厂房等永久建筑物拆迁完成任务的78%。

【基础设施和环境工程建设】 2011年，东莞生态园继续以“路网”贯通为突破口，加快基础设施和环境工程建设。生态园大道、东园大道、茶石路、燕岭路、古村路、碧湖路、文荟路已通车；月湖路、兴业路、兴惠路已基本建成，协调周边镇路网相互对接，优化区域性交通布局。中央水系一期、两渠、三排站、三湿地已完工并逐步验收，园区内截污主干管已基本完工并开始试运行。在完善区域绿道5号线标识系统的同时，抓紧推进城市及社区绿道建设，园区中心区绿道网络基本形成。

▲东莞生态园大圳埔湿地

【招商引资】 2011年，东莞生态园举办“2011东莞（台北）两岸机械产业媒合会议”，参加东莞市赴日韩、香港及国内一线城市招商推介活动，并与杂志报纸、网络媒体等合作开展综合宣传，形成多渠道的推广模式。全年到园区考察洽谈50余批（次），投资总额达44亿元的2个项目经市政府批准同意入园。

【职业教育】 2011年，东莞生态园注重发展高等教育和职业教育。东莞职教城包括东莞市技师学院、高技能公共实训中心等若干项目正抓紧施工。9月14日，省委宣传部、省社科联召开广东文化产业职业学院筹建会议，明确全省文化强省规划纲要重点工程——“广东文化产业职业学院”选址落户东莞生态产业园。

【生态发展论坛】 2011年11月25日，由东莞市人民政府、中国环境科学研究院、中国城市规划设计研究院、水利部水资源与水生态工程技术研究中心联合主办，东莞生态产业园管委会承办的“2011中国（东莞）生态发展论坛”举行。中国工程院院士王浩、东莞市副市长严小康参加论坛。专家指出，东莞生态园是珠三角地区生态产业发展方向的代表，是工业文明到生态文明转变的标志性建设。它的建设具有创新性、前瞻性、科学性，创立我国生态工业园区建设的新模式。

【国家三星级绿色建筑】 2011年，东莞生态园控股公司办公楼向住房和城乡建设部提出申报，7月获得国家三星级绿色建设设计证书。该办公楼由中国工程院院士、上海世博会“中国馆之父”何镜堂负责设计，是东莞第一座国家三星级绿色建筑。它集岭南建筑文化内涵和绿色环保技术应用于一身，使用屋顶绿化智能遮阳系统、雨水循环利用、绿色照明等先进环保节能技术，大量减少建筑物产生的能耗。同时该办公楼结合自然条件，合理采光、依山面水，强调岭南生态建筑特色，是园区节能、环保、绿色、生态的新型建筑典范。

（郑资聪）

附：2011年东莞生态产业园区管委会领导名录

主　任：严小康
常务副主任：莫淦泉
副主任：方德佳　尹沛通
工委委员：李惠勤

对外经济 FOREIGN ECONOMY

新沙港作业区

- 全国加工贸易转型升级经验交流会
- 广东省与世界500强和境外大型企业合作交流会
- 口岸便利通关
- 海关“分类监管”改革

编辑：施雪芬

对外贸易经济合作

【概况】 截至2011年，全市拥有外商投资企业12157家，累计合同吸收外资672.4亿美元，实际利用外资601.7亿美元。

【外资利用】 2011年，东莞市实际利用外资30.5亿美元，同比增长11.7%；合同吸收外资35.1亿美元（含增减资），同比增长35.1%。2011年东莞市获全省加工贸易转型升级先进市奖特等奖，吸收外商直接投资综合奖一等奖，外经工作一等奖、吸收世界500强企业和境外大型企业投资奖一等奖和服务外包先进市三等奖。在珠三角九市产业转型升级中，创新推动加工贸易转型升级获全省创新工作奖。

优质大项目投资加快。2011年，全市新签世界500强企业投资项目9宗，合同吸收外资4566万美元。新签、增资、实际投资总额超千万美元项目156宗，同比增加29宗；其中，新签投资总额超1000万美元项目68宗，同比增加22宗，投资总额规模17.8亿美元，同比增长47.4%。

新兴产业项目投资加快。2011年，全市新签或增资新兴产业项目173宗，同比增加108宗，合同吸收外资6.6亿美元，同比增长105.1%。其中，新型电子元器件项目101宗，同比增加62宗，合同吸收外资3.8亿美元，同比增长111.3%。

第三产业项目投资加快。2011年，全市新签第三产业项目149宗，同比增加13宗，合同吸收外资5.2亿美元，同比增加45.8%，占全市的15.0%，实际利用外资5.2亿美元，同比增长82.8%，占全市的17.1%。

日韩台地区投资加快。2011年，全市新签日韩台地区投资项目436宗，同比增加122宗，引进日韩台投资12.5亿美元，同比增长21.8%。其中，新签日资项目70宗，同比增加40宗。合同吸收外资2.9亿美元，同比增长128.3%。

企业生产经营模式转变加快。2011年，全市共有1122家来料加工企业办理不停产转型，累计转型企业超过3500家。

企业研发创新能力增强。2011年，全市新增外资研发中心（机构）202家，同比增加52家。其中，外资企业研发中心14个，同比增加5个。截至2011年，经外经贸部门批准设立的外资研发中心（机构）有450家。

【外贸进出口】 2011年，东莞市外贸进出口总值1352.2亿美元，同比增长11.2%，其中出口783.3亿美元，同比增长12.5%，进口568.9亿美元，同比增长9.4%。2011年，东莞市获全省进出口综合奖一等奖、一般贸易出口一等奖。

一般贸易比重提升。2011年，全市一般贸易进出口232.9亿美元，同比增长36.3%，占全市外贸进出口的17.2%，比2010年提高3.1个百分点。其中，一般贸易出口首次突破百亿美元达134.1亿美元，同比增长40.6%，分别高于全国、全省13.3和17.4个百分点；一般贸易进口98.8亿美元，同比增长30.5%。

民营进出口企业较快发展。2011年，全市民营企业进出口272.8亿美元，同比增长20.8%。其中，民营企业出口155.6亿美元，同比增长21.0%；进口117.2亿美元，同比增长20.5%。

新兴市场快速增长。2011年，香港、美国、欧盟以及日本依次列东莞市出口贸易伙伴的前4位，分别出口232.8亿美元、189.2亿美元、128.2亿美元和69.1亿美元，分别同比增长6.0%、5.2%、11.4%和13.5%。全市对新兴市场出口78.6亿美元，同比增长30.4%，其中，对东盟地区出口35.2亿美元，同比

全国加工贸易转型升级试点城市“一年起好步”

2011年3月11日，商务部与广东省人民政府签署共建珠三角地区全国加工贸易转型升级示范区合作协议

增长27.3%；对拉美地区出口24.4亿美元，同比增长39.3%。

外资企业内销拓展能力增强。2011年，全市外商投资企业国内销售总额2479.2亿元，同比增长18.7%，占内外销总额的32.7%，比2010年提高1.8个百分点。

【中外投资促进机构年会暨战略新兴产业投资促进论坛】 2011年1月12—14日，由商务部投资促进事务局主办、东莞市外经贸局及广东省投资促进局承办的2010中外投资促进机构年会暨战略新兴产业投资促进论坛在东莞松山湖举办，这是商务部首次将中外投资促进机构年会设在北京市以外的地区举行，围绕投资促进、发展战略新兴产业的核心主题，吸引来自46个国家与地区逾500名业界翘楚到莞投资考察。会上，东莞市人民政府与商务部投资促进事务局签订投资促进合作协议，由商务部投资促进事务局定期向东莞通报世界500强企业、跨国公司、大型国企及民企的最新投资动态与趋势。

【第三届广东外商投资企业产品（内销）博览会】 2011年6月15—18日，第三届广东外商投资企业产品（内销）博览会在厚街镇广东现代国际展览中心举办，本届外博会设置家电电子、家居用品、餐厨日化、食品饮品、服装鞋帽、体育用品、玩具礼品7大展区，吸引近万名实力雄厚的专业买家参会采购，达成商贸项目5960宗，总金额577.1亿元人民币，比上届增长7%，其中东莞市企业成交131.6亿元，比上届增长6.5%。本届外博会首次设立面积达400平方米的“精品馆”，以橱窗、现场解说、现场体验等方式集中展示一批为开拓内销市场而研发的科技含量高、创意新颖、质量优良、具有竞争优势的新产品，成为广东外企名、特、新、优产品一个集中展示的平台。

【黄埔海关、东莞市政府促进加工贸易转型升级政策宣讲会】 2011年7月8日，黄埔海关与东莞市人民政府在东莞市行政办事中心联合举行“促进加工贸易转型升级政策宣讲会”，出台《黄埔海关、东莞市人民政府关于落实〈海关总署、广东省政府共同建设全国加工贸易转型升级示范区推进转变发展方式合作备忘录〉的实施意见》，提出36条措施加快推动加工贸易转型升级。黄埔海关各处室及东莞地区海关主要负责人，东莞市外经贸局、口岸局等部门负责人，相关企业代表约350人参会。

【全市产业结构调整和转型升级工作会议】 2011年8月18日，东莞市产业结构调整和转型升级工作会议在市会议大厦主会场召开。东莞市委、市人大、市政府、市政协领导班子成员，市中级法院院长，市人民检察院检察长，市纪委副书记等参会。会议表彰产业结构调整和转型升级先进单位和企业，交流推进产业结构调整和转型升级的工作经验，部署进一步推进产业结构调整和转型升级的工作。

【全国加工贸易转型升级经验交流会】2011年12月12日，国家商务部、海关总署、人力资源和社会保障部联合在东莞市召开全国加工贸易转型升级经验交流会暨工作座谈会，总结交流加工贸易转型升级经验做法，研判加工贸易发展走势，研究相关政策措施，并为58家“全国加工贸易转型升级示范企业”授牌，其中东莞市有12家企业获此殊荣。来自全国27个省、直辖市的商务、海关以及人力资源和社会保障等相关部门的领导及负责人共400人出席会议。

【稳定日资企业经营系列活动】2011年3月30—31日，东莞市委书记、市人大常委会主任刘志庚，市委副书记、市长李毓全，市委常委、副市长江凌等分别率外经贸、海关、检验检疫等部门负责人以及相关镇街领导走访慰问在莞日资企业，帮助企业稳定经营。4月7日，东莞市人民政府、日本国驻广州总领事

① 2011年2月16日，商务部副部长蒋耀平（左二）莅临东莞调研外贸形势及加工贸易转型升级情况
② 2011年6月14日，省长黄华华（前排左二）莅临东莞调研加工贸易转型升级情况

馆和日本贸易振兴机构广州代表处联合召开的“东莞市支援日资企业现场办公会”，东莞市外经贸等10多个部门主要领导，以及近200名东莞日资企业代表参会，重点介绍东莞市支援企业应对日本“3·11”地震影响，稳定生产经营的19条阶段性措施。

【全市外经贸稳增长调结构促平衡工作会议】 2011年11月24日，东莞市召开全市外经贸稳增长调结构促平衡工作会议，研判当前外经贸工作形势，部署推动外经贸“稳增长、调结构、促平衡”工作。会议以市委、市政府名义印发了《东莞市全力推动外经贸稳增长调结构促平衡若干措施》。

【赴台经贸交流活动】 2011年5月31日—6月5日，东莞市委常委、副市长江凌，黄埔海关关长刘广平，市政府顾问宋涛率由市外经贸局、台湾事务局、松山湖管委会、东城街道、寮步镇、东坑镇等单位负责人赴台开展经贸交流活动，拜访明安国际、富乔集团等一批台湾知名高科技企业，召开“新东莞城市商机”研讨会和东莞市促进企业转型升级座谈会，先后与近百家台湾大企业高层沟通联络，促成一批企业来莞投资和增资扩产。

【广东省与世界500强和境外大型企业合作交流会】 2011年9月29—30日，东莞市委副书记、市长李毓全，市委常委、副市长江凌率外经贸局、国土局、经信局、市金融局等部门及松山湖、生态园、虎门港等园区参加由商务部和广东省政府在广州联合举办的广东省与世界500强和境外大型企业合作交流会。此次交流会吸引280多家世界500强和境外大型企业，超过500名企业高层代表参会。

【2011东莞（上海）投资推介会】 2011年10月11—14日，东莞市在上海举行招商推介系列活动。其中，作为本次系列活动的重头戏——“新东莞，新产业——2011东莞（上海）投资推介会”于13日在上海国际会议中心举行，本次推介会由东莞市政府、广东省外经贸厅联合主办，跨国公司、大型企业、境外商协会、外国驻沪领事馆商务处、知名企业代表等400多人参会。市外经贸、市政府新闻办、市外事局、松山湖管委会、生态园管委会、虎门港管委会，以及东城、大朗、东坑、凤岗、沙田、石排镇等单位负责人参加推介活动。推介活动期间，副市长成洪波拜访佛吉亚、安博中国、嘉吉投资、迪卡侬、陶氏化学等世界500强企业、跨国公司驻华总部，双方就政企合作、发展规划、市场拓展等方面进行深入交流，并且达成多项共识和投资意向。

【109届、110届广交会】 第109届、110届广交会分别于2011年4月15日和10月15日在广州琶洲展馆举办。其中，109届广交会东莞市有183家企业参加，展位数499个，达成意向成交4.4亿美元，比108届增长6%，易事特、中玲、圣雅、华尔泰、勤上、坚朗、快灵通等10家企业获得品牌展位。110届广交会东莞市有181家企业参加，展位数506个，达成意向成交4.5亿美元，比109届增长1.5%。

【政企联络会议】 2011年1月7日，第七次在莞日资企业政企联络会议在松山湖凯悦酒店召开。日本国驻广州总领事馆总领事、日本贸易振兴机构广州代表处所长及市外经贸局、外事局、外汇管理局、东莞海关、国税局、地税局、房产管理局、东莞检验检疫局和环境保护局等9个职能部门的负责人以及96家在莞日资企业代表220人参会。

8月17日，第二次在莞韩资企业政企联络会议在东莞会展国际大酒店召开。韩国驻广州总领事馆总领事、大韩贸易投资振兴公社广州贸易馆馆长以及市外经贸局、外事局、公安局、东莞海关、人力资源局等16个职能部门的相关领导和约100家在莞韩资企业代表参会。

12月15日，第一次多国在莞投资企业政企联络会议在东莞松山湖凯悦酒店召开。英国、澳大利亚、加拿大、新加坡、美国、德国、法国等驻穗总领事馆总领事或商务代表，市外经贸局、外事局、人力资源局、东莞海关等13个职能部门的相关领导以及约90家在莞投资企业代表参会。

【第100次外商联络小组协调会】 2011年9月21日，第100次协调会暨志庆活动在东莞索菲特御景湾酒店举行，活动主题为“政企同心　再创辉煌”。香港贸易发展局华南首席代表，各镇街、园区分管领导，市外商协会、台商协会代表等170多人出席活动。作为东莞市沟通政企的桥梁，外商联络小组协调会议制度自2002年实施以来，为解决外商投资企业生产运作中的问题，推动东莞市外源型经济发展发挥积极作用，成为东莞市服务外企的重要品牌。

（杨　荣　王颂辉　刘晓明）

附：2011年东莞市对外贸易经济合作局领导名录

局　长：黄冠球

副局长：方见波　蔡　康　周伟森　叶国柱

纪检组组长：黄朝东

附：2011年东莞市外商投资促进中心领导名录

主　任：曾育辉

2011年12月9日，市委书记徐建华（右二）上任首站即开展全市外经贸发展及加工贸易转型升级专题调研

① 2011年1月13日，在2010中外投资促进机构年会暨战略新兴产业投资促进论坛上，东莞市人民政府与商务部投资促进局签订投资促进合作框架协议

② 2011年2月24日，市外经贸局与香港生产力促进局、香港设计中心与香港汽车零部件研究及发展中心、香港纺织及成衣研发中心签署“共同推动在莞港资企业转型升级合作备忘录”

③ 2011年10月11日，“新东莞，新产业——2011东莞（上海）投资推介会”在上海国际会议中心举行，副市长成洪波在会上发言

④ 2011年11月24日，全市外经贸稳增长、调结构、促平衡工作会议召开

⑤ 2011年12月12日，全国加工贸易转型升级经验交流会暨工作座谈会在东莞召开

2011年世界500强企业在莞投资情况

序号	企业名称	投资方式	设立时间	所属镇街	所属跨国公司名称
1	东莞雀巢有限公司	外资	1988.1	南城街道	雀巢（瑞士）Nestle'
2	东莞南城新科磁电制品有限公司	外资	1988.10	南城街道	日本东京电气化学工业公司（TDK）
3	东莞兴宝化工有限公司	合资	1992.1	沙田镇	伊藤忠（日本）Itochu
4	东莞石龙粤龙光学制品厂	来料加工	1992.30	石龙镇	京瓷（日本）Kyocera
5	东莞三星电机有限公司	外资	1992.7	寮步镇	三星（韩国）Samsung
6	东莞麦当劳食品有限公司	合资	1993.4	城区等	麦当劳（美国）McDonald's
7	东莞力达电机有限公司	外资	1993.6	塘厦镇	通用电气（美国）General Electric
8	东莞汇勋电器制品有限公司	外资	1993.6	塘厦镇	通用电气（美国）General Electric
9	东莞住商益安金属制品有限公司	合资	1993.7	沙田镇	住友商事（日本）Sumitomo
10	东莞川电钢板制品有限公司	外资	1994.1	长安镇	日本钢铁工程控股公司（日本）Kawasho
11	东莞杜邦电子材料有限公司	外资	1994.3	南城街道	杜邦（美国）E.I.Du Pontde Nemours
12	东莞华润水泥厂有限公司	外资	1994.3	沙田镇	华润集团
13	金霸王（中国）有限公司	合资	1994.7	南城街道	美国吉列公司
14	东莞大华汽车维修服务有限公司	合资	1994.7	南城街道	怡和（香港）Jardine Matheson
15	三井高科技电子（东莞）有限公司	外资	1994.8	长安镇	三井（日本）Mitsui
16	汉高胶粘剂技术（广东）有限公司	外资	1994.9	虎门镇	德国汉高henkel
17	东莞顶锋金属制品有限公司	外资	1995.11	常平镇	住友商事（日本）Sumitomo
18	东莞宝田化工有限公司	合资	1995.12	沙田镇	伊藤忠（日本）Itochu
19	三洋电子（东莞）有限公司	合资	1995.12	塘厦镇	三洋电机（日本）Sanyo Electric
20	东莞歌乐东方电子有限公司	外资	1995.4	东坑镇	日立（日本）Hitachi
21	诺基亚首信通信有限公司东莞公司	合资	1995.5	南城街道	诺基亚（芬兰）Nokia
22	东莞铁和金属制品有限公司	外资	1995.6	南城街道	新日铁（日本）Nippon Steel
23	可口可乐装瓶商生产（东莞）有限公司	合资	1995.7	南城街道	Coca-Cola（美国）
24	东莞石龙京瓷光学有限公司	合资	1995.8	石龙镇	京瓷（日本）Kyocera
25	东莞时力科技电子厂	来料加工	1997.1	长安镇	日本东京电气化学工业公司（TDK）
26	罗门哈斯电子材料（东莞）有限公司	外资	1997.12	东城街道	罗门哈斯Rohm and Hass
27	东莞喜威液化石油气有限公司	合资	1997.6	经贸总	SHV Holdings（荷兰）
28	东莞美极有限公司	外资	1997.1	茶山镇	雀巢（瑞士）Nestle'
29	东莞百音电子有限公司	外资	1998.6	南城街道	先锋电子（中国）投资有限公司
30	东莞石龙粤龙办公设备制造厂	来料加工	1999	石龙镇	京瓷（日本）Kyocera
31	广东福地日合偏光器件有限公司	合资	1999.7	南城街道	丸红商事（日本）MaruBeni
32	东莞佳汇电子厂	来料加工	1999.8	大岭山镇	皇家飞利浦电子（荷兰）Royal Philips Electronics 伟创力（新加坡）Flextronics International
33	恩智浦半导体广东有限公司	外资	2000.1	黄江镇	皇家飞利浦电子（荷兰）Royal Philips Electronics
34	先锋高科技（东莞）有限公司	合资	2000.11	寮步镇	日本先锋株式会社
35	阿克苏诺贝尔涂料（东莞）有限公司	外资	2000.4	大岭山镇	阿克苏·诺贝尔（荷兰）Akzo Nobel
36	东莞清溪三清半导体厂	来料加工	2000.5	清溪镇	三洋电机（日本）Sanyo Electric
37	东莞肯德基有限公司	外资	2000.8	城区等	百事公司（美国）Pepsi co.
38	先锋信泰（东莞）光学有限公司	合资	2000.8	长安镇	日本先锋公司
39	东莞三星视界有限公司	外资	2001.11	厚街镇	三星电子（韩国）Samsung Electronics
40	东莞新长桥塑料有限公司	外资	2001.12	沙田镇	三菱商事株式会社
41	京瓷美达办公设备（东莞）有限公司	合资	2001.12	石龙镇	京瓷（日本）Kyocera
42	东莞大岭山双叶机械厂	来料加工	2001.4	大岭山镇	丰田通商（日本）Toyota Tsusho
43	东莞石龙京粤光学制品厂	来料加工	2001.5	石龙镇	京瓷（日本）Kyocera

续上表

序号	企业名称	投资方式	设立时间	所属镇街	所属跨国公司名称
44	东莞住秀电子有限公司	外资	2001.6	凤岗镇	日立
45	东莞石龙粤龙电磁离合器厂	来料加工	2001.9	石龙镇	京瓷（日本）Kyocera
46	东莞创宝达电器制品有限公司	外资	2001.9	常平镇	美国泰科国际
47	东莞百悦电子有限公司	合资	2002.2	南城街道	日本先锋公司
48	东莞沃尔玛百货有限公司	合资	2002.6	城区	沃尔玛（美国）Wal-Mart Stores
49	日立化成工业（东莞）有限公司	外资	2002.6	茶山镇	日立化成工业株式会社
50	泰科电子（东莞）有限公司	外资	2002.6	厚街镇	美国泰科国际
51	三井高科技（广东）有限公司	外资	2002.8	长安镇	三井（日本）Mitsui
52	东莞日矿富士电子有限公司	外资	2002.1	洪梅镇	JX日矿日石金属株式会社
53	东莞能率科技有限公司	外资	2003.12	寮步镇	佳能（日本）Canon
54	东莞新科技术研究开发有限公司	外资	2003.12	南城街道	日本东京电气化学工业公司（TDK）
55	日立蓄电池（东莞）有限公司	外资	2003.5	茶山镇	日立（日本）Hitachi
56	麦德龙物业管理(东莞)有限公司	外资	2003.5	万江街道	麦德龙（德国）Metro
57	东莞长安新科磁电制品厂	来料加工	2004.4	长安镇	日本东京电气化学工业公司（TDK）
58	日立金属（东莞）特殊钢有限公司	外资	2004.5	茶山镇	日立（日本）Hitachi
59	日立粉末冶金（东莞）有限公司	外资	2004.6	茶山镇	日立（日本）Hitachi
60	东莞百安居装饰建材有限公司	外资	2005.1	万江街道	kingfisher（英国翠丰集团）
61	东莞住矿电子浆料有限公司	合资	2005.12	松山湖	住友商事（日本）Sumitomo
62	东莞马士基集装箱工业有限公司	外资	2005.5	麻涌镇	马士基集团A.P.Moller-Maersk Group
63	东莞家乐福商业有限公司	外资	2006.11	东城街道	家乐福（法国）Carrefour
64	博世激光仪器（东莞）有限公司	外资	2006.11	樟木头镇	德国博世
65	杰斯比塑料（东莞）有限公司	外资	2006.12	松山湖	伊藤忠（日本）Itochu
66	东莞杜邦华佳高性能涂料有限公司	合资	2006.5	万江街道	杜邦（美国）E.I.Du Pontde Nemours
67	东莞永佳中通汽车服务有限公司	合资	2006.8	厚街镇	丰田汽车（日本）Toyota
68	东莞深赤湾港务有限公司	合资	2006.8	虎门港	新加坡丰益国际
69	东莞三星钢材加工有限公司	外资	2006.9	大朗镇	三星物产
70	益海（东莞）油化工业有限公司	外资	2007.1	麻涌镇	新加坡丰益国际
71	美达王板和精密金属（东莞）有限公司	外资	2007.1	松山湖	三菱mitsubishi
72	东莞益海嘉里粮油食品工业有限公司	外资	2007.1	麻涌镇	新加坡丰益国际
73	柯尼卡美能达商用科技（东莞）有限公司	外资	2007.11	石龙镇	日本柯美
74	日铁商事（东莞）经济咨询有限公司	外资	2007.11	南城街道	日本新日铁
75	东莞京瓷置业有限公司	外资	2007.11	石龙镇	日本京瓷
76	东莞伟创力实业有限公司	外资	2007.12	大岭山镇	伟创力（新加坡）Flextronics International
77	欧图（东莞）企业管理咨询有限公司	外资	2007.7	万江街道	德国奥托集团
78	东莞三星道达尔工程塑料有限公司	外资	2008.5	大岭山镇	韩国三星 法国道尔顿total
79	沃尔玛（东莞）商业零售有限公司	外资	2009.2	莞城街道	沃尔玛
80	京瓷爱克（东莞）电子有限公司	外资	2009.7	石龙镇	京瓷（日本）Kyocera
81	东莞汉莎产品技术咨询服务有限公司	外资	2009.9	寮步镇	德国奥托集团
82	东莞乐艾电子科技有限公司	外资	2010.9	松山湖	韩国LG（乐金）
83	京瓷光电科技（东莞）有限公司	外资	2011.2	石龙镇	日本京瓷
84	伟创力电源（东莞）有限公司	外资	2011.3	市属	新加坡伟创力
85	东电化（东莞）科技有限公司	外资	2011.3	长安镇	TDK
86	东莞富士通电装电子有限公司	外资	2011.2	洪梅镇	富士通（日本）Fujitsu
87	东莞旺市百利百货有限公司	外资	2011.7	莞城街道	沃尔玛
88	华润水泥采购有限公司	外资	2011.8	沙田镇	华润集团

贸易促进

【概况】 2011年，东莞市贸促会先后获得“市级预算管理工作先进单位”和“广东省国际贸易促进工作先进单位”称号。

【招商引资】 2011年，市贸促会做好新能源、高科技等项目的引进，先后引进水煤浆项目和多靶标高灵敏度磁敏免疫快速体外诊断系统项目。

水煤浆项目 水煤浆是煤炭深加工后的液态燃料，能在工业锅炉、电站锅炉、工业窑炉上代替油、气、煤燃烧。燃烧效率高，产生烟尘、二氧化硫、氮氧化物等污染物相对较低，是低碳、减排的环保项目。按照《东莞市推广应用水煤浆实施意见》的规划，5年内，东莞将培育2—3家生产水煤浆的龙头企业。市贸促会引进香港华特科技有限公司在东莞注册成立公司，生产水煤浆。预计整个项目投资将达2亿元人民币。

多靶标高灵敏度磁敏免疫快速体外诊断系统项目 项目主要应用于医疗方面。体外检测（IVD）市场需要一种快速、高灵敏且容易使用的测试平台，用来测试血液、尿液、唾液等体液以快速诊断传染病、心肌梗塞、心肠梗塞以及其他疾病。高灵敏度磁隧道结传感器为市场需要提供一个关键的技术。截至2011年，美国与中国科学院有关专家在东莞注册成立“东莞慈欣诊断技术有限公司”，并将落户松山湖高新科技开发区，主营系统的研发与生产。

【法律服务】 承办“全省法律服务工作会议” 2011年3月24日，市贸促会在东莞承办“2011年广东省贸促系统法律工作会议”。广东省贸促会会长陈文杰、广东省28个贸促机构的领导及从事法律工作的代表80多人参会。会议探讨了新形势下法律服务工作的新途径、新举措。在多变的国际形势及东莞企业进出口活动中面临越来越多的法律困境的情况下，“全省法律服务工作会议”在东莞举行，旨在帮助企业寻找解决问题的对策。

配合中国贸促会赴莞开展法律工作调研 6月8日，中国国际贸易促进委员会副会长董松根一行到东莞调研法律服务工作。市委书记刘志庚会见副会长董松根一行，双方就企业国际化经营话题进行深入交流。市贸促会汇报了开展法律服务工作的思路以及工作情况。董松根强调，贸促会为企业提供法律服务是贸促会三大业务中最务实、最贴近企业、直接影响企业经济效益的业务。对于市贸促会在开展法律服务工作方面取得的成效表示肯定，并提出，总会确定把东莞市贸促会定为全国贸促系统法律服务工作的试点单位。

举办“出国展览知识产权风险防范和纠纷解决讲座” 12月9日，市贸促

打造一流贸促机构，为企业国际化经营提供全方位的优质服务

① 2011年6月8日，中国国际贸易促进委员会副会长董松根一行到东莞调研法律服务工作

② 2011年12月20日，市贸促会邀请瑞士驻华使馆参赞马祖凯、瑞士苏黎世银行驻中国首席代表刘克勤一行到访东莞，受到市领导亲切接见

会在东莞举办"出国展览知识产权风险防范和纠纷解决讲座"，来自东莞企业的代表135人参加讲座。中国—欧盟知识产权保护项目（二期）国际展会知识产权纠纷调解专家、德国法思博知识产权律师事务所知识产权顾问武卓敏介绍欧洲展会上保护知识产权的三大措施：行政措施、民事措施、刑事措施，讲解企业出国展览时遇到知识产权纠纷后可采取的解决方法。中国贸促会法律部法律顾问处处长张顺结合全球知识产权环境及中国知识产权的发展情况，分析中国企业出境参展遇到纠纷的原因，从企业角度提出有效的预防纠纷的方法，为企业提供出国展览知识产权纠纷解决的途径。

筹备法律调解中心。东莞外资企业多，对外经济贸易往来频繁，受国际贸易壁垒等因素影响，企业国际间的贸易摩擦增多，迫切需要法律服务的支持。市贸促会争取中国贸促会及省贸促会的支持，筹备成立法律服务调解中心。组成一支具备专业经济法律知识、职业操守好的法律团队，为企业提供专业的法律顾问、进行纠纷调解等服务。市贸促会先后与东莞市第一人民法院、东莞市第二人民法院举行有关"诉调对接"的工作座谈会，就建立"诉调对接"合作机制达成初步合作意向。截至2011年，中国贸促会正式批复同意成立调解中心，市贸促会向市政府申请设立。

【出证认证】2011年，市贸促会签发一般原产地证35210份，同比上升8.57%；其中网上签证14575份，出具国际商事证明书2057份，签发区域性优惠原产地217份，认证外贸单据58份，代办领事认证438份。组织签证人员对网上系统进行全面实际操作的练习，熟练掌握各种技巧，强化网签工作，已有50多家企业开通网上签证并进行操作。规范出证认证的业务流程，对企业注册、原产地证的签发、国际商事证明书的申办作出详细的规定。重新印制一批服务指引手册，对各项办证业务服务范围、申办条件、办理流程等做了详细的讲解，引导企业高效办证。

【对外联络】2011年，市贸促会接待境内外来访团体15个，180多人次，其中，境外来访团体6个，包括乌干达共和国驻广州总领事索罗曼.鲁提嘉一行、德国北莱茵—威斯特法伦州白欧迈博士一行、智利驻华领事馆的商务专员冈萨罗・马塔马拉、朝鲜国际展览社总社长金文正一行、泰国会议展览局一行、瑞士驻华

①

②

③

④

① 2011年2月22日，市贸促会与到访的德国北威州投资促进署Dr.Otmar Becker（白欧迈博士）一行商讨双方合作事宜

② 2011年3月24日，"2011年广东省贸促系统法律工作会议"在莞召开

③ 2011年4月1日，市贸促会举办"2011中国东莞国际贸易峰会"

④ 2011年4月21—24日，由市政府主办，市台湾事务局、市贸促会、市外经贸局、市台商协会和台湾展昭国际股份有限公司联合承办的"2011东莞台湾名品博览会"在东莞国际会展中心举行

① 2011年12月9日，市贸促会组织举办"企业出境参展知识产权风险回避讲座"
② 2011年6月10日，市贸促会与外事局共同举办"2011非洲·埃塞俄比亚商贸投资机遇宣讲会"
③ 2011年7月31日，市贸促会陪同到访的朝鲜国际展览社总社长金文正一行参观东莞展览馆，了解东莞改革开放三十多年来取得的成就

使馆商务参赞马祖凯一行等。

【展览工作】承办"2011年东莞台湾名品博览会"。2011年4月21—24日，由市政府主办，市台湾事务局、市贸促会、市外经贸局、市台商协会和台湾展昭国际股份有限公司联合承办的"2011东莞台湾名品博览会"在东莞国际会展中心举行。第二届"台博会"吸引32.3万人次参观采购，举行B2B专业采购对接会达63场，创造的总商机超过20亿元人民币（下同）。其中，专业采购商较上年有所增加，达7598人次，一般民众31.55万人次；现场零售额6,680万元，现场采购订单4.4亿元，一年内采购意向14.9亿元。

主办"第四届东莞国际茶业博览会"。5月20—23日，由市贸促会主办的"第四届东莞国际茶业博览会"在东莞国际会展中心举行，展览面积1.5万平方米，较上届增加5000平方米，设置国际标准展位828个，其中248个标摊，580个特装，特装展位占三分之二。展位设置普洱茶区、绿茶区、老茶（藏家）展示交易区、特装展位区、紫砂壶区、家具茶具区等六大区域。

除茶叶展示外，大会还设有80个紫砂壶展位，以及其他茶业配套产品的多个展位，以满足广大茶爱好者的多方面需求。展会同期举办云南勐海茶厂的"百店同庆、感恩莞城、十佳专营店"评选颁奖、万人品茗大益茶等一系列活动，为茶友提供一个现场品茗交流心得的大平台。

组织企业参加国内外展览会。2011年先后组织企业参观"2011年春季（广州）国际茶业博览会"、"2011广东（广州）台湾名品博览会"、"2011年台湾茶博会"、"第三届香港国际茶展"、"香港秋季电子展"、"香港美酒展"等6场境内外专业展会。

举办商贸洽谈会。1月12日，市贸促会与智利驻华使馆商务处在东莞联合组织举办智利商贸洽谈会，并组织东莞食品行业协会和相关企业的代表参加。智利驻华领事馆的商务专员生向到会人员介绍和宣传智利相关产品及投资情况。智利驻华领事馆希望通过洽谈会，把智利在相关领域最好的企业介绍给东莞的相关行业和企业代表，以期建立长期合作关系。 （谢海燕）

附：2011年中国国际贸易促进委员会东莞市委员会领导名录

会　长：李文峰
副会长：莫锦志　周雪华

① 2011年8月22日，市贸促会向到访的乌干达共和国驻华大使馆副馆长索罗曼·鲁嘉提一行介绍东莞的经济发展情况

② 2011年11月4日，市贸促会组织东莞企业代表团参观由香港贸发局在香港举办的“香港国际美酒展”

③ 2011年9月21日，市贸促会举办“2011出证认证业务培训班”

④ 2011年12月13日，东莞市东城茶叶市场第三期老茶品牌街开业暨鼎好广场揭“鼎”仪式、第五届东莞国际茶业博览会启动新闻发布会暨“晋丰厚”老茶品鉴系列活动在东城茶叶市场举行

口岸工作

【概况】2011年，东莞市口岸局连续6年获“广东省口岸大通关建设”一等奖。全年经东莞市口岸入出境人员75万人次，进出境货运车辆167.6万辆次，进出口货物2607万吨（其中水运口岸1662万吨，公路口岸945万吨），进出境列车7374辆次，入出境船舶16654艘次。

【口岸开放】2011年，东莞市口岸局为东莞虎门港沙田港区油气化工码头和虎门港7#、8#泊位办理纳入虎门港口岸并对外开放的有关手续。截至2011年，虎门港口岸已对外开放的码头有20个，泊位47个。虎门港口岸开通直达台湾高雄班轮航线，获得进口水果口岸业务资格。在陆路口岸开放方面，积极推动在东莞铁路口岸设立石龙上下点，进一步发挥口岸的资源优势和辐射带动作用。在车检场增加保税、物流功能，开展长安车检场“两仓功能合一”规划论证工作等。

【口岸便利通关】2011年，东莞市口岸局建立东莞市口岸检查检验单位协调会议制度，召开协调会议，围绕东莞口岸建设共同出谋划策，帮助解决有关重大问题和困难。发挥东莞市口岸工作领导小组的作用，统筹协调驻莞查验单位向上级争取各

东莞市口岸局

① 2011年6月3日，东莞市委书记刘志庚一行莅临东莞铁路（客运）口岸检查指导工作

② 2011年5月11日，省政府口岸办公室主任邹公权到虎门港口岸东洲国际石化码头指导工作

项特殊政策支持和优惠措施，从后勤建设保障等各个方面支持查验单位开展查验制度改革，创新监管手段，深化通关服务，推进口岸通关便利化。

【口岸通关环境完善】2011年，东莞市口岸建设项目有47项，总投资约5.7亿元。2011年完成太平客运码头客运大厅装修工程、长安车检场智能化通关改造工程等10项工程，东莞海关集体宿舍、黄埔海关驻常平办事处集体宿舍楼、东莞边检站常平分站干部周转宿舍楼、黄埔海关驻凤岗办事处综合仓库和东莞出入境检验检疫局凤岗办事处查验设施等5项工程完成主体封顶。沙田车检场完成初步设计方案，待地块征地问题解决后将全面开展建设工作。虎门港（太平）客运口岸码头搬迁工程的前期手续报批工作进展顺利，多个专业报告完成并通过评审。驻莞海关武警营房建设进展良好，长安驻点投入使用，凤岗、沙田、虎门、常平、寮步驻点开始建设。配合虎门镇政府实施“三旧”改造，开展虎门口岸单位办公、生活区整体置换论证工作。

【企业发展帮扶】2011年，东莞市口岸局从9月1日起停止收缴口岸基础设施建设专用资金，减轻企业负担，并制定退费方案，开展9月1日后的进出口货物的退费工作。帮助多个企业码头在试营业期间试靠外籍船舶，保障企业正常生产。帮助东莞虎门港集装箱码头有限公司申请免征房产税及土地使用税。协助蓝星大汇投资有限公司解决申请海关、检验检疫部门进驻的问题。协助虎门港在车检场推介东莞保税物流中心。协调和协助驻莞查验单位落实各项促进加工贸易转型升级等帮扶企业发展的政策和措施。（唐三保）

附：2011东莞市口岸局领导名录

局　长：郭　水（任至4月）
　　　　郭惠良（4月到任）
副局长：莫国源　姜　伟
　　　　袁沛洪　刘国新
纪检组长：翟肖如

① 2011年10月24日，东莞市委副书记、代市长袁宝成莅临东莞铁路（客运）口岸调研火车站广场改造事宜

② 2011年12月21日，全市口岸工作会议召开，副市长成洪波出席会议

海　关

【概况】2011年，驻莞海关围绕黄埔海关“加快机制建设，提升整体功能，努力建设适应科学发展要求的现代化海关”的关区工作主题，推进东莞加工贸易转型升级，促进东莞经济平稳较快发展。东莞海关机关党委被评为“广东省直机关先进基层党组织”和“全国海关先进基层党组织”，黄埔海关驻凤岗办事处被中央文明委授予“全国文明单位”称号。黄埔海关驻常平办事处和东莞海关分别有科室获评全国“青年文明号”、广东省“巾帼文明岗”称号。东莞海关成功入选广东省创先争优先进事迹报告团并在全省巡回报告，是仅有的3个先进集体代表之一。

黄埔海关在东莞地区共设7个隶属海关、办事处，分别是东莞海关（业务辖区包括东莞市莞城、东城、南城、万江、寮步镇等16个镇街和松山湖、生态园等2个园区）、太平海关（业务辖区包括虎门、厚街等2个镇）、新沙海关（业务辖区包括新沙港、麻涌镇）、驻凤岗办事处（业务辖区包括凤岗、清溪、塘厦、谢岗和樟木头等5个镇）、驻长安办事处（业务辖区包括长安、大岭山等2个镇）、驻常平办事处（业务辖区包括常平、横沥、企石、桥头、东坑等5个镇）、驻沙田办事处（业务辖区包括沙田镇、虎门港）。

【海关“分类监管”改革】落实差别化管理。2011年，驻莞海关在落实好诚信守法企业通关便利措施的基础上，结合实际明确布控查验、案件线索移交、行政立案、启动降级程序等方面必须经“一把手”同意后方可实施，确保A类及以上生产型企业守法便利措施得到落实。推进企业属地管理。将分类监管由通关监管向加工贸易、稽查、缉私等领域扩展。对A类及以上生产型加工贸易企业，按照总署户籍式管理的要求，实行便利化程度更高的“属地管理”。截至2011年，东莞属地管理企业扩大到81家。逐步转向“由企及物”管理。转变监管理念，把监管的重点转到管好企业上。建立企业守法状况动态评估综合监控机制，加强以企业为单元的分析监控。开发“轻微违规记录反馈工具”，对守法企业的轻微失误进行必要提醒。

驻莞海关

① 2011年5月27日，东莞海关积极开展创先争优活动，取得丰硕成果。中共中央政治局委员、广东省委汪洋书记接见东莞海关创先争优先进事迹报告人

② 2011年，东莞海关机关党委被评为“广东省直机关先进基层党组织”和“全国海关先进基层党组织”

③ 2011年4月22日，海关总署署长于广洲（左四）、副署长吕滨（右一）、副署长邹志武（左三）视察东莞海关，到辖区企业调研。黄埔海关关长刘广平（右四）、广东分署副主任王克光（右五）、黄埔海关副关长赖树佳（左二）、东莞海关关长王庆华（右二）陪同

① 黄埔海关驻凤岗办事处被中央文明委授予“全国文明单位”称号，黄埔海关关长刘广平（右一）等领导出席揭牌仪式

② 2011年12月9日，东莞市委书记徐建华（前排左二）等领导到东莞海关指导工作，参观该关保税监管业务现场、创先争优办公室，慰问现场一线关员

③ 东莞海关扶贫“双到”工作在东莞市2011年度考核中名列前茅

④ 东莞海关现场办公，支持举办第二届“东莞台湾名品博览会”，帮助和引导企业扩大内销，积极开拓国内市场

⑤ 黄埔海关驻常平办事处积极开展法制宣传活动，宣传海关颁布实施的海关规章和支持促进地方、企业发展的政策措施，以及海关保护知识产权的法律法规

⑥ 东莞海关在快件监管现场查获涉嫌走私文物

保持打击走私高压态势。通过“三查合一”建立健全稽核工作流程，形成监管合力。针对特殊商品和行业，开展多次专项行动，维护公平贸易秩序。集中优势兵力攻坚克难，“清网行动”效果显著。

【海关促进“转型升级”】推进三方联网。2011年，驻莞海关推动“企业、外经、海关”三方联网试点，企业在网上一次录入，外经部门在网上审批，海关在网上备案，为实现“电子申请、电子审核、电子备案、在线服务”奠定基础。同时，遵循“政府主导、部门参与、第三方建设”的新思路，提出三方资源既相对独立又相互关联的公共平台建设新方案，协调相关部门，推进公共平台建设。支持加工贸易内销。推动落实加工贸易内销便利化措施，畅通内销“快速通道”，在提供有效担保的前提下，将内销“集中申报”的范围扩大到B类企业，增强企业扩大内销的主动性和灵活性。支持促进企业转型。将来料加工厂“四个就地转”不停产转型措施常态化，进一步落实转型企业在办理注册、结转、备案、核销等业务的便利措施，截至2011年，东莞市有3500多家来料加工厂实现转型，约占原来料加工厂总量的58.3%。同时建立倒逼机制，明确不具备法人资格的来料加工厂不再享受海关便利监管措施。创新保税物流监管。从适应转型升级宏观要求和企业降低物流通关成本的具体需求出发，探索海关保税物流监管新模式。民营企业“华为”物流通关时效要求14小时，海关探索创新的“华为监管模式”实现3小时，提高企业竞争力，增强华为等一批大型企业投资东莞的信心。推行阳光通关。选准与企业最直接、最现实、最关心的“海关通关”这个领域，以智能通关改革为契机，探索“阳光通关”，增加海关行政执法过程的公开透明，建设“为民、务实、廉洁、高效”的阳光海关。“黄埔海关阳光通关网”于11月30日在东莞海关上线试运行，企业相关人员可以实时、自动获得海关政务公开信息和本企业办理海关事务各重要环节信息。（吕永才）

附：2011年东莞海关领导名录

关　长：王庆华

副关长兼东莞海关缉私分局局长：
　李文龙（任至10月）
　朱伟建（10月到任）

副关长：毛明曦　黄　舸　陈祖林　汤　勇

纪检监察特派员：邓伟民

2011年太平海关领导名录

关　长：陈　平

副关长兼太平海关缉私分局局长：
　金石磊

副关长：郑　忠　林　臻　杨　朴

纪检监察特派员：劳志扬

2011年新沙海关领导名录

关　长：李　刚

副关长兼新沙海关缉私分局局长：
　邓志平

副关长：庄文庆　徐亚平　朱　垠

纪检监察特派员：莫倩屏

2011年黄埔海关驻长安办事处领导名录

主　任：刘　义

副主任兼长安办缉私分局局长：师　众

副主任：谢安政　尹敬仁　刘湘怀

纪检监察特派员：彭也澎

2011年黄埔海关驻常平办事处领导名录

主　任：张镜波

副主任：吴　锋　吴加林　陈运深

纪检监察特派员：谢海群

2011年黄埔海关驻凤岗办事处领导名录

主　任：张家珍

副主任兼凤岗办缉私分局局长：
　朱伟建（任至10月）
　颜锡瑜（10月到任）

副主任：罗益建（任至10月）
　王茂盛　万昌文（10月到任）
　张学敬

纪检监察特派员：张　佳

2011年黄埔海关驻沙田办事处领导名录

主　任：武　非（任至1月）
　陈　兵（1月到任）

副主任：宋海剑
　倪小祥（任至10月）　周婉虹
　严志刚（10月到任）

纪检监察特派员：何志忠

2011年11月30日，“黄埔海关阳光通关网”在东莞海关上线试运行，黄埔海关副关长赖树佳（左三），黄埔海关办公室、黄埔数据分中心、东莞海关，东莞市人民政府相关部门的有关领导参加宣传推介会

检验检疫

【概况】2011年，东莞出入境检验检疫局检验检疫出入境货物133.1万批，货值427.8亿美元；检疫出入境交通工具12893艘次；检疫集装箱138.2万标箱；监测体检6638人次，发现各类疾病病例2119例；检出进境有害生物及违规情况12257批次；签发普惠制产地证12.8万份、签发一般原产地证13.6万份；完成解除监管设备和外商投资财产鉴定444批次。

2011年，东莞检验检疫局被国家质检总局评为政务信息先进单位、“纪念建党90周年文艺展演”突出贡献单位、全国质检系统“五五”普法先进单位；被广东检验检疫局评为“科技兴检”先进集体、2010年度“广州亚运卫生检疫保障先进单位”、“第16届广州亚运会食品安全保障先进单位”、“供港澳食品安全保障先进单位”、“进出口化妆品监督管理先进集体”、“信息化工作先进单位”、“双打”（打击侵犯知识产权、打击制售假冒伪劣商品）专项行动工作先进集体、广东检验检疫系统认证监管工作先进集体；被东莞市评为“第16届亚运会东莞分赛区先进集体”、“2011年度人口和计划生育工作先进单位”；被东莞市纪委评为“一岗一预防”活动先进单位；被东莞市妇联

东莞出入境检验检疫局

① 2011年12月9日，东莞市委书记徐建华到东莞检验检疫局调研，亲切慰问检验检疫工作人员

② 2011年9月26日，东莞检验检疫局局长詹少彤（左三）、副局长钟其浪（右三）、纪检组长何荣桢（左二）、副局长陈文（右二）、卓汉涛（左一）、陈斌（右一）视察综合实验大楼基建工程

评为2011年度“东莞市妇女工作先进单位”；东莞检验检疫局凤岗办事处党支部被东莞市直工委评为“先进基层党组织”。

【质量监管】开展“质量月活动”，加强质量文化宣传 2011年，东莞检验检疫局广泛开展质检文化宣传和质量监管政策法规宣贯培训，举办“食品检测实验室开放日”活动，邀请东莞市政协、口岸局、外经贸局、食安委、食品行业协会和出口食品企业代表参加，对外展示东莞检验检疫局检测技术水平。

以行业质量分析为切入点，强化检验检疫质量宏观管理 结合产业结构调整和转型升级的需求与东莞产业特色，编制东莞市出口家具、玩具的行业质量分析报告，为地方政府提供决策参考，强化检验检疫质量宏观管理。

组织开展业务风险分析工作 全面查找业务工作中可能存在的风险、评定风险级别、建立岗位风险点信息档案库，制定业务风险防控措施、建立防控模式和预警机制。

加强新纳入法检目录商品检验监管 2011年，东莞检验检疫局召开新增纳入法检目录商品检管工作研讨会，明确职责分工、业务流程、检管与检测要求；8月和9月分别针对内部人员和企业举办新纳入法检目录商品检验监管和技术法规标准培训班，为落实检验监管打下工作基础；至2011年底，基本完成新增商品生产企业的分类评定工作并实施抽样检测，同时参与广东检验检疫局新增法检商品合格评定程序的编制工作。

推动检务窗口标准化建设 广东检验检疫局窗口标准化建设现场会暨窗口建设工作推进会在东莞检验检疫局凤岗办事处召开，并通过质检总局的验收。作为广东检验检疫局第一批试点单位推广应用集中审单系统试点单位，业务实现平稳过渡，信息化手段有效提高监管能力和通关效率。

加大执法稽查和行政处罚工作力度 开展代理报检企业专项清查，清理自理报检单位备案信息，2011年对104家企业进行骗取证单核查，涉及报检批次2912批；对89家企业进行收费票据核查，涉及报检批次1124批，核实1家未备案更新企业情况。将打击违反检验检疫法律法规行为常态化，拓宽稽查信息的来源渠道，加大对各种瞒报漏报以及伪造、骗取检验检疫证单行为的查处力度，2011年受理行政处罚案件710宗。

【依法把关】快速应对日本地震核泄漏事件，加强口岸卫生检疫 2011年，东莞检验检疫局争取东莞市政府追加设备配套财政预算，完善东莞口岸核辐射监测及防护设备的配套，确保口岸核辐射监测工作的顺利开展。

工业品检验监管工作 在加大力度对出口轻纺商品实施抽样检验的同时，加强对相关企业的日常监督检查，2011年检出408款玩具产品项目不合格；检出45批成品鞋不合格；检出481个项次服装不合格；检出144批塑料餐厨具不合格；进出口电池备案及电池产品危险品属性界定工作检出17批产品不合格。完善进口废物原料监管工作制度建设，制定应急

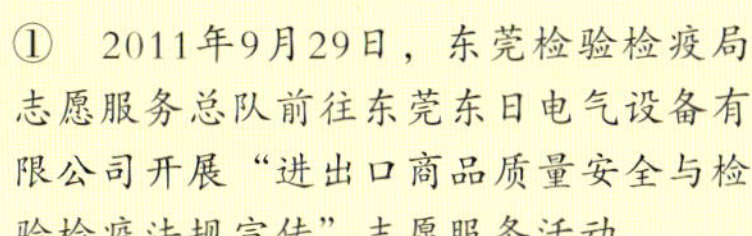

① 2011年9月29日，东莞检验检疫局志愿服务总队前往东莞东日电气设备有限公司开展“进出口商品质量安全与检验检疫法规宣传”志愿服务活动

② 2011年10月18日，东莞检验检疫局沙田办事处快件科举行挂牌仪式

处置预案；重新修订《出境木制品木家具生产企业检验检疫监管手册》、精简随附报检资料以推动分类管理及合格评定工作；严格执行出口木制品、木家具生产企业的注册登记、企业年审及换证工作。

动植物产品检疫监管工作 严格落实动物疫情的防控措施和管理制度，加强对出口注册养殖场的巡查。2011年供港澳蔬菜4.5万批次，质量安全未收到港澳地区相关部门的不良反馈，全部符合要求。加强食品安全工作，开展严打进出口食品非法添加和滥用食品添加剂专项行动，快速应对台湾食品增塑剂事件，联合地方执法单位进行专项督查，确保食品安全，得到上级和地方政府的肯定。

开展"双打"工作 以轻纺、机电、化矿、含乳制品、检验检疫单证及收费收据为重点工作内容，将"双打"（打击侵犯知识产权、打击制售假冒伪劣商品）行动与各项业务工作有机结合。"双打"期间检出输往非洲不合格机电产品3批次，核查中对造假的2份装运前证书单位予以行政处罚。"双打"行动期间东莞检验检疫局共对辖区内792家企业进行清查，查处案件24宗、立案调查10宗，罚款金额约59万元，销毁1.8万个假冒UL（美国保险商实验室）标志的电源插座。

"检出率、优惠关税利用率"指标有效提高 提高检出率。2011年检验检疫不合格8919批次、货值6.77亿美元，其中检验（含日常监管）不合格2106批、货值1.87亿美元。进境植物疫情检出工作再创新高，2011年检出进境植物疫情及违规12257批次。进出口机电产品检出率同比大幅增长，2011年检出不合格进口机电产品383批、货值6373万美元；检出不合格出口机电产品282批、货值649.7万美元。提高优惠关税利用率，通过加大原产地优惠政策的宣传和培训力度，开展企业深度帮扶，发挥《各国优惠关税查询和应用系统》的作用，推动东莞地区2011年区域性优惠原产地证书增长，签证数量约2.5万份，加上普惠制原产地证在内，使东莞出口产品减免约2.5亿美元的关税。

【外贸经济发展促进】2011年，东莞检验检疫局开展加工贸易政策理论研究，成立加工贸易检验检疫政策研究工作小组，《促进加工贸易转型升级检验检疫政策研究》的科研项目通过广东检验检疫局立项，并提出建立检验检疫加工贸易政策的整体框架。贯彻省政府与质检总局签署的《共同建设全国加工贸易转型升级示范区加快推进外经贸发展方式转变合作备忘录》，制定贯彻落实该备忘录的九大举措和三十项具体措施，10月承办建设全国加工贸易转型升级示范区检验检疫政策宣贯东莞现场会，有效扩大政策宣传和利用。全面推行来料加工就地不停产转三资企业检验检疫业务服务卡制度，使持有该卡的企业享受到包括扶持来料加工企业就地不停产转三资企业的十四项具体措施在内的多项"特事特办"服务。帮扶日资企业应对日本地震灾害影响，迅速出台服务日资企业便捷通关措施，有效稳定在莞日企的生产经营。支持东莞新开口岸建设，推动东洲石化码头、虎门港7、8号泊位、蓝星大汇进口废料项目和虎门港启盈国际快件中心项目等新增对外开放点的建设。紧跟地方口岸开放需求做好机构网络建设。深化保税物流检验监管模式改革，2011年先后与海关、保税物流行业协会联合召开特殊监管区域工作研讨会，进一步探索"监管有效、服务高效"的出口监管和进口保税物流检验检疫监管新模式。以大麦客项目为抓手促进台资企业转型升级，成立大麦客商贸项目服务工作小组，采取分类分批报检方式、加快通关速度。5月大麦客如期开张，11月东莞沙田口岸国际码头正式取得进口水果指定口岸的资格，为大麦客进口新鲜水果提供更加便捷的检验检疫服务，受到市领导以及台商协会的高度肯定。进一步为100%实施合同电子备案的300强企业提供优质高效服务。利用好2011年1月1日起生效的ECFA（《海峡两岸经济合作框架协议》）原产地证关税优惠，2011年通过ECFA证书帮助东莞入台货物减免关税约80万美元。

2011年3月15日，由东莞检验检疫局党组成员、纪检组长何荣桢（左二）带队，东莞检验检疫局党员、团员、志愿者一行20余人来到东莞生态园参加"共植'口岸林'，营造和谐口岸"植树活动。

【科技兴检】2011年，东莞检验检疫局开展机电产品全项目定型试验、新增纳入法检目录商品检验、出口家具环保项目检测、进出境水生动物疫病监测、食品中6种增塑剂检测、食品接触材料有害物质检测、食品接触材料中日本标准的酚（苯酚）含量测定和欧盟塑料制品指令中24种芳香族伯胺类物质及重金属元素迁移项目、肉制品中瘦肉精检测等。建立专业养虫室，开展蔬菜水果有害生物的培养鉴定检验，为沙田口岸开展水果进口业务提供技术支持。

2011年，东莞检验检疫局首次获得科技部和国家自然科学基金立项，第二次获得广东省科技厅立项，获批立项5项。粤港关键领域重点突破项目《电子标签在粤港进出口商品质量监管中的关键技术研究及应用》通过结题和成果鉴定；行业标准《进出口商品容器计重规程沥青船舱静态计重》通过审定；《集装箱运载货物重量检验工作模式研究》通过鉴定；《进出口商品检验鉴定机构技术条件与实际检测能力符合性研究》科技项目启动。

【检验检疫基础建设】2011年，东莞检验检疫局推动东莞市政府与广东检验检疫局签署关于支持实验室建设合作备忘录，确定重点实验室建设用地选址松山湖科技产业园区，并获广东检验检疫局书面批复。拓展检测能力认可，11月，东莞检验检疫局综合技术中心顺利通过CMA（国家认证认可监督管理委员会计量认证）、CMA-F（食品检验机构资质认定）、CNAS（中国合格评定国家认可委员会实验室认可）三合一审核，新增检测项目3599项，通过认可的检测项目达到5567项，居广东检验检疫系统分支局技术机构前列。2011年，东莞检验检疫局综合实验用房完成基桩、基坑支护及土方开挖、地下室底板垫层、桩基检测等工作。（蔡雪梅）

附：2011年东莞出入境检验检疫局领导名录

党组书记、局长：詹少彤

党组成员、副局长：钟其浪　陈　文　卓汉涛　陈　斌

党组成员、纪检组长：何荣桢

工业·商业 INDUSTRY · COMMERCE

东城步行街

- 支柱产业重新界定
- 商业结构优化
- 专业批发市场规模扩大
- 东莞市获“中国最具影响力节庆城市”称号

编辑：李缙文

工业综述

【概况】2011年，由于全球经济复苏缓慢、欧美债务危机频发、国际市场需求放缓，加上国内实行偏紧的宏观调控政策、省市产业结构调整力度进一步加大等因素影响，东莞市工业经济发展面临较为严峻的挑战。针对经济发展中出现的困难及问题，市委市政府及时出台支持企业融资、减轻企业和基层负担、加强能源供应保障等一系列有效应对困境的政策措施，保持经济的稳定发展。

全年生产总值4735.39亿元，比上年增长8%；全市规模以上工业增加值1797.3亿元，增长7.5%。各月生产规模波动不大，基本保持在150亿—170亿元，各月增加值累计增速呈现前高后低走势，在3月达到峰值22.7%后，逐月回落，8月略有反弹，9—12月继续回落，但渐趋平稳。支柱产业发展平稳，地位突出，全年完成规模以上工业增加值1249.87亿元，同比增长7.9%，比全市平均水平快0.4个百分点，拉动全市规模以上工业增加值增长5.4个百分点，对规模以上工业增长的贡献率达72.2%，占全市规模以上工业比重为69.5%，同比提高1.5个百分点。其中电子信息、造纸等支柱行业增速较快，分别为13.3%和8.2%。同时，电子信息、电气机械及设备制造两行业的规模不断扩大，主营业务收入已经分别超过2500亿元和1500亿元。

【支柱产业重新界定】2011年，市政府办公室下发《关于确定我市工业支柱产业及特色产业的通知》，把2005年界定的“八大支柱产业”，重新调整界定为“五大支柱产业和四个特色产业”。

五大支柱产业是：电子信息制造业（即通信设备、计算机及其他电子设备制造业）、电气机械及设备制造业（包括电气机械及器材制造业，仪器仪表及文化、办公用机械制造业，通用设备制造业，专用设备制造业，交通运输设备制造业）、纺织服装鞋帽制造业（包括纺织业，纺织服装、鞋、帽制造业，皮革、毛皮、羽绒及其制品业）、食品饮料加工制造业（包括食品制造业，饮料制造业，农副产品加工业）、造纸及纸制品业。2011年五大支柱产业主营业务收入占全市规模以上工业的72.4%，对全市工业增长起到重要拉动作用。

四个特色产业是：玩具及文体用品制造业（即文教体育用品制造业）、家具制造业、化工制造业（包括化学原料及化学制品制造业，橡胶制品业，石油加工、炼焦业及核燃业）、包装印刷业（即印刷业及记录媒介的复制）。

【工业企业内销扩大】2011年，在国家、省、市各级政府扩大消费需求的一系列政策刺激下，投资平稳增长，消费市场持续活跃。省经信委组织的“广东产品全国行”、东莞市组织的“名优产品推荐会”等一系列活动促进企业内销市场的开拓，为工业生产运行提供较好的市场环境。全市规模以上工业实现内销产值3998.11亿元，同比增长15.3%；内销占全市规模以上工业销售产值的比重达48%，提高1.4%；内销对规模以上工业增长的贡献率达到62.3%。东莞市制造业开始由过度依赖出口拉动向内外需协调拉动转变。

【大企业龙头作用增强】2011年，面对较为困难的宏观环境，东莞市大型优质企业仍实现较好业绩，生产规模不断扩大，发挥龙头带动作用。全市产值前50位的规模以上工业企业增加值512.63亿元，占全市规模以上工业增加值28.5%，同比增长17.4%，快于全市9.9个百分点，拉动全市规模以上工业增加值增长4.5个百分点。全市84家大型企业共实现主营业务收入2532.51亿元，同比增长18.4%，比全市增速快7个百分点；共实现利税总额132.59亿元，增长9.4%，比全市增速快9.2个百分点。东莞聚信科技有限公司、东莞三星电机有限公司、东莞金铭电子有限公司、东莞宇龙通信科技有限公司、东莞新能源科技有限公司等一批大企业发展态势良好，生产销售增速均保持在20%以上。

【民营工业增速加快】 2011年，东莞市民营工业发展继续保持良好发展的势头，增速一直高于全市平均水平。全市规模以上民营工业增加值257.71亿元，同比增长12%，比外向型工业快7.9个百分点，比全市平均水平快4.5个百分点，对全市工业增长的贡献率为21.4%，占全市规模以上工业增加值的比重为14.3%，同比提高0.9个百分点。

【战略性新兴产业发展】 2011年，东莞市设立战略性新兴产业培育资金，启动5年倍增计划。东莞聚信科技有限公司、东莞宇龙通信科技有限公司、东莞太平洋计算机科技有限公司、东莞勤上光电股份有限公司、东莞迈科科技有限公司等一批重点战略新兴产业企业发展良好，生产销售收入与上年同期相比增幅均在30%以上。战略性新兴产品增势良好。LED节能灯泡产量930.1万只，同比增长80%；锂离子电池产量3.4亿只，增长41.3%；光电子器件产量127.27亿只，增长37.8%；半导体分立器件产量475.66亿只，增长21.1%。宏威OLED、联胜液晶显示器、峻凌国际LCD、生益科技产品升级工程等一批重点项目建设进度较为理想。

【技改、大项目投资规模扩大】 2011年，在市场环境持续低迷，生产成本日益上涨等因素的倒逼作用下，东莞市企业生产方式从资金、劳动密集型向技术密集型方向转变，不断加大科技创新、技术改造投入。全市共完成工业技改投资209.32亿元，同比增长7.5%，占全市工业投资比重为59.6%。2006—2011年，全市共备案、核准企业技术改造投资项目840个，总投资229亿元；412家企业运用国家进口设备免关税优惠政策开展技术改造，引进国际先进设备18116台（套）。至2011年，全市拥有国家级企业技术中心1个、省级企业技术中心56家、市级企业技术中心59家。大项目投资增加。全年新引进1亿元以上内资项目62宗，协议投资金额352亿元，实际投资金额91.72亿元。全市新签、增资和实际到资超千万美元外资项目156宗，同比增加29宗。

【园区、镇街协调发展】 2011年，松山湖高新技术产业开发区实现规模以上工业增加值56.29亿元，同比增长66.4%，比全市平均水平快58.9个百分点，位居32个镇街和2个园区之首。同时厚街、长安、南城、石龙等工业基础较好的镇街，在引导品牌建设、技术改造、加快转型升级方面成果显著，

东莞市经济和信息化局

2011年3月7日，市委书记、市人大常委会主任刘志庚率东莞市民营企业考察团赴广西桂林、来宾、钦州、南宁等市，开展为期五天的学习考察活动，并签订系列合作意向

① 2011年8月12日，东莞市在成都娇子国际会议中心成功举办2011 广东东莞投资推介会暨东莞时尚消费电子产品展开幕式。广东省经信委巡视员戚真理，广东省人民政府驻西南（成都）办事处主任张振华，东莞市委副市记、市长李毓全，市人大常委会副主任郭水，副市长邓志广，市政协副主席梁近东，市经信局局长冼周恩，市经信局副局长梁经昌、罗斌、刘炯贤等参加

② 2011年11月24日，东莞市民营经济工作会议在市行政办事中心召开。市委书记、市人大常委会主任刘志庚，市委常委、市委秘书长何嘉琪，市人民政府副市长邓志广，市政协副主席莫布兴，市纪委副书记杨晓棠，市民营经济发展领导小组联席会议秘书长、市经信局局长冼周恩，市经信局副局长、市中小企业局局长黄怡等出席会议。会议对东莞市2010年度民营经济工作先进单位、优秀民营企业、民营企业家和“十佳”民营企业创业者等进行表彰

③ 2011年12月22日，东莞市召开以“两化融合，转型升级；合纵连横，‘播’云见日”为主题的广东省信息化与工业化融合牵手工程“百场千企”巡回交流系列活动（东莞站）暨广东省云计算产业联盟成立大会。中国工程院院士李国杰，工信部副司长郭建兵，省经济和信息化委副主任邹生，东莞市人民政府副市长邓志广，市经信局局长冼周恩、副局长刘炯贤、总经济师郑文志，美国南加州大学教授黄铠出席

① 2011年12月14日，“2011东莞市中小企业金融服务日”活动举行。市人民政府副市长邓志广，市经信局局长冼周恩等参加。“中小企业金融服务日活动”自2009年起开始举办，为全市民营中小企业搭建一个与金融机构沟通、交流、互动的平台

② 2011年2月1日，广东生益科技股份有限公司在松山湖厂区举行国家认定企业技术中心揭牌仪式。省经信委副巡视员叶林，调研员李小华，市人民政府副市长邓志广，市经信局局长冼周恩，副局长梁经昌，生益科技股份有限公司董事长李锦，总经理刘述峰等出席

在东莞三星视界有限公司、广东步步高电子工业公司、金宝电子（中国）有限公司、广东欧珀移动通信有限公司、京瓷美达办公设备（东莞）有限公司等一批电子信息、电气机械重点企业带动下，工业实现较快增长，工业增速均快于全市平均水平。东坑、道滘、望牛墩、谢岗等工业相对欠发达镇街，充分发挥后发优势，加快引进优质大型项目，增长势头良好，增速分别为31.1%、10.9%、10.7%、10.5%，均领先于全市增长水平。

支柱产业

【电子信息制造业】 2011年，东莞市电子信息产业实现主营业务收入2565.81亿元，占全市规模以上工业主营业务收入的31.3%；完成工业增加值475.64亿元，占全市规模以上工业增加值的26.5%。电子信息产业以电脑产品及配件最为突出，电脑整机的配套率达到95%以上。电子信息产业遍布全市32个镇街，其中以石龙、石碣、长安、寮步、塘厦、清溪、黄江等镇较为集中。

【电气机械及设备制造业】 2011年，东莞市电气机械及设备制造业实现主营业务收入1532.03亿元，占全市规模以上工业主营业务收入的18.7%；完成工业增加值336.09亿元，占全市规模以上工业增加值的18.7%。该产业已经形成长安五金模具、虎门电子线缆、寮步汽车、横沥模具等多个产业集群。

① 2011年12月28日，省政府在广东大厦三楼国际会议厅召开广东省“十一五”节能工作总结表彰大会，副局长叶葆华代表东莞市经信局上台接受“广东省节能先进单位”的牌匾和证书

② 2011年12月12日，中国食品博览会暨交易会之东莞名特优食品专场启动仪式在武汉国际会展中心举行

③ 2011年8月12—14日，东莞市在成都娇子国际会议中心举办“2011广东东莞投资推介会”

【纺织服装鞋帽制造业】2011年，东莞市纺织服装鞋帽产业实现主营业务收入798.92亿元，占全市规模以上工业主营业务收入的9.7%；完成工业增加值244.01亿元，占全市规模以上工业增加值的13.6%。东莞市作为全国首批十大纺织产业基地之一，拥有大朗毛织、虎门服装、厚街鞋业3个省产业集群升级示范区和中国品牌服装制造名镇（茶山）等一批纺织服装产业基地。

【食品饮料加工制造业】2011年，东莞市食品饮料加工制造业实现主营业务收入550.43亿元，占全市规模以上工业主营业务收入的6.7%；完成工业增加值85.69亿元，占全市规模以上工业增加值的4.8%。东莞市食品饮料产业集聚了一批知名品牌和大型企业，产品种类较为齐全，以饮料、烘焙、糖果、调味品、食品添加剂、粮油加工、冷冻食品为主。

【造纸及纸制品业】2011年，东莞市造纸及纸制品业实现主营业务收入482.48亿元，占全市规模以上工业主营业务收入的5.9%；完成工业增加值108.43亿元，占全市规模以上工业增加值的6%。东莞市已成为中国最大的造纸及纸制品生产基地，形成包装用纸（纸板）、生活用纸、包装、印刷、造纸机械、化工等工业相互配合、协调发展的产业链和产业集群。

能源生产与消费

【电力生产和供应】2011年，受电煤供应紧张、电网工程建设等因素影响，东莞市电力供应从二季度开始便持续告急。全年累计完成供电量579.35亿千瓦时，同比增长4%，累计全社会用电量586.07亿千瓦时，增长4.3%。全市累计完成售电量566.69亿千瓦时，同比增长4.2%。其中农排（含农业）售电量1.24亿千瓦时，增长20.6%；工业售电量445.76亿千瓦时，增长2.3%；商业售电量53.94亿千瓦时，增长10.4%；城乡居民生活售电量65.75亿千瓦时，增长13%。

【成品油及车用天然气供应】2011年，东莞市成品油市场供应基本稳定。受物流业发展放缓和柴油资源偏紧影响，部分民营油站在四季度出现短时限供柴油现象。全年批发企业累计完成成品油销售量67.71万吨，同比减少26.8%，其中柴油32.21万吨，汽油37.5万吨。成品油零售量为178.77万吨，同比增长7.2%，其中柴油70.46万吨，增长0.8%；汽油108.31万吨，增长11.9%。中石化、中石油（含中油BP）、中海油三大集团公司系统内加油站销售成品油120万吨，同比增长8.5%，市场占有率约67.1%，其中柴油52.49万吨，汽油67.51万吨；系统外加油站销售成品油58.77万吨，增长4.8%，市场占有率约32.9%，其中柴油17.97万吨，汽油40.8万吨。

全年累计销售车用天然气7963.1万立方米，同比增长47.4%。累计煤炭购进量约964.45万吨，同比增长58.6%；销售量约831.92万吨，增长41.7%。

【节能降耗】2011年，东莞市制定“十二五”节能规划，建立节能目标责任制，科学分解下达各镇街“十二五”节能指标。初步建立重点用能单位能源信息管理系统。加大节能监察执法力度，加强节能监测预警。充分发挥节能奖励资金的杠杆效应，拉动企业节能技改投入10.4亿元，节约标准煤22万吨。完成2010年度镇街和重点耗能企业节能考核工作。持续推行清洁生产，推进资源综合利用，加快淘汰落后产能，大力发展循环经济。单位生产总值能耗下降4.3%，实现年度节能目标。

商业综述

【概况】2011年，东莞市商贸业平稳发展，市场销售畅旺。全市社会消费品市场实现零售总额1266.31亿元，同比增长15%。从行业看，全市批发零售业实现商品销售总额1150.61亿元，同比增长15.2%，其中限额以上企业销售总额574.12亿元，增长18.5%；住宿餐饮业实现销售总额115.7亿元，增长13.5%，其中星级（限额）以上企业销售额58.5亿元，增长14.9%。

全年物价水平呈现稳中趋缓的走势。居民消费价格总水平比上年上升4.9%。消费品价格指数同比上升5.7%。大类商品中，居住类上升4.3%，食品类上升11.1%，文教娱乐类上升0.3%，医疗保健类上升2.4%，交通和通信类上升0.1%，衣着类上升1.4%。商品零售价格总水平上升4.7%。工业品出厂价格上升2.9%。

【商业结构优化】2011年，随着商业地产的蓬勃兴起，以及周边相关商业配套和基础设施的逐步完善，东莞商业中心商贸消费态势良好，辐射力不断加强，对全市商贸消费产生强大带动作用，共实现社会消费品零售总额843.3亿元，占全市比重将近七成。其中，主中心四个街道得益于消费环境良好，知名商贸企业较为集中，全年共实现消费品零售总额353.4亿元，占全市总额的28%。八个副中心全年消费总额达489.9亿元，占全市比重38.6%，比上年提高2.1个百分点。

【政策拉动消费热点】2011年，东莞市安排100多万元财政资金开展形式多样的政策宣讲活动，“家电下乡”和“以旧换新”对家电市场拉动贡献比较突出。全年共拉动家电消费16.82亿元，比上年销售额增加3.59亿元，同比增长27.1%。2011年，全市家电下乡产品销售达2.7亿台，销售额7050.65万元；以旧换新全年销售总量为44.29万台，销售额为16.11亿元。

【节庆带动消费增长】2011年，东莞市各镇街充分利用节假日及黄金周良机，策划形式多样的促消费活动，带动消费增长。如南城举办的欢乐消费节拉动重点行业的消费，当月辖区内刷卡交易金额达12.5亿元，较上年同期增长32%，直接拉动各类消费总额超过17亿元；为期5天的“第二届中国（道滘）美食文化节暨名优食品展、第七届中国粽子文化节”，吸引市内外60多万人次游客前来参观和品尝，各参展单位累计食品销售总额达1.3亿多元，签订订货协议2亿元，拉动消费约5亿元；在厚街举办的“第十届广东国际汽车展示交易会”共吸引21万名观众进场参观，现场售出车辆8190台，意向成交客户突破万人。此外，常平的“国际啤酒节”、石龙的“商贸活动节”、桥头的“荷花节”等活动活跃消费市场，带动消费增长。

【新型流通方式发展】2011年，大卖场、专卖店、仓储式商场、连锁便利店等多种新型业态相继出现，4S汽车特约店和网络商店成为东莞零售业的新亮点，连锁便利店等部分零售业态在全省处于领先地位。至2011年，全市连锁经营门店总数超1万家，涌现真功夫餐饮、中域电讯、大地通讯、美宜佳便利店、嘉荣超市、搜于特等国内知名的本土连锁企业。全市从事互联网相关业务的电子商务服务类企业近2000家。涌现一

批本地化的第三方电子商务平台，如由中大科教运营的东莞市国际电子商务平台、由广东盛世商潮运营的东莞制造和易批发等B2B、B2C领域的平台，以及在电子商务B2C领域做得较为成功的富民服装网、虎门黄河时装城、中国服装批发网等企业。

【专业批发市场规模扩大】 东莞市专业批发市场布局趋于优化，市场规模不断扩大。至2011年底，全市共有专业批发市场201家，总占地面积约452万平方米。其中超亿元的专业批发市场98个，营业额超亿元的市场有61个。专业批发市场覆盖20多个行业，与支柱产业和特色产业体系相对应，形成纺织服装、电子信息、农副产品、家具、五金机械模具、塑胶原料等六大批发市场集群，共有市场138个，占全市市场总数的70%。此外，为商贸企业提供公共服务的有：樟木头商贸服务业技术创新平台、大朗毛织行业创新平台、虎门服装技术创新中心、国际名家具设计研究院等。

【样板市场建设】2011年，东莞市出台《2011东莞市食品安全样板市场创建工作方案》，加强实地指导和检查，分批组织考核验收，确保建成一批硬件设施一流、环境卫生整洁、管理规范有序、食品安全放心、群众满意认可的样板市场。全年累计投入升级改造资金1.1亿元，改造市场面积17万平方米，完成市政府年度十件实事之一，全市食品安全样板市场超过140个。

商品经营

【批发零售业】 2011年，东莞市批发零售业企业实现商品销售总额1150.61亿元，同比增长15.2%，限额以上批发零售贸易企业中，机电产品及设备类销售额大幅增长31.9%，服装、鞋帽、针纺织品类增长26.7%，汽车类增长20.3%，石油及制品类增长19.4%，食品、饮料、烟酒类增长17.8%，日用品类增长12.3%，中西药品类增长4%。此外，家电类和五金电料类销售额出现同比下降，降幅分别为4.1%和21.7%。

【生产资料商业】 2011年，东莞市生产资料类产品销售维持稳步增长，但增速有所下降。石油及制品类、五金电料类和机电产品设备类生产资料实现销售162.44亿元，同比增长18.3%，比上年增速下降10.08个百分点。价格方面，主要生产资料类商品价格比上年有所增长，但增速减缓：国Ⅳ标准93号、97号汽油和国Ⅲ标准0号柴油年底每吨批发均价分别为9450元、9900元和8458元，比上年底分别上涨15.2%、15.1%、9.7%；圆钢、螺纹钢、线材等钢材价格则从上年底约5000元/吨，小幅回落至约4700元/吨，降幅达6%；聚乙烯、聚丙烯、纯碱等主要化工原料价格也出现不同程度的小幅上涨。

【肉食品商业】 至2011年，东莞市共认定生猪供莞定点基地猪场228家，生猪认定量为737万头。2011年，生猪定点屠宰量为297.99万头，同比上升2.5%，其中来自供莞生猪定点基地的生猪297.48万头，占全市生猪定点屠宰量的99.9%。生猪屠宰量比上年有小幅增长。全年的生猪平均收购、批发价格和生猪肉品零售价格均比上年有较大的涨幅。其中生猪收购均价为17.2元/公斤，同比上升36%；总肉批发价为18.7元/公斤，上升40%；生猪上肉、瘦肉、排骨零售价分别为24.7元/公斤、31.6元/公斤、37.3元/公斤，分别上升30%、23%、21%。同时加强对私屠滥宰不法行为的打击，确保肉品安全，各镇（街）全年共出动检查人员2万人次，立案10宗，查获违法肉品4290公斤，行政罚款3.6万元。

【蔬菜商业】 2011年，东莞市蔬菜消费量约150万吨、交易量250万吨。其中，虎门富民农批市场全年交易量约为145万吨，约占全市的六成，其余四成分布在石碣润丰农批市场、中堂江南农批市场、虎门果利来果蔬批发市场、虎门北栅蔬菜批发市场，东城润民农副产品市场、常平木伦农批市场等市场。此外，大部分镇街的中心农贸市场也以天光市的形式承担蔬菜批发的功能。农产品在超市的年销售额以10%以上速度递增。嘉荣超市有限公司是东莞市农超对接主要试点企业，先后与位于增城、韶关等地的多个农村合作社签订采购协议，该公司2011年销售总额突破11亿元。

【粮油商业】 2011年，东莞市粮食消费量150万吨、市场供应量250万吨。常平粮食批发市场、樟木头粮油批发市场、信立农批等主要粮食批发市场大米、面粉等主要粮食年交易量约174.28万吨。

【酒类专卖】 2011年，东莞市酒类专卖管理部门共发酒类经营许可证和到期换证2000多个，年检1100多个，逐步完善全市酒类生产、经营企业基本情况档案。

打击制售假冒伪劣酒类产品。2011年，共出动执法人员1100多人次，检查酒类经营企业1000多家，查获假冒伪劣国产酒、进口酒9.44万瓶，涉案金额约243.7万元，立案122宗，并查获18个制售假冒伪劣酒的窝点。

酒类流通监管。2011年，东莞市建立“酒类流通信息化监管系统”，以信息化手段对酒类商品流通进行追根溯源，强化企业责任界定依据，消费者可以通过电话、短信、互联网等多种方式查询贴标酒品信息，识别酒品来源。

▲汽车博览会

食盐专营

【概况】 东莞市盐务局于2008年7月挂牌成立，是市政府盐业行政主管部门，负责全市盐业行政管理和盐政执法工作，为正处级建制，隶属于广东省盐务局，内设办公室、盐政科（稽查大队），下属6个执法分队。

东莞盐业总公司成立于1997年3月，是具有独立法人资格的国有食盐专营企业，为广东盐业集团有限公司的全资子公司，设办公室、专营部、财务部、党群部、盐政科，辖6个盐业配送部。局和公司为一套班子、两块牌子、职能分设、合署办公。东莞盐业总公司拥有1.15万平方米的仓储设施，全自动化小包装食盐生产线6条，年生产能力达4万吨，配备年运输能力达10万吨的盐产品配送中心，实现生产、销售全过程标准化、规范化、卫生化，加碘盐产品质量合格率达100%。

2011年12月，东莞盐业总公司成为广东省盐业协会第一届理事会理事单位。

【食盐销售】 2011年，东莞市盐业经济运行状况良好。通过注重销售渠道建设，密切客户联系，增强客户档案管理维护，及时处理客户诉求，提升服务质量，实行服务承诺时限，提高送货效率和质量，加强集体用盐直销直配和用盐跟踪检查工作，及时向各镇政府通报检查情况，督促有关部门共同监管，大力促销食品加工用盐等有效措施，保证各类盐产品销量持续上升。同时启动绿色放心盐工程，进一步优化升级产品结构，培养市民“少吃盐，吃好盐”的健康理念。全年东莞市销售盐产品7.32万吨，食盐销售5.88万吨，同比增长5.8%，其中小包装食盐销售4.13万吨，增长1.5%；食品加工用盐销售1.75万吨，增长17.5%。

【盐政执法】 2011年，东莞市盐务局执法人员参与政府组织的各项食品安全整治，开展食盐安全专项检查，加快发放《食盐零售许可证》，推进凭证供应小包装加碘食盐，重拳打击食盐制假窝点，全面清查铁路、货场仓库，开展盐

东莞市盐务局

① 2011年5月15日，举行防治碘缺乏病宣传活动

② 食盐配送车队

业法规和产品宣传等行动，进一步规范东莞盐业市场的管理。全年碘盐覆盖率达98.3%，合格碘盐食用率94.8%。共出动执法人员1.14万人（次），检查市场2392个(次)、店档和用盐单位1.57万家（次）、组织和参与大型专项行动12次，发放宣传资料约3.5万份；捣毁地下加工点9个，共查处违章盐353.72吨，其中小包装假冒食盐81.18吨；查案726宗。

【“食盐抢购风波”平息】 2011年3月11日，日本东北部海域发生里氏9级地震并引发海啸，地震造成日本福岛第一核电站1—4号机组发生核泄漏事故。网络上出现传言，称海水受到核泄漏污染，今后生产的海盐不安全、不能食用，同时还称含碘物品可预防核辐射、食盐要涨价等，造成部分地区民众盲目抢购囤积碘盐的非理性现象。3月16日开始，东莞市也出现食盐抢购风波，市盐务局快速启动应急预案，向市政府汇报有关情况，并在新闻媒体上向市民做好解释工作，同时加快生产、保证配送、维护和稳定盐业市场秩序。至18日，食盐抢购风波得到平息。（马丽华）

附：2011年东莞市盐务局（东莞盐业总公司）领导名录

局　长（总经理）：陈耀嘉

副局长（副总经理）：陈焕济　欧柏根

① 盐政人员到市场进行执法检查，确保居民食盐安全
② 食盐化验室一角
③ 全自动化食盐分装车间

烟草专卖

【机构】广东省东莞市烟草专卖局、广东烟草东莞市有限公司成立于1988年10月。主要职能是根据《中华人民共和国烟草专卖法》及其实施条例的规定在东莞市范围内从事烟草专卖品批发业务，并依法对东莞市卷烟流通市场实施监管。至2011年，东莞市烟草专卖局（公司）已成为年销售收入和税利均列省烟草商业系统前三位的大型国有控股企业。机构设置包括办公室、专卖监督管理办公室、人事劳资科、监察科、审计派驻办、安全保卫科、营销管理中心、物流配送中心、财务管理中心、信息中心等10个部门和7个分局，有干部员工813人。全市卷烟销售网络共有卷烟零售户2.17万户。

【经济运行】2011年，东莞市烟草专卖局（公司）坚持以市场为导向，以培育知名品牌为重点，优化卷烟结构，深化市场服务，提升管理水平，卷烟销量稳步增长，营销水平不断提升，网络建设持续优化，重点骨干品牌培育成效显著。全年共销售卷烟31.47万箱，销售收入67.6亿元，实现税利15.9亿元。

【专卖管理】2011年，东莞市烟草专卖局（公司）以专卖管理信息化为支撑，不断规范卷烟市场，夯实专卖管理基础，始终坚持"高压打假、严格规范、市场净化和素质提升"四项工作不动摇，推动专卖管理上水平,市场监管的针对性、实用性和有效性进一步增强，卷烟市场的净化率稳步提升，专卖零售许可布局更加合理，管理方式更加科学，服务保障更加有力。全年全市共查处涉假烟案件1394宗，查获假、私、非烟共计5121.6万支，总案值达2196.45万元。其中查获假烟2311.54万支，抓获制售假分子88人，查获大型制假烟机12台，其他卷烟制假机械16台。

【企业管理】2011年，东莞市烟草专卖局（公司）以夯实基础为重点，以提升工作质量和工作效率为前提，全面加强现代企业管理。做好物流中心和经营业务用房建设用地和建设项目的申报和审批；落实质量管理体系建设与企业文化建设，不断提升企业自身的管理水平；推动分局机构设置和职能配置调整并取得阶段性成果，理顺从市烟草专卖局（公司）到分局的层级管理架构设置；持续推进基层创优工作，完成优秀基层分局、优秀基层卷烟营销部的创建达标验收工作。（林晓怡）

附：2011年东莞市烟草专卖局（公司）领导名录

党组书记、局长、总经理：管伟华
党组成员、副局长、纪检组长：汪　利
党组成员、副局长：
　张东军（任至9月）
　黄永红（9月到任）
党组成员、副总经理：
　梁刚强（9月到任）

东莞市烟草专卖局（公司）

① 2011年1月26日，市烟草专卖局（公司）召开2010年度工作总结表彰会
② 2011年6月25日，市烟草专卖局（公司）组织全体干部员工举行"心中的太阳——纪念建党90周年"合唱比赛暨优秀党员表彰大会
③ 2011年6月15日，市烟草专卖局（公司）召开全市卷烟品牌培育工作座谈会暨卷烟品牌精准营销推广启动会
④ 2011年12月29日，市烟草专卖局在厚街镇固体废品处理厂公开销毁一批假冒及霉变、罚没走私卷烟

东莞市供销合作联社

【概况】2011年，东莞市供销合作联社（简称市供销联社）全系统销售总额41亿元（不含废纸），同比增长10%；实现利润总额3980万元，增长13.7%；创税3780万元，增长5.73%。

市供销联社获"全省供销社系统综合业绩优胜单位特等奖"和"东莞市内扶贫工作先进单位"、"市直机关党建工作先进单位"、"东莞市工会工作先进单位"、"东莞市级预算管理工作先进单位"、"东莞市部门决算工作先进单位"、"东莞市企业决算工作先进单位"、"莞城区人口和计划生育工作先进单位"等称号。

【平价商店建设】2011年，东莞市供销社系统坚持"行政力推动，市场化运作"的原则，通过创新建店模式等措施，在全市范围内开办42家平价商店（含平价农副产品专营区），占全市平价商店数量的61%，覆盖全市26个镇街，覆盖率81.25%，平价商店建设工作走在全省前列，成为东莞市平价商建设的主导力量。

【"农超对接"发展】2011年，东莞市供销社系统将"农超对接"（指农户和商家签订意向性协议书，由农户向超市、菜市场和便民店直供农产品的新型流通方式）视作发展的新机遇，与构建农副产品、日用消费品等经营网络有机结合起来，使之成为拉动全系统经济发展的新引擎。扩大粮油、菜、禽、蛋、肉、土特产等农副产品在平价商店及原有经营网点的销售，全系统的销售总额明显提升。以专业合作社为载体，组织各地的蔬菜、水果、水产品、土特产等优质、绿色、安全的农产品大量供应平价商店。并加快供销社系统内东坑为民阴菜、沙田盈港水产品等一批农民专业合作社的发展。以"农超对接"建设平价商店为契机，各单位开办平价商店及粮油农副产品商店，一些供销社重新参与日用消费品及农副产品经营。如樟木头供销社在镇区核心商圈开办一家经营面积1700平方米的大型综合商场，内设平价农副产品专营区600平方米，日均营业额达6万多元。围绕"农超对接"，加快冷链物流配送中心、肉联厂、大米加工厂等配套工程项目的建设和上马，推动全系统食品加工、物流配送等产业的发展。

【直属企业实力增强】2011年，市供销联社抓好直属公司的发展，培育和打造系统特色产业的龙头企业，引领和带动全系统发展。东供再生资源有限公司立足全市再生资源产业，将再生资源交易中心打造成公司的核心优势业务，逐渐发展成为全市再生资源行业龙头；东供实业投资有限公司加快资金运作，重新注资1980万元，加大物业资产投资力度，投融资功能日益增强；莞香情土特产商贸有限公司打造"莞香情"商贸品牌，挖掘东莞土特产品，注入文化元素，在全市树立标杆作用，引领市民消费，成为该行业的佼佼者；新供销愉康公司面向东莞本土零售市场，以"农超对接"平价商店建设为契机，定位社区超市，加快在供销社系统内的资源整合和全市网点布局，逐渐成为全市零售业的一股新力量；新供销天润公司配合"农超对接"平价商店建设，联合系统内单位在全市范围内开办粮油连锁店，开展粮油配送业务。市拍卖行创新电子拍卖业务，首推阳光竞价系统，举办6次东莞市粮食采购和销售电子竞价拍卖会，全年拍卖总成交金额6.2亿元，同比增长148%。

【经营结构调整】2011年，根据市场的变化，虎门供销社及时调整家电代理的经营结构，增加除空调以外的冰箱、洗衣机、微波炉等产品体系，家电代理保持稳步增长。长安供销社调整众源城的

整合资源、联合发展，打造全新供销合作联社

① 2011年3月7日，省委常委、副省长肖志恒（前左三）视察茶山供销社茶园商场

② 东莞市供销社获评全省供销社系统综合业绩优胜单位特等奖

经营定位，加快项目转型，计划打造集汽车销售、配件、维修及相关服务为一体的汽车城；不断完善配套设施，建成长安汽车客运南站；引进一批物流企业进驻，扩大物流园区规模，加快项目发展；并对新世界体育店二楼2000平方米进行调整，建成全镇最大的一站式儿童用品专业大卖场；挖掘利用钻石广场负一楼1000平方米闲置仓库对外招租经营超市，作为经营配套补充。常平供销社先后对5家零售分店进行升级改造，优化商品结构及经营布局，提升经营效益。樟木头供销社完成振兴街物业改造升级，效益比改造前增加30%。石碣供销社对综合楼进行改造，每年增加16万元的物业收入。中堂、大朗、寮步等供销社调整物业结构，提高经济效益。

【财务管理加强】2011年，东莞市供销社系统开展全系统的财务大检查，进一步健全各项规章制度，完善系统内部风险预警排查机制，规范市供销社系统企业财务管理。对塘厦、石碣等基层社有关负责人进行离任经济责任审计，增强领导干部财经法规意识和经济责任意识。对各单位2011年度薪酬分配方案进行审查核定。化解历史债务，减轻企业负担。其中，横沥供销社以160万元一次性解决欠半仙山社区累计800多万元的本金和利息；果菜公司以183万元解决678万元历史债务；中堂供销社全部清还剩余的136.82万元集资款，解决困扰10多年的集资款问题；大朗供销社清还历史债务118万元；厚街供销社用30万元现金解决欠中国银行315万元历史债务。

【对企业扶持力度加大】2011年，市供销联社联合市委政策研究室开展专题调研，形成《关于我市再生资源交易中心建设试点工作的调研报告》和《关于我市供销社致力改革与发展的调研报告》两份调研报告，为行业发展提供理论指导，为政府决策提供依据。全年已争取到新网工程等各类发展专项发展资金319.4万元，省社“农超对接”和平价商店专项资金898万元也已落实。选定虎门供销社等9个实力较强的单位帮扶麻涌供销社等6个后进基层社，通过人才、管理、资源、信息等的支持，帮助后进企业筹集资金、化解债务、拓展经营、发展项目，提升其经济发展能力。横沥供销社清还800多万元债务；望牛墩供销社装修办公楼，提升企业形象，开办一家平价商店；道滘供销社与镇政府基本达成用地协议，合作开发新综合大楼等。

① 2011年东莞供销社系统在全市范围内开办42家平价商店（含平价农副产品专营区）
② 东供中堂废纸交易中心揭牌成立
③ 新供销愉康超市在深圳观澜开分店

① 东莞供销社系统在平价商店内销售“平价猪肉”

② 在“抢盐风波”中发挥政府“应急仓”和物价“稳定阀”作用

【信息网全面升级】 2011年，市供销联社与中国移动达成战略合作协议，引入移动通讯技术，对市供销联社信息网进行全面升级，将实现全系统办公自动化，为企业宣传、网络整合、电子商务等打造平台和基础。3月，市供销联社发挥政府“应急仓”和物价“稳定阀”的作用，及时发布信息，统筹组织货源供应，配合市盐业局平息“食盐抢购风波”（因日本东北部海域在3月11日发生地震并引发海啸，造成日本福岛第一核电站发生核泄漏事故，网络上出现“海水受到核泄漏污染，今后生产的海盐不安全、不能食用，同时还称含碘物品可预防核辐射、食盐要涨价”等传言，造成部分地区民众盲目抢购囤积碘盐的非理性现象）。

【商业流通网络发展】 2011年，东莞市供销社系统日用消费品经营网络日趋完善。新供销愉康连锁超市公司灵活采用直营、股份合作等发展模式，定位社区便利超市和平价商店，在万江、清溪等镇街新开直营店4家，并筹建覆盖全市经营网点的日用消费品配送中心。凤岗供销社依托凤岗当地，辐射周边地区，年初在深圳观澜跨区域新开一家分店。茶山供销社立足当地消费市场，巩固在茶山当地零售业的主导地位。常平供销社采用“社区包围城市”发展战略，开办零售网点26个，日用消费品经营网络覆盖常平各社区、村和工业区。虎门、东城、塘厦、沙田、寮步等单位，借助原有的经营网络和销售渠道，采用经销代理、大宗团购、物流配送等方式，做好家电、糖烟酒、土特产、副食品、建材等商品贸易业务。“莞香情”公司新开发糖柚皮等多种新产品，在新供销愉康超市、平价商店等网点都设有产品专柜。新供销天润公司以系统内粮油连锁店和工厂、企业、学校为主要服务对象，拓展粮油团购业务。东坑供销社新成立莞福冬瓜专业合作社，扩大农产品销售。谢岗供销社销售莞峰牌桶装水15万桶，支装水2万箱。市果菜公司拓展无公害农副产品配送业务，全年销售有机香粘米60多吨。

【再生资源行业管理】 2011年，东莞市供销社系统加快再生资源集中处理中心建设步伐。推广南城交易中心的经验，中堂、清溪、沙田等再生资源交易中心相继建成并投入运营。石碣、高埗、寮步、大朗、桥头、横沥、东坑、石排、谢岗等10个镇街也先后注册成立再生资源集中处理中心（或交易中心），实体经营场地正在筹建或筹备当中，而相关税费规范管理工作也在开展中。继续落实好全市再生资源回收管理沟通协调会议制度，先后共召开4次废品回收管理沟通协调会议，解决外商、台商涉及废品回收的相关问题，从而化解矛盾，规范管理。创新会议组织形式，从第六次废品回收管理沟通协调会议起，将会议改在各镇街召开，以更多元、更直接的方式组织台商、外商协会到废品回收经营管理表现突出的镇街进行交流。

【物业资产经营】 2011年，东供实业投资有限公司以4800万元在大岭山购进占地6公顷工业厂房及仓库；加紧协调东供商贸广场的筹建工作；完善沙田供销社大厦的配套设施，加大招商的力度；长安供销社愉康广场建成并招商，并筹建东侧四层临建配套；凤岗供销社商务大楼已竣工，正在安装消防和给排水工程；塘厦供销社中心区地块完成立项工作；大岭山供销社商业广场完成规划设计，进入立项报批；黄江供销社抓住“三旧”改造的机遇，加快商厦的筹建进度。此外，拍卖行、虎门、大朗、常平、东坑等供销社加快筹建商贸大楼。

【食品加工产业发展】 2011年，东莞市供销社系统以“农超对接”和加强食品安全为契机，加快食品加工产业的发展。大岭山供销社汇康豆制品生产基地日用黄豆量3500公斤，有经营档主29个。樟木头供销社樟城放心食品加工基地与华南理工大学达成合作意向，由该校进行研发，由樟城放心食品加工基地负责加工销售。东供实业投资公司与东莞市东辉物业投资有限公司、东坑镇食品公司合作，共同注资开发肉联厂项目，此项目由省供销社直属粤合公司作为隐性股东参股，委托市供销联社经营，并使用“新供销”商号，将肉联厂项目升级为广东新供销合和食品有限公司，开展生猪屠宰、冷鲜肉配送等业务，为东莞市以及珠三角平价商店配送新鲜猪肉。中堂供销社开展大米加工厂的可行性研究，投身大米等粮食加工和配送产业，为“农超对接”提供货源保证。市供销联社筹建农副产品冷链物流配送中心，为全市平价商店进行肉、禽、蛋、菜等的配送业务，打造流动“放心菜篮子”。 （莫志良）

附：2011年东莞市供销合作联社领导名录

主　任：彭日东

副主任：叶加胜　王锦绣　李福新

纪检组长：田为华

物流业

【概况】至2011年，东莞市工商登记物流企业（包括独立纳税的分公司和分支机构）约2500家，登记营业网点4500多个。全年运输、仓储、邮政业实现增加值93.69亿元，同比增长14.5%，占全市GDP的2%。城市道路交通网络以及虎门港、常平大京九等物流基地建设加快推进，中外运、中海、中远、顺丰、深赤湾、联邦、DHL、马士基、永得利、荷兰孚宝等国内外大型物流企业先后进入东莞投资设点和开展业务，专线运输、港口物流、保税物流、城市配送等物流形式发展良好，涌现一批专业的第三方物流企业。

【物流与配送】公路物流。东莞市外贸物流体系以公路为主，107国道、256省道、357省道、广深高速、莞深高速等通往深圳、香港的公路，是进出口货物的主要物流通道。在与国内城市货物流通中，专线物流发挥重要作用，涌现一大批专线运输企业，并根据物资集散的需求在107国道等主干道旁形成龙骏、华博、国通、荣兴等一批货运市场。

铁路物流。东莞境内有常平、茶山、塘头厦、东莞东站、谢岗、樟木头等货运站场，其中常平镇开发建设大京九物流园，常平至盐田港的直达货运专列已开通。至2011年，经铁路集散的主要是粮食、饲料、食用油、盐、钢铁、玻璃等农副产品和建筑材料。

港口物流。至2011年，经东莞市虎门港进出的主要是集装箱及石化、煤炭、粮食、汽车等商品。虎门港国际货柜码头已成为全国最大的商品汽车滚装物流中转基地，成为海南马自达商品车的全国储运总库和上海大众商品车华南地区总库。虎门、沙田、麻涌、石龙等镇亦大力发展港口物流产业，其中沙田镇获“中国港口物流重镇”称号，麻涌镇获“中国现代港口物流重镇”称号。

航空物流。2011年，香港机场在虎门镇开通“超级中国干线·东莞线”，广州白云机场在寮步镇开设异地货站——白云国际机场东莞货站，深圳机场在长安镇开设异地国际航空货站——深圳机场东莞国际货站，通过将空运货站的收发点直接延伸至东莞，并出现了一批专门从事航空货运代理的物流企业。经航空运输的货品主要是货值较高的电子产品、样品及快件。DHL、UPS、联邦快递、宅急送、顺达等国际国内航空物流巨头先后进入东莞拓展业务。常平的世通国际快件监管中心已发展成为国内第四大快件监管中心，年处理进出口快件1000万件。

保税物流。至2011年，东莞市共有各类保税物流监管网点38个，已验收的保税物流监管网点37个，其中保税仓18个，出口监管仓18个，保税物流中心（B型）1个，未验收的保税物流监管网点1个（出口监管仓）。

城市配送。至2011年，东莞市拥有3000平方米以上的商场282个，总面积175.4万平方米。时尚电器、嘉荣超市、天虹商场、新一佳超市、糖酒集团、文一文具、永正图书等一批大型商贸企业发展统一配送，加快技术和设施设备改造升级，相继兴建大型标准仓库作为商品配送中心，仓库面积20多万平方米，投资总额超过15亿元，逐步实现仓储立体化、搬运机械化、分拣自动化、配送网络化。其中，由东莞市嘉荣超市有限公司与全球最大的超市连锁体系国际SPAR联手合作建设的东莞嘉荣配送中心，总投资约2亿元，配置和使用世界先进的设备和技术工艺以及仓储管理系统。东莞邮政物流、时捷物流、南方物流等第三方物流企业为东莞市商贸企业提供专业的仓储和配送服务。

会展业

【概况】2011年，东莞市出台《东莞市促进会展业发展工作方案》，提出11方面措施，扶持会展业做强做大。举办名家具展等品牌展会，引进“广印展”、“汽保展”等国家级展会。先后赴成都、武汉举办“莞货全国行”活动。其中，“2011广东东莞投资推介会暨东莞时尚消费电子产品（成都）展”，展场规模1万平方米，102家本土品牌电子信息企业参展，展品涉及个人电脑、手机、数码影音、智能家居、电子保健、电子玩具等多个品种，活动达成合作项目33宗，合作总金额127.1亿元；“第二十届中国食品博览会暨交易会之东莞名特优食品专场”以东莞市名优食品为主题，采取抱团参展的形式，展场规模1500平方米，设立展位109个。

2011年，东莞市获“中国最具影响力节庆城市”称号。

工商领域行业协会

【概况】2011年，市经信局指导筹备成立东莞市现代信息服务协会、东莞市松山湖企业家协会、东莞市物联网促进会、东莞市应急产业协会、东莞市环保包装行业协会（筹备）等5个社团组织，以及东莞市中和汇产业经济研究院等民办非企业单位。至2011年底，在市经信局备案的工商领域行业协会（社团组织）共57个，其中市经信局作为业务主管单位的有25个（包括综合、专业性质的社团18个，民办非企业单位7个），作为业务指导单位的有32个，覆盖制造业和服务业的多个领域。市经信局在内资引进工作中，发挥行业协会的桥梁纽带和协调作用，其中通过电子信息、汽车维修、汽车配件等行业协会，组织相关镇街园区走访国内百余家目标企业和协会，宣传东莞市的投资环境、产业政策以及投资服务信息。同时，在各有关行业协会的协助下，在成都举办投资推介会和东莞市汽车产业发展投资推介会。12月，在第二十届中国食品博览会暨交易会，市食品行业协会配合市经信局组织12家除茶山、道滘镇以外的市内品牌食品企业参展。 （袁燕玲）

附：2011年东莞市经济和信息化局领导名录

党组书记、局长：冼周恩
党组副书记、副局长：梁经昌
党组成员、副局长：
罗　斌（10月离任）　叶葆华
侯小平　刘炯贤　黄　怡
党组成员、纪检组长：丁颂庆
党组成员、副调研员：廖汝林
党组成员、总经济师：
郑文志（10月到任）
副调研员：张炳林
刘广林（10月到任）
副处级纪检监察员：钱炽希

广东生益科技股份有限公司

【概况】广东生益科技股份有限公司（简称生益科技）是创建于1985年的中外合资企业。该公司总部位于东莞松山湖高新技术产业开发区，于1998年在上海证券交易所发行上市。在全国拥有4家全资或合资控股子公司，是中国大陆最大的覆铜板专业生产企业、全球前4大覆铜板企业之一，是中国覆铜板行业协会理事长单位、中国印制电路行业协会副理事长单位。2011年，生益科技营业收入58亿元，利润总额5.37亿元，每股收益0.43元。1994—2011年，企业的覆铜板在产量、产值、销售收入、出口创汇、利税等方面均名列中国覆铜板行业第一。

生益科技在中国同行中率先通过国际质量管理体系（ISO/TS16949）、环境管理体系（ISO14001）、信息安全管理体系（ISO/IEC27001）、测量管理体系（ISO10012）四大体系认证，产品通过美国UL、日本JET，英国BSI，德国VDE水平及SONY绿色伙伴等认证。构建基于SAP ERP系统的企业物流、资金流和信息流统一的信息平台，为提高企业的管理水平和竞争力发挥作用。该公司相继获“中国工业企业综合评价最优500家企业”、“中国大陆最大的覆铜板专业生产厂家”、“商务部重点扶持中国出口名牌企业”、“国家高新技术企业”、“国家认定企业技术中心”、“全国模范劳动关系和谐企业”、“中国电子元件百强企业”、“全国首批加工贸易转型升级示范企业”及“中国企业综合实力500强”等称号。该公司总经理先后被评为福布斯“最佳上市企业老板”、“中国电子电路行业杰出人物”、“中国覆铜板行业著名企业家”、“广东省优秀企业家”及“东莞市科学技术荣誉市长奖——企业家奖”等称号。

【品牌战略与产品研发】2011年，生益科技实施品牌推进战略，生产的覆铜板和黏结片立足于高标准、高品质、高性能、高可靠性，成为国内同行业中品种齐全、规格多、产量大、品质高、供货及时的专业覆铜板生产厂家，是东莞本土在国际市场上最具竞争力的专业现代化制造企业之一。企业的“SL”商标于2009年被评为中国驰名商标。至2011年，产品品种有阻燃型环氧玻璃布覆铜板（含UV板、高Tg板、高CTI板、低CTE板、Anti-CAF板、高频板、环保板、高密度互连用板、高导热板等）、多层板用系列半固化片、复合基材环氧覆铜板（CEM-3，CEM-1）及挠性覆铜板等，主要供制作单、双面线路板及高多层线路板，广泛用于计算机、通讯设备、手机、汽车电子、数码家电等各种高档数字电子产品中，也是航空、航天、能源、医疗等行业电子产品必不可少的基础材料。企业产品达到国际先进水平，大部分产品填补了国内空白，其中某些产品曾应用在神舟五号、神舟六号和神舟七号飞船等顶尖科技产品中。生益科技的客户遍及亚洲、欧洲、美洲等区域，终端客户有诺基亚、摩托罗拉、苹果、西门子、博世、索尼、丰田、思科、三星、任天堂及联想、华为、中兴通讯、长虹、海尔等国内外知名企业。

至2011年，生益科技产品研发总投资已达2.3亿多元，并通过“国家认定企业技术中心”的认定，是东莞市唯一一家拥有国家级企业研究开发中心的企业，也是国内唯一拥有国家级研发机构的覆铜板企业。公司设立博士后科研工作站、院士专家企业工作站，并建立国家电子电路基材工程技术研究中心，该中心是科技部在推进电子信息产业核心技术突破和电子电路基材产业发展方面的重要部署，也是中国电子电路基材领域唯一一个国家工程技术研究中心。生益科技已开发出8个系列61个产品，多个产品填补国内空白，已获授权专利122件；先后多次承担国家、省、市级科技计划项目，其中包括863计划3项、科技部支撑计划2项、信息产业部电子基金项目2项、发改委产业化专项2项。同时获得国家、省级重点新产品、免检产品、名牌产品、国产先进技术产品、替代进口产品等42项，是东莞主导制定国际标准的企业。（赖相辉）

附：2011年广东生益科技股份有限公司领导名录

董事长：李　锦

总经理：刘述峰

▲生益科技万江厂区

▲生益科技松山湖厂区

2010—2012年东莞市工业龙头企业名单（60家）

（2010年7月12日）

序号	单位名称	所属镇街	企业性质	行业类别
1	广东生益科技股份有限公司	松山湖	“三资”（国有控股）	电子信息
2	东莞航天电子有限公司	常平	“三资”	电子信息
3	东莞生益电子有限公司	东城	“三资”	电子信息
4	台达电子电源（东莞）有限公司	石碣	“三资”	电子信息
5	广东步步高电子工业有限公司	长安	民营	电子信息
6	东莞三星视界有限公司	厚街	“三资”	电子信息
7	东莞市金河田实业有限公司	厚街	民营	电子信息
8	广东欧珀移动通信有限公司	长安	“三资”	电子信息
9	东莞市德生通用电器制造有限公司	东城	民营	电子信息
10	天弘（东莞）科技有限公司	松山湖	“三资”	电子信息
11	东莞三星电机有限公司	寮步	“三资”	电气机械和仪器仪表
12	东莞新能源科技有限公司	松山湖	“三资”	电气机械和仪器仪表
13	广东志成冠军集团有限公司	塘厦	民营	电气机械和仪器仪表
14	东莞勤上光电股份有限公司	常平	民营	电气机械和仪器仪表
15	柯尼卡美能达商用科技（东莞）有限公司	石龙	“三资”	电气机械和仪器仪表
16	金宝电子（中国）有限公司	长安	“三资”	电气机械和仪器仪表
17	广东易事特电源股份有限公司	松山湖	民营	电气机械和仪器仪表
18	京瓷美达办公设备（东莞）有限公司	石龙	“三资”	电气机械和仪器仪表
19	东莞莫仕连接器有限公司	石碣	“三资”	电气机械和仪器仪表
20	康舒电子（东莞）有限公司	塘厦	“三资”	电气机械和仪器仪表
21	广东五星太阳能股份有限公司	万江	民营	电气机械和仪器仪表
22	东莞市凯晟灯头实业有限公司	企石	民营	电气机械和仪器仪表
23	东莞市以纯集团有限公司	虎门	民营	纺织服装制鞋
24	东莞德永佳纺织制衣有限公司	麻涌	“三资”	纺织服装制鞋
25	东莞市圣旗路时装有限公司	常平	民营	纺织服装制鞋
26	东莞市远梦家用纺织品有限公司	厚街	民营	纺织服装制鞋
27	东莞奇兴服装有限公司	东坑	“三资”	纺织服装制鞋
28	东莞市颖祺实业有限公司	大朗	民营	纺织服装制鞋
29	东莞华宝鞋业有限公司	南城	“三资”	纺织服装制鞋
30	广东理文造纸有限公司	洪梅	“三资”	造纸
31	东莞玖龙纸业有限公司	麻涌	“三资”	造纸
32	东莞建晖纸业有限公司	中堂	“三资”	造纸
33	东莞市潢涌银洲纸业有限公司	中堂	民营	造纸
34	东莞市白天鹅纸业有限公司	万江	民营	造纸
35	东莞光润家具股份有限公司	东城	民营	家具
36	东莞美时家具有限公司	塘厦	“三资”	家具
37	东莞市智乐堡儿童玩具有限公司	石排	民营	玩具
38	东莞徐记食品有限公司	东城	“三资”	食品饮料
39	东莞市东糖集团有限公司	东城	民营	食品饮料
40	东莞雀巢有限公司	南城	“三资”	食品饮料
41	广东加多宝饮料食品有限公司	长安	“三资”	食品饮料
42	东莞市富之源饲料蛋白开发有限公司	洪梅	民营	食品饮料
43	罗门哈斯电子材料（东莞）有限公司	东城	“三资”	化工
44	东莞新长桥塑料有限公司	沙田	“三资”	化工
45	东莞大宝化工制品有限公司	大岭山	“三资”	化工
46	日立化成工业（东莞）有限公司	茶山	“三资”	化工

续上表

序号	单位名称	所属镇街	企业性质	行业类别
47	广东中远船务工程有限公司	麻涌	“三资”	通用、专用和交通设备
48	东莞京滨汽车电喷装置有限公司	莞城	“三资”	
49	东莞宏威数码机械有限公司	南城	“三资”	
50	东莞创机电业制品有限公司	厚街	“三资”	
51	东莞市永强汽车制造有限公司	寮步	民营	
52	东莞劲胜精密组件股份有限公司	长安	“三资”	
53	东莞宜安电器制品有限公司	清溪	“三资”	
54	广东众生药业股份有限公司	石龙	民营	其他
55	东莞当纳利印刷有限公司	寮步	“三资”	
56	广东坚朗五金制品有限公司	塘厦	民营	
57	东莞虎彩印刷有限公司	虎门	“三资”	
58	东莞市金叶珠宝有限公司	厚街	民营	
59	东莞市唯美陶瓷工业园有限公司	高埗	民营	
60	东莞市华立实业股份有限公司	常平	民营	

2010—2012年东莞市商贸龙头企业名单（30家）

（2010年7月12日）

序号	企业名称	行业类别	企业性质
1	真功夫餐饮管理有限公司	连锁经营	民营
2	中域电讯连锁集团股份有限公司		民营
3	东莞市时尚电器有限公司		民营
4	东莞市搜于特服装股份有限公司		民营
5	东莞市糖酒集团美宜佳便利店有限公司		民营
6	东莞市嘉荣超市有限公司		民营
7	广东省东莞国药集团有限公司		国有控股
8	广东大地通讯连锁服务公司		民营
9	东莞市天虹商场有限公司		股份制
10	广东杏林春凉茶有限公司		民营
11	东莞信立国际农产品贸易城（东莞市信立实业有限公司）	批发市场	民营
12	东莞市果菜副食品交易市场（东莞市厚街迅达实业有限公司）		民营
13	东莞市虎门国际布料交易中心（东莞市兴裕商贸中心开发有限公司）		民营
14	东莞市樟木头塑胶原料市场（东莞市樟木头市场开发实业有限公司）		集体
15	东莞市常平粮油饲料批发市场（东莞市东迅物流有限公司）		民营
16	东莞市虎门富民个体商场（东莞市虎门镇个体劳动者管理委员会）		集体
17	东莞市厚街兴业木材装饰市场（东莞市兴业国际物流城有限公司）		民营
18	东莞市虎门富民农副产品批发市场（东莞市虎门富民服务公司）		集体
19	东莞市百业国际汽配城（东莞市瓯江实业投资有限公司）		民营
20	顺丰速运（东莞）有限公司	物流	民营
21	东莞市世通国际快件监管中心有限公司		民营
22	东莞市南信实业发展有限公司		国有控股
23	东莞市南方物流有限公司		民营
24	爱思开钢铁（东莞）有限公司		中外合资
25	东莞市时捷物流有限公司		民营
26	广东现代会展管理公司	会展	民营

续上表

序号	企业名称	行业类别	企业性质
27	东莞市嘉华酒店有限公司	其他	民营
28	广东文一朝阳集团有限公司		民营
29	东莞市宏川化工供应链有限公司		民营
30	东莞宾馆有限公司		民营

东莞市第一批总部企业名单

（2010年1月26日）

序号	企业名称	所在镇街	企业性质	认定类型
1	东莞徐记食品有限公司	东城	“三资”	综合型总部
2	中域电讯连锁集团股份有限公司	南城	民营	商贸服务业总部
3	东莞市时尚电器有限公司	莞城	民营	商贸服务业总部
4	东莞市东糖集团有限公司	东城	民营	制造业总部
5	广东众生药业股份有限公司	石龙	民营	制造业总部
6	东莞市坚朗五金制品有限公司	塘厦	民营	制造业总部
7	广东步步高电子工业有限公司	长安	民营	制造业总部
8	广东生益科技股份有限公司	松山湖	“三资”	制造业总部
9	东莞勤上光电股份有限公司	常平	民营	制造业总部
10	东莞市以纯集团有限公司	虎门	民营	制造业总部
11	东莞虎彩印刷有限公司	虎门	“三资”	制造业总部
12	东莞市搜于特服装股份有限公司	道滘	民营	高端服务业总部
13	广东智通人才连锁股份有限公司	莞城	民营	高端服务业总部
14	东莞市南信实业发展有限公司	南城	民营	高端服务业总部
15	东莞市小猪班纳服饰有限公司	樟木头	“三资”	高端服务业总部
16	中信华南（集团）东莞有限公司	东城	民营	一般职能总部

东莞十大物流企业名单

序号	企业名称	业务范围
1	顺丰速运（东莞）有限公司	国际、国内快递、揽货、仓储、结算运杂费及报关、报检、保险等
2	东莞市南信实业发展有限公司	为诺基亚东莞分公司提供包括仓储、配送等在内的全套高端物流管理解决方案
3	东莞市南方物流有限公司	运输、仓储、配送、装卸、加工、物流信息技术、物流策划与咨询、供应链管理服务以及商贸一体化
4	广州港集团新沙港务有限公司	集装箱、商品车、煤炭、矿砂、粮油、散件杂货等
5	东莞市时捷物流有限公司	集物流规划、管理、服务为一体的专业第三方物流企业
6	东莞市百安石化仓储有限公司	为石化企业提供上下游一体化物流服务
7	东莞市世通国际快件监管中心	提供涉外物流和快件通关平台综合服务有限公司
8	东莞市虎门港集团有限公司	码头、物流、立沙岛精细化工和公用配套设施
9	爱思开钢铁（东莞）有限公司	金属材料的加工、分销与配送
10	东莞市海昌船务有限公司	东南亚航区的远洋国际和国内煤炭及干散杂货货物运输

农　业　AGRICULTURE

无公害生产基地

- 实施农业品牌战略
- 海洋与渔业产业结构调整
- 集体林权制度改革

编辑：黄文挺

农业综述

【概况】 东莞位于北回归线以南，具有明显的亚热带海洋性气候特征，年平均气温22.3摄氏度，降水量1780.4毫米，日照量1920.4小时，具有良好的农业生产气候条件。全市现有耕地面积57万亩，农业人口90.31万人。2011年，东莞大力发展都市农业，推动农村经济平稳健康发展，全年农业总产值30.66亿元，比上年增长8.3%；农民人均纯收入22842元，增长11.5%。

【农业产业园建设】 2011年，东莞农业产业园建设取得新进展，至年底，全市有8个园区基本建成，其中桥头现代农业示范园6月份正式开园启用，谢岗现代生态农业产业园被评为第三批省级现代农业园区。全年市、镇两级投入9000多万元，新建成园区道路（含机耕路）38公里、桥梁142米、标准化农田（鱼塘）5000多亩、农田林网22.4公里、温室大棚4.8万平方米、自动化喷灌系统1900多亩。全市农业产业园新签订合作项目6个，协议引资7500多万元。精品花卉、特色水果、优质蔬菜、特种水产等新兴产业逐渐成为农业产业园的主导产业，已投产运营的农业产业园平均土地生产率为9200元/亩，是全市耕地平均水平的2倍多。园区特色初步形成，市现代农业科技园发展成为园艺作物技术示范创新基地、岭南优稀水果种质资源保护基地、优质花卉组培苗研发生产基地；清溪园区大力发展特色花卉、水果生产及莞香茶种植，成为全市最具规模的莞香产业园、台湾水果“四季果园”、高档鲜切花产业园；桥头园区发展成为大型的园林绿化苗木生产基地；寮步、横沥园区发展成为农业旅游休闲和科普教育示范基地；谢岗园区大厚湖片区重点发展特色水产养殖，将建成为全市最大规模的中华鳖养殖基地。生态环境持续优化，已建设农田林网70多公里，农田林网覆盖率和绿化率进一步提高；配套建设休闲旅游设施，园区功能多元化，东坑、清溪、横沥、大朗、寮步等园区丰富参观、散步、垂钓、采摘等休闲项目，突出休闲农业功能。莞台合作初见成效，东城与台湾苗栗县达成农业合作意向，东坑与苗栗县卓兰乡签订合作协议，金开喜农业科技公司创建台湾农业试验示范基地并种植台湾特色水果103亩（首期）。

【农产品质量安全整治】 围绕市政府十件实事中保障食品安全的任务目标，2011年，市农业部门明确以投入品生产经营环节和农产品生产环节为重点，坚持日常检测、执法巡查及风险监测并重，结合保障大运会农产品质量安全专项检测、打击食品非法添加剂和滥用食品添加剂专项整治、“瘦肉精”专项整治等工作，不断加大监测力度，提升监管效能。全年检测蔬菜样本62万份、生猪样本36.5万份，比上年增长3.3%和21.7%，检测合格率分别达98.9%、99.9%，为全市历史最高水平。坚持检打联动，全年共责令延迟上市蔬菜500多亩，销毁不合格蔬菜33吨，无害化处理不合格生猪360头。全面铺开农产品生产环节诚信体系建设，为1.3万多户农产品生产者建立质量安全档案，利用市农产品质量安全检测监控追溯信息系统实施信息化、网络化、动态化监管，有效保障农产品安全产出。

【东莞名优荔枝展示推介会】 2011年7月2日，东莞名优荔枝展示推介会在市现代农业科技园举行。该次推介会以“展示产品、宣传品牌、引导消费、开拓市场、提高效益”为宗旨，把实物展示和图片展示结合起来，把荔枝生产和荔枝文化结合起来，把绿色、无公害荔枝生产基地和荔枝休闲采摘点推介结合起来，全方位展示东莞荔枝产业特色。现场共设置展位26个、展板15块，展示东莞市绿色、无公害荔枝和优、稀、特荔枝产品，介绍东莞荔枝历史文化和发展概况，展出的东莞荔枝品种有糯米糍、桂味、妃子笑、观音绿等。展示推介会还评选出10个荔枝休闲采摘点和10大荔枝种植能手。推介会期间，超过2000多人次进场参观，中央、省、市有关媒体及网络先后多次从不同角度进行宣传报道，有效提升东莞荔枝的知名度，使东莞本地名优荔枝品种更加盛名远播；外地客商、广大市民更多地了解和认识东莞名优荔枝,有效地拓宽本地荔枝销售渠道，营造良好的荔枝文化氛围，推动荔枝产业发展。

【农业执法监督】 2011年，市农业部门采取集中行动和常规检查相结合的方式，在春耕、秋种、重大节假日期间，开展农资打假、农药肥料专项执法检查、兽药饲料监督检查等一系列专项行动，大力整顿和规范农资市场，加强农业生产资料管理，全年立案查处案件21宗，查获假冒伪劣化肥138吨、种子及农药一批。强化饲料兽药监管，兽药经营企业GSP（药品经营质量管理规范）验收通过率居全省首位。

【农业信息化】 2011年，东莞市推进农业信息化建设，通过完善东莞农业信息网，建设农村信息服务点，加强信息员队伍建设等措施，促进农业信息网络向基层延伸。继5年4获中国农业网站百强称号后，东莞农业信息网在中国农业网站发展论坛上被评为“2011年度市级卓越农业政府网站”。东莞农业信息网全年点击率达557万，发布文字、图片信息8935条，发布粮油、蔬菜、水果、水产品、家禽等5大类农产品市场价格信息73975条。参加全省农业网站信息联播，发布信息660条，获得信息发布量全省第一、综合评分第二的成绩。东莞“农信通”手机短信平台全年服务农户30万次。

【农业品牌战略】 东莞市继续加大农业名牌带动战略实施力度， 2011年新增种植类、畜牧类、林业类、水产类4大类别8个省级农业名牌产品，分别是东莞市金良稻丰米业有限公司的牛坝香油粘米，广东星河生物科技股份有限公司的玉龙洞牌真姬菇、东莞市瑞德丰生物科技有限公司的卡德龙牌20%百草枯水剂、东莞市沙田顺发畜禽实业有限公司的沙田顺发牌504肥鸭配合饲料、东莞市银华生物科技有限公司的银华牌鳗鱼

东莞市农业局

2011年12月1日，中国绿色食品2011广州博览会召开，农业部副部长陈晓华在省委常委、常务副省长肖志恒的陪同下参观东莞展位

饲料、东莞市骏东木业有限公司的700牌细木工板、东莞市恒基木业有限公司的木质门、东莞市冠宇木业有限公司的WALTO牌木方。东莞市鸿兴食品有限公司的百利牌红腰豆、广东绿卡实业有限公司的绿卡牌乌龟苗等10个产品有效期满通过复审。截至2011年，全市有效期内的省级农业类名牌产品共36个，通过无公害、绿色和有机“三品”认证的产品125个。

【农业科技】 2011年，东莞市加快先进农业科技推广应用步伐，全市完成重大农业科研项目19个，其中9个项目达到国内领先水平，获广东省农业技术推广奖一等奖1项、三等奖2项，获市科技进步奖一等奖1项、二等奖2项。大力实施“科技入户”工程，建立试验示范基地25个、入户点29个。推进村级测土配方施肥示范点建设，水稻、香蕉亩均增产分别达29公斤和81公斤。全年开展各类科技下乡、科技入户和科技培训332次，培训农户及农科人员近3万人。

【农机购置补贴】 2011年，全市共落实中央、省、市农机购置补贴资金504.37万元，其中中央财政137.32万元，省级财政18.06万元，市财政348.99万元，补贴各类农业机械1062台套、育秧盘27000个，扶持建设设施农业3756亩，惠及农户（组织）600个。在农机补贴的带动下，农业机械装备水平稳步提升，全市农业机械总动力37.9028万千瓦，比上年增长3%。公布《2011-2012年度东莞市农业机械购置补贴产品目录》，增加4种机械和设施；建立农机购置补贴工作监督员制度，全市共聘请93名监督员，推动农机补贴阳光规范操作。全年共培育蔬菜、花卉、水稻、水产等农机大户37个，涉及农业机械1032台，总动力约5600千瓦，农机原值2200多万元。

【农机安全监管】 2011年4月和9月，东莞市开展两次大规模无牌无证拖拉机专项执法整治行动，重点整治拖拉机无牌行驶、无证驾驶、未注册登记等违法行为。行动先后出动执法人员991人

① 2011年12月9日，市委书记、市人大常委会主任徐建华到麻涌镇走访慰问贫困户
② 2011年12月16日，市委副书记、市长袁宝成到东坑农业园调研
③ 2011年9月19日，副市长李小梅到麻涌镇调研创建名村工作

次，检查拖拉机657台，查处无牌无证拖拉机278台，派发宣传资料823份。全年专项整治行动次数由上年的一次增加到两次，拖拉机驾驶员依法行驶的意识增强，拖拉机“三率”大幅提升，注册率、年检率、持证率分别为51.34%、43.94%、53.44%，分别较上年提高40%、6%、13%。市农业局与全市28个镇街的628名农机操作人员签订农机安全生产承诺书。举办四期农机安全监管责任人培训班，开展农机安全示范村创建活动，全市共建立市级农机安全示范村20个。10月26日，在清溪镇铁场村首次举行全市农机安全事故应急救援演练，检验和提高农机安全监管部门对突发事故的应急反应及处置能力。全市农机安全形势良好，实现农机安全事故“零发生”。

① 2011年5月12日，市农业局与玉林市水产畜牧兽医局签订生猪产销联建协议
② 2011年5月17日，全市创建名村工作动员大会召开

【创建名村工作全面启动】2011年5月17日，东莞市创建名村工作动员大会召开，全面启动名村创建工作。根据会议部署，东莞市将用5年时间，打造60个名村，实现10%的行政村建成名村的目标。2011年选择麻涌镇麻二社区、中堂镇潢涌村、茶山镇南社村、石碣镇桔洲村、万江街道拔蛟窝社区、东城街道周屋社区和南城街道周溪社区共7个村（社区）作为市级名村试点，石排镇塘尾村、石龙镇西湖社区、虎门镇白沙社区等22个村（社区）作为镇级名村试点。29个试点村（社区）开展工程建设项目217个，总投资约2.68亿元，其中7个市级名村试点村（社区）工程建设项目106个，总投资约1.38亿元，22个镇级名村试点村（社区）工程建设项目111个，总投资约为1.3亿元。至2011年，7个市级名村试点有7成创建项目陆续动工建设，22个镇级名村试点的规划方案基本确定，名村创建工作有序推进。

【市内扶贫】2011年，东莞市继续推进市内扶贫帮困“责任到单位责任到人”工作，安排90个市直（中央、省属）单位、90个发达村和8554名干部，对口帮扶90个欠发达村和4078户有正常劳动能力低保户。出台《东莞市关于加大市内扶贫财政投入的方案》，2011至2015年全市计划增加投入7.51亿元，用于帮助欠发达村发展优质项目、完善基础设施和促进贫困群众就业。全年市财政共发放低保就业激励补助资金0.14亿元、欠发达镇贴息贷款3.03亿元、欠发达村免息借款0.15亿元，安排定点帮扶资金0.27亿元、基础设施建设补助0.47亿元，为综合实力排名靠后的285个村发放公共管理补助资金2.39亿元，为承担基本农田和非经济林地保护任务的460个村安排生态补偿金2.41亿元。各镇街、有帮扶任务的发达村、单位和干部，共向帮扶

① 2011年6月23日，农业执法人员对大岭山农药经营店进行检查
② 2011年7月2日，东莞名优荔枝展示推介会举行
③ 2011年10月28日，东莞市“全国兽医日”系列活动举行

对象捐资捐物4000多万元。建立市领导挂钩联系镇街制度，5月、10月两次组织开展市几套班子领导集中督导镇街市内扶贫工作活动；建立“一月一报送”、“一月一督查”、“一季一通报”制度，定期掌握和公布工作进展；建立领导挂点、干部驻村制度，市镇两级共落实挂点领导181名，累计到欠发达村协调指导工作2637人次，选派驻村干部185名，人均驻村96天。2011年全市欠发达村实现村组两级经营性年纯收入2.2亿元，同比增长17%，其中有54个欠发达村超150万元，占欠发达村总数的60%；帮助5402名贫困劳动力实现稳定就业，有2850个贫困户达到脱贫标准，占结对帮扶总数的70%，完成“两个60%”目标任务。9个欠发达镇生产总值共514亿元，各项税收总额73.24亿元，可支配财政收入45.72亿元。

【农村集体经济管理】2011年，东莞市以厚街、洪梅两镇作为农村集体经济体制专项改革试点，撤并组级经济，整合统筹村组资源，两镇通过直接撤并实现一级经济的社区共13个，通过采取设立组级分社过渡的社区共12个。出台《东莞市农村集体资产产权变更名登记操作办法》，农村（社区）集体经济组织换届选举全面完成，全市549个经联社、2467个合作社产生新一届股东代表大会、理事会和监事会；出台《东莞市农村干部薪酬管理办法（试行）》，在全市农村建立干部薪酬机制。农村集体经济维持平稳发展，资产和收入同比小幅上扬，2011年末，全市村组两级集体总资产达1234.95亿元，比上年增长0.55%；净资产954.52亿元，比上年增长1.97%；资产负债率22.71%，比上年下降1.08个百分点；经营总收入148.48亿元，比上年增长3.56%；经营纯收入79.02亿元，比上年增长2.72%。

【首次举办纪念“全国兽医日”系列活动】2011年10月28日，东莞市举办以“兽医与百姓”为主题的纪念“全国兽医日”系列活动，市农业局、市科协、市科技局、市财政局有关领导和市镇（街）官方兽医、执业兽医、乡村兽医等代表共260多人参加活动，这是广东省地级市首次举办类似活动，得到省农业厅的高度肯定。东莞兽医代表在活动中庄严宣誓，并举办以“畜产品安全与百姓生活”为主题的创新科技论坛。副市长李小梅在当天《东莞日报》发表《保障动物卫生安全，给力建设幸福东莞》署名文章，称赞东莞的兽医工作者。围绕活动主题，市农业局先后开展“向基层先进兽医学习”交流会、全市“兽医服务日”活动和基层优秀兽医评选活动，分别依托《东莞日报》“征集市民记者”、“记者走基层”和东莞电视台“百姓关注”等栏目开展“兽医开放日”活动，邀请市民和媒体代表参观镇街生猪检疫检测工作和动物卫生远程视频监控系统运作。同时，还加强与各大主流媒体的互动，东莞广播电视台、《南方日报》、《东莞日报》等媒体发表《无惧苦脏累 坚守兽医岗位四十载》、《为了“放心肉”兽医白了头》、《女兽医坚守一线保“放心肉”》等多篇报道，引起广泛关注，增进社会各界对兽医行业发展和兽医职业的了解。 （刘 霞）

附：2011年东莞市农业局领导名录

市委农办主任、市农业局局长：
　　胡茬光（任至9月）
　　黄贵田（9月到任）
副局长：李小帆　林炎隆　布润泉
　　　　罗其芳
市委农办副主任：尹国强
纪检组长：陈素平
总兽医师：卢炽根
副处级干部：魏宇翔
副调研员：邹健华　叶榛华

种植业

【概况】2011年，全市种植业总产值16.02亿元，比上年增加1.2亿元。全年农作物播种总面积2.45万公顷，比上年减少0.017万公顷；粮食播种面积2764公顷，比上年减少30.8公顷，其中水稻播种面积1760公顷，主要分布在麻涌、沙田、洪梅、中堂等镇，总产0.91万吨，比上年增加0.03万吨。蔬菜播种总面积1.98万公顷，比上年减少0.02万公顷，主要分布在塘厦、虎门、沙田、中堂等镇，总产38.9万吨，比上年减少0.39万吨。水果总面积1.12万公顷，比上年减少0.019万公顷，其中荔枝0.68万公顷，主要分布在厚街、大朗、黄江、塘厦等镇；香（大）蕉2858公顷，主要分布在麻涌、洪梅、望牛墩、中堂等镇；龙眼1109公顷，其他水果447公顷；水果总产7.39万吨，比上年减少0.16万吨，其中香（大）蕉5.53万吨，荔枝1.1万吨，龙眼0.36万吨。全市花卉种植面积847公顷，其中鲜切花164万枝。 （刘 霞）

畜牧业

【概况】2011年，东莞市养殖效益相对平稳，全市畜牧业总产值6.38亿元（当年价），比上年增加0.83亿元。肉类总产量2.60万吨，比2010年减少9.78%。年末生猪存栏17.68万头，比上年增长1.07%；全年生猪出栏27.91万头，同比减少17.05%。年末家禽存栏158.31羽，同比减少6.89%；全年家禽出栏732.33万羽，同比减少0.54%。饲料业发展较快，全市43家饲料企业年生产总量（含单一饲料）374.99万吨，同比增长14.80%。全市有3个饲料产品获2011广东省名牌产品（农业类）称号。 （刘 霞）

海洋与渔业

【概况】东莞市海域面积约97平方公里，主要分布在狮子洋和伶仃洋。大陆海岸线长97.2公里，属南亚热带浅海区，拥有海岸线的有长安、虎门、沙田、麻涌、虎门、洪梅和道滘等7个镇。全市拥有威远岛、坭洲岛、木棉山岛、沙口涌岛、虾缯排5个海岛，海岛岸线长34.58公里，海岛面积24.13平方公里。至2011年，东莞市用海项目约65个，用海总面积1385.98公顷，占海域面积的14.28%。东莞市渔区分布在虎门镇、沙田镇和中堂镇，共有3条纯渔业村（社区），渔业人口1.2万人，劳动力6489人。全市共有渔业船舶676艘，马力64460千瓦，其中海洋捕捞渔船500艘，内河捕捞渔船176艘。全市鱼塘水产养殖面积9912公顷。

据核算，2011年全市海洋经济总产值571亿元，增长7%，渔业经济总产值26.36亿元,增长6.3%；水产品总产量78229吨，增长1.8%；水产品总产值84419万元，增长6.3%；全年渔业捕捞产量12251吨，产值10700万元。2011年，渔民人均纯收入13550元，比上年增长4%。

【海洋综合管理】2011年，东莞市完成《东莞市海洋与渔业“十二五”发展规划》、《东莞市海洋功能区划》、《东莞市战略性海洋产业发展规划》和《东莞市黄唇鱼自然保护区功能区划》

等规划的修编和编制。对241家涉海企业进行海洋经济试点调查统计。对5个海岛进行实地勘察，设立5个海岛岛碑。完成海平面变化情况调查工作，初步建立海平面变化基础地理信息数据库。完成4个用海项目的审核和上报工作，40多个用海项目年审缴款工作,共征收海域使用金250万元。做好海域动态监管中心软硬件设施建设、海域使用申请核查、海域动态监测、用海项目权属核查和技能培训等工作，海域管理实现信息化、规范化管理。

【海洋与渔业产业结构调整】 2011年，东莞市抓好海洋与渔业结构调整和转型升级，发展都市型现代渔业。稳妥开展减船转产工作，引导渔民转产转业，完成中央减船任务，淘汰渔船4艘。实施“名、优、特”品牌创建工程，特别是龟鳖养殖受到业界追捧，经营效益大幅提升。以锦鲤、金鱼等观赏鱼为主的特色养殖产业方兴未艾，产品主要出口西欧、北美、日本和东南亚等国，年产值超过1.5亿元人民币。无公害水产品认证和创建知名品牌工作取得新进展。东莞市南方特种水产研究所和广东绿卡实业有限公司已获得无公害水产品产地认定与产品认证，另有3家企业完成无公害产品和产地环境检测。

【支渔惠渔】 2011年，东莞市落实国家渔业用油涨价补贴政策，发放渔业柴油补助资金8192万元。为解决好禁渔期、休渔期困难户渔民的生活问题，按最低生活保障补助标准对全市3000名禁（休）渔困难户渔民进行补助，落实补助资金300多万元。减免渔船涉渔收费，共落实返还减免涉渔收费128万元，实现涉渔的“零收费”。

【水产品质量安全监管】 2011年，东莞市推进标准化生产，推广健康、生态生产模式，强化生产者质量自控、投入品监管、产品质量检测能力建设，建立水产品市场准入和可追溯制度，重点抓好健康养殖示范基地、无公害水产品基地和规模化养殖鱼塘的监督管理，保障初级水产品质量安全。对全市245个监测点进行水产品抽检，累计抽检水产品样本832批次，总体合格率为97.1%。严格水产品市场准入管理，对全市水产品批发市场和106个样板市场全面实施标识管理。

【渔业安全生产】 2011年，东莞市推进“平安渔业”建设，强化对渔船档案精细化管理，做好渔业船舶检验和发证工作，加强渔船签证报关工作。做好渔船报警终端和渔船IC卡(渔船电子标签和广东省渔业船舶信息卡)及渔船AIS避碰系统建设工作，已有125艘渔船安装求助报警终端，516艘渔船完成IC卡安装，286艘渔船安装AIS避碰设备，提高东莞市渔业安全生产保障能力。完善现代化渔船数字管理平台，实现渔船基础数据信息管理、渔船动态监控、渔船救助信息的高效处理。全年没有发生重大渔业安全事故。

【渔业资源与海洋环境】 2011年，东莞市发动各镇街和社会各界参与渔业资源增殖放流，全市共开展5次渔业资源增殖放流活动，共投放鱼苗、虾苗1800万尾。结合中心镇扩权强镇工作，加强水生野生动物专项执法检查，办理水生野生动物年审230多份，征收资源保护款10万多元。健全内部咨询评估机制和制度，发挥专家对海洋环评机构提交的成果和产品的把关作用，2011年收取渔业资源损害赔偿款30万元。着力加强海洋环境监测能力建设，编制完成排污口监测通报3份，海洋环境状况半年报1份，完成《东莞市2010年海洋环境质量公报》的编制和发布工作。监测结果表明东莞市近岸海域环境质量总体保持稳定。

【渔业科技推广】 2011年，东莞市加强渔业科技创新平台建设，组织力量开展渔业技术攻关，开展《中华鳖健康养殖集成技术示范》和《中华花龟种苗繁育及产业化关键技术》重点项目，提高养殖及苗种繁育技术水平，改善部分中华鳖品质。此外，还申报《东莞市防疫检疫中级实验室的建立》、《东莞市养殖水域生态修复技术示范》、《南美白对虾低碳养殖技术》等多个项目。

【海洋与渔业执法】 2011年，东莞市开展海洋工程建设项目专项执法和养殖用海、码头用海、倾废用海、围填海等用海项目的检查，规范海洋开发秩序，开展“海盾2011”、“碧海2011”专项行动，加大打击非法用海行为的力度，查处违法违规案件3宗。打击非法捕捞和渔船走私，清理“三无”渔船，开展打击非法捕捞、水产品质量安全和水生野生动物保护等专项行动16次,联合行动3次，检查各类渔船3586艘次，查获渔业违法案件49宗，结案49宗。 （袁晓君）

▲虎门新湾渔港

附：2011年东莞市海洋与渔业局领导名录

局　长：刘伟全

副局长：叶玉培　江日年

林业

【概况】2011年东莞市林业用地面积60358公顷，森林覆盖率36.9%，林地绿化率97.84%，林木绿化率38.55%，活立木蓄积量273万立方米，荣获全省森林资源保护和发展目标责任制考核第一名，东莞市人民政府被全国绿委评为“国土绿化突出贡献单位”。

【森林公园建设】东莞市把森林公园建设作为林业工作核心任务，全力加快森林公园建设步伐，稳步推动现代林业发展。至2011年，全市已建成开放森林公园8个，面积33000公顷。

镇村森林公园建设　镇村森林公园建设作为民生工程，列入2011年市政府为民办十件实事之一。2011年基本完成凤岗南门山森林公园、清溪山水天地森林公园的基础设施建设，建成出入口广场16万平方米、园区道路6公里、登山步行道6.6公里、观景平台4个以及游客服务中心等基础配套设施一批；基本完成黄江黄牛埔、黄江清泉、寮步佛灵湖、凤岗碧湖等4个森林公园总体规划编制。

配套设施建设　市林业部门继续完善大岭山、大屏嶂、银瓶山森林公园配套设施建设。完成大岭山森林公园霸王城森林浴步道、大板水库土坝加固工程，大屏嶂森林公园竹园升级改造及游憩茶室工程，银瓶山森林公园紫烟阁、润楠步道、第三派出所办公楼主体工程等配套设施建设，并启动银瓶山市级示范自然保护区建设，开展野生动物资源调查。

绿道网建设　东莞市建成开放森林公园省立绿道50.1公里，基本完成8.2公里城市及社区绿道的建设任务。全面加强森林公园绿道管理，新增或改造绿道绿化6.5万平方米，新增绿道标示牌、指路牌一批，各绿道驿站正式投入使用。

【林业生态工程】2011年，东莞市林业部门共完成水源涵养林林相改造1790公顷，幼林抚育2958.6公顷，营建农田林网111公里，营造生物防火林带77.7公里、抚育374.6公里，造林质量普遍较高，保存率达到93%以上。顺利完成黄旗山城市公园林相改造二期工程，改造林相815.4亩，种植乔木3.8万株。全力抓好林业生态项目工程规划，制定《石马河流域绿化整治工作实施方案》，计划用4年时间，完成石马河两岸纯林改造36045亩、残次失管果林改造2275亩、河堤两岸绿化3297亩、镇村见缝插绿6200亩、薇甘菊防治8.4万亩、封山育林80869.5亩。全面铺开生态景观林带建

东莞市林业局

2011年3月1日，有关领导在寮步镇佛灵湖郊野公园义务植树点畅游绿道

设，按照《广东省生态景观林带建设规划》的任务要求，东莞市规划建设广深高速、广深沿江高速、潮莞高速、京九铁路、东部沿海防护林和东江水源涵养林的东莞段等6条总长247.38公里的生态景观林带，草拟《东莞市生态景观林带建设实施方案》，成立生态景观林带建设规划项目组，并完成广深高速、东江水源涵养林生态景观林带建设的前期调研和规划设计。

【全民义务植树】 2011年是全民义务植树运动开展30周年，东莞市创新义务植树活动实现形式，多角度广渠道进行宣传发动，市民参与植树绿化的热情高涨。3月1日，市几套班子领导、部队官兵、林业局机关干部和寮步镇政府领导、干部、学校师生等共520人，在寮步镇佛灵湖郊野公园的环湖绿道旁植下2200株莞香树，率先拉开全民植树造林运动的序幕。各镇街主要领导带头积极参与地方义务植树活动，极大地调动

① 2011年5月27日，副市长李小梅检查和指导黄旗山森林公园林相改造工程

② 2011年9月15日，副市长李小梅陪同全省生态景观林带会议参会人员在东莞生态园参观

③ 2011年，新建成清溪山水天地森林公园——大王山景区

广大市民参与植树热情。3月12日植树节当天，市绿委办举行大型植树节启动仪式，组织团市委、东莞总工会、财政局、法制局、阳光网友等250多人，在同沙生态公园开展义务植树活动，种植樟树、乐昌含笑、红椎等乡土阔叶树种900多株；南方都市报 、东莞报业传媒集团、东莞松山湖管委会、东莞市环保局、中国银行东莞分行等单位组织干部职工积极参与各种形式的植树活动。全市共有89.16万人参加义务植树，植树332.9万株，新建25个义务植树基地，认建面积412亩，118家单位或个人参加绿地树木认建认养，认养大树203株，认养金额27.64万元，义务植树尽责率达93.80%，义务植树成效显著。

【城乡绿化】2011年，全市城乡绿化美化统筹发展。东莞市推动创建林业生态文明村活动，共投入资金195万元，全市31个村（社区）和虎门沙角部队的绿化建设。加强苗木质量监督，强化后续管护，注重种植效果，全市城乡新增绿地面积1169.6公顷，新增公园广场77个，并评选出南城周溪社区等6个“绿化模范村（社区）”和东莞松山湖实验小学等28个“园林式单位”，有效提升城乡人居生态环境。

【集体林权制度改革】2011年，东莞市全面完成集体林权制度改革工作，核发林地所有权林权证2962本、林地使用权林权证3839本、广东省集体山林股份权益证书19.2万本，发证率分别为98.6%、98.6 %和99.7%，初步建立林权管理信息系统。通过林改，增加广大农民收益，实现“农民得实惠、生态得保护、林业得发展”的林改目标，走出一条东莞特色的林改之路，并顺利通过广东省集体林权制度改革验收组的验收，东莞市人民政府被评为“全省集体林权制度改革工作先进集体”，全市有3位同志被评为“全省集体林权制度改革工作先进个人”。

【林业科技】2011年，东莞市林业局开展适合林业发展需要的林业科研项目，科研成果显著。“东莞城市森林生态建设模式构建与评价研究”和“荷花大红荔及其配套栽培技术推广”项目分别获广东省农业技术推广二、三等奖，“东莞市森林生态系统碳储量及其碳汇技术研究”获市科学技术奖三等奖，东莞市林业科学研究所被评选为“全国林业科普基地”，大岭山森林公园被评为“市科普教育基地”。开展“科技下乡”活动，结合实际举办造林更新工、林木种苗工职业技能培训班，组织造林工程队61名技术人员参加培训学习，系统学习种子基地建设与管理、苗木培育、植树造林和大树移植、病虫害防治等林业专业技能；相继举办 “健康绿道，幸福东莞”、“珍稀濒危植物迁地保护和引种回归”、“东莞森林文化建设与森林创意产业培育”等一系列学术研讨会、学术沙龙、科研论坛，提高林业科技推广能力和水平。

【森林资源管护】2011年，东莞市加大资源管护和执法力度，健全森林资源监管体系，增强综合监管能力，确保森林生态安全，为林业持续健康发展夯实基础。

资源保护管理 市林业部门严格林地征占用审核审批行为，把好建设项目占用征用林地审核审批关，严格控制使用林地，优先保障交通、通讯、电力、能源、教育、基础设施等重点建设工程项目使用林地的需要。2011年全市征占用林地项目50宗，涉及林地面积321.79公顷，征收森林植被恢复费1950.49 万元。强化林木采伐管理，采伐指标只安排各类工程建设项目征占用林地的林木采伐和病虫害病死木采伐以及营造生物防火林带、水源林改造透光等采伐，坚持做到伐前实地调查、伐中检查监督、伐后跟进验收，全年审批采伐报告98宗，面积245公顷。严厉打击违法犯罪活动，组织开展“闪电行动”、“候鸟保护专项行动”等林业执法行动44次，查获野生保护动物1740只，查处盗伐或滥伐林木18.8立方米、违法违规用地18.45亩。加强内业建设，建立森林资源档案，及时开展调查更新，保证森林资源数据的准确性，提升资源林政管理水平。

森林灾害防治 2011年，全市发生一般森林火灾5宗，过火面积41亩，受害面积8亩，受害率0.01‰，为历年来最少。全面提高防扑火基础设施和能力，全年开展防火培训班8期，培训扑火队员820人次，开展应急实战演练6期，参加实战演练382人次，新建移动通信基站6个、消防水池3个、管道6165米。加强林业有害生物防治，全市防治薇甘菊、松材线虫病等主要有害生物面积4856.6公顷，防治率达98.2%，林业有害生物发生危害率连续6年控制在全省最低水平。对全市200株200年以上古树进行树体透视检测，制定针对性的保护措施，在南城、东城、厚街等城乡硬底化进程较快的镇街推广应用打孔透气复壮措施，对22株濒危古树实施打孔透气复壮。

【生态文化】2011年，东莞市林业部门以森林公园为主线，不断加大宣传力度，拓展生态文化传播形式，多管齐下推动森林生态文化发展。加强生态文化基础设施建设，完善森林公园登山导游标识系统、各类植物标识牌、宣传栏等生态文化基础设施，充实更新森林公园景点画册、导游手册等宣传资料，制作森林公园DVD宣传片。开展生态文化宣传，开展“荔枝文化节”、“登山节”、“山地自行车赛”等一系列活动，结合“2011国际森林年”及“全民义务植树运动三十周年”，在《东莞日报》出版“3·12”义务植树专刊，开辟“森林公园”专栏，刊登“银瓶山森林公园资源丰富”、“银瓶山森林公园野生动物调查”等系列报道，并以《南面村林改的利益逻辑》为题深度报道近年东莞市林业工作成效。全年累计发布林业新闻信息215篇，发布《2010年林业生态公报》，刊发《林业工作简报》12期。 （刘宇红）

附：2011年东莞市林业局领导名录

局　长：胡炽海

副局长：詹惠航　林映鹏

殷子胜（8月到任）

中小学生积极参与义务植树活动

旅游业·餐饮业 TOURISM·CATERING

清代广东四大名园之一——东莞可园

- 旅游服务
- 绿道旅游
- 风土人情

编辑：黄文挺

旅游业

【概况】2011年，东莞市旅游业的各项经济指标稳步发展，旅游行风建设、管理能力、服务水平大大提升，旅游行业保持良好发展态势。截至年底，共有59家旅行社，91家星级饭店（其中五星级饭店21家），8家A级景区（其中4A景区6家），持证导游1000多名。全年接待人数2615.47万人次，比上年增长16.18%；旅游总收入249.37亿元，比上年增长30.34%。2011年东莞市住宿和餐饮业投资额4.61亿元，减少50.7%，零售额115.70亿元，增长13.5%，实现增加值168.62亿元，增长6.1%。

【旅游服务】2011年，东莞市加强旅行社建设，规范旅行社管理，做好旅行社设立审批工作，落实旅行社营业部、分社备案制度，合理规划旅行社布点，新成立4家旅行社；加大导游年审和培训力度，先后两次组织导游员资格考试，共有389人次参加，81人通过。加强星级饭店建设，做好星级饭店新标准的宣传工作，通过星级饭店的星评、复核，促进饭店的规范化、标准化管理，完成6家高星级标准饭店的星评工作和45家星级饭店的评定性复核工作。加强景区建设，完善旅游景区的基础设施，加快景区（点）质量等级评定的步伐，6家旅游景区申报创A。加强协会工作，监督与协助旅游协会、饭店协会、旅行社行业协会开展工作，健全规章制度；加强旅游安全生产管理，完善旅游投诉公示制度，加大旅游质监执法和旅游市场巡察力度，抓好“黄金周”期间旅游安全监督检查，对非法经营、零负团费、欺客宰客、无证导游带团等问题进行查处，严厉打击违规经营行为；在全市范围内对黑社、黑导、黑旅游车等违规违法行为开展“打黑”专项行动，切实维护良好的旅游经营秩序。

【旅游营销】2011年，东莞市旅游部门坚持“政府搭台、企业参与、媒体传播、旅游合作”的旅游宣传营销机制，运用“走出去”和“请进来”相结合、媒体传播与网络宣传相结合的旅游宣传方法，提升东莞城市形象的知名度。参加广州国际旅游展览会、中国国际旅游交易会和香港国际旅游展览会等13场国内外旅游展会；加强在《南方日报》、《东莞日报》等新闻媒体上的宣传与促销；设计制作《东莞旅游指南》、《东莞旅游图》、《深莞惠自驾指引图》等系列旅游宣传资料；结合“每天绽放新精彩”的城市宣传口号和标识制作宣传主题画，开展户外广告营销；联合道滘镇人民政府与香港亚洲电视台《漫游岭南绿道》栏目合作拍摄东莞传统民俗文化的精粹和绿道旅游特色专题片；加强旅游网络营销，在官方微博上宣传推介东莞旅游的景点、酒店、饮食以及发布有关旅游活动的新闻，在新浪微博上进行有奖竞猜活动；东莞市在由亚太旅游联合会、国际度假联盟等组织承办的“中国旅游品牌世界之旅香港峰会暨中国国际旅游投融资洽谈会”中获评为“中国最具投资价值旅游城市”。这些活动的开展，对宣传东莞市的旅游品牌、促进旅游业发展起到很好的作用。

【区域旅游】2011年，东莞市的旅游区域合作逐步凸显。深莞惠三市的旅游合作进一步深化，三地旅客互送工作进一步推进，区域联合促销工作加强。开展“万人互游深莞惠活动”；三地联合布展参加2011中国（广州）旅游产业博览会；联合编印《深莞惠旅游指南》；启动《深莞惠旅游发展规划》编制工作；加大旅游联合宣传力度，在《南方日报》、《中国旅游报》刊登“深莞惠旅游一体化”专题报道。在“2011中华文化游港澳地区主题推广系列活动”期间，东莞市向港澳同胞和海外游客派发《东莞美食地图》、《东莞旅游指南》等旅游资料，推广东莞旅游资源，展示东莞旅游形象；并与当地旅游机构、旅游业界人士开展交流活动，加深与港澳旅游界的联系。市旅游部门组织部分旅游企业到广西阳朔、河池、百色、南宁等市县开展旅游线路考察活动，组织市旅游饭店协会赴上海、苏州等地学习考察当地饭店的先进管理经验，接待来自广西、新疆、安徽等十几个省内外兄弟市县的旅游推介团到东莞市开展旅游推介活动。

【信息建设】 2011年，东莞市旅游部门加强政务网建设，推进网络问政和网上建言献策活动，推动网络信息公开，优化网站功能，发布旅游资讯，开展网上信用评星、监督、投诉活动，尝试引用3D网络技术展示形式，充分发挥网站宣传功能，全力打造旅游门户网站。在新浪、腾讯、139说客等大型信息平台开通官方微博，共计发布微博2000多条，引起共约22万网民的关注，成为腾讯微博东莞网络红人之一。同时，继续完善升级后的旅游统计直报系统，做好旅游统计月报、季报、年报、黄金周报等常规性统计工作，为各类分析提供数据支持；2011年度市旅游局被评为“统计先进单位”。

东莞市旅游局

① 2011年3月2日召开全市旅游工作会议

② “本色杯”旅游摄影大赛于2011年8月28日在松山湖景区举行开镜仪式

① 2011年3月9—15日，市旅游局组织旅游企业赴马来西亚参加“2011年马来西亚旅游展”系列活动
② 2011年4月16日，召开饭店星级标准宣贯培训会议
③ 2011年5月19日，市旅游局与市文明办、市绿道办共同主办首个“中国旅游日”暨东莞绿道旅游推广月活动启动仪式
④ 2011年市旅游局联合相关部门开展“打黑”联合执法行动
⑤ 2011年3月24日，在广州国际旅游展览会上设置东莞展区

【绿道旅游】 2011年，东莞市旅游部门积极参与和组织各类绿道宣传推广活动，举办摄影大赛、征文比赛，组织学生、中老年人、妇女和新莞人绿道旅游，联合省内外主流媒体开展专题活动和宣传；策划“绿道经典”线路，引导旅行社加大对绿道旅游产品的开发力度，制作与《游览绿道指南》相关的系列宣传品，开展以绿道为主题的各类艺术、文学、科普和观光活动，发挥深莞惠旅游一体化合作机制，联合宣传三市绿道旅游；挑选景点、旅行社参与全省范围的“广东绿道护照活动”和“国民休闲绿道旅游”活动；在“2011广东国际旅游文化节”期间，东莞花车以“精彩深莞惠，幸福绿道游”为宣传口号，推介东莞绿道建设成果。

【节庆活动】 2011年，东莞市旅游部门开展“幸福美卷——东莞十大景观”评选活动、“本色杯”旅游摄影大赛和首个“中国旅游日”东莞旅游系列活动；与市文明办、市绿道办共同主办2011年“中国旅游日”暨东莞绿道旅游推广月活动启动仪式；与东莞边防检查站在常平口岸联合举行“迎‘中国旅游日’、做文明游客”的宣传活动；举办为期3个月的2011东莞旅游文化节的系列节庆和主题活动，包括“万人互游深莞惠”城际旅游大串游活动、东莞旅游摄影大赛、“缤纷精彩在东莞”旅游展示会、“悠游东莞”节庆季、谢岗登山节、第七届广东国际啤酒节、第十届东莞美食节、寮步香市旅游文化节等活动。

【行业竞技】 2011年，东莞市举办“2011年东莞市导游职业技能大赛”，136名选手通过自我展示、模拟讲解、知识问答、才艺展示等环节的考验，最终评选出“东莞市金牌导游员”、“东莞旅游宣传大使”等奖项。获得专业组前八名的选手同时获得“东莞市职业技术能手”称号，享受积分入户加分的政策优惠。 （钟金伟）

【主要风景区】 鸦片战争博物馆（虎门林则徐纪念馆、海战博物馆） 坐落于广东省东莞市虎门镇，是纪念性和遗址性相结合的专题博物馆。该馆始建于1957年，初名林则徐纪念馆；1972年更名为鸦片战争虎门人民抗英纪念馆；1985年重新定名为虎门林则徐纪念馆，增加一个馆名——鸦片战争博物馆。1999年12月，海战博物馆正式对外开放。截至2011年，管理面积约80万平方米。基本陈列是《林则徐禁烟与鸦片战争史实陈列》、《鸦片战争海战陈列》以及《虎门海战半景画》。主要景点林则徐销烟池与虎门炮台旧址是全国重点文物保护单位。年接待国内外观众超过100万人次。胡锦涛、江泽民等70多位党和国家领导人先后到馆视察。1996年，中央六部委（国家教委、民政部、文化部、国家文物局、共青团中央、解放军总政治部）公布该馆为“全国爱国主义教育基地”；1997年，中宣部公布该馆为“全国爱国主义教育示范基地”；2004年1月被国家旅游局评为“国家级AAAA旅游景区”；2004年7月被中宣部、民政部、人事部、文化部评为“全国爱国主义教育示范基地先进单位”。此外，还被评为“全国禁毒教育示范基地”、国家二级博物馆、广东省国防教育基地、广东省首批中华文化传承基地、广东省首批红色旅游示范基地和被列入全国红色旅游经典景区名录。

广东观音山国家森林公园 位于樟木头镇，始建于2000年，总面积18平方公里。公园风景优美、环境清幽，森林覆盖率达99%以上，空气负离子含量平均1100个/平方厘米。高33米、重3000多吨的花岗岩观音菩萨雕像雄踞山顶。为集宗教文化旅游、娱乐健身和生态观光为一体的综合景区。2005年12月被国家林业局评为国家级森林公园，2006年10月被联合国国际生态安全合作组织评为“国际生态旅游示范基地”；2007年被评为“中国十佳休闲（生态旅游）景区”；2009年被评为国家AAAA级旅游景区。

松山湖景区 位于东莞市的几何中心，是在松山湖高新技术产业开发区的基础上建设而成的。规划控制面积72平方公里，有近8平方公里的淡水湖和14平方公里的生态绿地。自2002年开工建设，按照“融山、水、园为一体，科技共山水一色”的理念，积极完善基础设施，截至2011年，先后修建130多公里的主干道路、42公里的滨湖路和10公里长的人行道、自行车道，植树造林300万株，建成人工绿地600万平方米，修建“松湖烟雨”、“松湖花海”、状元笔公园、月荷湖公园、梦幻百花谷、桃源公园等一批旅游景点，建成集休闲旅游、商贸服务、餐饮娱乐、科技产业功能为一体的综合型城市科技产业园区。积极开发“生态游”、“工业游”和“科技游”，2008年接待300万人次，2009年接待400万人次，2010年接待450万人次。2010年获评国家4A级旅游景区。

新华南MALL·欢笑天地 位于万江街道新华南MALL·生活城D区，营业面积达4万多平方米，是中国最大的动感娱乐主题公园之一。国家AAAA级旅游景区，耗资2亿元，汇集几十种顶级进口机动游乐项目：60米亚洲最高的跳楼机，2秒急坠地面；553米亚洲最长的室内过山车，时速120公里狂飙；300米长的陡峭滑道，以近乎90度的角度从金字塔尖飞速跌落；飞碟暴风轮摆脱地心引力，240度大仰角疯狂自转；形似起重机的主臂慢慢升上高空，自转同时分段做360度旋转。拥有投资逾千万元的IMAX3D巨幕影厅——万达国际电影城，银幕高29.5

②

③

④

① 2011年8月22日，东莞市举办旅行社行业篮球赛
② 2011年9月15日，龙凤山庄举行创AAAA景区迎检工作汇报会
③ 2011年9月27日，在粤晖园举办2011东莞旅游文化节开幕式

米，长25.9米，为亚洲最大。自2005年开业至2011年，累计接待游客260万人次。2011年8月被评为国家AAAA级旅游景区。

东莞市科学技术博物馆 位于东莞市行政中心广场西南端，占地面积4万平方米，建筑面积4万平方米，展示面积1.2万平方米，总投资3亿元。2005年12月开馆。主要展示制造业科技和信息与高新技术的专题科技馆。馆内展品达300多件（套），90%为互动展品，80%为创新展品。拥有华南地区第一家IMAX球幕影院、四D动感影院及普通电影院兼多功能报告厅。年接待游客40多万人次。先后被评为“广东省科普教育基地”、“广东省青少年科技教育基地”、广东省首批国民旅游休闲示范单位、广东省首批科技旅游示范基地，并于2011年被评为国家AAAA级旅游景区。

【风土人情】 东坑卖身节 每年二月初二在东坑镇举行的民俗活动。相传明朝万历年间，东坑镇塘唇村一卢姓大户雇长工耕作，山区穷人闻讯前来受雇，名曰“卖身”。此事传开，其他大户亦前来挑选雇工。由于多在二月初二订约，久而久之，便形成独特的东坑二月初二“卖身节”。此习俗一直沿袭至解放初期。随着劳务圩市的形式，各乡小商小贩趁机在“卖身节”期间摆卖一些竹木、铁器等农具以及其他日用品。逐渐地，“卖身节”成为兼具传统商贸集市功能的墟日。周边镇街乃至附近的惠阳、番禺、博罗等地村民亦来东坑走亲戚，当地村民也习惯上街购物祈福。其间人来人往，热闹非常，盛状超过春节。东坑卖身节2007年列入广东省第二批省级非物质文化遗产名录。

康王宝诞 石排镇塘尾村一年一度为纪念北宋抗辽名将康王（名康保裔）的生日而举行的纪念、祝寿、祈祷和酬神等盛大的民俗活动。时间在每年的七月初一至初七，包括：初一解秽、出位、沐浴、更衣、壮行、巡游；初二至初七供奉拜祭；初七赞寿、出巡、筶地头、安座等系列活动。其中康王出巡最具特色，分初一和初七两次，全村男女老幼，锣鼓喧天，“抬康王”巡游，以祈求全村的平安好运。康王宝诞项目2007年列入广东省第二批省级非物质文化遗产名录。

望牛墩乞巧节 又名七夕节、女儿节、七姐诞。每年七月初七在望牛墩镇举行的民俗活动。据载，自宋代以来，望牛墩镇民间就有在七夕节“乞巧”的习俗。每到七夕之夜，望牛墩少女们就拜心灵手巧的织女，用通草、色纸、芝麻、稻米等日常生活中的原料做成各种花果、人物、器物等贡案，通过摆展，展现灵巧，祈求幸福美满的婚姻，并逐渐发展成为乞巧节。望牛墩乞巧习俗兴盛于明清、民国时期，沉寂于“文化大革命”期间。改革开放后，特别是2004年以后复振，2004年、2006年、2007年、2009年、2011年，望牛墩镇先后举办5届大型七夕风情文化节活动，把乞巧节打造成为望牛墩镇的文化活动品牌。2007年8月，望牛墩镇因此获评为“广东省民间艺术乞巧之乡”， 同年11月，望牛墩乞巧节也被列入广东省第二批非物质文化遗产名录； 2010年8月望牛墩镇又获评为“中国乞巧文化之乡”。

附：2011年东莞市旅游局领导名单

局　长：梁少虾

副局长：余建民　李亚鹏　曾玉如

餐饮业

【综述】 2011年东莞市餐饮行业年营业额200万元以上的法人企业共144家，其中按注册登记类型分，内资企业128家、港澳台资企业6家、外资企业10家；按行业分，正餐服务企业125家、快餐服务企业9家、饮料及冷饮服务企业1家、其他餐饮服务企业9家。企业从业人数共2.38万人，大部分分布在内资企业或正餐服务业。企业营业收入共30.46亿元，其中按注册登记类型分，内资企业营业收入17.33亿元、港澳台资企业营业收入2.69亿元、外资企业营业收入10.43亿元；按行业分，正餐服务企业营业收入17.28亿元、快餐服务企业营业收入12.10亿元、饮料及冷饮服务企业营业收入0.10亿元、其他餐饮服务企业营业收入0.98亿元。全市144家年营业额200万元以上的餐饮企业资产总值23.07亿元，全年实现经济增加值118.11亿元。截至2011年，全市共有44家国家级酒家，其中特级酒家25家、一级酒家9家、二级酒家10家。

（黄文挺）

东莞市旅游景点名录

名　称	地　址	传真电话	办公电话	邮　编
鸦片战争博物馆	东莞市虎门镇解放路88号	85527770	85512065	523900
松山湖生态景区	东莞市松山湖管委会A3栋1楼	22897688	22890101 22890202 22890769	523808
广东观音山国家森林公园	樟木头镇石新区笔架大道	87708666	87799666 87700662 87700691	523635
龙凤山庄影视旅游区	凤岗镇官井头大龙管理区龙凤山庄路	87562288	87562288	523709
可园博物馆	东莞市可园路32号	22227013	22211748 22221070	523017
东莞展览馆	东莞市南城鸿福路97号	22834008	22834000 22834001 22834013	523888
东莞科学技术博物馆	东莞市新城市中心区元美路2号	22835269	22835298 22835988 22835268	523075

续上表

名称	地址	传真电话	办公电话	邮编
新华南MALL欢笑天地	万江区万道路三元盈晖大厦	22430055	88778868 88778873 88778832	523043
广东东江纵队纪念馆	大岭山镇大岭村委会大王岭村	85655236	85651000 85651766 85651155	523835
诺华中式家具博物馆	道滘镇诺华家具工业园		88313441	523186
冠和博物馆	樟木头镇莞惠大道中心广场三楼	86267388	86269189	523618
南社古建筑群	东莞市茶山镇南社村	86408882	86404168 86403588 86403588	
袁崇焕纪念园	东莞市石碣镇崇焕东路212号	86303212	86300062 86363693	523306
粤晖园	道滘镇粤晖路1号	88386688	88389236 88389228 88389236	523186
隐贤山庄	常平镇丽城隐贤山庄大道8号	83395787	83398888-8666 83398888-3868	523565
蒋光鼐故居	虎门镇南栅村	85225988	85225868-113	
塘尾明清古建筑群	石排镇塘尾村	86551959	86653717 86527111	523900
旗峰公园	城区旗峰路	22461595	22471887 22463895 22463895	523129
虎英郊野公园	东城迎宾路	22610787	22663531 22618240	523129
榴花公园	东城区峡口	22014800	22690577 22690577	523115
唯美陶瓷博物馆	高埗镇北王路草墩桥侧唯美集团总部	88463238-223		
金威啤酒（东莞）有限公司	松山湖科技产业园区	22898000	22898003	
圣心糕点博物馆	茶山镇茶山工业园（B区）	86646029	86414332	
东莞蚝岗遗址博物馆	南城区胜和社区龙船塘	22479933	22479933 22459922	
东莞饮食风俗博物馆	万江区万江大道永泰商业大厦内	22425561		
同沙生态公园	东城区莞长路383号	22675898	22626033 22675268 22689013	523126
水濂山森林公园	南城区水濂社区	22678983	22678983 22678983	
银瓶山森林公园	清溪镇谢岗镇	82116868	87386638 82116868 87731047	523641
大岭山森林公园	东莞市大岭山森林公园管理处	85256277	85024102 85024102	
大屏障森林公园	塘厦镇林坪路绿化广场	87721452	87721452 87721452	
森晖自然博物馆	东莞市莞城可园路博厦	22247331	22227899	523017
观澜湖高尔夫球会	深圳宝安区观澜湖高尔夫大道1号	0755-28018951	0755-28020888-36010 0755-28020888-36033	518110
广东现代国际展览中心	厚街镇广东现代国际展览中心	85909318	85981868 85981885 85981880	523960

续上表

名称	地址	传真电话	办公电话	邮编
东莞生态园	石排龙岗大道生态园管委会	26262600	26262606 26262680	523668
将军馆	东莞市樟木头镇大地影剧院三楼	87796968	82339663 82339663	
东莞香市动物园	寮步镇药勒管理区	82319987	81100600 81100600 81100600 82819988	

东莞市旅行社名录

序号	旅行社名称	电话	传真	企业地址	邮编
1	东莞市国际旅行社	22458168	22473428	莞城区东城大道188号新华大厦三楼	523008
2	东莞市中国旅行社	22008888	22111111	南城区元美路华凯广场A栋二层	523071
3	广东国泰国际旅行社	22088888	22229068	城区东纵大道东方威尼斯广场B区	523000
4	东莞康辉国际旅行社	22488666	22001666	南城区莞太路63号鸿福广场A座3楼	523075
5	东莞市腾龙假日国际旅行社	23362888	23361010	东城区东城中心A2区A二层19号商铺	523129
6	东莞市景鸿国际旅行社	22313888	22326555	东城区东城南路联和大厦7楼	523129
7	东莞市四海国际旅行社	22339888	22339998	莞城区东城大道东平街223号	523000
8	东莞市东华国际旅行社	22663333	22623333	东城东路5号东华大厦1-2楼	523110
9	东莞市青年国际旅行社	22239388	22228961	莞城区新芬路42号	523007
10	东莞市泰平旅行社	85223236	85112748	虎门镇龙泉商业广场七楼	523900
11	东莞市丰行旅行社	22388888	22388863	莞城区罗沙路126号金沙大厦6楼	523008
12	东莞市讯通旅行社	22488786	22486469	莞城区莞太大道5号讯通大楼	523009
13	东莞市阳光旅行社	22825888	22825885	南城区簪花路8号华凯豪庭活力中心C01	523071
14	东莞市明珠旅行社	22335888	22300700	南城区莞太路8号综合大楼五楼	523009
15	东莞市南湖旅行社	22112222	22119155	莞城区南城路南城大厦十楼1002室	523007
16	东莞市南方观光旅行社	22502788	22508366	莞城区莞太路口创业新村6号楼	253000
17	东莞市华夏旅行社	22386666	22385828	南城区元岭新街4号	523000
18	东莞市广之旅旅行社	22480237	22500948	莞城区东城西路39号鸿福大厦A区第三层313室	523000
19	东莞市君达假期旅行社	23135678	23133456	东城区东城大道世博广场K区303	523000
20	东莞市开心假日旅行社	22036666	22031311	南城区莞太大道7号1-3楼	523000
21	东莞市幸福假期旅行社	22100222	22117708	莞城区香港街B3区04	523000
22	东莞市新华旅行社	85569955	85569977	虎门镇连升中路17号新华旅游大厦	523900
23	东莞市金运旅行社	89973333	89973332	莞城区八达路124号电子大厦8楼	523012
24	东莞市金旅假期旅行社	85087788	85087000	厚街镇深水坑路嘉逸楼1-2楼	523960
25	东莞市名界旅行社	22267868	22612038	东城区堑头花园路194号之二	523000
26	东莞市南方阳光商务旅行社	85183777	85113362	虎门镇连升中路三号新丰大厦首层	523900
27	东莞市文康旅行社	81768999	81768867	长安镇长中路22号	523850
28	东莞市欢泰旅行社	85044444	85198388	虎门镇太沙路81号地铺	523900
29	东莞市东行天下旅行社	22026666	22026668	东城区旗峰路国泰大厦大堂内一号商铺	523007
30	东莞市畅游天地旅行社	22229917	22116234	莞城区县正路12号	523000
31	东莞市永泰旅行社	22991090	22988288	莞城区东纵路2号地王商务中心1206-1208室	523000
32	东莞市优游旅行社	22306677	22337999	东城区新世界花园东城支路5号A铺	523000
33	东莞市会通旅行社	22880005	23394436	南城区莞太路胜和路段21号美佳大厦一楼A202a室	523001

续上表

序号	旅行社名称	电　话	传　真	企业地址	邮　编
34	东莞市天马旅行社	81091988	81099008	南城区体育路2号鸿禧中心b505室（变更中）	523000
35	东莞市松山湖旅行社	22890769	22890769	松山湖管委会A3栋一楼	523808
36	东莞市宏途旅行社	23039032	23039066	莞城区金牛路八达花园（香港街）A5区23号	523000
37	东莞市金泰旅行社	85199981	85199986	虎门镇人民南路91号之十	523900
38	东莞市江南假期旅行社	81182668	82209855	常平镇沿河东三路18号威盛商务大厦三楼	523560
39	东莞市康泰旅行社	89995666	89990060	长安镇乌沙环南路4号之一	523850
40	东莞市飞马旅行社	23107272	23107522	东城区东升路中C6-C9号二楼	523000
41	东莞市捷旅旅行社	22886628	23366538	莞城区金牛路香港街维港2栋首层4号铺	523000
42	东莞市车游天下旅行社	4008822616	23390668	南城区胜和体育路3号体育中心体育馆东面首层北段2号A铺	523000
43	东莞市益生旅行社	82388238	82383666	长安镇莲峰路76号建安大厦5楼	523850
44	东莞市瑞翔旅行社	88998666	88991234	东城区东城中路辉煌大厦7楼D区	523000
45	东莞市友好旅行社	85118289	85119289	虎门镇连升路新裕大厦3号铺	523900
46	东莞市潮流假期旅行社	22025188	22025818	莞城区旗峰路162号中侨大厦A座6楼C2	523000
47	广东中旅（东莞）旅行社	23188777	23096188	南城区簪花路华凯豪庭C座首层　C33号	523000
48	东莞市风华旅行社	22010355	22013477	东城区石井莞樟路宝城花园12号1-3楼	523000
49	东莞市环宇旅行社	22888658	22888358	南城区金色华庭新霞阁109-1铺	523000
50	东莞市华南旅行社	22486428	22453913	南城区新城市中心区簪花路18号	523000
51	东莞市汇博旅行社	82278788	85928380	厚街镇双岗村家具大道185号	523960
52	港中旅(东莞)国际旅行社	23329888	23326663	寮步镇教育路1号东莞金凯悦大酒店商铺	523000
53	东莞市国通旅行社有限公司	23032223	23032226	莞城区东城南路东升大厦一楼4号	523000
54	东莞市晨华旅行社有限公司	22201168	22992111	南城区新城稻花村1栋17号铺	523000
55	东莞市飞扬旅行社有限公司	88050888	23398800	东莞市南城区亨美黄金花园金涛楼1-2号	523000
56	广东国旅（东莞）旅行社有限公司	23135388	22021260	东莞市莞城金牛路亚洲大厦41号1楼	523000
57	广州广之旅国际旅行社东莞分公司	22480237	22480235	莞城区东城西路39号右侧鸿福大厦地下2号铺位	523000
58	深圳中国国际旅行社东莞分公司	22388000	22100202	莞城区新芬路42号之二	523007
59	广东国旅国际旅行社东莞分公司	81569999	21681777	南城区鸿福路200号第一国际财富中心写字楼C栋906单元	523000

东莞市星级酒店名录

序号	酒　店	星级	联系电话	酒店传真	邮　编	地　址
1	银城酒店	五星	22828888	22818228	523070	东莞市莞太大道48号
2	凤岗金凯悦大酒店	五星	87759888	87759388	523690	凤岗镇凤深大道158号
3	豪门大饭店	五星	85117888	85111445	523907	虎门镇虎门大道
4	嘉华大酒店	五星	85928888	85923888	523949	厚街镇家具大道1号
5	富盈酒店	五星	85888888	85888889	523940	厚街镇赤岭路段
6	索菲特御景湾酒店	五星	22698888	22696666	523129	东城区迎宾路8号
7	莲花山庄	五星	85538388	85538662	523846	长安镇莲花山
8	长安海悦花园大酒店	五星	85318888	85539788	523840	长安镇霄边管理区二环路
9	东莞柏宁酒店	五星	85333333	85332222	523843	长安镇德政路222号
10	石龙金凯悦大酒店	五星	86188888	86181991	523325	石龙镇莞龙路西湖路段
11	喜来登大酒店	五星	85988888	85899887	523962	厚街镇S256省道莞太路段
12	新都会怡景酒店	五星	87883888	87925439	523712	塘厦镇环市东路6号

续上表

序号	酒　店	星级	联系电话	酒店传真	邮　编	地　址
13	太子酒店	五星	83363333	83364422	523749	黄江镇江北路32号
14	塘厦三正半山酒店	五星	87299333	87299999	523710	塘厦镇迎宾大道
15	汇华国际饭店	五星	83938888	83028288	523560	常平镇常平大道2号
16	帝豪花园酒店	五星	83122222	83138228	523788	大朗镇美景中路769号
17	丰泰花园酒店	五星	85708888	85239028	523900	虎门镇S358省道大板地路段
18	华尔登国际酒店	五星	81028888	81023333	523538	桥头镇广场路3号
19	桥头三正半山酒店	五星	83341868	83342222	523520	桥头镇碧莲路
20	悦莱花园酒店	五星	81118888	81112288	523400	寮步镇香市路8号
21	欧亚国际酒店	五星	82838888	83555300	523573	常平镇常东路8号
22	寮步金凯悦大酒店	四星	83326328	83327888	523400	寮步镇教育路1号
23	文华大酒店	四星	85911111	85592666	523949	厚街镇莞太路新塘路段
24	东莞宾馆	四星	22222222	22227255	523005	莞城区东正路11号
25	江龙大酒店	四星	85838888	85812788	523962	厚街镇S256省道莞太路段
26	新都会酒店	四星	87713333	87717833	523625	樟木头镇维多利商业大道38号
27	君爵酒店	四星	22288888	22288889	523040	万江区石美广深路段
28	宏远酒店	四星	22418888	22814630	523070	南城区宏远路1号
29	汇美酒店	四星	83918888	83818288	523560	常平镇中元路9号
30	花园酒店	四星	87799888	87180208	523618	樟木头镇南城广场
31	长安酒店	四星	85532388	85532482	523841	长安镇中心S358省道旁
32	司马假日酒店	四星	83391888	83392332	523570	常平镇司马管理区
33	新世纪酒店	四星	83338888	83336668	523560	常平镇常平大道8号
34	梵尔赛酒店	四星	83816888	83813888	523560	常平镇下墟工业区
35	厚街海悦花园大酒店	四星	85885888	85831837	523962	厚街镇厚街大道东
36	汇源美爵酒店	四星	85244888	85244333	523907	虎门镇虎门大道
37	业丰大酒店	四星	83113888	83103928	523770	大朗镇莞樟路金朗大道23号
38	万盈酒店	四星	88828888	88825888	523130	麻涌镇麻涌大道
39	中汇文华酒店	四星	88788888	88788333	523270	高埗镇振兴路
40	方中假日酒店	四星	86866666	86868686	523399	茶山镇茶山大道西28号
41	半岛酒店	四星	83988888	83988999	523562	常平镇北环路
42	华禧酒店	四星	85383888	85338118	523869	长安镇S358省道上沙路段
43	嘉辉会酒店	四星	87563388	87553444	523709	凤岗镇官井头嘉辉路
44	美怡登酒店	四星	83028888	83028889	523560	常平镇中元路
45	天悦酒店	四星	81812222	81813333	523290	石碣镇崇焕路18号
46	华庭花园酒店	四星	81633333	81633322	523952	厚街镇广东现代国际展览中心南侧
47	石龙宾馆	三星	86613333	86617617	523326	石龙镇绿化中路2号
48	广彩城酒店	三星	22402088	22404196	523077	南城区莞太路
49	石碣豪华大酒店	三星	86633333	86634679	523290	石碣镇新城区
50	金湖粤海酒店	三星	87869888	87869399	523710	塘厦镇塘厦大道南99号
51	莲城酒店	三星	85536888	85534688	523847	长安镇莲峰路接一环路口
52	黄江假日酒店	三星	83362888	83362036	523750	黄江镇黄江大道3号
53	西湖大酒店	三星	22822888	22822788	523083	南城区西平板岭
54	明苑大酒店	三星	85122918	85105138	523918	虎门镇金龙大道南
55	篁胜酒店	三星	22463888	22317688	523009	南城区体育路11号
56	宝石大酒店	三星	86662188	86662328	523500	企石镇振华路1号
57	恒丰酒店	三星	83343333	83346333	523520	桥头镇恒丰新村2号

续上表

序号	酒店	星级	联系电话	酒店传真	邮编	地址
58	金岛泰年酒店	三星	82168888	82089888	523710	塘厦镇128工业区
59	绿洲酒店	三星	88832788	88839668	523170	道滘镇振兴路156号
60	沙头酒店	三星	85418888	85543888	523863	长安镇沙头管理区
61	华通城大酒店	三星	86732288	86722228	523511	企石镇湖滨南路
62	丰田酒店	三星	87771199	87772970	523699	凤岗镇雁田管理区怡安路
63	丽江酒店	三星	88872888	88873333	523270	高埗镇捷达工业村13座
64	嘉福海港酒店	三星	88682888	88682718	523981	沙田镇中心区港口大道17号
65	中明酒店	三星	88883368	88811767	523220	中堂镇新兴路1号
66	御烽酒店	三星	22186888	22705950	523042	万江区107国道拔蛟窝路段
67	莱莉雅酒店	三星	87507888	87507999	523690	凤岗镇永盛商业大街中银大厦
68	东逸酒店	三星	85396388	85396288	523847	长安镇莲峰路103号
69	鸿茂酒店	三星	83508888	83508888	523560	常平镇常黄路
70	四季酒店	三星	88566666	88556899	523196	望牛墩镇新电城A8座
71	宏信假日酒店	三星	87363888	87380688	523658	清溪镇香芒西路
72	美景湾酒店	三星	83739888	83731888	523460	横沥镇沿江路1号
73	天鹅湖酒店	三星	83338388	83903833	523562	常平镇天鹅湖路8号
74	富豪酒店	三星	83998888	83330348	523579	常平镇金美路256号
75	中青旅山水设计师酒店	三星	21988888	21981213	523129	东城区东纵大道189号
76	亚都酒店	三星	85343888	85344228	523800	长安镇长中路
77	金沙亚都酒店	三星	85413888	85393999	523861	长安镇靖海中路36号
78	金澳花园酒店	二星	22496966	22466751	523008	东城大道金澳花园A座
79	耀豪酒店	二星	88865333	88863588	523981	沙田镇中心区
80	银星酒店	二星	83987333	83987717	523560	常平镇木抡大道9号
81	雄狮大酒店	二星	83332198	83811997	523560	常平镇振兴路1号
82	盈丰酒店	二星	83333333	83332988	523560	常平镇振兴路中段
83	新港大酒店	二星	83331000	83989991	523560	常平镇新市一街6号
84	悦华大酒店	二星	83336888	83336688	523560	常平镇东兴路275号
85	海霞酒店	二星	82822888	83815111	523573	常平镇板石霞村路段
86	昇平酒店	二星	83812888	83818318	523560	常平镇中元街
87	冠城酒店	二星	83337788	83337733	523560	常平镇中元街常平广场
88	龙源大酒店	二星	85551028	85558039	523925	虎门镇S358省道北栅路段
89	恒安酒店	二星	88868868	88682066	523981	沙田镇横流中心区
90	海月酒店	二星	85926888	85939936	523947	厚街镇涌口海月公园侧
91	悦凯酒店	一星	83398808	83913856	523560	常平镇东元东路28号

财政·税务 FINANCE·TAXATION

东莞大道

■ 财政收入838.5亿元

■ 国税收入523.4亿元

■ 地税收入514.66亿元

编辑：潘朝明

财　政

【概况】东莞市财政局是市人民政府组成部门，正处级行政单位，主管财政收支、财政政策、财务管理、财政监督和行政事业资产及政府资源性资产监督管理等工作。2011年，市财政局内设16个职能科室，下辖直属分局、市会计核算中心（含国库集中支付中心）、市财政投资审核办公室、市财政局票据监管中心、市财政局信息中心、市政府物业管理中心、松山湖财政分局、虎门港财政分局、生态园财政分局、市注册会计师协会、松山湖会计核算中心、松山湖财政投资审核中心等12个直属单位。截至2011年年底，共有在职在编人员323人。

2011年东莞财政预算执行情况良好，有力促进了东莞市经济社会平稳健康发展。2011年来源于东莞的财政收入为838.5亿元，比上年增长16.2%，其中：上划中央217.7亿元，减少1.4%，主要是2011年中央出口退税比2010年增加82.7亿元；上划省116.2亿元，增长17.7%；市一般预算收入313.1亿元，增长18.3%；市基金收入191.5亿元，增长39.3%。2011年市可支配财力为629.6亿元，比预算增加95.4亿元。2011年市财政支出602.7亿元，其中：镇街分成支出284.3亿元，市本级安排支出251.1亿元。

【财政支持转型升级】东莞市从2011年起将“科技东莞”专项资金从每年10亿元增加至20亿元（连续五年），加大力度支持科技创新和产业转型升级，财政扶持科技创新等配套政策体系也逐步完善。

明确主攻方向，积极支持科技创新　集中资源支持重大项目建设和科技企业、科研机构开展技术攻关。支持宏威1500兆瓦薄膜太阳能电池项目落户，加快东莞市战略性新兴产业发展。对3家省级创新科研团队、10家重点实验室、7家省级企业技术中心、84个科技创新项目和54个名牌名标项目给予重奖，对50个技术挖潜改造项目给予财政资助，促进东莞市科技综合实力进一步提升。

坚持统筹兼顾，积极支持转型升级　支持银禧科技、勤上光电等企业成功上市。奖励8家总部企业，推动总部经济发展，优化东莞市产业结构。资助1996个企业出口综合项目，稳定外源型经济增长，支持2271家外向型企业开拓国际市场，支持452家加工贸易企业开拓内销市场。鼓励406家台资企业参与转型升级辅导。支持举办台博会、外博会、电博会和漫博会。支持在日韩台地区驻点招商，奖励52个镇村引资项目，引导全市产业转型升级。

【财政民生支出】2011年，市本级财政民生支出187.7亿元（含民生方面的基建支出47.5亿元），占市本级安排支出74.8%。

优先发展基础教育　投入11.1亿元，补助镇街中小学经常性教育经费支出，促进镇街义务教育均衡发展。投入6.8亿元，支持新建万江中学、石龙中学等9所高中，扩建第五高级中学、长安职业高级中学等14所高中，新增1.7万个优质高中学位。拨付2330万元，全力推进全市中小学校舍安全工程建设。

完善公共医疗体系　投入1.6亿元，用于社会基本医疗保险缴费补助，将基本医疗保险年度支付限额从15万元提高至20万元。提供财政借款1亿元，支持市人民医院、市中医院、市妇幼保健院和市新涌医院新院开办。投入1亿元，用于提供全市疫苗接种服务。投入3367万元，用于为市民免费建立健康档案、开展孕产妇健康管理等9项公共卫生服务。

关爱救助弱势群体　投入9462万元，用于发放最低生活保障金，基本医疗救助金，低保户、低保边缘户在读子女助学金和寄宿生活补贴。投入4998万元，为80周岁以上老人发放高龄津贴，向困难残疾人发放生活补助和为精神病人康复提供财政支持。投入3307万元，向3.6万户困难群众开展春节慰问。建立低收入群众临时价格补贴与价格上涨联动机制，投入993万元，向困难群众发放临时生活补贴。投入1.6亿元，建成公共保障性住房雅园新村一期并投入使用，帮助1113户困难群众修葺房屋或提供住房租赁补贴。投入1000万元，在市慈善会设立"东莞福彩关爱基金"，对户籍困难人员和困难新莞人给予救助。进一步健全免除低收入群体和其他特殊群体殡葬服务费保障制度。

促进市民就业创业　发放各项就业补贴3亿元，用于促进新成长劳动力就业，援助就业困难人员就业创业。主要是发放大中专毕业生企业岗位津贴、就业困难人员工资差额补助、灵活就业补助以及社会保险补贴等62.2万人次；组织城乡劳动力参加免费或资助性技能培训5.8万人次等。发放创业小额贷款984万元，帮扶209名失业人员成功创业。

加大社会治安整治　公共安全专项支出6.6亿元，全面打击拐卖妇女儿童犯罪、开展"清网"行动、整治"黑网吧"、扫除"黄赌毒"；支持创建"平安公交"，重点整治了一批公交站场、线路和候车亭，有力打击了公交违法犯罪；完善社会治安、出租屋视频监控，奖励群众见义勇为和举报违法犯罪行为，促进社会治安稳步好转。

支持创建文化名城　设立10亿元文化名城建设资金，重点推进实施"文化惠民"工程，支持村（社区）"五个有"文化服务设施完善升级，推动全市镇街24小时自助图书借阅全覆盖，组织实施"百场培训、千场演出、万场电影"到基层、到村（社区）、到企业，扶持东莞市文艺创作和粤剧发展，让城乡居民能方便地享受到丰富的公共文化服务。

加强食品安全监管　投入3868万元，用于农产品质量安全检测和农业生态环境质量监测，支持全市农贸市场整改，创建完成样板农贸市场67个，资助餐饮服务单位改造升级加工场所，专项打击食品非法添加和滥用食品添加剂的违法犯罪行为，努力让市民吃上放心食品。

提升人居环境质量　投入4.8亿元，用于全市污水、污泥处理和截污主干管网维护。投入4.6亿元，用于公路、城市道路和市政设施维修保养。投入1.3亿元，用于绿道网东莞段建设。投入9219万元，完善黄旗山城市公园和森林公园设施。投入8640万元，建设80个宜居社区（村），为市民提供更完善的社区生活配套设施。

【财力向基层下移】2011年，市拨镇街分成和镇村补助资金363.4亿元，占全市支出60.3%，财力进一步向基层下移。

完善体制增加镇街财力　提高契税、耕地占用税等5项收入项目镇街分成比例，治安联防费、使用流动人员调配费全额返还镇街等，全年增加镇街财力5.7亿元。拨付7亿元，补助经济滞后镇运行经费，提高基层公共服务保障能力。拨付3.7亿元，对镇街超收收入增加分成。

加大对农村基层补助　拨付2.4亿元，对经济综合实力排名靠后的285个村（社区）给予行政管理及公共服务补助。投入1.7亿元，对村基本农田保护区和非经济林地保护给予补助。将欠发达村扶贫贷款财政贴息期由原定的3年延长至6年。

新增市内扶贫专项资金　从2011年起每年按经常性财政收入的5.8‰设立市内帮扶专项资金，2011年投入1.3亿元，用于改善欠发达村基础设施，帮助贫困群众就业，支持欠发达村发展优质项目，增强经济发展能力。

【财政管理水平提高】2011年，在预算单位全面推行公务卡结算和财务核算信息集中监管，提高资金使用的透明度。试行引入第三方参与绩效预算编制工作，努力使预算更加科学、客观和独立。建立了政府采购代理机构考核制度，进一步完善了采购程序，规范政府采购行为。市直单位出租物业实行公开招租，租金较原水平增长32%。开展对科技东莞与产业转型升级专项资金的监督检查，严厉打击以虚假资料骗取财政资金的行为。继续开展东莞市"小金库"专项治理工作，查处"小金库"2个，涉及金额共309万元；开展对市财政补助镇街专项资金的监督检查，追缴滞留、挪用、闲置补助资金5402万元。

（刘长青）

附：2011年东莞市财政局领导名录

局党组书记、局长：詹文光

局党组成员、副局长：陈锐康　王锐江　叶树平　李长福　谢　涛

局党组成员、会计核算中心主任：王　标

局党组成员、纪检组长：莫桂冰

▲东莞市中医院

税　　务

国家税务

【概况】 东莞市国家税务局（以下简称“市国税局”）于1994年9月底税务机构分设后成立，为中央直属正处级行政单位。市局机关共设13个行政科室、3个直属机构和3个事业单位，下设33个税务分局和4个跨区稽查局。全系统在职干部职工796人，管辖纳税户27万户，其中内资企业9.4万户，涉外企业1.1万户，个体户16.5万户。负责征收增值税、消费税、企业所得税、储蓄存款利息所得个人所得税、车船购置税、城建税。

【国税收入】 市国税局努力克服国内外经济形势对收入的不利影响，坚持组织收入原则，全力挖潜增收，2011年共组织工商税收收入523.4亿元，同比增长19.11%，收入总量首次突破500亿元。其中，国内税收收入399.79亿元，同比增长16.44%；形成市财政收入86.79亿元，同比增长16.49%，顺利完成省、市年初下达的收入任务，为地方经济社会发展提供了有力的财力支持。大力加强重点税源监控，推行分类分级税源管理，动态监控收入进度。抓好增值税一般纳税人认定及后续管理，加强低税负零税负企业的专用发票管理，严防虚假进项税额抵扣，全年国内增值税（含调库）收入298.48亿元，同比增长13.54%。加强高尔夫产品、珠宝玉石生产企业实地调查，简化车购税过户手续，消费税和车购税分别同比增长14.19%和22.92%。认真做好企业所得税年度汇算清缴，加强核定转查账企业的所得税申报管理，严格监控房地产行业结转已完工产品的销售收入，全年企业所得税收入75.2亿元，同比增长27.84%。提高外国企业常驻代表机构涉税事项申报质量，提早介入涉及非居民税收的企业股权转让项目，全年实现非居民所得税收入3.13亿元，同比大幅增长45.82%。此外，还积极向上级争取免抵调库指标，全年实现免抵调库收入90亿元，有力地支持了收入增长。

【国税信息管税和风险管理】 2011年,市国税局着力加强信息技术应用，防控税收管理风险，探索实施税源专业化管理，税收征管质量始终保持在较高水平。积极推动全市涉税信息交换和共

东莞市国家税务局

① 2011年10月11日，国家税务总局副局长丘小雄（前排左三）莅莞调研高新技术企业发展及税收情况

② 2011年10月11日，市国税局局长利巨强陪同省国税局局长李永恒（前排右一）视察华为公司生产车间

享平台搭建，实现20个部门42项数据共享。建设全市征管综合分析应用平台，目前已完成指标体系迁移工作。在石碣、谢岗分局试行税源专业化管理工作，初步建立税源管理的量化标准，优化管理岗设置和管理流程，税源管理效能稳步提升。利用税收执法管理信息系统疑点库查找疑点数据20966条，落实整改3866条。修订完善纳税评估指标体系，组织编写商贸（批发业）等行业评估指引，对异常企业、重点企业深入开展评估，全年共评估3711户，补罚入库2.88亿元。明确代开专用发票及塑胶市场、再生资源回收、二手车行业等税收管理要求，抓好商贸一般纳税人管理，深入开展房地产行业重点企业实地核查。积极推进关联交易转让定价调查，加大反避税工作力度，全年完成5宗反避税调查结案，追缴企业所得税1973万元。充分发挥稽查重点打击作用，深化查管互动，全年立案查处企业227户，查补1.08亿元，组织1682户纳税人专项自查，查补1.24亿元。

【国税税收服务】 2011年,市国税局充分利用税收政策，主动服务东莞经济社会发展大局，支持产业结构调整和企业转型升级，同时大力改进办税手段，努力促进税企双向减负增效。服务全市加工贸易转型升级，积极协调解决有关涉税问题，简化税收优惠审批流程，为企业转型发展营造有利的政策环境。抓好各类税收优惠办理，2011年共办理固定资产进项税额抵扣47.45亿元，办理增值税优惠退税6369.97万元。2010年度汇算清缴共为企业办理各类所得税减免优惠17.38亿元。全面推广应用电子退税系统，退税到账速度大幅提升，将198户生产型“支援企业”和235户重点工业企业纳入出口退税“高速通道”，实行当月申报当月退税。全年共为全市出口企业办理出口退税197.79亿元，同比大幅增长49.78%。继续推进网上办税，在全省率先实现财务报表网上报送，推行企业所得税年报网上申报，汇算清缴期间全市共有12038户企业进行网上申报。试点推行CA认证，开通12366纳税服务热线，推广应用“税企通”，实现数据采

① 东莞市国税局举办税收优惠政策宣讲会暨税宣月活动
② 石碣国税分局获评“省文明单位”，“青年文明号”
③ 2011年10月22日，东莞国税“12366”纳税服务热线上线

集、出口退税预审、专用发票网上核销预约等功能，2011年全市已有6万多户纳税人使用。与市外商投资协会等四大商会签订税企交流协议，借助新闻媒体等加强政策宣传辅导，有力促进了税企互动交流。

【国税队伍建设和党建工作】 市国税局坚持以人为本，积极优化人力资源配置，加强干部队伍培养，深化党建和文化建设，着力打造一支善打硬仗、能打胜仗的国税队伍。把各级领导班子建设作为重中之重，狠抓各级班子和领导干部管理，确保各级班子规范高效运作。省局2011年专门派出巡视组，对市局班子进行了巡视检查，市局班子各项工作都得到巡视组的高度评价。深入调研测算全系统人力资源配置情况，合力进行人员调配和交流轮岗，整合优化人力资源。制定实施学历、职称、师资及“三师”人才管理办法，在全省率先搭建“三师”教育培训平台，举办师资人才培训及各类业务培训，增强干部队伍的综合素质。借助党组织垂直管理的优势，广泛开展主题式党的组织生活，深入开展创先争优活动，推进机关党建百佳品牌创建工作，组织表彰“星级党支部”、“十优敬业标兵”等，市局直属机关党委被市委和市直工委评为东莞市先进基层党组织，机关妇委和工会也分别获得先进单位称号。以纪念建党90周年系列活动契机，广泛开展丰富多彩的文体活动，增强干部队伍的凝聚力，营造活跃的工作氛围。

【国税政风行风建设】 市国税局狠抓党风廉政建设，着力改进政风行风，改善机关工作作风，牢固树立国税部门良好形象，赢得纳税人和社会各界的广泛赞誉。坚决落实党风廉政建设责任制，深入推进内控机制和廉政文化建设，抓好“一岗一预防”、“一案双查”等工作。党风廉政建设得到市有关部门的充分肯定，先后荣获了东莞市纪检监察工作先进集体、“一岗一预防”活动先进单位和预防职务犯罪工作先进单位。专门制定下发了加强机关作风建设的意见，提出8个方面的具体要求，确保全系统政风行风得到有力巩固提升。市局在全市行政执法部门政风行风评议中获得第二名的好成绩，多个分局在镇街评议中名列前茅。此外，扎实开展公务用车、“小金库”等专项治理，明确会议信访、财务预算、后勤管理等要求，机关管理水平和行政效能显著提高。

（庄雁冰）

附：2011年东莞市国税局领导名单

党组书记、局　长：利巨强
党组成员、副局长：刘　丹
党组成员、副局长：祁　雄
党组成员、副局长：杜志康
党组成员、副局长：傅平辉
党组成员、总经济师：谭岳华
党组成员、纪检组长：邓进强
党组成员、总会计师：邝照东

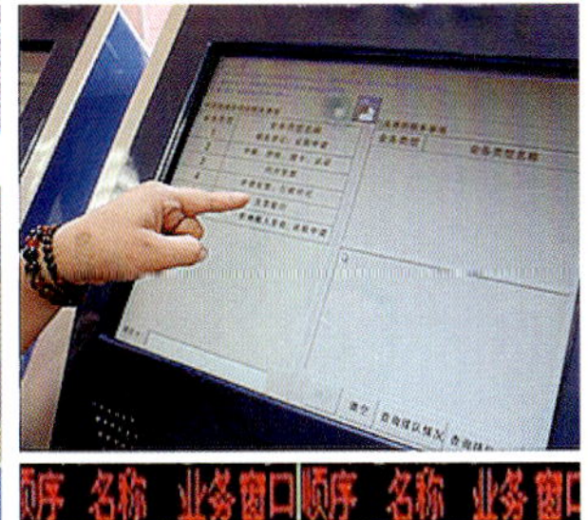

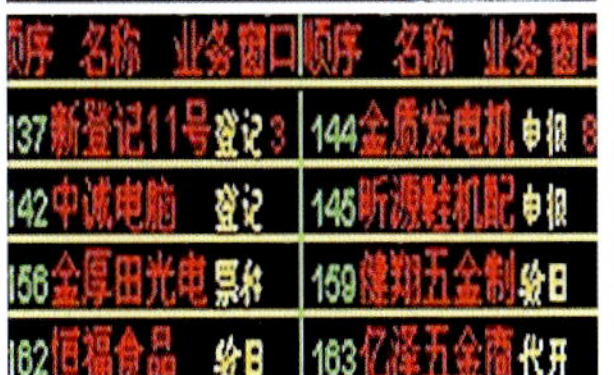

① 纳税人轻松体验市国税局自主开发的排队叫号系统
② 纳税人欣喜地拿到全国首张自助代开的增值税专用发票
③ 税宣教育基地——东莞市济川中学举办“索取发票 公民权利”系列活动
④ 国税工作人员向纳税人介绍“税企通纳税服务平台”

地方税务

【概况】东莞市地方税务局为广东省地方税务局直属正处级行政机构，内设10个科室，设立1个直属行政单位（稽查局，副处级单位，内设6个正科级机构）和2个事业单位，下设33个税务分局。截至2011年底，全系统共有在编干部职工898人，其中，大学本科以上学历763人，占84.97%；大专学历125人，占13.92%；党员605人，占67.37%。主要负责营业税、企业所得税、个人所得税、房产税、资源税、车船税、城市维护建设税、城镇土地使用税、土地增值税、印花税、契税、耕地占用税等12个税种的征管和社会保险费、教育费附加、文化事业建设费、堤围防护费、残疾人就业保障金、地方教育附加等6项规费的征收工作。

2011年，市地税局深入贯彻落实科学发展观，积极应对复杂多变的经济社会形势，克服困难，真抓实干，以和谐聚力量，以发展促转型，以廉政保平安，圆满完成全年各项工作任务，为“加快转型升级，建设幸福东莞”作出了积极贡献，连续第十年被东莞市委、市政府评为中央、省属驻莞机构先进单位。截至2011年底，全市共有地方税务登记户362428户，其中内资企业112777户，外商投资企业11703户，个体工商户234348户，其他3600户。

【地税收入】2011年，市地税局共组织税费收入514.66亿元，增长22.5%。其中，税收收入320.18亿元，增长16.0%；社保费收入160.76亿元，增长25.2%，征缴率达99.7%；堤围防护费、残疾人就业保障金、教育费附加、文化事业建设费、地方教育附加等其他收入33.72亿元，增长114.7%。

税源控管 扎实构建专业化税源管理新模式，优化完善建安、房地产业税源控管系统，积极探索大企业税收管理模式，集中精力管好重点税源。全市涉税信息交换与共享平台成功上线，已实现48万条数据上传，利用涉税数据辅导纳税人自查，有效解决涉税信息不对称导致税款流失的问题。深入开展税务协管，加强委托代征税款账户管理，继续完善车辆税收、房产交易税收由部门把关模式，零散税源控管力度进一步加大。深化发票综合改革，基本实现电子发票覆盖地税用票全行业，目前发票在线用户达1.7万户，日均开票超过5万份。稳步推进分行业纳税评估，纳税评估工作实现常态化。

税种管理 出台指引规范所得税征收方式，认真部署企业所得税汇算清缴，全面开展优惠备案项目核查，强化企业所得税预缴管理。积极开展工资薪金比对稽核，认真做好年所得12万元以上个人所得税自行申报工作。抓紧存量房交易计税价格评估系统建设，应用房地产评估技术规范存量房税收征管工作积极稳妥地推进。顺利接管耕地占用税和契税，全年组织两税收入26.29亿元。贯彻

充分发挥地方税收职能作用
促进经济发展方式加快转变

从2011年1月14日起，市地税局开始推广应用自助办税服务系统，图为市地税局局长刘茂坤（前排左一）、副局长叶胜（前排左三）向市委常委、常务副市长冷晓明（前排左二）介绍系统情况

落实城建税扩围政策，新增涉外城建税收入8.61亿元。积极组织开展土地增值税专项检查。通过开具售付汇证明及股权变更登记等环节对非居民税收进行源泉控管。

规费征收 严格执行《社会保险法》，调整社保费征收期和滞纳金计算办法，完善欠费催缴工作，在相关配套规定出台前做好衔接工作，并对2000年以来的欠费进行全面清理。于2011年4月1日顺利开征地方教育附加，全年征收入库6.77亿元。切实调整残疾人就业保障金征收方式，在大集中征收系统成功上线。

【地税依法治税】 2011年，市地税局围绕经济社会发展大局，积极推进依法治税，大力优化纳税服务，认真落实政策扶持，营造了良好的税收环境。

税收执法 继续推行税收执法检查日常化，全年共对7个基层分局实施了执法检查，进一步规范了税收执法行为。试行税务行政处罚权裁量基准，细化8大类53小类处罚裁量基准。加强规范性文件

① 2011年2月17日，市地税局局长刘茂坤（右四）等领导为大岭山地税分局获评“省青年文明号”揭牌
② 2011年2月24日，市地税局举办涉税证明开具系统培训班
③ 2011年3月25日，市地税局召开规费工作会议暨地方教育附加开征工作动员大会
④ 2011年4月1日，市地税局开展“地税开放日”活动，市地税局局长刘茂坤（右一）向参加活动的到访人员作介绍
⑤ 2011年4月16日，市地税局参与“阳光热线”电台直播与市民听众交流，市地税局党组副书记戎惠良（左三）等参加活动
⑥ 2011年5月19日，市地税局为高校毕业生举办创业就业税收优惠政策讲座

① 2011年5月20日，市地税局组织干部参观预防渎职侵权展览
② 市地税局重视扶贫济困工作，图为2011年6月22日组织干部看望贫困家庭并送去慰问金
③ 2011年7月6日，市地税局举行建党90周年市局机关红歌会

制定和清理工作，首次将现行有效的规范性文件向社会公布。认真做好税务行政复议和应诉工作，有效维护了征缴双方的合法权益。

整顿税收秩序 抓好对四大重点行业的税收专项检查，严厉查处涉税案件，加大对已立案案件的清理力度，做好涉税犯罪案件移送，发挥对涉税违法行为的震慑作用。深入开展反避税工作，市地税局与东莞某外资公司在北京签署了单边预约定价安排，成为反避税工作的成功范例。全年稽查局破获制售假发票案件5宗，收缴假发票2万份，有力促进了税收法治和公平。

税收调控 落实好高新技术企业税收减免、企业技术改造、小型微利企业、再就业扶持等税收优惠政策，进一步完善和落实来料加工企业不停产就地转型涉及的不作价设备、土地房产等税务处理政策，有力推动了加快转型升级、扶持中小企业、促进民生改善等重大决策部署的落实。严格落实个人所得税新政，调减个体工商户核定征收率。根据修改后的营业税暂行条例实施细则，将营业税按期征收的起征点调高到2万元，进一步减轻纳税人负担。

【地税服务】 2011年，市地税局坚持立足纳税人需求，全面整合纳税服务资源，不断提高税法遵从度，积极构建和谐税收征纳关系。

服务平台建设 制定《办理涉税事项业务规程》，不断规范优化征管流程，实现纳税人和税务干部双减负。提供多渠道办税，全市九成以上正常户使用网络报税，积极稳妥推进自助办税系统，自助办税终端已经在全市14个地税分局推广使用。探索试行个人代开5万元以下发票业务全市通办，方便纳税人择近办税。自主研发纳税证明软件，实现网络验证，提高开具和验证的效率。加快办税服务厅规范化建设进程，完成26个地税分局大厅的改造工程。升级改版并逐步丰富网站功能，开通东莞地税手机wap网站，完善12366热线建设，增加人工服务坐席人员，涉税咨询渠道更加丰富和畅顺。

税收宣传 全市地税系统紧贴中心工作开展税法宣传和纳税辅导，《地税与你》电视栏目、地税开放日等宣传品牌受到纳税人的好评，全年各级地税部门共举办各类税法宣传辅导活动163场次，参加人次达1.2万人，派发宣传资料3.5万份，确保广大纳税人能及时了解并用足用好相关法规政策，发挥税收政策的最大效应。

（陈群弟）

附：2011年东莞市地方税务局领导名录

省地税局副巡视员、市局党组书记、局长：刘茂坤（2011年9月30日起，任广东省地方税务局副巡视员）
党组副书记、调研员：戎惠良
党组成员、副局长：莫灿洪　尹进城　叶　胜
党组成员、纪检组长：黄　真
党组成员、总会计师：黄见洪
党组成员、总经济师：吴锡昌

金融业 BANKING

塘厦镇科苑城信息产业园

■ 各项存款总量适度增长

■ 各项贷款平稳增长

■ 跨境人民币结算业务跨越式发展

■ 上市公司增至11家

编辑：胡晓静

金融业综述

【概况】2011年，东莞有银行机构（含信托）25家，1家代表处，银行业务中心2个，网点数量1250个，从业人员近2.2万人。小额贷款公司有15家，新增6家。

各项存款总量适度增长 2011年末，东莞本外币各项存款余额6756.66亿元，比年初增加674.47亿元，增长11.1%，增速比去年同期下降8.16个百分点，同比少增307.47亿元。其中，单位存款余额2838.78亿元，比年初增加282.73亿元，增长11.1%；个人存款余额3814.04亿元，比年初增加378.01亿元，增长11.0%。

各项贷款平稳增长 2011年末，东莞本外币各项贷款余额3860.92亿元，同比增长12.2%，增速比去年同期下降1.91个百分点。全年新增本外币各项贷款418.92亿元，同比少增6亿元。其中，中长期贷款余额2101.61亿元，同比增长5.0%，增速同比大幅下降29.6个百分点，全年新增147.83亿元，占全部新增贷款的35.3%，同比少增229.70亿元；短期贷款余额1593.06亿元，同比增长21.4%，增速同比提高23.6个百分点（去年同期为-2.2%），全年新增281.64亿元，占全部新增贷款的67.2%，同比多增171.45亿元；票据融资余额123.68亿元，同比减少2.7%。全年新增票据融资-3.38亿元，同比多增60.32亿元（去年同期为-63.70亿元）。

全市银行业金融机构实现当年结益153.98亿元，比去年增加33.46亿元，同比增长27.8%。年末不良贷款余额35.01亿元，比年初减少11.00亿元，不良率0.91%，比年初下降0.43个百分点，远低于全国、全省平均水平。

【信贷投放结构】2011年，东莞信贷结构在稳健货币政策的指引下逐渐回归理性。从贷款投向看，年末东莞银行业机构小型企业贷款余额909.01亿元，同比增长28.6%，大、中型企业贷款增速分别为26.53个百分点和22.45个百分点；小型企业新增贷款141.65亿元，占全部企业贷款新增量的52.3%，占比较上年提高15.72个百分点；全市银行业机构新增贷款投向批发零售业173.33亿元，投向制造业102.62亿元，占比分别为40.7%、24.1%，同比分别提高17.03个百分点和10.39个百分点。

从贷款期限看，中长期贷款增速继续下滑，流动资金贷款成为新增贷款主力。2011年末，东莞银行业机构本外币中长期贷款余额2101.61亿元，同比增长5.0%，增速同比大幅下降29.63个百分点，比11月末下降0.13个百分点，增速自1月份以来持续下滑。全年新增147.83亿元，占全部新增贷款的35.3%，同比少增229.70亿元，其中12月份新增2.03亿元，同比少增2.39亿元。

【服务体系完善】2011年，东莞推广普及农村现代化支付系统，打造“3A（Anytime、Anywhere、Anyhow）综合支付平台”特色业务，推广“乐业”电子支付平台，加快金融IC卡推广应用步伐。推广预算收入退税系统，实现退税业务无纸化，进一步加快企业退税资金到账速度，为出口型企业提供实质帮扶。

【服务手段创新】2011年，东莞成功引进松山湖金融服务外包产业园区项目，推动建立深莞惠“评信通”中小企业融资平台推广工作联系机制，推进支票授信业务、“区域集优”债务融资试点等重点工作，大力推动科技金融创新，有效缓解企业融资难题。

【跨境人民币结算业务跨越式发展】2011年，东莞成功办理首笔跨境人民币结算信贷融资、首笔跨境人民币结算担保、首笔境外企业减持境内上市公司股份所得汇出。在风险可控的前提下，积极探索资本项下跨境人民币业务。2011年累计办理跨境人民币结算金额327.6亿元，是2010年办理量的2.6倍，业务发展保持良好上升势头，有力支持全市涉外企业经营发展。（齐红梅）

中国人民银行东莞市中心支行

【金融调控】2011年，中国人民银行东莞市中心支行（简称人民银行东莞中支）引导金融机构坚持“有保有压、有扶有控”原则，着力支持中小企业和实体经济发展。开展信贷导向评估，综合运用差别准备金、再贴现等货币政策工具，引导金融机构加大对中小企业、文化产业、节能环保、淘汰落后产能、战略新兴产业和企业技术改造等领域的金融支持。

深入开展中小企业经营及融资状况调研。推动中小企业融资业务创新，区域集优直接融资试点有序推进。全年为东莞农商行办理再贴现业务金额近3亿元，专项用于支持符合国家政策的中小企业和涉农企业发展。应对金融危机和转型调整给中小企业带来的经营困境，配合市政府科学制定新“10亿元融资支持计划”。

【外汇业务监管】2011年，人民银行东莞中支不断改进外汇管理方式，结售汇顺差过快增长势头得到有效控制，服务涉外经济发展的能力进一步提升。全年基本完成进口付汇核销改革，实现企业正常进口付汇无需办理核销，异地付汇无需办理备案。积极推进出口收汇存放境外政策试点工作，提高境内企业资金使用效率，进一步促进贸易便利化。结合东莞实际，向总分局上报多项政策需求，其中不作价设备转作出资免以海关报关单核查政策获得总局认可支持，为“三来一补”企业转型寻得政策突破。开展出口收结汇联网核查系统数据清理，涉及5156家企业，总扣减金额444亿美元，从根本上堵塞企业利用虚增可收汇额流入外汇的漏洞。推行外汇主体监管，有效督促企业遵守外汇管理法规。加强跨境资本流动监测分析，协调推进压缩顺收顺差规模，努力促进外汇业务发展和外汇收支平衡，2011年全市结售汇顺差增速同比回落28.5个百分点。

【辖区金融环境】2011年，人民银行东莞中支加强对金融机构业务准入及监管指导，开展对南粤银行、东亚银行在东莞开设分支机构、加入人民银行金融服务与管理体系的开业辅导。完善金融机构重大事项和重要信息报告制度。首次开展金融稳健性评估，督促金融机构稳健经营。组织对兴业银行和华夏银行开展综合执法检查，对工商银行和招商银行开展支付结算专项检查，督促规范商业银行各项业务。

完善辖内金融监测体系，细化制度性经济调查，对全市社会融资总量、民间借贷资金运行状况进行全面摸底调查，引导金融机构健全改革进程中的风险防范机制。创新反洗钱调查手段和方法，组织79家金融机构开展反洗钱绩效评估工作，确保相关政策法规有效落实。协助执法部门破获“301D”特大武装制贩毒团伙案和“522断源行动”网络赌博案。开展打击地下钱庄等涉汇违法犯罪行为。2011年共发出行政处罚决定书189份，罚款金额580万元，较2010年增长62%。保持零诉讼、零案件，为东莞对外经济发展创造良好的外汇市场环境。

【金融服务基础设施和服务体系】2011年，人民银行东莞中支打造“3A（Anytime、Any-where、Anyhow）综合支付平台”特色业务，推广“乐业”电子支付平台，加快金融IC卡推广应用步伐，全年共发行PBOC2.0标准金融IC卡约9.7万张。继续加强集中代收付系统的推广应用，与电信、广电传媒、联通、自来水等32家公用事业缴费单位签约。东莞辖区支付结算系统平稳安全运行，业务量位居全省前列。2011年，人民银行东莞中支大小额支付系统共发起业务1861万笔，清算金额达5.23万亿元，同比分别增长25%和14%。

2011年，人民银行东莞中支成功推动松山湖金融服务外包产业园区建设列入《东莞市国民经济和社会发展第十二个五年规划基本思路》。5月，松山湖·粤港金融服务外包基地暨国际金融创新园在东莞松山湖隆重奠基。

2011年，深莞惠三地人民银行共建“评信通”中小企业融资平台。人民银行东莞中支设立“评信通”中小企业融资平台东莞受理点，使区域内有融资意向的企业可以向三地所有的银行寻求信贷支持，为企业特别是中小企业提供“贴身”金融服务。

【人民币管理】2011年，人民银行东莞中支全力做好发行基金的投放回笼，优化辖区人民币券别结构，确保现金供应满足东莞经济金融发展需要。加强货币流通管理，提高人民币收付业务质量，认真开展反假货币工作专项检查，抓好反假宣传与培训，压缩假币犯罪的空间，切实维护群众的利益和人民币的信誉，全年共收缴假人民币20.58万张，面值1246万元。

【经理国库】2011年，人民银行东莞中支履行人民银行经理国库职能，做好财政拨款、退库工作及出口退税业务。安全办理预算收入业务2207万笔，收纳各级预算收入892.14亿元，同比增长18%，其中市级收入入库558.21亿元，同比增长23%；在财税库行横向联网系统稳健运行的基础上，预算收入退税系统在2011年正式投入使用，已办理电子退税28935笔，合计共200.32亿元，办理手工退税 3468笔，合共22.22 亿元，提高退税资金到账速度，缓解企业资金周转压力。（齐红梅）

附：2011年中国人民银行东莞市中心支行领导名录

行　长：麻文奇

副行长：蒋鹏飞　刘淑敏

工委会主任：邱　姗

纪委书记：左运光

助理调研员：周秀雯

银行业

银行监管

【概况】2011年末，东莞市银行业金融机构总资产达8033.78亿元，比年初增长15.01%；各项存款6756.66亿元，比年初增加678.79亿元，增长11.17%；各项贷款3860.92亿元，比年初增加418.92亿元，增长12.17%；全年实现拨备前利润153.98亿元，同比增加33亿元，增长27.76%。

【风险监管】2011年，东莞银监分局关注宏观政策和监管政策动态，加强对辖内银行业金融机构的政策引导和风险提示。推动落实贷款新规，防范贷款合规风险。推进平台贷款规范清理工作，防控融资平台贷款风险。督促银行机构执行差别化房贷政策，落实房地产调控，控制房贷资金流向，加强资金风险管控。督促银行机构积极化解中小企业经营环境恶化带来的信贷风险及潜在风险。

【合规建设】2011年，东莞银监分局继续加强合规经营监管，切实提高辖内银行业案件防控和声誉风险处置能力。深化"银行业内控和案防制度执行年"活动，开展枪支弹药管理及使用情况现场检查，继续保持辖内银行业发案率为零。组织开展"合规建设回头看"主题活动，强化银行业合规建设。做好信访维稳工作，为银行业经营发展营造和谐稳定环境，全年共依法、依规、及时处理各类信访事项210项，办结率100%，有效维护辖内银行业和谐稳定发展。

【改革创新】2011年，东莞银监分局支持改革创新，不断增强辖内银行业发展活力。支持地方法人机构进一步加大向外扩张步伐，提高品牌知名度。东莞银行佛山分行和合肥分行、东莞银行作为主发起人的东源泰业村镇银行、东莞农商行作为主发起人的云浮新兴东盈村镇银行于年内开业。积极推动东莞银行上市申请工作。指导厚街镇和大朗镇两家村镇银行的筹建，推动新型农村金融机构加快发展。积极引进银行机构入驻东莞，促进"金融大市、金融强市"建

中国银行业监督管理委员会东莞监管分局

① 2011年12月6日，中国银监会统计部主任刘春航（左一）一行到东莞对中小企业调研，广东银监局副局长何晓军（左二）、东莞银监分局局长陈云青（右二）等陪同调研

② 2011年8月19日，市委常委、常务副市长冷晓明（前排右四）、广东银监局局长刘福寿（前排左四）出席东莞银监分局领导班子调整大会并合影留念

设。南粤银行东莞分行和东亚银行东莞支行正式开业，台湾玉山银行东莞代表处升格为分行，南洋商业银行和渤海银行已获准设立分行。2011年，东莞市银行业金融机构达到28家。

【支持地方经济】2011年，东莞银监分局加强政策引导，鼓励银行机构为地方经济发展提供信贷支持，加大对民营企业及中小微型企业的支持。2011年，东莞市中小企业贷款余额为1899.92亿元，同比增长13.60%，中小企业贷款余额占全部企业贷款余额的79.38%。

【非现场监管】2011年，东莞银监分局围绕"数据质量年"活动，对各类监管统计数据的报送时效、报送质量做出严格规定，从制度上为辖内监管统计数据质量的提高奠定基础。全面推进风险评估及监管评级工作。开展辖内银行机构信息科技风险非现场监管工作，做好信息科技非现场监管报表的报送。分别与深圳银监局、湛江银监分局和河源银监分局签署《联动监管工作备忘录》，增强监管合力，提高对相互跨区经营银行业金融机构监管的科学性和有效性。

【现场检查】2011年，东莞银监分局共组织开展38项现场检查，累计投入检查工作量3047人日，针对检查中发现的问题，提出监管意见106条。通过现场检查及时摸清、摸透辖内银行业金融机构一些风险苗头问题，做到早预防、早整改、早收效。认真执行监管走访制度，全年共开展监管走访会谈56次。根据银监会提出的"盯会"制度，参加辖内5家大型银行季度经营分析会议，关注银行经营动态和规划。

【规范行政许可】2011年，东莞银监分局严格按照银监会规定办理行政许可事项，把好市场准入关，支持和服务银行机构实际需要。全年共为166家银行机构网点办理迁址、更名、筹建、开业等审批事项，共办理高管人员任职资格审核193人次，共组织高管人员任职资格考试49次，共办理金融许可证换领157张次，达到无超范围核准、无超时限审批的要求。（李洪才）

附：2011年东莞银监分局领导名录

党委书记、局长：陈云青
党委成员、副局长：王红杏　李永胜
党委成员、纪委书记：匡才满
调研员：庄树高
副调研员：李连锋

① 东莞银监分局被东莞市人民政府评为2010—2011年度东莞市"融资支持"和"金融稳定"特别贡献奖，东莞市银监分局局长陈云青（左三）代表东莞银监分局领奖
② 东莞银监分局大力推动地方法人银行机构发展壮大，东莞市银监分局局长陈云青（左三）陪同东莞市委常委、常务副市长冷晓明（左四）出席东莞银行异地支行开业仪式
③ 2011年7月15日，东莞银监分局局长陈云青（中）召集辖内银行机构主要负责人举行座谈会并提出监管要求

银行选介

【中国农业发展银行东莞市分行】2011年末，中国农业发展银行东莞市分行（简称农发行东莞分行）各项贷款余额25.57亿元。各项存款1.25亿元，比年初增加3563万元，增幅39.82%。实现考核利润6412.32万元，同比增加908.22万元，增幅16.5%；人均考核利润222.03万元，同比增加6.86万元，增幅3.19%。账面利润5775.26万元，同比增加1059.4万元，增幅22.46%，人均账面利润199.97万元。利润创建行以来同期最高水平。不良贷款余额继续保持为零。

大力支农 落实中央要求，提高办贷质量和效率，突出支持政策性粮油储备贷款和粮食加工企业发展。一是支持政策性粮油储备贷款，政策性贷款占各项贷款比重84.35%，其中政策性粮油储备类贷款20.04亿元、其他政策性中长期贷款1.53亿元；二是支持乡镇粮食加工企业发展，着力支持新农村建设项目，发挥政策性信贷杠杆作用。年末商业性贷款余额4亿元，比年初增加1.27亿元。商业性贷款占各项贷款比重15.65%。

信贷管理 一是强化信贷关键环节管理。规范信贷准入，严禁超范围经营；提高贷前调查甄别能力，严防客户以虚假信息骗取贷款。二是强化风险管理措施。完善贷款调查评估，加强贷款发放管理，落实贷后尽职管理规定；密切关注企业经营情况；定期监测分析企业物资流、现金流变化，盯紧抓住第一还款来源；严控操作风险，执行重要岗位定期轮岗、客户经理双人管户和定期换户、强制休假、亲属回避等制度；加大对违规操作的处罚力度。三是强化信贷电子化建设。加快CM2006系统升级改造，整合信贷信息真实性核查等系统功能，固化信贷制度和管理要求，优化电子办贷流程，充分发挥系统控制、管理、分析、服务等功能。结合CM2006系统升级做好相关制度整合、完善和修订工作，做好征信系统、银税信息共享系统的建设和信息利用工作。（李　丹）

附：2011年中国农业发展银行东莞市分行领导名录

党委书记、行长：黄建平
纪委书记、副行长：何国坚
党委成员、副行长：朱云标

【中国建设银行股份有限公司东莞市分行】2011年末，中国建设银行股份有限公司东莞市分行（简称建行东莞分行）实现各项存款余额820.2亿元，比年初增长20.1亿元；各项贷款余额330.3亿元，比年初增长32.9亿元；中间业务收入8.56亿元，同比增加1.56亿元；实现拨备前利润15.67亿元，同比增加3.14亿元，实现经济增加值8.82亿元，同比增加2.46亿元；年末不良率0.69%，比年初下降0.18个百分点。为全市金融系统中首家获评“全国五一劳动奖状”的金融企业。

机构改革 2011年，建行东莞分行按照“贴近市场、精简高效”原则，将本部25个经营团队融入部门与支行；成立莞城、南城等综合性支行，对大城区范围的网点进行分区集中管理。成立机构业务部，负责政府与机构客户的营销与维护。加快网点建设，全年共对11个网点进行改造建设，其中原址改造8个，迁址改造2个，新设1个，率先推出私人银行专营服务机构。全面启动零售网点转型二代项目，共完成34个网点的二代转型工作。

特色业务 2011年，建行东莞市分行以成为“总行级小企业业务发展重点行”为契机，加大对中小企业的融资支持力度，全年共发放小企业贷款39亿元。创新金融服务方式，发展承兑、保函、代付、支付宝业务等综合融资服务，全年业务办理量突破百亿元大关。积极服务当地出口型企业，全年跨境人民币业务结算量71.93亿元，同比增长237.68%。

风险管理 2011年，建行东莞市分行主动根据宏观经济金融形势变化，加强风险防范与内控管理。一是提升案件防控水平，确保运营安全，重点加强大运期间的安全保卫工作。二是做好会计基础规范化达标、升级工作。全年共有2个网点被确认为会计基础规范化一级单位，分行会计基础工作规范化达标率达100%。三是加强贷后管理，开展信贷业务风险排查，重点加强对中小企业信贷业务风险管理，组织开展毛织、服装、玩具等行业贷后专项检查，全面排查民间借贷风险。（罗旭林）

附：2011年中国建设银行股份有限公司东莞市分行领导名录

行　长：李洪茂（8月离任）
　　　　范　题（8月到任）
副行长：周楚良　刘惠芬　李宝生
　　　　李永彤
纪委书记：黄志伟
风险主管：李政文

【中国银行股份有限公司东莞分行】2011年末，中国银行股份有限公司东莞分行（简称中国银行东莞分行）全辖人民币各项存款余额（理财还原口径）为629亿元，较上年底新增46.92亿元；全辖人民币各项贷款余额366亿元，比上年底新增4.4亿元；全年实现中间业务净收入6.29亿元，同比增幅8.15%；全行不良授信资产余额为2.19亿元，全口径授信不良比率为0.56%，比上年底下降0.13个百分点。实现营业净收入23.09亿元，实现考核利润12.51亿元。2011年，中国银行东莞分行荣获“东莞市民最喜爱的金融品牌”称号，蝉联“东莞公务员最喜爱的金融品牌”称号，多次荣获总行、省行“精神文明建设先进单位”、“巾帼文明岗”称号。

核心存款增长创历史新高 结合全行经营实际，将核心存款定位为经营管理重中之重，通过特殊激励、全员营销、产品带动、目标分解多策并举拓展核心存款，年末实现人民币企业存款新增40.5亿元，实现人民币储蓄存款新增12.56亿元，全辖人民币各项存款余额达到629亿元，创历史新高。

IT蓝图项目成功投产上线 IT蓝图是中国银行总行在全国范围内推进的重大科技项目革新。中国银行东莞分行高度重视，展开大规模数据清理补录工作，推动全行超过1400多人参加IT 蓝图资格认证考试，达标率位居系统前列，成功推动IT蓝图在东莞投产上线。新核心银行系统有力提升了客户服务能力。

基础建设工作进一步提速 重点推进两大基础建设：在渠道建设方面，渠道建设完工量达40家，创历史新高；在客户基础方面，对公网银客户数、养老金账户、手机银行、中小企客户数等实现翻倍增长，先后与东莞市中医院、大朗医院、太平医院、石龙医院以及人民医院签约银医互联协议，成功取得社保领域金融社保IC卡资格。

风险案防水平进一步提升 在业务开展中严格落实贷款新规,严格把好审核质量关，“三类贷款”(流动资金贷款、固定资产贷款、个人消费贷款)受托支付比例持续上升，全行整体不良率下降至0.56%，处于历史最好水平；另一方面，内控防案体系更加健全，首创内控管理“红绿灯”考核模式，有效强化支行基层内控威慑力和执行力，组建纪检监察队伍，初步建立“三位一体”（监察部集中统筹、条线部门专业推动、纪检监察队伍监督执行）内控管理模式。（吕　林）

附：2011年中国银行股份有限公司东莞分行领导名录

行　长：刘　劲

东莞市分行

2011年7月1日召开纪念建党九十周年暨表彰大会

2011年9月15日，协办第16届台协杯高尔夫球邀请赛

2011年9月21日，率先在同业中推出私人银行专营服务机构

2011年，中国建设银行股份有限公司东莞市分行坚持以客户为中心，以管理强服务，以创新促发展，扎实推进各项工作，较好地完成全年各项任务计划，在全市金融系统中首家获评“全国五一劳动奖状”的金融企业。

2011年9月21日，举办小企业卓越论坛暨信用贷产品发布会

2011年11月13日，举行员工趣味运动会

【交通银行股份有限公司东莞分行】 2011年末，交通银行股份有限公司东莞分行（简称交通银行东莞分行）本外币资产规模突破100亿元，其中本外币各项存款余额95.6亿元，同比增长35.9%；本外币各项贷款余额54.7亿元，同比增长37.3%；实现国际结算量26.16亿美元，同比增长67%；经营利润突破1亿元，同比增长19%。不良贷款率0.35%，下降0.23%。

转型发展 2011年，交通银行东莞分行充分利用总行强大的网络布局优势和境内外业务平台，发挥东莞外向型经济特色，打造国际业务优势品牌效应，国际业务综合发展在省交行中排名第一，新产品应用及创收实现多项突破；重点支持中小企业客户，紧抓商圈、商会，建立拉网式和集群化营销模式，力促小企业信贷业务发展，全年投向中小企业授信额度27 亿元，增长82%；财富管理特色凸显，电子银行业务、银行卡业务、理财业务等全面发展。

内控管理 2011年，交通银行东莞分行全面建立风险决策机制，成立全面风险管理委员会，充分发挥议事决策作用；开展“合规宣传教育年”，推进反洗钱常态管理；开展内控和案件执行年专项活动，狠抓“防范操作风险十三条”落实，防范案件风险。

机构网点 2011年，交通银行东莞分行致力于打造“人工网点+自助银行+客户经理”的“三位一体”新型服务渠道，不断完善机构布局。2011年，交通银行东莞分行共有网点9个，分布在莞城、南城、东城、虎门镇、长安镇、厚街镇、大朗镇、塘厦镇、石碣镇；有自助单机92台，其中离行式自助单机58台。（甘　维）

附：2011年交通银行股份有限公司东莞分行领导名录

行　长：李永华

副行长：袁俊钊　杨　吉　雍　彦

交通银行股份有限公司东莞分行

① 2011年11月8日，交通银行总行监事长华庆山赴东莞分行调研

② 2011年11月25日，应邀参加东莞台商协会成立18周年庆典活动，交通银行广东省分行副行长孟羽（右）与东莞分行李永华行长（左）拜会海峡交流基金会董事长江丙坤（中）

③ 参加省交行“知技达人”营运技能竞赛，获团体第二名

④ 组织“五四”青年节户外拓展活动

【中国工商银行股份有限公司东莞分行】 2011年末，中国工商银行股份有限公司东莞分行（简称工行东莞分行）本外币全部存款余额930.2亿元，比年初增长134.67亿元；本外币各项贷款余额515.45亿元，比年初增长49.91亿元；中间业务收入9.4亿元；全年实现拨备前利润21.25亿元，拨备后利润22.2亿元；不良贷款余额和不良率继续保持“双降”。荣获市政府颁发的“金融创新奖”、“融资支持先进单位”一等奖，获得省分行颁发的“2011年度综合贡献奖”等奖项，连续12年跻身中国工商银行全国经营30强之列。

改革创新 2011年，工行东莞分行加快业务创新步伐，优先给予中小企业融资支持。创新推出“小额便利贷”、“网贷通”、“易融通”等一系列新产品，成功发放全省第一笔工商租业贷；全年小企业贷款余额突破一百亿元，支持小企业客户数超过一千户，被省行授予“小企业标杆分行”称号。积极推动供应链、商品融资、信保融资发展，成功发放全省第一笔“预付款+商品融资业务”，成功办理首笔跨境汇兑通、首笔融资理财通业务，推动贸易融资表内余额突破70亿元。开创表外融资新渠道，通过售后回租方式成功发放1亿元设备租赁贷款。

经营转型 2011年，工行东莞分行积极把握粤港澳经济融合和珠三角城市一体化进程的机会，深入推进经营转型步伐。投资银行业务取得突破性发展，成功办理第一笔财产收益权业务，分行营业部和33家支行全部实现“财务顾问”和“信息咨询”业务发展零突破；通过牡丹卡分期付款业务丰富客户融资渠道，主要银行卡专业发展指标位列省内系统第一；取得东莞市金融社保卡代理发行资格；电子银行业务继续保持领先发展态势；全年大力发展贵金属新型业务，满足客户的贵金属投、融资需求。

（朱 宇）

附：2011年中国工商银行股份有限公司东莞分行领导名录

行 长：罗健强

副行长：黄少卿 陈淦林 李海华 陈景新 罗 亮

纪委书记：黄桂秋

中国工商银行股份有限公司东莞分行

① 2011年10月28日，工行东莞分行举行小企业“百亿千户”标杆分行挂牌仪式

② 2011年6月12日，工行东莞分行联合东莞市红十字组织青年团员开展爱心募捐活动

③ 2011年10月16日，工行东莞分行在东莞市玉兰大剧院举行“牡丹绽莞邑，同奏幸福曲”全行文艺大汇演

【中国农业银行股份有限公司东莞分行】 2011年末，中国农业银行股份有限公司东莞分行（简称农行东莞分行）各项存款余额838亿元，增加108亿元，各项贷款余额447亿元，增加41亿元，在省农行综合考核中继续保持第一。内控管理继续保持系统内一类行。信贷风险管理能力增强，不良贷款余额和占比分别比年初下降9亿元和2个百分点。获农总行“重点城市行改革发展突出成就奖”和省农行“等级行进位先锋分行”称号。市政府授予“金融创新奖”和“融资支持一等奖”。领导班子蝉联省农行“四好领导班子”称号。蝉联《南方日报》“最受公务员喜爱的金融类消费品牌”称号。

结构调整 2011年，农行东莞分行坚持“三优”发展战略，促进客户结构调整优化，实现“主流银行服务主流客户”。全年共拓展17个优质项目，新增个人中高端贵宾客户2万余户。突出贸易融资、小企业简式快贷、个贷等重点业务营销，促进业务结构调整优化。AA级贷款余额占比比上年底提高4个百分点；中间业务收入占拨备前利润的比率同比提高4个百分点。狠抓客户分类管理、综合营销、名单制管理、客户经理队伍建设、量化考核、科技系统支撑建设和网点转型等各项工作，提高市场竞争力。

金融服务 2011年，农行东莞分行努力提高服务能力。2009年至2011年末，共完成80%网点改造。加强人员配置，为客户提供优质服务。加强网点现场管理，提高各类人员服务能力和水平；根据客户需求提供针对性、综合性服务方案，落实服务时间、服务态度、服务质量、服务效率、服务监督。虎门支行营业部荣获团中央授予的“青年文明号”称号；厚街支行营业部荣获中国银行业协会授予的“文明规范服务千佳示范网点”称号。增加电子银行设备投入，全年投入5000万元增加ATM250台、汇款易100台、转账电话9000台、发卡机150台、叫号机200台。自助设备新增量和拥有量均居同业第一。 （王　茜）

附：2011年中国农业银行股份有限公司东莞分行领导名录

行　长：黄腾江

副行长：梁始芳（7月到任）　苏顺棉

林　刚　张晓天

韩　冬（8月到任）

调研员：叶国健

① 2011年9月1日，农总行副行长郭浩达一行莅临农行东莞分行调研指导对公业务转型工作，并与省农行领导、农行东莞分行班子全体成员以及部分支行行长、客户经理进行座谈

② 2012年2月4日，省农行党委委员、纪委书记石佩晖出席农行东莞分行八届三次职工代表大会

③ 2012年2月4日，农行东莞分行第八届三次职工代表大会召开

④ 2011年9月4日，农行东莞分行在市银行业第一届综合运动会中获团体总分第一名

⑤ 2011年11月26日，农行东莞分行组织“金融知识进社区”活动，掀起为群众宣传金融知识的热潮

【广发银行股份有限公司东莞分行】2011年，广发银行股份有限公司东莞分行（简称“广发银行东莞分行”）被市政府授予“2010—2011年度东莞市融资支持先进单位二等奖”称号，荣获人民银行东莞市中心支行2011年度“金融统计先进单位”和“广东金融结算服务系统优秀推广奖”。广发银行东莞分行工会被东莞市总工会评为先进单位，广发信用卡连续3年荣获南方日报社颁发的“公务员（东莞）最喜爱的信用卡”大奖，辖下城中支行、厚街支行分别被东莞市委市政府授予2011年度“东莞市文明标兵单位”、“东莞市文明单位”称号。

更名换标 经中国银行业监督管理委员会广东监管局批准，东莞市工商行政管理局核准，自2011年4月8日起，“广东发展银行股份有限公司东莞分行”在其总行的总体部署下，更名为“广发银行股份有限公司东莞分行”，简称“广发银行东莞分行”，并统一使用新标识。

业务发展 2011年末，广发银行东莞分行本外币存款余额382亿元，本外币贷款余额228.6亿元，两项指标均实现平稳增长。实现净利润6.3亿元，同比增长41%，其中信用卡业务利润2.75亿元，同比增长54%。全年实现中间业务收入2.82亿元，同比增长56%。网银客户和手机银行客户总量分别达到24万户和1.48万户。信用卡全年在东莞地区发行超过13万张，累计发行突破86万张，连续16年保持在东莞信用卡市场的领先地位。

金融创新 2011年，广发银行东莞分行在系统内首家推出票据集合信托产品，共成功发行单一和集合信托理财计划83期、1.72亿元；结构性理财产品实现了零的突破，2011年全年销售对公理财产品15.3亿元；全年累计信托及交易资金托管金额达11.4亿元；代理中国人寿团体险业务领跑东莞同业，系统内排名第二，获总行“任务达成奖”、“营销组织奖”。

改革优化 2011年，广发银行东莞分行电子服务水平进一步提升，全年新增自助柜员机15台，总数已达209台；新增社区银行126台，累计安装350台；社保IC卡系统改造按计划推进，社区自助服务平台已完成他行转本行交易开发和测试。运营条线改革升级，流程银行、实时清算等系统成功上线，提高前台业务运作效率。

内控建设 2011年，广发银行东莞分行加强信贷资产质量管理，全年清收处置不良资产1.94亿元。多次举办合法合规专题培训班，聘请律师专业人士重点向中高层管理人员、全体柜员培训教育。开展营业部主任履职检查、现金和重要空白凭证的日常检查、财政账户风险排查以及及时揭示风险隐患，加强事后监督和银企对账，开展以技术防范设施建设为重点的安全保卫工作，为业务发展保驾护航，并实现深圳大运会期间“零事故、零投诉、零差错”。（叶耀伦）

附：2011年广发银行股份有限公司东莞分行领导名录

行　长：卢少斌
副行长：朱超 曾泽夫 黄志军
纪委书记：陈少岳
行长助理：陈若鹏（10月到任）

广发银行股份有限公司东莞分行

① 广发银行东莞分行大楼外貌

② 广发银行东莞分行2011年度总结表彰大会

中信银行股份有限公司东莞分行

【中信银行股份有限公司东莞分行】2011年末，中信银行股份有限公司东莞分行（简称中信银行东莞分行）存款规模突破400亿，较年初新增62亿元，增幅18%；对公存款余额320亿元，市场份额占14%；不良资产率为0.3%。在总行35家一级分行综合排名中列全国第三，获“标兵行”荣誉称号；获市政府授予“金融创新奖”、“融资支持一等奖”两项大奖。

支持中小企业发展 2011年，中信银行东莞分行加快中小企业联保、种子基金等授信担保方式创新，其中“种子基金”业务共为150多家小企业提供授信支持，发放贷款超过10亿元；创新发展跨境金融产品，完成国际业务结算量近50亿美元；优化授信业务流程，为中小企业建立绿色审批通道；优化放款流程，对放款工作提供窗口化指导，推行放款业务预约预审制，解决放款业务拥堵现象。

金融服务 2011年，中信银行东莞分行加快网点布局，网点总数达到22家；对网点服务人员礼仪形象、服务行为等方面进行步统一规范，分行营业部、石龙支行、星河支行3个网点被广东银行同业协会评为“广东银行业文明规范服务示范单位”；参与2011年东莞地区“金融知识进社区”、东莞市中小企业金融服务日等活动，开展公众金融服务教育活动。（何熟珍）

附：2011年中信银行股份有限公司东莞分行领导名录

行　长：彭周福

副行长：曲　震　王志雄　翟少安
　　　　王保根

东莞分行营业网点分布

	网点名称	地址	电话	传真
1	分行营业部	南城区鸿福路106号南峰中心大厦1楼	22667898	22667887
2	东城支行	东城区南四环路侧景湖花园大门口右侧	23129302	23129292
3	星河支行	东城区东城东路“星河传说”一号楼	22667889	22667606
4	南城支行	南城区鸿福西路南城商务大厦首层05—07号商铺	22819280	22819278
5	长安支行	长安镇长中路143号	85841188	85841880
6	长安乌沙支行	长安镇乌沙社区环西路同达花园一层商铺	81886438	81886418
7	常平支行	常平镇常平大道星汇中心	83029988	83029989
8	塘厦支行	塘厦镇环市东路1号东港城花园	87283288	87283858
9	北区支行	石碣镇东风路盈翠豪园67—70号铺位	81802388	81802188
10	虎门支行	虎门镇虎门大道中科数码文化城首层1—6号商铺	85013011	85013009
11	厚街支行	厚街镇体育路香榭丽商街A33、35、36、37号商铺	81696689	81696688
12	大朗支行	大朗镇松佛路碧水天源售楼处	82220088	82220086
13	万江支行	万江区万道路阳光海岸一期12栋首层	21660660	21660669
14	石龙支行	石龙镇聚龙湾聚豪华庭首层商铺	81389128	81389022
15	清溪支行	清溪镇行政中心区御路华庭1区101—1铺、101—2铺、102铺	82139183	82139655
16	寮步支行	寮步镇香市路三正世纪豪门豪景苑6栋130铺（悦莱酒店对面）	82815558	82390667
17	凤岗支行	凤岗镇光华街新潮豪园首层	38867878	82613822
18	黄江支行	黄江镇黄江大道138号	82525628	82525607
19	中堂支行	中堂镇振兴路莞都可苑1区10号	81209622	81209608
20	大岭山支行	大岭山镇凯东路凯东新城四期101—108商铺	82788388	82186600
21	时代城支行	南城区宏伟路景湖时代城24—30号商铺	23197291	23197285
22	新城支行	南城区簪花路泰安阁3栋101、102、103、104、105、106号商铺和二楼201号	28820303	28820319

① 2011年5月28日，中信银行外汇业务战略客户高层论坛在东莞举行

② 2011年9月23日，中信银行东莞时代城支行开业

③ 2012年1月5日，中信银行东莞新城支行开业，东莞银监分局局长陈云青（左）、中信银行东莞分行行长彭周福（右）为该支行开业揭牌

④ 中信银行中国业余高尔夫球巡回赛2011年新赛季首战在东莞成功举行

【中国光大银行东莞分行】 2011年末，中国光大银行东莞分行一般性存款余额25.28亿元，其中对公存款22.65亿元，储蓄存款2.62亿元；一般性贷款余额15.5亿元，其中对公贷款12.84亿元，个贷余额2.67亿元，存、贷款规模较上年翻一番。年内新开设虎门支行、厚街支行。

服务地方经济 加大对东莞中小微企业的融资服务力度，重点对东莞"五大支柱"（电子信息制造业、电气机械及设备制造业、纺织服装鞋帽制造业、食品饮料加工制造业、造纸及纸制品业）和"四大特色"（玩具及文体用品制造业、家具制造业、化工制造业、包装印刷业）产业集群客户加强授信，年末全行授信42户，表内外授信余额16亿元。

业务创新 推进模式化经营，成功发展虎门服装、大朗毛织等行业联保联贷业务，共投放贷款近3亿元；积极探索与零售连锁企业合作，与东莞市嘉荣超市有限公司等零售连锁行业龙头企业以"1+N"模式展开合作；以格力空调经

中国光大银行股份有限公司东莞分行

① 2011年12月19日，光大银行东莞厚街支行开业

② 2011年4月23日，光大银行东莞分行召开第一季度经营经营形势分析会

销商为试点，成功发放“小微企业采购分期信用卡”，为小微企业拓展采购资金流；大力推进贸金业务，为金田纸业等企业量身定做“商通赢”产品，解决核心企业上下游融资问题。

夯实零售基础 以“阳光理财”、“第三方存管”等优势产品为抓手，切实加强零售基础工作，推动零售业务稳步发展。年末，储蓄存款余额比年初增长259%，白金信用卡、电子银行等产品完成情况均在系统内排名前列。开展宣传营销活动，采取短信、夹报、户外宣传等多种形式宣传品牌及业务产品，成功导入大量优质个人客户。

风险管理 坚持“风险不能控制的业务不做，合规制度覆盖不到的业务坚决不做”原则，加强制度建设，严格做好贷前调查、贷中审查、贷后检查，树立“人人合规”理念，杜绝风险隐患。保持不良率为0%，收息率为100%的良好成绩。

安全保卫及柜台服务 认真组织柜员狠抓基础技能训练，加强业务学习，特别是外汇、外币相关业务，加强“阳光服务”建设，努力为客户提供优质高效的服务体验；严格落实安全管理要求，高频率清查风险点，定期开展防抢、防爆、反劫持人质、消防等系列预案演练，确保安全稳定，全年保持零案件。

（麦丽佳）

附：2011年中国光大银行股份有限公司东莞分行领导名录

行　长：罗乐贤
风险总监：游建皓
副行长：宋希武　莫锦英

① 2011年4月28日，光大银行东莞分行进行安全保卫应急预案演练
② 2011年7月1日，召开庆祝建党90周年大会
③ 2011年3月31日，光大银行东莞分行首家离行式自助银行——翰林学校自助银行开业
④ 2011年11月26日，参加“金融知识万里行”宣传活动
⑤ 2011年10月18日，光大银行东莞虎门支行开业

【东莞银行股份有限公司】 2011年，东莞银行股份有限公司（简称东莞银行）下辖1个总行营业部、6家分行（广州分行、深圳分行、惠州分行、长沙分行、佛山分行、合肥分行）、33家直属支行、6家一级支行、75家二级支行，拥有2家子公司（开县泰业村镇银行股份有限公司、东源泰业村镇银行股份有限公司），有正式员工2490人。年末资产总额达1226.23亿元，同比增长13.90%；各项存款余额为802.76亿元，同比增长14.42%；各项贷款余额为480.01亿元，同比增长20.66%；累计实现利润13.25亿元，同比增长24.65%。在积极推动金融创新、支持地方经济方面得到省、市政府高度肯定，荣获广东省"金融创新"二等奖、东莞市"金融创新奖"、"融资支持先进单位二等奖"。

跨区经营 2011年，东莞银行启动增资扩股工作，稳步推进跨区经营工作，成功开设佛山分行、合肥分行，发起设立枞阳泰业村镇银行及东源泰业村镇银行。

完善内控 2011年，东莞银行对全行规章制度体系进行规范梳理；加强对宏观政策和经济因素分析，落实国家宏观调控政策，强化业务条线风险管理工作，贯彻中小企业信贷政策；加大内控监督检查力度，对重要业务制度建设情况和重要控制环节进行全面稽核；正确处理业务发展与风险管理关系，资本充足率、拨备率、流动性比率、存贷比率等监管指标均符合监管要求。

服务创新 2011年，东莞银行发挥"本土银行"优势，推出"收款通"、"商旅平台"、"保兑仓"、"供应链项下应收账款质押融资"、"订单融资"、"动产质押"、"厂商银"等一系列新产品和服务，大力支持"成长性好、具备自主创新能力、具备转型升级潜力"的中小企业的融资需求。年末中小企业贷款余额为274.9亿元，占全行对公贷款85%。

企业文化 2011年，东莞银行通过企业文化宣讲、赞助本土CBA男子篮球队（广东宏远队）、设立奖学奖教金、建立志愿服务队、发起援建东莞银行图书室助学行动等举措，推进企业文化建设，支持社会公益事业，提升企业竞争软实力，践行企业社会责任，荣获中国《银行家》杂志颁发的"最佳企业社会责任奖"。 （钟少敏）

附：2011年东莞银行股份有限公司领导名录

董事长：廖玉林
行　长：卢国锋
监事长：王国栋
副行长：张　涛　张孟军　黄晓雯
财务总监：邓奕婷
董事会秘书：谢勇维

东莞银行股份有限公司

① 2011年7月9日，东莞银行佛山分行开业，东莞市委常委、常务副市长冷晓明，佛山市委常委、常务副市长周天明，东莞市政府副秘书长朱斌华，佛山市政府副秘书长葛承书，东莞银行董事长廖玉林、行长卢国锋、监事长王国栋等出席开业典礼

② 2011年9月5日，东莞银行合肥分行开业，广东省政府金融办主任周高雄，安徽省政府金融办主任周建春，中国银监会广东监管局局长刘福寿，东莞市委常委、常务副市长冷晓明，东莞银行董事长廖玉林、行长卢国锋、监事长王国栋等出席开业典礼

③ 2011年5月24日，由东莞银行作为主发起人发起设立的东源泰业村镇银行正式开业，广东省政府金融办副主任张晓山，东莞市委常委、常务副市长冷晓明，河源市委常委、常务副市长黄建中和东莞银行董事长廖玉林共同主礼点睛仪式

④ 2011年12月10日，东莞银行志愿者前往罗定合江小学举办"东莞银行图书室"助学行动

2012东莞年鉴
DONGGUAN YEARBOOK

【东莞农村商业银行股份有限公司】2011年，东莞农村商业银行股份有限公司（简称东莞农商行）有营业网点519个，其中一级支行33个，二级支行138个，分理处347个，营业网点占全市银行机构41.52%。有2家控股村镇银行。有从业人员4869人。

业务发展。2011年末，东莞农商行总资产1490亿元，负债总额1384亿元。各项存款余额1271亿元，比年初增加154亿元，增长13.79%。各项贷款余额737亿元，比年初增加105亿元，增长16.55%。存款、贷款市场占有率分别为18.81%、19.10%，连续16年位居全市银行业首位。全年实现拨备前利润31.78亿元，净利润24.36亿元。不良贷款率不断下降，拨备覆盖率340.58%，资本充足率16.92%，抗风险能力进一步增强。

金融服务。2011年，东莞农商行创新开发农业补贴账户质押贷款，不断深化宅基贷、租金贷在内的多种融资产品，大力支持“三农”经济发展。推出专业市场商户贷、特定机械设备按揭贷等针对中小企业的融资产品，开办支票授信业务，整合现有40种产品系列，打造“财至企贷”中小企业融资品牌。年末东莞农商行中小企业贷款余额454.76亿元，占各项贷款余额61.70%，是东莞市支持中小企业力度最大的银行。开发“绿色动力贷款”系列产品，向82家环保企业提供信贷支持，年末贷款余额54.39亿元，其中包括全市半数镇区供水供气工程、21个污水项目，经济效益和社会效益显著。创新“1元增值”服务系列营销活动；成功开展代销基金业务；发展升级网上银行业务；深化创富金、创富理财业务；开通跨境人民币结算业务，拓展代理远期结售汇业务。2011年末，储蓄存款余额为943.26亿元，比年初增长108.16亿元，增长12.95%；零售贷款连续3年保持快速增长态势，余额162亿元。

跨区经营。2011年，东莞农商行发起设立云浮新兴东盈村镇银行，并积极筹建贺州八步东盈村镇银行及东莞大朗东盈村镇银行。已开业的村镇银行运行良好，为当地“三农”经济发展提供金融支持。

社会服务。2011年，东莞农商行全年累计缴纳税款7.25亿元，蝉联东莞市民营企业纳税第一名，成为东莞唯一一家自2007年连续5年跻身广东省纳税百强企业、东莞市纳税十强企业的金融机构；积极响应“东莞慈善日”活动，累计捐款金额85.74万元；支持东莞市政府举办的“平安回家”活动，捐助金额20万元，帮助3000名新莞人顺利回家。（袁志超）

附：2011年东莞农村商业银行股份有限公司领导名录

董事长：何沛良
行　长：陈锐强
副行长：肖　光　叶满霖　刘晓东　林健翔
工会主席：王庆辉

东莞农村商业银行股份有限公司

① 2011年11月25日，代市长袁宝成（左）为东莞农商行颁发政府质量奖
② 2012年2月21日，中国银监会副主席周慕冰（前排左五）一行莅临东莞农商行调研
③ 2011年12月14日，在“2011年东莞中小企业金融服务日”活动中，副市长邓志广参观东莞农商行展位
④ 2011年12月29日，常务副市长冷晓明（右四）一行莅临东莞农商行参观考察

【招商银行股份有限公司东莞分行】2011年，招商银行股份有限公司东莞分行（简称招商银行东莞分行）提高内涵集约型发展能力，提高资本、信贷、财务、人力、网点资源的投入产出比，扎实推进管理变革和经营战略调整，整体经营效益稳步提升。年末全折人民币自营存款余额超231亿元，存款业务市场份额继续提升；全折人民币自营贷款余额超179亿元，各项业务实现稳健、迅速发展态势。年内新建1家网点，全辖网点增至18家，网点覆盖东城、厚街、长安、虎门、南城、常平、大朗、塘厦、万江、石龙、寮步等重点镇街，网点服务网络进一步扩大，各项服务设施更加完善。2011年，招商银行股份有限公司东莞分行有700多名员工，本科学历以上人员占比50%以上。

产品创新　充分利用一卡通、一网通、金葵花理财、点金理财、财富账户等系列金融品牌，为社会各界提供金融服务，创新推出“小微贷”、“科技通”、“千鹰展翼”等新产品和服务。

服务提升　坚持以客户为中心，以市场为导向，大力提升客户服务水平。以作为第二十六届全球大学生运动会唯一银行合作伙伴为契机，加强服务管理，全辖服务网点环境得到美化，圆满完成大运会金融服务工作。在高端客户服务方面，以财富管理中心和私人银行中心为平台，凭借专业理财团队，为客户量身打造“一对一”专属理财服务。

（叶晓苑）

附：2011年招商银行东莞分行领导名录

行　长：欧阳忠

副行长：刘冬兰　卢伟文

行长助理：龙志宏　詹志成

招商银行股份有限公司东莞分行

① 2011年12月21日，招商银行总行行长马蔚华（中）由东莞分行行长欧阳忠（左）陪同会晤代市长袁宝成（右），双方就继续加大对东莞经济发展的支持达成共识

② 2011年，招商银行东莞分行获招商银行系统内“第八届企业文化节优秀组织奖”

③ 2011年5月5日，招商银行东莞分行成功举办“大运火炬巅峰梦想”登山活动

④ 2011年11月23日，招商银行i理财基金模拟交易大赛月度大奖花落东莞分行

⑤ 招商银行东莞分行新大楼——招银大厦

【兴业银行股份有限公司东莞分行】

2011年末，兴业银行股份有限公司东莞分行（兴业银行东莞分行）有营业网点11个，覆盖东城、南城、虎门、厚街、常平、大朗、塘厦、长安、石龙等镇街区域；有从业人员371人；本外币存款规模169亿元，贷款余额106亿元。

2011年，兴业银行东莞分行根据东莞特色，不断调整经营策略，为中小企业量身定做专向扶持成长型个体商户的"兴业通"等个性化服务方案。在个人业务方面，提供"兴业盛世金"等贵金属理财、"天天万利宝"等稳健型客户理财、"礼仪存单"等个人储蓄存款个性化服务。

2011年，兴业银行东莞分行注重发展全行风险防控文化，树立"人人为合规 合规为人人"的理念，发布《风险管理信息简报》，包括国内外金融形势动态、东莞经济状况及业务办理潜在风险点，为员工合规经营提供参考。

（姚飞洋）

附：2011年兴业银行股份有限公司东莞分行领导名录

行　长：刘永革

副行长：林国华　王朝晖

行长助理：李良忠

兴业银行股份有限公司东莞分行

① 2012年1月8日，兴业银行东莞分行召开2012年工作会议暨2011年度表彰大会

② 2011年6月，兴业银行东莞分行第十一家支行——石龙支行开业

③ 2011年4月，兴业银行东莞分行举行第一届趣味运动会

④ 2012年1月，兴业银行东莞分行举办回馈客户新年音乐会

⑤ 兴业银行东莞分行办公大楼

【上海浦东发展银行股份有限公司东莞分行】 2011年，上海浦东发展银行东莞分行（简称浦发银行东莞分行）一般性存款余额52.98亿元，比年初增加25.21亿元，其中对公存款（含离岸存款）余额48.40亿元，比年初增加23.57亿元;储蓄存款余额4.58亿元，比年初增加1.64亿元。贷款余额29.46亿元，比年初增加13.13亿元；不良贷款余额92万元，由年初的0.06%下降至0.03%。全年实现考核利润7931万元，是2010年的2.7倍，人均考核利润145.5万元，比2010年翻一番，核心客户是2010年的1.5倍，有价值客户增长70%，日均存款增长60%，综合考评在广州分行排名第一，一般性存款余额成功突破50亿元，达到B类行标准。成功升格为二级分行，在虎门开设第一家支行。

在管理上，全面推行责任制、名单制和联动制“三个制度”，组建产品团队和贷后管理团，对存量客户实施交叉检查，风险防范意识和水平得到明显提升，全年实现安全运营无事故。对客户管理实施“存贷比管理”和“存贷差管理”，实现资产业务对负债业务的有效带动，保障分行利润稳定增长。

在队伍建设上，网点建设方面取得突破性进展，利用升格为分行、虎门支行顺利开业的形势，全年共引进各类人才29人，其中客户经理23人，组建9个营销团队，为业务发展提供有力保障。

（徐冠男）

附：2011年上海浦东发展银行东莞分行领导名录

行　长：葛新华

副行长：莫沃林　何锦坤

上海浦东发展银行股份有限公司东莞分行

① 2011年底，浦发银行东莞分行全家福

② 2011年9月12日，浦发银行东莞分行举办以“同心·同行·同兴”为主题的客户中秋联谊暨品牌推介会，100多位对公对私优质客户和东莞分行的全体员工一起畅叙友情，共话发展

① 2011年11月26日，浦发银行东莞分行参加东莞市银行协会举办的《金融知识进社区》宣传活动

② 浦发银行东莞分行获评浦发银行广州分行2011年个人银行先进单位、浦发银行广州分行2011年公司银行先进单位、人民银行东莞中心分行颁发的2011年度金融统计先进单位

③ 2011年12月8日，浦发银行东莞分行虎门支行开业

④ 2012年12月8日，浦发银行东莞虎门支行开业，邀请人民银行东莞市中心支行、东莞银监分局、东莞市金融局及当地政府等领导开业剪彩

【中国民生银行股份有限公司东莞支行】2011年末，中国民生银行股份有限公司东莞支行（简称中国民生银行东莞支行）各项存款余额31.69亿元，比年初增长31.59%；各项贷款余额12.7亿元，比年初增长250.25%；不良贷款余额继续保持为0，开业至今继续保持零案件发生，获得总行优秀“平安支行”、广州分行“2011年度反洗钱先进集体”、“运营综合管理先进单位”等荣誉称号。

2011年，中国民生银行东莞支行坚持“做民营企业的银行、小微企业的银行、高端客户的银行”战略定位，以大型、优质企业等核心客户为切入点，通过商业模式开发设计和金融产品灵活运用，批量开发其上下游企业。通过进入产业集群金融市场，努力帮助集群内企业做大做强，提高集群竞争力。通过市场调研，分析各产业集群的经营模式和运作规律，根据各产业集群的资金流、物流、信息流特点，开发设计切合企业需求的商业模式和金融服务产品。同时，为民营企业、小微企业设计“金融管家”、“商贷通”、“商票通”等一系列支持民营企业、小微企业的个性化贴身金融服务。（刘小刚）

附：2011年中国民生银行东莞支行领导名录

行　长：孙伟浩

行长助理：叶　华　陈煜华

中国民生银行东莞支行

① 2012年2月14日，民生银行总行副行长邵平拜访市委副书记、市长袁宝成

② 2011年7月9日，2011年度广东省职工职业技能大赛暨“民生杯”金融服务创新大赛颁奖

2012年1月份，中国民生银行东莞支行获准升格为二级分行，拟陆续在虎门、长安、东城、厚街等经济发达镇区设立网点，开始网点布局，拓展民生银行在东莞市场的服务覆盖半径，为业务的飞跃式增长奠定坚实的基础，并以此为新的起点，努力为客户创造更大的价值，为东莞经济的发展做出更大的贡献。

① 2011年11月27日，民生银行东莞支行举行员工户外拓展训练

② 2011年11月29日，民生银行东莞支行积极进行反洗钱宣传

③ 2011年12月11日，成功举办“民生银行杯”高尔夫球赛

【中国邮政储蓄银行有限责任公司东莞分行】2011年，中国邮政储蓄银行有限责任公司东莞分行（简称邮储银行东莞分行）主动把握战略机遇，深化网点转型，不断改革创新，夯实可持续发展基础，整体服务能力和市场竞争力明显增强，荣获市政府颁发“金融创新奖”。

转型发展 2011年，邮储银行东莞分行通过精细管理和精准营销，全面推动管理与业务“双转型”，实现邮政金融业务又好又快发展。一是立足服务城乡，公关重点项目，负债业务增速明显。2011年末，个人储蓄余额规模达238亿元，全年新增约51亿元，公司存款余额规模达29亿元，全年新增13.6亿元。二是立足服务中小企业，坚持“阳光信贷”，资产规模快速增长。2011年末，邮储银行东莞分行信贷结余15.8亿元，同比增长7.94亿元，小额贷款全年放款达7.14亿元。三是立足便民惠民，中间业务发展迅猛，代理保险销售超过4亿元。

金融服务 2011年，邮储银行东莞分行通过不断优化服务网络、改善营业环境，提升服务质量，金融服务能力得到进一步增强。一是通过网点新增建设，全市金融网点数量已达98个，自助设备总量超过1500台，网上银行、电话银行等服务渠道全面推进，手机银行、电视银行积极试点，其中个人网银累计注册户数达到25万户。二是网点改造升级全面推进，营业环境得到明显改善，服务分区更加人性化。三是通过落实服务规范，明确投诉处理流程及时限，开展神秘人暗访等，服务质量进一步提高。

内控建设 2011年，邮储银行东莞分行在全市范围组织开展学习宣传、业务自评估和业务规范性评价活动，修订反洗钱工作责任制度，加强资产保全力度，配合市审计局等外部审计工作，加强自查，创新案件防控手段和方法，风险管理能力得到加强，全年无重大安全责任事故，荣获邮储银行系统“2011年度会计结算管理优秀单位三等奖”。

（张长彬）

附：2011年中国邮政储蓄银行有限责任公司东莞分行领导名录

行　长：王毅燕

副行长：黄志广　刘芳敏

中国邮政储蓄银行东莞分行

① 邮储银行东莞分行办公大楼

② 2011年7月26日，邮储银行东莞分行举行“激情燃烧 青春飞扬”第二届优秀大学生员工表彰活动

③ 2011年11月2日，邮储银行东莞分行全体员工参加分行成立四周年庆祝活动

【东莞长安村镇银行股份有限公司】 2011年末，东莞长安村镇银行股份有限公司（简称东莞长安村镇银行）下辖1个总行营业部、2家支行，有在职员工47人；总资产14.99亿元；存款余额11.67亿元，比年初增加2.52亿元，增长27.6%；贷款余额7.62亿元，比年初增加1.52亿元，增长24.8%。不良贷款为零。实现总营业收入0.57亿元，税前利润0.27亿元。

完善内控机制。本着依法合规、风险可控原则，对现有制度、业务操作规程进行梳理。优化核心骨干团队，有效提升部门执行力、工作效率和贷后管理。加强合规管理，对内部控制薄弱环节进行自查和完善，不断提高风险防范意识。

加强网点建设。设立乌沙、厦边2家支行，进一步贴近农户，深入农村金融市场，将方便、快捷、个性化的金融服务输送到社区基层。

创新金融服务。坚持以市场为导向、以客户为中心，在合法、合规前提下加快金融产品和服务创新步伐，先后推出“柜面通”和“银信通”业务。

坚持“支农支小”。创新中小企业贷款业务，扶持当地中小企业，采取信用担保、股权抵押、应收账款质押等灵活形式，积极扶持经营良好、信用度高、发展前景广的中小企业。全年累计发放中小企业贷款45笔，贷款余额为3.7亿元，占贷款总投放的48.0%。坚持支持“三农”发展，为农村、农业和社区群众提供量身定制的金融服务，对于涉农贷款坚持优先立项，优先调查，优先报批。全年累计发放涉农贷款141笔，贷款余额为3.7亿元，占贷款总投放的48.4%，有力支持长安经济发展。

（王莉萍）

附：2011年东莞长安村镇银行股份有限公司领导名录

董事长：李志锋

行　长：郑伟军

副行长：刘巧玲　孙淦荣

东莞长安村镇银行股份有限公司

① 2011年8月30日，东莞长安村镇银行乌沙支行开业

② 2011年8月，东莞长安村镇银行参加东莞市银行业第一届综合运动会

③ 2011年12月19日，东莞长安村镇银行厦边支行开业

④ 2011年11月，东莞长安村镇银行向社区居民进行反洗钱宣传教育

【华夏银行股份有限公司东莞分行】

华夏银行股份有限公司东莞分行（简称华夏银行东莞分行）于2010年7月27日开业，现址位于东莞市南城区鸿福路102号汇成大厦。2011年末，华夏银行东莞分行各项本外币存款余额为28.54亿元，信贷资产总额为16.54亿元，不良资产率为零，实现利润近2000万元。

服务中小企业。坚持“支持地方经济发展，服务中小企业”的办行理念，主打专门针对中小企业的服务品牌“龙舟计划”，并与广东省融资再担保有限公司合作，共同推出“中小企业融资服务合作产品”，力求为东莞中小企业客户提供优质高效的服务和个性化金融解决方案。

专业化金融服务。坚持以客户为中心、以市场为导向，通过客户群体细分，灵活运用物流金融、国际结算、中小企业融资平台、理财、基金、黄金买卖等优势产品，提供差异化、特色化服务，实施分类营销，不断加强产品品牌打造。拥有“华夏丽人卡”、“环球智赢”、“融信通”、“现金新干线”、“融资共赢链”等一批品牌产品。

（刘　莹）

附：2011年华夏银行股份有限公司东莞分行领导名录

行　长：杨　伟

副行长：霍建强　毛冬焰

华夏银行股份有限公司东莞分行

① 2012年3月21日，华夏银行东莞分行参加“和谐金融·幸福东莞”——东莞金融业保护金融消费者权益大型公益宣传日活动，常务副市长冷晓明（左二）与参加活动的分行领导合影

② 2010年7月27日，华夏银行东莞分行开业，全行领导、员工在开业典礼合影

③ 2010年1月20日，华夏银行东莞分行全体员工参加广东省金融系统反腐倡廉建设展

④ 2010年9月17日，华夏银行东莞分行举行支持中小企业融资服务活动启动仪式

⑤ 2012年3月3—4日，由华夏银行东莞分行赞助的“华夏银行杯”东莞高新球队高尔夫球比赛挥杆开赛

【东莞信托有限公司】 2011年末，东莞信托有限公司自有资产10.40亿元，负债总额0.64亿元，所有者权益9.76亿元。管理信托资产243亿元，比年初增加64.43%，信托资产盈利12.06亿元。全年实现税后利润1.65亿元，税收贡献6404万元，人均创利227万元。

服务地方　坚持“立足本地，服务东莞”，尽职管理好各类信托资金，发挥信托跨市场投融资优势，为市重点项目提供投资顾问和受托管理服务，参与多项重点项目前期调研和论证工作，获得2011年度“东莞市金融创新奖”和“融资支持先进单位”称号。

专业理财　把握市场机会，加快业务拓展。加强金融机构合作，结盟大型央企、基金公司，促进投资管理能力提升。年末存续信托项目103个，比年初增加40个，新增信托资金93亿元，产品涵盖多个领域，集合类信托项目收益率在6%—13%之间，所有产品到期均按期兑付。

业务创新　结合东莞市场实际，在产品品种、设计上不断创新，为麻涌大步等村集体经济开展集体资产管理业务，年末陆续受托管理麻涌、中堂、道滘、沙田等镇村集体信托资金2.2亿元。

内部管理　建立覆盖全业务的风控流程，完善风险管理模式，重整内部流程，加强项目管控，实现业务发展和风险控制的均衡；设立营销中心，改组信托管理部，新设信托业务四部，提升管理能力；配合业务需求推进信息化系统二期建设，推进业务流程重整，提高效率和准确度，为业务量增长提供系统支持；加强人才引进，重点引进有经验的信托经理、风险管理人员和理财经理。

（冯　杰）

附：2011年东莞信托有限公司领导名录

董事长：何锦成

监事长：王兆鹏

总经理：丁暖容

副总经理：刘绮澜　陈贺健　郑建文

东莞信托有限公司

① 2011年12月18日，东莞信托有限公司董事长何锦成在2011年客户答谢会上致辞

② 2011年9月27日，东莞信托有限公司总经理丁暖容在“资产组合保值增值研讨会”上致辞

③ 2011年7月6日，东莞信托有限公司在虎门举办“传承财富，承载梦想”理财讲座

④ 2011年3月12日，东莞信托有限公司组织开展成立24周年户外拓展活动

⑤ 2012年1月13日，东莞信托有限公司召开“稳健前行、迎接挑战”2011年度工作会议

保险业

【概况】2011年末，东莞有保险公司40家，其中财产保险公司19家，人寿保险公司21家。有外资或有外资背景的保险公司9家，其中财产险公司2家，人寿险公司7家。有保险中介机构44家。保险业经营网点500多个，遍布全市32个镇街。有保险专职从业人员近3万人，其中营销员28000多人。

2011年，东莞保险业呈现平稳较快发展态势，但发展速度明显放缓。在新会计准则下，全年共实现保费收入163.65亿元，较2010年同比增长10.50%，保费规模占全省（不含深圳，下同）13.45%，仅次于广州，继续保持全省地级市首位；保险深度（保费收入与GDP之比）3.46%，保险密度（人均保费）约2523元（按上年度统计人口计算）；全年赔款给付36.64亿元，同比增长24.74%。

财产险公司实现保费收入（含产险公司短期人身险）55.1亿元，同比增长16.16%，较上一年回落13个百分点，低于全省的19%，保费规模占全省的14.42%，较上一年微降0.13个百分点。

人寿险公司实现保费收入108.55亿元，同比增长7.84%，较上一年回落近20个百分点，但高于全省的4.4%，保费规模占全省的13.02%，较上一年略升0.56个百分点。 （严传彪）

【中国人寿保险股份有限公司东莞分公司】2011年，中国人寿保险股份有限公司东莞分公司下设城区营业区、虎门营业区、石龙营业区、常平营业区、樟木头营业区和中堂营业区，拥有内勤员工和营销员近3000人，提供个人人寿保险、团体人寿保险、银行保险、意外险和健康险等产品与服务。2011年末，实现总保费收入24.39亿元，共承保各类保单112355件，承保保费达11.84亿元。

中国人寿保险股份有限公司东莞分公司

①

②

③

④

⑤

① 东莞金融业保护金融消费者权益日活动中，中国人寿东莞分公司总经理林广龙代表东莞市保险行业发言
② 中国人寿东莞分公司客户服务中心前台柜面获"广东省2011年度品牌客户服务中心"称号
③ 举办"幸福东莞绿色起航"环保进社区活动
④ 参加东莞市保险行业大接访活动
⑤ 开展义务植树活动

2012东莞年鉴
DONGGUAN YEARBOOK

2011年，中国人寿保险股份有限公司东莞分公司继续完善服务品质，采取一系列措施方便客户理赔申请，保证理赔处理时效性。继续拓宽公益领域，参加市民政局牵头的军民共建活动，开展高埗中学贫困学生助学活动，慰问光荣院老人，与市环保局、市文明办等部门共同启动大型社区宣传活动——环保进万家。践行“服务广东”主题，积极策划举办各种服务客户大型活动，提升增值服务。举办“温馨合家欢 共度好时光”科技电影节、“诚信.沟通.维权”客户咨询活动以及VIP客户健康增值活动。扎实推进依法合规经营，有效整合监督资源，纪检监察、内控合规、销售督察三大工作实现同部署、同落实，风险管控水平显著提升。（李伟佳）

附：2011年中国人寿保险股份有限公司东莞分公司领导名录

党委书记、总经理：林广龙
党委委员、纪委书记、副总经理：
张延国
党委委员、工会主席、副总经理：
尹创基

【中国人民财产保险股份有限公司东莞市分公司】 2011年，中国人民财产保险股份有限公司东莞市分公司完善内部管理,强化渠道清分，深化转型改革，提升服务水平，实现保费收入18.55亿元，同比增长14.28%；实收保费18.65亿元，同比增长14.99%。

实施增减策略，深化渠道清分 根据市场发展环境，制定保险产品和保险销售增减策略，清分销售渠道，差异化配置销售费用。通过销售改革，完善考核激励机制，调动营销员积极性。

完善服务体系，提升服务效率 一是提升窗口部门服务水平和效率。二是改变机关作风，实行服务时效监测。三是加强服务营业厅建设，打造便捷销售服务网络。四是成立人伤中心，探索人伤理赔新服务模式，建立和完善标准化、专业化、人性化人伤案件服务模式，加强人伤案件理赔处理和主动服务能力，现场查勘、后续跟踪、治疗赔偿、调解等不同环节由不同专业人员跟进，实现人伤案件理赔全过程专业化分工。

延伸保险领域，扩大品牌影响 一是加大“三农”保险推广力度，完善政策性农(居)民住房保险的覆盖面。二是发展企业财产保险，拓展国内短期贸易信用险为企业转型升级和稳定经营提供保障。三是推出社会和群众需求的新小险种，如驾驶人员意外险、家财险分散性业务。（何惠知）

附：2011年中国人民财产保险股份有限公司东莞市分公司领导名录

总经理：潘振雄
副总经理：杨松柏 梁凯源 张建新
工会委员会主席：黄桂伦

证券业

【证券经营】 2011年，东莞共有证券期货机构22家。年末各类证券公司共有开户数89.48万户，比上年增加7.41万户。全市股票成交量累计8163.6亿元，同比下降25.64%；股票总市值671.47亿元，同比下降26.31%；手续费收入累计9.65亿元，同比减少35.49%。

【上市公司】 2011年1月，市政府和深交所、国信证券共同签署松山湖高新区企业改制挂牌上市合作意向书。三方将结成战略合作关系，合力为园区企业在改制、新三板挂牌及上市方面提供支持。5月，市政府金融工作局、寮步镇政府共同举办“2011东莞企业上市辅导座谈会——走进寮步”。寮步镇及周边镇街的30家企业60多名企业家代表参加会议，进一步提升对资本市场的认识。5月，广东银禧科技股份有限公司在深交所创业板挂牌上市，成为东莞第9家上市企业。这是首家由本地券商——东莞证券成功保荐的本土企业，共募集资金4.5亿元。7月，广东明家科技股份有限公司正式在深交所创业板挂牌上市，成为东莞第10家上市企业，募集资金1.9亿元。11月，东莞勤上光电股份有限公司在深圳证券交易所挂牌上市，成为东莞第11家上市企业，募集资金11.24亿元。12月，市发展利用资本市场工作领导小组召开现场评审会，认定第五批上市后备企业12家。年末，东莞上市后备企业增至58家。（赵毅立）

【东莞证券有限责任公司】 2011年，东莞证券有限责任公司（简称东莞证券）共有分支机构48家（其中营业网点45家，上海分公司1家，深圳分公司1家，北京办事处1家），全资拥有东证锦信投资管理有限公司，参股华联期货有限公司。年末实现营业收入6.84亿元，发生营业费用5.53亿元，实现净利润9905.41万元。

2011年，东莞证券继续夯实经纪业务在东莞市场主导地位，推动经纪业务服务方式转型升级。在东莞地区佣金收入市场份额为60.58%，托管客户资产份额为57.84%。经纪业务在全国市场份额为6.1%，比2010年上升3.91%，基础地位得到巩固加强。

2011年，东莞证券狠抓金牌理财团队建设。以新设深圳资产管理分公司为契机，积极优化人才结构，理顺运作机制，提高决策水平，增强理财能力，丰富理财品种。针对市场情况，成功发行首只小集合产品——财富1号，募集资金1.56亿元，丰富旗峰系列理财产品。

2011年，东莞证券投行成功完成生益科技、深深宝、云南铜业非公开发行和银禧科技IPO（首次公开募股）工作；直投子公司积极与上市后备企业沟通接触，顺利完成直接投资项目1家；新三板业务取得积极进展，正式签约企业5家，签约合同金额398万元，实现收入39万元；完成29个企业债参团项目，完成“11海城债”承销发行工作，实现债券主承销业务零突破。（王松华）

2011年东莞市上市公司

公司名称	股票代码	股票简称	上市地点	上市日期
东莞宏远工业区股份有限公司	000573	粤宏远A	深圳	1994年8月15日
东莞发展控股股份有限公司	000828	东莞控股	深圳	1997年6月17日
广东生益科技股份有限公司	600183	生益科技	上海	1998年10月28日
广东众生药业股份有限公司	002317	众生药业	深圳	2009年12月11日
广东锦龙发展股份有限公司	000712	锦龙股份	深圳	1997年4月15日
东莞劲胜精密组件股份有限公司	300083	劲胜股份	深圳	2010年5月20日
东莞市搜于特服装股份有限公司	002503	搜于特	深圳	2010年11月17日
广东星河生物科技股份有限公司	300143	星河生物	深圳	2010年12月9日
广东银禧科技股份有限公司	300221	银禧科技	深圳	2011年5月25日
广东明家科技股份有限公司	300242	明家科技	深圳	2011年7月12日
东莞勤上光电股份有限公司	002638	勤上光电	深圳	2011年11月25日

注：2009年6月，广东锦龙发展股份有限公司注册地由清远迁至东莞

经济管理 ECONOMIC MANAGEMENT

发展计划管理

【“十二五”规划编制实施】2011年，市发改局牵头编制《东莞市国民经济和社会发展第十二个五年规划纲要》，为全市未来五年发展描绘美好蓝图。牵头完成高技术产业发展、服务业发展、能源保障、战略性新兴产业等4个重点专项规划编制，做好28个重点专项规划协调衔接和联合上报，其中17个重点专项规划已通过市政府审定印发。督促镇街落实“十二五”规划纲要编制，做好镇级规划备案。

【《珠三角规划纲要》实施】2011年，市发改局履行市实施珠三角基础设施建设一体化规划专责工作组办公室职责，建立联络员制度、信息报送制度和定期会商制度，制定实施年度工作计划，推进基础设施建设一体化。配合市纲要办做好实施《纲要》指标监测、年度评估考核等工作，为东莞在2010年度实施《纲要》综合考评中取得第四名的良好成绩作出积极贡献。协助筹备在莞召开的深莞惠党政主要领导第五次联席会议；与深惠发改部门制定深莞惠区域协调发展总体规划编制工作方案。

【固定资产投资管理】2011年，市发改局严格执行产业政策、节能评估等准入标准，做好固定资产投资项目的立项和招投标核准工作。全年办理固定资产投资项目333项，总投资514.6亿元；核准招标项目100项，总投资161.6亿元。配合市府办制定《东莞市财政投资建设项目前期工作暂行办法》，理顺财政投资项目前期工作程序。牵头市财政局编制财政投资年度计划，上报《东莞市2012年财政投资建设项目计划（送审稿）》，促进财政投资计划规范化、制度化。

【重点项目建设】2011年，市发改局牵头制定2011年全市重点建设项目计划和市几套班子挂钩督导重点项目工作方案，组织召开重点项目建设工作会议及领导小组全体会议，通过现场督导、项目巡查、召开协调会议等方式，累计解决180项问题，促成宏威太阳能电池等26个项目开工建设，中远造船二期等18个项目竣工投产。全年完成重点项目投资234.6亿元，占年度计划104.6%，增长23.8%，带动全市固定资产投资1070亿元；推动16个市属省重点项目完成投资96.2亿元，16个扩内需项目完成投资68.3亿元。修订《东莞市重点项目管理办法》，拟定《重点项目年度用地指标分配规则》、《重点项目并联审批实施方案》和《重点项目服务保障若干规定》，完善重点项目管理制度。组织举办为期4天总人数约400人的重点项目业务培训。全年编印重点项目通报、简报各12期，编报《每周项目资讯》。

【产业结构调整升级】2011年，市发改局积极培育发展战略性新兴产业，落实节能减排，推动产业结构调整实现突破。履行战略性新兴产业领导小组办公室和电动汽车领导小组办公室职责，制定沿海产业带发展规划（2010—2020年），参与制定战略性新兴产业“十二五”规划；编制电动汽车产业发展规划（2010—2020年）、新能源汽车示范应用项目（2011—2012年）工作计划，列入省新能源汽车示范应用城市，推动电动汽车加快培育发展。完成东城、大岭山、道滘、洪梅等4个镇街上年节能核查，联合环保、统计、监察等部门下达全市当年主要污染物减排的目标任务，参与铅蓄电池行业污染整治，全力促进节能减排。组织节能评估机构开展备案管理，2家机构通过省发改委备案，规范完善项目节能评估和审查工作流程。制定散裂中子源代建工作方案，推动项目于10月奠基，完成配套设施立项。

【重大问题研究】2011年，市发改局加强经济形势运行监测预测，按季度分析全市经济运行、投资运行情况，按月度、季度分析市重点项目进展情况，按季度分析省重点项目进展情况，形成分析报告供市委市政府决策参考。开展主体功能区规划、财政投资项目管理、战略性新兴产业培育发展及政策建议等重大问题研究，形成若干研究成果。

【医药卫生体制改革】2011年，市发改局履行市医改办职责，拟定《东莞市医药卫生体制五项重点改革2011年度主要工作任务分解表》，组织召开全市医改领导小组工作会议和医改工作会议，推动医改工作任务分解落实。推进公立医院改革试点，拟定《东莞市公立医院改革试点实施意见》，推动出台公立医院离退休人员经费补助等医改配套政策。完成市政协重点提案《关于加快我市医药卫生体制改革的建议》的办理。

【简政强镇事权改革】2011年，市发改局制定局简政强镇工作实施方案，将简政强镇委托事项进一步下放至11个中心镇和松山湖、虎门港、生态园3个市属园区，与包括石龙、塘厦在内的13个中心镇和3个市属园区签订《行政执法委托协议》，并将粮所的人事档案、工资等关系移交给中心镇。

【粮食储备管理】2011年，市发改局制定2011年储备粮轮换工作方案，下达并完成年度储备粮轮换任务。组织春秋两季粮油大普查，完成粮食库存检查和食用植物油库存检查任务，加强汛期灾害防御，落实仓库维修资金拨款和质量监督检查，确保粮食储备安全。参加江西宜春市第二届粮食产销洽谈会，签订5万吨稻谷购销意向书。

【粮食市场管理】2011年，市发改局加强对常平、樟木头两个粮食批发市场监测，按旬编写粮情简报，按季度分析粮情走势，为粮食宏观调控提供决策参考。加强粮食流通统计，抓好城镇居民粮油收支平衡抽样调查。完成粮食执法证换证考试工作。制定《东莞市军粮供应管理工作手册》，召开军粮供应管理工作会议，签订食用植物油供应协议，保证部队粮油优质稳定供应。

【对口援建】2011年，市发改局承接对口援藏援疆职责，成立市援藏援疆工作领导小组及其办公室。会同援疆工作队编制实施21个援疆项目计划，累计投入4亿元援建资金。制定镇街团场结对交流方案，首批15个镇街与农三师团场结对交流。协调组织参加第七届“喀交会”及产业援疆项目推介会，做好支医支教以及农三师干部人才来莞挂职和培训等工作。协调推进援藏项目建设，推动林芝县旅游产业发展，做好人才帮扶等工作，完成年度援藏任务。协调两地高层互访，做好援建信息交流及宣传工作，编印援疆简报64期。做好对口援建映秀干部回撤、援建工程结算等后续工作。

【国民经济动员】2011年，市发改局结合军事需求任务，走访调查动员企业运行现状，充实完善国民经济动员预案，更新经济动员潜力数据。完成国民经济动员“十二五”规划编制。推动11家企业入选省首批给养应急保障动员企业名录。

（王永球）

附：2011年东莞市发展和改革局领导名录

局　长：张俊阳

副局长：梁应科　王钊鸿　张晓程　姚铸锐　张友新

纪检组长：刘启宇

总经济师：吴楚焕

物价管理

【价格变动】2011年，东莞价格形势延续2010年下半年以来较为严峻的态势，全市价格总水平呈现总体平稳，高位运行态势。居民消费价格总指数累计上涨4.9%，比全省平均水平低0.4个百分点。

价格总水平呈现总体平稳、高位运行的态势　受国内外经济形势波动、国际大宗商品价格维持高位、生产要素和劳动力成本上升以及生产运输成本增加等因素影响，1—12月，东莞居民消费价格总指数与上年同月相比分别上升：4.7%、3%、5.5%、5.2%、3.7%、4.1%、5.1%、5.8%、5.9%、5.5%、5.7%和4.6%。一、二季度价格总水平受翘尾等因素影响，持续高位运行；三季度食品类价格涨势再起，CPI上涨速度明显加快；四季度，伴随着食品价格，特别是鲜菜和肉、蛋价格的明显回落，CPI有所下降。

8大类商品（服务）价格指数呈全升格局　食品类升11.1%；烟酒类升1.5%；衣着类升1.4%；家庭设备用品及维修服务类升5.5%；医疗保健和个人用品类升2.4%；交通和通讯类升0.1%；娱乐教育文化用品及服务类升0.3%；居住类升4.3%。

2011年东莞市八大类价格指数变动情况

（以2010年价格为100）

项　目	价格指数（%）	比上年升降幅度（%）
居民消费价格指数	104.9	4.9
食品	111.1	11.1
#粮食	114.6	14.6
肉禽及其制品	114.5	14.5
油脂	110.3	10.3
蛋	118.0	18
鲜菜	96.7	-3.3
水产品	122.0	22
烟酒及用品	101.5	1.5
衣着	101.4	1.4
家庭设备用品及维修服务	105.5	5.5
医疗保健和个人用品	102.4	2.4
交通和通信	100.1	0.1
娱乐教育文化用品及服务	100.3	0.3
居住	104.3	4.3
商品零售价格指数	104.7	4.7
工业品出厂价格指数	101.7	1.7

物价高位运行的主要因素　2011年全市食品类价格指数同比上涨11.1%，是物价高位运行的主因。其中粮食类价格指数上涨14.6%，肉禽及制品价格指数上涨14.5%、蛋类价格指数上涨18%，水产品价格指数上涨22%。蔬菜类价格指数下降3.3%，是稳定食品价格指数的主因。家庭服务及加工维修服务类价格指数同比上涨20.5%，是拉动家庭设备用品及维修服务类价格上升的主要原因。居住类价格指数中，以自有住房价格指数上涨6.1%居首，其次是水、电、燃料类价格指数上涨4.8%，主要原因是房地产价格，尤其是商品房价格上升较快所致。

【价格调控】推进平价商店建设　2011年，针对价格上涨主要集中在农副产品，以及蔬菜价格季节性波动明显、流通环节过多的实际，东莞按照省的部署积极探索运用价格调节基金推进平价商店建设，并以此为突破口带动蔬菜基

地、冷藏设施建设，构建稳定农副产品价格的长效机制。全年共运用价格调节基金356万元，建成68家平价商店，覆盖全市32个镇街。出台平价商店资质准入、标识管理、契约管理、平价农副产品目录管理、规范指引、考核评估等配套制度。平价商店让利于民，减轻群众负担；实施产销对接，促进企业转变经营方式，在稳定物价中发挥积极作用。

控制出台政府提价项目　严控天然气、城市公交、医疗服务、停车保管服务等价格上调，严控液化石油气价格和民校收费标准的调升幅度，暂缓出台大市区自来水价格和东深供水工程沿线各镇水价调整方案。

实施房价备案　稳控房价是2011年稳定物价的重中之重，市物价局认真贯彻落实国家和省、市有关房地产市场的调控政策，对全市新建商品住房销售价格实行"一房一价"备案制度，共受理130家房地产投资企业（发展商）、126个楼盘、66855套住房的价格备案工作，抑制房价涨幅，实现房价预期调控目标。

建立低收入群众临时价格补贴与价格上涨联动机制　从2011年7月1日起，以连续3个月为监测期，当CPI同比连续涨幅超过3%，或食品类价格同比涨幅连续超过7%，或居住类水、电、燃料类价格同比涨幅连续超过7%时，启动该机制，全市低收入群体即可享受临时价格补贴。全年为困难群众发放春节慰问金、低保金及一次性生活补贴共1亿多元。

建立价格调控部门联席会议制度　联席会议由分管物价工作的副市长任总召集人，市物价局为召集单位，市监察局、发展改革局、经信局、财政局、民政局等13个部门为成员单位。制度的建立有利于加强价格总水平调控，推进价格调控政策顺利实施。

价格宣传和成本监审　编发《东莞物价》20期、《一周监测信息》48期，充实、完善"东莞市价格信息网"，维护民众对价格工作的知情权和监督权，扩大物价部门的社会影响力。完成对农民的种植意向、农户存粮、农资价格及购买力的专项调查；完成车用燃气、城市生活污水处理、城市供水、医院自制药物制剂等项目的成本监审，监审金额为24.25亿元，核减不合理成本金额6259.21万元。

【价格改革】调整工商业电价　根据省的部署，从2011年12月1日起，调整工商业电价，平均每千瓦时提高2.93分，并相应调整商住小区商业用电的临时台变电价，每千瓦时提高2.56分。

推进医药价格改革　在全市388家社区卫生机构实施国家基本药物制度，对307种国家及244种省增补的基本药物实行零差率销售，核定社区卫生服务中心（站）一般诊疗费标准（每人次10元）；落实省物价局疫苗价格改革政策，年可减负约1000万元。

推进资源环境价格改革　根据国家和省深化水价改革的要求，结合省水资源费调整的实际情况，简化水价分类、规范水价价差，并实行低收入家庭的优惠水价政策；对液化石油气价格实行动态管理，理顺车用天然气与汽油比价关系，明确煤气送气服务收费标准；完善生活垃圾处理费和污水处理费执行措施；对驻莞部队的污水处理费和垃圾处理费实行先征后补；核定差别排污费实际计费标准等环保收费政策。

【价格和收费管理】加强民生价格监管　出台出租汽车企业实行劳动用工方式收取承包费有关规定；核定73所民办学校收费，对102所民办幼儿园的收费进行审核备案；对医疗机构患者自主选择医用耗材收费实施备案共67批；根据新的客运价格政策，共对61家客运企业的1328条线路的上限票价和执行票价进行审核备案；对100个楼盘的物业服务收费和121个停车场的车辆停放保管服务收费进行审核备案。

撤销路桥收费站　3月30日起，撤销18个普通公路收费站，全面实现对所有外地车辆免费，年可减负3.56亿元。

清理行政事业性收费　2月1日起，取消涉及东莞的12项省定行政事业性收费项目，年可减负700多万元；会同财政部门制定治安防联费、使用流动人员调配费减免方案报市政府。

规范建设工程造价咨询服务收费　5月1日起，下调施工图设计文件审查费（由原来10%降为6.5%），降低中标金额在5亿元以上的招标代理服务收费标准，设置收费上限；7月25日起，调整东莞对投资估算的编制或审核、工程结算审核等9项收费标准，对20余家建设工程造价咨询服务机构换发收费许可证。

组织开展收费综合年审　会同监察、财政、审计等部门组成年审办公室，在全市范围内开展行政事业性收费、教育收费、医疗收费、经营服务性收费的综合年审工作，重点抽查9个镇街、80多个执收单位，共审验收费许可证近12000个，纠正不规范收费行为；核(换)发收费许可证5000多个、收费员证3000多个。

【价格监督检查】启动价格预警平息食盐价格异动　针对东莞3月16日下午因谣言引发市民抢购食盐、食盐价格异动的情况，市物价局迅速采取多项举措，形成打击炒卖、打击哄抬价格的合力，确保食盐市场安全稳定。

加强重要节日期间的市场价格巡查　在春节、国庆、中秋等重要节日前，召开客运票价提醒告诫会，做到关口前移。先后对17个主要客运站场、93条跨镇区客运公交、27个停车场、13个火车票代售点、18个液化气供应站、大型农贸批发市场、粮油、肉禽蛋等主要商品市场（超市）价格进行检查，并配合市旅游局开展打击"黑旅行社"专项行动，对6家存在价格违法行为的客运企业给予行政处罚。

开展专项检查规范市场价格秩序　开展涉农价格与收费专项检查；反价格垄断和农产品价格专项检查；整治超市价格行为，重点清查有关超市、卖场是否存在低标高结、虚构原价、价格模糊标示等价格欺诈行为，突击检查东莞某电器连锁超市三家门店的明码标价；开展商品房销售明码标价专项整治行动，督促开发商按规定实行明码标价，对明码标价不够规范的8家开发企业，分别给予罚款或责令整改处理；受省价格检查监督与反垄断局委托，对沙角A电厂、沙角B火力发电厂开展脱硫电价检查；配合省物价局对东莞三甲医院（市中医院、市人民医院）进行检查，并对镇级医院、医药批发企业、零售药店等进行检查。

价格举报投诉工作　2011年，市物价局加大对价格违法案件的查处力度，查处价格违法案件43宗，实施经济制裁66.16万元；充实"12358"价格举报热线人员和完善设备，受理价格违法行为举报666宗，办结619宗，其中退还多收价款539宗31.20万元，解答群众咨询1.16万宗。

【价格认证】2011年，价格认证中心拓展以政府公共服务项目为内容的服务领域，如对国有（集体）资产（公物）处置及突发事件处置过程中的财产价格认证等；率先在全省建立价格认证服务网络平台，为办案单位提供实时受理、在线咨询、在线解答等一站式公共服务；严格工作程序，做到"一条龙"服务，90%以上的案件从受理到现场勘验、采价、核算、审批，可在1个小时内完成，被办案单位称为"办理效率最高的服务窗口之一"。全年共承办涉案财产价格认证业务1.17万宗，涉及金额2.875亿元，价格认定结论实现多年"零复议"。　（罗德泉　胡德安）

附：2011年东莞市物价局领导名录

局　长：邓浩全

副局长：陈志超　陈慕齐　邓卫洪

国土资源管理

【概况】2011年，东莞建设用地161.8万亩，农用地161.6万亩，未利用地45.6万亩。市国土资源局获得全国国土资源系统“双保”工程行动成效显著单位、“两整治一改革”先进单位、依法行政先进单位，东莞市“市直机关先进单位”、产业结构调整和转型升级先进单位、“五五”普法先进单位、企业上市培育先进单位等荣誉。

【土地规划】2011年1月，东莞34个镇级（含松山湖、虎门港两个园区）土地利用总体规划数据库全部通过省验收。经省国土资源厅批复同意，东莞从2011年1月1日起，全面实施新一轮土地利用总体规划。

【耕地保护】2011年，省下达东莞耕地保有量任务不得少于47.48万亩，基本农田任务数为41.883万亩。市政府将各项指标分解到32个镇街，并与各镇街签订《东莞市2011年度土地管理目标责任书》，落实耕地保护责任。继续由市财政按照500元/亩的标准对全市基本农田进行补贴，共补贴约2.3亿元。2011年，东莞耕地保有量为57.3万亩，基本农田面积42.462万亩，超额完成省下达指标任务。对上报建设项目占用的5477.59亩耕地和批准建设项目占用的2658.9亩耕地，全部采取有偿受让补充耕地形式进行补充，落实责任单位，通过省验收确认，实现年度耕地占补平衡。7月，东莞获得广东省耕地保护责任目标履行情况考核综合三等奖。

【地籍管理】2011年，市国土资源系统全面启用新版“土地登记表格”及“简政强镇土地登记业务审批表”，进一步完善土地登记、土地权属争议调处各项制度。全年共完成土地使用权登记82406宗，办理抵押登记320宗，抵押金额165亿元。共受理土地登记资料公开查询2342批次，书面回复结果23357宗；协助司法机关查封

提效率　优服务　严执法　保廉洁

① 2011年11月14日，中纪委委员、国土资源部纪检组长王寿祥（前排中）一行莅莞调研国土资源管理工作

② 2011年11月15日，中纪委委员、国土资源部纪检组长王寿祥（前排中）、省纪委书记黄先耀（前排左）、省国土资源厅厅长陈耀光（二排左）莅莞参加全国国土资源系统“两整治一改革”工作汇报会，并与市委书记刘志庚（前排右）、代市长袁宝成（二排中）交流东莞经济社会发展和国土资源管理情况

土地使用权680宗，解封219宗；整理地籍档案资料13万份，协助数字化地籍调查换证查找地籍档案6.4万份。

【土地利用】 2011年，省下达东莞新增建设用地指标14773亩（农地转用12131亩）。东莞进一步深化土地利用计划差别化管理，除继续坚持新增指标由市统筹管理外，首次实行按重点工程、工业项目增资扩产、民生工程、园区返还用地、经营性用地、“三旧”（旧城镇、旧厂房、旧村庄）改造用地等六大类别按比例配置。2011年，实际上报省市批次共占用新增建设用地13785亩，农地转用12131亩，年度计划指标全部使用完毕，没有突破省下达指标规模。建立存量土地台账，将年度盘活存量土地和处置闲置土地任务分配给各镇街，制定全市盘活存量土地内部指引，明确位置转换、调剂使用、限期供地等分类盘活措施。全年共盘活存量土地1.7万亩，其中处置历史闲置土地130宗、5000亩。全力完善“三旧”改造历史用地手续，共完成347宗、2.4万亩权属地类调查，编报改造方案165宗；改革审批制度，对“三旧”改造方案实行集中审查，共审查177宗；加快推动项目进入改造实施阶段，启动“三旧”改造项目108宗、面积1.45万亩；报省完善集体土地征收或转为国有手续项目9宗，获批5宗，批复宗数和面积均居全省首位。12月，按照国土资源部和省国土资源厅要求，完成《“三旧”改造构建利益共享机制政策储备研究成果报告》，为国家和省提供政策储备。7月，东莞获得广东省节约集约用地考核三等奖。

【土地市场】 2011年，东莞一级土地市场出让地块145宗，面积571.7亩，成交总价124.19亿元；二级土地市场通过挂牌交易和鉴证交易方式共办理转让地块190宗，面积326.08公顷，总成交为16.59亿元。2月，省国土资源厅将东莞确定为土地、矿产网上交易试点单位。8月，东莞正式开通国土资源网上交易

① 2011年4月7日，副市长梁国英率国土、信访等部门负责人开展“国土资源问题接访日”活动

② 2011年6月25日，市国土局局长刘润荣（左一）率班子成员进行现场普法宣传和接受群众咨询

③ 2011年3月8日，召开全市国土资源系统动员大会，部署开展“执行力提升年”主题活动，提效率，促执行，推动全市国土资源管理迈上新台阶

④ 2011年6月14—16日，市政府举办村（居）干部国土资源法律知识培训班

⑤ 2011年6月25日，市国土局、团市委联合举办“幸福东莞·珍爱国土·青年担当”东莞市纪念第21个全国“土地日”活动

系统。全年通过网上交易系统出让地块18宗。

【矿产管理】2011年，东莞共有矿山企业11家，其中矿泉水厂9家，盐矿厂1家，采石场1家。按期完成全市矿山企业年检工作和采矿证国家统一配号换证工作，全年没有发生无证开采和勘查、越界开采、非法转让矿业权、违法审批发证等案件，非煤矿山无“五无”(无重伤以上事故、无重大设备事故、无中毒窒息事故、无火灾事故、无冒顶事故)事故发生。9月，东莞完成第一批56家关闭采石场复绿施工招投标工作，复绿总面积243万平方米，由市、镇两级财政总投资2.7亿元。

【地灾防治】2011年，东莞共排查出灾害点320处，重要灾害点115处，主要类型为滑坡、崩塌，威胁人口达7000人，潜在经济损失达5.3亿元。地质灾害点主要分布于西南部的清溪、凤岗、樟木头以及东南部的长安、虎门等16个镇。全市威胁百人以上的地质灾害隐患点、危险点共有3处。

全市累计投入6000多万元，治理或消除地质灾害隐患点40处，治理率约11.9%，其中治理列入省威胁百人以上的重要地质灾害点2处，治理率约67%，顺利完成省国土资源厅下达的在册灾害点治理率10%、重要灾害点治理率15%的目标。

【测绘管理】2011年，东莞市财政下拨901.68万专项资金，推动“数字东莞”城市空间框架建设，运用测绘成果开发全市基础地理空间信息共享平台，启动规划、环保、卫生系统试点应用。正式印发实施《东莞市基础测绘“十二五”规划》，明确未来五年东莞市测绘事业发展方向。创新1：500地形图修补测量工作模式，重新编写《东莞市1：500地形修补测量技术设计书》和《东莞市1：500 地形图修补测量检查验收纲要》两个技术文档。从2011年起，全市1：500地形图修补测量工作由市国土资源局统筹安排，通过公开招标方式聘请测量队伍承担。全年完成32个镇街修补测量验收工作，验收面积约130平方公里。

【执法监察】2011年，东莞进一步完善市、镇、村、组四级土地执法监察网络，严密监控用地行为，共向违法用地单位、施工单位和共同责任部门发出执法告知书410份，查封违法用地现场115个。充分发挥土地信访和12336举报电话的案源提供作用，全年处理举报电话191件次、办结群众信访417件次。共查处新增违法用地案件193件，移送司法机关案件10宗，追究党纪政纪责任17人。违法用地占用耕地占新增建设用地占用耕地总面积的比例为1.27%，顺利通过国家和省检查考核。12月，东莞获得广东省2010年度土地执法监察一等奖。

【普法宣传】2011年，东莞着力加强国土资源普法宣传。6月14—16日，市政府组织举办全市新任村（居）干部国土资源法律知识培训班，对各镇街分管国土领导、村（居）委会书记和主任、村民小组长共4000多人进行普法教育。6月18日，市国土资源局、团市委联合开展“农村土地整治万里行”宣传教育活动，向200多名基层志愿者宣传土地管理政策形势。6月25日，市国土资源局、团市委联合开展“幸福东莞·珍爱国土·青年担当”—东莞市纪念第21个全国“土地日”宣传活动，500多名青年团员、志愿者代表参加。（叶海峰）

附：2011年东莞市国土资源局领导名录

党组书记、局长：刘润荣
党组成员、副局长：陈润池（任至11月）
邓耀桃　叶绍焜
党组成员、执法监察支队长：李小莲
党组成员、纪检组长：方发球
党组成员、副局长：莫伟鸣
副调研员：林沛棠

① 2011年市国土局积极响应市委、市政府号召，全力推进简政强镇业务下放工作
② 2011年市国土局以落实“五个台账”为抓手，推行精细化管理，全力做好用地服务和保障
③ 2011年，市国土局开展“一岗一预防”活动，打造党风廉政建设新品牌，被评为全市先进单位

土地收购储备

【政府土地储备库地块管理】 储备土地管理 2011年，市土地储备中心在物业公司管理基础上，专门抽调工作人员组成巡查小组，每周定期对土地进行巡查，做好影像记录，发现问题及时反馈，做好对物业公司管理监督，确保储备地块不出现被侵占、倾倒淤泥垃圾及违建等问题。同时，针对物业公司在土地巡查管理方面存在的问题，提出整改要求和期限。

市属重点工程项目用地协调 2011年，市土地储备中心积极协助各相关部门做好市民艺术中心、工人文化宫、港口大道延长线、粮食储备库等市属重点工程项目用地协调工作，确保工程顺利开工建设。

储备地块前期开发利用和出库前各项工作 2011年，市土地储备中心根据城市建设发展方向，选择条件较为成熟的部分地块适时推出市场，在促进城市建设的同时实现资金回笼，增加政府土地收益。

【轨道交通站点周边土地专项储备和联合开发】 2011年，市土地储备中心配合规划、国土、财政、轨道办等部门和相关镇街，开展轨道交通站点周边土地专项储备和联合开发工作。包括完善石龙火车站迁建工程项目用地手续，做好石龙火车站迁建工程（茶山部分）先行动工前期工作等。

【扶贫“双到”】 2011年，市土地储备中心积极做好市内扶贫“双到”（责任到单位、责任到人）工作，多次组织中心干部职工走访结对帮扶困难户，送去食品及慰问金，并积极帮助洪梅镇洪屋涡村发展样板市场改造项目，壮大集体物业，增强造血功能。

【党风廉政建设】 2011年，市土地储备中心全面开展廉政风险点自查自纠工作。建立健全各项规章制度，加强收购补偿、分散采购、地价评估、租赁审批、资金管理等权力运行重点部位和关键环节的监督，从源头上预防腐败。

（林晓文）

附：2011年东莞市土地储备中心领导名录

主　任：黄锦发

东莞市土地储备中心

① 广播电视中心
② 市妇幼保健院新院
③ 加强巡查管理
④ 实行土地规范管理

国有资产监督管理

【概况】 2011年，东莞现有经营的独立核算市属及市属参股企业56家（含集团公司下属企业），其中全资及控股企业50家、参股企业6家，经营范围涉及基础设施、公用事业、园区经济、金融证券等领域。2011年末，全市国资监管企业资产总额1938.56亿元，同比增长11.83%；市属股权权益净资产216.09亿元，同比增长11.23%。全年累计实现营业收入251.76亿元，同比增长15.87%；上缴税金18.59亿元，同比增长8.90%。

【国有企业改革发展】 推进市政府重大项目 2011年，市国资委对虎门港立沙岛精细化工高端产业集聚区、立沙岛码头、虎门港融资担保投资有限公司、钢材物流基地、虎门港国际冷冻产品物流中心、虎门港西大坦作业区北路加油站等项目，进行可行性分析，确定投资开发思路和模式。推进电化集团天明电厂IGCC（整体煤气化联合循环发电系统）改造工程及“上大压小”（上大发电机组，关停小发电机组）洁净煤电项目，项目按既定工作计划和进度实施，完成建筑工程施工图审查。推进石龙镇沿江路建设改造一期工程征地拆迁工作，与广东物资集团公司下属石龙木材厂商谈征地及厂房拆除事宜，工作取得进展。

解决企业融资难题 就东莞市新远高速公路发展有限公司常虎、莞惠及莞深三期石碣段等高速公路建设资本金8.22亿元财政借款问题提出意见，确定按股权比例向广深港客运专线公司划拨注册资金6888万元。完成东江水务向市东江自来水公司增加注册资金1.49亿元。就东莞电化1.5亿财政借款拟定还款计划提出意见。支持信托公司关于扶持宏威薄膜太阳能电池项目的意见，促使宏威薄膜太阳能光伏电池项目顺利推进。

事业单位分类改革 制定《东莞市市属经营性文化事业单位改革实施方案》。做好市交通勘察设计院改制的相关工作，对改制发起人选举、资产评估和审计及制定改制方案等问题进行研究，形成改制方案、审计报告及资产评估报告。

【国有企业监督管理】 完善企业法人治理结构 2011年，市国资委依照《公司法》及《企业国有资产法》，完成东莞控股有限公司换届工作；调整虎门港集团有限公司、福地纯水有限公司、虎门港集团公司、松山湖控股公司、石东实业集团公司等企业部分领导人员职务。

国有资产监管制度建设 印发《市属企业领导人员档案管理办法》、《东莞市国资委内幕信息管理规定》，草拟《东莞市市属企业领导人员业绩考核管理办法》、《东莞市市属企业薪酬管理办法》、《东莞市国有企业领导人员管理暂行办法》。东莞证券、东莞银行、虎门港集团等市属企业结合自身实际和业务特点，围绕资产管理、采购管理、工资管理、财务管理、工程项目管理、

东莞市人民政府国有资产监督管理委员会

2011年10月12日市国资委党组书记任洪杰(中)、副主任尹可非等到市轨道交通有限公司东宝站视察

人力资源管理、审计监察等方面制定内部管理办法和规定。

市属企业重大投资及大额资金管理 按照《东莞市市属企业重大投资决策失误追究暂行办法》相关规定，对企业重大投资决策行为检查督促，不断增强企业负责人在重大投资决策中的责任意识，提高市属企业投资决策科学性。印发《关于规范市属企业大额资金使用和管理有关工作的通知》，对市属企业大额资金使用和管理提出具体要求，强化对市属资产的监督管理。严格执行重大事项审核备案报告制度，审核虎门港集团、东莞控股、轨道交通、松山湖等6家企业8项重大事项。

规范产权交易行为 进一步发挥和完善产权交易市场功能，规范产权交易运作，全年共完成产权交易43宗，成交额为9.33亿元，比底价8.86亿元，增加0.47亿元，增长5%。

【企业历史遗留问题处置】 2011年，市国资委开展补贴申领、审核和发放等相关工作，先后对400多名“4050”人员（女40岁以上、男50岁以上的难以在劳动力市场竞争就业的劳动者）发放社保缴费补贴122万元。按照市政府《关于原市属关停企业在职职工实施社会化管理问题的复函》的精神，全年移交746名市属关停、破产企业员工到社区。共对4名市属企业工伤致残人员发放补偿金58750元。开展南城街道胜和社区用地补偿、二轻集团公司关停企业清产核资及企业清算、东发集团公司债务处理、运河城小区城物业管理公司及嘉禾花园供电线路整改、汽车运输总公司经营权纠纷、水电三局职工子弟学校退休教师移交当地、道滘镇大岭丫供电线路产权移交、石龙饮食公司物业处置、石龙糖果饼干厂厂房权属、东糖集团退休教师福利待遇等工作。

【国有企业廉政建设】 廉政工作责任分解 2011年，市国资委召开市属企业党风廉政建设工作会议，传达全省国资系统党风廉政建设和反腐败工作会议精神，总结2010年全市市属经济系统党风廉政建设和反腐败工作，部署落实2011年党廉和反腐工作。制定《市国资委2011年落实党风廉政建设和反腐败专项工作实施方案》，对国有企业反腐倡廉建设、推进产权交易市场发展、国有及国有控股企业“小金库”治理等三项工作进行任务分解。

廉政学习教育 组织各市属企业党员干部学习《中国共产党党员领导干部廉洁从政若干准则》，要求党员干部要带头廉政勤政，严于律己。按照中纪委第十七届二次全会精神，在市属企业范围内组织开展自查自纠工作。市属企业开展民主生活会、述职述廉、民主评议等活动，对照要求进行自查，全面提高市属企业领导和员工拒腐防变能力。

市属企业领导人员出国（境）管理 按照市委组织部《关于进一步加强国家工作人员因私出国（境）管理工作的通知》要求，对市属企业领导人员因私出国（境）进行审核和备案管理，全年共对市属企业领导人员出国（境）审核16人次，无发现市属企业领导人员出国（境）异常情况。

【政务公开和厂务公开】 改版国资委门户网站 2011年，市国资委对旧版国资委门户网站进行改版，增设“央企动态”、“国资视点”等栏目和窗口，添加与央企及市属企业网站链接。由专门人员负责收集、整理、审核有关信息，及时对政务信息进行公开。全年累计公开政务信息40多条。

市属企业厂务信息公开 做好国有企业厂务信息公开电子监察系统建设工作，将虎门港集团、东江水务、电子工业总公司、新远高速、虎门港澳客运等5家试点企业纳入市厂务信息公开监察系统，企业适时把生产经营管理、涉及职工利益、领导干部廉洁自律情况、党务工作情况等方面进行公开。（黄健翔）

附：2011年东莞市人民政府国有资产监督管理委员会领导名录

主　任：任洪杰

副主任：陈润技　尹可非　游锦辉

2011年12月16日，市国资委与广东现代会展管理有限公司举行东莞国际会展中心委托经营签约仪式

工商行政管理

【概况】2011年，全市工商系统新登记各类市场主体88430户，抽查市场主体77570户，查处经济违法违章案件9658宗，核准发布户外广告1646宗，换领和新发食品流通许可证16035份，新增中国驰名商标4件、广东省著名商标26件，各项主要业务指标稳居全省工商系统前列。在“市民评机关”活动中，市工商局连续第三年在33个窗口部门中名列第二、在垂直部门中排名第一，并且连续第九年高票当选“中央和省驻莞机关先进单位”。

【政风行风评议】2011年，市工商局建立工作机制，将政风行风评议结果纳入2011年分局绩效考核，先后参与“阳光热线”、“民声热线”上线直播，开展领导干部大接访和部门“开放日”活动，首次向媒体开放局长办公会议，接受14家省市主流媒体集中采访，走访党政机关、人大代表500多人次，企业、个体户2000多户，发放回收调查问卷4600多份，收集意见建议22条，完善规章制度10多项。在市、镇两级行风评议中，工商系统分别以99.3分和98.4分排名第一，最终以总分98.85分继2009年行风评议后蝉联第一。在32个参评工商分局中，28个排名第一，3个排名第二，1个排名第三，被评为“广东省工商行政管理系统政风行风建设先进单位”。

【支持地方经济】2011年，市工商局提出网上登记的改革思路，成为全国网上登记改革先行点，网上登记平台无纸化年检模块已进入测试阶段。以“自有品牌 绽放精彩”为年主题，发布户外公益广告7500多平方米，制作驰名著名商标公益宣传片，与东莞日报社合作举办“集商标，赏品牌”读者互动活动，联合市外经局实施培育百家外资企业商标战略计划，开展各类商标专题讲座、座谈交流活动，对企业商标注册、运用、管理和保护进行点对点、面对面指导，推荐31户企业申报著名商标，57户企业延续申报著名商标。全市新增驰名商标4件、著名商标26件，著名商标共达207件；新增注册商标13476件，总数达58789件，同比增长29.7%。支持“三来一补”企业不停产转型为“三资”企业，核准“三来一补”转型名称806户、转型设立登记1018户，成功转型企业数量相当于2010年的两倍。截至2011年底，全市实有外资企业11240户，同比增长11.1%；“三来一补”企业4047户，同比下降17.5%。主动介入后备企业上市工作，从改制登记、信用证明等方面提供服务，助推勤上光电、明家科技等两家企业成功上市，被评为“东莞市上市培育先进单位”。拓宽企业融资渠道，办理股权出资业务1宗、股权出质业务254宗，动产抵押登记630份，累计帮助企业融资276.7亿元。加大“守重”（守合同、重信用）企业公示和“文明诚信市场”评选活动的组织力度，共评选出198个“文明诚信市场”，其中14个市场获评省级“文明诚信市场”，比2010年增加10个；符合“守重”公示条件的企业首次突破1000家，总数达1083家。全年全市新登记市场主体88430户，实有各类市场主体506113户。

【食品安全监管】2011年，市工商局优化“信誉通”系统功能，科学制定任务指标，定期组织考核验收，协调电信部门做好线路和设备维护工作，保障系统顺利上线运行，全市已有10723户食品经营户成为“信誉通”备案单位，基础数据库录入信息354万条，建立电子台账超过2067万条。加快“市场通”推广步伐，将范围从样板市场拓展到农贸市场和食品批发市场，实现市局对分局，工商部门对市场开办者和市场经营者的实时监控，全市有198个农贸市场、24个食品批发市场上线使用，建立电子台账150多万条、票证520万条、市场蔬菜自检样本51万条。争取市政府支持，对全市24个食品批发市场和23个较大的农贸市场进行综合整治，查处批发市场内食品安全案件23宗、移送公安部门7宗，签订食品安全承诺书8047份，抽检市场内食品1354批次，成功对18家不履行法定责任的市场开办者立案查处。履行样板市场创建职责，顺利完成38个样板市场的创建工作，全市累计投入改造资金3.07亿元、建成样板市场143个，改造面积达63万平方米。先后组织开展“地沟油”、食用盐、乳制品、“食安一号”等专项整治，抽检食品3506批次，查处食品违法案件228宗，查获不符合食品安全标准的食品91976公斤，成功向公安部门移送11宗食品案件。

【市场竞争秩序规范】2011年，市工商局全面铺开登记中介和“三虚一抽”（虚假出资、虚报注册资本、提供虚假登记材料、抽逃出资）两项整治，对全市中介机构及其代理人员进行摸底，对近2300名从业人员进行集中培训，在全市34个登记窗口启用身份证阅读器，实施现场签名制度，与银行联合出具退款证明，遏制中介机构或申请人的垫资、造假行为，并争取司法机关支持，明确“三虚一抽”案件移送标准。全系统共立案查办“三虚一抽”案件240宗，比2010年增长近13倍。将清理无证照经营工作正式纳入各级政府综治考评，首次以“清无办”名义召开全市“清无”工作表彰大会，落实各镇街和相关部门的管理责任，并牵头开展为期5个月的化危行业专项摸查，清理无照经营13885户，补办执照7982户，取缔5903户；清理无证市场19个，新登记商品交易市场19个。开展“双打”（打击侵犯知识产权和制售假冒伪劣商品）专项行动，全年立案查处商标侵权案件552宗，向公安机关移送涉嫌犯罪的商标案件25宗，与市第一人民法院签署打击商标知识产权侵权行为合作备忘录，开发商标预警保护系统和商标印制单位电子监管系统，被评为全国工商系统和广东省“双打”工作先进单位。加大对传销的刑事打击力度，全市共捣毁传销窝点81个，清理遣散传销人员811人次，公安系统刑事拘留传销骨干分子51名，工商系统立案处理传销案件13宗。加大广告日常监测力度，监测各类广告118178条次，立案查处各类违法广告136宗，市属媒体广告违法率从2010年的14.97%大幅下降到3.86%。强化网络市场监管，核查网络经营主体12100户，查处网络违法案件26宗，初步建立全市经营性网站数据库。开展流通领域手机行业专项整治，立案187宗，没收手机近6000台、配件近3万件。全年全市工商系统共查办经济违法违章案件9658宗（不含执照批量吊销案件），其中新型案件2628宗，占27.21%，比2010年大幅提升近13个百分点。

【消费者权益保护】2011年，挂靠在市工商局的消委会全面推进深莞惠三地维权一体化工作，正式启动“一会两站”（消费者权益保护委员会、消费维权联络站、消费维权工作站）试点建设，完善消费投诉处理对接机制。全年共受理消费者投诉2166宗，成功调解2003宗，调解成功率为92.47%，为消费者挽回经济损失362万元。（袁　洪）

附：2011年东莞市工商行政管理局领导名录

党组书记、局长：袁志强
党组副书记：黎自力
党组成员、副局长：范燕彬　陈　玺　王争光　陈仕全
党组成员、纪检组长：陈　涛
党组成员、经检支队支队长：曹景良

质量技术监督

【质量强市建设】2011年，东莞深入开展质量强市活动。一是大质量工作机制不断完善。制定质量强市领导小组工作制度、工作职责、主要目标和任务分解表等文件，召开领导小组第一次工作会议。二是深化质量强市活动。在儿童用品、人造板、电线电缆等3个行业154家企业中开展质量强业活动，在名牌产品企业中开展质量强企活动，市政府召开质量强市工作暨市政府质量奖表彰会议。三是质量强市氛围更加浓厚。在《中国质量万里行》和《东莞日报》设质量强市专栏，共刊载11期系列报道文章，开展质量月活动，依托《东莞质量》杂志和新闻媒体开展深度宣传，营造良好氛围。

【技术标准战略实施】完善技术标准战略政策体系。2011年，市质监局印发《东莞市实施技术标准战略"十二五"规划》，修订《东莞市推进标准化工程实施办法》；受理标准化资助奖励项目209个，资助奖励金额1000多万元；企事业单位主导或参与制修订各级标准22项，发布联盟标准22项，新成立省技术委员会4个，国家级工作组4个，全市95家企业办理170个产品"采标"（采用国际标准和国外先进标准），22家企业

以质取胜，创先争优促发展

① 2011年11月25日，市委副书记、代市长袁宝成（主席台中）出席东莞市质量强市工作会议并为市政府质量奖获奖企业颁奖

② 2011年3月8日，副市长邓志广（主席台右四）出席全市质监工作会议

① 2011年2月24日，全国质检系统法制工作会议在东莞召开

② 2011年“五一”节假日期间，省质监局局长赖天生（左二）由市质监局局长罗晓勤陪同检查东莞食品生产加工企业

③ 2011年6月2日，市质监局局长罗晓勤（左一）为2010年获评“广东省名牌产品”称号的企业颁发牌匾

通过“标准化良好行为企业”3A以上确认，发动49家企业申请创建“标准化良好行为企业”。推进标准化示范区（试点单位）按计划开展工作。市农科中心承担的国家级农业标准化试点以优异成绩通过审核；大朗专业镇标准化示范点顺利通过考核验收，松山湖高新技术标准化示范区以优异成绩通过省质监局验收，虎门港集团和广东现代会展管理公司服务业标准化试点有序开展；石排观赏鱼类养殖项目获批全国农业标准化示范区，长安、塘厦和茶山3镇获批全省10个“省实施技术标准战略示范区（镇）建设试点”，10家企业承担东莞市技术标准试点企业，并按计划开展工作。开展标准化基础工作。共为340家企业办理776个企业产品标准备案，为564家企业办理1382个执行标准登记，举办标准化高级人才等各类标准培训班，累计培训1000余人，开展世界标准日宣传活动，宣传标准化工作和资助政策，营造良好工作氛围。

【名牌带动战略推进】 完成省名牌申报工作。2011年，东莞9个产品列入申报目录，占全省数量12%，多措并举发动企业积极申报省名牌，向省名牌评价中心推荐80家企业的81个产品，同比增加65%，年末全市省名牌产品数达117个，全省排名第三。创建省知名品牌示范区。鼓励和指导松山湖高新区申报全国知名品牌创建示范区，协助松山湖做好迎接省考核组现场考评准备工作。完成第二届市政府质量奖评审。评选生益科技，易事特和东莞农村商业银行3家获奖企业，进一步推广卓越绩效模式。帮扶生益科技获评广东省政府质量奖。

【服务企业获评水平提升】 促进整体服务水平提升。2011年，市质监局制定《下企业工作指引》，建立分管领导镇街分片联系制度，组织中层以上干部有计划、分片区走访政府部门、行业协会，召开企业代表座谈会，听取意见建议；公布局主要负责人手机和专线电话、意见箱、局长信箱，向相关企业发出《致企业负责人的一封信》，发放1400多份问卷调查表，广泛征求意见；规范窗口服务标准，提高办事效率，开通网上服务渠道，方便企业和群众办事。加强质量、标准、特种设备和计量协会建设，充分发挥协会沟通企业的桥梁和纽带作用，积极办好《东莞质量》杂志。发挥技术优势服务企业需求。完成广东中远船务、海昌码头虎门港二期、九丰能源公司、广深港高铁虎门白沙站、台商大厦等市重点工程项目特种设备检测工作；成功创建省外贸公共服务平台，召开SASO（沙特阿拉伯标准组织）产品认证宣贯会，培训东莞及周边地区企业代表150多名，全力帮助企业打开沙特阿拉伯和中东、西亚地区市场；成立广东省LED（发光二极管）光源标准化技术委员会及广东省造纸及纸制品标准化技术委员会，推动LED等战略新兴产业向高端领域延伸。

【服务节能减排】 开展能源计量工作。2011年，市质监局召开全市能源计量工作会议，组织专家培训重点耗能企业77家，完成32家省千家重点耗能企业的能源计量现场核查，按市政府要求完成

① 2011年10月，市质监局局长罗晓勤（右二）带队走访慰问50年党龄以上老党员

② 2011年12月29日，市质监局局长罗晓勤（左三）带队到人员密集场所检查特种设备安全

③ 2011年4月12日，市质监局联合虎门镇政府捣毁13台非法使用锅炉

④ 2011年6月22日，市质监局开展特种设备安全知识进校园活动

⑤ 2011年5月6日，全市生产加工环节严厉打击食品非法添加和滥用食品添加剂工作会议召开

2010年度4个镇街节能工作考核；积极开展用水定额编制工作，为重点耗能企业编制“十二五”节能规划；举办6期能源计量管理员培训班，培训人员近200名。

推进锅炉能效测试工作。通过“锅炉热工测试”实验室资质认定扩项认证，逐步增强锅炉能效测试能力，全年开展锅炉能效测试267台，其中8台在用电站锅炉，113台在用工业锅炉，146台新装及改造工业锅炉。

【公共检测技术服务平台建设】 2011年，市质监局与市委政研室合作开展公共检测技术服务平台调研。抓紧平台建设，半导体光源国检中心完成能力建设与设备采购技术论证，通过“三合一”（实验室认可、实验室资质认定、计量认证）评审；眼镜国检中心正在筹建中，已完成场地规划、设备购置；塑料、文体、包装、信息传输线缆等4个省站已完成验收；质检中心顺利通过国家质检中心年度考核、“三合一”评审和监督评审，检测能力扩大到1477项；计量分院平稳顺利迁入石排第二检测基地办公，办公与检测场地环境得到大幅改善。

【食品安全监管】2011年，市质监局开展打击食品非法添加和滥用食品添加剂专项工作，组织全市近千家食品和食品添加剂生产加工单位召开工作会议，部署专项工作；与企业签订责任书，督促建立食品安全控制关键岗位责任制；以省质监局东莞督查组在莞开展督查为契机，加大执法检查力度，出动执法检查人员4700余人次，监督检查、巡查食品生产加工单位1549家次，责令整改438家，停产整顿24家。先后开展“乳制品及含乳食品”、“瘦肉精”、“地沟油”等专项整治和大运会食品安全保障，全面落实各项监管任务要求，开展应急食品和节日期间食品安全监管。不断完善监管机制。理顺生产许可流程，严格把关，进一步加快许可受理、审查、发证速度；利用局网站、短信等平台多渠道向企业宣传相关制度法规更新事项，方便企业办事；加大证后监管，完善生产许可退出机制，共提请吊销食品生产许可证9张，注销食品生产许可证197张。制定并实施生产加工环节食品安全突发事件应急预案，妥善应对河粉、粉条、塑化剂等食品安全突发事件。

【特种设备安全监管】2011年，市质监局坚持“安全第一，预防为主”方针，全面开展监察、检验、培训和宣传工作，落实企业安全主体责任。一是强化安全监察。全面检查重点监控设备，检查大型游乐设施和客运索道631台次，完成对全市在用330台承压类重点监控设备的安全检查；开展电梯维保质量专项整治，召开3次电梯生产单位工作会议，开展起重机械专项检查，规范电梯和起重机械重大维修改造行为，实现生产、使用、维保和维修改造等环节的全过程监管；加强气瓶充装安全和质量安全监管，开展烘缸、蒸压釜专项安全检查；开展简易外控电梯和吊笼残留隐患治理；开展节日期间特种设备安全检查，完成大运会特种设备安全保障任务。二是把好检验关。落实检验责任制，按时保质保量完成检验任务，全年检验特种设备91942台次（不含管道），检验覆盖率达96.97%；建立过期未检治理长效机制，加大催检力度，全年过期未检率2.92%；及时处理检验发现的安全隐患，跟踪整改重大隐患设备4175台。三是加强技术培训。开展村（居）安全办人员安全检查培训,举办3期安全教育免费培训，开办特种设备各类作业人员培训班279期，培训25994人次。四是加大宣传教育力度。组织特种设备安全知识“进校园、进社区、进企业”活动，开展应急救援演练，印制派发宣传册、宣传单张和海报3万多份。五是不断完善监管体制。探索建立特种设备系统性风险分析长效机制和电梯生产单位分级管理办法，着手研发特种设备监察信息体统，全力推行锅炉合同安全管理。

【重点工业产品质量安全监管】2011年，市质监局下达2011年东莞市产品质量定期监督检验工作计划，对4364家企业的6433批次产品进行市定期监督检验，发出不合格整改通知书656份，复查259家企业，对400家逾期未提交整改报告、复查不合格及无证生产企业进行处理；开展一次性生活用纸、轮胎、钢筋、玩具、人造板、家具产品专项整治，开展防伪标识产品制售企业、日用陶瓷餐茶具生产企业、电线电缆企业专项监督检查，开展大运会期间危化品监管工作。

【民生计量监管】2011年，市质监局开展计量专项监督。开展过度包装检查，依法处理不合格瓶装液化气充装单位，对强检计量器具开展执法检查，处理各类计量投诉130宗；开展计量器具免费检定，共完成728家计生医疗机构和530多家农贸市场的3.4万多台（件）强检计量器具的免费检定，免收检定费130多万元；加强机动车安检机构和资质认定获证实验室监管。联合交警支队开展机动车安检机构监督检查，对44家资质认定获证实验室进行监督评审，证后监督检查24家；组织开展世界计量日等宣传活动，发放宣传资料5000多份，提供免费检测200多人次，新闻媒体报道15篇。

【执法打假】2011年，市质监局突出食品、特种设备和重点工业品安全执法，认真开展“双打”（打击侵犯知识产权和制售假冒伪劣商品）、“打非添”（打击食品非法添加和滥用食品添加剂）行动和深入开展民生计量执法，共出动执法人员8657人次，查处违法案件805宗，移送公安机关追究刑事案件5宗，刑拘7人，判刑2人；充分发挥打假办综合协调作用，开展食品、农资、生活用品、药品、食盐、酒类、卷烟、家用电器、建材、文化商品等专项打假，全市出动执法人员101635人次，检查企业和店铺32797间，立案2048宗，打掉涉假窝点395个，查获假冒伪劣商品货值4338万元，抓获制假售假犯罪嫌疑人139人，刑事拘留55人，判刑17人。

【法治质监建设】*提高依法行政能力。*2011年，市质监局完成《东莞市质量技术监督行政处罚裁量权适用规则》和《东莞市质量技术监督行政处罚自由裁量标准》的制定、发布实施；进一步规范举报投诉事项处理机制，制定并实施2项举报奖励办法；依法依规审理行政案件868宗，处理行政复议案件15宗，行政诉讼案件9宗。*开展法律业务知识学习和培训。*集中学习《食品安全法》和“双打”、“打非添”等专项行动文件精神，组织学习《行政强执法》等3项新颁布的法律、法规，组织《产品质量监督抽查管理办法》等视频培训。开展“六五”普法工作。成立领导小组，制定规范文件，深化“法律六进”（通过开展普及法律活动，使法律进机关、进乡村、进社区、进学校、进企业、进单位）主题活动，开展面向企业的法律法规宣传教育，并大量派发宣传资料。

【科技质监建设】*提升科技创新能力。*2011年，市质监局获批3项国家质检总局2011年度科技项目，承担2项国家计量检定/校准技术规范的制定工作和1项国家质检总局技术改造项目，省LED专项《广东LED产业共性技术创新平台》获批立项，省质监局的5项科研项目获批立项，LED照明产品性能测试实验室和纸制品检验实验室被批准成为市重点实验室。*加强信息化建设。*市质监局巩固金质工程（一期）建设成果，做好质量信用和风险信息管理系统试点，完善省OA系统。加强基础设施和执法装备建设。市质监局完善服务中心培训场地和实操设备，落实上级制定的执法装备配备标准，为有效打击质量领域的科技犯罪提供装备支撑。（凌智勇）

附：2011年东莞市质量技术监督局领导名录

党组书记、局长：罗晓勤
党组成员、调研员：
曾映民（任至11月）
邓志波（11月到任）
党组成员、副局长：
刘东兴（12月到任） 欧健强
林　刚　欧南燕
党组成员、纪检组长：
卢　波（7月到任）

安全监督管理

【概况】 2011年，东莞发生各类生产安全事故4525宗、死亡540人，受伤5015人，经济损失662.31万元，同比去年分别下降7.85%、5.92%、6.52%、26.14%，省下达的安全生产控制指标进度基本正常，全市安全生产形势保持稳定向好态势。

【安全生产执法】 2011年，东莞开展安全生产“打非治违”（打击非法生产经营、治理安全生产违法违章行为）执法专项行动。组织公安、国土、安监、交通等部门开展多次联合执法行动，保持对无证无照和证照不齐全生产经营建设的高压打击态势。全年共监督监察生产经营单位44471个；查处一般事故隐患20635项，完成整改20526项，按期整改率95.2%；查处重大事故隐患6项，完成6项，按期整改率100%；发出责令整改指令书3664份，责令停产停业整顿生产经营单位169个，取得显著成效。

东莞市安全生产监督管理局

① 2011年7月26日，广东省安全生产监督管理局局长杨富到东莞调研

② 2011年12月2日，广东省副省长刘志庚在全市安全生产暨“清剿火患”战役推进工作会议上作重要讲话

① 2011年12月30日，市委书记徐建华在2011年全市安全生产总结表彰大会上作重要讲话

② 2011年12月30日，市长袁宝成给2011年安全生产先进个人颁奖

③ 2011年9月21日，副市长邓志广在塘厦镇主持召开全市安全生产座谈会

④ 2011年10月11日，东莞市安全生产“一岗双责”报告会召开

【重点专项整治】2011年，东莞开展道路交通、人员密集场所、建筑施工、危化品等8个领域的专项整治行动，集中力量解决突出问题，切实改善安全环境。工矿商贸安全方面，组织开展全市“平安大运”安全生产执法监察专项行动，检查企业1326家，共排查隐患2623处，责令停产停业整顿企业22家。危化品方面，共检查危化企业6448家次，责令停产停业整顿企业28家，整改隐患1527处，整改率达97%，打掉非法生产、储存的地下黑点20多个。消防安全方面，认真开展“清剿火患”专项行动，全市消防机构共检查社会单位接近8万家，整改隐患超过10万处。道路交通安全方面，共出动警力458474人次，查处交通违法行为507736宗，排查整改交通安全隐患路段10处。开展“十一”黄金周安全生产大检查，共检查公路桥梁240座，

① 2011年11月11日，召开东莞市安委会季度例会暨全市生产安全事故分析会

② 2011年12月2日，召开东莞市安全生产暨清剿火患工作会议

③ 2011年12月30日，召开东莞市安全生产总结表彰大会

交通运输相关经营企业937家。建筑施工安全方面，全年共签发《施工单位安全生产违法违规行为限期整改通知书》230份，签发《暂时停止施工通知书》280份，完成317项工程1230个摄像头设备安装，对施工现场进行实时监控。水上交通安全方面，以重点时段及季节性水上安全监管为工作主线，检查船舶9180艘次，并做好重点时段以及大雾、雷雨大风、台风、寒潮大风等恶劣天气下的水上安全监管工作。特种设备安全方面，突出抓好重点领域和事故易发设备与环节的隐患治理，加强对人员密集场所特种设备、重点起重机械使用单位安全监察，开展人员密集场所特种设备安全大检查等。校园安全方面，开展校车专项整治行动，建立每日校车运营台账制度，发放校园安全宣传资料2.8万多册。

【安全生产基础夯实】 2011年，推进“科技兴安”，鼓励企业采用科技含量高、安全性能可靠的新设备、新工艺、新技术和新材料，提高安全生产的科技含量，从根本改善低端制造业安全生产状况。推动重大危险源动态监管，全市66家企业安装视频监控装置，并接入镇街一级安全生产应急救援指挥平台，实施远程动态监控。着力推动标准化建设，在危险化学品、机械制造、冶金、有色等11个行业全面开展标准化建设工作，共有110家企业签订安全生产标准化复评合同。着力加强宣传教育培训，邀请国内知名安全生产专家为全市领导干部作安全生产报告，解读国家现行安全生产政策法规。举办各类安全生产培训，增强广大企业负责人安全法律意识和责任意识。针对外来务工人员较多的情况，以“安全生产月”活动为契机，采取流动展板展出、法律咨询、派发安全生产法律知识读本、宣传电影巡回放映等多种方式宣传安全生产法律法规。全年共培训干部、员工26266人次。

【督导指导】 2011年，充分发挥安委会综合协调议事作用，通过季度例会对安全生产控制指标完成情况进行定时分析通报，对超过指标进度的镇街和部门进行重点调控；召开事故分析会，对已发生的事故进行原因分析并要求有关镇街、监管部门提出针对性措施以防止类似事故再次发生。成立10个综合督导组，对全市“打非治违”工作实施分组包干督导。印发年度安全生产责任制考核实施方案，成立安全生产责任考核工作领导小组，做好对32个镇街的安全生产工作考核。

【应急救援能力提升】 2011年，重视应急演练工作，将重心推向企业车间、班组和一线岗位，共举行各类演练活动300多次，检验应急救援队伍的协同反应水平和实战能力。成立市安全生产应急救援指挥平台建设工作小组，加快实施市安全生产应急救援指挥平台项目，各镇街全面加快安全生产应急指挥平台建设。市安全生产应急救援指挥中心于年底建成，塘厦、樟木头、寮步等镇试点工作顺利。组织安全生产应急管理培训，邀请专家讲授安全生产应急管理理论知识和经验做法。

【责任约束机制强化】 2011年，东莞发生较大生产安全事故6宗，全部按照规定程序、时限如实上报，依法依规组织事故调查处理，追究事故责任人责任，并通过政府网站向社会公布事故处理情况。对“8·27”、“11·6”两宗较大交通事故和“9·1”较大火灾事故实施挂牌督办。全年对事故责任人进行党纪处分7人，政纪处分2人，移交司法机关追究刑事责任2人。 （田小兵）

附：2011年东莞市安全生产监督管理局领导名录

党组书记、局长：陈建国
党组成员、副局长：符基英
　　　　　　　　　康仁非
党组成员、执法支队长：高景荣
党组成员、纪检组组长：刘炳照
党组成员、副局长：沈善智

2011年东莞市安全生产事故统计

项目事故类别		事故宗数（宗）	死亡人数（人）	受伤人数（人）	经济损失（万元）
工矿企业事故	去年同期	24	31	2	193.2
	今年同期	27	30	5	40
	同比（%）	12.50	-3.23	150.00	-79.30
火灾事故	去年同期	13	15	8	21.1766
	今年同期	7	14	11	56
	同比（%）	-46.15	-6.67	37.50	164.44
道路交通事故	去年同期	4872	526	5355	639.0223
	今年同期	4490	495	4999	566.31
	同比（%）	-7.84	-5.89	-6.65	-11.38
水上交通事故	去年同期	1.5	2	0	43.3
	今年同期	1	1	0	0
	同比（%）	-33.33	-50.00	持平	-100.00
合计	去年同期	4910.5	574	5365	896.6989
	今年同期	4525	540	5015	662.31
	同比（%）	-7.85	-5.92	-6.52	-26.14

注：2011年火灾事故统计范围为伤亡事故，具体包括4宗死亡事故，共造成14死8伤，3宗受伤事故，共造成3人受伤。经济损失统计范围为死亡事故造成的直接财产损失，合计56万元，以市消防部门《每月火情报告》的数字为计算基础。

食品药品监督管理

【餐饮服务食品安全示范街创建】2011年，创建5条餐饮服务食品安全示范街被列为2011年东莞市十项民生工程之一。东莞市食品药品监管局迅速行动，制定量化分级管理评审规定，出台餐饮服务食品安全示范街评价标准；争取市政府出台创建资金补助办法，鼓励餐饮服务单位改造、升级加工场所；实行局领导班子重点街区包干负责制，对镇街进行实地指导。15条食街通过市级示范验收，其中“东城十三碗食街”、“大朗长盛美食街”被评为“广东省餐饮服务食品安全示范街”，莞香楼、莞中初中部食堂等其他6家单位被评为“广东省餐饮服务食品安全示范单位”。

【食品药品监督站设立】2010年第11次市长办公会议讨论决定在各镇街及市属园区内设立食品药品监督站，协助市食品药品监管部门对辖区内餐饮服务单位和“三品一械”（药品、医疗器械、保健食品、化妆品）经营企业进行日常监督管理。全市食品药品监督站组建工作于2011年3月全部完成，东莞成为全国率先在镇街设置食品药品监管实体机构的地区。

【餐饮监管新职能】2011年1月1日，市食品药品监管局承接餐饮服务食品安全监管职能。市食品药品监管局迅速制定许可审批等制度，严格准入标准，在全省率先全面启用省局监管平台开展餐饮服务网上许可，成为全省唯一将该系统延伸到镇街的地区，全年累计发放许可证3766份。全面实施餐饮服务食品安全监督量化分级管理，联合市相关部门开展打击食品非法添加和滥用食品添加剂、春季学校（幼儿园）食堂、地沟油、塑化剂等专项检查行动。全市累计出动执法人员3.85万人次，检查餐饮单位2.65万家，抽检产品935批，依法对30家餐饮单位立案查处，现场销毁来历不明米制品126.5公斤、标签标识不符合规定的散装食用油、酱油及食品添加剂共392公斤。制定食品安全事故应急预案，建立健全应急处置机制，及时妥善处理9起食物中毒事故，全市食物中毒事故较上年下降30.8%。加强重大活动餐饮服务保障的组织领导，落实各项保障措施，完成包括广东省专业镇转型升级现场会、市“两会”等25宗重大活动和重要接待保障任务。

【药品安全专项整治】2011年，市食品药品监管局牵头市药品安全专项整治协调小组，会同公安、工商、卫生等部门及镇街，严厉打击侵犯知识产权和制售假冒伪劣药品行为，集中开展大运会药品安全保障、打击利用互联网等媒体发布虚假广告及通过寄递等渠道销售假药、非药品冒充药品、保健食品化妆品

东莞市食品药品监督管理局

① 2011年4月17日，副省长雷于蓝带队调研东莞市药品安全专项整治工作。图为副省长雷于蓝（右四）在众生药业公司调研

② 2011年12月16日，第六届石龙食品药品打假协作会议（石龙论坛）在石龙镇召开。图为国家食品药品监管局副局长边振甲（左三）在广东省食品药品监管局局长陈元胜（左四）陪同下到药店检查

③ 2011年10月13日，国家药品安全专项整治工作检查组受国家六部门委托，在国家食品药品监督管理局稽查局稽查专员贾建国的率领下，对东莞市药品安全专项整治工作进行检查

违法添加、违法经营含可待因复方口服溶液等专项行动。加大日常监管和飞行检查力度，实现基本药物全程监管，完成基本药物生产工艺和处方核查，落实国家基本药物制度，完成《东莞市国家基本药物制度近期实施方案（2009—2011年）》工作任务，合力推进东莞医药卫生体制改革，推进药品流通电子监管，推动医疗器械生产质量管理规范在无菌和植入性医疗器械生产企业的实施，开展保健食品委托生产和化妆品违规标识专项检查。成功举办第六届石龙食品药品打假协作会议，在会上就“两法衔接”（行政执法、刑事司法）机制作经验介绍。全年累计出动4500多人次，检查单位4500多家，抽检“三品一械”1975批，做出行政处罚334宗，捣毁地下窝点8个，没收物品货值36.17万元，罚款97万元，移交公安部门案件12宗，移交工商部门违法“三品一械”广告13宗，有效净化药品市场环境。

【安全用药月】 2011年9月，东莞与全省、全国同步启动“安全用药月”活动。市食品药品监管局通过用短信向市民发送安全用药信息，组织收听“安全用药”专家咨询热线，组织收看网络访谈节目，在药品生产经营企业、医院、街道等地张贴宣传海报等方式进行宣传，营造全社会、关注“饮食安全，用药放心”的氛围。

【行政三公开试点】 2011年，市食品药品监管局作为全市开展“行政三公开”（权力运行公开、裁量标准公开、审批流程和结果公开）试点6部门之一，对所行使的行政权力进行全面清理，编制职权目录和流程图，制定下发餐饮食品和“三品一械”行政处罚自由裁量标准，全面实现现有行政许可事项网上办理。

【信息化建设】 2011年，市食品药品监管局在国内首创集餐饮服务监管、经营、消费查询于一体的信息平台“餐饮通”。新开发药品安全应急平台，对食品药品监管数字化系统进行修改完善。将一类医疗器械产品注册事项纳入市电子监察系统，顺利开展重点监管医疗器械生产企业和体外诊断试剂经营企业电子监管。启用保健食品经营卫生许可网上申报审批。

【食品药品技术监督】 2011年，东莞食品药品检验检测能力全面提升，在全省系统率先开展餐饮环节食品检验，添置更新包括省内市级药检所首台液质联用仪在内的1批检测设备，完成药品、食品、消毒产品等扩项123项。快检室和快检车在基层药品快速检测、抽验、稽查中的积极作用初步显现。全年完成451批次药品快筛快检。

【医药产业发展】 2011年，市食品药品监管局紧紧围绕市委市政府“产业转型升级”这一中心任务，将依法监管与高效服务健康产业发展有机结合，主动服务医药产业发展。联合南方医药经济研究所在东莞举办药品零售企业发展战略研讨会，促进零售企业资源整合、兼并重组，推动批发企业积极开展第三方现代物流业务。出台《化妆品销售证明书办理程序》，方便企业产品出口。配合松山湖管委会对生物医药企业招商引资，为企业转型升级、优化产业结构提供政策和技术支持。东莞光阵显示器制品有限公司及广东众生药业股份有限公司被评为升级转型获奖企业。2011年11月，中共中央政治局常委李长春在广东考察期间，在省委书记汪洋陪同下专程视察东莞光阵。列入市重点发展项目的松山湖广东中能加速器项目进展顺利，劲芳、天天向上、莞草根等生物微企渐露头角。生物医药产业在东莞逐步走上发展快车道。2011年，全市医药生产企业完成产值30亿元，规模以上医药流通企业完成销售62.5亿元，保健食品、化妆品产业年产值达到12.6亿元，均实现平稳增长。 （叶建荣）

附：2011年东莞市食品药品监管局领导名录

党组成员、局长：陈锡江

党组副书记、调研员：

张钰英（3月退休）

党组成员、副局长：尹锡棋　梁少华

张惠洪

黄江（11月不再兼任纪检组长）

党组成员、纪检组长：

周穗杰（11月到任）

① 2011年11月29日至30日，国家食品药品监管局、商务部在东莞市召开全国餐饮服务食品安全百千万示范工程建设现场交流会。图为食品药品监管局食品安全监管司司长徐景和（左三）、商务部商贸服务司副司长万连坡（左二）、省食品药品监管局局长陈元胜（左五）、市政府代市长袁宝成（左四）、副市长邓志广（左一）出席会议

② 2011年9月1日，“全国安全用药月”东莞市启动仪式。市人大常委会副主任冯同恩（中），副市长邓志广（左四），市政协副主席莫布兴（左二），市食品药品监管局局长陈锡江（左五），莞城街道党委书记刘林宏（左一）为“安全用药”活动揭幕

审　计

【概况】2011年，市审计局共完成审计和审计调查项目62个，涉及审计单位453个，查出违规资金6722万元，管理不规范资金37.98亿元，损失浪费金额637万元，促进上缴财政6642万元，提交并被批示采纳的专题审计报告、信息共38篇。市审计局被评为市直机关先进单位、预防职务犯罪工作先进单位、市直机关党建百佳单位。

【政策执行效果审计】2011年，市审计局紧跟经济发展形势，围绕促发展、促转型、保民生等重大政策措施落实情况，深化政策执行审计。开展对帮扶中小企业融资专项资金管理情况的审计，促使相关企业严格执行有关政策规定，保证融资贷款专项使用。开展对教育、医院等民生资金（项目）的审计，及时发现和纠正落实政策不到位、违规收费等问题，促进政策措施得到有效落实。对亚运场馆东莞赛区团队运行经费进行审计，揭示和反映多列团队运行经费支出、部分资产闲置未发挥效益等问题，提出审计意见和建议，促使有关单位规范资金和资产管理，提高资金使用绩效。

【援建帮扶项目审计】2011年，市审计局围绕国家援建帮扶工作部署和省、市对口援建工作安排，大力推进援川、援疆和帮扶资金项目的跟踪审计，如实反映援川恢复重建工程项目竣工结算进度缓慢、援疆资金使用和工程管理制度不完善以及“广东扶贫济困日”募集捐款资金的投放审核不规范等问题，引起相关部门重视，促使其加快完善资金和工程管理制度，保障援建工作顺利开展。

【预算执行审计】2011年，市审计局大力整合审计资源，抓住重点专项资金和部门单位开展预算执行情况审计，查出财政性收入未及时上缴以及部分专项资金预算执行率低等问题，查处违规资金5806万元，促进纠正管理不规范资金6.31亿元，进一步促进强化专项资金监管，提高资金预算执行效果。

【经济责任审计】2011年，市审计局以贯彻落实《党政主要领导干部和国有企业领导人员经济责任审计规定》为契机，进一步前移监督关口，开展对16名领导干部的经济责任审计，重点关注领导干部在重大经济决策、重要经济事项管理制度的执行、资产和政府负债管理等方面的责任情况，共查出违规资金823万元，管理不规范资金24.36亿元，提交报告16份，有效促进领导干部依法理财、依法行政。

【行政事业和专项资金审计】2011年，市审计局围绕廉政工作中心和群众关心的热点问题，大力开展政府因公出国经费等15个行政及专项审计，揭示和反映经费管理和使用过程中存在的问题，涉及不规范资金4.54亿元，督促有关部门单位迅速完善制度，切实加强对行政经费使用的监督和检查，严格控制支出规模和经费总量，促进党政机关厉行节约、廉洁行政。

【固定资产投资审计】2011年，市审计局把绩效理念融入到投资审计中，认真开展对轨道交通、角美粮库等8项重点工程项目的预算执行或效益审计，揭示个别工程存在损失浪费、有些项目未按规定要求进行招投标等问题，核减项目工程款4545万元，促使相关建设单位及时完善管理制度，加强工程项目管理，确保财政资金落到实处，发挥效益。

【企业审计】2011年，市审计局对5家市属国有企业进行审计，重点关注国有资产的质量、安全和损益状况以及资产处置情况，及时揭示改制成本核算不合理、固定资产核算不准确等问题，提出规范资产管理、理顺投资关系等审计建议，有效维护国有资产安全，促进国有资产保值增值。

【债务审计】2011年，市审计局密切关注市、镇街两级政府的债务情况，揭示和反映了部分镇街利用债务资金解决财政支出等问题，促使相关镇街加快制定和完善债务管理制度，加强政府性债务监管；认真对全市义务教育债务和普通高中债务情况开展审计调查，全面掌握有关部门的负债情况，及时提出建议，防范债务风险。

【内部审计】2011年，市审计局围绕防范基层风险，不断加强内审工作指导，推动基层内审工作进一步发展，防风险能力有效提升。全市各镇街和部门单位有内审机构295个，有内审人员1162人，其中专职人员682人，内审机构建设、人员配备进一步加强。有1人获“全国内部审计先进工作者”、3人获“全省内部审计先进工作者”称号，1个内审办被评为“全省内审机构先进集体”，1篇内审论文获中国内审协会论文评选二等奖，1篇论文获省内审协会论文评选一等奖，1篇获二等奖，1篇获提名奖，内审队伍整体素质不断提高。全市各内审机构共完成审计项目2939项，查出违规金额3.72亿元，损失浪费614万元，促进增收节支6159万元，增加效益2738万元，进一步规范基层单位财政财务管理，维护财经法纪，防范基层运行风险。（朱清荣）

附：2011年东莞市审计局领导名录

局　长：杜沛游

副局长：梁渠森　王汝铭　卢炳辉　何志宇

总审计师：何建东

统计调查

【常规统计调查】工业能源投资统计　2011年，经济口的统计专业全力配合统计“四大工程”（基本单位名录库、企业一套表制度、数据采集处理软件系统和联网直报系统）建设工作推进，加紧市联网直报系统与企业一套表联网直报系统的数据对接并轨工作。严格贯彻落实国家和省统计制度，按时按质完成工业、能源、投资、批零住餐(批发和零售业、住宿和餐饮业)等统计调查任务；在市交通局和港航局协助下，顺利完成2010年道路水上运输和港口能源消费调查；完成物流增加值年报推算工作和在地公路运输状况摸底调查工作；建设领域全部专业完成年报与快报衔接工作；规范各镇街批零住餐业相关统计指标计算方法；扩大商品交易市场统计范围，全面了解掌握商品交易市场成交情况；开展外地驻莞建筑企业摸底调查，全面掌握东莞建筑业总体发展水平；参与市经信局开展的重点产业调研工作，摸清东莞支柱产业状况。建筑业和非工业重点耗能单位能源消费情况实行网上直报。

人口和社会科技统计　完成2011年人口变动、劳动力调查工作；准确测算2010年年末常住人口；利用自编程序，高效完成非公有制人才资源抽样调查；高质量完成2010年科技统计年报工作；协助宣传部联系有关部门，做好东莞文化及相关产业统计资料搜集和填报工作，并进行评估；积极履行市妇儿工委成员单位职责，完成《东莞市妇女发展规划（2011—2020年）》和《东莞市儿童规划（2011—2020年）》监测统计等各项工作任务；完成劳动综合报表制度；做好私营劳动工资调查样本轮换工作；完成部门社会统计工作、镇街社会年报、环保支出调查等工作。市统计局获得第二次R&D（研究与开发）资源清查国家级先进单位称号；市统计局被评为2010年东莞市妇女儿童发展规划先进集体；科技专业工作被省专业处评为一等奖，人口和劳动工资专业被省专业处评为三等奖。

综合核算 加强部门联动，深入分析相关部门数据指标变动情况，商请相关部门配合做好国民经济核算工作。做好省对东莞的落实科学发展观、珠三角规划纲要、幸福广东和节能减排的考核工作。

调查业务培训 以“一对一”方式进行农村住户调查培训，加深调查户和辅助调查员对业务知识的理解和掌握。举办有奖竞答活动，调动调查户记账积极性，普及记账知识。开展优秀调查户和优秀辅助调查员评选活动，发挥榜样示范作用增强城镇住户及辅助调查员队伍活力。开办景气、采购经理样本单位业务法规培训班，结合东莞统计违法案例深入讲解。建立城市住户、农村住户和规下工业调查等专业QQ工作群，及时解答、解决基层人员反馈问题。

第六次全国人口普查 做好国家抽查组在东莞开展的普查事后质量抽查工作；做好普查专项编码，普查表录入和编审工作；5月23日，市人普办发布《东莞市2010年第六次全国人口普查主要数据公报》；完成《户主姓名底册》及小区建筑物数字化录入工作；完成普查资料归档管理工作；12月9日，召开东莞市第六次全国人口普查总结表彰会议，总结人普工作经验与成果，表彰先进。

【统计“四大工程”建设】 2011年，市统计局及东莞调查队认真贯彻落实全省统计“四大工程”建设试点工作会议精神，完成省局布置的统计“四大工程”建设第一阶段试点各项任务。成立东莞市统计“四大工程”建设工作领导小组；各镇街、管委会均成立统计“四大工程”建设领导机构和办公室，各镇街召开专门会议，落实试点工作要求。10月21日，市统计“四大工程”建设工作领导小组办公室召开工作会议，传达省试点工作会议精神，研究部署全市“四大工程”建设试点工作。10月25日，召开全市统计调查系统大会，布置全市统计“四大工程”试点工作。制定《东莞市统计“四大工程”建设试点工作培训方案》，在11月初分6批对全市33个镇街、管委会230多名统计专业人员进行软件操作培训，要求各镇街统计机构要培训到每一个试点企业的统计员，全市培训镇街、企业统计人员共计6630多人。制定《东莞市统计“四大工程”建设宣传方案》，广泛深入宣传“四大工程”内涵。派出6个督查组，分别到全市32个镇街督查统计“四大工程”建设试点工作开展情况。安排专人监控网报率，每天公布各镇街联网上报率，要求镇街统计人员督促试点企业，确保其按规定时限上报数据。东莞参与统计“四大工程”建设第一阶段试点的“三上”企业、房地产开发经营企业及非工业重点耗能企业共计6464家，下发各类报表38847份。截至11月25日，已上报报表38733份,上报率达99.71%，居全省第3位，直验率达98.85%。大部分企业填报数据与原上报报表数据一致，数据质量较好。

【统计教育培训】 2011年，市统计局和东莞调查队联合制定《2011年东莞市统计教育培训工作要点》，分别于7月和8月与暨南大学和北京大学合作，举办两期高规格、高质量统计培训班。成功举办“学习论坛”，第一期“学习论坛”邀请市政府副秘书长张永忠讲授《公文办理程序及标准》。市统计局局长陈锡稔在第二期“学习论坛”上讲授《统计法的基本原理》。2011年全市有1307人报考统计从业资格考试；有416人报考统计专业技术资格考试，较去年增加119人；有4000人参加统计从业人员继续教育，较去年增加1000人。市统计局荣获广东省统计局2011年度统计专业技术资格考试工作一等奖先进单位。

【统计制度建设】 2011年，市统计局和东莞调查队联合编制《东莞市统计局、国家统计局东莞调查队机关工作制度汇编》，对政务办公、统计业务、纪检监察、财务资产、人事制度、学习培训、服务范围等做详细规定。吸取年初信息公开失职案件教训，制定《东莞市统计局、国家统计局东莞调查队政府信息公开管理制度》，规范信息公开内容和流程，促进依法行政，改进服务质量。制定《城乡住户调查督导员和辅助调查员暂行管理办法》，改进城乡住户调查方式。在有调查任务的镇和街道设立督导员，以加强住户调查的协调管理工作力度；探索由万江、东城、南城、莞城4个街道的辅助调查员逐步承担起收账本、访户和编码等工作路子，使东莞调查队相关专业人员能够专注于审核评估账本数据以及督导辅助调查员业务工作，初步实现调查数据生产与管理的分离，加大质量监管力度。

【依法统计】 2011年，市统计局印发《东莞市统计调查法制宣传教育第六个五年规划（2011—2015年）》。深入开展统计法制宣传教育和法治实践，形成自觉学法、守法、用法，重视支持配合统计调查工作的社会氛围，为“十二五”时期统计调查事业发展创造良好法制环境。根据《中华人民共和国统计法》和市政府要求，结合统计行政执法工作实际情况，制定《东莞市统计局行政处罚自由裁量标准》，完善行政处罚量化标准，保证行政处罚公开、公平、公正。制定《2011年东莞市统计调查执法检查方案》，要求各镇街要严格按照有关规定，做好2011年统计调查执法检查工作。组织召开2011年全市统计调查执法检查工作会议，进行统计调查执法检查业务知识培训及镇街执法检查工作任务布置。8—9月，开展2011年全市统计调查执法检查工作，在镇街全面自查基础上，进行重点检查，提高检查质量。

【统计调查服务】 统计资料品牌打造 2011年，市统计局《宏观经济监测月报》、《统计公报》、《统计概要》、《东莞社会科技》、《东莞社会发展概要》、《东莞社会监测季报》和《统计年鉴》已打造成为东莞统计资料品牌。召开统计年鉴指标修订征求意见座谈会、专业人员座谈会和年鉴订阅户座谈会等，不断完善统计年鉴编撰质量。加强统计分析报告工作，全面出版发行60多期《东莞发展动态》。深入研究利用第二次全国R&D清查数据资料，撰写《2010年东莞科技统计分析研究报告》，还与市社科院合作开展R&D资源清查资料开发，形成《东莞工业企业自主创新研究报告（初稿）》、《东莞工业企业自主创新能力研究》、《东莞工业企业R&D投入绩效研究》、《东莞市工业企业R&D资源优化配置研究》等专题统计分析；编辑《东莞市第二次R&D资源清查资料汇编》一书，为各级党政领导和部门以及社会各界全面了解东莞R&D活动详细情况，制定经济社会发展规划提供决策依据。

公开透明统计 按月公布东莞房价、物价、主要经济指标，按季公布东莞经济运行情况，主动联系新闻媒体、主动

解读统计数据，使统计信息月月见报，主要媒体争先报道，扩大统计新闻宣传知名度。将每月全市主要经济数据通过手机短信发送给领导，确保市、镇街主要领导实时掌握全市主要经济运行情况，为制定科学决策提供及时统计服务。经过与市住建局和市房管局多次协商讨论，确定以市房管局网签数据作为对房地产市场调控的计算依据，并从2011年6月起每月中旬通过统计局官方网站对外发布由市房管局提供的上月新建商品住宅网上签约销售数据。每月按时向物价局提供CPI数据，配合物价局开展东莞低收入群众临时价格补贴与价格上涨联动机制实施工作，提供相关数据，编制城镇低收入居民基本生活费用价格指数。

数据质量审核加强 农村住户调查专业制定对照简表方便辅助调查员查阅，针对经常性错记、漏记等情况耐心讲解做好思想工作，并在账本上注明若干常用指标，做好预防。价格调查专业对数据实行严格的三审制度，确保数据质量。规模以下工业调查专业通过多重审核，层层把关，及时发现问题并追踪跟进。

完善服务效率和方式 接待社会公众来电、来访，尽最大努力做好统计信息资料查询服务。为经信局提供季度节能形势简介，分析东莞当前节能情况及存在问题。为东莞市文明城市测评提供单位GDP能耗部分数据计算说明、工作情况等，并提供相关证明材料。审批企业申报名牌名标等证明材料，加强对申报名牌名标企业申报数据的审核力度，对申报数与上报数存在差异的企业发放责令整改通知书，要求限期整改，并上报整改报告。全年出具证明材料115份，发放责令整改通知书9份。配合经信局、环保局做好节能减排相关工作，对《东莞市节约能源“十二五”规划》、《重点用能单位节能管理暂行办法》等提出合理意见。参与2010年度镇街节能考核工作，提供相关统计数据，与经信局、发改局共同签发《关于2010年度镇街节能考核综合评价的报告》，三部门联合向社会发布《东莞市2010年度镇街节能考核结果公告》。对《东莞市主要行业发展信息》进行改版，调整指标和表式，使之更能反映东莞经济发展形势。与市科技局共同研究制定《关于进一步加强科技统计工作的实施意见》，为进一步提高科技统计数据质量，全面、准确地统计东莞R&D经费、研发人员、高新技术产品等相关数据提供制度保障。

【部门统计调查联席会议机制】 2011年9月28日，第一次部门统计调查联席会议召开，联席会议机制的启动，有效整合了部门统计资源。12月21日，第二次部门统计调查联席会议（科技统计专题）召开，各部门将加强沟通协调，认真贯彻落实市政府《关于进一步加强科技统计工作的实施意见》，强化科技统计工作，采取切实有效措施统全科技项目，统准科技数据。

【统计信息化建设】 2011年，市统计局加大统计信息网站系统改造升级和内容改版力度，建立面向公众、页面新颖、内容丰富的统计信息网站，定期发布统计数据、统计信息、统计公报、统计报告和工作动态。建章立制，规范网站运行体系，明确管理办法和信息发布机制。在东莞市统计调查信息网上开辟镇街动态栏目，要求各镇街及时把各种日常工作动态上报。截至11月14日，已有30个镇街报送共200条信息。（陈德斌）

附：2011年东莞市统计局领导名录

局　长：陈锡稳

副局长：叶力强　张永艳　冯　坚

副调研员：叶应涛　李红生

2011年国家统计局东莞调查队领导名录

队　长：王志勋

副队长：李向阳　梁昶成

▲龙舟竞赛

科学技术·社会科学

SCIENCE AND TECHNOLOGY SOCIAL SCIENCES

麻涌镇龙舟节盛况

- 科技创新载体建设
- 地震应急能力建设
- 主要气候事件
- 社科精品力作打造

编辑：黄文挺

科学技术

【概况】 2011年，东莞市把科技创新作为加快产业调整升级和经济发展方式转变的重要举措，加大科技和知识产权工作力度，科技创新各项事业保持良好发展态势。东莞市被评定为2011年全国县（市）科技进步考核科技进步先进市（地级市），这是东莞第七次获得该项荣誉。市科技局（知识产权局）被评为全国专利系统先进集体、全国知识产权系统“双打行动”先进集体以及全市产业结构调整和转型升级先进单位、“上市培育”先进单位等。

【科技企业认定】 2011年新获国家和省认定121家高新技术企业和163家民营科技企业，国家高新技术企业和广东省民营科技企业累计分别达到415家和871家，并新增7家广东省知识产权优势企业、4家创新方法推广应用试点企业和4家科技服务业百强企业等，同时新认定108家市专利试点企业、45家市专利培育企业和184家市民营科技企业等，全市科技型企业队伍不断壮大。

【LED产业发展】 2011年，东莞市拟出台《东莞市促进LED产业发展及应用示范的若干规定实施细则》，并积极配合广东省科技厅开展LED（半导体照明）产品标杆指数检测工作，全市20家企业的56个产品被纳入省标杆体系。科技部门联合城管、质监部门出台《东莞市LED应用示范工程优先采购清单》，强化市镇联动，鼓励企业参与LED应用示范工程，推进绿色照明示范城市建设，引入供应链管理方式，采取“供应链”+“合同能源管理（EMC）”的模式推进LED产品示范应用，累计推广3.3万盏LED路灯和9万盏LED室内照明灯，全年产业产值将近100亿元，同比增长约20%。

【科技创新载体建设】 东莞市加强对已建公共科技平台的管理，组织人员前往先进城市调研学习，积极探索做大做强已建公共创新平台的新机制新途径。各平台累计服务企业近2万家，承担国家和省市各类科技计划120余项，联合企业和镇街组建近60家研发机构和技术服务平台，并孵化30多家科技企业。2011年广东电子工业研究院和东莞电子科技大学电子信息工程研究院分别首次获得省创新科研团队项目立项，东莞中山大学研究院正式揭牌并启动电动汽车应用示范工程。科技局成功推动中国科学院在莞组建云计算技术产业创新与育成中心，使全市公共创新平台达到11家，同时积极推动龙昌数码科技有限公司与东莞电子科技大学电子信息工程研究院联合组建东莞龙昌智能玩具技术研究院，使全市行业技术创新平台总数达到12家。

【专业镇发展】 2011年，东莞市加大专业镇的发展力度，新增桥头、东坑、道滘3个镇为广东省专业镇，使全市专业镇的总数达到18个，引导有关专业镇成功申报4个转型升级发展专项和5个粤港招标项目，并制定出台《东莞市专业镇创新服务平台建设扶持方案》，积极协助大朗、厚街建设专业镇创新服务平台，推动做大相关专业镇技术创新平台。

【科技项目实施】 2011年，东莞市组织召开多场省级和市级科技计划项目申报工作会议，向企业及科研单位宣讲广东省和东莞市科技计划项目及其申报程序，广泛动员科技企业和科研单位申报。共受理并推荐申报科技型中小企业技术创新基金项目、农业科技成果转化

东莞市科技局

2011年12月15日，东莞国际科技合作周暨高层次人才交流会在东莞国际会展中心开幕

资金项目以及广东省重大科技专项、战略性新兴产业LED专项、省部产学研项目、省科学技术奖项目、国际科技合作项目等国家和省级科技计划项目558项，其中申报省级科技项目412项，比上年多73项。共获省级以上科技项目立项270个和3.28亿元科研经费，承担经费比上年增长60%，其中获国家创新基金立项39项，居全省地级市首位，获广东省重大科技专项立项12个，为历年最多。与此同时，市科技局积极优化市级科技项目体系，加大对新兴产业领域核心技术攻关和关键设备研制、研发机构组建等的资助力度，共受理科技型中小企业技术创新资金项目、科技奖、企业工程中心资助项目等市级各类科技（专利）计划项目1400多项。科技部门严格按照相关实施办法与操作规程开展论证、评审和考察工作，共立项568个，资助2.58亿元。特别是策划实施市重大科技专项和粤港招标东莞专项，扶持战略性新兴产业领域项目，在高端电子信息、半导体照明、太阳电能光伏、电动汽车等领域，共立项9个，资助9800万元。

【自主创新能力提升】 东莞市全年专利申请量24455件，专利授权量19353件，继续位居全省前三位，其中发明专利申请量和授权量分别为4214件和758件，增幅分别达34.08%和71.49%；获得省科技奖13项，位列全省地级市首位；新增广东省企业工程中心和省级重点实验室各4家，新认定17家市重点实验室和拟新认定11家市企业工程中心；完成省市成果登记共89项，鉴定34项，其中国际先进3项，国内领先31项，国内先进12项。

【产学研对接合作和国际科技交流】 全年市科技局先后组织5批共200多家科技企业前往香港、上海等地高校开展产学研对接，达成120多项合作意向，特别是实现首次开展境外产学研对接活动，并首次组织企业走进东莞理工学院和东莞职业技术学院2家本土院校开展对接；积极动员企业申报省部（省院）产学研项目187项，获得立项80项；大力推动宜安科技公司牵头国内29家高校院所组建成立“医用镁合金产业技术创新战略联盟”，指导东莞上海大学纳米技术研究院筹备组建“广东省教育部纳米材料及应用技术产学研创新联盟”；落实省部企业科技特派员行动计划，新增科技特派员121人，全市累计从高校引进科技特派员达506名。另外，市科技局积极引导开展国际科技交流活动，先后组织举办俄罗斯和乌克兰科技项目推介会以及“利用瑞士高效气浮先进技术处理化学一级强化污泥脱水”项目现场推介会等活动，引导市内企业与相关国家展开技术和项目交流合作，并组织有关企业和

机构前往瑞士、法国和德国等开展精密机械、工业设计、污水处理等领域的科技交流。

【科技金融结合】 2011年，东莞市制定《东莞市促进科技和金融结合试点方案》，争创国家科技和金融结合首批试点城市。市科技局前往北京、天津、武汉、重庆、成都等先进城市调研学习，并广泛咨询专家意见，研究制定东莞市科技创业投资引导基金组建方案，提出引导基金的资金规模、组织形式、运作管理方式等；积极开展专利权质押贷款，指导6家企业申请专利权质押贷款，新增2家企业通过专利获得820万元贷款；联合建设银行东莞分行研究推出以科技型中小企业为贷款对象的“科技通”助保金贷款业务，并推广交通银行高科技中小企业集合票据业务等。另外，市科技局大力推进科技企业上市，组织评审和认定16家企业作为第6批重点培育上市后备科技企业，并做好对重点培育上市后备科技企业的跟踪辅导，成功推动银禧科技、明家科技和勤上光电3家企业上市，截止2011年，全市69家重点培育上市后备科技企业中已有5家在资本市场上市。

【知识产权管理和保护】 2011年，东莞市出台《2011—2012年东莞市实施知识产权战略工作方案》，加快推动实施知识产权战略，积极创建国家知识产权示范城市；组织举办“知识产权宣传周”，并举办“广东省企业专利者培训班”等3个培训班及“美国知识产权保护讲座”等5场专利讲座，约2000人次

① 2011年9月30日，东莞市科技局举办以“认知科技 感受科学”为主题的“行政三公开”主题开放日活动

② 2011年10月20日，东莞市科学技术奖励大会暨中科院云计算产业技术创新与育成中心签约揭牌仪式在东莞市会议大厦举行

③ 2011年12月15日，国家科技部部长万钢视察“科技合作周”展馆

参与。强化专利行政执法工作，实现专利独立执法，受理专利侵权纠纷案件21宗，查处假冒专利案件5宗，调解1宗。开展“双打”专项行动，上报大案要案4件，并对6家大型超市开展检查，检查商品63000多件，发现假冒专利商品1件，检查出标识不规范商品11件；在第25届、26届国际名家具(东莞)展览会、第三届广东外商投资企业产品(内销)博览会等7个展会驻点开展知识产权保护工作，处理专利纠纷案件25宗，纠正假冒专利行为3宗。积极完善知识产权服务体系，新增5家专利代理机构，全市总数达到28家，积极实施“百所千企”对接工程；成功推动组建中国（东莞）知识产权维权援助中心；并以家具行业为切入点建立东莞市首个行业专利信息平台大力，完善全市专利信息检索平台。

【科技项目管理】 市科技局积极健全相关监理管理机构，以东莞市电子计算中心作为依托单位筹备组建东莞市科技项目监理管理中心，对科技项目和资金执行情况进行全程监理，并完成科技项目信息库平台的开发。组织开展对科技计划项目执行情况检查，对2009年度高等院校科研机构、医疗卫生单位资助计划项目和科技型中小企业创新资金项目等132项市科技计划项目开展检查，涉及财政资助资金3543万元；开展科技计划项目结题验收和绩效评价工作，对近500个粤港招标东莞专项以及高等院校、科研机构和医疗卫生单位研发项目等市级科技计划项目进行验收，通过验收400项，并对2010年获市财政科技资金200万元以上科技专项和2008年度立项科技计划专项进行绩效评价，涉及15个专项和4亿元财政资金。

【创新科研团队引进】 市科技局深入重点企业开展创新科研团队项目宣传，积极举办申报动员会和培训会，并认真辅导相关科技企业和科研单位做好第二批省创新科研团队项目评审和答辩工作，最终全市有由广东中能加速器科技有限公司引进的民用电子加速器研发及产业化创新团队、广东电子工业研究院引进的云计算产业国际创新团队等6个团队获第二批广东省引进创新科研团队立项，共获省财政1.3亿元科研经费支持，东莞市获立项项目数量和经费全省第二位。

【东莞市知识产权工作会议暨专利奖励大会召开】 4月22日， 2011年东莞市知识产权工作会议暨专利奖励大会在东莞会展国际大酒店召开，东莞市委副书记、市长李毓全，省知识产权局副局长朱万昌出席会议并讲话，东莞市委常委、常务副市长冷晓明主持会议。来自东莞市知识产权办公会成员单位、镇街知识产权管理部门、知识产权服务机构、企事业单位代表近500人参加会议。会议对144家2011年市专利培育企业和专利试点企业以及25个专利奖项目进行表彰，会后还首次举办主题为“尊重知识产权，建设文明东莞”知识产权文艺晚会。

【2011年东莞市专利奖授奖】 为大力实施知识产权战略，鼓励发明创造，促进专利技术产业化，推动东莞市经济转型和产业升级，根据《东莞市专利促进实施办法》（东府〔2007〕85号）有关规定，市政府决定授予“一种BD蓝光光盘以及制造该BD蓝光光盘的系统和方法”等5项专利技术东莞市专利金奖，授予“电解电容器用电解液”等20项专利技术东莞市专利优秀奖。

【2011年东莞市科学技术奖授奖】 为深入实施科技东莞工程，促进产业结构升级转型，根据《东莞市科学技术奖励办法》（东府〔2008〕76号）有关规定，经市科学技术奖励评审委员会评审和市科技局审核，市人民政府决定授予1项东莞市科学技术奖技术成果类市长奖、 2项东莞市科学技术奖荣誉类市长奖、21项东莞市科学技术进步奖一等奖、30项东莞市科学技术进步奖二等奖、26项东莞市科学技术进步奖三等奖、4项东莞市科学技术奖创新企业奖。

【东莞市科学技术奖励大会暨中科院云计算产业技术创新与育成中心签约揭牌仪式举行】 10月20日，2011年东莞市科学技术奖励大会暨中科院云计算产业技术创新与育成中心签约揭牌仪式在东莞市会议大厦举行，中科院秘书长邓麦村、中科院广州分院院长陈勇，省科技厅副厅长刘炜，东莞市领导刘志庚、袁宝成等出席活动。会上对荣获2011年东莞市科学技术奖的78项科技成果、两位技术领军人物以及4家创新企业进行奖励，并举行中科院东莞云计算产业技术创新与育成中心签约揭牌仪式，东莞市政府代市长袁宝成与中科院邓麦村秘书长签署《共建中科院东莞云计算产业技术创新与育成中心协议书》，东莞市副市长邓志广与中科院计算所、软件所等7大研究所负责人签署相关合作协议书。

【东莞国际科技合作周暨高层次人才交流会举办】 12月15日，2011年东莞国际科技合作周暨高层次人才交流会在东莞国际会展中心开幕，科技部部长万钢、广东省政府副省长陈云贤、东莞市委书

2011年12月15日，在东莞举办海峡两岸科技论坛

记徐建华、代市长袁宝成等领导出席仪式。该届合作周首次引入人才项目对接活动，以“科技东莞，人才先行”为主题，包括科技与人才专题展示、人才项目洽谈会、科技与人才创新论坛、科技合作签约等各项活动，签订近40项重点合作项目，该届合作周成为历届规格最高、规模最大的一届。（柳景蛟）

附：2011年东莞市科学技术局（知识产权局）领导名录

局　长：何跃沛

副局长：梁凤鸣　严济荣　吴美良　沈海邑

2011年东莞市专利奖授奖项目

序号	奖励类别	专利名称	专利号	实施单位
1	金奖（奖励10万元）	一种BD蓝光光盘以及制造该BD蓝光光盘的系统和方法	ZL200510099464.3	东莞宏威数码机械有限公司
2		一种复合材料、用其制作的高频电路基板及制作方法	ZL200810142665.0	广东生益科技股份有限公司
3		镍氢低自放电电池	ZL200810027054.1	东莞市迈科科技有限公司
4		固体电解电容器的制造方法	ZL200610034472.4	万裕三信电子(东莞)有限公司
5		治疗中风的药物及其制备方法	ZL03140491.X	广东华南药业集团有限公司
6	优秀奖（奖励5万元）	电解电容器用电解液	ZL200710026239.6	东莞市东阳光电容器有限公司
7		全自动视觉印刷机光学校正系统以及构成方法	ZL200510037193.9	东莞市凯格精密机械有限公司
8		隐藏滚轴按压式自锁滑轨装置	ZL200810030169.6	东莞市石龙万通实业有限公司
9		手写汉字笔画位置规范性的判断方法和装置	ZL200810028591.8	广东开心信息技术有限公司
10		全功能压簧机	ZL200610036838.1	金元宝弹簧设备（东莞）有限公司
11		采用选择湿膜法制作分级、分段金手指板的方法	ZL200810142426.5	东莞生益电子有限公司
12		模组型LED路灯反光杯	ZL200810219771.4	东莞市科磊得数码光电科技有限公司
13	优秀奖（奖励5万元）	能防止脆裂的用PC+ABS作原料的塑胶壳的生产工艺	ZL200410052456.9	东莞康佳模具塑胶有限公司
14		具优越散热性能的动力型锂离子电池和工艺	ZL200920056126.5	东莞新能源科技有限公司
15		水苏糖的生产方法及利用地黄生产水苏糖和梓醇的方法	ZL200710026330.8	广东太阳神集团有限公司
16		一种聚氨酯树脂组合物及其制备方法	ZL200710002553.0	东莞市宏达聚氨酯有限公司
17		电磁炉	ZL200710026474.3	东莞市前锋电子有限公司
18		一种植绒面料的制作工艺	ZL200610035869.5	东莞贰发毛绒有限公司
19		不需二段硫化的合成绝缘子生产工艺	ZL200610033508.7	东莞市高能电气股份有限公司
20		后备UPS电源内部电池安装热插拔式机箱	ZL200820202113.X	广东易事特电源股份有限公司
21		LED日光灯	ZL200710123948.6	东莞勤上光电股份有限公司
22		吹塑机的上胚机构及将料胚进行上胚操作的方法	ZL200710096107.0	东莞佳鸿机械制造有限公司
23		一种可完全生物降解塑料树脂及其薄膜类制品的生产方法	ZL200610035466.0	广东上九生物降解塑料有限公司
24		一种银/铜双面复合带材的加工工艺	ZL200610123758.X	东莞市中一合金科技有限公司
25		GaN基外延层的大面积、低功率激光剥离方法	ZL200410009840.0	东莞市中镓半导体科技有限公司

2011年东莞市科学技术奖授奖项目

序号	项目名称/姓名	申报单位名称	类别	主要完成人
1	57000吨散货船设计和建造	广东中远船务工程有限公司、上海船舶研究设计院	技术成果类市长奖	陈德林 李昆仑 吴兴武 吴俊红 庄瑞民 谢国柱 郭林雨 卜育才 张 卓 李 娟 王清平 周建桦 袁 鹤 张 波 朱传华
2	杨明生	东莞宏威数码机械有限公司	技术领军人物	
3	曾毓群	东莞新能源科技有限公司	技术领军人物	
4	高稳定、低功耗、小型化数字补偿晶体振荡器	广东大普通信技术有限公司	科技进步一等奖	刘朝胜 刘 搏 王练红 张晓兵 周柏雄 王巍巍 唐俭英 王春明 孙 毅
5	高性能聚酰亚胺薄膜挠性覆铜板	广东生益科技股份有限公司	科技进步一等奖	伍宏奎 茹敬宏 昝旭光 刘生鹏 盖其良 王克峰 梁铁军 杨 宏 沈文彬 康云峰 陈汉斌 吴 琳 黄 莺
6	新一代Se伺服节能注塑机	东华机械有限公司	科技进步一等奖	李向东 罗志雄 蔡国强 谢雄飞 董鹏举 梁成就 刘 洋 宋继沛
7	WiMAX系统的关键技术研究及应用开发	中国联合网络通信有限公司东莞市分公司、中山大学	科技进步一等奖	苏爱国 秦家银 张琳 吴茂初
8	280kA大电流低压电器短路试验系统	东莞市广安电气检测中心有限公司	科技进步一等奖	张理中 林志力 苗本健 曾宪斌 朱松广 丁锦华 李 旭 项雅丽 马桂芬 袁小娴 刘锦江 黎少冰 田慧超
9	大规模贴片式集成电路全自动切筋成形收集技术研发与应用	东莞朗诚模具有限公司	科技进步一等奖	张士陆 陈天祥 罗云华 章青春 康 金 莫威全 吴基俊 曾卫良 张仙传 王任明 吴梓明 黄 胜 何海飞
10	多功能太阳能热泵系统	广东五星太阳能股份有限公司、中国科学技术大学	科技进步一等奖	杨宪杰 季 杰 胡广良 裴 刚 蒋爱国 谢远祥 邓 涛 富欣伟 夏 英
11	优质荔枝新品种岭丰糯的选育和配套栽培技术的研究	东莞市农业科学研究中心、华南农业大学园艺学院、东莞市逸品食品有限公司	科技进步一等奖	尹金华 黄旭明 罗 诗 胡事君 刘成明 江 南 黎富成 范 妍 李寿华 李桂文 刘远星 李金祥
12	新型陶瓷涂层节能不粘锅	东莞宜安科技股份有限公司	科技进步一等奖	李扬德 李卫荣 汤铁庄 周 剑 孔德勇 陈学民 杨晓娟
13	电子产品用低温固化高耐磨保护油墨	东莞市贝特利新材料有限公司、广东省功能材料工程技术研究开发中心	科技进步一等奖	王 全 曾建伟 唐世英 任碧野 童 真 苏俊柳 官 灏 汤胜山 胡鹏飞
14	珍稀新品种真姬菇产业化关键技术研究与应用	广东星河生物科技股份有限公司、韶关市星河生物科技有限公司、广东省微生物研究所	科技进步一等奖	叶运寿 李泰辉 黄清华 郑列宜 宋 斌 许喜佳 林群英 闫文娟 黄千军 崔新宁 方金强 严 亮 胡石开
15	东莞市噪声全自动监控管理系统	东莞市环境保护监测站	科技进步一等奖	袁绍东 赖以坚 吴对林 李美敏 张国斐 方洪波 陈丽华 舒振华 胡荣光 刘建辉 郑郁明 吕伟超 香杰新
16	基于橡塑改性沥青混合料的新材料研制与应用研究	广东银禧科技股份有限公司、东莞市公路桥梁开发建设总公司、广东工业大学	科技进步一等奖	谭颂斌 傅 轶 黄健超 张荣辉 郑怀宇 林思能 李文波 潘阳峰 吕惠卿 尹应梅 彭志宏 黄秀珍 邓思宇
17	养生房含水率控制技术及产品应用	东莞台升家具有限公司	科技进步一等奖	林奇颖 潘国俊 孙水坤 李弘尧 张余吉 张学振 孙广宇 吴群立 唐中旭 况亚峰 陈庆庆 杨 超 宁新生
18	肝脏手术中主肝静脉损伤的预防与处理系列研究	东莞市人民医院	科技进步一等奖	王在国 林志强 游志坚 胡夏荣 黄慧敏 黄玉群 叶振伟 何润沛 俞武生 郑惊雷 黄德辉 黄军荣 蔡任军
19	核酸检测技术（NAT）纳入血液筛查策略的应用研究	东莞市中心血站	科技进步一等奖	师玲玲 王德文 刘赴平 么俊卿 许惠芯 梁 兵 陈金凤

续上表

序号	项目名称/姓名	申报单位名称	类别	主要完成人
20	皮肤鳞状细胞癌和基底细胞癌发病机制的研究	东莞市慢性病防治院、东莞市中心血站、东莞市石碣医院、东莞市茶山医院	科技进步一等奖	马泽粦 李常兴 曾雅静 夏卫中 曾雅婷 林东子 韩春雷 周志刚 钟向阳 周志梅
21	虚拟手构建及其在（冠状面）纵形断指再植术的临床解剖学研究	东莞市厚街医院	科技进步一等奖	黄潮桐 张美超 方耀高 陈隆福 李敬矿 陈冬生 李忠华 谭建文 金新安 曾焕忠
22	活血通络法（活血灵片）防治髋关节置换术后异位骨化的临床与实验研究	东莞市中医院	科技进步一等奖	蔡立民 黄中强 谭志超 曾勤 肖署阳 骆家伟 吴谋 陈继英
23	南城社区高血压药物防治策略及其经济学评价	东莞市南城社区卫生服务中心	科技进步一等奖	曾广民 苏健榆 严利南 刘国韬 洪霞 邓东明 丁亚男 张健新 黄玉峰 周伦进 唐豪 龙艳玲
24	组织瓣修复难愈性溃疡创面的临床研究	东莞东华医院（中山大学附属东华医院）	科技进步一等奖	苏顺清 戴新明 朱雁 刘玉梅 莫济贤 张菊芬 韩勇 陈容容 张一鸣
25	改良营养膳降低重型颅脑损伤患者鼻饲后腹泻的护理研究	东莞东华医院（中山大学附属东华医院）	科技进步二等奖	陈秋莲 黄春莲 黄友明 吕琦玲 雷伶俐 何荣娟 曾丽姣
26	含NURR1基因腺病毒及nurr1蛋白对神经干细胞调控治疗帕金森病研究	东莞市人民医院	科技进步二等奖	李庆军 袁伟杰 周柯 苗海峰 赵东晖 胡笑明 李润雄 李爱萍 唐桂华 叶根榕
27	桩网复合地基加固机理及设计计算方法的研究	东莞市公路桥梁开发建设总公司、中国铁道科学研究院深圳研究设计院	科技进步二等奖	黄健超 江辉煌 刘国楠 强小俊 侯庆华 叶卓棋 徐玉胜 汪爱兵 张荣辉 姚仲平
28	基于互联网和RS485工业集线器集团单位单体空调集群控制系统	东莞市光华实业有限公司	科技进步二等奖	陈锦棠 方木松 叶锋 方朝晖 钟康旗 李俊鸿
29	耳内镜下不同材料及技术的鼓膜成形术的临床研究	东莞市横沥医院、中山大学附属第二医院	科技进步二等奖	肖辉良 张伟华 黄合银 区永康
30	适合华南地区盆栽竹芋品种生物学特性及栽培技术的研究	东莞市农业科学研究中心	科技进步二等奖	郑芝波 赖永超 罗诗 梁卫驱 刘远星 李早文 江南 温洁明 林琳娜 胡事君
31	宫颈环扎加宫腔水囊压迫治疗难治性产后出血的临床研究	东莞市中堂医院	科技进步二等奖	叶萍 郭炯光 黎锐波 戴晓莲 郑县庭 刘学义 陈峰 苏丽艳
32	TD-SCDMA电调一体化美化天线	东莞市晖速天线技术有限公司、西安电子科技大学	科技进步二等奖	高峰 陈燕生 陈晖 张福顺 张小苗 张呈斌 李名定 代喜望 崔冠峰 黄友火
33	高活性铂金催化剂应用于高耐磨硅胶涂料的产业化	仲恺农业工程学院、东莞市至诚涂料有限公司	科技进步二等奖	崔英德 陈循军 胡文斌、李志民 曾庆丰 廖列文 尹国强 冯光炷 贾振宇 夏赣吉
34	压铸机节能锁模装置	东莞宜安科技股份有限公司	科技进步二等奖	李扬德 李卫荣 汤铁庄 周剑 李明 杨小明 杨晓娟
35	冲压铆钉接点一体化电子元器件	东莞市中一合金科技有限公司	科技进步二等奖	陈添乾 陈进亿 陆红坤 郭辉
36	高致病性猪蓝耳病防控关键技术的研究	东莞市动物疫病预防控制中心、佛山科学技术学院	科技进步二等奖	朱燕秋 黄良宗 谢海燕 顾万军 殷三鸿 王淑敏 王连想 白挨泉 潘杰 赖笑娴
37	密封喷泉式数字环保电镀技术	东莞洲亮通讯科技有限公司	科技进步二等奖	李月亮 蒲天华 万生龙 余海兵 黄为明
38	“皇室珍皮”陶瓷砖的研发	东莞市唯美陶瓷工业园有限公司	科技进步二等奖	王永强 沈荣伟 刘燕燕 盛正强 李文军 肖惠银 戴宣贵 张德安 古战文 满丽珠
39	电子护理文书应用于临床护理工作的效果研究	东莞市石龙人民医院	科技进步二等奖	林少虹 罗少红 黄艳红 叶燕琼 龙小星 黄秀婷 叶衬笑 刘芙蓉 汪伊恋 吴艳湘
40	东莞市节能减排体系规划研究	东莞理工学院、环保部华南环境研究所、东莞市清洁生产科技中心	科技进步二等奖	刘治猛 温勇 徐勇军 吴鹏举 杜建伟 刘煜平 李翠丹 莫少芬 王炜 纪传伟

续上表

序号	项目名称/姓名	申报单位名称	类别	主要完成人
41	肝癌肝切除术后早期复发的相关机制及生长抑素干预的实验和临床研究	东莞市人民医院	科技进步二等奖	龚时文 袁崇德 叶根榕 唐俊丽 简建文 骆松辉 罗　萍 王金林 游志坚
42	东莞市软件公共服务平台	东莞市软件行业协会	科技进步二等奖	王　洁 梁佳沂 赵　明 刘小松 刘小龙 邹润榕 谢卓丽 肖　丁 梁天杰 李若飞
43	高性能导热橡胶关键技术的研发及产业化	广东信力特种橡胶制品有限公司、广东工业大学	科技进步二等奖	童建平 张海燕 于日志 陈伟燕 曾国勋 岑　兰 杨家荣 胡永俊
44	不同剂量肺表面活性物质治疗足月新生儿呼吸窘迫综合征的比较	东莞市人民医院	科技进步二等奖	李锐钦 柴鸣荣 方润婷 陈志凤 郑智育 郭德康 朱岸清 张玉霞 黎惠章 李文杰
45	半导体泵浦激光飞行打码系统	东莞市创普光电技术有限公司	科技进步二等奖	梁　昆 易光纯 雷江红 彭春阳 杨　军 吴中政
46	婴儿先天性心脏病的外科治疗	东莞东华医院（中山大学附属东华医院）	科技进步二等奖	李　韬 张玉平 陈中良 缪传南 陈　剑 张菊芬 刘玉梅 朱　雁 刘才堂 刘培斌
47	腹腔镜手术在治疗异位妊娠伴失血性休克中的应用	东莞市樟木头医院	科技进步二等奖	李金凤 张红花 杨新革 刘云娣 郭春艳 蔡伟兰 林少虹 樊启佑 刘金成
48	东莞市流动人口创新性服务平台	东莞市政创软件科技有限公司	科技进步二等奖	董　静 王国雄 汪　勇 林鹏飞 陈　兵 赵建玺 蓝兹钱 姚文杰 卢松青 王士铭
49	软坚散结法防治动脉粥样硬化研究	东莞市中医院	科技进步二等奖	叶小汉 董明国 李　强 李亦东 柯颖川 肖超烈 吕洪雪 林家东 侯炽均 王　婷
50	东莞市城市扩张与生态环境变化遥感动态监测研究	东莞市地理信息与规划编制研究中心、中山大学地理科学与规划学院	科技进步二等奖	欧阳南江 黎　夏 裴志武 陈明辉 黎海波 刘小平 艾　彬 李少英 陈逸敏 何晋强
51	高密度封装用无铅焊锡膏	东莞市特尔佳电子有限公司、四川大学	科技进步二等奖	刘瑞槐 谢明贵 郑伟民 张建斌 邓小成 莫爱侑 周华涛 许卓平 袁福国 杨　冰
52	一次性使用静脉插管	东莞科威医疗器械有限公司	科技进步二等奖	刘　鹏 梁灿权 杨万勇 唐云华 伍姝姝 张小栋 梁　伟 谢明练 李锡荣 丁伟锋
53	基于智能电子表单的科技业务综合管理系统	广东开普互联信息科技有限公司	科技进步二等奖	汪　敏 邵罗树 唐国桢 唐文武 王艳丽 陈秀勤 钟汉康 徐胜根
54	基层人才管理多功能网络服务平台	东莞市石碣镇人民政府、东莞市石碣华中电子技术创新服务有限公司	科技进步二等奖	王炜东 詹耀东 雷　洪 梁秀仪 石人炳 廖冬梅 张　可 王立慧 谢冠亮 陈亮亮
55	ALT在无偿献血筛查中的研究	东莞市中心血站	科技进步三等奖	何子毅 邹文涛 刘仁强 车嘉琳 王德文 费亚涛 刘赴平
56	东莞市第一次全国污染源普查数据开发应用研究	东莞市环境科学研究所、东莞理工学院	科技进步三等奖	兰善红 香杰新 黄奂彦 袁绍东 范洪波 谢毅文 李传志
57	高性能无卤阻燃聚碳酸酯及其合金的研发及应用	银禧工程塑料（东莞）有限公司、华南理工大学	科技进步三等奖	傅　轶 刘述梅 谭颂斌 李文波 赵建青 唐昌伟 蒋智杰
58	ALD520/620/700全自动光学检测设备	东莞市神州视觉科技有限公司	科技进步三等奖	王锦峰 刘　涛 袁立凭 黄采敏 蒋振斌 刘晓峰 吴双飞
59	环保型仿木ABS装饰封边条的研发及其在板式家具中的应用	东莞市华立实业股份有限公司	科技进步三等奖	谭洪汝 谢志昆 卢旭球 王堂新 雷厚根 陈庭海 卢治芬
60	新型无卤低烟阻燃电缆料	东莞市柏百顺石油化工有限公司、东莞市柏百顺阻燃技术研究院	科技进步三等奖	包祥俊 包祥虎 罗　诚 吴燕燕 何　静
61	高硬度高耐磨的紫外光固化转印胶	东莞市贝特利新材料有限公司	科技进步三等奖	殷永彪 陶林华 曾建伟 丰正光 唐幸德 王智松 黄火轮
62	23万吨级矿砂船巨型舱口盖研制	东莞凯力船舶有限公司	科技进步三等奖	钟永强 吴廷光 钟永杰 陈少权 沈启佳 胡金海 梁伟坚
63	模块式水冷冷水机组	广东欧科空调制冷有限公司	科技进步三等奖	黄作忠 陈　军 李　波 陈胜辉 王存柱 张　平 崔　敏

续上表

序号	项目名称/姓名	申报单位名称	类别	主要完成人
64	静音环保型柴油发电机组	东莞市星火机电设备工程有限公司	科技进步三等奖	操隆华　黄小标　郎俊峰　刘　博　谷喜红　陈永艺
65	黄唇鱼救护与驯养研究	东莞市海洋与渔业环境监测站、东莞市南方特种水产研究所	科技进步三等奖	卢伟华　李希国　路宁宁　张汉霞　刘泽伟　何　蔚　杨志普
66	东莞市森林生态系统碳储量及其碳汇技术研究	东莞市林业科学研究所、华南农业大学	科技进步三等奖	朱剑云　莫罗坚　吕浩荣　苏志尧　叶永昌　刘颂颂　赵晓勤
67	高效节能家用型空气能热水器的关键技术与产品系列的研发	东莞市蓝冠环保节能科技有限公司、广东工业大学	科技进步三等奖	吴永明　申卫红　徐小明　刘茂春　郑　萍　黄友良　杨周辉
68	企业行政资源节能管理系统	东莞市金华电脑开发有限公司	科技进步三等奖	周林春　刘光军　邓德江　陈志锋　潘曾伟　何利勇　高天文
69	梅毒患者外周血T细胞亚群与NK细胞凋亡及其Fas、FasL表达的研究	东莞市常平医院、广东医学院	科技进步三等奖	曾文军　王柳均　蔡康荣　周建华　戚蕉妹　刘根就　徐彦春
70	新型高性能铝合金散热器的熔铸技术与挤压工艺	东莞市奥达铝业有限公司	科技进步三等奖	梁林斌　蓝源清　李四海　苏克斌　钟志培　林勇强　王小安
71	PRRSV重组M蛋白建立PPA-M-ELISA诊断试剂盒的研究	东莞出入境检验检疫局综合技术中心、四川农业大学	科技进步三等奖	黄　伟　陈进会　冯迎春　詹少彤　兰　敏　邱　杨　颜其贵
72	高清薄型化LED平板电视机	东莞市艾炜特电子有限公司、东莞中山大学研究院	科技进步三等奖	徐永键　周　凯　杨香生　谭洪舟　王　冰　张全琪　李建英
73	交通违章代理处理系统	东莞市鼐鑫网络信息技术有限公司	科技进步三等奖	李伟根　孙永辉　欧明佳　何海强　卫林瑶　周红亮　姚伟文
74	超宽幅高效节能电脑电源的研制	东莞市金河田实业有限公司	科技进步三等奖	方植宁　陈平平　赖燕辉　陈名礼
75	慢性非萎缩性胃炎证治研究	东莞市中医院	科技进步三等奖	董明国　周　正　吴　谋　卢晓敏　何金木　王文辉　王世平
76	大功率LED透镜设计与制造技术	广东宏磊达光电科技有限公司	科技进步三等奖	黄哲人　谢尚云　李　博　颜　坤　管志胜
77	宫腹腔镜联合子宫中隔电切术	东莞市人民医院	科技进步三等奖	陈健华　黎普茜　余　莉　周倩珺　蒋敏桥　钟慧卿　尤洁芳
78	全自动气浮式影像测量仪VMS-6040-II	东莞市嘉腾仪器仪表有限公司	科技进步三等奖	燕海伟　朱允雄　李　波　郑树武　李闰峰
79	子宫颈脱落细胞学检查、人乳头状瘤病毒检测、阴道镜同时联合检查在宫颈疾病诊断中的应用价值	东莞市高埗医院	科技进步三等奖	王永霞　温兰妹　曾胜兰　黄建春　仲　燕
80	阿托伐他汀在急性冠脉综合征的临床应用研究	东莞市中堂医院	科技进步三等奖	吕　键　李育鹏　李伍娣　郑慧军　郑小天　郭炯光　张国慧
81	东莞市贝特利新材料有限公司		创新企业奖	
82	广东大族粤铭激光科技股份有限公司		创新企业奖	
83	东莞市晖速天线技术有限公司		创新企业奖	
84	东莞宜安科技股份有限公司		创新企业奖	

电子政务

【概况】2011年，东莞市电子政务应用不断拓展和深入，在推进网上办事服务平台建设，促进全市政务信息资源的开发、共享，完善网上办公平台的服务和功能，协调全市电子政务建设等方面得到提高。

【网上办事服务平台运行】2011年3月，东莞市召开多场网上行政服务推进工作座谈会，邀请各政府部门就行政审批服务的现状提出网上服务的应用构想及面临的问题，探讨问题的解决方法和推动网上行政服务的有效举措。4月和7月针对不同的功能分别举办2次网上办事服务平台的操作培训。7月，市政府下发《关于加强和规范市网上办事服务平台运行管理的通知》。9月1日，网上办事服务平台正式上线投入使用，提高审批事项的网上服务水平。

2011年底共有46个政府部门合计452项行政许可事项和非行政许可事项在平台上提供网上服务。其中市科技局、市民间组织管理局、市人口和计划生育局、市地震局、市交通运输局和市城市管理局共计103个服务事项已实现全流程网上办理。按省经信委的标准，东莞市的行政许可项目网上办理率达80%，非行政许可项目的办理率达68%，总体办理率是76%。

【电子政务云计算平台建设】“市电子政务云计算平台”是关系东莞市电子政务发展方向的战略性项目，同时也是配合东莞市产业升级战略的实验性项目。2011年，市电子政务办在项目调研、技术部署、操作培训、系统管理等方面与开发商进行大量交流论证，并布置实施硬件设备和系统软件的调试。

【政务信息资源共享】2011年，东莞市在借鉴广东省数据中心、广东省政务资源目录成功经验的基础上，建立东莞市政务信息资源共享平台，编制《东莞市政务信息资源目录体系》，制定政务信息资源目录管理制度。上半年开展市直部门政务信息的全面梳理，并于9月出版《东莞市政务信息资源共享目录（一期）》，在此基础上建设全市政务信息资源目录管理系统。2011年实施“涉税信息”、“双信息公开”这两个政务信息共享交换主题应用，进一步检验和改进全市政务信息资源共享平台和全市政务信息资源目录管理系统两个信息资源共享基础项目的功能。

【政府网站管理】2011年，东莞市加强“中国东莞”政府门户网站建设，优化栏目设置，完善信息更新机制，充实信息与服务内容，通过全面检查和分析，同时加强与各政府部门的沟通和监督，网站在内容的全面性、及时性和权威性方面得到较大提升。在功能上，完成对“中国东莞”网站群平台的功能升级，对网站群内相关子系统如统一服务平台、视频点播和内容搜索等作较大的调整或重新部署，调整优化“中国东莞”网站群平台结构和功能，推进电子政务公众服务体系应用。9月，“中国东莞”政府门户网站进行全面优化改版，推出全新的网上办事服务平台和网络问政平台，拓展网上服务深度，提升网络问政功能，促进政民互动，进一步贴近公众的服务需求。

【全市网上办公系统功能升级】2011年，东莞市完成全市网上办公系统（OA系统）用户组织架构调整升级和网上传真系统同步升级的工作，其中包括对23919个OA用户的ID进行重新注册及修改，同时在升级过程中保障全市91台OA服务器的正常运作。OA系统用户名称结构调整后，市电子政务办指导各OA使用单位的管理员自行利用新用户管理库对本单位的OA用户进行管理。2011年底全市OA使用单位262个，使用人数达19494名。

【政务网络优化】2011年，东莞市进一步优化政务网络系统，新开通专线6条，升级专线2条，并协助各单位进行网络优化及对其建设进行指导。完善政务内网的建设，完成32个镇街及松山湖的分支节点部署，形成由4个闭合环组成的东莞电子政务内网，具备省市镇一级的垂直联网条件。

【全市电子政务建设统筹协调】2011年，市电子政务办为全市电子政务建设做好统筹规划和技术支持，配合做好全市信息化项目的组织实施工作。根据各单位的需求，协助各单位做好信息化项目的规划建设和技术方案审核工作。与有关单位合力筹备和建设视频会议系统、党政内网系统和深莞惠政务信息对接等电子政务项目。

【干部信息能力提升工程配合开展】2011年，市电子政务办继续配合市组织部做好东莞市干部信息能力提升工程的培训和考试工作，提高公务人员的信息技术应用技能，促进电子政务发展。全年共组织35期813人参加干部信息能力提升工程考试，完成42项初、中、高级的考试场次安排及考生准考证生成工作，其中考试合格的有710人，合格率为87.33%。 （方丽荷）

附：2011年东莞市电子政务办公室领导名录

主　任：刘　杰

副主任：谭永康　香伟文

防震减灾

【概况】2011年全球发生7级以上地震20次，全国发生5级以上地震23次，广东省内发生3级以上地震10次，东莞市未发生地震事件，周边地区发生地震也未对该市经济社会造成直接震害影响。截至2011年，东莞市已建成1个具有测震、强震、GPS测量功能的地震综合观测台站，1个前兆综合观测站，8个强震台站，8个群测群防观测点，建立了地震信息实时数据接收系统，具有对辖区及周边1.5级以上地震监测能力。

【“十一五”重点项目建设任务完成】“东莞市石龙—厚街、南坑—虎门断裂探测与地震危险性评价”验收　2011年7月，东莞市组织对2010年度8个专题成果进行验收。10月13日，东莞市召开项目总验收会，由我国活断层探测首席专家徐锡伟担任组长的专家组，听取项目承担单位作1∶5万目标区主要断裂分布图及说明书报告、数据库建设报告、项目试运行报告、项目竣工报告、项目技术总报告、项目监理报告，并经质询和讨论后形成验收意见，项目成果通过验收。

地震安全农居示范村建设　年内东莞市对长安镇上沙沙溪新苑东苑、麻涌镇新基、虎门镇龙眼社区新村、东城立新、厚街桥头村南社小组、沙田镇立沙农民公寓安置新区一期、塘厦镇林村社区二期农民公寓地震安全农居示范村建设进行验收。完成省下达建设10个安全示范村的任务。

完成省市“十一五”监测台站建设　3月完成塘厦强震台建设，5月完成石排强震台建设。实现远程监控、烈度实时显示，为政府开展抗震设防、地震应急等防震减灾工作提供及时准确的决策信息。

【防震减灾“十二五”重点项目实施】颁布实施防震减灾“十二五”规划 《东莞市防震减灾“十二五”规划》经过调研、初稿撰写、征求意见、规划修改和专家评审等程序，2011年7月20日，印发至各镇人民政府（街道办事处）和市府直属各单位贯彻执行。

建成建设工程抗震设防管理服务平台 项目4月起建设，12月通过验收，投入使用，为东莞市城市规划、国土利用、项目选址、制定防震减灾措施与落实抗震设防提供科学依据。服务平台具有地震安全性评价自动判定和建设工程场地地震地质资料查询功能，实现办事事项外网申报、网上预审、内网审批，提高建设工程抗震设防管理水平。

实施地震应急避险场所规划 《东莞市地震应急避险场所专项规划纲要（2011—2020）》和《东莞市区（中心城）地震应急避险场所专项规划（2011—2020）》完成编制，分别在8月、12月通过专家评审，作为东莞市地震应急避险场所选址、设计、建设依据。

【地震监测】2011年，东莞市地震监测部门坚持执行日、周、月地震监测资料收集管理制度，及时发现并排除设备故障。全年共处理设备故障22次，没有出现信息记录中断现象，保障微观地震监测与宏观观测信息的连续、完整。年内按时完成六期跨断层GPS测量，累计完成13期测量。收集2011年度测震、GPS、重力、前兆和群测群防资料，综合分析研究，形成《东莞市2012年度地震趋势会商报告》。

【抗震设防管理】东莞市地震局是市重点项目前期工作并联审批立项手续节点“地震安全评估”、施工许可手续节点“抗震设防要求备案审查”两个事项的经办部门，2011年按要求制定并联审批工作细则。8月1日起，试行《东莞市地震局行政处罚自由裁量标准》。10月，形成《东莞市地震安全性评价和抗震设防要求管理办法（修订征求意见稿）》。更新“地震安全性评价单位资质备案”、“地震安全性评价单位在莞承接业务备案”和“建设工程抗震设防要求备案”3个备案事项的办事服务指南。全年共办理68项重要建设工程项目承接业务备案，73项建设工程项目抗震设防要求备案。完成对虎门、长安、厚街3个镇校安工程三年规划验收考核。

【地震应急能力建设】创建综合减灾示范社区 2011年，东莞市印发《东莞市推进全国综合减灾示范社区创建活动方案》，将《东莞市社区防震减灾管理标准》纳入创建目标。11月，对全市15个创建综合减灾示范社区进行检查验收。

镇街开展地震应急综合演练 5月26日，洪梅镇在洪梅中学举行地震应急救援综合演练。演练以洪梅镇发生4.9级地震局部区域受损为背景，省地震应急救援队、市地震应急救援队、镇应急办、公安分局、消防大队、安监分局、武装部、洪梅医院、洪梅中学等18个部门和单位共1300多人参加。

地震现场考察 6月，东莞市组织12名地震助理员赴云南盈江，在3月10日5.8级地震受灾较严重的飞勐村、勐町村、兴和村进行现场科学考察。

地震应急平台建设 年内实施市应急指挥系统地震应急平台建设，12月5日，通过项目验收。

应急管理课题研究 完成《东莞市地震地质环境与防震抗震体系现状分析研究》课题研究任务，为科学决策提供依据。

组织全市地震应急工作培训班 11月，东莞市组织镇街地震助理员、应急救援队员、群测群防人员、综合减灾示范社区地震助理员和农居示范村地震助理员共64人开展地震应急工作业务培训。

【防震减灾宣传教育】防震减灾宣传 2011年“5·12防灾减灾日”期间，以“减灾安全、建幸福家园”为主题，东莞市地震局开展防震减灾法规和科普知识宣传，各大新闻媒体配合采访，刊登专题文章，回答近期市民热点话题。

应急宣传 3月盈江5.8级地震和日本9.0级大地震发生后，加大防震减灾宣传力度，接受各大媒体采访，及时组织新闻发言通稿，向社会公众发布正确信息、传输防震减灾科普知识，保持社会稳定。

防震减灾科普社会服务 应市委党校、市住建局党委、广东医学院、团中央《辅导员》杂志社、东莞市技师学院、东莞市高级技工学校、寮步香市小学、南城职业中学、厚街海悦学校、中堂实验中学等部门单位的要求，东莞市地震局派员为上述单位开展地震专题讲座。10月19日，东莞市2011年第四季度全市突发事件隐患评估与防范对策会商会在麻涌镇召开，市地震局副局长陈伟东作《地震与应对》专题讲座。

创建防震减灾科普教育基地 年内有41所学校获得2010年度全市防震减灾科普教育学校认定，有64所学校申报2011年度创建工作，12月完成现场考核。5月11日，市地震局、市教育局、道滘镇政府为道滘四联小学举行“广东省防震减灾科普教育基地”挂牌仪式。

【广东省防震减灾示范城市创建】2011年8月5日，东莞市开展实施防震减灾示范城市创建活动。9月20日，市政府正式成立由市分管领导和市宣传、建设、地震、财政、科技、民政、发改、国土等部门组成的市创建“防震减灾示范城市”工作领导小组和创建办公室，并组织开展编制实施方案与工作计划等工作。

（黄宇东）

附：2011年东莞市地震局领导名录

局　长：盘绍凤

副局长：陈伟东

▲东莞市文化广场

气　象

【概况】2011年东莞市天气气候主要特点是：年总降水量1298.6毫米，较常年平均值少29.1%，为自1957年有历史资料记录以来降水第四少的年份；年平均气温22.1℃，比常年平均值低0.5℃；年日照数为2120.1小时,较常年平均值多12.3%；年雷暴日为77天，接近常年平均值。年内降水分布不均匀，全年大多数月份降水量严重偏少，其中8月和12月降水量创历史新低。5月3日开汛，较常年晚，汛期总降水量较常年平均值少32.8%。年内气温变化波动大，1-3月气温均偏低，8月、11月气温偏高，高温日数8天，比常年平均值少4.5天。全年灰霾天数为92天，较上年减少23天。

【主要气候事件】1月气温创历年最低　2011年1月冷空气活动频繁，月平均气温仅10.6℃，比常年平均值低4℃，是东莞市自1957年有历史资料记录以来最冷的1月。月内出现11天平均气温10℃以下的寒冷天气，先后共有6次冷空气南下影响该市。

入汛偏迟　2011年开汛日为5月3日，较常年迟约20天。5月3日受锋面低槽影响，白天到夜间全市普降大雨到暴雨，降水量超过50毫米的有15个镇街，其中最大降水量出现在东城，为66.7毫米。这次降水量达到开汛的标准，意味着该市开始进入汛期。“龙舟水”期间（5月21日到6月20日）降水量为190.1毫米，较历年同期少33.4%，期间只在5月下旬前期、6月中旬中期出现两次暴雨降水过程。

汛期雨少　开汛后，该市降水仍然偏少，4—9月总降雨量为1014.9毫米，较常年平均值少32.8%，为历年偏少第四位。其中8月份降水量仅51.8毫米，较常年平均值少80.3%，是自1957年有历史资料记录以来降水量最少的8月。汛期主要有6次暴雨降水过程，造成部分镇街路段积水、商铺受浸、汽车死火、路上行人受阻等影响。

热带气旋影响轻　全年共有4个热带气旋登陆，较常年偏少，其中对该市有一定影响的热带气旋分别为“海马”和

东莞市气象局

2011年5月25日，东莞市人大常委会组织开展气象防灾减灾能力建设情况专项视察暨代表约见市长座谈会。市委副书记、市人大常委会常务副主任、市委政法委书记黄双福，市人大常委会副主任吕兢、李秀冰、郭水，市人大常委会秘书长陈柏南及人大农工委代表等参加视察，副市长李小梅、副秘书长张永忠和市气象局局长肖永彪陪同

“纳沙”，但无明显破坏性灾害。

后汛期高温热浪时间长 东莞国家基本气象站记录到全年高温（≥35℃）日数为8天，比常年平均值少4.5天，其中6月1天，7月2天，8月5天。

后汛期高温热浪频繁，先后在7月上旬和下旬、8月上旬和中旬、9月上旬四次遭受高温热浪侵袭，其中8月中旬高温预警信号持续时间达到13天。长时间的高温天气，给市民的工作和生活带来一定的影响，还出现一些中暑现象。

初雷最晚，雷击事件少 4月17日受锋面低槽影响，该市出现中到大雨和8级大风，并伴有雷声，是年内第一声雷，也是该市自1957年有历史资料记录以来最晚的初雷。

2011年雷暴日数为77天，接近常年平均值。终雷日是11月5日，偏迟。雷暴日最多为6月，达19天，其次是7月，为16天，8月和9月雷暴日均为13天。

年内发生8起雷击事件，较常年少，其中较为严重的是9月19日15时30分东莞市广深高速公路厚街路段大型设备遭雷击受损，直接经济损失5万元，间接经济损失20万元。

跨年秋冬春连旱出现 2010年10月至2011年4月，该市累计降水量为190.6毫米,比常年平均值少63.2%，为有历史资料记录以来同期降水偏少第三位，属中等程度的秋冬春连旱。加上汛期总降水量偏少，长时间的干旱少雨导致江河、水库水位下降，森林火险气象等级持续偏高。

入秋豪雨及时送 汛期降水偏少，而入秋后的10—11月的降水量则均偏多50%以上。10月中旬和11月上旬末的两次暴雨降水过程，有效缓解前期的干旱，可谓“入秋豪雨及时送”。两次降水过程是：

10月13—14日，受高空槽和弱冷空气共同影响，全市普降暴雨到大暴雨，其中降水量超过50毫米的有24个镇街，超过100毫米的有13个镇街，最大降水量出现在洪梅，为222.2毫米。

11月8—9日，受热带扰动和冷空气

① 2011年1月5日，东莞市气象天文科普馆工程奠基仪式举行。省气象局副局长林献民，副市长李小梅，以及省气象局有关职能处室、市直相关部门和周边市气象局领导应邀出席奠基仪式

② 2011年1月13日，在2011年全国气象局长会议召开间隙，中国气象局党组书记、局长郑国光，中国气象局党组成员、副局长于新文一行到东莞市气象局检查指导工作，广东省气象局党组书记、局长余勇、东莞市政府副秘书长张永忠陪同

③ 2011年1月12日，中央财经领导小组办公室副主任、中央农村工作领导小组办公室副主任唐仁健一行在中国气象局副局长于新文、广东省气象局副局长梁建茵的陪同下到东莞市气象局检查指导工作

④ 2011年3月23日为纪念世界气象日，东莞市气象局召开座谈会，副市长李小梅出席会议并讲话，市人大、市政府应急办及市直相关单位领导出席

共同影响，全市普降暴雨到大暴雨，所有镇街降水量都超过50毫米，最大降水量出现在谢岗，为110.9毫米。

【气象现代化建设】2011年，东莞市气象部门加快业务系统和项目建设。对“东莞气象”影视节目进行改版；“12121”气象信息自动查询系统升级方案、专业气象服务系统通过专家验收；“气候资源调查评估、规划”编制项目顺利结题，针对全市的热量资源、降水资源、太阳能资源和风能资源进行全面、仔细的分析，并计算温度、降雨的重现期和东莞新的暴雨强度公式；闪电定位系统完成招投标工作，进入选点建设阶段；完成3个交通能见度观测仪的建设；完成数据中心数据库的备份；安装7个负离子监测系统；湍流仪、云高仪完成采购；气象灾害防御规划项目完成招标；闪电定位网完成采购和部分选点；海洋站、梯度观测铁塔、“12121”系统升级进入采购招标流程。8月，东莞市委常委会审议并原则通过《东莞市气象事业发展“十二五”规划》，东莞气象现代化建设进入新阶段。

【公共气象服务和重大活动保障】2011年，东莞市气象部门坚持将公共气象服务放在首位，认真做好灾害性、转折性、突发性天气预报预警服务工作，为防灾减灾和重大活动提供气象保障。狠抓基础业务质量，5名观测员被授予“全国质量优秀测报员”称号，预报质量继续稳居全省前列。共发布预警信号7种101次，为政府和相关部门提供快报95期，专报23期，天气报告38期，向8000余名决策短信用户发布决策短信211次，为龙舟赛、第三届中国国际影视动漫及贸易博览会等重大活动提供天气保障301期。

【气象科普宣传】2011年，东莞市气象部门组织开展全市气象灾害应急知识宣传教育月活动，举办市民记者体验气象等11大主题活动；副市长李小梅出席“3.23”座谈会，并在东莞日报发表纪念世界气象日署名文章；宣传教育月期间，共印发预警信号宣传挂图、防雷宣传挂图1万册，气象灾害应急知识小册子5万本，防雷科普知识小册子5万本，发送约976万条公益科普短信。积极参与防灾减灾日、安全生产咨询日、全国科普日等宣传教育活动。承办“东莞创新论坛”第2期“东莞市台风灾害特点及其防御”科普活动。气象科普宣传教育工作以每年3月份的气象灾害应急知识宣传教育月活动为龙头，以气象综合探测基地为依托，以普及防灾减灾和应对气象变化知识为重点，形成“政府主导、部门联动、社会参与”机制，逐步实现科普宣传阵地化、科普活动常态化、科普投入多元化和科普工作规范化。

【人大常委会视察气象】2011年5月，东莞市人大常委会对全市气象防灾减灾能力建设情况进行专项视察。市政府形成《关于落实市人大常委会视察我市气象防灾减灾能力建设工作暨代表约见市长活动所提意见和建议的办理方案》，具体落实市财政每年调增补助资金120万元，推进安全气象示范社区创建工作等事项。（何春燕）

2011年东莞市气象情况

雨量（毫米）	1298.6
平均气温（℃）	22.1
日照时数（小时）	2120.1
暴雨日数（日）	4
热带气旋（个）	0
低温（日）	1
高温（日）	8
霜日（日）	0

注：所有数据除特别注明外，均来源于东莞国家基本气象站。

附：2011年东莞市气象局领导名录

党组书记、局长：肖永彪

党组副书记、副局长：

陈明先（5月起转任党组副书记、纪检组长）

纪检组长、党组成员：

陈润全（5月起转任调研员）

党组成员、副局长：吴志权（5月起任）

① 2011年4月17日，世界气象组织（WMO）第40期多国别考察团在中国气象局国际合作司司长喻纪新、广东省气象局副局长庄旭东等领导的陪同下到东莞市气象局考察。

② 2011年7月8日，2011年“东莞创新论坛”第2期——“东莞市台风灾害特点及其防御”暨气象协理员培训在市科技馆举行。中国工程院院士陈联寿、中山大学环境科学与工程学院教授简茂球、广东省气候与农业气象中心研究员刘锦銮等气象专家应邀出席了论坛。

科普活动

【科普项目考核】2011年，东莞市全民科学素质提升工作首次纳入镇街党政领导班子工作实绩年度分类考核方案，市考核办对各镇街的“人均科普经费投入”指标和“全民科学素质提升”综合评价指标进行考核。

【科普项目资助】2011年，市政府对已实施5年的《东莞市加强科普工作实施办法》作修订，提出新的工作目标体系，创新工作推进措施和资金绩效管理机制，更名为《东莞市科普项目资助实施办法》。科普项目申报采用网络预申报和两级审核机制，共收到申报项目近600项，其中科普教育基地20项、科普标兵社区40项、科普标兵学校36项、镇街科技馆2项、科普活动项目510项（其中重大活动53项，一般活动457项）。

【科普阵地建设】2011年，东莞市南城周溪社区、莞城北隅社区、万江大莲塘社区、大朗镇求富路社区、虎门镇路东社区等5个社区被省科协、省精神文明委办公室、省科技厅命名为“广东省科普示范社区”。东莞松山湖中心小学、石龙第三中学、寮步镇横坑小学等3所学校被省科协、省教育厅、省科技厅命名为“广东省青少年科学教育特色学校（2012—2016）”。

【青少年科普】2011年，市科协、市教育局、环保局等部门联合举办各类青少年科普类活动，举办“科普讲座进校园—低碳环保”活动，走进桥头等8个镇街12所中小学校，以“低碳环保”为主题，结合环境保护、垃圾分类和野生动物、昆虫等主题，向各小学生普及科学知识，参加师生近5000人；组织6000多名学生参与“小手拉大手—低碳生活实践活动”，由学生带动家长，一起参与低碳实践；举办第四届东莞市青少年机器人竞赛，全市83支队伍213名师生参与，选拔优胜队伍参加省青少年机器人竞赛，其中3支队伍获得省一等奖；邀请中科院老科学家开展20场“科普报告希望行” 的科普报告；举办2011市小学生天文知识竞赛，全市48所学校200多名师生参与，选拔出24支队伍72名学生参加广东省天文奥林匹克竞赛活动；委托科学馆开办青少年机器人、天文和益智玩具3个暑期公益培训班。长安镇组织的首届小学生科普知识竞赛，黄江镇组织的青少年科普工艺作品竞赛、青少年现场科幻绘画竞赛，南城、樟木头、寮步等镇街组织的青少年科技创新大赛等科普活动也极大地促进了全市青少年科技教育工作。全年东莞市青少年共参加7次国家、省青少年科技科普活动，获得全国奖104个，其中一等奖48个、二等奖31个、三等奖25个；获省级奖95个，其中一等奖7项、二等奖29项、三等奖59项。

【社会热点科普】2011年，针对日本核泄漏事故，市科协、宣传部、教育局等部门举办“走进神秘的核世界”大型科普展，历时1个月，接待观众2万余人，派发核辐射科普挂图1000套、宣传册1.5万份、宣传单张1万份；配合市散裂中子源项目开工建设，市科协、发改局等举办散裂中子源专题科普展，并在项目所在地大朗镇设立专题科普基地；在全国节能宣传周期间，举办“节能在我身边”主题科普展；为便市民普及生活中的科学常识，市科协、东莞广播电视台合办7期“科普大家谈”电台节目，邀请相关科技专家，通过访谈的形式进行科普实时互动；针对市民重点关注的健康知识，市科协联合市人民医院、中医院深入各镇街举办15期“健康新生活”科普系列讲座；结合农村党员干部培训，在常平、东城、樟木头、中堂等镇街开展系列培训，普及食品安全、卫生保健等知识。

【基层科普】2011年全国科普日期间，市科协在桥头镇举办全国科普日活动的启动仪式，与3个镇联合举办科普展览、科普讲座、科技咨询、健康义诊、科普剧演出、派发科普资料等系列活动，其他镇街科协也结合当地需求与实际，组织实施主题日活动；由60套流动科技展品组成的“科普大篷车”先后到11个镇街20间中小学校巡展，参与师生达3.5万余人次；“科普乐万家”科普晚会在石龙镇举办，近千名石龙市民观看本次晚会；市科协制作100套与企业有关的流动科普宣传栏，开展流动科普宣传栏进企业活动，在各企业巡回展出。举办12场“科普进校园”讲座，提供环保、地震、消防等多套科普展板到桥头、石龙等镇街的学校、社区巡展，观众达3.7万人次。2011年，市科协共征订编印科普挂图10万张、科普书籍3万册、科普DVD 8500张，免费发放给各镇街学校、社区和企业作广泛宣传。（黄　顿）

社会科学

【社科精品力作打造】2011年，为系统总结和全面梳理东莞实施双转型战略5年来的实践经验和亮点做法，为全省乃至全国各地探索转型发展和实现科学发展提供有益参考和借鉴，更好地深度推进双转型战略实施，东莞市社科部门编撰《东莞转型升级研究》和《幸福东莞研究》理论研究著作，由广东人民出版社公开出版发行，市委书记、市人大常委会主任刘志庚为书作序，受到学界、政界及社会各界的赞誉和认可。联合市委党校编撰《东莞经济社会双转型理论与实践》著作，由中国经济出版社出版发行。这3本著作成为东莞市直有关单位、镇街干部和高校、党校、科研机构的重要学习参阅材料。此外，联合东莞理工学院社会发展研究院，编撰出版《2011东莞城市 发展报告——通向最幸福城市的社会管理创新》专题研究著作。将2011年社科优秀课题结集编纂《思考力——东莞经济社会发展研究2011》，由广东省人民出版社正式出版发行。

【社科评奖活动开展】2011年，东莞市社科部门开展东莞市第二届哲学社会科学优秀成果奖（政府奖）评选工作，经过严格的初评、复评和终评，评出著作类、调研报告类和论文类共80项成果，并于12月29日举行东莞市第二届社科优秀成果奖表彰大会。同时，组织15篇学术论文参加2011年广东省社会科学学术年会评奖活动，共有5篇文章获得广东省学术年会论文奖，其中市社科联、社科院有1篇获得一等奖，1篇获得二等奖，2篇获得三等奖；东莞理工学院城市学院有1篇获得二等奖。另外，东莞市《区域图书馆整体协同发展模式及路径研究》和《打工文学的整体观察》获得国家社科基金项目资助。其中《区域图书馆整体协同发展模式及路径研究》获评国家社科基金项目优秀课题。

东莞市第二届哲学社会科学优秀成果奖获奖名单

（共80项）

一等奖

著作类（2项）

成果名称	作者	单位	出版社及首次出版时间
推进基本公共服务均等化研究	达蕃钦著	中共东莞市委党校	广东人民出版社，2010.3
构筑大和谐——东莞社会管理研究	莫安达、王思煜、程春华、唐元松著	东莞理工学院、东莞市社会科学界联合会、东莞市中级人民法院	广东人民出版社，2008.9

调研报告类（2项）

成果名称	作者	单位	首次发表刊物及时间
后危机时代东莞致力加工贸易企业就地转型升级的体会与启示	中共东莞市委政策研究室、东莞市对外贸易经济合作局	中共东莞市委政策研究室、东莞市对外贸易经济合作局	《决策参考》，2010年第23期
东莞产业集群发展中的镇域合作研究	张惠玲、查日升、何清	中共东莞市委党校	《思考力——东莞经济社会发展研究（2010）》，广东省人民出版社，2010.12

论文类（3项）

成果名称	作者	单位	首次发表刊物及时间
区域图书馆整体协同发展的实现路径研究	李东来、冯玲	东莞图书馆	《图书与情报》，2009年第6期
关注生命教育的超越路向与超越意识	李忠红	东莞理工学院	《求索》，2008年第3期
举证责任分配、举证责任倒置与举证责任转移——以民事诉讼为考察范围	程春华	东莞市中级人民法院	《现代法学》，2008年第2期

二等奖

著作类（6项）

成果名称	作者	单位	出版社及首次出版时间
中国刑事公诉制度的现状与反思	黄文艾、黄广进等著	东莞市人民检察院	中国检察出版社，2009.1
中国农民工政策研究	刘小年著	东莞理工学院	湖南人民出版社，2007.8
东莞软实力	李智勇等著	东莞经济与城市发展研究会	中共中央党校出版社，2008.12
广东省东莞市抗战时期人口伤亡和财产损失	中共东莞市委党史研究室编	中共东莞市委党史研究室	中共党史出版社，2008.12
2009东莞城市发展报告——金融危机下的产业升级和社会热点	邓宇鹏等主编	东莞理工学院	中国经济出版社，2010.2
非婚同居法律制度比较研究	王薇著	中共东莞市委党校	人民出版社，2009.2

调研报告类（8项）

成果名称	作者	单位	首次发表刊物及时间
推动新莞人融入东莞城市社会研究报告	孙霄汉、王学敏、查日升等	中共东莞市委党校	《东莞市情报告》，2010年第6期
关于当前影响我市社会稳定突出问题及对策的调研情况报告	东莞市公安局指挥中心调研科	东莞市公安局	内部调研，2010.7
东莞经济社会转型与职业教育发展研究	杨洋、朱彩莲、蒋键等	东莞职业技术学院	《东莞市情报告》，2010年第10期

续上表

成果名称	作者	单位	首次发表刊物及时间
传承莞香文化打造现代香都	中共寮步镇委员会	中共寮步镇委员会	《东莞宣传工作》，2010年第12期
东莞市大朗镇再亮剑推出“六招”举措推进毛织业转型升级	大朗镇宣传教育办	中共大朗镇委员会	《研究报告》，2010年第20期
东莞后备上市中小企业内部控制研究	高香林、肖莉、鞠成晓等	东莞理工学院城市学院	《东莞社科论坛》，2010年第4期
东莞“三旧”改造重点问题研究	赵书山、王雄文、徐小娟等	东莞理工学院城市学院	《东莞社科论坛》，2010年第4期
东莞市非公企业员工心理及思想状况的调研报告	赖昆鹏	东莞市精神文明建设委员会办公室	《领导信息专报》，2010年第20期

论文类（10项）

成果名称	作者	单位	首次发表刊物及时间
东莞模式：成功与启示	中共东莞市委宣传部、东莞市社会科学界联合会联合课题组	中共东莞市委宣传部、东莞市社会科学界联合会	《发展和改革蓝皮书》，社会科学文献出版社，2009.10
东莞转型	中共东莞市委政策研究室	中共东莞市委政策研究室	《东莞转型》，人民出版社，2010.10
努力破解转变经济发展方式难题——以广东东莞市为例	李秋阳	中共东莞市委党校	《学术论坛》，2010年第4期
产业与劳动力双转移：机遇与挑战——珠三角经济圈对外经济联系与地缘经济关系匹配分析	邓春玉	东莞市社会科学院	《广东转变发展方式的新探索—2009广东社会科学学术年会论文集》，广东人民出版社，2010.12
世情叙事中的经验确证——王十月论	胡磊	东莞市文化广电新闻出版局	《中国作家》，2010年第8期
农村党组织书记公推直选研究——以广东省东莞市为例	韦绍福	中共东莞市委党校	《人民论坛》，2009年12月（中）总第276期
儿童视域里的后乡土世界——以张绍民诗歌创作为例	柳冬妩	东莞文学艺术院	《文艺争鸣》，2008年第12期
公共医疗服务的有效供给——民间资本的引入与治理	朱晓红	东莞理工学院	《中国行政管理》，2010年第5期
税收征管激励制度设计	李传志	东莞理工学院	《经济问题》，2009年第10期
唤醒学生的生命意识——在中学语文学科教学中渗透生命教育的思考	朱河清	东莞市教育局	《现代教育论丛》，2010年第11期

三等奖

著作类（13项）

成果名称	作者	单位	出版社及首次出版时间
作为平等的人受到对待的权利——德沃金的少数人权利法理	郑玉敏著	东莞理工学院	法律出版社，2010.6
明代词学之建构	余意著	东莞理工学院	上海古籍出版社，2009.7
中国社会分层的结构与演变	李毅著	东莞理工学院	安徽大学出版社，2008.9
中国特色社会主义理论对马克思主义科学世界观的理论贡献	朱志德、权文荣著	东莞理工学院城市学院	云南人民出版社，2010.9
廉泉——东莞古代廉政文化作品集	中共东莞市纪委、东莞市监察局、东莞市纪检监察学会编	中共东莞市纪委	花城出版社，2009.12
市场营销与策划	范明明主编	东莞职业技术学院	化学工业出版社，2010.2
企业人力资源管理经典案例	刘永安著	东莞理工学院	清华大学出版社，2007.9
知识产权与图书馆权利的协调与平衡	陈伟、汪琼著	东莞理工学院城市学院	化学工业出版社，2009.10
德行天下	吴房添著	东莞市长安中学	吉林文史出版社，2009.9

续上表

成果名称	作者	单位	出版社及首次出版时间
东莞可园博物馆丛书	东莞市可园博物馆编	东莞市可园博物馆	广东人民出版社 2008.4
信息资源检索	刘英华、赵哨军主编	东莞理工学院	科学出版社，2010.8
九十年代中国文论转型——接受研究的视角	陈庆祝著	东莞理工学院城市学院	中央编译出版社，2009.7
创建精品学校的实践与思考	刘建强著	东莞市东城区第五小学	天津教育出版社，2010.3

调研报告类（14项）

成果名称	作者	单位	首次发表刊物及时间
整合文化资源 打造特色文化——虎门镇文化建设情况调研报告	虎门镇党政办公室	中共虎门镇委员会	《东莞调研》，2010年第17期
东莞建设智慧城市研究	张出兰、张志民	东莞市社会科学院	《东莞市情报告》，2010年第11期
把握网络传播特点 做好网络舆情应对处置——东莞市网络舆情专题培训班调研思考	曾立斌、林环、马昌梧	中共东莞市委宣传部	《广东宣传》，2010年第8期
东莞构建普惠型基本公共服务体系研究	罗瑜亭	东莞市社会科学院	《东莞市情报告》，2010年第9期
推动广东省无线电产业科学发展的法制建设研究	赵卫华、达蕃钦、孙玮等	中共东莞市委党校	内部调研，2009.12
关于建立刑事被害人司法救济制度的调研报告	东莞市中级人民法院课题组	东莞市中级人民法院	《法律适用》，2010年第1期
东莞族群演变与融合研究报告	于鹏杰、罗瑜亭	东莞市社会科学院	《东莞市情报告》，2010年第4期
落实《纲要》抢抓机遇——推动特大镇行政体制改革	黄华	中共虎门镇委员会	《广东经济》，2009年第7期
民办高校法人治理结构和规范化管理研究	王山	广东科技学院	内部调研，2010.11
模具人才培养与劳动力市场相适应的调查和政策研究	张维合、王会丽、苏畅安	广东科技学院、东莞智通职业培训学校	《模具制造》，2009-2010年总第101、103、105、107期
关于大力推进商标（品牌）战略的思考	东莞市工商行政管理局	东莞市工商行政管理局	《决策参考》，2009年第24期
关于提高征管质效的综合思考	刘丹	东莞市国家税务局	《调研与参考》，2010年第1期
增值税转型对我市经济税收的影响	邝照东、韩穗芳、黄永华等	东莞市国家税务局	《国税调研》，2009年第12期
加快莞台金融合作步伐的若干建议	麻文奇	中国人民银行东莞市中心支行	内部刊物

论文类（22项）

成果名称	作者	单位	首次发表刊物及时间
中国改革开放的一个精彩而生动的缩影——东莞奇迹·东莞特色·东莞经验	陈立平	中共东莞市委党史研究室	《纪念改革开放三十周年学术研讨会论文集》，中共党史出版社，2010.1
岭南黄大仙考辨——以罗浮山野人传说为中心	阎江	东莞理工学院	《宗教学研究》，2007年第1期
论珠三角文化一体化的必然趋势	刘建中	中共东莞市委党校	《北京行政学院学报》，2010年第3期
千年莞香及其文化血脉的传承	袁敦卫、刘建中	中共东莞市委党校	《文化遗产》，2010年第4期
论图书馆泛在服务模式实现的路径和方式	蔡冰	东莞图书馆	《图书情报工作》，2009年第13期
中国民粹主义研究的新视角	徐小娟	东莞理工学院城市学院	《法制与社会》，2008年第8期
学校、家庭、社区协同创建“学习型家庭”的研究	黄大红	东莞市长安镇乌沙小学	《中国家庭教育》，2008年第3期

续上表

成果名称	作者	单位	首次发表刊物及时间
城市规划对房地产开发的调控分析——以东莞市为例	杨景胜、张子恒	东莞市城乡规划局、东莞市东城建筑规划设计院	《珠江经济》，2008年第9期
解读中国检察制度的三个思维视点	余辉胜	东莞市人民检察院	《人民检察》，2008年第9期
关于大学生网络成瘾的三因子系统解析	陈海华	东莞理工学院城市学院	《学校党建与思想教育》，2010年第6期
试论医疗法现存问题及其立法构想	雷光和	广东医学院	《法制与社会》，2010年第1期
我国医疗技术人体试验立法的若干思考	陈小嫦	广东医学院	《医学与哲学（人文社会医学版）》，2008年第10期
谈职业院校学生个人竞争能力的培养	邵翠兰、刘玉侠	广东科技学院	《教书育人（高教论坛）》，2010年第9期
市场经济视域下调整完善教育管理体制改革目标模式的路径	彭先兵	广东科技学院	《当代教育科学》，2009年第1期
以产业集群推动地区经济转型升级研究——以东莞茶山镇食品产业集群为例	刘斌	东莞理工学院	《财经问题研究》，2010年第5期
企业技术创新能力研究	王芳、刘永安、何家林	东莞职业技术学院、东莞理工学院	《企业经济》,2010年第7期
东莞市工厂女工性知识的社区护理干预效果研究	代少艳、潘敏、雷伶俐等	东莞市东华医院	《中国实用护理杂志》，2010年第2期
不设区、县的地级市申报“较大的市”相关法律问题研究	王平	东莞理工学院	《法学杂志》，2010年第10期
社会主义新农村建设与湖南小城镇发展战略	贺定修	东莞职业技术学院	《湖南城市学院学报》，2009年第3期
诉权配置与主体拓展——以反不正当竞争诉讼为视角	陈晓艳	东莞市中级人民法院	《法律适用》，2010年第4期
权利限制，论知识产权对图书馆权利的适应	汪琼	东莞理工学院城市学院	《现代情报》，2008年第7期
从文学批评到文化批判——伊格尔顿的文化政治理论述评	李林洪	东莞职业技术学院	《东岳论丛》，2010年第9期

2008—2011年社会科学著作

书名	著者	出版社	出版时间
《东莞30年——一个沿海开放地区建设中国特色社会主义的成功实践》	主编：王道平	广东人民出版社	2008
《跃迁大未来——东莞发展模式转型研究》	陈荣平、黎高明、吴维初	广东人民出版社	2008
《构筑大和谐——东莞社会管理研究》	莫安达、王思煜、程春华、唐元松	广东人民出版社	2008
《铸就城市之魂——东莞文化软实力研究》	周薇、田根胜、夏辉	广东人民出版社	2008
《农民的嬗变——东莞亚市民现象研究》	肖锦全、李洪君、漆志平	广东人民出版社	2008
《打造城市之基——东莞和谐社区建设研究》	杨靖波、赵卫华、张惠玲、林举英	广东人民出版社	2008
《先行先试——<纲要>框架下东莞新一轮改革发展纵横谈》	主编：王道平 副主编：叶泽驹、杨靖波、王思煜、龙家玘	广东人民出版社	2009
《思考力——东莞经济社会发展研究2009》	王思煜、龙家玘	广东人民出版社	2009
《思考力——东莞经济社会发展研究2010》	王思煜、龙家玘	广东人民出版社	2010
《2009东莞城市发展报告——金融危机下的产业升级和社会热点》	主编：邓宇鹏、王思煜 副主编：赖树佳、刘继云、龙家玘	中国经济出版社	2010
《2010东莞城市发展报告——绿色发展视角下的城市升级》	主编：邓宇鹏、王思煜 副主编：刘继云、陈端计、龙家玘	中国经济出版社	2011
《2011东莞城市发展报告——通向最幸福城市的社会管理创新》	主编：邓宇鹏、邓春玉 副主编：陈端计		
《东莞转型升级研究》	王思煜	广东人民出版社	2011
《幸福东莞研究》	邓春玉、张出兰	广东人民出版社	2011
《东莞经济社会双转型理论与实践》	达蕃钦、王思煜、孙霄汉、查日升、祝俊峰	中国经济出版社	2011

教　育　EDUCATION

东莞中学鸟瞰

- 高中教学质量持续提升
- 东华教育集团成功打造教育品牌
- 新莞人子女义务教育大幅推进

编辑：刘　丹

基础教育

【学前教育】 2011年，东莞市有幼儿园758所，其中公立集体办园175所，民办园583所，基本满足常住人口适龄幼儿入园需求。3至6周岁在园幼儿22.77万人，入园率达95.4%，比上年提高0.05%。全市幼儿园教职工2.62万人，其中园长、教师1.63万人。幼儿园园长持证上岗率为92%。教师学历达标率99%，大专以上学历占42.1%。全市有省市一级幼儿园105所，其中省一级幼儿园13所，新增市一级幼儿园4所。

制定出台《关于加快学前教育改革发展的意见》、《东莞市学前教育三年行动计划（2011—2013年）》、《关于加快公办（集体办）幼儿园建设工作的通知》等文件，进一步强化政府责任，明确工作目标和保障措施，促进学前教育整体提升。

【九年义务教育】 2011年，东莞市有小学324所，比上年减少6所。小学在校生57.83万人，比上年增加2.6万人，适龄儿童入学率达100%，东莞户籍毕业生升学率达100%。全市有初中179所，其中初级中学49所，九年一贯制学校116所。完全中学初中部9所，多层次学校初中部9所，初中在校生18.94万人，比上年增加1554人，东莞户籍适龄少年入学率为100%，辍学率为0.22%。东莞户籍初中毕业生3.35万人，升入各类高中阶段学校就读的学生3.28万人，升学率98.01%，比上年提高0.1个百分点。

【新莞人子女义务教育】 2011年，东莞市义务教育学校非东莞户籍学生56.87万人，比上年增加4万多人。非东莞户籍小学生46.53万人，比上年增加3.27万人，其中在公办小学就读的非东莞户籍小学生11.02万人；非东莞户籍初中生10.34万人，比上年增加0.74万人，其中在公办初中就读的非东莞户籍初中生2.27万人。

2011年是实施《东莞市新莞人子女接受义务教育暂行办法》的第三年，全市义务教育阶段公办学校起始年级为新莞人子女提供学位14564个，比上年增加1544个，增幅12%。通过简化新莞人子女积分入学办理程序、增强服务意识、提高服务质量和效率，提升社会对积分入学政策的满意度。全市通过积分制入读义务教育阶段公办学校起始年级的新莞人子女16283人，比上年增加1471人，其中小学一年级11078人，初中一年级5205人。根据省、市有关政策精神，共安排华侨华人和台胞子女163人在东莞市就读。

【普通高中教育】 2011年，东莞市有普通高中（含完中和多层次学校高中部）38所，比上年减少2所，在校生7.36万人，比上年增加3264人，普通高中在校生与中等职业技术教育在校生比例约为6:4。加快东莞高级中学新疆校区的扩建工程，完善学生信息监管和出入管理，建立民族教育工作信息定时上报机制，及时研究和解决新疆班教育发展遇到的问题和难题，切实为603名在校新疆学生提供安全舒适的学习环境。

【特殊教育】 2011年，东莞市认真贯彻执行《教育法》、《残疾人保障法》和《残疾人教育条例》及省有关文件精神，加强特殊教育现状调研，抓好特殊教育学校建设规划和管理工作，加快推进特殊教育事业发展。全市残疾儿童少年在校生1117人，适龄残疾儿童入学率为98.8%，与去年持平；适龄残疾少年入学率98.2%，比上年提高0.03个百分点。

【学生思想道德建设】 2011年，东莞市着力抓好德育基础工作，深化社会主义核心价值体系建设。组织开展建党90周年、“幸福东莞　和谐家园”、“我们的节日”主题教育活动。以初中生为主要对象进行爱国主义教育巡回宣讲24场。继续开展书香校园创建活动，4所学校被省授予“书香校园”称号。开展“争当快乐信使　传递东莞精彩”第六届中小学生书信活动，举办“永远跟党走，青春献祖国”成人礼宣誓活动，举办中职学校技能文化节活动。东莞市中小学德育基地4月正式投入使用。制定《东莞市中小学生社会实践基地管理办法》，面向社会命名39个东莞市中小学生社会实践基地。联合市文明办，在各镇街试点开设34个学校少年宫。组织开展中小学校德育工作绩效评估，将86所市一级学校认定为东莞市德育示范学校，初步建立中小学校德育工作自我评价和完善机制。

【体育卫生艺术教育】 2011年，东莞市进一步加强全市学校体育工作，督促学校落实中小学生每天1小时校园体育活动，推进“体育、艺术2+1项目”，认真完成《国家学生体质健康标准》数据上报工作，切实提高青少年学生的体质健康水平。4月举办2011年东莞市中学生足球比赛，10月举办2011年东莞市中学生篮球比赛，11月举办2011年东莞市中学生田径比赛暨东莞市青少年田径锦标赛。有13所学校通过省级体育传统项目学校评估验收，被评为2010—2012年度广东省体育传统项目学校。光明中学代表广东省参加2010—2011赛季中国高中男子篮球联赛，获得南中国赛区冠军和总决赛亚军。常平中学参加2011年广东省篮球传统项目学校比赛，获第一名。

加强疾病预防控制和学生健康教育工作，继续做好学生晨检、因病缺课病

各级领导关怀教育事业发展

① 2011年5月25日，广东省副省长宋海（前排右二）、教育厅厅长罗伟其（前排右三）到东莞中学视察

② 2011年9月1日，市委书记、市人大常委会主任刘志庚（前排左四），市长李毓全（前排右四）等领导共同为市第六高级中学落成剪彩

2011年东莞市普通高考（普通高中类）考试录取情况

普通高中毕业生数	参加高考考生数	入围人数			录取人数			高考录取率（%）	每万户籍人口升大学人数
		总数	其中		总数	其中			
			本科	专科		本科	专科		
22095	22266	19588	10861	8727	21358	11901	9457	95.9	127（在全省地级以上市排列第一）

因追查与登记、报告工作，强化学校日常卫生管理，落实学生健康体检工作，开展手足口病等疾病的监测、预防控制和宣传教育。继续开展青春期健康教育等系列健康教育活动，促进学生养成文明、健康的生活方式。

加大学校艺术教育工作管理的力度，进一步推进校园文化建设。举办2011年东莞市中小学生版画、陶艺作品选评活动，20件版画、陶艺作品获省首届中小学生陶艺和版画作品比赛一等奖。开展中小学生艺术展演（声乐、舞蹈专场）活动，全市共有130个声乐作品、88个舞蹈作品参加市级展演。参加广东省首届中小学生合唱比赛，5个合唱作品获一等奖。

【心理健康教育】2011年，东莞市继续落实省四个规范性文件精神，全面推进“心理健康教育促进工程”。举行5期C证培训班，培训教师2000余名，基本完成教师心理健康教育C证全员培训。选派36名骨干教师参加省心理健康教育A、B级教师培训班。组织3期心理健康教育示范活动。举办2期中小学心理教师团体辅导培训班和专题报告会。举办“东莞市中小学生心理危机干预示范活动暨危机应急预案机制研讨会”。调整充实“东莞市中小学心理健康教育指导中心”，开通“东莞市中小学心理健康教育指导中心网站”，健全市、片、镇、校心理健康教育网络，全面推进全市心理健康教育工作的科学发展。

【教学质量】2011年，全市参加高中阶段学校招生考试有165所学校，参加考试学生有42908人，平均分518.53分，合格率69.71%，优秀率27.57%。小学毕业自查，语文、数学、英语的优秀率、合格率比上年均有明显提高。在国家和省组织的各类学科竞赛中，共有1190人次获奖。

高中教学质量持续提升。东莞市参加高考26209人，其中普通类22266人，高职类3943人。高考上线入围总人数保持平稳增长，本科上线入围人数首次突破万人大关，再创新高。普通类考生录取率达95.9%，高出全省平均水平14个百分点，每万户籍人口升本科人数为59人，每万户籍人口升本、专科累计人数为127人，以上三项指标均继续名列全省第一。全市高考成绩连创佳绩，实现持续增长：一是上线录取全面丰收。上线入围方面，普通类考生有22266人，第一批本科上线入围2261人，其中文理科考生入围2168人，入围率10.63%，比全省平均水平高3.33个百分点；第二批本科以上入围10861人，其中文理科考生入围10023人，入围率49.15%，比全省平均水平高7.95个百分点，本科上线人数首次突破万人大关；第三批专科线以上入围19588人，入围率87.97%。录取方面，普通类考生录取率达95.9%，高出全省平均水平14个百分点；第一批本科院校第一志愿组投档率达95%，比全省平均水平高4个百分点；全市本科录取率53.4%，比全省平均水平高17.3个百分点。全共有2255名考生被提前批和重点院校录取。录入全国著名高校的人数保持强劲的增长势头，录入全国15所重点名校共有119人，同比增加32人，增幅达36.8%，其中录入清华大学9人、北京大学11人、中国人民大学6人、香港中文大学2人、复旦大学3人、浙江大学10人、南京大学10人、上海交通大学5人、上海财经大学5人、中国科学技术大学2人、同济大学3人、南开大学6人、吉林大学12人、武汉大学18人、华中科技大学17人。录入省内重点院校考生人数继续保持较大规模，其中录入中山大学236人，华南理工大学104人，暨南大学107

① 2011年12月29日下午，市教育局与广东电子工业研究院在银城酒店共同签署“以云计算技术推动东莞教育信息化建设”合作框架协议。常务副市长冷晓明（站者左三）、副市长吴道闻（站者左二）出席签约仪式，市教育局局长杨靖波（坐者左）与广东电子工业研究院院长季统凯（坐者右）代表双方签字

② 2011年12月29日，以“祝福2012”为主题的“东莞市普教系统新年音乐会”在市青少年活动中心拉开帷幕。市委常委、宣传部部长潘新潮、市人大常委会副主任冯同恩、副市长吴道闻、市政协副主席朱伍坤、市纪委副书记杨晓棠、市教育局局长杨靖波以及市教育局全体领导班子成员出席此次音乐会

2011年10月18日下午，东莞市十八岁成人教育系列活动之——“青春献祖国，永远跟党走”东莞市中学生2011年成人礼活动在东城职业技术学校举行。市委常委、市纪委书记甄瑞湖，副市长吴道闻，市教育局局长杨靖波等参加活动

人，广东外语外贸大学257人，华南师范大学355人。另外，还有2人被香港大学录取。二是各类考生全面发展。高考应届考生文科考生10312人，三B以上入围9073人，其中本科以上入围4369人；理科考生9202人，三B以上入围8118人，其中本科以上入围5106人；音乐类考生329人，三B以上入围306人，其中本科以上入围195人；美术类考生1079人，三B以上入围939人，其中本科以上入围419人；体育类考生419人，三B以上入围283人，其中本科以上入围194人。另外，还有73名学生获得体育尖子加分，9名学生获得学科竞赛活动类加分，33名学生通过自主招生被重点大学录取。三是公办、民办学校协调发展。公办学校应届考生16056人，三B以上入围14151人，本科以上入围7572人。民办学校应届考生5285人，三B以上入围4568人，本科以上入围2711人。东莞高级中学新疆班137名毕业生参加高考，有136人达到教育部划定内高班高考重点和本科录取分数线，均被全国本科院校录取。

职业教育

【中等职业教育】 2011年，东莞市有公办中等职业学校15所（含东莞市高级技工学校），民办中等职业学校（含民办技工学校）11所，其中有省和国家级重点11所。中职学校招生人数2.06万人，比上年增加843人，增长4.3%；在校生5.28万人，省级以上重点中职学校在校生人数占整个中职学校在校生人数的60.5%；接收本省东西两翼和粤北山区的“双转移”学生8487人，比上年增加1928人，增幅达29.4%。全市中职学校共有教职工2875人，其中专任教师2236人；共有“双师型”教师769人，占专任教师的54.27%。

中职学校开设的专业有电子、计算机、会计、金融、服装、毛织、家具、模具、数控技术、汽车、旅游等30多个种类，其中省级重点建设专业有10个。

为进一步整合优化中职教育资源，提高中职整体实力，今年停止道滘中学、万江二中两所普通中学附设职业高中班的招生，并将两所中学的中职在校学生分流到东莞理工学校。撤销石龙职业技术学校、石碣职业中学、麻涌职业中学三所条件不达标的中职学校，在校学生合并到新建的市信息职业技术学校。为了加快示范学校建设，将市经济贸易学校与市职业技术学校合并，合并后沿用“东莞市经济贸易学校”名称；将东城职业技术学校与南城职业中学合并，合并后沿用“东莞市东城职业技术学校”名称。

为促进全市职业教育改革与发展，制订《东莞市职业教育“十二五”发展规划》和东莞市职业教育综合改革促进工程方案。

根据《教育部国家发展改革委财政部关于举办内地新疆中职班的意见》，制定《东莞市内地新疆中职班办学工作方案》，由威远职业高级中学负责开办中等职业教育内地新疆班，开设服装设计与工艺专业，招收新疆籍学生93人。内地新疆中职班于2011年10月13日顺利开学。

根据国家、省、市的有关要求，全年对30177名符合发放条件的中职学生进行资格审核，共发放国家助学金4526.5万元。共为210名中职学生落实中等职业学校家庭经济困难学生免学费政策，共免学费42.3万元；共对11727名本省东西两翼和粤北山区“双转移”学生进行资格审核，共发放补助资金2734.9万元。

全市中职学生共有1.96万人考取从业资格证书及技能等级证书，其中获得中级以上技能证书有1.58万人。东莞市中职学生的升学就业率达98.32%。

① 2011年3月20日，2010—2011年全国中学生男子篮球联赛半决赛在东莞体育馆举行，市光明中学队以71比68主场战胜北京密云二中队，晋级全国决赛。图为副市长吴道闻主持开球仪式

② 2011年4月25日，市中小学校德育基地举行开办典礼

成人教育

【成人教育】 2011年全市有5所成人高等教育机构，32所乡镇成人文化技术学校（其中省级示范成校10所），209所民办成人教育培训机构，全市各类成人教育培训年培训量达51.6万人次。成人高等学历教育保持稳定发展，各镇街成校、民办成人教育机构与省内外高等院校联合办学，有31所成校、27个民办培训机构分别与40所高校联合举办成人本科、大专函授班以及网络远程教育学历班，各类成人高等学历教育在校生规模达47712人。初步建立市、镇、社区三级成人教育服务平台，举办各类技能培训、职业资格认证培训、文化艺术培训、成人高考与自学考试考前辅导等，为东莞市民提供多元化的成人教育服务，有效地促进全市人口素质的提升。东莞市成人教育协会获广东省成人教育先进集体。

【成人高考】 2011年，全市共21310人报名参加成人高考，其中报考专科起点升本科类8085人，高中起点升本科类92人，高中起点升专科类13133人，报考人数位列全省第三，比上年增长5.4%，增长率位列全省第三。全市共设东莞中学、市第一中学等16个成人高考考场，715个试室。全市成人高考录取总人数18446人，比2010年增456人，其中专科起点升本科类7335人，高中起点升本、专科（含脱产）11111人，录取率为86.6%。

【自学考试】 2011年，全市自学考试报考总人次为52423人次，比上年增964人次，增幅1.9%，报考总科次为107447科次。非学历证书考试累计报考人数为1496人，同比增412人，报考总科次为3024科次。毕业生2368人，同比增154人，其中本科718人，专科1650人。有64人获得中英合作剑桥高级金融管理证书，有167人获得中英合作剑桥高级商务管理证书。

民办教育

【民办教育】 2011年，东莞市推动和规范民办教育的发展。全市经教育行政部门批准开办的民办中小学244所，其中办学层次为小学的有110所，九年一贯制学校114所，初级中学9所，高级中学1所，完全中学1所，从幼儿园到高中的多层次民办学校9所；批准开办的民办幼儿园583所，比上年增加31所。全市民办中小学和民办幼儿园在校生65.35万人，其中，民办中小学48.23万人，民办幼儿园17.12万人。全市共有专门招收新莞人子女的民办中小学校217所。根据市府办文件《东莞市民办学校扶持专项资金使用管理办法（试行）》精神，给予全市110所民办学校共1000万元专项资金，用于鼓励和扶持民办学校发展。

教育行政

【教育投入】 2011年，东莞市教育总投入125.13亿元，比上年增加30.77亿元，增长32.61%。其中，财政性投入85.44亿元，比上年增加27.71亿元，增长48%。

继续落实全免费义务教育政策。做好免费义务教育补助经费的下拨工作。除公办小学、初中少收的杂费和课本资料费按二级办学的有关规定全部纳入正常经费供给渠道，不另拨款外，市镇两级财政共下拨民办学校免费义务教育补助经费2169.52万元，其中市下拨1752.63万元，镇街财政下拨416.89万元，确保东莞市免费义务教育工作顺利实施。

保障学校教育经费正常投入。根据二级办学教育经费分担的有关规定，市财政按核定标准下拨直属学校公用经费等教育经费26.45亿元（包括地方教育费附加4.42亿元和土地收益用于教育1.81亿元，但不包括教育收费4.02亿元），并继续加大对镇街教育经费的投入，全年下拨镇街教育补助经费11.36亿元。同时，镇街财政相应投入教育经费47.63亿元，有效保障学校的正常运作。

不断加大学校校舍建设投入。东莞市学校基建总投入17.41亿元，全年新建、扩建、改建公民办学校（幼儿园）64所（含跨年度建设学校及幼儿园），竣工建筑面积90.57万平方米。至年底，生均校舍面积小学10.39平方米，中学22.96平方米。

继续完善公办学校教育装备。市镇财政对全市各类公办学校教育装备总投入1.323亿元，其中投入电教、信息类装备1.133亿元，图书资源类设备497万元。全市各类公办学校教育装备总值达20.72亿元，比上年增加1.36亿元，增长7.02%。

民办教育经费投入持续增长。民办教育经费总投入33.32亿元，比上年增加3.3亿元，增幅10.99%，民办教育经费占全市教育经费总投入的26.63%。

【师资队伍建设】 2011年，东莞市普教系统事业单位295个，在编在职公办教职工2.52万人，其中，本科学历2.02万人，研究生学历549人，高级职称1905人，中

2011年11月25日，市教育局局长杨靖波（前）到北师大翰林实验学校实地调研校车管理情况

级职称1.26万人。市内学校间调整调动396人，调入教育系统141人，调往外市13人，调出教育系统30人。退休105人，辞职61人，辞退4人。共接收安置随军家属、军转干部家属6人，为243名师范类应届毕业生和439名社会申请人办理教师资格认定。通过中学高级专业技术资格评审259人，小学高级教师（副高级）专业技术资格评审10人，中级专业技术资格评审1700人，初级专业技术资格评审466人，大中专毕业生初次认定407人。

2011年1月和5月，两次面向社会公开招聘公办教师岗位716个，通过学科水平测试、试讲和统一考核等程序，录用新教师518名，其中硕士研究生40名。12月，组织25所学校赴华中地区高校开展公开招聘活动，在2000多名报名人员中招录新教师141名，其中硕士研究生52名。

深入实施“三名工程”，促进教师专业成长。加强中小学“名师工作室”建设，组织“名师工作室”主持人赴成都开展理论培训和交流学习，举办12期“名师大讲堂”活动，选拔542名中小学骨干教师进名师工作室跟岗学习，充分发挥“名师工作室”的示范引领作用。加强各类培训，举办市级中小学教师专业培训班30多期，共培训11000多人次。

今年，东莞市中小学校长第七轮聘任期届满，市教育系统于3月至5月对全市中小学正副校长进行任职考核，在此基础上制定《关于开展第八轮中小学校长聘任工作的通知》，开展新一轮聘任工作。

【教育督导】 2011年，东莞市继续加强督导队伍建设，加强专项督查，推进规范办学和依法治校工作，保障全市教育事业稳步健康向前发展。协助市党政领导做好接受省基础教育工作责任考核的准备工作。继续推进教育优质均衡发展，全市有省、市一级公办学校252所（含广东省国家级示范性普通高中7所），公办中小学优质学校比例达90.97%，公办学校优质学位比例达94.29%；省、市一级民办学校26所，四星级民办学校20所，三星级民办学校46所，三星级以上民办中小学比例达37.55%。继续抓好教育强镇复评工作，石排、企石、谢岗、望牛墩、沙田、麻涌等6个镇顺利通过“广东省教育强镇”复评验收。

【高中布局调整】 2011年，“建设一批学校”项目继续被列为市政府十件实事之一，除东莞市卫生学校和职教城一期工程外，市第六高级中学、市第七高级中学、市第八高级中学、市信息职业技术学校、石龙中学、万江中学、厚街专业技术学校、市第五高级中学、长安职业高级中学等9所学校由市教育局负责督导。为确保新建扩建学校在9月份全部投入使用，市教育局会同市政府督查室加大督查力度，督促各代建镇街和施工单位制定倒排工期施工计划，通过采取及时召开协调会、现场办公和加强校园施工现场督查，以及编写《市高中阶段学校布局调整项目工程建设进展情况简报》对工程实行动态管理等措施，促使校舍建设在确保施工安全和工程质量的前提下加快进度。至8月底，新建扩建学校基本建成投入使用。9月1日，市委、市人大、市政府、市政协等几套领导班子参加了在市第六高级中学举行的东莞市高中阶段学校布局调整新建扩建学校落成启用仪式暨2011—2012学年开学典礼。

【校舍安全工程】 2011年，东莞市加快推进中小学校舍安全工程，全部项目开工，大部分项目竣工，顺利完成年度工作目标。全市累计已开工学校195所，开工项目444个，开工面积125.25万平方米（其中加固改造面积114.7万平方米，新建重建10.55万平方米），占规划改造校舍总面积的100%；全市累计竣工学校171所，竣工项目399个，竣工面积109.84万平方米（其中加固改造面积106.77万平方米，重建面积3.07万平方米），占规划改造校舍总面积的87.7%。

【校园安全管理】 2011年，东莞市围绕建设“幸福东莞”、“平安校园”的部署，推进学校安全管理各项工作，切实维护学校的安全与稳定。提升师生安全防范意识，积极组织开展集中、专题安全宣传教育，全年落实活动26次，派发安全宣传资料81.2万多册。不断夯实安全管理工作基础，做好维稳信息排查和化解工作，建立安全应急预警机制，强化安全队伍建设，完善应急管理体系，全年共有60所学校申报为东莞市防震减灾科普教育学校。加强校车管理工作，落实专项整治行动，完善校车管理制度，严格落实校车技术规范要求，明确违法违规行为处置；积极推动消防安全“四个能力”（检查消除火灾隐患能力、组织扑救初起火灾能力、组织人员疏散逃生能力、消防宣传教育培训能力）建设，不断完善防范溺水工作机制，健全校园安全防范体系，落实食品安全整治专项行动。营造学生成长的良好环境，加强预防学生违法犯罪和禁毒教育工作，大力开展校园周边环境整治。市教育局、塘厦理工学校及莞城建设小学被评为全市安全生产工作先进单位。黄江镇宣教办、石龙爱联学校等2个单位被评为全市学校及周边治安综合治理工作先进集体。东城小学被评为“全国消防安全教育示范学校”。

【现代教育信息网络管理】 2011年，结合全市教育信息化“十二五”规划和发展的实际，提出“东莞市教育信息化推进工程”项目；充分利用云资源，从教育个人云盘、数字校园、资源建设等方面提升信息化应用层次；教育城域网互联网出口带宽升到1G，网络应用环境得到改善；实现全部高考考场远程监控信号统一送达国家考试中心；做好东莞教育网等44个应用系统的信息系统安全等级保护工作；组织镇区做好教育信息化规划，其中石龙、大朗和莞城3个镇街申报广东省“以信息化促进义务教育均衡发展实验区”；组织全市中小学信息学奥赛、中小学电脑制作活动、中小学智能机器人竞赛活动、教师多媒体教育软件竞赛活动、FLASH动漫设计大赛等各类信息技术活动。

【教育科研】 2011年，东莞市进一步实施“科研促教”工程，组建由133人组成的教育科研评委库。用好“中小学课题研究信息化动态管理系统”，对立项课题实施信息化的全程动态管理。建设好、管理好科研指导小组、镇街科研干事、评委库入库人员、学校科研骨干、课题主持人5支队伍。全市有110项成果申报2011年广东省中小学教育创新成果奖，获奖总数为39项，居全省前列，创历史新高；4项成果获东莞市第二届哲学社会科学优秀成果奖，其中二等奖1项、三等奖3项；9项课题被批准为广东省中小学教学教研规划项目，其中重点课题3项；559个项目申报市规划课题，经过评审，批准340个项目立项；共有173项科研成果申报市普教系统第十一届科研成果奖。开展名师工作室专项课题申报，批准立项28项。 （刘文香）

附：2011年东莞市教育局领导名录

局　长：杨靖波（4月任职）

副局长：王任槐　黄金海　王旭辉　陈启明　钟建群

纪检组组长：黄健勇

副调研员：张炳祥

东莞中学北区

东莞中學

DONGGUAN MIDDLE SCHOOL

2011年，东莞中学坚持以邓小平理论和“三个代表”重要思想为指导，学习实践科学发展观，努力提升学校的教育品质，在教育教学的各个方面都取得了令人瞩目的成绩：学校被市委、市政府授予“东莞市文化新城建设标兵单位”称号，并被评为“市学校共青团工作先进单位”、“东莞市优秀志愿服务集体”、“城区计划生育先进单位”、“市档案工作先进单位”。学校有18位教师获得全国、省、市荣誉称号。学校党总支获“南粤校园党旗红”系列活动优秀组织奖。4人被市教育局直属机关党委评为优秀共产党员，1人被评为市直机关优秀党务工作者。

2011年高考中，学校理科670分以上1人，排省50名，655分以上6人；文科考生659分以上2人，文科659分在全省排名第20名。一般本科上线844人，上线率96%，重点本科上线503人，上线率57%。有5人被清华大学、北京大学录取。有42人获20分政策性加分。

东莞中学校门

2011年5月25日，副省长宋海（右二）在省教育厅厅长罗伟其（右三）等省市领导陪同下视察东莞中学

高二年级何汶铭在全国青少年信息学奥林匹克竞赛中获银奖，入选信息学国家集训队并被清华大学现场录取

2011年6月27日，东莞中学男教工合唱参加“南粤校园党旗红——纪念建党90周年系列活动颁奖暨汇报演出”

学校南区

【概况】 东莞市东华教育集团是东莞市东华实业有限公司创办的、全市规模最大的优质民办基础教育机构；辖下有东华高级中学、东华初级中学、东华小学和东华幼儿园，均坐落在市中心区，北靠黄旗山，东临同沙湖，校舍和设施设备按省一级学校标准建设和配置，教师是从全国各地引进的骨干教师和师范院校的优秀毕业生，实行全寄宿制，共有学生（幼儿）2.2万多人，教职工近2400人。各中小学是纳入市直属学校管理的民办公助学校。

东华教育集团坚持社会主义办学方向和“面向全体、发展个性、立足教育、奉献社会”的办学宗旨，秉承“一切为了学生”的办学理念，致力于“办现代化优质学校，育新世纪创新人才”，在高起点的基础上，不断丰富教育资源，优化办学条件，注重科学管理，提高办学质量，稳步向规范化、现代化发展，为社会提供从幼儿园到高中一系列的优质教育服务；办学10年来，以其浓郁的人文精神，鲜明的时代特色，全面推进素质教育，教育教学质量不断攀升，高考中考成绩位居全市公办民办学校前列，成功打造优质教育品牌，赢得社会各界的赞誉，为推进全市教育事业的改革和发展做出了榜样，发挥了重要作用。

东华教育集团

① 2011年2月13日，原全国政协副主席胡启立（中）在东莞市委书记刘志庚（右二）和东华实业有限公司董事长李胜堆（左一）陪同下到东华中小学视察

② 2011年4月17日，香港特别行政区行政会议召集人梁振英（前）在东华实业有限公司董事长李胜堆陪同下到东华中小学访问

① 东华高级中学校园远眺
② 2011年考取清华大学、北京大学的九位东华学子与校长简期颐合影
③ 2011年11月28日，东华初级中学田径队获市中学生田径赛团体总分第一名
④ 2011年12月23日，东华初级中学合唱队代表东莞市参加广东省中学生合唱比赛获二等奖

【东华高级中学】东华高级中学是省先进民间组织，省现代教育技术实验学校，市文明单位。2011年，东华高级中学继续坚持“德育为先，特色为翼，质量为根，树人为本”为办学思路，以“心止于善，行止于美”为校训，以“公民教育、感恩教育、赏识教育”为办学特色，真正实现“低进高出，高进优出”的办学目标；高考本科录取1469人，占全市的13%，连续8年全市第一；其中重点大学录取478人，占全市的20%，连续4年全市第二；考取清华大学和北京大学的有9人，占全市的47%，连续4年全市第一。学校田径队获全市中学生田径赛金牌五连冠。学生邓淇彧参加中国队，夺取2011年第20届世界脑力大赛团体冠军、个人单项银奖。

【东华初级中学】2011年，东华初级中学继续提升“以孝道文化为根基，以感恩教育为主线”的德育工作特色和“享受成长，体验成功”的教学理念，进一步完善“动态、体验式”高效课堂体系，充分发挥课堂教学在培养学生能力与素质、兴趣与个性、思维与品格等方面的核心作用。中考成绩历年名列全市前茅。2011年中考，平均分651.39分（超市平均分132.86分），合格率高达98.15%，700分以上569人，占全市的44.7%，居全市第一。各类竞赛成绩也历年全市领先，2011年学生参加全国数理化奥赛，获一等奖共10人，占全市的66.7%，居全市第一；田径及男子篮球均获市中学生比赛团体第一名。多年获市教学质量一等奖。

【东华小学】东华小学是中国优秀民办学校、省绿色学校、省综合实践活动课程实验样本学校、省体育特色学校、市文化建设先进学校、市园林式单位。2011年，学校坚持以“不断打造全国知名优质民办学校”为目标，以“向善向上”为校训，围绕“关注学生身体、关注学生做人、关注学生学习”做好各项工作，进一步在教师中形成“当既是好老师又是好家长的双重角色”、“赏识性和精细化的管理”、“和而不同的教研”等共识，全面推进素质教育，社会声誉越来越高，为了满足群众需求，比上年又增加了200多名学生。

【东华幼儿园】东华幼儿园是纳入市直属学校管理的民办幼儿园，市一级幼儿园、市先进民办学校、市普教系统文明单位、多年获市保教质量一等奖。2011年，继续坚持以“办适合幼儿身心发展的教育”为办园思路，以“努力让幼儿学会做人、学会生活、学会求知”为办园目标，着重培养幼儿形成健康、自信、活泼、乐观的个性和良好的行为习惯。引进先进的教学模式，组织幼儿参加各类的比赛和活动，丰富幼儿的知识面，特别是注重为幼儿提高优质的生活服务。（万学军）

附：2011年东华教育集团领导名录

董事长：李胜堆
副董事长：李镜波
董　事：祁炜锦
　　简期颐（兼东华高级中学校长）
　　万学军（兼东华小学校长）

① 2011年12月8日，东华小学英语科组举行科研课题阶段性成果展示活动

② 2011年1月19日，东华小学音乐剧《贪食贝贝》参加广东省第八届少儿艺术花会获金奖

③ 2011年，东华幼儿园“六一”游园活动一景

东莞理工学校

【学校简介】

东莞理工学校是适应时代发展需要而诞生的一所国家级重点中等专业学校。学校是"广东省中等职业教育先进单位"、"广东省文明单位"。学校被国家教育部批准为"国家制造业和现代服务业技能紧缺人才培训基地（数控）"，被广东省教育厅确定为首批"广东省现代示范性中等职业学校试点学校"，被国家劳动和社会保障部确定为"国家职业技能鉴定所"。多年来获东莞市中等职业教育质量评比一等奖。

【先进的办学理念】

学校坚持"人皆有才，人无全才；取长补短，个个成才"的办学理念，重视学生技能培养，构建"一主两翼三平台"教学体系，营造"做中学，做中教，教、学、做相结合"的教学氛围。

【优越的办学设施】

学校设职教城和莞城两校区。职教城校区占地420亩，2012年9月投入使用，全新建设。莞城校区占地110亩，办学逾27载，积淀深厚。学校"一校两区、两区一体"，按照国家示范标准，配置一流的设施设备，环境优美，管理规范。

【一流的师资队伍】

2011年学校有教师250人，具有副教授、高讲等高级教师91人，专业教师"双师型"比例达84.9%。并从行业、企业引进能工巧匠，组织"教师下企业，技师进课堂"，打造"业务精、素质高、教法好"的一流师资团队，使学校教学效果更切合社会的实际需求。

【突出的办学优势】

学校坚持"以服务为宗旨，以就业为导向"，积极实践与企业、行业的"三方合作、三方共赢"的校企合作模式，创新"职业道德为首，专业技能为主"的学生培养体系，丰富"企业进校，课堂进厂"的培养手段，以企业需求为方向，以职业标准为依据，不断提高教育教学质量。

学校积极拓展毕业生就业与升学渠道。设立专门就业指导机构，内引外联，推荐学生实习和就业，每年到校招聘提供的就业岗位技术含量高，工作待遇好；开展中、高职三二分段直通培养及采取自主招生等方式，更好满足学生升学深造的需求。

【辉煌的办学成绩】

学校办学品牌、办学口碑得到社会肯定，招生、就业态势良好。学生就业率达98%，毕业生的综合素质和技能得到社会广泛好评。多年来，学生参加各项技能鉴定考试与及技能竞赛，均取得优异成绩，在东莞市名列前茅，其中2011年参加全国文明风采竞赛，获国家级一、二、三等奖共53项，连续四年获全国优秀组织奖；2012年参加广东省职业技能大赛，获一、二、三等奖共18项；2011年参加市职业技能大赛，获现代制造技术、电子、汽车维修、工业设计、计算机、英语等项目团体总分第一名。

2011年"亚龙杯"全国汽电器职业技能邀请赛获2个一等奖。著名汽修专家朱军（左三）与东莞理工学校师生合影

东莞理工学校获东莞市数控技能大赛团体第一名

东莞理工学校学生代表东莞市参加省汽车技能竞赛

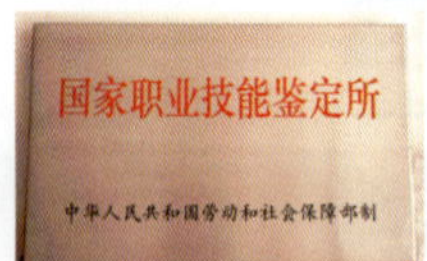

中等职业学校(中专)
国家级重点
中华人民共和国教育部

广东省首批现代化示范性中等职业学校试点学校
广东省教育厅

学校地址：东莞市莞城学院路249号　邮编：523000
电话 0769-22267137 22200090　网址 http://www.dglg.net

东莞台商子弟学校

校长陈金妆（左二）参加中学部成年礼与学生合照

中学部学生参加学校生命力营地课程

董事叶宏灯与幼儿园学生合影

东莞台商子弟学校（以下简称“台校”）创立于2000年9月，由广东省教育厅直接管理，举办者是东莞市台商投资企业协会（市台协），创办人是时任市台协会长、学校董事长叶宏灯。这是一所公益性的学校，建校资金由台商企业、潢涌村等社会各界人士捐助，所收学费全部用于学校日常营运及未来发展上，学校董事会只负责监督社会公共财产（校产）管理、决策与督导校务经营。创办宗旨是：培育优质子弟、增进家庭和谐、开展社会公益活动、助推两岸文化交流；办学理念是：全人教育、温馨校园、终身学习；经营策略是：策略联盟、科技信息、知识管理；以台湾教育模式办学，创校校长吴灿阳，现任校长陈金妆，师资来自两岸（台湾约占70%）及外国，使用经广东省教育厅、省台办审查核准的台版教材，学历两岸承认。台校是一所包括幼儿园、小学、初中、高中的全日制住宿型学校，2011年有学生人数约2120人。

台校致力于品格第一、均衡发展、教书育人的工作。历年高中毕业生98%升上两岸的大学，其中大多数进入台湾的大学，其中有台湾大学、清华大学、交通大学、成功大学、科技大学、淡江大学等；进入大陆大学的有北京大学、清华大学、浙江大学、复旦大学、中山大学、厦门大学等。

每年3月底举办的高二成年礼活动是台校三大活动之一。2012年179名高二学生身穿明代儒生长袍，跪拜双亲，接受师长的祝福与嘉宾的授冠，宣誓长大成人；校长陈金妆在致辞中表示，加冠礼象征「负责、感恩与惜福」，「也是责任的开始」，是生命成长的最重要阶段。与往年的成年礼相比，2012年在典礼前特别增加了由64名身穿明代黄袍墨绿黑靴的小学五年级佾生，在庄严弦乐中表演「八佾舞」。「八佾舞」是古代规格最高的祭祀舞蹈，凸显学校对中华道统的重视。典礼开始先由董事长叶宏灯率40多位董事，邀请教育部港澳台办常务副主任赵灵山、广东省教育厅副厅长魏中林、广东省台办副主任林华轩、台湾佛光大学校长杨朝祥、全国台企联会长郭山辉等9位主礼人，带领全校师生共同祭拜炎帝、黄帝、中华民族列祖列宗。

小学部万圣节英文教学活动

莞城英文实验学校

莞城英文实验学校创建于2004年，位于东莞市莞城区白沙塘，占地36亩。2011年，学校有教学班38个，在校学生1716人。教师队伍共101人，其中本科学历及小学高级教师94人，是一支高学历、高素质、潜力无限的年轻队伍。

学校英语特色彰显。低年级的英语小班教学、3+N+1的英语课程设置、每年的英语节、与全国著名的外语特色学校上海福山外国语小学的结盟等，使学校英语教育内容和形式得到不断创新和发展，孩子们的英语综合能力得到很大的提高，并在各级各类的英语口语大赛中多次获奖。

2005年10月18日，市委书记、市人大常委会主任刘志庚（前排中）到莞城英文实验学校视察

学校自主开发语言表演艺术课程，该课程是以语言为主表演为辅，综合儿歌、小品、诗歌、故事、主持、模仿、小品、绕口令、童话剧等形式和表演手法的一门综合性活动课程，语言表演艺术团的节目多次在省、市少儿花会获金奖。

2007年12月2日，广东省政府副秘书长江海燕（右一）出席由莞城英文实验学校承办的第七届综合英语教学实验国际研讨会

学校注重科普教育，科技项目在全国、省、市的青少年科技创新大赛中屡屡获奖，有2项发明申请国家专利获批，师生科普论文在《科学月刊》等杂志发表累计达5万多字。

学校以“校园美、校风好、质量高、有特色”受到社会的普遍赞誉。先后获得“广东省现代教育技术实验学校”、“广东省安全文明校园”、“广东省体育特色学校”、“东莞市一级学校”、“东莞市文化建设先进单位”、“东莞市科普特色学校”、“东莞市教育质量先进单位”、“东莞市普教系统文明单位”等称号。

2010年12月24日，莞城英文实验学校举办语言艺术学习成果汇演晚会

2012年4月27日，莞城英文实验学校外教Martin在英语节“英国文化周”开幕式上与学生共舞

2006年4月25日，广东宏远篮球队外援积臣到莞城英文实验学校交流篮球技艺，与学生一起做游戏

热爱生活

自主学习　快乐成长

南城区中心小学

南城区中心小学创办于1997年9月，位于市中心区，原名东莞阳光小学，2002年9月学校从莞城区归属到南城区管理，2004年12月被评为广东省一级学校。

2011年，学校有37个教学班，学生2020人，专任教师93人，专任教师大专以上学历教师比例达100%；其中年龄在36岁以下的有47人，占教师总人数的56%。

学校本着"以人为本，以德为首，以质立校"的办学理念，坚持"办规范加特色学校，培胜任加特点教师，育合格加特长学生"的办学宗旨，实施"科研育名师，名师创名校"的发展战略，大力推进素质教育。开创"高质低负、全面育人"的教风，培养"勤学巧练，独立自主"的学风，形成"文明守纪、善教善学"的校风，树立以"体育、艺术、科普和环境教育"为品牌的鲜明办学特色。

学校正门

建校办学十多年来，学校先后获得全国"绿色学校"、全国"做一个有道德的人"主题活动联系点、省"一级学校"、省"无烟学校"、省"教育技术实验学校"、省"依法治校示范校"、省"安全文明校园"、省"体育特色学校"、省"青少年科学教育特色学校"、省"体育传统项目学校"等21个国家、省、市级荣誉。学校教育教学质量优异，学生参加各级各类竞赛成绩斐然，多次获国家、省、市团体第一名和一等奖；学校先后有10项科研成果获省、市奖项；教师有40多篇教学论文发表于国家、省、市刊物。在区小学毕业生升初中思想品德及文化科成绩的跟踪反馈活动中，学校连续多届毕业生各项指标成绩名列前茅，学校社会声誉不断扩大，品牌初步形成。

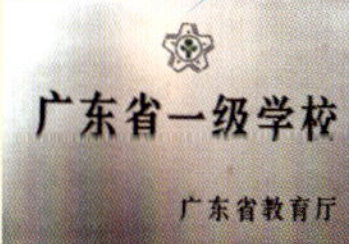

合唱《卖懒歌》获全国金奖

独舞《船儿带我去上学》获省金奖

舞蹈《快乐家族》获省一等奖

丰富多彩的庆"六一"活动

校篮球队是南城区小学组的劲旅

校体操队多次勇夺省市比赛金牌

东莞松山湖中心小学

东莞松山湖中心小学2009年开办，前身为东莞中学松山湖学校小学部。学校秉承“自主、和谐、共同发展”的办学理念，以“养德·立美·尚文·健体·启智·求是”为校训，强调对每一位学生的终身发展负责，打造出独具特色的拓展型课程。

学校以生态学的态度、方法来观察和思考教育活动，把握教育与生活、教育与天性的互动关系；让教育成为生命的诗意“栖息地”。

课程：从科学世界到生活世界。

教学：从知识课堂到情知互动。

德育：从政治说教到生活育德。

学校走内涵发展之路，广得社会与教育界的认可与赞誉，获“全国科技教育示范单位”、“广东省科技教育特色学校”等多项荣誉；《人民教育》《中国教育报》等多家教育媒体进行了专题报道。

① 美丽的校园，孩子们的家

② 2010年3月23日，教育部副部长陈小娅（前排右）到松山湖中心小学视察，向校长刘建平（前排左）详细了解学校的发展建设情况

③ 培养兴趣爱好，提高艺术素养

④ 一天练好一个字，六年写好一手字

⑤ 探知识之本源，求知识之归宿

⑥ 我运动，我健康，我快乐

⑦ 诵经典诗文，习儒雅风范

东莞市大朗镇中心幼儿园

大朗镇中心幼儿园是由大朗镇政府主办的公办幼儿园，始创于1986年，原名为艺术幼儿园，2009年镇政府投资2600多万元兴建新园，是大朗镇唯一一所广东省一级幼儿园。

幼儿园占地面积8000平方米，建筑面积1.1万平方米，配备美术室、图书阅览室等多个功能室及沙池、跑道等运动设施。办学条件优越，设备先进，能充分满足幼儿各类活动的需要。设有17个教学班，可招收3—6岁幼儿500多名。

幼儿园围绕“一切为了孩子”的办园宗旨，坚持养成教育与艺术教育相结合，全面贯彻执行《幼儿园教育指导纲要（试行）》精神，以养成教育为主线，以日常教学、主题探究、环境创设、大型活动为实施途径，促进幼儿全面均衡并富有个性的发展。

幼儿园先后获得“省巾帼文明岗”、“市绿色幼儿园”、“市小公民道德建设实践基地”、“市镇区规范中心幼儿园”等称号，连续多年被评为“市普教系统文明单位”、“镇先进幼儿园”。树立良好的园所形象，受到社会各界人士的广泛赞誉。

2011年9月7日，大朗镇党委书记王检养（右一）到大朗镇中心幼儿园进行慰问

2011年11月29日，大朗镇党委副书记、镇长谢锦波一行到大朗镇中心幼儿园指导工作

2011年5月25日，广东省党政领导干部基础教育工作责任考核组在镇委、镇政府领导陪同下到大朗镇中心幼儿园检查指导

童话般的乐园——大朗镇中心幼儿园

朝气蓬勃的大朗镇中心幼儿园教师队伍

2011年5月27日，大朗镇中心幼儿园举行养成教育阶段性汇报活动

高等教育

东莞理工学院

【概况】2011年，东莞理工学院有普通全日制学生12211人，其中本科生11650人，专科生561人，成人教育学生9982人。设有14个院（系、部）、30个本科专业，4个专科专业。有教职工1053人，其中正高职称94人，博士157人，享受国务院政府特殊津贴专家4人。专任教师中，72%以上是具有博士、硕士学位的中青年教师或者是出国留学、进修人员，48%具有副高以上职称。

【党建与思想政治教育】2011年，学校党委团结带领全校师生，深入开展创先争优活动。不断加强思想政治教育工作，组织师生认真学习十七届六中全会精神，大力开展创先争优活动、纪念建党90周年活动以及纪律教育学习月活动；增补3名党委委员，对部分中层干部进行交流轮岗；首次对基层党组织负责

东莞理工学院

① 2011年2月22日，省委教育工委来东莞理工学院宣布新一届行政领导班子和个别党委领导成员的任命决定：杨晓西续任院长，安少华、邹晓平、戴炳源续任副院长，新提拔李忠红为副院长。行政领导班子任期为5年。省委决定任命吕琦元为东莞理工学院党委副书记（张友炳　摄影）

② 2011年2月24日，东莞理工学院召开2011年度工作会议，部署全年工作。学校领导周致纳、杨晓西、黄碧莲、吕琦元、安少华、邹晓平、戴炳源、李忠红，全校中层干部以及城市学院相关负责人等参加会议（张友炳　摄影）

人进行考评，发展党员752名；召开妇女代表大会，选举产生新一届妇委会，学校首个省级"巾帼文明岗"挂牌。学校获"东莞市工会工作先进单位"、"东莞市妇女工作先进单位"等荣誉称号。

【学科建设与科研】2011年，学校启动"服务国家特殊需求人才培养项目"申报工作，依托散裂中子源项目，加强与中科院高能所的合作。"物联网实验科研平台及实践基地"获中央财政资金资助。"化工清洁生产与绿色化学品工程技术开发中心"获批为省高校工程技术开发中心。

【教育教学】2011年，学校新出台或修订《教学一票否决制》等10多个教育教学工作制度，申报中央财政资助项目3项，获批2个省教育综合改革试点项目，获批省级重大教改课题以及省级教改课题、省级教学成果奖培育项目、省级精品课程培育项目若干个，4个"卓越工程师教育培养计划"试点专业全部通过第一期验收。

【队伍建设】2011年，学校加大对优秀中青年学术骨干、学科带头人和青年教师的培养力度，新增"千百十工程"校级培养对象8人，获批省高等学校高层次人才项目1项。职称评审成绩突出，7人晋升教授，28人晋升副教授。制定人员聘用基本制度，正式开展首次岗位设置和人员聘用工作。

【学生工作】2011年，学校完善学生管理规章制度，修订编印《学生手册》。建立大学生信用档案，促进学生自律和校园诚信文化建设。举办心理咨询师培训班，深化心理普查工作。2011年实际录取新生3505人，招生计划增加955人，增加率达37.4%。进一步完善就业工作服务体系，成立大学生职业发展与就业指导教研室，出台《东莞理工学院毕业生就业工作奖评办法（修订）》，制定《东莞理工学院毕业生就业工作考核评比细则》。

【校园管理】2011年，学校开展校园建筑外墙改造工程和市学术交流中心报告厅建设工作，建成孔子铜像等校园人文景观；切实加强安全管理，开展校园安全隐患排查工作；以调整绩效工资方式，提高教职工的福利待遇；开设教工食堂，并为全体教职工提供用餐补贴；积极完善学生就业服务和奖助学体系，增设"鸿发慈善"等4项奖学金，教育发展基金达到7900万元。

① 2011年4月26—28日，在第十一届"挑战杯"广东大学生课外学术科技作品竞赛中，东莞理工学院共获得13个奖项。其中，一等奖1项；二等奖2项；三等奖9项；践行纲要奖1项（校团委　摄影）

② 2011年6月27日，东莞理工学院举行2011届毕业典礼。学校2011届毕业生共有2866人，其中本科生2026人，专科生840人。毕业生中，考上研究生的有20人，有97人报名参加预征兵（张友炳　摄影）

③ 2011年，东莞理工学院3个岗位荣膺"巾帼文明岗"称号。其中，图书馆获省级"巾帼文明岗"称号，经济贸易系经济学基础课教研室以及财务处财务结算科获市级"巾帼文明岗"称号（张友炳　摄影）

④ 2011年12月2日，东莞理工学院与中兴通讯股份有限公司签订人才培养合作协议，双方将共同建设和推进"东莞理工学院—中兴通讯NC学院人才培养合作"项目（张友炳　摄影）

① 2011年8月26—27日，东莞理工学院举办中层干部（扩大）暑期读书班。本次暑期读书班的主题是“学习贯彻胡锦涛总书记‘七一’重要讲话精神，进一步提高教育教学质量”。读书班深入分析学校实际与发展态势，在中层干部中广泛听取意见建议，在管理团队中统一思想，凝聚共识，争取形成更大更强的发展合力，推动学校教育教学水平进一步提高（张友炳　摄影）

② 2011年9月16日，广东省教育厅副厅长魏中林视察东莞理工学院城市学院新校区。魏中林高度赞许城院新校区的建设，鼓励城院朝着一流新型大学的方向发展（张友炳　摄影）

③ 2011年10月13日，东莞市委副书记、代市长袁宝成（右二）来东莞理工学院调研。袁宝成表示，新一届政府班子将继续关心支持莞工的发展，同时希望莞工的师生多为东莞的发展出策出力（张友炳　摄影）

【城市学院新校区建设】2011年，城市学院新校区如期实现首期建设目标，2011级4000多名新生顺利进驻，如期开学。新校区工程建设进度被赞誉为东莞速度。年底，城市学院顺利通过广东省学位委员会组织的新增学士学位授予单位和专业审核实地评审，17个本科专业全部获得学士学位授予权。

（刘 健 李利平）

附：2011年东莞理工学院领导名录

党委书记：周致纳

党委副书记、校长：杨晓西

党委副书记、纪委书记：黄碧莲

党委副书记：吕琦元

党委委员、副校长：安少华 邹晓平 戴炳源 李忠红

党委委员：邢大立（9月到任）

李培经（9月到任）

杨敏林（9月到任）

院长助理：邢大立（11月到任）

① 2011年10月20日，全国迄今最大的国家重大科技基础设施、世界第四座散裂中子源装置开工建设，将于2018年前后建成。中共中央政治局委员、国务委员刘延东，中共中央政治局委员、广东省委书记汪洋等出席在松山湖举行的开工奠基仪式。东莞理工学院是该项工程的合作单位之一（《东莞日报》郑琳东 摄影）

② 2011年9月1日，东莞理工学院召开党员代表大会。大会依照《中国共产党基层组织选举工作暂行条例》，经过充分酝酿和讨论，以无记名投票形式，选举李培经、邢大立、杨敏林增补为学院党委委员（张友炳 摄影）

③ 2011年12月6日，东莞理工学院建筑工程系2010级学生姜兰获得全省大中学生"乾图杯"法治演讲比赛第一名（大学组）（张友炳 摄影）

广东医学院

【概况】广东医学院是广东省属重点建设大学,学校总面积为1404亩，由东莞校区、湛江校区两部分组成，东莞校区占地1177亩，位于东莞市松山湖科技产业园区；湛江校区占地227 亩，位于广东省湛江市。

学校设有12个二级学院和2个教学部，2所直属附属医院，21所非直属附属医院，105所临床教学医院。设有17个本科专业，涵盖医、理、管、工、文等学科门类。临床医学、医学检验等2个专业是广东省名牌专业，临床医学、医学检验、护理学、医学影像学等4个专业是国家级特色专业建设点。学校现有1个一级学科硕士学位授权点， 24个硕士研究生联合培养基地，1个博士研究生联合培养基地，1个博士后科研工作站。

学校还拥有现代化的图书馆，累积馆藏文献总量为118.1万册，其中纸质文献总量82.19万册，电子文献总量35.91万册。

学校坚持开放的办学理念，分别与内地多所大学和香港、澳门地区及美国、日本等教研机构建立友好合作关系，探索多种形式联合培养学生。

2011年，学校全日制学生20667人，其中本科生19876人，研究生791人。在校成人生20302人。2010年起学校开始招收港澳台学生，2011年起获批招收外国留学生资格。

【教学质量】2011年，广东医学院以全面提升教学质量工作为重心，加强专业建设和精品课程建设，“临床医学”专业获评广东省高校重点专业。“医学检验专业教学团队”获批省级教学团队。获得7项“广东省高等教育教学成果奖培育项目”、4项省教改课题、7项中华医学会医学教育分会课题。积极开展双语教学，规范双语课程的准入制度，重新认定13门校级双语教学课程。召开2011年普通本科教学工作会议，明确“调结构、建体系、抓内涵、促发展”的“十二五”本科教学工作发展思路。

研究生培养质量不断提高。有5名硕士研究生获“南粤优秀研究生”称号。3人参评广东省优秀硕士学位论文评审。博士后科研站人员共获省级以上科研项目7项，发表SCI收录论文5篇。

【科学研究】2011年，广东医学院科研项目申报工作取得重大突破。全年共获校外纵向科研项目247项，资助经费2718万元，经费总量比去年增加147.2%。其中国家自然科学基金项目37项，经费1446万元。省自然科学基金项目取得新突破，有12个项目获得省校联合基金项目的资助。

直属附属医院神经变性疾病与衰老研究医学重点实验室被立项广东省医学重点实验室，心血管内科、骨科、新生儿科、重症医学科被立项为广东省临床重点专科。新设立19个校级研究机构及2个科研平台。共获科学技术奖7项，其中省级三等奖1项。获发明专利授权1项。有7项科研成果通过专家组鉴定。全年被SCI收录的论文145篇，比上年（99篇）增加46.5%。主编或参编专著5部。

【学术交流】2011年，广东医学院学术交流与国际合作呈现新气象。全年共举办了中日韩国际衰老研讨会以及全国高校科技查新工作研讨会等4场大型国际、国内学术会议，来自内地、香港地区和日、韩、美等国的共计400多名专家和代表出席会议。此外，举办20多场校级学术报告会，东莞校区科技平台每周举行一次学术沙龙，开拓广大科研工作者的学术视野。

【招生与就业】2011年，广东医学院录取研究生290人，比上年增幅8.2%。录取本科生4574人，超额完成年度招生计划。成人教育招生7410人，创历史新高，招生人数居全省高等院校第二位，比去年增幅72.3%。进一步做精做细毕业生就业指导与服务工作，采取提前举办就业供需见面会、继续实施贫困毕业生就业帮扶计划等形式，就业率稳中有升，截至2011年12月10日，本科毕业生就业率达95.2%。

【学生管理】2011年，广东医学院以建立“领导干部联系班级制度”、“优良学风班”等形式积极促进学风建设。获广东省大学生艺术展演活动优秀组织奖等多项学生工作奖项。黄浩忠同学获“全国大学生自强之星”称号，第一临床医学院2008级第27团支部获得“广东省五四红旗团支部标兵”称号，医学英语专业四级过级率创历史新高，超全国平均水平29个百分点。学生首次获得省医学临床技能大赛一等奖，获得生化技能大赛二等奖、“首届全国护士（英语）执业水平技能赛”二等奖等多项奖励。全年共完成2236名学生的国家助学贷款工作，顺利放款1400多万元。全年有519名新生通过“绿色通道”顺利入学。

【政治工作】2011年，广东医学院党委建立师德教育和教师考核评估制度，开展师德建设教育月活动，不断创新活动载体，搭建师德建设平台。召开教师表彰大会，表彰先进，交流经验，树立师德榜样。进一步推进思想政治理论课课程改革，2门课程获广东省高校思想政治理论课优质课程建设立项。开展庆祝建党90周年系列活动。举办师生共唱红歌晚会、演讲比赛，参加东莞松山湖管委会举办的红歌比赛并获三等奖。学校有1个先进基层党组织、3名先进个人受到省委教育工委的表彰。（范秀雪）

▲广东医学院

附：2011年广东医学院领导名录

党委书记：江文富
党委副书记、校长：周克元
党委副书记：侯小慧
党委副书记、纪委书记：刘东超
副校长：郑学宝　符学三　颜大胜
丁元林　杨云滨

广东科技学院

【概况】广东科技学院是一所经教育部批准设立的全日制普通本科院校。学院占地面积906亩，建筑面积40多万平方米。已建成多个设备先进、配套完善的大型实训中心，教学仪器设备总值近亿元，建有校内实验实训室130余个，其中汽车检测与维修实训基地被省教育厅评为省级实训基地。

学院不断优化专业结构，培育品牌专业和特色专业，初步形成了具有自身特色的专业体系和布局。

学院推进“人才强校”工程，形成了一支数量充足、结构合理、素质过硬的教师队伍。学院不断深化教学改革，推进人才培养模式研究改革，加强专业和课程建设，已建成省级、院级精品课程13门。

2006—2011年，连续六年荣获“广东省民办高校竞争力十强单位”。2011年，被中国民办教育协会授予“中国民办高等教育优秀院校”称号。

【升本更名】2011年4月，教育部批准学院在原东莞南博职业技术学院的基础上，升格为本科院校并更名为广东科技学院。

首届本科招生共开设5个本科专业，分别是：材料成型及控制工程（模具设计与制造方向）、汽车服务工程、软件工程、市场营销（营销渠道方向、商务策划与市场推广方向）、英语（国际商务方向）。

【党群工作】2011年，广东科技学院党委围绕学院中心工作，进一步推进创先争优活动，提升党建工作科学化水平。学院党委被广东省委组织部评为2011年度广东省“‘两新’百强”党组织，被广东省和东莞市两级社会组织工委评为“先进党委”和“先进基层党组织”荣誉称号。

学院不断完善民主管理制度，丰富教工业余文化生活，主动为教职工排忧解难，在广大教职工中间营造爱校荣校，共谋发展的和谐氛围。

【人才队伍建设】2011年，学院共制定、修改、完善《教职员工工资定级及晋升规定》、《中层干部岗位津贴发放办法》等十余项制度，对全院100多名非教学人员的岗位说明进行全面梳理和完善，为全面绩效考核奠定了基础。

学院加强专业带头人、骨干教师队伍建设，对2010年度20名专业带头人、67名骨干教师任务完成的情况进行审核及评分，根据《广东科技学院专科专业带头人、骨干教师选聘、管理办法》，共选聘9名带头人（课程负责人）及62名骨干教师。

学校不断优化部门机构，增强中层管理队伍，对原有管理部门进行整合，并实行中层干部岗位竞争上岗。经过竞聘，一批更有思考力、创新力、执行力

广东科技学院

① 2011年4月17日，广东科技学院举行更名挂牌仪式
② 举办挂牌庆典文艺晚会
③ 广东科技学院获得部分荣誉

的人才脱颖而出，进一步提升学院的管理水平、服务能力和工作效率，为学院的事业建设和发展提供了坚强有力的组织保证。

【教学改革】2011年，学院先后派出2名骨干教师参加“德国职业教育教学法”，3名教师参加“英国以学生为中心教学法”培训，1名教师前往新加坡南洋理工大学进行学习。还安排100名骨干教师参加省厅安排的“行动导向教学法”培训，通过对“引导文法”、“项目教学法”、“案例教学法”等教学方法学习，教师对教学理念、教学技巧、授课方式和应用型人才的培养目标等有了崭新的认识和把握。

根据东莞市经济及产业实际情况，学院对招生专业进行优化，调整、增设房地产经营与高端物业、会展策划与管理、金融与证券等一批专业方向。

【省级精品课程】2011年7月，广东省教育厅发文公布2010年度广东省高校精品课程评选结果。学院计算机系课程《ASP.NET程序设计》榜上有名，实现了学院省级精品课程零的突破，成为全省少数几所拥有省级精品课程的民办高校之一。学院决定在精品课程原有经费的基础上，再给予课程建设团队3万元的特别奖励。

【思政评估】6月2—3日，广东省高校思想政治理论课建设评估专家组一行莅临广东科技学院，对思想政治理论课建设进行实地评估。专家组一致认为，广东科技学院重视思想政治理论课建设，较好地贯彻执行中央、广东省的有关文件精神要求；机构设置和教学管理规章制度健全，专项经费有保障；认真落实“05方案”，思政理论课程设置符合要求；重视教师队伍建设，注重教师素质提高，形成一支稳定的教学团队；积极探索根据专业实际进行思政理论课教学的方法，强化思政课的教育功能，学生认可度高。　　（赵惠华）

附：2011年广东科技学院领导名录

名誉院长：林国梁

院　长：王国健

党委书记：梁瑞雄

省政府督导专员、党委副书记：刘继红

党委委员、常务副院长：黄　弢

党委副书记、纪委书记：刘玉侠

党委委员、副院长：刘志扬

党委副书记、副院长：彭纳新

院长助理：周二勇

① 广东科技学院新一届党委领导合影
② 成功举办第三届田径运动会
③ 第三届教职工代表大会
④ 组织新生军训
⑤ 广东科技学院全景图

东莞职业技术学院

【管理机制创新】 2011年，东莞职业技术学院学院制订《“十二五”发展规划纲要（2011—2015年）》，明确学院未来发展思路。出台《东莞职业技术学院教学事故的认定及处理办法（试行）》、《东莞职业技术学院学生顶岗实习管理办法（试行）》等30多项规章制度，建立保密工作、数字校园建设和安全生产管理等多项工作责任制。新成立思政部、体育系、应用外语系、物流管理系、校企合作与就业指导中心和后勤服务有限公司等6个部门。为激发各部门的工作活力，学院推行扁平化高效管理，不断扩大二级单位的财权、物权和人事权，增强部门自我发展、自我管理和自我约束的能力。加快建设信息校园，配套软硬件已经安装到位。开通校内无线网络，完成全院网络升级改造和数据中心机房建设。

【教学质量】 2011年，东莞职业技术学院以项目建设为平台，提高教育教学质量确定精品课程项目4项、教学团队项目7项、重点专业建设项目6项、教改项目22项、教学成果奖培育项目7项。机械制造与自动化、电子信息工程技术两个专业成功申报为中央财政支持高等职业学校提升专业服务能力项目。《思想道德修养与法律基础》课程成为广东省高等学校第六批思想政治理论课优质课程立项项目，实现学院省优质课程建设“零”的突破。

以实验室建设为依托，提高实训教学效果 开设大学生超市，创新实践教学模式。完成34间实训室的场地建设和设备安装任务，完成中央空压机供气系统建设。组织开展《钳工实训》《电子电路仿真技术》等16项课程的实训教学。

以技能大赛为抓手，提高学生实操能力 组织师生参加技能大赛，获得市级以上奖励30多项，其中国家级10多项。

以常规工作为重点，提高教学管理水平 成功设立英语四六级考试考点，顺利组织3000多名考生参加考试。

【内涵发展】 2011年，东莞职业技术学院深入推进校企合作，与150多家企业签订校企合作框架协议。成立“佳居乐培训学院”、“虎门培训学院”和“中海物流人才培训基地”，开设“易事特电子班”、“易事特机械班”和“物流软件信息管理定向班”，其中“易事特电子班”已开班。与东莞市松庆自动化设备有限公司、香港HSP高速模型有限公司等2家企业签订“校中厂”合作协议，企业将在院内建设生产线及研发中心。

搭建科研交流平台 学院已有国家、省级、市级项目立项22项。举行博士论坛6场、教授大讲堂10场。系部邀请校外专家来院开设讲座共20多场。出版《东莞职业技术学院学术论坛》三期。学院获批牵头成立东莞市职业技术教育发展研究会，为东莞职业教育发展搭建沟通交流的桥梁。

不断完善服务内容 通过东莞日报、东莞培训网等途径广泛宣传学院成人教育和社会培训服务。 （石文斌）

附：2011年东莞职业技术学院领导名录
党委书记：朱益民
副院长：贺定修　李奎山

广东亚视演艺职业学院

【概况】 广东亚视演艺职业学院位于东莞市塘厦镇，是华南地区唯一的一所集电视艺术创作、制作、生产流程所需各专业于一体，兼含其他艺术门类、综合性的普通高等艺术职业学院。学院办学10多年来，经过艰苦努力，由小而大，由弱而强，先后被评为“十大专业特色民办高校”、广东省民办“竞争力20强高校”等。2011年学院设有5个系：电视演艺系、电视制作系、艺术设计系、音乐系、管理系。在校学生1500人。

【师资队伍】 2011年，广东亚视演艺职业学院有教职工200人，专职教师106人，副教授及以上职称的占35%，硕士及以上学历的占24%，双师型的占50%。

【产学研结合】 2011年，广东亚视演艺职业学院按照市场的规格进行生产并推入市场，接受市场的检验。如以学院多个专业师生为主体拍摄的25集青春励志电视剧《阳光的味道》，在东莞电视台播出；学院自主导演、排练的大型经典戏剧《英雄与罪犯》，在东莞市玉兰大剧院进行多场演出；学院合唱团排练的《长征组歌》在东莞市多个镇区巡演，与市维稳办、市环卫局等单位合作进行60多场文艺汇演。

顶岗实习、校企深层次合作，实现人才培养与行业企业的“无缝对接”。学院与30多家企业签订长期校企合作协议，形成稳定的校外实训基地。许多影视公司、电影电视剧组到学院聘请学生参与顶岗实习：如音响专业的全体学生受聘参与2010年广州第16届亚运会、2011年深圳第26届世界大学生夏季运动会的音响工程的设计及实施工作；人物形象设计化妆、服装专业学生受聘参与电视剧新《三国》的拍摄；各专业多名学生受邀参与东莞电视台《电视台的故事》的摄制等。

2011年，出版了5本学院老师自己编著的教材：《影视镜头前的表演》、《实用音响录音技术》、《电视编导基础教程》、《演员的形体训练》、《化装造型与实操技巧》。翻译出版教材《录音实用技术》等。

【专业建设】 2011年，广东亚视演艺职业学院设有20个专业方向，包括影视表演、影视表演（影视普粤语配音方向）、主持与播音、主持与播音（普粤双语播音方向）、编导、舞蹈表演（舞蹈表演与编导方向）、摄影摄像技术（影视摄影方向、灯光设计方向）、人物形象设计（化妆设计方向、服装设计方向）、电视节目制作、电视节目制作（音响录音技术方向）、装潢艺术设计、影视动画、音乐表演（声乐方向、钢琴方向）、社区管理与服务（文化艺术管理与服务方向、儿童艺术启蒙方向）、人力资源、会计，形成融汇艺术专业与非艺术专业的综合性艺术院校。

学院还是音响调音师及录音师国家职业资格技能鉴定点、演出经纪人资格证考点和中国舞蹈家协会舞蹈教师培训基地，每年办有相关培训班。

【学生活动】 2011年，广东亚视演艺职业学院学生定期举办有校园声乐比赛、艺术设计大赛、戏剧小品赛、辩论赛、运动会等。学生积极参加各类国内外各种比赛，屡获奖项：如学院动画专业学生王冠群参与2011年深圳第26届世界大学生夏季运动会吉祥物UU的设计制作工作；音乐系学生张政创作的单曲《香烟爱上火柴》，流行网络；制作系学生李璟阳参加2011年韩国第十届国际化妆大赛，荣获铜奖；柳挺明、翁雪婉等7位学生参加2011年第11届中国国际美容美发化妆师全能大赛广东赛区比赛，荣获金银奖；《猪倌老罗》获省首届大学生DV大赛金奖，男声独唱《在那桃花盛开的地方》获省首届大学生声乐比赛二等奖，舞蹈《春风化雨》参加广东省维稳文艺汇演比赛获得二等奖，男生合唱《欢乐的那达慕》在东莞市首届合唱节中获银奖。 （傅狮虎）

东莞市广播电视大学

【概况】东莞市广播电视大学是东莞第一所高校，成立于1979年11月，是1所举办中专、大专、本科学历教育和各种非学历培训及社会公共服务的综合性成人高等学校。学校是全国网络教育统考东莞市唯一考点，“教育部半工半读试点中央电中东莞职业教育基地。”

【招生工作】2011年，东莞市广播电视大学领导秉承招生第一、管理第一、安全第一的办学理念，发挥16个镇企教学点的办学优势，全年招生3068人，在校生8280人，其中大专7016人，本科1211人，再创历史新高，大专和本科学历教育办学规模位于各市级电大前列。

【党建与思想政治教育】2011年，是中国共产党建党90周年，东莞市广播电视大学党总支利用这一契机，开展一系列学习活动。7月18日，学校在暑假期间进行学校建校32年来首次在岗党员全员培训，以“如何发挥共产党员的先进模范作用”为主题，学习党的基础知识，针对思想上工作中的存在问题，开展批评与自我批评，起到固本强基，科学发展的作用。11月25日，进行以“做德才兼备党员，建文明和谐校园”为主题的在岗党员第二次培训，全体党员通过学习讨论，发出《构建和谐校园倡议书》。取得了积极、良好的效果。

（蔡卫斌）

附：2011年东莞市广播电视大学领导名录

校　长：陈汉光

副校长：叶容枝

发挥电大开放教育优势　建设终身学习型社会

① 2011年1月30日，中央广播电视大学校长杨志坚（左二）、省广播电视大学书记梅醒斌（左一）到东莞市广播电视大学调研

② 2011年7月18日，东莞市广播电视大学第一支部全体党员在学习培训

③ 东莞市广播电视大学为社会培养了大量栋梁人才，图为校领导参加班级活动与师生合影

① 2011年3月28日，东莞市广播电视大学东坑分校启用，图为教学楼外景

② 2009年11月28日，东莞市广播电视大学隆重举行庆祝建校三十周年活动，图为校庆现场

文　化 CULTURE

东坑镇二月初二"卖身节"

- 加大非物质文化遗产保护力度
- 东莞市东方演艺舞剧团组建
- 东莞报业传媒集团推进集团化发展
- 《东莞市志（1979—2000）》通过终审

编辑：刘　丹、李文蔚

群众文化

【概况】2011年，东莞市文化部门以"文化惠民"为主题，以创建全国公共文化服务体系示范区为依托，不断完善设施阵地，精心组织群众文化活动，构建丰富多彩的群众文化生态。

积极开展"百场培训、千场演出、万场电影"到基层、到村（社区）、到企业活动。以基层为重点，举办百场文艺培训。针对基层文化工作需要，策划推出一系列丰富实用的培训课程，有效提升基层文化工作者的知识素养和业务水平，增强基层公共文化服务能力。全年实际举办培训活动120期，超额完成20期，受训人数达到7000多人。以服务为宗旨，开展千场文艺演出。整合市、镇演出资源，策划举办"每天绽放新精彩——千场文艺演出到基层"活动，充分保障广大群众对演出活动的享有权、选择权、参与权和监督权，提升演出活动的服务效益，受惠人数达100万多人。以惠民为目标，放映万场公益电影。组织实施"万场电影到村（社区）、到学校、到企业、到新莞人生活区"活动，着力保障资金投入、完善放映设备、强化宣传引导、做好片源供给，不断提升电影放映的社会效益。全年实际放映公益电影10865场，受惠观众达482.1万人次。

大力举办丰富多样的群众文化活动。举办"我们的节日"系列文化活动，推出洪梅"元宵花灯节"等26个活动项目，被群众称为"家门口的文化盛宴"。加强对节日文化活动的统筹安排，元旦春节期间推出活动480多项，中秋国庆期间推出活动430多项，受到群众广泛欢迎。深入开展"幸福东莞·城市暖流行动"，组织流动演出车到基层演出40场，吸引近4万观众观看；组织图书流动服务车开进252个村（社区），共服务684次。举办第七届读书节，开展各类读书活动479项，参与群众达380多万人次。举办第二届可园传统文化节，开展4大类型共21项文化活动，为广大群众奉上一席丰盛的岭南传统文化大餐。举办第九届"粤剧黄金周"，推出《三界》、《浪淘沙》等一系列专场演出，有效展示和弘扬了本土粤剧艺术。举办"大道之行——纪念辛亥革命一百周年影像展"、"中国古代青铜器文物精品展"、"岭南春风——港穗莞三地书画展"、"走向共和——辛亥革命史图片展"等展览活动，吸引众多市民前来观展。举办"5·18国际博物馆日"及"中国文化遗产日"相关活动，推出活动项目40多个，参与人数达20万人次。承办首届广东社区文化节开幕式，开展各类文艺展演活动12项，充分展示全市文化建设成果。与此同时，各镇（街）也立足本土特色，举办了丰富多彩的文化活动，如：莞城的"文化周末"，茶山的"茶园游会"，清溪的"麒麟踏青赏花行"，东城的"周末艺苑"，虎门的"文化艺术节"，大岭山的"红色文化节"，大朗的"大朗花街"，以及塘厦的"越唱越红"等一系列活动。

（蔡建钊）

非物质文化遗产

【概况】2011年，全市已初步形成国家、省级、市级、镇街级的非物质文化遗产名录体系，有国家级名录5项，省级名录20项，市级名录72项，还有各镇街建立的保护名录。2011年，文化部门继续加大非物质文化遗产保护力度，保护领域不断拓宽、保护体系逐渐完善、保护成效日益显著。（蔡建钊）

东莞市文化广播电视新闻出版局

① 2011年4月20日，东莞第七届读书节开幕

② 2011年年9月2日，东莞市创建“国家公共文化服务体系示范区”和“国家历史文化名城”动员大会召开

③ 2011年7月22日东莞市“文化惠民千场文艺演出到基层”活动之大朗圣堂演出

【千角灯】千角灯是千盏灯的灯，千盏灯里有一千个角。千角灯得名，源于东莞方言。在东莞方言里，“角”和“个”同音，“灯”和“丁”同音。

千角灯原只悬挂于东莞莞城赵氏宗祠内，只要赵家添丁就添个灯，寓意人丁兴旺、千角同根。建国后，千角灯1953年在东莞县物资交流会、1957年在广州市文化公园、1963年在东莞县展览馆、1965年在东莞可园展出，轰动一时。2005年，千角灯首次赴沈阳展出，获得中国民间工艺“山花奖”金奖以及获得“中华第一灯”称号。2006年7月列入第一批国家级非物质文化遗产名录。

【龙舟制作技艺】东莞制作龙舟以中堂镇为代表，其龙舟制作有百年以上的历史，是东莞市及邻近市县唯一有龙舟制作坊的镇区。

龙舟制作的工艺流程为：选底骨（龙骨，主要选垂直的大杉树做底骨)—起底（钉蝴蝶底，起蝴蝶底）—起水（拗弯龙骨，呈流线型）—打水平（中线定位，平衡蝴蝶底）—转水（安装挡水板）—做大旁（称为“合”——舟两侧，也称钉花旁）—做横挡（舟排骨）—做坐板（运动员坐位）—安龙肠—加固中肠（坐位与龙肠用竹片加固，也称抓篾）—上桐油灰（板与板之

① 22011年9月29日至10月5日，第三届中国国际影视动漫版权保护和贸易博览会在会展中心举行

② 2011年全市192个村（社区）大力开展“五个有”工程建设。图为东坑镇坑美村新建成的文化广场，配有舞台、篮球场、羽毛球场和绿化休闲带等设施

间缝隙加固，防漏水）—刨光—涂清漆（使舟光滑，也称扫柚油）—制作安装龙头—安装尾舵。中堂制作的主要为龙头高高跷起的“大头龙”，气宇轩昂。该项目由中堂镇申报，于2008年6月列入第二批国家级非物质文化遗产名录。

【麒麟舞】 麒麟舞是一种以麒麟为造型舞蹈的表演艺术，广泛分布于东莞市的山区片、丘陵片和埔田片的村镇里，其中又以山区片的樟木头等村镇最为普遍。东莞麒麟舞是由两个演员表演：一人在前面舞着麒麟头，一个钻进麒麟被里舞动麒麟被，前后相互配合但两人并不相连，在锣鼓钹和唢呐的伴奏下，表现出麒麟各种各样的动作，为人们驱邪避害，迎福纳祥。该项目由樟木头镇申报，于2011年5月列入第三批国家级非物质文化遗产名录。

【木鱼歌】 木鱼歌属弹词类曲种，唱时多用三弦伴奏。木鱼书多由盲人演唱，故俗称为“盲佬歌”。东莞木鱼歌，主要流行于除山区片以外的城区片、水乡片、沿海片、埔田片、丘陵片等乡村。

东莞木鱼歌用纯东莞白话演唱，是东莞最常见的民间艺术形式。唱法有读歌、雅唱两种：多为读唱，尤其唱长篇；职业艺人（盲人），则为雅唱，用三弦伴奏。该项目由东坑镇申报，于2011年5月列入国家第三批非物质遗产名录。

【龙舟月】 东莞人赛龙舟长达一个月，故称龙舟月。从每年的农历五月初一开始，东莞市水乡片及东江沿岸地区，根据当地潮汐大小，定出各自龙舟景观的日子。设标的称竞渡，即比赛；不设标的叫趁景。有民谣传唱：初一万江；初二西塘尾、道滘（1981年始）、斗朗、蕉利；初三卢村、大汾；初四牛涌尾、槎滘、滘联；初五新和、望牛墩、横坑；初六江南、潢涌、保安围、九曲、曲海（五乡）、大鱼沙；初七湛翠、洪梅；初八小河、沥江围、马沥、北丫；初九漳澎；初十温塘过端午节；十二新塘（属增城，东莞龙舟亦参加）；十三中堂；十四新村；十六麻涌。龙舟月是东莞影响面广、参加人数最多的文化体育及民俗活动。该项目于2011年5月列入国家第三批非物质遗产名录，项目名称为赛龙舟。

东莞市非物质文化遗产名录

序号	项目名称	保护单位	获市级名录	获省级名录	获国家级名录
1	东莞千角灯	莞城区文化服务中心	第一批（2007年）	第一批（2006年）	第一批（2006年）
2	龙舟制作技艺	东莞中堂镇龙舟协会	第一批（2007年）	第二批（2007年）	第二批（2008年）
3	麒麟舞（“樟木头舞麒麟”为国家级名称）	樟木头镇文化广播电视服务中心	第一批（2007年）	第一批（2006年）	第三批（2011年）
4	木鱼歌	东坑镇文化广播电视服务中心	第一批（2007年）	第三批（2009年）	第三批（2011年）
5	龙舟月（“赛龙舟”为国家级名称）	万江区文化服务中心	第一批（2007年）	第三批（2009年）	第三批（2011年）
6	咸水歌	沙田镇文化广播电视服务中心	第一批（2007年）	第二批（2007年）	
7	东莞龙舞	大朗镇文化广播电视服务中心	第一批（2007年）	第二批（2007年）	
8	醒狮	石排镇文化广播电视服务中心	第一批（2007年）	第二批（2007年）	
9	麒麟制作	清溪镇文化广播电视服务中心	第一批（2007年）	第二批（2007年）	
10	莞草编织	厚街镇文化广播电视服务中心	第一批（2007年）	第二批（2007年）	
11	七夕贡案	望牛墩镇文化广播电视服务中心 道滘镇文化广播电视服务中心	第一批（2007年）	望牛墩以“乞巧节”项目名称申报成为省第二批非遗项目（2007年） 道滘以“七夕贡案”项目名称申报成为省第四批非遗项目（2012年）	
12	东坑卖身节	东坑镇文化广播电视服务中心	第一批（2007年）	第二批（2007年）	
13	寮步香市	寮步镇文化广播电视服务中心	第一批（2007年）	第二批（2007年）	
14	塘尾康王诞（“康王宝诞”为省级名称）	石排镇文化广播电视服务中心	第一批（2007年）	第二批（2007年）	
15	莫家拳	桥头镇文化广播电视服务中心	第一批（2007年）	第三批（2009年）	
16	盆菜（“长安大盆菜”为省级名称）	长安镇文化广播电视服务中心	第一批（2007年）	第三批（2009年）	
17	舞木龙	厚街镇文化广播电视服务中心	第一批（2007年）	第三批（2009年）	
18	端午游木龙	常平镇文化广播电视服务中心	第一批（2007年）	第三批（2009年）	
19	草龙舞	企石镇文化广播电视服务中心	第一批（2007年）	第三批（2009年）	
20	石龙醒狮头制作技艺	石龙镇文化广播电视服务中心	第一批（2007年）	第三批（2009年）	
21	中堂龙舟景	中堂镇文化广播电视服务中心	第二批（2010年）	第三批（2009年）	
22	莞香制作技艺	大岭山镇文化广播电视服务中心	第二批（2010年）	第四批（2012年）	
23	茶山公仔	茶山镇文化广播电视服务中心	第一批（2007年）	第四批（2012年）	

续上表

序号	项目名称	保护单位	获市级名录	获省级名录	获国家级名录
24	横沥牛墟	横沥镇文化广播电视服务中心	第一批（2007年）	第四批（2012年）	
25	麒麟引凤	道滘镇文化广播电视服务中心	第一批（2007年）	第四批（2012年）	
26	清溪麒麟舞	清溪镇文化广播电视服务中心	第二批（2010年）	第四批（2012年）	
27	白沙油鸭制作技艺	虎门镇文化广播电视服务中心	第二批（2010年）	第四批（2012年）	
28	厚街腊肠制作技艺	厚街镇文化广播电视服务中心	第二批（2010年）	第四批（2012年）	
29	道滘裹蒸粽制作技艺	道滘镇文化广播电视服务中心	第二批（2010年）	第四批（2012年）	
30	过洋乐	莞城区文化服务中心	第一批（2007年）		
31	客家山歌	清溪镇、凤岗镇文化广播电视服务中心	第一批（2007年）		
32	貔貅舞	横沥镇文化广播电视服务中心	（2007年）第一批		
33	粤剧	长安镇文化广播电视服务中心	第一批（2007年）		
34	木偶戏	大朗镇文化广播电视服务中心	第一批（2007年）		
35	粤曲	道滘镇、麻涌镇文化广播电视服务中心	第一批（2007年）		
36	龙舟说唱	石碣镇文化广播电视服务中心	第一批（2007年）		
37	灯笼仔制作技艺	石龙镇文化广播电视服务中心	第一批（2007年）		
38	客家服饰制作技艺	樟木头镇文化广播电视服务中心	第一批（2007年）		
39	百岁制作技艺	中堂镇文化广播电视服务中心	第一批（2007年）		
40	凉帽制作技艺	桥头镇文化广播电视服务	第一批（2007年）		
41	交盘会	石碣镇文化广播电视服务中心	第一批（2007年）		
42	放河莲花	道滘镇文化广播电视服务中心	第一批（2007年）		
43	东莞粥品	东莞市花园粥城饮食有限服务公司	第一批（2007年）		
44	东莞小吃	东莞市花园粥城饮食有限服务公司	第一批（2007年）		
45	海月风帆传说	厚街镇文化广播电视服务中心	第二批（2010年）		
46	洪梅盲佬话	洪梅镇文化广播电视服务中心	第二批（2010年）		
47	老人歌	东城区文化服务中心	第二批（2010年）		
48	哭嫁歌	大朗镇文化广播电视服务中心	第二批（2010年）		
49	客家山歌（扩展项目）	大岭山镇、塘厦镇文化广播电视服务中心	第二批（2010年）		
50	红漆描花传统木屐制作技艺	石龙镇文化广播电视服务中心	第二批（2010年）		

续上表

序号	项目名称	保护单位	获市级名录	获省级名录	获国家级名录
51	石龙新昌鼓制作技艺	石龙镇文化广播电视服务中心	第二批（2010年）		
52	“李全和”麦芽糖、糖柚皮制作技艺	石龙镇文化广播电视服务中心	第二批（2010年）		
53	冼沙鱼丸	高埗镇文化广播电视服务中心	第二批（2010年）		
54	糖不甩	东坑镇文化广播电视服务中心	第二批（2010年）		
55	焙荔枝干	大朗镇、常平镇文化广播电视服务中心	第二批（2010年）		
56	客家酿酒	清溪镇文化广播电视服务中心	第二批（2010年）		
57	阴菜	东坑镇文化广播电视服务中心	第二批（2010年）		
58	厚街什锦菜头制作技艺	厚街镇文化广播电视服务中心	第二批（2010年）		
59	厚街濑粉手工制作技艺	厚街镇文化广播电视服务中心	第二批（2010年）		
60	寮步豆酱	寮步镇文化广播电视服务中心	第二批（2010年）		
61	土法凉茶“春明茶”	大朗镇文化广播电视服务中心	第二批（2010年）		
62	浸冬瓜水	常平镇文化广播电视服务中心	第二批（2010年）		
63	开灯习俗	东城区文化服务中心 洪梅镇文化广播电视服务中心	第二批（2010年）		
64	东莞传统婚俗	东城区文化服务中心 麻涌镇、常平镇、横沥镇文化广播电视服务中心	第二批（2010年）		
65	疍家传统婚俗	沙田镇文化广播电视服务中心	第二批（2010年）		
66	客家传统婚俗	凤岗镇、大岭山镇文化广播电视服务中心	第二批（2010年）		
67	入秋习俗	东城区文化服务中心	第二批（2010年）		
68	喊惊习俗	东城区文化服务中心 东坑镇文化广播电视服务中心	第二批（2010年）		
69	中秋习俗	东城区、麻涌镇、桥头镇文化广播电视服务中心	第二批（2010年）		
70	祝寿习俗	黄江镇文化广播电视服务中心	第二批（2010年）		
71	新年习俗	常平镇文化广播电视服务中心 东城区文化服务中心	第二批（2010年）		
72	端阳节	望牛墩镇文化广播电视服务中心	第二批（2010年）		

注：1. 市级名录两批共72项，其中含省级30项，国家级5项。

2. 七夕贡案保护单位为望牛墩镇、道滘镇，2007年望牛墩镇成功申报省级第二批名录，名称为“乞巧节”；2012年道滘镇成功申报省级第四批名录，名称为“七夕贡案”。

广播电视电影

【广播电视概况】2011年，东莞市有公共广播节目56套，公共电视节目37套。东莞电台两个频道继续以近7成的市场份额在东莞地区所有电台中占据绝对优势。7—8月，东莞电视台自办频道黄金时段平均收视率和市场份额在东莞地区100多个频道的激烈竞争中，再次双双排名东莞地区所有频道收视榜首。东莞阳光网日最高浏览量已突破580万人次，再创历史新高，在全国地方门户网站中名列前十，在全省名列第二；网站日均浏览量达432万人次，同比增长30%，活跃会员超过150万人。

【经营收入】2011年，东莞广播电视台充分发挥广播、电视、网站和有线网络的经营平台优势，以市场为导向实行多元经营，不断创新经营机制，拓宽经营渠道，使产业经营继续保持良好的发展势头。全台及下属单位（包括广电网络传媒发展股份公司）实现广告和经营收入9.35亿元（其中广告经营收入3.42亿元、广电网络传媒发展股份公司经营收入5.93亿元），同比增长3.3%，在全省地市名列前茅。

【广播电视设备设施】2011年9月28日，总投资超6亿元、建筑面积超7万平方米的东莞广播电视中心正式落成。广电中心配备了广电行业最先进的节目制播系统，其中包括广东地级市台首个高清电视播出总控系统和广东地级市台首个550平方米全高清新闻演播厅，实现节目高清化、制作网络化、播出自动化和媒体资源管理数字化，总体性能达到国内先进水平。

【舆论监督】2011年，东莞广播电视台积极履行媒体社会责任，不断创新舆论监督载体，及时向各级领导和部门通报社会舆情，协助应对化解社会矛盾，促进社会和谐稳定。全年就群众反映的热点、难点问题向东莞市30多家单位

东莞广播电视台

① 2011年9月28日，东莞广播电视中心举行落成庆典。国家广电总局副局长李伟，中国文化传媒集团总编辑刘承萱，广东省委宣传部副部长、省广电局局长杨健，南方广播影视传媒集团党委书记白玲，东莞市委书记、市人大常委会主任刘志庚，东莞市委常委、宣传部部长王道平等领导嘉宾出席庆典，共同见证东莞广电事业的新起点，检阅东莞文化建设的新成果

② 图为国家广电总局副局长李伟在东莞广播电视中心落成庆典上致辞

① 图为国家广电总局副局长李伟（右一）、东莞市委书记刘志庚（左二）在东莞广播电视台台长黄永贵陪同下参观东莞广播电视中心

② 2011年9月28日，省委常委、省委宣传部部长林雄，省委宣传部副部长、省广电局局长杨健视察刚刚落成的东莞广播电视中心。林雄勉励东莞广播电视台以广电中心落成和硬件设施改善为契机，不断提升管理水平和创新能力，加快事业建设和产业发展，为推进东莞经济社会双转型和建设“幸福广东”做出更大贡献。图为林雄（右一）、杨健（左一）参观东莞广播电视中心的大厅

③ 2011年12月14日，市委书记徐建华（左二）等市领导在东莞广播电视台台长黄永贵的陪同下，来到东莞广播电视中心走访调研，亲切看望、慰问工作人员

④ 徐建华书记先后来到新闻演播大厅、阳光网站、电台直播间等地参观，他称赞广电中心办公环境好、设备精良。图为徐建华一行参观新闻演播厅

⑤ 2011年12月2日，南方广播影视传媒集团总裁张惠建（前排左一）、总编辑陈一珠（三排右一），广东电视台台长曾国欢（四排右一）等领导莅临东莞广播电视台参观指导，东莞市委副书记、市长袁宝成（二排居中），东莞市委常委、市委宣传部部长王道平（三排右二），东莞广播电视台台长黄永贵等陪同参观

⑥ 2011年9月14日，东莞广播电视台党组书记、台长黄永贵率东莞广播电视台班子成员走访石排中坑村，深入开展“走基层、转作风、改文风”活动。图为黄永贵在石排镇厂区车间走访调研

（镇街、部门）发出近80份《舆情信息函》，得到了积极回应，多个单位在复函中感谢《舆情信息函》为其提供决策参考。7月，又推出《广电舆情》周刊，以“客观、民意；真实、善意”为宗旨，定期摘录收集本台舆论监督方面的新闻报道及部分不适宜公开报道的网络舆情，呈送市几套班子领导、镇街主要领导和市直各部门负责人作为参考，起到了良好的舆论监督作用，市主要领导先后作出批示，给予肯定。

【广播电视精品佳作】2011年，东莞广播电视台深入实施精品带动战略，广播电视节目佳作迭出，成果丰硕。4月27日（当地时间），由东莞广播电视台、广东电视台等单位联合摄制，历时两年，耗资千万的80集大型纪录片《相约多瑙河》在加拿大多伦多隆重上演。《相约多瑙河》是首次参与大型跨国采访活动取得的重要成果，该片的成功拍摄和热映，充分展示了东莞广电台的实力和东莞广电人的良好形象。5月13日，摄制的纪录片《家》和《老人的小红旗》在2010中国电视纪录片盛典上获纪录片短片好作品奖。11月，新推出的生活服务类栏目《生活大莞家》，被中国电视艺术家协会评为“2011生活服务类十大创新栏目”。承办的“拥抱春天——2011年东莞市春节联欢晚会”，在第二届全国春节电视文艺晚会评选中，一举斩获5个一等奖，成为地级市台中获奖最多的春晚。此外，策划组织的“唱响东莞——原创歌曲大赛”和“东莞市第二届道德模范评选颁奖典礼”还分别获“全国首届优秀广播电视大型活动评选”电视文化艺术类和电视社会公益类二等奖。在2010年度广东省广播电视节目奖评选中，东莞广播电视台共有24件作品获奖，其中一等奖4件，二等奖5件，三等奖15件，获奖率达68.6%，无论是获奖作品的数量还是质量，都取得了建台以来历次参加广东省广播电视节目奖评选的最好成绩。

【东方演艺歌舞剧团组建】12月13日，东莞广播电视台与中国东方演艺集团签订合作组建“东莞市东方演艺歌舞剧团有限公司”协议。该公司由双方按照股份制成立的国家级专业艺术团体，是东莞台充分发挥人才优势、资产优势和品牌优势，立足东莞，积极开拓演出市场的有益尝试，也是推动全市文化名城建设和文化产业发展的一个创举。

【开门办台】2011年，东莞广播电视台坚持“开门办广电”的发展理念，注重与受众的交流与互动，广泛吸取受众的有益建议，先后组织开展多项受众调查活动，其中，“假如我是台长”活动共吸引了近1000名受众参与，并有近600人提出合理化建议，其他受众调查活动共吸引近5000名受众参与，社会反响热烈。（刘全凤　凌文通）

附：东莞广播电视台领导名录

台　长：黄永贵

副台长：梁志刚（正处级干部）

李树祥　唐和平　李　娜

刘全凤

总编辑：郑远龙

总工程师：李先翼

台长助理：周秉强

【电影概况】2011年，东莞市有电影放映单位52个，比上年增长13.04%；全年电影放映18.54万场次，比上年增长60.94%；观众407.49万人次，比上年增长5.09%。

【广播电视电影管理】2011年，市文化部门重点抓好广播影视社会管理、安全播出、文化惠民以及产业发展等方面工作，积极推动全市广播电视电影事业健康发展。提高广播影视舆论引导力。继续强化广播电视宣传管理和节目内容导向管理。抓好广播电视宣传报道。协调指导东莞广播电视台、各镇街文化广电服务中心配合市委市政府、镇委镇政府的中心工作做好宣传报道，把准宣传舆论导向。规范有线电视频道设置和广播电视节目播放秩序。加强对广播电视节目的监管，坚决抵制广播电视低俗之风。加强卫星电视传播秩序管理，保障广播电视安全播出。全年重点抓好元旦、春节、两会、五一、“5·13”敏感日、“6·4”敏感日、七一、深圳大运会、国庆等重要保障期的安全保障工作，实现全市广播电视安全、优质、高效播出。推动广播影视产业发展。积极扶持服务影视制作机构。协调指导三网融合工作。全年数字电视用户净增3.5万户，累计突破152万户。（蔡建钊）

东莞广电中心总投资超6亿元、建筑面积超7万平方米，拥有5个广播直播间和13个电视演播厅，包括一个1000平方米的大演播厅，以及省内地市台首个550平方米开放式全高清新闻演播厅。迁入新居的东莞广播电视台，成为省内首个使用高清设备采编播的地市电视台，总体性能国内领先。图为东莞广播电视中心夜景

报 业

【概况】2011年，东莞市共出版报纸5220.6万份，其中《东莞日报》发行3131.7万份。

【新闻宣传】2011年，东莞报业传媒集团坚持团结稳定鼓劲、正面宣传为主的方针，围绕中心服务大局，营造舆论强势，打好系列重大新闻宣传战役，打造系列新闻精品力作，体现本土主流媒体的政治意识和责任意识。集团各子媒体围绕“十二五”规划开局、加快转型升级、建设文化名城、创新社会管理、庆祝建党90周年、喜迎市13次党代会、城市形象宣传等组织“十大宣传战役”和“二十八个精品工程”。整个新闻宣传工作：一是主题鲜明，全年新闻宣传工作贯穿“加快转型升级、建设幸福东莞”这一宣传主线；二是导向正确，为东莞科学发展起到吹氧助燃、给力加油、摇旗呐喊、造势鼓劲的积极作用；三是基调平稳，尤其是东莞时报经过调整办报思想，逐步走向理性和成熟；四是精品迭出，涌现了《民间策论》、《时间问政》、《关注校车安全》等获得市委市政府主要领导重要批示的新闻精品佳作；新闻图片《窗花让人倍感温馨》，获2011年央视春晚“全球100个最幸福的瞬间”摄影比赛金奖。

【集团化发展】2011年，东莞报业传媒集团在推进集团化发展战略方面主要有三大亮点。一是3月26日创办东莞报业书画院，以积极主动的姿态参与文化名城建设，搭建高雅文化艺术展示交流的平台。先后举办“翰墨华光”全国艺术名家邀请展、“莞香墨韵”东莞书画名家精品展、庆祝建党九十周年“光辉

本土就是主流　贴近就是力量

① 2011年12月14日，市委书记徐建华（前排左二）到宣传文化系统单位走访调研，市领导姚康、何嘉琪、严小康陪同。图为徐建华等市领导在东莞报业传媒集团调研

② 2011年是《东莞日报》创刊25周年和东莞报业传媒集团成立1周年，东莞报业传媒集团先后举办25场系列庆祝活动。图为2011年6月1日，《东莞日报》创刊25周年暨东莞报业传媒集团成立1周年庆典现场，报社历任老领导获颁金质“莞香勋章”，以表彰他们为东莞报业发展所作的贡献

③ 由东莞市侨务局主管主办、东莞报业传媒集团承办的《看东莞》杂志在全国率先采用政府部门与报业集团联合办刊的形式，被业界誉为侨刊的“东莞模式”。图为2011年7月26日，《看东莞》杂志创刊一周年庆典现场，省市领导启动《看东莞》iPad版上线仪式

历程”中国书画名家精品展等一批高水平艺术展览，承办了东莞市第三届收藏文化联展暨珠三角收藏精品邀请展，迅速成长为东莞最具活力和影响力的艺术机构之一。二是4月组建多维新媒体广告公司，建设一批现代化的党报阅报栏，在为市民提供公共文化服务的同时，加快进军户外广告，东莞报业的经营空间。三是10月成功冠名广东女篮，以“东莞日报女篮”之名征战WCBA，开创国内媒体冠名职业篮球队的先河，东莞日报的品牌价值得到提升，东莞日报在国内的影响力、知名度和美誉度进一步扩大。

【采编、经营、管理】2011年，东莞报业传媒集团报业采编、经营、行政管理等工作在已有的基础上又有新的进步、新的加强和新的提高。主要有五大看点：一是集团各媒体进一步优化升级。12月29日，《东莞日报》对内容、版序和相关周刊进行重大调整，扩充时事评论和国内新闻；《东莞时报》提出按“十化”方向打造本土主流都市报，并取得明显实效；《看东莞》杂志扩大言论、评论和图片版块，增加消费、实用版块，朝市场化迈出坚实步伐；东莞时间网增加本地资讯比重，强化城市生活资讯内容，新建或改版汽车、体育等多个频道。二是新媒体新技术的开发应用取得良好成果。先后自主开发“东莞派报”（东莞日报、时报、看东莞杂志IPAD版）和“东莞风报”（iphone手机报或智能手机报）。日报、时报、时间网开通了微博，东莞时报还开辟“微天下”专版。三是活动营销促进报业经营

①

②

③

① 东莞报业传媒集团在积极宣传东莞文化名城建设战略的同时，通过创办东莞报业书画院等文化产业，积极主动参与文化名城建设。图为2011年3月26日，市委书记、市人大常委会主任刘志庚等领导出席东莞报业书画院成立庆典暨“翰墨华光”全国艺术名家精品展

② 2011年，东莞报业传媒集团冠名广东女子篮球队，以“东莞日报女篮”之名征战WCBA，开媒体品牌宣传之先河。图为2011年10月26日，东莞日报冠名广东女篮新闻发布会暨广东东莞日报女篮新赛季壮行誓师会上，广东东莞日报女篮主教练潘巍向东莞报业传媒集团社长、总编辑陆世强赠送队员签名球衣

③ 2011年，东莞报业传媒集团正式确定“用心报天下”为东莞报业精神表述词。“用心报天下”的释义是：一张报纸是一座城市的思想窗口和文化名片，塑造着城市的品质与方向。志存高远的东莞报业人，秉持对新闻事业的忠心，胸怀对报业发展的信心，充满对百姓市民的爱心，饱含对读者客户的真心，全力报道世界，尽力报效社会，鼎力报答城市，给力报恩人民。在责任担当的路上，总有一种信念，引领我们前行；总有一种使命，感召我们向上；总有一种力量，鞭策我们奋进；总有一种精神，激励我们——用心报天下！图为2011年11月16日，“东莞报业精神”大讨论座谈会上，集团员工踊跃发言

稳步增长。集团采编部门、经营部门、品推部门、文化传播部门、行政部门等策划组织的各类活动，既有创意，又有创收，有效拉动了报业经营发展。《东莞日报》25周年社庆特刊《幸福伟业》当日广告应收额创历史新高，地方形象广告实现32个镇街全覆盖；《东莞时报》五一车展首次尝试售卖门票取得成功。四是内部管理和队伍建设进一步加强。各类管理规章制度不断完善，各项审批流程不断规范，全员的预算管理和成本控制意识不断提高。特别是全员系统学习培训深入扎实，报业讲坛、报业学堂、报业沙龙三大平台共举办培训33场次，参训2300多人次。与此同时，积极开展"走转改"（走基层、转作风、改文风）活动，员工的业务知识、职业道德和服务意识不断提高。五是报业文化建设取得突破性进展。通过历时4个月大讨论，东莞报业精神表述词"用心报天下"正式出炉，东莞报业传媒集团从此有了共同的价值观念和理想追求；集团内刊《三元路8号》正式创刊，期期出彩，成为集团的重要资讯平台、员工业务交流的园地、报业文化的有效载体和报业人的精神家园；员工集体生日会改由部门轮流承办后深受员工喜爱，成为体现集团人文关怀、加强员工的沟通联系，促进团结协作、展示和锻炼部门策划能力的综合性平台；社庆25周年暨集团成立一周年系列庆典活动、《东莞时报》创刊三周年庆典活动，有声有色，好评如潮。

【庆祝第十二个记者节】 2011年11月8日是第十二个记者节。市委、市政府发表《致全市新闻工作者的慰问信》，向全市新闻工作者致以节日的问候，号召广大新闻工作者扎实开展"走基层、转作风、改文风"活动，努力提高舆论引导水平，加强作风建设和职业道德建设，坚决反对虚假新闻、有偿新闻和低俗新闻，为繁荣东莞新闻事业再谱新篇，为"加快转型升级、建设幸福东莞"再立新功。11月8日，市委书记、市人大常委会主任刘志庚，出席东莞新闻工作协会主办的东莞市庆祝第十二个记者节暨第四届东莞新闻奖颁奖典礼，并作重要讲话，高度肯定全市新闻工作者对东莞市发展所作的贡献，寄望广大新闻工作者牢记新闻媒体的社会责任，适应东莞转型发展和打造文化名城的要求，打造出1批高素质的人才队伍和高水平的新闻作品，希望全社会"重视媒体、善待、善用、善管媒体"。

（韩耀东）

附：2011年东莞日报社（东莞报业传媒集团）领导名录

社长、总编辑、党组书记：陆世强
副社长、党组成员：黎树根
副社长、党组成员：谭军波
副社长、党组成员：曾平治
副社长、党组成员：张树坚（2月到任）
正处级干部、机关党委书记：张海廷

网络媒体

【概况】 东莞时间网是经广东省人民政府新闻办公室批准、由东莞日报社主管主办的网络媒体，网站定位为城市生活资讯门户。东莞时间网原名东莞报业网，于2007年11月1日正式上线运行。2009年1月8日，更名为东莞时间网。2011年，东莞时间网全站流量稳步提升，管理架构得到优化，互动水平进一步提高，广告业务实现整站对外承包。与此同时，加强内容建设，全站流量保持稳定增长，日均浏览量220万PV，峰值流量300万PV，Alexa中文网站排名由3000位上升至1636位，网站品牌形象进一步提升。

【网络新闻宣传】 2011年，东莞时间网坚持把舆论导向放在工作的首位，从年初的东莞两会、到台博会、外博会大型展会；从食盐抢购热潮，到市委书记刘志庚微博访谈、韩群凤案等热点事件，时间网都在第一时间推出网络专题。与此同时，东莞时间网与《东莞日报》开展报网互动，推出"时间网民调"栏目，通过民调这种形式，对市委市政府的中心工作和民生热点问题保持持续的关注，提供民意参考，体现本土主流网站的责任与社会价值。

为确保新闻宣传及时有力，东莞时间网通过设置网络编辑晚班值班制度，将新闻更新时效从原来的早上8点半提前到早上6点半，网友早上上班第一时间就能够看到最新的资讯，大大提高时间网在网友心目中的形象。网站还对体育、汽车等8个频道和专栏进行新建或改版，成功实现网站整体内容的升级。东莞时间网利用新技术手段抓稿，编辑人工优化稿件，对网站新闻数额进行大幅度的提升，日均录稿量从上年的300余篇，提升到日均5万余篇。在稿件质与量均有所上升的情况下，时间网各频道访问量也逐月破新高。和上年同期相比，东莞时间网各频道访问量均超过一倍以上，访问量最高峰值达到300万PV。

【互动营销】 2011年，东莞时间网参与各镇街、局办和企业的各类外联和营销拓展，实现全年营收超额30%左右。东莞时间网开展一系列短平快的互动活动，线上线下齐头并进，增加网站的曝光率与网友的黏度。先后组织宝贝评选、美食军团、网友篮球PK、网友观影团、大片观赏月、网友看房团、外博会寻宝等近120场线上线下互动活动，平均每月至少有10项互动推向网友，丰富时间网的宣传手段，提高宣传影响力，实现"互动活动月月有"的既定目标，进一步提升东莞时间网的品牌形象。

此外，微博互动也成为时间网加强与网友交流的又一平台，由于精心打理，东莞时间网官方微博已经成为东莞市各大媒体粉丝数量最多、活跃度较高的微博。

【技术改进】 2011年，东莞时间网升级发布服务器系统及数据库为64位版本，大幅提升发布系统性能；调整集群分布，优化HA设置，优化应用配比，调整FENCE设备响应时间，大幅缩短宕机恢复时间；调整数字报分发及回传方式，解决应用触发时间冲突造成的数据库锁闭情况；规划实施服务器巡检系统，简化维护操作。

（虞清萍）

新闻出版

【概况】 2011年，市文化管理部门以建设文化名城为契机，深入贯彻落实《东莞市建设文化名城规划纲要（2011–2020年）》，按照文化广电新闻出版工作的总体部署，坚持依法行政，积极创新、扎实工作，推动全市新闻出版产业快速发展。一是积极推进依法行政，办事效能逐步提升。在印刷发行方面：通过全面宣传动员、严把审查关、及时催检查办等一系列措施，基本完成全市印刷业年度核验和出版物发行单位年检工作。据统计，全市2010年出版报纸5220.62万份，各类杂志108.96万册，图书6.96万册。印刷工业总产值308亿元，印刷从业人员16.7万人，投资总额达到295亿元，出口总值103亿元。2011年应年检企业3002家，已年检企业2791家，已注销企业39家；书报刊、电子出版物发行单位应年检1218家，已年检953家，停业68家。

（蔡建钊）

【图书馆】2011年，全市有公共图书馆622个。其中，东莞图书馆新馆于2005年9月28日正式开馆。新馆建筑面积44654平方米，在全国地市级位列第一，设有大陆首家漫画图书馆、全国首家自助图书馆、衣食住行图书馆、东莞书屋、台湾书屋等10个馆中馆，拥有20余个对外服务窗口。东莞图书馆是以数字图书馆为基础，体现知识交互理念、融合传统图书馆功能的现代城市中心图书馆，采用藏、借、阅、查、展、售一体的新型服务模式。2011年馆藏图书增至174万册，接待读者240万人次，实现书刊外借164万册次，举办活动300余次，并于2011年12月被中央精神文明建设指导委员会授予“全国文明单位”称号。

（蔡建钊）

文　艺

【文艺创作】2011年，东莞文艺精品创作取得重大突破，成绩斐然。启动东莞历史人文创作工程（历史名人评传），大规模和系统地挖掘、研究东莞的历史，签约选题包括《何真评传》、《陈建评传》、《王宠惠评传》等东莞历史人文题材；此外，各文艺协会的创作成果和获奖作品也成绩喜人：作家协会詹谷丰的散文《义宁的源头》、陈启文的长篇小说《江州义宁》、黄运生的中篇小说《红豆》等为代表的作品频频进入《人民文学》、《花城》等重要文学期刊，并为《散文海外版》《小说月报》等重要文学选刊转载，已经引起国内文坛的关注。傻正的中篇小说《半步村叙事》、卓奇文的中篇小说《老有所依》、《微关节》等分别在《作品》、《牡丹》等省级期刊发表。禾丰浪、却却的长篇小说《一边享受一边泪流》、《战长沙》分别被购买影视改编权，凌眉的《AA制婚姻》由国际文化出版社出版。还有塞壬反映残疾人原生态的《托养所手记》和王十月反映城市融合的《寻根团》分别荣获2011年度人民文学年度散文奖和中篇小说奖；全市摄影协会的会员在全国、全省的各类摄影展览、比赛中，入选或获奖作品380多幅，获金、银、铜奖53幅，其中叶惠棠《晨雾孤舟》获第十四届国际摄影展铜奖，曹永富《呵护》获广东省“幸福广东摄影大赛”金奖；硬笔书法协会参加国家级和省级展览、比赛共有14人次获奖，50人次入展。

【文艺出版】2011年，市文联出版发行了东莞首部篮球报告文学《篮球的秘密：从东莞到全国》，介绍东莞篮球运动开展的状况，解密东莞成为“篮球之都”背后的原动力，是国内首部全方位、多角度、多侧面反映篮球文化发展及其改革实践活动的纪实作品；出版发行《八月桂花香》，展现以李满堂为代表的东莞各级党委政府关注国防、关爱军人的双拥理念、情怀和故事，是“中国作家第一村”成立后出版发行的第一部由作家村“村民”王松抒写东莞的文学作品，也是国内首部“双拥”题材的长篇报告文学。

2011年，《东莞文艺》、《南飞燕》两份杂志全年12期顺利出版，进一步办好《南飞燕》手机文学版，充分依托先进的手机网络技术平台，建立一支特约手机文学撰稿人队伍，开发最具东莞特色的手机文学艺术产品。

此外，市作家协会组织编辑出版第五期《东莞作家》专号，通过《东莞作家》杂志让外界全面系统了解东莞作家的创作水平和创作实力，并举办“东莞作家看东莞”活动。2011年3月，市音乐家协会会刊《东莞音乐》第一期问世，5月，市摄影家协会组织创办东莞第一本摄影杂志内刊《东莞摄影》，7月，市书法家协会会刊《东莞书法》杂志创刊，这些刊物为会员发表作品、交流心得提供了平台，为展示全市的文艺成果，开展对外文化艺术交流打开了窗口。

【文艺批评】2011年，市文艺评论家在《文学评论》、《文艺研究》、《理论与创作》、《艺术广角》、《文艺报》、《中国艺术报》等重要报刊上发表理论评论文章超过30篇，积极探究文艺创作的规律和发展方向。《打工文学的整体观察》获批国家社科基金项目，《近代都市与近代戏剧的转型研究》获批教育部人文社会科学研究项目，《城乡简史》被列为省重点文学创作项目。另外，还创办《东莞文艺评论》学术刊物。

【文学艺术活动】2011年，市文联共举办150多场次专业性的文艺节庆、演出、展览、比赛、研讨、培训、采风等各类文艺活动。

4月10日，“2011年全国文联文艺舆情信息工作会议”在东莞召开，全国文联各团体会员、直属单位、机关单位，以及全国各省市文联的相关负责人齐聚东莞，共同探讨全国文联文艺舆情的重要性与工作方式。中国文联党组成员、书记处书记夏潮，中共广东省委宣传部副部长顾作义，中宣部舆情局网络舆情处副处长吴玉荣，中宣部舆情局办公室副调研员段雪梅，中国文联理论研究室副主任刘国强，广东省文联党组书记、专职副主席白洁，东莞市委常委、宣传部长王道平等领导参加会议。

（唐晓瑜）

党史编研

【《中国共产党东莞历史》第一卷（1919—1949）】全书近30万字，分为四编共十一章。全书以中国共产党东莞地方组织的建立、发展、变化沿革及其活动为主线，全面客观记述新民主主义革命时期，东莞党组织团结带领东莞人民为民族独立和解放，与帝国主义、封建主义和官僚资本主义进行长期的、艰苦卓绝的斗争历程。市委党史研究室于20世纪80年代开始着手征集史料，撰写和发表一批党史专题研究文章，整理、编纂和出版了新民主主义革命各个时期的党史大事记、组织史资料以及一批党史书刊，为编纂该书打下扎实基础。1996年正式启动写作，其间五易其稿，2008年春分别在广州、东莞两地召开审稿会，征求老同志、党史学者和老党史工作者的意见。根据审稿会意见和最新发现的史料及研究成果，市委党史研究室对史稿进行修改订正。2011年1月，《中国共产党东莞历史》由中共党史出版社公开出版发行。

【《东莞党史知识读本》】于2011年6月出版，是一本既通俗易懂又科学严谨的地方党史读物，全书5万字，分两大部分，记载东莞地方党组织团结带领东莞人民进行革命、建设、改革的历史。第一部分为概述，简明扼要地介绍东莞地方党史发展的概况。第二部分为纪事性条目，撷取东莞地方党史上最有代表性的200件大事，具体叙述东莞地方党史的重要人物、重要会议和重要事件。在这200个条目中，按时间顺序分成六个时期：党的创立和大革命时期；土地革命战争时期；抗日战争时期；全国解放战争时期；社会主义时期和建设时期；改革开放新时期。《东莞党史知识读本》是东莞市广大党员干部、青年学生学习东莞地方党史的教材。

（蔡瑞芬）

地方志编研

【概况】2011年，《东莞市志（1979—2000）》顺利通过终审；《东莞年鉴》2011年卷在全省地级以上市中继续保持率先出版；全国第一部大型专项体育志书——《东莞市篮球志》编纂出版；11部镇村志和部门专业志出版发行；地情丛书《东莞与台湾》完成总纂。《东莞年鉴》2010年卷获得全国年鉴编校质量检查评比特等奖。截至2011年，东莞市共编纂出版103部地方志，包括23部镇街志，31部部门专业志，28部村志，11部《东莞年鉴》，2部《东莞市大朗镇年鉴》和8部地情丛书。

【志书编修】《东莞市志（1979—2000）》通过复审、终审。2011年4月11—12日，《东莞市志（1979—2000）》复审工作会议召开。与会人员对志稿的"总述"、"经济"、"人物"等编章提出修改意见。省人民政府地方志办公室巡视员谭云龙指出志稿后期修改要突出东莞地方特色，尤其要记述好改革开放以来东莞经济社会各时期发展变化的特点；要严把质量关口，精益求精，使志稿质量更上一台阶。会后，市志办根据意见和建议，抓紧修改，形成终审志稿。12月19日，《东莞市志（1979—2000）》终审会在省政府召开。省政府地方志审查委员会一致认为，《东莞市志（1979—2000）》主要优点有：政治观点明确，记述客观，符合保密法律法规；编目设计合理，要项齐全，归类基本得当，标题简洁准确，交叉内容处理规范，符合志书体例；资料真实、全面，资料选录标准比较统一；时代和地方特色突出；文风朴实，行文比较简练，用字、用词比较准确，符合志书行文规范；选用地图、照片合理，主题明确，表格要素齐全，格式比较规范。存在的不足主要有：个别编章内容单薄，需增强记述；个别地方缺少事物发生、发展的具体时间、状况等资料；个别章节缺少事物总况记述和个别标点符号运用不当。省审查委员会经讨论同意《东莞市志（1979—2000）》作进一步修改后出版。

镇村志、部门专业志编修。2011年，东莞市出版3部镇街志，5部部门专业志和3部村志。有6部志书完成终审，5部志书完成复审，2部志书完成初审和总纂。

2011年东莞市二轮修志编纂出版志书情况

志书类别	书　目	出版社	出书时间
镇街志	东莞市大岭山镇志	中华书局	2011年3月
	东莞市莞城志	岭南美术出版社	2011年6月
	东莞市东城区志	岭南美术出版社	2011年12月
部门专业志	东莞市人民代表大会志	中华书局	2011年6月
	东莞市民族宗教志	岭南美术出版社	2011年8月
	东莞市工商行政管理志	广东人民出版社	2011年10月
	东莞市篮球志	中华书局	2011年12月
	东莞市司法志	广东人民出版社	2011年12月
村　志	东莞市茶山镇超朗村志		2011年7月
	东莞市茶山镇下朗村志		2011年11月
	东莞市长安镇上沙志	吉林大学出版社	2011年11月

《东莞市篮球志》出版。2010年8月24日，东莞市第12次市长办公会议批准编修《东莞市篮球志》。市志办于9月2日召开《东莞市篮球志》编修工作会议，全面启动编修工作。至2011年12月22日，由东莞市志办、市体育局和南城区委区政府联合编纂的全国第一部大型专项体育志书——《东莞市篮球志》出版发行，东莞市政府为此在南城举办首发仪式，副市长吴道闻、市政协副主席莫布兴，市志办、市体育局、南城区党政主要领导，市篮球协会，各镇街、各部门分管领导和有关单位代表共300多人出席。

该书上限起于东莞篮球运动发端的民国初年，溯源述流，下限截至2010年，举凡东莞境内篮球运动发展的大事要事，尽收其中。全书近80万字，内容涵盖学校篮球、农民篮球、企业篮球、镇街篮球和职业篮球，重点突出东莞群众性篮球运动的普及深入及职业篮球的精湛水平，充分反映东莞作为全国篮球城市，篮球运动有着广泛的群众基础、悠久的历史传统、辉煌的运动成绩、靓丽的体育场馆，全力打造东莞篮球城市的名片。

【年鉴编纂】《东莞年鉴》（2011）出版发行。2011年10月18日，由东莞市委、市政府主管，东莞市志办主办的大型资料年刊《东莞年鉴》2011年卷由广东人民出版社正式出版发行。该书主要记载2010年东莞市发生的大事、要事及基本情况，全面、系统、翔实地记述东莞市经济建设、社会建设等各行各业的发展历程。紧扣加快转型升级、建设幸福东莞的主题，特别收录东莞市2010年转型升级、创建环保模范城市、支援映秀恢复重建等内容，突出大事要事；框架设计在保持"东莞之最"、"莞台交流"、"莞港合作"等特色栏目的基础上，新增"产业合作与转移"、"对口帮扶与支援"等栏目，突出年鉴"莞味"；新增"东莞最具影响力优秀共产党员"、"经济十大人物"、"十大慈善人物"等新闻人物，突出人文气息。《东莞年鉴》2011年卷将年鉴文字和图片穿插排版，公共版彩页以"幸福东莞"为主题，正文配置内容丰富多彩的图片，形象生动、鲜明直观体现建设幸福东莞的风采。

《东莞市大朗镇年鉴》出版发行。2011年7月，《东莞市大朗镇年鉴》

（2011）公开出版发行。全书记载2010年大朗镇经济、政治、文化和社会各项事业的大事、要事及基本情况。正文设“大事记、特载、总述、政治”等19个类目。图表配有位置图、区位图、中心街道图等地图以及专题图片、插图、经济数据统计表等，展现大朗镇的年度风采。

《珠江三角洲城市群年鉴》供稿。2011年4月18日，《珠江三角洲城市群年鉴》（2011）编纂工作会议在东莞市召开。东莞市编写组组长介绍组稿经验与做法。10月，东莞编写组形成“大事记”、“合作交流”中有关东莞市的文稿和“东莞市概况”等共5.2万字和73张图片，经市委主要领导批示后上报。

国情书和省情书供稿。2011年，东莞市志办向《广东年鉴》、《中国城市年鉴》、《中华人民共和国年鉴》供稿，在省情书和国情书上介绍东莞、宣传东莞。4月，选取东莞经济社会发展大事、要事和代表性图片，向省提交1万余字文稿和58张图片；8月，向中国城市发展研究会提交4000余字文稿和36张图片；10月，向《中华人民共和国年鉴》提交1000余字文稿和10张图片。

【东莞市地方志理论研讨会】2011年11月25日，在市行政办事中心召开。东莞市人民政府副秘书长金行中，省政府地方志办公室市县志工作处处长吕克坚、年鉴处处长刘波，中国版协年鉴研究会副会长谭惠全，广州市地方志办公室研究员陈泽泓及东莞市志办全体人员、部分镇街修志专家出席会议。

会上，专家点评东莞市志办全体人员的地方志学术论文开题报告，在论文选题、框架结构等方面给予深入指导；讲授地方志学术论文撰写方法，阐明论文选题原则，讲述论证要领。指出《东莞年鉴》仍有提升空间：在框架设计上进一步理顺领属关系。在内容编纂上，收录面向全市、全社会的信息，不收录本单位内部信息、保密信息及预测性、展望性的内容；清除工作总结式文字和标题，尤其是“政治”部类中；统稿过程中要注意删除重复内容；每个编目都可增加一些专项年表；加强重点行业、重点人物的记叙力度。在版式设计上，小扉页应统一设计为奇数页；进一步提高封面设计质量，打造《东莞年鉴》独有特色的封面。（李俊玉）

文物博物

【概况】2011年，市文物管理部门以启动国家历史文化名城创建为动力，开创全市文博事业新局面。全面启动国家历史文化名城创建工作。年初，组织召开东莞市创建国家历史文化名城启动工作协调会，并根据国家历史文化名城的申报条件和评估标准，组织草拟《东莞市创建国家历史文化名城实施方案（征求意见稿）》，进一步明确开展创建工作的指导思想、工作目标、主要任务、责任分工和保障措施。9月初，市委、市政府召开创建动员大会，正式启动了整个创建工作。切实加强文物资源保护。全面完成第三次全国文物普查，核定登录文物点734处，其中新发现323处，复查411处，普查覆盖率达到100%，有效掌握东莞文物的分布和保护状况。积极开展广东省首批大遗址申报工作，林则徐销烟池与虎门炮台旧址申报成功。大力推动博物馆事业发展。诺华中式家具博物馆于3月15日建成开馆。以各博物馆为依托开展各类主题活动，组织全市各类博物馆申报评估定级，推进全市博物馆行业管理，提升博物馆的层次和水平。组织接收3200多件海关罚没文物，有效充实博物馆馆藏文物资源。启动市博物馆新馆筹建工作，进一步强化硬件设施建设。

东莞市文物保护单位

（一）全国重点文物保护单位

序号	名称	时代	地点	公布时间	类别
1	东莞可园	清	城区可园路32号	第五批	古建筑
2	林则徐销烟池与虎门炮台旧址	1893	虎门镇镇口村南面虎门海滩处；珠江出口处虎门两岸。	第二批	近现代重要史迹及代表性建筑
3	却金亭碑	明	东莞市光明路	第六批	石窟寺及石刻
4	南社村和塘尾村古建筑群	明—清	东莞市茶山镇南社村、石排镇塘尾村	第六批	古建筑
5	大岭山抗日根据地旧址	1940—1943	东莞市大岭山镇	第六批	近现代重要史迹及代表性建筑

（二）省级文物保护单位

序号	名称	时代	地点	公布时间	类别
1	金鳌洲塔	明	东莞市万江区金泰村	1989.6.29	古建筑
2	村头村遗址	新石器时代	东莞市虎门镇村头村	1989.6.29	古遗址
3	黎氏大宗祠及古建筑群（含黎氏大宗祠、京卿黎公家庙、荣禄黎公家庙、文阁、古巷门楼、居仁里、诗家坊、文明启迪、奕世文林、凤鸣里）	明—民国	东莞市中堂镇潢涌村	2002.7.17	古建筑
4	国殇冢	1949	东莞市道滘镇闸口村	2002.7.17	近现代重要史迹及代表性建筑
5	蒋光鼐故居	1930	东莞市虎门镇南栅村	2002.7.17	近现代重要史迹及代表性建筑
6	康王庙	清	东莞市石排镇横山村	2002.7.17	古建筑

续上表

序号	名称	时代	地点	公布时间	类别
7	燕岭古采石场遗址	明—清	东莞市石排镇燕窝村、田边村	2002.7.17	古遗址
			（三）市县级文物保护单位		
1	榴花塔	明	东莞市东城区铜岭	1982.8.24	古建筑
2	迎恩门城楼	明	东莞市莞城区西正路	1982.8.24	古建筑
3	金刚经云石塔	清	东莞市城区中心小学	1982.8.24	古建筑
4	余屋牌坊	明	东莞市东城区余屋村	1989.1.7	古建筑
5	东岳庙	明	东莞市茶山镇象山村	1989.5.31	古建筑
6	黄旗胜迹	宋、元、明、清	东莞市旗峰公园	1993.6.22	古建筑
7	大汾古桥	明	东莞市万江区大汾村	1993.6.22	古建筑
8	单氏小宗祠	明	东莞市石碣镇单屋村	1993.6.22	古建筑
9	方氏宗祠	明	东莞市厚街河田村	1993.6.22	古建筑
10	郭真人古庙	明	东莞市虎门镇白沙村	1993.6.22	古建筑
11	黄氏宗祠	明	东莞市企石镇江边村	1993.6.22	古建筑
12	逆水流龟村堡	明	东莞市虎门镇白沙村	1993.6.22	古建筑
13	薰莱亭	明	东莞市桥头镇迳联村	1993.6.22	古建筑
14	叶氏宗祠	明	东莞市大岭山镇金桔村	1993.6.22	古建筑
15	巍焕楼	清	东莞市道滘镇永庆村	1993.6.22	古建筑
16	丁氏祠堂及丁屋村古围墙	明	东莞市东坑镇丁屋村	2004.1.8	古建筑
17	鸡啼岗黄氏宗祠	明	东莞市黄江镇鸡啼岗村	2004.1.8	古建筑
18	彭氏大宗祠	明	东莞市东坑镇彭屋村	2004.1.8	古建筑
19	孙杜古桥	明	东莞市石龙镇西湖村	2004.1.8	古建筑
20	王氏大宗祠	明	东莞市石排镇中坑村	2004.1.8	古建筑
21	钟氏祠堂	明	东莞市寮步镇横坑村	2004.1.8	古建筑
22	大井头村古建筑群	明—清	东莞市大朗镇大井头村	2004.1.8	古建筑
23	福隆文阁	明—清	东莞市石排镇福隆村	2004.1.8	古建筑
24	江边村古建筑群	明—清	东莞市企石镇江边村	2004.1.8	古建筑
25	迳联村古建筑群	明—清	东莞市桥头镇迳联村	2004.1.8	古建筑
26	埔心村古建筑群	明—清	东莞市石排镇埔心村	2004.1.8	古建筑
27	桥梓村古建筑群	明—清	东莞市常平镇桥梓村	2004.1.8	古建筑
28	苏氏宗祠	明—清	东莞市南城区胜和村	2004.1.8	古建筑
29	文光庙	明—清	东莞市大朗镇松柏朗村	2004.1.8	古建筑
30	西溪村古建筑群	明—清	东莞市寮步镇西溪村	2004.1.8	古建筑
31	半仙山村古建筑群	清	东莞市横沥镇半仙山村	2004.1.8	古建筑
32	陈氏宗祠及胜起家祠	清	东莞市中堂镇凤翀村	2004.1.8	古建筑
33	浮竹山文阁	清	东莞市寮步镇浮竹山村	2004.1.8	古建筑
34	福庆桥	清	东莞市中堂镇袁家涌村	2004.1.8	古建筑
35	兰田别墅	清	东莞市横沥镇田头村	2004.1.8	古建筑
36	礼屏公祠	清	东莞市虎门镇村头村	2004.1.8	古建筑
37	慕香书室	清	东莞市凤岗镇凤德岭村	2004.1.8	古建筑
38	清厦客家围	清	东莞市清溪镇清厦村	2004.1.8	古建筑

续上表

序号	名称	时代	地点	公布时间	类别
39	颂遐书室	清	东莞市常平镇桥沥村	2004.1.8	古建筑
40	铁场客家围	清	东莞市清溪镇铁场村	2004.1.8	古建筑
41	郑氏宗祠	清	东莞市虎门镇白沙村	2004.1.8	古建筑
42	恬甲村古建筑	清—民国	东莞市南城区胜和村	2004.1.8	古建筑
43	宋皇姑赵氏墓	宋	东莞市东城区石井村	1989.1.7	古墓葬
44	陈莲峰墓	明	东莞市虎门镇金洲村	1989.1.7	古墓葬
45	李桤墓	明	东莞市桥头镇石水口村	1989.1.7	古墓葬
46	熊飞墓	明	东莞市东城区峡口村	1989.1.7	古墓葬
47	道滘大坟	清	东莞市道滘镇北永村	1993.6.22	古墓葬
48	卫佐邦墓	清	东莞市同沙林场	1993.6.22	古墓葬
49	温皋谟家族合葬墓	明	东莞市寮步镇石步村	2004.1.8	古墓葬
50	叶永青家族墓	明	东莞市茶山镇京山村	2004.1.8	古墓葬
51	郑瑜墓	明	东莞市虎门镇白沙村	2004.1.8	古墓葬
52	蚝岗贝丘遗址	新石器时代	东莞市南城区胜和村	2004.1.8	古遗址
53	龙眼岗贝丘遗址	新石器时代	东莞市石排镇庙边王村	2004.1.8	古遗址
54	万福庵贝丘遗址	新石器时代	东莞市企石镇江边村	2004.1.8	古遗址
55	广东人民抗日游击队东江纵队路东干部训练班	抗日战争时期	东莞市清溪镇铁场村	1982.8.24	近现代重要史迹及代表性建筑
56	东莞县博物馆旧址	民国	东莞市人民公园	1989.5.31	近现代重要史迹及代表性建筑
57	容庚故居	清	东莞市城区旨亭街	1990.2.1	近现代重要史迹及代表性建筑
58	欧仙院	民国	东莞市石龙镇黄家山村	1990.2.1	近现代重要史迹及代表性建筑
59	朱执信纪念碑	民国	东莞市虎门镇执信公园	1990.2.1	近现代重要史迹及代表性建筑
60	张彩廷纪念碑与福音堂	清	东莞市塘厦镇龙背岭村	1993.6.22	近现代重要史迹及代表性建筑
61	李文甫纪念亭	民国	东莞市石龙中山公园	1993.6.22	近现代重要史迹及代表性建筑
62	周恩来演讲台	民国	东莞市石龙中山公园	1993.6.22	近现代重要史迹及代表性建筑
63	殷氏宗祠	明	东莞市大岭山镇大沙村	2004.1.8	近现代重要史迹及代表性建筑
64	太公岭村抗日旧址	明—清—民国	东莞市大岭山镇太公岭村	2004.1.8	近现代重要史迹及代表性建筑
65	霄边农会旧址	明－民国	东莞市长安镇霄边村	2004.1.8	近现代重要史迹及代表性建筑
66	大片美游击队税站旧址	清	东莞市大岭山镇大片美村	2004.1.8	近现代重要史迹及代表性建筑
67	大沙村西门楼	清	东莞市大岭山镇大沙村	2004.1.8	近现代重要史迹及代表性建筑
68	洪全福故居	清	东莞市凤岗镇黄洞村	2004.1.8	近现代重要史迹及代表性建筑
69	雁田抗英旧址	清	东莞市凤岗镇雁田村	2004.1.8	近现代重要史迹及代表性建筑
70	孙中山先代故乡旧址	清—民国	东莞市长安镇上沙村	2004.1.8	近现代重要史迹及代表性建筑

续上表

序号	名称	时代	地点	公布时间	类别
71	保安墟古街	民国	东莞市大朗镇蔡边村	2004.1.8	近现代重要史迹及代表性建筑
72	东江纵队第一支队三龙大队部及驻军营地旧址	民国	东莞市高埗镇低涌村	2004.1.8	近现代重要史迹及代表性建筑
73	东圃小学旧址	民国	东莞市高埗镇上江城村	2004.1.8	近现代重要史迹及代表性建筑
74	东莞县新二区区府旧址	民国	东莞市大岭山镇连平村	2004.1.8	近现代重要史迹及代表性建筑
75	李任之故居	民国	东莞市常平镇横江厦村	2004.1.8	近现代重要史迹及代表性建筑
76	新埠正街	民国	东莞市横沥镇新埠正街	2004.1.8	近现代重要史迹及代表性建筑
77	张廷辅墓	民国	东莞市南城区英联村	2004.1.8	近现代重要史迹及代表性建筑
78	中山路民国建筑群	民国	东莞市石龙镇中山路	2004.1.8	近现代重要史迹及代表性建筑
79	高埗大桥旧址	1984	东莞市高埗镇下江城村	2004.1.8	近现代重要史迹及代表性建筑
80	海月岩	宋	东莞市厚街镇涌口村	1989.5.31	石窟寺及石刻
81	马山古迹	宋—明	东莞市大岭山镇马山	1993.6.22	石窟寺及石刻
82	观音山古迹	明	东莞市大岭山镇大王岭村	1993.6.22	石窟寺及石刻
83	神仙水	清	东莞市厚街河田村	1993.6.22	石窟寺及石刻
84	崖山古迹	清	东莞市谢岗镇崖山	1993.6.22	石窟寺及石刻

文化管理

【概况】2011年，市文广新局以落实“文化惠民”工程、申报创建国家公共文化服务体系示范区、铺开文化名城建设为重点，组织开展一系列工作，取得较好的成效。一是扎实完善文化发展政策框架。协助市委、市政府出台“四个名城”（全国公共文化服务名城、国家历史文化名城、全国现代文化产业名城、岭南文化精品名城）建设实施意见，组织草拟《东莞市创建国家历史文化名城实施方案》、《东莞市加快文化产业发展的若干政策》、《东莞市文化精品专项资金管理暂行办法》等政策文件提交市名城办。二是成功申报创建国家级示范区。经过一系列严格的申报程序，成功成为全国第一批，也是全省唯一一个“创建国家公共文化服务体系示范区”的城市。三是顺利实现公共文化设施全覆盖。全市有群众艺术馆1个，文化站33个。2011年，全力以赴推进“文化惠民”工程，谢岗、沙田、洪梅、茶山4个镇街，顺利通过省文化厅组织的“特级文化站”评估定级验收，全市省“特级文化站”数量达到32个，实现全达标。全市各镇（街）的18个自助图书馆和14个图书馆ATM已全部建设完成并投入使用，实现24小时自助图书借阅服务全覆盖。全年全市放映公益电影10865场，开展文艺演出1000场、公益培训120期。四是全面铺开文化名城建设。市民艺术中心完成建筑设计招投标，鸦片战争博物馆完成《虎门销烟》布展，麻涌麻二社区等3个社区获“优秀农家书屋”称号，东莞学习中心平台正式启动。基本完成第三次全国文物普查。林则徐销烟池与虎门炮台旧址成功申报广东省首批大遗址。积极修复虎门炮台，南社村和塘尾村古建筑群等文保单位。开展第四批省级非遗名录申报工作，增设“东莞非遗青少年传承活动基地”。大力推进全国现代文化产业名城建设方面。成功举办第二届中国（广东）国际印刷技术展览会，成交金额逾50亿元，成为中国最大、世界第二大的国际印刷展。成功举办第三届中国国际影视动漫版权保护和贸易博览会，签约金额23亿元。加大粤港澳文化创意产业实验园区的扶持力度。组织开展“扫黄打非”、游艺场所违规经营行为以及互联网文化低俗信息等一系列专项整治和执法行动，规范文化市场秩序。岭南文化精品名城建设硕果累累。莞产音乐剧《爱上邓丽君》荣获第五届大邱国际音乐剧节最高奖项DIMF奖、省第十一届艺术节优秀剧目特别奖，音乐剧《三毛流浪记》、粤剧《大明长城》分别获省第十一届艺术节优秀剧目一、二等奖，音乐剧《王牌游戏》成功试演；建立了东莞（塘厦）音乐剧创作生产基地和东莞（塘厦）东方松雷音乐剧团。（蔡建钊）

附：2011年东莞市文化广播新闻出版局领导名录

党组书记、局长：陈志伟
党组成员、副局长：蔡建勋
党组成员、副局长：董　红
党组成员、副局长：黎寿康
党组成员、副局长：黄培德
局党组成员、市版权局专职副局长：叶淦奎
党组成员、执法大队长：陈志满
党组成员、纪检组组长：黄　辉
副调研员：周汉标
副调研员：殷子成

体育·卫生 SPORTS·HEALTH

东莞市体育馆

编辑：施雪芬

体　育

【概况】2011年，东莞市群众体育坚持围绕发展民生社会事业，贯彻落实《全民健身计划（2011—2015年）》，朝着初步实现基本公共服务均等化方向努力，举办系列全民健身活动百余次；体育组织服务不断完善，开展体育义务指导4000人次，体质监测、义务指导、网上报名成为全民健身新的解读关键词。竞技体育水平稳步提升，获国家级重要赛事金牌38枚，获国际重要比赛金牌11枚，承办广东省少年儿童跳水锦标赛和广东省射击（飞碟）青少年锦标赛。体育市场繁荣，部分精彩赛事在东莞举行，篮球、羽毛球等个别重点体育项目培训基地落户东莞，体彩销售达9.56亿元，再创历史新高，全省地级市排名第一。体育对外交流频繁，参加匈牙利举行的世界杯蹼泳赛，中国台湾高雄、美国纽约、波士顿青少年羽毛球公开赛，韩国射击世界杯赛等多项体育赛事。

【“十分钟文化体育圈”建设启动】“十分钟文化体育圈”是广东省体育“十二五”规划中对各地市体育设施建设要求，市体育局在2011年主要做了以下工作：一是向公众开放查询东莞市体育场地设施电子地图，初步纳入电子地图的体育设施有8575个，设施面积达1163万平方米。二是利用政策杠杆，全年投入465万资助20个社区，2个镇的体育设施建设，捐赠健身路径56套。三是在实现村村有体育健身路径基础上，开展体育健身路径管理维护摸底调查。对使用超过5年以上的体育健身路径进行登记造册。从2011年开始，每年利用财政资金购置一批健身路径，分配给体育工作优秀单位、欠发达镇村，以及原有健身路径破损严重的单位。四是跟进市篮球中心、市网球中心的建设。五是鼓励各镇街体育场馆设施向公众开放。

【国民体质监测开展】2011年全年开展国民体质监测工作，由选点抽检转变为32个镇街设监测点。市进行统一的基层工作人员技能操作培训，采取基层监测，数据汇总，样本抽查的办法，确保数据的广泛性、真实性和准确性。全市全年抽样3800例进行国民体质监测。

【社会体育指导员义务培训点机制建立】2011年，每个镇街配置3个以上的常年运作的体育义务培训点，开展篮球、乒乓球、网球、羽毛球、游泳、足球等多项青少年喜爱的体育项目免费普及性培训，在市体育局网站上接受公开报名、查询及投诉反馈，全年全市参加培训的群众达4000人次。

【东莞市篮球裁判员、教练员等工作人员培训】2011年3月19—20日，2011年东莞市晋升篮球二级裁判员暨东莞市篮球联赛教练员、裁判员和竞赛辅助人员培训班在市体育中心举行。参加培训班人员来源有各镇街推荐、2011年市篮球联赛的全体裁判员、社会自荐晋升二级篮球裁判员的人员。

【东莞嘉宏女篮夺WCBA亚军】2011年，中国女子篮球职业联赛（WCBA）2010/2011赛季，广东东莞嘉宏女篮与东莞新世纪篮球俱乐部合作，将主场设在东莞塘厦体育馆，淘汰夺冠热门八一队，时隔7年再度进入WCBA总决赛。3月22日，东莞嘉宏女篮客场迎战辽宁沈阳部队，最后以1分之差惜败，获得WCBA亚军。

【NBA即开型彩票广东首发仪式在莞举行】2011年4月3日，NBA（美国篮球大联盟）即开型彩票广东首发仪式在东莞东城世纪广场举行。

【东莞市高危险性体育项目经营单位安全生产工作会议举行】2011年4月22日，东莞市体育局组织全市各镇（街）体育行政管理人员和经营高危险性体育项目的有关单位负责人在市体育中心体育场会议室召开2011年安全生产会议，有70多名相关人员参会。

【CBA广东宏远东莞银行队再度登顶】2011年4月27日，CBA（中国篮球协会）总决赛第六场继续进行，广东宏远东莞银行队在客场以103比93战胜新疆队，以4比2的总比分夺得2010—2011赛季的CBA总冠军，而这也是宏远队在八年内的第七座总冠军奖杯。

【全民健身绿道行活动】2011年4月28日，为响应省委省政府举行广东省全民健身绿道行系列活动号召，贯彻落实中共中央政治局委员、广东省委书记汪洋关于广泛开展全民健身绿道活动的指示精神，以“传承亚运、和谐共享”为主题的东莞市全民健身绿道行活动启动仪式在松山湖环湖绿道举行，市委书记刘志庚、市长李毓全出席启动仪式。

【东莞同舟足球队首次参加中乙联赛】2011年5月5日，东莞同舟足球队征战乙级誓师会在东莞报业大厦举行。东莞同舟南城足球队26名队员中部分队员入选过U17国少队和U20国足集训队。具有“小、快、灵”的南派技术特点，是首次参加乙级联赛。球队聘请前日本国脚仓田安治出任技术顾问。球队争夺联赛第三四名中不敌福建骏豪队，失去冲击中甲机会。

【东莞市国民体质监测先锋服务队正式授旗启动】2011年，市体育局党总支结合自身工作职能和技术优势，成立东莞市国民体质监测先锋服务队。5月7日，市体育局邀请市直工委书记为市体育局国民体质监测先锋服务队授旗，并定于每月第一个周末在市体育中心为市民义务免费进行体质监测。

【东莞光明中学获全国中学生篮球联赛亚军】2011年3月14日，光明中学篮球队在南京夺得2010—2011年全国中学生篮球联赛南方区冠军，进军全国总决赛。5月14日，光明中学高中男子篮球队赴北京，客场挑战卫冕冠军清华附中。最终以48：63负清华附中，以总决赛2:3的比分获亚军，创造了广东省中学生在这项赛事上的历史最好成绩。

【《篮球的秘密：从东莞到全国》出版】2011年4月1日，《篮球的秘密：从东莞到全国》出版，该书由国家一级作家赵瑜撰写，解密东莞成为“篮球之都”背后的原动力，记载了俱乐部、球星、球迷、群众篮球等，被誉为东莞最全面的篮球百科全书。

【东莞市参加国家级篮球赛事庆功表彰大会召开】2011年5月17日，为表彰东莞篮球队伍为东莞打造“全国篮球城市”品牌所做的贡献，激励东莞职业篮球继续前进，再创佳绩。东莞市在市会议大厦召开东莞市参加国家级篮球赛事庆功表彰大会。市几套班子领导出席表彰大会，市委书记刘志庚致辞。

【广东省青少年篮球训练基地迁至东莞】2011年6月2日，“广东省青少年篮球培训基地”签约暨授牌仪式在光明中学举行，标志着广东省唯一的青少年篮球培训基地正式落户东莞。该基地是广东省体育局直属单位。基地每年定期在全国选拔一批优秀篮球苗子，经过科学有序的训练，输送到广东省队、各大篮球俱乐部。

【东莞市体育总会换届】2011年7月6日，东莞市体育总会第二届换届选举大会在中堂镇凯景酒店三楼国际会议中心举行。大会选举出新一届的理事会成员。随后召开理事会成员会议，选举产生新一届东莞市体育总会会长、副会长、秘书长。会长由彭启尧担任。

【全民健身日启动】2011年8月8日，2011年全民健身日启动仪式在市体育中心广场举行。市委常委、宣传部部长王道平宣布活动月开始。全民健身月期间开展数10项全市的单项体育赛事和活动。其中全市游泳公开赛和全市电子竞技大赛都是首次举行。部分赛事启用网上报名系统，信息化程度大大加强。

【东莞市篮球协会第二届换届选举大会召开】2011年8月8日，东莞市篮球协会第二届换届选举大会在宏远酒店举行。经过投票，广东宏远集团董事长陈林连任会长。

【2011亚洲花样滑冰锦标赛在莞举行】2011年8月23日，由国际滑冰联盟授权、亚洲滑冰联盟主办、东莞市体育局协办的2011亚洲花样滑冰锦标赛在东莞南城汇一城真冰溜冰场开幕。来自9个国家和地区近80名的花样滑冰选手同场竞技。参赛选手分成初级少年组、高级少年组、青年组等多个组别，展开为期4天的比赛。

【东莞市机关运动会】2011年9月8—30日，由市体育局、市直工委和市机关事务局主办的东莞市机关运动会举行。设篮球、网球、羽毛球、乒乓球、中国象棋、拔河、自行车竞慢、持球竞跑、毽球、登山、俯卧撑、仰卧起坐等11项比赛项目。有2000多名运动员参赛，是东莞机关运动会历史上规模最大的一届。

【“东莞慈善杯”2011东莞全明星篮球赛举行】2011年10月17日，“东莞慈善杯”2011东莞全明星篮球赛在市体育中心体育馆举行，市委副书记、市长袁宝成致辞并宣布球赛开始。球赛拍卖活动及三分竞投活动现场筹款146万元。加上场馆广告摊位费、镇街认捐等善款，总捐款额近千万元。

【国家羽毛球队训练基地暨李永波羽毛球学校落户东莞】2011年11月11日，国家羽毛球队训练基地李永波羽毛球学校正式挂牌。训练基地共占地50亩，有28块羽毛球场，2个球馆和1个体育馆，总投资近亿元。国家队头号选手林丹的指导教练汤仙虎担任校长职务，国际级裁判雷铭基任职总经理。

【羽毛球“四大天王”争霸赛在莞举行】2011年11月11日，在东莞市李永波羽毛球学校举行男子羽坛顶级巨星“四大天王争霸赛”。奥运会冠军中国的林丹和印尼的陶菲克、世界头号选手马来西亚的李宗伟、世界排名第四的丹麦老将盖德齐聚东莞。虽然“四大天王”多次交手，但同时相聚一场比赛是首次。

【东莞市首届企业篮球联赛】2011年11月23—31日，由市体育局、市中小企业局、市体育总会联合主办的东莞市首届企业篮球联赛举行。有16支队伍参加，设4个赛区。此项赛事标志着东莞篮球建立面向600多万新莞人深度开放机制，占东莞企业90%的中小企业参与，是东莞体育公共服务均等化措施之一。

【全国游泳运动项目备战奥运会、全运会研讨会在莞召开】2011年12月20—25日，由国家体育总局游泳运动管理中心主办的全国游泳运动项目备战奥运会、全运会研讨会在莞召开，国家游泳运动管理中心、广东省体育局和部分重点省市游泳运动管理中心及香港、澳门游泳协会等负责人参会。（麦惠澎）

附：2011年东莞市体育局领导名录

局　长：彭启尧
副局长：詹志斌　朱伟光
纪检组长：罗琼燕
机关党委专职副书记：曾学军

卫　生

【概况】截至2011年，东莞市医疗卫生机构有2571所，其中市属卫生机构8个，公立医院41所（含广东省泗安医院），民营及社会办医院36所，各级各类医院的分院23所，社区卫生服务中心（站）390所，门诊部325所，诊所（个体诊所）147所，村卫生站1372所，医务室229所。东莞市有卫生人员48365人，其中卫生技术人员39582人（含执业医师及助理医师13644人，注册护士16217人，其他类别卫技人员9721人），收治门急诊病人5972万人次。东莞市医疗机构开放床位总数22814张，收治住院病人77.2万人次，病床使用率77.3%，平均住院日8天。

【疾病预防与控制】2011年，东莞市无甲类传染病发生，报告乙、丙类法定管理传染病26种48907例。免费接种扩大国家免疫规划疫苗282.3万人次；开展两轮脊灰疫苗强化免疫活动接种63.03万人次，接种率95%以上。开展15岁以下儿童乙肝疫苗查漏补种，2010至2011年两年累计补种58.15万剂次。开展艾滋病抗体检测46.48万份，对住址在东莞的艾滋病病例定期随访率94.75%。免费检查可疑肺结核病人11613例，免费登记和治疗肺结核病人4385例，全部纳入结核病控制项目。精神病防治工作从镇街医院下沉辖区社区卫生服务中心，定期组织市级专家下乡指导。

【医政管理】医疗质量控制管理。2011年，东莞市有41所医院开展临床路径管理试点工作，涉及临床路径管理专业20个、病种115个。市人民医院经省卫生厅确定为省心脏死亡捐献肾脏移植试点医院，市人民医院、东莞广济医院经省卫生厅批准开展人类辅助生殖技术。

药政管理。加强医疗机构药事管理，开展处方点评工作，有37所公立医院使用阳光用药电子监察系统。开展抗菌药物临床应用专项整治活动，建立抗

树服务先锋形象，做人民健康卫士

①　2011年2月23日，广东省首家三级甲等民营医院——东莞康华医院举行三级甲等医院挂牌仪式。广东省副省长雷于蓝，省政协副主席、省卫生厅厅长姚志彬，市委书记、市人大常委会主任刘志庚，市卫生局局长管敏政等领导出席

②　2011年8月12日，市委副书记、市长李毓全由副市长吴道闻、市卫生局局长蔡一平等领导陪同，实地视察“四院一中心”工程使用和建设情况，并就进一步完善四家医院配套设施等问题进行现场办公

③　2011年12月1日，副市长吴道闻由市卫生局局长蔡一平陪同，到市疾控中心看望艾滋病患者

菌药物临床使用分级管理制度，全市二级或以上公立医院限定抗菌药物品种数基本达标，门诊、住院患者抗菌药物使用率及抗菌药物使用强度显著下降，清洁手术预防使用抗菌药物合理率和抗菌药物治疗病例微生物标本送检率明显提高。举办医疗机构麻醉药品和精神药品管理与使用、基本药物合理使用、药械不良反应监测等培训班，累计培训2000多人次。

护理质量管理。加强护士队伍建设，改变护士服务理念和工作模式，实施责任制整体护理和护士床边工作制，有8所医院开展专科护理门诊。全市有51所医院共309个病区开展优质护理服务，占病区总数61%，超额完成省卫生厅下达的2011年工作目标。市人民医院泌尿外科被卫生部评为“优质护理服务优秀病区”。对血液透析、助产、骨外科、伤口造口岗位护士长开展专科护理规范化培训，累计培训400多人次。

医院感染管理。加强医院感染监测和抗菌药物临床应用监测，加强医院感染重点部门、重点环节、重点流程的管理和职业暴露管理，加强医疗机构实验室生物安全和质量控制，规范医疗机构的医疗废物集中处置与管理。

血液管理。举办东莞市医疗机构输血科（血库）质量管理体系建设研讨会，建立覆盖临床输血全过程的质量管理体系，推进合理用血，保障临床用血安全。2011年，全市自愿无偿献血72470人次，无偿献血总量2632多万毫升，100%满足临床用血需要。

【卫生法制监督】 医疗机构监督。2011年，市卫生局对卫生监督员和各级各类医疗机构负责人进行集中培训，提升卫生执法人员监督技能和医疗机构依法执业水平，培训人数2102人。依据《广东省卫生厅关于医疗机构不良执业行为记分的试行管理办法》，所有医疗机构全部实施不良执业行为记分管理，组织开展医疗美容服务专项检查、医疗机构集中整治和医疗广告监测等专项工作，依法从严查处各类违法活动，监督检查医疗机构6259户次，立案查处医疗机构违法行为为257宗，罚款87.47万元，吊销医疗机构执业许可证2所。

公共卫生监督。2011年，东莞市建立城市饮用水卫生监测网络，设立集中式供水、二次供水水质监测点35个，及时掌握饮用水卫生状况，科学实施饮用水卫生监督管理。加强对公共场所集中空调通风系统、游泳场所等重点环节的卫生监督，检查各类公共场所12265户次。加强学校教学环境、生活设施的卫生监督，检查各类教育机构550间，监督覆盖率100%。组织职业健康状况调查工作，调查涉及职业病危害因素企业1325家。组织开展传染病、用血安全专项检查4598户次，落实医疗废物处置、消毒隔离、传染病疫情控制和采供血等措施。对取得工商营业执照并正常营业的63家餐饮具集中消毒单位进行监督检查，规范其生产经营行为。

【食品安全综合协调】 从2011年3月12日起，东莞市食品安全委员会办公室从市食品药品监管局调整至市卫生局。针对社会关注、群众关心的食品安全突出问题，抓住食品安全工作重点环节，组织开展食品非法添加和滥用食品添加剂、问题乳粉、“地沟油”和餐厨废弃物、肉制品等13个专项整治工作、3次全市食品安全工作会议、3个专项督查。全市出动执法人员25.7万人次，监督检查单位14.8万户次，取缔无证照食品生产经营企业859家，吊销生产许可证生产企业9家，查处违法生产经营食品案件3240宗，涉案货值541.2万元，罚没款450.7万元，移送司法机关案件11宗，受理群众投诉举报1309起，立案178起。

【妇幼卫生保健】 2011年，东莞市制定实施妇幼基本公共卫生项目和重大公共卫生项目的工作方案，完成妇女增补叶酸14732人份，完成率326.95%，居广东省第一；预防艾滋病、梅毒和乙肝母婴传播项目完成率100%，居广东省第三；孕产妇住院分娩补助项目完成率98.47%，居广东省第四。加强危重孕产妇急救网络建设，定期举办妇幼保健专项培训班，提高母婴保健管理水平。2011年，东莞市孕产妇产前检查率98.96%，住院分娩率100%，新生儿疾病

① 2011年11月8日和15日，市卫生局分两期参与广东卫星广播省卫生厅“民声热线”上线节目，市卫生局党组书记、局长蔡一平作为主答人参加东莞分会会场（设在市卫生局）现场直播，倾听群众呼声，解决群众反映的热点难点问题

② 2011年12月7日，东莞青年志愿者援塞舌尔服务队15名队员凯旋回国。市卫生局派出的9名医疗卫生志愿者援塞期间共开展手术900余次，接诊病人2.68万余人次，服务时间为1年

筛查率82%，孕产妇系统管理率74%，7岁以下儿童保健管理率97.66%，孕产妇死亡率5/10万，婴儿死亡率3.35‰，均达到卫生部和广东省卫生厅的规定指标。

【爱国卫生运动】2011年，东莞市部署除害防病工作，开展春秋两季爱国卫生月活动，市民参与68万人次，清理卫生死角3700多处，使用灭鼠药3.58万公斤，灭蚊药（液）2.3万公斤，除四害成果得到巩固，无蚊媒传染病聚集性疫情发生。开展卫生创建和巩固工作，长安镇等7个国家卫生镇通过全国爱卫会和广东省爱卫会的复评，新增创建广东省卫生村42个、东莞市卫生村3个，历年创建广东省卫生村480个，占东莞市村（社区）总数的81.2%。

【中医药工作】2011年，市卫生局制定《关于挖掘与继承老中医药专家学术经验发展中医药事业实施方案》，促进中医药事业发展，推进中医药继承工作。拓展综合医院中医药服务领域，提高中医服务能力和水平，有50所综合医院和33所社区卫生服务中心开设中医科或中医门诊，其中有8所医院开设中医住院病区。遴选20项中医药适宜技术，分5期培训中医工作者1000余人，在各镇街医院和社区卫生服务中心推广中医药适宜技术服务。加强中医药知识普及和文化建设，宣传中医药“简、便、廉、验”特色优势，开展10次中医药进社区、进机关健康讲座。市中医院启动中医药“治未病”工作。

【卫生科研教育】2011年，市卫生局加强医疗卫生科研课题管理和科技成果推广应用，科研课题立项290项，完成结题验收171项，获广东省科技进步奖2项，获东莞市科技进步奖23项，编印《东莞市医疗卫生科技成果汇编（2006—2010年）》，遴选部分医学科研项目在全市推广应用。落实“三基三严”（基本理论、基本知识、基本技能，严格要求、严谨态度、严肃作风）训练，实施医师定期考核和全科医师、社区护士的岗位培训工作，委托学会、协会和东莞卫生学校举办各类培训班190期，培训医务人员4.3万人次。组织申报并获批准的国家继续医学教育项目9项、省级继续医学教育项目12项。加强继续医学教育项目管理，抽查637名医务人员的继续医学教育学分周期验证。

【卫生行风建设】2011年，市卫生局组织各医疗卫生单位医务人员参加各类党风廉政教育活动4.5万余人次，指导开展普法宣传教育，完成“五五”普法工作，市卫生局被卫生部评为“五五”普法（第五个五年普法规划）先进单位。开展预防职务犯罪“一岗一预防”活动，加强廉政风险防控，建立风险信息库，实施风险监控，发送党风廉政、预防职务犯罪、法制宣传教育等手机短信5万余人次。加强敏感岗位人员的轮岗工作，实施轮岗117人次。联合市政府纠风办在全市73所公立医疗机构开展民主评议政风行风活动，市、镇评议团（组）对73所公立医疗机构的综合评议结果均为满意；在东莞阳光网开设“政风行风评议”专页，51297名网民进行投票和评价，对公立医院的综合满意度为87%，对社区卫生服务中心的综合满意度为93%。

【卫生帮扶】2011年，市卫生局制定《东莞市医疗机构对口支援工作实施方案》，市8所二级医院、三级医院与14所基础较薄弱的镇街医院建立长期对口支援关系，镇街医院与所在辖区的社区卫生服务中心建立长期对口协作关系，通过培训、进修、派驻人员、现场指导等多种对口支援方式，提高基层医疗卫生服务能力。派出9名青年医务志愿者到非洲塞舌尔完成为期1年的医疗志愿服务，派出2名医师分别到新疆农三师医院和西藏挂职帮扶，组织慰问考察团赴新疆农三师医院、图木舒克市医院及50、51团场医院进行慰问，接收农三师图木舒克市10名卫生专业技术人员为期4个月的进修学习。

【基层医疗卫生机构综合改革】社区卫生服务体系建设。2011年，东莞市建成并投入使用的社区卫生服务机构390个。举办全科医生和社区护士岗位培训7期，培训卫生专业技术人员9000人次，有2408人完成转岗培训。落实社区首诊和双向转诊制度，社区卫生服务机构就诊人数1432.8万人次，占全市总诊疗人次24%，有效缓解群众看病就医问题，群众综合满意度84%。寮步镇社区卫生服务中心被评为“全国示范社区卫生服务中心”，石碣镇社区卫生服务中心被评为“广东省示范社区卫生服务中心”。

实施基本药物制度。2011年，所有社区卫生服务机构全面实行基本药物制度，全部配备和使用国家基本药物（含广东省增补品种）551种，实行零差率销售，落实基本药物医保报销政策。各社区卫生服务机构按照《国家基本药物临床应用指南（基层部分）》和《国家基本药物处方集（基层部分）》使用基本药物。

基本公共卫生服务均等化。2011年，社区卫生服务机构全面实施9项基本公共卫生服务项目，出台《东莞市基本公共卫生服务项目实施方案》和《东莞市实施公共卫生服务项目市镇财政补助方案》，基本公共卫生服务项目人均经费25元。累计建立居民电子健康档案550.34万份，建档率66.9%，健康教育198.8万人，儿童保健41.6万人，孕产妇保健16.4万人，老年人健康管理15.4万人，高血压管理15万人，糖尿病管理4.9万人，重性精神病管理1.6万人，0—6岁儿童免疫规划接种率95%以上。

【医院等级评审与医学专科建设】2011年，石龙人民医院、太平人民医院、厚街医院、东莞东华医院、东莞康华医院晋升为三级甲等综合医院，市妇幼保健院晋升为三级甲等妇幼保健院，其中，厚街医院是东莞市首家乡镇卫生院升格为三级甲等综合医院，东莞康华医院、东莞东华医院是广东省首批民营三级甲等综合医院，东莞市有以市人民医院为龙头的三级甲等医院数8所（含三甲综合医院6所，三甲专科医院2所），位居广东省地市级城市首位。公布东莞市2011年评审的19个医学临床重点专科、15个医学临床特色专科名单。市人民医院神经外科和临床护理、太平人民医院新生儿科、东莞东华医院重症医学科、东莞康华医院心血管内科被确定为2011年广东省临床重点专科；市人民医院肿瘤科被认定为广东省“十一五”医学特色专科；市中医院骨伤科、脑血管病科被认定为广东省“十一五”中医重点专科；市中医院脾胃病科被认定为国家中医药管理局“十一五”重点专科创建单位并通过评估验收；东莞东华医院消化内科和东莞康华医院整形外科被卫生部评为国家临床重点专科建设项目单位。（程玮斌）

附：2011年东莞市卫生局领导名录

党组书记、局长：管敏政（任至8月）
蔡一平（8月到任）
党组成员、副局长：蔡一平（任至8月）
林卫平　钟耀棠
党组成员、纪检组组长：傅丽娟
副调研员：简润棠（任至10月）

东莞市疾病预防控制中心

2011年12月1日，是第24个"世界艾滋病日"，副市长吴道闻在卫生局局长蔡一平、副局长钟耀棠等领导的陪同下，到市疾控中心看望艾滋病患者和慰问艾滋病防治工作人员

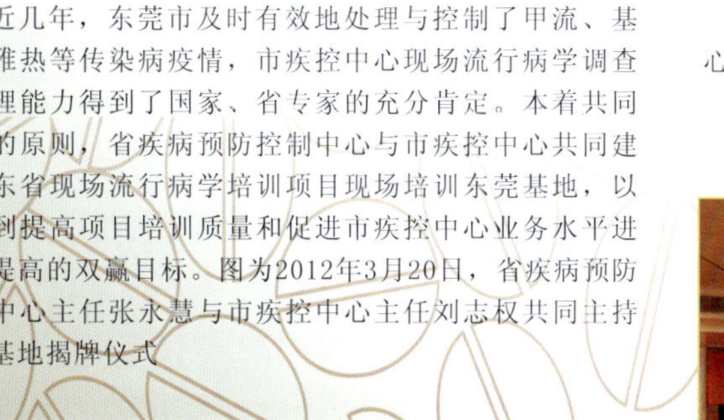

近几年，东莞市及时有效地处理与控制了甲流、基孔肯雅热等传染病疫情，市疾控中心现场流行病学调查和处理能力得到了国家、省专家的充分肯定。本着共同促进的原则，省疾病预防控制中心与市疾控中心共同建立广东省现场流行病学培训项目现场培训东莞基地，以此达到提高项目培训质量和促进市疾控中心业务水平进一步提高的双赢目标。图为2012年3月20日，省疾病预防控制中心主任张永慧与市疾控中心主任刘志权共同主持东莞基地揭牌仪式

2012年1月21日，市委副书记姚康、副市长喻丽君到市疾控中心进行春节慰问

2012年4月9日，全市疾病预防控制工作会议召开，全市各中心镇卫生行政管理部门、各医院、各社区卫生服务中心和市属医疗卫生单位相关负责人约200人参加会议

东莞市卫生监督所

东莞市卫生监督所高度重视社会公益事业和卫生监督文化建设。2011年8月，所领导班子对助学儿童和干部职工子女表示亲切的慰问

东莞市卫生监督所于2002年12月21日正式挂牌成立，为参照公务员管理的副处级事业单位，归口市卫生局管理。内设机构包括办公室、受理发证科、稽查科、公共卫生监督科、医疗机构监督科、传染病监督科、职业卫生监督科、信息科8个科室，核定编制85人，2011年有在职在编公务员75人。

根据市编委有关文件规定，该所的主要任务是：组织实施卫生监督计划，依照法律法规行使预防性和经常性卫生监督工作；受市卫生行政部门委托承担对公共卫生、医疗卫生机构的监督，受理卫生许可和执业许可的申请以及健康卫生产品、医疗广告内容的审核；对卫生行政处罚案件进行调查取证、提出处罚建议、执行处罚决定；参与对危害公共卫生的中毒事故、重大疫情和突发事件的调查处理；开展卫生法律、法规和卫生知识的宣传教育，负责卫生监督员法律知识和业务培训；承办上级交办的其他事项。

该所自成立以来，认真履行卫生执法监督职责，依法严厉打击各种危害人民群众身体健康和生命安全的违法行为，不断提高依法行政的能力和水平，圆满完成上级交付的各项重大工作任务，为加快转型升级、建设幸福东莞，保障公共卫生安全作出应有贡献，同时严把卫生许可发证关，注重加强内涵建设，树立起“公正、便民、勤政、廉政”的良好社会形象。

近年来，东莞市卫生监督所先后获“广东省卫生监督先进集体”、“广东省卫生系统法制宣传教育先进集体”、“广东省卫生监督通讯先进集体”、“东莞市先进集体”、“东莞市抗震救灾先进集体”等市级以上重大表彰20多次；所志愿服务队获“首届珠江公益节‘双千一百’评议活动‘千家公益社团（团队）’”表彰；所受理发证科被评为“全省卫生系统三星级青年文明号”、“东莞市直机关文明科室”，医疗机构监督科、职业卫生监督科被评为“东莞市青年文明号”。

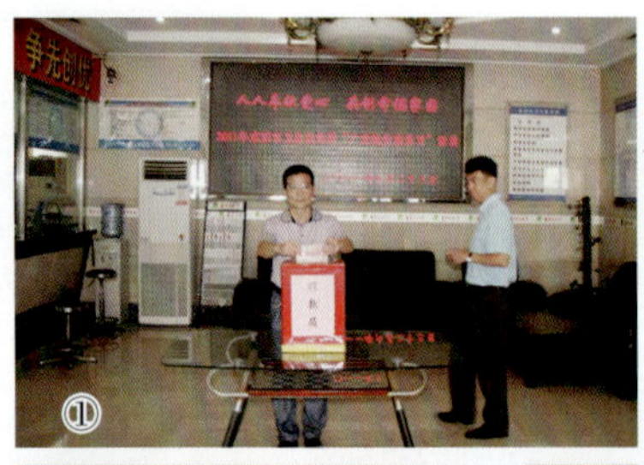
①

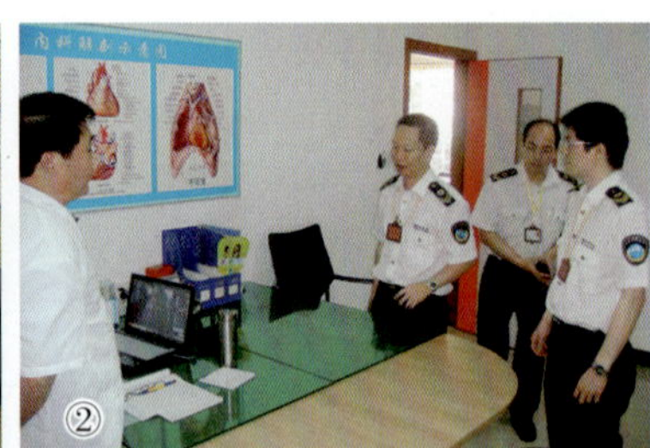
②

③

④

⑤

⑥

① 2011年6月，东莞市卫生监督所开展2011年“广东扶贫济困日”活动，全所干部职工纷纷奉献爱心。

② 2011年5月，东莞市卫生监督所根据市卫生局的部署，开展医疗机构集中整治专项行动。

③ 东莞市卫生监督所高度重视对医疗机构负责人和卫生监督员的法律法规培训，全年组织近2000家医疗机构的负责人以及211名现任卫生监督员参加了培训。

④ 东莞市卫生监督所重视加强对餐饮具集中消毒单位的卫生监督和管理，2011年8月，对全市餐饮具集中消毒单位负责人进行统一培训。

⑤ 2011年12月，东莞市卫生监督所根据市卫生局的部署，组织开展全市医疗机构督查行动。

⑥ 东莞市卫生监督所重视执法队伍建设，努力打造一支“政治合格、业务过硬、作风优良、纪律严明、执法有力”的监督队伍，以一流的工作作风和良好的精神风貌服务社会。

东莞市厚街医院

厚街医院是厚街镇唯一的公立医院，2011年晋升为三级甲等医院。是广东医学院非直属附属医院，医疗辐射能力涉及厚街镇及周边省、市、县、镇约220万人口，成为东莞市的区域医疗中心。

医院占地面积8.32万平方米，总建筑面积9.43万平方米（包括分院及门诊），业务用房6.06万平方米，固定资产达4.05亿元，设备总值达1.5亿元，其中千万元以上设备2台、百万元以上的设备15台，重要的医疗仪器设备大多引自欧美。医院2011年有编制床位705张，职工人数1235人；2011年出院病人2.8万人次，年门诊120万人次。

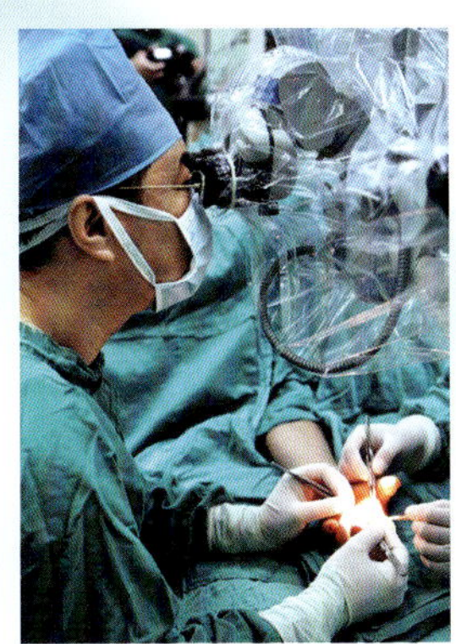

厚街医院手外科为东莞市重点专科

医院2011年有副高职称以上卫生技术人员174人，博士和硕士研究生44人，受聘广东医学院等高等院校兼职教授、副教授82人，硕士生导师7人。

通过多年的学科建设，医院手外科创建成为东莞市医学临床重点专科，急诊科创建成为东莞市医学临床特色专科，实现了以骨外科、产科、重症医学科为重点，以心血管介入、新生儿科、消化内科、急诊科、泌尿外科、腹部微创等为特色的专科体系。

医院科研成果丰硕，2009—2011年，获广东省科技进步三等奖一项，东莞市科技进步一等奖两项，二、三等奖四项，产生较好的品牌效应。

厚街医院急诊科为东莞市特色专科

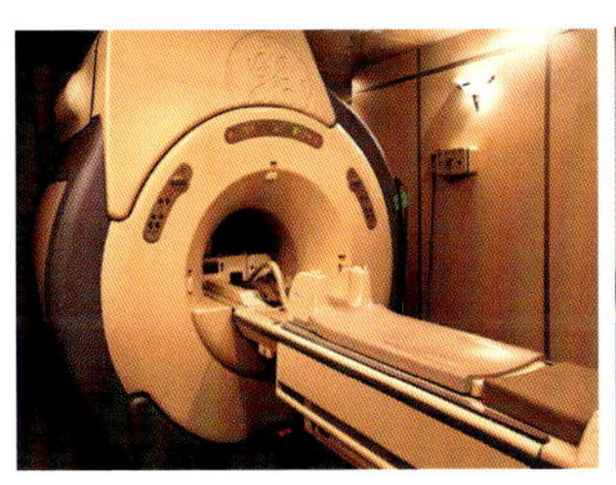

1.5T核磁共振成像仪

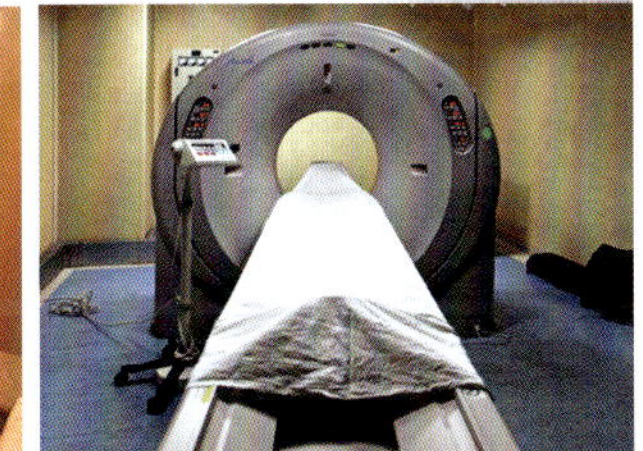

多排螺旋CT

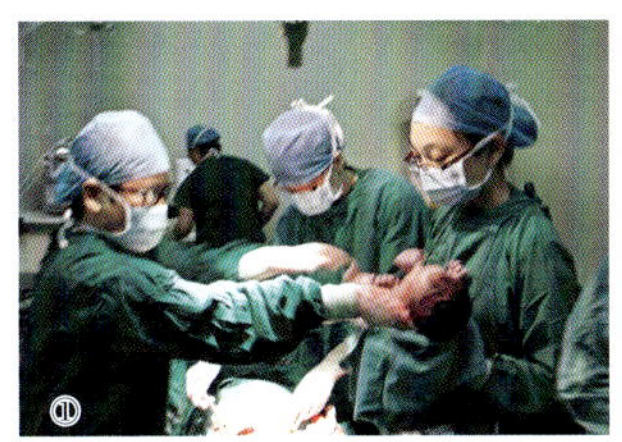

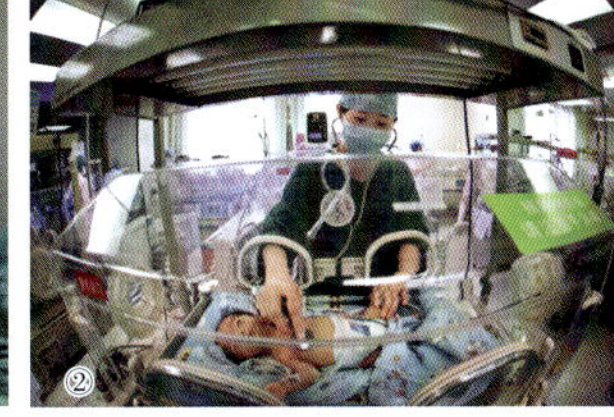

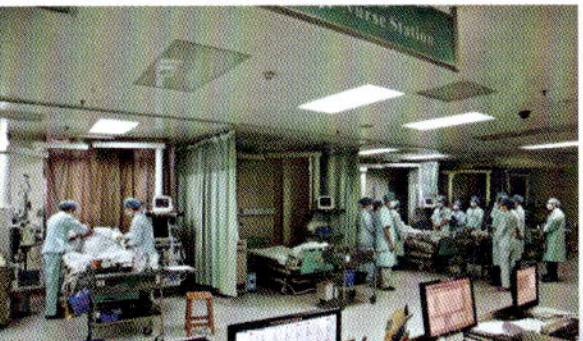

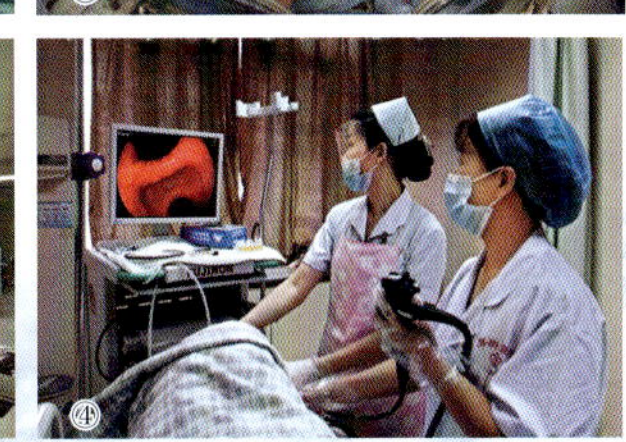

①产科 ②新生儿科 ③重症医学科 ④内镜中心

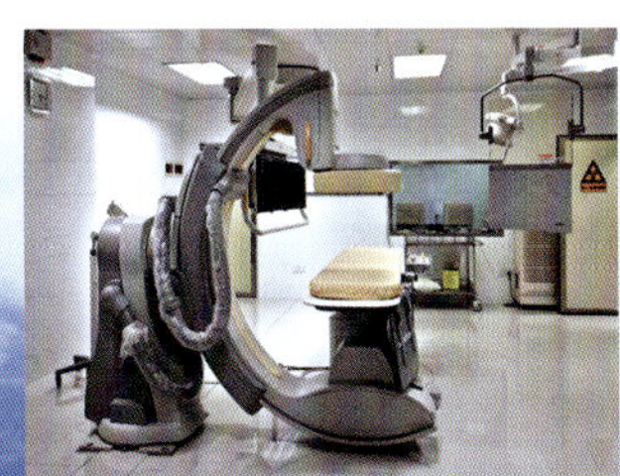

数字减影血管造影机

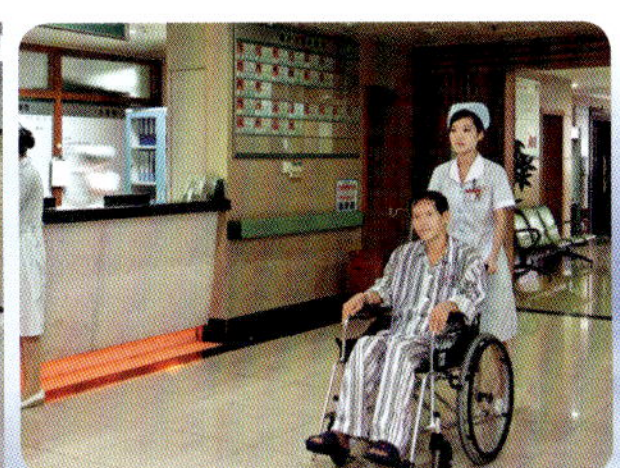

优质的护理服务广受好评，2011年厚街医院获评广东省优质护理服务先进单位

东莞市太平人民医院

东莞市太平人民医院始建于1954年，经过58年的建设与发展，2012年荣膺三级甲等综合医院，成为暨南大学医学院附属医院，是莞南地区最大一所环境优美、设备精良、技术力量雄厚的集医疗、急救、教学、科研、保健、康复于一体的现代化区域性中心医院。

医院占地面积3.8万平方米，建筑面积8.2万多平方米，医院总资产6.3亿元。全院在岗员工1500多人，卫生技术人员1100多人，其中中高级职称人员300余人，含正高职称20余人，副高职称140余人。设有职能科室20个，临床科室34个、医技及辅助科室13个，核编床位900张，拥有核磁共振影像系统、高端螺旋CT、西门子数字减影造影X线机（DSA）、数字X光机（DR）等一大批高精尖仪器设备。

作为莞南地区的区域性中心医院，担负着虎门、长安、厚街、沙田等镇区的医疗卫生及接收各基层医院（镇区医院、社区医疗卫生服务站）的危重病员转诊和业务指导等任务，医疗辐射面东至深圳市宝安区北部，西至广州市南沙区。年门急诊150万人次，年出院病人3.5万人次。

医院新生儿科为省临床重点专科，呼吸内科为市临床重点专科，心内科、口腔科为市临床特色专科，泌尿外科、神经内科、消化内科、耳鼻咽喉-头颈外科、妇科、产科、肛肠科、疼痛科等专科在市内均具先进的技术优势。

全院员工努力传承医院优秀文化，发扬“团结、奉献、优质、开拓”的院训，秉承“救死扶伤、治病救人”的宗旨，坚持“以病人为中心”的服务理念，为患者提供安全、舒适、优质、高效的现代化医疗与保健服务。医院先后获得“广东省百家文明医院”、“广东省抗击非典嘉奖集体”、“南粤女职工文明岗”、“东莞市文化建设标兵医院”、“东莞市文明单位”、“东莞市巾帼文明岗”、“东莞市先进集体”、“东莞市青年志愿者行动先进集体”、“东莞市抗击非典卫生系统先进基层党组织”、虎门镇先进基层党组织、东莞市五四红旗团（总）支部”等多项荣誉。连年获东莞市医院管理“一等奖”。

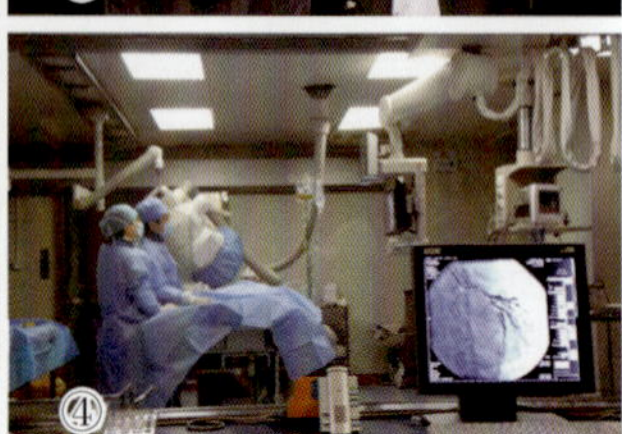

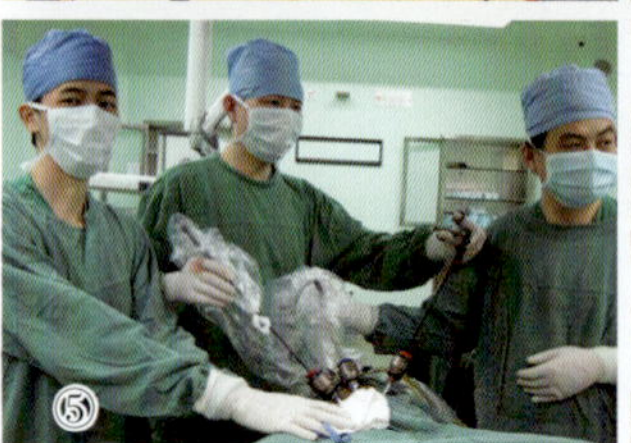

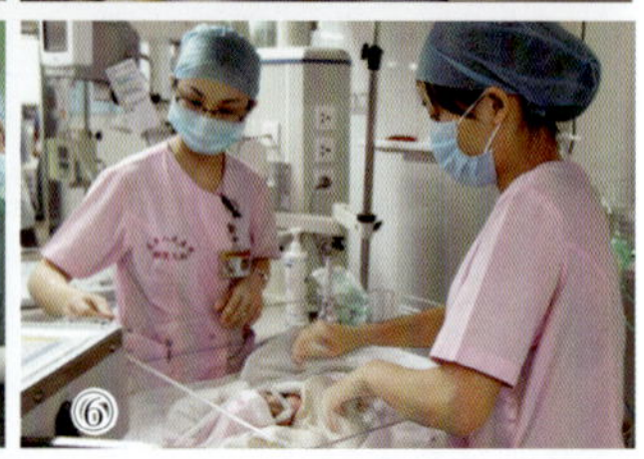

① 2011年9月16日，省政协副主席、省卫生厅厅长姚志彬（前排左）由市卫生局局长蔡一平（右二）陪同视察太平人民医院

② 2010年4月6日，副市长吴道闻（前排左）到太平人民医院视察，听取院长陈就好（前排右）关于医院手足口病疫情的汇报

③ 2012年2月23日，太平人民医院举行三级甲等医院、暨南大学医学院附属东莞医院、省临床重点专科医院挂牌仪式。

④ 心内科利用数字减影血管造影系统进行介入治疗手术

⑤ 外科腔镜手术

⑥ 新生儿科医护人员救治患儿

社会生活　SOCIAL LIFE

南城区

编辑：李文蔚

人力资源

【概况】2011年，东莞市人力资源系统以“加快转型升级、建设幸福东莞”为核心任务，以“民生为本、人才优先”为工作主线，全力促进充分就业，推进人才队伍建设，优化人事各项管理，维护劳动关系和谐稳定，顺利完成全年工作任务。

【就业工作】2011年，市人力资源局紧抓就业这一民生热点，着力创新政策措施，对接企业用工，圆满完成市政府“十件实事”目标任务。

就业政策。协助市政府出台《关于进一步促进城乡居民就业创业的实施意见》和19个配套操作办法，全面铺开实施“十二五”促进就业创业系列政策，推动公共就业服务普惠化。全年发放各项就业补贴3.61亿元，惠及65.2万人次。其中，实施更加灵活的就业技能培训资助制度，5年内对户籍城乡劳动者提供累计最高额度为5000元的培训资助，1300多个项目纳入补贴范围，全市5.5万人次获得各类培训补贴6943.3万元。加大创业扶持力度，提出创业孵化服务、创业成功奖励等措施，举办“创办你的企业”师资培训班，向209人发放小额创业贷款984万元。

各类群体就业。以“再就业援助月”为载体，对就业困难人员实行重点援助，通过工资差额补贴和灵活就业补助等措施，推动近6万名就业困难人员实现稳定就业。组建“村民车间（班组）”528个，安置属地劳动力1.9万人。组织1031人参加青年就业培训计划和青年就业见习训练，共向1.6万名大中专毕业生发放企业就业岗位津贴8803.56万元。实施“岗位拓展计划”，开发基层社会管理和公共服务岗位466个。举办创业培训班、就业指导培训班共74期，培训1.38万人次。开展“南粤高校毕业生就业推进行动2011就业服务月”活动，举办供需见面会18场、“一企一岗·互济共赢”现场招聘会40场，提供就业岗位16万多个。通过一对一重点帮扶，促进286名困难家庭应届高校毕业生实现100%就业。全市城镇登记失业率为2.1%，应届普通高校毕业生报到总人数12955人，就业率达97.79%，完成市政府“十件实事”要求。

对接服务企业用工。举办2011“南粤春暖”东莞校企合作洽谈会，签订长期合作协议1720份，参会学校计划年内向洽谈企业输送毕业生4.5万多人。举办2011“东莞名企蓝天行”等活动，组织100多家企业赴肇庆、广西、江西等地与技校、职校对接，3000多名毕业生与企业达成就业意向。结合“春风行动”和“就业服务日”举办600多场招聘会，服务30多万求职者。组织500多家企业赴省内外举办招聘会或劳务洽谈会235次，提供企业岗位13万多个。落实“双转移”战略，组织省内农村劳动力资助性培训1.7万人次，东莞市农村劳动力新增转移就业1万多人，接收粤东西北地区输入劳动力5.13万人，完成省下达任务指标。

【人才工作】2011年，市人力资源局启动实施“人才东莞”战略，打开人才工作新局面。全年市外引进人才达15.8万人次，同比增加7.19万人次，增长83.26%。全市人才总量达125.6万人，其中高层次人才5.4万人。

创新人才政策。协助市委、市政府出台实施《关于加强高层次人才队伍建设的实施意见》、《东莞市中长期人才发展规划纲要（2011—2020年）》，提出“十二五”期间每年投入10亿元实施“人才东莞”战略，规划筹建东莞人才广场，实施“东莞千人计划”、人才安居工程等措施。对引进国际国内先进水平的创新科研团队，东莞市财政给予一次性最高1000万元创业启动资金资助，对引进国内外先进水平的领军人才，市财政给予一次性最高500万元资助。实施博士后培养工程，对新建站博士后科研工作站给予100万元资助，对新设立的博士后创新实践基地一次性给予20万元资助，全市新增首批博士后创新实践基地4个，新增博士后工作站分站2个。

优化人才服务。加大人才资助力度，2011年市人才发展专项资金投入2200万元，其中对引进的创新创业领军人才落实扶持资金950万元。进一步提高和规范领军人才资金使用效益，出台《东莞市引进领军人才专项资金管理暂行办法》，启动2011年引进创新创业领军人才申报评审工作。

东莞市人力资源局

① 2011年7月19日，全国人大常委会副委员长华建敏莅莞检查《劳动合同法》执法情况

② 2011年6月15日，广东省委常委、副省长肖志恒到莞开展劳资关系调研

③ 2011年6月21日，广东省人力资源和社会保障厅副厅长张凤岐率人力资源和社会保障厅调研组来莞督导人力资源工作

① 2011年1月20日，副市长李小梅、副秘书长张永忠代表市委市政府到企业开展春节慰问企业员工活动

② 2012年1月18日，副市长喻丽君到市人力资源局视察调研

③ 2011年10月26日，东莞市人力资源局局长游其晃为2011年东莞名企蓝天行动专场招聘会开幕式致辞

① 2011年9月8日，召开2010年东莞市职业技能竞赛表彰大会

② 2011年11月11日，东莞市开展创建和谐劳动关系示范区工程示范点揭牌仪式举行

③ 2011年9月22日，中国东莞留学人员创业园揭牌仪式暨高层次留学人员创新创业周正式启动

④ 2011年12月15日，2011年东莞国际科技合作周暨高层次人才交流会开幕

确定2011年度18名莞籍专业人才获得学历进修补助资格。做好省“百名南粤杰出人才培养工程”组织推荐工作，推荐东莞市4名高层次人才进入专家评审阶段。筹建“东莞市高层次人才服务专区”并实施运作，为高层次人才提供高效便捷综合性服务。启动实施专业技术人员知识更新工程，认定全市首批7个市级继续教育基地，全年培训专业技术人员8.3万人次。创新人才评价方式，制定《东莞市开展知识产权专业技术资格评审试点工作方案》并获省人社厅批复同意，成为全省首个地级市开展知识产权专业技术资格评审试点。开发“专业技术人才服务管理系统”网络服务平台，已通过市科技进步一等奖评审并申报省科技进步二等奖。全年受理职称评审、认定9490人，完成49项资格考试相关考务工作，报考人数达8万多人次。

打造引才品牌。2011年，东莞留创园升级为国家人社部和省政府共建中国东莞留学人员创业园，累计引进创业企业和服务机构236家，引进投资42亿元人民币。协助人社部和省政府成功举办“中国东莞留学人员创业园揭牌暨高层次留学人员创新创业周”系列活动，达成初步合作意向35人次，3位专家、1个团队落实意向签约。以“2011年东莞国际科技合作周暨高层次人才交流会”为平台，成功举办“人才东莞”专题展、博士后人才交流与项目洽谈会、研讨班、人才战略发展论坛等活动，27家企业现场达成人才引进和项目合作意向，达成引进博士后、博士人才意向59人，达成博士后项目和技术难题合作21项。

促进技能提升。2011年，市人力资源局协助市政府召开技能大赛表彰大会，高规格表彰2010年省、市竞赛获奖选手202名。组织开展包括家政服务员、养老护理员、导游员等31个项目职业技能竞赛，共2950人参赛，392名选手获得奖项，76名选手获“东莞市技术能手”

① 2011年9月27日，“村民车间”的管理人员正在对村民进行技能培训

② 2011年12月10日，2011年广东省促进高校毕业生就业系列活动东莞专场招聘会举行

荣誉称号，230名选手获高级工职业资格证书。开展争当岗位技术能手活动，确定95名市岗位技术能手，向省推荐8名省岗位技术能手标兵候选人。继续推进“新莞人培训”工程，实施《新莞人自选参训操作办法》，组织新莞人培训6万人次，发放新莞人培训鉴定补贴共计1141万元。全市组织各类职业技能鉴定8.06万人次，核发各类技能证书4.82万本，新开发专项职业能力项目8个。突破政策瓶颈，完成500个日常职业（工种）技能鉴定物价备案和全国、全省职业技能统一鉴定代收费备案，完成高技能人才技能鉴定6066人次，同比增长38.5%。

加快职教发展。2011年，市高级技工学校升级为技师学院，建立ISO9001质量管理体系，启动“东技复兴计划”，初步完成学校内设机构改革方案。全市3所技工学校新招生5223人，完成省下达招生计划的104.4%。2011年，全市技工学校学生1.14万人，首次突破万人；为1.92万人次学生发放国家助学金288.5万元；为东西两翼粤北山区学生发放学费补助513.6万元，惠及学生1524人。开展“校园对接产业园”工程，市高级技工学校分别与东莞（韶关）产业转移工业园、东莞石碣（兴宁）产业转移工业园4家企业签订6个项目校企合作意向书。技师学院和高技能公共实训中心建设加快推进，一期房建工程全部建筑顺利封顶，完成市政府“十件实事”任务。

【人事管理】2011年，市人力资源局围绕创新体制，切实加强各项人事管理，激发机关干部队伍活力。

公务员队伍建设。开展公务员聘任制调研工作，推进公务员信息化管理，建立东莞市公务员考试网，开发网上报名管理系统，2011年全市共有2.36万人报考公务员，创历史新高。完成2011年考试录用公务员工作，新录用公务员465名。创新公务员培训工作，组织1.79万人参加加快转变经济发展方式和社会管理创新全员培训，举办各类专题培训班54期，培训2万多人次。完成全市2.14万名公务员2010年年度考核，3839人被确定为优秀等次。

事业单位人事管理。继续开展事业单位岗位设置工作，结合简政强镇工作实施，13个中心镇208个事业单位完成岗位设置方案，设置岗位总数5131个，已完成核准备案比例100%。全面落实事业单位公开招聘制度，不断规范完善公开招聘工作程序，全市305个事业单位公开招聘人员1119人，对500个事业单位3000人进行人员聘用备案管理。

工资福利工作。推进公共卫生与基层医疗卫生事业单位实施绩效工资工作，启动其他事业单位实施绩效工资工作，对645个其他事业单位津贴补贴进行清理规范。稳妥处理公安机关执法勤务机构人民警察警员职务套改后工资问题，对9494名符合套改为警员职务的人民警察进行工资套改。

军转干部安置维稳。通过“双向选择”与“指令性”分配相结合方式对军转干部进行安置，2011年省下达东莞市接收109名军转干部已全部确定工作单位，安置工作进展顺利。向105名企业军转干部发放生活困难补助，对困难企业军转干部发放36.3万元慰问金，惠及283人次。

【和谐劳动关系构建】2011年，市人力资源局突出共建共享，加强人文关怀，切实维护劳动者合法权益，保持全市劳动关系总体和谐稳定。

和谐劳动关系示范区创建。在全市铺开和谐劳动关系示范区创建工程，在省创和办审核认定的全省第一批288个创建工程示范点中，东莞市共有62个，包括工业园区30个、社区32个，涉及企业2387家、劳动者81.8万人，示范点数量位居全省第一，完成省下达任务。松山湖高新区被评为“广东省模范劳动关系和谐工业园区”，全市10家企业获省模范劳动关系和谐企业，受到省委、省政府表彰。

劳动监察“两网化”建设。经过2年深入实施，2011年，全市建立市镇村三级劳动监察网格673个，形成“横向到边、纵向到底、责任明确、跟踪及时”覆盖城乡用人单位的劳动监察网；全市共对2.21万家用人单位进行网上分类监控，实现网络化管理100%全覆盖。

信访调解工作。2011年，市人力资源局派员常驻市人民来访接待厅，接受群众政策咨询，协调解决群众诉求。拓宽信访渠道，直接接办手机信访平台案件，办结回复率为100%。全市两级人力资源部门接待信访3.27万批次，同比下降2.71%。开展信访窗口规范化、标准化建设活动，规范信访工作程序和信访文书，统一服务要求。12333咨询热线电话共接听、收录群众来电约97.2万次。

劳动监察执法。2011年，市人力资源局针对不同时期工作重点，坚持每月组织专项检查或排查，基本实现劳动监察全年工作常态化。开展企业工资支付和劳动用工情况专项检查、工资支付专项检查等7大专项行动，日常巡查企业2万家次，涉及劳动者289万人次。出台《关于做好企业裁员、停产、转型及搬迁工作的指引》和《关于处置四类典型劳资纠纷群体性事件的原则指引》，坚持依法行政，落实跟踪服务，帮助49家企业实现平稳转型升级，保障市企业转型升级过程中劳动关系和谐。

劳动人事争议仲裁。2011年市、镇街、村（社区）三级劳动人事争议处理机构共收案13.7万宗，同比下降1.27%；589个劳动服务站收案12.1万宗，调解成功率为96.69%。全市劳动人事争议仲裁结案率达100%，完成“幸福广东”指标考核任务。开展构建企业劳动调解组织调研和试点工作，在松山湖高新区15个试点单位内部建立劳动争议调解委员会。启动“星级仲裁庭创建工程”，完成全市21个仲裁机构（含市本级）26个仲裁庭室申请星级仲裁庭核实验收。在大朗镇率先建立仲裁庭与法庭主动执行工作联动机制，形成仲裁调解裁决到法院执行的“快车道”，实现无缝衔接。

加强人文关怀。2011年，东莞市最低工资标准调整到1100元/月，增幅达19.6%，通过加强检查和监督，确保企业规范执行最低工资标准。编印发布《2011年度劳动力市场工资指导价位》，促进企业建立职工工资合理增长机制。加强宣传教育，参与举办各类普法宣传226场次，派发宣传资料30多万份。完成从优秀工人农民中选拔基层公务员和事业单位职员工作，其中，公开选拔20名优秀外来务工人员到基层服务管理外来务工人员部门担任机关公务员和事业单位职员，公开选拔5名优秀工人、农民为基层公务员。向农民工赠送进城务工指南4200册，协同落实积分制入户工作，完成省下达任务。

（黎燕嫦）

附：2011年东莞市人力资源局主要领导名录

党组书记、局长：游其晁
党组成员、副局长：陈汉驰　李沛森
黄慧屏　黄　薇
卢耀昆　吴柏安
党组成员、纪检组长：宁　康
党组成员、公务员办主任：韩柏森

社会保障

【概况】2011年，是东莞市社会保障局成立十周年，是“十二五”规划开局之年。东莞社保围绕“人人保障”和“提升民生幸福”的总体目标，贯彻落实《社会保险法》和《珠三角改革规划纲要》，推进社保扩面征缴，完善制度建设，规范管理服务，普惠公平、覆盖城乡、保障民生的社保体系雏形日渐清晰。

社保扩面情况 在各镇街任务分解上，提出“均衡扩面”与“保证基金总量”概念，使目标任务更加具体化。在监察执法上，以《社会保险法》实施为契机，创新使用分片区横向监察和专项纵向监察相结合的方式，加强日常巡查，指导用人单位规范参保关系，采集用人单位信息建立社保守法诚信档案，全市实地核查1.27万家企业。在部门合作上，与市教育局建立信息互通机制，将全市各类学校和教育机构参加社会保险情况纳入市教育局年审检查条件之一，通过联合抽查学校和教育机构340家，督促依法为教职工参加社会保险。在重点规范上，加强对东莞市龙头企业、广东省著名商标企业、上市后备企业和节能专项资金申报企业的管理和核查，共督促补办瞒漏报参保5581人。截至2011年，全市五大险种参保达2459.39万人次，比2010年底增加109.12万人次，增长4.64%，其中参加社会养老保险475.75万人，社会基本医疗和生育保险均为602.41万人，工伤保险479.44万人，失业保险299.38万人。

基金征缴与待遇核付 协同财政、地税部门抓好基金征缴、管理和支付，严格遵循统一管理、收支两条线管理、分账核算和依法管理原则，对社会保险基金实行收入和支付分别管理的办法，按险种对各项社保基金分别建账，分账核算，专款专用，自求平衡，不相互挤占和调剂；依照有关法律规定进行社保基金的预算、筹集和使用，建立健全财务管理制度，加强内外综合监管，确保基金在规模和流量均较大的情况下仍保持运行安全、准时如实入账、及时足额发放待遇。

2011年，全市各项社保基金征缴收入174.82亿元，同比增长24.82%。

【养老失业保险】2011年，东莞市社会保障局在城乡一体制度框架下，逐步过渡统一养老保险缴费标准，提高统筹费率，提高基金保障能力。1月份对基本养

践行科学发展　确保人民满意

① 2011年1月14日，市社保局局长梁冰（左）参加市电视台“焦点关注”栏目录制
② 2011年3月1日，市社保局局长梁冰在中国社会保障改革与发展战略研讨会上作体制建设情况汇报及经验介绍
③ 2011年6月28日，市社保局局长梁冰（右）与中科院院士钟南山（左）就医疗服务展开亲切交流
④ 2011年7月1日，市社保局局长梁冰（右二）在贯彻落实《中华人民共和国社会保险法》宣传咨询活动中为群众答疑

老金进行年度调整，使全市6.44万名企业退休人员和14.75万名以村（社区）为参保单位的退休人员均因此受惠。调整后，企业退休人员月人均养老金水平达1775.52元、村（社区）退休人员月人均养老金水平达463.27元（均为2011年1月数据），全市人均养老金比2010年12月增加14.26%。按照市政府2011年至2016年社会养老保险单位费率逐年调整的方案，将社会养老保险单位费率从9%调整至10%；贯彻执行省人社厅关于继续缴费老人一次性趸缴和养老保险特殊补缴政策。失业保险方面，因应东莞市企业职工最低工资标准的调整，按最低工资标准80%计发的东莞市户籍参保人的失业保险金相应从736元/人·月调整为880元/人·月，增幅为19.57%。

【基本医疗保险】 2011年，东莞市社会保障局在统一缴费水平和待遇标准的“全民医保”基础上，通过调整待遇结构等，医保患关系全面改善。1月起，执行2011年版《东莞市社会保险药品目录、诊疗项目及医疗服务设施范围》，扩大社保报销药品范围，将药品品种从3169种增加到3957种；对诊疗项目、医疗服务设施范围等内容在2000年以来首次进行调整；同时对社保定点社区门诊增补243种基本药物。从7月起，将连续参保满3年以上的参保人年度最高支付限额从15万元/人·年提高到20万元/人·年，增强参保人抵御重大疾病风险的能力；取消一类特定门诊社区就诊费用限额，将高血压、糖尿病等11类一类特定门诊疾病下放到社区卫生服务机构管理；扩大医保个人账户资金支付范围，使之可用于支付医疗费、预防接

① 2011年2月22日，中国社会保险学会会长王建伦（前排左五）、广东社会保险学会会长龙翚斯（前排右二）、香港社会保障学会会长梁宝霖（前排右三）、中华社会保险学会理事长蔡吉安（前排左三）等莅莞出席“京港台”社会保险学会见面座谈会

② 2011年11月30日，市社保局举行“迎接市第十三次党代会”集中采访，局长梁冰带领各业务科室负责人出席会议并详细解答各位记者的提问

③ 2011年12月24日，中国人力资源和社会保障部宣传中心主任杨秀清等一行到市社保局开展人力资源社会保障文化建设专题调研

种、体检等费用，还可供参保人家属使用；制定新生儿医保补缴政策，解决新生儿出生到参保前医疗费用问题；将运动疗法等9项医疗康复项目纳入基本医疗保险支付范围，保障参保人员基本康复需求；配合基本药物制度改革，将一般诊疗费项目纳入社保支付。

【工伤保险】 2011年，东莞市社会保障局继续完善预防、补偿、康复的“三位一体”工伤保险体系，把人身安全、经济保障、回归社会有机结合，为职工提供全面工伤保障。工伤预防。连续第三年开展工伤预防职业健康体检工作，2011年全市共完成工伤预防职业健康体检9407人，体检中暂未发现职业危害因素引发的职业病；连续第四年与市安监局联合举办工伤预防知识培训，对1662家的4986名相关人员分18期进行培训；连续第四年采取现场和网络形式面向全市群众举办工伤预防知识竞赛，超过6000名群众参与有奖问答。工伤赔付。重点优化工伤认定业务环节，实现业务流转规范、高效和科学。根据新修订《工伤保险条例》的要求，抓好工伤认定业务规范性审查，并针对新出现的工伤认定简易程序、认定中止等，制定相应的业务办理准则，保证认定工作的规范性和合法性。在工伤待遇上，根据条例进行待遇标准等政策修订，将一次性工亡补助金标准提高到38.2万元，对一次性伤残补助金进行调升，同时将工伤职工伙食补助费、交通食宿费、一次性工伤医疗补助金等列入工伤基金支出范围。工伤康复。积极引导工伤职工进行早期康复，推选符合工伤康复条件人员进行工伤康复。加强康复协议机构建设，为康复职工建立康复文化平台。2011年全市共完成工伤康复1569人次，经过康复治疗，近80%重返工作岗位，社会效益显著。

【贯彻社会保险法】 2011年7月1日，《中华人民共和国社会保险法》正式实施。针对《社会保险法》的正式实施，东莞市社会保障局迅速制定有关政策指引，规范办事流程，消除新法实施隐患。一是设定职工参加社会基本医疗保险的最低缴费年限。制定“职工退休时实际最低缴费年限男性累计不少于30年、女性累计不少于25年的，可以享受社会基本医疗保险规定的退休人员医疗保险待遇，退休后本人和单位不再缴纳基本医疗保险费”的方案，从7月1日正式实施。这一政策既可以保证参保职工当期基本医疗保险待遇支付，也可以确保职工退休后继续享受基本医疗保险待遇。二是调整征收期和滞纳金的计征办法。联合地税局发布《关于调整社会保险费征收期和滞纳金计算办法的通知》，明确社会保险费实行按月征收，征收期按当月1日起至该月最后1日；滞纳金的计征调整为分欠缴时段执行，欠款时段在7月1日前的，按《社会保险费征缴暂行条例》规定每日千分之二计征，欠缴时段在7月1日后的，按《社会保险法》规定每日万分之五计征。三是落实未参保工伤职工补缴工伤保险费政策。做好对未参加工伤保险职工受工伤后可补缴工伤保险费并享受工伤保险待遇的有关配套工作，对未参保工伤职工开展调查处理，制定实施《关于未参加工伤保险发生工伤的职工补缴工伤保险费的暂行操作指引》。四是落实工伤、医疗基金先行垫付政策。对于第三人的侵权行为造成伤病或被认定为工伤但第三人不支付，以及用人单位不支付工伤保险待遇的情形，及时探索制定由工伤、基本医疗保险基金先行支付办法，并与市中级法院沟通研究追偿方式。五是调整不纳入医保基金支付范围情形。对照《社会保险法》规定的4种医疗费用不纳入基本医疗保险基金支付范围的情形，严格作出调整，从7月1日起停止执行此前与之不一致的规定，且不在法定情形之外增加不予支付的情形。调整后，以往多种不纳入医保基金支付范围的情形，如自伤、酗酒、斗殴等故意行为或违法违规行为的责任方所造成的医疗费用，均被纳入医保基金支付范围。六是出台养老保险参保人在职期间和失业人员的死亡待遇新标准。将养老保险参保人死亡待遇作为新增的养

① 2011年7月26日，东莞市社保系统开展第一期《中华人民共和国社会保险法》宣讲会

② 2011年9月15日，市社保局举行“行政三公开”主题开放日活动

③ 2011年12月4日，举办“中国社会保障30人论坛”之珠三角社会改革研讨会暨东莞专题会

老保险统筹基金支付项目，明确参保人因病或者非因工死亡的，其遗属可以领取丧葬补助金和抚恤金的执行办法。调整失业人员在领取失业保险金期间的死亡待遇标准，使之与养老参保人在职死亡待遇一致。

【社会保险关系转移】2011年，东莞市社会保障局继续加强与全国各社保经办机构的沟通联系，做好养老保险跨统筹区域转移工作，使养老保险跨统筹区域转移顺利进行。2011年，全市累计开具参保凭证23.99万份，办理养老保险关系转入1.11万人，转入金额770.65万元，转出4.83万人，转出金额4.27亿元，统筹垫付金额0.70亿元。

【管理服务】业务风险管理。2011年，东莞市社会保障局将以往监督检查中发现容易出现业务办理错误或者发生风险的触发点（下简称风险点）进行总结归纳，形成一套全面的风险点表格，最终确认5类共137条风险点。同时，在系统中设置风险点警示，在业务经办过程中及时发现风险，阻止错误业务发生。档案规范管理。提高档案管理工作标准，为参保人提供更优质档案利用服务，14个分局顺利通过"省特级档案综合管理单位"验收。退休人员社会化管理服务。结合东莞市名村创建工作，2011年在7个镇街新建1个退管中心和7个退管站，退管服务机构建点率翻了一倍，业务流程逐步规范，服务手段不断创新，将退管服务由城市向农村延伸，服务对象由企业退休人员逐步向农（居）民退休人员扩展。党务政务公开。作为全市"行政三公开"和党务公开示范点，以强化权力运行监督制约为重点，多渠道推进党务政务公开：向媒体全程开放局务工作会议2次，成为全国首个向媒体开放办公会议的地级市政府组成部门；组织开展"行政三公开"宣传月活动，举行"行政三公开"主题开放日活动等。

【社保核心价值观】2011年，东莞市社会保障局在全系统范围内开展社保文化大讨论，对多年社保文化发展进行总结提炼，最终将社保核心价值观确定为"惠民 正义 务实 奋进"，将社保文化概括为"传递心的力量"，并围绕该品牌文化体系在系统内外开展系列宣传，培树社保队伍服务为民的价值理念和社会形象。在社保分局开展"一局一品"的廉政文化品牌创建活动，打造各具特色的廉政文化。

【中国社会保障30人论坛】2011年12月3日，"中国社会保障30人论坛"之珠三角社会改革研讨会暨东莞专题会在东莞市隆重召开。中国社会保险学会会长王建伦、中国人民大学中国社会保障研究中心主任教授郑功成、中国经济体制改革研究会会长研究员宋晓梧、广东省人力资源和社会保障厅副厅长林应武、广东省社会保险基金管理局局长林白桦、东莞市人民政府副市长李小梅，以及"中国社会保障30人论坛"成员、广东省人力资源和社会保障厅、广东省社会保险基金管理局、广东医疗保险研究会、广东省社会保险学会；广州、深圳、珠海、中山等珠三角地区社保部门领导；东莞市人民政府相关市直机关和东莞市社会保险学会会员单位领导共计150余人出席论坛。论坛选在东莞举行，主要在于东莞市在社会保障上做出许多先于全国其他城市的制度安排。在解决外来务工人员与当地城乡农（居）民享受同等的养老待遇、医疗保障和工伤康复等方面创造了新的经验。特别是在一个地级市范围内率先在全国建立城乡一体的养老和医疗保险制度，用同一制度覆盖所有人群，引起社会广泛关注。通过东莞这个典型，结合珠三角地区社保事业发展现状作为对象展开研究探讨，重点安排专家组主题演讲、珠三角地区社保改革研讨会和分别以"城乡一体化社保制度建设"、"机构改革及经办管理建设"为主题的东莞专题会。

【宣传与咨询】2011年，东莞市社会保障局积极主动与主流媒体合作，从政策规定到业务办理，多方面多层次地开展宣传，为人民群众解惑，为政策落实铺路。利用《社保法》等多项新法实施契机，举办政策宣传咨询活动32场，累计印制派发宣传单张680多万份，海报15多万张；通过省市主流媒体发布新闻56次合计约48.68万多字，在各大媒体收集舆情记录1037篇；上传新闻及信息2883条；12333社保热线呼入量为90.1万个；前台接待来访人员1.82万人；回复通过网络"志愿者信箱"咨询的问题16.02万条，答复问题满意率达100%。

（陈柳平）

附：2011年东莞市社会保障局领导名录

局　长：梁　冰

副局长：张亚林　郭荣新　李宝珊　梁绍光

全市社保系统"传递心的力量"——2011东莞"社保之夜"暨东莞市社会保障局成立10周年主题晚会举行

人口和计划生育

【概况】 2011年度（2010年10月1日至2011年9月30日），东莞户籍人口出生19884人，政策生育率98.65%，出生率10.92‰，自然增长率6.13‰，比省下达东莞人口计划指标出生率12.5‰和自然增长率7.8‰，分别低1.58和1.67个千分点。全市32个镇街和22个人口计生领导小组成员单位均完成2011年度人口计生工作目标任务。2011年东莞市获“广东省人口和计划生育工作先进单位”。

【人口计生综合改革示范市创建活动】 2011年，市人口计生局按照省创建工作十大标准，制定工作目标责任分解和综合改革工作考核方案，在《东莞日报》创办5期综合改革示范市创建工作专栏，制作《改革换来满园春》、《绽放》综合改革DVD专题片和专题画册；各镇街、村居委会（社区）围绕市创建工作思路，坚持创新方式与配套改革相结合，打造项目试点和镇村示范点相结合，市、镇、村三级联动开展示范市创建活动，深化人口计生综合改革。东莞市建立“利益导向、宣传教育、优质服务、流动人口、层级管理、信息建设、队伍建设、群众组织”8项机制。10月，省人口计生委推荐东莞申报国家人口计生综合改革示范市。

【流动人口计生服务管理机制创新】 2011年8月26日，市政府出台《东莞市新莞人计划生育优待扶助暂行办法》（以下简称《暂行办法》），成为全省第一个以地级市政府名义出台的流动人口计生利益导向规范性文件。10 月29日，东莞市举行新莞人计划生育优待扶助奖励首发仪式，国家人口计生委副主任王培安等国家、省人口计生委和市领导出席首发仪式，王培安指出，《暂行办法》的出台是流动人口计划生育基本公共服务均等化的一项重大创新，对全国各地推动流动人口计划生育服务均等化具有很好的借鉴意义。市计生局加强与外省、市区域协作交流工作，在宣传服务、信息通报、孕情检查、技术服务、违法生育查处、社会抚养费征收等方面进行协作。9月，全省流动人口计生工作会议在东莞召开，会议对东莞积极推进流动人口计生服务管理机制创新给予高度肯定。5—6月，全市组织流动人口计生服务管理专项活动。

【宣传教育】 开展主题活动推进“幸福家庭促进工程”实施。2011年，东莞市制定《东莞市开展“幸福家庭促进工程”的实施意见》，3月，市委宣传部，市人口计生局，市妇联，东城区委、区办事处联合启动“幸福家庭促进工程”仪式，7月联合举行东莞市庆祝“7·11”世界人口日暨家庭人口文化文艺汇演，各镇街结合实际在公园、广场等场所建设家庭人口文化雕塑，传播新型婚育新风。打造人口家庭文化进民俗品牌。各镇街结合民俗风情开展推进家庭人口文化品牌建设，将家庭人口文化融入“文化名城”建设。整治“两非”关爱女孩行动。东莞市制定《东莞市集中整治“两非”专项行动实施方案》，成立专项行动小组，开展整治“两非”行动，确保整治“两非”专项行动制度化、常态化。2011年全市查出“两非”案件19件，处理涉案人员23人。

【经常性工作考核督查】 做好人口计生信息系统的改造升级工作。2011年，市计生局按照省人口计生信息系统改造升级工作安排和统计口径要求，加强业务培训和指导，做好省人口计生信息系统改造升级工作，确保新系统数据转化工作和新旧统计口径衔接工作顺利开展。开展人口计生考核督查工作。制定《东莞市2011年人口与计划生育目标管理责任制考核方案》，从4月开始组织开展2011年度人口计生督查活动。抓好镇村人口计生例会工作。抓好例会召开时间、汇报内容、记录和纪要工作，推动考评、预警、奖罚等制度落实，指导镇街、村（社区）规范例会工作。

【计生优质服务活动】 打造人口和家庭公共服务中心。2011年，市计生局以东坑镇新建计生服务所为契机，开展人口和家庭公共服务中心示范点建设，推进计生技术服务从“四术”向生殖健康和家庭全程服务转型。开展生育关怀活动。全市各级计生协积极发挥自身网络健全的优势，探索和创新家庭服务活动载体，围绕计生家庭生产、生活、生育中的困难和问题，开展生育关怀、青春健康教育、计划生育家庭保险等一系列优质服务活动共2356多期次，发放宣传资料66万多份，服务对象32万多人。强化依法行政。坚持信访首问责任制，认真细致做好计生来访、来电、来信等工作，2011年全市受理计生信访7339件次，办结率100%。

【业务培训】 2011年6月，市计生局举办人口计生系统统计业务培训班，为基层计生统计信息员讲授统计口径、系统操作等相关知识；7月，举办全市流动人口动态监测调查工作业务培训班，32个镇街的计生办副主任、镇级联络员和64个村（社区）监测点的村级调查员参加培训；8月，开展基层计生专干执法专题业务培训，有效提升村两委换届后基层计生队伍行政执法水平。（罗俊兰）

附：2011年东莞市人口和计划生育局领导名录

局　长：邹　联
副局长：曾瑞微　方泽槐
纪检组长：冯学宸（任至8月）
　　　　叶润娣（8月到任）

残疾人

【概况】 截至2011年，东莞市共有各类残疾人7.2万人，约占全市户籍人口的4.03%，其中，视力残疾10044人，听力残疾18151人，言语残疾1533人，肢体残疾16213人，智力残疾3629人，精神残疾6999人，多重残疾15429人。

【基本生活保障】 2011年，东莞市不断加大残疾人基本生活保障力度，全年为23011名一至四级困难残疾人补助现金3840.3万元，为28名患重病、大病的困难残疾人提供医疗救助金24.55万元；为残疾人适配、发放各类辅助器具1347件；为337名困难残疾学生提供教育资助66.5万元；为全市9217名非低保重度残疾人和精神病患者购买社会基本医疗保险，保障残疾人群体的基本生存生活。

【残疾人节日活动】 2011年，东莞市围绕残疾人重大节日，开展主题鲜明的节庆活动，广泛宣传残疾人事业，促进残健融合与和谐社会建设。

全国爱耳日　3月3日，市残联在莞城文化广场等地举办“听力知识进镇街”爱耳日系列活动，广泛向社区居民宣传讲解爱耳护耳知识。

全国助残日　5月15日是第21次法定“全国助残日”，东莞市残联精心组织现场就业招聘、咨询、盲人按摩、残疾人书画作品及工艺品展示义卖等丰富多彩的庆祝活动，吸引来自各镇街的300多名残疾人热情参与。在活动现场全市首批通过机动车驾驶证考试的25名残疾人获颁机动车驾驶证。

全国爱眼日　6月3日“全国爱眼日”前夕，市残联邀请市人民医院专家开展“关爱低视力患者，提高康复质量”知识讲座；寮步镇联合市光明眼科医院免费为370多名社区居民提供眼部检查等义诊和康复咨询，宣传爱眼护眼知识。

肢残人活动日　8月11—12日，市肢体残疾人协会组织26名残疾人开展“自驾车梅州行”主题庆祝活动。

世界精神卫生日 10月10日，市残联、市卫生局等单位联合举办“承担共同责任，促进精神健康”的世界精神卫生日现场咨询和宣传活动，倡导社会、政府、家庭和个人多方参与，共同做好精神疾病的预防保健工作。

国际盲人节 10月14日，市盲人协会举办主题为“幸福东莞、让爱绽放”的国际盲人节庆祝活动。130多名盲人及其家属与志愿者欢聚一堂，认真聆听婚恋讲座和参与盲人“相亲会”等活动。

国际残疾人日 12月6日，东莞市残联举办“国际残疾人日”庆祝活动，来自各镇街的150多名残疾人参加残健混合的拔河比赛、篮球比赛、钓鱼比赛及盲人按摩技能竞赛等趣味活动，促进残疾人和健全人间的相互理解和社会融合。

【社会慈善扶残助残】 2011年5月13日，东莞市残疾人福利基金会举行答谢会宣告正式成立，中国残联副主席、中国残疾人福利基金会理事长汤小泉，省人大常委会委员郭德勤、省残联理事长宋卓平，市政协主席刘树基、省人大常委会原副主任李近维、市政府原市长郑锦滔，市委常委、市委秘书长何嘉琪，市人大常委会副主任吕兢，市政府副市长成洪波等领导及关心和支持慈善助残的各界爱心人士约400人出席大会；截至当天，认捐的爱心人士达到160余人，认捐善款达1700万元。12月1日，市残疾人福利基金会成功举行“助残济困·乐善好施——庆祝2011国际残疾人日慈善晚会”，募集善款约230万元，莞邑慈善助残风尚逐步兴起，全社会扶残助残的社会氛围日益浓厚。 （王　刚）

新莞人

【概况】 2011年，东莞市推进医疗卫生、计划生育、社会保障、就业培训、社会救济等公共服务普惠广大新莞人。截至2011年，免费为适龄新莞人子女接种扩大国家免疫规划疫苗157万人次，为2777例肺结核病人进行免费治疗和管理，将新莞人住院医保年最高支付限额提高到20万元；出台《东莞市新莞人计划生育优待扶助暂行办法》，通过“奖、优、免、补、扶、享”给予新莞人全方位、全过程奖励扶助；新莞人参加社会保险逾2000万人次，累计办理新莞人人身意外保险115.1万份，出租屋综合险投保面积866.5万平方米，受保人数超211万人，理赔232宗；举办面向新莞人的“春风行动”专场招聘会35场，提供就业岗位15.5万个，促成3.8万人成功就业，实施资助性技能培训逾6万人次；实施救助7000多人次，救济金额162.55万元，减免困难新莞人丧葬费用55万元；公开选拔20名优秀新莞人到基层部门担任机关公务员和事业单位职员。

【积分制服务优化】 2011年，东莞市修订积分制入户政策，创新实施“条件准入+积分管理”模式，取消年度入户指标任务，实行常年接受申请报名、同步并联审核以及网上报名，推动积分制入户工作常态化管理，全市积分制入户受理数为8911人（含随迁），已发放入户卡5133人（含随迁）；推进“优秀新莞人”评选，调整在莞缴纳社保年限等积分项目，通过积分排名筛选、社会公选、网上投票等形式，评选出181名第三届“优秀新莞人”；推动积分制入学，全年通过积分制入读义务教育阶段公办学校起始年级的新莞人子女共16283人。

【新春关爱系列活动开展】 2011年1月7日，2011年“幸福·东莞”新春关爱系列活动启动仪式在市会议大厦隆重举行。系列活动从1月7日到2月20日，由“春暖莞邑”千户新莞人困难家庭慰问活动、“幸福东莞行”百户新莞人家庭团圆东莞、“关爱女工”迎春联欢会、“平安回家”赠票活动、“平安旅途”安全驾车大家谈和“我们的城市，我们的家”新莞人影像特展等6项子活动组成。市委书记、市人大常委会主任刘志庚在“幸福东莞行”暨“优秀新莞人”迎春晚宴现场的“心愿墙”上写下“祝新莞人永远幸福”的祝福语。

【社工及志愿者服务推行】 2011年，市新莞人服务管理局深化“社工+志愿者”服务模式，全市建成关爱新莞人志愿者服务站32个，注册志愿者8100多人，过半数志愿者为新莞人；横沥等5个试点镇街20名社工开展新莞人需求调查、政策咨询、子女教育辅导等服务活动2300多场次，成立新莞人之家7个、新莞人心理咨询室13个、新莞人子女辅导站12个，取得良好社会效果。

【信息采集和共享】 2011年，市新莞人服务管理局按照“人、屋、企、业、证”关联原则，加强出租屋及租住人员信息采集，采集出租屋信息37.4万栋/套（含注销信息7万多栋/套），录入租住人员信息698.9万条（含注销289.5万条），为居住证推广、积分制入学政策实施提供有效数据支撑。完善新莞人信息系统功能及筹建信息共享平台，初步实现市企业工委、计生、人力资源、新莞人服务管理等部门信息系统资源共享。

【出租屋综合整治】 2011年，各镇街新莞人服务管理中心通过日常巡查向职能部门反馈信息2.2万宗；加强出租屋技防信息化建设，全市安装出租屋视频监控系统近2万套；按“三无、五有”标准创建及复查“安全文明出租屋”6.8万栋（套），全市已建、在建综合服务小区共64个；联合职能部门开展整治行动1025次，出动14.3万人次，排查各类问题隐患出租屋3.3万栋（套），督促整改1.1万栋（套）、查封307栋（套）；协助公安机关抓获违法犯罪嫌疑人800多人、打掉犯罪团伙50个，有效遏制重大治安、刑事案件及重大事故。

【居住证功能拓展】 2011年，结合新莞人金融服务卡试点成效，公安、新莞人服务管理部门引入银行、移动公司等社会资源，探讨实现金融服务卡与居住证功能“证卡合一”，完成广东省居住证东莞地区服务功能应用密钥管理系统的研发，率先在常平镇发放。

【全省流动人口服务管理工作经验交流会在莞举行】 2011年8月2日，全省流动人口服务管理工作经验交流会在东莞召开。广东省委副书记朱明国，省委常委、政法委书记、省公安厅长梁伟发，副省长、省综治委流动人口治安管理工作领导小组组长刘昆以及全省地市级以上城市相关领导出席会议。会议对东莞在加强流动人口服务管理工作中的经验给予充分肯定，东莞给新莞人创造了很好的工作和学习环境，值得全省各界学习和借鉴。

【“新候鸟计划”开展】 2011年，暑假期间，全市各镇街新莞人服务管理中心携手社会组织和志愿团体，共同开展“新候鸟计划”，开展4点半课堂、心理圆桌辅导、外展活动等，进一步增强留守新莞人儿童的亲情融合、学习意识、合作精神和公民观念，就新莞人子女在暑假期间可能遇到的安全问题，向新莞人家长、老师和学校提供指导性建议。

【第四届“新莞人服务日”举办】 2011年11月6日，市新莞人服务管理局联合劳动、司法、计生、妇联、公安等部门在32个镇街开展以“服务传递人文关怀，同心构筑幸福东莞”为主题的“新莞人服务日”活动。第四届“新莞人服务日”通过摊位咨询、视频展示、现场演示等方式向新莞人宣传法律法规、消防安全、卫生急救、妇女和职工权益保护等知识。 （袁凤兰）

附：2011年新莞人服务管理局领导名录

局　长：伦锦洪

副局长：王国雄　陈晓慧

民　政

【概况】2011年，东莞市民政部门着力推进民政工作改革发展试点工作，全面完成“将低保标准提高到440元”、“创建20个社区生活服务中心示范点”工作，及村级体制改革试点、镇村（居）班子换届、实施社区工作人员培训工程、加快社会工作发展、制定临时救助办法、争创全国双拥模范城“七连冠”等6项市政府重点工作，东莞市民政局被评为年度“全国民政系统先进集体”。2011年，东莞市共有社会组织2020个，其中社会团体328个，民办非企业单位1692个；敬老院31间，其中全国模范敬老院2间，省一级敬老院26间，省二级敬老院5间；公益性公墓（骨灰楼）17家，经营性公墓（骨灰楼）4家。

【东莞市民政事业发展“十二五”规划】2011年，经东莞市委常委会议审议通过，《东莞市民政事业发展“十二五”规划》颁布实施。建立和完善6类（20项）制度体系：减灾救灾体制机制和预案体系、现代社会救助体系、社会福利服务体系、基层社会管理服务体系、双拥优抚安置体系和专项社会事务和社会工作管理体系。创建和实施3项民生工程：“幸福家园”—社区建设工程；“安康老年”—养老服务工程；“全民公益”—慈善发展工程。规划新建10项民政硬件设施：加快市社会福利中心建设；设立民政办事服务中心；推进镇街避灾中心建设；加强社区公共服务设施建设；加强养老设施建设；建设社会组织孵化基地；加大殡葬服务设施建设力度；建设“民政信息系统”。加快“数字民政”建设；加快军供站新站建设；建设“东莞市地名文化公园”。

【救灾减灾】市内群众遭受暴雨的救济工作。2011年，在“4·17”暴雨气象灾害中，东莞市共向6名受灾群众发放救济款8400元。应急避灾中心和场所建设。2011年，东莞市在已建23个镇级避灾中心基础上，在石龙、石碣、洪梅、大朗、谢岗、凤岗、企石、石排、茶山等镇新建9个镇级应急避灾中心，实现市、镇应急避灾中心全覆盖。“防灾减灾日”系列活动。在2011年“5·12”期间，东莞市开展防灾减灾宣传周活动，

为党和政府分忧　为人民群众解难

① 2011年5月20日，全国民办社会工作服务机构发展战略研讨会在东莞市举行。民政部党组副书记、常务副部长罗平飞（主席台中）到会讲话

② 2011年10月17日，东莞市慈善篮球赛在市体育馆隆重举行，市委副书记、代市长袁宝成到会致辞

① 2011年12月13日，东莞市社会组织孵化基地启动暨首批社会组织入驻仪式在东城街道大井头社区举行。副市长成洪波（二排左四）、副秘书长陈波（二排左五），市民政局局长杨东如（二排左六），市民间组织管理局局长利伟中（前排左一）出席仪式

② 2011年12月13日，市民政局局长杨东如（右二）深入低保家庭慰问生活困难群众，检查低保金发放情况

③ 2011年，市政府将建设20个社区综合服务中心列入为民办十件实事。图为7月27日，市民政局领导班子成员深入南城街道白马社区召开社区综合服务中心建设督导工作会议

市减灾委组织各成员单位在莞城文化广场设点为市民提供咨询服务，向群众派发防灾减灾宣传资料，举行应急救助演练和搭建救灾帐篷演练。全国综合减灾示范社区创建。2011年，东莞市把全国综合减灾示范社区创建活动与安全气象社区和社区防震能力建设结合起来，在中堂鹤田、东城石井等15个社区开展全国综合减灾示范社区创建活动，并通过国家减灾委检查验收，实现每个镇街都至少有一个全国综合减灾示范社区。救灾物资储备。2011年，东莞市共投入资金100.08万元，购置储备救灾帐篷、橡皮艇、军用大衣、棉衣被、蜡烛等一批救灾物资，各镇级储备点也加大救灾应急物资储备力度。

【社会救助】最低生活保障。2011年，东莞市政府将“最低生活保障标准从400元/人·月提高到440元/人·月”列入为民办十件实事。2011年1月，全市低保标准提高到440元/人·月，全市有低保对象12772户、31155人，全年共发放低保金6504万元，人均每月补差174元。全市有低保（含低保边缘）户在读子女26606人次，全年发放助学金7320.94万元。

低保分类施保。2011年，东莞市共向8102名低保对象发放分类补助金1195.18万元。

低保医疗救助。2011年，东莞市为全市低保对象购买社保个人缴费支出673万元；为1037人（次）低保对象就医发生住院或特定门诊医疗费个人负担部分进行报销支出611.912万元。

春节送温暖活动。2011年，东莞市五套班子领导分别组成32个春节慰问团分赴全市各镇街慰问低保户、老党员和部分敬老院老人，并向全市34922户困难市民和困难新莞人赠送价值2149万元“慰问礼品”。

临时救济。2011年，东莞市安排春夏荒救济款和冬令救济款共50万元，对春夏荒和冬令期间因缺粮、缺钱造成的生活困难市民及时提供救助；向942名困难市民发放临时救济款130万元；向2205名困难渔民发放休渔期和禁渔期临时救助金共238.59万元。

临时价格补贴与价格上涨联动机制。2011年，东莞市颁布实施《关于建立东莞市低收入群众临时价格补贴与价格上涨联动机制的实施意见》，当符合CPI同比连续涨幅超过3%、食品价格同比涨幅超过7%、居住类水、电、燃料同比连续涨幅超过7%等以上条件之一，由物价部门启动临时价格补贴联动机制，向困难群众发放临时价格补贴，缓解物价上涨对低收入群众基本生活的影响。

【社会福利】社会养老服务体系建设。2011年，东莞市镇两级财政下拨居家养老服务工作专项经费422.18万元，全市共有14个镇街39个社区开展居家养老服务工作。启动由中惠熙元慈善专项基金资助的“96993”居家养老“平安铃”服务工作，全年为375名符合政府补助条件的老人配备“平安铃”手机。市财政投入1625万元新建老年人活动中心31家。

孤儿保障工作。2011年8月29日，东莞市政府印发《东莞市孤儿保障工作实施方案》，统一散居和集中供养孤儿养育标准，将全市孤残儿童基本生活养育标准由过去1000元/人·月提高到1200元/人·月，健全孤儿保持1000元/人·月不变。全年为198名孤残儿童实施系统的康复治疗，为35名孤残儿童实施“明天计划”康复手术，依法办理93宗国内收养，办理涉外送养66宗。启动市社会福利中心改扩建项目规划立

项工作。

收养登记。2011年，东莞市新增弃婴276名，市社会福利中心共有弃婴840名。共为35名残疾儿童实施“明天计划”手术，康复率100%。依法办理93宗国内收养登记，其中国内公民收养89宗，香港公民收养4宗；解除收养关系5宗。

【慈善事业】第二届“广东扶贫济困日”活动。2011年6月，东莞市完成第二届“广东扶贫济困日”活动，共接收社会各界捐款1.21925亿元，已上缴省和用于市外扶贫“双到”工作支出9113.12万元。第二届“东莞慈善日”活动。10月，东莞市广泛开展第二届“东莞慈善日”全明星慈善篮球赛等系列活动，共接收社会各界捐款4987.02万元，新增冠名专项基金5家。截至2011年，东莞市慈善会冠名专项基金达24家，基金总额共1.27亿元。全年开展慈善公益项目32个，支出慈善资金4975.36万元。

【老龄工作】“敬老月”活动。2011年9—10月，东莞市开展以“敬老助老，从我做起”为主题的“敬老月”系列活动。全市各级广泛组织走访慰问、为老志愿服务、老年优待维权、老年文化体育、老年社会动员等各种形式的活动，组织市第五届老年人文化艺术节、“健乐杯”珠三角老年人文艺汇演、石龙镇首届“敬老文化节”等专题敬老活动。10月9日，“健乐杯”珠三角老年人文艺汇演在塘厦镇体育馆举行，共19个节目参加汇演决赛，来自珠三角各地的4000余名老年人到场观演。石龙镇“敬老文化节”活动先后开展“老年人免费健康检查周”、“孝德满龙城”志愿帮扶、“七彩华龄”老年人书画比赛、“活力俏夕阳”老年风采大赛、中老年人广场舞展演及金婚庆典等10多项活动。

第五届老年人文化艺术节。2011年9月18日，东莞市第五届老年人文化艺术节开幕，全市共52个代表团、2300余名老年人报名参加7个项目比赛，共评出38个金奖、72个银奖、108个铜奖、107个优秀奖。书法、国画、摄影项目有410幅作品参评。器乐、粤曲、声乐、舞蹈项目有270个节目参赛。活动闭幕式于12月9日下午在东莞市会议大厦举行。广东省民政厅党组成员、副巡视员高党生到会讲话。

扩大高龄津贴的发放范围。2011年9月，东莞市政府下发《关于扩大我市高龄老人生活津贴发放范围的通知》，决定将高龄津贴发放对象从之前的“80周岁以上户籍老年人”扩大为“70周岁以上户籍老年人”，其中70至79周岁老年人发放标准为每人每月50元。东莞市成为继广州之后全省第二个将高龄津贴发放范围扩大至70周岁以上老年人的城市。2011年，东莞市政府按照80至89周岁每月100元、90至99周岁每月200元、100周岁以上每月300元的标准，为全市41079名80周岁以上老年人发放高龄津贴5325.57万元。（周宪平）

【福利彩票发行销售】2011年，全市福利彩票发行在高位运行起点上实现健康、稳定发展。全年全市福利彩票共销售18.08亿元，超额完成省下达的12.6亿元销售任务，比2010年增加2.868亿元，增幅18.8%，圆满完成省中心及市民政局党组下达销售任务，筹集福利彩票公益金5.22亿元，其中本市留成1.94亿元。

【社区建设】省“六好”平安和谐社区创建。2011年，东莞市积极开展广东省“六好”平安和谐社区创建工作，东城上桥社区、南城新城社区等47个社区被评为2010年度省“六好”平安和谐社区，全市共有80%城市社区获得省“六好”平安和谐社区称号。

特色社区建设。2011年，根据《东莞市“六好”平安和谐社区示范创建实施方案》，东莞市选取莞城西隅、东城立新、南城水濂等20个社区为创建点，开展特色示范社区创建活动，为全市社区建设树立典型。

社区综合服务中心建设。2011年，东莞市将打造20个社区综合服务中心示范点列入为民办十件实事。根据《东莞市社区综合服务中心示范点建设实施方案》，经过一年的努力，当年底，完成20个社区综合服务中心示范点建设，形成一批具有一定影响力的社区服务示范点，构建以社区综合服务中心为平台、以社会组织为驱动、以社会工作为手段的“三社联动”、需有所供的社区服务体系，全市社区服务水平得到整体提升。

社区人才队伍建设。2011年，根据《东莞市2011年“万名社会建设人才培训工程”实施方案》，东莞市采取领导干部学习论坛、大规模培训班、骨干研修班、实地参观学习等形，组织开展市、镇（街）两级社会建设人才培训，市一级培训人数达1000名，镇街一级培训人数达2000名，不断提高全市社会建设人才队伍整体素质。

【基层政权建设】村（居）委会换届选举。2011年，东莞市第五届村（居）委会换届选举工作圆满完成，全市594个村（社区）均顺利完成村（居）委会换届选举工作，完成率100%。

村级体制改革试点工作。2011年，东莞市以厚街、黄江镇为综合试点，莞城、横沥、洪梅、石龙、中堂、长安、高埗镇（街）为专项试点，推进村级体制改革试点工作，取得阶段性改革成果，对全面提高村、社区管理服务水平，促进政府行政管理与基层自治有效衔接、良性互动打下坚实基础。

农村党风廉政信息公开平台建设。2011年，东莞市大力推进党风廉政信息公开平台建设，拓宽“东莞市农村党风廉政信息公开平台”信息传播渠道，使广大市民可以通过互联网、有线电视政务信息视频点播系统、语音服务、手机短信等方式查询村（社区）信息，促进村务公开形式的信息化、网络化和规范化，保障村（居）民对村（社区）事务的知情权和监督权。

【双拥工作】2011年，东莞市委、市政府把创建双拥模范城作为年度双拥工作重中之重，着力推进双拥工作创新发展。当年，东莞市连续第八次获得全省双拥模范城称号，创建全国双拥模范城“七连冠”入围推荐名单并公示。

国防教育和双拥宣传。2011年，东莞市军地双方以建设社会主义核心价值体系为着力点，以胡锦涛总书记“七一”重要讲话为指导，把国防和双拥教育作为增强军民双拥意识、动员全社会共同做好双拥工作的重要手段，纳入地方全民教育和部队政治教育计划，利用电台电视、报刊网络、标语灯箱等新闻媒体，依托和发挥爱国主义教育基地资源优势，开展形式多样、内容丰富、覆盖面广的国防和双拥宣传教育。东莞市双拥办全年共编印双拥简报16期、双拥信息24期，专门制作《莞邑双拥情》宣传片和《莞邑大地盛开双拥花》图册；东莞市群艺馆深入部队开展“文化暖流行动”进军营活动；东莞军分区、市双拥办、市文联、樟木头镇人民政府联合广东省双拥办和解放军文艺出版社举办市双拥长篇报告文学《八月桂花香》首发仪式；东莞市委宣传部、东莞日报社、东莞广播电视台开辟专题，陆续宣传报道李满堂、刘洋等双拥典型的先进事迹；东莞市工商联组织非公组织走进军营和国防教育基地接受爱国拥军教育；东莞军分区举办国防和双拥知识竞赛；团东莞市委、东莞广播电视台、东莞军分区政治部、市教育局等联合举办“重走东纵路”青少年军事夏令营活动。各镇街发挥虎门鸦片战争博物馆、大岭山东纵纪念馆和樟木头镇将军馆等爱国主义教育基地作用，组织机关干部职工、新莞人、学生参观学习，在主要路口或广场100%建立永久性双拥宣传牌或宣传标语，完善公共场所拥军优属标志，莞城、南城、东城、万江4个街道在物业住宅小区电梯口等显眼位置设置双拥宣传牌等等，都收到很好的宣传教育效果，极大地增强广大军民的国防观念和做好双拥工作的责任感和使命感。据统计，全市共举办各种国防教育和双拥宣传活动500多场次，接受教育人数达40万。

社会化拥军。2011年，东莞市全面推进社会化拥军工作，在市直单位、镇街、村（社区）、学校、全市非公组织参与拥军基础上，引导全市非公组织履行《军民共建公约》，建立非公组织军民共建点，掀起社会化拥军新热潮。各镇街商会以春节“八一”为契机，组织非公组织开展拥军慰问活动，共为部队官兵送上价值500多万元的慰问金及慰问品。特别是开展以“援建军营图书室”为主题的拥军活动，为驻莞部队援建军营图书室12间，赠送图书和科技文化器材等物资总价值200多万元；全市非公组织与部队共建“学习型”、“教育型”、“军事型”企业和工厂，先后请部队军训员工和保安近1000人，讲授法律和爱国主义教育课200多场次；石碣镇利用“东莞舰”来广州黄埔坞修之机，组织该镇非公组织前往慰问并上舰参观学习，接受国防教育。全市非公组织还配合政府做好优抚安置工作，采取结对帮扶、重点帮扶等多种形式，定人、定户、定期“送温暖”上门，开展“爱心献功臣行动”，为200多名优抚对象送去慰问金和慰问品共计100多万元，资助烈军属子女上学18人。共解决47名退役士兵和22名随军家属到非公组织就业，把他们培养成为发展私营经济、走专业致富之路的带头人。截至2011年，全市共有军民共建点469个，其中2011年增加非公组织共建点52个。

拥军优属。2011年，东莞市地方各级党委政府和社会各界积极开展科技、文化、法律等拥军活动，大力支持部队现代化建设和军事斗争准备。全市共投入拥军资金1亿多元，帮助驻军解决信息化建设、训练场地、文化生活设施、官兵的生活补贴等经费，支持部队建设项目82个。仅春节、“八一”期间，全市各级共组织拥军优属慰问团（组）633个，送出慰问金2316万元。社会各界发挥自身优势，积极为部队办实事做好事，解决部队训练和生活遇到的实际困难。大运期间，东莞市专门组织拥军慰问团赴深圳慰问驻莞部队大运安保官兵。樟木头镇中国双拥艺术团赴西北演出慰问驻训75234和75235部队。各镇街、各单位筹集资金1100多万元，为驻军配送电脑、科技图书和电化教学设施等。虎门、黄江、樟木头等镇帮助驻军举办电工、烹饪、种植等培训班，为部队培训各类专业技术人员785人次；市内大中院校和各镇街中学坚持免费为驻莞部队官兵开办计算机等级考试、军校考试、高科技知识等培训班，共培训官兵1200多人次；市司法局、检察院等部门为维护驻莞军人军属合法权益提供免费法律咨询，为驻莞军人军属解决法律问题193个；市人力资源局和教育局开展技能培训，免费培训退伍军人和驻军随军家属400多人；市教育局认真落实部队子女入学有关优待政策，优先录取部队团级领导干部子女入读市属优质高中5人，入读市属优质义务教育阶段学校12人。

拥政爱民。2011年，驻东莞市部队在完成战备、训练、执勤等任务的同时，开展拥政爱民活动，投身建设幸福东莞，充分发挥组织严密、突击力强的优势，主动承担急难险重任务，参与防灾救灾，重点在社会治安整治、生态治理、扶贫助学等方面开展援建行动。在扶贫帮困中，驻地部队坚持组织连以上军官与地方800多户贫困家庭开展“一助一”扶贫助学活动，资助贫困家庭子女完成小学至初中学业，共捐款18万元。各部队坚持开展学雷锋爱民实践活动，组织官兵走上驻地街头为困难群众和残疾人免费理发、防病治病、维修电器，为地方节约各项经费80多万元；在生态环境建设中，驻东莞部队出动官兵近1000人，到寮步镇佛灵湖郊野公园参加义务植树，共种植莞香、红花紫荆、水翁等乔木2.6万余株，绿化山林面积230余亩；大运期间，市武警支队、边防支队、消防支队、海军救生中队共出动500余名官兵赴深执行安保任务，确保大运圆满成功。东莞边防检查站在国庆、中秋节期间，组织官兵走进市社会福利中心献爱心，为孤残儿童和老人送去水果、月饼和表演精彩节目。驻东莞解放军、武警和预备役部队官兵与驻地加强军民联防联治，协助处置群体性事件，主动配合公安部门开展社会治安综合治理、打击违法犯罪、治理脏乱差等专项行动，确保社会安全稳定。据统计，2011年，驻东莞部队累计出动官兵1.3万人次，车辆（机械）516台次，投入劳动日4300多个，完成土石方75立方米，扑灭火灾29宗，抢救遇险群众97人，抢救各种物资95万吨，植树造林2.6万棵，清除垃圾32吨，美化街道143公里，为群众防病治病3万人次，帮扶贫困家庭近1000户，资助贫困学生2264人，无偿献血20万毫升，军训学生4万人，协助公安部门抓获各类犯罪嫌疑人2000多名，挽回经济损失近1亿元。

【优抚工作】优抚对象生活补助。2011年，东莞市各类重点优抚对象的抚恤补助标准为440—1638元，全年为3723名重点优抚对象发放抚恤生活补助金2405.3万元，为5094名60周岁以上的农村籍退役士兵发放8—12月生活补助126.76万元，为351名残疾军人发放抚恤金、护理费319.61万元，为120名困难对象发放临时生活补助款35万元，给重点优抚对象发放一次性生活补贴共165.25万元。

优抚对象优待。2011年，东莞市义务兵家属优待面达100%，优待户数为1367户，户平优待金14633元，比去年提高1134元。从12月1日起，重点优抚对象凭乘车卡可免费乘坐市公共汽车有限公司属下跨镇公共汽车、城巴、小巴和镇街内公共汽车。

优抚对象医疗补助。2011年，东莞市为重点优抚对象缴付社会基本医疗保险费80.68万元，为197名重点优抚对象发放医疗补助金42.54万元，其中83名对象在定点医院实行医疗费“一站式”结算。全市组织32支“关爱功臣巡回医疗队”，广泛开展为“三属”（烈属、因公牺牲军人遗属、病故军人遗属）、残疾军人、在乡复员军人、带病回乡退伍军人等重点优抚对象免费送医送药活动，出动医疗救护车32台，受惠重点优抚对象达1641人，配送药品折合人民币28.49万元。

优抚对象住房补助。2011年，东莞市下拨30万元住房补助款，为虎门、大岭山、望牛墩、塘厦和樟木头等5个镇6名重点优抚对象修缮住房，改善他们居住环境。

重点优抚对象慰问活动。2011年春节前，时任东莞市市委书记刘志庚分别到在四川省道孚县“12·5”山地灌丛草地火灾中光荣牺牲的清溪籍张运福和钟桂龙两位烈士家中，向两位烈士的父亲颁发《革命烈士证明书》，并发放烈士遗属一次性抚恤金。市政府副市长成洪波率市民政局、市残联等部门组成慰问团，走访慰问南城街道部分孤老烈属、百岁老人和残疾人，并送上慰问金和慰问品；“八一”期间，东莞市市委、市

政府在东莞宾馆召开莞城地区烈军属、残疾军人、转业军人、复退军人代表“八一”座谈会，市五套班子成员、东莞军分区领导、有关单位领导及150多名代表参加会议。各镇街以镇、村（社区）为单位，以座谈会、入户走访等形式开展一系列的慰问活动，对复员退伍军人致以节日慰问。

烈士纪念建筑物普查　2011年，经普查，东莞市共有烈士纪念建筑物41座（纪念碑31座，烈士墓6座，纪念亭4座），普遍建于上世纪五六十年代，分布在全市21个镇街。其中以东莞市政府名义建立的7座，以镇街名义建立的15座，以村（居）委会名义建立的19座。

【安置】2011年，东莞市政府继续深化城乡退役士兵一体化安置改革。

退役士兵接收安置　2011年，全市共接收2010年度冬季退役士兵509人，其中城镇义务兵130人、农村义务兵316人、复员士官53人、转业士官9人、复员干部1人。党员374人，团员、青年135人，获三等功以上奖励57人。根据《东莞市退役士兵安置办法》，东莞市共发放退役士兵一次性自谋职业安置补助金3046万元，发放待安置期间生活补助金67.1万元。市镇两级共发放退役士兵住房困难补助21万元。全市实现退役士兵安置率、自谋职业率均达100%，切实维护退役士兵的合法权益。

退役士兵职业技能培训　2011年，东莞市政府拨付248万元，免费为退役士兵接受职业教育和技能就业培训。3—5月，在广东科技学院（原南博学院）举办为期3个月的高考前辅导班，组织70名退役士兵进行语文、数学、英语等3个科目强化补习，于6月中旬参加全省统考。经过统考（参考人数为69人），共有40名退役士兵考入广东科技学院进行为期3年的学业；7—9月，组织19名退役士兵秋季免试入读东莞理工学校、东莞技术职业学校接受中等职业技能培训。截至2011年，全市实际入读中、高等职业技术院校的共214人。

军休干部服务管理　2011年，东莞市共接收军休干部2名，全市现有72名军休干部。东莞市军休所着眼提升军休服务质量，先后出台《东莞市深化军队离退休干部服务管理社会化改革实施方案》，推进国家保障与社会化服务相结合的军休服务管理模式改革；调整和落实移交全市的师职军队退休干部享受市同职级退休干部相对应的生活、政治待遇以及享受退休公务员（厅级）医疗待遇标准；通过组织军休干部开展参加建党90周年“尽寸写丹心”书画展、门球、太极柔力球友谊比赛、外出参观等活动，以及开展党日学习、健康知识讲座、身体检查、订阅报纸刊物，协调社工通过家访和不定期谈心和座谈等方式，为军休干部提供全方位服务。2011年，东莞市军休所共派出家访236户次，到医院看望70余次，护理住院军休干部9次，上门服务46家次，派出车辆达100余次。同时，加快和推进虎门服务站建设步伐，服务站内部装修及配套设施工程已完成，并准备投入使用。

东莞军供站供应保障　2011年，东莞军供站完成军供服务保障工作。全年共接待过往部队73批次共15690人次，荣获“联动供应先进单位”、“完成重大军供任务先进单位”以及“全国民政系统行风建设示范单位”等光荣称号。同时，军供站严格按照《军运设施设计规范》标准和要求，加快推进常平军供新站建设进程，打造全市多功能、现代化的一级军供站，努力提升全市军供服务保障及管理水平。

复退军人维权　2011年，东莞市为76名军队部分退役人员军龄视同养老保险的审定工作，为1200多名退役军人办理档案查阅，来电接访187人次，网上信访7起，解决实际困难共18起，解答政策疑难213次。

【社会组织登记管理】2011年，东莞市新登记社会团体20家，其中行业性4家，联合性12家，专业性4家；批准设立社会团体分支代表机构87家；注销社会团体1家；撤销社会团体5家；新登记民办非企业单位187家，变更业务125宗；注销民办非企业单位13家；撤销民办非企业单位59家。截至2011年，东莞市登记在册社会组织2020家，其中社会团体328家；民办非企业单位1692家。

筹建社会组织孵化基地　2011年8月22日，东莞市市长办公会议同意建设社会组织孵化基地，并在市属物业莞城八达路恒丰大厦安排3至4层（面积约2500平方米）作为社会组织孵化基地办公场所。9月6日，东莞市社会组织孵化基地筹建办公室揭牌。11月，东莞市民政局向社会公布孵化基地申请热线，召开东莞市社会组织孵化基地邀请社会组织进驻会议，经过评审、投票和公示环节，东莞市爱苗孤独症患儿家长互助中心等10家社会组织被确定为首期入驻单位。12月13日，东莞市社会组织孵化基地举行启动仪式，首批10家公益慈善类社会组织正式入驻孵化。

《关于市级非营利组织免税资格认定有关问题的补充通知》　2011年3月，东莞市出台《关于市级非营利组织免税资格认定有关问题的补充通知》，建立起财政、国税、地税、民政等部门“非营利组织免税资格”认定联合工作机制，明确由市民间组织管理局统一受理社会组织相关申请。对于已认定享受免税优惠政策的非营利组织，逾期未参加年检、年度检查结论为“不合格”或受到登记管理机关处罚的，将取消其享受免税优惠的资格。全年共有12家社会组织获非营利组织免税资格认定。

执法监察　2011年，东莞市共处理社会组织案件138宗，依法取缔6家民办非企业单位，查处5家非法电脑培训学校，暂扣主机和显示器共计127台，对64家累计3年不按照规定接受年检的社会组织作出撤销登记的行政处罚，并在《东莞日报》等媒体上进行公告。按照中央部署和省、市治理办有关要求，对87家无业务主管单位的社会团体开展“小金库”专项治理工作。

社会组织党组织建设　2011年3月，东莞市民间组织管理局按照东莞市社工组织党工委《关于在社会组织党组织中开展公推直选工作的通知》精神，采取公推直选方式，选举产生8个支部委员会。2011年，东莞市民间组织管理局党委开展“送书到支部”、“党员军事日”等主题式党组织活动，“给力建设幸福东莞”征文活动和星级党组织创建活动。其中，征文活动报送39篇征文，7份获优秀奖，4份获一等奖；东莞市民间组织管理局党委、东莞名家具俱乐部党支部、东莞市大众社会工作服务中心党支部荣获“四星级党组织”命名。12月15日，东莞市民间组织管理局党委召开出席东莞市第十三次党代会代表选举大会，8个社会组织党支部的51名党员代表参加会议，选举党委书记利伟中为局党委出席中共东莞市第十三次党代会代表。

【社会工作】2011年5月中旬，东莞市协助民政部成功举办全国民办社会工作服务机构发展战略研讨会。会上，东莞市介绍扶持培育民办社工机构经验和做法，受到与会领导肯定。

社会工作发展规模　2011年，在东莞市市直层面，新增工会、企业等服务领域，增设73个社工岗位，市直部门购买社工岗位总数达到275名。镇街层面，指导莞城、南城等13个试点镇街适当扩大购买社工服务数量，推动麻涌、塘厦等12个镇街开展社会工作。截至2011年，东莞市共有11个市直部门、25个镇街开展社会工作，专职社工总数达700多名，服务范围涵盖社会救助、教育辅导、残障康复、青少年服务、妇女儿童服务、司法矫正、禁毒帮教、卫生服务和外来人员融入、企业员工服务等10多个领域。

社会工作政策制定。2011年，在认真贯彻执行《中共东莞市委　东莞市人民政府关于加快社会工作发展的意见》等制度文件基础上，东莞市民政局根据形势发展和工作需要，出台《东莞市政府购买社会工作服务实施办法（试行）》、《东莞市政府购买社会工作服务考核评估实施办法（试行）》和《东莞市社会工作服务机构行为规范指引（试行）》等7份制度文件，形成“1+15”的制度体系。

社会工作机构建设。2011年，东莞市民政局认真履行“监管者”职责，又切实扮演“娘家人”角色，在制定政策、出台措施和实际工作中坚持“想机构之所想、急机构之所急”，深入机构了解运作情况，召开会议协调相关问题，争取资源解决实际困难，促进机构快速发展。全市7大社工机构无论是治理结构、员工规模还是管理能力、服务水平都有很大提高。在2011年开展的社区综合服务中心示范点建设和首届公益创投活动中，社工机构表现突出，发挥出“主力军”和“顶梁柱”作用。

社会工作队伍建设。2011年，东莞市民政局通过组织实施社会工作业务大培训工程和激励动员莞籍人员参加社工考试等方式，大规模培养莞籍人才；通过组团前往武汉、济南等地招聘等办法，大手笔吸纳外地人才；通过定期评选“东莞优秀社工”和选拔培养督导助理并以之为基础培养优秀实务型、督导型、研究型人才等途径，大批量锻造优秀人才。通过适当提高社工薪酬待遇（购买社工服务岗位经费标准由过去的每人每年6万元提高到7.2万元）、定期组织社工文体活动等措施，切实做到“用待遇吸引人才、用感情留住人才、用事业激励人才”。

社会工作服务成效。2011年，东莞市广大一线社工开展专业服务，整体服务成效进一步显现。截至2011年，全市社工开展小组工作2091个，开启个案6904个，个案建档3.01万个，即时辅导3.51万次，完成家访及探访6.05万次，组织志愿者活动4.96万次，受到服务对象认可和社会各界肯定。东莞市于2011年上半年被评为全国“社会工作人才队伍建设试点示范市”。

【公益创投】 2011年10月，东莞市正式启动第一届公益创投活动，面向社会组织公开征集公益服务项目，根据一定原则和要求对入选资助相应项目的社会组织给予资助和能力建设支持。

实施方案制定。2011年，东莞市成立第一届公益创投组委会，协调各有关部门组织开展公益创投活动，组委会下设办公室（设在市民政局）。组委会办公室充分借鉴上海、深圳等公益创投先行地区有益经验，切实立足东莞实际，研究制定《东莞市第一届公益创投活动实施方案》（以下简称《方案》）。

项目创意征集。10月10日，东莞市公益创投组委会召开第一届公益创投活动动员部署大会，广泛动员相关政府部门、群团组织和社会组织、爱心人士参与创投活动，提出“现实有迫切需要、机构有能力干好”的公益项目参与申报，要求市有关部门和镇街全面梳理服务需求，多发现一些好的“点子”和创意，供社会组织参考借鉴。11月9日，项目征集阶段工作圆满完成，共征集社会组织和个人公益项目227个，市有关部门及镇街提出20多个公益“点子”。

组织项目评审。2011年，根据《方案》规定，东莞市公益创投组委会办公室和承办方组织有关专家学者和各方代表对申报公益项目进行入围评审，针对项目服务需求、项目设计、实施团队三大方面的11个细则进行打分，初步评审出60个机构实施项目和30个个人创意项目。

【区划地名管理】 2011年，东莞市被国家民政部命名为全国地名公共服务示范市。

第二次全国地名普查试点。2011年，东莞市成立市第二次全国地名普查试点领导小组，制定下发《东莞市第二次地名普查工作方案》，组织召开地名普查试点工作部署会议，全面开展地名普查试点工作。

地名导向牌规范化设置。2011年，东莞市认真抓好地名导向牌设置监管工作。市中心区、厚街、寮步、虎门、樟木头、高埗、大岭山、常平等镇基本完成地名导向牌设置。

地名命名更名审批。2011年，东莞市严格按照《广东省地名管理条例》规定和程序，实施对道路、建筑物的命名（更名）审批，确保地名审批工作严格、科学、正规，有效杜绝重名、不规范命名现象发生。全年共审批同意139宗建筑物命名（更名），1228条道路命名（更名）。

行政界线管理。2011年，东莞市完成东莞—惠州市界第二轮界线联合检查工作，并按规定的时限和要求，将各类联检成果资料进行上报。组织开展镇级界线第二轮联合检查工作，督促指导万江—东城等18条镇界基本完成联检任务，确保行政区域界线和谐稳定。

【救助管理】 2011年，东莞市救助管理站共实施救助8305人次。

街头流浪乞讨未成年人救助保护专项行动。2011年2月21日，由东莞市民政局、市公安局、市卫生局、市城管办联合组成工作组正式启动东莞市街头流浪乞讨未成年人救助保护专项行动。同时，各镇街也全面启动街头流浪乞讨未成年人救助保护专项行动。

长期滞留受助人员救助工作机制。2011年4月，东莞市救助管理站与韶关新丰县社会福利院签订合作协议，通过购买服务，有效解决滞站人员安置和护理问题，安排35名智障、残障受助人员在新丰县社会福利院异地安置。

【婚姻登记管理】 2011年，东莞市共办理国内结婚登记19045对，国内离婚登记2720对，国内补领结婚证1329对和国内补领离婚证102对；办理涉外、港澳台、华侨结婚登记144对，离婚登记16对，补领结婚证111对和补领离婚证5对。2011年，东莞市婚姻登记中心被东莞市精神文明委员会评为全市“文明单位”。

婚姻登记员业务能力提升。2011年3月，东莞市民政局举办为期半天的婚姻登记员业务培训班。全市各镇分管婚姻工作的负责人以及全市婚姻登记员共90余人参加培训。（周宪平）

【学生接送站管理】 2011年，东莞市共有学生接送站250家。

非法学生接送站取缔。2011年11月，东莞市民政局会同市消防局、食品药品监管局、教育局、住建局在全市范围内对无牌无证学生接送站进行全面清查取缔。在清查行动中，全市累计清查出无牌无证学生接送站106家，发出清理取缔通知书106份，关停55家，整改51家。

【殡葬管理】 “十一五”期间省殡葬管理工作先进单位。2011年，东莞市“十一五”期间殡葬管理目标考核超过90分，受到广东省政府通报表彰。东莞市殡仪馆、东城街道办事处被广东省民政厅和省人力资源社会保障厅

联合评为“十一五”期间殡葬管理工作先进单位。

殡葬惠民政策。2011年9月，东莞市出台《免除低收入群体和其他特殊群体殡葬基本服务费用实施方案》，该方案规定从10月1日起，全市有8类困难群体可享受免除7个项目约1955元殡葬基本费用。免除低收入群体和其他特殊群体殡葬基本服务费用所需经费由市财政全额负担，据实列支。东莞市殡仪馆7—12月，免除低收入群体殡葬基本服务费用305宗，共计29.9万元，其中农村“五保”对象28宗，城镇“三无”对象2宗，城乡低保对象102宗。东莞市根据实际情况，扩大减免范围，对重度残疾人、特殊经济困难新莞人实施殡葬基本服务费用减免，1—12月累计减免其他特困群体丧葬费用约79万元。

《东莞市殡葬管理工作“十二五”规划》编制。2011年，为增强《东莞市殡葬管理工作“十二五”规划》科学性，东莞市民政局规范规划编制程序，采取召开座谈会、协调会，公布规划草案等多种形式，广泛听取社会各界的意见，增强规划工作的公众参与度。共收到相关建议和意见12条，修改和充实规划。

殡葬服务行业“行风建设月”活动。2011年3月，东莞市殡葬服务单位开展为期1个月的“行风建设月”活动，全力推进全市殡葬工作出亮点、上台阶。清明节期间，东莞市殡仪馆专门在群众中开展满意度调查，共发放调查表50份，收回47份，收到群众建议3条，群众满意度达99%，形成良性互动，提高社会公信力。

“清明”、“重阳”节祭扫活动。2011年清明期间，东莞市各拜祭场所共接待拜祭群众62万人次，扫墓车流量超过15万辆次。重阳节各拜祭场所共接待拜祭群众45万人次，扫墓车流量超过8万辆次。

葬法和葬礼改革。2011年，东莞市分别举行2次以“亲近自然、魂归大海，善待亡灵，崇尚文明”为主题海葬活动，累计将94具骨灰撒入大海，参加海葬活动群众113人。（周宪平）

附：2011年东莞市民政局领导名录

局　长：杨东如
副局长：易志兵　郑锦堂
　　　　袁佩霞（任至10月）　黄容开
　　　　李建武（11月到任）
党组成员、调研员：袁佩霞（10月到任）
纪检组长：李建武（任至11月）
党组成员、市民间组织管理局局长：
　　　　利伟中

宗教事务

【概况】2011年，东莞市民族宗教事务局（正处级），是负责管理全市民族、宗教以及民间信仰事务的市人民政府工作部门，内设办公室、民族工作科、宗教工作科。核定行政编制11名，其中局长1名，副局长1名，正副科长（主任）4名；后勤服务人员数1名。

2011年，东莞市民族宗教事务局被国家民族事务委员会评为“2006—2010年全国民委系统法制宣传教育工作先进集体”。市民宗局梁国荣被人力资源和社会保障部、国家民族事务委员会授予“全国民委系统先进工作者（劳动模范）”称号。

【宗教概况】截至2011年，东莞市经市民族宗教事务局批准登记的宗教活动场所共有57个。其中，有佛教寺（庵）38个，道教宫观6个，基督教福音堂8个、聚会点3个，天主教堂1个，伊斯兰教聚礼点1个。2011年新增登记场所4个，其中佛教2个，基督教1个，伊斯兰教1个。东莞市各宗教和睦相处，宗教领域保持稳定和谐。

【和谐寺观教堂创建】2011年，在广东省创建和谐寺观教堂第二批达标场所中，东莞市有6处宗教活动场所榜上有名，其中佛教3处，分别是石龙佛寺、石龙菩提庵、樟木头观音寺；伊斯兰教1处，为伊斯兰教万江聚礼点；天主教1处，为天主教莞城堂；基督教1处，为基督教谢岗聚会点。

【宗教活动场所建设】香慧寺奠基2011年8月4日，寮步镇香慧寺奠基庆典在寮步香市公园内举行。市民宗局、寮步镇领导应邀出席庆典，为香慧寺培土奠基。香慧寺建成后将成为世界上第一座以莞香敬佛的寺庙，并将以莞香精神为纽带，将寮步镇香市公园、香市博物馆、香市古街等一系列项目串联起来，打造莞香文化，弘扬东莞城市精神。

资福寺筹建　11月1日，东莞资福寺举行重建开工庆典，市直正处以上单位领导、各镇街主管民族宗教的领导干部和2000多名佛教信众参加。11月17日，东莞市人民政府成立东莞市资福寺筹建工作协调领导小组，由副市长严小康任组长，市政协副主席、市委统战部部长钟淦泉，市政府副秘书长黄福泉，市委统战部副部长、市民宗局局长胡佳光，东城街道党委书记、人大联络委主任黄少文任副组长，有关部门领导共18人任成员。领导小组下设办公室和监督小组，办公室设在东城街道办事处；监督小组组长由市监察局副局长黄键担任，副组长由市审计局副局长卢炳辉担任，成员由市有关部门领导、市佛协成员及佛教信众等担任。

【宗教教职人员认定备案】2011年，东莞市民宗局向省有关部门申请认定备案宗教教职人员共81人，其中，佛教76人、道教1人、基督教2人、天主教1人、伊斯兰教1人。通过省民族宗教委备案的共4人，其中基督教2名传道员、天主教1名神父、伊斯兰教1名阿訇。

【宗教活动场所财务监督管理】2011年，东莞市民宗局将宗教活动场所财务监督管理试点工作扩大到全市范围，要求各宗教活动场所必须建立健全财务管理制度；必须成立财务管理小组；必须配备符合资格的会计人员，或者按照《中华人民共和国会计法》和《代理记账管理办法》的规定，委托依法批准设立从事会计代理记账业务的中介记账；必须每季度报送财务收支报表。5月19日，市佛教协会组织部分佛教场所负责人参加由省佛教协会组织的财务主管培训班。11月3—4日，市民宗局举办宗教活动场所财务人员培训班，全市56个宗教活动场所负责人和财务人员共140余人参加，广东省民族宗教研究院办公室副主任汤雪芬讲授《宗教活动场所财务监督管理办法（试行）》、《民间非营利组织会计制度》等法律法规、会计基础知识和实操技巧，帮助各宗教活动场所财务人员系统掌握有关法律知识，全面提升业务素质和工作水平，为做好东莞市宗教活动场所财务工作打好基础。

【宗教界慈善公益活动】“十百千”扶贫济困工程先进集体和先进个人　2011年7月4日，广东省民族宗教委表彰广东省宗教界“十百千”扶贫济困工程先进集体和先进个人，东莞市黄旗观音古寺被评为先进单位，释自度被评为先进个人。

慈善捐助　2011年东莞市宗教界积极开展慈善捐助活动，共捐款近27万元。佛教界参与少数民族贫困地区移民搬迁扶贫“双到”活动捐助15万元，其中黄旗观音古寺住持释自度个人捐助56000余元；释自度法师还捐赠湖南省炎陵县水口镇学校学生用品9万元；基督教界捐助慈善超市、敬老院、麻风院等近3万元。

环保公益放生活动 2011年7月20日（农历六月二十日），东莞市佛教协会组织全市佛教教职人员和信众群众约1000人，于万江滨江体育公园举行“关怀生态文明，回归庄严净土”为主题的大型环保公益放生活动。

【东莞伊斯兰教里程碑】 2011年1月6日，东莞市伊斯兰教协会筹备小组成立。3月24日，东莞市伊斯兰教万江聚礼点正式登记挂牌，成为东莞市第一个经市民族宗教事务局批准登记的伊斯兰教活动场所。7月，广东省伊斯兰教协会根据《广东省伊斯兰教教职人员资格认定办法》的规定及办理程序，完成对韩国庆申请阿訇资格的考核、评议及审核认定等工作。东莞市伊斯兰教万江聚礼点负责人韩国庆成为东莞市第一位经广东省伊斯兰教协会认定的伊斯兰教教职人员。

【简政强镇】 2011年，市民宗局继续开展“简政强镇”工作，将2010年石龙、塘厦试点工作扩大到虎门、麻涌等11个中心镇。2010年12月至2011年1月，将“宗教活动场所登记”、“宗教活动场所内改建或者新建建筑物”等18项事权委托下放到11个中心镇，签订《行政执法委托协议》，明确委托事权范围和责任等内容，刻制业务专用章，并报市简政强镇工作领导小组办公室备案后实施。其中“依法登记的宗教活动场所易地重建”和“宗教团体和宗教活动场所接受境外捐赠”、“印制宗教出版物或其他宗教用品及承印境外宗教出版物”三项可由中心镇直接上报省民族宗教委。6月，根据省民族宗教委要求，“印制宗教出版物或其他宗教用品及承印境外宗教出版物”一项取消地级以上市民族宗教局审核程序，由承印单位直接向省民族宗教委提出申请。

【《东莞市民族宗教志》正式出版】 2011年11月，经东莞市地方志编纂办公室批准，《东莞市民族宗教志》由岭南美术出版社正式出版，首印发行1000册。《东莞市民族宗教志》编写历时2年有余，以“存史、资政、教诲”为宗旨，是东莞市第一部记述少数民族和宗教的专业志书，图文并茂，以文为主，近40万字。全书分民族篇和宗教篇，全面记述东莞历史上少数民族的历史变迁和佛教、道教、基督教、天主教、伊斯兰教五大宗教在东莞传播、发展的历史轨迹，以及东莞民族宗教工作的历史沿革，是研究东莞市民族、宗教的珍贵资料。

民族工作

【东莞城市民族工作受肯定】 全国人大民委视察东莞城市民族工作 2011年3月28—29日，全国人大常委会委员、全国人大民族委员会副主任雷鸣球率调研组到东莞视察城市民族工作，听取市政府相关工作汇报，实地考察东莞高级中学内地新疆高中班。对东莞市少数民族服务管理工作取得的成效给予高度评价，认为东莞开展城市民族工作力度大，成效明显，经验值得向全国推广。

国家民委调研组肯定东莞城市民族工作 7月6—7日，国家民委党组成员、驻委纪检组组长李小满率领少数民族事业发展规划政策法规调研组一行莅莞，开展少数民族事业发展规划政策法规专题调研，听取市政府相关工作汇报。调研组表示，东莞对城市民族工作认识深刻，各部门间通力合作，形成强大合力，成效明显，为全国其他城市提供鲜活经验和启示。

媒体报道 2011年6月28日《中国民族报》的《十年之变——少数民族务工大军中的几个切片》、5月24日《21世纪经济报道》的《劳务输出地派出“带队干部”常驻企业管理当地务工人员——东莞市36万外来少数民族本土化之路》及7月15日《中国民族报》的《“城市民族工作·创新社会管理”系列报道之一：真心换真情 平等促和谐——广东东莞市民族工作纪实》等文章对在东莞的少数民族人员务工生活进行报道，对东莞市城市民族工作作出肯定。

【民族团结进步】 2011年东莞市继续开展民族团结进步模范社区创建活动。全市各社区在市民宗局宣传发动下，根据省民族宗教委关于创建活动的标准和要求，逐步建立相应组织机构和工作机制，开展各种民族政策法规宣传教育活动，为社区内的少数民族提供优质服务。大岭山镇政府组织大岭山公安分局提出专心投入维稳、细心全盘统筹、真心构建友谊，诚心多方沟通、热心周到服务的“五心”工作方针，认真细致地做好少数民族服务管理工作。3月，长安镇在新疆籍少数民族务工人员集中的兴鹏鞋厂、昕晋手袋厂、侨达电子厂设置2个警务室，为2名新疆籍公安带队干部提供办公场所，健全与新疆籍公安部门的联络机制，增强两地公安部门协作，增进新疆籍员工安全感。7月21日，虎门镇举办全镇统战干部业务培训班，邀请省民族宗教委民族二处处长李清国为该镇统战办、经贸办、维稳办、公安分局政保股等部门及各社区分管民族宗教工作的领导干部约100人讲授民族团结进步的相关内容。

5月29日，新疆乌恰县政协副主席刘军，劳务输出办书记等一行15人来莞看望慰问外出少数民族务工人员，市民宗局局长张灿炎热情接待慰问组一行。刘军高度赞扬东莞的城市民族工作。

10月13日，第三届新疆阿合奇县广东务工青年集体婚礼在长安镇成功举办，共有9对新人（长安5对，茶山1对，寮步2对，浙江1对）喜结连理。阿合奇县县委书记王新辉，县委常委、纪检书记买买提努尔等16名党政领导，以及长安镇分管民族宗教工作的副镇长李福笑等应邀参加婚礼。婚宴在长安镇嘉年华悦城酒店举行，共设宴38席，约400名柯族同胞出席晚宴。席间柯族同胞们载歌载舞，婚宴在快乐融洽的气氛中进行。

11月14—16日，在四川彝族代表陪同下，市民宗局组织市公安局国保支队及部分镇街民族宗教干部前往东莞市彝族人员输出较多的凉山彝族自治州进行考察交流，与凉山州民族宗教委、凉山州民族宗教研究所及凉山州普格县有关领导举行座谈，双方就做好彝族人员在莞的服务工作进行探讨交流，建立联系机制和信息互通机制。

8月12日，由广东省环保协会主办的“省全民健康工程系列活动”到东莞市万江伊斯兰教聚礼点，为100多名回族拉面店主举行健康知识讲座，讲述环境对人体健康的影响，针对污染问题为日常生活支招，指导拉面店主如何选购蔬菜，现场派发小册子。

11月24日，市民宗局在市社会主义学院举办“2011年度全市少数民族代表人士普法培训班”，在莞的回族、东乡族、维吾尔族、彝族等近百名少数民族代表人士参加，听取教授孙霄汉和副教授王微讲授“城市化进程中的社会管理创新问题”和“我们与法律零距离”的普法课程。

【东莞新疆中职班】 2011年10月12日，东莞市第一个内地新疆中职班在东莞威远职业高级中学开办，首批学生共93人，其中维吾尔族83人，汉族10人，均就读服装制作与生产管理专业。学校高度重视新疆中职班办学工作，专门设置独立宿舍和清真餐厅，编写《内地新疆中职班学生管理制度汇编》，在校内宣传少数民族生活习惯，鼓励学生之间交流学习，定期组织学生集体出游、举办文艺活动，丰富学生课余生活，93名新疆籍学生生活学习和谐有序。

12月25日，东莞市政府合并成立市开办内地新疆高中班、中职班工作领导小组，市政府副市长吴道闻担任组长，市政府副秘书长金行中、市教育局局长杨靖波担任副组长，市委宣传部、市委统战部等部门负责人员13人担任成员。

（李敏瑜　林　睿）

附：2011年东莞市民族宗教事务局领导名录

局　长：张灿炎（任至9月）
　　　　胡茬光（9月到任）
副局长：胡炳棋

收入与消费

【居民收入】2011年，东莞市职工年平均工资2.17万元，其中，城镇在岗职工年平均工资5.04万元。城市居民人均可支配收入3.95万元，农村居民人均纯收入2.28万元，比上年分别增长10.7%和11.5%。

【居民消费】2011年，东莞市城市居民人均消费性支出2.75万元，比上年增长6.8%。其中食品消费支出9513元，增长8.9%；衣着消费支出1806元，增长5.9%；居住消费支出2128元，增长1.9%；家庭设备用品及服务支出1902元，增长7.4%；医疗保健支出1251元，下降3.3%；交通和通信支出6035元，增长1.9%；教育、文化、娱乐服务支出3886元，增长12.9%；其他商品和服务支出974元，增长26.0%。城市居民家庭恩格尔系数为34.6%。2011年农民生活消费现金支出1.33万元，其中食品消费支出占37.8%，衣着消费支出占4.7%，居住消费支出占16.7%，家庭设备用品及服务支出占4.1%，医疗保健支出占4.7%，交通、通讯支出占19.2%，教育、文化、娱乐服务支出占8.7%，其他商品和服务支出占4.1%。

2011年末平均每百户城市居民家庭耐用消费品拥有量：家用空调272台，组合音响72套，移动电话280部，家用电脑136台，淋浴热水器138台，家用汽车80辆。城市居民人均住房建筑面积65.75平方米。平均每百户农村居民家庭耐用消费品拥有量：彩电167台，洗衣机107台，淋浴热水器133台，移动电话276部，影碟机69台，家用空调223台，家用电脑108台，家用汽车61辆。　（刘念宇摘编自《2011年东莞市国民经济和社会发展统计公报》）

2011年城市居民收支情况

指　标	金额（元）	增长（%）
城市居民人均可支配收入	39513	10.7
#工资性收入	27272	1.8
财产性收入	7481	56.8
转移性收入	4374	35.8
城市居民人均消费性支出	27495	6.8
食品	9513	8.9
衣着	1806	5.9
居住	2128	1.9
家庭设备用品及服务	1902	7.4
医疗保健	1251	-3.3
交通和通信	6035	1.9
教育文化娱乐服务	3886	12.9
其他商品和服务	974	26.0

2005—2011年城市居民人均可支配收入及其增长速度

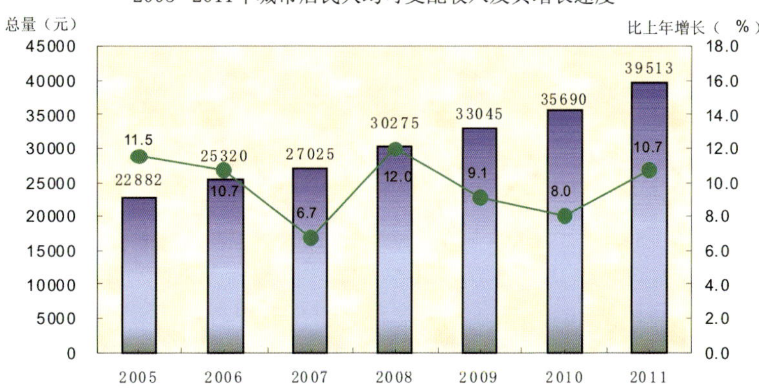

2005—2011年农民人均纯收入及其增长速度

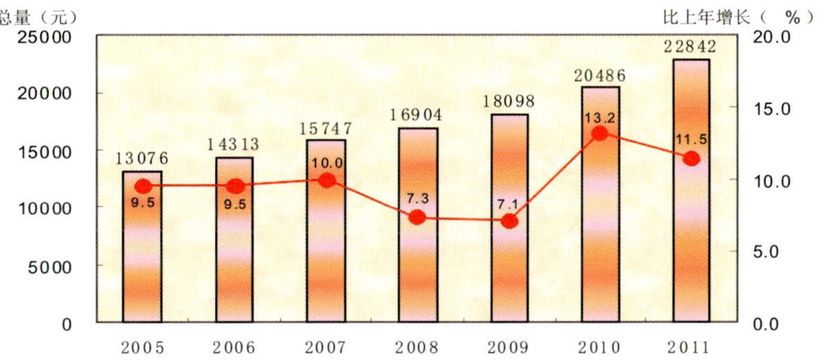

镇 街 URBAN AND TOWNSHIP

虎门镇

- 石碣镇获"全国文明镇"称号
- 长安镇获国家文化部2011—2013年度"中国民间文化艺术之乡"称号
- 横沥镇获"中国模具制造名镇"称号
- 东坑镇获"广东省通讯电子技术创新专业镇"称号

编辑：刘惠斌 张德全 李俊玉 卢 敏 李缙文 施雪芬 萧静雯

莞 城

【概况】 莞城街道位于珠江三角洲东北部，东莞市中北部，处于东莞市区核心。总面积11.17平方公里，下设东正、市桥、西隅、北隅、罗沙、兴塘、博厦、创业8个社区。2011年，莞城街道生产总值128.8亿元，同比增长8.5%；规模以上工业总产值111.4亿元，增长15.9%；本级财政收入7.3亿元，增长27.4%；各项税收29.2亿元，增长7.9%；进出口总额12.8亿美元，增长13.9%；固定资产投资总额24.9亿元，增长53.1%；社会消费品零售总额98.0亿元，增长8%。莞城连续第十年获得镇街领导班子工作量化考核综合总分一等奖，并且取得甲类镇街综合总分第三名的历史最好成绩。同时，还获得"结构效益单项奖"甲类镇街第1名；"协调发展单项奖"甲类镇街第1名；"人的发展单项奖"甲类镇街第1名；"社会发展单项奖"甲类镇街第3名；以6161万元/平方公里获得"单位建设用地财政收入贡献度"第1名，以及被评为全市维护稳定和社会治安综合治理先进镇街。罗沙社区获得"没有经济活动的社区居委会综合总分奖"第1名；东正社区获得"广东省文明社区"称号；北隅社区获得"东莞市文明标兵社区"称号。

【产业转型升级】 招商引资步伐加快。2011年，莞城街道新引进内资协议投资300万元以上的项目10宗（其中1亿元以上大项目1宗），协议引资12.5亿元，实际投资10.4亿元。新签及增资外商投资项目12宗。合同利用外资3770万美元，实际利用外资3844万美元，同比分别增长5%和15.4%。

企业转型升级推进。 成功帮助协益电子、南信、德宝等13家企业就地转型为"三资"企业，来料加工企业转型率达96%。前11个月外资企业实现内销总额44.3亿元，同比增长5.5%。新增"中国驰名商标"2个，东莞市食品公司和东莞国药成功申获"东莞老字号"称号，占据全市首批8家"老字号"企业的2席位置。宏大电器等5家企业先后成功设立研发机构。

现代服务业加快发展。 以总部型企业和服务型企业为招商重点的汇峰中心签约企业30家，面积出租率38%，在谈企业24家，短期内面积出租率有望超过50%。创意产业中心园区集聚现代信息服务企业60家，其中获双软认证企业8家。

【城市环境升级】 开展"三旧"改造。2011年，莞城街道编制完成"三旧"改造年度计划，完成2宗改造项目，面积116.65亩。筹备动工可园北、浩宇小区项目，已经开工可园东项目，3个项目面积共173.4亩。完成可园中学扩建拆迁工程，可湖路等6个地块拆迁进度也已完成过半。

加快重点工程。 完成江滨篮球场、平乐坊桥、城南派出所、创业社区二次装修工程建设，完成2011年城市绿道与社区绿道规划及建设工作，可湖路、平乐坊路已开动建设。

实施"环境创优"。 加大环境卫生监管力度，将环卫作业、绿化管理重新划分为"西北隅"、"创业"、"罗沙"3个片区承包管理，由专职管理问责小组进行监管。实施垃圾分类试点工作和生活垃圾收费工作。罗沙、博厦、兴塘3个社区荣获"市容环境优美社区"称号，实现全区"环境创优"工作的全覆盖。

【"文化莞城"建设】 文化品牌。2011年，莞城街道充分发挥"两馆一办"

的文化导向作用，文化莞城品位不断提升。“文化周末”晚会、大讲坛、演艺中心，新年舞会等精品纷呈，东莞首个室内乐团“文化周末”唯美乐团正式成立并首演，“文化周末”系列工程不断丰富。莞城美术馆成功举办“靳尚谊与中国油画研究展”、全国老水彩画家经典作品展等23场展览，吸引全省乃至全国美术爱好者齐聚莞城，更被省委宣传部评为省基层宣传文化工作先进单位。莞城图书馆与国际机构联合举办“世界最美书展”，成功出版《东莞历代著作丛书》40多种。

群众活动。开展“和阳夜韵”、“凤凰之约”等群众文化和节日文艺活动300多场，“文化周末”少年合唱团喜获第五届中国童声合唱节少年组银奖，少儿舞蹈《小彩泥的故事》等精品创作在全省第八届少儿艺术花会中摘获3金，创历史最好成绩；广场舞喜获全市第四届广场集体舞大赛老年组金奖，女子群舞《挂灯带》喜获省第五届群众音乐舞蹈花会金奖。

教育成果。2011年，莞城街道师生获市级以上奖励953人次，学校获集体奖励58项。数学、综合实践等7个学科被评为市中小学先进学科教研组。

莞城

① 2011年8月23日，中共莞城街道第三次代表大会召开，选举产生第三届党委领导班子

② 2011年3月2日，莞城街道党委副书记、办事处主任刘林宏为新当选的社区“两委”班子成员代表颁发聘书

③ 2011年8月23日，莞城街道党委书记、人大联络委主任刘林宏代表莞城第二届街道党委作工作报告

文明建设。大力开展“公职人员争当文明先锋”行动，倡导公益慈善和志愿服务。实施“未成年人阳光计划”、在全市率先建立“莞老师”工作室，有力加强未成年人思想道德教育。开展精神文明创建活动，顺利通过全国文明城市复评，成功创建省文明社区1个、市文明标兵单位3个、市文明标兵社区1个、市文明单位2个，位居全市前列。

【社会建设】 就业创业。2011年，莞城街道为超过1.9万人次落实各项就业扶持政策，开展现场招聘5期、“就业服务日”活动12期，收集有效岗位信息1.9万多条，免费提供就业服务1万多人次，服务率达到100%。

社会保障。全年为410多户低保救济对象发放低保金180多万元；为185名困难群众发放临时生活救济金25.96万元；为203名困难群众发放医疗救济金56万元；为895名贫困中小学生和1070名在读大学生发放助学金564.52万元；为3200多名老人发放高龄津贴390.93万元；为368名参战涉核人员及伤残军人发放补助金343.28万元；为590名残疾人发放专项补助金107.46万元，为180名精神病患者解决住院、门诊费用28.47万元，推荐残疾人就业154人次，成功就业115人次。完成东正社区综合服务中心试点创建工作，莞城社工走访、家访居民3300次，累计服务5948人次。

社会事业。继续完善社区卫生服务体系，做好社区居民的预防、医疗、保健等基层卫生服务。大力推动体育发展，在市首届游泳公开赛中勇夺团体总分第一、金牌总数第一。发挥工青妇等

① 2011年7月1日，莞城召开纪念中国共产党成立90周年暨表彰大会

② 2011年1月7日，副市长李小梅（中）在莞城街道党委副书记、办事处主任刘林宏（右二），党委委员王徐坚（右一）等领导的陪同下视察市桥河排涝泵站工程

③ 2011年10月25日，市政协副主席张玉其（右一），在莞城街道党委副书记、办事处主任陈慧贞（右三）等陪同下看望社区困难家庭

人民团体作用，开展“情系新莞人”交友晚会、“幸福专列，返家赠票”、社区困难家庭及空巢老人慰问、“春风送温暖”独生子女困难户座谈帮扶等一系列解民困、排民忧活动。

【社会管理】 社会治安综合治理。2011年，莞城街道以“两会”和“大运会”及节庆安保工作为重点，开展“粤安11”、“莞安一号”等专项行动，严厉打击各类违法犯罪。全年共立刑事案件1164宗，同比下降9.3%；打掉犯罪团伙32个，刑事拘留犯罪嫌疑人257人；辖内无重大恶性及涉校案件发生，社会治安面状况保持良好。

信访排查调处。不断完善信访工作机制，及时化解各类信访问题及不稳定因素。全年受理群众信访283宗，同比下降16%。

公共安全管理。进一步深化安全生产“三项行动”（执法行动、治理行动、宣传教育行动）和“三项建设”（体制机制建设、保障能力建设、监管队伍建设），完善长效监管机制。全年发生各类安全生产事故192宗，其中道路交通事故130起、火灾事故62起，分别下降3.7%和19%。进一步加大巡查监管力度，开展“食安一号”以及添加剂等专项整治工作，共出动执法人员1.5万多人次，查获不合格动物产品167公斤、食品1910公斤。（庄月姗）

附：2011年东莞市莞城街道党委、人大、办事处领导名录

党委书记：王检养（任至6月）
　　　　　刘林宏（6月到任）

① 2011年10月19日，莞城街道党委副书记、办事处主任陈慧贞一行赴南雄市对口帮扶村慰问

② 2011年12月10日，莞城街道党委书记、人大联络委主任刘林宏（左）为新兵送行

③ 2011年6月18日，莞城街道党委书记、人大联络委主任刘林宏向市民介绍分辨食盐真伪的小知识

党委副书记：刘林宏（任至6月）
陈慧贞（6月到任）
郭志祥（任至6月）
张锐均（8月到任）
党委委员：张锐均（任至8月）
李少琼（任至8月）
单志雄（任至8月）
王徐坚（任至8月）
尹敬华（任至8月）
叶建华（任至8月）
吴志恩（任至8月）
吴　晓（任至8月）
张彤飚（任至8月）
张俊华（任至8月）
单志雄（8月到任）
叶浩钿（8月到任）
王徐坚（8月到任）
尹敬华（8月到任）
叶建华（8月到任）
吴志恩（8月到任）
张彤飚（8月到任）
张俊华（8月到任）
彭　雷（8月到任）
张凯强（8月到任）
人大联络委员会主任：
王检养（任至8月）
刘林宏（8月到任）
人大联络委员会副主任：
李少琼（任至10月）
陈小萍（任至10月）
张俊华（10月到任）
陈金荣（10月到任）
办事处主任：刘林宏（任至6月）
陈慧贞（6月到任）
办事处副主任：张锐均（任至8月）
彭　雷（任至8月）
张凯强（任至8月）
梁　丰（任至8月）
李航旭（8月到任）
梁　丰（8月到任）
余海花（8月到任）
陈浩荣（8月到任）
副处级干部：李少琼

① 2011年12月21日，城区商会选举产生第四届理事会
② 2011年11月30日，东部工业园莞城园区首家入园企业启用

① 2011年5月16日，总部经济基——地汇峰中心落成启用

② 2011年8月17日，莞城街道党委书记、人大联络委主任刘林宏（右一），大朗镇党委书记王检养（左一），知名学者杨宝霖（左二）共同为《东莞历代著作丛书》首发揭幕

③ 2011年9月9日，莞城为名师颁发“紫钻奖”

④ 2011年12月，“文化周末”少年合唱团成立五周年专场演出

① 2011年12月29日，靳尚谊（中）的作品《戴珍珠耳环的女孩》在莞城美术馆展出
② 2011年2月18日，“洪钟少年”敲响洪钟，为莞城中心小学105周年祝寿
③ 2011年3月21日，莞城检查消防安全“防火墙”工程试点工作
④ 2011年2月22日，莞城交警上路检查校车安全
⑤ 2011年6月15日，莞城科技园举行应急预案演练

2007—2011年莞城主要经济指标

指标＼年份	2007	2008	2009	2010	2011
户籍人口（人）	160578	164215	168014	170310	172281
外来暂住人口（人）	82433	71213	64884	68961	56323
面积（平方公里）	14	14	11.17	11.17	11.17
地区生产总值（万元）	897597	1015311	1054949	1196478	1288562
工业总产值当年价（万元）	585167	629635	731721	1012683	1114198
农业总产值当年价（万元）					
总用电量（万千瓦时）	51220	55826	47942	53903	51232
全社会固定资产投资总额（万元）	185729	249452	176235	165197	249020
社会消费与零售总额（万元）	665456	908795	995207	1181364	979600
外贸出口总额（万美元）	57597	55125	44896	61458	77814
实际利用外资（万美元）	2620	3374	1989	2415	3932
镇级可支配财政收入（万元）	44592	58708	62678	56626	74397
各项税收总额（万元）	190973	314243	283194	332872	292371
金融机构各项存款余额（万元）	6011229	6106216	6413744	6836386	7992828
城乡居民储蓄存款余额（万元）	1695886	1917542	2087825	2266112	2381163

石龙镇

【概况】石龙镇位于东莞北部，东江下游北干流和南支流交汇处。全镇土地面积11.83平方公里，常住总人口14.2万人，其中户籍人口7.1万人，辖7个村、3个社区。每平方公里人口密度高达1万多人。2011年，实现地区生产总值62.2亿元，增长7.2%；规模以上工业产值190.7亿元，可比价增长7.4%；各项税收总额12.35亿元，同比（下同）增长10.1%；镇本级财政收入5.91亿元，增长12.09%；社会消费品零售总额24亿元，增长4.39%。全年合同利用外资7649万美元，完成进度全市排第二；全年出口总值19.34亿元，增长8.31%。全镇村组两级资产达16.09亿元，比年初增长8.4%，资产负债率20.9%；村组两级集体总收入1.72亿元，增长5.5%；纯收入7806万元。

【产业升级】2011年，石龙镇共促成超千万美元项目3宗，新兴产业项目4宗。推动6家来料加工企业转型为法人企业，5家企业新设立研发机构，6家企业从OEM（原厂委托制造）向ODM（原厂委托设计）转变。京瓷美达、柯尼卡美能达被认定为东莞市第一批大企业培育对象。新增省民营科技企业1家，市民营科技企业3家，众生药业成功入选广东省优势传统产业转型升级龙头企业。全镇现有国家驰名商标1个、省名牌产品1个，省著名商标5个。中国外运东莞物流中心运营情况良好，全年码头吞吐量达到27652TEU（国际标准箱单位），陆运达27760TEU，铁路散货184184吨。启动“智慧石龙”，信息化先进技术在生产、管理等领域得到深化应用。

【社会管理】2011年，石龙镇开展“粤安11”、“创平安，迎大运”、“断源”、“清网行动”等专项行动；加强学校及周边地区治安整治，重点加强校车安全管理。抓好信访矛盾苗头的预防和化解，开展领导干部大接访活动，切实解决群众关心的热点、难点问题。人民调解、“社区法官助理”制度、安置帮教、普法宣传等工作措施得到落实，有效维护社会和谐稳定。落实安全生产责任制、党政领导干部安全生产工作“一票否决”制度和责任追究制度，开展安全生产隐患排查整治，推进安全生产标准化建设和应急救援指挥平台建设。

打造国际宜居宜商名镇，建设幸福石龙

① 2011年2月12日，中共中央政治局委员、广东省委书记汪洋（中）莅临石龙镇视察，与镇委书记黄贵洪（右三）、镇长周年友（左三）、镇委副书记林汝辉（左二）及镇委委员陈耀林（右二）、叶进田（左一）、刘雄波（右一）合影留念

② 2011年2月12日，中共中央政治局委员、广东省委书记汪洋（左）莅临石龙镇视察，与镇委书记、镇人大主席黄贵洪（右）亲切握手

③ 2011年5月19日，国家信访局调研组莅临石龙镇视察网络信访工作，镇长周年友（前排右一）陪同视察

① 2011年4月7日，广东省副省长雷于蓝（右三）率领省药品安全专项整治工作调研组莅临石龙镇视察

② 2011年3月30日，市委书记、市人大常委会主任刘志庚（左一）莅临石龙镇，慰问京瓷美达办公设备（东莞）有限公司

③ 2011年6月11日，东莞龙舟文化节暨石龙镇首届中华龙民俗文化节隆重举行，原省人大常委会副主任李近维（中）、中央政府驻香港特别行政区联络办公室副主任黎桂康（右五）等出席仪式

① 2011年7月14日，广东省加快推进专业镇转型升级战略研讨会在石龙镇召开。广东省政协副主席覃卫东（前排右一），全国人大代表、广东省科技厅厅长李兴华（二排右一）在市委副书记、市长李毓全（前排左一）陪同下参观石龙镇科技创新中心

② 2011年11月10日，市委副书记、代市长袁宝成（前排中）莅临石龙镇视察

③ 2011年4月22日，智慧石龙建设启动仪式在石龙镇举行。国家工信部信息化推进司副司长董宝青（左二）、广东省经济和信息化委员会副主任邹生（左三）、副市长李小梅（右三）等出席仪式

加大流动商贩严管力度，深入整治城市“六乱”（乱停放、乱摆卖、乱张贴、乱搭建、乱拉挂、乱竖立广告招牌）、在建违法建筑、非法行医等违法行为，城市管理进一步规范；将每月最后一个星期五定为“龙城清洁日”，有序推进垃圾分类试点工作。

【民生民计】落实各项帮扶补助政策。2011年，石龙镇全年发放低保金、助学金、临时救济、医疗救济（助）金等共625.69万元。落实市内市外帮扶。组织开展“广东扶贫济困日”活动，募集到善款300万元；组织开展“东莞慈善日—月月捐活动”，每月平均募集到款项1.1万元；对口帮扶云浮3条贫困村共投入资金688.93万元，帮扶的341户贫困户100%达到省扶贫目标。维护老人和妇幼权益。从2010年1月开始，累计发放80周岁以上高龄津贴约400万元；首届敬老文化节期间，对年满70至99周岁和年满100周岁以上的老人分别发放200元和1000元的敬老金达108.32万元。促进就业再就业。开展“就业服务日”活动和“再就业援助月”活动；组建“帮扶就业流动服务队”，为低保户推荐就业岗位35户；落实就业优惠政策，发放就业补贴资金1172.41万元，惠及1.06万人次。

【科教文卫】2011年，石龙中学上重点线33人，超出市教育局下达奋斗目标22人；上本科线361人，超标213人，连续18年超额完成高考奋斗目标。全镇中考总平均分553.45分，比市平均分（518.53分）超出34.92分，合格率超市10.72个百分点，连续10年超过市平均分。医疗卫生保障能力增强，荣获“2011年度东莞市公共卫生工作先进奖”、“2011年度东莞市医政管理工作一等奖”、“2011年度东莞市妇幼保健工作一等奖”、“2011年度东莞市社区卫生服务绩效考核优秀奖”。通过“国家卫生镇”的国家级检查验收。户籍人口政策生育率控制在98.77%，流动人员政策生育率控制在93.54%，达市平均水平以上，被评为“2011年度东莞市人口和计划生育工作先进镇街”。文体事业繁荣发展，开通“石龙新闻微博”，实施《石龙周讯》免费发行。成功举办中华龙民俗文化节、敬老文化节、主创群文精品文化节等3大文化节庆，成为石龙镇打造文化品牌的力作。在全市率先设立志愿者的节日——“3·21美力日”，全镇8000多名志愿者在经济社会发展中发挥重要作用。

① 2011年11月3日，石龙镇首届敬老文化节开幕，市委常委、宣传部长王道平和镇委书记、镇人大主席黄贵洪为评选出的石龙镇“孝德之星”颁奖

② 2011年3月7日，镇委书记、镇人大主席黄贵洪（左）向出生在石龙镇的中国知名建筑大师、中国工程院院士何镜堂（右）颁发石龙镇文化顾问聘书

③ 2011年9月26日，被誉为日本四大“经营之圣”之一、日本京瓷株式会社名誉社长稻盛和夫（左二）访问石龙镇，镇委书记、镇大人主席黄贵洪（左一）为稻盛和夫详细介绍石龙的现状和未来发展

④ 2011年4月6日，石龙镇“先锋学堂”工程主题培训举行开班仪式。“先锋学堂”是石龙镇党委推出的党建创新工作，通过分批有针对性地集中授课、外出考察、分组交流、撰写体会心得等方式提高领导干部学习能力和综合素质

【十八项重点工程】 2011年，石龙镇十五届人大八次会议确定2011年要建设18项重点工程：京瓷路、祥龙路、青林路、西湖三路北段升级改造工程、城市公园一期、二期建设工程、沙河大桥建设工程都已经按计划完成。东莞火车站建设工程。累计完成总投资额的60.2%。安居工程之新鸿基地产项目。一期的规划和施工手续已经办妥，二期正在办理规划和建设的相关手续，三期征地工作正在进行中。新城区环岛绿道工程。已完成总工程量的60%。南桥下穿隧道工程。已完成滨江东、滨江西路面沥青铺设，完成工程总量的95%。镇际联网路石龙石碣贯通工程。沿江路木材厂征地拆迁问题还处于商议阶段，广源路北段道路已完成50%主路面施工。东江大道畅通工程。2012年春节实现南桥收费站平交路面（包括两侧辅道）通车。西湖片区重点地段环境升级工程。莞龙路人行道南段升级改造全部完成。滨江路全段改造工程。滨江西路于2011年12月31日通车。停车场建设工程。启动兴龙路、绿化路、红棉路、广源路等实施道路停车咪表收费管理的前期准备工作；人民广场改造和增设地下停车场工程处于方案深化设计阶段。石龙中学新校区和体育中心建设工程。教学区共10个单位工程已全面完工。体育区的运动场和车库正进行二层楼板施工，体育馆正进行承台、地梁施工。石龙三中扩建工程。教工宿舍楼已经封顶，综合楼正在加紧施工。　　（邹卫京）

附：2011年东莞市石龙镇党委、人大、政府领导名录

镇委书记：黄贵洪
镇副委书记：周年友　林汝辉
镇委委员：叶进田（任至8月）
　　林　山　陈耀林　梁李文
　　阮兆强　袁燕霞
　　吴　晓（8月到任）
　　赖松波　王敬波　刘雄波
　　叶伟均（8月到任）
镇人大主席：黄贵洪
镇人大副主席：林　山　王润成（任至2月）
　　叶　敏（2月到任）
镇　长：周年友
副镇长：陈智武　黎明英　陈海翔
　　胡长勋（2月到任）

① 2011年12月15日，第六届食品药品打假协作论坛在石龙镇举行

② 2011年12月4日，石龙青少年社会成长工程启动暨少骏青少年健康成长促进中心成立。少骏会是全国首个参照国际童军组织运营的民办非企公益机构

③ 石龙镇江边绿化景观

④ 石龙镇十里杜鹃花海

2011年9月13日，深莞惠一体化重点工程之一和石龙镇18项重点工程之一的沙河大桥举行通车仪式

2007—2011年石龙镇主要经济指标

指标＼年份	2007	2008	2009	2010	2011
户籍人口（人）	69001	69645	70331	70770	71183
外来暂住人口（人）	81976	78436	63193	56289	52046
面积（平方公里）	13.83	13.83	13.83	13.83	11.83
地区生产总值（万元）	427216	470012	502973	559487	622168
工业总产值当年价（万元）	1316656	1324893	1244275	1765974	1907215
农业总产值当年价（万元）	17	12	26	33	33
总用电量（万千瓦时）	67495	67936	65765	70228	74417
全社会固定资产投资总额（万元）	149472	166400	173226	194445	173142
社会消费品零售总额（万元）	193685	200551	228365	230009	240109
外贸出口总额（万美元）	104971	130354	130670	178576	193430
实际利用外资（万美元）	4269	8204	4446	6866	7649
镇级可支配财政收入（万元）	37397	40318	46016	52727	59100
各项税收总额（万元）	70059	86534	90648	107372	123514
金融机构各项存款余额（万元）	852563	967440	1190569	1390116	1478689
城乡居民储蓄存款余额（万元）	622292	754728	808199	905687	967071

虎门镇

【概况】虎门镇位于东莞市西南部，珠江口东岸，面积178.5平方公里，2011年，常住人口64.07万人。

2011年全镇实现生产总值311亿元，增长9.9%；工业总产值634.69亿元；各项税收总额45.94亿元，增长18.6%；镇本级可支配财政收入20.49亿元，增长20.6%；农村人均纯收入2.91万元，增长13.6%；社会固定资产投资91.8亿元，增长39.3%；社会消费品零售总额121.38亿元，增长20.2%，多项主要指标居全市前列。获得中国最具影响力经济名镇、中国最具特色乡村旅游目的地、广东省曲艺之乡、全市镇级领导班子落实科学发展观工作量化考核综合总分一等奖、经济发展单项奖等荣誉。

【产业升级】*加快加工贸易转型*。2011年，虎门镇用好用活“三个3000万”产业发展扶持资金，加快服装产业技术改造和服务创新，利用加工贸易转型升级的配套政策，支持加工贸易企业本地注册，引导企业通过增资扩产、推动技术创新等方式提升发展质量，全年共推动74家来料加工企业转“三资”企业。

提升自主创新能力。扶持服装产业集群和信息传输线缆产业集群发展，改善科技创新环境和提升科技服务水平，

虎门镇

① 2011年3月3日，虎门镇与中国最大的国有IT企业CEC举行签约仪式

② 2011年9月20日—23日，在沈阳举办虎门服装、电子信息名产品（沈阳）展贸会

发动企业开展技术改造和科技创新活动，协助企业申请国家、省、市各级科技研发、技术改造和技术创新等专项扶持资金，提升企业的技术创新水平和产品科技含量。2011年，全镇科技发展投入1.13亿元，共有专利申请964项，授权专利718项；5家企业获得科技型中小企业技术创新资金；新增国家高新技术企业6家、省民营科技企业4家、市民营科技企业9家。

加快培育镇内企业。扶持镇内大型外资企业设立总部形态企业，其中广东银禧科技股份有限公司成功上市，虎门彩色印刷有限公司纳入市后备上市企业。同时，培育壮大信义玻璃等内销龙头企业，推动5家企业打造成全市“转升”示范企业。为加快镇内企业培育，2011年，虎门镇对69家企业总部、优秀科技企业及名牌名标企业实施奖励，总奖金达1940万元，其中企业总部奖励金1626万元，科技创新资助金271.59万元，企业发展资助金42.34万元。

银禧科技公司上市。广东银禧科技股份有限公司于5月25日在深圳证券交易所创业板成功上市，成为虎门镇首家本土上市企业。银禧科技公司成立于1997年，2008年改制设立股份公司，注册资本7500万元，位于虎门镇居岐村，是一家集研发、生产、销售和技术服务于一体的高分子类新材料改性塑料供应商。主要产品包括阻燃料、耐候料、增强增韧料、塑料合金料和环保耐用料等系列，产品被广泛应用于电线电缆、节能灯具、家用电器等领域。

中国电子东莞产业基地落户虎门。2011年3月3日，虎门镇政府与我国最大的IT国有企业、中国电子信息产业集团（CEC）举行项目签约仪式，南京中电熊猫、深圳桑达等6家CEC旗下的企业，集体进驻虎门的“中国电子东莞产业基地”。该产业基地集生产、研发、仓储、原材料供应和配送、营销于一体，占地1575亩，进驻的6家企业首期共投资56.4亿元，主要生产液晶电视及显示器、卫星机顶盒、移动POS机、LED照明、模块电源、新能源电池、医疗电子、汽车电子等，预计年产值达150多亿元。该项目是CEC新建项目中规模最大的，实行统一规划、统一建设，建成后入园员工总数将达2万—3万人。

成功举办第十六届服装交易会。2011年11月18—21日，第十六届中国（虎门）国际服装交易会举行。本届服装交易会设立27个展会场，展位1万多个，展场总面积达30多万平方米。在来自俄罗斯、日本、菲律宾、英国、保加利亚、德国、捷克、法国等多个国家，以及海峡两岸和香港、澳门的加盟商、采购商、专业观众近90万人次进场，比上一届进场人次增加10万人次；意向成交额高达48亿元，进场人次和成交额再创新高。

赴沈阳举办展贸会。2011年9月20—23日，由东莞市经信局、虎门镇人民政府主办，虎门镇人民政府承办的2011东莞虎门服装、电子信息名产品（沈阳）展贸会在沈阳国际展览中心开幕。展会吸引约2万人次业内人士进场参观，意向交易额达39.6亿元。

【城市升级】在全市率先采用BT模式建设道路。2011年4月，滨海大道、长堤路、环岛路全面铺开建设，正式进入施工阶段。3条道路总里程达40公里，其中，滨海大道12.3公里，长堤路11.54公里，环岛路15.83公里，均按照高标准建设，总投入近70亿元。该3条道路在市内率先采用BT模式建设，即由中标单位在

① 服装交易会期间时装模特在展示虎门服装

② 2011年12月9日，叶孔新等镇领导在送兵仪式上与新兵们亲切握别

③ 第十六届中国（虎门）国际服装交易会于2011年11月18日至21日举行

工程建设期内负责本项目的投融资、管理及施工总承包工作，工程完工并通过竣工验收后，由虎门镇政府分期回购所建项目。

启动十项重点工程。2011年8月，虎门镇启动投资总额达532.3亿元的十大重点工程建设。十项重点工程包括城市框架工程，中心区升级工程，经济总部、物流、会展工程，电子信息工程，交通工程，文化工程，教育工程，体育工程，环保工程，以及“三旧”改造、安居、安置工程等十大类别，共包括54个工程子项目，涵盖城市建设、产业建设、文化建设、生态建设和社会建设等各个领域，是虎门镇完善城市框架、升级城市功能的重要支撑，也是该镇推进产业、社会、文化和生态建设的战略举措，是构建滨海国际商城的关键一步。

广深港高铁虎门站开通。2011年12月26日，广深港客运专线虎门站正式开通，标志着东莞和虎门的交通跨入高铁时代，而虎门站是广深港高铁在东莞境内的唯一站点。广深港高铁通车后，东莞到广州、深圳和香港的时间都将控制在30分钟之内。而由于广深港高铁北上连接武广高铁，东莞市民也将实现5小时内轻松抵达武汉。

优化城乡环境。2011年，虎门镇规划用地1737亩建设环保专业基地。加大监管和整治力度，强化企业排污、机动车尾气整治工作，水体大气环境持续改善。推进重点耗能企业节能行动，共有10家重点污染企业完成清洁生产改造。开展校园创绿工作，大宁幼儿园、虎门第五中学获“省级绿色学校”称号。推动“五整治”工作，全年共查处“六乱”（乱停放、乱摆卖、乱张贴、乱搭建、乱拉挂、乱树广告招牌）行为3万多宗，查处违法建筑168宗，城乡环境逐步改善。

【社会管理】综治维稳。2011年，虎门镇完善镇综治信访维稳中心建设，完成30个工作站及25个工作室建设。全年共排查矛盾纠纷苗头163起，化解127起，处置群体性事件72起，化解一批上级交办的历史积案。先后开展“创平安，迎大运”等重点专项行动，打击“黄赌毒”、“两抢一盗”、涉黑涉恶等犯罪活动，开展“大巡警”、“大走访”活动。推进平安社区、平安公交和平安大运工作，创建30个达标“平安社区”。流动人口管理、社区戒毒（康复）、社区矫正工作取得重大突破。

安全生产。2011年，虎门镇完善重点工程质量安全监督管理，加强文明施工管理。出台《虎门镇进一步加强安全生产工作的实施方案》，推动各辖区与属下2100多家生产经营单位签订《安全生产责任书》，落实监管责任。组织开展“打非治违”、“隐患排查”等专项整治行动。全镇无发生较大以上生产安全事故，各项指标呈稳步向好趋势。

① 2011年4月14日，一批企业总部、优秀科技企业、名牌名标企业受到虎门镇政府重奖
② 2011年6月27日，虎门信义玻璃公司“油改气”天然气供气工程开通
③ 2011年4月14日，虎门镇举行产业升级工作总结表彰大会

【民生事业】就业创业扶持。2011年，虎门镇加快就业帮扶力度，依托“创业东莞”、“村民车间”等措施，免费为户籍劳动力开展技能培训并推荐就业；全年共为2.1万人次落实各项就业补贴1330万元。同时，由政府部门组织13场公益性招聘会，现场达成就业意向5100多人次。

新湾扶贫工作。虎门镇将新湾纳入全镇发展全局，增强区域性优势，挖掘特色产业，立足项目建设，强化新湾的造血功能和发展能力。至2011年10月，新湾社区经营性总收入886万元，同比增长近2倍，经营性纯收入199万元，实现“社区区组两级经营性年纯收入达到150万元以上”的阶段性目标，提前完成市委、市政府下达的“新湾社区2012年底区组两级经营性年纯收入要达到150万元”的任务。

教育水平提升。2011年，虎门镇加快推动教育均衡发展，着力提升整体教育质量。实施教育发展规划，提升教育质量，全镇高考上本科线540人，共有4名虎门学子考入北大、清华两所名校。发展学前教育和民办教育，增加义务教育学位1240个。强化校园安全，新装70套治安监控设备，实现全镇校园治安监控全覆盖；加强校车安全管理，开展校车安全专项整治，全镇有320辆校车安装GPS定位仪，安装率达93%，位居全市前列。投入2118.9万元推进“校安工程”，全镇中小学校舍加固补强工程项目开工率为100%。

文化名城建设。2011年，虎门镇加快推进文化名城建设，提升文化软实力。成立虎门文化名城建设顾问组，为虎门文化名城建设出谋献策；完成中国近代史主题公园选址。加快社区文化“五个有”（综合文化活动室、公共图书阅览室或农家书屋、文体广场、公共电子阅览室、一批文化活动和体育健身器材）工程建设，基本实现全镇社区“五个有”文化设施全覆盖。成功举办虎门文化艺术节和虎门读书节，推进“百场培训、千场演出、万场电影”惠民活动。

赵泰来捐赠和永久送展艺术藏品。2011年5月20日，旅英华侨赵泰来与虎门镇政府签约，向虎门镇捐赠和永久送展一批艺术藏品。捐赠的艺术藏品包括永乐之宋朝皇帝真容铜像18尊、清朝皇宫界画50幅等个人珍贵艺术藏品。7月1日，赵泰来已将30幅清朝皇宫界画正式移交给虎门镇保管；另外20幅，目前存放在东莞市，由市政府保管。协议约定在建成的中国近代史主题公园内永久送展的艺术藏品，包括五千年玉石文化系列、近代名家书画系列、古代书画系列、赵泰来书画系列、瓷器系列、碧玉系列及其它藏品一批。

蒋光鼐故居列为“统一战线基地”。2011年6月24日，蒋光鼐故居举行“广东统一战线基地”挂牌仪式，标志着蒋光鼐故居成为东莞市第一个被广东省授予“广东统一战线基地”称号的爱国将领故居。

信义玻璃实施“油改气”工程。继虎门电厂“油改气”工程完成后，2011年6月27日，虎门信义玻璃公司举行天然气通气仪式，标志着其将停止使用燃油发电，用清洁能源天然气取而代之。信义玻璃是全球玻璃产业链的主要制造商之一，专业生产浮法玻璃、汽车玻璃、建筑玻璃和光伏玻璃。此次“油改气”工程，信义玻璃公司投入1亿多元，为企业发展低碳经济、推广洁净能源提供了示范。“油改气”工程完成后，虎门的空气质量和城市环境将继续得以改善。

公共卫生大楼正式启用。2011年，虎门镇公共卫生大楼正式启用。该大楼位于连升路，大楼占地面积约4000平方米，总建筑面积约1.6万平方米，基建设施3000万元的投入加上设备、装修等硬件投入，共耗资8000万元。该大楼将疾病控制、计划免疫、公共卫生监督、食品卫生检查、职业健康检查、社区卫生服务中心以及公共卫生突发事件处理等功能集为一体。大楼的建成使用进一步提升虎门镇公共卫生的保障能力和公共卫生工作的综合水平，改变虎门公共卫生服务力量分散、标准不高的局面。

（梁高鸿　李文辉）

虎门新貌

① 火树银花
② 虎门南面沙滩夜景
③ 虎门运河灯火
④ 滨海商城

① 2011年12月26日，广深港客运专线东莞境内唯一的站点虎门站开通，标志着东莞的交通跨入高铁时代
② 广深港客运专线虎门站

附：2011年东莞市虎门镇党委、人大、政府领导名录

镇委书记：吴湛辉
镇委副书记：任洪杰（任至7月）
叶孔新（7月到任）
梁文荣（任至8月）
郑敏华（8月到任）
镇委委员：梁文荣
陈锦波（任至1月）
卢伟尧（任至1月）
陈伟文（8月到任）
黄桂莲 方广茂 刘劲智
叶浩钿（任至8月）
邹芳芳（任至8月）
祁耀权（8月到任）
李鼎如（任至8月）
潘继军（8月到任）
李三牢（任至8月）
林超明（8月到任）
陈成枝（8月到任）
王培根（8月到任）
何庆华
镇人大主席：吴湛辉
镇人大副主席：陈锦波（任至6月）
梁文荣（8月到任）
唐明生（任至8月）
邓新年（8月到任）
镇　长：任洪杰（任至7月）
叶孔新（7月到任）
副镇长：卢伟尧（任至6月）
邹芳芳（8月到任）
祁耀权（任至8月）
李鼎如（8月到任）
潘继军（任至8月）
李三牢（8月到任）
林超明（任至8月）
唐明生（8月到任）

2007—2011年虎门镇主要经济指标

指标＼年份	2007	2008	2009	2010	2011
户籍人口（人）	122666	124232	126120	127556	129105
外来暂住人口（人）	487400	450333	426320	418140	415700
面积（平方公里）	178.5	178.5	178.5	178.5	178.5
地区生产总值（万元）	1828884	2147651	2437582	2852000	3105000
工业总产值当年价（万元）	4583417	4936550	5091660	6195024	6346883
农业总产值当年价（万元）	20068	25122	26360	29890	27241
总用电量（万千瓦时）	365450	359566	352310	390844	396923
全社会固定资产投资总额（万元）	599725	567682	621084	722791	917940
社会消费与零售总额（万元）	788829	855300	1038334	1248077	1213844
外贸出口总额（万美元）	260978	257371	193234	227099	286091
实际利用外资（万美元）	8273	9849	10595	11390	12166
镇级可支配财政收入（万元）	110965	118800	143368	169952	204919
各项税收总额（万元）	317618	387200	359742	438385	459405
金融机构各项存款余额（万元）	3159848	3695492	4084004	4695398	5095656
城乡居民储蓄存款余额（万元）	2429775	2895356	3213867	3590249	3786685

2012东莞年鉴
DONGGUAN YEARBOOK

东 城

【概况】东城街道位于东莞市中部，面积110平方公里，辖23个社区和2个国有林场，有户籍人口约9.01万人，外来人口约21.6万人，常住人口约49.57万人。2011年，东城完成生产总值260亿元，同比增长13%；规模以上工业总产值301亿元，同比增长8.5%；各项税收约54亿元，同比增长7.2%；街道本级可支配财政收入达15.67亿元，同比增长13.3%；社会消费品零售总额85亿元，同比增长16.6%。辖区共有14个社区可支配收入总额超过3000万元，有10个社区两级净资产超过2亿元。

2011年，东城街道获得全市年度量化考核综合总分一等奖，并获得结构效益、可持续发展、社会发展、市直主管部门满意度评价、维护社会稳定和社会治安综合治理等多个单项奖。同时，街道机关各办、各部门共获得市级以上党委政府和主管部门表彰约140项。

【产业升级】2011年，东城街道以促进转型为抓手，创新发展模式，推动经济社会高水平、高质量、跨越式发展，全区产业升级效果明显。发展方式有效转变。东城街道可持续发展的质量竞争指数位居全市第三，万元GDP耗水降至30吨，万元税收耗电仅为5204千瓦时，低于全市平均水平；规模以上高新技术企业增加值占工业总产值的56%，位居全市首位；推动42家来料加工企业实现转型，同比增加41%。纳税百万元以上的企业共323家，同比增长12%。其中，亿元以上优质企业达8家，千万元至亿元的31家，百万元至千万元的284家。第三产业繁荣发展。行业发展结构变动指数位居全市第三，其中第三产业增加值达157.5亿元，增长12.84%；服务业合同利用外资和实际利用外资分别为8961万美元和9482万美元，分别增长15.2%和113.5%，均列全市第一；通过旧厂房改造成功引进台湾大麦客；星河城购物广场、星玺购物中心相继建成招商，大型商贸营业面积增加约15万平方米。

【自主创新】2011年，东城街道以“科教兴区”和“名牌带动”战略为导向，实施科技东城工程，科技创新能力增强，高新技术产业发展。科教投入逐年增加。全年投入科技发展事业的资金达8200万元，发放科技奖励资金达2485万元，科技型企业发展指数全市第一。推动外资企业设立研发机构8个，经国家、省市认定的科技企业达298家，总数位居全市前列，其中新增国家高新科技企业9家，新增省民营科技企业11家，新增市民营科技企业27家。创新能力不断提升。坚持走“品牌强企”之路，推动外资企业新创立品牌33个，增长153.85%。全街道新增省名牌3个，增长38%。新增专利授权量4622件，累计专利授权量达13022件，专利发展指数和科技成果指数均位居全市首位。

【城市建设】2011年，东城街道坚持走资源节约型和环境友好型城市发展道路，全面提升东城宜居城市品牌。加快推进“三旧”改造。完成全部改造地块的权属地籍调查，标图建库土地110宗近2万亩，加快推动新世博商贸中心区、火炼树、主山、石井等16个旧村的改造方案进展。“三旧”改造计划完成率达98.2%，再次荣获市“三旧”改造奖。开展征地拆迁。全年征收土地9.6万平方米，拆迁建筑面积10.9万平方米，总补偿金额2.76亿元。不断加大土地执法力度，盘活存量用地13宗934亩，盘活闲置土地19宗847亩。完善城市功能。2009年启动的20项重点工程已有7项基本完工。公安大楼、莞师附小建成启用，资福寺动工建设。投入4000多万元完成4条社区道路的升级改造，投入7000多万元规划建设26.62公里城市绿道。投入3000多万元完善5项防灾减灾水利工程。

【宜居环境】2011年，东城街道将打造宜居社区作为帮扶社区发展、提升城乡建设、改善群众生活水平的一项重要民生工程，投入2102万元，全力推进柏洲边、余屋、鳌峙塘、上桥、下桥等5个社区开展宜居社区创建工作，当年全面完成34个宜居建设项目。努力推进周屋名村建设，创建“生态社区”6个，新增“优美社区”5个。强化环卫市政管理。定期对各社区单位进行综合考评，街道在全市环境卫生检查排名中位居前列。逐步开展生活垃圾分类试点，更换垃圾收集箱近1000个，全面实现垃圾清运BOT运作。加强城市综合执法。查处和纠正市容环境、违法建设、食品安全、环境保护等各类违法行为4468宗。开展交通乱停乱放整治，以东城路、东昇路为试点路段，规划公共临时停车位500个，设立完善一批交通指示牌。开展城市绿化美化。投入3800多万元实施城市截污管网和牛山垃圾填埋场生态修复。城市污水处理率达99.98%，位居全市第一。做好水源涵养林改造，全年新增植树26万株，人均公共绿地面积达28平方米，绿化覆盖率达40.6%。

【社会管理】2011年，东城街道以深化创建“平安东城、幸福东城”活动为抓手。开展“清网”抓捕行动，强力整治“黄赌毒”行为。开展各类治安专项行动30余次，立刑事案件2336起，查处治安案件2442宗，收缴赌博游戏机1300台，摧毁各类犯罪团伙36个。投入3000万元加快社区视频监控系统建设，提升社区群众安全感。全市综治考评总分排名第二，社会稳定和社会治安、城市管理综合执法满意度评价全市排名第一。社会矛盾纠纷和平化解，实施领导大接访活动，受理各类群众信访案件582宗，办结率达98.1%。加大劳资纠纷调处力度，为2000多名劳动者追补工资650万元。全区劳动合同签约率达99.5%。

【公共安全】2011年，东城街道开展隐患排查治理工作，开展安全生产大检查和专项整治，全面保障社会公共安全。全年开展大型安全生产专项检查20多轮，累计检查各类单位场所3.5万家次，发现并整改安全隐患6700处。继续投入2200万元，强化消防基础设施建设，广泛开展消防安全宣传教育，其中东城小学被评为“全国消防安全教育示范学校”。实施消防安全“防火墙”工程，打响“清剿火患”战役，消防损失指数全面下降，街道连续3年实现火灾事故零死亡。完善突发事件应急处理机制，提升社会防灾减灾能力，堑头社区和石井社区成功创建成为“全国综合减灾示范社区”。依法执行食品药品安全长效监管，打击制假售假窝点，成功创建岗贝“样板市场”，石井十三碗被评为“省市餐饮服务食品安全示范街”。扎实推进交通运输专项整治，打击酒后驾驶行为，开展校园护卫天使行动，首创牛山交通警务区，交通事故四项损失指数大幅下降。

【社会民生】2011年，东城街道提升社会公共服务水平，强化社会建设和管理创新。实施惠民财政。民生财政支出达5.6亿元，占区财政总支出的36%，帮助社区垫付各项管理费用7100多万元，减轻社区负担。居民人均可支配收入达4.04万元，同比增长13.5%，人均教育娱乐旅游消费支出3984元，位居全市第二。全面落实利民举措。投入4636万元用于改善医疗卫生事业，为3.6万户籍老人、妇女、儿童进行免费健康体检。社

区卫生服务机构建设实现100%达标，服务群众达40多万人次。推进综合改革，打造计生宣传教育品牌，被市评为“人口和计划生育工作先进镇街”。为10万人次提供各项优质计生服务，获得“全国计划生育优质服务站”荣誉称号。组织“就业援助月”、“就业服务日”等活动，举办招聘会36场，为1.67万人次发放962万元就业优惠补贴，帮助517名大学毕业生实现就业创业。市、区、社会各级累计投入新丰的扶贫资金达3200多万元，落实帮扶项目134个，帮助有劳动能力的844户贫困家庭实现脱贫，脱贫率100%。落实市内扶贫资金192万元，区内13户有劳动能力的低保家庭全部脱贫。通过“扶贫日”、“慈善日”等活动，筹集各项扶贫善款600多万元。

【文化教育】 2011年，东城街道开展“文化惠民”千场文艺演出进基层活动，全部社区达到文化建设“五个有”（综合文化活动室、公共图书阅览室或农家书屋、文体广场、公共电子阅览室、一批文化活动和体育健身器材）标准。引进自助图书馆系统，完善全民阅读服务体系，实现社区图书室全覆盖。荣获“2011年度全市文化广电新闻出版工作先进单位”一等奖。以莞师附小新校建成为带动，全区优质学位比例达100%。两所初中有305人被市属重点中学录取。规范新莞人服务管理，已有800多名新莞人通过积分制落户东城，每年为新莞人子女提供140个公办学位解决上学问题。

【东莞师范学校附属小学迁入东城】 东莞师范学校附属小学创办于1932年，是东莞市一所历史悠久、人才辈出的名牌学校。2011年，莞师附小东城新校建成开学，学校从莞城区整体搬迁至东城区石井支路5号，隶属东城区管理。新校占地面积3.2万平方米，建筑面积2.6万平方米，学校规模设计36个教学班，截至2011年，莞师附小开设20个教学班，在校学生共650名，配备有齐全先进的教育教学设备以及36个全新的功能室，是东城打造现代化教育强区的示范品牌学校。　（袁沛霖）

附：2011年东莞市东城街道党委、人大、办事处领导名录

党委书记：黄少文
党委副书记：卢润江（任至6月）
　　袁国超（任至6月）
　　黄沛林（6月到任）
　　周日佳（8月到任）
党委委员：陈柱杰
　　周日佳（任至8月）
　　谢润根　钟朝佳（任至8月）
　　冯锦新（任至8月）
　　邓勐彪（任至8月）　潘　健
　　徐建文　吴沛林
　　刘沛声（8月到任）
　　袁秀娟　陈　协（8月到任）
　　黎德庆（8月到任）
　　张小凯（8月到任）
人大联络委主任：黄少文
人大联络委副主任：陈柱杰
　　李润明（任至10月）
　　邓伟彬（10月到任）
办事处主任：卢润江（任至6月）
　　黄沛林（6月到任）
办事处副主任：周日佳（任至8月）
　　刘尹波（任至3月）
　　陈　协（任至8月）
　　张小凯（任至8月）
　　邓勐彪（8月到任）
　　谢浩坤（8月到任）
　　钱灿光（8月到任）

2007—2011年东城主要经济指标

指标＼年份	2007	2008	2009	2010	2011
户籍人口（人）	70773	77104	83605	87657	90116
外来暂住人口（人）	266638	209857	190032	209983	216365
面积（平方公里）	110	110	110	110	110
地区生产总值（万元）	1628719	1892571	1989067	2309506	2600000
工业总产值当年价（万元）	2464603	2511786	2498450	3148708	3010000
农业总产值当年价（万元）	1576	2328	2162	2327	2375
总用电量（万千瓦时）	246710	231910	166402	256029	247719
全社会固定资产投资总额（万元）	382300	286701	495611	526388	533500
社会消费品零售总额（万元）	727400	836510	961987	1106285	847956
外贸出口总额（万美元）	164106	170393	157413	218834	280171
实际利用外资（万美元）	16553	20969	12845	12978	13658
镇级可支配财政收入（万元）	86766	107766	120067	138353	156688
各项税收总额（万元）	384575	418611	440100	468433	542514
金融机构各项存款余额（万元）	4643242	4951643	3849488	4816053	4920611
城乡居民储蓄存款余额（万元）	1849150	1996967	2188415	2611030	2863771

同沙生态公园

同沙生态公园位于东莞市区南面，距市中心约3公里，是一个以国家4A级标准规划建设的自然生态旅游景区，也是东莞打造中央生态休闲区的重要组成部分。公园总面积41.7平方公里，其中山林面积约37平方公里，水面面积约4.7平方公里。黄公山海拔249米，是同沙生态公园最高山峰，与飞鹅岭、五凤楼相望而立，山势各不相同，环抱同沙水库，形成一幅碧水绕山、峰峦叠嶂的山水美景。

2001年以来，同沙生态公园先后投入9亿元，不断完善各项基础设施，已建成春景映翠湖、西入口广场、环湖路及跨湖大桥、十里荷塘、灯光绿化等十多项旅游景点，每年吸引数十万市民到此游玩赏景。公园还依托良好的生态环境和丰富的休闲资源，于2011年建成24公里环湖生态绿道，并计划增建一批青少年攀岩训练基地、影视文化基地、湿地公园、科研中心等文化、科技、运动项目，努力打造市民户外休闲运动的最佳去处。同时，为增加城市文化底蕴，东莞市佛教协会正积极发动社会募捐，在同沙生态公园东北部规划52.8万平方米，重建东莞千年古刹——资福寺，全力打造岭南地区最具影响力的佛教文化圣地。

亭阁寄情

蓝绿仙境

鹭恋同沙

碧湖映翠

绿掩小径

同沙钓趣

同沙翠堤

卧波小景

山水同沙

水映小桥

渔舟犁金

万 江

【概况】万江街道位于广东省东莞市西部，地处粤港澳经济走廊，邻近珠江入海口，面积48.5平方公里，下辖28个社区居委会。2011年，万江街道户籍人口7.83万人，外来暂住人口6.54万人。全年完成生产总值76.91亿元，同比增长8.33%；工业总产值128.83亿元，同比增长7.42%；各项工商税收累计13.17亿元，同比增长24.5%；本级常规性可支配财政收入5.94亿元，同比增长9.99%；全社会固定资产投资总额26.11亿元，其中民营经济固定资产投资总额18.22亿元；城乡居民储蓄存款余额94.8亿元，比上年末增长13.8%；社会消费品零售总额34.82亿元，同比增长8.85%；出口总额3.73亿美元，同比增长19.9%；三大产业比例为0.52：38：56：60.92。

2011年，万江街道获得“广东省五四红旗团委”、“广东省绿色学校创建先进单位”、“推动民营经济发展先进单位”、“科技工作先进单位”、“新莞人服务管理工作先进镇街”、“安全生产先进镇街”、“人口和计划生育工作先进镇街”、“宣传思想工作先进街道一等奖”、“市重点项目建设管理先进单位”等荣誉称号，万江“龙舟月”赛龙舟被评为国家级非物质文化遗产。

【产业转型】2011年，万江街道始终把促转型、提质量、保增量作为各项工作的重中之重来抓，产业转型的步伐更加稳健。2011年，万江街道科技企业发展数量在全市排名第四，服务业合同利用外资额在全市排名第三，规模以上工业企业销售产值内销率全市排名第四。企业转型持续加快，共有11家来料加工企业转为“三资”企业。自主创新能力持续提升，2011年承接国家级科技项目2个，省级项目2个，市级项目23个。全街道科技企业的研发投入达2.3亿元，同比增长27.7%。授权专利数量再上台阶，专利授权量462件，同比增长68.8%。招商引资持续加强，2011年，全街道新签外商投资项目17宗，增资5宗。

【“活力万江，滨水绿城”发展定位】2011年，万江街道第十次党代会明确未来五年的发展定位、发展思路和工作重点。2011—2015年，万江将围绕“活力万江，滨水绿城”的发展定位，坚持“以产业发展引导城市更新，以城

活力万江　滨水绿城

① 2011年9月23日，市委书记、市人大常委会主任刘志庚莅临万江指导工作

② 2011年11月10日，市委副书记、市长袁宝成视察万江下坝坊

③ 2011年11月10日，市委副书记、市长袁宝成视察万江

市更新推动产业升级，以城市发展引导社会发展，把社区集体经济融入城市经济”的发展理念，努力实现万江与主城区发展同步、城市与产业发展同步、经济与社会发展同步，撑起主城区的西部门户，搭起主城区联系水乡地区的桥头堡，建设高效率、慢生活的精品城市。依托市的强心战略和三区建设，万江街道正在编制《东莞中央商圈万江片深化规划》和《东莞市中央休闲区滨水RBD（万江片区）建设规划》，并不断深化各项规划。污水处理项目纳入市统筹建设管理、万江水厂移交东江水务公司管理，为做好主城区水文章夯实规划、技术和水质保障。抢抓机遇，争取主动，力促重点项目的顺利推进，新万江中学、新万江医院投入使用；市工人文化宫、群众艺术馆开工建设；开展鸿福路过江隧道专题研究工作；开展名村和宜居社区创建工作，进一步改善社区人居环境；推进万江金丰路、新城大道及其配套路网工程等城市干道建设；推进水利防灾减灾工程建设和绿道网建设。

【社会管理】 2011年，万江街道着力创新管理模式，全力营造平安稳定的社会环境。着力化解矛盾纠纷，综治信访维稳中心案件成功调解率90%，社区工作站成功调解率88%，信访案件办结率93%。狠抓治安综合整治，推进电子监察系统建设，加强辖区150多个治安视频监控和8个治安查缉布控点的应用，违法犯罪警情接报、刑事立案同比分别下降10.8%和5.3%，刑事案件的破案宗数同比上升16.2%。开展“粤安11”、“断源”、“清网”、“扫黄打非”等一系列打击整治行动，确保社会治安状况良好；全面整治超载超限现象，交警严查酒驾等违法行为。深入开展消防安全和安全生产专项整治，出动检查人员9879人次，检查企业1.15万家次，发出整改指令书5675份，整改率100%。

① 2011年1月20日，副省长佟星莅临天翔制衣服有限公司慰问
② 2011年5月31日，副市长吴道闻到万江街道开展慰问
③ 2011年4月13日，副市长吴道闻莅临万江参加大接访活动
④ 2011年6月21日，万江“广东扶贫济困日”募捐工作动员大会现场
⑤ 2011年9月8日，万江举办庆祝2011年教师节表彰大会

① 2011年11月8日，副市长成洪波莅临万江街道调研新莞人服务管理以及推行居住证等工作

② 2011年12月9日，万江2011年冬季征兵欢送大会现场

③ 2011年6月27日，万江党委书记吴志刚到拔蛟窝社区开展七一慰问活动

④ 2011年6月29日，万江举办2011年七一表彰大会暨庆祝建党90周年文艺汇演

⑤ 2011年2月16日，万江表彰先进暨2011年工作人员大会

⑥ 2011年8月24日，中共万江第十次代表大会

⑦ 2011年3月30日，举行《万江区志》首发仪式

开展食品药品安全检查，检查食品经营户2985户次，查处非法食品经营场所145户。推进城市环境治理，创新工作措施，查处及教育纠正“六乱”（乱停放、乱摆卖、乱张贴、乱搭建、乱拉挂、乱竖立广告招牌）行为1.10万宗，查处和制止违法建筑115宗。不断完善市政设施，及时排除桥梁隐患。加强新莞人服务管理，落实新莞人积分制入户政策，认真抓好“优秀新莞人”评选活动的组织实施和宣传发动工作，积极促进新莞人融合，共有170户申请人领取东莞市积分入户卡。

【民生改善】2011年，万江街道就业创业工程顺利推进，医疗、保障体系有效完善，市内外“双到”扶贫工作取得阶段成效。就业创业扎实推进。积极完善就业服务平台，建立7个青年就业见习训练基地，成立22个本地人车间，举办近10场免费大型专题现场就业招聘会，帮助解决就业1601人。办理促进就业各项补贴共3.34万人次，发放金额1829.9万元。社会保障日益完善，共发放最低生活保障金415.58万元，保障率100%。切实解决困难群众住房难、治病难、子女读书难等问题，受惠人数达1622人。文化、教育事业蓬勃发展，成功举办“2011年万江龙舟文化节”和第七届读书节等活动；推进社区“五有”工程建设；教育水平稳步提升，教育特色不断彰显，校园环境不断改善，普通高考和职业高考成绩喜人。（杨丽君）

① 2011年10月1日，市委常委，公安局局长崔建莅临万江检查指导国庆安保工作

② 2011年10月14日，万江司法分局举行挂牌仪式

③ 2011年6月16日，万江安全生产演练现场

④ 2011年11月23日，广东蒙特科瑞来空气处理设备有限公司开业

⑤ 2011年12月30日，东莞市万江医院新院落成启用

① 2011年8月30日，副市长吴道闻检查万江中学建设情况

② 2011年9月1日，万江中学新校区落成启动仪式暨2011—2012学年开学典礼举行

③ 2011年5月27日，义乌小商品城开业

④ 坝头社区下坝坊蔷薇之光书吧

⑤ 2011年1月21日，万江2011年迎春文艺晚会举行

⑥ 2011年6月2日，万江举办龙舟文化节

附：2011年东莞市万江街道党委、人大、办事处领导名录

党委书记：陈志超（任至2月）
　　　　　吴志刚（2月到任）

党委副书记：吴志刚（任至2月）
　　　　　　莫伟权（6月到任）
　　　　　　颜伟儿

党委委员：王耀明　邹顺高　陈榴基
　　　　　周建卫　张汝春　叶爱青
　　　　　黄向阳　何日亮
　　　　　李中文（8月到任）　莫国庆

人大联络委员会主任：陈志超（任至4月）
　　　　　　　　　　吴志刚（4月到任）

人大联络委员会副主任：邹顺高
　　　　　　　　　　　袁换兰

办事处主任：吴志刚（任至2月）
　　　　　　莫伟权（6月到任）

办事处副主任：王耀明　黄顺明
　　　　　　　刘沛林
　　　　　　　肖建成（8月到任）

① 2011年3月5日，万江在新华南MALL生活城举办“春风”行动专题招聘会
② 万江绿道及驿站

2007—2011年万江主要经济指标

指标＼年份	2007	2008	2009	2010	2011
户籍人口（人）	71935	73482	75404	76826	78281
外来暂住人口（人）	76112	90673	84867	61928	65386
面积（平方公里）	50.5	50.5	48.5	48.5	48.5
地区生产总值（万元）	526818	601662	611916	688921	769132
工业总产值当年价（万元）	806638	948601	886000	1160559	1288302
农业总产值当年价（万元）	5208	5919	6065	6093	6382
总用电量（万千瓦时）	108868	107938	107257	119324	122094
全社会固定资产投资总额（万元）	201234	263088	297823	228008	261089
社会消费品零售总额（万元）	93678	218646	221620	319865	348180
外贸出口总额（万美元）	35633	36700	26201	31068	37251
实际利用外资（万美元）	1603	3096	3618	1537	1125
镇级可支配财政收入（万元）	47002	47494	50204	54033	59429
各项税收总额（万元）	81411	89317	90481	98898	131670
金融机构各项存款余额（万元）	751877	902768	1020666	1250488	1390694
城乡居民储蓄存款余额（万元）	506358	651829	725482	833149	947985

南　城

【概况】南城旧称篁村。2011年，辖区面积56.62平方公里，下辖17个社区居委会，户籍人口7.45万，新莞人约21.7万。南城地处东莞市新城市中心区，是东莞市委、市政府所在地，也是东莞新的政治、经济、文化和商业中心，地理位置优越，处于穗港经济走廊中间。广深高速公路、莞太大道、东莞大道、南城科技大道纵贯全境，市区数条环城路横越辖区，在建的东莞轻轨R1、R2线和穗莞惠城际轨道也在南城设有多个站点，交通条件极为发达。

2011年，南城街道完成生产总值232.88亿元，同比增长12.18%；完成工业总产值276亿元，增长12%；各项税收总额70.4亿元，增长21.3%；全社会固定资产投资总额121.6亿元，增长87.8%；各项人民币存款余额1108.5亿元，增长21%；全社会消费品零售总额135.8亿元，增长16.4%；街道本级财政收入18.3亿元，增长18.7%；街道本级资产总额54.5亿元，增长9.1%；外贸进出口总额60.6亿美元，增长7.6%；实际利用外资8923万美元，增长32%；城镇居民人均纯收入3.7万元，增长13.1%；三大产业比例调整为0.05∶25.64∶74.31。

2011年，南城被评为镇街工作量化考核综合总分一等奖，综合排名重夺全市第一，生产总值、各项税收总额、常规性可支配财政收入、实际利用外资额、单位建设用地财政收入贡献度等多项经济指标位居全市前列，被授予“经济发展”、“结构效益”、“可持续发展”、“协调发展”、“社会发展”、“人的发展”、“社会安全”、“市直主管部门满意度评价”等8个单项奖。

【总部经济】南城总部基地一期万科大厦已完成建筑方案，其余8个单位成立专门公司联合开发地块。总面积1800亩的南城国际商务区规划建设全面启动，现已确定开发模式和管理架构。

【商贸服务业】汇一城、彩怡百货、珠三角国际商贸城等一批中高档商贸项目建成开张。扶持电子商务发展，全街道电子商务企业近110家，拥有“东莞制造”、“赢客通”、“易批发”等多个电子商务平台。

【科技创新】天安数码城、新创基智慧港、联科国际信息产业科研中心等一批科技园区相继落户南城并陆续投入运作。2011年，全街道新增国家高新技术企业6家，省民营科技企业5家，省、市

南城

① 2011年11月11日，国家羽毛球队训练基地在南城世纪城落成

② 国家羽毛球队训练基地大楼

③ 高盛科技园

企业技术和工程中心6个，专利授权量增长58.43%，被认定为“省知识产权试点镇街”。

【文化建设】 2011年，南城街道认真贯彻十七届六中全会精神，推动文化事业产业发展。用好三千万元文化发展基金，实施“文化惠民”工程，举办各类文化系列活动，推进社区文化设施“五个有”（综合文化活动室、公共图书阅览室或农家书屋、文体广场、公共电子阅览室、一批文化活动和体育健身器材）建设。加快建设总投资1亿元的东莞动漫城，打造大型动漫创意产业基地。国家羽毛球队训练基地和李永波羽毛球学校全面建成使用，南城再添全国知名体育品牌。

【城市建设】 近几年通过高标准打造鸿福商圈板块、总部经济板块、西平行政文化居住板块、科技创新板块、水濂休闲文化体育板块等五大板块，南城作为东莞新城市中心区已基本成型。2011年完成大小区属重点工程22项，投资总额约3500万元；在建工程18项，投资总额约3.4亿元。宏图科技中心、金丰三桥、鸿福河和宏远路内涝整治等工程进展顺利，香樟路、南峰横路等4条道路建成通车。新建水濂湖水库大坝加固等5宗水利防灾减灾工程，完成水濂邓屋老化水管改造。投资约1500万元建成城市绿道和社区绿道25.7公里。

① 汇一城

② 汇一城内

③ 吉之岛

④ 繁华的鸿福路（鸿福商圈）

【“三旧”改造】2011年，南城街道坚持拆迁改造和就地升级“两条腿”走路，胜和、亨美片区改造项目单元规划获市规委会审议通过，亨美社区拆迁安置房动工建设；西平东骏公司地块、周溪世博地块、锦泰食品公司地块、宏远电厂地块等旧厂区改造项目加紧办理土地手续，福民地块改造项目正式开工。

【宜居社区】出台社区农贸市场、居家养老服务中心等补贴政策，扎实推进宜居社区和名村建设，全面启动“六个一”（一个社区公园、一个文化中心、一个运动场馆、一个老人活动中心、一个居家养老服务中心、一个A级农贸市场）工程。宏远、周溪社区被评为“省宜居社区”，篁村居家养老服务中心成为全市首个省级居家养老服务示范中心，中共中央政治局常委李长春视察白马社区文化广场并给予高度评价。

【外源型经济】2011年，南城街道完善和落实民营经济扶持措施，加强内资引进，民营企业登记户数9125户，注册资金205亿元，分别增长19.4%和17.1%；实际引进内资59.5亿元，增长91%。2011年全街道外贸进出口总额60.59亿美元，同比增长7.58%；实际利用外资8923万美元，增长32.09%；外资企业内销总额129.89亿元，增长52.93%；成功推动6家来料加工企业转为独立法人企业。

【村组经济】2011年，南城街道扶持村组建设和发展，加强土地统筹利用，强化集体经济管理，切实增强基层活力。社区一级集体经济可支配收入（扣除土地转让收入）4.6亿元，同比增长37%；资产总额56.4亿元，增长2.3%。小组一级集体经济可支配收入（扣除土地转让收入）1.8亿元，增长8.3%；资产总额18.2亿元，同比下降0.4%。

【城市综合治理】2011年，南城街道强化城管综合执法，深入整治城市“六乱”（乱停放、乱摆卖、乱张贴、乱搭建、乱拉挂、乱竖立广告招牌），共疏导教育及清理各类“六乱”行为12000多宗。推广环卫保洁“市场化+监理制”模式，开展环境卫生明察暗访活动，加强市政设施、环卫绿化等管理养护，实现市容环境优美社区全覆盖。推动市区垃圾处理厂落实技改除臭工程。启动生活垃圾分类试点工作。

【社会治安】2011年，南城街道打击恶性和多发性犯罪，大力开展“莞安1号”、“清网”等专项行动，全年破获刑事案件732宗，破案率60%，查处涉黄涉赌案件111宗。强化“大巡警”建设，成立巡警大队，健全三级巡防体系。推进科技强警，建立移动警务通和报警地理标识系统，新增164个治安监控视频探头。新建30个警务室。

① 水濂湖

② 印象森林湖

①　水濂山蝴蝶谷

②　艺展中心画廊

③　西平片区

④　南城体育公园

【综治维稳】2011年，南城街道落实领导包案接访和带案下访制度，积极做好“七一”、大运会和国庆等敏感节点信访工作，及时调处劳资关系、征地拆迁、福利分红等矛盾纠纷。全年共受理信访案件281宗，成功调处249宗；调解民间纠纷169宗，调解成功率99%。制定重大事项社会稳定风险评估实施办法，健全突发事件应急处置机制。

【安全生产】2011年，南城街道推进消防隐患、建筑安全、危险化学品及“三小”场所和出租屋等专项整治，检查各类企业、场所1.21万家，查处整改安全隐患4721处。全年无较大以上安全事故或重大火灾事故发生。严把食品安全各关口，健全长效监管十项制度，强化食品安全排查整治，创建餐饮食品安全示范街，新建5个食品安全样板市场，确保群众“菜篮子”安全。

【新莞人服务管理】全面促进新莞人基本公共服务均等化，新莞人服务工作走在全市前列。推进教育共享，全街道公办中小学接受义务教育的新莞人子女6600多人，占学生总数的48%。完善就业服务，积极开展“春风行动”和新莞人培训工程，免费培训新莞人超过3600人次。落实积分入户，2011年共有840名新莞人取得积分制入户资格。实施“圆梦计划”，资助100名新莞人攻读大学。

【医疗卫生】完善社区卫生服务体系，

① 时代城
② 中心广场鸿福路夜景
③ 鸟瞰南城

建成3个社区卫生服务站，社区门诊量同比上升33%。继续实施社区医疗救济基金制度，发放医疗补贴约186万元，救助群众看病住院183人次。严格规范医疗服务市场秩序，扎实做好流感等传染病防控工作。

【教育、体育】 教育方面，坚持教育优先发展战略，改善全街道办学条件，中小学校舍加固、修缮工程全面完成，南城阳光实验中学建设加快推进，青少年健康成长指导中心正式运作。组织骨干教师到江苏、浙江等教育发达地区挂职锻炼。全街道学生参加各类能力竞赛获国家级、省级奖项共224个。体育方面，宏远男篮第七次夺取全国篮球联赛冠军，南城男篮、女篮分获市甲级篮球联赛亚军，南城足球队获得全国足球乙级联赛第四名。落实《全民健身条例》，完善各项体育设施，广泛开展社区篮球联赛、青少年体育培训班等群众体育运动，新增市体育先进社区3个。

【劳动、社保】 劳动方面，加大就业服务力度，建立11个“村民车间”，实施青年就业见习计划，落实免费技能培训，帮助高校毕业生、就业困难人员就业创业。认真开展“就业服务日”活动，成功推荐610名失业人员再就业。提升“3040”人员工资补助标准，全年共向近1.1万人次发放就业补贴约540万元。加强人文关怀，改善用工环境，创建和谐劳动关系示范区。社保方面，完善城乡一体的社保体系，做好社会保险扩面征缴，全街道养老、医疗、失业等各类保险参保人数稳步增长。创新建立助学制度，扶持户籍困难家庭学生完成学业，全年发放助学金约62万元，有效解决“读书难”问题。落实最低生活保障制度，向78户低保户发放最低生活保障金30多万元。全面铺开社会服务工作，投入近250万元购买30个社工岗位。

【扶贫帮困】 街道内外“双到”扶贫工作取得良好成效，对口帮扶的南雄市640户贫困户全部提前脱贫，辖区23户达到脱贫标准。春节和中秋节前夕，街道财政拨出约420万元专款，探访慰问辖区低保户、五保户和65岁以上老人共3800多人。开展“广东扶贫济困日”和“东莞慈善日”活动，募集社会捐款超过400万元。

【高盛科技园】 总投资2.4亿元，建筑面积近10万平方米，于2011年底全面建成投入使用的高盛科技园通过实施“厂区升级，产业置换”，成为产业升级与“腾笼换鸟”结合的成功范本，已被认定为“东莞市科技企业孵化器（加速器）”、“东莞市创意产业园区”。园区成功引进爱玛数控等110多家优质科技企业，拥有专利数量超过600件。

【宏威项目】 总投资131亿元，占地约1480亩的宏威硅薄膜太阳能电池项目动工建设。该项目列入省重点建设项目，并获省经信委认定为全省第一批战略性新兴产业基地。项目整体进展顺利，2011年完成2栋厂房和1栋仓库的打桩工程，并开始主体厂房施工；设备采购方面，已签订前两条生产线10多亿元的设备合同。项目建成投产后，将极大地带动上下游产业配套发展，完善东莞市太阳能光伏产业链条，促进东莞市产业结构转型升级。 （熊肖芳）

附：2011年南城街道党委、人大、办事处领导名录

党委书记：钱 超
党委副书记：陈志坚 苏 东
党委委员：邱 刚 张小燕 吕庆鸿
叶洪辉 陈创建 马小其
潘立新 刘丽芬 魏向民
黎福庆（10月到任）
人大联络委员会主任：钱 超
人大联络委员会副主任：邱 刚
张永红
办事处主任：陈志坚
办事处副主任：
麦允谦（挂职韶关南雄副市长）
张建良 霍永健（8月到任）
李福全（8月到任）

2007—2011年南城主要经济指标

指标 \ 年份	2007	2008	2009	2010	2011
户籍人口（人）	58037	62089	68166	71991	74532
外来暂住人口（人）	127494	152836	141752	130877	133878
面积（平方公里）	59	56.6	56.62	56.62	56.62
地区生产总值（万元）	1425257	1632407	1841809	2005491	2328755
工业总产值当年价（万元）	1623951	1844095	1973471	2481241	2758143
农业总产值当年价（万元）	4028	3238	2565	2437	2410
总用电量（万千瓦时）	79940	83840	88056	95732	102740
全社会固定资产投资总额（万元）	793273	715807	1016134	647484	1215628
社会消费品零售总额（万元）	390411	775522	916209	1166657	1358292
外贸出口总额（万美元）	91229	130746	141587	212243	251096
实际利用外资（万美元）	12601	4877	6117	6755	8923
镇级可支配财政收入（万元）	238752	237893	129219	154062	182904
各项税收总额（万元）	294449	351649	403738	580338	704044
金融机构各项存款余额（万元）	3762166	4381940	7028632	9162540	11085024
城乡居民储蓄存款余额（万元）	1104515	1468774	1858000	2233097	2535995

中堂镇

【概况】 中堂镇位于东莞市西北部，距广州市区46公里，距东莞市区12公里。全镇面积60平方公里，下辖20个村（社区），户籍人口7.45万人，常住人口14.04万人。拥有等级公路251公里，107国道、北王公路、广深高速公路贯穿镇内，广园快速干线、五环路接驳镇内交通网。2011年，全镇完成生产总值74.08亿元，同比增长7%；规模以上工业总产值186.11亿元，增长6.3%；镇本级财政收入6.16亿元，增长10.4%；税收总额9.63亿元；全社会固定资产投资总额18.52亿元；实际利用外资2512万美元，增长20.4%；进出口总额7.96亿美元（其中进口总额5.44亿美元，出口总额2.52亿美元）；社会消费品零售总额18.7亿元，增长19%；人民币存款余额89.34亿元，增长7%；农民人均纯收入1.37万元，增长7.7%。在2011年度东莞市镇级工作量化考核中获综合总分二等奖，被评为“全市维护稳定和社会治安综合治理先进镇”、“东莞市创建文明镇工作先进单位”、“中国民间文化艺术之乡”。

【产业结构调整】 2011年，中堂镇加快转型发展，推动三大产业优化升级，三大产业占比调整为1.07∶58.16∶40.77。中堂镇产业优化升级注重传统支柱产业升级，以再生纸品产业集群被评为“省级产业集群升级示范区”为契机，着力延长纸品制造业产业链。注重发展第三产业，居益地产项目进入销售阶段；抓紧推动富盈公馆、同悦名苑、江畔豪庭等项目建设；加快四乡奥威斯酒店项目用地的生态绿线调整手续。加快农业生态园的开发建设工作，推动基本农田标准化和农地经营权流转，提高农业产出和产值。

【招商扶企】 2011年，中堂镇成功引进一批优质项目。引进内资项目45宗，同比增加14宗，计划投资14.88亿元；外资协议签约13宗，合同利用外资4778万美元，同比增长873.1%。大力帮扶企业发展。协助理文、银洲等5家企业申报市工业龙头企业，为企业争取资金、技术、人才等方面的政策支持。协助37家企业申获利息补贴402.7万元。推动企业自主创新、争创品牌，新增国家高新技术企业1家，省、市民营科技企业5家，获授权专利115件，新增名牌名标3个。

【环境建设】 2011年，中堂镇保持城镇建设大投入。报批通过三涌片区、湛凤片区控规。加快“三旧”改造单元规划的编制；豆豉洲首期“三旧”改造方案通过市审批。完成联网2号路1、2标段、中堂大桥桥底辅道工程，省属107国道江南收费站停止收费；建成3.2公里村级绿道、5公里堤围和5宗水闸、1座排

加快转型升级 建设幸福和谐中堂

2011年12月14日，市委副书记、市长袁宝成（前排右五）到中堂镇调研，图为在台商子弟学校与镇领导及学校管理层合影

① 2011年7月7日，省委常委、政法委书记、省公安厅厅长梁伟发（前排左二）到中堂镇调研加强外来人员服务管理维护社会和谐稳定工作
② 2011年12月14日，市委副书记、市长袁宝成（前排右三）到中堂镇调研
③ 2011年5月12日，副市长梁国英（右一）到中堂镇调研
④ 2011年5月27日，市委常委、副市长江凌（前排右二）到中堂镇调研

站。全面推进村（社区）“文化达标”工程建设，实现村级“文化达标”工程全覆盖。完成计生服务所和社区卫生服务中心合署办公。启动垃圾分类试点工作。建设和改造一批村级公园、国家一类标准公厕和垃圾压缩站。完成麦洲河清淤整治、北王路绿化及107国道绿化整治工程。加快北海仔清淤整治规划。加强企业环境管理和执法监察。大力开展城市“六乱”（乱停放、乱摆卖、乱张贴、乱搭建、乱拉挂、乱竖立广告招牌）、在建违法建筑、食品安全以及非法行医等专项整治行动。全面开展“扫黄打非”文化市场综合执法。扎实开展新莞人和出租屋服务管理工作。加强市政设施、环卫绿化管理养护，城市品位提升。

【社会管理】 2011年，中堂镇着力维护治安稳定，建立新型社区警务机制，新增31个视频监控点，完善“大巡警”、视频监控体系，加强防控力度，治安案件受理数下降31%。化解矛盾纠纷，开展“领导接访”、“干部下访”、“公开受访”，成立信访案件督办小组，有效化解各类矛盾。整治安全隐患，落实“一岗双责”（党政主要领导对本辖区、本部门安全生产工作负总责，副职领导各司其职、各负其责），层层签订责任书，做到安全生产、消防安全工作责任到人、工作到位。推进消防、交通、建筑、公共卫生安全等重点领域排查、整治工作，加强校车上路监管，有效消除各类安全隐患，强力整治食品安全。开展食品安全专项整治行动，严厉打击制假售假、食品非法添加等行为。

【民生事业发展】 2011年，中堂镇就业保障、扶贫帮困、文化惠民等年度目标，“十件实事”取得实果。大力促进就业，通过推广“村民车间”，促进1437名户籍村民就业。举办“就业服务日”，就业服务1423人次，就业服务率100%，中堂镇生源应届高校毕业生初次就业率99.64%。组织岗前培训4600多人次，全镇有劳动能力的低保户与特困户基本实现就业。落实就业补贴政策，市、镇两级共发放各项就业补贴2396万元。做好职工养老保险、农（居）民养老保险、医疗保险、工伤保险、失业保障等服务工作，为户籍人口购买重大疾病保险，帮助理赔900多万元。开展“社区服务周”以及“广东扶贫济困日”、“东莞慈善月”系列爱心捐赠和节前慰问困难家庭、特困党员等活动，向户籍60周岁以上长者发放中秋节慰问金，向80周岁以上老人发放高龄津贴，同时做好市内外扶贫开发“双到”和“多帮一”帮扶工作，使广大群众共享发展成果。坚持做好社会保障。完成全镇参保人员的健康档案基本信息录入，建立健康档案12.34万份。为低保家庭发放各类救助金981万元。

【村级实力增强】2011年，中堂完善镇村统筹发展模式，促进共同发展。利用市的扶贫贴息贷款、村的资金入股镇内优质企业，实行固定分红回报，有效增加村级集体经济收益。加强资产管理，严格执行项目合同审批、资金审批和基建工程等重大事项审查制度。2011年全镇村本级资产总额34.32亿元，村级经营总收入3.35亿元。

【鱼珠木材市场加工交易中心奠基】2011年12月31日，中堂镇千梯滘工业园举行"鱼珠木材市场奠基仪式"。该项目的开工奠基是中堂镇发展专业市场经济迈出的重要一步。省国资委、省经信委、省林业厅等领导，市政协主席刘树

① 2011年10月14日，中堂司法所升格为中堂司法分局，图为市司法局副局长袁洪昌，镇领导黎志辉、黎玉岗等主持揭牌仪式

② 2011年4月27日，市第一法院中堂法庭聘任"社区法官助理"正式受聘上任

③ 2011年12月31日，落户中堂镇的东莞鱼珠木材加工交易中心奠基

基，中堂镇委书记、人大主席袁东平，镇委副书记、镇长黎志辉，镇委副书记黎玉岗等镇领导班子成员以及各地商家代表近1千人出席开工奠基仪式。该项目一期用地576亩，总建筑面积达66.7万立方米，总投资约20亿元。项目建设后，实现年总木材加工交易量460万立方米，营业额280亿元。

【龙舟文化节举行】 2011年6月14日，中堂镇隆重举行2011年龙舟文化节。省文联党组成员、专职副主席曹利祥，市领导刘树基、冷晓明、甄瑞潮、李秀冰、吴镇成、郭水、严小康等以及镇领导袁东平、黎志辉等镇领导班子成员出席开幕仪式。广东省文联党组成员、专职副主席曹利祥为中堂镇颁发“广东省龙舟民俗文化传承保护研究基地”牌匾，副市长严小康为中堂镇颁发“中堂龙舟景入选广东省非物质文化遗产名录”牌匾。

【“广东省曲艺之乡”创建】 2011年，中堂镇成功创建为“广东省曲艺之乡”。中堂镇委、镇政府高度重视创建“曲艺之乡”，将其列入中堂镇2011年十件民生实事，动员全镇力量大力开展创建工作。全镇登记注册的曲艺演出队

①

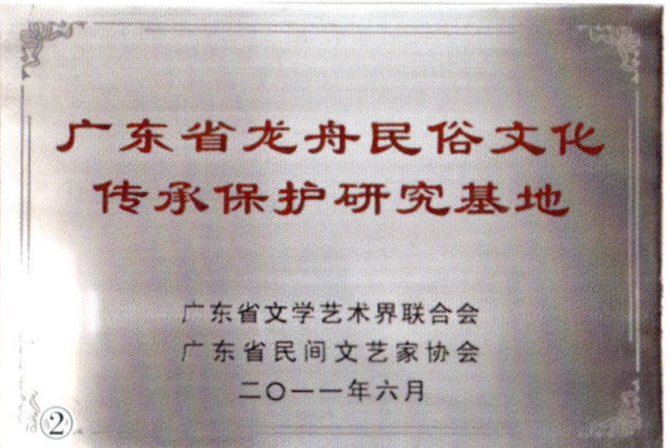

②

③

④

① 2011年1月，中堂镇获评“中国民间文化艺术之乡”
② 2011年6月，中堂镇获评“广东省龙舟民俗文化传承保护研究基地”
③ 2011年9月，中堂镇获评“广东省曲艺之乡”
④ 中堂镇男子篮球队代表东莞市参加2011年10月在江门市举行的第二届广东省农民运动会男子篮球比赛夺得冠军
⑤ 2011年6月27日，中堂镇举办纪念建党90周年文艺晚会

⑤

伍有24支，演唱、伴奏人员500多人，每年参与各种演出100多场，到其他地方交流演出约有数十场。

【第三届农运会男子篮球比赛获胜】2011年10月20日，以中堂男篮为班底的东莞队参加在江门市举行的第二届广东省农民运动会男子篮球比赛夺得冠军，创东莞市23年来历史新纪元。根据赛制，以中堂男篮为班底的东莞队取得2012年代表广东省参加全国农民杯赛的资格。作为东莞乡镇篮球的代表，中堂男篮近7年来5次闯进市篮球联赛决赛。

【2011东莞“社保之夜”举行】2011年12月23日，东莞市社会保障局在中堂镇文化广场隆重举行“2011东莞社保之夜暨东莞市社会保障局成立10周年‘传递心的力量’”主题晚会，该晚会由东莞市社会保障局举办、中堂镇政府协办。国家人力资源部宣传中心主任杨秀清，原广州市政协主席陈开枝，副市长冷晓明、李小梅、贺宇，省市社保系统领导，中堂镇全体班子成员出席晚会，晚会让社保人与参保人进行触动心灵的分享和沟通。

【香港东莞中堂同乡会成立】2011年4月29日，中堂镇举行“香港东莞中堂同乡会成立暨第一届会董就职典礼”。中央政府驻香港联络办副主任黎桂康，全国政协委员、香港广东社团总会主席王国强，中央政府驻香港联络办协调部副部长郭亨斌，市政协副主席、市委统战部部长钟淦泉等领导及中堂镇领导班子成员等出席。

【造纸技术人才培训班结业典礼】2011年8月4日，中堂镇举行造纸技术人才培训班结业典礼。镇领导袁东平、莫汉成、陈俭良，陕西科技大学造纸学院党组书记、副院长等领导，镇组织、经贸、宣传、商会等部门负责人及镇财政全额资助的首批59名户籍大学毕业生参加。59名大学毕业生顺利结业，投入中堂镇各造纸企业一线岗位服务。

【特大武装贩毒案侦破】2011年4月2日，中堂公安分局在市公安局副局长利焕祥指挥下，在市局禁毒支队、行动技术支队和特警支队的支持下，侦破东莞史上涉案金额最大的特大武装贩毒案。抓获犯罪嫌疑人12名，缴获冰毒约5.6公斤，麻黄素约50公斤，手枪2支，散弹枪1支，手雷1个，子弹60多发，扣押冻结涉案资金3500余万元，扣押涉案车辆7台。（王学林）

① 2011年12月23日，中堂镇承办2011东莞“社保之夜”暨东莞社保局成立十周年主题晚会

② 2011年4月29日，香港东莞中堂同乡会成立

中堂镇中心文化广场

附：2011年度中堂镇党委、人大、政府领导名单

镇委书记：袁东平
镇委副书记：黎志辉　黎玉岗
镇委委员：罗耀东（任至8月）
丁志洪（任至8月）
莫汉成（任至8月）
张春扬（任至8月）
刘巨文（任至8月）
郭陈明（任至8月）
叶汉东（任至8月）
吴炽谦（任至8月）
黎兰芳（任至8月）
刘建东（任至8月）
黎建波（任至8月）
何　成（任至8月）
刘巨文（8月到任）
张春扬（8月到任）
罗耀东（8月到任）
丁志洪（8月到任）
叶汉东（8月到任）
莫汉成（8月到任）
吴炽谦（8月到任）
黎建波（8月到任）
何　成（8月到任）
李德良（8月到任）
镇人大主席：袁东平
镇人大副主席：莫汉成（任至11月）
廖志祥（任至11月）
刘巨文（11月到任）
廖志祥（11月到任）
镇　长：黎志辉
副镇长：罗耀东（任至11月）
李德良（任至11月）
周国志（任至11月）
陈俭良（任至11月）
郭陈明（11月到任）
黎兰芳（11月到任）
刘建东（11月到任）
陈俭良（11月到任）

2007—2011年中堂镇主要经济指标

指标 \ 年份	2007	2008	2009	2010	2011
户籍人口（人）	72289	72631	73138	73756	74498
外来暂住人口（人）	64541	55495	53812	48145	48370
面积（平方公里）	60	60	60	60	60
地区生产总值（万元）	588085	659949	662727	669207	740824
工业总产值当年价（万元）	1575380	1705636	1539282	1979966	2217499
农业总产值当年价（万元）	10633	11878	12175	12504	13946
总用电量（万千瓦时）（用电网电）	105778	114494	109900	131490	138213
全社会固定资产投资总额（万元）	218861	162007	181538	196167	185220
社会消费品零售总额（万元）	76172	92116	106625	157159	187020
外贸出口总额（万美元）	27117	28438	26512	29317	25164
实际利用外资（万美元）	2270	4577	1668	2087	2512
镇级可支配财政收入（万元）	34393	42139	50262	55757	61553
各项税收总额（万元）	81831	84777	80296	93636	96315
金融机构各项存款余额（万元）	605947	659159	714301	834866	893370
其中：城乡居民储蓄存款余额（万元）	398635	470779	494051	574883	640589

望牛墩镇

【概况】 望牛墩镇位于东莞市西北部，东江下游。全镇总面积31.57平方公里，下辖21个村委会和1个社区居民委员会，总人口约10万人，其中户籍人口4.64万人。望牛墩是全国综合实力千强镇，先后获"广东省教育强镇"、"广东省民间艺术乞巧之乡"、"广东省卫生镇"、"东莞市文化建设达标镇"、"中国乞巧文化之乡"、"广东镇域经济综合发展力百强镇"等称号，形成"七夕乞巧"、"龙舟竞渡"、"粤剧"三大文化品牌。

2011年，望牛墩累计实现生产总值36.1亿元，增长18.33%；工业总产值77.92亿元，增长14.91%；镇本级可支配财政收入3.73亿元，增长10.23%；各项税收总额5.46亿元，增长6.71%；进出口总额3.4亿美元，增长21.67%；外贸出口总额2.2亿美元，增长15.45%；实际利用外资2697万美元，增长19.65%；社会消费品零售总额5.4亿元，增长9.94%。

【结构调整】 2011年，望牛墩镇共有9家来料加工企业转为"三资"企业，企业内销总额25.5亿元，同比增长25.76%。帮扶企业。发放139万元奖励科技名牌和纳税大户等先进企业，协助11家企业获得252万元市级科技资金扶持。自主创新。新增广东省名牌产品1个，广东省专利优秀奖1个，全镇累计有省级以上著名商标、名牌产品6个，国家高新技术企业2家。统筹用地。实施镇村联合开发战略，按照"统一开发、统一规划、统一招商、统一管理、利益共享"的原则，成功统筹可用土地5000亩，进一步拓展发展空间，增强镇村发展后劲。实现脱贫。全镇有115户正常劳动能力的低保户实现脱贫，脱贫率达68%；9条扶贫村脱贫，脱贫率达75%。

【城市建设】 2011年，望牛墩镇推动城市升级，市镇两级累计投入2.6亿元，先后建成望溪河七夕文化长廊、七夕文化公园、11条村"文化惠民"工程等城市基础设施，完成北环路、望万道、望朱路、科技产业园园区道路建设，基本完成92公里水利防灾减灾堤围建设工程、21条村自来水管和农村电网更换改造工程，启动赤滘农民公寓、新医院、敬老院宿舍楼等重点工程建设。

全镇建成区绿地面积10.5平方公里，绿化覆盖率达36.5%，人均公共绿地面积8.5平方米。成功创建成为东莞市文化建设达标镇、东莞市文明镇及广东省卫生镇，实现广东省卫生村全覆盖。2011年度，单位建设用地财政收入贡献度为2988万元/平方公里，列居全市第四。

望牛墩镇

① 2011年5月18日，市委书记、市人大常委会主任刘志庚莅临望牛墩镇调研

② 2011年11月3日，市委副书记、市长袁宝成到望牛墩镇调研

③ 2011年1月5日，市委常委、宣传部长王道平等领导出席东长集团办公大楼落成庆典

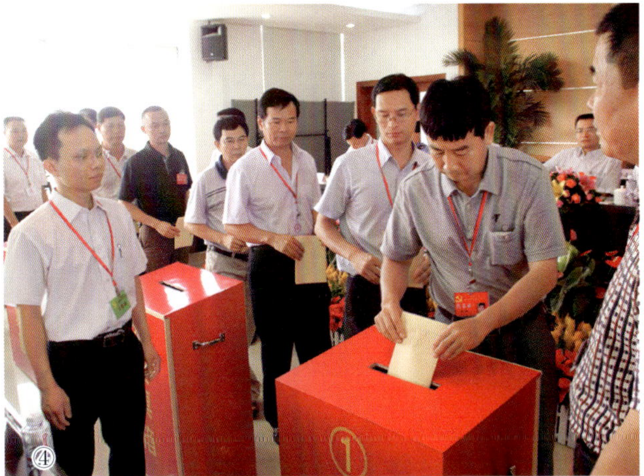

① 镇委书记、镇人大主席胡浩举深入贫困户扶贫
② 心系贫困户——镇长郭志祥深入贫困户扶贫
③ 欢送新兵入伍
④ 中共望牛墩镇第十四次代表大会
⑤ 2011年8月选举产生中共望牛墩镇委员会全体委员合影留念

【社会管理】 社会治安管理。2011年，望牛墩镇全面实施综治信访维稳举措，开展“两抢一盗”、“黄赌毒”等重点打击行动。加大治安维稳经费投入，构建社会治安防控体系。在全镇各主干道和重点区域新增12套治安电子眼，设置26个电子签到点，推行治安巡逻电子签到制度。组建治安联防大队，提高路面见警率，严厉打击各类违法犯罪，社会治安案件发案率为0.7%，命案全部侦破，全镇22条村（社区）全部创建成为“东莞市平安社区”。

安全隐患整治。开展消防安全、安全生产、道路交通、出租屋安全、劳动维权、食品药品监管等专项整治行动，为首批12条村（社区）兼职消防队配备12辆消防车，各类安全隐患得到有效遏制。

矛盾纠纷调解。进一步加强信访工作，形成“镇、村、企业”三级矛盾调解机制，定期开展镇领导接访、民警下访活动，实施领导干部包案制度，化解信访积案，及时处理各种矛盾纠纷，维护社会稳定。

【民生关注】 2011年，望牛墩镇继续实施促进户籍人口就业定额工资补贴政策，继续实施劳动技能免费培训工程，大力促进户籍劳动力创业就业。累计发放各类就业、创业补助款600多万元，免

① 2011年5月19日，望牛墩镇首个农民公寓——赤滘村农民公寓奠基
② 望牛墩镇表彰2011年度先进单位
③ 望牛墩第六届七夕风情文化节启动仪式
④ 美丽的七夕文化公园
⑤ 吉祥望牛墩——郎郎织织
⑥ 美轮美奂的七夕贡案

费培训户籍人员2000多人次，免费培训新莞人3000多人次。

完善社会保障。继续投入400多万元为全镇户籍人口购买30种重大疾病商业保险；推进国家卫生镇创建工作，实现广东省卫生村全覆盖，新增“市容环境优美村（社区）”、“东莞市绿色社区”13个。

落实扶贫工作。投入180万元对农村低保家庭住房进行修葺，172户困难家庭住上“放心房”，累计发放低保生活保障金、助学金、抚恤金等930多万元。

【文教兴镇】2011年，望牛墩镇成功举办第六届七夕风情文化节，率先推出七夕节庆吉祥物“郎郎”“织织”。中国七夕文化博物馆正式获中国民间文艺家协会命名，七夕贡案《仙凡缘》获第十届中国民间文艺山花奖；群众性精神文明创建活动深入推进，成功创建成为“东莞市文明镇”。望牛墩中学中考顺利实现“27年好”，办学水平名列全市前茅。学前教育、基础教育、成人教育的教育质量和教学水平不断提升，成功通过“广东省教育强镇”的复评。

【“七夕名镇”建设】2011年望牛墩镇以打造“七夕名镇、宜居水城、幸福家园”为目标，将七夕风情文化节与展示城市建设成果、庆祝建党90周年、七夕文化产业规划发展、企业品牌宣传紧密结合起来，通过七夕风情文化节的高端平台，将全镇累计投入12亿元开展的“规划建设年”、“项目推动年”、“城市管理年”三大城市主题建设集中宣传展示，提升望牛墩的城市形象。

打造名园名廊名馆。完善城市文化休闲设施。一是打造七夕文化公园。该公园位于望牛墩镇文阁桥旁，占地面积约4500多平方米，总投资约780多万元，园内设置七夕园、星河池、鹊桥、贡案广场、许愿树广场、文笔塔等众多景点，具备游览、观赏、文化、休闲、婚庆等功能。二是打造望溪七夕商贸长廊。该长廊全长约2公里，首期投资1000万元，主要借鉴秦淮河一河两岸景观特点设计，升级改造一河两岸道路、人行道和河岸栏杆，将一河两岸打造成“十步一铺、百步一景”的岭南水乡风情文化长廊，建成文化观赏墙、渔舟晚唱、古塔斜阳、登瀛倒影、粤韵天地等景观。三是打造中国七夕文化博物馆。该馆已投入6300万元，占地面积7600多平方米，由图书馆、展览馆、博物馆和会议中心组成，是一个集图书、培训、展览、信息网络、会议于一体的多功能现代化综合场馆。

营销七夕衍生产品，促进产业发展。在全国推出望牛墩七夕风情文化节吉祥物“郎郎”和“织织”，打造脍炙人口的浪漫爱情故事牛郎织女“形象代言人”。在此基础上，结合望牛墩镇的产业实际，与企业合作逐步开展对七夕风情文化节服装、饰品等周边产品的市场研究、设计开发，大力推进七夕文化向产业化方向发展，逐步探索望牛墩镇文化产业发展的新路子、新模式。

【望牛墩新医院工程动工】望牛墩新医院于2011年5月16日动工，占地面积约80亩，总建筑面积3.51万平方米，总投资1.1亿元。2011年首期投资8000万元，按照二级甲等医院标准建设。新医院主要有门诊部、住院部、理疗部、中西药房、防保办证大厅、供应中心、医技与辅助科室、行政管理及职工宿舍等。

住院部主体建筑8层、高38.55米，基底面积2318.5平方米，总建筑面积1.63万平方米，共设250个床位，门诊楼占地面积5693.9平方米，建筑面积1.52万平方米。其他建筑包括专家楼、设备房等，基底面积1289.97平方米，总建筑面积2884.09平方米。（梁建仪　魏桂钦）

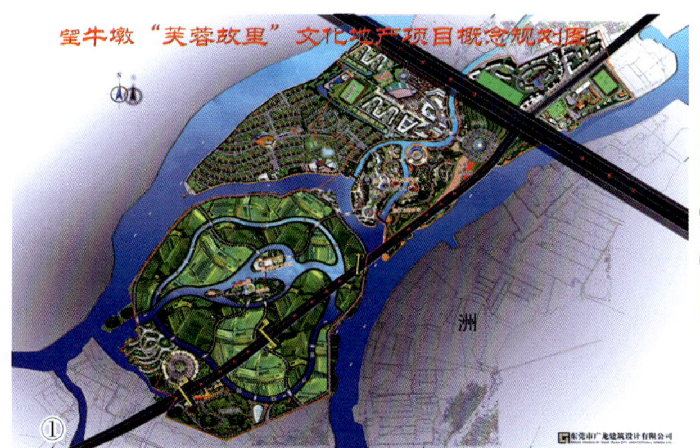

① 芙蓉故里
② 望牛墩新医院（效果图）
③ 四通八达的陆路、水路交通
④ 教育强镇——望牛墩：望牛墩镇实验小学全景图
⑤ 休闲的生态农业（奥运蔬菜）

镇中心全景

附：2011年望牛墩镇党委、人大、政府领导名录

镇委书记：胡浩举

镇委副书记：叶孔新（任至6月）
梁寿如（任至8月）
郭志祥（6月到任）
李志雄（8月到任）

镇委委员：李志雄（任至8月）
谭树棠（任至1月）
谭叙棉（任至8月）
罗志海（任至8月）
黄德洪
伦宝明（8月到任）
陈艳芬（8月到任）（女）
卢广新　杨翰卿
袁雪明（女）
刘庆贺（8月到任）
莫浩全（8月到任）
袁树坚（8月到任）

镇人大主席：胡浩举

镇人大副主席：谭树棠（任至1月）
伦宝明（8月到任）
梁远全

镇　长：叶孔新（任至6月）
郭志祥（8月到任，6月为镇长候选人）

副镇长：李志雄（任至8月）
伦宝明（任至8月）
周近有（任至8月）
黄德洪（8月到任）
罗志海（8月到任）
杜汉雄（8月到任）
陈志良（8月到任）

2007—2011年望牛墩镇主要经济指标

指标＼年份	2007	2008	2009	2010	2011
户籍人口（人）	44643	45006	45475	45881	46353
外来暂住人口（人）	46217	38452	37873	32670	37165
面积（平方公里）	31.57	31.57	31.57	31.57	31.57
地区生产总值（万元）	194750	234123	288697	356540	360982
工业总产值当年价（万元）	454942	529371	592153	742650	779237
农业总产值当年价（万元）	5431	5312	5236	5448	5865
总用电量（万千瓦时）	50348	52531	58063	61681	63971
全社会固定资产投资总额（万元）	85000	95939	117136	117184	117361
社会消费品零售总额（万元）	18112	21485	25483	31382	53710
外贸出口总额（万美元）	11754	15022	14230	19012	21950
实际利用外资（万美元）	1507	2315	2371	2254	2697
镇级可支配财政收入（万元）	21610	28739	30595	33845	37308
各项税收总额（万元）	23978	30306	33077	53985	54623
金融机构各项存款余额（万元）	246160	303286	349813	395863	414941
城乡居民储蓄存款余额（万元）	185086	227871	245156	281740	299294

麻涌镇

【概况】 麻涌镇位于东莞西北部，总面积91平方公里，常住人口11.8万人，下辖13个村，2个居委会，是省政府确定的省中心镇。2011年全镇实现生产总值120亿元，增长9%；工业总产值520亿元，增长10%；税收总额20亿元，增长18%；镇本级财政收入5.9亿元，增长6%；全社会固定资产投资29.6亿元，增长11%；社会消费品零售总额9.7亿元，增长30%。在2011年度镇级领导班子落实科学发展观工作实绩量化考核中，麻涌获得综合总分奖一等奖，在丙类镇排名第一；分别获得经济发展、可持续发展、社会发展、结构效益和市直主管部门满意度评价等5个单项奖；实际利用外资额和单位GDP能耗当年降低完成率排名第四；被评为2011年度预防职务犯罪工作先进单位、市重点项目建设管理先进单位。还获评为“广东省文明镇”，并顺利通过“广东省教育强镇”复评。

【经济发展】 招商工作。2011年，麻涌镇镇班子成员定期拜访镇内重点优质企业，鼓励其增资扩产和技术改造。由镇主要领导带领招商队伍拜访中粮、中远、五矿等大项目总部高层领导，力争引进大项目。着力打造优质服务品牌，积极为益商电子商务、正大康地、吉海船舶、裕华兴机械、正德毛纺等项目做好立项、环评等工作，协助南玻光伏、永得利二期、国丰粮油等多个项目完成项目“招拍挂”、工业用地协议出让以及项目用地报建等手续，安排专人协调解决桦德、鲁花食用油的用地、用电问题。注重做好省、市重点项目跟踪服务，参照市的做法，成立专门的督导小组，将镇每年的重点工作分解，由领导班子分别跟进，每月进行一次常规督查。对中粮广东东莞食品产业园、五矿钢铁物流专业市场、中远海洋工程、国

坚持大项目带动　建设现代化滨港中心镇

① 2011年7月13日，省委常委、常务副省长朱小丹（前排左二）到坐落于麻涌镇的省粮东莞直属库调研
② 笔墨雄风——2011年5月25日，广东省委常委、宣传部长林雄在广东省农民读书活动中为麻涌镇麻二社区题字
③ 2011年5月25日，副省长雷于蓝（中），市委书记、市人大常委会主任刘志庚（右），省新闻出版局副局长韩安贵（左）在麻涌镇麻二社区共同启动广东省农民读书活动
④ 2011年12月9日，市委书记、市人大常委会主任徐建华（左）看望麻涌镇漳澎村贫困户并送上慰问金

① 2011年11月3日，市委副书记、市长袁宝成（左四）到广东中远船务公司考察
② 2011年11月29日，中央政府驻香港联络办副主任黎桂康（左）向首任香港东莞麻涌同乡会会长陈冠杰（右）颁发任职证书
③ 2011年8月25日，中国共产党麻涌镇第十三次代表大会开幕
④ 2011年11月18日，麻涌镇第十六届人大一次会议召开

丰粮油、豪丰环保产业园等重点项目采取定期现场督查的做法，加快项目的建设。全年合同利用内资31.1亿元，增长135%；实际利用内资15.3亿元，增长149%；合同利用外资0.99亿美元，下降7.66%；实际利用外资2.1亿美元，下降15.8%。全年共协助企业成功申请增资项目18宗，合计合同金额7875万美元。

第三产业发展。成功引进五矿国际钢铁物流城、益商电子商务等现代物流项目，落实宝盈房地产、钜隆房地产以及汇凯五星级酒店等一批商贸服务业项目，积极推进椰林特色商业步行街建设，第三产业增加值增速位居全市前列。

企业转型升级。深入落实“十个100”专项工作，推动1家企业设立广东省地区总部，6家重点龙头企业拓展内销市场，5家企业打造“升转”示范企业，7家企业由OEM向ODM转变。着力提高创新能力，以协助企业申报项目、建立研发平台为核心，成功申请各类科技型项目77个、省市科技成果奖励8项，争取国家、省、市财政资助资金3295万元。新认定国家高新技术企业5家、省市民营科技企业5家、省级工程中心1家、省级技术中心2家、市级工程中心3家。新增专利试点企业1家、专利培育企业5家，新增无公害农产品4件。着力培育壮大民营企业。成功推荐9家企业进入高成长型中小企业数据库，3家企业入选市“50强民营工业企业”，2个项目获批省“两化”融合“四个100”示范项目，推动3家“来料加工”企业转民营。

【城镇建设】 城市规划。2011年，麻涌镇完成旧城片区、中心区、鸥涌黎滘片、华阳南洲片、麻涌大道南地块控制性详细规划，北区控制性详细规划调整以及绿道网专项规划，面向全国开展一河两岸城市设计、旧麻涌中学地块空间形态研究，以及文广中心大楼和文化体育公园的设计招标工作，城市品位显著提升。

基础设施建设。全年累计投资3.71亿元推进城市升级工作（其中镇财政投入3.38亿元）。麻涌派出所、交警大楼、社区卫生服务中心、麻涌中学新校工程以及麻涌一中二期扩建工程建成并投入使用，启动商业步行街的规划建设，城市配套不断完善。道路建设全面推进，新增公路里程5.2公里，改建公路3.08公里。东太路、太步路、东环路一期建成通车，中心大道一二期、东环路二期、中心大桥、沿河西路中大段以及兴南路升级改造等工程建设进展顺利。

环境保护。制定《麻涌镇各环境功能区引进项目环保准入管理办法》和《麻涌镇奖励举报违法排放工业废气行为办法》，严把项目准入关，拒批建设项目14个，涉及投资总额2.4亿元；关停或改造燃煤锅炉10台，处罚环境违法企业5家。推进节能技改和清洁生产，完成26家重点耗能企业“十二五”节能规划编制，引导企业投入技改资金超8亿元，完成节能、技改项目50多项；协助14家企业办理清洁生产备案，8家企业建立完善DCS系统、在线监控系统，成功创建省级清洁生产企业2家、市级清洁生产企

① 2011年5月31日，麻涌镇委书记、镇人大主席邓流文，镇长莫伟权等镇领导到漳澎小学新校工程建设现场了解工程建设情况

② 麻涌镇各村电子阅览室免费向群众开放

③ 麻涌镇新建的市一级学校——漳澎小学

④ 中山大学新华学院（效果图）

业1家、市级环境友好企业2家。2011年麻涌镇单位GDP能耗下降10.7%，完成率169.8%，超额完成年度节能目标。

生态环境建设　镇财政继续对符合条件的农村道路、绿化公园、河涌清淤等公共设施建设工程进行补贴。全年共投入3125万元，实施农村环境“五整治”（整治环境卫生、整治生态环境、整治旧村、整治农贸市场、整治“六乱”）工程项目56个。投入820万元，稳步推进麻二社区创建市级名村和黎滘村创建镇级名村工作，麻二、黎滘、新基创建宜居社区成功通过验收，大步、新基、麻一、麻二、麻三、麻四等6个村（社区）成功创建市“生态示范村”，中心小学成功创建省级绿色学校。新建城市社区绿道8.75公里，新增绿化种植面积18.5万平方米，建成总长33.28公里的截污主干管网并通过初检。生活垃圾分类收运处置试点工作、垃圾处理厂筹建工作进展顺利。

【社会管理】 社会维稳　2011年，麻涌镇强化综治信访维稳中心作用，全年受理群众各类诉求215宗，成功调解214宗，调处成功率99.5%。

社会治安　完善“大巡警”工作机

① 2011年3月8日，麻涌镇举行“幸福麻涌·三八同乐”绿道游活动，市人大常委会副主任李秀冰（前）参加活动

② 麻涌镇文化体育公园和文广中心大楼（设计图）

③ 麻涌河一河两岸景观（设计规划图）

制，加强“大情报”平台系统建设，构建三级巡防体系以及立体巡防格局，落实深圳大运会安保工作，扎实开展“粤安11”、“莞安1号”、“雷霆11”等专项行动，严打违法犯罪，刑事立案数同比下降10%，路面“双抢”警情和村内“入室盗窃”警情均下降16%以上，13个村（社区）成功创建平安社区（村）。

安全生产。开展“安全生产年”、“打非治违”活动，危险化学品、废油加工、仓储煤场、冶金机械专项整治行动以及职业健康安全监管行动。安全生产事故同比下降12.5%。加大安全生产培训和演练力度，推动5家企业建设应急救援指挥平台。

食品安全管理。开展食品添加剂、“地沟油”和餐厨废弃物、肉制品、火锅底料、粉条等专项整治行动，查处取缔无证照食品生产经营单位一批。加强集体食堂和大中型餐饮单位的食品安全管理，严防食物中毒事故。成功将南峰时代广场创建成为食品安全示范广场。

【农村农业发展】集体经济发展。2011年，麻涌镇委托东莞信托公司制定年收益不低于6%的理财计划，已投资信托及银行理财的资金达0.9亿元，解决各村（社区）闲置土地款保值增值问题。统筹利用市财政对欠发达村的4200万元免息贷款，建设新莞人居住中心、农贸市场等收入稳健项目，加快欠发达村集体经济发展。切实减轻村级负担，继续由镇财政以农村工作经费补贴的形式补贴村两委成员基础工资，其中书记、主任3000元/人·月，其他两委成员2700元/人·月，镇财政全年补贴农村工作经费300多万元。制定《麻涌镇2011年农村

① 2011年5月10日，中远船务公司建造的第14艘5.7万吨散货船举行命名仪式

② 汽车滚装船在新沙港卸载汽车

③ 鸟瞰新沙港

（社区）干部薪酬管理实施方案》，明确农村干部薪酬的构成、保底及封顶、发放、奖惩等相关内容。并结合报酬方案执行中发现的问题，明确从2012年起，农村干部报酬经济绩效工资将按照当年应收账款实收率发放。2011年，全镇村组两级集体总资产达24.12亿元，同比增长6%；净资产达18.24亿元，同比增长9.25%。村组两级总收入1.9亿元，同比增长13.92%，农民人均纯收入10489元，同比增长8.8%；经营性纯收入9474万元，同比增长1.1%；资产负债率24.39%，下降2.26个百分点，其中绝大部分为村级负债，总体上处于一个适度合理的水平。

农村管理。顺利完成村（社区）党组织换届选举工作，并在麻二、麻四、大步、鸥涌、川槎等5个村（社区）党（总）支部中推行“公推直选”。顺利完成镇第五届村（居）委会换届选举工作，全镇13个村委会和2个居委会一次性全部选举成功，参选率达99.85%。制定并严格落实四个“严禁”和四个“审批”制度，即：严禁农村随意增加分配，严禁将集体资金借与私人，严禁村级接待费用大额超支，严禁挪用或超范围使用市镇财政有关补贴资金；各村（社区）分配福利方案、新上的项目、新招聘工作人员、新增金融机构贷款必须报镇委镇政府审批。加强农村公车使用管理。针对农村审计中发现的公车使用不规范的问题，制定农村集体公务车辆管理方案，规范各村（社区）公车数量和完善登记手续，杜绝公车挂私人名现象。执行重大事项审查和经济审计制度，对全镇15个村（社区）和139个经济社进行经济责任审计，审计涉及总资产7.6亿元，全面解村组级经济状况。

① 麻涌中心区一隅

② 新沙港滚装码头

农业生产。改善种植条件，建设现代标准农田1928亩，种植农田林网9914米283亩。创新土地适度规模耕作机制，选取麻一、麻三、东太、大步、华阳、漳澎等6个欠发达村开展土地流转试点工作，共向耕作大户流转土地4200多亩，申请奖励金额为89.6万元。新增农民专业合作组织3家，总数达到10家。落实各项惠农补贴政策，全年共向农民发放水稻、玉米种植补助专项资金约287.5万元，发放农机购置补贴50万元，新增设施农业516.8亩，发放设施农业补贴34.6万元，发放涉渔收费专项资金581.6元和渔业油价补贴资金3.86万元。

【市内外扶贫“双到”工作】 市内扶贫工作。2011年，麻涌镇驻村班子成员每月不少于2次到村开展调研督导工作，单位统一组织慰问40次，帮扶干部自行落户650人次，共投入资金18.87万元，其中干部捐赠资金17.81万元。累计为困难群众解决困难133宗。镇内帮扶的112户中有99户困难家庭收入达到脱贫标准，占脱贫任务户数的88%，已超过2011年市定的60%的任务数。全年市核定麻涌欠发达村基础设施建设项目共18个，预算总投资792.96万元，已完工项目1个，已完成评审项目16个，正在评审项目1个。10个欠发达村村组两级经营纯收入5810万元，同比增28.25%，且全部达到150万元的标准。

市外扶贫工作。镇主要领导5次率党政领导班子到挂点村开展调研督导工作，镇班子成员到村196人次，并派驻“双到”干部3315人次开展帮扶工作，累计投入帮扶资金共1089万元，其中，到村帮扶资金611万元，到户帮扶资金478万元，实施到村帮扶项目46个，到户帮扶方式9大类，受惠6124人次。东冠村集体经济收入11.75万元，比上年增加8.725万元，增长288.4%；东冠村2011年人均收入6380元，同比增

长31.7%，贫困户人均收入6042元，同比增长167.4%，贫困户家庭人均收入达2500元以上的有242户1255人，脱贫率为100%。上赖村集体经济收入11.25万元，比上年增加6万元，增长114.2%；上赖村2011年人均纯收入6143.2元，同比增长12%，贫困户人均纯收入6091.63元，同比增长147.2%，贫困户家庭人均收入达2500元以上的有249户1238人，脱贫率为100%。两个村均顺利完成2011年贫困户人均纯收入增长水平超过所在村农民年人均纯收入的增长水平的目标。

【民生实事】 社会保障体系建设。2011年，麻涌镇开展“广东扶贫济困日”和“东莞慈善日”募捐活动，在“广东扶贫济困日”共募集善款接近300万元，“东莞慈善日”共募集得捐款10.26万元，270人办理银行每月代扣捐款。支持“东莞慈善杯”2011东莞全明星篮球赛，投入25万元购买“慈善篮球赛”门票50张。继续实行低保动态管理制度、低保民主审核审批制度，2011年全镇低保1683户3590人，全年发放最低生活保障金725.9万元，为低保家庭739名学生（高中、初中、小学）发放助学金136.8万元，为351名在读住宿生（高中、中专、初中）发放住宿费60.37万元，为209名低保大学生发放助学金146.3万元，为900名低保边缘大学生发放助学金315万元，为1264名低保边缘高中生发放助学金189.6万元。投入682万元为全镇户籍人口购买商业重大疾病和意外医疗保险。实施住房保障工程，提供廉租住房保障262户，新建公共租赁住房560套。开办2家农副产品平价商店。

创业就业。镇财政不设补贴上限实施创业就业工程，市、镇累计发放创业就业补贴资金2426万元，惠及4.7万人次。建立“村民车间”28个，安置户籍劳动力就业1610人。加强新莞人技能培训，开展技能竞赛，多措并举推动全民就业创业。

文化建设。投入811万元实施文化“五个有”（综合文化活动室、公共图书阅览室或农家书屋、文体广场、公共电子阅览室、一批文化活动和体育健身器材）工程，建设24小时自助图书馆，开展“香飘四季”文化艺术节、读书节、龙舟景传统游龙以及全民健身活动月等系列活动，打造水乡特色文化品牌。

教育事业发展。加大教育投入力度，全年投入1.65亿元，发放困难家庭子女助学金783万元。加强学校基础设施建设，加固改造8718平方米校舍，完成漳澎小学扩建并创建成为市一级学校，稳步推进镇中心幼儿园筹建工作。推动教育均等化，297名新莞人子女人读公办学校。（梁泽鹏）

附：2011年度麻涌镇党委、人大、政府领导名单

镇党委书记：邓流文

镇党委副书记：莫伟权（任至7月）
袁国超（7月到任）
袁政军（任至8月）
陈旭林（8月到任）

镇党委委员：郭佳荣　赖剑云　薛幼东
杜学民　黎德庆（任至8月）
何云航　伦楚能　吴晓峰
吴楚云（8月到任）
尹　礎（8月到任）

镇人大主席：邓流文

镇人大副主席：薛幼东（任至9月）
钟镇威（任至9月）
郭佳荣（9月到任）
祝永欣（9月到任）

镇　长：莫伟权（任至7月）
袁国超（7月到任）

副镇长：祝永欣（任至9月）
卢炽华　陈文龙
钟镇威（9月到任）
许松柏（9月到任）

2007—2011年麻涌镇主要经济指标

指标＼年份	2007	2008	2009	2010	2011
户籍人口（人）	70861	71260	71809	72332	72889
外来暂住人口（人）	43996	42877	32805	34798	34843
面积（平方公里）	91	91	91	91.14	91
地区生产总值（万元）	610000	756029	932351	1109110	1200000
工业总产值当年价（万元）	2910000	4185160	3738708	4759140	5200000
农业总产值当年价（万元）	10760	13385	14262	14284	17371
总用电量（万千瓦时）	264460	81563	92288	116520	127540
全社会固定资产投资总额（万元）	228900	225389	238321	284849	296633
社会消费品零售总额（万元）	44644	51430	48935	73891	96259
外贸出口总额（万美元）	108620	123232	119095	164013	186389
实际利用外资（万美元）	20845	22989	24114	25469	21444
镇级可支配财政收入（万元）	34097	44936	49852	55622	59049
各项税收总额（万元）	88185	120512	141902	165502	200026
金融机构各项存款余额（万元）	570781	595487	567709	728228	752735
城乡居民储蓄存款余额（万元）	226378	280718	302623	355550	396647

石碣镇

【概况】 石碣镇位于东莞市北部，地处广深走廊之间，总面积36平方公里，下辖14个村和1个社区，常住人口24.8万人。2011年全镇工业总产值414亿元，同比（下同）增长3.08%；税收总额15.9亿元，增长6.57%；镇本级可支配财政收入4.7亿元；各项存款总额144亿元，增长6.11%；镇、村、村民小组三级集体总资产85.1亿元，增长0.26%。村、村民小组两级总收入6.5亿元，纯收入3.4亿元；社会消费品零售总额19.6亿元，增长10.58%。

【荣获“全国文明镇”称号】 2011年，石碣镇严格按照国家文明镇的创建标准，扎实开展全国文明镇创建工作，大力提升政务环境、法治环境、市场环境、人文环境、生活环境、社会环境、生态环境等7个方面的文明程度，顺利通过国家文明委的评审，荣获“全国文明镇”称号。同时，石碣镇大力提高市民的文明素质、促成文明习惯的养成，从而提升城市的文明程度。

【经济建设】 2011年，石碣镇将推动转型升级和加强经济管理作为抓好经济的重要手段，实现经济的稳步发展。一是外贸经济实现逆境中提振。2011年，全镇新签外资项目54宗，同比（下同）增加44宗，增资11宗，合同吸收外资4018万美元，增长100.9%，增幅高于全市65.8%；实际吸收外资5695万美元，增长10.91%。全镇外贸进出口62.5亿美元，增长13.47%；其中出口36.2亿美元，增长7.56%；进口26.3亿美元，增长22.73%，增幅高于全市13.33%。二是加工贸易转型有效推进。2011年，全镇有47家来料加工企业转为民营或“三资”，超额完成市下达的18家转型任务，完成总量全市排第八名。同时，外资转内销成绩喜人，全镇外商企业内销总额达28亿元人民币，增长18.3%，莫仕、台达等6家内销龙头企业平均同比增长18%。三是民营经济加速发展。民营经济规模进一步壮大，2011年全镇共有个体私营工商牌照企业1.28万家，增加1409家；个体私营企业总注册资金9.87亿元，新增1.7亿元；私营及个体工业总产值36.1亿元；私营经济税收4.6亿元，

石碣——江滨花园式电子信息产业名镇

① 2011年2月12日，中共中央政治局委员、省委书记汪洋（右三）到石碣镇台达电子公司调研

② 2011年1月9日，中共中央政治局委员、省委书记汪洋（左二）到石碣镇东聚电子公司调研

③ 2011年10月26日，市委副书记、代市长袁宝成（前排右二）到石碣镇检查工作

占全镇税收总额的29.13%。民营企业的成长性进一步增强，盈聚电子、恒兴电子、智高文具、前锋电子等民企成功申报东莞市上市梯度培育企业，盈聚电子、前锋电子、广发制药等6家民企成功纳入东莞市高成长型民营中小企业培育工程库，智高文具“圆规”产品、“广发”制药分别成为省名牌产品和省著名商标。内资引进工作成效显著，2011年，全镇新签内资引进项目11宗，协议投资金额6450万元，实际投资金额6300万元；增资项目4宗，投资金额4.85亿元。四是经济管理大力加强。全面加强财政管理，大力实施开源节流和增收节支，既强化税收征管、税务协管和各种规费的征收，做到应收尽收；也规范镇政府及部门单位的经费支出，出台《石碣镇公用经费管理办法》等多个制度，使经费支出做到可管可控；还着力提高政府采购的范围和效率，2011年共完成集中采购项目35宗，共计执行采购预算3163万元，中标金额3080万元，节约资金83万元，节支率为2.6%。同时，强化农村集体资产管理，推进农村干部任期审计、农村财务管理检查、监事会培训等工作，力求促进村组集体经济的健康发展。

【城市建设】2011年，石碣镇打造宜居环境，推动城市升级，城市面貌和形象进一步提升。一是科学编制城市规划。全面完善控规，5个片区规划的编制工作进一步推进，其中，西南片区、中心片区均已通过审批，中部片区2011年8月正式公布实施，北部片区、西北片区已送市规划局复审。加快完善专项规划，编制《石碣镇市政排水系统专项规划》、《石碣镇社区绿道网专项规划》和《石碣镇交通公交运行线路规划》，完成国民经济与社会发展十二五规划和截污次支管专项规划。二是逐步完善基础配套。加快推进城市和社区绿道网、市政排水系统、截污次支管等工程的建设，大力构建城乡一体化的基础设施网络体系。推进四甲现代标准农田建设，切实提高农业综合生产能力。加强城市绿化，全年增加绿地2.7万多平方米，社区绿化覆盖率40%。

① 2011年1月8日，原中国人民解放军总后勤部部长王泰岚到石碣镇考察

② 2011年10月21日，市委常委、宣传部部长王道平（左三）到石碣镇督导市内扶贫工作

③ 2011年10月29日，“国家卫生镇”复审省级考核评估组领导到石碣镇考察

④ 2011年2月24日，国家质检总局领导到石碣镇召开供港蔬菜工作会并实地考察蔬菜基地建设

⑤ 2011年4月29日，坐落在石碣镇的东莞市五株电子科技公司投产，市领导王道平、邓志广等参加投产仪式

① 2011年3月16日，《东莞市石碣镇志》举行首发式，副市长吴道闻等领导出席首发式

② 2011年11月29日，石碣镇举行十九项重点亮点工程动工（竣工）仪式，市领导刘树基、王道平、梁国英等参加仪式

③ 2011年10月27日，石碣镇举办发展论坛，共商建设和谐社会与转型发展良策

④ 2011年9月15日，石碣镇召开"党纪、政纪、法纪"报告会，镇委书记、镇人大主席王炜东作报告

⑤ 2011年11月21日，石碣镇润丰国际蔬菜交易中心与新疆广东商会北园春集团签署合作协议，镇委书记、镇人大主席王炜东（站者左五），镇委副书记、镇长游耀波（站者右四）等参加签字仪式

⑥ 2011年6月28日，石碣商会举行成立九周年暨第四届理事就职典礼

三是扎实推进重点项目。成功举行19项重点亮点工程竣工（动工）典礼，四甲公园、横滘社区综合服务大楼、西南综合市场、桔洲产业名村、涌口宜居社区等新一批重点工程全面竣工，唐洪饮食街、七里香广场、台达一厂等5个“三旧”改造项目顺利启动。推进西沙路、西梁路等道路升级改造，顺利完成代建市信息技术学校工程，完成4宗征地拆迁工程。四是不断提升环境品质。强化重点污染源监控，特别对大型工厂、企业、学校等重点污染源的监控，落实总量减排工作。严把项目审批关，否决不符合国家产业政策和重污染高消耗建设项目，共审批建设项目137个，有效地控制建设项目产生新的污染。成功创建中国绿色名镇，有7条村通过市级生态村验收，桔洲村、涌口村成功创建市绿色社区，沙腰村通过市绿色社区验收，实验小学、中心小学等4所学校成功创建“省绿色学校”或通过“市绿色学校”复评。

【社会大局和谐稳定】2011年，石碣镇将创新社会管理作为重要的着力点，巩固社会大局的和谐稳定。一是全力维护社会稳定。积极开展“打黑除恶”专项行动、打击“两抢一盗”专项行动，对治安重点部位进行整治，始终保持打击刑事犯罪的高压态势。2011年，全镇共发刑事案件1072宗，同比下降23.4%，打掉犯罪团伙44个。全方位开展“治摩”专项行动，共查处非法摩托车956辆，查处电动自行车交通违法151宗，查处非法营运20宗，道路交通环境明显改善。加大社会治安联防联控，强化科技强警，推进平安社区创建，全镇平安社区（村）创建率达100%。强化矛盾纠纷排查调处工作，积极预防和妥善处置群体性事件，排查各类矛盾纠纷19宗，调处结案18宗，调处率达94.7%。二是切实加强安全生产。加大行政执法和联合专项整治力度，开展对“三小场所”、公共聚集场所、危险化学品行业的专项整治，重点对“三合一”（集生产、经营与居住、仓储）的商铺和大型出租屋的实施消防安全整改，严防安全事故发生。全年共检查企业680多间，整改安全隐患320余处。三是不断规范市场秩序。加大食品安全整治力度，深入开展“食安一号”、清理非法制售“地沟油”等食品专项整治，2011年共出动执法人员3900多人次，检查各类食品生产经营单位3000多间次，发出限期整改通知书400多份，查处取缔无证照食品生产经营单位37户，有效保障群众的食品安全。积极开展打假联合行动，查处食品制假窝点4处，查获假冒伪劣卷烟1700多条、盗版音像793片、商标侵权手机50台、假冒伪劣盐制品265公斤等。大力开展市场整治，严格取缔无证照经营，市场环境得到进一步改善。四是构建和谐劳动关系。做好劳动监察两网化工作，实现对用人单位分类动态监控100%的覆盖。实施拖欠工资、厂租的通报制度和专人跟踪制度，强化对有拖欠工资或者租金行为企业的重点监控和监管。积极开展和谐劳动关系示范区创建活动，选定鸿晖纸业有限公司等10家优质企业作为石碣镇创建和谐劳动关系示范区的重点企业。同时，加强企业劳资纠纷排查工作，2011年共受理各类劳动争议上访案件2691宗，处理集体争议51宗，共为员工追回1490万元欠款。

① 2011年8月30日，石碣镇召开创建国家文明镇再动员大会

② 2011年11月3日，石碣镇举行聘请镇委、镇政府顾问仪式

③ 2011年9月23日，石碣镇召开党组织开展“三观”主题教育学习活动动员大会

① 2011年3月3日，举行石碣镇中心小学获评“省巾帼文明岗”揭牌仪式
② 2011年4月13日，石碣镇石碣村举行获评“市容环境优美村”揭牌仪式
③ 2011年6月6日，石碣镇举行“石碣崇焕杯”《人民文学》2010年度中短篇小说获奖作品颁奖典礼

【民生幸福提升】2011年，石碣镇将社会事业发展放在全镇发展大局中统筹谋划、科学部署，形成各项事业共同繁荣进步的良好局面。

就业创业更加稳定。举办各类大中型招聘会21场，发布就业招聘信息3717条，为1033名群众推荐和落实就业；为373名就业困难人员安置就业，累计为2.1万人次的“4050”就业困难人员、大中专毕业生等群体发放就业补贴资金1042万元；累计办理居民自主创业小额贷款48万元；大中专毕业生就业率全市排第一。

社保体系更加完善。进一步健全低保、养老、医疗、生育、住房等社会保障体系，向220名低保户共发放低保金47.4万元，将五保供养标准由600元/人・月提高到660元/人・月，为76名困难学生发放上学补助金19.4万元，对358户低保户、五保户、优抚对象和困难新莞人等弱势群体进行“两节”慰问，建成416套公租房并解决32户低收入家庭的住房困难，全年累计落实50万人次困难群众优惠乘车。

文化教育更有品质。着力繁荣文化，积极创建广东省特级文化站，建成石碣24小时ATM自助图书馆，开展“文化百千万”进基层、“绚丽大舞台”、男子篮球联赛等文化惠民活动，成功举办“石碣崇焕”杯《人民文学》2010年度中短篇小说获奖作品颁奖典礼及纪念袁崇焕诞辰427周年系列活动。大力提升教育品质，投入400多万元用于保障校舍安全；成功创建市一级民校1间、市三星级民校4间；全面提高教育质量，石碣中学有33人上本科线，超过市的指标25人，崇焕中学中考平均分、合格率连续五年超出市线，公办小学毕业班质量自查全部达标或超标；顺利完成500名新莞人子女积分入读公办学校；推动教研科研进步，共获国家级奖励19人次，省级奖励27人次，市级奖励48人次。

医疗卫生更加优质。顺利通过国家卫生镇复审；成功推动石碣医院成为全市医改试点单位；着力健全社区卫生服务体系，2011年就诊量约64万人次，同比增长16%，日均接诊量约2094人次；继续实施户籍农（居）民免费健康体检，建立健康电子档案17万多份；强化突发公共卫生应急机制，顺利保障无重大疫情发生。

扶贫帮困更加扎实。市外扶贫方面，累计投入1159万元结对帮扶罗定市替滨镇3条贫困村，898户贫困户全部脱贫，脱贫率100%。市内镇外扶贫方面，石碣镇6条村结对帮扶高埗、道滘镇各3

条村，投入帮扶资金60万元。镇内扶贫方面，全镇纳入结对帮扶的贫困户为57户、96人，2011年累计发放72.05万元的最低生活保障金、助学金、医疗保障金补助等费用，实现脱贫50户，脱贫率88%。

【“石碣镇发展论坛”举办】 2011年10月，石碣镇委、镇政府召集镇领导班子成员，各村（社区）书记、主任，镇关工委副主任以上干部，镇政府各办、有关部门单位负责人，镇内各大商会和银行负责人等举办石碣镇发展论坛。与会人员都积极发言、勇于献策，结合自身经验和各个领域的实际，指出中小企业贷款难、行政服务有待改进、财政压力大等实际困难和问题，提出巩固优势产业、发展战略性新兴产业、做好第三产业、创新金融服务、整合盘活资源等意见建议。通过举办发展论坛，既找差距、找问题、找方法，也凝聚发展共识、增强发展动力。

【聘请镇委、镇政府顾问】 2011年11月，石碣镇开全市各镇街先河，聘请中国社科院城市竞争力研究中心主任倪鹏飞、省政府发展研究中心主任谢鹏飞、省委政研室副主任张劲松、清华大学教授于永达、省社科院竞争力研究中心主任丁力、中山大学岭南学院教授林江、张建琦、中山大学管理学院教授李江帆、暨南大学教授封小云等9名专家学者担任镇委镇政府顾问。在聘任之后，石碣镇委、镇政府以及各村（社区）重视发挥顾问的作用，通过电子邮箱、微博、电话等多种方式，与专家学者们在专题研究、具体专业问题请教等方面加强交流合作，既提高决策的科学性，更用专家智慧为经济社会发展注入动力。

（雷成虎）

附：2011年东莞市石碣镇党委、人大、政府领导名录

镇委书记：王炜东

镇委副书记：游耀波

黎灿辉（6月挂任罗定市副市长）

镇委委员：叶仲球　刘锦松　周明贵

叶景良　袁莉雯　詹耀东

龚良宝　何志伟　谭叙棉

镇人大主席：王炜东

镇人大副主席：刘锦松　黄子成

镇　长：游耀波

副镇长：叶仲球　梁锡坚　叶浩平

唐满全　刘建俊

① 2011年7月1日，石碣镇组织全镇党员收看庆祝中国共产党成立90周年大会电视直播

② 2011年6月29日，石碣镇举办“幸福石碣”庆祝建党90周年文艺晚会

③ 2011年9月1日，坐落于石碣镇的市信息职业技术学校举行落成启用

① 袁崇焕纪念园

② 占地168亩，建筑面积11.8万平方米的石碣润丰国际蔬菜交易中心

③ 美丽的江滨公园

繁华的商业街区

2007—2011年石碣镇主要经济指标

指标＼年份	2007	2008	2009	2010	2011
户籍人口（人）	41999	42608	43333	43887	44806
外来暂住人口（人）	181295	172095	113228	100760	100445
面积（平方公里）	36	36	36	36	36
地区生产总值（万元）	994532	1082524	858715	1001406	1098260
工业生产总值当年价（万元）	3531457	3596901	2966737	3924126	4138046
农业总产值当年价（万元）	4023	4086	3971	4409	4824
总用电量（万千瓦时）	166303	152880	141371	155976	157717
全社会固定资产投资总额（万元）	198147	185872	154243	153587	188735
社会消费品零售总额（万元）	154000	169948	176888	177018	195745
外贸出口总额（万美元）	494913	389853	256812	336334	361745
实际利用外资（万美元）	2909	4272	4688	5135	5695
镇级可支配财政收入（万元）	37641	39005	40184	42384	46618
各项税收总额（万元）	110256	139348	115563	149419	159240
金融机构各项存款余额（万元）	989304	1143627	1293160	1360772	1443871
城乡居民储蓄存款余额（万元）	644756	784860	846502	937744	1021382

高埗镇

【概况】 高埗镇面积34.4平方公里。位于东莞市的北部，在东江下游南支流稍潭水北岸、潢涌水南岸、挂影洲围西部。户籍人口3.82万，外来暂时人口17.97万，下辖1个社区，18个村委会。

2011年，全镇生产总值达79.9亿元，同比（下同）增长10.69%。各项税收总额10.02亿元，增长20.2%，其中国税6.52亿元，增长12.9%，地税3.5亿元，增长36.7%。镇本级可支配财政收入4.46亿元，增长13.9%。全社会固定资产投资20.4亿元，增长28.7%。总用电量13.57亿千瓦时，增长1.7%，总供水量3053万立方米。金融机构各项存款余额75.31亿元，增长8.3%。

【项目建设】 2011年，高埗镇实施项目带动战略，成功推动华宏公司2亿美元增资扩产项目的落实；全镇首个房地产项目——占地1000亩的新世纪颐龙湾已完成第一期别墅和高层建设，于2011年8月发售；光大·江与城和美乐居商业大厦等项目正在开展前期工作，房地产业逐渐成为全镇经济的新增长点。占地200亩的水果批发市场正办理建设工程许可证，即将进入建设阶段。全市最大的陆路货物物流集散中心之一，占地400亩的百茂物流城，总投资达6亿元，正进行首期主体工程建设，标志着高埗镇现代物流业已成功打开局面，北王路物流片区初具雏形。同时，高埗镇科学谋划布局，优化产业结构，推进产业集群发展，着力提升经济发展质量和效益，取得工业发展不断提质优化、商贸发展有效突破的喜人成绩。三大产业比重从2010年的0.91：64.86：34.23转变为2011年的1.03：63.22：35.75，呈现出产业更加优化的良好态势。

打造江滨新城，建设幸福高埗

① 2011年5月14日，国家统计局副局长李强（前排左三）在广东省统计局局长幸晓维及东莞市副市长成洪波（前排左一）等领导陪同到高埗唯美公司调研

② 2011年3月1日，广东省公安厅副厅长邱瑞颐到高埗检查社会治安工作

① 2011年3月31日，市委副书记、市长李毓全（桌前左三）到高埗日本电产有限公司调研

② 2011年7月20日，市委常委、纪委书记甄瑞潮到高埗调研

③ 2011年，副市长严小康（前排右二）到高埗检查文化“五个有”工程建设工作

④ 2011年9月30日，副市长成洪波（前排右三）到高埗调研消防工作

⑤ 镇人大代表讨论政府工作报告

① 2011年1月20日，镇长黄耀成（前排左二）带队检查市场食品安全工作
② 2011年3月10日，东莞市第95次外商联络小组协调会在高埗召开
③ 2011年8月25日，高埗镇第十三次党代会召开
④ 镇领导班子讨论分管工作
⑤ 2011年3月1日，高埗镇召开村（社区）“两委”换届选举工作会议

① 2011年6月18—19日，高埗镇举办信息技术与企业发展研讨会
② 2011年9月14日，高埗镇创建2010—2011年度市文明镇检查验收汇报会召开
③ 2011年9月9日，高埗镇召开庆祝教师节表彰大会
④ 高埗鑫鹏购物广场升级扩业

【转型升级】 2011年，高埗镇推动贸易形式转型。做好密切跟踪和服务，为企业转型创造良好环境，有15家来料加工企业转型为“三资”企业，其中佰鸿电子有限公司投资4494万美元，昭和电子有限公司投资3856万美元。推动开展内销业务。鼓励支持企业扩大内销份额。开展内销业务的企业有71家，内销总额2.07亿美元，同比增长20%。培优增资拉动。以裕元、日本电产、华宏和昭和等产值前20位的企业及恒宏、济安和高辉等发展潜力前30名的企业为重点，挖掘企业的增资扩产潜力。全镇引进项目20宗，增资扩产项目14宗。合同利用外资1.02亿美元，增长274.72%，实际利用外资3732万美元。出口总值12.64亿美元。严格控制减排企业二氧化硫排放量、入炉煤硫份和脱硫效率情况，确保各减排企业达标排放，超额完成市下达的减排任务。

【科技创新】 2011年，高埗镇举办“信息技术与企业发展研讨会”活动，宣传省市有关扶持政策。充分发挥“科技东莞”、“科技高埗”和“加工贸易升级转型”等专项资金的导向作用，企业通过研发投入资助和贷款贴息等科技项目获得100多万元的资金。强化创新驱动。抓好高新技术企业和民科企业认定工作，全镇共有国家高新企业4家、省民营科技企业17家和市民营科技企业32家。加强科技项目申报，获市科技进步奖二等奖1项和三等奖1项。星宇高分子材料有限公司的裱书用高固含量水性胶粘剂产品被认定为广东省高新技术产品。

【城市建设】 2011年，高埗镇优化路网建设，投资2.6亿多元，完成三塘路和莞潢路中北段等道路升级改造工程；建设城市绿道网，完成沿江南路2.2公里绿道网建设；做好东江梨川大桥、环城路与莞潢路立交连接工程前期设计工作及征地拆迁工作，完善出入口景观。加快能源建设，11万伏江城变电站和宝莲加油站正在建设，22万伏低涌变电站已完成征地工作。改善宜居环境，投资4400万元，完成沿江路江滨广场绿化景观升级项目；建设宜居社区，卢溪村被列入2011年东莞市80个宜居社区（村）建设名单。加大城市管理力度，开展整治“六乱”及违章广告和清理在建违法建筑等专项行动；投入200多万元，做好道路养护管理、完善照明设施和桥梁维修加固工作；投入1750多万元升级改造三塘路和莞潢路绿化，“四横四纵”路网绿化提档升级工程基本完成。

①

②

③

④

⑤

⑥

⑦

①　高埗广场夜景
②　高埗江滨广场
③　靓丽的莞潢路
④　新世纪颐龙湾地产项目
⑤　活力江滨新城
⑥　振兴路商业街
⑦　高埗镇妇女群众庆祝“三八”节广场舞活动现场
⑧　百茂物流城（鸟瞰图）
⑨　梨川大桥规划（效果图）

① 2011年高埗镇建立平价农副产品商店
② 2011年7月1日，高埗镇举行“七月颂歌”纪念中国共产党成立九十周年大型晚会
③ 2011年6月16日，高埗镇举办2011年“光大地产”龙舟锦标赛

【农村发展】 2011年，高埗镇突出农村发展保障，面对新形势下农村发展的机遇和瓶颈，调整发展思路，创新农村管理，促进村组发展、农民增收，增强发展助推力。实施土地统筹集约经营。大力发展欧邓花卉观光项目、朱磡石榴场等观光、休闲、生态农业；积极开展农田标准化建设，投入200万元为低涌村650亩农田进行现代标准化建设；落实基本农田经济补偿措施，争取生态补偿资金374万元。严格资产管理规范经营。全面落实责任追究、重大事项审查、合同管理和土地款管理四项制度，打造惩防并举的集体资产管理新格局；开展好财务审计工作，完成农村干部任期经济责任后续审计1个、村民小组干部任期经济责任审计4个和村民小组经济社常规审计8个。落实项目入股扶持经营。协助芦村、护安围、宝莲和朱磡4个欠发达村利用好市贴息贷款，入股东莞佰旺电子有限公司二期厂房项目。2011年全镇村组两级总资产达16.8亿元，同比（下同）增长1.4%；总收入2.57亿元，增长6%，纯收入1.6亿元，增长5.2%；农村人均纯收入1.45万元，增长7.7%。在市村级两委会工作实绩量化考核中，横滘头村获得2011年度村级两委会工作实绩量化评比结果综合总分奖前50名和经济建设单项奖前50名，上江城村获得2011年度综合总分进步奖前10名，冼沙村、高埗村、保安围村和下江城村分别获得村组可支配常规性收入总额第72名、第119名、第121名和第130名。

【民生改善】 2011年，高埗镇全力抓好社会保障。完成对企业退休人员和村（社区）退休人员基本养老金的年度调整，调整后养老金水平明显提高；提高医疗保险待遇，年度最高支付限额提高到20万元/人·年；全镇共核付7706名退休人员基本养老待遇3000万元，核付社区门诊医疗待遇1800万元，核付住院医疗待遇3000万元，核付工伤保险待遇1100多万元。全力开展社会救济。开展扶贫济困送温暖慰问活动，共发放各类慰问金、救助金和助学金等1100万元；开展第二届“广东扶贫济困日”，筹得善款310万元；开展省市扶贫开发“规划到户、责任到人”工作，投入100万元帮扶乳源县大布镇鸽连村、英明村和夹水村3条贫困村；开展住房保障工作，投资20多万元，帮助6户低收入住房困难家庭修葺房屋，发放租金补贴。全力加强就业服务。落实就业补贴，为1.74万人次户籍劳动力办理“创业东莞”工程就业补贴，落实帮扶就业资金及小额贷款975.3万元；举办14场就业服务活动，现场为1890人次提供就业服务；开展技能培训，举办户籍技能培训班5期，培训城乡登记失业人员170多人次；增建3家“村民车间”，落实167名户籍劳动力就业；关爱新莞人就业，培训新莞人2000多人次；促进大学生就业，应届大学生就业率为99.7%。全力推进教育事业。鼓励和支持民办学校创建“星级民办学校”，宝文学校通过市“三星级”民办学校的评估验收；完善成人学校办学条件，全镇成人教育培训总量2.5万多人次；夯实教育基础，投资6000万元完成市第五高级中学扩建工程；开展校安工程，对低涌中学教学楼进行加固及修复，总投资约400多万元；开展圆梦计划，资助100名农民工进入北京大学学习。增强文化软实力。出台《高埗镇建设文化名城实施意见（2011—2020）》，规划未来十年“四个名城”建设的目标任务和重点项目；成功举办体育文化艺术节、读书节、2011年“锦绣大地”万人迎春长跑、广场健身舞和“光大地产”龙舟锦标赛等活动，推动文化体育事业发展。获全国全民健身活动先进单位、广东省十一届体育艺术节先进单位等奖项。

【社会管理】2011年，高埗镇以创新社会管理为抓手，切实提高社会管理水平。加强社会治安综合治理，进一步完善“大治安”防控格局，严厉打击各类违法犯罪活动；2011年共立刑事案件1177宗，破获各类刑事案件440宗，上升30.2%，打掉团伙33个，依法逮捕199人。推进“平安社区（村）”创建工作，18个村成功创建“平安社区（村）”，全镇“平安社区（村）”覆盖率达94.7%。成功处置突发性群体事件3起，化解群体性事件苗头5起。受理群众来访185宗，成功调处177宗，成功调处率为95.7%。加强租住管理，信息管理系统收录10.3万多名新莞人信息，全镇3174栋出租屋、3200多间“三小”场所的登记备案率100%，出租屋视频监控安装率达65%。坚持“治摩禁电”工作，共查处违法摩托车3411宗，暂扣摩托车3411辆，报废摩托车980辆；查处违法电动自行车、人力三轮车1058宗，暂扣1058辆。开展安全生产、消防安全、交通安全和食品安全等专项整治行动，消除各种安全隐患，提高人民群众的安全感，全年没有发生一起重特大安全事故和食品安全突发事件。严责严检抓计生，2011年高埗镇被市政府评为“先进镇街”和“无政策外多孩出生镇街”，芦村村委会和草墩村委会被评为“无政策外出生村（社区）”，全镇人口计生工作呈现出健康向上的发展态势。

（林 郁）

附：2011年高埗镇党委、人大、政府领导名录

镇委书记：李柏林（任至7月）
黄耀成（7月到任）

镇委副书记：黄耀成（任至7月）
黄锦昌（任至8月）
黄启光（7月到任）
郑晓微（8月到任）

镇委委员：郑晓微（任至8月）
杨石光（任至8月）
熊才安（任至8月）
黄钱发（任至8月）
杜伟洪 莫献来
钟伟明（8月到任）
袁灿怀（8月到任）
莫桂华
罗有通（任至8月）
苏惠英
刘志坚（8月到任）
李旭锋（8月到任）

镇人大主席团主席：
李柏林（任至7月）
黄耀成（11月到任）

镇人大主席团副主席：
熊才安（任至11月）
李祥根（任至11月）
莫献来（11月到任）
黄钱发（11月到任）

镇 长：黄耀成（任至9月）
黄启光（9月到任）

副镇长：杨石光（任至11月）
廖淑英（任至11月）
陈树有（任至11月）
刘志坚（任至11月）
杜伟洪（11月到任）
黎浩均（11月到任）
李耀祥（11月到任）
成汉钦（11月到任）

2007—2011年高埗镇主要经济指标

指标＼年份	2007	2008	2009	2010	2011
户籍人口（人）	37209	37409	37648	37832	38186
外来暂住人口（人）	101217	136527	128976	129189	179723
面积（平方公里）	34	34	34	34	34.4
地区生产总值（万元）	549859	653120	609392	697532	798981
工业总产值当年价（万元）	1132853	1457325	1295187	1571067	1564497
农业总产值当年价（万元）	10875	12360	10633	6350	10717
总用电量（万千瓦时）	129089	130017	117113	133411	135668
全社会固定资产投资总额（万元）	149894	113368	142932	158548	203971
社会消费品零售总额（万元）	138349	159350	118592	137637	160169
外贸出口总额（万美元）	119756	134837	104081	128663	126397
实际利用外资（万美元）	7351	7076	5203	5608	3732
镇级可支配财政收入（万元）	29665	32929	35842	39141	44572
各项税收总额（万元）	59387	78015	65857	83324	100190
金融机构各项存款余额（万元）	471213	552798	621829	695656	753088
城乡居民储蓄存款余额（万元）	322875	409584	432531	502032	520735

洪梅镇

【概况】洪梅镇地处东莞市西北部，紧靠虎门港立沙岛、新沙港，全镇总面积33.2平方公里，辖9个村委会，1个居委会，2011年户籍人口2.23万人，外来暂住人口约2.45万人。镇内主干道与107国道、广深高速、西部干道、沿江高速、沿海干道相连接，穗莞深城际轨道将在洪梅建设枢纽站，规划连接佛莞线、穗莞深、莞惠线和东莞市域轨道R1线。先后被评为广东教育强镇、广东省卫生镇、市文化建设达标镇、广东省花灯文化之乡。2011年，完成生产总值37.9亿元，同比（下同）增长11.1%；工业总产值167.7亿元，增长6.8%，其中规模以上工业总产值162.2亿元，增长4.9%。各项税收总额5.0亿元，增长4.9%；可支配财政收入3.2亿元，增长38%；社会消费品零售总额12亿元，增长19%。

【转型升级】2011年，洪梅镇坚持把产业优化升级作为增强持续发展能力的核心任务，实现总量扩张和产业优化并举。抓好选商引资。培育新型产业，引进点石电子、九丰运输、艾菲卡塑胶、正博印刷等一批高效益的优质项目，帮助理文、龙星、南华等一批企业实现增资扩产。全年利用外资项目13宗，合同利用外资1.18亿美元，同比增长54.7%；全镇外贸进出口总值18.37亿美元，同比增长15.2%。优化产业促创新。继续促进“来料转三资”，帮助电器厂、中合、富士通等企业成功转型，实现全镇所有来料加工企业全部转型。实施品牌战略，引导大众、理文公司开展技术创新并获得100万扶持资金，引进或促成3家企业设立研发中心，新增高新科技企业1家，市民营科技企业1家。狠抓节能降耗。32家企业进行清洁生产，获得各项奖励资金69万元，19家重点耗能企业开展“十二五”节能规划编制，顺利完成节能任务。推进转型发展。全面实施“科技洪梅”工程，引进“智慧洪梅镇”项目，利用物联网、云计算等新一代信息技术提高城镇服务管理智能化水平，完成一批智慧路灯改造工程。推进“三旧”改造，完成荣顺化工片区改造手续，新增华生、华威2个“三旧”改造项目，全镇5个改造项目总面积440亩，提高城市空间再造功能。盘活存量土地，全年处理存量土地270亩，消化闲置土地面积312亩。加强项目协调服务。成立重大项目服务小组，做好项目跟踪服务，推进在建工程进度，钢材城、荣顺化工城、台玻二期、绿洲化肥、丰泽园、雍景家园等一批重点投资项目基本完工。

【城市建设】2011年，洪梅镇坚持规划、建设、管理并重，进一步改善城市环境。抓好城市规划。完成《发展概念规划与总体城市设计》、《绿道建设专项规划》和镇总体规划修编前期研究，启动《中心区控制性详细规划及城市设计》、《综合交通规划》，积极推进

建设珠三角轨道枢纽新城、临港产业服务基地、实现洪梅经济社会发展新跨越

① 2012年2月4日，省委常委、省委宣传部部长林雄，副省长雷于蓝，省委宣传部副部长顾作义，市委常委、宣传部部长潘新潮，洪梅镇委书记吴淑萍等共同主持“广东省首届花灯文化节暨2012第三届洪梅花灯节”亮灯仪式
② 广东省首届花灯文化节暨2012第三届洪梅花灯节现场人潮如织
③ 广东省首届花灯文化节暨2012第三届洪梅花灯节花灯联展区——全省各地100多种花灯互相辉映

《望洪枢纽站站点地区规划研究》，充分发挥规划的先导作用，推进城市科学发展。统筹推进基础建设。镇村联网路方面，镇际5号联网路工程完成进度80%，其中洪金路、桥东路、洪梅大道南延伸段等路段投入使用；洪屋涡农民公寓大道完成90%工程量，洪新路、园美路、翠景路、金鳌沙农民公寓大道等一批新增村际联网路项目已按规定完成招投标工作；建成洪梅医院、洪梅体育中心、中学宿舍等一批民生项目，望洪截污主干管工程全部完工，“一河两岸”工程完成前期审批手续，城市社区绿道完成工程量的85%。水利方面重点抓好9个排涝泵站建设，梅沙、草了水闸，夏汇、黎洲角排涝泵站已基本完工，除金鳌沙排站外，其余排站相继进入主体建设工程。优化城市环境。大力实施植林绿化，全年新增绿化面积28.4公顷，完成菱角涌湿地景观工程招投标；启动创建国家卫生镇工作，进一步加强城市“六乱”整治和环卫保洁力度，完善道路绿化和环卫设施，顺利通过市爱卫会验收。

【镇村统筹发展】 2011年，洪梅镇坚持实施镇村协调发展战略，积极扶持村级加快发展。全面启动村庄规划编制，

① 2011年10月24日，市政协副主席、市人民医院院长邝明子，市委组织部副部长王建周，市卫生局局长蔡一平，洪梅镇委书记、镇人大主席吴淑萍等领导共同为洪梅医院新院落成启用剪彩

② 2011年5月27日，副市长严小康（前右二）在洪梅镇委书记、镇人大主席吴淑萍（右一）等镇领导陪同下到嘉荣物流中心督导工作

③ 2011年6月24日，副市长严小康（左二）在洪梅镇委书记、镇人大主席吴淑萍（左三）等镇领导陪同下，察看洪梅文化大楼规划选址情况

④ 2011年7月27日，市委宣传部副部长叶泽驹、市委党史研究室主任陈立平与洪梅镇领导共同为莫萃华故居揭牌

⑤ 2011年5月6日，市妇联副主席叶丽云与洪梅镇领导为“东莞妇女书屋”首个示范点揭牌

①

②

③

④

⑤

① 2011年6月1日，镇委书记、镇人大主席吴淑萍到洪梅中心幼儿园与孩子们共同庆祝儿童节

② 2011年8月19日，镇委副书记、镇长周玉佳（前中）以及东莞中山大学研究院副院长卓义周（右一）、广东金智慧物联网科技有限公司执行主席吴鹏（左一）联合签署"政、校、企"合作共建"智慧洪梅镇"战略框架协议书

③ 2011年12月9日，洪梅镇委副书记、镇长周玉佳（右四）、镇委副书记刘学东（右三）与新兴县领导共同为洪梅镇帮扶新兴县里洞镇建成的洪福路通车剪彩

以"全镇一盘棋，一村一规划"的发展模式统筹各村环境建设。开展"镇名村"、"宜居社区"、"市容环境优美村"创建工作，完善基础设施建设，推进梅沙村巷道整治和洪屋涡村河堤道路改造等基础设施建设，完成6座桥梁的拆除重建工作，加强村庄的"四旁"绿化美化，完成农田林网种植505.63亩，构建宜人生态环境。发展现代农业，发放种粮、农机补贴100万元，推动农民积极参与土地规模流转，推进1156亩标准农田建设，促进农业规模化、集约化经营。完成洪屋涡、梅沙村的村级集体经济改革专项试点工作，整合股份经济合作社，统筹村小组一级经济，强化村级集体经济管理，减轻村的负担。落实公共管理支出补助、生态补偿、扶贫贷款贴息等政策措施，加强农村经济监管，促进村级经济健康发展。2011年，集体两级经营性收入5324万元，集体纯收入1887万元，资产负债率为29.68%，同比下降1.65%。农民人均纯收入10367元，同比增长8.8%。

【民生实事】 2011年，洪梅镇把改善民生作为工作的出发点和落脚点，进一步加大惠民推力。优先教育发展，全年教育事业投入4535万元，同比增长24.8%，通过师资建设、学研教研、奖教奖学等手段促进教育质量取得提升，培养选拔出20多名骨干教师，其中2名教师入选市级名师工作室成员。加强社会保障，继续推动农保与职保并轨，建立城乡一体社会养老保险制度；斥资194万元，连续第四年为全镇村（居）民增购30种重大疾病保险，发放各类补助金774.83万元。抓好住房保障，建成100套公共租赁住房，修葺房屋、发放住房补贴77户，群众住房环境明显改善。促进就业创业，全年成功推荐就业691人，17个"村民车间"共安置本地劳动力就业611人，落实市、镇两级各项就业补贴金604万元。抓好医疗卫生，正式启用洪梅医院，完善社区卫生医疗服务体系，全面提升全镇卫生硬件配置和整体卫生医疗水平。加大"双到"扶贫力度，落实3名驻村干部实地扶贫，注重抓好扶贫发展项目、民生项目的资金落实和工作运行，提高贫困村的发展能力。落实"文化惠民"工程，投入1100多万元全面整合全镇公共文化服务资源，实现文化设施"五个有"覆盖全镇，创建"省特级文化站"，设立24小时自助图书馆。做好第三次全国文物普查，挖掘东莞党史的红色资源，正式开放莫萃华故居，出版《洪梅镇志》，积极举办龙舟竞赛、篮球赛、中国共产党成立90周年和洪梅镇建立30周年系列文化活动，成功举办广东省首届花灯节暨洪梅镇第三届花灯节，被评为广东省花灯文化之乡，增厚文化积淀。

【社会管理】 2011年，洪梅镇始终把维护社会稳定作为第一责任，创新管理方式，进一步增强和谐动力。

保平安 开展"创平安、迎大运"、"粤安11"、"清源"、"清网"、"雷霆11"、"曙光"等一系列打击清查整治行动，严厉打击打击路面"双抢"、黄赌毒等违法犯罪活动和黑恶势力。投入260多万用于大巡警建设以及三级巡防建设，加大巡警力量，全面完善

① 2011年8月21日，洪梅镇在广东省第十三届龙狮大赛上斩获4枚银牌
② 2011年6月4日，洪梅镇在海滨长廊对开江面举行2011洪梅镇“正腾杯”龙舟竞赛
③ 2011年10月24日，洪梅镇召开创建国家卫生镇动员大会，再次掀起创卫工作的新热潮
④ 2011年4月12日，“绿色环保行”污染减排进镇街巡回宣传活动在洪梅举行，1000多名学生和企业员工亲身深入体验
⑤ 2011年9月28日，洪梅镇举行庆祝新中国成立62周年暨建镇30周年晚会

治安联防网络。投入450多万元建成公安分局新综合大楼，狠抓封闭式管理、视频监控建设和警务室建设，推动收编各村治安队员，全镇治安力量增加50%，基层治安防控网络不断完善。

保稳定　成立洪梅司法分局，完善调解机制和信访机制，落实领导大接访，充实企业调解力量，已建企业人民调解委员会15个，全镇调解员293人，全年接访案件办结率、调解成功率均居97%以上，其中警务室、调解会联营的创新管理模式受到省、市司法部门的肯定。

保安全　落实安全生产“一岗双责”，多部门联合开展职业病防治、校车安全整治、拖拉机专项整治、“清剿火患”等专项安全整治行动，大力开展“食安一号”、“地沟油”、“瘦肉精”等食品安全整治，组织镇18个职能部门举办大型地震综合应急演习，指导15家企业进行安全生产应急救援演习，完成镇安全生产应急指挥平台筹建，全面提高安全防范能力和应急处置能力。持续推进“治摩”进程，大力查处酒后驾驶，保持全镇交通安全形势稳定。抓好人口计生、新莞人入户等公共服务管理。抓好新莞人服务工作，加大出租屋管理力度，发放居住证34871张，入户新莞人29人。优化计生服务，计划生育率98.6%，人口自然增长率为6.8‰。

【“三室联营”社会管理新模式】2011年，针对工企业快速发展、新莞人数量不断增加而导致的社会管理问题，洪梅镇创新社会管理模式，以东莞市正腾实业投资有限公司（工业园区）作为试点，实行工业园区警务室、调解室、综治信访维稳工作室三室联营，负责工业园区的治安管理、法制教育、安全防范及调解各种民事纠纷、治安案件等的处理工作，加大公安、维稳综治、司法、消防、安监等部门对联营工作室的服务支援力度，使工业园区治安案件和各类矛盾纠纷保持低发率，并在创建平安社区方面取得了良好成绩，为推动社会转型发展，营造平安、和谐的社会环境发挥了作用。

【广东省首届花灯文化节】 2012年2月4日至6日，洪梅镇举办主题为“点亮花灯，传递幸福”的广东省首届花灯文化节暨2012第三届洪梅花灯节。活动以洪梅镇文化体育广场为主会场，以洪屋涡等三个村为分会场，涵盖迎宾灯廊、水乡美食、中心舞台、广场灯光、分场活动、展板等六大版块，举办了花灯联展、花灯制作、水乡美食节等三十多项主题活动，展出全省各地100多个品种共两万多盏花灯。当届花灯节吸引市内外游客30多万人次前来参观，受到全国各地30多家媒体的广泛关注，洪梅镇被评为“广东省花灯之乡”。　（伦美娃）

附：2011年东莞市洪梅镇党委、人大、政府领导名录

镇委书记：吴淑萍
镇委副书记：周玉佳　刘学东
镇委委员：莫宇东　麦沛坚　郭　旺
　　李耀文　王　晖　罗有通
　　叶广文　叶小毅　黄成近
　　张文珍
镇人大主席：吴淑萍
镇人大副主席：麦沛坚　钟燕华
镇　长：周玉佳
副镇长：莫宇东　陈进强　谭政居

① 一河两岸西岸道路景观（效果图）
② 2011年8月8日，洪梅镇“全民健身日”活动正式启动
③ 怡人生态
④ 洪梅一隅

岭南精致水乡——洪梅镇中心区

2007—2011年洪梅镇主要经济指标

指标＼年份	2007	2008	2009	2010	2011
户籍人口（人）	21134	21289	21592	21963	22271
外来暂住人口（人）	30143	33318	26408	24050	24467
面积（平方公里）	33.2	33.2	33.2	33.2	33.2
地区生产总值（万元）	165566	206785	252875	340229	378884
工业总产值当年价（万元）	502017	829932	1038945	1519078	1677465
农业总产值当年价（万元）	4409	8285	8011	8853	10212
总用电量（万千瓦时）	41038	41949	46272	52489	52409
全社会固定资产投资总额（万元）	129294	134592	110193	123218	113473
社会消费品零售总额（万元）	60176	70356	82408	100708	120212
外贸出口总额（万美元）	21654	22711	20782	24405	29091
实际利用外资（万美元）	17447	20407	9996	10145	9240
镇级可支配财政收入（万元）	17001	18860	21541	23020	31808
各项税收总额（万元）	22381	27190	37137	41747	50391
金融机构各项存款余额（万元）	122638	152798	182227	255573	267199
城乡居民储蓄存款余额（万元）	80730	100525	111857	142493	165831

道滘镇

【概况】道滘镇位于东莞市西部、穗深经济走廊中部，毗邻东莞市区，广深高速公路横穿镇区，设有大型的互通立交出入口。北距广州30公里，南距香港90公里，东距东莞市区5公里。全镇总面积54平方公里，下辖13个村民委员会和1个社区居委会，户籍人口5.61万人，外来暂住人口8.60万人。2011年，全镇生产总值58.3亿元，同比（下同）增长13%；工业总产值132亿元，增长9.6%；镇本级可支配财政收入5.51亿元，增长10.2%；社会消费品零售总额10.89亿元，增长19.3%；金融机构各项存款余额66.98亿元，增长4.5%，其中城乡居民储蓄存款余额47.64亿元，增长9.2%；各项税收总额9.83亿元，增长21.4%，其中国税分局征收额6.24亿元，增长11.7%，地税分局征收额3.59亿元，增长42.7%。2011年，获东莞市镇级工作量化考核综合总分一等奖和社会治安单项奖。

【转型升级】2011年，道滘镇坚持将做大总量促增长、提升层次优结构作为经济发展重点，加快推进产业结构调整及转型升级，不断增强经济综合实力。

培育产业特色。推动特色产业发展壮大，以特色促转型、以特色提质量。一是壮大食品产业。出台食品产业发展规划，与广东省食品行业协会合作，探讨搭建食品创意平台。加强镇食品工业园筹备建设工作，大力推广“品味道滘”CI品牌运用。6月3—7日，成功举办第二届中国（道滘）美食文化节暨名优食品展、第七届中国粽子文化节，吸引1000多家企业、60多万人次参与活动，拉动消费5亿元，打响美食展览名片，并荣获“中国特色食品名镇”称号。二是繁荣商贸旅游。完成商业网点规划，促成喜乐福购物广场投入运营，提升全镇商业层次和规模。力促江月湾商住楼、五福里、水岸丽城等一批房地产项目建成或封顶，推动房地产业发展。并以中国（道滘）美食文化节及2011年东莞市旅游文化节开幕式为契机，宣传推广粤晖园、诺华家具博物馆等旅游景点，活跃旅游产业发展。三是发展都市农业。加快推进济丰农业产业园建设，累计建成小河、九曲、大鱼沙和大岭丫标准农田2050亩。推进绿博农业生态观光园建

现代和谐水乡新城——道滘

① 2011年12月20日，市委书记徐建华（左四）、云浮市委书记黄强（右四）等为道滘在白马村建设的扶贫项目——莞滘农贸综合市场奠基培土

② 2011年7月19日，市委常委、常务副市长冷晓明（左三）由镇委书记、镇人大主席陈灼林（左一）和镇委副书记、镇长贾贵斌（右一）陪同，到东莞市雄林新材料科技有限公司调研

① 2011年10月21日，副市长李小梅（左三）到道滘镇督导市内扶贫“双到”工作

② 2011年11月25日，副市长成洪波（前排左二）到道滘镇督导消防安全工作

③ 2011年12月15日，坐落在道滘镇的市属重点工程——东莞卫生学校举行封顶仪式。图为副市长吴道闻（左二）与镇委书记、镇人大主席陈灼林（左一）等参加封顶仪式

④ 2011年6月2日，市政协主席刘树基（前排左二）、副主席梁近东（前排右一）陪同原上海市政协副主席王荣华（前排左三）到道滘镇了解文化建设情况，并参观粤晖园

⑤ 2011年3月15日，“诺华—中国家具博物馆”揭幕。市政协副主席袁德和(左二)、梁近东（右三），中国家具协会副理事长陈宝光（左三）、广东省家具协会会长王克（左四），以及镇领导陈灼林（右二）、贾贵斌（左一）等出席揭幕仪式

设，开发农家乐活动，致力拉动农业向产业化、市场化发展，唱响道滘特色农业品牌。

带动企业转型。大力实施“科技强镇”和“名牌带动”战略，用好各类扶持政策，推动企业升级转型，提升产业竞争力。2011年，镇级财政配套500万元资金推动银禧工程塑料（东莞）有限公司建成高分子材料研究院；帮助东莞福珍针织制衣有限公司等5家企业设立研发机构，东莞市雄林新材料科技有限公司成立省级企业技术中心，东莞洲亮通讯设备有限公司成立市级工程中心；促成东莞安尚崇光科技公司和东莞万泰橡胶有限公司获得国家高新企业，东莞汇雅实业有限公司获得省民营科技企业，东莞市良强制鞋机械有限公司等6家企业获得市民营科技企业。全镇国家高新企业4家，省市民营科技企业45家；企业申请专利558件，授权专利475件。继续推动来料加工企业转为三资或民营企业，引导外资企业拓展内销。2011年，全镇转型企业23家，外企实现内销总额2.5亿美元，同比增长13.2%。积极帮扶民营企业“走出去”，开拓新兴市场，协助59家民企申报进出口经营权，企业转型升级得到有效推进。

促进招商引资。主动调整招商策略，以战略性新兴产业、食品产业为重点，加强政策推介，优化跟踪服务，积极引进优质大型项目。建立引进培育重点企业（项目）快速反应工作机制，加强与企业高层的沟通联络，及时解决企业困难。帮助东莞色真塑料有限公司、东莞市广华化工有限公司等企业解决新厂用地和增资用地等问题，力促优质企业发展壮大。2011年全镇共引进内资21宗，协议金额2亿元；新签利用外资（含增资）17宗，新签项目（含增资）合同利用外资2020万美元，实际利用外资金额2350万美元，增长1倍多，招商引资工作取得新进展。

【城市建设】2011年，道滘镇围绕打造生态宜居家园的目标，着力完善城市功能、提升档次、拓展空间，提升城市品位及形象。

做优城市规划。继续完善全镇总体规划、各片区控制性详规，全面铺开“一城五区”城市设计和“三旧”改造单元专项规划，做好城市社区两级绿道专项规划、试点村宜居社区行动规划以及次支污水管网的规划设计工作。

做精城市建设。以30项重点工程为主要抓手，积极推进城市功能设施项目建设，提升发展承载力。配合加快东莞大道延长线、沿江高速、穗莞深城际轨道等一批省市重点工程。完成南阁东路、小河路二期、小河大桥新桥建设、道洪路、白鹭大桥等一批工程建设，加快推进南丫大桥改造工程及大新路建设。完成蔡白沿江景观大道建设，君汇半岛花园、水岸丽城等房地产项目启动。积极推进“市容环境优美村（社区）”创建和宜居社区建设，实现“市容环境优美村（社区）”全覆盖，南丫、闸口两村成功创建宜居社区。继续完善城市供水供电设施，完成110KV道滘变电站异地改造出线工程以及21项生产性项目工程，做好辖区内供水管网更新及5项水利补充工程。抓好绿道网建设，建成河江路、道洪路、南阁东路等路段绿道14.05公里。

做细环境管理。全面铺开“环境建设年”各项工作，扎实推进城市环境综合整治及创建“广东省园林城镇”活动，抓好环境卫生、城市“六乱”、禽畜养殖业污染等各项整治，2011年，共完成整治项目648宗；实施见缝插绿工程，投资120多万元实行全镇绿化改造，不断优化城市环境。加强市政管理，对沿江路护栏、公园附属设施、下水道井盖进行修复，做好镇内主要道路下水道清淤，严厉查处乱设广告牌、占道施工、乱挖管线、摆摊设点等行为，切实维护城市环境秩序。积极推进节能减排

① 2011年11月16—18日，道滘镇第十六届人民代表大会第一次会议召开，投票选举产生镇第十六届领导班子。图为市人大常委会秘书长陈柏南（右二）与新当选的镇人大主席、副主席合影留念

② 2011年8月22—23日，中共道滘镇第十三次代表大会召开，选举产生第十三届领导班子。图为第十三届党委成员合影

③ 2011年11月16—18日，道滘镇第十六届人民代表大会第一次会议隆重召开，投票选举产生镇第十六届领导班子。图为新当选的镇人民政府镇长、副镇长合影

① 2011年4月，道滘镇被全国爱国卫生运动委员会评为“国家卫生镇”

② 2011年5月，道滘镇被中国食品工业协会评为“中国特色食品名镇”

③ 2011年11月，由市委宣传部、市文广新局、道滘镇人民政府联合制作的新编大型历史粤剧《大明长城》在第十一届广东省艺术节上共获9项大奖

工作，严格执行新上项目环境准入条件，强化企业环境监管，大力减少污染排放。推进重点用能企业的节能技术改造，创立5家清洁生产企业，较好完成节能降耗任务。认真开展工业锅炉治理、挥发性有机化合物整治及机动车整治，进一步改善空气质量。抓好内河涌清淤工作，加快污水处理支次管网建设，保护宜居生态环境。

【农村发展】 2011年，道滘镇加大统筹发展力度，大力扶持村组发展，增强村组的发展活力和能力。促进集体增收。加大土地收购储备力度，全镇成功储备土地38宗4831亩。积极盘活村组闲置资金，发挥东莞市济川实业投资有限公司作用，组织召开信托理财产品推介会，协助村组多途径寻找投资出路，拓宽增收渠道。成功帮助九曲、大鱼沙、大罗沙等村，以资金入股盈富制衣公司的厂房建设项目，帮助闸口村、永庆村参与东莞集合资金信托计划，促进集体资产的保值增值。2011年，村组两级集体总资产19.2亿元；村组两级集体可支配收入4亿元，其中村组两级集体实现经营纯收入1.27亿元，同比增长2.4%。推动协调发展。全面落实市内“双到”扶贫工作，加大对村组公共设施投入的支持力度，切实做好欠发达村债务减免、资金扶持等工作，采取借款入股镇优质物业、扶贫贴息借款等措施，扶持欠发达村发展。2011年，大鱼沙、大罗沙、九曲等村成功实现脱贫目标。通过就业帮扶、捐资助学、医疗救助、危房改造等措施帮助贫困户脱贫，为困难户解决困难400多宗。同时全面落实市外扶贫“双到”工作，继续铺开产业扶贫、就业帮扶、危房改造、读书补助等帮扶项目。对口帮扶的云浮市六祖镇龙门村、太平镇白马村集体年纯收入分别增加至5.8万元和6.3万元，提前实现脱贫目标；200户重点帮扶贫困户中，已有196户年人均纯收入超2500元，市外扶贫“双到”任务有效落实。完善农村管理。制定《道滘镇农村干部薪酬管理实施细则（试行）》和《关于规范村级机构设置的实施方案》，加强农村干部队伍和各项管理，为农村改革发展提供保障。同时，强化农村财务账务、股份分红的监管，规范合同、公章管理，落实重大事项集体决策和报告制度，发挥会计核算和审计监督作用，强化应收账款追收工作力度，有力促进集体经济良性发展。

【民生事业】 2011年，道滘镇大力发展社会民生事业，切实保障和改善民生，不断增强群众的幸福感。

完善民生保障。认真落实最低生活保障、老年人津贴、残疾人补助等制度，帮扶群众5870人次，发放各类补助资金1381.5万元。向527人次发放医疗救助金205万元，为患病群众提供更多的保障。加强医疗卫生服务体系建设，规范道滘医院和“一中心七站点”社区医疗卫生服务管理，开展医疗安全整顿活动，提升医疗服务水平。在道滘医院成立体检中心，开设慢病绿色通道，方便群众就医。全面铺开常住人口健康档案建立工作，全镇户籍人口建档率达98%。优化公共交通服务，把镇公汽公司的老人免费乘车补贴提高到60万元，投入259万元重新规划168个公交候车牌和40个公交候车亭，增加公交班次，方便群众出行。加强新莞人服务管理，推广流动人员意外保险，深入开展“优秀新莞人”评选活动，切实做好新莞人积分制入户工作，全年共受理积分制入户申请59人（含随迁31人）；2011年，被

① 2011年6月29日，道滘镇召开庆祝中国共产党成立90周年大会，回顾党的光辉历程，缅怀党的丰功伟绩，表彰在党各项建设事业中作出突出贡献的先进基层党组织和优秀共产党员

② 2011年6月29日，道滘镇举行庆祝中国共产党成立90周年文艺晚会

③ 2011年1月29日，道滘镇举办“幸福道滘·歌舞盛世”春节联欢晚会

评为东莞市新莞人服务管理工作先进镇街。做好计生妇女工作，开展“关爱女孩行动”评选表彰活动，深化“生育文化进校园”、“幸福家庭促进工程”等主题活动，举办家庭教育讲座29场，大力宣扬男女平等思想，向广大群众讲授妇女法制、孩子教育、卫生保健、婚姻家庭等知识，增进家庭幸福；2011年，被评为全市人口和计划生育先进镇街以及宣传教育先进单位。

促进群众就业。深入推行“村民车间”就业模式，分别在大岭丫、永庆、南城、南丫等村增设“村民车间”4个，全镇“村民车间”总数达28个，共安置本地劳动力963人。认真落实各项就业政策，共举办现场招聘会4场，现场帮助950人达成用工意向；举办就业服务日活动12场，推荐就业863人；组织自主参训和定向培训527人次，青年见习训练81人次，办理推荐就业107人次，帮助3万多人次申领各类就业补贴1100多万元。有效落实344名大学生毕业实现就业，并选派28名大学毕业生到镇府部门和各村(社区)工作。全面推进和谐劳动关系示范区工程建设，实行企业分类监控，加强劳动执法监察，严格执行劳动合同法，共创建和谐劳动关系示范企业62家，办理劳动争议案件105宗，为劳动者追回工资285万元，处理欠薪逃匿案件11起，追发工资459万元，有效维护劳动者权益。

【社会管理】2011年，道滘镇深入推进社会综合治理，加大矛盾排查，促进社会和谐稳定。深入开展“粤安11”、“清网”、“创平安、迎大运”等专项行动和铁腕打击黑恶势力、“两抢一盗”、黄毒赌等犯罪活动，全年共立刑事案件638宗，同比下降7.9%；破381宗，同比上升32.8%；查处涉赌案件183宗，涉黄案件21宗，涉毒案件13宗，打掉盗抢等犯罪团伙23个。结合平安社区创建，深入推进大岭丫、厚德、蔡白等10个村创建新莞人管理服务小区，做好出租屋登记备案，全镇出租屋办证率达99.98%。加强出租屋日常巡查监管，大力开展出租屋服务管理专项行动，全镇出租屋发案率同比下降72%。推行社会稳定风险评估机制，全年共受理案件301宗，办结274宗，办结率达91%。加强安全生产及消防安全管理，全年检查场所6590间，整改消防隐患3680处，临时查封32间，停止施工、停止生产、停止经营20间，罚款29.6万元，行政拘留9人，有效遏制重特大火灾事故发生。加强食品安全管理和农产品质量安全管理，成立食品药品监督站，开展“地沟油”、食品添加剂、腊制品等专项整治行动，清理取缔无证照经营户84户，捣毁制假窝点2个，取缔无照食品经营户16户，有效保障群众食品安全。

【文化教育】2011年，道滘镇大力实施“文化惠民”工程，加大公益性文化教育事业的公共投入，发展优质教育。

完善公共文化服务体系。投入近9000万元建成文广大楼和粤韵馆，加快推进数字化图书馆建设，落实大罗沙村、小河村的文化惠民工程“五个有”建设，推动形成资源丰富、覆盖全镇的文化服务体系。出台《道滘镇业余粤剧曲艺扶持办法》，重新整合镇内各业余曲艺社，对每个符合条件的业余曲艺社每年给予1.5万元资金扶持。投资400万元创编大型历史粤剧《大明长城》，荣获省第十一届艺术节银奖等9个奖项。积极开展读书节、K歌擂台赛、电影下乡、“文化惠民”千场演出等文化活动，丰富和活跃群众精神文化生活。抓好各类体育协会及基层体育设施建设，完成新游泳中心选址和方案设计。举办中小学生游泳冠军赛、首届成人游泳公开赛，组织运动员参加各级各类运动竞赛。2011年，全镇游泳健儿在国内外、省、市各类比赛中取得108金、78银、48铜的喜人成绩。

巩固教育强镇成果。投入3000多万元扩建中心小学；投入236万元对中小学校舍进行安全抗震加固及改造，切实加强校园周边环境综合整治，改善办学环境。进一步优化全镇教育体系，指导中南学校通过市四星级民办学校评估，配合市完成东莞卫校建设，着手筹建中大第二外国语学校。

① 2011年4月29日，道滘镇文广中心大楼落成。同时，全市首个以粤剧曲艺演出、粤剧艺术讲学为主的特色场馆——粤韵馆也正式启用

② 2011年6月25日，著名粤剧表演艺术家红线女到道滘镇参观文广大楼、粤韵馆等文化基础设施

③ 2011年6月3—7日，道滘镇举办以“品味道滘、万粽风情”为主题的第二届中国（道滘）美食文化节暨名优食品展、第七届中国粽子文化节。图为开幕式现场

④ 2011年8月8日，道滘镇举办“千骑竞绿道”自行车骑行活动

⑤ 道滘镇推进园林建设，打造水乡特色宜居城镇

紧扣全面实施素质教育的主题，继续推进国学经典诵读，巩固“一校一品”特色办学模式，鼓励学校办出特色、办出水平。全面实施教师全员培训工程，设立中、高考奖教经费，开展“师德建设月活动”，力促教学质量不断提高。2011年，济川中学高考成绩再创历史新高，本科上线总数在全市镇属中学中名列第一。（卢润志）

附：2011年东莞市道滘镇党委、人大、政府领导名录

镇委书记：陈灼林
镇委副书记：贾贵斌
　　黄启光（任至7月）
　　梁寿如（8月到任）
镇委委员：蔡树辉（任至10月）　卢林明
　　陆宝军　赖锡池　刘转南
　　卢泽新　丁金诺　赖华锋
　　钟克仔　邹应溪　胡汉平
镇人大主席：陈灼林
镇人大副主席：蔡树辉
　　卢和平（任至11月）
　　刘转南（11月到任）
镇　长：贾贵斌
副镇长：卢林明　卢耀辉　叶润森
　　叶志刚

道滘镇举行2011年元宵大型烟花汇演

2007—2011年道滘镇主要经济指标

指标 \ 年份	2007	2008	2009	2010	2011
户籍人口（人）	55112	55493	55635	55842	56083
外来暂住人口（人）	88148	85365	75937	85833	86017
面积（平方公里）	54	54	54	54	54
地区生产总值（万元）	379865	441029	449115	515731	582545
工业总产值当年价（万元）	869393	919023	901433	1210628	1315563
农业总产值当年价（万元）	10346	11777	13659	13948	16514
总用电量（万千瓦时）	120125	110624	104837	125724	128414
全社会固定资产投资总额（万元）	131591	139468	106584	117897	130781
社会消费品零售总额（万元）	46736	51587	58584	77023	108947
外贸出口总额（万美元）	37605	40010	34822	38588	40812
实际利用外资（万美元）	4234	2973	1547	1242	2599
镇级可支配财政收入（万元）	30666	48128	48323	50046	55149
各项税收总额（万元）	63698	70016	63135	83687	98325
金融机构各项存款余额（万元）	406394	470452	518720	640791	669816
城乡居民储蓄存款余额（万元）	290851	354480	375379	431256	476429

厚街镇

【概况】厚街位于珠江三角洲东岸，穗港经济走廊中段，北连东莞市区，南邻虎门港，东倚大岭山，西南毗连沙田，西北与道滘、洪梅等隔河相望。广深高速公路、S256省道及规划中的穗莞深城际轨道、环莞快速路、东莞市域轨道交通R2线、番莞高速等纵贯全境，广深港客运专线新东莞站坐落其中。全镇总面积126.15平方公里，下辖23个社区居委会，户籍人口9.8万，外来常住人口34.2万。2011年，全镇年完成生产总值217亿元，排名全市第五，同比（下同）增长13.1%；工业总产值531亿元，增长29.8%，其中规模以上工业总产值增速排名全市第二；财政收入11.2亿元，增长19.3%，增速排名全市第五；税收总额29.9亿元，增长21.7%；全社会固定资产投资39.1亿元，增长7.39%；实际利用外资1.5亿美元，增长24.8%；出口总额68.2亿美元，增长34.5%，排名全市第二；金融机构各项存款余额337.6亿元，比年初增长9.9%；各项贷款余额257.3亿元，比年初增长14.9%。农村集体经济进一步增强，全镇23个社区中，有16个社区两级可支配常规性收入总额超过3000万元，有15个社区两级净资产超两亿元。厚街镇先后获得市工作量化考核一等奖、市党管武装先进单位、市经济运行先进单位、市产业结构调整和转型升级先进镇、市维护稳定和社会治安综合治理先进镇等称号。

【转型升级】2011年，厚街镇深化试点工作，通过促增资、推技改、创品牌、转方式、搭平台、抓整合，全镇制造业与服务业结构继续优化，科研创新、技术品牌、市场结构和资源配置继续提升。对外经济结构优化提升。全镇新签和增资项目96宗，同比增加36宗，其中落实包括三星视界、正隆纸业等新

创新社会管理，营造和谐幸福厚街

① 2011年6月14日，省委副书记、省长黄华华一行到厚街镇栢能电子科技有限公司、东莞三星视界有限公司视察加工贸易企业转型升级工作

② 2011年12月9日，市委书记徐建华莅临厚街参加第三届世界鞋业发展论坛

① 2011年10月31日，市委副书记、代市长袁宝成到厚街三星视界有限公司调研
② 2011年11月18日，厚街镇新一届领导班子合影
③ 2011年1月4日，厚街镇22个村统一改制为社区居民委员会。图为陈屋社区居委会的挂牌仪式

签、增资超千万美元项目共9个。建立机电业、制鞋业、家具业、会展业等四大龙头行业联席会议制度，联合11个职能部门协调及解决企业在政策和生产方面所遇突出问题和困难。建立企业联络小组协调会议制度，全面地为企业提供优质服务。建立镇班子挂钩联系制度，由镇领导班子成员挂钩全镇80家转型升级重点扶持企业，进一步加强政企沟通，提供“一对一”贴身服务。全镇共培育总部形态企业8家，引导内设研发机构7家，全镇有ODM企业350家，OBM企业89家，拥有自主品牌外资企业172个，拥有研发能力的外资企业183家。确立广泽、润信、励进等一批内销龙头企业作为重点，并着力推广内销“集中申报”和“内销集中担保”等扶持措施。全镇开展内销业务的外资企业增至118家，内销金额62.98亿元，同比增长35.6%。特色产业发展优势增强。厚街家具市场集群获认定为首批唯一的“广东商品国际采购中心”。世界鞋业总部基地于2011年5月完成奠基，并正式动工建设；第三届世界鞋业发展论坛于12月9日在厚街镇成功举办。继续突出会展引领带动作用，切实加强展会培育扶持工作。全年共举办各类知名展会16个，展出总面积达120万平方米，参展商超过7500家，举办各类会议达200个，吸引专业观众、采购商近150万人，保持了会展业的旺盛势头。企业创新步伐明显加快。全年共有5家企业认定为国家高新技术企业，有4家企业认定为省民营科技企业，10家企业申报市民营科技企业，获得各类专利授权972个（件），获得市财政专利资助640多万元。自1月20日全市中小企业（内资）电子商务应用启动以来，成功获得市财政资助资金40万元，帮助200家企业应用电子商务系统。首家镇民营企业——金叶珠宝成功借壳上市。

【体制改革】 2011年，厚街镇确定“十二五”发展战略，提出未来五年“一个核心，两个重点，三大创新，四大战略”总体思路，明确厚街经济社会发展的目标与方向。积极推进简政强镇事权改革。深入开展简政强镇事权改革工作，对机关内设机构和镇属事业单位进行调整，完成镇内设机关四办七局的顺利过渡，接管市下放的6个事业单位，规范各内设机构、镇属事业单位的职能和职责。扎实推进村级体制和管理机制改革。完成22个村改居工作，组建23个政务服务中心，推进村级政务职能转变；撤销125个村民小组建制，将原村民小组事务实行社区统一管理；推行

① 2011年5月20日，香港厚街同乡会在港成立
② 2011年2月23日，康华医院举行三甲医院挂牌仪式
③ 2011年12月16日，金叶珠宝举行黄金文化产业园开园庆典暨全国品牌发布会
④ 2011年6月15日，第三届外博会在厚街广东现代国际展览中心召开
⑤ 第二届中国（广东）国际印刷技术展览会在厚街举行

集体经济社区一级核算，完成治安队改革整编；完善村级合同管理、社区干部薪酬管理和社区集体资产管理等办法，集体经济稳健发展。全镇社区集体总资产达84.8亿元；总负债减少1.4亿元，同比（下同）下降6.6%；净资产64.9亿元，增长2.2%；经营总收入10.2亿元，增长5.4%；经营性纯收入4.6亿元，增长4.5%。

【城市格局】 2011年，厚街镇财政城建投入累计达2亿元。突出提升城市规划。启动新一轮全镇总规修编工作；完成会展三期、标志片区等7项控规调整；推进厚街新城、教育园区和文化广场片区等重点区域的规划设计工作；提出“五纵十横”交通路网规划并展开专项研究，加强与沙田、虎门等周边镇区交通规划的对接。全面推动基础设施项目建设。配合做好省市六大交通项目的施工协调工作，积极实施S256省道大修市政配套工程、东环路、厚沙东路等道路建设工程；完成港口大道、厚沙东路、科技大道、东环路、学院路等路段10.7公里绿道建设和厚道路、学府路、飞翔路、学院路等路段9.5公里截污次干管工程，有序推进S256省道、工业西路等路段截污次支管工程建设；基本完成厚虎路一期、北环路寮厦路段等5.24公里镇际村际联网路建设。加快重点项目建设。全面加快厚街新城、希尔顿大酒店、兴业国际家具之都、世界鞋业总部基地、南兴公司新厂、东莞烟草公司物流总部等镇重点工程项目建设。全力帮扶鸿运鞋材广场三期、华伟“四方”汽车生活城、富民国际鞋城等商贸项目建设。广泽新厂房建设基本完成，爱高新厂即将交付使用，家具研发大楼完成报批手续并顺利动工，新职校代建工程顺利完成并启用。推进“三旧”改造步伐。完成上报“三旧”改造方案12宗、批复4宗，编制改造方案13宗，28宗项目确认改造范围，标志片区已完成成果编制，广场片区及南五旧厂基本完成规划技术审查。深入推进绿道网建设。铺开港口大道、厚沙东路、科技大道、东环路、学院路等路段的城市及社区绿道建设。继续强化城市管理。完成涌口、溪头、宝屯宜居社区示范点建设；规范建设市场管理，严格执行施工许可制度、工人工资保证金制度、房屋建筑审批等制度，规范招投标行为，突出抓好施工安全管理和违规建设处理两个重点，维护建筑市场秩序；强化城市“六乱”整治，开

展专项整治行动73次；规范建设市场管理，维护建筑市场秩序。

【社会管理】2011年，厚街镇围绕“平安厚街，平安大运”目标，创新打防管控机制，强化队伍管理，积极开展大运安保、清网追逃、打黑除恶、严打整治、禁赌扫黄、治摩禁电等一系列专项工作和行动，形成大排查、大追逃、大巡防、大整治、大建设的“五个大”工作格局。社会治安明显好转。全年全镇110接报违法犯罪警情5647起，同比（下同）下降9.5%；共立刑事案件2339宗，下降1.6%，破案率上升5.2%；其中立命案14宗，下降51.7%；打掉盗抢团伙54个；网上逃犯人数下降78.4%，“清网”（全国公安机关开展为期约7个月的网上追逃专项督察工作）工作排名全市第二。信访工作有序推进。由综治信访维稳中心、人力资源分局、党代表工作室、人大代表接访日、公安分局及各社区等建立常态化互动，实现信访平台资源共享，切实做到防患于未然，把矛盾纠纷化解在萌芽状态。建立每月维稳分析研判制度，完善司法协作体系。全年镇、社区两级受理各类信访案件1011宗2724人次，基本办结；受理劳动仲裁案件699宗，办结率为85%。安全生产保持平稳。成立厚街会展消防分队，创新派出所消防监督管理，组建镇应急救援大队、各类专业应急救援队及社区兼职应急救援队，初步形成应急救援体系，构筑社会消防安全防火墙。

① 广东创新科技职业学院
② 厚街专业技术学校新貌
③ 2011年10月18日，厚街镇首届体育文化节暨第三届运动会开幕
④ 厚街镇风貌

① 重修后的方氏宗祠

② 都市化厚街

③ 凤山公园新貌

检查各类生产经营单位5215家次，检查危险化学品生产经营单位840多间次，整改安全隐患400多处，火灾起数与死亡人数同比分别下降10.1%和100%。交通整治渐见成效。积极打击酒后驾驶、疲劳驾驶、无牌无证驾驶等道路交通安全违法行为，全年查处交通违法行为1.6万宗，查扣机动车2963辆。开展校车安全专项整治行动，出动执法人60人次，检查校车500 辆次，确保校车安全。新莞人服务继续优化。全面铺开星级新莞人社区创建工作和新莞人积分入户工作，增设湖景社区，接纳新莞人入户，累计办理新莞人入户321户670人。探索开展“新候鸟计划”、新莞人信息联络员、新莞人服务热线等工作，提升新莞人服务。

【民生事业】2011年，厚街镇突出城市文明建设，文体设施不断完善，群文活动日益丰富。举行首届体育文化艺术节暨第三届全镇运动会，全镇40个单位、23个社区、10家企业、2261名运动员参加18大项146个竞赛项目的比赛，有力推动群众体育文化建设。全年共开展各类文艺活动600多场次。突出发展教卫事业，全镇中考成绩名列全市前茅，每万人升大学和本科比例均列全市第二；广东创新职业技术学院和厚街专业技术学校新校顺利开学，酒店管理学院项目成功获批。推进新莞人入学工作，共解决1483名新莞人在公办学校就读。全年累计投入6300多万元发展卫生事业，厚街医院成功创建三级甲等医院，康华医院成功创建为省首个民营三甲医院，社区卫生服务体系持续发展。突出完善社保体系，全年累计投入6500万元推进城乡一体社会养老保险体系建设，退休人员人均基本养老金上调10.5%；连续参保满3年以上医疗保险参保人员年度最高支付限额由 15万元提高到20万元；东莞市户籍参保人员每月失业保险金从736元调整为880元。突出住房保障建设，全年完成在建公共租赁住房804套，解决70户困难家庭住房问题。突出推进扶贫帮困，开展“千企扶千户”帮扶活动，参与活动的行业和企业达900多家，结对帮扶贫困户达1062人；落实市、镇补助新围社区798.8万元；“双到”扶贫工作顺利推进，全面完成上级下达的各项目标任务。突出促进就业创业，设立村民车间18个，安置本地就业困难人员780多人；发放大中专毕业生企业岗位津贴1161人，申请岗位成才奖励676人。突出整治食品安全，开展“食安一号”、地沟油、食品添加剂、肉制品等10多个专项行动，查处涉嫌无证照食品生产及经营案件378宗；珊瑚路成功创建为首批“东莞市食品安全餐饮服务示范街”。开展实施校舍安全工程、改造社区老化水管、整治一批主干道和中心区拥堵点、整治大陂河、黑水陂河排涝工程等民生实事，年初提出的十件民生实事基本得到落实 （王锦霞）

附：2011年东莞市厚街镇党委、人大、政府领导名录

镇委书记：黎惠勤
镇委副书记：陈仲球（任至6月）
万卓培（7月到任）
王敬才（任至8月）
欧顺畴（8月到任）
镇委委员：黎惠勤 陈仲球（任至6月）
万卓培（7月到任） 王敬才
熊仕权 方德佳（任至11月）
欧顺畴 林伟忠 陈福华
王健文 袁润堆 李慧芬
曾庆云 林景畅 王树生
傅坚军（8月到任）
陈剑峰（8月到任）
镇人大主席：黎惠勤
镇人大副主席：方德佳（任至11月）
李育材（任至11月）
林伟忠（11月到任）
王敬才（11月到任）
镇 长：陈仲球（任至6月）
万卓培（7月到任）
副镇长：方活力 刘创胜 陈锐雄
陈锦胜（11月到任）

2007—2011年厚街镇主要经济指标

指标＼年份	2007	2008	2009	2010	2011
户籍人口（人）	94428	95055	95975	96939	98121
外来暂住人口（人）	324665	292967	324740	341344	341594
面积（平方公里）	126.15	126.15	126	126.15	126.15
地区生产总值（万元）	1431481	1608690	1695963	1981416	2170463
工业总产值当年价（万元）	3000677	3717300	2860885	4621028	5310458
农业总产值当年价（万元）	12755	14934	14689	15516	15654
总用电量（万千瓦时）	336641	329671	282486	327126	328340
全社会固定资产投资总额（万元）	286340	300802	333264	378074	391163
社会消费品零售总额（万元）	361366	419920	483205	678036	794542
外贸出口总额（万美元）	409996	461755	414546	507157	682056
实际利用外资（万美元）	8093	19432	9917	12120	15121
镇级可支配财政收入（万元）	72159	77820	79103	93565	111564
各项税收总额（万元）	184903	211445	196626	245523	298739
金融机构各项存款余额（万元）	1920244	2256745	2567309	2937956	3275691
城乡居民储蓄存款余额（万元）	1392020	1725009	1894020	2143817	2337351

沙田镇

【概况】 沙田镇位于东莞市西南部、珠江三角洲狮子洋东岸和东江南支流出海口交汇处，拥有28公里黄金海岸线，具备深水港的建港条件，是虎门港的主港区。面积107平方公里，下辖16个村委会和2个社区，是全国龙舟之乡、中国港口物流重镇、广东省教育强镇、广东省卫生镇、广东省园林城镇。2011年，户籍人口4.133万人，外来暂住人口6.9万多人。全镇生产总值78亿元，同比（下同）增长7.31%；镇财政总收入4.65亿元，增长5.71%；各项税收总额10.04亿元，增长9.27%；各项存款余额90.4亿元，增长3.94%；贷款余额40.03亿元，增长14.98%。获镇街工作实绩量化考核综合总分一等奖、可持续发展单项奖、人的发展单项奖、社会安全单项奖、社会安全指数前五名、市文明镇、维护稳定和社会治安综合治理先进镇等7项荣誉。

【城镇建设】 2011年，沙田镇建管并重优化城市环境，城市魅力更加彰显。抓好全镇总体规划编制及各项控制性详细规划修编，协调与省市交通要道、虎门港、虎门镇和厚街镇道路的衔接规划，完成与广深港高铁、穗莞深轻轨、广深沿江高速的规划对接。启动临港路等9项重点工程建设；加快“三旧”（旧城镇、旧厂房、旧村庄）改造步伐，已编制阇西村单元规划，正审查杨公洲村（鸿湖）项目建筑方案，基本确定齐沙村“三旧”改造范围，完成步步高市场“三旧”改造初步方案。开展宜居社区、名村、生态村创建，强化城市管理执法，抓好环境保护工作；福禄沙污水处理厂已投入运行，截污主干管网完成总工程量的99%；累计推动11个村（社区）创建为“市容环境优美村（社区）”，7个村创建为“省卫生村”，11个村创建为“市卫生村”。扎实推进征地拆迁安置工作，成立两个征地拆迁驻村小组，累计完成虎门港统筹用地35530亩，完成86.84%；累计签订拆迁合同3139户，完成72.3%，确保联兴孚宝等一批重点工程项目建设；立沙新区一期已建成入住，完成沙田一小搬迁，立沙新区二期即将完工，三期已完成设计和部分区域填土。同时，完成广深沿江高速、广深港高铁、穗莞深轻轨等省重点工程的征地拆迁任务。

滨港生态新城——沙田

① 2011年6月15日，省委常委、副省长肖志恒（前排右二）莅临沙田镇首家农副产品平价商店——东莞新供销愉康沙田横流店视察

② 2011年11月9日，沙田镇首个白玉兰家庭服务中心揭牌启用。图为省妇联副主席刘兰妮（站者前排右三）、市妇联主席黄慧红（站者前排左三）由镇委副书记、镇长钟浩滔（站者前排左二）陪同，参观镇白玉兰服务中心

③ 2011年5月23日，市委书记、市人大常委会主任刘志庚（中）到沙田镇看望西大坦新区的拆迁户

① 2012年2月3日，市委副书记、市长袁宝成（左二），副市长贺宇（左三）到沙田镇调研

② 2011年11月25日，沙田镇党政考察团由镇委书记、镇人大主席麦广钦（左三）带队，赴韩国参观考察城市规划及生态建设等情况

③ 2012年1月16日，镇委书记、镇人大主席麦广钦（左二）到西大坦新区慰问困难户

④ 2011年8月23日，中共沙田镇委召开第十二次代表大会，提出“滨港生态新城”的发展定位和“打造智慧、水韵、幸福新沙田”的发展目标。图为新一届领导班子成员

【招商引资】2011年，沙田镇整合招商力量，统筹、盘活利用镇村闲置土地、厂房等招商资源，制定《沙田镇引进重大及关键项目优惠办法》、《沙田镇招商引资奖励办法（试行）》和《村（社区）招商引资量化考核办法》，主动赴上海、广州、深圳、中山等地招商推介，协议引进安博置业、日先陈列、五矿（迁钢）、金富实业、上泰光电、东晖化工等大型优质项目；合同利用外资19宗，涉及金额4558万美元，同比增长128%。民营商贸蓬勃发展，新注册民营企业285家，注册资金1.79亿元；新注册个体工商户789户，注册资金1589万元；社会消费品零售总额12.88亿元，同比增长13.98%。合同利用外资（新口径）4370万美元，同比增长108.10%，实际利用外资（新口径）2497万美元。

① 2011年3月17日，沙田镇召开2011年食品安全工作会议
② 2011年9月23日，沙田镇召开打击利用“老虎机”赌博专项行动动员大会
③ 2011年12月19日，举行东莞市第二人民法院沙田人民法庭挂牌暨沙田人民法庭办公楼封顶仪式
④ 2011年10月15日，总投资1.2亿元的东莞市东晖化学工业有限公司甲缩醛项目在沙田镇大流村奠基。这是大流村灵活运用虎门港10%预留用地启动的首个招商项目
⑤ 2012年1月19日，沙田镇首家慈善超市举行揭牌仪式

【产业平台】2011年，沙田镇不断完善园区产业平台。沙田港口物流公共网络信息平台运行良好，通关保税物流中心（车辆检查场）已完成初步设计方案，正进行工程勘察测绘，B型保税物流园区沙田地块基础设施已建好，土地使用证已办理完毕，正补办相关手续，待验收。临海产业基地内道路及绿化等配套工程已基本完成，进驻基地的18宗项目已有6宗竣工投产，4宗正在动工建设。智慧产业基地正进行规划调整和报批手续办理，争取向省政府申请将该基地内的农保田调整为工业用地。立沙岛10%留用地已引进项目17宗，落实100亩新增建设用地指标，南粤石化正在动工建设，3宗项目正在筹建。环保产业基地正按照建设方案实施，污水处理厂及配套管网正在建设，并确定集中供热方案。

【转型升级】2011年，沙田镇深入推进产业结构调整和转型升级。积极开展走访企业活动，落实扶持企业发展各项政策措施，切实为企业发展排忧解难。实施外经贸专项工作，培育2家转型升级示范企业，鼓励企业拓展国内外市场，全镇外资企业内销总额9.3亿美元，同比增长19.8%，促成3家“三来一补”企业转为“三资”企业。出台《关于实施科技沙田工程建设创新型镇区的意见》，设立“科技沙田”工程专项资金500万元，帮扶企业转型。组织企业申报科技项目62项，通过23项，新增市民营科技企业9家，省民营科技企业1家，市专利培育企业2家，省知识产权优势企业1家，省著名商标1个、专利授权量265件。推动29家企业实施清洁生产，4家通过验收，并新增1家“环境友好型企业”。

① 广深沿江高速一期工程（广州黄埔至东莞虎门段）于2012年1月18日正式通车，图为沙田出入口

② 沙田镇汽车物流业蓬勃发展，图为汽车转运场

③ 2011年4月28日，沙田镇举行报告文学集《沧海沙田》首发式暨第七届读书节启动仪式

④ 2011年6月27日，沙田镇举行“红色记忆——庆祝中国共产党成立90周年红歌会”

⑤ 2012年3月8日，沙田镇开展“妇女畅游绿道、体现幸福沙田”自行车绿道游活动

⑥ 2012年2月，沙田镇开展“送太极到村（社区）”活动

⑦ 沙田镇中心区鸟瞰

【农村经济】2011年，沙田镇强化集体资产管理，完成集体经济组织换届工作，制定《沙田镇农村干部薪酬管理办法》，加强财务收支预算、检查和审计工作，落实重大事项审查制度和土地款管理制度，继续抓好欠款追收工作。减轻农村经济负担，认真落实市政府对农村行政补助政策，拨付村级公共管理财政补贴资金530万元，并落实好各项惠农强农政策。推广"镇村统筹开发、利益共享"的发展模式，加大农村设施建设和资源整合力度，优化农村发展环境，促进农村集体经济发展壮大。村级经营总收入1.65亿元，同比增长14.98%，其中有2个村收入超2000万元，6个村收入超1000万元；纯收入6651万元，同比增长19.75%；资产总额20.77亿元，同比增长9.13%；农民人均纯收入1.04万元，同比增长8%。

【就业创业】2011年，沙田镇加大扶持力度，拓展服务功能，不断提高群众就业创业水平。落实市、镇促进就业创业政策，发放工资差额补助、岗位津贴、岗位成才奖励、就业补贴、培训补贴等各项补贴共1100多万元。巩固和扩大"村民车间"规模，新设立3个"村民车间"，安置户籍劳动力109人，扩大"高校毕业生就业与发展联谊会"规模，成立"百宏联谊会"和"丽海联谊会"，安置户籍高校毕业生150人。成立沙田成校立沙分教点——村民再就业培训基地，方便村民就近培训。开展6期新莞人培训班和1期失业人员再就业培训班，参训人员749人。开展"再就业援助月"活动，帮助76名就业困难人员实现就业。发挥镇村两级就业工作平台作用，提供职业指导493人次，咨询服务403人次，推荐就业976人次。规范劳动市场，组织开展11个专项检查，共检查企业486家次，清理整顿人力资源市场秩序，规范职业中介、劳务派遣和企业招工行为。

【扶贫保障】2011年，沙田镇推进扶贫济困，建立健全社会保障体系。扎实开展镇内扶贫"双到"工作，帮助大流、先锋两个新纳入的欠发达村申请市财政贴息贷款300万元，推动5个欠发达村集体经济稳步发展，和安、泥洲两村年纯收入和5个欠发达村低保户脱贫率均超额完成市的脱贫目标。加大社会救助力度，发放低保金、补助金及慰问金低保金、助学金、中学寄宿生生活补助金、困难群众物价补贴、医疗救济金、临时救济金、节日慰问金等共1083多万元，发放惠农惠渔补贴4648多万元。累计投入890万元，完成新丰县沙田镇、遥田镇4个贫困村脱贫任务。筹备成立东莞市慈善会沙田分会，建设一间慈善超市，启动首届"慈善双丨佳"评选活动。开展第二届"广东扶贫济困日"、"东莞慈善日"、慈善长跑捐款等活动，共筹集善款330多万元。开展尊老敬老慰问系列活动，实施居家养老服务试点工作，做好五保户供养和敬老乘车IC卡申办工作，开展"送太极到村（社区）"活动，发放80周岁以上老人生活津贴110多万元。抓好双拥优抚安置工作，为全镇61名优抚对象发放优抚金36.2万元，组织医疗队伍开展"关爱功臣"活动，做好退役士兵安置工作，发放退役士兵自谋职业保障金和义务兵家属优待金约80万元。完善城乡一体的社会基本养老保险体系，落实养老金年度调整和提高基本医疗保险待遇政策，养老、失业、工伤、医疗等保险稳步增加；进一步完善社区卫生服务体系，不断优化医疗服务环境。加强妇联、儿童、青少年工作，成立白玉兰家庭服务中心。

【宣传文教】2011年，沙田镇深入开展文明创建工作，积极创建市文明镇，建立镇内文明指数测评体系，举办"讲文明，树新风，为东莞添光彩"等一系列创建活动，提升全民素质和城市文明程度。做好培育和塑造沙田新时期人文精神及社会核心价值观各项工作，成功举办大型水上激光音乐烟花晚会、龙舟巡游活动、建党90周年红歌会等系列文化体育活动。保护和传承疍家传统文化，充实水文化展览馆，积极做好疍家婚俗申报省非物质文化遗产工作，举行报告文学《沧海沙田》首发式，启动第七届读书节。深入推进"文化"惠民工程，扎实开展创建省特级文化站、"五个有"文化达标村建设工作，推进文艺

① 2011年6月13日，"我们的节日·东莞龙舟月"之2011年沙田镇龙舟巡游活动举行
② 绿化沙田美景如画

培训、文艺演出进基层、电影播放进村进企业工作。坚持教育优先发展，大力实施素质教育，顺利通过省教育强镇复评。加大教育投入，完善教学设施设备，广荣中学改建顺利推进，新沙田一小已建成投入使用，第二小学后续工程已完工，成人文化技术学校实现完全独立办学。支持民办教育发展，积极发展学前教育、职业教育、成人教育和社区教育，推进教育优质均衡发展。加强校园安全管理和校车安全检查，确保校园安全和校车安全行驶。

【社会治安】 2011年，沙田镇持之以恒重管理成立沙田法庭，健全矛盾纠纷排查调处机制，及时排查并有效处理农村福利分红、劳资纠纷、征地拆迁等社会热点难点问题。开展“创平安，迎大运”、“莞安1号”、“粤安11”、“清网行动”等一系列清查整治专项行动，积极推进“大巡警”和警务区建设，深入创建平安社区和平安公交，促进社会治安持续好转，全年破刑事案件464宗，打掉犯罪团伙46个。深化“治摩禁电”工作，共查扣摩托车1039台，电动自行车136台。狠抓文化市场整顿，清理“黑网吧”13家。加强新莞人和出租屋服务管理，组织开展关爱新莞人系列活动，为150名新莞人及家属办理积分入户，清查出租屋7000多户次，整治消防、治安等隐患的出租屋325户，创建安全文明出租屋1023户，完成1500户出租屋的视频监控建设，无发生涉及出租屋重大刑事案件。

【公共安全】 2011年，沙田镇进一步强化公共安全管理。成立镇应急救援指挥中心，完善一批应急救援预案，开展一系列应急演练，进一步健全应急管理体系。开展安全生产大检查行动，整改隐患384处。开展消防安全“清剿火患”战役和清查建筑内违规住人“百日会战”行动，整改火灾隐患13562处。成立食品药品监督站，建立健全食品安全监管机制体制，开展“食安1号”、打击非法添加和滥用食品添加剂、“地沟油”、问题肉制品等多项整治行动，规范整顿市场经营秩序，严厉查处各类食品安全违法行为，推进食品安全样板市场创建工作。加强“三防”工作，对全镇堤围、水闸等水利设施进行巡检，及时解决水利工程建设问题，落实好防汛物资，实现安全度汛。 （严敏妮）

附：2011年东莞市沙田镇党委、人大、政府领导名录

镇委书记：陈志明（任至6月）
麦广钦（6月到任）
镇委副书记：钟浩滔　黄丽香
镇委委员：刘振邦　梁满棠（任至8月）
蔡北星（8月到任）
陈金水　赵植槐　何福明
陈继业　陈成枝（任至8月）
谢发枝（8月到任）
翟丽娟　袁　攀
陈　彦（8月到任）
镇人大主席：陈志明（任至6月）
麦广钦（11月到任）
镇人大副主席：梁满棠（任至11月）
王　珠（任至11月）
蔡北星（11月到任）
梁　全（11月到任）
镇　长：钟浩滔
副镇长：梁治平
陈金水（任至11月）
蔡北星（任至11月）
梁　全（任至11月）
毛东波（11月到任）
冯庆文（11月到任）
黄炜琴（11月到任）

2007—2011年沙田镇主要经济指标

指标 \ 年份	2007	2008	2009	2010	2011
户籍人口（人）	38833	39362	40149	40697	41330
外来暂住人口（人）	85120	85278	68777	65890	68568
面积（平方公里）	107（含水域）	107（含水域）	107（含水域）	107（含水域）	107（含水域）
地区生产总值（万元）	515106	588063	614073（现价口径）	789913	780132
工业总产值当年价（万元）	1343458	1374626	1450727	1880795	1829308
农业总产值当年价（万元）	22919	25266	25629	25753	26030
总用电量（万千瓦时）	89022	88010	92370	105815	104589
全社会固定资产投资总额（万元）	152103	182523	216753	203184	199191
社会消费品零售总额（万元）	72571	79828	84274	87729	128775
外贸出口总额（万美元）	259539	349542	383528	79514	85791
实际利用外资（万美元）	66118	67629	65273	3105	2497
镇级财政总收入（万元）	5396（新口径）	8528（新口径）	6417（新口径）	44093	46450
各项税收总额（万元）	44274	44915	41230	82215	100419
金融机构各项存款余额（万元）	76244	77519	70504	869695	903968
城乡居民储蓄存款余额（万元）	505064	616067	727804	430431	485443

长安镇

【概况】 长安镇地处东莞市南端，东邻深圳市，南临珠江口，西连虎门港，北倚莲花山，G107国道、S358省道、广深高速横贯全镇，是广州、东莞与深圳交通往来的南大门。全镇陆地面积83.4平方公里，下辖13个社区，常住户籍人口4.5万多人，外来非户籍人口62万多人，旅港同胞3万多人。2011年，全镇完成生产总值270.4亿元，同比（下同）增长14%；工业总产值737.1亿元，增长18.1%；税收47.6亿元，增长21.2%；可支配财政收入14.2亿元，增长8.2%；实现进出口总额106.4亿美元，同比增长15.17%，总量居全市镇街第一位；人民币存款余额446.4亿元，增长6.1%；镇、社区、居民小组三级集体资产总额194.9亿元，增长3.5%；社会消费品零售总额60.3亿元，同比增长10.7%。获国家文化部2011—2013年度“中国民间文化艺术之乡”等荣誉。

【外贸经济】 2011年，长安镇对外交流更加密切，招商引资工作成效良好。新签外资项目131宗，新签金额1.90亿美元；外资增资项目161宗，增资金额1.53亿美元；实际利用外资金额（新口径）2.36亿美元，同比增长16.75%。加强主动招商，与加多宝、中粮集团达成投资意向，以市政府计划在长安兴建虎门港长安港区为契机，在长安新区计划用地2000亩，首期规划1000亩，总投资100亿元，合作开发食品、包装、物流产业园项目；帮助162家民营企业申办进出口经营权，使拥有进出口经营权的民营企业达到751家；积极搭建内销对接平台，帮助企业加速扩大内销份额，全镇外资企业内销金额达191.34亿元，同比增长30.86%。成功举办“香港·创意·品牌”研讨会，组织企业参加第110届“广交会”、“2011东莞—韩国经贸合作交流系列活动”、“粤港经济技术贸易合作交流会”等国内重要经贸展会，促进长安外贸经济的全面发展。

长安——一个让所有梦想都开花的地方

① 2011年12月16日，市领导徐建华（前左四）、黄双福（前左三）、何嘉琪（右一）、姚康（前左二）等在长安金宝厂调研

② 2012年5月18日，市委副书记、市长袁宝成（前左二），市委常委、政法委书记邓志广（前左一）到长安镇视察“三打两建”工作

【民营经济】2011年，长安镇积极落实各项措施，帮扶民营企业升级发展，民营经济保持稳步发展势头，投资额达100万元以上的上规模民企达1310家；民企注册资金总额12.69亿元，增长12.3%；实际投资总额47亿元,增长5.6%。全镇共有中国驰名商标3个、中国名牌产品2个，以及广东省著名商标8个、广东省名牌产品7个。积极推进长安镇名牌带动发展战略，引进中国驰名商标企业——广东万里马投资实业有限公司总部落户长安，培育环球石材国家驰名商标，OPPO和康捷电子等省著名商标，冠辉五金省名牌产品等；引导推动民企升级，协助环球石材、万里马皮具、冠辉五金、扬明电子等10多家企业申报各项技术升级改造扶持项目获近1000万元资金支持，推动祥鑫模具成为市第五批重点培育上市后备企业。

【科技创新】2011年，长安镇强化科技管理，推动东阳光公司的创新药物研发与产业化团队入选广东省第二批引进创新科研团队；成功举办第六届“海峡两岸模具技术（东莞）高峰论坛”、高新技术企业税收政策咨询培训会，组织劲胜、大一、泰康等15家企业赴上海、香港等地和东莞理工学院等本土高校进行产学研考察洽谈。2011年全镇新增国家和省级名牌名标4个；协助企业申报科技项目145项，获专项资金4500多万元；新增国家高新技术企业3家，新增科技企业39家；全镇专利授权量1025件，居全市第二；继续加快转型升级步伐，推动115家来料加工企业转为“三资”企业。

①　2011年11月25日，中国机械工业联合会会长王瑞祥（左二），东莞市市委副书记、代市长袁宝成（左一）在镇委书记尹景辉（左三）等镇领导陪同下参观第十一届中国（长安）国际机械五金模具展览会

②　2011年11月25日，第十一届中国（长安）国际机械五金模具展览会举办

③④　2011年11月27日，长安镇第四届文化艺术节暨第十届全国摄影理论研讨会活动开幕式

① 2011年11月27日，举办第十届全国摄影理论研讨会
② 长安镇上沙社区沙溪新苑（唐寿新　摄）
③ 长安镇已建立1个中心28个卫生服务站，向市民提供医疗服务
④ 长安体育公园（唐寿新　摄）
⑤ 上沙社区居民新居

【城市建设】2011年，长安镇基础设施建设加快，完成职业中学扩建、358省道景观改造排水、莲花山水库清淤等工程；五金模具科研及检测中心、体育馆主体工程、检察院办公楼等顺利封顶，厦岗小学运动场、长安中学加固工程顺利完工；“三旧”改造稳步推进，万科广场动工建设，万达广场手续办理进展顺利，外经工业城地块顺利拍出；推动城市展览馆、青少年活动中心、实验小学、福海路二期预算编制完成和招标工程启动；投入2550万元建设上沙、乌沙、咸西宜居社区，完成建设项目55项，顺利通过了市的考核验收。成功创建涌头和上沙样板市场，大力整治城市“六乱”，升级改造镇中心区交通信号灯，优化镇内公共交通线路；加强建设工程质量安全监督，积极排查危房和危险公共建筑；严格工程报建，查处一批违章建筑；积极联系补办房产证一批，查处一批违法用地项目；督促有关单位对相关闲置土地尽快动工建设。

① 长安广场（陈康水 摄）
② 莲花山下（李志良 摄）

【环保节能】2011年，长安镇加强环境保护工作，全力推进新民A区污水处理站升级改造、新民B区、沙头C区基础设施等一批环保专业基地建设，开全市镇街先河自行投资建设大气监测站的；完成三洲水质净化厂二期主体扩建工程，启动东引运河整治工程；严抓“六乱”整治，深入创建“国家级生态乡镇”、“东莞市生态社区”；整治一批污染源企业，有效控制污染物排放；严把建设项目审批关，严格落实环保“三同时”（新建、改建、扩建项目的安全设施必须与主体工程同时设计、同时施工、同时投入和使用），完成建设项目审批396个，审批通过335个，补办“三同”验收项目456个，51家重点企业被评定为市年度环保诚信企业，同比增长24.3%；启动涌头、厦岗2座大型的垃圾转运站，实施垃圾分类试点，加快推进水利“三防”建设，持续护育林业资源；坚持整治城市“六乱”，推动城市园林化发展；继续推动节能减排，完成1.3万多套路灯节能改造；日均处理污水12.56万吨，实际削减化学需氧量1531.05吨。

【社会治安】2011年，长安镇继续保持严打高压态势，深入整治治安重点区域和行业，积极做好深圳大运会期间的维稳安保工作，全力打击各类违法犯罪活动，刑事案件破案率达45.84%；大力扫除黄赌毒和黑恶势力，查处一批重案要案；重兵“清网”追逃，提高网上在逃人员到案率，“清网率”达80.3%，排名全市第一；深入推行“警·校共建”，挑选派出所领导或社区民警担任法制副校长，配备保安人员217名、保安装备78套，校园安装视频监控点增至226处；继续深化“警务室”建设，排查整治涌头社区龙泉路、锦厦社区摩围路、乌沙社区陈屋新村住宅区等治安重点地区；提高技防水平，不断巩固“治摩”成果，全镇路面“双抢”警情下降5%；积极发挥综治信访维稳联动机制，开展领导干部基层大接访活动和“诉前联调”工作，深入排查调处矛盾纠纷，全年调解率达98.6%；加强劳动监察和劳动争议调解，调解成功率达92.9%；高效完成民兵整组、训练、兵役登记及年度征兵工作。

【公共安全】2011年，长安镇投入重资建设安全生产应急救援指挥平台，投入使用应急避灾中心；强化应急救援队伍和各类应急资金、物资、装备的储备，积极开展应急救援演练；深入开展人员密集场所、危险化学品、特种设备、建筑施工、消防安全、出租屋和食品安全专项整治，安全生产事故宗数和死亡人数与去年同期持平；确定涌头市场和沙头市场作为2011年食品安全样板目标市场，强化食品安全抽样检测；重拳整治医疗食品市场，查处和取缔一批无证诊所和无证食品经营场所；开展九大基本公共卫生服务项目，全面实施国家基本药物制度，加快创建“全国亿万农民健康促进行动”示范镇，顺利通过国家卫生镇省级复审。

【民生事业】2011年，长安镇认真做好社会救助和救灾救济工作，落实拥军优属待遇，向各类困难群体、退伍军人和军属发放各类补助款600多万元、物资20多万元；投入使用“长安慈善超市”，认真开展“广东扶贫济困日”、第二届“东莞慈善日”等活动捐赠善款共计300多万元；接收社会各界捐赠莲花古寺重建善款4074.48万元，实行专款专用；继续深化社会工作试点工作，建成社工服务中心；加大培训就业工作力度，落实《长安镇扶持居民就业创业试行办

① 长安公园
② 晨练（饶钦勇　摄）

法》，发放各种就业补贴800多万元，培训新莞人2.8万人；积极落实社会养老保险制度，全镇参保单位达到10601家，较去年同期增加2265家；各项保险参保总人次达157.55万，较去年增长8.1%；做好第二届“优秀新莞人”入户工作，落实2011年积分入户政策，包括随迁家属在内的384名新莞人获得积分入户资格；开展出租屋租住人员意外保险工作，推进出租屋档案规范化；推进和谐劳动关系示范区创建，安力科技园、霄边社区、乌沙社区等10个单位被评为“广东省创建和谐劳动关系示范区工程示范点”；严格落实计划生育政策，全年政策生育率99.36%，全面完成市下达的指标任务。

【文化教育】 2011年，长安镇制定并实施《长安镇建设文化名镇规划纲要（2011—2020）》，推动文体事业繁荣发展；成功举办“欢乐长安”第四届文化艺术节、第二届“长安骄子计划”青少年主题教育活动、“健康暑假”青少年体育比赛等系列活动，成效显著；创办“欢乐长安”微博、“长安新闻”微博以及“长安新闻手机报”等新兴媒体，提升舆论引导能力；扎实推进“文化惠民工程”，成立文联推动文化艺术事业蓬勃发展；获国家文化部2011—2013年度“中国民间文化艺术之乡”，“广东省基层宣传文化工作先进单位”等称号；加强文化市场监管，整治查处无证经营、违规经营文化场所200多家；教育工作取得新突破，制定“名师工作室”《跟岗学员培训方案》，优化师资整体结构；拟定《长安镇学前教育发展三年行动计划》，强化学前教育公益性；依托产业集群，发展职业教育，加快培育现代产业工人；积极开展民办学校达标创优活动，促进教育均衡发展；“长安模式”的职业教育被《东莞日报》、《南方日报》、《中国教育报》等多家媒体报道；实验中学中考成绩和办学质量保持全市镇街初中第一。全镇高考成绩实现新突破，有2名户籍生考上北京大学。

【第四届文化艺术节】 文化艺术节是长安镇重要的文化盛会，每三年举办一届。2011年举办第四届文化艺术节，以全力构建欢乐长安、幸福家园为主题，突出创新、参与、互动、提高，充分展现长安镇经济发展、社会进步的大好形势，展示全镇人民奋发向上、开拓创新的精神风貌，繁荣长安文化，加快文明建设，推动科学发展，建设富强幸福长安。为期10天的第四届文化艺术节共分为文化大巡游、文化大研讨、文化大学堂、文化大展示、文化大表彰五大类共23项文化活动，具体包括艺术节开闭幕式、第十届中国（东莞长安）摄影理论研讨会、文学研讨会、书法精品研讨会、摄影学堂、现代音乐学堂、长安镇第三届广场舞大赛、长安等4个镇摄影作品联展等。 （蒋超卓　方冬宇）

附：2011年长安镇党委、人大、政府领导名录

镇委书记：欧林高（任至7月）
　　　　　尹景辉（7月到任）
镇委副书记：陈福坤（任至7月）
　　　　　　罗军文（7月到任）
　　　　　　孙景森
镇委委员：郭炳基（任至8月）
　　　　　李冠洲　张　冲（8月到任）
　　　　　陈卫江　王志明
　　　　　陈伟文（任至8月）　谢伟昌
　　　　　李福笑（任至8月）　蔡向春
　　　　　孙海波　麦锦彪（8月到任）
　　　　　李初雄（8月到任）　黄国权
镇人大主席：欧林高（任至7月）
　　　　　　尹景辉（7月到任）
镇人大副主席：陈林发
镇　长：陈福坤（任至7月）
　　　　罗军文（7月到任）
副镇长：郭炳基（任至11月）
　　　　孙沛文（任至11月）
　　　　麦锦彪（任至11月）
　　　　李初雄（任至11月）
　　　　李冠洲（11月到任）
　　　　李福笑（8月到任）
　　　　高　翔（8月到任）

2007—2011年长安镇主要经济指标

指标＼年份	2007	2008	2009	2010	2011
户籍人口（人）	40187	41234	42469	43697	44925
外来暂住人口（人）	451457	360986	552800	664230	620935
面积（平方公里）	83.4	83.4	83.4	83.47	83.4
地区生产总值（万元）	1764272	2020980	2083662	2371479	2703545
工业总产值当年价（万元）	4448336	5009932	4562212	5834559	7370889
农业总产值当年价（万元）	13663	10963	7220	7594	8174
总用电量（万千瓦时）	497691	504909	473889	540192	547110
全社会固定资产投资总额（万元）	481259	500017	500546	505136	536135
社会消费品零售总额（万元）	288315	356698	411073	453302	603000
外贸出口总额（万美元）	547235	626166	499579	649950	736354
实际利用外资（万美元）	49173	37163	28409	29237	28031
镇级可支配财政收入（万元）	117297	114080	123864	131282	141989
各项税收总额（万元）	237081	270360	304655	392401	475775
金融机构各项存款余额（万元）	2445321	2905799	3303173	4205946	4464000
城乡居民储蓄存款余额（万元）	1665527	2084900	2263195	2753845	3016000

寮步镇

【概况】寮步镇是广东省中心镇，毗邻东莞市区，面积71平方公里，辖10个社区、20个村。2011年，常住人口约42.04万人，其中户籍人口7.01万人。寮步镇交通便利，G94高速、市区环城路、松山湖大道、S357省道、石大路、东部快速路、生态园大道以及在建的莞惠城际轨道交通在此交汇，形成以寮步为中心的东莞半小时经济生活圈。寮步镇是全国综合实力百强镇、中国电子信息产业名镇、国家电子信息产业基地、国家卫生镇、中国汽车销售名镇、中国绿色名镇、广东省教育强镇、广东省光电数码技术创新专业镇、广东省“双提升”示范镇。2011年，寮步镇获得“全国生态文明先进镇”、“广东省园林镇”和“广东省文明镇”等称号。

2011年，寮步镇完成生产总值147.1亿元，同比增长（下同）10.2%；规模以上工业增加值70.8亿元，增长7%；各项税收总额25.78亿元，增长19.4%；镇级可支配财政收入9.6亿元，增长10.1%；汽车销售总额100亿元，增长17.6%；外贸出口总额55.2亿美元，增长3%，全市排名第三；实际利用国内外资金25.04亿元，全市排名第五。在全市2011年总结表彰大会上，获得镇街量化考核综合总分一等奖，以及经济发展、结构效益、可持续发展和社会发展等单项奖。

【现代绿色新香市建设】2011年，寮步镇城市基础建设和功能配套设施日益完善。市中医院新院、市第六高级中学、东莞理工学院城市学院新校区等一批市重点项目建成并投入使用；莞惠城际轨道交通、市篮球中心、S357省道和石大路升级改造等一批省市重点工程顺利推进。镇内重点工程建设加快，香市影视城、城市展览馆、香江公园、香市公园一期、环佛灵湖绿道、中心区绿道等一批文化和生态休闲项目相继建成；佛岭路、枫兴路、文阁路等道路升级改造以及香市教育城路网建设完成；香市人才公寓、经贸大厦改造和一批水利防灾减灾工程顺利推进；石大路、莞樟路、环城路、松山湖大道等8座跨线桥启动建设。

【产业转型升级】2011年，寮步镇引进大项目，鼓励企业增资扩产，推动41家来料加工企业转为“三资”企业，促进产业结构优化升级。

招商引资。寮步镇引进内资项目44个，实际引进内资18亿元；外资项目48个，实际利用外资1.03亿美元。与高伟电子有限公司签订增资2亿美元协议，引进投资2.5亿元的佳博键合金丝项目和投资5亿元的瑞必达科技电阻触摸屏项目，

实施“一城三区”发展战略　加快建设现代绿色新香市

① 2011年1月9日，中共中央政治局委员、广东省委书记汪洋莅临寮步调研企业发展情况，图为汪洋与企业负责人合影留念

② 2011年7月19日，全国人大常委会副委员长华建敏一行莅临寮步镇调研企业用工情况

③ 2011年12月29日，寮步镇在广东省精神文明建设表彰大会上获“广东省文明镇”称号，图为镇委书记何绍田代表镇委、镇政府在颁奖仪式上接受颁奖

与台湾富乔集团签订总投资20亿元的玻纤生产项目投资协议，与中信深圳投资集团和深圳市南宇投资有限公司达成总投资60亿元的中信-南宇佛灵湖生态度假区项目框架合作协议，以大项目带动产业发展。

帮扶企业。寮步镇继续开展“千人扶千企”活动，稳定企业发展。深化“企业服务日”活动，协助企业解决问题。举办“春风行动”企业人才招聘会，缓解企业招工难问题。完善寮步企业服务网，吸纳注册会员企业3018家，通过互联网免费帮助企业发布产品信息、人才招聘、技术需求、商务合作等信息，促进镇内企业互助合作。举办8场银企融资对接洽谈会，帮助中小企业获得银行授信贷款50亿元，缓解中小企业融资难题。协助245家企业开展内销，内销总额64.3亿元，增长36%。新增新泽谷机械、科隆威自动化设备、大东汽车等3家企业纳入东莞市上市后备企业，总数达到6家。

重大项目建设。寮步镇加快重点产业项目建设，特发信息一期、峻凌电子、振东医药、天锐香料等一批重点产业项目建成投产，投资超10亿元的高伟电子新厂及康达新能源研究院动工。优先解决百味佳华南调味品中心、佳博键合金丝、美尔顿等3个市重点产业项目的用地指标。

【科技创新】2011年，寮步镇新增7家国家高新技术企业、6家省级民营科技企业、24家市级民营科技企业，全镇科技型企业总数达167家。修订《寮步镇科技创新奖励办法》，首次奖励“科技创新先进团队”和“科技创新先进个人”；召开科技创新表彰大会，发放科技创新奖励金679.8万元，增长8.5%。组织企业申报科技计划项目40项，成功立项29项，获得市级以上科技研发经费3781万元。组织25家科技企业赴重庆大学、成都电子科技大学进行产学研合作交流，签订10个校企合作项目。促进4家企业设立研发机构，其中永强汽车成功创建广东省院士专家工作站。全镇高新技术产品出口总额20.66亿美元，全市排名第五。新增专利授权量652件，授权专利总数达3286件。友美电器获得“广东省著名商标”和“广东省知识产权优势企业”称号。

【城市建设】2011年，寮步镇加快推进城市新区建设，主动融入东莞大市区一体化发展。

完善城市规划。寮步镇落实融入珠三角一体化和东莞大市区的发展战略，编制《寮步镇总体规划（2010—2020年）》并报市政府批准实施，完成新城中心区等7个片区的控制性详细规划编制报批工作，编制绿道、旅游、综合交通等专项规划。

推动“三旧”改造。寮步镇开展编制“三旧”（旧城镇、旧村庄、旧厂房）改造单元规划，启动牛杨社区、陶瓷厂、瓷片厂亭子边、美尔顿旧厂等7个“三旧”改造项目，其中5个改造方案取得批复，改造规模487亩。

打造城市品牌。寮步镇打造以香市文化为特色的城市品牌形象，确立“诚信奉献、包容创新”为城市精神，制定城市整体营销策略，完成新的宣传口

① 2011年6月14日，广东省委副书记、省长黄华华莅临寮步调研企业发展情况
② 2011年7月6日，广东省委常委、副省长肖志恒莅临寮步调研社区卫生服务工作
③ 2011年10月28日，广东省副省长招玉芳在代市长袁宝成、镇领导刘裕昌等陪同下调研寮步外经贸工作
④ 2011年9月19日，广东省军区政委蔡多文莅临寮步调研武装工作

号、城市标识、视觉符号等10项营销规划，并有序宣传推广，城市影响力进一步提升。

创建宜居社区。寮步镇实施“公园化寮步”战略，率先在全市开展生活垃圾分类试点，促进城乡生态环境建设，打造生态宜居家园，获得“全国生态文明先进镇”称号。坑口社区等9个村（社区）通过“东莞市市容环境优美村（社区）”复检。横坑社区、岭厦社区成功创建市宜居社区。横坑社区综合服务中心投入使用，是全市首批创建示范点之一。

【文化事业发展】香市文化。2011年，寮步镇莞香文化被纳入省文化产业重点扶持项目，获得300万元资金支持；举办第二届香博会暨香市文化旅游节，吸引游客40万人次，香博会成交额3亿元；完成拍摄30集电视连续剧《莞香》；牙香街复原改造完成并开始招商运营；莞香林种植面积超过7000亩；寮步镇广播电视台创立香市频道，香市文化传播能力进一步增强。

文化惠民。2011年，寮步镇投入4000多万元，完善15个村（社区）的文化设施“五个有”工程建设（有一个总面积不少于200平方米的综合文化活动室，有一个不少于60平方米的公共图书阅览室，有一个建筑面积在1000平方米以上的文体广场，有一个面积不少于40平方米的文化信息共享工程服务网点，有一批文化活动和体育健身器材）；完成文化进基层“百千万”工程（百场培训、千场演出、万场电影），丰富群众精神文化生活；建成24小时可借阅的自助图书馆，公共文化服务体系不断完善。

【现代教育名镇建设】2011年，寮步镇规划建设占地面积3000亩、在校学生5万人以上的香市教育城，形成由学前教育到高等教育一体化的现代教育体系。其中，东莞理工学院城市学院新校区总投资20亿元，规划占地面积1200亩，总建筑面积66万平方米，设置本、专科专业42个，涵盖工、文、理、管、经、法等学科门类。9月，首批录取学生4779名，是东莞高等院校单年单校招生人数的新纪录。市第六高级中学投资3亿元，占地面积168亩，办学规模为60个教学班、3000名学生。

【民生关注】2011年，寮步镇投入4.4亿元发展民生事业，进一步改善群众福祉。

完善社会保障。寮步镇社保覆盖面进一步扩大，参保人数同比增加5.8%，发放社保待遇1.5亿元，增长24.2%；投入750万元为户籍居民购买重大疾病商业保险；向困难群众发放慰问金100多万元和低保救助金301万元。全年有413名新莞人通过积分入户，新增660名新莞人子女入读公办学校。

完善医疗卫生服务。寮步镇新建富竹山、上屯、坑口、塘唇等4个社区卫生服务站，社区卫生服务中心成功创建“全国示范社区卫生服务中心”。

促进就业创业。寮步镇提高就业创业奖励标准，落实市镇两级培训就业补贴2000万元，培训户籍劳动力1287人次、新莞人9054人次，推荐户籍人员就业832人次，累计组建村民车间22个。

【社会管理】平安寮步建设。2011

① 2011年10月14日，东莞市代市长袁宝成在寮步镇领导何绍田、刘裕昌等陪同下调研永强汽车制造有限公司，鼓励企业加快转型升级，做大做强

② 2011年9月1日，寮步镇政府与东莞高伟光学电子举行增资扩产签约仪式，计划在3年内增资1.5亿美元

③ 2011年8月23日，中共寮步镇第十四次代表大会召开

④ 2011年11月17日，寮步镇第十五届人民代表大会第一次会议召开，选举产生第十五届镇人大、镇政府领导班子

年，寮步镇开展“平安大运”、“大巡警”、“平安公交”等专项行动，严厉打击“两抢一盗”（抢劫、抢夺、盗窃）、黄赌毒等违法犯罪活动，路面“两抢”和诈骗警情同比分别下降9.6%和17.7%。建立路面视频监控点613个，形成主干道、社区路段、工业区、街巷道全面覆盖的监控系统。

公共安全。2011年，寮步镇开展生产、消防、交通、食品、校车安全等方面及危险化学品的排查整治。整改消防安全隐患8415处，培训村级安全生产管理员374人，取缔无证危险化学品经营门店18间。建立村级食品安全巡查队伍，查处无证照生产、经营食品行为336宗。整治交通秩序，查处酒后驾驶、超速行驶以及无牌无证、假牌假证等交通违法行为。清理整治违法违规校车107辆次，安全转运超载学生425人。

社会工作。2011年，寮步镇社会工作综合服务中心大楼启用，为社工工作提供集中的办公场地和专业服务场所，社工人员增至22人。在全市首创“社工+助工”的服务模式，服务涵盖民政、残联、团委、司法、学校、综治和妇联等领域，进一步扩大社工服务覆盖面。全年开展社工服务3000人次。

【农村经济发展】2011年，寮步镇村两级集体总资产61亿元，同比增长（下同）0.6%；净资产48亿元，增长5.0%；资产负债率21.3%，下降3.4个百分点。村组集体经营总收入6.8亿元，增长5.5%；农民人均收入1.83万元，增长11.6%；村组两级累积亏损2826万元，减少52%；村组两级达到收支平衡的有16个，增加4个。

2011年，寮步镇召开农村经济工作会议，出台《关于用好用活农村富余资金的实施意见》、《鼓励农民公寓建设暂行办法》等政策文件，加强农村集体资产管理，盘活农村富余资金，引导多元化投资。落实3600万元土地使用金补贴农村公共管理费用，缓解农村集体公共支出压力。设立农村发展专项扶持资金，凡属于镇属欠发达村（社区）的，从2011年起，3年内按照每人4000元的标准，帮扶发展生产性收益项目，提高集体收入。开展扶贫帮困“双到”（规划到户，责任到人）工作，结对帮扶欠发达村，寮步社区和上底村完成扶贫目标。（刘勋良）

① 2011年，寮步镇牙香街复原改造工程建成，包括新建香行会馆、牌楼、旧街景观改造以及配套设施，成为寮步镇打造香市文化品牌的一个重要旅游景点

② 2011年9月1日，东莞市第六高级中学建成开学，该校位于寮步镇香市教育城内，总占地面积168亩，建筑面积7.6万平方米，总投资1.9亿元，建成后与东莞中学合作办学

③ 2011年9月1日，东莞理工学院城市学院新校区建成开学，首批录取本专科新生4779人，图为新校区一角

① 2011年8月6日，香港东莞寮步同乡会在香港成立，成为促进两地交流与合作、推动香港和寮步社会繁荣发展的重要力量

② 2011年3月1日，东莞市委书记、市人大常委会主任刘志庚（中），市长李毓全（左二）等市几套领导班子成员体验寮步佛灵湖绿道

③ 2011年，寮步镇投入4200万元，结合旧城区的排涝水利整治工程，改造建设集水利治理和城市景观于一体的香江生态休闲公园。图为香江公园一隅

① 2011年12月9日，寮步镇第二届香市旅游文化节暨沉香文化艺术博览会开幕
② 2011年6月16日，首部以莞香文化为题材的大型电视连续剧《莞香》在寮步举行开机仪式

附：2011年东莞市寮步镇党委、人大、政府领导名录

镇委书记：何绍田
镇委副书记：罗军文（任至7月）
刘裕昌（7月到任）
谢杨锦
镇委委员：黄浩全（任至8月）
刘一强　黄富新（任至8月）
尹汉源（任至8月）
韩巨登（8月到任）
尹广军（8月到任）
韩胜海　张　建（8月到任）
黄镇源　游建林（8月到任）
刘沛声（任至8月）
韩巧轩（任至8月）
尹淦林（任至8月）
陈庆松　刘雄生（8月到任）
梁桂荣（任至8月）
镇人大主席：何绍田
镇人大副主席：黄浩全（任至11月）
游建林（任至11月）
刘一强（11月到任）
钟应基（11月到任）
镇　长：罗军文（任至7月）
刘裕昌（7月到任）
副镇长：刘一强（任至11月）
刘松泰（任至11月）
韩巨登（任至11月）
尹广军（任至11月）
韩巧轩（8月到任）
尹淦林（8月到任）
曾明山（11月到任）
何惠忠（11月到任）

2007—2011年寮步镇主要经济指标

指标＼年份	2007	2008	2009	2010	2011
户籍人口（人）	65034	65898	67223	68524	70111
外来暂住人口（人）	188368	178391	174277	418578	350289
面积（平方公里）	79	71.15	71	71	71
地区生产总值（万元）	887553	1025730	1120641	1335015	1471352
工业总产值当年价（万元）	2473432	3060494	3098979	3762734	4117393
农业总产值当年价（万元）	2365	4313	3165	4115	5017
总用电量（万千瓦时）	180013	189268	189748	219715	234053
全社会固定资产投资总额（万元）	243885	277000	223012	241274	226926
社会消费品零售总额（万元）	750000	862000	972500	1020929	1269005
外贸出口总额（万美元）	339051	432072	382227	537093	551692
实际利用外资（万美元）	16557	16920	9609	9775	10300
镇级可支配财政收入（万元）	61230	69020	79610	87284	96075
各项税收总额（万元）	123766	160191	165236	207707	257789
金融机构各项存款余额（万元）	788658	938400	1151694	1395674	1534544
城乡居民储蓄存款余额（万元）	538309	650185	728578	969146	1092838

大岭山镇

【概况】 大岭山镇位于东莞市中南部，地处东莞新城市中心——松山湖科技产业园——同沙生态旅游区“三位一体”的中间，总面积95平方公里，下辖24个村（社区），常住人口28.04万人，其中户籍人口4.53万人。大岭山镇是广东东江纵队发源地，是有名的革命老区、莞香产地、荔枝之乡。2011年，大岭山镇获得全市镇级领导班子落实科学发展观工作量化考核综合总分一等奖，被评为“全市维护稳定和社会治安综合治理先进镇（街道）”、“东莞市文明镇”、“市预防职务犯罪工作先进单位”、“市重点项目建设管理先进单位”。

2011年，大岭山镇完成地区生产总值122.2亿元，同比增长（下同）11.0%；工农业总产值288.5亿元，增长18.6%；工商税收总额18.5亿元，增长19.4%；镇本级可支配财政收入8.5亿元，增长10.0%；社会消费品零售总额45.7亿元，增长17.3%；外贸出口总额25.8亿美元，增长18.4%；各项银行存款余额122.9亿元，增长20.3%；农村人均纯收入1.5万元，增长9.0%。

【招商引资】 2011年，大岭山镇加大项目引进力度，全镇合同利用外资62宗、8219万美元，增长168.9%；利用300万元以上内资项目9宗，实际投资金额10.6亿元，增长55.8%。金立工业园一期工程建成投产，富宝工业园一期主体工程基本建成，投资千万元以上的天富钢材、龙健电子、森源木材等3个项目投入运营。

【家具产业转型升级】 2011年，大岭山镇推进产业结构优化升级，重点提升家具产业集群。成功举办“大岭山杯”金斧中国家具设计大奖赛，组织100多家家具企业参加各类家具展销活动，300多家（次）企业赴上海、北京等地开拓市场。全年实现家具内销总额28.5亿元，增长20.6%；家具内销企业110家、品牌147个，20多家企业在全国建立100家以上销售连锁店。“大岭山家具”区域品牌的国内外影响力进一步增强。

大岭山镇

① 2011年9月13日，东莞市委书记刘志庚（前排右二）在大岭山镇委书记梁荣业、镇长黄庆辉等陪同下深入水朗村走访困难户

② 2011年1月13日，东莞市长李毓全（前排中）在大岭山镇委书记梁荣业、镇长黄庆辉等陪同下慰问困难群众

③ 2011年，大岭山镇获得全市镇级领导班子落实科学发展观工作量化考核综合总分一等奖。图为镇委书记梁荣业（左三）上台领奖

【第三产业】2011年，大岭山镇进一步完善商业网点规划，大力发展房地产业、商贸零售业、汽车服务业和餐饮娱乐业，第三产业对经济增长的贡献逐步增强。新世纪领居二期完成开发、三期正式动工，金亿利领尚天地顺利推出市场销售，金地地产、广源地产等项目开发如期推进，与沃尔玛、大麦客等商场加紧洽谈，东风南方日产4S店加紧建设。

【自主创新】2011年，大岭山镇深入实施“科技大岭山工程”和“名牌带动战略”，不断加强科技管理、知识产权宣传、成果转化、新技术推广及科技信息服务。成功帮扶56家企业获得科技（科普）项目资助383.1万元，新增国家高新技术企业4家，省民营科技企业4家，市民营科技企业8家，上市后备科技企业1家，新设立研发机构（中心）8个，新增省著名商标、省名牌产品各1个。全镇拥有各类名牌名标企业56家，位列全市第八名。

【城市建设】规划修编　2011年，大岭山镇新增2个片区控制性规划通过市审批，通过总数达9个。选取水朗、旧飞鹅、元岭等3个村作为试点，推进宜居社区创建工作；调查收集1110家企业和42个闲置地块信息；完成城市和社区绿道网线路总体规划；基本完成污水处理工程建设规划（2010—2020）。

重点工程。2011年，大岭山镇加大城市建设投入，不断完善城市功能。大岭山大道西、社保分局大楼、电视演播中心、百花洞大道、首批市

① 2011年6月8日，东莞市委常委、常务副市长冷晓明（前排左二）在大岭山镇委书记梁荣业等陪同下深入海天磁业公司调研

② 2011年4月，国台办常务副主任郑立中（前排左二）莅临大岭山镇调研台企转型升级情况

③ 2011年5月19日，东莞市委常委、副市长江凌（前排左二）在大岭山镇委书记梁荣业、镇长黄庆辉等陪同下深入金立工业园督导重点项目建设

级绿道等工程全面竣工，投入使用；大岭山图书馆、大岭山法庭、大岭山派出所、大塘大道、大片美大道等工程加快建设；体育公园羽毛球馆、新风中学改造、第二所公办幼儿园等工程动工并加快推进；水利工程立项34宗，完成建设12宗、在建12宗；截污次支管网建设如期推进。

环境整治。2011年，大岭山镇大力整治城市环境，巩固“国家卫生镇”成果。全镇8座垃圾转运站全面投入运营，进一步完善环卫管理办法，深入推进东莞名村、“市容环境优美村”、“成熟社区”创建工作，9个村（社区）成功创建“市生态村（社区）”、5个村（社区）成功创建“市容环境优美村（社区）”，实现“市容环境优美村（社区）”全覆盖。

“三旧”改造。2011年，大岭山镇加大“三旧”（旧城镇、旧厂房、旧村庄）改造力度，完成编制6个地块、855.9亩的改造方案，其中力祥鞋业地块被列为全市重点动工项目。编制麒麟公园、明辉家私厂等5个地块、408.4亩土地的单元规划，申报德实利、帝豪山庄等6个地块、1345.9亩土地纳入“三旧”改造。

【社会管理】社会治安。2011年，大岭山镇加强社会治安整治，实施治安防控“一区三纵三横五口”工程，构建自上而下的三级巡防体系，全镇“双抢”（抢劫和抢夺）接警下降10%，路面“双抢”警情下降8%；开展打黑除恶、“断源”、“清网”和严打“两抢一盗”等专项行动，打掉各类犯罪团伙31个，其中网上在逃人员减少90%，位列全市前3名；社会安全指数排全市第二名，群众安全感进一步增强。

安全生产。2011年，大岭山镇开展安全生产隐患大排查、大整治，检查生产经营单位2008家次，查处整改消防安全隐患2448处；成立食品药品监督站，开展打击“地沟油”和问题肉制品专项行动，成功创建20个食品安全示范点，没有发生群体性食物中毒事件；开展交通安全、校车安全、建筑安全等专项整治，全镇没有发生较大以上安全事故，安全生产形势稳定。

综治维稳。2011年，大岭山镇强化综治信访维稳中心（工作站、室）作用，建立健全信访问题排查机制，开展“基层大接访”活动，受理群众信访案件313件次，办结率100%；健全应急预警联动机制，妥善处理钜同电子厂停工、兴昂鞋厂新疆籍女工上吊自杀等事件；加强劳动执法监察，开展工资支付情况专项大检查，巡查用人单位794家，

① 2011年2月23日，大岭山镇投入253万元奖励优秀民营企业。图为镇委书记梁荣业（前排右）为优秀民营企业代表颁奖

② 2011年9月14日，“大岭山杯”金斧中国家具设计大赛决赛在上海举行。图为中国家协副理事长陈宝光（左三）、大岭山镇长黄庆辉（右三）等启动开幕仪式

③ 2011年4月19日，中国家具行业职业技能培训教学基地落户大岭山镇

④ 2011年，大岭山镇完成首批20.78公里市级绿道。图为镇委书记梁荣业、镇长黄庆辉等领导带头体验绿道

涉及劳动者18.5万人，为8179名劳动者追发工资2882.5万元。

【文化建设】 2011年，大岭山镇确立“文化建设年”的工作思路，投入630万元推进7条村文化惠民“五个有”（有一个总面积不少于200平方米的综合文化活动室，有一个不少于60平方米的公共图书阅览室，有一个建筑面积在1000平方米以上的文体广场，有一个面积不少于40平方米的文化信息共享工程服务网点，有一批文化活动和体育健身器材）建设，全部通过验收。举办首届大岭山红色文化节，以一台剧院合唱音乐会、一堂重温誓言新党课、一轮催人奋进老电影、一个东纵精神训练营、一条红色文化寻游路、一次红色记忆征文赛、一场广场万人红歌会“七个一”活动为主题，弘扬新时期大岭山老区精神，激发全镇人民建设美好家园的热情，在社会上引起强烈反响。完善8大协会的建设管

① 2011年，大岭山镇举办首届红色文化节。图为东莞市委常委、宣传部长王道平向大岭山镇委书记梁荣业授旗
② 2011年11月25日，东莞副市长严小康在大岭山镇委书记梁荣业、镇长黄庆辉等陪同下深入镇村（社区）督导“五个有”工程建设
③ 2011年6月，大岭山镇在“好歌献给党——广东省第十届百歌颂中华歌咏活动”中获得合唱A级组大赛和歌手大赛两个金奖。图为大岭山之歌合唱团在参赛现场
④ 2011年12月23日，东莞副市长梁国英（左三）莅临大岭山镇视察住房保障工作。图为市镇领导与喜迁新居的住房困难户合影
⑤ 2011年6月29日，大岭山镇给94位党龄超过50周年的老共产党员颁发纪念金牌
⑥ 2011年2月17日，大岭山镇委书记梁荣业、镇长黄庆辉为该镇第五届“十佳新莞人”颁奖

理，新成立10个合唱团，参加省“好歌献给党—广东省第十届‘百歌颂中华’歌咏活动”暨广东省首届声乐活动，获合唱A级组和歌手大赛两个金奖。

【《东莞市大岭山镇志》出版】 2011年12月13日，《东莞市大岭山镇志》正式出版发行。该书自2003年始修编，分1个开编、19个正文编以及附录，共86章324节，约100余万字，有15个图表和411幅照片分插其中。该志书时间断限上起于南宋高宗绍兴二十二年（1152年），下止于2005年，全面系统、客观真实地记录大岭山政治、经济、文化、教育、科技、体育、人民生活等方面的发展变化，并重点记叙大岭山改革开放以来所取得的成就。志书观点正确，资料翔实，体例完备，是大岭山的百科全书。

【文明创建】 2011年，大岭山镇成功创建“东莞市文明镇”，连平村获得“广东省文明村”称号，水朗村获得“东莞市文明标兵村”称号，文广中心、城市管理综合执法分局获得“东莞市文明标兵单位”称号，矮岭冚村、元岭村、大岭村、大环村被评为“东莞市文明村”，颐居社区被评为“东莞市文明社区”，大岭山中学被评为“东莞市文明单位”。

【教育事业】 2011年，大岭山镇继续奖教奖学、提高教师素质和扶持民办教育。全面完成中小学校舍加固工作，稳步推进新风中学改建、新公办幼儿园建设；引进和培育一批教育人才充实到教师队伍；推动华强学校成功创建市一级民办学校，盛基小学成功创建三星级民办学校；新招收540名新莞人子女入读公办学校。大岭山中学学生考取本科61人、专科207人，全镇每万人升大学人数在全市排第五位。向大学新生发放奖助学金131万元，全镇尊师重教氛围浓厚。

【就业创业】 2011年，大岭山镇帮扶群众就业，改善民生。全年成立12个“村民车间”、安置878名农村群众就业；公开招聘23名大学生到政府机关和农村基层任职；投入113.2万元对到企业工作的大学生实施工资补贴；培训新莞人1769人次，通过考核鉴定1110人次；建立10多个实践基地，举办大学生创业培训班、模拟创业活动、创业就业论坛，吸引约2000名学生参与。

【社会保障】 2011年，大岭山镇推进社保惠民，全镇社保基金征缴额4.8亿元，待遇支付1.3亿元，增长23.8%，其中养老待遇6029万元（含企业养老、地方养老）、失业待遇446.1万元，分别增长58.7%和 38.6%。完善医疗保障，投入1000万元建设新社区卫生服务中心，投入300万元新增水朗村医疗服务点，投入208万元开展老人健康体检和建档工作，不断完善社区医疗卫生服务体系；投入535万元为全镇居民购买重大疾病和身故保险，办理理赔172宗、理赔金320万元，有效防止群众“因病致贫”、“因病返贫”。完善住房保障，投入240多万元为36户困难家庭重建住房，基本解决“住房难”问题。落实纯二女户结扎奖励政策，向22户家庭发放奖励金110万元。

① 2011年8月24日，大岭山镇举办应届大学生入学欢送会。图为镇委书记梁荣业为部分应届大学生颁奖

② 2011年，大岭山镇成功创建“东莞市文明镇”。

③ 2011年6月1日，大岭山镇中心幼儿园成功创建“省一级幼儿园”。

【扶贫帮困】2011年，大岭山镇投入市外“双到”（规划到户，责任到人）扶贫资金2000万元，实施帮扶项目28宗，帮助罗定市2个镇4个村、888户贫困户实现脱贫，脱贫率100%；开展市内“双到”扶贫，统筹欠发达村发展，促进有劳动力家庭就业，成功帮助62个低保户快速脱贫，脱贫率94.0%；落实帮扶困难群众的政策措施，募集社会各界慈善捐款350万元。全年发放低保家庭补助金156.4万元，困难家庭子女助学金140.6万元，残疾人专项补助金112.9万元。

（姚双华）

附：2011年东莞市大岭山镇党委、人大、政府领导名录

镇委书记：梁荣业

镇委副书记：黄庆辉

陈锦波（任至8月）

欧阳振球（8月到任）

镇委委员：欧阳振球（任至8月）

李凤婵（任至8月）

李新平（任至8月）

李伟平（任至8月）

叶美高（8月到任）

黄志峰　吴美娇（8月到任）

黄兆良　何德祺　蔡培光

李容新　莫伟光

林　岚（8月到任）

欧阳斌（8月到任）

邝志光（8月到任）

镇人大主席：梁荣业

镇人大副主席：李凤婵（任至11月）

蔡容稳（任至11月）

叶美高（11月到任）

牛志平（11月到任）

镇　长：黄庆辉

副镇长：欧阳振球（任至11月）

叶美高（任至11月）

李　元　吴美娇（任至11月）

蔡容稳（11月到任）

李满林（11月到任）

李杰荣（11月到任）

2007—2011年大岭山镇主要经济指标

指标＼年份	2007	2008	2009	2010	2011
户籍人口（人）	41941	42580	43642	44481	45325
外来暂住人口（人）	212960	196209	125722	117216	235075
面积（平方公里）	95	95	95	95	95
地区生产总值(万元）	829945	960138	975717	1121769	1222000
工业总产值当年价（万元）	1948822	2262029	2071821	2428720	2880462
农业总产值当年价（万元）	2962	3884	4071	4638	4621
总用电量（万千瓦时）	149928	150688	145699	169086	171397
全社会固定资产投资总额（万元）	230271	271931	299124	326038	271008
社会消费与零售总额（万元）	196058	255268	315256	389971	457435
外贸出口总额（万美元）	195868	185719	183038	217776	257927
实际利用外资（万美元）	10970	15396	10636	11274	6285
镇级可支配财政收入（万元）	60235	66902	70502	77270	85017
各项税收总额（万元）	94151	110989	116655	150110	185403
金融机构各项存款余额（万元）	710760	832629	880373	1022520	1229280
城市居民储蓄存款余额（万元）	484984	586891	622434	743551	831686

大朗镇

【概况】 大朗镇是广东省中心镇，位于东莞市中南部，面积118平方公里，辖28个社区（村）。2011年末户籍人口7.13万人，外来暂住人口11.20万人。2011年，大朗镇被评为“全国文明镇”、“国家生态乡镇”、“省专业镇建设先进单位”、“省‘双提升’示范专业镇”、“首批省级外贸转型升级专业型示范基地（大朗毛织服装基地）”、“省宜居示范城镇”。

2011年，全镇生产总值146.92亿元，同比增长（下同）5%；工业总产值305.04亿元，增长4.7%；税收总收入19.07亿元，增长29.8%；出口总额19.39亿美元，增长20.4%；各项存款余额205.02亿元，增长13.2%；社会消费品零售总额46.75亿元，增长15.6%；财政收入23亿元，增长22.7%。

【产业转型升级】 2011年，大朗镇经济实力迈上新台阶，产业结构更加优化，产业竞争力进一步提升。

企业结构优化。大朗镇出台《大朗镇鼓励引进优质工业项目奖励试行办法》和《大朗镇工业区（厂房）改造补贴试行办法》，鼓励引进无污染、有税工业企业，推进工业区、旧厂房改造升级。推动来料加工企业转为“三资”企业，全年有34家企业实现转型，累计达147家，位居全市前列。有152家外资企业开展内销，内销总额38.9亿元，同比增长11%。全镇有63家外资企业累计拥有品牌85个。鼓励企业设立研发中心，全年有31家外资企业成立研发中心，累计达 79家，位居全市第一。内生能力不断增强，2011年新增注册企业973户，总量近4800户，其中内资企业占89%；固定资产投资总额36.5亿元，民营投资占67.9%。

毛织产业转型。大朗镇规模以上毛织企业工业总产值79.1亿元，实现利润1.02亿元。奖励968万元支持企业购置数控织机5172台，全镇毛织企业使用数控织机近3万台。大朗镇是全球重要的数控织机生产基地和集散地，盛星、欧大纬、银河等17家企业在大朗生产数控织机；斯托尔、岛精、事坦格等97家国内外数控织机品牌商在大朗设立销售机构。改造升级毛织贸易中心，增设毛衫直销中心、公共饭堂等公共配套设施，山东如意集团、宏德物业、卓为公司总部项目进驻其中。组织14家企业参加2011年全国毛针织服装名优精品推荐活动。

电子信息产业壮大。大朗镇电子信息行业产值104.4亿元，同比增长8.1%。把握深圳市电子信息行业产业转移的契机，承接转移产业，全年从深圳市引进大宗项目10宗，包括总投资5亿元的国内音乐手机龙头深圳酷比通讯设备公司、投资5亿元的民营高科技企业中诺电子工业有限公司、投资1000万美元的全球专业汽车业连接器和端子供应商胡连电子科技公司。年产值5000万元的测量设备生产龙头企业海克斯康计量产业集团（东莞七海测量技术有限公司）进驻大朗镇。华科电子华南营运总部奠基。信易电热机械有限公司被认定为省级企业技术中心。环球工业机械（东莞）有限公司研发的“五轴钻铣复合机床”获得

大朗镇

2011年1月9日，全省专业镇转型升级现场会在大朗镇召开。黄华华、朱小丹、宋海、刘志庚、李毓全等省市领导参观大朗转型升级亮点

金属加工行业领域的荣格技术创新奖，是全国35个获奖项目之一。“数字大朗”建设有效推进，大朗网年访问量900万人次；有1.5万家企业和个体工商户在阿里巴巴等网站开展电子商务。

现代服务业发展。大朗镇有银行、保险、证券等金融机构近40家；写字楼14座，总建筑面积20多万平方米；酒店、旅馆100多家，其中五星级酒店1家，四星级酒店3家。镇档案馆寄存档案11万盒。东莞标检、天虹物流、华南国际汽配城稳步发展。镇物业管理公司服务水平提高，管理物业面积超过34万平方米。长盛商圈加速发展，集聚品牌专卖店200多个。大朗物流中心进驻80多家物流企业。

【科技创新】2011年，大朗镇投入“创新型大朗”工程专项资金2000万元，支持企业自主创新。截至2011年，全镇有国家高新技术企业14家，省民营科技企业23家、省创新型试点企业和省创新方法推广应用试点企业各1家，市民营科技企业63家、市专利试点企业9家、市专利培育企业14家；广东省著名商标8个，广东省名牌产品6个。获国家、省、市科技（专利）项目立项30项，其中国家级2项、省级8项、市级20项；专利授权总数384件。获得科技资助经费1041万元，分别获得广东省重大科技专项300万元和广东省专业镇建设项目35万元资助。

【第十届中国（大朗）国际毛织产品交易会】2011年10月29日至11月1日在大朗镇举行。会场设特装区、成衣区和机械区，其中机械区展位增加至90个，吸引国内外知名机械制造厂家参展。展会期间，举行2012春夏中国（大朗）毛针织服装流行趋势发布会、“英伟杯”第九届中国（大朗）毛织服装设计大赛决赛”、企业研讨会、跨国毛织业买家采购会、中国超市联合采购交易联席会议与大朗毛织企业对接会等10多项活动，吸引专业客商5万人次，接待专业采购团近100个，数控织机成交意向近4000台，成交意向金额约6000万元。展会成为行业品牌，获得“2011中国最具影响力的品牌展会50强”。

① 2011年2月23日，华科事业群华南营运总部奠基典礼举行。广东省副省长宋海（左四），东莞市委书记、市人大常委会主任刘志庚（左五），市委常委、副市长江凌（左二），大朗镇委书记、镇人大主席尹景辉（右一），华科事业群董事长焦佑衡（左三）出席

② 2011年1月9日，广东省专业镇转型升级现场会在大朗帝豪花园酒店举行，中共中央政治局委员、广东省委书记汪洋（左三），省委副书记、省长黄华华（左二），省委常委、常务副省长朱小丹（左四），副省长宋海（左一），省科技厅厅长李兴华（右一）出席

③ 2011年10月29日，第十届“织交会”开幕式举行。中国纺织工业协会副会长张延凯（左一），东莞市委副书记、代市长袁宝成（左二），大朗镇委书记、镇人大主席王检养（左四）共同推杆启动

④ 2011年1月13日，大朗镇迎春长跑举行。镇领导尹景辉（左四）、谢锦波（左五）等带领各界群众参加

① 2011年1月10日，中国散裂中子源工程指挥部第二次会议在大朗镇召开。中科院高能物理所和大朗镇签订《共同建设大朗中子科学与技术联合实验室合作框架协议》和《民用核技术产业化合作协议》

② 2011年10月20日，中国最大的国家重大科技基础设施——中国散裂中子源在大朗镇水平村奠基

【散裂中子源项目奠基】 2011年10月20日，在大朗镇举行奠基仪式，中共中央政治局委员、国务委员刘延东，中共中央政治局委员、广东省委书记汪洋，中国科学院院长、党组书记白春礼，国家发展与改革委员会副主任张晓强，广东省委常委、常务副省长朱小丹等出席。该项目于2008年9月由国家发改委批准立项，总规划用地1000亩，建设周期6.5年，总投资约22亿元。2011年，项目周边道路设计和改造、周边环境优化、散裂中子源工程指挥部成立等工作开展，一期402.02亩的土方工程完成96%，边坡支护工程完成88%，配套道路工程完成50%。

【城市建设】 2011年，大朗镇推进“三旧”（旧城镇、旧厂房、旧村庄）改造和重点工程，完善城市公共配套设施，改善人居环境，优化城市功能。

城市环境优化。大朗镇推进规划编制，长盛片区控制性详细规划（简称“控规”）调整方案、松佛片区和黄洋片区控规方案通过市规委会审议；“三旧”改造专项规划通过市政府审批。推进宜居社区建设，宝陂、石厦、蔡边被评为“省宜居示范村庄”，长塘、求富路、长富、圣堂、巷尾、蔡边等社区（村）创建市宜居社区，申报宜居建设项目55项，资金概算1812万元，创建工作基本完成。完善基础设施建设，建成富华路、富通路一期等3条道路，完成毛织贸易中心、大朗法庭装修，档案馆第三期改造，新马莲莲湖公园、廉政公园建设等7项工程。优化环境，建成珠三角5号绿道大朗段；打造大朗花街，成为展示大朗形象的新窗口。洋坑塘、水口等10个社区（村）成功创建市容环境优美社区（村），至此全镇28个社区（村）全部创建成“东莞市市容环境优美社区（村）”。完善水利设施，完成沙步桥重建配套工程和黄江河驻港部队段河道整治工程，建成沙步排站工程的95%。成立大朗镇第一次全国水利普查领导小组，推进水利普查工作。

城市管理加强。大朗镇开展食品安全专项检查，出动检查人员5000多人次，检查各类生产经营单位8515间次；大朗美食街被授予“广东省餐饮服务食品安全示范街”称号，是全市成功创建省级的两个示范街之一。开展城市“六乱”（乱扔吐、乱堆放、乱拉挂、乱张贴、乱搭建、乱摆卖）及违章广告整治行动40次，教育改正违法行为1828宗。整治文化市场和黑网吧，建设网吧监管新平台，开展专项清查行动41次，取缔“黑网吧”109间；统一销毁侵权盗版物及非法出版物，销毁非法音像制品4.19万张、非法书报刊3.96万册（份）。完善长富社区服务管理机制，为近2000名人才办理入户手续。

【综治信访维稳】 2011年，大朗镇完善综治维稳中心建设，开展领导干部大接访活动，加强深圳大运会期间矛盾排查调处，社会大局保持稳定，实现全年无集体越级上访、无重大群体性事件发生。全年受理群众信访案件368批、1442人次，同比下降10.5%。在全市镇街中率先推出手机短信问政平台，“大朗网络问政平台”成为镇委、镇政府密切联系群众的重要平台，全年收到网民来信3834封，办结3761封。

社会治安管理　大朗镇持续打击盗抢、严重暴力和“黄赌毒”等违法犯罪行为，创造平安大运。做好民兵整组工作，加强民兵队伍建设。整合31个警务室，巡逻民警增至48人，增聘100名治安员，设立武装检查点，实行24小时值班备勤制度，创新成立自行车巡逻防控专业队，着力构建“大巡警”机制。开展“大走访”开门评警活动，走访居民3000余户、单位200余家。全年破获刑事案件590宗，查处治安案件695宗，打掉各类犯罪团伙45个，抓获团伙成员196人。

安全生产整治　大朗镇开展安全生产月活动，发放宣传资料8000余份，张贴宣传标语和宣传挂图1390套，安全技能培训5000多人。抓好安全生产执法检查，构建社会消防安全“防火墙”，检查企业685家次，发现隐患近1600处，发出整改指令书304份。开展小档口、小作坊、小娱乐场所和出租屋安全隐患综合整治，检查7053间，发出整改通知书2500多份。

【社会民生】 2011年，大朗镇推进文化教育事业发展，抓好劳动就业和医疗保障服务，提升群众生活质量。

发展教育事业。大朗镇实施名学

校、名教师、名校长、名家长“四名”工程，巩固提升教育发展水平。2011年高考与中考成绩同创历史新高，中考平均分超出全市30分，万人升大学比例从2006年的全市第20位升至第3位，万人升本科比例从2006年的全市第19位升至第5位。

完善医疗卫生体系。大朗镇推进投资2亿元的大朗医院住院大楼装修工程，全镇有1个社区服务中心、14个卫生服务站，实现社区卫生服务全覆盖，形成“社区医疗15分钟服务圈”。加强人口和计划生育工作，严格控制人口自然增长率。启用长富社区白玉兰家庭服务中心。

繁荣文体事业。大朗镇创办文史艺术类文摘双月刊《朗读》，倡导良好的读书学习氛围。推进“荔香大朗”官方微博建设，使之与大朗电视台、大朗网、《大朗周刊》、大朗快讯共同构成全方位、立体的文化传播体系。大朗档案馆晋升国家一级档案馆，并实现档案馆、展览馆、艺术馆“三馆合一”，全年举办展览6场，接待参观者1万多人。开展“文化惠民”活动，举办培训7场，下基层演出39场，下乡放映电影477场，受益群众30万人次。文化惠民“五个有”（有一个总面积不少于200平方米的综合文化活动室，有一个不少于60平方米的公共图书阅览室，有一个建筑面积在1000平方米以上的文体广场，有一个面积不少于40平方米的文化信息共享工程服务网点，有一批文化活动和体育健身器材）工程通过市验收，建设24小时自助图书ATM机，截至2011年，除大朗和长富2个社区外，其余26个社区（村）均建成村一级图书阅览室，藏书25万册，电子阅览室12间。大朗男子和女子篮球队在市篮球联赛中均夺冠军，其中男篮获得五连冠、女篮两连冠，新世纪烈豹队获得CBA联赛第三名。

促进劳动就业。大朗镇帮扶2146名户籍劳动力实现就业，办理就业补贴金额1610.32万元。通过设立招工点、举办“春风行动”、“就业服务日”等大型招聘会，帮助企业招工逾万人，解决企业春节后缺工问题。

加强社会保障。大朗镇建立社保专管员制度，抓好社保征缴扩面工作，全镇各险种参保人次50.16万，增加2.2万，征收社会保险基金4.56亿元。发放低保对象补助金396.2万元，投入53.7万元建设大朗应急避灾中心和大朗慈善超市。开办3家平价商店（专营区）。落实优抚安置政策，向126名优抚对象发放优待金115.08万元，及时足额发放退役士兵自谋职业补助金59.89万元。

① 2011年8月22日，中共大朗镇第十二次代表大会召开，选举产生第十二届党委领导班子成员

② 2011年11月22日，大朗镇第十六届人民代表大会第一次会议召开

落实扶贫济困。大朗镇开展“广东扶贫济困日”、“东莞慈善日”等活动，筹集善款385万元。帮助相关社区（村）申请市扶贫资金260多万元。做好市内、市外扶贫“双到”（规划到户、责任到人）工作，折合帮扶资金1300多万元。

发展志愿服务。大朗镇通过“一号关爱”、“彩虹行动”等活动以及大朗志愿服务中心现场招募，全年招募志愿者879人，总数达1.3万人。“一号关爱”和“送爱进社区”项目入选首届珠江公益节“双千一百”公益项目。

（叶列驰）

附：2011年东莞市大朗镇党委、人大、政府领导名录

镇委书记：尹景辉（任至6月）
王检养（6月到任）
镇委副书记：谢锦波
祁沛全（任至8月）
游耀波（任至6月）
叶惠明（8月到任）
镇委委员：林熙仿（任至8月）
黄锦发（任至8月）
傅振华（任至8月）
叶惠明　陈根照　陈慧娟
黄兆棠（6月到任）
傅秩恩（8月到任）
叶桂平　韩暖渠
叶效怀（8月到任）
夏建中　叶淑帆　周浩森
镇人大主席：尹景辉（任至8月）
王检养（8月到任）
镇人大副主席：傅振华（任至11月）
陈志芬（任至11月）
祁沛全（11月到任）
镇　长：谢锦波
副镇长：黄锦发（任至8月）
李创业（任至11月）
傅秩恩（任至8月）
叶效怀（任至8月）
覃　春　袁志良（8月到任）
傅永杰（8月到任）

① 2011年4月10日，大朗镇举行“牵手一生　幸福大朗”青年集体婚礼

② 2010—2011年度CBA联赛新世纪烈豹队比赛瞬间

③ 2011年5月30日，大朗镇夺得东莞市篮球联赛男子（甲级）决赛冠军，实现“五连冠”

④ 2011年5月18日，大朗镇夺得市篮球联赛女子（甲级）决赛冠军，实现“两连冠”

① 2011年6月28日，大朗档案馆获得国家一级档案馆揭牌暨张群炎中国画展开幕仪式举行

② 2011年10月29日，第十届中国（大朗）国际毛织产品交易会在主会场中国·大朗毛织贸易中心开幕

③ 大朗长富社区新貌

① 大朗长盛片区新貌

② 大朗花街夜景

③ 大朗碧桂园

2007—2011年大朗镇主要经济指标

指标 \ 年份	2007	2008	2009	2010	2011
户籍人口（人）	67069	68134	69239	70192	71280
外来暂住人口（人）	200019	190280	175068	240697	111964
面积（平方公里）	118	118	118	118	118
地区生产总值（万元）	1025864	1105810	1160519	1352689	1469179
工业总产值当年价（万元）	2175420	2504013	2271015	2911766	3050370
农业总产值当年价（万元）	4462	1881	2141	2333	3019
总用电量（万千瓦时）	170802	170974	175774	205043	223665
全社会固定资产投资总额（万元）	304445	283995	383551	391952	364833
社会消费与零售总额（万元）	226905	274102	340818	404381	467499
出口总额（万美元）	94569	100495	126296	161076	193901
实际利用外资（新口径、万美元）	7454	9039	7766	11442	12285
镇级可支配财政收入（万元）	47316	56433	59843	64159	71613
各项税收总额（万元）	103266	110364	115274	146624	190738
金融机构各项存款余额（万元）	1004732	1228426	1492965	1822039	2050199
城乡居民储蓄存款余额（万元）	795611	988068	1105716	1325695	1482436

黄江镇

【概况】 黄江镇位于东莞市东南部，面积98平方公里，辖7个社区。2011年，户籍人口2.55万人，外来暂住人口约20万人。全镇完成生产总值95.00亿元，同比增长（下同）10%；各项税收总额13.30亿元，增长23.03%；镇本级财政可支配收入10.21亿元，增长4.45%；外贸进出口总额69.72亿美元，基本与上年持平。黄江镇先后获得“全国百强乡镇”、“国家电子信息产业基地”、“国家卫生镇”、“广东省教育强镇”、“全国爱国拥军模范单位”等称号，2011年被评为“东莞市文明镇”。

【产业转型升级】 2011年，黄江镇推动工业项目建设投产，调整产业结构布局，将深圳、台湾地区和日韩先进制造业作为重点招商对象，着眼大公司、大企业，参与各项招商活动，改善工业体系结构，提升经济发展后劲。全年新签投资项目协议51宗，增长45.71%，其中超1000万美元项目12宗，全市排名第三，引进新兴产业项目10宗，全市排名第三。实际利用外资1.4亿美元，增长9.98%，总量排名全市第九。引进300万元以上内资项目19宗，增加2宗；实际投资总额23.34亿元，增加40.8%。推动43家来料加工企业转型为三资企业或内资企业，总量全市排名第九；有150家外资企业开展内销业务，内销额37亿元，增长40%；推动27家外资企业设立研发机构，全市排名第一。

【城市建设】 2011年，黄江镇加快新行政中心区建设，编制完成新中心区行政办公大楼设计方案。规划新黄江医院、新黄江中学、环城路贯通、生态路建设

“宜工、宜商、宜居、宜旅”生态新黄江

① 2011年10月25日，东莞市委副书记、代市长袁宝成（右二）由市政府秘书长梁海卫（左三），黄江镇委书记、镇人大主席杨礼权（右一）和副书记袁俊森（左一）等陪同调研黄江村政工作

② 2011年8月1日，黄江镇梅塘社区政务服务中心挂牌。图为副市长成洪波（左四）和市民政局及黄江镇有关领导参加挂牌仪式

和中心区拆迁等重点工程。新建市级绿道21.5公里。启动黄牛埔和巍峨山森林公园规划建设。推进17项共3857.4亩的“三旧”（旧城镇、旧厂房、旧村庄）改造项目。加大投入建设宜居社区、整治农村生态环境和旧村等，改善农村环境。推出金地湖山大境、花样年江山等楼盘。加快规划建设田美、三新等农民公寓，提升人居环境。

【社会管理】公共安全管理。2011年，黄江镇加强治安复杂场所治理，整治恶性犯罪和多发性犯罪，重点打击诈骗、入室盗窃及黄赌毒等。全年刑事案件立案1121宗，破获519宗，查处治安案件1799起。查处摩托车、电动车等交通违法行为，整治酒后驾驶，出动警力2.64万人次，警车8110辆次，纠正交通违法行为1.17万宗，查处7205宗。投入使用黄江派出所、梅塘派出所综合楼，整合收编全镇治安员，成立黄江巡访大队，实施“大治安”格局，群众安全感增强。

综治信访维稳。2011年，黄江镇完善综治信访维稳中心及工作站、工作室联动机制。强化矛盾纠纷排查化解，推行领导接访包案和干部下访制度。引导企业改善用工环境。开展劳动监察网格化和网络化建设，提高劳动监察执法效率，打击欠薪逃匿等违法行为。健全人民调解、行政调解和司法调解相互配合的工作体系。全年排查矛盾纠纷839宗，办结829宗。

安全生产监管。2011年，黄江镇强化企业安全生产主体责任，开展“安全生产年”活动，有效防范重特大事故发生，全镇安全生产形势持续稳定好转。全年检查工厂企业734家，发现隐患807处，发出整改指令书121份，作出行政处罚7次，经济罚款17.5万元，受理群众安全投诉20宗，全部跟踪落实处理。开展危险化学品事故应急救援演练、安全生产专题电影巡回放映、安全生产巡回讲座等活动。全年派发宣传资料3万多份，近500人成为注册安全主任。

应急处置能力强化。2011年，黄江镇加强应急管理试点工程建设，强化自然灾害、突发事件、群体性事件危机管理，健全应急管理机制。推动部门和村级应急组织建设和应急物资储备。加强应急管理综合平台建设，强化应急演练和应急救护培训，完善各类突发事件应急预案。执行重大事件、重要情况报告制度，掌握社情民意，全年百人以上群体性事件预知率达100%。

① 2011年8月23日，黄江镇第十三次党代会召开，选举产生第十三届镇委委员和纪委委员。图为第十三届镇委领导班子

② 2011年11月18日，黄江镇第十六届人民代表大会第一次会议选举叶锦锐为黄江镇人民政府镇长。图为镇委书记、镇人大主席杨礼权（右）向叶锦锐颁发当选证书

③ 2011年11月18日，黄江镇第十六届人民代表大会第一次会议选举产生第十六届政府领导班子。图为镇委书记、镇人大主席杨礼权（右三）和政府班子领导合照

① 2011年1月28日，黄江绿道启用，图为镇领导带队骑行绿道

② 黄江绿道驿站

③ 2011年12月25日，全国业余自行车联赛（黄江站）比赛鸣枪开赛

④ 2011年11月，黄江镇在大屏嶂森林公园举行第11届登山比赛

【民生关注】 优先发展教育事业。2011年，黄江镇继续深化素质教育，推进高效课堂改革。提高教师素质，加强民办教育的扶持、引导和管理，鼓励支持各民办学校申报市星级学校。加快筹建新黄江中学，规划筹办中心区和梅塘片幼儿园。

繁荣文化体育事业。2011年，黄江镇落实“文化惠民”工程，全镇7个社区“五个有”（有一个总面积不少于200平方米的综合文化活动室，有一个不少于60平方米的公共图书阅览室，有一个建筑面积在1000平方米以上的文体广场，有一个面积不少于40平方米的文化信息共享工程服务网点，有一批文化活动和体育健身器材）建设实现全覆盖。投入340万元，改善图书馆软硬件设施，采购4.2万册图书，图书藏量达6.4万册。举办图书阅读活动46场次、节庆文艺晚会和文艺下乡活动20多场。进一步塑造慈善敬老马拉松长跑、重阳登高等文化品牌。成功举办全国业余自行车比赛黄江站赛事活动。镇自行车队参加省青少年自行车锦标赛，以1金、6银、6铜、团体总分139分获得全省自行车项目第二名。

推进健康城市建设。2011年，黄江镇扩大社区卫生服务中心和服务站的服务内容和范围，防控甲型流感、手足口病等流行病。开展创建“全国亿万农民健康促进行动示范镇”活动。3月，动工兴建新黄江医院。实施挂钩帮扶人口计生工作制度，保持低生育水平。

完善社会保障体系。2011年，黄江镇加强新莞人参加工伤保险和医疗保险工作，加强工伤事故预防整治和监督。投入使用梅塘社区综合服务中心，开展社工服务。建立慈善超市，帮扶救助孤寡老人及弱势群体。建立康复就业服务中心，为残疾人提供康复、就业等服务。推广村民车间，实施青年就业见习训练和培训计划，帮助城乡失业人员和高校毕业生就业。全年拨付低保金80.06万元，受益低保对象138户350人；发放55万元资助143名困难家庭在读学生。镇、村两级投入200万元设立镇补充医疗救助基金，全年发放救济金139万元。组织干部节日慰问困难户600多户，投入慰问金及慰问品价值超过130万元。挖掘就业渠道，全镇有劳动能力低保户实现就业人数86人，就业率80%。

【村级体制改革】 2011年，黄江镇加紧村级体制改革。基本实现农村行政事务、村民自治权和集体经济组织“三分离”，改革效果初步体现。基本完成区域、政务、环卫和治安等方面统筹；完成综合服务统筹工作方案，并在梅塘社区进行试点，社会反响良好；明晰集体资产统筹工作思路，制定土地统筹初步方案。8月，7个社区政务服务中心成立。12月，梅塘社区综合服务中心成立。

社区公共管理成本降低。黄江镇减少社区公共管理成本2898.7万元，其中镇财政分担政务服务中心运作经费790.7万元、环卫补贴1800万元、治安补贴308万元。

① 2011年1月19日，黄江镇2011年春节联欢晚会在大家乐广场举行

② 2011年9月26日，东莞市第四届广场舞比赛黄江分赛场比赛在黄牛埔森林公园举行

① 远眺黄江裕元工业区

② 黄江裕元工业区一角

③ 黄江镇环城北路

④ 黄江镇中心区

黄江人民公园

全镇20个村（社区）合并为7个，干部由110人减到53人，工作人员由220人减到160人，节省人员经费约700万元。

社区行政办事效率提升 黄江镇社区政务服务中心承办政府职能部门在社区开展的124项公共管理职能，以及其他由镇政府确定需要进入社区的工作事项，规范管理制度。社区政务服务中心所有岗位集中办公，每天安排1名社区负责人值班；每名工作人员熟悉2个岗位工作，保证不因工作人员不在岗而影响群众办事。群众办事只要资料齐全，5—10分钟就能办好。

社区经济发展后劲增强 黄江镇实行集中开发，打破村域、地域界限，提高土地利用率。探索建立市、镇、村三级合作开发、共同分利的模式，推进村级集体经济规模化、集约化发展，降低村级开发土地成本和风险，增加集体经济收益。

城市建设和管理有序 黄江镇以社区为整体，完善城市公共设施规划建设。实行环卫统筹，社区环卫保洁、垃圾清运、绿化美化逐步市场化、专业化，社区环境卫生水平提升较大。全镇7个社区均成功创建市生态社区。

公共服务更加完善 黄江镇加大社区公共服务投入力度，结合社区建设，探索社工加义工模式，为社区居民提供文化、体育、家政等7类生活服务，设立21个功能室，满足社区群众需求。开展各类讲座和活动，充实群众精神生活，提升居民整体素质。 （刘志勇）

附：2011年东莞市黄江镇党委、人大、政府领导名录

镇委书记：杨礼权
镇委副书记：钱伟忠（任至8月）
叶锦锐（6月到任）
袁俊森
镇委委员：黄伟伦（任至8月）
黄沛成（8月到任） 李权昆
黄映秀（任至8月）
黄兆棠（任至6月）
谭皓强 李日宏 温泉华
邓金祥（8月到任） 莫永康
刘志达 蔡耀芬（8月到任）
徐文钊（8月到任）
镇人大主席：杨礼权
镇人大副主席：李权昆
叶凤莲（任至8月）
廖月华（11月到任）
镇 长：钱伟忠（任至8月）
叶锦锐（8月到任）
副镇长：黄伟伦（任至8月）
蔡耀芬（任至8月）
任沛东 袁柱波
叶凤莲（8月到任）
梁伟光（8月到任）

2007—2011年黄江镇主要经济指标

指标＼年份	2007	2008	2009	2010	2011
户籍人口（人）	22372	23144	24079	24700	25491
外来暂住人口（人）	209716	200000	200000	200000	148650
面积（平方公里）	98	98	98	98	98
地区生产总值（万元）	553600	713119	768073	890200	950000
工业总产值当年价（万元）	1518260	1672166	419897	493492	1799900
农业总产值当年价（万元）		1122	720	745	1210
总用电量（万千瓦时）	107335	129207	140386	159909	163041
全社会固定资产投资总额（万元）	219222	216509	234778	251963	309557
社会消费与零售总额（万元）	119639	138405	156362	180699	222663
外贸出口总额（万美元）	379489	359643	399238	421300	276594
实际利用外资（万美元）	8884	17947	7896	12756	14022
镇级可支配财政收入（万元）	45077	45912	48715	54000	102117
各项税收总额（万元）	76436	84875	89092	108072	132963
金融机构各项存款余额（万元）	658217	759068	876372	960000	1059463
城乡居民储蓄存款余额（万元）	460821	568969	619018	755117	804891

樟木头镇

【概况】 樟木头镇位于东莞市东南部，面积119平方公里。2011年，下辖9个社区，常住人口13.35万人，其中户籍人口2.8万人。毗邻港澳，地处广州、深圳和惠州市经济走廊中心，交通网络四通八达，省道莞惠、东深公路在此交汇。四面环山，石马河贯穿境内，生态资源丰富。拥有观音山和宝山国家级森林公园，观音寺和芙蓉寺佛教圣地，全国首个镇级将军馆和冠和博物馆。民风淳朴，是全市唯一的纯客家镇。有15万香港人在此购房，被称为“小香港”。先后获得“全国拥军优属先进单位”、“广东省中心镇”、“中国百强镇”、“全国卫生镇”、“广东省商贸服务专业镇”、“中国塑胶重镇”、“广东省旅游特色镇”、“全国企业投资环境最佳乡镇”、“麒麟文化艺术之乡”等称号，2011年被评为“国家级生态乡镇”。

2011年，樟木头镇完成生产总值62.3亿元，同比增长（下同）11%；税收总额10.0亿元，增长34.4%；财政一般预算收入6.3亿元，增长42.8%；民营企业注册资金18.4亿元，增长22%；各项存款余额107.6亿元，增长9.2%；房地产商品房销售额翻一番。

【经济发展环境优化】 帮扶企业。2011年，樟木头镇深化“感恩商家，帮扶企业”长效机制，为企业提供增资扩产、转型升级、技术创新、开拓内销、协调解决企业用工、融资、经营办证、解决实际问题等服务，成功经验在全市推广。

招商引资。2011年，樟木头镇制定招商奖励新办法，规划到厂、责任到人，实行上门招商、产业招商，实现镇属及9个社区厂房零空置，引进长虹集团等大型项目。

民营经济。2011年，樟木头镇搭建政企服务平台，完善民营经济服务网络，累计培育中国名牌名标2个、广东省名牌名标10个、东莞市50强民营企业2家、国家高新技术企业4家，东莞市小猪班纳服饰有限公司成为市第二批后备上市企业。

镇属企业创收。2011年，樟木头镇完善政企分开、市场化运作、集团式经营的新型企业管理架构和经营机制，提高镇属企业规模效益和经济效益，实现镇属资产保值增值。

樟木头——打造“国际旅游生态城”

2011年9月29日，中央驻香港联络办副主任黎桂康，东莞市领导刘志庚、何嘉琪、严小康等参加东莞保利生态城奠基仪式

① 2012年3月1日，东莞市委书记、市人大常委会主任徐建华（中）到樟木头镇调研经济社会发展情况

② 2011年11月9日，东莞市委副书记、代市长袁宝成（中）到樟木头镇调研，充分肯定该镇多年来的发展成绩，并鼓励樟木头在发展旅游业、健康产业上做大文章

① 樟木头镇于2011年8月、11月分别召开第十四次党代会和十六届人大一次会议，选举产生新一届领导班子

② 2011年3月7日，樟木头镇“作家进军营系列活动”启动

③ 2011年5月24日，首届“樟木头好人”道德模范宣讲活动启动

社区稳步发展。2011年，樟木头镇成立3个促进社区发展工作组，统分结合，有效促进社区经济发展、债务重组与解决历史遗留问题，减轻社区治安、环卫、教育、养老、供水管改造等公共事业管理负担，协力破解发展难题，完成社区定位发展、统筹发展战略和林权制度改革等工作。

【产业转型升级】传统优势产业加速升级。2011年，樟木头镇整合土地资源，引进多个大型项目，带动工业上规模。解决房地产业发展多年的办证难历史遗留问题，通过集中资源扩大宣传，规范销售管理，提升服务信誉，有效重塑房地产业声誉；打造生态宜居、生活便捷、安全文明环境优势，开发长虹、樟城华庭等高档次楼盘，一、二手房销售交易量居全市首位。创新商贸物流业经营管理模式，新建鞋材饰品市场，扩建塑胶市场四期、电子城二期，协助“天一城”、金杭酒店等开业，提升商业服务档次。

新兴产业发展。2011年，樟木头镇挖掘、整合旅游资源，围绕“四色”旅游（观音山、宝山森林公园“绿色”旅游，将军馆、国防教育基地“红色”旅游，小香港旅游节“特色”旅游，客家文化“古色”旅游）特色，加快旅游基础设施建设及旅游服务相关要素建立，打造十大旅游产品，以“政府搭台，市场运作”模式，提升“小香港旅游文化节”效益。启动47万平方米健康产业园

① 2011年8月6日，樟木头“第八届小香港旅游文化节”开幕

② 2011年，樟木头镇组织火灾隐患重点地区整治工作，开展火灾隐患大排查大整治，推进重点单位消防安全“四个能力”建设，通过火灾隐患重点地区整治验收。图为2011年12月19日，广东省公安厅副巡视员徐学景等领导到樟木头镇指导消防工作

③ 2011年9月2日，东莞市第八高级中学新校落成启用仪式暨新学年开学典礼举行

规划建设，制定《打造健康产业工作方案》，促成投资3000万元的艺美达医疗制品及器材制造工业城项目意向落户园区，与总投资2.5亿元的广东佳泰制药厂签订合作意向。启动首期投资5000万元的动蛋王国樟木头影视基地项目，创作动漫《大城小狗》。加快建设投资100亿元、占地26.6平方公里的东莞保利生态城。

【城市建设】2011年，樟木头镇推进石新高架桥、银洋路高架桥和南博下穿隧道三大交通节点路网优化工程，完成8.5公里绿道建设，启动旧石场复绿工程，加快垃圾填埋场技术改造。完成37个项目共3435亩的“三旧”改造（旧城镇、旧厂房、旧村庄）专项规划，推进罗屋旧村、圩镇旧圩片区、旧先威厂片区、柏地旧村、林场旧区等改造项目，其中罗屋旧村改造取得突破并打通怡安街延长线。提升城市管理水平，建设数字化城市，推进“现代市民塑造工程”，面向社会征集城市口号、城市形象标志，创立“文有作家村、武有将军馆”、“有情有义客家人、有滋有味客家菜”等城市人文品牌。

【社会事业创新发展】维护社会稳定。2011年，樟木头镇实行“一警挂两企”、警长挂职社区副书记、警力下沉一线、社区治安队收编等创新举措，打击“两抢一盗”、“拐卖妇女儿童”、“黄赌毒”等违法犯罪行为，治安刑事案件发案率下降。完善立体式信访维稳机制，广开民意诉求渠道并限时办结处理回复，将信访维稳关口前移到社区，有效化解萌芽问题。落实领导接访、上门探访、带案下访、基层巡访和矛盾纠纷排查制度，推行“书记手机信息接访”，书记、镇长批件转办制度。吸取“1·13”较大火灾事故教训，投入3500多万元，夯实防火墙基础，开展消防安全培训，摘除省火灾隐患重点地区帽子。开展打击非法营运、酒后驾驶等专项行动，交通事故死亡人数下降。推进“食品安全示范食堂”、农贸市场升级改造，建成食品集中加工基地，开展日常检测及“瘦肉精”、“地沟油”、乳制品、烟酒等专项整治。

推动就业创业。2011年，樟木头镇将每月10日定为“就业服务日”，

① 2011年，樟木头镇发动社会力量开展救助小美云、蔡丹丹等爱心接力，打造“爱心之城”
② 2011年，樟木头镇9个社区举行党总支部换届选举，选举产生新一届社区党总支部班子，图为樟罗社区投票现场
③ 2011年，樟木头镇大力营造生态宜居环境，通过国家级生态乡镇考评、国家卫生城镇复检

以群体帮扶代替单体帮扶，搭建就业平台，建立13个村民车间、1个新莞人村民车间、1个青年车间及1个大学生就业基地，营造就业创业氛围。打造“观音绿”荔枝品牌，为荔枝农户增收10倍，帮助1175名群众、学生解决就业，全镇就业率在97.3%以上。

做好扶贫帮困。2011年，樟木头镇开展“感恩月”、“广东扶贫济困日”和“东莞慈善日”活动，完善慈善超市物资投入，设立灾害庇护场所。实施城乡一体社会养老保险体系，提供社工服务，创新实行老年人保健计划，用10万元奖励百岁老人。落实对口帮扶广西都安县、韶关一六镇工作，扶贫开发项目经验在全省推广。市内、镇内扶贫工作进展良好。赴新疆农三师45团落实帮扶任务。

提升教育医疗水平。2011年，樟木头镇实施科教兴镇战略。完成市镇两级办学改革，优化教育资源，创新推行素质教育，全部公办学校创建为省、市一级学校，民办星级学校数量全市最多，提高户籍人口升大学比例，多项教学、科研成果获得国家、省、市级表彰，完成市第八高级中学承建任务。提高医疗保障水平，完成社区卫生服务建设，打造“中国特色家庭医生服务团队”，完成群众基本健康档案全覆盖，创建“全民低成本健康”试点镇，使人均次医疗费用支出在16.5元以内，比全市低110元。

【文化影响力提升】2011年，樟木头镇培育感恩文化，复兴客家文化，推动观音文化和生态文化。以感恩为主题，评选道德模范，掀起社会感恩风气。挖掘和弘扬客家文化，创作客家山歌，推广客家美食和麒麟艺术，修葺保护祠堂、三家巷、碉楼等客家文物。依法处理观音山问题，提高观音寺和芙蓉寺知名度，推动慈悲为怀关怀社会、慈善事业和健康文化节等活动，成为佛教文化圣地。利用生态资源，加强环境保护，倡导生态文明，引进生态城项目，定位打造“国际旅游生态城”。（蔡俊彬）

附：2011年东莞市樟木头镇党委、人大、政府领导名录

镇委书记：李满堂
镇委副书记：罗伟伦　赵智佳
镇委委员：蔡传胜　赖远强　徐鸿飞
梁裕英（8月到任）　黄美青
张燕琼（任至8月）
蔡伟明　张　健（任至8月）
詹振锋　苏景旺
蔡献军（8月到任）　黄育辉
镇人大主席：李满堂
镇人大副主席：赖远强
卢志贤（任至11月）
刘秀荣（11月到任）
镇　长：罗伟伦
副镇长：蔡传胜（任至11月）
蔡献军（任至11月）
蔡建彬　罗水发
李志扬（8月到任）
刘玉春（11月到任）

2007—2011年樟木头镇主要经济指标

指标＼年份	2007	2008	2009	2010	2011
户籍人口（人）	25041	26071	26835	27434	28038
外来暂住人口（人）	135810	127390	113253	112860	114395
年末土地面积（平方公里）	66	119	119	119	119
全年生产总值（万元）	453787	497577	524759	550388	623121
工业总产值（当年价格）（万元）	890609	989481	819999	999043	1069975
农业总产值（当年价格）（万元）	991	604	741	793	763
总用电量（含企业自有机组发电）（万千瓦时）	91460	76390	82898	91847	94807
总用水量（万吨）	110048	90170	93019	1321	175162
全社会固定资产投资总额（万元）	172558	186109	212138	159966	362763
社会消费品零售总额（万元）	80485	82185	74156	330520	91217
实际利用外资（万美元）	3342	5359	4070	5579	6623
镇级可支配财政收入（万元）	57285	47931	38265	43794	135913
各项税收总额（万元）	63885	62633	60170	72120	100226
金融机构各项存款余额（万元）	656230	788812	844491	979395	1075966
城乡居民储蓄存款余额（万元）	492589	641044	664447	767445	842036

凤岗镇

【概况】 凤岗镇地处东莞市东南端，东、南、西三面分别与深圳市接壤。面积82.5平方公里，下辖12个村（居）。2011年，户籍人口2.5万人，外来暂住人口14.84万人，有3万多名华侨分布在世界36个国家和地区，是象棋大师杨官璘的出生地。2011年被评为“广东省交通安全文明示范村镇”、“2006—2010年全国法制宣传教育先进集体”。

2011年，全镇完成生产总值130.57亿元，同比增长（下同）13.13%；完成规模以上工业总产值180亿元，增长6.63%；各项税收总额19.81亿元；镇级可支配财政收入9.9亿元，增长22.1%；各项存款余额151.92亿元，比年初增长8.79%；社会固定资产投资33.09亿元,增长12.1%；社会消费品零售总额25.61亿元，增长15.33%。

【产业转型升级】 2011年，凤岗镇重点扶持大企业、大产业、大项目发展，经济发展方式有效转变。全镇有169家外资企业开展内销，内销额47.1亿元，增长19.6%，内销千万元以上企业52家，亿元以上14家，其中伍联电子内销5.6亿元，三和盛电子内销5亿元。推动49家外资企业申报增资，增资总额1.1亿美元，增资100万美元以上企业18家，其中米亚科技增资3850万美元。全镇103家来料加工企业就地转型，在册“三资”企业417家，增加24.1%。11月，成立招商引资服务协调委员会，统筹招商资源，协助米亚科技设立合同外资达1500万美元的瓦克精密金属科技有限公司，是年内最大新签外资项目。全镇投产外资企业632家，投资总额超1000万美元企业30家。

【外源型经济】 2011年，凤岗镇新签外资项目96宗，合同利用外资（新口径）1.84亿美元，实际利用外资（新口径）1.72亿美元，增长24.3%。出口总额20.77亿美元，增长10%。

【内源型经济】 2011年，凤岗镇有个体、民营企业1.4万多家。其中民营企业2626家，增长28.22%，注册资本34.08亿元，增长11.48%。新签内资项目576宗，增长8.88%。

【村组经济】 2011年，凤岗镇村组两级集体总资产61.9亿元，集体净资产52亿元。村组经营收入6.4亿元，增长3.26%；纯收入4.5亿元，增长5.51%。

【第三产业】 商贸物流业。2011年，凤

加快转型升级　建设幸福凤岗

① 2012年2月20日，广东省副省长招玉芳（右一）在凤岗镇美驰图公司调研

② 2011年7月6日，广东省委常委、省政法委书记、省公安厅厅长梁伟发检查凤岗镇大运会安保工作

③ 2011年10月13日，广东省人大常委会副主任陈小川就凤岗镇综治信访维稳工作情况进行专题调研

① 2011年11月17日，东莞市委书记、市人大常委会主任刘志庚在凤岗米亚公司调研
② 2012年3月21日，东莞市委书记、市人大常委会主任徐建华到凤岗镇米亚公司调研
③ 2011年11月9日，东莞市委副书记、代市长袁宝成在凤岗都市丽人公司调研

岗镇规划建设广源物流城，推动其与凤岗物流园联动发展，发展现代物流业。以沃尔玛、铜锣湾等知名商业品牌进驻为带动，引进和培育具有较强竞争力的中大型现代商贸流通企业，做旺镇中心区商业圈，为承接深圳市产业转移创造良好环境。

酒店娱乐业。2011年，凤岗镇有大型酒店27家，其中五星级酒店1家。规划建设奥威斯酒店、民营商会酒店、怡安大酒店二期、南天酒店等10家规模以上酒店，其中4星级以上5家。打造客侨文化和象棋文化品牌，规划建设黄洞客侨文化园。利用龙凤山庄成功申报国家4A景区的契机，加大婚庆产业宣传力度，延伸产业链条，打造“中国婚庆第一镇”。

房地产业。2011年，凤岗镇销售商品房4076套，增长42.76%；销售面积34.7万平方米，增长16.57%；销售金额29.51亿元，增长31.39%。

【城市建设】重点工程。2011年，凤岗镇启动16项镇属重点工程建设，续建工程28项，投资概算3亿元，其中南门山森林公园、碧湖森林公园、凤凰围北延长线工程等11个项目完成年度目标。宏丰楼外墙工程、黄洞保障房等项目有序推进。

城市管理。2011年，凤岗镇城市维护费支出9561万元，增长44.49%，其中投入4000多万元实施“环卫统筹”和“城管进村”。以雁田村和三联村为试点，推进宜居社区建设。截至2011年，两村通过市考核验收。雁田、三联、五联、天堂围、居委等“市容环境优美村”通过市复评验收。

“三旧”改造。2011年，凤岗镇完成“三旧”（旧城镇、旧厂房、旧村庄）改造专项规划，旧毅力厂地块（名流置业）获市审批。编制完成大龙（志达）地块、宏盈（泽和）地块等改造方案，与村组达成秀木桥地块改造方案共识并编制设计方案。推进卧龙村旧厂区、塘沥芦竹田旧厂区和康佳厂旁旧厂区拆迁工作。

城市绿化。2011年，凤岗镇完成45.2公里城市绿道规划及34.5公里社区绿道规划，建成绿道18公里、驿站3个，投入1000多万元，加强绿道配套设施建设。启动总投资约2亿元的南门山森林公园以及总投资约5000万元的碧湖森林公园建设。投入4000多万元，治理东深河环境；投入3750万元，建设“一河两岸”道路及景观工程；投入500多万元，做好全镇绿化养护。

① 2011年6月21日，东莞市副市长李小梅到凤岗镇实地督导石马河清淤工程

② 2011年8月3日，东莞市副市长成洪波督导凤岗镇消防安全工作

③ 2011年4月16日，东莞市人大常委会副主任黄双福一行听取美驰图公司汇报

④ 2011年5月20日，东莞市政协副主席邝明子一行督导凤岗镇食品安全工作

⑤ 2011年7月12日，东莞市委常委、市公安局局长崔建检查凤岗镇大运会安保工作

⑥ 2011年10月14日，东莞市司法局副局长吴敏向凤岗镇颁发“2006—2010年全国法制宣传教育先进单位”牌匾

⑦ 2011年10月21日，香港东莞凤岗同乡会成立

① 2011年8月24日，凤岗镇召开大运会安保工作总结表彰大会
② 2011年11月18日，东莞市人大常委会副主任吕兢向朱国和颁发凤岗镇人大主席《当选证书》
③ 2011年11月18日，凤岗镇委书记、镇人大主席朱国和向李海文颁发镇长《当选证书》
④ 2011年11月2日，雁田派出所获评全国二级公安派出所
⑤ 2011年12月2日，凤岗镇残疾人康复就业中心揭牌启用
⑥ 2011年12月30日，凤岗镇再次向必背镇捐款100万元

【综治维稳】 社会治安持续平稳。2011年，凤岗镇开展“粤安11”、“天网”、“创平安、迎大运”、“打四黑、除四害”、“清网行动”等专项行动，打击多发性犯罪。调整60名警察到巡警岗位，新招治安员125名，构建“三级巡防”防控体系。投入500多万元，落实警力、设备、资金、后勤等保障，完成深圳第26届世界大学生夏季运动会安保任务。

矛盾纠纷有效化解。2011年，凤岗镇综治信访维稳中心（站室）受理群众诉求1284宗，成功调处1279宗。清溪法庭受理凤岗镇民事案件637宗，减少452宗。全年凤岗镇无发生群体性事件、民事转刑事案件。

【安全生产管理】 安全形势稳定好转。2011年，凤岗镇发生火灾15起，下降6.25%，火灾财产损失下降10%，无引致人员伤亡。工矿商贸企业发生生产事故3起，下降25%。生产安全事故死亡人数3人，下降40%。安全事故经济损失7万元，下降41.2%。

食品安全有效保障。2011年，凤岗镇投入300多万元，重新规划布局中心市场。成立食品药品监督站，选取永盛北路创建餐饮服务食品安全示范街。

【社会保障】 2011年，凤岗镇社会保障支出5731万元，增长35.81%。全镇参加养老保险人数12.3万人、失业保险12.2万人，增长6.02%。投入近4000万元用于社区卫生服务。给予60岁以上老人600元/人・年生活补助；向全镇低保户发放50元/月爱心购物金；对全镇700多名户籍80岁以上老人，发放100—300元/人・月政府津贴；向低保对象、五保户等困难群众发放3个月60元/人・月临时物价补贴。

【就业创业】 2011年，凤岗镇举办“就业服务日”活动，服务1175人，推荐就业275人，提供职业指导374人。开办22期新莞人技能培训班，完成1942人技能鉴定考核。发放各类就业补贴100多万元。有18个村民车间、20个就业安置基地和技能培训基地，安置属地劳动力263人次。创建和谐劳动关系示范区，玉泉工业区为示范点。

【文化】 2011年，凤岗镇公共文化设施进一步完善，12个村（居）基本建有500平方米文体广场、60平方米多功能活动室、60平方米图书阅览室、健身路径及文体活动器材。雁田村投入近400万元，在村中心区新建1座图书馆，是镇内首座村级图书馆。油甘埔村投资约1500万元，新建村级文化体育中心。保护修缮排屋楼和重点文物建筑，成功申报广东省客家山歌之乡，黄洞村成功申报省历史文化名村。

【教育】 2011年，凤岗镇安排正常教育经费9283万元。投入900多万元，建设中心小学体育馆。规划1万多平方米用地建设新中心幼儿园。投入600多万元，建设端风小学新教学楼。投入230多万元，实施奖教奖学助学。华侨中学获得东莞市初中教育质量奖，是山区片唯一获奖的学校。（林汉筠）

附：2011年东莞市凤岗镇党委、人大、政府领导名录

镇委书记：朱国和

镇委副书记：李海文　张拔海

镇委委员：杨志钦（任至8月）
张伟胜（任至8月）
罗永林（8月到任）　巫惠平
罗永光　邓金祥（任至8月）
罗建军（8月到任）　张凌峰
黎锦波　张永雄　曾爱红
廖玉开
钟庆生（8月到任）

镇人大主席：朱国和

镇人大副主席：王孟德（任至3月）
钟庆生（3月到任，11月离任）
罗永林（11月到任）　杨志钦

镇　长：李海文

副镇长：张伟胜　陈志鹏　张新伟
罗永林（任至11月）
杨重振（11月到任）

2007—2011年凤岗镇主要经济指标

指标＼年份	2007	2008	2009	2010	2011
户籍人口（人）	21649	22338	23362	24245	25018
外来暂住人口（人）	152860	142116	141798	132568	148377
面积（平方公里）	82.5	82.5	82.5	82.5	82.5
地区生产总值（万元）	756328	900584	1013446	1114665	1305676
工业总产值当年价（万元）	1664355	1629787	1561632	2069531	2334293
农业总产值当年（万元）	3509	3423	2140	2222	2465
总用电量（万千瓦时）	161893	163420	167916	205623	215910
全社会固定资产投资总额（万元）	225584	168851	253779	310244	330900
社会消费品零售总额（万元）	140622	178304	201466	222052	256097
外贸出口总额（万美元）	205017	201207	159953	183624	207658
实际利用外资（万美元）	7708	9022	10369	13367	17171
镇级可支配财政收入（万元）	45323	50109	52001	80171	98898
各项税收总额（万元）	97258	123877	125419	167525	198149
金融机构各项存款余额（万元）	924601	1078965	1215656	1396353	1519195
城乡居民储蓄存款余额（万元）	602462	721104	786894	933126	1052569

塘厦镇

【概况】 塘厦镇位于东莞市东南部，东连清溪镇，西邻黄江镇，北接樟木头镇，南与凤岗镇和深圳市观澜街道接壤，地处穗—深—港经济大走廊的黄金地段，莞深高速、龙林高速、东深公路、京九铁路贯穿而过，是东莞东南部的交通枢纽。全镇总面积128平方公里，下辖21个社区，户籍人口4.7万人，常住人口48.4万人。2011年，全镇实现生产总值202.54亿元，同比增长9.6%；规模以上工业总产值477.2亿元，同比增长3.2%；各项税收35.5亿元，增长20.0%；镇级一般预算可支配收入13.4亿元，增长18%；社区居民人均纯收入25726元，同比增长15.9%；金融机构各项存款余额250.45亿元，比年初增长11.1%，其中城乡居民存款余额160.97亿元，比年初增长12.1%。

【企业帮扶】 2011年，塘厦镇推进镇领导挂钩联系重点企业工作制度，协调落实好各项税收优惠政策和内销“集中申

塘厦镇

① 2011年8月23日，中国共产党塘厦镇第十三次代表大会召开
② 2011年12月2日，“情系农民工”中国文联中国音协送欢乐下基层走进东莞（塘厦）大型广场慰问演出在林村上演
③ 2011年12月2日，塘厦镇委书记管敏政代表塘厦镇接受中国音乐家协会颁发的“中国农民工歌曲创作基地”牌匾

报”制度，帮助企业解决招工难、融资难、用电难、转型难等问题。抓好“大企业（集团）”战略和“中小企业成长”计划的实施，帮扶支持重点企业，推动广东坚朗五金制品股份有限公司、东莞市澳星视听器材有限公司等民企开展上市工作。

【招商引资】 2011年，塘厦镇组团赴日韩等重点招商地区考察交流，落实光裕照明等5个千万美元项目，引进7家新兴产业项目。是年，全镇合同利用外资2.15亿美元，同比增长23.9%，实际利用外资1.86亿美元，同比增长23.7%。

【企业转型】 2011年，塘厦镇共推动88家来料加工企业不停产转为“三资”企业或民营企业，转型总数排全市第三位，增强企业生存活力，拓展企业发展空间。组织50多家企业参加外博会、电博会、东治会等展览会。帮扶5家加工贸易企业拓展内销市场，全镇外资企业内销92.4亿元，同比增长23.2%。成功举办2011中国（塘厦）国际高尔夫运动用品博览会，现场成交额3.3亿元。

【技术创新】 2011年，塘厦镇推动亚通光电、立德电子等4家企业申报省或市级企业技术中心，全镇已有志成冠军、坚朗五金两家企业获得省级企业技术中心认定，志成冠军入围“广东省战略新兴产业骨干企业”。推动理士奥、亚力通

① 2011年11月20日，塘厦镇委书记管敏政代表塘厦镇向韶关市新丰县梅坑中学捐款30万元
② 2011年9月14日，省人大常委会调研组一行到塘厦镇视察石马河
③ 2011年10月21日，东莞市领导何嘉琪亲临塘厦镇石鼓社区开展扶贫慰问活动
④ 2011年10月25日，广东省民兵预备役“四个基本”建设考评组到塘厦镇开展考评工作
⑤ 2011年11月16日，塘厦镇举行东莞（塘厦）音乐剧生产基地揭牌仪式
⑥ 2011年11月25日，塘厦镇举行2011中国（塘厦）国际高尔夫运动用品博览会开幕式

①

②

③

④

⑤

⑥

等5家企业申报市技术改造和技术创新资金项目，通过技术进步项目拉动企业投入改造资金8551万元。

【名牌战略】 2011年，塘厦镇制定出台《塘厦镇名牌带动战略实施方案》和《塘厦镇推进商标（品牌）战略工作方案》，推动博美包装、力王电池、升威电子等申报广东省著名商标或名牌产品。全镇现有名牌名标产品总量达到31个（件），位居全市第三位。

【节能减排】 2011年，塘厦镇制定《公共机构节能改造实施方案》、《公共机构节能宣传周活动方案》。完善能源计量系统，实行公共机构分表计量改造。做好企业错峰用电实行与解释工作。推进唐龙垃圾沼气发电站项目，以“3C”循环利用环保技术实现沼气资源的综合利用，年增创新能源1200万度电。严格大气污染防控，切实开展机动车尾气污染防治，推广使用清洁能源，加大淘汰改造小功率燃煤锅炉力度。强化路灯景观灯节能管理，道路使用节能路灯普及率达90%以上。落实废水中水循环工程，日产中水1.5万立方米。

【城市建设】 2011年，塘厦镇明确提出把塘厦打造成为“东莞城市副中心”和“深港后花园”。认真做好全镇总体规划修编工作，积极实施“一个中心、两个支点”的规划战略，进一步完善城市功能。积极配合省市相关部门做好深圳外环高速和从莞高速的规划设计工作，湖畔路、振华街、蛟乙塘商业大道改造升级工程顺利完成，塘厦大道、湖景路升级改造等工程顺利推进。成功改建石潭埔垃圾填埋场为市首个无害化垃圾场。观光公园景观、16公里绿道等民生工程项目顺利完工。契爷石河道横塘段、鸡爪河河道整治、虾公岩水库截污二期等水利工程加快推进。成功启动生活垃圾分类试点工作，市容环境优美社区实现全覆盖。

【社会管理】 2011年，塘厦镇持续开展“粤安11”、“清网行动”等专项行动，确保大运会和镇、社区换届选举期间社会治安大局稳定。全年共破刑事案件1891宗，摧毁各类犯罪团伙109个。重拳整治“两抢一盗”、“黄赌毒”等违法犯罪行为，进一步净化社会风气，全镇21个社区全部评上市平安社区。全面落实安全生产“一岗双责”制度，构建安全生产监督管理体系。在全镇范围内开展“清剿火患”战役，有效提高防火救灾能力。开展“平安公交”创建活动，强化交通安全管理，大力查处酒后驾驶等违法违章行为。开展矛盾纠纷排查，全年调解各类纠纷1000多件，调解成功率超过97%。加大打击地沟油、塑化剂、肉制品等专项工作整治力度，加强种养殖、生产加工、流通、消费等4大环节监管，继续推进食品安全样板市场创建工作，完善食品准入制度，市场秩序进一步规范。

① 2011年6月24日，粤港应急管理联动机制专责小组第三次会议在塘厦镇举行
② 2011年9月15日，塘厦镇举行第四届体育节开幕式
③ 2011年4月18日，东莞市委书记刘志庚视察塘厦镇石潭埔垃圾填埋场
④ 2011年11月9日，东莞市委副书记、代市长袁宝成参观林村农民公寓

① 2011年3月10日，原全国政协副主席叶选平视察塘厦镇石潭埔垃圾填埋场

② 2011年5月26日，塘厦镇委书记叶锦河陪同东莞市领导何嘉琪到韶关市新丰县视察“双到”扶贫工作

③ 2011年9月22日，塘厦镇党政代表团赴深圳坂田、龙城街道考察“三旧”改造项目

④ 2011年6月8日，塘厦镇与新疆农三师四十二团结对交流工作座谈会举行

⑤ 2011年10月14日，东莞市司法局塘厦分局挂牌成立

⑥ 2011年10月12日，东莞市副市长严小康参观塘厦镇自助图书馆

① 2011年12月12日，塘厦镇举行东莞市塘厦民营商会成立揭牌仪式暨理事会就职典礼

② 2011年9月23日，第三届中国（塘厦）国际高尔夫运动用品博览会新闻发布会

③ 2011年10月12日，东莞市“文化惠民”工程建设现场促进会在塘厦镇举行

④ 2011年5月19日，山区片2011年第一次督导工作现场会在塘厦镇召开

⑤ 2011年8月16日，塘厦镇举行东方松雷蝶之舞音乐剧剧团入驻塘厦、建立东莞（塘厦）音乐剧创作生产基地签约仪式暨新闻发布会

① 2011年1月11日，香港东莞塘厦同乡会庆祝成立暨第一届会董就职典礼在香港举行

② 2011年5月8日，第三届中国县镇绿色发展论坛（塘厦论坛）在塘厦镇隆重举行

③ 2011年7月1日，塘厦镇举行中国共产党成立90周年表彰大会暨文艺演出

④ 塘厦镇获评国际绿色生态旅游名镇

⑤ 塘厦镇获评广东省民兵预备役“四个基本”建设先进单位

【社会民生】 2011年，塘厦镇制定《塘厦镇关于进一步促进户籍居民就业创业的实施意见》，为户籍居民和高校毕业生办理工资补助或岗位津贴471万元。通过搭建招工平台、推动校企合作等方法，切实帮助企业缓解招工难。开展"广东扶贫济困日"活动，募得款项603万元。设立慈善超市，向低保困难户发放慈善爱心购物卡。帮扶镇内47户有正常劳动能力的低保困难户家庭实现脱贫，脱贫率达96%，提前1年完成低保脱贫任务。落实市内5个结对帮扶欠发达村的帮扶资金52万元，全面完成市内帮扶任务。投入2648.2万元，对口帮扶韶关市新丰县梅坑镇和黄礤镇兴修水利、改建危房，帮助941户有劳动能力贫困家庭实现脱贫。

【文体事业】 2011年，塘厦镇投入2.1亿元，确保教育优先发展。实施文化惠民工程，实现社区公共文化服务设施"五个有"建设全达标。成功举办第11届音乐风云榜颁奖盛典、镇第四届体育节、"情系农民工"等大型文体活动，荣获"中国农民工歌曲创作基地"称号。力促东方松雷音乐剧团成功进驻塘厦，挂牌成立东莞（塘厦）音乐剧创作生产基地，莞产音乐剧《爱上邓丽君》喜获第五届韩国大邱国际音乐剧节最高奖项——DIMF特别大奖，魔术音乐剧《王牌游戏》成功首演。

【公共服务】 2011年，塘厦镇促进医疗卫生发展，加快塘厦医院建设进度，社区卫生服务中心新增药疗、电疗等多种中医特色服务项目。抓好"手足口病"、登革热等防控工作，开展健康教育服务和居民健康档案建档工作。加大公交投入，新开通3条小巴路线，公交覆盖率达100%。受理积分入户申请120份，含随迁人员共257人。

【依法行政】 2011年，塘厦镇贯彻落实《全面推进依法行政实施纲要》，加强对行政规范性文件起草、审核与备案工作。发挥法制办监督作用，严格审查经济合同。推进政务信息公开，认真跟踪落实人大代表的意见、建议和镇长信箱所反映的问题。 （罗荣锋）

附：2011年东莞市塘厦镇党委、人大、政府领导名录

镇委书记：管敏政（6月到任）
　　　　　叶锦河（任至6月）
镇委副书记：方灿芬
　　　　　　郑兆鹏（8月到任）
　　　　　　崔伟奇（任至8月）
镇委委员：崔伟奇　罗金玉（任至8月）
　　　　　刘兆福（任至8月）　郭锦河
　　　　　冯学宸（8月到任）
　　　　　赵如发　李杰雄　卢海祥
　　　　　叶浩昌　黄北强　黄国文
　　　　　赵见敏（8月到任）
　　　　　李茂云（任至1月）
镇人大主席：管敏政（11月到任）
　　　　　　叶锦河（任至11月）
镇人大副主席：罗金玉（任至11月）
　　　　　　　黄耀光（任至11月）
　　　　　　　崔伟奇（11月到任）
　　　　　　　罗万新（11月到任）
镇　长：方灿芬
副镇长：郑兆鹏（任至11月）
　　　　罗万新（任至11月）
　　　　黄秀英（任至11月）
　　　　郭锦河（11月到任）
　　　　杨晓斌　李智波（11月到任）
　　　　张敏莉（11月到任）

2007—2011年塘厦镇主要经济指标

指标＼年份	2007	2008	2009	2010	2011
户籍人口（人）	41144	42493	44079	45569	47140
外来暂住人口（人）	327898	358672	341625	351027	436860
面积（平方公里）	128	128	128	128	128
地区生产总值（万元）	1365736	1602945	1713803	1948397	2025381
工业总产值当年价（万元）	4317582	4048202	3638208	4700968	4771851
农业总产值当年价（万元）	11081	14251	16244	22153	20772
总用电量（万千瓦时）	285753	277086	270126	313145	324518
全社会固定资产投资总额（万元）	281278	240907	311096	271924	362852
社会消费品零售总额（万元）	324171	347673	403752	485027	528815
外贸出口总额（万美元）	402730	393853	316226	367782	406354
实际利用外资（万美元）	15121	9283	12716	15021	18581
镇级可支配财政收入（万元）	85000	90930	97842	113876	134356
各项税收总额（万元）	208366	249299	232709	296313	354541
金融机构各项存款余额（万元）	1353134	1545860	1858270	2317356	2504539
城乡居民储蓄存款余额（万元）	817766	1022482	1182491	1434245	1609674

谢岗镇

【概况】谢岗镇是东莞的东大门，东与惠州市接壤，西与樟木头、常平、桥头等镇相连，处于珠三角深莞惠东部城市群几何中心。全镇面积103平方公里，总人口10万人，其中户籍人口2万人。2011年，全镇实现生产总值41.6亿元，同比增长12.03%；规模以上工业总产值59亿元，同比增长11.1%；各项税收总额4.8亿元，同比增长33.5%；镇区本级财政收入3.3亿元，同比增长8.2%；固定资产投资总额8.5亿元，同比增长11%；社会消费品零售总额8.5亿元，同比增长23.3%；进出口总额8.4亿美元，同比增长15.5%。

【转型升级】2011年，谢岗镇着力调结构促转型，在不断夯实制造业基础的同时，大力发展生态农业和生态旅游业。一是突出抓好先进制造业。坚持增量和存量两手抓，两手都硬。强化招商引资，2011年全镇新签项目37宗，增资项目14宗；主动外出招商，4月份和7月份分别赴韩国和日本开展招商活动；加大招商资源的统筹整理力度，共整理地块13块，面积达717亩；成功引进威孚包装材料、华轩幕墙等一批大型优质项目和增资扩产项目。抓好企业帮扶，发放企业补助资金115万元，扶持大兴化工等企业筹备上市，帮助33家来料加工贸易企业转“三资”；培育企业做大做优，2011年首次出现纳税超千万元的企业。抓好科技创新，全年投入科技资金699万元，获得市专项资金资助155万元。推进节能减排，顺利超额完成市下达节能减排的指标任务。二是突出抓好商贸物流业。以花园大道为主轴，新都会璜玛酒店为据点，引进苏宁等一批品牌商业网点，促进中心区商贸繁荣；加大物流业的引进力度，成功引进恒鑫物流项目和西部物流项目。三是突出抓好生态特色产业。推进现代农业产业园、赵林水果花卉片区和温室大棚工程等现代农业基础设施建设，提升现代农业产业园承载

生态名镇　工业新城　幸福谢岗

① 2011年11月9日，市委副书记、代市长袁宝成（左二）到谢岗镇钨珍电子公司考察调研

② 2011年1月21日，市委常委、宣传部部长王道平（右三）到谢岗镇调研

③ 2011年10月25日，市人大副主任吕兢（左二）到谢岗镇督查扶贫工作

④ 2011年3月15日，副市长吴道闻（前排右二）到谢岗镇指导工作

① 2011年6月12日，东莞市2011年安全生产宣传服务咨询日活动启动仪式在谢岗镇举行，副市长邓志广（左三）等参加启动仪式

② 2011年11月28日，副市长成洪波（右二）到谢岗镇检查安全生产

③ 2011年11月16日，谢岗镇文联揭牌成立

④ 2011年7月22日，谢岗镇承办东莞荔枝产业发展策略论坛

⑤ 谢岗镇政府办公大楼

能力，成功引进谢岗现代生态农业示范园（梦幻田园）和广东绿卡高档水产养殖项目；着力发展特色农业，银峰荔枝专业合作社生产的荔枝通过国家绿色食品认证；继续推进生态旅游业的发展，银瓶山森林公园第三期规划通过市政府的审批，成功举办第8届谢岗登山旅游节和第三届"山地自行车赛"。

【环境提升】 2011年，谢岗镇加快完善基础设施配套，强化城市管理和环境治理，不断提升环境优美度、资源承载度和生活便利度。基础设施建设。着力抓好主干路网建设，30号路完成施工设计、预算和招投标工作；银丰路、环城路正在紧张施工中；第一期绿道工程已完成；协助博深高速公路、莞惠城轨、天然气西气东输、省管网、新奥燃气等项目顺利完成征地拆迁工作。水利工程建设。镇岭排站等7个排站基本完工并可在2012年4月汛期前投入使用，谢岗镇全国第一次水利普查工作进展顺利，镇三防工作圆满完成。"三旧"改造。"三旧"改造工程有效推进，豆墩片区改造项目主体工程基本完工；水塔山片区、粮所片区和冠任片区等改造项目已经完成单元规划和改造方案；大厚旧村片区等9个改造项目正在开展单元规划报批工作。宜居社区建设。投入544万元进行泰园社区和五星村宜居社区建设试点工作，高质量完成20个创建项目工程建设。城市综合治理。强化城市综合整治，纠正乱摆卖312宗，抄罚乱停乱放车辆1386台，查处违章建筑15宗，清查无牌无证黑气点36个；清查整顿出租屋2230间。

【社会管理】 2011年，谢岗镇坚持防范与打击并重，服务与管理同步，推进管理科学化、服务人性化，提升社会服务管理水平。社会治安明显改善。开展"粤安"等一系列专项活动，严厉打击各类刑事犯罪，全镇共立刑事案件304宗，破案率为65.1%；成功侦破"11·25"特大制贩枪支案、涉56人黑恶势力团伙案和特大盗窃汽车团伙案。完善"大巡警"机制建设和情报信息网络，全面加强治安管理，治安形势明显

① 谢岗镇东惠广场二期

② 虎岗高速谢岗段

③ 谢岗镇外资企业——东莞善募康科技有限公司

④ 谢岗镇外资企业——东莞钨珍电子科技有限公司

⑤ 谢岗镇银湖工业园

好转。维稳机制不断完善。强化综治信访维稳中心和站（室）建设，形成统一调处工作平台，全年受理矛盾纠纷案件110宗，办结率达99.1%。开展镇领导“基层大接访”活动，共接访和探访群众15批73人次；开展网上信访工作，受理网上信访案件43件，回复率为100%。推进劳动监察两网化建设，完成432家企业分类监控；做好创建和谐劳动关系示范点工作，银湖和金川工业区示范点已挂牌；开展最低工资标准执行情况、清理“黑职介”等专项检查，整顿劳务市场和化解劳资纠纷。安全生产形势稳定。健全各项机制，完善镇、村、企业三级消防安全责任网络，继续实施镇党政领导班子成员分片挂点督导消防安全管理制度以及落实“一岗双责”等制度；开展“百日会战行动”、“清剿火患”等多项整治行动，全面消除安全隐患。开展打击食品非法添加和滥用食品添加剂、检查“地沟油”等专项整治行动，维护群众饮食安全。完善应急救援指挥中心及应急值班室建设，督促相关单位完善专项应急预案，强化应急演练，提高处突能力。镇村统筹发展不断深化。扶持村组均衡发展，协助村组争取上级各类扶持资金共3500多万元。强化集体资产管理，完成了第四届农村（社区）干部任期经济责任审计整改工作；强化农村资产保值增值，资产保值增值率107%。加强资源统筹，引导黎村村小组投资钨珍厂房，投资金额2520万元，每年收益可达240万元。加强新农村建设，村级公益事业建设“一事一议”和名村建设项目前期准备工作已完成，正在进行项目的施工建设。

① 2011年9月29日，2011中国·谢岗登山旅游节开幕仪式在谢岗广场举行

② 2011年9月29日，银瓶杯·山地自行车公开赛在谢岗镇鸣枪开赛

③ 2011年10月8日，举办2011中国·谢岗登山旅游节文艺晚会

④ 远眺银瓶山

加强人口计生工作。顺利完成创建市人口计生综合改革示范镇工作，政策生育率上升到98.2%，先后获得市“无政策外多孩出生镇街”、“先进镇街计划生育办公室”等称号。提升新莞人服务管理水平。推行居住证制度，办理居住证约1.6万张；实施新莞人积分入户，全年共有47人（含随迁）办理入户手续。

【惠民利民】 2011年，谢岗镇集中力量解决群众关心的就业和社会保障等问题，切实为群众谋福祉。着力促进就业创业。开展“就业服务日”、新莞人培训和“春风行动”招聘会等活动，服务人数7000多人；落实各项就业补贴政策，就业补贴标准提高至1250元/月，共发放各项就业补贴189.6万元；推行“村民车间”，全年新增村民车间3个，累计达到16个；全镇户籍人口失业率为0.4%，完成全市城镇失业率控制在3%以下的任务。全面完善保障体系。截至2011年底，全镇参保人数达到19.4万人次。落实最低生活保障制度，投入553.6万元为群众购买重大疾病保险、发放困难学生补贴、帮扶低保户和低保边缘户家庭等。解决住房困难，完成2010年361户和2011年29户困难住房的考核验收。购买社工服务，以泰园社区和赵林村为试点，购买8名社工开展困难家庭、残疾人、老年人等扶助工作；镇慈善超市工程已基本完成，应急避灾中心工程正在施工中。积极开展“双到”扶贫。投入资金866.5万元，对口帮扶南雄上矽村和陂头村，脱贫率达100%。投入资金366.2万元进行市内帮扶，脱贫率为62%，解决55名贫困群众就业、300名贫困户家庭子女读书学费、50户家庭住房难和44户家庭医疗救助等问题。大力发展文化教育事业。推进文化事业发展，文化大楼已完善图书馆、展览馆、培训中心等配套设施，省特级文化站、24小时ATM图书自动借还机和“五个有”（有一个不少于200平方米的综合文化活动室、有一个社区村图书馆或农家书屋、有一个不少于500平方米的文体广场，有一个文化信息共享工程服务网点或公共电子阅览室、有一批文化活动和体育健身器材）工程已完成并通过验收；成立镇文学艺术界联合会和五个文艺家协会，谢岗镇文艺作品在市和山区片比赛中获得2个金奖；组织实施“万场电影、千场演出、百场培训”下基层、进企业，共完成电影放映201场次、文艺骨干培训4期和下基层演出19场次；大力开展文明镇先进单位、文明单位、文明村创建工作，谢岗中学获得市文明单位、曹乐村和南面村获得市文明村、谢岗村获得市文明标兵村、稔子园村获得省文明村等荣誉称号。改善办学条件，谢岗小学新教学楼已完工；振华学校和谢岗中学C级校舍加固改造工程已完工；顺利完成教育强镇复评工作，巩固教育强镇成果；提高教师教学水平，启动第二批骨干教师评选活动；教学成绩不断提高，今年中考成绩600分以上的有82人，高分段比例居山区片前列；解决新莞人子女读书难问题，通过积分制录取101名新莞人子女入读公办学校。稳步推进医疗事业发展。谢岗医院异地重建项目已经完成前期筹备和立项手续，正进行土地整理；赵林社区卫生服务站的选址已确定；开展农村送医送药活动，建立健全居民健康档案等；做好手足口病、登革热、基孔肯雅热等疾病的防控工作。 （许建雪）

附：2011年东莞市谢岗镇党委、人大、政府领导名录

镇委书记：尹照容
镇委副书记：万卓培（任至7月）
胡毅峰（8月到任）
罗树华
镇委委员：罗满桥 王居乐
蒋共超（任至7月）
黄润波（8月到任）
何智斌 王笑媚 李学畴
罗佑发（任至7月） 黎志庆
罗裕强 黄少雄（8月到任）
吕 琳（8月到任）
镇人大主席：尹照容
镇人大副主席：王居乐（任至10月）
罗满桥（11月到任）
赵灿文
镇 长：万卓培（任至7月）
胡毅峰（8月到任）
副镇长：罗满桥（任至10月）
黄润波（任至10月）
罗佑发（11月到任）
谢伟平 林锦彪（11月到任）

2007—2011年谢岗镇主要经济指标

指标＼年份	2007	2008	2009	2010	2011
户籍人口（人）	19816	19947	20177	20441	20661
外来暂住人口（人）	68303	70051	56013	44025	44200
面积（平方公里）	103	103	103	103	103
地区生产总值（万元）	223961	246370	294969	358653	416269
工业总产值当年价（万元）	412355	438523	495531	758697	853860
农业总产值当年价（万元）	10260	15715	16293	13950	18357
总用电量（万千瓦时）	58974	58296	55300	66888	71273
全社会固定资产投资总额（万元）	109594	63561	71238	85586	85031
社会消费品零售总额（万元）	67406	66735	75465	85895	85030
外贸出口总额（万美元）	29950	34388	32191	45567	55770
实际利用外资（万美元）	3250	3942	4062	5022	6297
镇级可支配财政收入（万元）	19750	24273	27543	30808	33325
各项税收总额（万元）	16450	23536	26555	35976	48025
金融机构各项存款余额（万元）	238707	275937	324139	388859	422040
城乡居民储蓄存款余额（万元）	167081	210749	228236	276067	306742

① 谢岗镇夜景

② 鸟瞰谢岗镇中心区

③ 银瓶山——东莞第一峰

清溪镇

【概况】 清溪镇位于东莞市东南部，毗邻惠州、深圳。面积140平方公里，下辖20个村委会，1个社区居委会。2011年末，全镇户籍人口约3.63万人，常住人口约31.34万人。2011年，顺利通过“全国文明镇”、“国家卫生镇”、“省教育强镇”的复评验收，并在全市各镇街领导班子工作实绩分类考核中继续获得一等奖。

【经济发展】 2011年，全镇生产总值152.3亿元，同比增长3.2%；镇级可支配财政收入7.4亿元，同比增长22.4%；各项税收总额20.0亿元，同比增长26.8%；社会固定资产投资22.9亿元，同比增长20.8%。实施大项目带动战略，引进高新科技企业、龙头品牌企业、辐射带动性强的企业，成功引进强强新能源等一批大企业，新签、增资、实际投资超1000万美元的项目达10宗。新签外商投资项目80宗，新签协议利用外资1.56亿美元，同比增长216.8%；实际利用外资1.77亿美元，排名全市前列。民营工业企业稳步增长，共引进300万元以上内资项目21宗，规模以上民营工业增加值4.8亿元，同比增长14.8%。

【转型升级】 2011年，清溪镇实施《科技清溪工程实施意见》，以科技创新巩固、提升工业经济，投入“科技清溪”工程及研发中心资金473万元，共获批省级高新技术产品8项，组建市级工程技术研发中心4家，累计专利申请量767项，专利授权数513项，宜安、光阵两家公司被定为全国首批加工贸易转型升级示范企业。实施《清溪镇商业网点规划》，盛和新都会、嘉信广场等商业项目繁荣发展。实施《清溪镇旅游发展规划》，盘活自然生态资源，初步形成以清溪湖、生态农业园、森林公园为主要载体的生态旅游体系。2011年三次产业比例为0.4：62.4：37.2，第三产业比重较2010年上升了3.6个百分点。企业转型和拓展内销卓有成效，推进67家来料加工企业成功转为“三资”企业，全镇共有226家外资企业开展内销业务，内销总额43.5亿元，同比增加38.1%。

【城市建设】 2011年，清溪镇加快城市化建设步伐，各项城市基础设施进一步完善，城市面貌和功能大提升。基础设施建设加强，罗马桥改造工程完工，

建设环境优美、幸福和谐新清溪

① 2011年11月11日，中共中央政治局常委李长春，在中央政治局委员、广东省委书记汪洋的陪同下到清溪光阵公司考察外资企业发展情况

② 广东省文联党组书记、专职副书记白洁出席清溪赏花行活动开幕式并讲话

③ 2011年3月17日，省委副秘书长谭一鸣到清溪调研

① 2011年11月9日，市委书记、市人大常委会主任刘志庚到清溪视察工作

② 2011年3月27日，市委常委、宣传部部长王道平出席清溪赏花行开幕典礼

③ 2011年8月23日，中国共产党清溪镇第十二次代表大会召开

④ 清溪镇庆祝中国共产党成立90周年文艺晚会举行

新敬老院工程基本完成，绿道网建设完成年度任务，商业街延长线工程有序推进，配合从莞高速、博深高速建设工作进展顺利，完成清风路人行天桥、第二小学人行天桥工程，对石田路、上元路等镇内道路进行升级改造。启动城镇中心升级工程，重点改造镇中心区和香芒路片区，着力美化城市形象和提升人居环境。第一工业区、居民旧村等“三旧”地块完成改造方案备案等工作，涉及改造面积近33公顷。实施环境综合整治，投入3000多万元建设茅輋水库下游河道整治等多宗水利防灾减灾工程，有效缓解城市内涝问题。巩固、提升生态清溪的环境优势，完善清溪森林公园配套设施，完成清溪大王山森林公园建设项目。加快“五有”新村建设步伐，推进农村环卫市场化改革，努力营造整洁优美的社区环境。2011年，全镇21个村（居）全部达到了“东莞市市容环境优美村（社区）”标准。

【农村工作】 2011年，清溪镇深化调研督导，强化沟通协调，全面掌握农村基层的实际情况，排解农村热点难点问题，重点解决制约农村集体经济发展和影响农村和谐稳定的重大问题。引导各村推动产业结构转型及“三旧”改造，帮助各村做好来料加工企业转三资企业工作，鼓励村组集体经济实行多样化经营，在继续夯实工业经济的基础上，多形式发展第三产业。2011年，农村村组两级总资产34.2亿元，同比增长6%。加强对农村经济运行情况的监测，重点抓好重大事项审查工作和年度经济计划，全面落实责任追究，重大事项审查、合同管理、土地款管理4项集体资产管理制度。顺利完成第五届村（居）委会换届选举工作，组织新一届村组干部参加各类培训，增强农村干部转型发展和攻坚克难的能力。

【社会民生】 2011年，清溪镇坚持民生优先，着力解决关系农村及新莞人的重点热点问题，群众幸福指数明显提升。推动社保、医保城乡一体化建设，全年共投入4000多万元，充实和完善社会保障及社会救助体系。投入450万元，帮扶低保、孤寡、伤残等弱势群体，在长山头等6个村（居）成立残疾人协会和康复站。加强社区卫生服务机构的软硬件建设，进一步做好社区居民的卫生服务，全年共有41万人次到社卫机构就医。继续实行促进户籍人口就业的各项措施，落实定向培训补贴、小额贷款申请等多项就业创业优惠政策。推广“村民车间”就业模式，累计设置“村民车间”25个，推荐户籍人员就业291人次，共发放各种奖金补助近700万元。通过创业奖励金、岗位补助等方式，促进本地生源高校毕业生多渠道自谋职业，2011年全镇207名毕业生全部就业。全面推广积分入户、入学制，为129名符合条件的新莞人办理入户手续，招收新莞人子女1055人入读公办学校。

【社会管理】 2011年，清溪镇大力维护治安形势，开展“平安大运”等各种专项整治行动，打击各类违法犯罪活动；开展清剿“老虎机”行动，坚决扫除“黄赌毒”现象。新的报警中心正式启用，实现公安指挥工作科技化、智能化、规范化的新跨越。2011年全镇共破获各类刑事案件811宗，破案率为52.3%，打掉违法犯罪团伙66个。

① 2011年2月16日山区片春茗座谈会

② ABAT集团5亿元项目落户清溪

③ 2011年1月24日，东大小额贷款有限公司开业

① 商业小区

② 清溪镇扬玩具厂

③ 清溪夜景

加强企业和农村基层综治信访维稳工作站建设，推行领导接访包案和干部下访制度，做好社会矛盾研判工作，进一步畅通信访渠道，完善信访工作机制，及时处理群众合理诉求。加大劳动监察力度，提高劳动仲裁处理效率，妥善解决倒闭企业的工资发放和员工就业问题。2011年，镇综治信访维稳中心共受理案件205宗，案件类型涉及劳动纠纷、村民福利、征收补偿等，已结案195宗，结案率为95%。全面加强食品安全监管，严厉打击"地沟油"、非法添加剂等行为，全年共检查食品加工企业、食品经营商户3200多家，取缔无证照或存在问题企业和商户99家。切实加强安全生产及火灾隐患排查整治，全年检查社会单位近3000家，责令整改安全隐患292处、消防隐患1019处。

【文化教育】 2011年，清溪镇制定《清溪镇建设文化名镇规划纲要》，立足清溪区域自然地理环境、历史人文环境、产业特色发展优势，进行整体规划和科学布局，全力推进文化名镇建设。广泛实施"文化惠民"工程，成功举办"广东省第三届麒麟文化节暨清溪赏花行"系列活动，文化产业链不断延伸，生态农业园休闲观光项目兴起，客家麒麟系列衍生产品发展向好。开展各类型体育活动，全年开展QBA篮球联赛、小学生田径运动会等10多项较大型体育赛事，在全镇营造浓厚的体育运动氛围，不断增强广大市民的身体素质。用好10多万元市体彩公益金，完善长山头等4个村的体育健身设施。高标准普及幼儿教育和九年义务教育，大力推进教育事业良好发展，全镇公办学校、幼儿园逐一跨进"市一级"、"省一级"行列，现代化教育进一步加强。

【麒麟踏青赏花行活动】 2011年3月27日至5月1日，清溪镇党委、政府与东莞报业传媒集团等单位共同举办清溪"麒麟踏青赏花行"大型系列文化活动，作为东莞市"我们的节日"活动之一。设有"客家古镇、生态新城"赏花行摄影大赛、"花姿百态"赏花行少儿绘画大赛、"妙笔生花"花鸟名家笔会、"花的旅程"赏花行周末休闲游以及麒麟舞大赛等8项主题活动。期间共有游客超过30万人次来到清溪共赏"禾雀花开"胜景，强力促进清溪镇生态旅游文化建设。

【蝉联"全国文明镇"】 2011年，清溪镇为确保实现蝉联"全国文明镇"的目标，推动文明创建工作再上新台阶，制定《清溪镇迎接全国文明村镇复评工作实施方案》，并于6月16日召开2011年文明委成员（扩大）会议，部署迎接"全国文明镇"复评迎检各项工作。会后，宣教办联合综合执法、公用事业、经贸办、工商分局、交警大队等相关部门开展迎检复评联合督查，重点督查"实地考察点"，对检查发现存在的不足问题，要求相关职能部门迅速作出整改。在整个准备过程中，共整理将近30万字的文字材料，准备1000多幅照片。全镇以最佳状态迎接全国文明镇复评，并成功蝉联"全国文明镇"。

【市容环境优美村】 2011年，清溪镇罗马、松岗、重河、九乡、青皇、铁场、大埔、谢坑、厦坭、三中、渔樑围等11个村抢抓机遇，迅速掀起农村环境创优的新热潮，以优异成绩通过了自评、初检、复检及公示阶段，成功创建成为第三批"东莞市市容环境优美村（社区）"。4月，11个"东莞市市容环境优美村"挂牌，实现提前1年完成"东莞市市容环境优美村（社区）"全覆盖的目标，为推动清溪经济社会双转型、建设"环境优美的现代制造业重镇"提供更加坚实的环境保障。　（徐　康）

附：2011年东莞市清溪镇党委、人大、政府领导名录

镇委书记：陈浩林
镇委副书记：黄沛林（任至6月）
　黄宇富（6月到任）
　殷子胜（任至8月）
　谭全河（8月到任）
镇委委员：李惠明（8月到任）
　张喜民（任至1月）　蔡家树
　罗建军（任至8月）　杨文峰
　殷雪林　李子标　林超明
　姚伟民　黄托坤
　吴爱凡（8月到任）
镇人大主席：陈浩林
镇人大副主席：张喜民（任至3月）
　蔡家树（11月到任）
　李伟雄（任至11月）
　殷伟文（11月到任）
镇　长：黄沛林（任至7月）
　黄宇富（7月到任）
副镇长：谭全河（任至11月）　王润成
　杨俊丽　尹德明
　李伟雄（11月到任）

宜居清溪

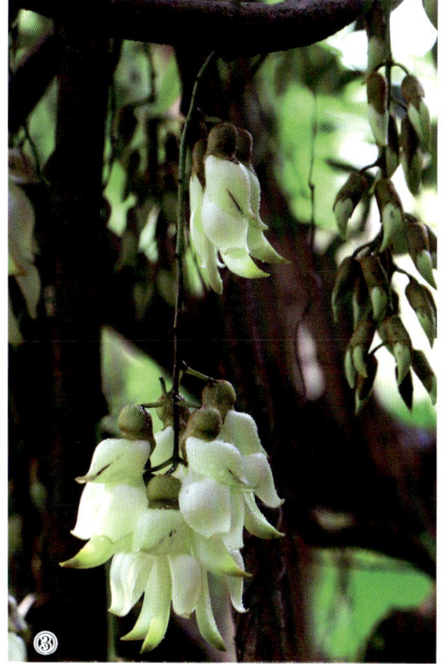

① 2011年3月27日，广东省第三届麒麟文化节暨清溪赏花行活动启幕

② 东莞第一瀑——黄茅田瀑布

③ 清溪禾雀花

2007—2011年清溪镇主要经济指标

指标＼年份	2007	2008	2009	2010年	2011
户籍人口（人）	34193	34679	35209	35682	36307
外来暂住人口（人）	318728	253800	220700	133927	313400
面积（平方公里）	140	140	140	140	140
生产总值（万元）	1304335	1438000	1383000	1561503	1522825
工业总产值当年价（万元）	4180567	4334690	3893227	4502909	4040911
农业总产值当年价（万元）	8815	7515	5410	9119	10533
总用电量（万千瓦时）	227288	217652	200401	232463	232951
全社会固定资产投资总额（万元）	204204	156600	194506	219724	229144
社会消费与零售总额（万元）	150183	172197	191270	276625	299187
外贸出口总额（万美元）	582282	608106	483000	575103	532103
实际利用外资（万美元）	14756	17861	10216	12688	17603
镇级可支配财政收入（万元）	49171	56570	50467	60191	73694
各项税收总额（万元）	106909	147231	121829	155687	199573
金融机构各项存款余额（万元）	760971	889684	1030992	1241391	1355190
城乡居民储蓄存款余额（万元）	518290	640066	706006	846646	935645

常平镇

【概况】 常平镇位于东莞市东部，地处穗港经济走廊中段。全镇面积108平方公里，下辖33个村（社区），户籍人口7.5万，总人口50余万。常平是大京九铁路、广梅汕铁路、广深铁路的交汇处，是全国唯一设有两个大型客运站和一个国家一类铁路口岸的镇，两个火车站日停靠列车344趟，年进出旅客近2100万人次。2011年，全镇生产总值182.3亿元，同比增长9.01%；规模以上工业总产值300亿元，增长6.43%；出口总额39.58亿美元，增长12%；社会消费品零售总额68.5亿元，增长17.38%；固定资产投资总额30.11亿元，增长4.41%；实际利用外资1.16亿美元，增长82.5%；各项税收总额23.17亿元，增长18.48%；可支配财政收入10.58亿元，增长11.8%；金融机构各项存款余额265亿元，增长12.17%。因经济实力名列京九沿线县（市）前茅，常平素有“京九第一镇”之誉，先后荣获“中国电子信息产业名镇”、“中国最佳物流名镇”、“国家卫生镇”、“全国文明村镇”等国字号荣誉。

【产业结构优化】 2011年，常平镇坚持按照“大力发展先进制造业、加快发展现代服务业”的思路推进结构调整。出台“1+8”产业扶持发展政策，设立5000万元专项资金，用于扶持产业发展。全年拨出1800多万元推动企业科技创新、转型升级；汽车贸易城建设有序推进，镇中心商业集聚区、东莞火车南站商务中心、特色商业街区等商圈加快规划，三大产业比例从2010年的0.43：48.93：50.64调整为2011年的0.43：48.95：50.62。创新性设立镇招商办、民营工业协会和外商投资协会，建立镇重点企业季度协调工作机制，强化引优扶强、内引外联力度，全年引进外资合同金额和增资合同金额同比分别增长160%、34%，规模以上民营工业总产值同比增长21.26%，私营及个体企业税收首次突破10亿元大关，协助一批企业解决近200个问题。全年新认定国家高新企业5家，省、市民营科技企业15家，新增省、市工程中心1个，促成产学研项目90多项，勤上光电成功上市。

【城市建设步伐加快】 2011年，常平镇加快城市建设，不断完善城市功能。一是实施道路顺畅工程。东平大道（锅

常平镇

① 2011年6月21日，省委常委、常务副省长朱小丹到常平勤上光电公司调研LED产业发展状况

② 2011年6月3日，市委书记、市人大常委会主任刘志庚到常平视察铁路客运口岸

③ 2011年12月20日，中央文明委在北京召开全国精神文明建设表彰大会，作为广东省32个村镇获得“全国文明村镇”称号的唯一代表，常平镇委书记、镇人大主席陈桂明上台接受牌匾

田段）以及常东路改线等瓶颈路竣工通车，环常南路、山水路等一批路网加快建成，X239常平跨铁路桥重建加速推进，东莞火车东站升级改造、莞惠城际轨道、从莞高速等重大项目建设有序推进。二是实施城市靓丽工程。对镇域内高速公路出入口、与周边镇的连接口以及镇中心区的十字路口进行大整治、大改造，全面规范城市标识牌、标线和护栏。三是实施生态景观工程。加强对全镇山林的规划，打造生态“绿肺”，建成常平公园等城市景点，完成绿道工程招标涉及绿道里程16.24公里，美化常平环境，提升常平城市的文化品位。四是实施环境污染治理工程。完成常平镇东西部污水处理厂的建设，启动常平东西部截污主干管网的建设，推进镇中心区排渠的治污工作，全面改善镇中心的环境。五是实施新城区建设工程。加快新城区土地的统筹征收，加快相关建设方案的规划设计，扎实做好各项前期准备工作，全面加快新城区的建设步伐。

【社会管理加强】 2011年，常平镇狠抓社会管理，社会大局保持稳定，群众满意度提高。一是大力做好春运安保工作。2011年出动警力2.3万多人次，全力加强春运安保，春运期间“三站”扒窃案下降50%，全镇没有发生大的群体性事件、刑事治安案件。二是严厉打击违法犯罪行为。全力整治社会治安，坚决扫除“黄赌毒”，2011年刑事案件破案数同比增长18.3%。三是大力整治非法营运。共查扣机动三轮车415辆、人力三轮车153辆、摩托车4103辆、电动车233辆、人力自行车2483辆，两个火车站、常平汽车总站、常平医院及镇中心区等重点地段的非法营运车辆明显减少，交通秩序明显改善。四是全力维护社会稳定。加强社会面监控，落实信访工作，全镇未发生群体性事件，镇长信箱涉及治安的投诉明显下降。

【民生事业协调发展】 2011年，常平镇投入2.6亿元用于民生建设，安排近3000万元用于扶贫、赈灾救难及社会救助等活动，扶贫“双到”、对口农三师图木舒克市53团扶贫工作有力推进，设立见义勇为专项基金，帮扶2482名群众成功就业，农职保并轨工作扎实推进，常平医院创“三甲”工作全面展开。东部教育强镇建设加快推进，出台《常平镇关于加快教育事业发展的实施意见》及《常平镇奖教奖学办法（试行）》，常

①

②

③

④

平中学初中部、常平中心小学、第一小学、中心幼儿园的搬迁，新体育馆建设以及板石小学扩建等工程稳步推进，每万户籍人口升大学和升本科率在全市排名比2010年分别上升5名。东部文化中心建设全面启动，“欢乐常平”、“第七届广东国际啤酒节”、董希源画展等大型活动圆满举办，《印象常平》顺利出版，常平文联和篮球协会成功创办，镇歌《常平颂》全面唱响。

【改革有序推进】 2011年，常平镇简政强镇机构改革顺利完成并有序衔接，16个事业单位369个岗位的设置工作全面完成，行政效能有效提升；出台《常平镇镇属行政事业单位领导干部聘任试行办法》、《常平镇聘用专业技术人员管理办法》等系列文件，规范干部队伍管理。镇属企业改革加快推进，大京九实业投资集团组建完成，12家镇属企业并入管理，自来水公司改制全面完成。出台《常平镇城市管理暂行规定》、《常平镇土地执法共同责任制实施意见》以及《关于严控重点规划片区土地开发利用的通知》、《常平镇重大事项社会稳定风险评估实施办法（试行）》等系列文件，加快城市管理和社会管理体制改革。正是这些创新举措，为常平转型发展、城市升级注入了强大动力。

【全国文明镇】 2008年，常平镇获得“全国创建文明村镇工作先进村镇”称号。2010年，镇委镇政府以此为契机，明确提出要创建“全国文明村镇”。朝着建设东莞东部中心的总目标，按照“产业要强、交通要顺、城市要美、文化要繁荣、社会要安定”的工作思路和“文明创建常态化、管理机制长效化、宣传教育持久化、监督检查日常化”的创建要求，常平全民动员、全民参与、整体联动，开展了形式多样的文明提升工作，促进了物质文明、精神文明、政治文明、生态文明“四个文明”建设的大飞跃。经过三年的集中创建，2011年，常平成功获得“全国文明村镇”称号。2011年12月20日上午，在北京召开的全国精神文明建设表彰大会上，作为广东省获得全国文明村镇表彰的32个村镇中的唯一代表，常平镇委书记、镇人大主席陈桂明上台接受牌匾。

（周伟焕）

附：2011年东莞市常平镇党委、人大、政府领导名录

镇委书记：陈桂明
镇委副书记：陈满新（任至7月）
唐耀文（7月到任）
周少华
镇委委员：任卓效（任至8月）
张　冲（任至8月）
叶润娣（任至8月）
黄景鹏　周锡英
任绍平（8月到任）
袁庆华（任至8月）
赵东阐　陈庆贵（任至8月）
孙　捷　刘学新（8月到任）
叶进田（8月到任）
袁兆桂（8月到任）
殷河满（任至8月）
袁派瑜（8月到任）
周国柱
镇人大主席：陈桂明
镇人大副主席：任卓效（任至11月）
黄景鹏（11月到任）
陈松峰
镇　长：陈满新（任至8月）
唐耀文（8月到任）
副镇长：张　冲（任至8月）
任绍平（任至8月）
袁派瑜（任至8月）
袁庆华（8月到任）
黄伟荣
殷河满（8月到任）
陈锐毅（8月到任）

① 2012年2月22日，常平镇举行“全国文明村镇”挂牌仪式

② 2011年9月28日，第七届广东国际啤酒节在常平铁路公园开幕

③ 常平铁路公园

④ 常平夜色

⑤ 常平公园

2012年2月6日，常平镇举行第九届欢乐常平商贸旅游文化节元宵文化大巡游活动

2007—2011年常平镇主要经济指标

指标＼年份	2007	2008	2009	2010	2011
户籍人口（人）	69942	71167	72481	73738	74894
外来暂住人口（人）	272378	252377	142572	201978	313106
面积（平方公里）	108	108	108	108	108
地区生产总值（万元）	1286408	1443478	1516942	1686376	1823461
工业总产值当年价（万元）	2745143	3063427	2943467	3807948	4138348
农业总产值当年价（万元）	11477	9363	18352	18213	21246
总用电量（万千瓦时）	266970	237500	232874	264291	276345
全社会固定资产投资总额（万元）	328270	262804	291248	299417	301084
社会消费与零售总额（万元）	395039	472213	537743	633463	685111
外贸出口总额（万美元）	285483	330316	294643	353498	395840
实际利用外资（万美元）	11991	13540	13167	6361	11610
镇级可支配财政收入（万元）	81676	88110	89126	94628	105796
各项税收总额（万元）	167749	170304	181394	194419	231684
金融机构各项存款余额（万元）	1529338	1754828	2015465	2265647	2654359
城乡居民储蓄存款余额（万元）	1061346	1294271	1412442	1695848	1906429

東莞常安醫院

东莞常安医院是东莞市埔田片七镇中截至2011年唯一一家以三甲规模建设和配置的综合性民营医院，占地151亩，选址毗邻山区片和丘陵片，且位于三片区的中心，方便东莞东部、南部广大市民、群众就医。地址：常平镇环常西路常安路1号，24小时服务电话：96233。

东莞常安医院2007年9月8日奠基，2011年3月29日落成启用，2011年6月28日开业。首期建成面积9.6万平方米，可展开床位900张。经东莞市社保局批准，2012年2月15日正式挂牌为东莞市社会保险定点医疗机构。

常安医院临床医技科室齐全。设置内科（内一科：包括心血管内科、呼吸内科、消化内科、内分泌科；内二科：包括肾内科、血液透析中心；内三科：神经内科），外科（外一科：包括骨科、手外科；外二科：包括普外科，泌尿外科；外三科：包括神经外科、ICU），妇产科、儿科、儿童保健科、预防保健科、中医科、中西医结合科、口腔科、眼科、耳鼻咽喉科、皮肤科、精神科、康复医学科、疼痛科、麻醉科、医学检验科、病理科、医学影像科等科室。各学科带头人和医院专家均来自三甲医院或部队总医院，并由来自三甲医院的副主任护师和主管护师组成护理管理团队。医护人员医风纯朴、医技精湛，为老百姓提供优质的医疗体检服务。

常安医院走临床、教学、科研相得益彰的强院之路，开业前就与广东医学院建立全方位的合作关系，冠名：广东医学院东莞常安医院。医院高起点地配置以原装进口飞利浦1.5T核磁共振和64排螺旋CT为龙头的一系列查验诊疗设备，为确保医疗质量提供强有力的保障。

东莞常安医院以“立足常平，服务大众，造福一方”为办院理念，“以医者父母心，办老百姓信赖的医院”为办院目标，一心一意为老百姓健康保驾护航。

常安，常安，祝您常常平安！

东莞常安医院全景图

2011年3月29日，常安医院落成启用

2011年3月29日，全体医护人员庄严宣誓：弘扬中华传统医德，以治病救人为己任，决不利用治病机会谋取个人不当利益！严守纪律、热情服务、精益求精，一心一意为顾客服务！万物有价，人格无价，谨此宣誓！

2011年6月28日，常安医院正式开业

2012年2月15日，常安医院举行“社保定点医院”挂牌仪式

東莞常安醫院奠基典禮
2007.09.08

2007年9月8日，东莞常安医院奠基

《合作协议》签约仪式
2010年10月22日

2010年10月22日，与广东医学院签订《合作协议》，建立战略合作关系

桥头镇

【概况】 桥头镇位于东莞市东部，全镇面积56平方公里，辖17个村（社区），常住人口20万人。

2011年，全镇实现生产总值65.2亿元，同比增长8%；完成工业总产值128.2亿元，增长16%；出口总值16.5亿美元，增长7.5%；各项税收收入7.7亿元，增长18.7%；镇级可支配财政收入5亿元，增长24.8%；全社会固定资产投资总额12.3亿元，增长13.2%；全社会消费品零售总额16.5亿元，增长12.7%；金融机构各项存款余额78.8亿元，增长9.1%。全镇现有欧美、日韩、港台等地客商投资的各类企业1000多家，已初步形成以电子信息、五金塑胶、彩印包装等产业集群为主的现代产业体系。2011年，桥头镇被省科技厅批准认定为环保包装专业镇。

【招商引资】 2011年，桥头镇成功引进5家上市公司投资，全年新签外资项目38宗，同比增加5宗；合同利用外资1.3亿美元，增长1.6倍，实际利用外资4389万美元，增长45.4%；引进300万元以上内资项目7宗，累计协议投资额24.5亿元，合同利用市外国内资金总额全市排名第五。同时做好重点项目统筹协调、跟踪服务、督查督办等工作，美盈森一期、泰克威、雄达通等多个大型项目正式投产，泰和塑胶、多美图一期等工程即将完工，雷风科技、金粤幕墙等一批优质项目成功落户；桥头现代农业示范园顺利开园，荷花种植产业园完成规划设计。

【产业升级】 2011年，桥头镇稳妥推进产业转型，加快加工贸易企业转型升级，推动自主创新，增强企业核心竞争力，促进经济发展速度和质量同步提升。全年协助24家来料加工企业不停产转为“三资”或民营企业，协助65家加

桥头镇

① 2011年11月17日，市委副书记、代市长袁宝成（前左二）到桥头美盈森公司调研

② 2011年11月17日，市委副书记、代市长袁宝成到桥头技研新阳公司调研

工贸易企业从“贴牌生产”转为“设计生产”；协助企业申报海关管理升级，新增认定海关管理A类和AA类企业18家。协助6家企业设立研发机构，新增国家高新技术企业1家，新增新兴产业项目4宗，新增省民营科技企业1家、市民营科技企业6家；协助企业开展品牌营销，新增自主品牌4个，新增广东省名牌产品1个；协助企业申报科技资助项目23项，获得科技资助资金400多万元。推动企业扩大内销，培育舒尔曼、爱电电子等内销龙头企业，全镇外资企业内销金额23.9亿元，增长59.8%。

【规划建设】2011年，桥头镇全力抓好城市建设工作，完善城市配套功能，增强城市发展承载力，城市面貌在快速建设中焕然一新。修编全镇“三旧”改造专项规划，完善各个片区单元规划，有效储备了多地块土地资源。同时加快路网工程建设，省道S120桥头段升级改造全线路面主体工程基本完成，完成宏达三路、宏达四路、纬四路等道路建设，李屋至屋厦路等村际联网道路、东部快

① 桥头新汽车站落成启用典礼
② 2011年华南地区环保包装应用技术交流会暨第二届环保包装高峰论坛举行
③ 2011年5月22日，香港东莞桥头同乡会成立
④ 2011东莞节庆文化论坛暨《我们的节日》首发仪式举行
⑤ 2011年6月23日，桥头现代农业示范园开园
⑥ 2011桥头荷香美食嘉年华举办

① 桥头镇区

② 桥新工业区

③ 桥头行政办公大楼

④ 高新企业车间

⑤ 宜居环境

速桥头段升级改造工程进入施工阶段。加快防灾减灾工程建设，桥常交界水利工程完成施工设计，龙屈排涝站工程、牛埔防洪堤工程、东太湖堤围加高除险工程、牛头窝防洪堤工程等全面动工。加快生态工程建设，完成绿道网建设专项规划，绿道网建设工程全面铺开；小海河水体修复示范工程完成勘探和设计工作，顺利进入施工阶段。

【文化建设】 2011年，桥头镇加快文化名镇建设，推进文化事业发展，城市软实力不断增强。进一步完善文化设施，推进文化惠民工程建设，新建20个书报亭、20个阅报栏、20条健身路径，完善图书馆、电子阅览室等一批文化设施建设，完成6个村“五个有”（有一个总面积不少于200平方米的综合文化活动室，有一个不少于60平方米的公共图书阅览室，有一个建筑面积在1000平方米以上的文体广场，有一个面积不少于40平方米的文化信息共享工程服务网点，有一批文化活动和体育健身器材）工程达标工作，加快推进莲湖周边环境升级改造，为文化活动开展创造优质的环境。进一步深化文化品牌，成功举办第八届桥头荷花节，创新开展荷花展览、文化竞技、才艺演出、商贸展销等一系列以荷为主题的活动，吸引60多万人来桥头观光旅游；成功举办2011年荷香美食嘉年华、“荷花仙子”全国选拔赛和第三届东莞荷花文学奖等活动；创新冬季莲湖铺种油菜花，取得良好社会反响，推动文艺精品创作，文艺精品不断涌现，桥头成功创建为“中国原创歌曲创作基地”、“全国群众音乐创作基地”和“东莞小小说创作基地”。

① 第八届桥头荷花节开幕式
② 桥头荷花节文艺表演
③ 2011年桥头荷花仙子选拔赛
④ 庆祝中国共产党成立90周年暨第八届桥头荷花节闭幕晚会
⑤ 莫家拳表演

① 桥头新貌
② 桥头莲湖
③ 荷花盛开
④ 桥头油菜花海

【社会管理】2011年，桥头镇强化社会管理统筹，全面推进公共安全管理和矛盾排查调解，有效维护安定有序的社会局面。一是狠抓社会治安管理，全年保持严打高压态势，开展多个专项整治行动，加大巡逻防控力度，强化出租屋管理和视频监控，社会治安明显好转。二是狠抓公共安全保障，开展"安全生产年"、"打非治违"等专项行动，推进交通安全、校园安全、食品安全、消防安全建设，全镇安全生产事故宗数同比下降6.8 %。三是狠抓矛盾纠纷化解，整合综治、信访、司法等部门资源，加强矛盾隐患排查，建立起诉前联调工作机制，强化劳动监察执法和劳资关系调解，全年成功调解矛盾纠纷2838宗，调解成功率达99%；进一步健全应急预警体制，完善应急值班室建设，开展应急预案演练活动，处置突发事件的能力有效提高，全年无发生重大恶性事件和群体性事件。四是狠抓城市管理优化，加强城市"六乱"整治，突出抓好环境美化绿化工作，积极推行垃圾分类处理，新增4个"东莞市市容环境优美村（社区）"，城市整体环境进一步优化。

【民生实事】2011年，桥头镇坚持把改善民生作为政府工作的出发点和落脚点，关注民生、维护民利、排解民忧，提高群众生活质量。加大教育投入力度，狠抓教研教改工作，加强师资队伍建设，公开选拔公办小学副校长，桥头中学成功通过"市一级学校"评审；统筹全镇中小学招生工作，落实积分入学政策，创新新莞人子女入读公办学校办法，稳妥解决一批新莞人子女读书难问题。开展"创业桥头"工程，落实就业创业补助政策，全年协助2502人申领各类就业补贴共计745万元；举办高校毕业生就业创业培训班，全镇生源2011年高校毕业生就业率达96%；抓好农村劳动力技能培训工作，帮助213名就业困难人员解决就业问题；实施新莞人培训工程，全年共组织157名新莞人参加就业培训；积极搭建就业平台，先后举办3场就业招聘会，为162家企业招聘员工6670人。加强社会保障，扩大社会保险覆盖面；加强医疗保障，加大基本公共卫生服务投入，积极开展建立居民健康档案、老年人健康管理等5项公共卫生服务项目，大力整合桥头医院和社区卫生服务中心资源，提高全镇医疗服务水平；加强住房保障，新建公共租赁住房199套，完成30户租赁住房补贴和3户房屋修葺工作，动工建设石水口村低收入家庭安置房，有效解决低收入困难家庭住房问题。深入推进扶贫"双到"工作，加大扶贫资金投入，选派干部驻村帮扶；积极发展慈善事业，设立慈善超市，扎实开展"广东扶贫济困日"和"东莞慈善日"活动，筹集善款385万元；大力帮扶低收入家庭、五保户、困难户等弱势群体，全年共发放各类扶贫救助金700多万元。（邵旭泉）

附：2011年东莞市桥头镇党委、人大、政府领导名录

镇委书记：莫厚良

镇委副书记：翟耀东
欧阳官友（任至8月）
刘晓冬（8月到任）

镇委委员：莫满森（任至8月）
莫树培（任至8月）
谭连合　何健铭（任至8月）
刘学新（任至8月）
张树坚（任至8月）
莫志华　曾婉玲（8月到任）
邓任洪（8月到任）
邓志辉　陈进昌（8月到任）
朱晓敏　邓德安（8月到任）
赖李钦（8月到任）
刘润林（8月到任）

镇人大主席：莫厚良

镇人大副主席：莫满森（任至11月）
谭连合（11月到任）
莫树培（11月到任）

镇　长：翟耀东

副镇长：莫志华　邓任洪（任至11月）
曾婉玲（任至11月）
陈进昌（任至11月）
莫毓斌（11月到任）
冯汉强（11月到任）
兰建锋（11月到任）

2007—2011年桥头镇主要经济指标

指标 \ 年份	2007	2008	2009	2010	2011
户籍人口（人）	34669	35140	35569	35887	36327
外来暂住人口（人）	95699	78904	60891	130887	61808
面积（平方公里）	56	56	56	56	56
地区生产总值（万元）	445065	507000	535233	593138	651918
工业总产值（万元）	979261	963942	960050	1110336	1282421
农业总产值（万元）	3410	6983	6057	9809	8746
总用电量（万千瓦时）	114115	121042	113423	127799	133769
全社会固定资产投资总额（万元）	151200	85315	97000	126566	122780
社会消费与零售总额（万元）	164328	207049	240690	319182	164725
外贸出口总额（万美元）	85600	132766	221823	153052	164534
实际利用外资（万美元）	5760	6636	5468	3063	4389
镇级可支配财政收入（万元）	29515	35380	38343	40533	53844
各项税收总额（万元）	36312	49667	53661	64461	76990
金融机构各项存款余额（万元）	424983	459483	561835	721245	787852
城乡居民储蓄存款余额（万元）	342152	365266	453921	578266	639719

横沥镇

【概况】 横沥镇位于东莞市东部，距东莞市中心区30公里。镇内公路与市东部快速干线，广深高速、莞深高速、广惠高速、常虎高速等高速公路相连，距广州、深圳约1个小时车程。全镇面积44.67平方公里，下辖16个村、1个社区，户籍人口3.7万人，外来暂住人口10.06万人。横沥镇利用区域优势、环境优势、配套优势、服务优势和人文优势，创造优良的投资软硬环境，坚持内源型经济和外源型经济并举，经济社会持续健康快速发展，形成以工业制造业为基础，商贸服务业协调发展，城市建设与人文生态同步推进的发展格局。获得“国家卫生镇”、“中国模具制造名镇”、“广东省模具制造专业镇”、“广东省教育强镇”等称号。

2011年，全镇实现生产总值67亿元，同比增长7.2%；工业总产值124亿元，增长2.5%；镇本级可支配财政收入4.8亿元，增长13%；国税、地税收入总额9.6亿元，增长13.3%；社会消费品零售总额17.4亿元，增长14.5%；固定资产投资13亿元，增长25.8%；外贸出口总额13.3亿美元，增长3.7%。

横沥镇

① 2011年7月15日，市领导李毓全（中）、梁国英（右二）、吴道闻（左二）和镇领导卢少雄（左一）等出席东莞职教城开工仪式

② 2011年7月12日，副市长邓志广（右三）等祝贺明家科技公司成功上市

③ 宜居横沥

① 中国模具工业协会常务副理事长曹延安为横沥镇获“中国模具制造模具名镇”授牌

② 广东东莞模具机械制造展览会盛况

③ 模具展参展商向参观者介绍产品

④ 模具工人

⑤ 模具展开幕现场

⑥ 横沥模具科技产业园

① 一河两岸天蓝水秀
② 滨河绿城规划设计鸟瞰图
③ 横沥稳步发展的房地产业
④ 创建国家级生态乡镇

①

②

③

④

2011年，获东莞市“加工贸易转型升级先进奖”、“一般贸易进出口先进奖”、“推进内销工作先进奖”和“上市培育先进单位”、“维护稳定和社会治安综合治理先进镇街”、“推进农业产业化经营先进镇街”等称号。

【镇村经济发展】 2011年，横沥镇全面整合招商引资力量，着力抓好模具项目、光电项目、大项目招商，通过大项目带动外源经济质量提升优化。全年引进内、外资1.68亿美元，其中合同利用外资1.23亿美元，实际利用外资7585万美元；引进内资2.5亿元。共有25家外企增资扩产，增资金额3228万美元。推动一批重点项目建设投产，民营经济发展加快。至年底，私营企业注册资本达12亿多元；翠园、瑞星凯旋、棕榈园二期、凯域花园等房地产项目陆续开发。镇经济联合总社加强经营管理，优化结构配置，发挥集体经济龙头作用。村、组两级总收入2.42亿元，同比增长3.7%，其中村级总收增长4.5%，组级总收增长2%。村、组两级资产负债率有所下降。横沥模具科技产业园、田坑科技园分别建成8.6万平方米和2.8万平方米厂房，园区基础设施进一步完善。

【产业转型升级】 2011年，横沥镇将模具产业确立为产业升级的主攻方向。全年模具产值46亿元，同比增长15%；“模具信息化公共服务平台”上线运营；举办第五届模具展，意向成交额达到1.15亿元；逐步形成“模具城、模具园、模具网、模具展”产业平台。鼓励企业自主创新、转型发展，全年推动20家来料加工企业就地不停产转为“三资”企业，外企内销总额38亿元，9家外企设立研发机构。广东明家科技股份有限公司在创业板成功上市。40家民营企业累计获省、市项目配套资金300多万元，新增16家省、市民营科技企业。至2011年，全镇共有国家高新技术企业4家、省名牌名标5个，省民营科技企业13家，市民营科技企业31家，自有品牌企业50多家。

【城镇建设】 创建省级生态乡镇 2011年，横沥镇通过加强环境综合整治、加大道路、交通、绿化、卫生等公共设施的投入，提高城镇规划建设水平，促进生态文明建设和改善人居环境，开展创建“广东省生态乡镇”活动。

① 横沥镇第十一次党代会与会人员合影
② 横沥貔貅舞
③ 横沥汽车客运新车站落成

① 400年横沥牛行

② 横沥百年牛圩风情节晚会

③ 牛经纪技艺列入省非物质文化名录

④ 2011横沥百年牛圩风情节盛大开幕

重点工程建设。推动东莞职教城一期房建等重点工程建设，完成固定资产投资5.3亿元。协调推进从莞高速、番莞高速、生态园建设各项工作；截污主干管网累计完成24.6公里，占总工程量的93.1%；建成配套完善的中学校舍、完成中山路升级改造、启动文广中心和4.5公里绿道建设、推进原汽车总站的“三旧”改造；同时引进五星级酒店项目。

优化城镇环境。加强与运河整治工程规划对接，设计东引河滨河景观，完善农村片区控规；做好环境卫生和“六乱”整治，全镇增设1100个果皮箱，中心区主干道保洁市场化，启动垃圾分类试点，10个村创建“市容环境卫生优美村”。

水利工程和供水管网建设。推进田头排站、山厦排站、月塘排渠等水利工程建设，投入345万元整治3个内涝点。投入2000万元升级、改造市政供水管网8.7公里。

【社会治安与安全监管】2011年，横沥镇扎实开展社会治安整治，刑事案件发案数有所下降，破案率提高10.7%；“两抢一盗”（抢劫、抢夺和盗窃）案件发案数下降27.1%。坚持打击和防范“黄赌毒”（卖淫嫖娼，贩卖或者传播黄色信息、赌博、种植，买卖或吸食毒品的违法犯罪现象），抓好“治摩”（整治摩托车的行动）工作和“黑网吧”整治，巩固综合治理成果。完善综治信访维稳网络，妥善处理来信来访和“镇长热线”反映问题。火灾事故、交通事故、工伤事故分别下降6.2%、39.7%和3%。同时抓好食品安全监督，保障市民消费权益。

【民生实事】就业惠民。2011年，横沥镇新增“村民车间”1个、“青年车间”2个，新增帮扶就业420人，启动第5期“模具师傅培训班”，应届毕业生就业率达到98%，全镇就业率达到93.1%。市、镇财政发放群众就业补贴586.5万元、应届毕业生就业补贴203.1万元，“青年车间”员工就业补贴48.7万元。

社会保障与福利。横沥镇社会保障覆盖面持续扩大，参保人数不断增长。镇村投入279万元为户籍居民购买社保补充保险，镇慈善基金发放救济金37.8万元，落实100户住房保障审查，建成公租房312套。发放低保家庭保障金171万元、残疾人专项补助金144.6万元、各类困难家庭子女助学金260.6万元、长者高龄津贴120万元。创建慈善超市，帮扶生活困难群体。开展“双到”（规划到户、责任到人）对口帮扶，动员社会各界参与“广东扶贫济困日”和“东莞慈善日”活动。

【文化建设】2011年，横沥镇举办“百年牛圩风情节”；“横沥牛圩”入选省级非物质文化遗产名录；广场文化、企业文化、社区文化和校园文化全面发展；全镇成立19个文艺协会，65支企业文艺演出队；开展“讲文明，树新风”活动，印发《文明礼仪手册》5000份；组织26期“快乐周末”和285场电影下乡活动。（周堪李）

附：2011年东莞市横沥镇党委、人大、政府领导名录

镇委书记：谭全安（7月离任）
卢少雄（7月到任）
镇委副书记：刘国康、叶可阳
镇委委员：卢少雄（7月到任） 刘国康
叶可阳 陈细钿 香兆明
叶浩宁 梁新钦 朱柱明
李志军 何善通 陈志坚
梁耀权（8月到任）
香晓棠（8月到任）
镇人大主席：谭全安（11月离任）
卢少雄（11月到任）
镇人大副主席：香兆明 张翕明
镇 长：刘国康
副镇长：陈细钿 黄志明 丁永盛
朱仲平

2007—2011年横沥镇主要经济指标

指标 \ 年份	2007	2008	2009	2010	2011
户籍人口（人）	35507	35823	36284	36760	37387
外来暂住人口（人）	138072	123141	103502	94048	100629
面积（平方公里）	50	50	50	50	44.67
地区生产总值（万元）	443014	522130	538610	624788	674318
工业总产值当年价（万元）	815933	914312	962260	1212538	1240291
农业总产值当年价（万元）	7273	11922	10668	6748	7519
总用电量（万千瓦时）	105016	104349	102224	119845	124903
全社会固定资产投资总额（万元）	71036	75288	87423	109761	129794
社会消费与零售总额（万元）	89652	105099	122651	152151	174161
外贸出口总额（万美元）	83706	110357	95009	128323	133081
实际利用外资（万美元）	5601	7028	8136	8625	7820
镇级可支配财政收入（万元）	34926	36922	40429	42368	47858
各项税收总额（万元）	49237	57048	54458	78913	96333
金融机构各项存款余额（万元）	541503	619643	655971	724335	796707
城乡居民储蓄存款余额（万元）	337480	430973	484782	569499	641452

东坑镇

【概况】东坑镇位于东莞市中部，毗邻松山湖科技产业园、东莞生态园和东莞火车站，东部快速、莞深高速、常虎高速接驳镇内。全镇总面积23.8平方公里，户籍人口3万人，外来暂住人口12.9万人，下辖14个村，2个社区。

2011年，全镇实现生产总值55.2亿元，同比增长23%；工业总产值174.6亿元，增长30.3%；完成税收总额6.9亿元，增长28.4%；镇级可支配财政收入5.7亿元，增长18.6%；镇本级净资产12.9亿元，增长12.9%；农村人均纯收入2.03万元，增长8.7%；实际利用外资6037万美元，增长16.1%；固定资产投资总额12.6亿元，增长29.8%。是年，东坑镇获“省文明镇”、“省通讯电子技术创新专业镇”、“市转型升级先进镇”等称号。

【转型升级】2011年，东坑镇坚持调整产业结构，转变经济发展方式，推动26家来料加工企业转“三资”企业。落实重点企业联络跟进机制，促进产业就地升级，引导企业开展技术改造与技术创新，开发专利产品，增创发展优势。7家外资企业设立研发机构；新签、增资超千万美元项目4宗；新增国家认可实验室1座；获得省部产学研合作立项1宗；科技创新成果转化创造产值超过10亿元，专利申请581件，授权专利440件，发明专利和实用新型专利授权量在全市排名第八。以“通讯主导产业、五金机械、纺织服装、新能源发展”为主要内容的“一主导、三集群”现代产业体系初具规模，产业竞争和区域竞争优势得到进一步提升。推动企业扩大内销、就地转型、就地升级，企业内销保持年均30%的高速增长。是年，被评为“市产业结构调整和转型升级先进镇”。

东坑镇

① 2011年3月4日，市委书记、市人大常委会主任刘志庚（中）到东坑镇农业园调研

② 2011年12月16日，市委副书记、代市长袁宝成（左三）到东坑镇农业园调研

① 市委常委、宣传部长王道平，副市长严小康等领导出席二月初二卖身节

② 二月初二卖身节的射水场面

③ 2011年3月6日，东坑镇二月初二卖身节开幕盛况

【城镇建设】2011年，东坑镇坚持生态优先，美化镇容镇貌。投入1.14亿元，开展24项重点工程建设，完成社医大楼、交警大楼、骏达社区办公楼等一批亮点工程建设，以及迎宾路、农业园13路等12项畅通工程建设。推进亭岗岭文化公园、月明湖水利公园等10大环境区建设，落实"两扫一洗"洗街洗道工作及重大节日全镇大清洗机制，开展30多次联合整治泥头车专项行动，查处和处罚泥头车交通违法行为250多宗，城镇环境和生态建设得到改善。

【扶持农村发展】2011年，东坑镇扶持农村发展，逐步降低村级对治安、环卫、市政建设和公共管理等投入的负担，减轻支出压力。引导村集体经济发展税收型、科技型产业，提升企业对农村的贡献，推动村集体经济发展与产业转型升级实现良性互动。优化资产管理，减少村级债务和管理成本。强化分配管理，控制公益福利费用支出，杜绝超前分配、超前分红。落实每年3000万元—5000万元的农村建设专项资金，进一步简化审批流程，推进路桥工程、环境工程、社区标准化工程、水利工程等农村基础设施建设。

【土地资源统筹】2011年，东坑镇加快整合利用闲置土地，加大土地储备力度，加大对全镇厂房土地资源的统筹力度，实现土地的二次开发、二次利用，全年统筹土地45公顷。抓好"三旧"改造，新增建设用地农转指标报批和完善历史用地手续任务完成，单元规划进展顺利，全年共有4个成片改造项目取得市政府批复同意，包括群思旧区、乐然街百顺市场、三甲工业城、乐然街政府主导部分，总面积约20.6公顷。另外井美新天地地块已通过市集中审查，待市政府审批，黄麻岭旧区已上报市集中审查。

【社会治安管理】2011年，东坑镇继续筑牢整治"黄赌毒"长效管理机制，全面落实"责任到村、责任到人"的措施，严厉打击"黄赌毒"违法犯罪，有效净化社会风气。深入开展"粤安"系列整治、百日排查、"治摩禁电"等专项行动，重点打击"两抢一盗"（抢劫、抢夺和盗窃）、涉黑涉恶、涉枪、涉恐等各类违法犯罪。深入开展维稳排查，落实领导接访制度，妥善预防和化解社会矛盾。全年共受理群众来访、来信等共283件次，信访办结率为95.3%，全镇刑事案件案发率同比下降7.3%，发生各类事故起数、死亡人数同比下降25%和37.5%，没有发生重大的安全生产事故和群体性事件。

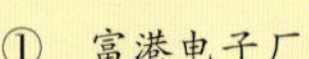

① 富港电子厂

② 农业园绿道

③ 新落成的社区卫生中心

④ 农业园

⑤ 正崴科技园

①

②

③

④

⑤

【文化·教育】2011年，东坑镇坚持继承和创新相结合，以建设"文化名镇"为契机，擦亮"卖身节"传统文化品牌。加强文化阵地建设，继续开展文化"五个有"（各村要拥有面积不少于200平方米的综合文化活动室，不少于60平方米的公共图书馆，建筑面积达到1000平方米的文体广场，不少于40平方米的文化信息共享工程服务网点，并且拥有一批文化活动和体育运动器材）工程建设，实施文化惠民政策，满足不同层次群体的文化生活需要。实施科教兴镇、人才强镇战略，围绕中考"平均分、合格率"双达标、小学教育"特色办学、素质发展"双要求的目标，切实保障教育经费的投入，提升教师师德修养、业务水平，强化教育教学质量管理。

【民生实事】2011年，东坑镇坚持抓落实求实效，加大民生投入，办好一系列民生实事。实施"6+1"镇内帮扶措施（"6"指的是生活帮扶措施、社会保障措施、教育帮扶措施、住房帮扶措施、就业帮扶措施、物业帮扶措施，"1"指的是"一对一"结对帮扶），落实79万元发放低保户生活补贴和困难家庭子女学习补贴，4889万元帮扶欠发达村完善文化、体育、医疗、公共卫生等农村基础设施；解决群众就业740人次，落实各项就业补贴750万元。推进医保职保并轨，每年对农民在养老、医疗方面补贴450万元，支付社会保险待遇7900万元。

【党政建设】2011年，东坑镇建立健全党员干部教育培训长效机制，通过举办各类业务培训、党性教育、外出考察，鼓励党员干部参加学历教育，不断提升党员干部的综合素质。完善科学的选人用人机制、干部考核评价机制、干部监督管理机制，突出崇尚实干、注重实绩的用人导向，进一步选好配强干部，培养一批敢闯敢干、敢于负责的"实干型"、"开拓型"干部。加强和完善"特色党建示范区"、"星级党组织"、"党代表工作室"建设，开展"创先争优"活动，提升党员的先锋模范作用。

镇政府通过深化机关作风建设，

① 坑美村文化广场
② 长安塘福德公园

①　角社村运动场

②　角社村广场

③　绿道

加强公务接待管理，推行公务卡结算，规范政府采购，加强财政监督检查，有效提高资金的使用效益。通过深化行政审批制度改革，精简审批事项，简化审批程序，提高行政效率。通过完善办事中心的各项制度，优化工作流程，完善“一站式”便民服务，提高服务水平。通过建立镇网络督查系统，重点对293项全镇重点任务和107项“五项建设”（指党的建设、民主集中建设、干部队伍建设、党的基层组织建设、作风建设）工作进行督查督办，提高执行能力。通过推行阳光信息制度，对涉及群众切身利益和群众关心的事项，在村公布栏中全面公开，并编印《阳光信息月报》派发到每家每户，提高村务财务透明度。

【产业服务区建设】2011年，东坑镇推进产业服务区建设，把企业相对集中区域的出租屋统筹起来，由政府统一租给企业工人居住，腾出厂内宿舍供企业增资扩产，在不新增建设用地的同时壮大产业规模。扎实推进二环路临街、江坑四区、塔岗区统建、庆记大楼、永胜后面街包租等产业服务区建设，提高产业后勤配套水平。

【通讯电子产业】通讯电子产业是东坑镇的主导产业和支柱产业之一，已形成比较有竞争力的通讯电子产业集群。至2011年，全镇通讯电子企业共95家，投资规模超65亿元，产值规模超100亿元，占全镇工业总产值的58.6%，成为东坑镇的龙头产业、支柱产业。2011年，东坑镇成功申报“省通讯电子技术创新专业镇”。全镇有省、市民营科技企业共52家，高新技术企业2家，国家认可重点实验室2个，省部级产学研合作项目1个，形成一批集研究、开发、生产于一体的骨干企业，是东坑镇通讯电子产业集群的重要支柱。其中，富港电子集团作为东坑镇的龙头企业，产值73亿元；东莞歌乐东方电子有限公司年产值25亿元；东莞市华荣通信技术有限公司、广东中德电缆有限公司年产值各10亿元。

【二月初二“卖身节”】2011年“卖身节”的主题为“二月初二民情颂、吉祥福地展新颜”，活动分为“六大版块”，包括大型开幕式、“狮舞颂春来”鼓乐醒狮摘青送吉祥、“歌舞任飞扬”麒麟舞表演及东坑文艺节目分场表演、“洒一身吉祥”对歌射水、“春色在飘香”商展美食、“民俗风情、节日盛景”摄影作品征集等活动项目，还结合援疆工作，邀请新疆喀什农三师图木舒克市歌舞团和农三师五十团舞蹈队表演。精彩纷呈的活动项目，充分展示“卖身节”特色民俗风情文化和东坑本土品牌文化，吸引数以万计的游客，营造万民同乐的节日氛围。（谢雪玲）

附：2011年东莞市东坑镇党委、人大、政府领导名录

镇委书记：黄为国

镇委副书记：张耀洪
梁轼文（8月离任）
卢浩华（8月到任）

镇委委员：李树容（8月离任）
卢浩华（8月离任）
苏灿辉（8月离任）
黄醒光（8月离任）
黄晨光　刘晓冬（8月离任）
梁伟侬　苏庆中
丁炜涛（8月到任）
李进强　吴俊健
钟　杰（8月到任）
袁锦波（8月到任）
曾轶荣（8月到任）
叶晓华（8月到任）

镇人大主席：黄为国

镇人大副主席：叶晓华（11月到任）
李树容
苏佛养（11月离任）

镇　长：张耀洪

副镇长：卢浩华（11月离任）
丁炜涛（11月离任）　卢柏波
苏沛彬（11月到任）
卢艳萍（11月到任）
李绍洪（11月到任）

2007—2011年东坑镇主要经济指标

指标 \ 年份	2007	2008	2009	2010	2011
户籍人口（人）	29590	29788	29803	29932	30217
外来暂住人口（人）	60927	59104	68027	115500	128620
面积（平方公里）	23.8	23.8	23.8	23.7	23.8
地区生产总值（万元）	329458	380365	410454	459962	551954
工业总产值当年价（万元）	775542	896645	879125	1330455	1746437
农业总产值当年价（万元）	7781	7283	3762	2870	3530
总用电量（万千瓦时）	76324	73074	69358	79618	81416
全社会固定资产投资总额（万元）	47103	65855	87590	110282	125582
社会消费品零售总额（万元）	39963	56589	46805	84875	103331
外贸出口总额（万美元）	120052	131531	94047	142518	167463
实际利用外资（万美元）	8364	8384	3326	5198	6037
镇级可支配财政收入（万元）	25982	35049	41362	48245	57213
各项税收总额（万元）	32254	42105	39277	49935	68883
金融机构各项存款余额（万元）	333604	401330	451617	518500	558823
城乡居民储蓄存款余额（万元）	248981	304779	336069	384164	415415

企石镇

【概况】 企石镇位于东莞市东北部，总面积58.29平方公里，下辖19个村和1个社区，户籍人口4万多人，外来务工人员8万多人。广深高速、广惠高速、省道S120、东部快速、东江大道等多条公路干线从镇内及周边经过。至2011年，全镇共有各类外资企业174家，民营企业1230多家，形成以光电显示、电子元件、电脑配件、印刷、五金、家具、服装等产业体系。

2011年，全镇实现生产总值35.51亿元，工业总产值93.41亿元，规模以上工业总产值70.44亿元，外贸出口总值7.70亿美元，各项税收总额5.61亿元，镇级可支配财政收入3.80亿元，村级可支配收入1.97亿元。

【产业转型升级】 2011年，企石镇大力为产业发展和转型升级服务，通过加强与企业沟通，鼓励企业增资扩产，引进先进设备，转变经营模式，推动东莞健达照明有限公司、东莞东业工艺制品有限公司、东莞开确工艺有限公司、东莞山多力汽车配件有限公司和东莞联宝光电科技有限公司5家企业由OEM（即代工生产方式）向ODM（即原始设计制造方式）转变。推动东莞美信科技有限公司、东莞德芳油墨科技有限公司、东莞健达照明有限公司、东莞凯裕光电科技有限公司和丰通光电（东莞）有限公司5家企业设立研发机构。通过传真、网站、公告栏和下厂宣传等方式宣传转型升级辅导平台，组织企业参加“加工贸易企业转型升级政策宣讲会”，组织制衣类企业参加“制衣业创新产品及技术研讨会暨业务对接会”等，为企业提供服务，协助企业转型升级。全年有东莞企石利源五金制品厂等14家来料加工企业转型为独资企业。

加快转型升级　建设幸福企石

① 2011年11月28日，市委书记刘志庚（前右二）在企石镇调研

② 2011年11月17日，市委副书记、市长袁宝成（前右二）在企石镇调研

①　2011年6月22日，广东省军区副政委张志国（前右二）在博夏检查扶贫双到工作

②　2011年2月16日，广东省公安厅副厅长邱瑞颐（左四）到企石镇督导“粤安11”工作

③　2011年6月9日，市委副书记、市长李毓全（左四）在企石镇调研”

④　2011年7月28日，副市长吴道闻（右三）到东莞第七高级中学调研

⑤　2011年6月30日，市委副书记黄双福（左图左三）率市组织部、民政局、财政局慰问企石镇贫困户

⑥　2011年3月2日，副市长邓志广（前中）在企石镇实地考察宏威项目选址工作

【招商引资】2011年，企石镇新签协议24宗，同比增长50%；新签协议金额3368万美元，增长198.8%；实际利用外资2234万美元，减少8.1%；补充协议13宗，增长30%；补充协议金额1801万美元，增长131.8%。投资总额较大的企业有：广东启光集团有限公司投资205万美元，丰通光电（东莞）有限公司投资200万美元，东莞拓比照明有限公司投资175万美元。东莞星惠电子制品有限公司增资1290万美元，东莞大马输送设备有限公司增资100万美元，东莞磁威电子科技有限公司增资89万美元和东莞捷泰电子有限公司增资90万美元。全球第二大光盘装备制造企业东莞宏威数码机械有限公司投资130亿元打造的光伏基地项目，落户企石镇东部工业园内。

全年新增民营企业273家，新增个体工商户851家。全镇规模以上民营企业达21家，规模以上民营企业工业产值18.14亿元，同比增长2.7%；规模以上民营企业工业增加值2.2亿元，增长0.7%。

【信访维稳】2011年，企石镇开展“基层大接访”活动，不断完善工作机制，规范办事程序，落实整改措施，妥善化解矛盾。全年共受理群众来信来访来电279宗，已解决276宗，结案率为98.9%，全年共发放各类法制宣传杂志2500册、禁毒宣传小册子7000册，出版法制宣传墙报50期，粘贴悬挂宣传图片、标语200条（幅）。

【文化教育】2011年，企石镇20个村（社区）全部建有农村“五个有”工程（即有综合文化活动室、文体广场、图书馆、文化信息共享工程服务网点、一批文化活动和体育健身器材），有公民办学校11所，有二级甲等医院1所和社区卫生服务站8个。企石中学获“东莞市普通中学第四届优秀文学社”称号，被团市委评为共青团工作先进单位，获第三届广东省中学生（初中）地理奥林匹克竞赛团体市三等奖；中心小学音乐组被评为东莞市普通中小学先进科教研组，在“魅力汉语，经典华章”专项活动中，获市三等奖，创建成为东莞市语言文字规范化学校。9月，投入1.35亿元建设的东莞市第七高级中学开学。同时完成江南小学合并工作后的场地绿化美化；完成中心小学升级改造工程项目建设；华海、盛龙两学校的功能楼建成封顶；华海学校、东升小学加大投入，充实教室的现代化教育设备。

【社会民生】2011年，企石镇推进供水排水管建设，投入100多万元用于更换滤沙、滤网等净水工艺改造，确保夏季水质达标；投入30多万元改造供水表2000多个；投入900多万元改造环镇路、湖泉路、中心小学等旧水管网1.16千米；光电工业园等供水管网3000多米。

① 2011年10月10日，副市长李小梅（左三）在企石镇视察水利工程

② 2011年10月19日，副市长严小康（左三）到企石镇调研“文化惠民”“五个有”工程实施情况

③ 2011年10月31日，副市长冷晓明（前左二）到企石镇督导宏威太阳能建设工程

④ 2011年10月24日，镇党委书记、镇人大主席陈福坤（前右四）率队到长安镇参观学习

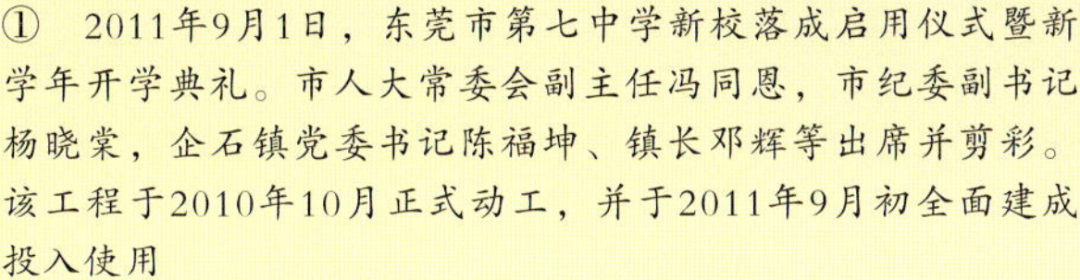

① 2011年9月1日，东莞市第七中学新校落成启用仪式暨新学年开学典礼。市人大常委会副主任冯同恩，市纪委副书记杨晓棠，企石镇党委书记陈福坤、镇长邓辉等出席并剪彩。该工程于2010年10月正式动工，并于2011年9月初全面建成投入使用

② 2011年12月7日，企石镇十五届人大一次会议召开

③ 2011年1月26日，企石镇领导到新丰调研对外扶贫工作

④ 2011年1月21日，企石镇举办以"老有所乐"为主题的2011年春节人口计生文艺晚会

编制完成全镇燃气专项规划。结合创建国家卫生镇工作，开展爱国卫生运动，推进“广东省卫生村”创建，16条村已经完成创建市容环境优美村初检。村级环卫配套设施不断完善，脏乱差现象得到改善和遏止。（黄维根）

附：2011年东莞市企石镇党委、人大、政府领导名录

镇委书记：麦广钦（6月离任）
陈福坤（6月到任）
镇委副书记：邓　辉　张仲林
镇委委员：姚灿光　张佛祥　温志均
刘丽权　黄振忠
麦阳柱（8月到任）
杨永成（8月到任）
黄伟文（8月到任）
袁兆桂（8月离任）
梁耀权（8月离任）
黄玉婵（8月离任）
镇人大主席：麦广钦（11月离任）
陈福坤（11月到任）
镇人大副主席：张佛祥（11月到任）
王少平（11月到任）
黄玉婵（11月离任）
姚飚培（11月离任）
镇　长：邓　辉
副镇长：姚灿光　郑燕娟（11月到任）
李锦荣（11月到任）
潘月光（11月到任）
麦阳柱（11月离任）
杨永成（11月离任）

① 2011年3月30日，广东省首批引进创新科技团队调研组在企石镇调研

② 2011年3月30日，宏威（晨真）硅薄膜太阳能电池项目奠基仪式

③ 2011年10月29日，东莞三星电机公司与企石镇旧围村结缘6周年

① 2011年5月10日，企石镇—75235部队举行军地共建活动

② 2011年10月25日，举行台商企石分会成立十四周年庆典

（注：企石镇图片均为王道辉摄）

2007—2011年企石镇主要经济指标

指标 \ 年份	2007	2008	2009	2010	2011
户籍人口（人）	40514	40926	41346	41830	42323
外来暂住人口（人）	58263	59152	46854	36727	36742
面积（平方公里）	59	59	58.2	58.29	58.29
地区生产总值（万元）	283431	294399	318197	373899	355064
工业总产值当年价（万元）	543500	558089	560969	885023	934063
农业总产值当年价（万元）	3803	4583	3138	5376	5022
总用电量（万千瓦时）	64338	63029	62449	71391	6298
全社会固定资产投资总额（万元）	50888	58422	50877	56643	66726
社会消费品零售总额（万元）	69865	77735	81665	83592	98957
外贸出口总额（万美元）	36592	35197	42009	64693	76961
实际利用外资（万美元）	2052	2425	2853	2673	2293
镇级可支配财政收入（万元）	22780	24993	23806	26006	37957
各项税收总额（万元）	27582	35574	34929	42649	56114
金融机构各项存款余额（万元）	293154	374267	398386	485141	536811
城乡居民储蓄存款余额（万元）	227163	256214	283701	367920	418246

石排镇

【概况】石排镇位于东莞市东北部，东江中下游南岸，拥有东江岸线14.5公里，距东莞市中心区20公里。下辖18个村和1个社区，常住人口16万人，其中，户籍人口4万人。2011年，石排镇经济平稳健康发展，社会和谐稳定。全镇实现生产总值52.71亿元，同比增长0.3%；镇本级可支配财政收入4.36亿元，增长18.9%；各项税收总额5.98亿元，增长20.2%；各项存款余额77.69亿元，增长11.2%。是年，石排镇获“东莞市文明镇”称号。

【城镇建设】2011年，石排镇完成石排大道中心区路段的建设，采用一级公路标准，全线主线按照双向六车道进行改造，道路红线宽度为61米，设计车速分别为80千米/小时（局部路段为60千米/小时），配有人行道及绿道，镇中心区配有停车带。全线设置主线下穿通道1处，新建桥梁3座，新建人行天桥4座；石崇大道工程加快推进；政府大院环境改造工程完成；石排法庭、人力资源分局维修工程竣工；利丰一期三组团动工，中信凯旋湾等房地产项目进度加快；配合落实生态园土地统筹，完成东园大道北延线征地拆迁协议的签订；南畲朗截污主干管工程石排段基本完成，绿道3、5号线投入使用。

【村组发展】2011年，石排镇推进农村集体经济体制改革，鼓励推行股份制发展，完善村级股东分红制度。村组集体资产26.7亿元，同比增长3%；村组集体总收入2.95亿元，增长1.9%；村组集体纯收入1.64亿元。同时规范农村集体资产管理、村级干部薪酬等制度。

石排镇

① 2011年11月17日，东莞市委副书记、代市长袁宝成到石排参观考察。图为袁宝成（右三）与东莞市智乐堡儿童玩具有限公司研发部工作人员交谈

② 2011年10月19日，副市长严小康率“五个有”工程市督导组一行到石排镇谷吓村参加文化设施“五个有”工程现场督导会

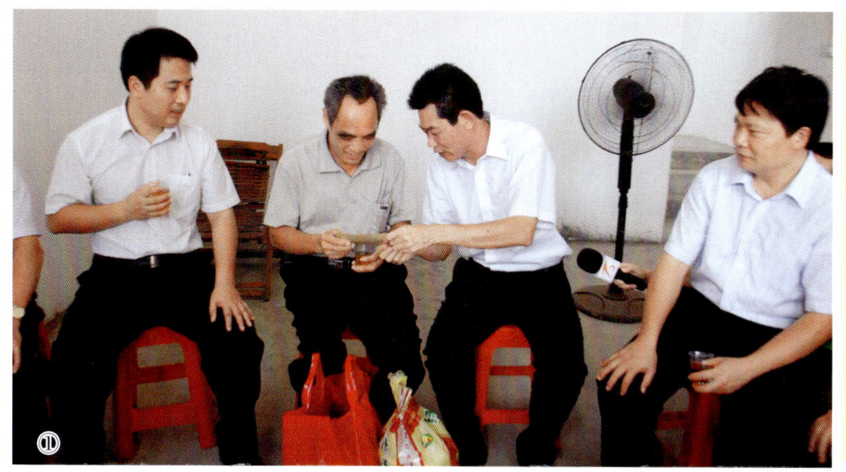

① 2011年8月31日，2011年石排镇赴郁南县开展结对帮扶工作暨中秋慰问活动

② 2011年11月14日，石排镇创建和谐劳动关系示范区工程示范点揭牌

③ 2011年12月23日，市工商局检查组到中坑农贸市场的蔬菜区、熟食区、水产档位、“三鸟”区实地检查样板市场创建情况

【经济转型】2011年，石排镇重点抓龙头企业的培育引进，首次引进世界500强企业——美国安博（AMB）置业有限公司（简称安博物流）；东莞市铭普电子实业有限公司、东莞市方振塑胶电子制品有限公司纳入东莞市上市后备企业，东莞雅居乐日用制品有限公司纳入东莞市上市梯度培育企业；广东星星光电科技有限公司、铭普纳入2012年市重点建设项目，安博物流、康师傅饮品纳入2012年市重点预备项目。全年引进项目66宗，实际利用外资3560万美元；实际引进内资3.84亿元，同比增长116.9%。全年共协助企业获得市级以上科技类资助675.29万元，新增国家高新技术企业2家；新增省、市民营科技企业9家；新增国家级、市级创新资金项目3个。至2011年，全镇拥有名牌名标16个。

【社会管理】2011年，石排镇开展“创平安、迎大运”、“清网”追逃等专项行动，整治“老虎机”（赌博工具），加强校园安保、新莞人和出租屋服务管理等，社会治安状况持续好转，全年共立刑事案件636宗，破获刑事案件354宗，破案率55.7%。开展各类安全专项整治，加强产品质量和食品安全监管，创建4个零无证照经营村，全年无重特大安全事故发生。挂牌成立石排司法分局，健全企业倒闭风险预警等维稳工作机制，推行突发公共事件应急值班制度，全年共排查信访隐患9宗，妥善解决信访问题109宗，办理率93.97%。

【民生实事】教育惠民。2011年，石排镇落实为2985名户籍学生发放教育补助金963.45万元，创建3所“东莞市三星级民办学校”、2所“东莞市一级幼儿园”，通过省教育强镇复评考核，2011年石排户籍考生考取本科以上260人，同比增长13%，万人升大学比例居全市第8位。医疗惠民。石排镇完善国家基本药物制度，开展孕产妇、儿童保健、老年人健康管理等9项基本公共卫生服务，2011年为135人次重大疾病患者发放163.64万元补助金，为17名困难疾病患者申请市、镇医疗救济金。文化惠民。实施“文化惠民”工程，完成谷吓等7个村公共文化服务设施建设任务。全镇新建或升级改造文化广场7个，总面积2.03万平方米，每个文化广场均建有200平方米以上的舞台。建有文化活动中心大楼7幢，总占地面积约3000平方米，建筑面积6950平方米。自助图书馆面积80平方米，配备自助借还机2台、升降平台书车2辆等，有双面6层书架16个，可容纳8000册图书，设置阅览座位8个。保障惠民。完善城乡一体社会养老保险体系，完成全镇退休人员基本养老金年度调整，企业退休人员人均每月增加147.96元，增幅14.2%；村（社区）退休人员人均每月增加82.32元，增幅21.4%。扶贫惠民。为1386名低保对象发放最低生活保障金352.15万元，落实市外、镇内“双到”（规划到户、责任到人）扶贫帮扶资金385.47万元，实现市外“双到”扶贫三年任务两年完成。就业惠民。落实就业创业政策，探索灵活就业模式，提高就业创业服务，有17个村创建“村民就业车间”共26个，全年发放各类就业创业补贴934.89万元，举办各类培训班10期共5771人次，新增户籍劳动力就业1001人，应届大学毕业生就业率达99.3%。此外，为新莞人提供专业社工服务，全年安排482个公办学位供新莞人子女就读，476名新莞人成为石排户籍人口，新建338套公租房。（邱　敬）

① 2011年9月26日，镇委书记、镇人大主席陈志明，石排镇委副书记、镇长简任昌等班子领导成员参加石排台商协会十四周年庆典活动

② 2011年9月21日，石排镇委副书记、镇长简任昌到东莞国际会展中心慰问第13届东莞电博会石排镇参展企业

③ 2011年11月19日，石排兆通货运物流中心开业

④ 2011年10月23日，落户于石排镇的广东省计量科学研究院第二检测基地举办落成剪彩仪式

① 2011年8月23日，中共石排镇第十二次代表大会开幕式上，镇委书记、镇人大主席陈志明代表中共石排镇第十一届委员会作报告

② 2011年11月15日，石排镇第十六届人民代表大会第一次会议召开，图为石排镇委副书记、镇长简任昌代表镇人民政府向大会作政府工作报告

③ 2011年5月27日，开展石排镇突发事件应急处置培训班

④ 2011年12月11日，石排镇2011年冬季应征入伍新兵欢送大会在石排镇行政办事中心一楼召开

⑤ 2011年10月28日，石排镇廉政文化书画比赛获奖作品展揭幕仪式在石排镇行政办事中心举行

附：2011年东莞市石排镇党委、人大、政府领导名录

镇委书记：陈志明（7月到任）
　　　　　翟崇碧（7月离任）
镇委副书记：简任昌　王旭深
镇委委员：陈志明（7月到任）
　　　　　翟崇碧（7月离任）　简任昌
　　　　　王旭深　陈伟楚　梁暖光
　　　　　袁达胜（8月到任）　姚灿光
　　　　　陆奕彪　王永权　杨永佳
　　　　　钟炳林（8月到任）
　　　　　钟浩源（8月到任）
　　　　　香灼培（8月离任）
　　　　　黄沛成（8月离任）
镇人大主席团主席：陈志明（7月到任）
　　　　　　　　　翟崇碧（7月离任）
镇人大主席团副主席：袁达胜
　　李谢权（11月到任）
　　梁暖光（11月离任）
镇　长：简任昌
副镇长：陈伟楚　邓柱洪　刘丽红
　　　　王振江（11月到任）
　　　　李谢权（11月离任）

① 2011年7月22日，“每天绽放新精彩——2011年东莞市文化惠民千场文艺演出进基层暨石排镇‘文化暖流’行动”启动晚会在石排公园水边剧场开幕

② 2011年2月3日，在石排镇影剧院举行石排镇春节文艺晚会

③ 2011年6月3日，美国曼迪斯青年流行乐团与石排中学师生联欢

④ 2011年12月15日，石排镇24小时自助图书馆通过市督导组竣工验收

2011年8月8日，在3号绿道石排段举行2011年石排镇“全民健身日”启动仪式暨“健康共享　幸福石排”自行车骑行活动

2007—2011年石排镇主要经济指标

指标＼年份	2007年	2008年	2009年	2010年	2010年比2009年增长（%）	2011年
户籍人口（人）	41277	41772	42193	42811	1.5	43331
外来暂住人口（人）	95456	96458	92178	92799	0.7	92081
面积（平方千米）	56	56	56	56		48.7
地区生产总值（万元）	360806	417073	438939	507685	13.2	527052
工业总产值当年价（万元）	668547	713411	713561	895506	21.1	1046278
农业总产值当年价（万元）	9425	10018	10116	10597	4.7	10880
总用电量（万千瓦时）	98164	98493	94567	109237	15.5	114265
全社会固定资产投资总额（万元）	377977	227786	187225	174179	-7	118379
社会消费零售总额（万元）	97338	109311	120384	133354	10.7	175309
出口总额（万美元）	44476	52452	42086	52718	25.3	64004
实际利用外资（万美元）	4968	5974	5370	5722	6.6	3560
镇级可支配财政收入（万元）	40156	45300	36078	36685	1.7	43625
工商税收总额（万元）	41463	43744	43170	48281	11.8	59751
金融机构各项存款余额（万元）	449883	534875	619567	698407	12.7	776940
城乡居民储蓄存款余额（万元）	311700	403738	457329	523225	14.4	589370

茶山镇

【概况】茶山镇位于东莞市北部。全镇面积45.4平方公里，下辖18个村（社区），户籍人口4.5万人，外来暂住人口7.7万人。

2011年，全镇完成生产总值71.3亿元，同比增长7.3%；工业总产值174.5亿元；全社会固定资产投资总额12.3亿元；社会消费零售总额19.4亿元，增长19.1%；全年各项人民币存款余额94.1亿元，比上年末增加7亿元，增长8.1%；各项税收总额9.4亿元，增长12.6%；镇本级财政收入5亿元，增长13.5%；镇本级资产总额41.7亿元，增长15.2%。在全市镇街领导班子落实科学发展观工作实绩量化考核中，获得丙类镇综合总分一等奖。是年，茶山镇获“东莞市文明镇”称号。

【招商引资】2011年，茶山镇加强重点地区、重点企业招商引资工作，组团赴日本、香港拜访企业，举办行业协会联谊会，促成井上集团等企业增资扩产，引进三泰环保渔业养殖场等新项目。全镇实际利用外资7534万美元，增长10.7%。全年新签外资项目29宗，比上年增加7宗，增长31.8%，合同利用外资7151万美元，增长40.3%；全年进出口总额10.6亿美元，增长9%。

【企业发展】2011年，茶山镇采取有力措施，保护市场主体，服务企业申请各类补贴和服务企业参展，实行企业参展政府补贴，鼓励和支持企业参加各类展会，帮扶企业增加产能、增资扩产和增加用工，促进企业稳步发展。全镇完成规模以上工业总产值133.5亿元。加快加工贸易转型，协助27家加工贸易企业不停产转为法人企业。拓宽内销渠道，外资企业内销额46亿元，增长23%。

【科技创新】2011年，茶山镇推动企业自主创新，筹建生产力促进中心，成立企业服务工作小组，协助企业开展科技创新。全年新增省民营科技企业5家、市民营科技企业7家，高新技术企业3家，获专利授权202个；指导40多家企业申报市级企业技术中心、市上市后备企业、市技改技创企业。

【城镇规划】2011年，茶山镇注重规划统筹区域协调发展的引导作用，科学编制各项规划。修改完善《东莞市茶山镇总体规划（2008—2020）》。加快推进铁路沿线片区、京山片区、工业园二期(超朗片区)、塘角片区、南社片区5个片区控规的编制工作稳步推进。完成中心片区、工业园片区、上元—茶山片区、圆头山片区、增埗片区5个片区的控规编制工作。同时编制完成《东莞市茶山镇社区绿道专项规划》。

茶山镇

① 2011年3月7日，副省长肖志恒（左二）调研茶山镇供销社茶园商场平价商店工作

② 2012年3月16日，市委书记、市人大常委会主任徐建华（前右一）陪同广西河池市委书记、市人大常委会主任黄世勇（前右二）考察茶山增埗坚成电子科技有限公司

③ 2011年11月10日，代市长袁宝成（右三）在翟崇碧（右二）、黄少峰（左三）、吴剑洪（右一）等镇领导陪同下到东莞火车站调研

① 2012年3月2日，茶山镇举行东莞市文明镇揭牌仪式

② 2012年1月10日，沙墩公寓及酒店项目奠基仪式现场

③ 2011年1月15日，圣心糕点博物馆举行国家3A级旅游景区揭牌仪式。圣心糕点博物馆是目前国内糕馆饼行业中唯一一家拿到国家认可的3A级旅游景区

④ 2012年3月29日，茶山（国际）生态食品城奠基典礼签约现场

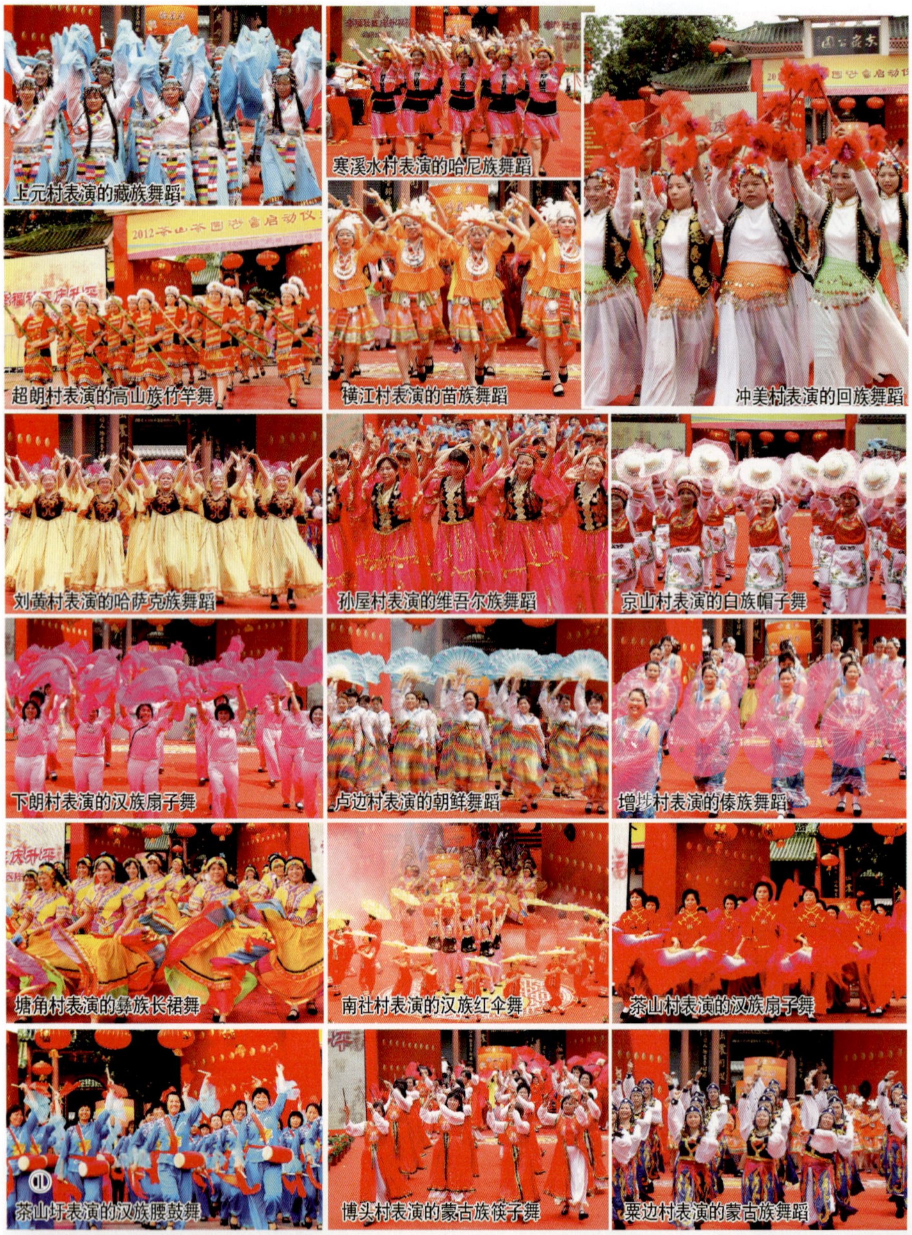

上元村表演的藏族舞蹈

寒溪水村表演的哈尼族舞蹈

冲美村表演的回族舞蹈

超朗村表演的高山族竹竿舞

横江村表演的苗族舞蹈

刘黄村表演的哈萨克族舞蹈

孙屋村表演的维吾尔族舞蹈

京山村表演的白族帽子舞

下朗村表演的汉族扇子舞

卢边村表演的朝鲜舞蹈

增埗村表演的傣族舞蹈

塘角村表演的彝族长裙舞

南社村表演的汉族红伞舞

茶山村表演的汉族扇子舞

①

茶山圩表演的汉族腰鼓舞

博头村表演的蒙古族筷子舞

粟边村表演的蒙古族舞蹈

① 2012年茶园游会农村方队

② 2012年4月15日，茶园游会启动现场

③ 茶山镇和谐欢乐暖茶山文艺汇演

④ 茶山公仔

②

③

④

【城镇建设】2011年，茶山镇以商贸中心区建设为依托，以基础设施建设为重点，推进城市升级。开展征地拆迁攻坚，推进东莞生态园、东莞火车站、轻轨R2线站、运河综合整治等市属重点工程建设。开展项目攻坚，成立多个工程项目工作小组，全力协调解决项目报批和建设中的突出问题。其中，茶中路、塘下路、超横路、茶南路4条道路8.32公里全线通车；美丽湾畔（一期）、水质监测综合楼、多功能体育馆等新建工程项目及和谐家园、珀乐广场（一期）等“三旧”改造项目进展顺利；茶山国际酒店、增埗村沙墩村民小组农民公寓等项目建设加快推进。同时加大投入推进公用设施建设，配合东莞市R2线茶山站工程等市重点工作建设，投入近300万元迁改排水管线、26万元迁改照明管线；超朗、南社、卢边、冲美、中心区等5座垃圾压缩转运站完成建设投入使用；投资360多万元用于卢元路绿化种植工程。开展环境整治攻坚，推进宜居社区建设、名村创建和“创优”活动，11个村（社区）创建为“东莞市环境优美村”。

【村组经济】2011年，茶山镇帮扶村、组引进优质项目，为村、组引进企业5家，引进资金438万美元。推动公共财政向农村倾斜，拨付750万元扶持农村发展。加强农村收支和资产监管，严格控制集体开支和福利分红。制定农村干部薪酬管理办法，推进村干部薪酬改革。农村集体经济实力不断增强，村、组两级总资产32.7亿元，同比增长1.04%；净资产25.5亿元，增长1.07%；经营总收入3.9亿元，增长5.7%。全镇各经济联社经营状况良好。

【综治维稳】2011年，茶山镇加强“大巡警”建设，建成19个警务区，收编17个村（社区）治安员。深入开展“粤安11”、“莞安1号”、“清网”等专项行动，严打各类违法犯罪，全镇发案率下降5%，实现全年命案“零发案”，社会治安明显好转。抓好矛盾纠纷调解，落实领导接访包案和带案下访等制度，发挥全镇17个村（社区）综治工作站和6个企业综治工作室作用，扎实做好全国“两会”、村（社区）“两委”换届等敏感节点信访工作，群众信访总量下降9.2%；建立矛盾纠纷排查机制和联合调解机制，纠纷调处成功率达93%。此外，还加强劳动执法监察和劳资关系调解，帮助工人追讨欠薪605万元。

【劳动就业】2011年，茶山镇共为2414名户籍劳动力申请各项就业补贴共745.22万元。组建“村民车间”10个，帮助210名就业困难人员实现就业。举办“就业服务日”活动,共有458家企业提供3322个企业岗位信息。各村劳动服务站还设立公共就业服务专区，免费为入场人员提供培训登记、职业指导、推荐就业、政策咨询等服务。

【节能减排】2011年，茶山镇引导企业开展清洁生产、资源节约及综合利用，3家企业被认定为东莞市清洁生产企业，8家耗能企业编制“十二五”节能降耗规划通过市评审。加快推进路灯节能改造，投资86万元用于超横路二期LED路灯改造项目，完成8条道路共1784盏高效节能钠灯改造。同时在居民和企业中推动节能产品的推广应用。

① 2011年8月11日，茶山镇组团参加香港美食博览会
② 2012年4月15日，茶山镇第二届茶文化节品茗交流现场
③ 茶山品牌服装专场展示会
④ 图为茶山镇参加成都糖酒会的展厅

① 宜居茶山

② 东江新城——茶山

③ 茶山新貌

【文教·卫生·体育】2011年，茶山镇实现村（社区）文化设施建设达标全覆盖；举办茶园游会、元宵晚会等特色文化活动，群众文化丰富多彩，精品文化精彩纷呈。优先发展教育事业，加大教育投入，推进强师工程，提升教育质量，每万户籍人口考大学人数为129人，排全市第9位。优化医疗卫生服务，合理调整社区卫生服务站布局，茶山医院通过广东省普通高等医学院校教学医院评审；完善社区卫生服务体系，社区诊治病人33万人次。深入开展全民健身活动和群体竞赛活动，组织开展迎春慈善长跑、篮球、乒乓球、羽毛球、足球、象棋等一系列春节体育活动；茶山镇男子篮球队获得市篮球联赛男子乙组第三名；茶山镇击剑队取得全国儿童击剑赛女子佩剑团体第七名。

【扶贫助困与对接帮扶】2011年，茶山镇开展迎春慈善长跑活动，为低保家庭本科大学生和困难残疾人家庭大学生发放助学善款共3.6万元。开办慈善超市，在11家茶山供销社茶园商场内设慈善超市服务点，向全镇379户共752名低保和困难残疾群众发放"爱心卡"，每季度发放购物补贴。全年为207户共572人困难群众发放最低生活保障金93.2万元，为204名低保学生、218名低保边缘学生发放助学金108.8万元。开展广东扶贫济困日捐款活动，共为省内困难群众捐款305.68万元。2009—2011年，茶山镇对接帮扶郁南县大方镇上福村、大塘村和历洞镇内翰村。通过实施产业帮扶、金融帮扶、技术帮扶、教育帮扶等措施，扶贫"双到"（规划到户、责任到人）工作取得明显的成效。筹集帮扶资金达到1533万元，其中到村资金1039万元，到户资金494万元。贫困户年人均纯收入达到7300元，实现贫困户脱贫率达100%，组织农民专业合作社，贫困户参与率达100%，每条村集体经济收入可达8万元以上。

【古村保护与特色旅游】2011年，茶山镇开展南社古村历史建筑普查和认定工作，共有94处建筑通过市第一批历史建筑认定，并挂牌保护。加大投入对南社古村北门楼、南海公祠、社田公祠、少恒公祠、谢膺书书院、东园公祠、庆丰桥等多处古建筑进行修葺。深入挖掘超朗牛过蓢古村历史文化要素，组织申报第三批广东省历史文化名村。

茶山镇整合开发南社古村落、东岳庙、超朗牛过蓢古村落、茶园游会、中国圣心糕点博物馆、茶山公仔等特色旅游资源，发挥各景点潜力，推出"两古一馆游"、"一古一馆游"、"一庙一古一馆游"等一日游路线，南社明清古村落全年接待旅客量14.6万人次,圣心糕点博物馆全年接待游客量8.5万人次。

（张昭峰）

附：2011年东莞市茶山镇党委、人大、政府领导名录

镇委书记：卢少雄（7月离任）
　　翟崇碧（7月到任）
镇委副书记：黄少峰、陈永光
镇委委员：卢少雄（7月离任）
　　翟崇碧（7月到任）　黄少峰
　　陈永光　卢任昌　汤锡祥
　　钟偲仔（1月到任）　袁邦湖
　　李中文（8月离任）
　　陈庆贵（8月到任）　黎晃厚
　　吴剑洪　刘巧莲
　　陈荏畴（8月到任）
　　谢庆春（8月到任）
镇人大主席：卢少雄（7月离任）
　　翟崇碧（7月到任）
镇人大副主席：汤锡祥（11月离任）
　　卢任昌（11月到任）　谢锦滔
镇　长：黄少峰
副镇长：卢任昌（11月离任）
　　汤锡祥（11月到任）
　　钟偲仔（1月离任）
　　麦柱强（1月离任）
　　陈荏畴（11月离任）　张立鹤
　　谢庆春（1月到任，11月离任）
　　钟伟发（11月到任）

2007—2011年茶山镇主要经济指标

指标＼年份	2007	2008	2009	2010	2011
户籍人口（人）	43692	44050	44401	44639	45079
外来暂住人口（人）	105100	73841	76048	77380	77792
面积（平方公里）	56	56	56	56	45.4
地区生产总值（万元）	475681	578241	620174	710237	713124
工业总产值当年价（万元）	1135487	1201331	1252214	1638034	1744802
农业总产值当年价（万元）	6407	8730	7713	4878	5662
总用电量（万千瓦时）	118063	114935	114743	128337	131220
全社会固定资产投资总额（万元）	196877	175269	175391	173325	123239
社会消费品零售总额（万元）	99387	113351	128744	162570	193674
外贸出口总额（万美元）	47283	46598	39599	54455	59300
实际利用外资（万美元）	6915	8788.77	6330	6801	7534
镇级可支配财政收入（万元）	33903	36547	40174	44297	50299
各项税收总额（万元）	57133	68053	70053	79876	94026
金融机构各项存款余额（万元）	584862	709357	743269	870723	941346
城乡居民储蓄存款余额（万元）	390596	495217	530999	625931	695206

2011年各镇街主要经济指标

指标 镇（街）	户籍人口（人）	外来暂住人口（人）	面　积（平方公里）	地区生产总值（万元）	工业总产值当年价（万元）	农业总产值当年价（万元）	总用电量（万千瓦时）	全社会固定资产投资总额（万元）
莞　城	172281	56323	11.17	1288562	1114198		51232	249020
石龙镇	71183	52046	11.83	622168	1907215	33	74417	173142
虎门镇	129105	415700	178.5	3105000	6346883	27241	396923	917940
东　城	90116	216365	110	2600000	3010000	2375	247719	533500
万　江	78281	65386	48.5	769132	1288302	6382	122094	261089
南　城	74532	133878	56.62	2328155	2758143	2410	102740	1215628
中堂镇	74498	48370	60	845481	2161726	13946	138213	185220
望牛墩镇	46353	37165	31.57	360982	779237	5865	63971	117361
麻涌镇	72889	34843	91	1200000	5200000	17371	127540	296633
石碣镇	44806	100445	36	1098260	4083429	4457	157717	188735
高埗镇	38186	179723	34.4	760337	1661549	10717	135668	203971
洪梅镇	22271	24467	33.2	378884	1677465	10212	52409	113473
道滘镇	56083	86017	54	582545	1315563	16514	128414	130781
厚街镇	98121	341594	126.15	2170463	5310458	15654	328340	391163
沙田镇	41330	68568	107	780132	1829308	26030	104589	199191
长安镇	44925	620935	83.4	2703545	7370889	8174	547110	536135
寮步镇	70111	350289	71	1471352	4117393	5017	234053	226926
大岭山镇	45325	235075	95	1222000	2880462	4621	171397	271008
大朗镇	71280	111964	118	1469179	3050370	3019	223665	364833
黄江镇	25491	148650	98	950000	1799900	1210	163041	309557
樟木头镇	28038	114395	119	623121	1069975	763	94807	175162
凤岗镇	25018	148377	82.5	1305676	2334293	2465	215910	330900
塘厦镇	47140	436860	128	2025381	4771851	20772	324518	362852
谢岗镇	20661	44200	103	416269	853860	18357	71273	85031
清溪镇	36307	313400	140	1522825	4040911	10533	232951	229144
常平镇	74894	313106	108	1823461	4138348	21246	276345	301084
桥头镇	36327	61808	56	651918	1282421	8746	133769	122780
横沥镇	37387	100629	44.67	674318	1240291	7519	124903	129794
东坑镇	30217	128620	23.8	551954	1746437	3530	81416	125582
企石镇	42323	36742	58.29	355064	934063	5022	6298	66726
石排镇	43331	92081	48.7	527052	1046278	10880	114265	118379
茶山镇	45079	77792	45.4	713124	1744802	5662	131220	123239

社会消费与零售总额（万元）	外贸出口总额（万美元）	实际利用外资（万美元）	镇级可支配财政收入（万元）	各项税收总额（万元）	金融机构各项存款余额（万元）	城乡居民储蓄存款余额（万元）
979600	77814	3932	74397	292371	7992828	2381163
240109	193430	7649	59100	123514	1478689	967071
1213844	286091	12166	204919	459405	5095656	3786685
847956	280171	13658	156688	542514	4920611	2863771
348180	37251	1125	59429	131670	1390694	947985
1358292	251096	8923	182904	704044	11085024	2535995
187020	25164	2512	61553	96315	893370	640589
53710	21950	2697	37308	54623	414941	299294
96259	186389	21444	59049	200026	752735	396647
195745	361745	5695	46618	159240	1443871	1021382
160169	126397	3732	44572	98413	753088	520735
120212	29091	9240	31808	50391	267199	165831
108947	40812	2599	55149	98325	669816	476429
791542	682056	15121	111564	298739	3275691	2337351
128775	85791	2497	46450	100419	903968	485443
603000	736354	28031	141989	475775	4464000	3016000
1269005	551692	10300	96075	257789	1534544	1092838
457435	257927	6285	85017	185403	1229280	831686
467499	193901	12285	71613	190738	2050199	1482436
222663	276594	14022	102117	132963	1059463	804891
362763	91217	6623	135913	100226	1075966	842036
256097	207658	17171	98898	198149	1519195	1052569
528815	406354	18581	134356	354541	2504539	1609674
85030	55770	6297	33325	48025	422040	306742
299187	532103	17603	73694	199573	1355190	935645
685111	395840	11610	105796	231684	2654359	1906429
164725	164534	4389	53844	76990	787852	639719
174161	133081	7820	47858	96333	796707	641452
103331	167463	6037	57213	68883	558823	415415
98957	76961	2293	37957	56114	536811	418246
175309	64004	3560	43625	59751	776940	589370
193674	59300	7534	50299	94026	941346	695206

人物 FIGURES

市人民公园一景

中共东莞市第十三届委员会书记、副书记、常委

徐建华　男，汉族，1958年9月出生，江西乐平人，1985年7月加入中国共产党，1975年10月参加工作，在职研究生，理学博士。

1975年10月至1978年3月，翁源县铁龙林场知青；1978年3月至1982年1月，在华南工学院机械工程二系铸造工艺与设备专业学习，本科毕业；1982年1月至1985年11月，韶关地区计委、韶关市计委科员；1985年11月至1990年3月，韶关市计委工交计划科副科长、外经计划科科长；1990年3月至1992年6月，韶关市计委副主任、党组成员；1992年6月至1997年8月，韶关市计委主任、党组书记；1997年8月至1999年6月，韶关市副市长、市政府党组成员；1999年6月至2001年4月，韶关市委常委、副市长（其间：1999年12月至2000年12月参加广东省第1批高层次管理人才出国培训班，赴加拿大哥伦比亚大学进修）；2001年4月至2006年10月，韶关市委副书记、市长（其间：2005年8月赴美国斯坦福大学参加中组部举办的第三期城市规划与信息化专题研究班学习）；2006年10月至2007年1月，韶关市委书记；2007年1月至2010年11月，韶关市委书记、市人大常委会主任（其间：2003年9月至2008年7月在中国科学院研究生院南京地理与湖泊研究所人文地理学专业学习，博士研究生毕业；2008年3月至2008年7月在中央党校中青年干部培训一班学习）；2010年11月至2011年3月，省发展改革委党组书记；2011年3月至2011年12月，省发展改革委主任、党组书记；2011年12月至2012年1月，东莞市委书记、市人大常委会党组书记、东莞军分区党委第一书记；2012年1月起，东莞市委书记，市人大常委会主任、党组书记，东莞军分区党委第一书记。

中共十七大、十八大代表、十届全国人大代表、十届、十一届省委委员。

袁宝成　男，汉族，1964年12月出生，浙江诸暨人，1985年11月加入中国共产党，1988年7月参加工作，硕士研究生学历。

1982年9月至1986年9月，在西南政法大学法律系学习，本科毕业；1986年9月至1988年7月，在西南政法大学法律系民事诉讼法专业学习，硕士研究生毕业；1988年7月至1991年10月，重庆市社会科学院政法研究所研究实习员；1991年10月至1992年6月，重庆市社会科学院科研组织处负责人；1992年6月至1993年3月，重庆市社会科学院科研组织处副处长；1993年3月至1993年10月，深圳市质量技术监督局综合法规处筹建负责人；1993年10月至1996年5月，深圳市质量技术监督局综合法规处副处长；1996年5月至1998

年9月，深圳市质量技术监督局综合法规处处长；1998年9月至1999年12月，深圳市技术监督情报研究所所长；1999年12月至2001年2月，深圳市标准化与编码技术研究院院长（其间：2000年6月至2000年12月参加深圳市纪委纪检监察工作实践锻炼）；2001年2月至2001年11月，深圳市质量技术监督局副局长、党组成员；2001年11月至2004年3月，共青团深圳市委书记、党组书记，市青年联合会主席，省青年联合会副主席，市人大常委兼法工委委员（其间：2003年3月至2003年6月在国家行政学院司局级干部任职班学习）；2004年3月至2005年7月，深圳市外事办公室（侨务办公室、港澳办公室）主任；2005年7月至2006年2月，深圳市盐田区委副书记、代区长；2006年2月至2009年3月，深圳市盐田区委副书记、区长；2009年3月至2009年5月，深圳市盐田区委书记；2009年5月至2010年5月，深圳市盐田区委书记、区人大常委会主任；2010年5月至2010年6月，深圳市副市长，盐田区委书记、区人大常委会主任；2010年6月至2011年9月，深圳市副市长；2011年9月至2011年10月，东莞市委副书记；2011年10月至2011年12月，东莞市委副书记，市人民政府代理市长；2011年12月至2012年1月，东莞市委副书记，市人民政府代理市长、党组书记；2012年1月起，东莞市委副书记，市人民政府市长、党组书记。

十四、十五届共青团中央委员，十、十一届共青团广东省委常委。

姚　康　男，汉族，1964年8月出生，广东平远人，1984年10月加入中国共产党，1982年7月参加工作，省委党校研究生、高级管理人员工商管理硕士。

1979年9月至1982年7月，在嘉应师范专科学校学习，大专毕业；1982年7月至1984年1月，平远中学教师；1984年1月至1987年2月，历任团平远县委学少部、宣传部干事，副书记、平远县少工委主任；1987年2月至1991年5月，历任平远县仁居镇委副书记，镇长，镇委书记；1991年5月至1994年12月，团省委青农部正科级干部；1994年12月至1996年11月，团省委宣传部副部长；1996年11月至1997年8月，团省委少年部部长；1997年8月至1998年12月，团省委常委、少年部部长、全国少工委委员、省少工委副主任（其间：1995年9月至1998年7月在省委党校经济学专业学习，研究生毕业）；1998年12月至2002年12月，团省委副书记、党组成员，全国青联常委、省青联副主席（其间：2001年5月至2001年8月在清华大学外语系学习；2001年9月至2002年2月被团中央选派到美国加州柏克利等大学学习）；2002年12月至2006年12月，省机械设备成套局副局长、党组成员(其间：2002年9月至2002年12月参加省委党校第二期市厅领导干部学习班学习；2002年10月至2006年1月在华南理工大学工商管理学院高级管理人员工商管理专业学习，取得高级管理人员工商管理硕士学位；2006年7月至2006年9月参加省第二期市厅级领导干部出国培训班赴美国哥伦比亚大学学习)；2006年12月至2009年3月，云浮市委常委、常务副市长；2009年3月至2009年6月，云浮市委副书记、常务副市长；2009年6月至2011年12月，云浮市委副书记；2011年12月起，东莞市委副书记。

甄瑞潮　男，汉族，1955年9月出生，广东台山人，1975年11月加入中国共产党，1973年12月参加工作，在职大专学历。

1973年12月至1978年2月，空军侦察5团战士；1978年2月至1979年3月，空军政治学院正排职学员；1979年3月至1980年1月，空军侦察5团组织股干事；1980年1月至1983年9月，空军第7军政治部组织干事；1983年9月至1985年12月，空军第7军军党委秘书；1985年12月至1987年8月，空军第7军政治部组织处副处长；1987年8月至1988年6月，空军桂林场站政治处主任；1988年6月至1991年6月，空军政治部组织处党务科长（副团）（其间：1986年9月至1989年8月空军政治学院函授军队政工专业学习，在职大专毕业）；1991年6月至1996年10月，广州空军航运团政治委员（正团）；1996年10月至1998年12月，广东省纪委正处级纪检监察员；1998年12月至2001年1月，广东省纪委办公厅副主任（正处级）；2001年1月至2002年5月，广东省纪委副秘书长（正处级）（其间：2001年3月至2001年7月参加省委党校中青班学习）；2002年5月至2006年12月，广东省纪委党风廉政建设室副厅级主任（其间：2006年5月至2006年8月参加广东省高级公务员公共行政管理知识专题研究班赴英国牛津大学学习）；2006年12月至2011年12月，东莞市委常委、市纪委书记；2011年12月起，东莞市委常委、市委组织部部长。

崔　建　男，汉族，1955年2月出生，河北元氏人，1974年11月加入中国共产党，1972年9月参加工作，省社科院在职研究生学历。

1972年9月至1973年1月，肇庆地区革委会保卫组干部；1973年1月至1980年11月，肇庆地区中级人民法院干部；1980年11月至1982年8月，肇庆地委政法委主办干事；1982年8月至1984年7月，中山大学法律系法学专业读书，大专毕业；1984年7月至1986年7月，肇庆地区政法委办公室副主任,挂职肇庆西区派出所所长；1986年7月至1988年10月，肇庆地区(市)政法委委员、办公室主任；1988年10月至1991年2月，肇庆政法领导小组研究室主任；1991年2月至1992年9月，挂任罗定县委副书记；1992年9月至1993年4月，罗定县委副书记、县公安局局长、党委书记；1993年4月至1994年7月，罗定市委副书记、市委政法委书记、市委综治办主任、市委保密委员会主任、市公安局党委书记；1994年7月至1994年11月，云浮市公安局筹备组组长、市委政法委筹备组副组长；1994年11月至1999年7月，云浮市委政法委副书记,市公安局局长、党委书记（其间：1995年9月至1998年7月省社科院在职研究生班政治经济专业学习，在职研究生毕业）；1999年7月至1999年8月，清远市公安局党委书记、副局长；1999年8月至2002年6月，清远市公安局局长、党委书记；2002年6月至2003年6月，清远市委政法委书记，市公安局局长、党委书记；2003年6月至2005年3月，清远市委常委、市委政法委书记，市公安局局长、党委书记；2005年3月至2007年1月，东莞市委常委，市公安局局长、党组书记；2007年1月至2007年6月，东莞市委常委，市公安局局长、党委书记，武警东莞市支队第一政治委员；2007年6月至2011年12月，东莞市委常委、市委政法委副书记，市公安局局长、党委书记，武警东莞市支队第一政治委员。2011年12月起，东莞市委常委、市纪委书记。

刘卫芳　男，汉族，1961年7月出生，江西泰和人，1981年12月加入中国共产党，1977年7月参加工作，省委党校研究生学历。

1977年7月至1979年12月，江西泰和县马市乡知青；1979年12月至1981年9月，福州军区后勤十七分部战士；1981年9月至1983年7月，在合肥电子工程学院电子对抗专业学习，中专毕业；1983年7月至1986年3月，福州军区电子干扰营副指导员；1986年3月至1988年6月，南京军区独立电子对抗营指导员；1988年6月至1990年6月，南昌陆军学院组织处副营职干事；1990年6月至1994年6月，江西省军区政治部秘书处正营职秘书；1994年6月至1995年6月，广东省军区政治部秘书处正营职秘书；1995年6月至1997年8月，广东省军区政治部秘书处副团职秘书；1997年8月至1999年3月，广东省军区政治部群联处处长；1999年3月至2003年10月，广东省军区政治部纪律检查处处长（其间：1998年6月至2000年6月在省委党校经济管理专业学习，研究生毕业）；2003年10月至2009年4月，茂名军分区政治部主任；2009年4月至2009年10月，韶关军分区政治委员；2009年10月至2010年1月，东莞军分区政治委员；2010年1月至2011年7月，东莞市人大常委会委员、东莞军分区政治委员；2011年7月起，东莞市委常委、市人大常委会委员、东莞军分区政治委员。

李小梅　女，汉族，1956年11月出生，东莞桥头人，1974年10月加入中国共产党，1973年10月参加工作，省委党校大专学历。

1971年9月至1973年7月，在东莞桥头中学学习，高中毕业；1973年10月至1975年6月，东莞县桥头印刷厂职工（其间：1974年3月至1974年10月借调桥头公社工作）；1975年6月至1987年12月，东莞县横沥公社、区党委委员、常委、革委副主任、党委副书记；1988年1月至1994年2月，东莞市劳动局副局长（其间：1986年3月至1989年3月，在省委党校党政干部专业学习，大专毕业）；1994年2月至1997年4月，东莞市劳动局副局长、市社会保险事业局局长；1997年5月至2001年6月，东莞市社会保险管理局局长；2001年6月至2001年11月，东莞社会保障局局长；2001年11月至2003年2月，东莞社会保障局局长、党组书记；2003年2月至2003年3月，东莞市人民政府副市长；2003年3月至2011年12月，东莞市人民政府副市长、党组成员；2011年12月至2012年2月，东莞市委常委；2012年2月起，东莞市委常委、市委统战部部长。

梁国英　男，汉族，1958年8月出生，东莞虎门人，1984年10月加入中国共产党，1980年7月参加工作，中央党校本科学历。

1978年10月至1980年7月，在惠阳地区供销学校财会班学习，中专毕业；1980年7月至1981年9月，东莞县统计局干部；1981年9月至1984年4月，东莞县统计局股长；1984年4月至1988年7月，东莞市（县）统计局副局长（副科级）；1988年7月至1993年2月，东莞市统计局副局长（副处级）（其间：1992年1月至1992年12月挂任广东省劳动局工资处副处长；1989年10月至1992年9月在省委党校党政管理专业学习，大专毕业）；1993年2月至1994年11月，东莞市政策研究室副主任；1994年11月至1998年12月，东莞市统计局局长；1998年12月至1999年10月，东莞市统计局局长、望牛墩镇党委书记；1999年10月至2000年2月，东莞市望牛墩镇党委书记；2000年2月至2004年4月，东莞市万江街道（区）党委书记（其间：2001年10月至2004年9月在中央党校法律专业学习，本科毕业）；2004年4月至2004年5月，东莞市人民政府副市长、万江街道党委书记；2004年5月至2008年1月，东莞市人民政府副市长、党组成员；2008年1月至2008年10月，东莞市人民政府副市长、党组成员，东莞生态园管委会主任；2008年10月至2011年12月，东莞市人民政府副市长、党组成员，虎门港长安新区建设工作领导小组办公室主任；2011年12月起，东莞市委常委，市人民政府常务副市长、党组成员，长安新区开发建设领导小组组长。

邓志广　男，汉族，1957年3月出生，东莞石排人，1975年7月加入中国共产党，1974年6月参加工作，省委党校研究生、高级管理人员工商管理硕士。

1974年6月至1979年3月，参加县“社教”工作队队员、副组长、石排公社团委副书记；1979年4月至1981年1月，东莞县委组织部组织员；1981年2月至1983年8月，东莞县石排公社干部、党委委员、党委副书记、管委会主任；1983年9月至1990年11月，东莞市（县）东坑镇（区）委书记；1990年12月至1993年11月，东莞市东坑镇党委书记、镇人大主席团主席（其间：1991年5月定为副处级）；1993年12月至1995年7月，东莞市财贸委员会主任；1995年8月至1997年4月，广东发展银行东莞分行行长；1997年5月至2001年8月，广东发展银行董事会董事、东莞分行行长（其间：1998年9月至2001年7月在省委党校经济学专业学习，研究生毕业）；2001年8月至2002年4月，东莞市土地储备中心主任（其间：2000年10月至2002年7月参加中山大学经济法专业研究生课程进修班学习，研究生课程进修班结业）；2002年4月至2002年5月，东莞市大朗镇党委书记；2002年5月至2005年12月，东莞市大朗镇党委书记、镇人大主席；2005年12月至2007年1月，东莞市南城街道党委书记；2007年1月至2007年2月，东莞市人民政府副市长、党组成员，虎门港管委会主任，南城街道党委书记、人大联络委主任；2007年2月至2007年6月，东莞市人民政府副市长、党组成员，虎门港管委会主任；2007年6月至

2008年12月，东莞市人民政府副市长、党组成员，虎门港管委会主任、市委政法委副书记；2008年12月至2011年12月，东莞市人民政府副市长、党组成员，虎门港管委会主任（其间：2008年3月至2010年6月在中山大学高级管理人员工商管理硕士专业学习，取得硕士学位）；2011年12月起，东莞市委常委、市委政法委书记，虎门港管委会主任。

王检养　男，汉族，1962年10月出生，东莞厚街人，1988年12月加入中国共产党，1982年7月参加工作，本科学历。

1979年9月至1982年7月，在惠阳师范专科学校数学专业学习，大专毕业；1982年7月至1987年8月，东莞中学校团委副书记（其间：1985年7月至1987年7月脱产在广东教育学院教育管理专业学习,本科毕业）；1987年8月至1989年4月，东莞理工学校办公室主任、团委书记；1989年4月至1990年4月，东莞市委办公室主办科员；1990年4月至1991年8月，东莞市委办公室综合科主办科员；1991年8月至1993年2月，东莞市委办公室综合科副科长；1993年2月至1995年8月，东莞市委办公室综合科科长；1995年8月至1996年6月，东莞市委办市府办综合科科长；1996年6月至1997年12月，东莞市委政策研究室副主任（其间：1996年6月定为副处级；1996年6月至1997年6月在中共中央办公厅挂职）；1997年12月至2001年3月，东莞市人民政府副秘书长；2001年3月至2001年5月，东莞市人民政府副秘书长、市政府经济研究室主任（其间：2001年3月定为正处级），2001年5月至2001年11月，东莞市委副秘书长、市工业园区建设领导小组组长；2001年11月至2002年7月，东莞市委副秘书长、松山湖管委会常务副主任；2002年7月至2004年7月，东莞市委副秘书长，松山湖管委会常务副主任、工委书记；2004年7月至2005年2月，东莞市委副秘书长、市委政策研究室主任；2005年2月至2007年1月，东莞市莞城街道党委书记（正处级）；2007年1月至2011年6月，东莞市莞城街道党委书记、人大联络委主任（正处级）；2011年6月至2011年8月，东莞市大朗镇党委书记、莞城街道人大联络委主任（正处级）；2011年8月至2011年12月，东莞市大朗镇党委书记、镇人大主席；2011年12月至2012年2月，东莞市委常委、市委秘书长，东莞市大朗镇党委书记、镇人大主席；2012年2月起，东莞市委常委、市委秘书长。

潘新潮　男，汉族，1966年11月出生，湖北广水人，1992年2月加入中国共产党，1988年7月参加工作，本科学历。

1984年9月至1988年7月，在中山大学汉语言文学专业学习，本科毕业；1988年7月至1991年7月，东莞市政府经济研究室信息科办事员（其间：1989年5月至1989年8月抽调参加省市基层廉政制度建设试点石碣工作队）；1991年7月至1992年4月，东莞市政府经济研究室综合科科员；1992年4月至1994年5月，东莞市政府经济研究室主办科员；1994年5月至1995年8月，东莞市政府经济研究室调研科副科长；1995年8月至1997年4月，东莞市委政策研究室、市政府经济研究室城镇科副科长；1997年4月至1999年6月，东莞市政府办公室综合科副科长；1999年6月至2001年1月，东莞市政府办公室综合科主任科员（其间：1998年3月至1999年12月在华南师范大学马克思主义哲学专业研究生课程进修班学习）；2001年1月至2003年3月，东莞市政府办公室综合科科长；2003年3月至2004年9月，东莞市政府督查室主任；2004年9月至2006年5月，东莞市政府副秘书长；2006年5月至2009年4月，东莞市委副秘书长（其间：2007年4月定为正处级；2007年9月至2007年12月参加省委党校中青班学习）；2009年4月至2011年12月，东莞市委副秘书长、市委办公室主任；2011年12月起，东莞市委常委、市委宣传部部长。

东莞市第十五届人大常委会主任、副主任

徐建华　参见“中共东莞市第十三届委员会书记、副书记、常委·徐建华”。

黄双福　男，汉族，1953年7月出生，广东龙门人，1973年6月加入中国共产党，1973年9月参加工作，省委党校本科。

1973年9月至1974年11月，龙门县龙城公社西埔小学（附设初中班）民办老师、并任学校领导班子（3人小组）成员；1974年11月至1975年9月，龙门县龙城公社西埔大队党支部委员、民兵营长；1975年9月至1975年11月，龙门县龙城公社西埔大队党支部委员、民兵营长，龙门县路线教育工作队地派公社清塘工作组资料员、副组长；1975年11月至1976年8月，龙门县龙城公社石龙头大队党支部书记；1976年8月至1977年9月，龙门县龙城公社党委副书记、革委副主任，龙门县路线教育工作队龙城公社水西大队工作组组长，石龙头大队党支部书记（其间：1977年8月至1977年9月参加广州市农委在桂花岗农干校举办的农村基层干部培训班学习）；1977年9月至1978年12月，龙门县龙城公社党委副书记、革委副主任，石龙头大队党支部书记；1978年12月至1981年8月，龙门县龙城公社先后任党委副书记、革委副主任，党委委员、革委副主任，党委委员、管委副主任，党委副书记、农业公司经理（其间：1979年10月至1980年1月参加广州市农委在江村市农业干部学校举办的农干班业务培训）；1981 年8月至1981年9月，龙门县蓝田公社党委副书记；1981年9月至1984年6月，龙门县蓝田公社党委书记、蓝田区委书记（其间：1983年3月至1983年5月参加广州市委在广州市委党校举办的中青年干部第二期培训班学习）；1984年6月至1986年9月，龙门县人民政府副县长、党组副书记；1986年9月至1988年7月，带职脱产就读华南师范大学行政管理专业、大专毕业；1988年8月至1989年2月，龙门县人民政府副县长、党组副书记（主持政府全面工作）；1989年2月至1989年4月，龙门县委副书记、副县长（主持政府全面工作）；1989年4月至1990年4月，龙门县委副书记、龙门县人民政府县长、县

武委会主任；1990年4月至1990年5月，龙门县委书记、龙门县人民政府县长、县武委会主任；1990年5月至1993年10月，龙门县委书记、县武装部党委书记（其间：1989年1月至1991年7月就读北京人文函授大学、中国人民大学法律系法律专业；1991年9月至1991年12月在广东省委党校县委书记岗位培训班学习）；1993年10月至1997年12月，惠州市委常委、龙门县委书记、县武装部党委书记、第一书记（其间：1996年9月参加中央组织部举办的县市委书记抓农村基层组织建设专题研讨班）；1997年12月至1998年6月，惠州市委常委；1998年6月至2001年9月，惠州市委常委、市纪委书记（其间：1997年9月至1999年12月就读省委党校行政管理专业、本科毕业；1999年4月参加中央纪委监察部在北京培训中心举办的地市纪委书记培训班学习）；2001年9月至2006年5月，东莞市委副书记、市纪委书记（其间：2003年3月至2003年7月在中央党校进修二班学习）；2006年5月至2006年12月，东莞市委副书记、市纪委书记、市委党校校长、市行政学院院长、市社会主义学院院长（其间：2006年7月至2006年9月参加广东省市厅级领导干部出国培训班，赴美国哥伦比亚大学培训学习）；2007年1月至2010年12月，东莞市委副书记、市委政法委书记、市委党校校长、市行政学院院长、市社会主义学院院长（其间：2008年9月参加中央政法委在江苏常州全国政法综治干部培训中心举办的地方党委政法委新任领导干部“大学习、大讨论”专题研讨班）；2010年12月至2011年1月，东莞市委副书记（正厅级）、市委政法委书记、市委党校校长、市行政学院院长、市社会主义学院院长；2011年1月至2011年11月，东莞市委副书记（正厅级）、市委政法委书记、市人大常委会常务副主任、党组副书记，市委党校校长、市行政学院院长、市社会主义学院院长；2011年11月至2011年12月，东莞市委副书记（正厅级）、市委政法委书记、市人大常委会常务副主任、党组副书记，市委党校校长、市行政学院院长、市社会主义学院院长，市社会工作委员会主任；2011年12月起，市人大常委会常务副主任、党组副书记（正厅级）。

王道平　男，汉族，1954年7月出生，河北威县人，1976年6月加入中国共产党，1974年12月参加工作，在职大专。

1974年12月至1979年12月，解放军125师炮兵团战士、文书、排长，125师政治部宣传干事；1980年1月至1985年10月，解放军42军政治部宣传干事、副营职干事，42军炮团副教导员；1985年11月至1988年11月，解放军124师政治部宣传科副科长（其间：1982年9月至1985年12在惠州教育学院师范专科函授中文专业学习，在职大专毕业）；1988年12月至1995年8月，解放军42集团军政治部宣传处副团职干事、处长；1995年9月至1997年9月，东莞市委宣传部文明办副主任（副处级）；1997年9月至1998年12月，东莞市委宣传部副部长；1998年12月至2000年2月，东莞市委宣传部副部长、市社科联主席；2000年2月至2001年7月，东莞市委副秘书长、市委办公室主任；2001年7月至2003年3月，东莞市委副秘书长；2003年3月至2003年4月，东莞市委副秘书长、市政府秘书长；2003年4月至2007年1月，东莞市政府秘书长、市政府党组成员；2007年1月至2011年12月，东莞市委常委、市委宣传部部长；2011年12月至2012年1月，东莞市人大常委会党组副书记；2012年1月起，东莞市人大常委会副主任、党组副书记。

周楚良　女，汉族，1964年12月出生，湖南湘阴人，1989年7月参加工作，民主建国会成员，硕士研究生。

1982年9月至1986年7月，在湖南大学计算机应用专业学习，本科毕业；1986年9月至1989年7月，在湖南大学计算机应用专业学习，硕士研究生毕业；1989年7月至2001年12月，中国建设银行东莞分行工作，历任计算机科副科长、信用卡部总经理（其间：1992年8月被聘为工程师，1998年6月被建设银行广东省分行聘为高级工程师）；2001年12月至2004年4月，中国建设银行东莞分行副行长；2004年4月至2004年11月，东莞市政协常委，中国建设银行东莞分行副行长；2004年11月至2006年4月，东莞市政协常委，民建东莞市委员会筹备组组长、中国建设银行东莞分行副行长；2006年4月至2007年1月，东莞市政协常委，民建东莞市委员会筹备组组长、民建广东省委会委员，中国建设银行东莞分行副行长；2007年1月至2007年11月，东莞市政协副主席，民建东莞市委员会筹备组组长、民建广东省委会委员，中国建设银行东莞分行副行长；2007年11月至2010年1月，东莞市政协副主席，民建东莞市委会主委、民建广东省委会委员，中国建设银行东莞分行副行长（其间：2009年5月至2009年7月参加中共广东省委党校第二期市厅级领导干部进修班）；2010年2月至2012年1月，东莞市政协副主席，民建东莞市委会主委、民建广东省委会委员，中国建设银行东莞分行副行长（省分行部门总经理级）；2012年1月起，东莞市人大常委会副主任，民建东莞市委会主委、民建广东省委会委员，中国建设银行东莞分行副行长（省分行部门总经理级）。

郭　水　男，汉族，1954年4月出生，东莞沙田人，1975年6月加入中国共产党，1973年10月参加工作，中央党校本科。

1973年10月至1974年10月，东莞县社会主义教育运动驻沙田齐沙大队队员；1974年10月至1975年7月，东莞县社会主义教育运动驻虎门北栅大队队员；1975年7月至1976年6月，东莞县沙田公社团委副书记；1976年6月至1977年7月，东莞县沙田公社党委常委、武装部长（其间：1976年11月至1977年7月惠阳淡水淡澳工程民兵连指导员)；1977年7月至1978年7月，东莞县社会主义教育运动驻虎门基宁大队工作组副组长；1978年7月至1980年7月，东莞县沙田区武装部长；1980年7月至1980年10月，东莞县沙田区党委委员、武装部部长；1980年10月至1983年10月，东莞县沙田区党委委员；1983年10月至1984年7月，东莞县沙田区党委委员、团委书记；1984年7月至1984年12月，东莞县洪梅区党委副书记；1984年12月至1988年9月，东莞县洪梅镇（区）副书记、镇（区）长（其间：1985年3月至1988年3月在省委党校政治专业学习，大专毕业）；1988年9月至1991年10月，东莞市沙田镇党委书记（其间：1991年5月定为副处级）；1991年10月至1998年12月，东莞市沙田镇党委书记、镇人大主席（副处级）；1998年12月至1999年11月，东莞市中堂镇党委书记（副处级）；1999年11月至2003年11月，东莞市中堂镇党委书记、人大主席（其间：2000年12月定为正处级）；2003年11月至2011年1月，东

莞市口岸局局长、党组书记（其间：2006年8月至2008年12月在中央党校法律专业学习，本科毕业）；2011年1月至2011年2月，东莞市人大常委会副主任，市口岸局局长、党组书记；2011年2月至2011年4月，东莞市人大常委会副主任、市口岸局局长；2011年4月至2011年7月，东莞市人大常委会副主任、党组成员，市总工会党组书记；2011年7月起，东莞市人大常委会副主任、党组成员，市总工会主席、党组书记。

欧林高　男，汉族，1956年2月出生，东莞虎门人，1977年1月加入中国共产党，1974年12月参加工作，中国社科院在职研究生。

1974年12月至1979年6月，东莞县虎门供销社；1979年6月至1984年12月，东莞县物资局车队；1984年12月至1986年9月，东莞县（市）外资工程物资供应服务公司副经理；1986年9月至1988年7月，东莞市物资总公司业务股股长（其间：1984年9月至1987年7月在广东广播电视大学党政管理干部基础专修科专业学习，在职大专毕业）；1988年7月至1990年10月，东莞市物资总公司办公室主任（其间：1989年10月至1990年8月挂任大岭山镇党委副书记）；1990年10月至1992年3月，东莞市大岭山镇党委副书记；1992年3月至1993年12月，东莞市厚街镇党委副书记、镇长（其间：1993年11月定为副处级）；1993年12月至1996年6月，东莞市城区工委副书记（副处级）；1996年6月至2005年2月，东莞市清溪镇党委书记、镇人大主席（其间：2000年12月定为正处级；2001年10月至2003年10月在中国社科院学习世界经济专业学习，在职研究生毕业）；2005年2月至2006年9月，东莞市委副秘书长（正处级）；2006年9月至2006年12月，东莞市长安镇党委书记（正处级）；2006年12月至2011年6月，东莞市长安镇党委书记、镇人大主席（正处级）；2011年6月至2011年7月，东莞市长安镇人大主席（正处级）；2011年7月至2012年1月，东莞市委副秘书长（正处级）；2012年1月起，东莞市人大常委会副主任。

尹景辉　男，汉族，1957年7月出生，东莞寮步人，1984年6月加入中国共产党，1974年8月参加工作，省委党校研究生。

1974年8月至1978年10月，东莞市大岭山糖厂化验员、统计员、团支书；1978年10月至1981年7月，在惠阳地区农校大专班农学专业学习，大专毕业；1981年7月至1987年7月，东莞市农委生产组干事；1987年7月至1988年7月，东莞市委调研室副主任；1988年7月至1991年5月，东莞市委办公室综合科科长；1991年5月至1995年1月，东莞市委副秘书长；1995年1月至1996年5月，东莞市虎门镇党委副书记（副处级）；1996年5月至1996年7月，东莞市石排镇党委书记（副处级）；1996年7月至2002年2月，东莞市石排镇党委书记、镇人大主席（其间：2000年12月定为正处级；1995年9月至1998年7月在省委党校经济学专业学习，研究生毕业）；2002年2月至2002年5月，东莞市常平镇党委书记（正处级）；2002年5月至2004年7月，东莞市常平镇党委书记、镇人大主席（正处级）；2004年7月至2005年12月，东莞市委副秘书长，松山湖科技产业园区管委会常务副主任、工委书记（正处级）；2005年12月至2011年6月，东莞市大朗镇党委书记、镇人大主席（正处级）；2011年6月至2011年7月，东莞市长安镇党委书记（正处级）；2011年7月至2012年1月，东莞市长安镇党委书记、镇人大主席（正处级）；2012年1月起，东莞市人大常委会副主任。

吴镇成　男，汉族，1952年4月生，东莞麻涌人，1977年10月加入中国共产党，1971年10月参加工作，省委党校大专学历。

1971年10月至1972年4月，东莞县麻涌公社水电会职工；1972年4月至1972年12月，麻涌公社社教工作队队员；1972年12月至1985年12月，解放军兰州、新疆某部服役，历任战士、副班长、班长、技术员、副指导员、政治处干事、干部股股长（其间：1980年9月至1981年3月在乌鲁木齐军区工程兵技术学校机械专业学习）；1985年12月至1988年7月东莞市委组织部干事；1988年7月至1990年9月，市委组织部秘书科副科长；1990年9月至1993年11月，市委组织部秘书科科长（其间：1988年3月至1991年2月在省委党校经济专业学习，大专毕业）；1993年11月至1996年8月，麻涌镇委书记；1996年8月至2002年12月，麻涌镇委书记、镇人大主席（其间：1996年9月担任副处级干部；2001年1月担任正处级干部）；2002年12月至2010年1月，市委副秘书长（正处级）；2010年1月至2012年1月，当选市人大常委会副主任。

东莞市第十五届人民政府市长、副市长

袁宝成　参见“中共东莞市第十三届委员会书记、副书记、常委·袁宝成”。

梁国英　参见“中共东莞市第十三届委员会书记、副书记、常委·梁国英”。

吴道闻　男，汉族，1966年3月出生，江西修水人，无党派，1988年7月参加工作，博士研究生。

1981年9月至1985年7月，在江西工业大学工民建专业学习，本科毕业；1985年9月至1988年7月，在江西工业大学结构工程专业学习，硕士研究生毕业；1988年7月至1991年9月，江西工业大学讲师；1991年9月至1994年7月，在华南理工大学结构工程专业学习，博士研究生毕业；1994年7月至1996年1月，东莞市建筑工程质量监督所干部；1996年1月至2001年4月，东莞市建设工程质量监督站副站长；2001年4月至2001年12月，东莞市建委建工科主任科员；2001年12月至2003年4月，东莞市建设局总工程师（正科级）；2003年4月至2003年10月，东莞市建设局

总工程师（副处级）；2003年10月至2004年4月，东莞市建设局副局长、总工程师；2004年4月起，东莞市人民政府副市长（其间：2007年10月起，兼任市红十字会会长）。

十届全国人大代表。

严小康　男，汉族，1963年10月出生，江西南康人，1985年6月加入中国共产党，1984年7月参加工作，中央党校本科。

1981年9月至1984年7月，在韶关师范专科学校中文专业学习，大专毕业；1984年7月至1986年8月，韶关市翁源县六里区公所办公室干事、主任；1986年8月至1988年3月，韶关市委组织部干部科科员；1988年3月至1991年11月，清远市委组织部干部一科副科级组织员；1991年11月至1993年7月，清远市委组织部干部一科副科长；1993年7月至1993年11月，清远市委组织部干部一科正科级组织员；1993年11月至1997年10月，清远市委组织部干部二科科长（其间：1995年10月至1997年9月挂任清远英德市委常委）；1997年10月至1999年1月，清远市团委副书记（主持工作）（其间：1995年8月至1997年12月中央党校函授学院经济管理专业学习，本科毕业）；1999年1月至2000年9月，清远市团委书记；2000年9月至2003年7月，清远市文化局局长、党组书记；2003年7月至2004年2月，清远市佛冈县委副书记、代县长；2004年2月至2008年10月，清远市佛冈县委副书记、县长；2008年10月至2008年12月，东莞市人民政府副市长；2008年12月至2011年9月，东莞市人民政府副市长、党组成员，东莞生态园管委会主任；2011年9月至2012年1月，东莞市人民政府副市长、党组成员，广东东莞生态产业园区管委会主任；2012年1月起，东莞市人民政府副市长、党组成员，东莞市公安局党委书记，广东东莞生态产业园区管委会主任。

成洪波　男，汉族，1971年8月出生，湖南湘乡人，1991年3月加入中国共产党，1992年7月参加工作，在职研究生，工商管理硕士。

1988年9月至1992年6月，在湘潭大学汉语言文学专业学习，本科毕业；1992年7月至1994年11月，肇庆市总工会宣教部科员；1994年12月至1995年5月，肇庆市委办公室政文科科员；1995年6月至1997年7月，肇庆市委办公室政文科副科长；1997年7月至2002年6月，肇庆市人大常委会办公室秘书科科长；2002年6月至2003年10月，肇庆市人大常委会副秘书长（其间：2002年9月至2003年9月在英国博尔顿大学工商管理专业学习，取得工商管理硕士学位）；2003年10月至2004年12月，肇庆市人民政府副秘书长；2004年12月至2007年3月，肇庆市旅游发展局局长、党组书记（其间：2006年9月至2006年12月在省委党校中青年干部培训一班学习）；2007年3月至2008年11月，肇庆市委副秘书长（正处级）；2008年11月至2008年12月，东莞市人民政府副市长；2008年12月起，东莞市人民政府副市长、党组成员。

唐庆涛　男，汉族，1964年3月生，河南信阳人，1985年4月加入中国共产党，1986年8月参加工作，研究生学历，法学硕士。

1982年9月至1986年8月，在对外经济贸易大学海关管理系海关管理专业学习，本科毕业；1986年8月至1987年10月，北京海关货管处干部；1987年10月至1992年3月，海关总署货管司特区监管处干部；1992年3月至1993年3月，海关总署监管一司特区监管处副主任科员；1993年3月至1994年4月，海关总署监管一司特区监管处主任科员；1994年4月至1996年11月，海关总署稽查司稽查处副处长；1996年11月至1998年11月，海关总署稽查司专项稽查处副处长；1998年11月至2001年3月，海关总署调查局稽查处副处长（其间：1998年9月至2001年7月在对外经济贸易大学法学院国际经济法专业学习，硕士研究生毕业）；2001年3月至2001年9月，海关总署通关管理司口岸电子执法系统筹备组副处长；2001年9月至2008年9月，海关总署科技发展司联络处处长；2008年9月至2012年2月，海关总署科技发展司副司长兼国家电子口岸建设协调指导委员会办公室副主任（其间：2010年4月至2010年7月在中央党校中央国家机关分校2010年司局级干部春季进修班学习；2011年4月至2011年9月参加中组部选派第五批中青年干部到国家信访局挂职锻炼，挂任副局级督查专员、挂职干部临时党总支书记）；2012年2月起，东莞市人民政府副市长、党组成员。

贺　宇　男，汉族，1969年5月出生，湖南湘潭人，1989年3月加入中国共产党，1990年7月参加工作，研究生，管理学博士。

1987年9月至1990年7月，在湖南湘潭机电专科学校电机制造专业学习，大专毕业；1990年7月至1994年9月，湖南省湘潭电机厂助理工程师；1994年9月至1997年7月，在中山大学企业管理专业学习，硕士研究生毕业；1997年7月至2000年12月，省人民政府办公厅信访处、综合一处科员、副主任科员；2000年12月至2003年12月，省人民政府办公厅综合二处主任科员；2003年12月至2007年6月，省人民政府办公厅综合二处副处长；2007年6月至2011年12月，省人民政府办公厅秘书处处长（其间：2001年9月至2007年12月在中山大学政治与公共事务学院行政管理专业学习，博士研究生毕业）；2011年12月起，东莞市人民政府副市长、党组成员。

喻丽君　女，汉族，1965年3月出生，四川内江人，1989年4月加入中国共产党，1989年7月参加工作，硕士研究生。

1982年9月至1986年7月，在西南师范大学政治教育专业学习，本科毕业；1986年9月至1989年7月，在华南师范大学政治系中共党史专业学习，硕士研究生毕业；1989年7月至1993年9月，东莞市纪委办公室办事员、科

员；1993年9月至1994年5月，东莞市纪委办公室副科级纪检员；1994年5月至2000年12月，东莞市纪委、市监察局办公室副主任（其间：1999年9月定为正科级）；2000年12月至2003年3月，东莞市纪委、市监察局办公室主任；2003年3月至2004年4月，东莞市纪委、市监察局案件审理室主任；2004年4月至2004年9月，东莞市纪委常委、案件审理室主任；2004年9月至2007年11月，东莞市妇联主席、党组书记；2007年11月至2008年10月，东莞市人大常委会委员，市妇联主席、党组书记；2008年10月至2010年3月，东莞市人大常委会委员、市委组织部副部长（正处级）；2010年3月至2012年1月，东莞市委组织部副部长，市人大常委会委员、选举联络人事任免工作委员会主任；2012年1月起，东莞市人民政府副市长。

政协东莞市第十二届委员会主席、副主席

李毓全　男，汉族，1953年10月出生，东莞长安人，1975年3月加入中国共产党，1972年9月参加工作，在职大专。

1972年9月至1975年3月，东莞长安公社文化站站长；1975年04－1976年5月，东莞长安公社锦厦大队党支书；1976年6月至1980年4月，东莞长安公社革委会副主任兼锦厦大队党支书；1980年5月至1983年8月，东莞长安公社团委副书记、书记，党委委员；1983年9月至1984年10月，东莞长安区委副书记、区长；1984年11月至1991年4月，东莞长安区、镇党委书记（其间：1984年8月至1987年07在惠阳教育学院政治专业学习，在职大专毕业）；1991年5月至1992年9月，东莞长安镇委书记、副处级干部；1992年10月至1994年8月，东莞长安镇委书记、正处级干部；1994年9月至1995年3月，东莞市人民政府副市长、长安镇委书记；1995年3月至2002年3月，东莞市人民政府副市长、党组成员；2002年3月至2002年4月，东莞市委常委，市人民政府副市长、党组成员；2002年4月至2002年9月，东莞市委常委，市人民政府常务副市长、党组成员，虎门港开发区管委会主任；2002年9月至2004年4月，东莞市委常委，市人民政府常务副市长、党组副书记，虎门港开发区管委会主任；2004年4月至2004年5月，东莞市委副书记；2004年5月至2004年7月，东莞市委副书记、市委党校校长；2004年7月至2006年4月，东莞市委副书记，市委党校校长、市行政学院院长、市社会主义学院院长；2006年4月至2006年5月，东莞市委副书记，市人民政府市长，市委党校校长、市行政学院院长、市社会主义学院院长；2006年5月至2011年9月，东莞市委副书记，市人民政府市长、党组书记；2011年9月至2011年10月，市人民政府市长、党组书记；2011年10月至2011年12月，市人民政府党组书记，市政协党组书记；2011年12月至2012年1月，市政协党组书记；2012年1月起，市政协主席、市政协党组书记。

十一届全国人大代表、十届省委委员。

何嘉琪　男，汉族，1957年2月出生，东莞大岭山人，1977年6月加入中国共产党，1979年12月参加工作，在职本科，高级管理人员工商管理硕士。

1978年3月至1979年12月，在惠阳地区商业学校学习，中专毕业；1979年12月至1982年7月，在团东莞县委工作；1982年7月至1984年1月，团东莞县委组织部副部长（其间：1982年10月至1983年10月抽调驻丘陵片办公室材料员）；1984年1月至1984年4月，团东莞县委副书记；1984年4月至1988年7月，团东莞县（市）委书记（其间：1984年9月至1986年7月在华南师范大学政治专业学习，大专毕业）；1988年7月至1991年3月，团东莞市委书记（正处级）（其间：1988年8月至1991年3月挂任大岭山镇党委副书记、镇长）；1991年3月至1993年12月，东莞市大岭山镇党委副书记、镇长（正处级）；1993年12月至2000年10月，东莞市大岭山镇党委书记（其间：1994年9月至1997年7月在广东行政学院现代管理专业学习，在职本科毕业）；2000年10月至2000年12月，东莞市人事局局长、大岭山镇党委书记；2000年12月至2001年6月，东莞市人事局局长；2001年6月至2001年9月，东莞市委秘书长；2001年9月至2011年12月，东莞市委常委、市委秘书长（其间：2005年9月至2007年12月在中山大学高级管理人员工商管理硕士专业学习，取得高级管理人员工商管理硕士学位）；2011年12月至2012年1月，市政协党组副书记；2012年1月起，市政协副主席、党组副书记。

何碧霞　女，汉族，1954年1月出生，广东连平人，1972年9月加入中国共产党，1971年12月参加工作，省委党校研究生。

1971年12月至1974年8月，连平县忠信公社溪南大队团支部书记兼妇女主任；1974年8月至1975年7月，连平县瓮潭水库民兵营三连指导员；1975年7月至1977年4月，连平县忠信公社党委副书记；1977年4月至1979年4月，连平县油溪公社党委副书记；1979年4月至1983年5月，连平县人民法院助理审判员；1983年5月至1984年5月，连平县人民法院副庭长、审判员；1984年5月至1985年9月，连平县人民法院副院长；1985年9月至1987年7月，在中山大学干部专修科法律专业学习，大专毕业；1987年7月至1988年3月，连平县法院副院长；1988年3月至1989年8月，河源市中级人民法院筹备组成员；1989年9月至1995年4月，河源市中级人民法院副院长；1995年4月至1997年12月，河源市中级人民法院副院长、正处级审判员；1997年12月至1999年4月，河源市中级人民法院院长（其间：1995年9月至1998年7月在广东省委党校经济学专业学习，研究生毕业）；1999年5月至2005年3月，惠州市中级人民法院院长、党组书记；2005年3月至2011年12月，东莞市中级人民法院院长、党组书记；2011年12月至2012年1月，市政协党组副书记，市中级人民法院院长；2012年1月起，市政协副主席、市政协党组副书记。

邝明子　男，汉族，1952年2月出生，广东新会人，无党派，1970年1月参加工作，省委党校本科。

1970年1月至1975年11月，东莞县万江公社石美大队务农；1975年11月至1977年11月，在惠阳地区卫生学校医疗专业学习，中专毕业；1977年11月至1994年6月，东莞县莞城卫生院医师，市人民医院内科医师、主治医师；1994年6月至1996年12月，东莞市附城光大集团公司工作；1996年12月至1997年1月，东莞市人民医院主治医师；1997年1月至1997年12月，东莞市人民医院办公室主任；1998年1月至1999年3月，东莞市人民医院副院长；1999年3月至2000年12月，东莞市政协副主席、市人民医院副院长（其间：1997年9月至1999年12月在省委党校行政管理专业学习，本科毕业）；2000年12月至2010年2月，东莞市政协副主席、市人民医院院长（升格前）；2010年2月起，东莞市政协副主席、市人民医院院长（升格后）。

朱伍坤　男，汉族，1960年2月出生，东莞横沥人，民盟成员，1982年7月参加工作，本科学历。

1978年10月至1982年7月，在华南农业学院土壤农业化学专业学习，本科毕业；1982年7月至1992年7月，国家环保局华南环境科学研究所助理工程师、工程师（其间：1988年10月加入民盟）；1992年7月至1996年12月，东莞市环保技术服务中心副主任、工程师（其间：1995年11月评得高级工程师）；1996年12月至2001年12月，民盟东莞市委会主委、市环保技术服务中心副主任、高级工程师；2001年12月至2004年4月，民盟东莞市委会主委、市环保技术服务中心主任、高级工程师（其间：2002年5月至2002年11月参加中山大学“在职经理工商管理硕士（MBA）精选课程高级研修班”学习）；2004年4月至2010年4月，东莞市政协副主席、民盟东莞市委会主委、市环保技术服务中心主任、高级工程师（其间：2005年9月至2005年12月参加广东省高级公务员公共行政管理知识专题研究班学习）；2010年4月起，东莞市政协副主席、民盟东莞市委会主委。

吕　兢　男，汉族，1964年11月出生，东莞凤岗人，九三学社成员，1989年7月参加工作，硕士研究生。

1981年9月至1986年7月，在清华大学工程物理系学习，本科毕业；1986年9月至1989年7月，在中山大学物理系半导体表面物理专业学习，硕士研究生毕业；1989年7月至1996年3月，东莞市科委办事员、科员、主办科员；1996年3月至2001年1月，东莞市科委高新技术产业科副科长（其间：1996年3月至1997年6月借调市科技信息中心筹建东莞网络）；2001年1月至2001年10月，东莞市科委高新技术产业科主任科员；2001年10月至2002年5月，东莞松山湖科技产业园区发展研究中心副主任（其间：2002年1月任九三学社市委会主委）；2002年5月至2004年4月，东莞松山湖科技产业园区管理委员发展研究中心主任、九三学社市委会主委；2004年4月至2012年1月，市人大常委会副主任、九三学社市委会主委；2012年1月起，市政协副主席、九三学社市委会主委。

钟淦泉　男，汉族，1954年6月出生，东莞虎门人，1985年10月加入中国共产党，1975年9月参加工作，大专学历。

1975年9月至1977年8月，中山大学历史系资料员；1977年8月至1978年9月，东莞县虎门公社宣传办干部，党校教员；1978年9月至1981年7月，在惠阳师专中文专业学习，大专毕业；1981年7月至1982年7月，东莞县沙田中学教师；1982年7月至1984年11月，东莞县虎门中学教师；1984年11月至1985年4月，东莞县委宣传部办事员；1985年4月至1986年11月，东莞县委宣传部干事；1986年11月至1987年12月，东莞市委宣传部副局级干事；1987年12月至1988年7月，东莞市文化局副局长；1988年7月至1991年3月，东莞市委宣传部宣传科科长；1991年3月至1992年10月，东莞市委宣传部副部长；1992年10月至1995年4月，东莞市委宣传部副部长、市精神文明办主任；1995年4月至2000年12月，东莞市虎门镇党委副书记、镇长（副处级）（其间：1998年3月至1999年12月在华南师范大学马克思主义哲学专业研究生课程进修班学习，结业）；2000年12月至2002年2月，东莞市虎门镇党委副书记、镇长（正处级）；2002年2月至2002年3月，东莞市虎门镇党委书记、镇长（正处级）；2002年3月至2008年8月，东莞市虎门镇党委书记、镇人大主席（正处级）；2008年8月至2009年1月，东莞市委统战部常务副部长（正处级）；2009年1月至2010年1月，东莞市政协常委、市委统战部常务副部长（正处级）；2010年1月至2010年2月，东莞市政协副主席、党组成员，市委统战部常务副部长；2010年2月至2011年3月，东莞市政协副主席、党组成员，市委统战部部长；2011年3月至2012年1月，东莞市政协副主席、党组副书记，市委统战部部长；2012年2月，东莞市政协副主席、党组副书记。

张玉其　男，汉族，1953年11月出生，东莞高埗人，无党派，1977年参加工作，高中学历。

1977年7月至1984年，高埗镇横滘头建筑工程队经理；1992年，创办东莞市振兴纸品有限公司，任董事、总经理；1995年，东莞市民间企业商会副会长；1997年，东莞市工商联（总商会）第七届会长；2001年，广东省私营企业商会副会长；2002年，东莞市工商联（总商会）第八届会长、省工商联（总商会）副会长；2007年，东莞市工商联（总商会）第九届会长；2008年5月至2010年1月，东莞市工商联（总商会）主席；2010年1月至2011年12月，东莞市政协副主席、市工商联（总商会）主席；2011年12月起，东莞市政协副主席。

莫布兴　男，汉族，1954年9月出生，东莞桥头人，1975年11月加入中国共产党，1972年12月参加工作，大专学历。

1972年12月至1979年3月，工程兵建筑第204团9连战士、给养员、司务长；1979年3月至1981年5月，工程兵建筑第204团后勤处军需股助理、副连级助理；1981年5月至1986年1月，乌鲁木齐军区后勤部第30分部军需处正连、副营级助理（其间：1983年9月至1985年10月在解放军高级后勤学校学习，中专毕业）；1986年1月至1986年4月，东莞市纪委干事；1986年4月至1988年7月，东莞市纪委纪检科副科长；1988年7月至1990年12月，东莞市纪委办公室副主任（其间：1987年9月至1989年7月脱产在华南师范大学政治专业学习，大专毕业）；1990年12月至1992年6月，东莞市纪委办公室副主任、正科级纪检员；1992年6月至1994年10月，东莞市纪委办公室主任、副处级纪检员；1994年10月至1998年10月，东莞市纪委常委兼办公室主任；1998年10月至1999年4月，东莞市纪委副书记兼办公室主任；1999年4月至2003年11月，东莞市纪委副书记；2003年11月至2011年1月，东莞市纪委副书记、市监察局局长（其间：2007年1月至2011年1月任市监察学会会长）；2011年1月至2011年3月，东莞市政协副主席，市纪委副书记、市监察局局长；2011年3月至2011年4月，东莞市政协副主席、党组成员，市监察局局长（其间：2002年11月至2011年4月任市纪委、市监察局党总支书记）；2011年4月起，东莞市政协副主席、党组成员。

梁近东　男，汉族，1952年11月生，东莞万江人，1975年5月加入中国共产党，1970年12月参加工作，省委党校研究生学历。

1970年12月至1974年10月，东莞县财税金融服务站、财政局办事员；1974年10月至1975年8月，东莞县第二期路线教育工作队队员；1975年9月至1976年8月，东莞县第三期路线教育工作队副组长、组长；1976年8月至1978年9月，东莞县工商局副局长；1978年9月至1981年9月，东莞县财贸办公室副局级主办干事；1981年9月至1983年9月，东莞县工商局副局长；1983年9月至1984年8月，驻丘陵片工作队办公室主任；1984年8月至1988年8月，东莞市工商局副局长；1988年8月至1990年8月，道滘镇委副书记、镇长；1990年8月至1993年10月，道滘镇委书记(其间：1991年5月定为副处级干部)；1993年10月至2000年6月，中国工商银行东莞分行行长、党委书记（正处级）（其间：1995年9月至1998年7月在省委党校政治经济学专业学习，研究生毕业；兼任八届市政协经济科技城建委员会主任、九届市政协经济委员会主任）；2000年6月至2001年6月，中国工商银行广东省分行培训中心主任；2001年6月至2002年2月，东莞市市政公用事业管理局局长；2002年2月至2002年5月，城区工委书记；2002年5月至2005年2月，莞城街道党委书记；2005年2月至2007年4月，市委副秘书长兼市金融服务办公室主任；2007年4月至2008年8月，市人民政府副秘书长兼市金融服务办公室主任；2008年8月至2010年1月，市人民政府副秘书长；2010年1月至2011年1月，东莞市政协秘书长；2011年1月至2012年1月，东莞市政协副主席。

获国家部委以上表彰先进人物

获奖项目	获奖者	工作单位	授予单位	授予时间
全国种粮售粮大户	梁定妹		国务院	2011年12月
全国三八红旗手	庞国梅	市委组织部	全国妇联	2011年2月
全国“巾帼建功”先进工作者	张小燕	中共南城区委	全国妇联、全国“巾帼建功”活动领导小组	2011年2月
全国五一巾帼标兵	张秀薇	东莞市人民医院	全国总工会	2011年2月
全国五一劳动奖章	祁沛枝	东莞市东江水务有限公司	全国总工会	2011年4月
全国五一劳动奖章	袁锦波	东莞市常平镇总工会主席	全国总工会	2011年4月
全国五一劳动奖章	许玉英	东莞新洲印刷有限公司	全国总工会	2011年4月
全国五一劳动奖章	李灼华	东莞市公安局刑警支队队长	全国总工会	2011年4月
广州亚运会亚残运会先进个人	魏向民	东莞市公安局南城分局	人力资源和社会保障部、国家体育总局、解放军总政治部、中国残疾人联合会、中共广东省委、广东省人民政府	2011年4月
广州亚运会亚残运会先进个人	廖建华	东莞市公安局交警支队机动巡逻大队	人力资源和社会保障部、国家体育总局、解放军总政治部、中国残疾人联合会、中共广东省委、广东省人民政府	2011年4月
广州亚运会亚残运会先进个人	刘　瑜	东莞市外事局	人力资源和社会保障部、国家体育总局、解放军总政治部、中国残疾人联合会、中共广东省委、广东省人民政府	2011年4月
全国工会职工书屋建设先进个人	朱应欢	横沥镇人民政府	全国总工会	2011年12月
第三届全国道德模范评选活动“诚实守信道德模范”提名奖	罗铭华		中共中央文明办、全国总工会、共青团中央、全国妇联	2011年

续上表

获奖项目	获奖者	工作单位	授予单位	授予时间
全国公安系统二级英雄模范	卢伟琪	东莞市公安局	公安部	2011年
全国公安机关集中整治执法过程中涉案人员非正常死亡问题工作成绩突出个人	揭培正	东莞市公安局警务督察支队	公安部	2012年2月
全国公安机关涉案财物管理问题专项治理工作成绩突出个人	谢邦旋	中共东莞市纪委	公安部	2012年2月
警车和涉案车辆违规问题专项整治先进个人	叶沃昌	东莞市公安局	公安部	2011年3月
清明节工作突出观察员	熊芳芳	东莞市殡仪馆	民政部	2011年7月
中医基本现状调查工作优秀组织先进个人	叶伟坚	东莞市卫生局	国家中医药管理局	2011年8月
全国民委系统先进工作者	梁国荣	东莞市民族宗教事务局	人力资源和社会保障部、国家民族事务委员会	2010年12月
全国旅游系统先进工作者	曾玉如	东莞市旅游局	人力资源和社会保障部、国家旅游局	2010年12月

获中共广东省委、广东省人民政府表彰先进人物

获奖项目	获奖者	工作单位	授予单位	授予时间
广东省广州亚运会亚残运会先进个人	梁建柱	东莞市公安局	中共广东省委、广东省人民政府	2011年4月
广东省广州亚运会亚残运会先进个人	张仲平	东莞市公安局治安巡警支队	中共广东省委、广东省人民政府	2011年4月
广东省广州亚运会亚残运会先进个人	黄天津	东莞市公安局治安巡警支队	中共广东省委、广东省人民政府	2011年4月
广东省广州亚运会亚残运会先进个人	袁怀德	东莞市公安局政治处直属工作科	中共广东省委、广东省人民政府	2011年4月
广东省广州亚运会亚残运会先进个人	陈爱麟	东莞市公安局警卫处办公室	中共广东省委、广东省人民政府	2011年4月
广东省广州亚运会亚残运会先进个人	袁润标	东莞市公安局指挥中心指挥科	中共广东省委、广东省人民政府	2011年4月
广东省广州亚运会亚残运会先进个人	何　成	东莞市公安局中堂分局	中共广东省委、广东省人民政府	2011年4月
广东省广州亚运会亚残运会先进个人	何小东	东莞市公安局石碣分局	中共广东省委、广东省人民政府	2011年4月
广东省广州亚运会亚残运会先进个人	江　丹	东莞市外事局	中共广东省委、广东省人民政府	2011年4月
广东省广州亚运会亚残运会先进个人	吴图发	东莞市公路管理局	中共广东省委、广东省人民政府	2011年4月
广东省广州亚运会亚残运会先进个人	李小伟	东莞市卫生局	中共广东省委、广东省人民政府	2011年4月
广东省广州亚运会亚残运会先进个人	韩国伟	东莞市卫生监督所	中共广东省委、广东省人民政府	2011年4月
2010广州亚运会亚残运会信息技术与通讯保障工作贡献奖	苏汉平	中国移动通信集团广东有限公司东莞分公司	广东省人民政府	2011年4月
2010广州亚运会亚残会先进个人	刘坚冰	中国移动通信集团广东有限公司东莞分公司	广东省人民政府	2011年5月
广东省科学技术奖二等奖——蓝光光盘（Blu-ray Disc）生产设备项目	杨明生	东莞宏威数码机械有限公司	广东省人民政府	2011年2月
广东省科学技术奖二等奖——蓝光光盘（Blu-ray Disc）生产设备项目	杨　杨	东莞宏威数码机械有限公司	广东省人民政府	2011年2月
广东省科学技术奖二等奖——蓝光光盘（Blu-ray Disc）生产设备项目	黄治洪	东莞宏威数码机械有限公司	广东省人民政府	2011年2月
广东省科学技术奖二等奖——蓝光光盘（Blu-ray Disc）生产设备项目	谢威武	东莞宏威数码机械有限公司	广东省人民政府	2011年2月
广东省科学技术奖二等奖——蓝光光盘（Blu-ray Disc）生产设备项目	钟洪伟	东莞宏威数码机械有限公司	广东省人民政府	2011年2月
广东省科学技术奖二等奖——蓝光光盘（Blu-ray Disc）生产设备项目	覃　海	东莞宏威数码机械有限公司	广东省人民政府	2011年2月
广东省科学技术奖二等奖——蓝光光盘（Blu-ray Disc）生产设备项目	谢金桥	东莞宏威数码机械有限公司	广东省人民政府	2011年2月
广东省科学技术奖二等奖——蓝光光盘（Blu-ray Disc）生产设备项目	杨顺先	东莞宏威数码机械有限公司	广东省人民政府	2011年2月

续上表

获奖项目	获奖者	工作单位	授予单位	授予时间
广东省科学技术奖二等奖——蓝光光盘（Blu-ray Disc）生产设备项目	蓝海锋	东莞宏威数码机械有限公司	广东省人民政府	2011年2月
广东省科学技术奖二等奖——蓝光光盘（Blu-ray Disc）生产设备项目	刘　涛	东莞宏威数码机械有限公司	广东省人民政府	2011年2月
全省老干部工作先进工作者	周汉伦	东莞市公安局政治处人事科	中共广东省委、广东省人民政府	2011年11月
广东省精神文明建设先进工作者	钱　超	中共南城区委	中共广东省委、广东省人民政府	2011年12月
全省老干部工作先进工作者	周汉伦	东莞市公安局政治处人事科	中共广东省委、广东省人民政府	2011年11月

2011年高级专业技术资格人员名单

一、正高级（108人）

（一）卫生系列（106人）

官树雄 杨智学 廖永强 王祥云 李　刚 倪吉志
马站英 曹碧霞 招建华 张国华 肖文秀 邵秀敏
张锦光 黄见可 陈建江 李　薇 李敏许 彭易清
彭兰芬 曾丽萍 张淑莉 卢巧云 谭　毅 王振文
张建鸿 陈雪梅 刘燕燕 李　霞 陈金容 李金凤
杜玉琴 黄　宏 张　胜 周伏保 杨　光 周健铖
陈秋莲 李玲香 陈　慧 欧阳英 王海英 张丽君
胡惠兰 曾　琨 黄良有 杨雪英 陈则云 张　红
胡继华 蔡孝桢 王琦筠 刘俊彪 王少波 陈国威
曾文军 满　洁 王明志 韩春雷 张亚萍 马　超
黄灼伦 陈本发 叶国辉 吴伟群 郑小玲 苏柱新
朱万水 张永顺 蔡跃芳 骆训武 邵超华 罗晓勇
莫汉文 林成辉 卜会驹 秦金桥 魏思奇 苗存良
李　江 刘世桢 崔文波 刘明建 杨冬发 黄建民
白　勇 曹庆东 刘小容 肖辉良 尹群芳 刘仁强
马利亚 郭安民 郭红梅 陈莞香 张克云 杨泽年
郭　友 米　霞 李　洪 林汉昇 王志敏 周忠义
黄兴城 付万新 黄伟年 郎洪刚

（二）自然科学研究系列（1人）：
季统凯
（三）文学创作系列（1人）：
詹谷丰

二、副高级（626人）

（一）卫生系列（341人）：
何甫成 刘　军 黄中华 章锦秀 帅志勇 马　争
刘　红 侯铁军 卓庆亮 刘江洪 李雪萍 牟崇明
徐祝红 蒙建栋 涂远艳 黎　阳 陈守坚 杨俊华
张建辉 柯　瑜 覃兴龙 蔡雪峰 陈　星 余前土
王广有 钱慕仪 陈　杰 张秋莲 曾志涛 周京辉
占宏静 王建勇 廖宇霞 关　灵 黄余龙 薛晓燕
黄亚炎 李明月 雷　华 文　斌 吕艳春 张若华
陈喜华 刘红志 麦天恩 郑丰强 吴　翔 郑雪芳
陈彭亮 张　兰 张雪宇 高海燕 郑智育 李建伟
李　松 谢逢强 万燕婷 巩彦民 李洪学 袁志军
马春玲 余沛扬 黄筱敏 马萍萍 梁淑兰 张中华
谭锦平 李峥嵘 李就文 肖卫平 张建强 莫清萍
邱跃华 李珍宇 温庆辉 李　忠 李慧敏 李　明
张慧勤 陈　盈 戴　彬 傅雪芳 刘志祥 钟文彬
叶莞华 潘成荣 梁笑梅 陆乐文 何　铁 潘光华
陈　梅 陆亚平 李梅桂 唐　微 梁丹丹 张永莲
黄红英 唐丽萍 龚　宇 何玉玫 袁秀英 王曙光
陈晓园 李云秀 钟江如 刘天斌 赵建英 林发妙
吴益桃 冯仁秀 罗燕笑 杨　琳 廖伟英 姜　碧
魏文著 汤献忠 曾　勤 赵云芳 李金生 吴延涛
罗　庚 赵杰才 何　军 翁阳华 黄良义 谢广渊
唐国华 潘永良 尚建伟 汪　宇 王德胜 杨兴桃
唐　荐 李再学 何启新 詹超南 康建华 谭志超
陈　坚 银春景 杨　智 刘云飞 梁大宇 宋付芳
卫衬兴 彭先高 陈　艳 赵东晖 陈　速 蒲晓雯
江宏志 戚应静 吴　雷 陈　瑛 钱旭胜 钟钻仪
梁炳朝 钟宇眉 李常兴 王鲁梅 欧健梅 张　霞
胡志国 吴建军 陈桂良 陈星艳 曾思权 胡世昌
龚丽娅 余夏发 刘肖群 张宝庭 周敏华 刘伟涛
李仲培 袁巍巍 谢衬梨 温泳涛 伦志勇 李亦东
杨燕辉 杨清荣 刘新宇 刘　赛 李文虎 赖荣昌
林　敏 刘鸿军 杜宇锋 陈仰昆 李满棠 崔玉真
林梅清 官国东 万晓华 陈慕洁 郭俊勇 李　富
文宗全 侯立业 罗　晓 吴家宽 田爱红 林　军
周益民 韩立军 张新文 何淑媚 刘志刚 卢志娟
马国超 李建锋 陈　新 叶小燕 叶裕良 王毅芳
刘立群 万德培 李文安 梁晓华 贾国伟 赖智敏
刘泽军 卜秋强 刘　勇 卫展扬 陈继红 汪立娟
许开元 汪应涛 李　辉 邓学文 祁妙华 林顺欢
武庆利 傅仕华 潘学兵 沈利汉 张会存 林思园
王　宇 宋国亮 尹　俊 黄炎标 陈家阳 敖振杰
黎加识 何　勇 林杰果 温书泉 李满强 梁康炎
金同新 黄杨效 李平雨 黎岳强 张洪标 徐志勇
谭志斌 王　芳 靳铁霞 黄连涛 刘美云 程小文
林桂莲 陈宝如 周笑珍 周柳嫦 杨　梅 文艳梅
邓珍良 尹笑珍 李　俚 李柳嫦 叶敏霞 张艳红
谢丽璋 李远珍 陈丽红 郭秋兰 韦玉玲 吴庆梅
郭　霞 陆宏艳 尹月娥 饶青梅 黎健红 曾　珂
郑秀丽 赖桂兰 孙正芳 陈衬兴 罗　萍 王秀敏
张影红 徐惠兴 李向芳 黄雪雯 蒋妙芬 陈秋玲
肖巧羡 袁国英 梁婉玲 李瑞娥 谢建欢 鲁美蓉
黎佩莲 吴美凤 刘丽芳 周佛香 钟慕华 潘玉嫦

钟凤玲　胡 莉　刘秀英　钟瑜华　高少艳　徐碧文
王雪宁　占琼英　岳 红　胡艳红　王小桃　柳素霞
李建红　蔡伟兰　周 璐　刘溅妹　郑慧军　何红艳
陈敬珍　李伟凤　陈婉荷　朱早兰　杨方明　李碧燕
赵红梅　张兰林　詹艳华　刘小艳　黄晓春

（二）中学教师系列（254人）

童毅兵　周平凡　苏 霞　汪朝阳　彭 科　张子涛
欧旭升　伍曦闻　王 燕　林镜钊　李济兰　姚 莉
周爱麟　吴慧芳　孙殿礼　刘新亮　邓小林　王亚南
杨 静　赖伟强　王 瑜　陈广扬　郭 毅　伍凤贤
崔京姬　林松林　李永义　罗彩珍　古思映　曾丽娟
林瑞容　黄美英　张雪玲　孙迎春　周浩全　杨连功
甘显冰　张乃荣　曹约东　曹英姿　邓功伟　刘加英
刘焕媚　李孔政　赖赣萍　何文燕　王玉云　奉 婷
王同理　黄笑葵　林思满　胡敏仪　郭雪钊　卢新利
袁建成　梁燕霞　王华珍　魏云芳　麦英梅　毛惠琴
麦 恩　陈清朋　郑孝冬　董宇锋　吴道逊　张 瑾
黄小琴　徐 顺　曾利琴　唐三元　杨素红　赵开兰
邱燕云　陈水生　黎李生　屈怀鹏　陈南萍　麦爱娣
李 京　彭文真　陈华丽　陈小玲　蔡雪兰　庄富森
黄俊伟　罗 莉　缪遇春　陈伟建　李慧铭　方秀兰
廖天福　毕琴琴　王建设　苏 琳　喻战珍　李智慧
曾新云　陈 卫　傅思权　徐传阳　邓丽霞　王 恒
李玉梅　肖 玮　古小娟　梁小燕　舒宇辉　陈琼芳
钟红英　朱雄宇　李 潜　郭文丽　李丽华　黎华琛
林秀华　陈洁英　何汉华　卢衬云　张燕军　高亚琼
曾学捷　叶新旁　杨映松　曾大勇　宋聚妮　黄建凤
李 龙　景 盈　林国恒　陈永强　邓惠芳　马之云
李莹铃　黎笑珍　蒋晓云　莫佛钦　阮国邻　张良照
杜金海　黄国斌　王伟春　周 军　尚志勇　毛 羽
陈再清　林炳超　陈 芬　谢培发　聂国华　曾 莉
刘惠清　杨晓菊　张远健　陆桂玲　龚艳丽　蒙一鸣
邓来谷　曾秀娟　邓 妩　魏伟红　黄健芳　蔡雪青
吴 森　张水琼　刘国带　黄福弟　曾庆明　杜志忠
方 正　李中山　刘茹晖　郑 敏　唐 建　陈怀珍
武 雪　梁 怡　颜 开　邱志坚　符 铮　黎志晖
高 宏　韦瑞英　钟汀城　梁秋菊　钟 宁　陈红梅
王 雷　杨 玲　汤学英　尹桂媛　吴兴琴　刘再彪
曾丽华　徐兴淼　郑亚贤　黄成国　谢惠雏　邹进雄
葛 振　胡丽萍　伍明姝　胡瑞萍　张日村　秦剑峰
江权忠　罗积祥　朱忠华　陈燕芬　李小莹　张秀媚
袁巧嫦　殷沛强　康玉琼　王云祥　羊学东　李玉梅
刘湘旭　宋章峰　张再次　覃中阳　邹 军　张永磷
黄南青　彭天文　涂国萍　周明霞　曾春燕　张学东
马忠智　戴友春　谢群英　范 勇　林载邦　李群辉
李冬秀　陈志任　朱彩红　刘小鹏　苏敏娜　王耿欣
王梅花　丘铁明　刘 斌　魏永强　吴艳萍　王国朝
何志新　黄淑芬　林建暑　李 川　黄见英　万 忠
杨胜利　饶拥政

（三）小学教师系列（10人）

唐雪贞　刘台芳　郝 洁　马献英　陈凤葵　罗锦雄
郝丛书　邹官民　蔡敏胜　贺小霞

（四）医药系列（4人）：

林秋凤　陈少云　陈鼎兴　潘 勇

（五）技工学校教师系列（3人）：

邹 佩　钟娟芳　朱逸忠

（六）党校教师系列（1人）：

查日升

（七）图书资料系列（1人）：

廖小梅

（七）群众文化系列（2人）：

张卫红　黄贵平

（八）文物博物系列（2人）：

李君明　唐 琳

（九）体育教练系列（1人）：

张 东

（十）文学创作系列（2人）：

胡 磊　彭争武

（十一）电力工程系列（4人）：

欧阳慧林　陈玉国　邱海先　马长林

（十二）高职教师系列（1人）：

刘志扬

2011年东莞运动员参加世界、亚洲重要比赛成绩

项目	姓名	性别	时间	地点	比赛名称	小项	名次	输送镇街
蹼泳	周伟航	男	2011年9月	烟台	蹼泳世界杯总决赛	200米蹼泳	1	莞城
					蹼泳世界杯总决赛	400米蹼泳	1	
					蹼泳世界杯总决赛	4×100米接力	1	
					蹼泳世界杯总决赛	4×200米接力	1	
					蹼泳世界杯总决赛	400米器泳	3	
摔跤	黎笑娟	女	2011年3月	法国	世界杯	女子自由跤48公斤	1	高埗、石排
射击	李佩璟	女	2011年8月	深圳	世界大学生运动会	50米步枪卧射	1	长安
射击	李佩璟	女	2011年8月	深圳	世界大学生运动会	50米步枪卧射团体	1	长安
射击	李佩璟	女	2011年8月	深圳	世界大学生运动会	步枪3×20个体	6	长安
射击	李佩璟	女	2011年8月	深圳	世界大学生运动会	步枪3×20团体	1	长安
射击	李佩璟	女	2011年4月	韩国	世界杯	步枪3×20个体	1	长安

续上表

项目	姓名	性别	时间	地点	比赛名称	小项	名次	输送镇街
射击	李佩璟	女	2011年5月	美国	世界杯	步枪3×20个体	3	长安
射击	李佩璟	女	2011年9月	波兰	世界杯总决赛	步枪3×20个体	5	长安
田径	姜珊	女	2011年9月	泰国	泰国国际田径赛	100米	2	长安
田径	姜珊	女	2011年9月	泰国	泰国国际田径赛	200米	1	长安
田径	姜珊	女	2011年8月	深圳	世界大学生运动会田径比赛	4×100米接力	8	长安
田径	覃健	男	2011年7月	泰国	泰国田径国际邀请赛	400米	1	长安
田径	覃健	男	2011年5月	嘉兴	亚洲田径大奖赛	400米	5	长安
田径	王凯华	男	2011年9月	韩国	世界青年竞走锦标赛	竞走	6	莞城

2011年东莞运动员参加全国重要比赛成绩

项目	姓名	性别	时间	地点	比赛名称	小项	名次	输送镇街
举重	陈幼娟	女	2011年5月	海口	全国女子举重锦标赛	抓举	1	石龙
举重	吴美华	女	2011年8月	宁波	全国青少年举重锦标赛	抓举	1	石龙
举重	吴美华	女	2011年8月	宁波	全国青少年举重锦标赛	挺举	1	石龙
举重	吴美华	女	2011年8月	宁波	全国青少年举重锦标赛	总成绩	1	石龙
举重	杨 柳	女	2011年8月	宁波	全国青少年举重锦标赛	抓举	1	石龙
举重	杨 柳	女	2011年8月	宁波	全国青少年举重锦标赛	挺举	1	石龙
举重	杨 柳	女	2011年8月	宁波	全国青少年举重锦标赛	总成绩	1	石龙
举重	陈幼娟	女	2011年9月	临沂	全国举重冠军赛	抓举	1	石龙
举重	陈幼娟	女	2011年5月	海口	全国女子举重锦标赛	总成绩	2	石龙
举重	陈幼娟	女	2011年9月	临沂	全国举重冠军赛	总成绩	2	石龙
举重	杨 柳	女	2011年9月	临沂	全国举重冠军赛	抓举	2	石龙
举重	杨 柳	女	2011年9月	临沂	全国举重冠军赛	挺举	2	石龙
举重	杨 柳	女	2011年9月	临沂	全国举重冠军赛	总成绩	2	石龙
乒乓球	马佳昕	女	2011年8月	抚顺	全国少年乒乓球锦标赛	女子团体	4	长安
乒乓球	马佳昕	女	2011年7月	包头	全国中学生运动会	女子团体	5	长安
乒乓球	马佳昕	女	2011年7月	包头	全国中学生运动会	女子双打	5	长安
乒乓球	黄婧	女	2011年10月	临沂	全国青年乒乓球锦标赛	女子团体	6	长安
摔跤	黎笑媚	女	2011年5—6月	天津	全国女子自由跤锦标赛	女子自由跤48公斤	2	高埗、石排
射击	王子豪	男	2011年4月	西安	全国射击射箭重点城市联合会射击比赛	气手枪60发	1	莞城
射击	蔡俊杰	男	2011年4月	西安	全国射击射箭重点城市联合会射击比赛	气手枪60发	3	长安
射击	刘蓉蓉	女	2011年4月	西安	全国射击射箭重点城市联合会射击比赛	气步枪40发	5	虎门
射击	张容尘	男	2011年4月	西安	全国射击射箭重点城市联合会射击比赛	气步枪60发	5	南城
射击	邓凤娇	女	2011年4月	西安	全国射击射箭重点城市联合会射击比赛	气步枪40发	7	桥头
射击	邓凤娇	女	2011年4月	西安	全国射击射箭重点城市联合会射击比赛	步枪3×20	8	桥头
射箭	梁华珊	女	2011年4月	山西	全国射击射箭重点城市联合会射箭比赛	乙组个人单轮40米	1	虎门
射箭	梁华珊	女	2011年4月	山西	全国射击射箭重点城市联合会射箭比赛	乙组单轮全能团体	2	虎门
射箭	李志君	女	2011年4月	山西	全国射击射箭重点城市联合会射箭比赛	乙组单轮全能团体	2	厚街

续上表

项目	姓名	性别	时间	地点	比赛名称	小项	名次	输送镇街
射箭	袁运玲	女	2011年4月	山西	全国射击射箭重点城市联合会射箭比赛	乙组单轮全能团体	2	茶山
射箭	许锶婷	女	2011年4月	山西	全国射击射箭重点城市联合会射箭比赛	乙组单轮全能团体	2	厚街
射箭	李志君	女	2011年4月	山西	全国射击射箭重点城市联合会射箭比赛	乙组个人单轮25米	2	厚街
射箭	李志君	女	2011年4月	山西	全国射击射箭重点城市联合会射箭比赛	乙组个人单轮全能	2	厚街
射箭	梁华珊	女	2011年4月	山西	全国射击射箭重点城市联合会射箭比赛	乙组个人单轮30米	2	虎门
射箭	李志君	女	2011年4月	山西	全国射击射箭重点城市联合会射箭比赛	乙组个人单轮18米	2	厚街
射箭	彭爵雅	女	2011年4月	山西	全国射击射箭重点城市联合会射箭比赛	甲组个人单轮全能	3	虎门
射箭	梁华珊	女	2011年4月	山西	全国射击射箭重点城市联合会射箭比赛	乙组个人单轮全能	3	虎门
射箭	何金鹏	男	2011年4月	山西	全国射击射箭重点城市联合会射箭比赛	甲组单轮全能团体	3	黄江
射箭	李伟俊	男	2011年4月	山西	全国射击射箭重点城市联合会射箭比赛	甲组单轮全能团体	3	厚街
射箭	田道政	男	2011年4月	山西	全国射击射箭重点城市联合会射箭比赛	甲组单轮全能团体	3	虎门
射箭	李杰锋	男	2011年4月	山西	全国射击射箭重点城市联合会射箭比赛	甲组单轮全能团体	3	茶山
射箭	彭爵雅	女	2011年4月	山西	全国射击射箭重点城市联合会射箭比赛	甲组个人单轮50米	3	虎门
射箭	李志君	女	2011年4月	山西	全国射击射箭重点城市联合会射箭比赛	乙组个人单轮40米	3	厚街
射箭	李志君	女	2011年4月	山西	全国射击射箭重点城市联合会射箭比赛	乙组个人单轮30米	3	厚街
射箭	梁华珊	女	2011年4月	山西	全国射击射箭重点城市联合会射箭比赛	乙组个人单轮25米	4	虎门
射箭	李梓宏	男	2011年4月	山西	全国射击射箭重点城市联合会射箭比赛	乙组单轮全能团体	4	厚街
射箭	吴泽锐	男	2011年4月	山西	全国射击射箭重点城市联合会射箭比赛	乙组单轮全能团体	4	茶山
射箭	肖文广	男	2011年4月	山西	全国射击射箭重点城市联合会射箭比赛	乙组单轮全能团体	4	塘厦
射箭	孙俭辉	男	2011年4月	山西	全国射击射箭重点城市联合会射箭比赛	乙组单轮全能团体	4	大朗
射箭	李伟俊	男	2011年4月	山西	全国射击射箭重点城市联合会射箭比赛	甲个人单轮30米	4	厚街
射箭	彭爵雅	女	2011年4月	山西	全国射击射箭重点城市联合会射箭比赛	甲组个人第二单轮60米	4	虎门
射箭	何金鹏	男	2011年4月	山西	全国射击射箭重点城市联合会射箭比赛	甲组个人单轮全能	5	黄江
射箭	何金鹏	男	2011年4月	山西	全国射击射箭重点城市联合会射箭比赛	甲组个人第二单轮70米	5	黄江
射箭	何金鹏	男	2011年4月	山西	全国射击射箭重点城市联合会射箭比赛	甲个人单轮30米	5	黄江
射箭	彭爵雅	男	2011年4月	山西	全国射击射箭重点城市联合会射箭比赛	甲组个人第一单轮60米	5	虎门
射箭	彭爵雅	女	2011年4月	山西	全国射击射箭重点城市联合会射箭比赛	甲组个人单轮30米	5	虎门
射箭	何金鹏	男	2011年4月	山西	全国射击射箭重点城市联合会射箭比赛	甲组个人第一单轮70米	6	黄江

续上表

项目	姓名	性别	时间	地点	比赛名称	小项	名次	输送镇街
射箭	彭丽娟	女	2011年4月	山西	全国射击射箭重点城市联合会射箭比赛	甲组个人单轮50米	7	厚街
射箭	李伟俊	男	2011年4月	山西	全国射击射箭重点城市联合会射箭比赛	甲组个人第一单轮70米	7	厚街
射箭	李伟俊	男	2011年4月	山西	全国射击射箭重点城市联合会射箭比赛	甲组个人单轮全能	8	厚街
射箭	李梓宏	男	2011年4月	山西	全国射击射箭重点城市联合会射箭比赛	乙组个人单轮全能	8	厚街
射箭	李伟俊	男	2011年4月	山西	全国射击射箭重点城市联合会射箭比赛	甲组个人第二单轮70米	8	厚街
射箭	郑润鑫	男	2011年6月	西宁	全国奥林匹克射箭锦标赛	个人淘汰赛	2	莞城
射箭	郑润鑫	男	2011年9月	德清	全国室外射箭锦标赛	30米个人	3	莞城
射箭	郑润鑫	男	2011年9月	德清	全国室外射箭锦标赛	混合团体	7	莞城
射箭	李志君	女	2011年9月	德清	全国室外射箭锦标赛	混合团体	7	厚街
羽毛球	廖骏伟	男	2011年8月	宜昌	全国青少年羽毛球赛	甲组男单	2	莞城
羽毛球	廖骏伟	男	2011年3月	宜昌	全国青少年羽毛球赛	团体	3	莞城
羽毛球	廖骏伟	男	2011年3月	宜昌	全国青少年羽毛球赛	双打	5	莞城
体操	梁富亮	男	2011年6月	黄石	全国体操锦标赛	团体	2	莞城
体操	陈荔	女	2011年9月	南昌	第七届城市运动会体操比赛	团体	3	莞城
田径	陈烨	女	2011年6月	济南	全国城市运动会暨青少年田径锦标赛	4×400米接力	1	莞城
田径	陈烨	女	2011年6月	济南	全国城市运动会暨青少年田径锦标赛	400米	6	莞城
田径	陈烨	女	2011年6月	福州	全国田径大奖赛福州站	400米	5、6	莞城
田径	陈烨	女	2011年7月	南昌	全国田径冠军赛	4×400米接力	1	莞城
田径	姜珊	女	2011年9月	合肥	全国田径锦标赛	200米	2	长安
田径	覃健	男	2011年9月	合肥	全国田径锦标赛	4×400米接力	2	长安
田径	姜珊	女	2011年6月	广东	全国田径大奖赛	100米	2	长安
田径	消洋宝	男	2011年6月	广东	全国田径大奖赛	三级跳远	5、7	长安
田径	张红宇	男	2011年4月	肇庆	全国田径大奖赛肇庆站	4×400米接力	1	莞城
田径	张红宇	男	2011年6月	深圳	全国田径大奖赛深圳站	4×400米接力	1	莞城
田径	消洋宝	男	2011年9月	安徽	全国青年锦标赛	三级跳远	4	长安
田径	张红宇	男	2011年9月	安徽	全国青年锦标赛	4×400米接力	5	莞城
田径	覃健	男	2011年9月	安徽	全国青年锦标赛	400米	2	长安
田径	覃健	男	2011年9月	安徽	全国青年锦标赛	4×400米接力	1	长安
田径	陈露	男	2011年9月	安徽	全国青年锦标赛	4×100米接力	1	长安
田径	陈露	男	2011年8月	广东	全国中学生运动会田径比赛	4×100米接力	5	长安
田径	王凯华	男	2011年9月	宝鸡	全国竞走锦标赛	青年组竞走	1	莞城
田径	付佳	女	2011年9月	宝鸡	全国竞走锦标赛	青年组竞走	2	东城
田径	孙雅文	女	2011年9月	宝鸡	全国竞走锦标赛	少年组竞走	2	东城
乒乓球	周莉媛	女	2011年8月	济南	全国中学生锦标赛	女子双打	1	横沥
乒乓球	厦之阕	女	2011年8月	济南	全国中学生锦标赛	女子双打	1	横沥
乒乓球	饶云鹏	男	2011年8月	济南	全国中学生锦标赛	男女混合	6	横沥
乒乓球	周莉媛	女	2011年8月	济南	全国中学生锦标赛	男女混合	6	横沥
乒乓球	郑妍冰	女	2011年8月	济南	全国中学生锦标赛	女子双打	7	横沥
乒乓球	曹影	女	2011年8月	济南	全国中学生锦标赛	女子双打	7	横沥

续上表

项目	姓名	性别	时间	地点	比赛名称	小项	名次	输送镇街
乒乓球	饶云鹏	男	2011年8月	济南	全国中学生锦标赛	男子团体	7	横沥
乒乓球	曾耀辉	男	2011年8月	济南	全国中学生锦标赛	男子团体	7	横沥
乒乓球	方文轩	男	2011年8月	济南	全国中学生锦标赛	男子团体	7	横沥
乒乓球	蒋智能	男	2011年8月	济南	全国中学生锦标赛	男子团体	7	横沥
乒乓球	田雨生	男	2011年8月	济南	全国中学生锦标赛	男子团体	7	横沥
皮划艇	毕鹏飞	男	2011年10月	南昌	全国第七届城市运动会	男子四人皮艇1000米	1	虎门
皮划艇	毕鹏飞	男	2011年10月	南昌	全国第七届城市运动会	男子四人皮艇200米	1	虎门
皮划艇	李明	男	2011年10月	南昌	全国第七届城市运动会	男子四人皮艇500米	1	虎门
皮划艇	郭蓓	女	2011年10月	南昌	全国第七届城市运动会	女子四人皮艇500米	1	虎门
皮划艇	毕鹏飞	男	2011年11月	广州	全国皮划艇锦标赛	男子四人皮艇1000米	1	虎门
皮划艇	毕鹏飞	男	2011年6月	丽江	全国青年皮划艇锦标赛	男子四人皮艇1000米	1	虎门
皮划艇	郭蓓	女	2011年6月	丽江	全国青年皮划艇锦标赛	女子四人皮艇2000米	1	虎门
赛艇	张荃	男	2011年9月	刘安	全国赛艇锦标赛	男子四人双桨	1	虎门
皮划艇	李振雨	男	2011年10月	南昌	全国第七届城市运动会	男子四人皮艇2000米	2	虎门
皮划艇	李振雨	男	2011年6月	丽江	全国青年皮划艇锦标赛	男子四人皮艇1000米	2	虎门
皮划艇	李明	男	2011年6月	丽江	全国青年皮划艇锦标赛	男子四人皮艇500米	2	虎门
赛艇	袁晓瑜	女	2011年10月	南昌	全国第七届城市运动会	女子轻量级四人艇2000米	2	虎门
皮划艇	李振雨	男	2011年11月	广州	全国皮划艇锦标赛	男子四人皮艇1000米	4	虎门
赛艇	范明娇	女	2011年10月	南昌	全国第七届城市运动会	女子轻量级双人艇2000米	5	虎门
皮划艇	李振雨	男	2011年10月	南昌	全国第七届城市运动会	男子单人皮艇2000米	6	虎门
皮划艇	余鹏越	男	2011年110月	南昌	全国第七届城市运动会	男子四人划艇2000米	7	虎门
足球	团体	男	2011年1月	北海	北海迎春杯全国u-11少年足球锦标赛	少年男子七人制	1	松山湖实验小学
花样游泳	黄巧榆	女	2010年1月	武汉	全国花样游泳游泳锦标赛	集体自由自选	1	道滘
跳水	张南橘	女	2011年12月	常州	全国跳水明星赛	女子10米跳台单人	2	南城
跳水	张南橘	女	2011年9月	常熟	全国跳水锦标赛	女子10米跳台单人	4	南城
跳水	张南橘	女	2011年10月	南昌	第七届全国城市运动会	女子10米跳台单人	6	南城
跳水	岳琪	男	2011年10月	南昌	第七届全国城市运动会	男子10米跳台单人	4	长安
蹼泳	周伟航	男	2011年8月	武汉	全国蹼泳锦标赛	200米蹼泳	1	莞城
蹼泳	周伟航	男	2011年8月	武汉	全国蹼泳锦标赛	400米蹼泳	1	莞城
蹼泳	周伟航	男	2011年8月	武汉	全国蹼泳锦标赛	4×100米接力	1	莞城
蹼泳	周伟航	男	2011年8月	武汉	全国蹼泳锦标赛	4×200米接力	1	莞城
蹼泳	周伟航	男	2011年8月	武汉	全国蹼泳锦标赛	800米蹼泳	2	莞城
蹼泳	周伟航	男	2011年8月	武汉	全国蹼泳锦标赛	1500米蹼泳	2	莞城
蹼泳	周伟航	男	2011年3月	湛江	全国蹼泳锦标赛	400米器泳	2	莞城
蹼泳	周伟航	男	2011年3月	湛江	全国蹼泳锦标赛	800米器泳	2	莞城
蹼泳	周伟航	男	2011年3月	湛江	全国春季蹼泳锦标赛	200米蹼泳	1	莞城
蹼泳	周伟航	男	2011年3月	湛江	全国春季蹼泳锦标赛	400米蹼泳	1	莞城
蹼泳	周伟航	男	2011年3月	湛江	全国春季蹼泳锦标赛	4×100米接力	1	莞城
蹼泳	周伟航	男	2011年3月	湛江	全国春季蹼泳锦标赛	4×200米接力	1	莞城
蹼泳	周伟航	男	2011年3月	湛江	全国春季蹼泳锦标赛	400米器泳	1	莞城

2011年东莞运动员参加广东省重要比赛成绩

项目	姓名	性别	时间	地点	比赛名称	小项	名次	输送镇街
举重	李绍兴	男	2011年8月	广州	广东省青少年举重锦标赛	抓举	1	石龙
举重	李绍兴	男	2011年8月	广州	广东省青少年举重锦标赛	挺举	1	石龙
举重	李绍兴	男	2011年8月	广州	广东省青少年举重锦标赛	总成绩	1	石龙
举重	吴玉鹏	男	2011年8月	广州	广东省青少年举重锦标赛	抓举	1	石龙
举重	吴玉鹏	男	2011年8月	广州	广东省青少年举重锦标赛	挺举	1	石龙
举重	吴玉鹏	男	2011年8月	广州	广东省青少年举重锦标赛	总成绩	1	石龙
举重	莫文森	男	2011年8月	广州	广东省青少年举重锦标赛	抓举	1	石龙
举重	莫文森	男	2011年8月	广州	广东省青少年举重锦标赛	挺举	1	石龙
举重	莫文森	男	2011年8月	广州	广东省青少年举重锦标赛	总成绩	1	石龙
举重	翟 成	男	2011年8月	广州	广东省青少年举重锦标赛	抓举	1	石龙
举重	翟 成	男	2011年8月	广州	广东省青少年举重锦标赛	挺举	1	石龙
举重	翟 成	男	2011年8月	广州	广东省青少年举重锦标赛	总成绩	1	石龙
举重	韩 丹	女	2011年8月	广州	广东省青少年举重锦标赛	抓举	1	石龙
举重	韩 丹	女	2011年8月	广州	广东省青少年举重锦标赛	挺举	1	石龙
举重	韩 丹	女	2011年8月	广州	广东省青少年举重锦标赛	总成绩	1	石龙
举重	刘胜男	女	2011年8月	广州	广东省青少年举重锦标赛	挺举	1	石龙
举重	刘胜男	女	2011年8月	广州	广东省青少年举重锦标赛	总成绩	1	石龙
举重	莫金兰	女	2011年8月	广州	广东省青少年举重锦标赛	抓举	1	石龙
乒乓球	马佳昕	女	2011年12月	顺德	广东省青少年锦标赛	女子甲组团体	1	长安
乒乓球	马佳昕	女	2011年12月	顺德	广东省青少年锦标赛	女子甲组单打	1	长安
乒乓球	郑雨湉	女	2011年12月	顺德	广东省青少年锦标赛	女子甲组团体	1	长安
自行车	朱玉锋	女	2011年7月	龙岗	广东省青少年自行车锦标赛	自行车BMX	1	
举重	李可华	男	2011年8月	广州	广东省青少年举重锦标赛	抓举	2	石龙
举重	李可华	男	2011年8月	广州	广东省青少年举重锦标赛	挺举	2	石龙
举重	李可华	男	2011年8月	广州	广东省青少年举重锦标赛	总成绩	2	石龙
举重	周林林	男	2011年8月	广州	广东省青少年举重锦标赛	抓举	2	石龙
举重	周林林	男	2011年8月	广州	广东省青少年举重锦标赛	总成绩	2	石龙
举重	刘胜男	女	2011年8月	广州	广东省青少年举重锦标赛	抓举	2	石龙
举重	杨 柳	女	2011年8月	广州	广东省青少年举重锦标赛	抓举	2	石龙
举重	杨 柳	女	2011年8月	广州	广东省青少年举重锦标赛	挺举	2	石龙
举重	杨 柳	女	2011年8月	广州	广东省青少年举重锦标赛	总成绩	2	石龙
举重	黄文莉	女	2011年8月	广州	广东省青少年举重锦标赛	抓举	2	石龙
举重	黄文莉	女	2011年8月	广州	广东省青少年举重锦标赛	挺举	2	石龙
举重	黄文莉	女	2011年8月	广州	广东省青少年举重锦标赛	总成绩	2	石龙
举重	唐小蜜	女	2011年8月	广州	广东省青少年举重锦标赛	挺举	2	常平
举重	唐小蜜	女	2011年8月	广州	广东省青少年举重锦标赛	总成绩	2	常平
举重	吴美华	女	2011年8月	广州	广东省青少年举重锦标赛	挺举	2	石龙
举重	王 婷	女	2011年8月	广州	广东省青少年举重锦标赛	挺举	2	石龙
乒乓球	刘采璇	女	2011年12月	顺德	广东省青少年锦标赛	女子甲组丁组	2	长安
乒乓球	张一夫	男	2011年12月	顺德	广东省青少年锦标赛	男子乙组团体	2	长安
乒乓球	宋英楠	男	2011年12月	顺德	广东省青少年锦标赛	男子乙组团体	2	长安
自行车	邓锦彪	男	2011年7月	龙岗	广东省青少年自行车锦标赛	自行车BMX	2	
自行车	黄柳华	男	2011年7月	龙岗	广东省青少年自行车锦标赛	公路20公里团体计时赛	2	

续上表

项目	姓名	性别	时间	地点	比赛名称	小项	名次	输送镇街
自行车	叶学立	男	2011年7月	龙岗	广东省青少年自行车锦标赛	公路21公里团体计时赛	2	
自行车	邓锦彪	男	2011年7月	龙岗	广东省青少年自行车锦标赛	公路22公里团体计时赛	2	
自行车	陈维彪	男	2011年7月	龙岗	广东省青少年自行车锦标赛	公路23公里团体计时赛	2	
举重	周林林	男	2011年8月	广州	广东省青少年举重锦标赛	挺举	3	石龙
举重	吴美华	女	2011年8月	广州	广东省青少年举重锦标赛	抓举	3	石龙
举重	吴美华	女	2011年8月	广州	广东省青少年举重锦标赛	总成绩	3	石龙
举重	王 婷	女	2011年8月	广州	广东省青少年举重锦标赛	总成绩	3	石龙
举重	袁 美	女	2011年8月	广州	广东省青少年举重锦标赛	挺举	3	石龙
手球	团体	男	2011年7月	广州	广东省手球锦标赛	手球	3	常平
自行车	陈华盛	男	2011年7月	龙岗	广东省青少年自行车锦标赛	团体竞速赛	3	
自行车	袁育才	男	2011年7月	龙岗	广东省青少年自行车锦标赛	团体竞速赛	3	
自行车	冯玉明	男	2011年7月	龙岗	广东省青少年自行车锦标赛	团体竞速赛	3	
自行车	陈华盛	男	2011年7月	龙岗	广东省青少年自行车锦标赛	4公里团体追逐赛	3	
自行车	袁育才	男	2011年7月	龙岗	广东省青少年自行车锦标赛	4公里团体追逐赛	3	
自行车	冯玉明	男	2011年7月	龙岗	广东省青少年自行车锦标赛	4公里团体追逐赛	3	
自行车	陈华盛	男	2011年7月	龙岗	广东省青少年自行车锦标赛	公路30公里团体计时赛	3	
自行车	袁育才	男	2011年7月	龙岗	广东省青少年自行车锦标赛	公路30公里团体计时赛	3	
自行车	冯玉明	男	2011年7月	龙岗	广东省青少年自行车锦标赛	公路30公里团体计时赛	3	
自行车	陈维彪	男	2011年7月	龙岗	广东省青少年自行车锦标赛	自行车BMX	3	
自行车	郑淑贤	女	2011年7月	龙岗	广东省青少年自行车锦标赛	自行车BMX	3	
自行车	蔡裕思	女	2011年7月	龙岗	广东省青少年自行车锦标赛	公路10公里团体计时赛	3	
自行车	郑淑贤	女	2011年7月	龙岗	广东省青少年自行车锦标赛	公路10公里团体计时赛	3	
自行车	朱玉锋	女	2011年7月	龙岗	广东省青少年自行车锦标赛	公路10公里团体计时赛	3	
自行车	陈兰祝	女	2011年7月	龙岗	广东省青少年自行车锦标赛	公路10公里团体计时赛	3	
摔跤	岑利芳	女	2011年11月	佛山	广东省青少年摔跤竞标赛	女子自由跤乙级42公斤	1	石排
摔跤	卢佩君	女	2011年11月	佛山	广东省青少年摔跤竞标赛	女子自由跤乙级60公斤	2	望牛墩、石排
摔跤	蔡春生	男	2011年11月	佛山	广东省青少年摔跤竞标赛	男子自由跤乙级45公斤	2	石排
摔跤	劳燕连	女	2011年11月	佛山	广东省青少年摔跤竞标赛	女子自由跤乙级53公斤	3	石排
羽毛球	胡羽翔	女	2011年8月	佛山	广东省青少年羽毛球锦标赛	甲组女子单打	1	莞城
羽毛球	杨洪祺	女	2011年8月	佛山	广东省青少年羽毛球锦标赛	丙组女子单打	1	莞城
羽毛球	王霖	男	2011年8月	佛山	广东省青少年羽毛球锦标赛	甲组男子团体	1	莞城
羽毛球	董珅皓	男	2011年8月	佛山	广东省青少年羽毛球锦标赛	甲组男子团体	1	莞城
羽毛球	杨振	男	2011年8月	佛山	广东省青少年羽毛球锦标赛	甲组男子团体	1	莞城
羽毛球	刘纤羽	女	2011年8月	佛山	广东省青少年羽毛球锦标赛	甲组女子团体	1	莞城
羽毛球	徐涯	女	2011年8月	佛山	广东省青少年羽毛球锦标赛	甲组女子团体	1	莞城
羽毛球	杨静	女	2011年8月	佛山	广东省青少年羽毛球锦标赛	甲组女子团体	1	莞城
羽毛球	胡羽翔	女	2011年8月	佛山	广东省青少年羽毛球锦标赛	甲组女子团体	1	莞城
羽毛球	徐涯	女	2011年8月	佛山	广东省青少年羽毛球锦标赛	甲组女子双打	1	莞城
羽毛球	胡羽翔	女	2011年8月	佛山	广东省青少年羽毛球锦标赛	甲组女子双打	1	莞城
羽毛球	杨洪祺	女	2011年8月	佛山	广东省青少年羽毛球锦标赛	丙组女子团体	1	莞城
羽毛球	刘思怡	女	2011年8月	佛山	广东省青少年羽毛球锦标赛	丙组女子团体	1	莞城
羽毛球	杨洪祺	女	2011年8月	佛山	广东省青少年羽毛球锦标赛	丙组女子双打	1	莞城
羽毛球	刘思怡	女	2011年8月	佛山	广东省青少年羽毛球锦标赛	丙组女子双打	1	莞城
羽毛球	刘思怡	女	2011年8月	佛山	广东省青少年羽毛球锦标赛	丙组女子单打	2	莞城
羽毛球	董珅皓	男	2011年8月	佛山	广东省青少年羽毛球锦标赛	甲组男子单打	2	莞城

续上表

项目	姓名	性别	时间	地点	比赛名称	小项	名次	输送镇街
羽毛球	刘纤羽	女	2011年8月	佛山	广东省青少年羽毛球锦标赛	甲组女子单打	2	莞城
羽毛球	王霖	男	2011年8月	佛山	广东省青少年羽毛球锦标赛	甲组男子单打	3	莞城
羽毛球	董珅皓	男	2011年8月	佛山	广东省青少年羽毛球锦标赛	甲组男子双打	3	莞城
羽毛球	杨振	男	2011年8月	佛山	广东省青少年羽毛球锦标赛	甲组男子双打	3	莞城
击剑	邓凯滢	女	2011年12月	中山	广东省青少年击剑锦标赛	乙组女子佩剑个人	1	茶山
击剑	方世杰	男	2011年12月	中山	广东省青少年击剑锦标赛	甲组男子佩剑团体	2	常平
击剑	廖祖威	男	2011年12月	中山	广东省青少年击剑锦标赛	甲组男子佩剑团体	2	塘厦
击剑	阮国政	男	2011年12月	中山	广东省青少年击剑锦标赛	甲组男子佩剑团体	2	南城
击剑	张志深	男	2011年12月	中山	广东省青少年击剑锦标赛	甲组男子佩剑团体	2	南城
击剑	邓凯滢	女	2011年12月	中山	广东省青少年击剑锦标赛	乙组女子佩剑团体	2	茶山
击剑	廖宝怡	女	2011年12月	中山	广东省青少年击剑锦标赛	乙组女子佩剑团体	2	茶山
击剑	叶凯珊	女	2011年12月	中山	广东省青少年击剑锦标赛	乙组女子佩剑团体	2	茶山
击剑	袁伊雪	女	2011年12月	中山	广东省青少年击剑锦标赛	乙组女子佩剑团体	2	茶山
击剑	陈艳婷	女	2011年12月	中山	广东省青少年击剑锦标赛	乙组女子重剑团体	3	塘厦
击剑	邓淑文	女	2011年12月	中山	广东省青少年击剑锦标赛	乙组女子重剑团体	3	塘厦
击剑	谢丹逸	女	2011年12月	中山	广东省青少年击剑锦标赛	乙组女子重剑团体	3	塘厦
击剑	廖祖威	男	2011年12月	中山	广东省青少年击剑锦标赛	甲组男子佩剑个人	3	塘厦
击剑	林杨娜	女	2011年12月	中山	广东省青少年击剑锦标赛	乙组女子花剑个人	3	塘厦
击剑	邓淑文	女	2011年12月	中山	广东省青少年击剑锦标赛	乙组女子重剑个人	3	塘厦
击剑	官海娜	女	2011年12月	中山	广东省青少年击剑锦标赛	甲组女子佩剑团体	3	茶山
击剑	吕韬	女	2011年12月	中山	广东省青少年击剑锦标赛	甲组女子佩剑团体	3	南城
击剑	袁诗婷	女	2011年12月	中山	广东省青少年击剑锦标赛	甲组女子佩剑团体	3	东城
击剑	郑淑滢	女	2011年12月	中山	广东省青少年击剑锦标赛	甲组女子佩剑团体	3	谢岗
击剑	蔡婉靖	女	2011年12月	中山	广东省青少年击剑锦标赛	乙组女子花剑团体	3	南城
击剑	蔡炫绫	女	2011年12月	中山	广东省青少年击剑锦标赛	乙组女子花剑团体	3	南城
击剑	林杨娜	女	2011年12月	中山	广东省青少年击剑锦标赛	乙组女子花剑团体	3	塘厦
击剑	罗静怡	女	2011年12月	中山	广东省青少年击剑锦标赛	乙组女子花剑团体	3	塘厦
射箭	李志君	女	2011年11月	广州	广东省青少年射箭锦标赛	甲组团体淘汰赛	1	厚街
射箭	梁华珊	女	2011年11月	广州	广东省青少年射箭锦标赛	甲组团体淘汰赛	1	虎门
射箭	彭爵雅	女	2011年11月	广州	广东省青少年射箭锦标赛	甲组团体淘汰赛	1	虎门
射箭	梁华珊	女	2011年11月	广州	广东省青少年射箭锦标赛	甲组个人淘汰赛	2	虎门
射箭	许锶婷	女	2011年11月	广州	广东省青少年射箭锦标赛	乙组双轮全能团体	2	厚街
射箭	卢诗贤	女	2011年11月	广州	广东省青少年射箭锦标赛	乙组双轮全能团体	2	茶山
射箭	黄嘉仪	女	2011年11月	广州	广东省青少年射箭锦标赛	乙组双轮全能团体	2	塘厦
射箭	莫文静	女	2011年11月	广州	广东省青少年射箭锦标赛	乙组双轮全能团体	2	桥头
射箭	吴泽锐	男	2011年11月	广州	广东省青少年射箭锦标赛	乙组双轮全能团体	2	茶山
射箭	肖文广	男	2011年11月	广州	广东省青少年射箭锦标赛	乙组双轮全能团体	2	塘厦
射箭	叶俊强	男	2011年11月	广州	广东省青少年射箭锦标赛	乙组双轮全能团体	2	塘厦
射箭	卢烨林	男	2011年11月	广州	广东省青少年射箭锦标赛	乙组双轮全能团体	2	东城
射箭	李志君	女	2011年11月	广州	广东省青少年射箭锦标赛	甲组个人淘汰赛	3	厚街
体操	文伟充	男	2011年10月	中山	广东省青少年体操锦标赛	青年组14岁个人全能	1	南城、长安
体操	陈荔	女	2011年10月	中山	广东省青少年体操锦标赛	青年组12岁个人全能	1	莞城
体操	陈思凯	男	2011年10月	中山	广东省青少年体操锦标赛	甲组自由操	1	南城、长安
体操	陈思凯	男	2011年10月	中山	广东省青少年体操锦标赛	甲组鞍马	1	南城 长安

续上表

项目	姓名	性别	时间	地点	比赛名称	小项	名次	输送镇街
体操	陈思凯	男	2011年10月	中山	广东省青少年体操锦标赛	甲组双杠	1	南城 长安
体操	皮鹏	男	2011年10月	中山	广东省青少年体操锦标赛	乙组自由操	1	莞城
体操	皮鹏	男	2011年10月	中山	广东省青少年体操锦标赛	乙组吊环	1	莞城
体操	皮鹏	男	2011年10月	中山	广东省青少年体操锦标赛	乙组单杠	1	莞城
体操	皮鹏	男	2011年10月	中山	广东省青少年体操锦标赛	乙组个人全能	1	莞城
体操	苏永鑫	男	2011年10月	中山	广东省青少年体操锦标赛	青年组13岁个人全能	2	莞城
体操	李可欣	女	2011年10月	中山	广东省青少年体操锦标赛	乙组跳马	2	莞城
体操	陈思凯	男	2011年10月	中山	广东省青少年体操锦标赛	甲组个人全能	2	南城、长安
体操	袁太生	男	2011年10月	中山	广东省青少年体操锦标赛	甲组自由操	2	南城、长安
体操	袁太生	男	2011年10月	中山	广东省青少年体操锦标赛	甲组跳马	2	南城、长安
体操	袁太生	男	2011年10月	中山	广东省青少年体操锦标赛	甲组双杠	2	南城、长安
体操	陈思凯	男	2011年10月	中山	广东省青少年体操锦标赛	甲组单杠	2	南城、长安
体操	陈思凯	男	2011年10月	中山	广东省青少年体操锦标赛	甲组吊环	2	南城、长安
体操	叶龙玉	女	2011年10月	中山	广东省青少年体操锦标赛	甲组(11岁)跳马	2	南城
体操	皮鹏	男	2011年10月	中山	广东省青少年体操锦标赛	乙组跳马	2	莞城
体操	皮鹏	男	2011年10月	中山	广东省青少年体操锦标赛	乙组跳马	2	莞城
体操	袁太生	男	2011年10月	中山	广东省青少年体操锦标赛	男子甲组团体	3	南城、长安
体操	陈思凯	男	2011年10月	中山	广东省青少年体操锦标赛	男子甲组团体	3	南城、长安
体操	袁太生	男	2011年10月	中山	广东省青少年体操锦标赛	甲组个人全能	3	南城、长安
体操	袁太生	男	2011年10月	中山	广东省青少年体操锦标赛	甲组鞍马	3	南城、长安
体操	袁太生	男	2011年10月	中山	广东省青少年体操锦标赛	甲组吊环	3	南城、长安
体操	陈思凯	男	2011年10月	中山	广东省青少年体操锦标赛	甲组跳马	3	南城、长安
体操	叶龙玉	女	2011年10月	中山	广东省青少年体操锦标赛	甲组(11岁)双杠	3	南城
体操	叶龙玉	女	2011年10月	中山	广东省青少年体操锦标赛	甲组(11岁)平衡木	3	南城
体操	林宇	男	2011年10月	中山	广东省青少年体操锦标赛	乙组团体	3	南城、长安
体操	黄冠辉	男	2011年10月	中山	广东省青少年体操锦标赛	乙组团体	3	南城、长安
体操	罗松涛	男	2011年10月	中山	广东省青少年体操锦标赛	乙组团体	3	南城、长安
体操	皮鹏	男	2011年10月	中山	广东省青少年体操锦标赛	乙组团体	3	莞城
体操	覃京辉	男	2011年10月	中山	广东省青少年体操锦标赛	乙组团体	3	莞城
射击	陈佳仪	女	2011年7月	深圳	广东省青少年射击锦标赛	甲组10米气步枪40发	1	长安
射击	陈嘉伟	男	2011年7月	深圳	广东省青少年射击锦标赛	乙组50米步枪60发卧射	1	石碣
射击	蔡浚杰	男	2011年7月	深圳	广东省青少年射击锦标赛	乙组10米气手枪60发团体	1	长安
射击	王子豪	男	2011年7月	深圳	广东省青少年射击锦标赛	乙组10米气手枪60发团体	1	莞城
射击	李潮	男	2011年7月	深圳	广东省青少年射击锦标赛	乙组10米气手枪60发团体	1	长安
射击	戴圣辉	男	2011年7月	深圳	广东省青少年射击锦标赛	乙组25米手枪速射8秒6秒各30发团体	1	外省
射击	郑嘉杰	男	2011年7月	深圳	广东省青少年射击锦标赛	乙组25米手枪速射8秒6秒各30发团体	1	虎门
射击	戴景贤	男	2011年7月	深圳	广东省青少年射击锦标赛	乙组25米手枪速射8秒6秒各30发团体	1	长安
射击	蔡浚杰	男	2011年7月	深圳	广东省青少年射击锦标赛	乙组10米气手枪60发	2	长安
射击	叶建烽	男	2011年7月	深圳	广东省青少年射击锦标赛	乙组10米气步枪60发	2	石碣
射击	叶建烽	男	2011年7月	深圳	广东省青少年射击锦标赛	乙组10米气步枪60发团体	2	石碣

续上表

项目	姓名	性别	时间	地点	比赛名称	小项	名次	输送镇街
射击	陈嘉伟	男	2011年7月	深圳	广东省青少年射击锦标赛	乙组10米气步枪60发团体	2	石碣
射击	叶永辉	男	2011年7月	深圳	广东省青少年射击锦标赛	乙组10米气步枪60发团体	2	石碣
射击	戴圣辉	男	2011年7月	深圳	广东省青少年射击锦标赛	乙组25米手枪速射8秒6秒各30发	3	外省
射击	李嘉荣	男	2011年7月	深圳	广东省青少年射击锦标赛	甲组50米步枪60发卧射	3	中堂
射击	杨凡	男	2011年7月	深圳	广东省青少年射击锦标赛	甲组10米气手枪60发	3	外省
射击	李嘉荣	男	2011年7月	深圳	广东省青少年射击锦标赛	甲组50米步枪3×40发	3	中堂
射击	尹福轩	女	2011年7月	深圳	广东省青少年射击锦标赛	甲组25米手枪30+30发	3	寮步
射击	蔡浚杰	男	2011年7月	深圳	广东省青少年射击锦标赛	乙组50米手枪慢射30发	3	长安
射击	陈佳仪	女	2011年7月	深圳	广东省青少年射击锦标赛	甲组10米气步枪40发团体	3	长安
射击	邓凤娇	女	2011年7月	深圳	广东省青少年射击锦标赛	甲组10米气步枪40发团体	3	桥头
射击	张少芬	女	2011年7月	深圳	广东省青少年射击锦标赛	甲组10米气步枪40发团体	3	大朗
射击	刘蓉蓉	女	2011年7月	深圳	广东省青少年射击锦标赛	乙组10米气步枪40发团体	3	虎门
射击	邓丽桦	女	2011年7月	深圳	广东省青少年射击锦标赛	乙组10米气步枪40发团体	3	桥头
射击	刘凤婷	女	2011年7月	深圳	广东省青少年射击锦标赛			虎门
射击	吴栋梁	男	2011年9月	东莞	广东省青少年射击锦标赛	甲组飞碟多向125靶	1	厚街
射击	李昊	男	2011年9月	东莞	广东省青少年射击锦标赛	甲组飞碟双向125靶	1	厚街
射击	门云凤	女	2011年9月	东莞	广东省青少年射击锦标赛	甲组飞碟多向75靶	1	厚街
射击	李昊	男	2011年9月	东莞	广东省青少年射击锦标赛	甲组飞碟双向125靶团体	1	厚街
射击	王梓明	男	2011年9月	东莞	广东省青少年射击锦标赛	甲组飞碟双向125靶团体	1	厚街
射击	朱博岷	男	2011年9月	东莞	广东省青少年射击锦标赛	甲组飞碟双向125靶团体	1	厚街
射击	吴栋梁	男	2011年9月	东莞	广东省青少年射击锦标赛	男女飞碟多向混合团体	1	厚街
射击	许瀟月	女	2011年9月	东莞	广东省青少年射击锦标赛	男女飞碟多向混合团体	1	厚街
射击	门云凤	女	2011年9月	东莞	广东省青少年射击锦标赛	男女飞碟多向混合团体	1	厚街
射击	杨继亮	男	2011年9月	东莞	广东省青少年射击锦标赛	甲组飞碟多向125靶	2	厚街
射击	许瀟月	女	2011年9月	东莞	广东省青少年射击锦标赛	甲组飞碟多向75靶	2	厚街
射击	曾文吉	男	2011年9月	东莞	广东省青少年射击锦标赛	甲组飞碟双多向150靶	2	清溪
田径	裴苗苗	女	2011年8月	肇庆	广东省青少年田径锦标赛	甲组3000米	1	莞城
田径	卢倩仪	女	2011年8月	肇庆	广东省青少年田径锦标赛	甲组100米栏	1	茶山
田径	裴苗苗	女	2011年8月	肇庆	广东省青少年田径锦标赛	甲组1500米	2	莞城
田径	马玉龙	男	2011年8月	肇庆	广东省青少年田径锦标赛	甲组5000米	3	莞城
田径	卢效祥	男	2011年8月	肇庆	广东省青少年田径锦标赛	甲组400米栏	3	茶山
田径	王乐	女	2011年8月	肇庆	广东省青少年田径锦标赛	甲组3000米	3	莞城
田径	黄云燕	女	2011年8月	肇庆	广东省青少年田径锦标赛	乙组200米栏	3	茶山
田径	黄云燕	女	2011年8月	肇庆	广东省青少年田径锦标赛	乙组400米栏	3	茶山
乒乓球	郑妍冰	女	2011年4月	珠海	广东省第十二届“双鱼”乒协杯青少年乒乓球赛	1998年组女子单打	2	横沥
乒乓球	周莉媛	女	2011年4月	珠海	广东省第十二届“双鱼”乒协杯青少年乒乓球赛	1998年组女子单打	3	横沥

续上表

项目	姓名	性别	时间	地点	比赛名称	小项	名次	输送镇街
乒乓球	吴 丹	女	2011年4月	珠海	广东省第十二届“双鱼”乒协杯青少年乒乓球赛	乙组女子团体	2	横沥
乒乓球	刘龙思	女	2011年4月	珠海	广东省第十二届“双鱼”乒协杯青少年乒乓球赛	乙组女子团体	2	横沥
乒乓球	王 欣	女	2011年4月	珠海	广东省第十二届“双鱼”乒协杯青少年乒乓球赛	乙组女子团体	2	横沥
乒乓球	罗钰鸿	男	2011年4月	珠海	广东省第十二届“双鱼”乒协杯青少年乒乓球赛	乙组男子团体	2	横沥
乒乓球	肖子阳	男	2011年4月	珠海	广东省第十二届“双鱼”乒协杯青少年乒乓球赛	乙组男子团体	2	横沥
乒乓球	刘文宇	男	2011年4月	珠海	广东省第十二届“双鱼”乒协杯青少年乒乓球赛	乙组男子团体	2	横沥
乒乓球	刘龙思	女	2011年4月	珠海	广东省第十二届“双鱼”乒协杯青少年乒乓球赛	2000年组女子单打	1	横沥
乒乓球	刘文宇	男	2011年4月	珠海	广东省第十二届“双鱼”乒协杯青少年乒乓球赛	2000年组男子单打	3	横沥
乒乓球	蒋智能	男	2011年7月	华南理工大学	广东省体育传统项目学校乒乓球锦标赛	男子团体	1	横沥
乒乓球	罗钰鸿	男	2011年7月	华南理工大学	广东省体育传统项目学校乒乓球锦标赛	男子团体	1	横沥
乒乓球	张 涛	男	2011年7月	华南理工大学	广东省体育传统项目学校乒乓球锦标赛	男子团体	1	横沥
乒乓球	蒋 飞	男	2011年7月	华南理工大学	广东省体育传统项目学校乒乓球锦标赛	男子团体	1	横沥
乒乓球	吴 丹	女	2011年7月	华南理工大学	广东省体育传统项目学校乒乓球锦标赛	女子团体	2	横沥
乒乓球	刘龙思	女	2011年7月	华南理工大学	广东省体育传统项目学校乒乓球锦标赛	女子团体	2	横沥
乒乓球	王 欣	女	2011年7月	华南理工大学	广东省体育传统项目学校乒乓球锦标赛	女子团体	2	横沥
乒乓球	朱思冰	女	2011年7月	华南理工大学	广东省体育传统项目学校乒乓球锦标赛	女子团体	2	横沥
乒乓球	刘龙思	女	2011年7月	华南理工大学	广东省体育传统项目学校乒乓球锦标赛	女子单打	1	横沥
乒乓球	蒋智能	男	2011年7月	华南理工大学	广东省体育传统项目学校乒乓球锦标赛	男子双打	1	横沥
乒乓球	罗钰鸿	男	2011年7月	华南理工大学	广东省体育传统项目学校乒乓球锦标赛	男子双打	1	横沥
乒乓球	张 涛	男	2011年7月	华南理工大学	广东省体育传统项目学校乒乓球锦标赛	男子双打	2	横沥
乒乓球	蒋 飞	男	2011年7月	华南理工大学	广东省体育传统项目学校乒乓球锦标赛	男子双打	2	横沥
乒乓球	曹 影	女	2011年12月	顺德	广东省“中国体育彩票杯”青少年乒乓球锦标赛	甲组女子团体	1	横沥
乒乓球	赵 禹	女	2011年12月	顺德	广东省“中国体育彩票杯”青少年乒乓球锦标赛	甲组女子团体	1	横沥
乒乓球	夏之阅	女	2011年12月	顺德	广东省“中国体育彩票杯”青少年乒乓球锦标赛	甲组女子团体	1	横沥
乒乓球	周莉媛	女	2011年12月	顺德	广东省“中国体育彩票杯”青少年乒乓球锦标赛	甲组女子团体	1	横沥
乒乓球	蒋智能	男	2011年12月	顺德	广东省“中国体育彩票杯”青少年乒乓球锦标赛	甲组男子双打	3	横沥
乒乓球	罗钰鸿	男	2011年12月	顺德	广东省“中国体育彩票杯”青少年乒乓球锦标赛	甲组男子双打	3	横沥
乒乓球	夏之阅	女	2011年12月	顺德	广东省“中国体育彩票杯”青少年乒乓球锦标赛	甲组女子双打	2	横沥

续上表

项目	姓名	性别	时间	地点	比赛名称	小项	名次	输送镇街
乒乓球	周莉媛	女	2011年12月	顺德	广东省“中国体育彩票杯”青少年乒乓球锦标赛	甲组女子双打	2	横沥
乒乓球	杨麒琛	男	2011年12月	顺德	广东省“中国体育彩票杯”青少年乒乓球锦标赛	乙组男子团体	2	横沥
乒乓球	张 涛	男	2011年12月	顺德	广东省“中国体育彩票杯”青少年乒乓球锦标赛	乙组男子团体	2	横沥
皮划艇	姜涛	男	2011年12月	肇庆	广东省青少年锦标赛	男子甲组200米单人皮艇	1	虎门
皮划艇	左鹏	女	2011年12月	肇庆	广东省青少年锦标赛	女子乙组200米单人皮艇	1	虎门
皮划艇	左鹏	女	2011年12月	肇庆	广东省青少年锦标赛	女子乙组HEAD TO HEAD K1对抗赛	1	虎门
皮划艇	赵梦	女	2011年12月	肇庆	广东省青少年锦标赛	女子乙组HEAD TO HEAD K1对抗赛	1	虎门
皮划艇	宁林颖	女	2011年12月	肇庆	广东省青少年锦标赛	女子乙组HEAD TO HEAD K1对抗赛	1	虎门
皮划艇	陈玉兰	女	2011年12月	肇庆	广东省青少年锦标赛	女子甲组8000米 K1团体对抗赛	1	虎门
皮划艇	林妙琪	女	2011年12月	肇庆	广东省青少年锦标赛	女子甲组8000米 K1团体对抗赛	1	虎门
皮划艇	王兴雪	女	2011年12月	肇庆	广东省青少年锦标赛	女子甲组8000米 K1团体对抗赛	1	麻涌
赛艇	张海坤	男	2011年11月	肇庆	广东省青少年锦标赛	男子甲组公开级2000米双人双桨	1	虎门
赛艇	张芝中	男	2011年11月	肇庆	广东省青少年锦标赛	男子甲组公开级2000米双人双桨	1	中堂
赛艇	袁麟	男	2011年11月	肇庆	广东省青少年锦标赛	男子乙组公开级8000米单人双桨	1	虎门
皮划艇	姜涛	男	2011年12月	肇庆	广东省青少年锦标赛	男子甲组200米双人皮艇	2	虎门
皮划艇	李辉	男	2011年12月	肇庆	广东省青少年锦标赛	男子甲组200米双人皮艇	2	虎门
皮划艇	周程泽	男	2011年12月	肇庆	广东省青少年锦标赛	男子甲组8000米 K1团体对抗赛	2	麻涌
皮划艇	李辉	男	2011年12月	肇庆	广东省青少年锦标赛	男子甲组8000米 K1团体对抗赛	2	虎门
皮划艇	何树坚	男	2011年12月	肇庆	广东省青少年锦标赛	男子甲组8000米 K1团体对抗赛	2	虎门
皮划艇	江润泽	男	2011年12月	肇庆	广东省青少年锦标赛	男子甲组1000米单人划艇	2	石碣
皮划艇	江润泽	男	2011年12月	肇庆	广东省青少年锦标赛	男子甲组1000米双人划艇	2	高埗
皮划艇	张耿畅	男	2011年12月	肇庆	广东省青少年锦标赛	男子甲组1000米双人划艇	2	高埗
皮划艇	江润泽	男	2011年12月	肇庆	广东省青少年锦标赛	男子甲组200米双人划艇	2	高埗
皮划艇	张耿畅	男	2011年12月	肇庆	广东省青少年锦标赛	男子甲组200米双人划艇	2	高埗
皮划艇	陈玉兰	女	2011年12月	肇庆	广东省青少年锦标赛	女子甲组500米单人皮艇	2	虎门
皮划艇	陈玉兰	女	2011年12月	肇庆	广东省青少年锦标赛	女子甲组200米单人皮艇	2	虎门
皮划艇	黄意琼	女	2011年12月	肇庆	广东省青少年锦标赛	女子甲组HEAD TO HEAD K1对抗赛	2	虎门
皮划艇	林妙璇	女	2011年12月	肇庆	广东省青少年锦标赛	女子甲组HEAD TO HEAD K1对抗赛	2	虎门

续上表

项目	姓名	性别	时间	地点	比赛名称	小项	名次	输送镇街
皮划艇	郭蓓	女	2011年12月	肇庆	广东省青少年锦标赛	女子甲组HEAD TO HEAD K1对抗赛	2	虎门
赛艇	张海坤	男	2011年11月	肇庆	广东省青少年锦标赛	男子甲组公开级2000米单人双桨	2	虎门
赛艇	王金磊	男	2011年11月	肇庆	广东省青少年锦标赛	男子甲组公开级8000米单人双桨	2	虎门
赛艇	王金磊	男	2011年11月	肇庆	广东省青少年锦标赛	男子甲组公开级8000米单人双桨团体	2	虎门
赛艇	袁麟	男	2011年11月	肇庆	广东省青少年锦标赛	男子乙组公开级8000米单人双桨团体	2	虎门
赛艇	黄锐标	男	2011年11月	肇庆	广东省青少年锦标赛	男子乙组公开级8000米单人双桨团体	2	虎门
赛艇	王纪强	男	2011年11月	肇庆	广东省青少年锦标赛	男子乙组公开级8000米单人双桨团体	2	虎门
赛艇	李潼潼	女	2011年11月	肇庆	广东省青少年锦标赛	女子乙组轻量级8000米单人双桨团体	2	万江
赛艇	叶玲彤	女	2011年11月	肇庆	广东省青少年锦标赛	女子乙组轻量级8000米单人双桨团体	2	塘厦
赛艇	韩惠莹	女	2011年11月	肇庆	广东省青少年锦标赛	女子乙组轻量级8000米单人双桨团体	2	中堂
皮划艇	姜涛	男	2011年12月	肇庆	广东省青少年锦标赛	男子甲组1000米单人皮艇	3	虎门
皮划艇	张耿畅	男	2011年12月	肇庆	广东省青少年锦标赛	男子甲组200米单人划艇	3	虎门
皮划艇	林妙琪	女	2011年12月	肇庆	广东省青少年锦标赛	女子甲组200米单人皮艇	3	虎门
皮划艇	吴铭杰	男	2011年12月	肇庆	广东省青少年锦标赛	男子乙组HEAD TO HEAD K1对抗赛	3	道滘
皮划艇	杨子军	男	2011年12月	肇庆	广东省青少年锦标赛	男子乙组HEAD TO HEAD K1对抗赛	3	洪梅
皮划艇	潘奕博	男	2011年12月	肇庆	广东省青少年锦标赛	男子乙组HEAD TO HEAD K1对抗赛	3	麻涌
赛艇	张芝中	男	2011年11月	肇庆	广东省青少年锦标赛	男子甲组公开级2000米单人双桨	3	虎门
赛艇	张海坤	男	2011年11月	肇庆	广东省青少年锦标赛	男子甲组公开级8000米单人双桨	3	虎门
赛艇	张芝中	男	2011年11月	肇庆	广东省青少年锦标赛	男子甲组公开级8000米单人双桨	3	虎门
赛艇	李伟玲	女	2011年11月	肇庆	广东省青少年锦标赛	女子甲组公开级2000米双人单桨	3	虎门
赛艇	叶嘉琪	女	2011年11月	肇庆	广东省青少年锦标赛	女子甲组公开级2000米双人单桨	3	万江
赛艇	黄楚红	女	2011年11月	肇庆	广东省青少年锦标赛	女子甲组轻量级8000米单人双桨团体	3	万江
赛艇	李碧琪	女	2011年11月	肇庆	广东省青少年锦标赛	女子甲组轻量级8000米单人双桨团体	3	大岭山
赛艇	黄洁婷	女	2011年11月	肇庆	广东省青少年锦标赛	女子乙组公开级2000米单人双桨	3	石碣
武术套路	闫利伟	男	2011年8月	珠海	广东省青少年锦标赛	男子甲组长拳全能	1	长安
武术套路	隋瀚娇	女	2011年8月	珠海	广东省青少年锦标赛	女子甲组长拳全能	1	长安
武术套路	王晓慧	女	2011年8月	珠海	广东省青少年锦标赛	女子甲组太极全能	3	长安
武术套路	王蕊芯	女	2011年8月	珠海	广东省青少年锦标赛	女子乙组长拳全能	3	长安
武术套路	赵勇	男	2011年8月	珠海	广东省青少年锦标赛	男子甲乙组南刀、南棍全能	3	东坑
跳水	尤梦娇	女	2011年12月	湛江	广东省少年儿童跳水冠军赛	女子C组跳板	1	长安

续上表

项目	姓名	性别	时间	地点	比赛名称	小项	名次	输送镇街
跳水	陈 晨	男	2011年12月	湛江	广东省少年儿童跳水冠军赛	男子C组全能	1	长安
跳水	陈 晨	男	2011年12月	湛江	广东省少年儿童跳水冠军赛	男子C组素质	1	长安
跳水	岳琪	男	2011年5月	广州伟伦体校	广东省少年跳水冠军赛	男子少年甲组单人十米台	1	长安
跳水	岳琪、文彦翔	男	2011年5月	广州伟伦体校	广东省少年跳水冠军赛	男子少年甲组双人十米台	1	长安
跳水	肖淞耀	男	2011年5月	广州伟伦体校	广东省少年跳水冠军赛	男子少年丙组一米板	1	长安
跳水	肖淞译	男	2011年5月	广州伟伦体校	广东省少年跳水冠军赛	男子少年丙组单人跳台	1	长安
跳水	肖淞耀、肖淞译	男	2011年5月	广州伟伦体校	广东省少年跳水冠军赛	男子少年丙组双人跳台	1	长安
游泳	李韵泽	男	2011年9月	肇庆	广东省青少年游泳锦标赛	男丙400米个人混合泳	1	莞城
游泳	李韵泽	男	2011年9月	肇庆	广东省青少年游泳锦标赛	男丙蛙泳全能	1	莞城
游泳	王 浩	男	2011年9月	肇庆	广东省青少年游泳锦标赛	男丙仰泳全能	1	道滘
游泳	田祖尧	男	2011年9月	肇庆	广东省青少年游泳锦标赛	男甲100米仰泳	1	莞城
游泳	田祖尧	男	2011年9月	肇庆	广东省青少年游泳锦标赛	男甲200米仰泳	1	莞城
游泳	杨 铮	男	2011年9月	肇庆	广东省青少年游泳锦标赛	男乙蝶泳全能	1	道滘
游泳	赵方硕	男	2011年9月	肇庆	广东省青少年游泳锦标赛	男乙自由泳全能	1	道滘
游泳	李乐彤	女	2011年9月	肇庆	广东省青少年游泳锦标赛	女丙800米自由泳	1	莞城
游泳	陆凯悦	女	2011年9月	肇庆	广东省青少年游泳锦标赛	女丙仰泳全能	1	莞城
游泳	吴晓君	女	2011年9月	肇庆	广东省青少年游泳锦标赛	女丙自由泳全能	1	道滘
游泳	叶淑娴	女	2011年9月	肇庆	广东省青少年游泳锦标赛	女甲100米蛙泳	1	道滘
游泳	叶子欣	女	2011年9月	肇庆	广东省青少年游泳锦标赛	女甲100米仰泳	1	道滘
游泳	叶淑娴	女	2011年9月	肇庆	广东省青少年游泳锦标赛	女甲200米蛙泳	1	道滘
游泳	叶子欣	女	2011年9月	肇庆	广东省青少年游泳锦标赛	女甲200米仰泳	1	道滘
游泳	许淑芳	女	2011年9月	肇庆	广东省青少年游泳锦标赛	女甲200米自由泳	1	长安
游泳	李海玲	女	2011年9月	肇庆	广东省青少年游泳锦标赛	女甲组200米蝶泳	1	中堂
游泳	孙悦雯	女	2011年9月	肇庆	广东省青少年游泳锦标赛	女乙200米蝶泳	1	莞城
游泳	孙悦雯	女	2011年9月	肇庆	广东省青少年游泳锦标赛	女乙蝶泳全能	1	莞城
游泳	田祖尧	男	2011年9月	肇庆	广东省青少年游泳锦标赛	男甲4×100米自由泳接力	1	莞城
游泳	张熙	男	2011年9月	肇庆	广东省青少年游泳锦标赛	男甲4×100米自由泳接力	1	莞城
游泳	黄鹏锋	男	2011年9月	肇庆	广东省青少年游泳锦标赛	男甲4×100米自由泳接力	1	道滘
游泳	吴宇斌	男	2011年9月	肇庆	广东省青少年游泳锦标赛	男甲4×100米自由泳接力	1	道滘
游泳	许淑芳	女	2011年9月	肇庆	广东省青少年游泳锦标赛	女甲4×100米自由泳接力	1	长安
游泳	李 嫣	女	2011年9月	肇庆	广东省青少年游泳锦标赛	女甲4×100米自由泳接力	1	中堂
游泳	张卓亚	女	2011年9月	肇庆	广东省青少年游泳锦标赛	女甲4×100米自由泳接力	1	道滘
游泳	叶子欣	女	2011年9月	肇庆	广东省青少年游泳锦标赛	女甲4×100米自由泳接力	1	道滘
游泳	武璟璇	女	2011年9月	肇庆	广东省青少年游泳锦标赛	女甲4×100米混合泳接力	1	莞城
游泳	叶淑娴	女	2011年9月	肇庆	广东省青少年游泳锦标赛	女甲4×100米混合泳接力	1	道滘

续上表

项目	姓名	性别	时间	地点	比赛名称	小项	名次	输送镇街
游泳	叶子欣	女	2011年9月	肇庆	广东省青少年游泳锦标赛	女甲4×100米混合泳接力	1	道滘
游泳	许淑芳	女	2011年9月	肇庆	广东省青少年游泳锦标赛	女甲4×100米混合泳接力	1	长安
游泳	陆凯悦	女	2011年9月	肇庆	广东省青少年游泳锦标赛	女丙4×100米混合泳接力	1	莞城
游泳	黄淑晶	女	2011年9月	肇庆	广东省青少年游泳锦标赛	女丙4×100米混合泳接力	1	道滘
游泳	蔡俐蕾	女	2011年9月	肇庆	广东省青少年游泳锦标赛	女丙4×100米混合泳接力	1	莞城
游泳	吴晓君	女	2011年9月	肇庆	广东省青少年游泳锦标赛	女丙4×100米混合泳接力	1	道滘
游泳	田祖尧	男	2011年12月	广州	广东省青少年游泳冠军赛	100米仰泳	1	莞城
游泳	田祖尧	男	2011年12月	广州	广东省青少年游泳冠军赛	200米仰泳	1	莞城
游泳	张 熙	男	2011年12月	广州	广东省青少年游泳冠军赛	800米自由泳	1	莞城
游泳	赵方硕	男	2011年12月	广州	广东省青少年游泳冠军赛	200米自由泳	1	道滘
游泳	赵方硕	男	2011年12月	广州	广东省青少年游泳冠军赛	800米自由泳	1	道滘
游泳	李昀泽	男	2011年12月	广州	广东省青少年游泳冠军赛	100米蛙泳	1	莞城
游泳	李昀泽	男	2011年12月	广州	广东省青少年游泳冠军赛	200米蛙泳	1	莞城
游泳	王 浩	男	2011年12月	广州	广东省青少年游泳冠军赛	100米仰泳	1	道滘
游泳	王 浩	男	2011年12月	广州	广东省青少年游泳冠军赛	200米仰泳	1	道滘
游泳	吴 宇	女	2011年12月	广州	广东省青少年游泳冠军赛	200米仰泳	1	长安
游泳	李海玲	女	2011年12月	广州	广东省青少年游泳冠军赛	200米蝶泳	1	道滘
游泳	叶淑娴	女	2011年12月	广州	广东省青少年游泳冠军赛	100米蛙泳	1	道滘
游泳	叶淑娴	女	2011年12月	广州	广东省青少年游泳冠军赛	200米蛙泳	1	道滘
游泳	孙悦雯	女	2011年12月	广州	广东省青少年游泳冠军赛	100米蝶泳	1	莞城
游泳	孙悦雯	女	2011年12月	广州	广东省青少年游泳冠军赛	200米蝶泳	1	莞城
游泳	陆凯悦	女	2011年12月	广州	广东省青少年游泳冠军赛	100米仰泳	1	莞城
游泳	陆凯悦	女	2011年12月	广州	广东省青少年游泳冠军赛	200米仰泳	1	莞城
游泳	李乐彤	女	2011年12月	广州	广东省青少年游泳冠军赛	800米自由泳	1	莞城
游泳	蔡俐蕾	女	2011年12月	广州	广东省青少年游泳冠军赛	200米蝶泳	1	莞城

第四批东莞市荣誉市民名单

序号	中文名	国籍	企业名称	职务	个人简介及事迹
1	邝准	中国香港	东莞创纪房地产开发有限公司	董事长	香港新鸿基地产发展有限公司执行董事及康业控股有限公司主席，掌管十多家附属公司。2009年与东莞市石龙房地产公司达成协议，于石龙镇开发房地产项目，任东莞创纪房地产开发有限公司董事长，在莞实际投资超6000万美元。此外，邝准热心慈善和公益事业，是广州市荣誉市民、花都区荣誉市民、中华海外联谊会名誉理事。
2	钟剪	中国香港	米亚精密金属科技（东莞）有限公司	董事长	米亚精密金属科技（东莞）有限公司成立于2007年10月，注册资本为3100万港元，经过2010年增资后为10.16亿港元。2010年公司出口总值2.8亿元。
3	宋恭源	中国台湾	光宝电子（东莞）有限公司	董事长	宋恭源任光宝电子(东莞)、旭丽电子(东莞)、东莞石碣旭基电子、东莞旭福计算机有限公司、东莞致通电脑、东莞致力电脑有限公司等公司董事长职务。光宝电子集团在莞投资超1.2亿美元。同时，他是美国南加州大学工学院校务委员会委员，台湾交通大学和台北科技大学荣誉博士，第十四批广州市荣誉市民。

续上表

序号	中文名	国籍	企业名称	职务	个人简介及事迹
4	黄显雄	中国台湾	东莞万士达液晶显示器有限公司	董事长	黄显雄于1995年4月在莞投资设立东莞万士达液晶显示器有限公司，注册资金为6.3亿港元，有员工2万余人，2010年公司收入41亿元，缴税费5000余万元，为东莞出口和就业作出重大贡献。2010年7月，在松山湖科技产业园创立东莞联胜液晶显示器有限公司，预计投资19亿元。
5	冈本直美	日本	东莞嘉财电业制造厂	总经理	冈本直美是东莞嘉财电业制造厂总经理。东莞嘉财电业制造厂位于大岭山镇机械工业区，是船井电机（香港）有限公司旗下企业之一。冈本直美既是企业管理人员，也是研究人员，参与研究录像机、DVD机、刻录DVD机、蓝光DVD机的技术开发。任总经理期间，东莞嘉财电业制造厂连续三年被大岭山镇表彰为“十大出口大户”企业。
6	弗朗索瓦	法国	伟创力集团	全球运营总裁	弗朗索瓦是伟创力集团全球运营总裁。公司位于大岭山镇，在莞投资近8000万美元。伟创力集团在中国已有40家工厂及研发中心，东莞厂区在弗朗索瓦的带领下生产规模不断扩大，已发展成年出口额2亿多美元的出口大户，员工近万人。
7	范继良	中国香港	东莞宏威数码机械有限公司	董事	范继良是东莞宏威数码机械有限公司董事，1999年12月起在宏威集团任执行主席兼行政总裁。作为宏威集团的主要创始人，带领公司快速发展成为全球第二大光盘设备供应商。作为高科技企业，该公司多年来获得省、市多个荣誉奖项，其中2009年被市政府授予“外资企业升级转型奖”，省科技厅评为省“百强创新型企业培育工程”示范企业，2010年获市政府评为“东莞市2010—2012工业龙头企业”等。
8	李明顺	中国台湾	东莞李洲电子科技有限公司	董事长	李明顺在1990年在谢岗成立东莞李洲电子科技有限公司，2003年又成立东莞洲磊电子有限公司，均是在研发和生产大型LED项目，2009年东莞李洲电子科技有限公司取得“粤港关键领域重点突破项目（东莞专项）招标”的资格，并通过国家级“高新科技企业”认定。2010年11月与松山湖科技产业园签订投资协议，在5—8年内投资60亿元建设大型LED项目。
9	郭台强	中国台湾	富港电子（东莞）集团	董事长	1997年在东莞投资，先后创建富港电子（东莞）有限公司、东莞富强电子有限公司、富士林电子（东莞）有限公司、东莞东坑富港电子制品厂等4家公司，投资总额2.88亿美元，实际注册资本1.60亿美元。富港电子（东莞）有限公司是东坑龙头企，被黄埔海关评为AA类企业，2010年累计纳税6650万元，为东坑镇纳税第一名。2011年获市政府授予外资企业杰出贡献奖。
10	陈亨利	中国香港	东莞联泰制衣有限公司	法人代表	陈亨利是香港上市公司联泰控制股有限公司首席执行总裁，并于1998年在东莞市凤岗镇金凤凰开发区成立东莞联泰供应链城，占地面积230亩。东莞联泰制衣有限公司是最有代表性的服装生产商之一，陈亨利亦曾代表纺织制衣业界被总理温家宝接见。
11	永守重信	日本	日本电产（东莞）有限公司	社长	永守重信是日本电产株式会社社长。日本电产（东莞）有限公司是日本电产株式会社下属的中国大陆全资子公司，该公司位于东莞市长安镇，主要从事务机用电机、超精密光驱电机和微型电机等生产，服务的客户包括佳能、索尼、松下、富士施乐、美能达、爱普生等多家世界顶级公司。2009年纳税近5800万元。
12	小林兼男	日本	东莞航天电子有限公司	法人代表	小林兼男是日本饭田通商集团会长，东莞航天电子有限公司法人代表。1992年开始投资东莞，航天电子有限公司投资总额达4亿港元，员工3000人，年销售额达80亿元，2009年纳税达1.5亿元，为东莞市前十名。
13	金子元昭	日本	东莞信浓马达有限公司	董事长	金子元昭是东莞信浓马达有限公司董事长，该公司是凤岗镇大型企业，2008年度的纳税额为4900万元，2009年度纳税近4000万元，2010年度的纳税额1.06亿元。该公司被东莞市人民政府认定为2007年度东莞市工业龙头企业和2008年度东莞市信息产业百强企业。2008年，该公司向汶川地震灾区捐款50万元，2010年向青海玉树地震灾区捐款30万元。

续上表

序号	中文名	国籍	企业名称	职务	个人简介及事迹
14	谭少波	中国香港	虎门华悦实业投资有限公司	董事长	谭少波是虎门华悦实业投资有限公司董事长，该公司成立于1995年2月，注册资本1100万元。后投资166万美元在万江区共联社区莲子坊兴建东莞市南华国际酒店有限公司。谭少波是东莞市十一届政协委员、香港东莞市虎门同乡总会会长、东莞市虎门民营商会副会长。谭少波十分热心公益事业，1996—1998年捐款虎门镇金洲北坊村、东莞市太平中学、东莞市太平中学教学设备款114万元；2005年捐赠东莞市威远职业高级中学教学设备100万元；2006年捐赠太平敬老院、威远职业高级中学、金洲学校教育基金及万江龙船活动96.2万元，2007年捐赠虎门中学成立教育基金、威远职业高级中学设备款458.8万元。历年捐赠合计1056万元。
15	费尔南多.穆尼奥斯.柏纳尔（高飞）	哥伦比亚	香港永通管理有限公司代表处	首席执行官	高飞是（香港）永通管理有限公司代表处首席执行官，2005年，参与中欧工商联盟合作撰写的“中国东莞制造”的编辑与定稿工作。2006年，担任东莞市创建国际花园城市领导小组办公室的高级顾问 ，主要负责各类材料的审核和校对。高飞十分关心和支持东莞的各项事业。2006年，高飞发现东莞道路上一些交通用语存在不少谬误的英文书写，他决定要利用上下班时间在各个道路上“找茬”；2007年，高飞开始行动穿越大街小巷，用相机拍下翻译错误和措辞不标准的路牌，经过一年多的努力，高飞拍下了数十张照片，集成《东莞路标常见问题及建议解决办法》，先后两次上交相关部门，并得到交通局的积极回应以及市领导的肯定和赞扬。
16	高曼	德国	广东东阳光药业有限公司	首席科学家	高曼从2005年起任职于广东东阳光药业有限公司，是该公司研究院首席科学家，102项目首席合成专家。他于1979年进入德国拜尔公司工作，先后从事心血管及代谢疾病的研发工作，后致力于抗病毒、抗细菌先导化合物的筛选，发现具有新作用机制的抗HBV病毒的药物，拥有数十个专利。
17	李泽湘	中国香港	东莞华中科技大学制造工程研究院	教授	李泽湘毕业于美国加利福尼亚大学伯克利分校，任香港科技大学自动化技术中心主任，为东莞华中科技大学制造工程研究院引进的广东省首批创新科研团队的带头人，创建国际运动控制与先进装备技术中心。李泽湘是香港研究资助局成员之一，也是中国国家自然科学基金委的海外成员。致力于加强海外尤其是香港和大陆科研单位、企业之间的合作，注重技术的产业化。他是固高科技有限公司的创始人、董事长，该公司是中国第一家从事运动控制器研发的公司。李泽湘作为海外杰出创新人才，为广东省引进的首批十二个创新科研团队之一的带头人，在东莞松山湖建立国际运动控制与先进装备技术中心，开展运动控制技术推广及产业化、工业机器人产业化、先进装备技术研究等工作，已在松山湖注册一家从事LED高端设备的高科技公司。
18	张 洁	中国（旅日华侨）	广东日系企业管理顾问有限公司	董事长	张洁一直致力于东莞投资环境的宣传推介和对在莞投资的日资企业的服务。在日本主要城市举办各种形式的东莞投资环境推介会、演讲活动19次，与日本30多家主要新闻媒体保持密切联系，利用日本主要新闻媒体大篇幅宣传报道东莞，前后接受日本经济日报、日本经济周刊、NHK等主要新闻媒体采访报道25次，在日本各地举办东莞投资环境参加展示会8次，提升东莞在日本商界的知名度。长期来注重加强与日本投资促进机构合作，与日本贸易振兴机构、各地政府机关、250余家银行建立联络窗口。吸引众多投资机构、企业集团前来东莞市考察投资环境和洽商投资，组织联络60余个日本客商团体来莞投资考察，引进近百家日资企业落户东莞，其中有先锋、三洋半导体、日本电产等日本著名企业。定期在日本、东莞举行业务政策宣讲会、一对一洽谈。协助市政府拜访知名日资企业的日本总社。鉴于日本企业来莞投资后由于对中国的政策不了解、中日文化差异等原因面临诸多问题，2000年3月，张洁在东莞成立广东日系企业管理顾问有限公司，作为政府与日资企业的沟通桥梁，专门为投资东莞的日资企业提供咨询顾问服务，为在莞日资企业排忧解难。自成立以来，已为200多家日资企业提供服务，其中包括先锋、广濑、饭田通商、星电、欧姆龙、富士施乐、日立化成、日东电工、京滨、NSK等著名企业。

续上表

序号	中文名	国籍	企业名称	职务	个人简介及事迹
19	赵泰来	英国		香港理工大学名誉院长，宝墨园、南粤苑永远荣誉院长	赵泰来是旅英华侨，是近代著名外交家伍廷芳的外曾孙，为著名画家、收藏家、鉴赏家、慈善家，广州番禺宝墨园、南粤苑永远荣誉院长。他先后向中国历史博物馆、新华社书画院、广州市美术馆和广州市艺博院等捐赠6万多件古代艺术珍品，总价值超过8亿元。他先后两次荣获世界杰出华人奖，2008年被评为首届中国文化遗产保护十大年度杰出人物。2011年，赵泰来在得知虎门将兴建大型中国近代史主题公园后，旋即做出捐赠决定，以支持家乡文化事业的发展，并于5月与虎门镇签订捐赠和永久送展一批珍贵艺术藏品协议书。
20	卢济生	澳大利亚		澳洲墨尔本东莞同乡会创会会长	卢济生是金马旅游、信贷、房产有限公司董事长，金马留学中心董事长，是澳洲墨尔本东莞同乡会创会会长，澳洲医学保健中心主席，2006年入选澳洲百年名人录，任澳洲MOARH大学高级研究员、广州医科大学荣誉教授。卢济生坚持不懈地从事糖尿病与动脉硬化、食物与心血管疾病、抗氧化维生素与心血管疾病及慢性退行性疾病的研究，先后获医学博士和力学博士，1994年获太平绅士衔。卢济生还热心公益和为为华人社区服务，国庆50周年大典时曾受国务院侨办邀请到天安门观礼。2005年被英女皇颁授OAM勋衔。
21	叶焕荣	英国		英国东莞同乡会创会会长	叶焕荣是英国惠东宝同乡会永远荣誉会长，英国富豪榜的第一位华人。是英国最大华人企业荣业行的创办人。荣业行在英国最主要的三大城市、伯明翰、曼彻斯特，拥有4家连锁超市，雇员超过300人，为英国2000多家中餐馆和零售店提供商品，年营业额7000万英镑。同时，荣业行专门设立了“叶焕荣兄弟助学金”，资助经济困难的华人优秀学子攻读英国高校，还与英国剑桥大学丘吉尔学园联合设立“叶焕荣中国院士基金”，资助中国科学院和中国工程院院士以及“长江学者”到剑桥大学开展学术研究。叶焕荣还是伯明翰城市大学商业荣誉博士，获颁发英国OBE勋衔。
22	苏隆德	中国台湾	富全(东莞)物流有限公司	董事总经理	苏隆德是富全(东莞)物流有限公司董事总经理，大麦客商贸有限公司独立董事。配合东莞市政府，建设新兴物流城市，推动现代物流观念，参与虎门港B型保税物流中心的规划、牵头虎门港与台湾基隆港、高雄港双边合作、擘划两岸新航线、整合台商进出口物流量，以带动虎门港发展，并为后ECFA两岸经济发展奠定对接基础。配合东莞台资企业投资协会，协助成立转型升级联合办公室。创立富全东莞物流公司、筹组大麦客总合型商贸公司，以响应东莞市政府推动现代服务业。
23	林志猛	中国台湾	金茂建设有限公司	副董事长	林志猛任东莞市台商投资企业协会监事长、东莞乔丰徽章礼品有限公司董事长、台湾达纬实业有限公司董事长、东莞台商子弟学校董事、金茂建设有限公司（台商大厦）副董事长、大麦客商贸有限公司董事、黄埔海关驻凤岗办事处义务监督员、政协东莞市委员会特聘委员。于1991年到东莞投资办厂以来,积极加强台商与政府的沟通，协助台商了解国内法令法规，同时为了解决台商子女教育问题，捐款赞助成立东莞台商子弟学校并担任学校创校首任董事会董事。
24	邱全成	中国台湾	东莞桥霖塑胶制品有限公司	董事长	邱全成是东莞桥霖塑胶制品有限公司董事长，东莞台商协会第二、三届常务理事，第四、五届副会长，第六、七届常务副会长，第八届监事长，东莞台商协会桥头分会会长。担任协会第八届监事长期间，对协会的会务及财务各方面都发挥积极的监督作用。他热心公益，多次捐款捐物，并动员广大会员参与。
25	陈益林	中国香港	东莞市外商投资协会	常务副会长	陈益林是远东纽扣集团主席，东莞市外商投资企业协会常务副会长兼秘书长。他积极与市政府及各职能部门沟通交流，协助会员企业反映意见和诉求，尽心尽力为外资企业解决在经营过程中遇到的困难和问题。同时，推动莞港两地交流合作，为东莞企业升级转型服务，坚定外资企业在莞扎根发展，对东莞经济发展做出显著贡献。

续上表

序号	中文名	国籍	企业名称	职务	个人简介及事迹
26	黄日荣	中国香港	东莞市外商投资协会	常务副会长	黄日荣是东莞外商信用担保有限公司监事长，东莞均兴金属制品有限公司董事长，市外商协会常务副会长兼财务总监。黄日荣于1979年开始在东莞道滘投资设厂，在莞投资经营超过30年。他积极与市政府及各职能部门沟通交流，协助会员企业反映意见和诉求，尽心尽力为外资企业解决在经营过程中遇到的困难和问题。同时，大量推动莞港两地交流合作，为东莞企业升级转型服务，坚定外资企业在莞扎根发展，对东莞经济发展做出显著贡献。
27	徐祥龄	中国香港		横沥镇隔坑社区服务中心创办人	徐祥龄是东莞市横沥镇隔坑社区服务中心创办人、总干事。1963年正式从事社会工作，致力于边缘青少年工作的发展，获得香港“外展之父”之称。1997年香港回归后，徐祥龄利用自己的退休积蓄，成立中国首家为农民工服务的非营利机构——东莞市横沥镇隔坑社区服务中心。拥有会员2000多人，资助超过900人次的新莞人子女，受惠的新莞人超过10万人次。在多年的服务过程中，徐祥龄创建的东莞横沥隔坑社区服务中心在社工人才培养、社工专业服务等方面做了大量卓有成效的工作，为当地社会工作的发展起到重要的标杆作用，产生巨大的示范效应。2009年获得中国社会工作年度十大人物，2010年度该中心获得“全国先进社区服务中心”称号。
28	冯立中	中国香港	东莞标检研发中心	总裁	冯立中是香港标准及检定中心总裁，东莞标检产品检测有限公司东莞标检研发中心有限公司总裁。香港标准及检定中心于东莞设立第一间独立、非牟利的产品检测中心——东莞标检产品检测有限公司，并于2008年开幕，服务包括：测试服务、检验服务、认证服务以及技术服务。
29	张细	中国香港	东莞海龙美发用品有限公司	香港东莞同乡会永远荣誉会长	张细是我国农村第一家“三来一补”企业——龙眼发具厂的创办人，2002年他投资成立东莞海龙美发用品有限公司，投资总额4500万元，生产和销售假发、美发用品、美发小电器、假人头，为东莞改革开放和吸引外资作出了较强的示范效应。1997年，香港虎门同乡总会成立，任同乡会的主席，后换届时推举为会长，担任会长至2007年。2007年至2010年又担任香港东莞同乡总会会长，在参加社团活动中，为东莞同乡会的经费捐助共约300万元。作为社团首领，为民间与镇府之间架起桥梁，促进双方的交流与合作，加强莞港合作，做出重要贡献。
30	黎兆强	中国香港	德永佳集团	法人代表	黎兆强是东莞德永佳纺织制衣有限公司的法人代表。在黎兆强领导下，该公司从传统纺织企业成功转型为国内生产技术最为先进、生产规模宏大、技术设备先进、产品品种丰富、产品质量长期稳定、生产能耗最低的全球领先针织面料生产企业。黎兆强非常关心与支持慈善事业：2008年为“5·12”汶川大地震灾区捐款200万元，2006为麻涌镇创建省教育强镇捐资220万元，在每年“广东扶贫济困日”活动中都捐款20万元等；关心社会、热心教育，累计为教育、救灾、助学等捐款600多万元。
31	梁仲铭	中国香港	龙昌国际控股有限公司	董事总经理	梁仲铭是东莞龙昌数码科技有限公司董事总经理，市外商协会常平分会会长，市玩具协会名誉会长。龙昌是玩具行业代表，2005年获“广东玩具业发展杰出贡献奖”，曾连续三年获“中国玩具协会杰出企业家”称号。此外，他为常平引进多家海外企业，其中2009年引进全球最大办公家具制造商之一世楷家具，引进新加坡优佳科技（香港）有限公司和日本EPOCH有限公司等。同时，他团结外商，为外商协会和常平的经济繁荣作出积极贡献。
32	邱郁盛	中国台湾	华科电子有限公司	法人代表	邱郁盛是华科电子有限公司董事长。该公司投资总额达2.7亿美元，注册资本达1.04亿美元。2010年，出口创汇达18.7亿元，纳税逾千万元。2009年，成立东莞华汇贸易有限公司，主营新型电子元器件销售。2010年，还在莞设立研发中心，并成立广东省地区总部，扎根东莞，为东莞经济发展贡献力量。

续上表

序号	中文名	国籍	企业名称	职务	个人简介及事迹
33	中根伸芳	日本	先锋高科技（东莞）有限公司	法人代表	中根伸芳是先锋高科技（东莞）有限公司董事长兼总经理，是东莞外商协会副会长，黄埔海关协会副会长。该公司注册资金3600万美元，投资总额达到9000万美元，主要生产DVD刻录机、DVD光碟机、DVD光学读写头及其他精密光电器件。DVD产品占国际市场份额10%，全球排名第三位。该公司还拥有PIONEER、SHARP等自主品牌。2009年4月获评东莞市国税局出口退（免）税信用A级企业，2010年7月获评广东省国税、地税局2008—2009年度纳税信用A级企业，2010年获评海关总署AA类企业，2011年获市政府外资企业转型升级奖。
34	狄可为	瑞士	东莞雀巢有限公司	法人代表	狄可为是雀巢大中华区董事长兼行政总裁、东莞雀巢有限公司法人代表。东莞雀巢有限公司成立于1988年10月，由位于东莞南城的雀巢咖啡厂和位于东莞茶山的美极厂2家生产工厂组成。东莞雀巢咖啡工厂是世界高标准的一流的咖啡加工厂之一。美极厂生产美极鲜味汁、鸡粉、汤料等烹调调味产品及冷冻产品。雀巢在中国内地销售的产品中，98%在本地制造。
35	李廷赞	韩国	东莞三星视界有限公司	总经理	李廷赞是东莞三星视界有限公司总经理，东莞外商协会理事。东莞三星视界有限公司是世界500强企业韩国三星集团的子公司，是世界上最大的显像管生产商，成立于1997年12月，专业生产UG、UK等多型号的液晶显示片（LCD），CPT、CDT小型NS电子枪，以及锂离子电池。公司占地面积13万平方米，员工4000余名。先后获得厚街镇和东莞市政府颁发的“科技先进单位”、“科技进步先进单位”、“安全生产工作先进单位”等称号。
36	川村诚	日本	日本京瓷株式会社	会长	川村诚是日本京瓷株式会社会长。京瓷集团是从事精密陶瓷工业元器件、光学仪器、通讯设备等领域的产品开发、制造的世界500强公司，同时也是最早与东莞发展友好合作关系的外资企业之一。成立于1987年的石龙粤龙光学制造厂是京瓷集团在东莞投资的首家企业，也是石龙镇首家日资来料加工厂。经过历次增资扩产，生产涉及多个领域。1996年7月，成立东莞石龙京瓷光学有限公司，主要生产YASHICA高级相机及其他照相器材。1999年，京瓷美达公司的尖端数码科技产品、数码复印机投产成功，截至2011年，京瓷集团在东莞成立6家企业，投资总额超亿美元。

第十届东莞市十大杰出青年

姓名	性别	年龄	籍贯	政治面貌	学历	职称	工作单位	职务	授予时间
王虹虹	女	22	江西赣州	中共党员			虹虹动漫工作室	负责人	2011年7月
叶惠明	男	38	东莞大朗	中共党员	在职研究生		中共大朗镇委	委　员	2011年7月
朱芳雨	男	27	广西柳州		本　科		广东宏远篮球俱乐部有限公司	运动员	2011年7月
刘彦慧	男	40	河南清丰	民革党员	博　士	主任技师	东莞市妇幼保健院	优生遗传中心负责人	2011年7月
陈国铨	男	39	惠州博罗		本　科		东莞市国铨学生接送站	负责人	2011年7月
黄凤琴	女	39	东莞常平	中共党员	硕士研究生		东莞市中级人民法院	刑事审判第二庭庭长	2011年7月
黄奇珍	女	39	河源东源		专　科	会计师	东莞市以纯集团有限公司	董事长助理	2011年7月
曾　伟	男	39	河源龙川	中共党员	在读博士		广东百分百实业集团公司	董事长	2011年7月
曾宪平	男	29	江西吉安	中共党员	大专 在职硕士	工程师	广东生益科技股份有限公司	研发组长	2011年7月
谢门才	男	39	河源和平	中共党员	本　科		虎门镇教育办公室	艺术辅导员	2011年7月

经济社会统计资料 ECONOMIC AND SOCIAL STATISTICS

洪梅镇

2011年东莞市国民经济和社会发展统计公报

2011年，在市委、市政府的坚强领导下，全市上下深入贯彻落实科学发展观，全面实施《珠江三角洲地区改革发展规划纲要》，深入推进经济社会双转型，切实抓好结构调整等工作，确保了东莞经济平稳增长，呈现出城市综合实力稳步增强、产业结构持续优化、人民生活不断改善、社会事业全面进步的良好局面。

一、经济发展

经济总量

初步核算，2011年东莞生产总值（GDP）4735.39亿元，比上年增长8.0%。分产业看，第一产业增加值17.71亿元，下降0.4%；第二产业增加值2377.40亿元，增长6.8%；第三产业增加值2340.28亿元，增长9.3%。三大产业比例为0.4：50.2：49.4。从经济类型看，公有制经济增加值1171.94亿元，增长4.1%，占全市生产总值的24.7%；民营经济增加值1773.48亿元，增长10.8%，占37.5%；外资经济增加值1789.98亿元，增长7.9%，占37.8%。在第三产业中，交通运输、仓储和邮政业增长14.5%，批发和零售业增长8.0%，住宿和餐饮业增长6.1%，金融业下降0.8%，房地产业增长6.6%，其他服务业增长12.8%。人均地区生产总值57470元，增长5.4%。

全年来源于东莞的财政收入838.52亿元，增长16.2%。市财政一般预算收入313.06亿元，增长18.3%。其中增值税71.93亿元，增长14.8%；营业税45.33亿元，增长18.6%；企业所得税26.59亿元，增长18.2%；个人所得税11.20亿元，增长21.3%；城市维护建设税22.14亿元，增长94.5%；房产税10.63亿元，增长14.6%；契税23.06亿元，增长23.3%。市财政一般预算支出351.92亿元，增长21.4%。其中，一般公共服务支出32.62亿元，公共安全支出47.83亿元，教育支出83.23亿元，科学技术支出

2011年分行业固定资产投资额情况

行　业	投资额（万元）	增长（%）
总计	10797662	8.1
农、林、牧、渔业	5994	387.7
制造业	3023124	9.3
电力、燃气及水的生产和供应业	487845	-28.3
建筑业	1468	-25.6
交通运输、仓储和邮政业	1111422	-8.6
信息传输、计算机服务和软件业	199193	0.9
批发和零售业	264068	79.2
住宿和餐饮业	46117	-50.7
金融业	19395	-18.3
房地产业	4040535	18.2
租赁和商务服务业	74593	66.0
科学研究、技术服务和地质勘查业	77528	-16.0
水利、环境和公共设施管理业	1007314	48.5
居民服务和其他服务业	17109	-24.9
教育	235049	12.9
卫生、社会保障和社会福利业	73711	-46.5
文化、体育和娱乐业	70148	-36.4
公共管理和社会组织	42529	-70.9

2005—2011年居民消费价格总指数（上年=100）

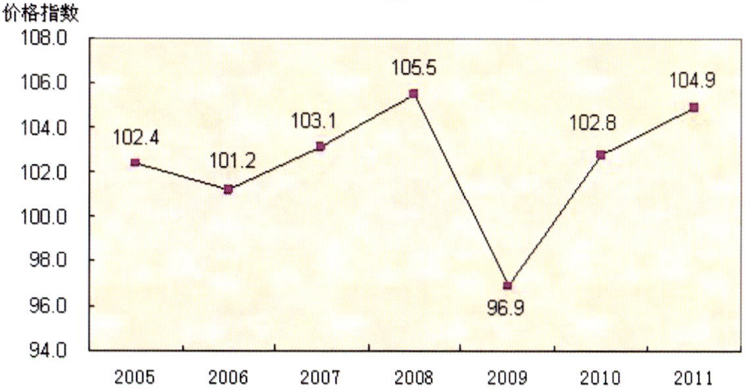

2005—2011年地区生产总值及增长速度

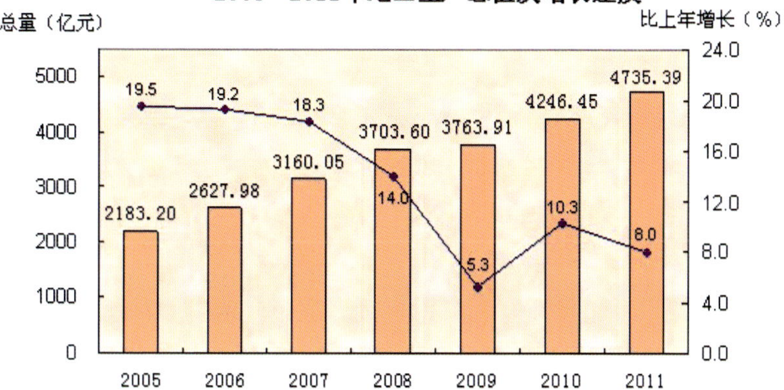

18.14亿元，文化体育与传媒支出14.31亿元，社会保障和就业支出24.38亿元，医疗卫生支出13.79亿元，节能环保支出22.81亿元，城乡社区事务支出29.74亿元，农林水事务支出18.04亿元，交通运输支出25.28亿元。全年全市税收总额843.57亿元，增长17.9%。其中国税523.41亿元，增长19.1%；地税（含耕地占用税和契税）320.16亿元，增长16.0%。

转型升级

加快加工贸易转型升级，出台了“全国加工贸易转型升级试点城市”建设工作方案，支持企业引进先进技术、优化生产模式、拓展内销市场；出台了《外经贸转变增长方式“十个100”计划实施方案》和《关于进一步加强对外招商引资工作的指导意见》；召开“全市推进外经贸稳增长调结构促平衡工作会议”，并出台28条措施，明确了以市镇两级企业收费减负、融资支持以及五年转型升级扶持资金为重点的财政支持，连续三年每年增设2亿元促进口资金等。全年有1122家来料加工企业转为法人企业，累计转型企业超过3500家，上规模来料加工企业基本实现转型。全市新增外资企业研发机构202家，增加52家；其中，外资企业研发中心14个，增加5个。全年新签、增资及实际到资超千万美元项目156宗，增加29宗。启动实施“686”民营企业上市梯度培育工程，建立市一级民营企业上市后备企业资源库。认定首批资源库企业68家，推荐其中10家成为第四、五批上市后备企业，推动3家企业成功上市。加强内资引进，全年引进内资项目643宗，协议投资金额427.53亿元，实际投资金额285.96亿元。区域自主创新能力进一步提升。在高端电子信息、半导体照明和太阳能光伏3个领域开展2011年粤港招标东莞专项工作，立项5个，资助5000万元。

固定资产投资

全年固定资产投资1079.77亿元，增长8.1%。按登记注册类型分，国有经济投资124.35亿元，下降23.3%，占固定资产投资总额的11.5%；集体经济投资122.37亿元，下降1.4%，占11.3%；民营经济投资460.07亿元，增长17.7%，占42.6%；外商及港澳台商投资220.29亿元，增长12.9%，占20.4%。

在固定资产投资总额中，房地产开发投资373.76亿元，增长25.0%。从产业

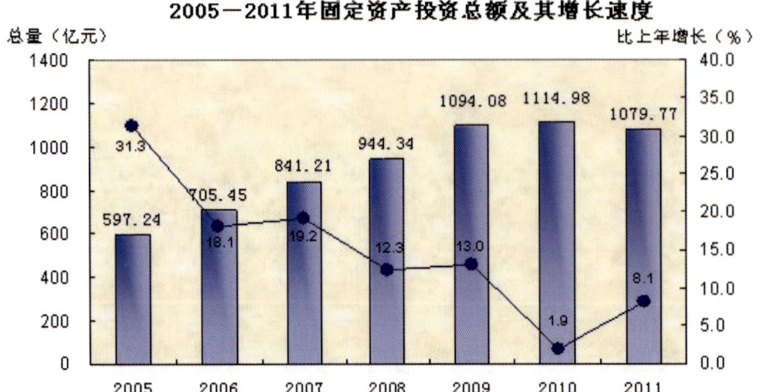

注：从2011年起，固定资产投资统计起点由50万元提高到500万元，2011年的增速按同口径计算。

2011年价格变动情况

类　别	价格指数（上年=100）	比上年升降幅度（%）
居民消费价格指数	104.9	4.9
食　品	111.1	11.1
其中：粮食	114.6	14.6
肉禽及其制品	114.5	14.5
油脂	110.3	10.3
蛋	118.0	18.0
鲜菜	95.3	-4.7
水产品	122.0	22.0
烟酒及用品	101.5	1.5
衣　着	101.4	1.4
家庭设备用品及维修服务	105.5	5.5
医疗保健和个人用品	102.4	2.4
交通和通信	100.1	0.1
娱乐教育文化用品及服务	100.3	0.3
居　住	104.3	4.3
商品零售价格指数	104.7	4.7
工业生产者出厂价格指数	102.9	2.9

投向看，投资集中在第二、三产业。第二产业投资351.30亿元，其中制造业投资302.31亿元；第三产业投资727.87亿元。全年完成投资5000万元以上项目302个，共完成投资475.85亿元。其中，工业类项目151个，完成投资201.34亿元。完成投资1亿元以上的项目有97个，共完成投资332.39亿元。其中，工业类项目44个，完成投资125.57亿元。

价格

全年居民消费价格总水平上涨4.9%。其中居住类上涨4.3%,娱乐教育文化用品及服务类上涨0.3%,衣着类上涨1.4%，食品类上涨11.1%,医疗保健和个人用品类上涨2.4%,烟酒及用品类上涨1.5%,交通和通信类上涨0.1%,家庭设备用品及维修服务类上涨5.5%。此外，全年商品零售价格上涨4.7%。工业生产者出厂价格上涨2.9%。

农业

全年全市完成农业总产值30.66亿元，下降0.1%。其中种植业产值16.02亿元，增长3.3%，占农业总产值的52.2%；林业产值0.21亿元，下降29.6%，占0.7%；牧业产值6.38亿元，下降8.4%，占20.8%；渔业产值7.14亿元，增长0.1%，占23.3%。全年粮食种植面积4.15万亩，粮食产量1.29万吨；水产品产量7.82万吨，增长2.6%；蔬菜产量38.90万吨，下降1.0%；生猪出栏27.91万头，下降17.1%；家禽出栏732.33万只，下降1.9%。

全年新增农民专业合作社9家、省级农业龙头企业1家，新增省名牌产品（农业类）5个，有20个产品通过无公害农产品、绿色食品和有机产品认证。

工业

全年全市规模以上工业实现增加值1797.3亿元，增长7.5%。在规模以上工业中，重工业增加值959.98亿元，增长8.0%，占53.4%；轻工业增加值837.32亿元，增长3.1%，占46.6%。大中型企业完成增加值1388.07亿元，占规模以上工业增加值的77.2%。按登记注册类型分，国有控股工业增加值132.75亿元，增长4.8%；集体工业增加值35.87亿元，增长16.7%；外商投资工业增加值603.29亿元，增长6.3%；港澳台商投资工业增加值759.90亿元，增长2.5%；私营经济工业增加值171.30亿元，增长6.8%。规模以上工业实现利润总额260.65亿元，综合经济效益指数为131.52，资产负债率为60.1%。

全年全市规模以上五大支柱产业完成增加值1249.87亿元，增长8.0%，略高于规模以上工业平均增速；四个特色产业完成增加值187.21亿元，下降2.6%。规模以上电子信息制造业增加值692.48亿元，增长10.7%；实现利润总额93.98亿元，增长5.9%。

建筑业

全年全市建筑业实现增加值77.79亿元，下降12.2%。建筑企业完成总产值133.50亿元，增长10.8%；施工面积759.11万平方米，增长3.5%；竣工面积396.15万平方米，增长27.0%。建筑企业按施工产值计算的全员劳动生产率为人均22.99万元，增长1.5%。

交通运输、仓储和邮政业

全年全市交通运输、仓储和邮政业实现增加值93.69亿元，增长14.5%。

年末全市境内公路通车里程（含乡村道路）4827.53公里，公路密度196.24公里/百平方公里。其中等级公路4715.73

2011年规模以上工业主要产品产量

产品名称	计量单位	产量	增长（%）
电子元件	万只	101254508	-1.8
机制纸及纸板（外购原纸加工除外）	吨	10213204	1.6
瓷质砖	平方米	22333672	7.0
发电量	万千瓦时	3762253	4.9
家具	件	64181360	-7.4
服装	万件	107297	-1.6
玩具	千元	10459959	1.7
钢化玻璃	平方米	5433287	-10.5
模具	套	428255	2.1
不锈钢日用制品	吨	36510	22.9
皮革鞋靴	万双	31905	-15.1
电话单机	部	44433728	-4.0
组合音响	台	28274323	-7.0
印制电路板	平方米	16109240	-4.0
彩色电视机	台	5414621	1.1
金属切削工具	万件	11296	-16.6
电力电缆	千米	367142	-1.9
布	万米	9958	-23.8
表	只	16697231	7.5
化学纤维	吨	4324	-22.4
光电子器件	万只	1272661	37.8
印刷专用设备	吨	9392	-0.6
移动通信手持机（手机）	台	43362412	113.4
电工仪器仪表	台	5825445	19.8
塑料加工专用设备	台	33962	-7.7
家用电风扇	台	18108071	-7.7
显示器	台	7202	-70.6

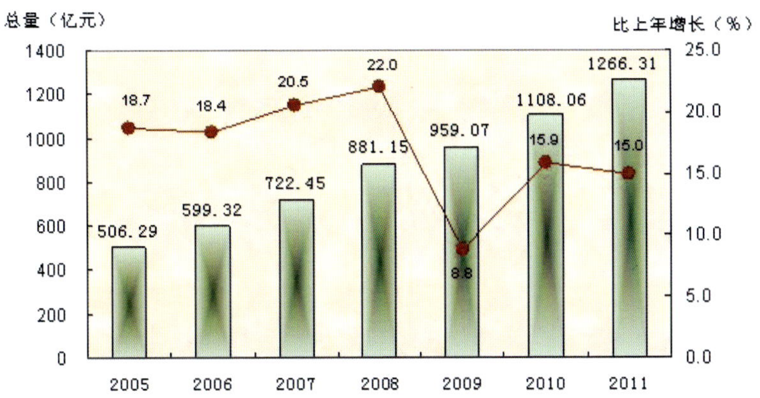

注：社会消费品零售总额2010年和2011年统计口径均有调整，增长速度按同口径计算。

公里，密度为191.70公里/百平方公里；高速公路251.38公里，密度为10.22公里/百平方公里。年末全市机动车保有量141.71万辆，增长5.2%。其中汽车保有量106.14万辆，增长15.3%。公路货物运输量8210万吨，货物周转量53.13亿吨公里；水路货物运输量1955万吨，货物周转量134.35亿吨公里。全年公路运输完成客运量8.03亿人次，旅客周转量145.68亿人公里；水路运输完成客运量31万人次，旅客周转量2029万人公里。全年港口旅客吞吐量31.27万人次，货物吞吐量6848.12万吨。

全年完成邮电业务收入164.86亿元，增长6.1%。其中电信业务收入157.49亿元，增长5.7%；邮政业务收入7.37亿元，增长16.6%。全年邮政发送信函5148万件，特快专递167万件，邮政汇款汇出金额206.15亿元。

国内贸易

全年全市批发和零售业实现增加值458.74亿元，增长8.0%；住宿和餐饮业实现增加值168.62亿元，增长6.1%。

全年全市社会消费品零售总额1266.31亿元，增长15.0%，扣除物价因素影响，实际增长9.6%。分行业看，批发零售贸易业零售额1150.61亿元，增长15.2%；住宿餐饮业零售额115.70亿元，增长13.5%。

在限额以上批发和零售业、住宿和餐饮业零售额中，按登记注册类型分，内资企业实现零售额552.08亿元，增长18.5%，占限额以上零售额的87.3%。其中，国有企业占2.6%，集体企业占3.7%，有限责任公司占33.4%，私营企业占33.5%，外资企业占11.7%。

在限额以上批发和零售业中，食品、饮料、烟酒类零售额增长17.8%；服装鞋帽、针、纺织品类增长26.7%；日用品类增长12.3%；汽车类增长20.3%。

金融业

全年全市金融业实现增加值182.59亿元，下降0.8%。

全年新增各类金融机构4家。年末全市有各类金融机构87家，其中银行类机构27家（含2家代表处），保险类机构38家，证券期货类机构22家。年末全市金融机构各项人民币存款余额6609.39亿元，比年初增长11.2%。其中城乡居民储蓄存款余额3710.99亿元，增长9.3%；单位存款余额2733.83亿元，增长10.9%；财政性存款余额31.39亿元，下降8.3%。

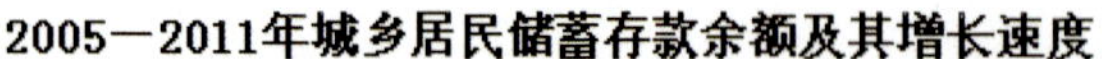

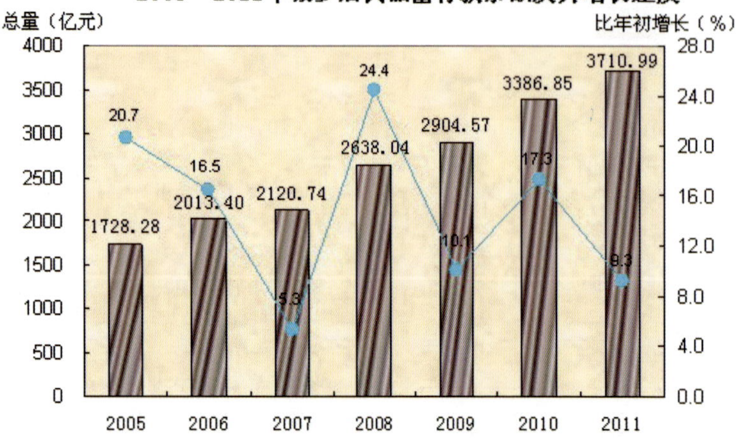

2011年主要商品出口情况

商品名称	金额（万美元）	增长（%）
自动数据处理设备及其部件	612054	15.9
服装及衣着附件	461285	18.4
自动数据处理设备的零件	347125	4.2
鞋类	307241	-0.9
家具及其零件	339959	5.9
静止式变流器	376054	4.5
游戏机	122646	45.1
有线电话机（包括无绳电话机）	192614	17.2
纺织纱线、织物及制品	164309	8.1
数字式相机	128944	-19.8
电视、收音机及无线电讯设备的零附件	144218	-10.5
玩具	172040	5.4
旅行用品及箱包	181550	16.1
电线和电缆	173136	13.8
电视机（包括整套散件）	96155	-0.4
通断保护电路装置及零件	161770	20.6
塑料制品	127124	11.8
录、放像机	161883	22.3
手持或车载无线电话机	138393	42.8

各项人民币贷款余额3716.08亿元，增长11.6%。在个人消费贷款余额中，个人住房贷款余额741.77亿元，增长5.4%；个人汽车消费贷款余额15.20亿元，下降30.2%。全市金融机构不良贷款率比年初下降0.42个百分点。

年末全市各类证券公司共开户89.48万户，比上年增加7.41万户。全年股票总成交额8209.25亿元，下降25.3%。年末保证金余额69.80亿元，下降48.8%。

年末全市有各类保险公司38家，保险中介机构43家。保险从业人员2.8万人。全年保费收入163.65亿元，增长2.5%。其中财产险保费收入55.10亿元，增长17.9%；人寿险保费收入108.55亿元，下降3.9%。全年保险赔款与给付金额36亿元，其中财产险赔款27亿元，综合赔付率为49.04%。人身险赔款与给付9亿元。

房地产业

全年全市房地产业实现增加值358.55亿元，增长6.6%。全年完成房地产开发投资373.76亿元，增长25.0%。商品房施工面积2396.55万平方米，增长16.3%；竣工面积242.28万平方米，下降18.3%；销售面积595.61万平方米，增长16.5%，其中商品住宅销售面积540.68万平方米，增长15.1%。全年商品房销售额459.61亿元，增长23.0%，其中商品住宅销售额413.33亿元，增长23.7%。

民营经济

年末全市民营登记注册户数48.01万户，下降2.6%。其中私营企业增长较快，达到10.47万户，增长18.1%；个体工商户37.33万户，下降7.2%。全年规模以上民营工业完成增加值257.71亿元，增长12.0%；民营经济完成固定资产投资460.07亿元，增长17.7%；民营经济消费品零售额1006.63亿元，增长14.3%；民营经济缴税总额314.41亿元，增长20.4%。

二、对外开放

对外贸易

全年全市进出口总额1352.24亿美元，增长11.2%。其中进口568.95亿美元，增长9.4%；出口783.29亿美元，增长12.5%。

按贸易方式分，一般贸易出口134.11亿美元，增长40.6%；加工贸易出口634.78亿美元，增长7.6%；其他出口14.40亿美元，增长38.3%。

按登记注册类型分，国有企业出口70.30亿美元，下降36.3%；三资企业出口542.81亿美元，增长22.6%；集体企业出口14.23亿美元，增长0.6%。

按出口的地区分，对亚洲出口408.65亿美元，增长15.3%；对北美洲出口199.75亿美元，增长5.2%；对欧洲出口135.86亿美元，增长12.0%；对拉丁美洲出口24.38亿美元，增长39.3%；对大洋洲出口9.66亿美元，增长12.2%。

全年机电产品出口556.16亿美元，增长12.4%，占出口总额的71.0%；高新技术产品出口273.42亿美元，增长13.0%，占34.9%。

2011年分行业利用外资情况

行业名称	合同外资金额（万美元）	增长（%）	实际利用外资（万美元）	增长（%）
总计	350836	35.1	305052	11.7
农、林、牧、渔业	1580	56.4	559	801.6
制造业	293826	31.9	259793	7.5
纺织业	12846	-0.5	16659	130.6
纺织服装、鞋、帽制造业	11480	-12.5	11424	25.0
家具制造业	2417	32.4	3977	-35.4
通用设备制造业	5808	-11.1	8814	16.9
专用设备制造业	13806	-28.3	19921	27.8
电气机械及器材制造业	37409	79.3	27742	9.8
通信设备、计算机及其他电子设备制造业	83647	25.7	65660	8.0
金属制品业	17182	65.4	11056	6.6
塑料制品业	29467	65.9	18327	30.8
文教体育用品制造业	12113	148.6	7559	-12.7
造纸及纸制品业	17140	112.7	15643	-26.2
其他制造业	50511	24.4	53011	-4.8
信息传输、计算机服务和软件业	200	-74.4	1045	858.7
批发和零售业	28232	36.7	23568	77.6

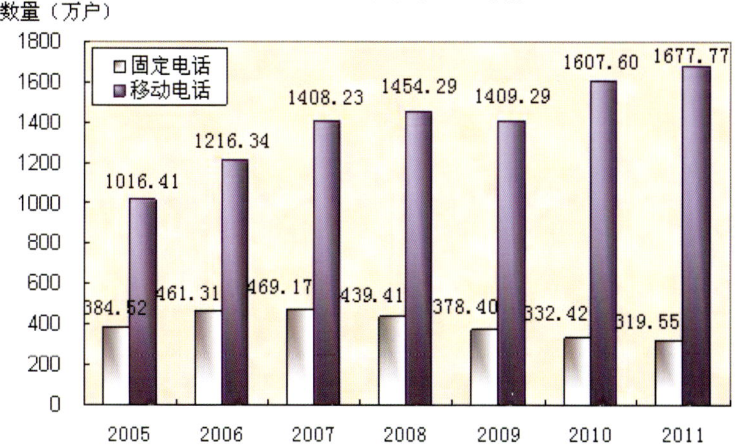

注：固定电话含小灵通，移动电话用户含充值卡用户。

吸收外资

按新口径统计，全年全市新签外商直接投资项目1324宗，合同外资金额35.08亿美元，增长35.1%。实际利用外资30.51亿美元，增长11.7%。其中电子及通信设备制造业实际利用外资6.57亿美元，增长8.0%；专用设备制造业实际利用外资1.99亿美元，增长27.8%。全市新签投资总额超1000万美元项目68宗，增加22宗；新增世界500强企业投资项目5宗，世界500强企业增资4宗；新签第三产业项目合同外资5.25亿美元，占全市的15.0%，比上年提高1.1个百分点。外商进入商贸领域加快。全市新签批发和零售业项目102宗，合同吸收外资2.82亿美元，增长36.7%，占第三产业吸收外资的53.8%。

全市外资企业共设立研发机构202家，增加52家。全市新增外商投资的服务外包企业13家，占我市历年吸收服务外包项目的29.9%。

旅游

年末全市有星级酒店91家，比上年减少6家。其中五星级酒店21家，四星级酒店25家，三星级酒店31家，二星级酒店13家，一星级酒店1家。全市有旅行社57家，其中国际旅行社9家，国内旅行社45家，其他3家。全年接待国际及港澳台游客357.42万人次，增长9.2%。其中接待外国游客121.45万人次，增长11.7%；接待港澳台游客235.97万人次，增长7.9%。国际旅游外汇收入9.10亿美元，增长34.6%。全年接待国内游客2258.05万人次，增长17.4%。国内旅游总收入249.37亿元，增长30.3%。全年东莞组团外出旅游183.23万人次，增长19.1%。其中，国内旅游167.42万人次，增长20.4%；出境旅游15.81万人次，增长7.5%。

二、城市建设

城市绿化

年末全市建成区土地面积854.3平方公里，公共设施用地面积71.01平方公里。林业用地面积90.54万亩，森林覆盖率为36.9%，林地绿化率为97.8%；城市建成区绿地率为42.3%，绿化覆盖率为44.5%，人均公园绿地面积16.46平方米；全市已建成公园广场1039个，面积1.05万公顷。

公用事业

年末全市有公交线路99条，公交运营车辆1417辆，运营出租小汽车7671辆。全年市内公共汽车客运量为2.13亿人次。

全市自来水日供水能力达到700万立方米，全年自来水供水总量17.34亿立方米。年末供水管道总长度2.26万公里。全年总售电量566.69亿千瓦时，增长4.2%，其中工业用电445.76亿千瓦时，增长2.3%；照明用电119.69亿千瓦时，增长11.8%。年末液化石油气家庭用户117.61万户，天然气家庭用户17.88万户。全年液化石油气供应量33.81万吨，天然气供气量3.65亿立方米。

信息化

2011年末全市固定电话用户（含小灵通）319.55万户，比上年减少12.87万户；移动电话用户1677.77万户，增加70.17万户，其中充值卡用户1432.99万户，减少5715户。全年长途电话通话时长213.63亿分钟，其中对国际及港澳台电话通话时长2.89亿分钟。年末互联网用户190.72万户，比上年增加36.8万户；宽带接入用户184.43万户，增加34.35万户。

四、社会事业

科技

2011年，全市累计技术合同项目163项，技术合同金额3.20亿元；获得省级科技进步奖13项，市级科技进步奖77项；科技合作有新进展，产学研项目立项数85项，国际合作项目立项5项，其中国家立项2项，省级立项3项；专业镇18个；国家级工程中心2个，省级工程中心42个；国家高新技术企业413家、省民营科技企业852家；全年专利申请量2.45万件，专利授权量1.94万件，其中发明专利申请量和授权量分别为4214件和758件，增幅分别为34.1%和71.5%。

教育

全市有幼儿园749所，比上年增加22所，其中公立集体办园175所，民办园574所。共有省、市一级幼儿园96所。3—6周岁在园（班）幼儿22.77万人，入园（班）率为95.2%。

全市有小学324所，比上年减少6所；在校学生57.83万人；适龄儿童入学率达100%，本市毕业生升学率达100%。全市有初中161所，在校学生18.94万人，初中入学率为100%，辍学率为0.15%，毕业生5.47万人，毕业生升学率为98%。

全市高中阶段学校有64所（含民办学校20所），在校学生12.18万人，其中普通高中（含完中）38所，在校学生7.36万人，中职学校26所（含技工学校1所），在校学生4.82万人。高中阶段教育毛入学率为93.6%，比上年提高0.1个百分点。

全市有5所成人高等教育机构，32所乡镇成人文化技术学校，277所民办培训机构，年培训量近50万人次，各类成人高等学历教育规模达3.16万人（不含本市高校内的成人学历教育在校生数）。全市共有2.13万人报名参加成人高考，5.24万人报名参加全国高等教育自学考试。

全市有普通高等院校6所。其中本科院校3所，专科院校3所。在校学生4.51万人。全年普通高等院校共招收本科、专科学生1.68万人，毕业生9463人。2011年全市参加高考总人数2.23万人，高考升学人数2.14万人；高职类升学人数3357人。

文化

年末全市有群众艺术馆1个，文化站33个，公共图书馆622个，博物馆31个，文化广场769个，艺术表演场所63个，电影放映单位52个，网吧1048间，公共文化设施建筑面积700.76万平方米。全市有公共广播节目56套，公共电视节目37套。全年共出版报纸5220.62万份，各类杂志108.96万册，图书6.96万册，《东莞日报》发行3131.7万份，电影放映18.54万场次，观众407.49万人次。

卫生

年末全市有医疗机构2249个，其中门诊、诊所、医务室、卫生站、社区卫生服务机构等基层医疗机构2170个。全市卫生技术人员3.96万人，医院病床2.28万张。全市建成并投入使用的社区卫生服务中心（站）390个，覆盖了全市594个村（社区）。全年诊疗总人数上升3.5%。

体育

全年全市运动员共获得151枚金牌、118枚银牌、102枚铜牌。其中夺得国际赛金牌8枚；全国赛金牌27枚；广东省赛金牌116枚、银牌101枚、铜牌95枚。

全年举办市级综合和单项比赛62次，参加人数14.33万人次；举办镇街级单项比赛420次，参加人数46.58万人次。全市有体育彩票发行网点196个，销售总额9.57亿元，体彩公益金6934.71万元。

社会福利与救助

年末全市有收养类福利事业单位45个，其中社会福利院1个，儿童福利院1个，敬老院31个，敬老院供养老人873人。社会福利事业单位34个，收养2689人,安排“四残”人员就业296人，全年

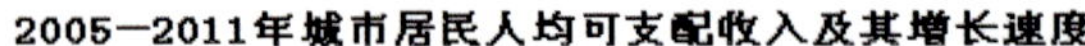

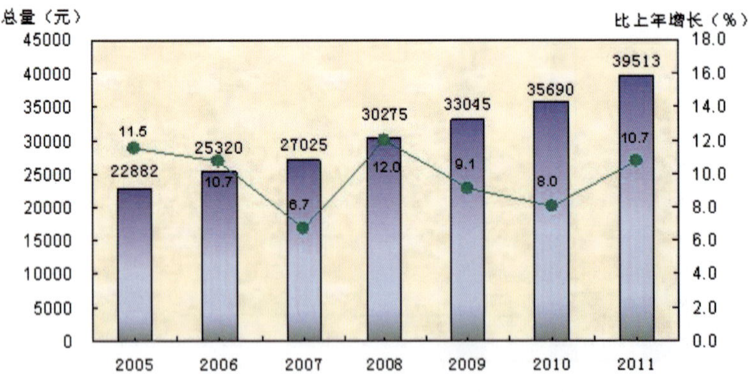

2005—2011年农民人均纯收入及其增长速度

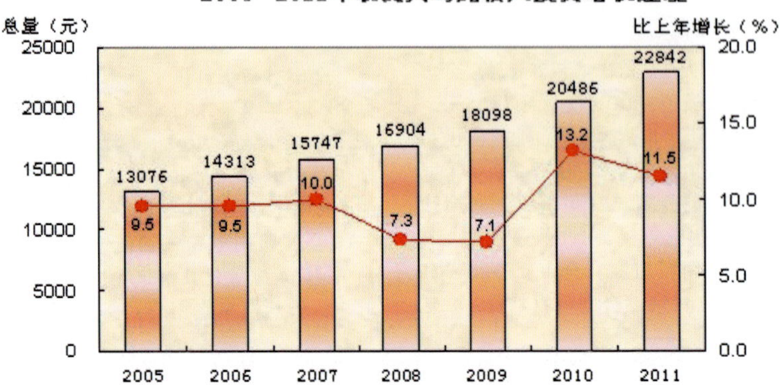

社会救济3.26万人。全市居民最低生活保障支出6300万元，社会救济福利事业费用2.16亿元，自然灾害生活救助支出268.9万元，慈善基金结余2.23亿元。全市纳入“五保户”对象有1210人，“五保户”费用支出1723.5万元。32个镇街全部建立了社会保障网络，纳入城市居民最低生活保障范围的有3796户9415人，纳入农村居民最低生活保障范围的有8744户21959人。

社会稳定和安全生产

全年刑事案件破案宗数增长9.4%，群众信访总量上升6.6%。年末累计建成平安社区（村）574个，其中当年创建21个。全年共发生各类伤亡事故4525宗，下降7.9%；死亡540人，受伤5015人，分别下降5.9%和6.5%；直接经济损失662.31万元，下降26.1%。其中，道路交通事故4490宗，下降7.8%；造成死亡495人，受伤4999人，分别下降5.9%和6.6%。亿元地区生产总值生产安全事故死亡率为0.114，道路交通事故万车死亡率为3.49。

资源和环境保护

全年雨日天数161天，日照时数2120.1小时，平均气温22.1摄氏度，相对湿度71%，降水量1298.6毫米。

年末全市有森林公园18个，林业用地面积90.54万亩，生态公益林37.63万亩，林木积蓄量272.98万立方米，林木总生长量15.99万立方米。

五、人民生活

人口

年末全市户籍人口184.77万人。全年出生人口1.99万人，出生率为10.92‰；死亡人口8728人，死亡率为4.79‰；人口自然增长率为6.13‰。年末全市常住人口825.48万人，其中城镇常住人口731.38万人。人口城镇化率为88.6%。

就业

全年接收大中专毕业生1.64万人。人才市场求职登记人数112.58万人次；成功应聘人数42.16万人次，增长5.2%。年末城镇实有登记失业人数1.11万人，全年失业人员安置就业人数1.13万人，城镇登记失业率为2.1%。

居民收入

初步统计，2011年全市职工年平均工资21739元，其中，城镇在岗职工年平均工资50398元。城市居民人均可支配收入39513元，农村居民人均纯收入22842元，分别增长10.7%和11.5%。

居民消费

全年城市居民人均消费性支出27495元，增长6.8%。其中食品消费支出9513元，增长8.9%；衣着消费支出1806元，增长5.9%；居住消费支出2128元，增长1.9%；家庭设备用品及服务支出1902元，增长7.4%；医疗保健支出1251元，下降3.3%；交通和通信支出6035元，增长1.9%；教育文化娱乐服务支出3886元，增长12.9%；其他商品和服务支出974元，增长26.0%。城市居民家庭恩格尔系数为34.6%。全年农民生活消费现金支出13342元，其中食品消费支出占37.8%，衣着消费支出占4.7%，居住消费支出占16.7%，家庭设备用品及服务支出占4.1%，医疗保健支出占4.7%，交通通讯支出占19.2%，教育文化娱乐服务支出占8.7%，其他商品和服务支出占4.1%。

年末平均每百户城市居民家庭耐用消费品拥有量：家用空调272台，组合音响72套，移动电话280部，家用电脑136台，淋浴热水器138台，家用汽车80辆。城市居民人均住房建筑面积65.75平方米。平均每百户农村居民家庭耐用消费品拥有量：彩电167台，洗衣机107台，淋浴热水器133台，移动电话276部，影碟机69台，家用空调223台，家用电脑108台，家用汽车61辆。

社会保障

年末全市参加职工基本养老保险481.05万人，基本医疗保险602.41万人，失业保险299.38万人，工伤保险479.44万人。全年社会保险基金总收入179.40亿元，保险基金总支出83.87亿元，年末保险基金累计余额470.38亿元。全年累计征缴各项保险（不含机关养老保险）基金157.24亿元，增长25.6%。

国民经济和社会发展中存在的主要困难和问题是：产业结构调整仍需继续推进，企业的自主创新能力有待提高，资源环境问题日益突出，社会管理压力依然较大，均衡发展水平尚待提升，城市管理模式仍较粗放。要立足优化发展，围绕好中求进，以建设“三区四城”为目标，明确以加快转变经济发展方式、推进产业结构调整为主线，重点发展大项目、大园区、大产业，全面推进“三重”建设，吸引承接高端产业、优质项目，向“三重”要增量、要创新、要动力、要发展。

2011年城市居民收支情况

指　标	金额（元）	增长（%）
城市居民人均可支配收入	39513	10.7
#工资性收入	27272	1.8
财产性收入	7481	56.8
转移性收入	4374	35.8
城市居民人均消费性支出	27495	6.8
食品	9513	8.9
衣着	1806	5.9
居住	2128	1.9
家庭设备用品及服务	1902	7.4
医疗保健	1251	-3.3
交通和通信	6035	1.9
教育文化娱乐服务	3886	12.9
其他商品和服务	974	26.0

注：

1. 本公报数为初步统计数，最后统计数据以《东莞统计年鉴—2012》为准。

2. 地区生产总值、各行业增加值、农业总产值绝对数按当年价格计算，增长速度按可比价格计算。

3. 五大支柱产业：电子信息制造业（即通信设备、计算机及其他电子设备制造业）、电气机械及设备制造业（包括电气机械及器材制造业，仪器仪表及文化、办公用机械制造业，通用设备制造业，专用设备制造业以及交通运输设备制造业）、纺织服装鞋帽制造业（包括纺织业，纺织服装、鞋、帽制造业以及皮革、毛皮、羽绒及其制品业）、食品饮料加工制造业（包括食品制造业、饮料制造业、农副产品加工业）、造纸及纸制品业。

四个特色产业：玩具及文体用品制造业（即文教体育用品制造业）、家具制造业、化工制品制造业（包括化学原料及化学制品制造业，橡胶制品业，石油加工、炼焦业及核燃业）、包装印刷业（即印刷业、记录媒介的复制）。

4. 全市职工年平均工资的调查范围为东莞市辖区内除农户以外各类经济实体，具体包括：①辖区内中央、省、市属各类企业、事业、机关单位；②各镇街办企业；③村及村以下办企业；④私营企业和个体工商户。

城镇在岗职工年平均工资的调查范围包括：①东莞市辖区内中央、省、市属全部独立核算的企业、事业、机关单位；②莞城、石龙、虎门3个镇街范围内镇街属单位（不包括莞城、石龙、虎门3个镇以下及其它镇街的单位、全市的私营单位和个体工商户）。

以上两个指标的调查范围不同，调查结果不同，请勿误用。

5. 农村居民人均纯收入采用农村住户抽样调查口径。

6. 阅读本公报时，请注意统计指标的时间、口径和计算方法等。

国民经济和社会发展主要指标

指　标	单位	2011年	2010年	2011年比2010年增长（%）
一、人口与劳动力				
年末常住人口	万人	825.48	822.48	0.4
年末户籍户数	万户	53.90	53.05	1.6
其中：非农业户	万户	27.69	27.08	2.3
年末户籍人口	万人	184.77	181.77	1.7
其中：非农业人口	万人	94.46	92.09	2.6
外来暂住人口	万人	413.62	411.47	0.5
年末全社会从业人员	万人	628.54	626.25	0.4
年末户籍从业人员	万人	116.66	114.44	1.9
二、经济总量				
地区生产总值	亿元	4735.39	4246.45	8.0
第一产业	亿元	17.71	16.57	-0.4
第二产业	亿元	2377.40	2160.82	6.8
其中：工业	亿元	2299.61	2078.45	7.5
第三产业	亿元	2340.28	2069.07	9.3
三、农业				
农林牧渔业总产值	亿元	30.66	28.31	-0.1
粮食播种面积	万亩	4.15	4.19	-1.0
粮食总产量	万吨	1.29	1.25	3.2
蔬菜播种面积	万亩	29.75	30.06	-1.0
蔬菜总产量	万吨	38.90	39.29	-1.0
水果面积	万亩	16.77	17.05	-1.6
水果总产量	万吨	7.39	7.55	-2.1
禽畜总肉量	万吨	2.60	2.88	-9.7
水产品产量	万吨	7.82	7.63	2.5

注：1. 2011年地区生产总值为初步核算数，绝对值按当年价计算，增长速度按可比价计算。

2. 农林牧渔业总产值按当年价计算，增长速度按可比价计算。

3. 2011年规模以上工业企业口径由原来的年主营业务收入500万元及以上调整为年主营业务收入2000万元及以上的工业法人企业，2011年数据来源于2011年12月快报，增速为同比增速。2010年数据来源于2010年年报。

续上表

指　标	单位	2011年	2010年	2011年比2010年增长（%）
四、工业				
规模以上工业企业主要指标				
工业企业单位数	个	4155	5899	0.2
工业增加值	亿元	1797.30	1708.31	7.5
资产总额	亿元	6430.50	6001.71	10.2
负债总额	亿元	3864.76	3525.30	9.3
利税总额	亿元	382.71	469.59	0.2
其中：利润总额	亿元	260.65	352.36	-5.7
资金利税率	%	5.95	7.82	-0.6
产值利税率	%	4.62	6.10	-0.5
五、固定资产投资				
固定资产投资总额	亿元	1079.77	1114.98	8.1
其中：房地产开发	亿元	373.76	298.99	25.0
商品房销售面积	万平方米	595.61	511.25	16.5
商品房销售额	亿元	459.61	373.77	23.0
六、运输与邮电				
公路通车里程	公里	4828	4751	1.6
其中：高速公路	公里	251	217	15.7
机动车辆保有量	万辆	141.71	134.75	5.2
旅客周转量	亿人公里	145.88	129.07	13.0
货物周转量	亿吨公里	187.48	109.03	72.0
港口货物吞吐量	万吨	6848	5657	21.1
邮电业务收入	亿元	164.86	155.34	6.1
邮政汇款汇出总额	亿元	206.15	280.51	-26.5
程控电话用户（不含小灵通）	万户	305.97	298.04	2.7
小灵通	万户	13.58	34.37	-60.5
移动电话用户	万户	1677.77	1607.60	4.4
互联网用户	万户	190.72	153.92	23.9
七、国内贸易与物价				
社会消费品零售总额	亿元	1266.31	1108.06	15.0
商品零售价格总指数	上年=100	104.7	103.2	4.7
居民消费价格总指数	上年=100	104.9	102.8	4.9
工业生产者出厂价格指数	上年=100	102.9	102.6	2.9
八、对外经济贸易				
进出口总额（海关口径）	亿美元	1352.24	1213.38	11.2
进口额	亿美元	568.95	517.40	9.4
出口额	亿美元	783.29	695.98	12.5
利用外资项目（新口径）	宗	2024	1486	36.2
新签项目	宗	1324	869	52.4
增资项目	宗	700	617	13.5
合同外资金额（新口径）	亿美元	35.08	25.97	35.1
实际利用外资 (新口径)	亿美元	30.51	27.32	11.7
九、供用电				

注：1. 公路通车里程含专用公路和村道。

2. 2011年起，固定资产投资统计起点由计划投资50万元提高到计划投资500万元，增速按同口径计算。

续上表

指　标	单位	2011年	2010年	2011年比2010年增长（%）
总供电量	亿千瓦时	579.35	556.89	4.0
总售电量	亿千瓦时	566.69	543.66	4.2
其中：工业用电	亿千瓦时	445.76	435.57	2.3
十、财政、税收、金融				
来源于东莞的财政收入	亿元	838.52	785.10	16.2
财政总收入	亿元	766.54	654.27	17.2
其中：中央财政收入	亿元	342.22	294.07	16.4
省级财政收入	亿元	111.26	82.35	16.4
市财政一般预算收入	亿元	313.07	277.84	18.3
市财政一般预算支出	亿元	351.92	289.83	21.4
全市税收总额	亿元	843.57	715.42	17.9
其中：国税（不含关税）	亿元	523.41	439.44	19.1
地税（含耕地占用税和契税）	亿元	320.16	275.98	16.0
各项人民币存款余额	亿元	6609.39	5943.39	11.2
其中：城乡居民储蓄存款余额	亿元	3710.99	3386.85	9.3
各项人民币贷款余额	亿元	3716.08	3329.82	11.6
各项本外币存款余额	亿元	6756.66	6077.87	11.1
其中：城乡居民储蓄存款余额	亿元	3750.36	3425.89	9.2
各项本外币贷款余额	亿元	3860.92	3441.99	12.2
十一、人民生活				
城镇在岗职工年平均工资	元	50398	46576	8.2
全市职工年平均工资	元	21739	16108	14.7
城市居民人均可支配收入	元	39513	35690	10.7
城市居民人均消费性支出	元	27495	25733	6.8
农民人均纯收入	元	22842	20486	11.5
十二、工商注册登记情况				
年末工商注册登记户数	户	506113	518544	-2.4
其中：国有企业	户	1014	1058	-4.2
集体企业	户	1952	2164	-9.8
股份合作企业	户	3	5	-40.0
公司	户	9808	9165	7.0
外商投资企业	户	11240	10113	11.1
三来一补企业	户	4047	4906	-17.5
私营企业	户	104689	88650	18.1
个体户	户	373265	402405	-7.2
农民专业合作社	户	52	31	67.7
年末工商注册资金				
其中：国有企业	亿元	11.26	11.39	-1.1
集体企业	亿元	52.41	54.82	-4.4
股份合作企业	亿元	0.02	0.02	

注：1. 存贷款余额累计增长为比年初增长。
2. 从2011年起，财政收入中的四税共享省与市的比例调整，2011年增长速度按同口径计算。
3. 2011年起，城镇在岗职工和全市职工年平均工资按新的计算方法和统计口径计算，其中全市职工年平均工资2011年增长速度按同口径计算。
4. 城镇在岗职工和全市职工年平均工资均为初步统计数据。

续上表

指　标	单位	2011年	2010年	2011年比2010年增长（%）
公司	亿元	628.81	484.88	29.7
外商投资企业	亿美元	331.50	302.62	9.5
私营企业	亿元	1290.89	1093.16	18.1
个体户	亿元	84.82	89.18	-4.9
其他	亿元	0.68	0.63	7.9
十三、镇村组三级资产负债及各项收入				
资产总额	亿元	2670.71	2524.14	5.8
负债总额	亿元	793.47	773.52	2.6
净资产总额	亿元	1877.24	1750.62	7.2
可支配纯收入	亿元	453.47	405.72	11.8
其中：常规性收入	亿元	395.17	349.64	13.0
十四、社会保险				
参加各类社会保险人次数	万人次	2464.69	2726.37	-9.6
社会保险基金总收入	亿元	179.40	154.41	16.2
社会保险基金总支出	亿元	83.87	65.05	28.9
十五、教育、文化、卫生				
在校学生数				
普通高等学校	人	45081	38293	17.7
中等职业技术学校	人	48159	47531	1.3
普通中学	人	263076	258276	1.9
小学	人	578279	552377	4.7
小学学龄儿童入学率	%	100.00	100.00	
小学毕业生升学率	%	100.00	100.00	
初中毕业生升学率	%	98.00	97.90	0.1
高中毕业生升学率	%	94.50	95.10	-0.6
高考省线入围人数	人	15501	13761	12.6
各种报纸发行量	万份	5198	8230	-36.8
各种图书出版印数	万册	6.96	7.56	-7.9
各种杂志出版印数	万册	108.96	132.38	-17.7
卫生机构病床床位数	张	22814	19980	14.2
卫生技术人员数	人	39582	37487	5.6
其中：执业（助理）医师	人	13644	13214	3.3

注：在校学生数含新莞人在读子女。

全国主要年份主要经济指标

指标名称	单位	1995年	2000年	2005年	2010年	2011年
年末总人口	万人	121121	126583	130756	133972	134735
地区生产总值	亿元	60794	99215	184937	397983	471564
工业增加值	亿元	24951	40034	77231	160030	188572
固定资产投资总额	亿元	20019	32918	88774	278140	311022
社会消费品零售总额	亿元	20620	34153	67177	156998	183919
出口总额（海关口径）	亿美元	1488	2492	7620	15779	18986
实际利用外商直接投资	亿美元	375	407	603	1057	1160
财政收入	亿元	6242	13395	31649	83080	103740

续上表

指标名称	单位	1995年	2000年	2005年	2010年	2011年
财政支出	亿元	6824	15887	33930	89575	108930
金融机构各项本外币存款余额	亿元	45956	135484	300209	733382	826701
其中：城乡居民人民币储蓄存款余额	亿元	29662	64332	141051	303302	351957
金融机构各项本外币贷款余额	亿元	44627	99371	206838	509226	581893
居民消费价格总指数	上年＝100	117.1	100.4	101.8	103.3	105.4
城市居民人均年可支配收入	元	4283	6280	10493	19109	21810
农民人均纯收入	元	1578	2253	3255	5919	6977

2011年长三角十六市主要经济指标

市别	地区生产总值（亿元）	比上年增长（%）	地方财政一般预算收入（亿元）	比上年增长（%）	出口总额（亿美元）	比上年增长（%）	社会消费品零售总额（亿元）	比上年增长（%）
上海市	19195.69	8.2	3429.83	19.4	2097.89	16.0	6777.11	12.3
南京市	6145.52	12.0	635.00	22.4	308.65	24.0	2670.30	17.8
苏州市	10716.99	12.0	1100.88	22.2	1672.33	9.2	2797.83	17.6
无锡市	6880.15	11.6	615.00	20.1	423.12	16.7	2122.72	17.3
常州市	3580.40	12.2	350.90	22.6	193.60	24.4	1236.10	17.3
镇江市	2310.40	12.3	181.90	31.7	56.19	18.3	658.07	17.6
南通市	4080.22	12.1	373.69	28.5	180.30	27.8	1479.87	17.0
扬州市	2630.30	12.2	218.08	30.0	73.23	20.9	846.04	17.6
泰州市	2422.61	12.1	218.00	27.6	74.78	27.2	645.27	17.3
杭州市	7011.80	10.1	785.15	17.0	415.21	17.5	2548.36	18.7
宁波市	6010.48	10.0	657.60	23.8	608.30	17.1	2018.90	18.4
嘉兴市	2668.06	10.6	226.40	28.0	192.71	20.1	948.57	18.7
湖州市	1518.83	10.8	122.12	25.6	73.56	25.5	609.89	18.2
绍兴市	3291.24	10.5	239.69	24.0	259.86	23.2	1006.75	18.0
舟山市	765.30	11.3	76.48	25.3	74.73	7.7	251.71	18.4
台州市	2794.91	9.1	200.12	21.4	170.35	22.0	1132.37	17.9

2011年珠三角十二市（区）主要经济指标

指标 \ 市别	东莞市	广州市	深圳市	珠海市	佛山市	惠州市	肇庆市	江门市	中山市	番禺区	顺德区	南海区
地区生产总值（亿元）	4735.39	12303.12	11502.06	1403.24	6580.28	2097.33	1323.30	1830.64	2190.82	1235.78	2263.93	2088.56
比上年增长（%）	8.0	11.0	10.0	11.3	12.1	14.6	14.7	13.0	13.0	13.1	12.4	11.2
全社会固定资产投资总额（亿元）	1079.77	3413.58	2136.39	638.37	1936.26	1025.21	709.79	741.94	766.79	352.00	418.41	584.36
比上年增长（%）	8.1	10.0	10.1	28.4	16.2	21.5	23.2	21.1	21.9	10.2	13.1	13.0
社会消费品零售总额（亿元）	1266.31	5243.02	3520.87	567.86	1931.41	684.72	389.71	759.15	756.07	741.88	617.99	624.79
比上年增长（%）	15.0	17.1	17.8	18.1	18.1	18.2	19.3	16.7	16.9	18.1	18.2	17.0
出口总额（亿美元）	783.29	564.73	2455.25	239.87	390.94	231.22	33.08	122.53	245.46	91.61	169.28	92.82
比上年增长（%）	12.5	16.7	20.2	15.0	18.3	14.3	27.4	17.7	9.1	13.3	17.3	22.4

续上表

指标 \ 市别	东莞市	广州市	深圳市	珠海市	佛山市	惠州市	肇庆市	江门市	中山市	番禺区	顺德区	南海区
地方财政一般预算收入（亿元）	313.07	979.47	1339.59	143.41	341.74	162.83	92.23	119.17	183.22	70.84	122.06	115.29
比上年增长（%）	18.3	20.6	21.0	22.6	18.1	31.3	25.6	20.5	39.5	20.1	20.0	19.5
税收总额（亿元）	843.57	3398.84	3406.91	402.11	907.77	574.31	134.46	276.33	398.11	162.81	300.08	292.76
比上年增长（%）	17.9	17.2	12.8	18.7	12.1	23.0	27.8	18.0	22.6	13.7	14.6	9.5
居民消费价格总指数(%)	104.9	105.5	105.4	105.0	105.5	104.9	105.4	104.8	105.4		105.3	105.2
比上年增长（%）	4.9	5.5	5.4	5.0	5.5	4.9	5.4	4.8	5.4		5.3	5.2
总用电量（亿千瓦时）	566.69	663.55	687.90	112.56	485.62	209.66	122.09	187.68	198.55	85.40	138.24	178.86
比上年增长（%）	4.2	6.0	5.0	10.1	4.9	8.9	16.2	10.3	6.4	5.7	5.5	4.5

注：广州市数值包括番禺区；佛山市数值包括顺德区、南海区。

文件选录 SELECTION OF DOCUMENTS

远眺银瓶山

中共东莞市委文件选录

序号	文号	文件名
1	东委发〔2011〕3号	中共东莞市委关于在全市基层党组织开展主题式党的组织生活的意见
2	东委发〔2011〕4号	中共东莞市委东莞市人民政府关于加快轨道交通建设发展的若干意见
3	东委发〔2011〕5号	中共东莞市委、东莞市人民政府关于促进民营经济发展上水平的实施意见
4	东委发〔2011〕6号	中共东莞市委关于深入开展全民阅读活动大力推进学习型城市建设的意见
5	东委发〔2011〕7号	中共东莞市委关于加强和改进新形势下我市党史工作的意见
6	东委发〔2011〕9号	关于印发《东莞市中长期人才发展规划纲要（2010—2020年）》的通知
7	东委发〔2011〕10号	中共东莞市委 、东莞市人民政府关于加强高层次人才队伍建设的实施意见
8	东委发〔2011〕11号	关于印发《法治东莞建设五年规划（2011—2015年）》的通知
9	东委发〔2011〕12号	关于印发《东莞市2011年依法治市工作要点》的通知
10	东委发〔2011〕14号	关于转发《中共广东省委广东省人民政府关于进一步加强安全生产工作的意见》的通知
11	东委发〔2011〕15号	中共东莞市委、东莞市人民政府关于关于进一步加强安全生产工作的意见
12	东委发〔2011〕16号	中共东莞市委、东莞市人民政府关于进一步推进产业结构调整和转型升级的意见
13	东委发〔2011〕17号	中共东莞市委、东莞市人民政府关于进一步加快我市水务改革发展的决定
14	东委发〔2011〕18号	中共东莞市委批转市人大常委会党组《关于做好市镇两级人民代表大会换届选举工作的意见》的通知

续上表

序号	文号	文件名
15	东委发〔2011〕19号	中共东莞市委、东莞市人民政府转发《市委宣传部、市司法局关于在全市开展法制宣传教育的第六个五年规划（2011—2015年）》的通知
16	东委发〔2011〕20号	关于印发《中共东莞市委常务委员会议议事规则》和《市党政领导班子联席会议议事规则》的通知
17	东委发〔2011〕21号	关于转发市政协党组《关于做好市政协换届工作的意见》的通知
18	东委发〔2011〕24号	关于印发《东莞市全力推动外经贸稳增长调结构促平衡若干措施》的通知
19	东委发〔2011〕25号	中共东莞市委关于进一步做好新形势下群众工作的意见

东莞市人大常委会文件选录

序号	文号	文件名
1	东常［2011］1号	东莞市第十四届人民代表大会常务委员会公告（第九号）
2	东常［2011］2号	东莞市人民代表大会常务委员会关于接受陈锡稳同志辞去市第十四届人大常委会委员、人大代表职务请求的决定
3	东常［2011］3号	东莞市人民代表大会常务委员会免职名单
4	东常［2011］4号	东莞市人民代表大会常务委员会决定任免名单
5	东常［2011］5号	东莞市人民代表大会常务委员会任免名单
6	东常［2011］6号	东莞市人民代表大会常务委员会决定任免名单
7	东常［2011］7号	东莞市人民代表大会常务委员会任免名单
8	东常［2011］8号	东莞市人民代表大会常务委员会免职名单
9	东常［2011］9号	东莞市第十四届人民代表大会常务委员会公告（第十号）
10	东常［2011］10号	东莞市人民代表大会常务委员会任免名单
11	东常［2011］11号	关于市人大常委会主任、副主任、秘书长分工的通知
12	东常［2011］12号	东莞市第十四届人民代表大会常务委员会公告（第十一号）
13	东常［2011］17号	东莞市第十四届人民代表大会常务委员会公告（第十二号）
14	东常［2011］29号	东莞市第十四届人民代表大会常务委员会公告（第十三号）
15	东常［2011］33号	东莞市第十四届人民代表大会常务委员会公告（第十四号）

东莞市人民政府文件选录

序号	文 号	文 件 名
1	东府〔2011〕2号	关于认定东莞市第一批“东莞老字号”企业的决定
2	东府〔2011〕8号	关于印发《东莞市电子纪检监察综合平台建设工作实施方案》的通知
3	东府〔2011〕16号	关于落实2011年市政府十件实事和主要工作任务的通知
4	东府〔2011〕17号	关于印发东莞市镇街与农三师图木舒克市农牧团场结对交流工作方案的通知
5	东府〔2011〕23号	关于印发进一步加强对外招商引资工作指导意见的通知
6	东府〔2011〕26号	关于印发《东莞市政府采购实施办法》的通知
7	东府〔2011〕27号	关于印发《东莞市农村干部薪酬管理办法（试行）》的通知
8	东府〔2011〕29号	关于在全市公立医疗机构和基层站所开展民主评议政风行风工作的通知
9	东府〔2011〕30号	关于印发《关于进一步促进城乡居民就业创业的实施意见》的通知
10	东府〔2011〕31号	关于印发《东莞市轨道交通建设发展专项资金管理办法》的通知
11	东府〔2011〕32号	关于印发《东莞市轨道交通建设投融资管理办法》的通知
12	东府〔2011〕33号	关于印发东莞市轨道交通站点地区土地利用与沿线建设规划控制管理办法的通知
13	东府〔2011〕39号	关于印发《关于加快学前教育改革发展的意见》的通知

续上表

序号	文号	文件名
14	东府〔2011〕41号	关于印发《东莞市轨道交通站点周边土地专项储备与联合开发办法》的通知
15	东府〔2011〕42号	关于印发《东莞市城市轨道交通暂行规定》的通知
16	东府〔2011〕43号	关于印发《东莞市2011年国民经济和社会发展计划》的通知
17	东府〔2011〕53号	关于印发《东莞市国民经济和社会发展第十二个五年规划纲要》的通知
18	东府〔2011〕54号	关于调整市与镇街财政管理体制的通知
19	东府〔2011〕55号	关于印发《东莞市积分制入户暂行办法》和《东莞市积分制入户管理实施细则》的通知
20	东府〔2011〕56号	关于印发《东莞市重点项目前期工作并联审批实施方案》和《东莞市重点项目服务保障若干规定》的通知
21	东府〔2011〕62号	关于印发《东莞市污泥集中处置管理暂行规定》的通知
22	东府〔2011〕68号	关于深入推进村级体制改革试点工作的通知
23	东府〔2011〕75号	关于关于印发《东莞市机动车环保检验合格标志管理办法》的通知
24	东府〔2011〕81号	关于颁发2011年东莞市科学技术奖的通知
25	东府〔2011〕83号	关于印发《东莞市新莞人计划生育优待扶助暂行办法》的通知
26	东府〔2011〕88号	关于印发《关于进一步加强环境保护推进宜居生态城市建设的实施意见》的通知
27	东府〔2011〕90号	关于印发《东莞市财政投资建设项目前期工作暂行办法》的通知
28	东府〔2011〕92号	关于印发东莞市扶助残疾人办法的通知
29	市政府令文件〔2011〕121号	东莞市市容环境卫生管理规定
30	市政府令文件〔2011〕120号	东莞市奖励举报违法排放工业废水行为办法
31	东府办〔2011〕3号	关于印发《东莞市重点项目管理办法》的通知
32	东府办〔2011〕7号	关于印发东莞市2011年重点建设项目和重点预备项目计划的通知
33	东府办〔2011〕10号	关于印发《东莞市基本公共卫生服务项目实施方案》的通知
34	东府办〔2011〕11号	关于印发《东莞市促进薄膜太阳能光伏产业发展财政扶持实施细则（试行）》的通知
35	东府办〔2011〕21号	关于印发《东莞市政府购买社会工作服务实施办法（试行）》和《东莞市政府购买社会工作服务考核评估实施办法（试行）》的通知
36	东府办〔2011〕23号	关于印发《东莞市2011年扶持共建产业转移工业园工作方案》的通知
37	东府办〔2011〕26号	关于印发《外经贸转变增长方式“十个100”计划实施方案》的通知
38	东府办〔2011〕30号	关于印发《东莞市2011年政府集中采购目录及政府采购限额标准》的通知
39	东府办〔2011〕34号	关于印发东莞市自然灾害救助应急预案的通知
40	东府办〔2011〕37号	关于印发《2011年全市建设80个宜居社区（村）工作实施方案》的通知
41	东府办〔2011〕42号	关于2011年度东莞市新建住房价格控制目标的通知
42	东府办〔2011〕54号	关于做好2011年积分制入户工作的通知
43	东府办〔2011〕60号	关于印发《东莞市招商引资工作机制》的通知
44	东府办〔2011〕64号	关于印发《2011年落实“文化惠民”工程实施方案》的通知
45	东府办〔2011〕66号	关于印发《东莞市建设平价商店稳定农副产品价格保障群众基本生活实施方案》的通知
46	东府办〔2011〕69号	关于印发《东莞市2011年“万名社会建设人才培训工程”实施方案》的通知
47	东府办〔2011〕70号	关于印发《关于深入推进政府预算信息公开的指导意见》的通知
48	东府办〔2011〕72号	关于印发《东莞市社区综合服务中心示范点建设实施方案》的通知
49	东府办〔2011〕75号	关于印发建立东莞市低收入群众临时价格补贴与价格上涨联动机制实施意见的通知
50	东府办〔2011〕76号	关于认定东莞市第一批大企业（集团）培育企业的决定
51	东府办〔2011〕77号	关于印发《关于解决上市后备企业历史遗留问题进一步扶持企业上市的若干意见》的通知
52	东府办〔2011〕78号	关于调整我市社会基本医疗保险待遇标准的通知
53	东府办〔2011〕81号	关于印发《东莞市水资源分配方案》的通知
54	东府办〔2011〕93号	关于印发《东莞市专业镇创新服务平台建设扶持方案》的通知
55	东府办〔2011〕98号	关于印发《促进东莞市会展业发展工作方案》的通知

序号	文 号	文 件 名
56	东府办〔2011〕102号	关于印发《2011年东莞市生活垃圾分类收运处置试点工作实施方案》的通知
57	东府办〔2011〕104号	关于印发《关于推进新一轮“菜篮子”工程建设的意见》的通知
58	东府办〔2011〕105号	关于印发《东莞市保障生猪生产稳定物价工作方案》的通知
59	东府办〔2011〕109号	关于印发《东莞市孤儿保障工作实施方案（试行）》的通知
60	东府办〔2011〕120号	关于印发东莞市免除低收入群体和其他特殊群体殡葬基本服务费用实施方案的通知
61	东府办〔2011〕121号	关于印发东莞市重点优抚对象乘坐城市公共汽车优待实施方案的通知
62	东府办〔2011〕122号	关于印发《东莞市中央商圈建设实施方案》和《东莞市中央生态休闲区建设实施方案》的通知
63	东府办〔2011〕123号	关于印发《东莞市50强民营工业企业和50强民营服务业企业认定暂行办法》的通知
64	东府办〔2011〕126号	关于扩大我市高龄老人生活津贴发放范围的通知
65	东府办〔2011〕133号	关于印发《石马河流域绿化整治工作实施方案》的通知
66	东府办〔2011〕136号	关于印发《东莞市实施珠江三角洲城乡规划一体化规划2011—2012年工作方案》的通知
67	东府办〔2011〕138号	关于印发《东莞市培育企业上市操作规程》的通知
68	东府办〔2011〕139号	关于印发《东莞市2011年度安全生产责任制考核实施方案》的通知
69	东府办〔2011〕146号	关于印发《东莞市关于促进优势传统产业发展和转型升级的指导意见》的通知
70	东府办〔2011〕152号	关于印发《东莞市黄唇鱼自然保护区功能区划》的通知
71	东府办〔2011〕159号	关于印发《东莞市国土资源网上交易规则》的通知
72	东府办〔2011〕160号	关于印发《东莞市业主大会和业主委员会成立若干规定》的通知
73	东府办〔2011〕162号	关于印发《东莞市鼓励产业转移补助暂行办法》的通知

索　　引

INDEX

说　明

1. 本索引采用主题分析法编制，主题词按汉语拼音字母顺序排列。
2. 类目未作索引，分目采用黑体字，条目采用宋体字，表格采用楷体字。
3. 主题词后的数字表示内容所在页码，数字后的a、b、c分别表示该页码的左、中、右栏。

D

E

F

G

H

J

K

2012东莞年鉴
DONGGUAN YEARBOOK